BECK'S HISTORISCHE BIBLIOTHEK

BHB

Johannes Willms

NAPOLEON

Eine Biographie

C.H.Beck

Mit 21 Karten und 36 Abbildungen

Sonderausgabe in der BHB
Erste Ausgabe:
© Verlag C. H. Beck oHG, München 2005

2. Auflage der Sonderausgabe 2018
© Verlag C. H. Beck oHG, München 2009
Satz: Dörlemann Satz, Lemförde
Die Karten zeichnete Peter Palm
© Peter Palm, Berlin
Druck und Bindung: Ebner & Spiegel, Ulm
Gedruckt auf säurefreiem, alterungsbeständigem Papier
(hergestellt aus chlorfrei gebleichtem Zellstoff)
Printed in Germany
ISBN 978 3 406 58586 9

www.chbeck.de

INHALT

ERSTES BUCH
Der Zauberlehrling

1. Kapitel	Korsische Anfänge		11
2. Kapitel	Der Opportunist		43
3. Kapitel	Kriegskunst		69
4. Kapitel	Politik ist das Schicksal		95
5. Kapitel	Proconsul per Italiam		123
6. Kapitel	Sandkastenspiele		159
7. Kapitel	Der 18. Brumaire		185

ZWEITES BUCH
Der Diktator

1. Kapitel	Bonaparte erfindet Napoleon		229
2. Kapitel	Marengo		261
3. Kapitel	Der trügerische Frieden		285
4. Kapitel	Das Erbe des Consulats		317
5. Kapitel	Ein Mord und eine Krone		343
6. Kapitel	Der Kaiser		373
7. Kapitel	Austerlitz		401

DRITTES BUCH
Der Imperator

1. Kapitel	Die Maske fällt		433
2. Kapitel	Der europäische Krieg		469
3. Kapitel	Götzendämmerung		503
4. Kapitel	Russland		535
5. Kapitel	Der Aufstand Europas		571
6. Kapitel	Waterloo		611
7. Kapitel	Das Vermächtnis von Sankt Helena		653

KARTEN

ANHANG

Anmerkungen 717
Zu den Abbildungen 827
Personenregister 831

«Die Geschichte liebt es bisweilen,
sich auf einmal in einem Menschen zu verdichten,
welchem hierauf die Welt gehorcht.»

Jacob Burckhardt

ERSTES BUCH

DER ZAUBERLEHRLING

ERSTES KAPITEL

Korsische Anfänge

Bereits die Umstände ihrer Geburt, so wird gerne geglaubt, verweisen auf die künftige Bestimmung großer Persönlichkeiten. Von Napoleon berichtet die Legende, seine Mutter sei am 15. August 1769 – es war der Tag Mariä Himmelfahrt – in Ajaccio auf Korsika auf einem Teppich mit Schlachtenszenen aus Homers *Ilias* niedergekommen. Aus dem Dunkel des Mutterschoßes entlassen, seien diese heroischen Bilder seine ersten Eindrücke der Welt gewesen. Den blühenden Unsinn hat die Mutter später mit dem schlichten Hinweis ins Reich der Fabel verbannt, in ihrem Haus habe es keine Teppiche gegeben.[1] Tatsächlich begleiteten andere dramatische Umstände die Geburt Napoleon Buonapartes – so die ursprüngliche, italienische Schreibung seines Familiennamens.

Drei Monate zuvor, am 8. Mai, waren in der Schlacht von Ponte Novo die Träume von korsischer Freiheit und Unabhängigkeit zerstoben. Korsika, das lange unter genuesischer Herrschaft gestanden hatte, war erst im Jahr zuvor an Frankreich abgetreten worden. Seit 1755 war es der korsischen Unabhängigkeitsbewegung unter der energischen Führung Pasquale Paolis gelungen, die Genuesen aus dem bergigen Innern der Insel zu vertreiben und deren zunehmend prekäre Herrschaft auf die Küstenorte Ajaccio, Bastia und Calvi zu beschränken. Paoli war ein politischer Visionär, der sich als der wahre Herrscher Korsikas fühlte, weil er von einer großen Mehrheit der rund 130000 Inselbewohner unterstützt wurde. Es war ein leichtes Spiel, sich gegenüber der Republik Genua durchzusetzen, die längst den Zenit ihrer Macht überschritten hatte. Umso bitterer musste für Paoli und seine Anhänger die Erkenntnis sein, dass ausgerechnet dieser Erfolg ihnen mit Frankreich nur einen neuen, wesentlich stärkeren Gegner verschafft hatte. Zwar ließ sich der Guerillakrieg für die Paolisten zunächst recht günstig an, verführte sie aber zu jenem verderblichen Übermut, der bei Ponte Novo vor dem Fall kam: Vernichtend geschlagen, flüchteten sich die überlebenden Aufständischen in die Berge. Unter ihnen waren auch Carlo Bonaparte mit seiner Frau Letizia und ihrem am 7. Juli 1768 geborenen Sohn Joseph.

Die Vorfahren der Eheleute lebten seit dem frühen 16. Jahrhundert auf Korsika. Einer seit Anfang des 17. Jahrhunderts nachweisbaren Famili-

KORSISCHE ANFÄNGE 13

entradition folgend, hatte der am 27. März 1746 zur Welt gekommene Carlo Bonaparte ein Jura-Studium an der Universität Pisa begonnen, das er aber ohne förmlichen Abschluss beendete, als er am 2. Juni 1764 die erst vierzehnjährige Letizia Ramolino heiratete. Die Familien der Brautleute gehörten zum korsischen Adel, und auch ihre bescheidenen Vermögensverhältnisse, die sie nach korsischen Maßstäben dennoch als wohlhabend auswiesen, waren vergleichbar. Es war eine Vernunftehe, keine Liebesheirat, die gleichwohl mit dreizehn Kindern gesegnet war, von denen aber nur acht überlebten. Das erste Kind, ein Sohn, der auch schon auf den Namen Napoleon getauft worden war, starb 1765 im Jahr seiner Geburt; auch das zweite Kind, ein Mädchen, starb noch im Säuglingsalter. Erst das dritte Kind, Joseph, überlebte. Napoleon war also der Zweitgeborene, eine Familienkonstellation, die zeitlebens sein bisweilen gespanntes Konkurrenzverhältnis zum älteren Bruder bestimmen sollte.

Von der frühen Kindheit Napoleons sind nur wenige verlässliche Nachrichten überliefert. Ob er tatsächlich mit sieben Jahren eine Schule in Ajaccio besuchte, wo er Lesen, Schreiben und Rechnen lernte und in die Anfangsgründe des Lateinischen und der Alten Geschichte eingeführt wurde, wie immer wieder behauptet wird, ist zweifelhaft. Entscheidender für seine frühe Erziehung war das strenge Regiment der Mutter, die den früh ausgeprägten eigenen Willen ihres Zweitgeborenen durch häufige Züchtigungen zu brechen suchte. Napoleon hat ihr das nicht nachgetragen; noch auf Sankt Helena hat er erzählt, er verdanke ihr viel, denn sie habe seinen Verstand geformt und ihm seinen Stolz vermittelt. Das mag man gelten lassen, wenn auch eher anzunehmen ist, dass Letizia ihn häufig mit strafender Hand von den Vorzügen strikter Disziplin überzeugte. Daran hat er im Unterschied zu seinen Geschwistern sein Leben lang festgehalten.

Unmittelbaren Einfluss auf die Entwicklung Napoleons hatte aber auch der ausgeprägte politische Opportunismus seines Vaters Carlo (Charles) Bonaparte, der sich nach der Niederlage von Ponte Novo nicht nur von Paoli abwandte, dem er als Sekretär gedient hatte, sondern sich auch sofort mit den neuen Machthabern arrangierte. Im Februar 1771 trat er als Assessor in den französischen Justizdienst ein. Dieser spektakuläre Seitenwechsel begann schon im folgenden Jahr Früchte zu tragen. Charles Bonaparte gehörte von Anfang an zu jenem Kreis von Kollaborateuren aus den höheren Kreisen der korsischen Gesellschaft, die Charles-René Comte de Marbeuf, von 1772 bis 1786 als französischer Militärgouverneur der eigentliche Machthaber Korsikas, in Bastia um sich scharte. Es gehörte zur Politik des *Ancien Régime*, die Eliten der Insel für

Frankreich zu gewinnen. Vermutlich war es auch dem Einfluss Marbeufs zu verdanken, dass Charles Bonaparte 1777 zum Deputierten des korsischen Adels für die Notabelnversammlung in Versailles gewählt wurde.[2] Fraglos kann hingegen Marbeufs Einsatz dafür stehen, dass die Kinder des notorisch von Geldsorgen geplagten Charles Bonaparte in den Genuss königlicher Stipendien kamen, die ihnen den Schulbesuch in Frankreich ermöglichten. Joseph wurde für das Priesteramt bestimmt, während Napoleon eine militärische Karriere einschlagen sollte. Zunächst aber mussten beide seit dem 1. Januar 1779 im burgundischen Autun eine Art Vorschule besuchen, um die französische Sprache zu erlernen.

An diesem Tag begann für den erst neunjährigen Napoleon ein Leidensweg, dessen Härten er noch in der Verbannung auf Sankt Helena lebhaft beschwor. Angeblich wurde er von den Mitschülern wegen seines fremdartigen Aussehens, seiner korsischen Herkunft und seiner eigenwilligen Aussprache des Französischen, die er bis ans Ende seiner Tage nicht ablegen sollte, gehänselt, weshalb er sich in stolze Isolation geflüchtet haben will. Allerdings soll es ihm auch gelungen sein, sich bei manchen Raufereien Respekt zu verschaffen. Das habe ihn schon früh in eine gewisse «Führungsrolle» gebracht. Inwieweit dies alles zutrifft, wissen wir nicht. Jedenfalls ist die berühmte, von Napoleon angeblich geleitete Schneeballschlacht – eine der Ikonen in Abel Gances Filmklassiker – die sich im Winter 1783–84 während der letzten Monate seines Aufenthalts an der Militärschule zu Brienne zugetragen haben soll,[3] Legende. Stattdessen verharrte er im Einzelgängertum, das er sich, diesem Alter und einer solchen Situation nur gemäß, mit allerlei Machtphantasien ausschmückte, bei denen er sich in der Nachfolge Paolis zum Helden der korsischen Unabhängigkeit träumte.[4] Überdies beschäftigte er sich mit der Lösung algebraischer Probleme oder verschlang in französischer Übersetzung – Griechisch lernte er nie, das Studium des Lateinischen war ihm ebenso zuwider wie das des Deutschen – die Doppelbiographien Plutarchs, Macphersons *Ossian* oder die militärischen Schriften des Marschalls Moritz von Sachsen.

Die fünf Jahre, die Napoleon nach der Vorschule in Autun, vom 15. Mai 1779 bis zum 17. Oktober 1784 in der kalten Fremde der von Benediktinern geleiteten Militärschule von Brienne-le-Château zubrachte, ohne Heimat oder Familie wieder zu sehen, mit der er nur in spärlichem brieflichen Kontakt stand, müssen ihm als eine erste Zeit des Exils erschienen sein. Brienne liegt im ödesten, damals von häufigen Überschwemmungen heimgesuchten Teil der unter einem oft grauen, lastenden Himmel sich erstreckenden Ebene der Champagne, in die nur

KORSISCHE ANFÄNGE 15

einige elende Dörfer eingesprengt waren. Die Militärschule, eine von einem Dutzend ähnlicher Einrichtungen im Frankreich des *Ancien Régime*, hatte rund 110 Schüler. Fünfzig von ihnen waren, wie Napoleon, königliche Stipendiaten. Sie wurden von schlecht bezahlten und entsprechend gering qualifizierten Lehrkräften unterrichtet, die ihren Zöglingen lediglich eine gewisse Allgemeinbildung vermitteln sollten.[5] Die jeweils besten Schulabgänger erhielten als Kadetten eine weiterführende Ausbildung als Offiziersanwärter bei der Artillerie, im Ingenieurswesen oder bei der Marine, die nur mittelmäßig Begabten wurden der Infanterie zugewiesen, während jene, die selbst den geringen Anforderungen der Kavallerie nicht entsprachen, wieder in ihre Elternhäuser zurückkehren mussten. Militärischen Zuschnitt hatte diese Schulerziehung allenfalls den spartanischen Bedingungen nach: Die Schüler, die in engen, jeweils nur mit einer Bettstatt, einem Wasserkrug und einer Waschschüssel ausgestatteten Zellen untergebracht waren, wurden sommers wie winters um 6 Uhr geweckt. Nach einem sehr frugalen Frühstück – Brot, Wasser sowie einige Früchte –, das im Speisesaal eingenommen wurde, begann der Unterricht. In den Vormittagsstunden wurden Latein, Geschichte, Mathematik, Geographie, Zeichnen und Deutsch unterrichtet. Dann folgte eine zweistündige Mittagspause. Das Mittagessen, ebenfalls gemeinsam eingenommen, war etwas nahrhafter, wenngleich nicht minder eintönig: in der Regel eine Suppe, ein Stück gekochtes oder gebratenes Fleisch, Salat oder Gemüse und Dessert. Am Nachmittag gab es dann die «leichteren» Fächer wie Schönschrift, Fechten, Tanz und Musik. Die Speisenfolge des Abendessens glich der der Mittagstafel. Um 22 Uhr wurden alle Schüler in ihre Schlafzellen eingesperrt.

Diesem harten Regiment entsprach es auch, dass die Schüler nur in Ausnahmefällen – bei Tod oder schwerer Erkrankung eines Elternteils – Erlaubnis erhielten, die Schule kurzzeitig zu verlassen. Umgekehrt wurde kein Zweifel daran gelassen, dass Elternbesuche durchaus unerwünscht seien. Schulferien waren nicht vorgesehen. Lediglich zwischen dem 21. August und dem 8. September gab es keinen Unterricht. Stattdessen mussten die Schüler unter Führung ihrer Lehrer lange Ausflüge in das trübselige Umland unternehmen, dem einzig die Silhouette des Schlosses von Loménie de Brienne, auf einem Hügel unmittelbar hinter der Militärschule, eine gewisse Allüre gab.

Man kann sich unschwer ausmalen, welchen Einfluss diese von strikter Disziplin bestimmte Monotonie auf die charakterliche Bildung eines lebhaften, stolzen, leicht zu Zornesausbrüchen neigenden, einzelgängerischen Kindes hatte.[6] Über seine fortgeschrittene Reife, eine

Frucht der entbehrungsreichen Jahre in Brienne, gibt ein Brief Aufschluss, den Napoleon unmittelbar nach Abschluss dieser Schulzeit am 25. Juni 1784 an seinen Onkel Joseph Fesch schrieb: Charles Bonaparte war am 21. Juni in Begleitung seines Sohnes Lucien in Brienne eingetroffen, wo er ihm das durch Napoleons bevorstehenden Abgang frei werdende Stipendium verschafft hatte. Bei dieser Gelegenheit erzählte der Vater Napoleon von der finanziellen Misere, in der sich die Familie befand, und fügte hinzu, dass sich Bruder Joseph vom Priesterberuf abgewandt habe und nun ebenfalls eine militärische Karriere anstrebe. Dass der Bruder dafür aber alles andere als geeignet sei, lässt Napoleon den Onkel zunächst mit Argumenten wissen, die jene seines Vaters paraphrasieren: Joseph betrachte den Militärberuf nur unter dem Blickwinkel eines Garnisonsoffiziers. Für das gesellschaftliche Leben dieser Leute sei er gut geeignet, nicht aber für die kämpferischen Aspekte des Metiers. Dann folgen augenscheinlich Napoleons eigene Einwände gegen Josephs beabsichtigten Berufswechsel: «Er ist für den priesterlichen Stand ausgebildet worden. Es ist jetzt zu spät, dies noch bestreiten zu wollen. Der Bischof von Autun (ein Bruder des Comte de Marbeuf) hätte ihm eine üppige Pfründe verschafft und er konnte mit Gewissheit darauf rechnen, seinerseits Bischof zu werden. Welche Vorteile hätte dies für die Familie!» Trotz dieser vielversprechenden Aussichten beharre er jedem guten Rat zuwider darauf, eine Karriere zu beginnen, für die ihm alle notwendigen Talente fehlten. Wenn er zur Marine wolle, müsse er wenigstens zwei Jahre lang Mathematik pauken, von der er nichts verstehe. Außerdem neige er zur Seekrankheit. Entschiede er sich stattdessen für das Ingenieurwesen, dann brauche er mindestens vier bis fünf Jahre, um in die Anfangsgründe einzudringen, danach aber stünde er doch immer noch am Beginn einer Karriere. Außerdem wäre er gezwungen, den ganzen Tag zu arbeiten, ein Erfordernis, das sich mit seinem leichtsinnigen Charakter nie vereinbaren lasse. Entsprechendes gelte übrigens auch, wenn er die Laufbahn eines Artillerieoffiziers einschlagen wollte, selbst wenn hier die Ausbildungszeit bis zum untersten Offiziersgrad nur 36 Monate betrage. Bliebe also nur die Infanterie. Mit anderen Worten: «Er will den ganzen Tag mit Nichtstun verbringen, möchte von morgens bis abends nur Pflaster treten und, was noch schlimmer ist, was stellt ein kleiner Infanterieoffizier schon vor? Dreiviertel der Zeit ist er ein elendes Subjekt und das ist genau das, was weder mein lieber Vater, noch Sie, noch meine Mutter oder gar mein lieber Onkel, der Erzdiakon (Lucien) wollen, zumal er schon jetzt erste Anzeichen von Leichtfertigkeit und Verschwendung hat erkennen lassen.»[7]

In dieser erschreckend hellsichtigen und von kühler Pragmatik gekennzeichneten Analyse, die der noch nicht fünfzehnjährige Napoleon von seinem gerade ein Jahr älteren Bruder Joseph gibt, tritt einem nicht nur die Eifersucht auf den Erstgeborenen entgegen; es zeigen sich bereits wichtige Wesenszüge, die den späteren General, den Ersten Consul und schließlich den Kaiser charakterisieren werden. Dieser Fünfzehnjährige ist noch nicht erwachsen, aber sein Brief macht zwischen den Zeilen deutlich, dass er eine Verantwortung vor sich sieht, die ihn vor der Zeit als Mann fordern wird. Nie spricht er aus, dass er offenbar schon in diesen Jahren keine hohe Meinung von seinem allzu opportunistischen Vater hatte, der als rechter Hans Dampf, ewiger Projekteschmied und Prozesshansel das bescheidene Familienvermögen verschwendete. Umso größer war der Zorn auf Joseph, der als Ältester die Pflicht hatte, den Familienclan vor Bankrott und Schande zu bewahren, sich aber aus schierer Leichtfertigkeit dieser Verantwortung entzog. Schon jetzt, so beweist dieser Brief vor allem, war er bereit und willens, als Zweitgeborener die Pflichten des Erstgeborenen auf sich zu nehmen und für die Familie zu sorgen. Mit diesem Bündel verließ er im Oktober 1784 Brienne, langte gegen Ende des Monats in Paris an und trat als «cadet gentilhomme» in die *École Militaire* ein, die in dem dreizehn Jahre zuvor fertiggestellten Prachtbau am Champ de Mars untergebracht war.

Verglichen mit Brienne waren die Zustände hier auf den ersten Blick geradezu luxuriös. Um das Wohl und Wehe der 215 Kadetten kümmerten sich nicht nur dreißig Professoren und ein Bibliothekar, sondern auch Priester, Reitlehrer, Stall- und Pferdeknechte, Waffenschmiede, Ärzte und Pfleger, Pförtner und Wachpersonal, Lampenanzünder, Schuh- und Perückenmacher, Gärtner, Köche, Küchenhilfen und sonstige Dienerschaft.[8] Die Kadetten bekamen zweimal im Jahr, am 1. Mai und am 1. November, eine eigene blaue Uniform mit rotem Kragen und weißen Handschuhen gestellt, wie sie auch an den Kadettenanstalten in der Provinz getragen wurde. Die Unterbringung entsprach dem frugalen Standard, der in Brienne gegolten hatte, weshalb sich Napoleons gegenüber Las Cases auf Sankt Helena gemachte Bemerkung wohl nur auf die Vielfalt und die Qualität der hier gereichten Speisen bezog: «In der *École Militaire* wurden wir ganz verschwenderisch ernährt und bedient, ja, man betrug sich uns gegenüber in jeder Hinsicht so wie man sich gegenüber Offizieren von großem Reichtum verhält, gewiss von größerem Vermögen, als die meisten unserer Familien vorzuweisen hatten und sicherlich weitaus mehr, als die meisten von uns später je würden aufweisen können.»[9]

Im übrigen war das schulische Regiment nicht weniger rigide als in Brienne – der Unterricht dauerte von sieben Uhr früh bis sieben Uhr abends. Zugleich aber waren die Leistungsanforderungen an der *École Royale* wesentlich höher: Der Stundenplan umfasste Mathematik, Geographie, Geschichte, französische Grammatik, Festungsbau, Zeichnen, Fechten und Tanzen. Außerdem wurden die Kadetten jeden Tag gedrillt, Schieß- und Geländeübungen gab es jeweils Donnerstags und Sonntags. Wie in Brienne lagen Napoleons Leistungen in Mathematik weit über dem Durchschnitt der meisten Mitschüler; auch war er ein begeisterter Fechter, während Zeichnen und Tanzen nicht zu seinen Stärken zählten. Laut Reglement erhielten die Kadetten grundsätzlich keine Genehmigung, die Anstalt für Ausflüge, beispielsweise nach Paris, zu verlassen, Zuwiderhandlungen wurden mit Haftstrafen geahndet.

Eben als Napoleon sich in der *École Royale* eingelebt hatte, starb Charles Bonaparte am 24. Februar 1785 in Montpellier an Magenkrebs. Die Todesnachricht erreichte den Sohn Anfang März, man darf aber bezweifeln, dass sie ihn besonders bewegt hat.[10] Charakteristischerweise galt seine erste und einzige Sorge jetzt dem materiellen Wohlergehen der Mutter, die eine vielköpfige Familie versorgen musste. Joseph hatte unterdessen den väterlichen Wünschen entsprochen und in Pisa ein Jurastudium aufgenommen. Auch Lucien war von den Zuwendungen der Witwe abhängig. Er besuchte mittlerweile in Aix-en-Provence das Priesterseminar, während der siebenjährige Louis, die fünf Jahre alte Pauline, die dreijährige Caroline und der gerade ein Jahr alte Jérôme noch bei der Mutter in Ajaccio lebten. Außer für Napoleon war lediglich für seine Schwester Elisa gesorgt, die, ebenfalls auf Kosten des Königs, bei den Nonnen in St. Cyr bei Paris zur Schule ging. In einem Brief vom 28. März 1785 bat Napoleon seinen Großonkel, den Erzdiakon Lucien – dank seines Geizes der Einzige in der engeren Verwandtschaft, der über ein gewisses Vermögen verfügte – «die Stelle des Vaters einzunehmen, den wir verloren haben».[11] Dass die Vormundschaft des geizigen Verwandten weder eine gute noch eine dauerhafte Lösung für die vielen Familienprobleme sein würde, war Napoleon bewusst. Aber solange er die *École Militaire* besuchte und über kein eigenes Einkommen aus einer Offiziersstelle verfügte, blieb ihm keine andere Wahl. Deshalb musste er so schnell wie möglich sein Studium in Paris beenden. Normalerweise dauerte es zwei Jahre, um das erforderliche Pensum zu bewältigen; nicht selten benötigten die Kadetten aber auch drei oder gar vier Jahre. Napoleon gelang dies in knapp einem Jahr: Als 42. von 58 Kandidaten bestand er im September 1785 die Offiziersprüfung. Am 30. Oktober verließ er Paris, um sich beim Artillerieregiment de la Fère zu melden, das

KORSISCHE ANFÄNGE 19

Carlo Bonaparte

Letizia Bonaparte

im südfranzösischen Valence stationiert war. Dort sollte er im Rang eines Unterleutnants seinen Militärdienst antreten.[12]
Diese erste Garnisonszeit wird sich, abgesehen von der Ausbildung zum Artilleristen, kaum von den Jahren unterschieden haben, die er in Brienne oder Paris zugebrachte hatte. Jetzt freilich war er nicht mehr Mündel und Schüler zumeist inkompetenter Lehrer, sondern, zumindest in der reichlich bemessenen dienstfreien Zeit, Herr seiner eigenen Entschlüsse. Er versagte es sich aber, die ungewohnte Freiheit zu nutzen, ihm bislang unbekannte Seiten des Lebens zu erkunden, sich wie seine Kameraden den harmlosen Zerstreuungen einer Provinzstadt hinzugeben oder erste Frauenbekanntschaften zu machen. Der Grund für diese Askese lag weder in seiner Schüchternheit noch in seinem übersteigerten Lern- und Diensteifer. Es lag ihm vielmehr daran, so viel Geld wie irgend möglich von seinem schmalen Sold – alle Zulagen eingerechnet rund 920 *Livres* pro Jahr[13] – für die in Ajaccio darbende Familie zu erübrigen. «Alle familiären Sorgen», so bekannte er später, «haben mir meine Jugendjahre verdorben; sie haben sich auf meine Stimmung ausgewirkt und mich vor der Zeit ernst werden lassen.»[14] Dieser Ernst fand seinen Niederschlag in ersten literarischen Zeugnissen, die sich erhalten haben: etwa in einem Manuskript, das mit viel Pathos die jüngste Geschichte Korsikas und das Wirken Paolis beschwört, das aber vor allem zeigt, wie stark dieser Gegenstand seiner jugendlichen Träume ihn noch immer beschäftigte; außerdem ein seinem Lebensalter wie der

grassierenden Werther-Mode geschuldetes larmoyantes Fragment über den Selbstmord und ein Aufsatz, in dem er eine gegen Rousseau veröffentlichte Schrift kritisiert und zurückweist.[15] Alle diese Hervorbringungen sind nur deshalb von einigem Interesse, weil Napoleon sie geschrieben hat. Davon abgesehen sind es nur hastig hingeworfene, uninspiriert formulierte und wegen ihres «hohen Tons» und ständiger Wiederholungen ermüdende Nichtigkeiten, die als zwanghafter Zeitvertreib einer zwar gequälten, literarisch aber völlig untalentierten Seele erscheinen. Sein damaliges Befinden fasste Napoleon einmal in die Worte: «Selbst wenn ich nichts zu tun hatte, plagte mich der vage Gedanke, dass ich keine Zeit verlieren dürfe.»[16] Damit beschrieb er eine Obsession, die seinen Charakter wie sein als verschlossen geschildertes Wesen umso mehr prägen musste, als er für sie weder ein Ventil noch ein Ziel hatte. «Welche Wut treibt mich, meine Selbstzerstörung zu wünschen? Was soll ich auf dieser Welt beginnen? Da ich nun einmal sterben muss, wäre es dann nicht besser, selber Hand an sich zu legen?», heißt es in dem Fragment über den Selbstmord. Gut, dass solche spätpubertäre Rhetorik selten die Folgen hat, die sie ankündigt. Von früh an in seinem Leben – das immerhin zeigen jene ersten literarischen Arbeiten – fühlte er sich vom *amor fati* getrieben, von dem Drang, dem eigenen Leben einen unverwechselbaren gestalterischen Sinn zu geben. In dieser ersten Zeit seines Garnisonsdienstes in Valence war für Napoleon nur noch nicht entschieden, welche Richtung er einschlagen solle – die künstlerisch-literarische oder die militärisch-politische –, damit dieser *amor fati* sich seinen Talenten entsprechend entfalten könne.

Dahinter verbarg sich eine ältere Ungewissheit, die sich jetzt mit neuem Ungestüm meldete: Verwies ihn seine Bestimmung auf Korsika oder auf Frankreich, sollte er sich als Korsen oder als Franzosen empfinden? Angesichts der Hänseleien seiner Schulgenossen in Brienne und auch abgestoßen von dem ihn tief befremdenden Adelsstolz seiner französischen Mitkadetten in Paris, hatte er sich in sein korsisches Heimatgefühl geflüchtet. Dass er aber Unterleutnant geworden war und in der Waffengattung seiner Wahl, der Artillerie, diente, das verdankte er allein Frankreich. Die militärische Karriere, die er so früh und so glücklich begonnen hatte und von der er später in seinem Leben, als ihm die große Wirkung seiner Selbststilisierung längst zur virtuos gehandhabten Gewohnheit geworden war, behauptete, er habe von Geburt an keine andere Wahl gehabt,[17] ließ sich nur in und mit Frankreich realisieren. Solche Zweifel trugen erheblich dazu bei, sein damaliges Empfinden fiebriger Existenzungewissheit zu steigern. Erleichterung verschaffte ihm ein erster längerer Aufenthalt auf Korsika, wohin er im August 1786 nach fast achtjähriger Abwesenheit aufbrach.

Als Napoleon am 15. September 1786 in Ajaccio eintraf, sah er nicht nur zum ersten Mal die meisten seiner jüngeren Geschwister – lediglich Elisa war ihm vertraut, und Luciens Aufenthalt in Brienne hatte sich für einige Monate mit dem seinen überschnitten –, sondern ihn überfiel jetzt unmittelbar die materielle Misere, in der seine Mutter leben musste. Von den finanziellen Abenteuern Charles Bonapartes erwies sich vor allem eines als besonders schwerwiegend. Auf das Versprechen, staatliche Subventionen zu erlangen, hatte der Vater erhebliche Mittel in die Anlage einer Maulbeerbaumschule investiert, da auf Korsika eine Seidenraupenzucht in großem Stil aufgezogen werden sollte. Wegen der notorischen Finanzkrise des *Ancien Régime* blieben jedoch die Subventionen aus, und der schöne Plan einer korsischen Seidenproduktion löste sich in Luft auf. So blieb die angelegte Maulbeerbaumpflanzung nutz- und wertlos zurück, ihr Unterhalt aber war kostspielig. Noch in seiner letzten Lebensphase hatte Charles Bonaparte die Hoffnung nicht aufgegeben, die Pariser Regierung wenigstens zu einer angemessenen Entschädigung seiner Ausgaben zu bewegen. Diese Aufgabe fiel nun Napoleon zu. Bald stellte sich aber heraus, dass diese Angelegenheit in der Urlaubsfrist nicht zu lösen war. So kam er am 21. April 1787 mit Hinweis auf seinen angegriffenen Gesundheitszustand um deren Verlängerung für weitere fünf Monate bis zum 1. Dezember 1787 ein, die ihm anstandslos bewilligt wurde.[18] Schließlich wurde ihm auf sein Bitten hin Urlaub bis zum 1. Juni 1788 gewährt. Das war erstaunlich, denn für gerade einmal zehn Monate Militärdienst wurde er damit alles in allem 21 Monate frei gestellt!

Nachdem der junge Bonaparte in Korsika vergeblich alle Fäden gezogen hatte, um die leidige Subventionsfrage der Maulbeerbaumschule zu klären, reiste er nach Paris, wo er Anfang Oktober 1787 eingetroffen sein dürfte, um hier in direkten Verhandlungen mit Regierungsstellen eine Lösung zu erreichen.[19] Während dieses Aufenthalts erhielt er zum ersten Mal einen Eindruck von der Stadt und bandelte im Palais Royal, der Stätte des Vergnügens und der Ausschweifung,[20] mit einer Prostituierten an, die dem Siebzehnjährigen die «Jungfräulichkeit» nahm. Es war für Napoleon ein Erlebnis mit gemischten Gefühlen, das keineswegs die sexuelle Erweckung bedeutete, von der in der «Beichte» die Rede ist, die er als guter Schüler seines damaligen Idols Rousseau einige Tage später niederschrieb.[21] Charakteristischerweise nennt er darin Neugier und Mitleid als die Motive, die ihn dazu bewegt hätten, jenes Mädchen anzusprechen: «Ihre Schüchternheit machte mir Mut und ich sprach sie an ... Ich sprach sie an, obwohl ich jemand bin, der mehr als jeder andere von der Verderbtheit ihres Tuns überzeugt ist, halte ich mich doch immer schon durch einen einzigen Blick für beschmutzt ... Aber ihr blasses Gesicht, ihre magere Gestalt, ihre zarte Stimme ließen mich nicht einen Augenblick zögern».[22] Diese erste Begegnung mit dem anderen Geschlecht endete damit, dass Napoleon, der sich laut seiner «Beichte» nur über das Schicksal des Mädchens erkundigen wollte, der Verführte war. Bis zur Begegnung mit Joséphine de Beauharnais kam nur noch eine solche Erfahrung hinzu. Das war Désirée Clary, die Tochter eines reichen Kaufmanns, deren ältere Schwester Bruder Joseph geheiratet hatte. Ursache für diese Zurückhaltung Napoleons dürfte vor allem seine ausgesprochene Menschenscheu gewesen sein, die ihn ein Leben lang jegliche Intimität fürchten ließ. Später war es die große Stärke Joséphines, diese Scheu zu überwinden, die wohl daher rührte, dass er ein durch die Mutter geprägtes Bild von den Frauen hatte, denen er zeitlebens mit linkischem Respekt begegnete.[23]

Napoleons Demarchen wegen der Maulbeerbaumpflanzung blieben ebenso erfolglos wie die früheren Versuche des Vaters. Als er am Neujahrstag 1788 nach Ajaccio zurückkehrte, stellte sich daher die finanzielle Misere des Clans noch düsterer dar. Napoleon fiel nun endgültig die Rolle des Ernährers und Clanchefs zu, die ihm Joseph nicht streitig machen konnte oder wollte, zumal er erst im Frühsommer 1788 sein Jurastudium in Pisa beendete. Ende Mai 1788 verließ Napoleon Korsika, um sich zu seinem Regiment im burgundischen Auxonne zu begeben. Hier setzte er die ihm vertraute spartanische Lebensweise fort und mietete eine nur mit Bett, Schreibtisch und Lehnstuhl möblierte Kammer. Da die Dienstpflichten in Auxonne wesentlich geringer waren als in Valence, konnte er sich mit noch größerem Eifer als zuvor seinen Studien widmen. Welches Pensum er während der rund fünfzehn Monate in Auxonne durchackerte, darüber geben die 27 Notizhefte Aufschluss, die er in dieser Zeit mit Lektürefrüchten und eigenen Elaboraten füllte. Auxonne war gewissermaßen seine «Universität». Von morgens um 4 Uhr bis abends um 10 Uhr, unterbrochen nur von einem kargen Mahl, das er gegen 3 Uhr nachmittags einzunehmen pflegte,[24] saß er über seinen Büchern, rastlos lesend, exzerpierend oder eigene Gedanken formulierend.

Anhand der Notizen lassen sich vier große Interessengebiete unterscheiden. Zunächst galt sein Augenmerk jenen militärtheoretischen Schriften der Zeitgenossen, die sich dem taktischen Einsatz der Artillerie widmeten und deren Kenntnis seiner eigenen Karriere in dieser Waffengattung von Vorteil sein konnte. Mit dem intensiven Studium der Werke von Gribeauval, Vallière, Surirey de Saint-Rémy, du Teil und Guibert erwarb er sich rasch ein Detailwissen,[25] mit dem er seine Vorgesetzten verblüffte. Wesentlich umfangreicher waren die universalhistorischen, naturhistorischen oder geographischen Studien.[26] Thematisch eng damit verwandt ist Napoleons Beschäftigung mit Werken und Aufsätzen zur damaligen politischen Situation Frankreichs.[27] Sein andauerndes Interesse an Korsika bezeugt ein Notizheft, das unter dem Titel *Nouvelle Corse* ein merkwürdiges literarisches Fragment Napoleons enthält.[28]

Während seines Aufenthalts in Ajaccio hatte Napoleon umfangreiches Material für eine Geschichte der Insel gesammelt,[29] mit deren Vorarbeiten er bereits in Valence begonnen hatte. Spätestens im Sommer 1788 scheint sein korsischer Patriotismus durch die Erlebnisse und Begegnungen auf der Heimatinsel neu entflammt zu sein. So verkehrte er damals freundschaftlich mit dem fast gleichaltrigen Advokaten und glühenden korsischen Nationalisten Carlo-Andrea Pozzo di Borgo,[30] der wenig später sein Todfeind werden sollte und dessen Clan die Bonapartes nach korsischer Sitte *vendetta* schworen. Zum Vorschein kam dieser Patriotismus aber erst mit der Einberufung der Generalstände nach Versailles, die dem Ausbruch der Revolution unmittelbar vorausging und die Frankreich in einen Zustand fiebriger Erwartung stürzte. Napoleon wollte diese Gärung ausnutzen und durch eine flammende Schrift Öffentlichkeit wie Regierung auf das drückende Los seiner Landsleute hinweisen. Diese Absicht wird in dem berühmten Brief vom 12. Juni 1789 an den im Londoner Exil lebenden Paoli angedeutet: «General, ich wurde geboren, als das Vaterland unterging. Dreißigtausend Franzosen, die über unsere Küsten hereinbrachen, ertränkten den Thron der Freiheit in Strömen von Blut. Das war das schreckliche Schauspiel, das mir als erstes unter die Augen trat. – Die Schreie der Sterbenden, das Klagen der Unterdrückten, die Tränen der Verzweifelten umgaben meine Wiege seit meiner Geburt. – Sie verließen unsere Insel und mit Ihnen verschwand die Hoffnung jeglichen Glücks. Sklaverei war der Preis unserer Unterwerfung. Zerschmettert von dem dreifachen Joch des Militärs, des Gesetzgebers und des Steuereintreibers, leben unsere Landsleute ihr verachtetes Leben ... verachtet von denen, die alle Macht der Herrschaft in Händen halten.»[31] Napoleon erhielt weder eine Antwort Paolis auf dieses bereits vom Pathos der kommenden Revolution durchtränkte Schreiben, noch gelangte die angekündigte Schrift an die Öffentlichkeit.[32]

Die lange Inkubationszeit seines korsischen Patriotismus endete, als er im Sommer 1789 erneut zum Besuch seiner Heimat beurlaubt wurde. Am 9. September brach er auf. Über Valence und Lyon reiste er nach Marseille und machte dort dem *abbé* Raynal, dem Verfasser der von ihm bewunderten *Histoire philosophique et politique des etablissements et du commerce des Européens dans les deux Indes*, seine Aufwartung. Ende September traf er in Ajaccio ein. Nachrichten vom Geschehen bei der Versammlung der *États Généraux* in Versailles und vom Sturm auf die Bastille am 14. Juli 1789 waren längst nach Korsika gelangt und hatten auch hier die Gemüter erregt. Dabei gerieten aber die politischen Fronten in eine für die Zustände auf der Insel typische Verwirrung. Persönliche, aber politisch kostümierte Interessen überkreuzten sich mit den Gegensätzen zwischen der kleinbäuerlichen Landbevölkerung und den grundbesitzenden Schichten, die zumeist in den kleinen Städten den Ton angaben.[33] Traditionelle Clan-Rivalitäten und die mit der Revolution auftretenden weltanschaulichen Auseinandersetzungen machten das Bild noch diffuser. Schneller noch als in Frankreich sahen sich die royalistischen Kräfte von der überwältigenden Mehrheit der Revolutionsanhänger zurückgedrängt, auch wenn erst nach und nach klar wurde, dass höchst unterschiedliche Ziele verfolgt wurden. Nach französischem Vorbild wurde auf der Insel eine Konstituierende Versammlung einberufen, nach deren erstem Beschluss Korsika künftig nicht mehr als erobertes Land, sondern als integraler Bestandteil Frankreichs zu gelten habe. Im Februar 1790 verabschiedete dieselbe Versammlung eine Amnestie für Paoli und forderte den Rebellen zur Rückkehr aus seinem Londoner Exil auf.

Beide Beschlüsse waren unmittelbar aufeinander bezogen: der zweite gibt einen klaren Hinweis darauf, worauf der erste zielte: Paoli, so die Überlegung vieler, zu denen man auch Napoleon rechnen darf, der sich schon in die Rolle eines jungen «Leutnants» des alten korsischen Freiheitshelden hineinträumte, sollte Chef eines innerhalb des französischen Staatsverbands weitgehend autonomen Korsika werden. In welcher Exaltation Napoleon damals gewesen sein muss, lässt ein Text ahnen, den er zwei Jahre zuvor während seines Aufenthalts in Paris zu Papier gebracht hatte: *Sur l'amour de la Patrie*.[34] Dieses inhaltlich belanglose Fragment, das antike, besonders spartanische Größe rhapsodisch besingt, ist nur bemerkenswert wegen der Abschätzigkeit, mit der Frankreich bedacht wird. Ohne es bei Namen zu nennen, heißt es gleich anfangs: «Was wenigstens außer allem Zweifel steht, ist die Tatsache, dass ein Volk, das nur der Galanterie verfallen ist, selbst jene Kraft verloren hat, die es braucht, um zu erkennen, dass es so etwas wie einen Patrioten geben könne.»

Die politische Gleichstellung Korsikas mit den anderen französischen Provinzen, für deren Belange Napoleon sich sofort heftig engagierte, fand ihren einflussreichen korsischen Widersacher im Comte de Buttafoco.³⁵ Buttafoco war es gewesen, der Rousseau 1764 aufgefordert hatte, für Korsika eine Verfassung zu entwerfen. Das hatte damals einiges Aufsehen erregt und dem Comte den Anstrich eines korsischen Patrioten verschafft. Paoli ernannte ihn zu seinem Bevollmächtigten bei den Verhandlungen mit Frankreich, die Buttafoco veranlassten, im glatten Widerspruch zu seinen Instruktionen dem Duc de Choiseul eine Annexion der Insel nahe zu legen. Dieser Verrat machte ihn zur *bête noire* der korsischen Patrioten, die dennoch nicht verhindern konnten, dass Buttafoco als Vertreter des korsischen Adels im Juni 1789 zur Versammlung der Generalstände nach Versailles entsandt wurde. Hier gelang es ihm, auch den Deputierten des Inselklerus, *abbé* Peretti, für seine pro-französischen Ansichten zu gewinnen, während die beiden Abgeordneten des Dritten Standes von Korsika, Salicetti und der Comte Colonna de Cesari Rocca, ein Neffe Paolis, die Linie der korsischen Patrioten vertraten.

Die politischen Gegensätze zwischen den korsischen Deputierten wirkten sich auf der Versammlung der Generalstände besonders nachhaltig aus, da man in Versailles mit weitaus wichtigeren Dingen beschäftigt war als dem künftigen Status von Korsika. Den beiden Vertretern des Dritten Standes der Insel war ein Projekt mitgegeben worden, das ein gewähltes Komitee ausgearbeitet hatte: die *Assemblée d'État*, die eine Autonomie im Sinne der korsischen Patrioten vorsah. Der französische Kommandant der Insel hatte daraufhin eine Versammlung mobilisiert, die einen gegenteiligen Beschluss verabschiedete. So stand es, als Napoleon in Ajaccio erschien. Er stürzte sich mit seinem Bruder Joseph unverzüglich in den Meinungskampf, predigte den Bürgern der Stadt das Evangelium der dreifarbigen Kokarde und agitierte sowohl für die Einrichtung eines politischen Clubs wie für die Aufstellung einer Nationalgarde – Aktivitäten, die weder dem französischen Militärgouverneur gefallen konnten noch sich mit Napoleons Stellung als Offizier der französischen Armee vereinbaren ließen. Angesichts der freudigen Erregung, seiner Rastlosigkeit endlich ein Ziel geben zu können, wird das dem jungen Mann ziemlich gleichgültig gewesen sein. Es kam, wie es kommen musste: Französische Truppen wurden nach Ajaccio verlegt, der Belagerungszustand wurde über die Stadt verhängt, der Club verboten und die Nationalgarde aufgelöst.³⁶

Angesichts dieser Entwicklung behielten Napoleon und seine Mitstreiter erstaunlicherweise kühlen Kopf. Die Kräfteverhältnisse waren zu eindeutig verteilt, einen Bürgerkrieg der Patrioten gegen die frankreichtreuen Korsen hätten letztere leicht für sich entschieden. Als Ausweg bot sich an, den Nachweis zu liefern, dass nicht die Patrioten, sondern die mit dem Militärgouverneur verbündeten korsischen Royalisten illegal gehandelt hatten. Diesem Zweck diente eine von Napoleon redigierte Adresse, die den in Versailles tagenden und mittlerweile als Nationalversammlung firmierenden vormaligen *États Généraux* zugesandt werden sollte. Um seine Hauptverantwortung für dieses Schriftstück richtig zur Geltung zu bringen, unterschrieb Napoleon als erster: «Buonaparte, officier d'artillerie». Der Eröffnungssatz glich einer Kanonensalve: «Sobald die Machthaber sich eine Autorität anmaßen, die im Widerspruch zum Gesetz steht, sobald Abgeordnete ohne Mandat für sich in Anspruch nehmen, im Namen des Volkes zu handeln, wenn sie sich gegen dessen Ansichten aussprechen, dann ist es den Einzelnen erlaubt, sich zu versammeln, Widerspruch einzulegen und auf diese Weise der Unterdrückung Widerstand entgegen zu setzen.»[37] Sodann wird der anhängige Konflikt in extenso erläutert und die Versammlung aufgefordert, die Wünsche der korsischen Patrioten durch einen entsprechenden Beschluss zu unterstützen. Um dieser Demarche den in revolutionären Zeiten unerlässlichen Effekt zu geben, wurde ihre Verabschiedung in Bastia mit einem kleinen Volksaufstand gegen Barrin, den Intendanten der französischen Zivilverwaltung, garniert, bei dem Napoleon vermutlich seine Hand im Spiel hatte. Der Intendant ließ Soldaten aufmarschieren, Schüsse fielen und Patriotenblut floss. Diese Vorgänge verfehlten, sobald sie in Versailles bekannt wurden, nicht die beabsichtigte Wirkung. Auf Antrag des Abgeordneten Salicetti, der dabei von dem Philosophen Volney, einem der Sekretäre der Versammlung, unterstützt wurde, beschloss die Konstituante, Korsika den übrigen französischen Provinzen in allen Belangen, Rechten und Pflichten gleichzustellen. Außerdem wurde für alle Anhänger Paolis und ihn selbst eine Amnestie verkündet.

Das war ein bemerkenswerter Erfolg für die Sache der korsischen Patrioten, die die überwältigende Mehrheit der Inselbevölkerung stellten. Dass Napoleon an dieser «Befreiung» Korsikas durch Frankreich einen erheblichen Anteil hatte, war um so mehr geeignet, seinen politisch-patriotischen Enthusiasmus zu erhitzen, als er sich gleichzeitig damit vom Verdacht der Illoyalität reinigen konnte. Das änderte gleichwohl nichts daran, dass er sich in der Folgezeit durch den Eifer, mit dem er die pünktliche Umsetzung dieses Beschlusses der Nationalversammlung einforderte, bei den französischen Inselbehörden denkbar unbeliebt machte. So schrieb der Kommandant von Ajaccio, La Féraudière, am 26. Dezember 1789 an den Kriegsminister in Paris: «Dieser junge Offizier wurde an der *École Militaire* erzogen, seine Schwester ist in Saint-Cyr und seine Mutter wurde mit Wohltaten der Regierung förmlich überschüttet; er wäre besser bei seinem Regiment aufgehoben, denn hier sorgt er ohne Unterlass für Unruhe.»[38] Tatsächlich war Napoleon damit beschäftigt, seinem Clan in Ajaccio eine politische Basis zu schaffen. Die bevorstehenden Kommunalwahlen lieferten dafür den willkommenen Vorwand. Der zu wählende Stadtrat sollte vorzüglich aus Freunden und Anhängern des Bonaparte-Clans bestehen. Es gelang, einen seiner Neffen auf den Stuhl des Bürgermeisters zu setzen, während Bruder Joseph zum Stadtverordneten gewählt wurde. Er selbst beschied sich damit, einfaches Mitglied der Nationalgarde zu werden. Auch so konnte er die weitere Entwicklung beeinflussen, musste doch sicher gestellt werden, dass das als nächstes zu wählende Direktorium des Départements mit korsischen «Patrioten» besetzt wurde. Im übrigen galt es abzuwarten, bis Paoli aus seinem Exil zurückgekehrt war und die Führung Korsikas übernahm.[39]

Unterdessen neigte sich Napoleons Beurlaubung ihrem Ende zu. Er bat deshalb am 16. April 1790 um Verlängerung von vier Monaten bis zum 15. Oktober, die ihm auch umstandslos gewährt wurde.[40] Bis zum Eintreffen Paolis arbeitete er weiter emsig daran, die politische Position seines Clans in Ajaccio zu festigen. Diesem Zweck diente u.a. die Vorbereitung einer Versammlung der korsischen Wahlmänner für den September in Orezza, auf der sich Joseph und Onkel Fesch als Kandidaten des Wahlkreises von Ajaccio für die künftige Gesetzgebende Versammlung Korsikas vorstellen sollten. Alles weitere würde jedoch von der Unterstützung Paolis, des *babbo*, abhängen. Kaum hatte der am 17. Juli in Maginajo korsischen Boden betreten, trafen Joseph und Napoleon mit ihm in Ponte-Novo zusammen.[41]

Leider gibt es keinen Bericht darüber, was bei dieser ersten Begegnung zwischen dem Idol und seinem glühenden Bewunderer gesprochen wurde. Vermutlich blieb der *babbo* sehr reserviert gegenüber den beiden «Söhnen von Charles». Vor allem Napoleon trat er mit erheblichem Misstrauen gegenüber. Napoleon blieb diese Kälte nicht verborgen. Er setzte deshalb alles daran, Paoli von seinen lauteren Absichten zu überzeugen und ihn für sich zu gewinnen. Wie die weitere, gut dokumentierte Entwicklung ihrer Beziehung zeigt, haben alle Anstrengungen jedoch nichts gefruchtet. Er konnte sich damals noch keine plausible Alternative zu seiner Selbstverwirklichung im korsischen Patriotismus vorstellen, weshalb er auf die Anerkennung des *babbo* angewiesen blieb.

Die Versammlung von Orezza zwischen dem 9. und 27. September 1790 machte die neuen Machtverhältnisse auf der Insel deutlich: Paoli wurde zum gleichsam unumschränkten Herrscher Korsikas bestellt. Dass ihn die Bonapartes dabei unterstützten, änderte nichts daran, dass Josephs

Ehrgeiz, eines der vier Mitglieder des Départementaldirektoriums zu werden, enttäuscht wurde; dessen Plätze erhielten ausnahmslos Vertraute des *babbo*, während Joseph sich noch glücklich schätzen durfte, wenigstens ins Direktorium des Distrikts von Ajaccio gewählt zu werden.[42] Die Bonapartes wurden von den anderen Clans, die sich seit je um Paoli geschart hatten, auf Distanz gehalten. Die Absicht war jedem Kenner der korsischen Verhältnisse klar: Während man mit Lippenbekenntnissen seine unverbrüchliche Anhänglichkeit an die neuen, durch die Revolution in Frankreich geschaffenen politischen und gesellschaftlichen Verhältnisse versicherte, konnte man umso ungestörter daran arbeiten, die Insel nach den eigenen Interessen und ganz im Geist der alten patriarchalischen Ordnung zu organisieren. Es war nur eine Frage der Zeit, bis Paoli und seine Anhänger in einen unüberbrückbaren Gegensatz zum neuen Frankreich geraten würden, dem der *babbo* ohnehin mit kaum verhüllter Abneigung begegnete.[43]

Napoleon blieb in seinem Irrtum befangen. Einerseits versuchte er beharrlich, die Gunst des *babbo* zu erlangen; andererseits schloss er sich den korsischen «Jakobinern», den enragierten Revolutionsfreunden, an, deren stärkstes Band der gemeinsame Hass auf den als «antipatriotisch» geltenden Abgeordneten Buttafoco war. Napoleon gab diesem Hass in einem Brief Ausdruck, den er im Club zu Ajaccio unter dem Jubel der Anwesenden vorlas.[44] Diese drängten ihn dazu, das Schreiben drucken zu lassen, um dessen Verbreitung zu gewährleisten. Am 14. März 1791, inzwischen nach Auxonne zurückgekehrt, schickte er gleich mehrere Exemplare an Paoli. Die Antwort des *babbo* muss ihn tief getroffen haben. «Machen Sie sich nicht die Mühe, die Machenschaften eines Buttafuoco (sic) aufdecken zu wollen. Dieser Mann kann von einem Volk nicht geachtet werden, das seit je die Ehre geschätzt und das augenblicklich seine Freiheit wiedererlangt hat. Allein seinen Namen genannt zu sehen, wird ihm ein Vergnügen bereiten. Er kann auf keinen anderen Ruhm mehr hoffen, als auf den, nach dem der Brandstifter des Tempels von Ephesos strebte. (...) Überlassen Sie ihn getrost der öffentlichen Verachtung oder Gleichgültigkeit.»[45]

Selbst diese fast beleidigende Abfuhr brachte Napoleon nicht zur Einsicht, dass er sich mit seinem korsischen Engagement in eine Sackgasse verrannt hatte. So leckte er seine Wunden und hoffte auf die Zukunft. Tatsächlich hatte er auch keine andere Wahl, denn um seine Mutter zu entlasten, hatte er seinen dreizehnjährigen Bruder Louis mit nach Auxonne genommen. Die Gegenwart des kleinen Bruders schränkte seine ohnehin bescheidenen Lebensumstände noch mehr ein. Von 93 *livres* Monatssold musste die Miete für zwei primitive Kammern, Essen und

Kleidung bezahlt werden. Als Napoleon im Juni 1791 zum Leutnant befördert wurde, stieg sein Monatssold zwar auf 100 *livres*, aber diese Zulage wurde von den Ausgaben für eine neue Uniform mehr als aufgebraucht. Damals machte er zum ersten Mal Schulden.[46]
Als Leutnant wurde Napoleon zu einem anderen Regiment versetzt, das im schon vertrauten Valence stationiert war. Neben seinen gewohnten Lektüren und Schreibarbeiten frequentierte der junge Offizier jetzt auch die Sitzungen der hier ansässigen *Société des amis de la Constitution*. Aufschlussreich für seine politischen Ansichten ist vor allem ein Essay, den er als Antwort auf die von der Akademie von Lyon gestellte Preisfrage *Déterminer les vérités et les sentiments qu'il importe le plus d'inculquer aux hommes pour leur bonheur* schrieb. Der Essay ist ein nicht ungeschicktes Potpourri seiner gesammelten einschlägigen Lesefrüchte aus den Schriften Rousseaus, Mablys oder des Dramatikers Raynal mit einer Hommage an Paoli, der als das Muster eines vorbildlichen Menschenfreundes und weisen Staatsmanns gezeichnet wird. Insgesamt jedoch vermittelt der Text einen eher vagen Eindruck, nach welchen Grundsätzen eine Gesellschaft verfasst sein müsse, um allen ihren Mitgliedern gleichermaßen Glück zu gewährleisten.[47]

Seine Einstellung zum tagespolitischen Geschehen – die gescheiterte Flucht des Königs war damals das vieldiskutierte Ereignis – gibt ein Brief viel besser wieder, den er am 27. Juli 1791 an seinen Freund, den Kriegskommissar Naudin, schrieb: «Was die gekrönten Häupter (Europas) anbelangt, die nur Pferde lenken können, so verstehen diese den Zusammenhang der Verfassung überhaupt nicht, weshalb sie sich in deren Verachtung flüchten. Sie sind überzeugt davon, dass dieses Chaos unvereinbarer Ideen den Untergang Frankreichs heraufbeschwören wird ... So, wie sie diese die Dinge auffassen, möchte man glauben, dass unsere aufrechten Patrioten sich gegenseitig erwürgen wollen, mit ihrem Blut die Erde von den Verbrechen, die gegen die Könige begangen wurden, reinigen und anschließend ihre Häupter tiefer denn je vor dem mit Mitra geschmückten Despoten, dem klösterlichen Fakir und vor allem dem Briganten aus Pergament beugen. Deshalb hüten sie sich sehr wohl, irgendeine Bewegung zu machen. Sie lauern nur auf den Ausbruch eines Bürgerkriegs, der ihrer Ansicht wie jener ihrer einfältigen Minister zufolge, unweigerlich kommen muss.»[48]

Dieser Brief, in dem sich Napoleon zu einem Jakobinismus *à la française* bekennt, ist noch in anderer Hinsicht bemerkenswert. Als er ihn schrieb, wollte er sich längst wieder beurlauben lassen und nach Korsika eilen, wo die Wahlen für die *Assemblée Législative*, für die Bruder Joseph kandidieren sollte, stattfanden. Sowohl um die Wahl Josephs sicherzustellen, als auch um seine Träume zu realisieren, musste er sich zuvor mit Paoli arrangieren. Sein Gesuch auf einen halbjährigen Urlaub wurde nach anfänglichen Schwierigkeiten schließlich genehmigt, und so reiste er Anfang September 1791 ein weiteres Mal nach Korsika, diesmal entschlossener denn je, dem eigenen Clan in der innenpolitischen Szene der Insel politische Geltung zu verschaffen.

Als Napoleon in Korsika eintraf, hatte der *babbo* schon alles geregelt. Napoleon wurde nur noch Zeuge, wie Joseph bei den Wahlen durchfiel. Entsprechend den Wünschen Paolis gewannen die Vertreter zweier Clans von unbedingter Loyalität: Pozzo di Borgo und Peraldi, der von Paoli eingesetzte Chef der korsischen Nationalgarde.[49] Paoli war aber gerissen genug, die Buonapartes nicht gänzlich vor den Kopf zu stoßen. Joseph wurde damit getröstet, dass er in den *Conseil Général* der Insel gewählt wurde und auch einen der vier Sitze im Direktorium des Départements erhielt;[50] ein Jahr zuvor war ihm das noch verwehrt worden. Es ist sehr fraglich, ob Napoleon damals die herrschenden Machtverhältnisse durchschaute. Wahrscheinlich gab er Joseph, den er für antriebslos, ungeschickt und mittelmäßig hielt, alle Schuld. Dieser hatte es offenbar sträflich versäumt, sich die Achtung und die Zuneigung des *babbo* zu erwerben. Alles Gelingen, mochte Napoleon wähnen, war nur von seinem eigenen Tun und Wollen abhängig, eine Überzeugung, in der ihn die Mutter nach Kräften bestärkte. Für sie war er der Einzige ihrer Söhne, der das Ideal eines Mannes erfüllte. Von einem Freund der Familie ist die Bemerkung überliefert: «Ein Wort Napoleons war ein Befehl für die ganze Familie Bonaparte.»[51] Zweifellos hat sich Napoleon, nachdem Joseph erneut mit seinen politischen Ambitionen gescheitert war, endgültig als der Chef des Clans durchgesetzt.

Der Tod seines Großonkels, des Erzdiakons Lucien, am 16. Oktober 1791 musste seinen korsischen Illusionen neue Nahrung geben. Der alte Geizkragen, als den ihn Napoleon immer darstellte, vermachte dem Clan sein beträchtliches Vermögen und ermöglichte Napoleon damit, seinem Geltungsdrang durch Bestechungszahlungen erfolgreich Nachdruck zu verschaffen.[52] Jetzt gelüstete es ihn nach dem Kommando über die Nationalgarde von Ajaccio. Ob sich eine solche Verwendung im Rang eines Majors mit seiner Dienststellung als Artillerieleutnant vereinbaren ließe, wurde auf entsprechende Anfrage hin vom Pariser Kriegsministerium im Dezember 1791 positiv beschieden. Endlich schien die ersehnte Karriere in Korsika ihren Anfang zu nehmen. Am 17. Februar 1792 schrieb er an den für sein Regiment zuständigen Kriegskommissar Sucy: «Nicht zu überwindende Umstände haben mich gezwungen, in Korsika länger zu bleiben, als mir dies meine Dienstpflichten gestatteten. Ich weiß darum, habe mir aber dennoch deswegen keinen Vorwurf zu machen. Heiligere und mir sehr liebe Pflichten rechtfertigen mich.»[53] In einem zweiten Brief an Sucy heißt es: «In schwierigen Umständen ist es ein Ehrenposten für einen guten Korsen, in seinem Land zu sein. (...) Um deshalb nicht meine dienstlichen Pflichten zu verletzen, gehe ich mit dem Gedanken um, meine Entlassung zu erbitten. Unterdessen jedoch hat mir der Oberkommandierende des Départements ein *mezzo termine* (einen Kompromiss) vorgeschlagen, der gestattet, beides miteinander zu vereinbaren, indem er mir den Posten eines Major-Stellvertreters in einem der Freiwilligen-Bataillone anbot.»[54]

Diese Äußerungen belegen, wie stark der «Korsika-Komplex» Napoleons Entscheidungen nach wie vor beeinflusste. Das stellt seinen Biographen vor ein Rätsel, zumal die Revolution, als deren Anhänger er sich in Wort und Schrift auswies, längst einen Prozess angestoßen hatte, der Frankreich gründlich veränderte. Seit Jahrhunderten bestehende gesellschaftliche Barrieren waren beseitigt worden, und es bestimmten nicht mehr Herkunft oder Stand das Lebensschicksal der Menschen; als ausschlaggebend dafür galten jetzt vielmehr Eignung und Talent, Mut und Durchsetzungsfähigkeit. Zugegeben, solche Perspektiven als kleiner, in armseligen Verhältnissen in einer Provinzgarnison lebender zweiundzwanzigjähriger Leutnant zu überschauen, hieße selbst von einem Napoleon zuviel zu verlangen. Aber eine Ahnung von Aufbruch hätte ihn schon anwandeln können. Es wird ihm kaum verborgen geblieben sein, dass viele seiner adeligen Offizierskameraden, insbesondere die, welche höhere Ränge inne hatten, vor diesen Entwicklungen flohen und ins Exil gingen. Das musste seine Aufstiegschancen enorm verbessern. Da der Ausbruch eines großen Krieges immer wahrscheinlicher wurde, wuchs auch die Aussicht, seine militärischen Talente entfalten zu können.

Warum also Korsika? Sollte er partout nicht wahrgenommen haben, dass das Leben auf dieser Insel nur äußerlich von den revolutionären Entwicklungen in Frankreich tangiert worden war? Dass hier manches bloß nachgeäfft, das große Pariser Spektakel lediglich von einer Laienspielschar in Bastia oder Ajaccio aufgeführt wurde, hier zwar auch Volksversammlungen stattfanden, Repräsentativorgane gewählt, Revolutionsclubs eingerichtet und Nationalgarden aufgestellt wurden, aber dass gleichzeitig die Bühne, auf der dieses Theaterstück stattfand, noch immer der alte Sumpf korsischer Intrigen und Familienfeindschaften war, dass der jahrhundertealte Filz von Macht und Nepotismus, von kleinbäuerlichem Hass und Neid sich unverändert behauptete? Was vernebelte ihm die Sinne derart, dass er die armseligen korsischen Hirten mit dem Staatsvolk von Sparta oder Athen verglich, den misstrauischen, machtgeilen und eitlen Greis Paoli in den Rang eines antiken Staatsmanns erhob?

Es gibt auf diese Fragen nicht die eine Antwort, sondern lediglich Vermutungen. Einflussreich war gewiss seine frühe, begeisterte Lektüre Rousseaus, die jene Kinderträume überformte und prägte, in die sich der Knabe in der kalten Zelle zu Brienne geflüchtet und in denen er sich eine strahlende Heldenrolle in der korsischen Heimat ausgemalt hatte. Das waren Vorstellungswelten, aus denen er die Kraft zog, den frühen Entbehrungen und Bedrängnissen zu trotzen. Eine stärkere Wirkung noch hatte womöglich die Mutter, diese überaus energische Persönlichkeit, neben der die Erinnerung an den früh verstorbenen, glück- und erfolglosen Vater verblasste. Fasste Leutnant Bonaparte die besonderen Lebensumstände seines Clans – die junge Witwe war auch die Mutter von vier Kindern, die noch an ihren Rockschößen hingen – nüchtern ins Auge, dann musste er sich sagen: *Nulla salus extra Corsicam.* Sowohl seine eigenen armseligen Lebensumstände wie die seiner Familie, die sich zwar durch das Erbe des Erzdiakons Lucien etwas verbesserten, ließen ihm letztlich keine andere Wahl, als das eigene und das familiäre Heil in Ajaccio zu suchen. Das alles vermag jene korsische Borniertheit zu erklären, in der Napoleon so lange befangen war.

Napoleons Freistellung vom Regimentsdienst zugunsten seines Wunsches, als *major-adjoint* die Nationalgarde von Ajaccio zu befehligen, geschah allzu voreilig, denn am 3. Februar 1792 erhielt ein Dekret der Nationalversammlung Gesetzeskraft, das es allen Offizieren der regulären Armee untersagte, in Freiwilligenbataillone einzutreten. Alle, die diesen Schritt schon getan hatten, mussten ihn rückgängig machen und sich bis spätestens 1. April bei ihren Einheiten einfinden. Ausgenommen davon waren Offiziere, die zu *lieutenants-colonels* der Nationalgarden gewählt waren.[55] Napoleon setzte nun alles daran, in diesen Rang zu gelangen, was ihm nach mancherlei Auseinandersetzungen und vermutlich mit Hilfe von Bestechungen auch glückte.[56]

Damit, so schien es, war alles nach seinen Wünschen geregelt: Er konnte für unbestimmt lange Zeit in Korsika bleiben und sich in Ajaccio dank seiner Kommandostellung bei der Nationalgarde in aller Ruhe eine Machtbasis aufbauen. Im Zusammenspiel mit Joseph und gedeckt durch das endlich errungene Wohlwollen Paolis würde sich sein Clan nun entfalten können. Diese Hoffnungen scheiterten aber rasch; schlimmer noch, Napoleon sah sich mit einem Mal in einer Situation, bei der alles auf dem Spiel stand. Der Grund waren Unruhen, die in Ajaccio am Ostersonntag, den 8. April 1792, ausbrachen und bis zum 12. April andauerten. Diese Unruhen, bei denen die rivalisierenden Interessengruppen Korsikas in einen blutigen Konflikt gerieten und ein Offizier der Nationalgarden, mehrere Soldaten der regulären Armee, ein Priester, Frauen und Kinder zu Tode kamen, lieferten den zahlreichen Feinden des Bonaparte-Clans einen willkommenen Vorwand, den *lieutenant-colonel* Napoleon Bonaparte zum alleinigen Sündenbock zu stempeln und dessen Karriere gründlich zu ruinieren.[57] Die Affäre machte besonders heikel, dass die Pozzo di Borgo und Peraldi, die nicht nur von Paoli unterstützt wurden, sondern auch in der Nationalversammlung nicht ohne Einfluss waren, die Nachricht nach Paris trugen, wo die Klärung beim Kriegsministerium anhängig war.[58] Gelang es ihnen, sich mit ihrer Version des Konfliktverlaufs durchzusetzen, dann verlor Napoleon nicht nur seinen Posten bei der Nationalgarde von Ajaccio, es drohte ihm auch ein Kriegsgerichtsverfahren, das kaum anders als mit seiner Entlassung aus der regulären Armee enden konnte. Der Hauptvorwurf gegen ihn lautete, dass er dem Bataillon der Nationalgarde von Ajaccio im Verlauf jener Unruhen befohlen habe, die regulären königlichen Truppen, die in der Zitadelle stationiert waren, anzugreifen.

Da über diese Angelegenheit in Paris entschieden wurde, musste Napoleon in aller Eile dorthin aufbrechen, um dem Ministerium seine Sicht der Ereignisse vorzutragen. Als er am 28. Mai 1792 ankam, führte er zwei umfangreiche Schriftstücke mit sich, mit denen er die Vorwürfe zu widerlegen suchte. Es handelte sich einmal um den offiziellen Untersuchungsbericht über die Osterunruhen, der vom Direktorium des Départments Korsika erstellt worden war.[59] Das andere Dokument hatte Napoleon selbst unter der Überschrift *Mémoire justificatif du bataillon des volontaires sur l'emeute du mois d'avril* verfasst.[60] Dank dieser beiden Zeugnisse sowie im Vertrauen auf die Unterstützung durch die anderen korsischen Repräsentanten in der Nationalversammlung, Aréna, Pietri und Leonetti, die den Einfluss seines Feindes Peraldi neutralisierten, wiegte er sich in der Gewissheit, die gegen ihn erhobenen Beschuldigungen entkräften zu können.[61]

Sehr viel schwieriger würde es werden, nicht nur seine unerlaubte Entfernung von der Truppe nachträglich zu rechtfertigen, sondern auch seinen deswegen bereits vollzogenen Regimentsausschluss rückgängig zu machen.[62] Napoleons Beurlaubung war Ende 1791 abgelaufen, ohne dass er sich um Verlängerung bemüht hätte.[63] Aber er hatte Glück. Vermutlich profitierte er davon, dass es wegen der Emigrationswelle in der regulären Armee an fähigen Artillerieoffizieren mangelte. Unter der Bedingung, sofort seinen Dienst in der korsischen Nationalgarde zu beenden, wurde ihm die Beförderung zum Hauptmann rückwirkend vom 6. Februar 1792 einschließlich der seither angefallenen Soldzahlungen in Aussicht gestellt. Dieses großzügige Angebot akzeptierte Napoleon auf der Stelle. Er blieb aber noch bis zur Ausstellung seines Hauptmannspatents am 30. August 1792 in Paris.

Napoleons Pariser Aufenthalt fällt in jene Wochen und Monate, in denen die Französische Revolution sich immer rascher radikalisierte und von ihren anfänglichen Idealen abwandte. Welche Eindrücke ihm dies vermittelte, darüber hat er sich nur sparsam und spät geäußert.[64] Dennoch wird ihn das wüste Geschehen nicht unbeteiligt gelassen haben. Kaum in Paris angekommen, war er am 29. Mai 1792 in den Manège-Saal der Tuilerien geeilt, wo die Gesetzgebende Versammlung tagte.[65] Damit wohnte er ausgerechnet jener langen, von sieben Uhr abends bis vier Uhr morgens währenden und immer wieder von Tumulten unterbrochenen Sitzung bei, in deren Verlauf dem König die *garde constitutionelle* per Dekret genommen wurde. Damit war Louis XVI künftig jeglichem Unmut des *peuple de Paris* schutzlos ausgeliefert. Diese Sitzung hat Napoleon nirgends kommentiert; stattdessen gibt er eine ziemlich unbeteiligte Schilderung der Geschehnisse vom 20. Juni. In einem Brief vom 22. Juni an seinen Bruder Joseph schreibt er: «Die Jakobiner sind Narren, denen jeglicher Verstand abgeht. Vorgestern ist eine Menge von sieben oder acht Tausend, die mit Piken, Beilen, Schwertern, Flinten, Spießen und spitzigen Stöcken bewaffnet waren, zur Assemblée gezogen, um eine Petition zu übergeben. Von dort sind sie zum König gegangen. Der Garten der Tuilerien war verschlossen und wurde von fünfzehntausend Nationalgardisten bewacht. Die Menge hat die Tore gewaltsam geöffnet, ist in das Palais eingedrungen, hat Kanonen gegen die königlichen Gemächer gerichtet, hat weitere vier Türen aufgebrochen, dem König zwei Kokarden angeboten, die eine von weißer Farbe und die andere mit den Farben der Trikolore. Sie haben ihm dann die Wahl gelassen. So wähle doch, haben sie ihm gesagt, ob du hier herrschen willst oder in Koblenz (Koblenz war damals der Hauptsitz der französischen Emigration, J.W.). Der König hat sich gut verhalten. Er hat sich die rote Mütze aufgesetzt. Die Königin und der Kronprinz haben dies auch getan. Man hat dem König zu trinken gegeben. Die Menge blieb vier Stunden im Palais. Das Geschehen hat reichlich Stoff für aristokratische Erklärungen in den Feuillantins gegeben. Gleichwohl kann als ausgemacht gelten, dass das ganze ein verfassungsfeindliches und sehr gefährliches Beispiel ist. Sehr schwer vorherzusehen, was aus dem Königreich angesichts derart stürmischer Umstände wird.»[66] Als knapp zwei Monate später, am 10. August 1792, ein entfesselter Mob hunderte der Schweizer Garden, die Louis XVI schützen sollten, niedermetzelte und die Toten im Blutrausch grausam verstümmelte, war Napoleon ebenfalls Augenzeuge. Auf Sankt Helena hat er seine damaligen Eindrücke geschildert.[67] Im Sommer 1792 hingegen beschäftigte ihn das revolutionäre Geschehen, urteilt man nach seinen Briefen, allenfalls am Rande. Im Mittelpunkt seines Interesses standen vielmehr die korsischen Angelegenheiten, zu denen er Joseph wie auch Lucien, der sich einzumischen begann und dabei verschiedentlich die Pläne Napoleons empfindlich störte, unentwegt Ratschläge erteilte. Lucien, der hellste, unabhängigste und in vieler Hinsicht sympathischste der Brüder, gibt in einem Brief an Joseph vom 24. Juni 1792 eine realistische Charakterisierung Napoleons, die seiner Menschenkenntnis ein vorzügliches Zeugnis ausstellt: «Ich glaube, man muss sich immer über die Umstände erheben, wenn man etwas darstellen und sich einen Namen machen will. Niemand ist in allen Geschichten so verächtlich, wie die Männer, die sich nach dem Wind richten. Ich lasse Dich im Anfall meiner Vertraulichkeit auch wissen, dass ich bei Napoleone (sic) stets einen keineswegs egoistischen Ehrgeiz bemerkt habe, aber doch einen solchen, der bei ihm seine Liebe für das allgemeine Wohl weit übersteigt. Ich bin gerne geneigt, ihn in einem wirklich freien Staat für einen gefährlichen Menschen zu halten ... Er scheint mir einen ausgeprägten Hang zum Tyrannen zu haben und ich könnte mir vorstellen, dass es ihm gut anstünde, wenn er König wäre, aber dass dann sein bloßer Name für die Nachwelt wie für einen sensiblen Patrioten ein Name des Schreckens würde.»[68]

Weder die Radikalisierung der Revolution, die er in Paris unmittelbar erlebte, noch gar der Krieg, den die Koalition der europäischen Mächte gegen das von inneren Wirren geschwächte Frankreich begann, verunsicherten Napoleon in seiner Fixierung auf Korsika. Allein seine überraschende Beförderung zum Hauptmann der Artillerie scheint ihn kurzzeitig ins Schwanken gebracht zu haben. Vermutlich irritierte ihn daran nur, dass seine Beförderung von der Bedingung abhing, den Dienst bei der Nationalgarde von Ajaccio zu liquidieren und zu seinem Regiment zurückzukehren. Dass er in einem Zwiespalt steckte, enthüllt sein Brief an Joseph vom 7. August 1792: «Ich glaube, dass ich mich binnen kurzem entscheiden werde, abzureisen und das Bataillon (die Nationalgarde von Ajaccio, J.W.) verlasse. Welchen Gang die Ereignisse auch nehmen, so werde ich wenigstens einen Posten in Frankreich haben.»[69]

Seine Unentschlossenheit währte aber nicht lange, denn ausgerechnet die Radikalisierung der Revolution verschaffte ihm die Möglichkeit, sich weiterhin beide Optionen offen zu halten. Am 17. August 1792 beschloss die Nationalversammlung die Auflösung aller kirchlichen Einrichtungen und die Konfiskation ihres Besitzes. Für Napoleon bedeutete dies, dass seine sechzehnjährige Schwester Marianna (genannt Elisa), die das Internat von Saint-Cyr besuchte, Frankreich verlassen und nach Korsika zurückkehren musste. Da Elisa diese Reise nicht gut allein antreten konnte, bot Napoleon ihr an, sie zu begleiten.[70] Nachdem er Ende August das Hauptmannspatent erhalten hatte, verließen die beiden am 9. September Paris und trafen am 15. Oktober 1792 in Ajaccio ein, wo Napoleon erfahren musste, dass Joseph bei den Wahlen für den Konvent erneut durchgefallen und von den Anhängern Paolis sogar aus dem Direktorium des Départements verdrängt worden war. Seine Enttäuschung milderte jedoch der Umstand, dass die vier gewählten Abgeordneten des Départements Korsika auf die eine oder andere Weise dem Clan der Bonaparte freundschaftlich verbunden waren.[71] Für Napoleons korsische Ambitionen bedeutete das neue, trügerische Hoffnungen, denn mochte der *babbo* der unumschränkte Herrscher der Insel sein, so galt dies keineswegs für seinen Einfluss auf deren Vertretung im Konvent. Außerdem hatte sich der König von Sardinien der europäischen Mächtekoalition gegen die Französische Revolution angeschlossen. Das förderte eine kriegerische Auseinandersetzung mit Sardinien,[72] bei der Napoleon, an der Spitze des Bataillons der Nationalgarde von Ajaccio, möglicherweise eine aktive Rolle spielen konnte. In jedem Fall barg diese Konstellation augenblicklich weitaus mehr Chancen, als sie ihm als Hauptmann bei einem Artillerieregiment in der Provinz erwuchsen.

Solche Aussichten, der Freispruch von jeglicher Verantwortung für die Osterunruhen in Ajaccio sowie seine Beförderung zum Hauptmann – all das gab Napoleon ein neues Selbstbewusstsein. Dem misstrauischen Paoli blieb das nicht verborgen.[73] So standen sie zueinander, als sie unmittelbar nach Napoleons Rückkehr zusammentrafen. Napoleon wollte jetzt Paoli überreden, seinen Bruder Lucien als Adjutanten zu akzeptieren, was der *babbo* aber entschieden ablehnte. Auch sonst muss dieses Gespräch wesentlich anders verlaufen sein, als Napoleon gehofft hatte. Paoli muss deutlich zu erkennen gegeben haben, dass ihm der ganze Clan der Bonaparte politisch verdächtig, wenn nicht gar zuwider sei. Napoleon schöpfte nun auch Verdacht, dass der *babbo* ein doppeltes Spiel spiele, zwar mit Lippenbekenntnissen seine Loyalität zu Frankreich und zur Revolution beteuere, in Wirklichkeit aber insgeheim daran arbeite, die staatliche Unabhängigkeit Korsikas unter seiner

Führung voranzutreiben. Entsprechende Vermutungen bestätigte auch Salicetti in einem Schreiben an Napoleon vom 9. Januar 1793 aus Paris.[74] Trotz dieser Ahnungen ließ sich Napoleon auf das Abenteuer einer Expedition gegen Sardinien ein, die seit Mitte Dezember 1792 geplant wurde. Der Angriff auf die strategisch wichtige Insel fügte sich ein in die Politik militärischer Expansion, die das revolutionäre Frankreich seit dem Sieg über die Interventionstruppen des Herzogs von Braunschweig bei Valmy am 20. September 1792 verfolgte und für die Danton mit der Doktrin der «natürlichen Grenzen» Frankreichs entlang des Rheins, des Hauptkamms der Alpen und der Pyrenäen die Rechtfertigung lieferte.[75] Paoli, der die Intervention in Sardinien kaum verhüllt ablehnte, war dennoch verschlagen genug, nicht offen dagegen aufzubegehren. Vielmehr erkannte er die Chance, den zunehmend lästigen Napoleon loszuwerden. Deshalb schlug er Admiral Truguet, der mit einer Flotille und einer Expeditionstruppe in Ajaccio gelandet war, vor, diese durch Napoleons Einheit der korsischen Nationalgarde zu verstärken. Da es aber rasch zu Animositäten zwischen den regulären Truppen und den Freiwilligenbataillonen kam, riet der *babbo* zu zwei Angriffsspitzen: Truguet sollte mit seinen Truppen den Hauptstoß gegen Cagliari führen, während die korsischen Freiwilligen unter dem Kommando seines Neffen Colonna Cesari, zu dessen Stab Napoleon gehörte, einen Ablenkungsangriff auf die zwischen Korsika und Sardinien gelegene Insel La Maddalena unternehmen würden.

Als sich Napoleon mit 450 Mann und vier Kanonen am 18. Februar 1793 in Ajaccio einschiffen wollte, hinderten zunächst Stürme die kleine Flotte am Auslaufen. Als sie schließlich zwei Tage später in See stach, hatte Truguet seine gegen Cagliari gerichtete Hauptattacke bereits abgeblasen. Davon wussten die korsischen Nationalgardisten, die unter Segel gingen, allerdings nichts. Unterwegs kam es zu einer ersten Meinungsverschiedenheit zwischen Colonna Cesari und Napoleon. Während dieser riet, das Überraschungsmoment zu nutzen und Maddalena, den Hauptort der gleichnamigen Insel, sofort anzugreifen, gab jener Befehl, zunächst das benachbarte kleinere Eiland San Stefano zu besetzen. Nachdem dies am 23. Februar ohne großen Widerstand gelungen war, brachte Napoleon hier zwei Kanonen und einen Mörser in Stellung, die La Maddalena am Tag darauf unter Beschuss nahmen. Den Angriff auf die Insel ordnete Colonna Cesari für den folgenden Tag an.

Über das Geschehen an jenem 25. Februar gibt es zwei einander widersprechende Versionen. Angeblich löste das sardische Abwehrfeuer auf der Fregatte *Fauvette*, dem einzigen Kriegsschiff der Landungsflottille, eine Meuterei aus. Colonna Cesari musste die ganze Unternehmung abbrechen, ehe sie richtig begonnen hatte. Die auf San Stefano gelandeten Truppen schifften sich daraufhin wieder ein, wovon Napoleon, der seine Batterie weit abseits des Landeplatzes aufgefahren hatte, erst in letzter Minute erfuhr. Als seine Artilleristen die Kanonen mühsam wieder an den Strand geschafft hatten, mussten sie feststellen, dass keinerlei Transportmöglichkeiten zurückgelassen worden waren. So hatten sie keine andere Wahl, als die Geschütze unbrauchbar zu machen. Zu dieser Blamage drohte noch die Gefahr, dass die korsischen Truppen von La Maddalena einen Ausfall wagten und Napoleon mit seinem Häuflein Artilleristen niedermachten. In dieser Lage blieb nur, sich in wilder Flucht in das einzige am Strand liegende Boot zu werfen und das Weite zu suchen.

Der schmähliche Ausgang seiner ersten militärischen Operation hat Napoleon noch auf Sankt Helena beschäftigt. Dass dabei Verrat im Spiel, die Meuterei auf der *Fauvette* nur vorgeschoben und alles von Colonna Cesari inszeniert worden war, um ihn zu diskreditieren, daran glaubte Napoleon jetzt gewiss.[76] Wahrscheinlich ist auch, dass der ganze Verlauf Napoleons Zweifeln an der Haltung Paolis neue Nahrung gegeben hat. Dass es aber immer noch nicht zum offenen Bruch mit dem *babbo* kam, lässt sich mit den Rücksichten erklären, die Napoleon auf seine Familie nehmen musste. Es war sowieso das Klügste, sich jetzt bedeckt zu halten, denn bei seiner Rückkehr von dieser unglückseligen Expedition erfuhr er, dass der Konvent den korsischen Delegierten Salicetti und zwei weitere Abgeordnete zu Kommissaren ernannt hatte, die den Ursachen für die mehr als laue Loyalität Korsikas gegenüber der Revolution auf den Grund gehen sollten. Die Kommissare, hoffte er, würden die Zweifel, die ihn wegen des allgewaltigen Paoli beschlichen, aufklären und damit unweigerlich ihm und seinem Clan jene Stellung auf der Insel verschaffen, auf die seit je sein Ehrgeiz zielte. Die Ernennung der drei Kommissare war für Paoli ein unübersehbares Warnsignal, das ihn veranlasste, seine Macht planvoll zu festigen. Überall ersetzte er die regulären Truppen in den Küstenorten durch korsische Freiwilligenbataillone.[77] Außerdem kam Paoli zustatten, dass sich das Eintreffen der Kommissare verzögerte. Umso unangenehmer muss er überrascht gewesen sein, dass noch vor deren Ankunft der Konvent ihn und Pozzo di Borgo Anfang April 1793 förmlich unter Anklage stellte und beide aufforderte, nach Paris zu kommen, um sich zu verantworten. Die Anklage wurde unter anderem mit dem Scheitern der Unternehmung gegen Sardinien und dem Verdacht begründet, dass die Verwaltungsspitze der Insel insgeheim mit England in Verbindung stehe. Die Schwere dieser Anschuldigung, die nach der revolutionären Logik nur mit einer Verurteilung wegen Hochverrats enden konnte, war ein Blitz aus heiterem Himmel, der das korsische Pulverfass leicht entzünden und den Ausbruch eines Bürgerkriegs auf der Insel heraufbeschwören konnte. Dabei, das war Napoleon klar, würde sein Clan zu den Hauptverlierern gehören. Die Furcht vor solcher Perspektive inspirierte Napoleon vermutlich zu jener Rede im Jakobiner-Club von Ajaccio, mit der er Paoli leidenschaftlich gegen alle Vorwürfe verteidigte. Die Rede wurde auf Beschluss der Club-Mitglieder an den Konvent gesandt mit der Aufforderung, die Anklage gegen den *babbo* fallen zu lassen. Um ganz sicher zu gehen, dass diese Initiative in Paris nicht missverstanden würde, formulierte Napoleon gleichzeitig noch eine Adresse an die Bürgerschaft von Ajaccio, dass alle Korsen erneut ihre Anhänglichkeit an Frankreich beschwören sollten.[78] Napoleon wusste zu diesem Zeitpunkt noch nicht, was Paoli aber sehr wohl bekannt war, dass kein anderer als Bruder Lucien den Anstoß zu dieser Anklage gegeben hatte. Ende März 1793 hatte der achtzehnjährige Lucien im Jakobiner-Club von Toulon eine gegen Paoli und dessen anti-patriotische Machenschaften gerichtete Brandrede gehalten, die vom *Moniteur*, dem Regierungsorgan, am 4. April 1793 veröffentlicht wurde.[79] Durch den gerade bekannt gewordenen Verrat des Generals Dumouriez alarmiert, war der Konvent sofort geneigt, dieser Rede Glauben zu schenken. Nach diesem «Erfolg» schrieb Lucien Joseph und Napoleon einen triumphierenden Brief, der ihn als Fleisch vom Fleische seines zweitältesten Bruders ausweist: «Auf Grund einer Adresse der Stadt Toulon, die von mir im Komitee des Clubs vorgeschlagen und redigiert worden ist, hat der Konvent die Verhaftung von Paoli und Pozzo di Borgo beschlossen. Dergestalt habe ich einen entscheidenden Schlag gegen meine Feinde geführt.»[80]

Es sollte nicht das letzte Mal sein, dass Lucien den Knoten durchschlug und seinen Bruder zwang, eindeutig Stellung zu beziehen. Doch Napoleon vermied selbst jetzt noch die offene Auseinandersetzung mit Paoli, obwohl diese nach den ungeschriebenen Gesetzen der *cavalleria rusticana*, des korsischen Ehrenkodexes, nun unvermeidlich war. Der *babbo* tat den ersten stillen Schritt, indem er einfach jenes Bataillon der korsischen Nationalgarde auflöste, dem Napoleon als Oberstleutnant angehörte. Damit bedeutete er Napoleon unmissverständlich, von der Insel zu verschwinden. Napoleon ignorierte diese Aufforderung und ließ sich stattdessen vom mittlerweile eingetroffenen Salicetti beauftragen, die in Korsika stationierte Artillerie zu inspizieren. Die Übernahme dieser Aufgabe war eine offene Kampfansage an die Paolisten, die alle wichtigen Militärposten unter das Kommando ihrer Anhänger gestellt hatten. Napoleon scheiterte bereits in Ajaccio, wo sich der Kommandant der Zitadelle schlicht weigerte, ihm Zutritt zu gewähren. Zwingen konnte ihn Napoleon, wie er sich nach kurzer Überlegung eingestehen musste, nicht. Möglicherweise überschaute er den Ernst seiner Lage nicht, denn es war schierer Leichtsinn, nunmehr das verhältnismäßig sichere Ajaccio zu verlassen, um sich nach Bastia zu begeben, wo er mit den Kommissaren über das weitere Vorgehen beraten wollte. Nur von einem ergebenen Hirten begleitet, machte er sich zu Fuß auf. Unterwegs wurde er gewarnt, dass er bei Ankunft in Corte mit Verhaftung rechnen müsse. Er kehrte um, wurde aber bei Bocognano von aufrührerischen Bauern, die den Clan der Peraldi unterstützten, festgenommen und eingesperrt. Im Schutz der Nacht gelang ihm mit Hilfe einiger Getreuer, die von seinem Missgeschick erfahren hatten, die Flucht über Ucciani nach Ajaccio zurück. Was sich wie eine Räuberpistole anhört, wird sich tatsächlich so zugetragen haben, denn in einem geheimen Zusatz zu seinem auf Sankt Helena verfassten Testament hat der gestürzte Kaiser all jene mit Geldlegaten beschenkt, die ihm damals behilflich waren.[81]

Aber selbst in Ajaccio war Napoleon nicht mehr außer Gefahr. Colonna di Leca hatte Befehl, ihn zu verhaften. Getreue wollten ihn warnen, aber Napoleon hatte sich bereits zu Onkel Paravicini geflüchtet, der ihn in einer Höhle im Garten versteckte. Im Schutze der Nacht fand er bei einem Freund in der Vorstadt Unterschlupf. Am dritten Tag erschienen die Häscher, ließen sich aber abwimmeln. Dennoch konnte Napoleon nicht länger bleiben. Mit einem Boot flüchtete er nächtens nach Maginajo und erreichte unerkannt auf dem Landweg Bastia. Jetzt richtete sich die Wut seiner düpierten Verfolger gegen die Familie. Der vierzehnjährige Louis und der neunjährige Jérôme konnten ihrer Mutter keinen ernsthaften Schutz gewähren. Zunächst war Letizia entschlossen, ihr Hab und Gut allein zu verteidigen; Nachbarn und Freunden gelang es mit Mühe, sie von diesem verzweifelten Plan abzubringen. Ihr blieb nur die Flucht, denn empörte Bauern, den Clans der Peretti und Tartaroli hörig, waren auf dem Weg nach Ajaccio.

Während der Mob das Haus der Bonaparte verwüstete, konferierte Napoleon mit den Kommissaren über dringliche Maßnahmen, die Insel für Frankreich zu wahren. Er schlug vor, so rasch wie möglich die wichtigsten Hafenplätze mit französischen Truppen zu sichern, um so eine Landung der Engländer zu verhindern. Zu diesem Zweck müssten Bonifacio und Ajaccio, die beide in die Hände der Paolisten gefallen waren, eingenommen werden. Bonifacio stelle, wähnte Napoleon, keinerlei Problem dar, da hier jene Freiwilligen stationiert seien, die er einst kommandierte. Deshalb sei er sicher, dass sie bei seinem bloßen Erscheinen sofort zu ihm überlaufen würden. Schwieriger sei die Situation in Ajaccio, aber hier könne eine Demonstration der Stärke möglicherweise Wunder wirken. Am 22. Mai 1793 beschlossen die Kommissare, diesem Rat Napoleons zu folgen und eine Flottille nach Ajaccio zu senden. Wieder jedoch drohte widriges Wetter die Unternehmung scheitern zu lassen. Erst am 29. Mai lag die Flottille vor Ajaccio. Napoleon lässt sich für eine Erkundung an Land absetzen, gerät erneut in Gefahr, gefasst zu werden, entrinnt wieder glücklich, weiß aber nun, dass seine Familie sich am Turm von Capitello versteckt hält, befreit diese sofort aus ihrer misslichen Lage und lässt sie auf sein Schiff bringen. Alle Versuche in der Nacht zum 30. Mai, mit Kanonenschüssen die Patrioten in Ajaccio zum Aufstand gegen die Paolisten zu ermuntern, scheiterten. Heftige Winde zwangen überdies die Flottille dazu, sich von der Küste zu entfernen. Schließlich wurde das mit allzu schwachen Kräften begonnene Unternehmen abgebrochen. Die Schiffe kehrten unverrichteter Dinge nach Bastia zurück. Napoleon fasste die Lage seiner Heimatinsel in einem Bericht zusammen.[82] Dieser Bericht ist das nüchterne Dokument der Genesung vom korsischen Fieber. «So wie Frankreich ihn zum Korsen gemacht hatte», schrieb Frédéric Masson treffend, «so machte ihn jetzt Korsika zum Franzosen».[83]

ZWEITES KAPITEL

Der Opportunist

Als Napoleon nach der Flucht aus Korsika am 13. Juni 1793 mit den Seinen im Hafen von Toulon anlangte, hing ihm der Clan wie ein Mühlstein um den Hals. Zuvor war die Rolle des Ernährers und Clan-Chefs ein Anspruch gewesen, der seine korsischen Ambitionen zusätzlich angestachelt hatte. Jetzt wurde dieser Anspruch zu einer Notwendigkeit, der er genügen musste: In gewisser Weise war er zum Gefangenen seines Clans geworden. Das Wohl und Wehe der Familie beeinflusste sein künftiges Handeln allein schon deshalb, weil sein Ehrgeiz sie um eine zwar bescheidene, aber auskömmliche Existenz gebracht hatte. Es ist durchaus vorstellbar, dass die Mutter, eine noch junge und attraktive Witwe, eine zweite Ehe eingegangen wäre. Ganz gewiss aber hätte sich der phlegmatische Joseph ohne Napoleons Beispiel, seine Ratschläge und Ermahnungen, nicht in die Politik verirrt, sondern als kleiner Advokat in einem korsischen Städtchen korsische Prozesse geführt; ohne die verführerische Macht, die Napoleons Reden und Tun ausstrahlte, hätte der talentierte Lucien nie das Beispiel vor Augen gehabt, dem er mit einer Hingabe nacheiferte, die ihm irgendwann keine andere Wahl mehr ließ, als mit dem Bruder zu brechen, ehe dieser seine Persönlichkeit zerstörte.

So befand sich Napoleon bei der Ankunft in Toulon in einer prekären Lage. Ein Schwächerer wäre daran leicht verzweifelt oder weiter geflüchtet, um wenigstens die Illusion eines eigenen Lebens zu retten. Lucien sollte sich später daran erinnern, dass Napoleon im Winter 1792/93 häufig davon sprach, in englische Dienste zu treten und nach Indien zu gehen,[1] aber das waren nur Träumereien. Seine Zukunft hieß jetzt Frankreich, und der große Umbruch der Revolution war seine Chance. Es war eine Ironie des Schicksals, dass sein korsischer Traum in dem Moment zusammenbrach, als sich die Revolution mit der *grande terreur* im Juli 1793 radikalisierte. Die jakobinische Schreckensherrschaft des Konvents und die Diktatur des von Robespierre beherrschten Wohlfahrtsausschusses begannen und mit ihr die brutale Eliminierung der alten Eliten.[2] Das machte die Bahn frei für eine Fülle neuer Talente, die mit skrupellosem Opportunismus die Gelegenheit, die sich ihnen bot, erkannten und entschlossen zupackten. Napoleon hatte alles verloren, sionen, seine Heimat und sein Erbe; nun war er dazu verdammt, zu gewinnen oder unterzugehen. Zunächst ließ sich alles wenig vielversprechend an. Nachdem er die Familie in einer ärmlichen Behausung in La Valette, einem Vorort von Toulon, untergebracht hatte, machte sich Napoleon auf den Weg nach Nizza, wo das 4. Artillerieregiment, das jetzt zur *Armée d'Italie* gehörte, stationiert war. Nach zweiundzwanzig Monaten Abwesenheit hatte man ihn dort zwar längst abgeschrieben, aber der unvermindert große Mangel an Offizieren erzwang seine Reaktivierung. Damit nicht genug, erhielt er sogleich das Patent eines *capitaine commandant* und wurde zum Chef einer Mörserkompanie bestellt. Außerdem machte ihn General Jean du Teil, Kommandant der Küstenbatterien, zu seiner Ordonnanz. Das alles klingt besser, als es war, denn der Süden Frankreichs stand im Sommer 1793 in hellem Aufruhr. Die Entmachtung der gemäßigten Girondisten durch die radikalen Jakobiner stürzte das ganze Rhônetal in Unruhen. Aus Lyon waren die Jakobiner vertrieben worden, und die Stadt trotzte dem Konvent. Marseille folgte bald diesem Beispiel, dem sich auch Toulon anschloss. Für einen ehrgeizigen Artilleriehauptmann waren das keine sonderlich einladenden Auspizien, denn die Italienarmee würde auf absehbare Zeit keine andere Aufgabe haben, als in diesem Bürgerkrieg für den Konvent und gegen die Insurgenten zu kämpfen. Wie schwierig und wenig Ansehen verheißend ein solches Unterfangen war, wusste Napoleon aus eigener Erfahrung nur zu gut. Außerdem fühlte er sich von den Aufträgen, die er zunächst erhielt, völlig unterfordert. So richtete er Ende August einen Brief an das Kriegsministerium, in dem er kühn seine Beförderung zum Oberstleutnant und seine Versetzung zur Rheinarmee erbat, ein Begehren, dem zwar nicht stattgegeben wurde, mit dem er aber dennoch Aufmerksamkeit erregte.[3]

Unterdessen hatten reguläre Truppen unter dem Befehl des Generals Carteaux das aufständische Marseille erobert, und die beiden vom Konvent entsandten Kommissare Fréron und Barras übten ein fürchterliches Strafgericht, bei dem Ströme von Blut flossen. Daraufhin öffneten die Aufständischen den Hafen von Toulon der englischen und spanischen Mittelmeerflotte, um einem ähnlichen Schicksal zu entgehen. Kaum hatte sich Toulon dem Aufstand angeschlossen, floh Joseph mit der Familie nach Marseille, wo sie vor allem von den Mitteln lebte, die Napoleon ihr von seinem Sold überließ. In diesen düsteren Tagen Ende Juli 1793 schrieb der von dienstlichen Pflichten nicht allzusehr geplagte Hauptmann Napoleon Bonaparte seinen letzten großen Essay *Le Souper de Beaucaire*. Der dialogisch gebaute Text, der das fiktive Gespräch eines Offiziers, eines Kaufmanns aus Marseille, eines Fabrikanten aus Montpellier sowie eines Bürgers aus Nîmes wiedergibt, beleuchtet aus unterschiedlichen Perspektiven und Interessenlagen die aktuelle politische Situation in Frankreich.[4] Dem Kaufmann aus Marseille, der die Revolte der Stadt aus dem Blickwinkel der Girondisten rechtfertigt, widersprechen der Offizier, der die Aussichtslosigkeit des Unterfangens aus militärisch-taktischer Sicht begründet, und der Fabrikant aus Montpellier, der politisch argumentiert und die Aktionen der jakobinischen Konventsmehrheit und des Wohlfahrtsausschusses angesichts der mannigfachen Bedrohungen Frankreichs für ganz unumgänglich hält. Der etwas blass geratene Bürger aus Nîmes repräsentiert die *plaine* im Konvent, die schweigende Mehrheit jener, die, aus Schwäche klug geworden, jeweils opportunistisch die stärkere Partei unterstützten.

Hinter den Ansichten des Offiziers und des Fabrikanten aus Montpellier steht zweifellos der Autor selbst: «Das Zentrum der Einheit ist der Konvent; das ist der wahre Souverän, vor allem dann, wenn das Volk gespalten ist». Besonders zwei Äußerungen, die Napoleon den beiden Protagonisten in den Mund legt, verdeutlichen, wie sehr dieser Text darauf berechnet war, den jakobinischen Mächtigen zu gefallen, auf deren Wohlwollen er jetzt seine Karrierehoffnungen gründen musste. Der Offizier rechtfertigt die Ächtung der Girondisten durch den Konvent und damit indirekt die Usurpation der Macht durch die Jakobiner. Und der Fabrikant geht sogar so weit, die blutige Repression der Konventskommissare für den Fall zu legitimieren, dass die Aufständischen sich der Unterstützung fremder Mächte bedienten: «Wenn sie (die Bürger von Marseille, J.W.) sich zu einer derartigen Schandtat bereit fänden, dann dürfe in ihrer schönen Stadt kein Stein mehr auf dem anderen bleiben, dann müsse binnen eines Monats ein Reisender, der dieser Ruinen ansichtig wird, den Eindruck haben, dass die Stadt schon vor hundert Jahren zerstört worden sei.»

Mit *Le Souper de Beaucaire* setzte Napoleon alles auf die jakobinische Karte – und gewann. Salicetti, zu dessen Entourage er seit dem letzten Aufenthalt auf Korsika gehörte und der jetzt als einer der Repräsentanten des Konvents in Südfrankreich fungierte, erkannte den großen propagandistischen Wert des Textes und empfahl ihn zu veröffentlichen.[5] Auch machte Salicetti seinen Kollegen, Augustin, den jüngeren Bruder des Diktators Maximilien Robespierre, auf den Essay aufmerksam, der davon ebenso begeistert war wie von seinem Autor, der ihm kurz darauf präsentiert wurde. Dank dieser Protektion, da war sich Napoleon ziemlich sicher, würde sich seine Karriere erheblich beschleunigen lassen. Jetzt brauchte er noch eine Gelegenheit, auch seine militärischen Fähigkeiten unter Beweis zu stellen.

Schon bald begann sein Opportunismus erste Früchte zu tragen: Bruder Joseph wurde von Salicetti zu einem stellvertretenden Kommissar bei der *Armée du Midi* mit einem Jahresgehalt von 6000 *francs* gemacht. Napoleon hingegen musste sich noch bis Mitte September gedulden, als er General Carteaux vorgestellt wurde, der seit Ende August die Belagerung von Toulon befehligte, deren Fortschritte Salicetti als Kommissar des Konvents beaufsichtigte. Der Zufall wollte es, dass Anfang September der Kommandant der Belagerungsartillerie schwer verwundet wurde. Umgehend schlug Salicetti Napoleon als Nachfolger vor. Carteaux wagte nicht, dem einflussreichen Kommissar zu widersprechen, zumal er selbst bislang ohne Fortune operiert hatte. Seine wiederholten Frontalangriffe hatten die Belagerten verlustreich zurückgeschlagen.[6]

Die rasche Rückeroberung Toulons war aber sowohl aus politischem Prestige als aus strategischen Gründen vordringlich: Toulon war der wichtigste Kriegshafen Frankreichs und entscheidend für die französische Kontrolle des Mittelmeers. In der Nacht zum 28. August 1793 hatten die Aufständischen eine englisch-spanische Flotte in den gut geschützten, inneren Naturhafen einlaufen lassen, die eine Armee von rund 17000 Soldaten anlandete, die sogleich die Verteidigungslinien auf den Anhöhen der Stadt besetzte. Auch wenn das Gros dieser Truppen militärisch von eher zweifelhaftem Wert war, so waren sie dennoch ein anderer Gegner als die schlecht bewaffneten Insurgenten, mit denen man in Lyon oder Marseille vergleichsweise leichtes Spiel gehabt hatte. Hinzu kam die Präsenz der anglo-spanischen Flotte, die einen Angriff von See aus unmöglich machte. Die Belagerer verfügten dagegen nur über rund 12000 Mann, wenig Artillerie und mit General Carteaux über einen unfähigen Feldherrn, der Napoleon an den Rand der Verzweiflung brachte.[7]

Die Belagerung von Toulon, deren Erfolg ganz wesentlich Napoleon zu verdanken war, ist eine der großen Ikonen seines späteren Mythos.[8] Doch gilt es festzuhalten, dass sich der zentrale Gedanke, die anglo-spanische Flotte zum Rückzug aus dem Hafen zu zwingen, schon vor dem Erscheinen Napoleons auf der Szene durchgesetzt hatte.[9] Es haperte freilich an der praktischen Umsetzung, wie der neue Kommandant der Belagerungsartillerie schon bald feststellen musste. Nachdem er sich einen Überblick über die topographischen Gegebenheiten verschafft hatte, erkannte er sofort, dass die Artillerie die Flotte nur wirksam bekämpfen könne, wenn sie am äußersten Punkt der Halbinsel, der *Colline du Caire* mit ihren beiden Ausläufern *l'Éguilette* und *Balaguier*, aufgestellt würde, denn diese trennt den inneren Hafen von dessen äußerem Teil, der sich in eine weite Bucht öffnet. Diesen Plan fixierte Napoleon sofort schriftlich und legte ihn den Kommissaren vor, die ihn umstandslos billigten und in Kopie dem Wohlfahrtsausschuss sandten.[10] Rasch und energisch ausgeführt, hätte er vermutlich die Belagerung schnell beendet. Doch Carteaux, dem die Kommissare die Ausführung dieses Plans diktierten, griff mit unzulänglichen Kräften an, die mühelos zurückgeschlagen wurden.[11] Fatalerweise erkannten nun auch die Belagerten die Bedeutung dieser bis dahin nur schwach gesicherten Stellung, die sie daraufhin in aller Eile mit einer Feldbefestigung verstärkten. Das wiederum zwang Napoleon, gegen dieses Fort Mulgrave im Laufe des Oktober eine regelrechte Belagerungsartillerie von vier Batterien zu installieren, deren Geschütze er von Antibes und Monte Carlo heranschaffen ließ.

Währendessen wogte hinter den Kulissen ein zähes Ringen um die Ablösung von Carteaux. Trotz seines vergleichsweise niedrigen Ranges beteiligte sich Napoleon daran, wie ein Brief vom 4. *Brumaire* (25. Oktober 1793) zeigt, den er im Einverständnis mit den Kommissaren an den Wohlfahrtsausschuss in Paris richtete und in dem er deutlich und selbstbewusst mitteilte: «Die Artillerie befand sich in völliger Unordnung, als ich bei dieser Armee eintraf. Dank der verschiedenen Beschlüsse, die Sie veranlasst haben, beginnt sie jetzt zu funktionieren. Ich musste gegen Unwissenheit ankämpfen wie auch gegen die niedrigen Leidenschaften, die diese hervorbringt. Sie müssen es durchsetzen, der Artillerie bei dieser Armee die Anerkennung und Unabhängigkeit zu verschaffen, die ihr von den militärischen Gepflogenheiten und der Erfahrung aller Zeiten zugestanden werden und ohne die sie nicht wirklich von Nutzen sein kann». Eingedenk seiner eigenen Position, beschied sich Napoleon klugerweise damit, lediglich um die Entsendung eines ranghohen, fähigen Artilleristen zu bitten: «Die erste Maßnahme, um die Artillerie zu befehligen, sollte sein, einen General zu entsenden, der hinsichtlich seines Ranges imstande wäre, sich Achtung zu verschaffen und sich gegenüber einem Haufen von Ignoranten im Generalstab durchzusetzen, mit denen man sich immer herumstreiten und langwierig argumentieren muss, um ihre Vorurteile zu zerstören und das durchzusetzen, was an Theorie und Erfahrung für jeden Offizier dieser Waffengattung von axiomatischer Gültigkeit ist».[12]

Immerhin wurde diesem Wunsch des Artilleriehauptmanns Bonaparte entsprochen. Zum Befehlshaber der Belagerungsartillerie wurde der Brigadegeneral du Teil ernannt, während Napoleon zum Major im Rang eines Bataillonschefs und stellvertretenden Befehlshabers der Artillerie befördert wurde. Du Teil, der die Pläne und Arbeiten seines Untergebenen prüfte und für gut befand, scheint Bonaparte das Kommando über die Artillerie weitgehend überlassen zu haben.[13]

Am 23. Oktober wurde Carteaux, der es nur wegen seiner revolutionären Gesinnung vom Anstreicher zum General gebracht hatte, abgelöst und durch den kaum weniger ahnungslosen Doppet, einen ehemaligen Zahnarzt aus Savoyen, ersetzt, von dem die Fama behauptet, dass er kein Blut sehen konnte. Doppet wurde, nachdem auch er sein Versagen bewiesen hatte, bereits nach drei Wochen ausgewechselt. An seine Stelle trat am 17. November endlich ein Fachmann, General Dugommier, der Bonapartes Vorschläge sofort begriff und befürwortete.[14] Damit hatte Napoleon endlich freie Bahn. Zuvor galt es jedoch, Fort Mulgrave zu belagern und sturmreif zu schießen. Ab dem 11. Dezember wurde die Artillerie von Bonaparte unter geschickter Ausnutzung des hügeligen Geländes immer dichter an das Fort herangeschoben, das nun auf kurze Distanz unter gezielten Dauerbeschuss genommen werden konnte. Am 17. Dezember waren die Kanonen der Verteidiger weitgehend außer Gefecht gesetzt, die Anhöhe konnte im Sturm genommen werden. Bei heftigem Regen wurde ein erster, von Dugommier geführter Angriff von den Verteidigern zurückgeschlagen. Ein zweiter, von Bonaparte angeführter Versuch brachte dann den Erfolg. Napoleon bewahrte von diesem ersten Sturmangriff, den er befehligte, eine bleibende Erinnerung: Die Pike eines Verteidigers hatte sich so tief in die Innenseite seines linken Unterschenkels gebohrt, dass man zunächst eine Amputation erwog, um dem gefürchteten Wundbrand vorzubeugen. Das wäre das jähe Ende seiner eben begonnenen Karriere gewesen. Auf Anraten eines zweiten Chirurgen unterblieb diese Operation. Napoleon behielt eine große Narbe, die später gelegentlich schmerzen sollte.[15]

Mit der Einnahme von Fort Mulgrave konnte ganz nach Bonapartes Plan die anglo-spanische Flotte im inneren Hafen beschossen werden. Sie ging deshalb im Schutz der Nacht zum 19. Dezember fluchtartig unter Segel. Nach dem Abzug der Flotte war der Fall von Toulon nurmehr eine Frage von Stunden. Am 19. Dezember drangen die Eroberer von allen Seiten in die Stadt ein und begannen tags darauf mit einem fürchterlichen Strafgericht. Bei Massenexekutionen kamen mehrere hundert Menschen ums Leben. Dabei taten sich vor allem zwei Männer hervor, die großen Einfluss auf Napoleons Leben nehmen sollten: Der eine war Kommissar Barras, der andere war ein entsprungener Mönch und glühender Jakobiner namens Fouché, der das Blutbad in der Stadt mit den zynischen Worten kommentierte, dies alles geschehe nur der Menschheit und der Pflicht wegen. Spätere Verleumdungen seiner Gegner, auch Bonaparte habe sich an dem Gemetzel beteiligt, entbehren jeder Grundlage. Aus Klugheit und Abscheu mied er diese Gewaltorgien und sorgte stattdessen dafür, die Artilleriestellungen für den Fall der Rückkehr der anglo-spanischen Flotte günstig zu positionieren.[16]

Einige der Männer, die sich in Toulon militärisch bewährt hatten, verdankten nicht zuletzt diesem Umstand die Ränge und Ehren, mit denen sie später großzügig bedacht wurden. Drei der künftigen Marschälle des *Empire* kreuzten hier seinen Weg: Marmont, damals ein neunzehnjähriger Hauptmann, Suchet, ein Leutnant von dreiundzwanzig Jahren, und Victor, neunundzwanzig Jahre alt, der bereits den Rang eines Oberstleutnants bekleidete. Seit der Belagerung von Toulon kannte Bonaparte auch den fünfundzwanzigjährigen Desaix, der sein fähigster Truppenführer werden sollte, und den vielversprechenden einundzwanzigjährigen Leclerc, der 1797 Napoleons Schwester Pauline heiratete. Mit dem einundzwanzigjährigen Duroc bahnte sich die einzige wirkliche Freundschaft an, die Napoleon jemals mit einem anderen Mann verbinden sollte. Den zweiundzwanzigjährigen Sergeant Junot, der ihm später keine rechte Freude machen sollte, verpflichtete er wegen seiner klaren Handschrift als Adjutanten.

Nicht weniger wichtig waren die praktischen Erfahrungen, die er hatte sammeln können. Dass eine genaue Geländekenntnis und deren geschickte Ausnutzung unabdingbare Voraussetzungen waren, um die Artillerie optimal einzusetzen, dafür lieferte Toulon ebenso den Anschauungsunterricht wie für das Dogma, dass diese Waffe, an einem Punkt konzentriert, die größtmögliche Wirkung entfalten konnte. Zugleich bestätigte sich aber auch, dass die Fähigkeit, Artillerie selbst in schwierigem Gelände rasch umzugruppieren, unschätzbare Vorteile verschaffte. Das erforderte von den Bedienungsmannschaften Übung, Disziplin und ein gewisses Maß an taktischem Verständnis, das sich ihnen durch klare Befehle und vor allem durch das vorbildliche Verhalten des Kommandeurs vermitteln ließ. Vermutlich waren es diese Aspekte praktischer Truppenführung, die Napoleon am nachhaltigsten prägten. Sein unzweifelhafter persönlicher Mut, seine stete Bereitschaft, selbst bis zur völligen Erschöpfung Hand anzulegen, wo und wann es notwendig war, sein Talent zur Menschenführung und sein Gespür für die psychologische Wirkung der Propaganda machten ihn in den Wochen der Belagerung von Toulon zu einem *soldiers soldier*, zu einem Truppenführer, dem seine Soldaten blindlings ergeben waren.[17]

Toulon war ein Markstein, auch wenn die Bekanntheit Napoleons noch auf die politischen und militärischen Zirkel beschränkt blieb. Seine Leistung wurde auf zweierlei Weise anerkannt: Die Kommissare ernannten ihn am 22. Dezember 1793 zum Brigadegeneral – das wurde am 16. Februar 1794 vom Wohlfahrtsausschuss bestätigt; damit war Napoleon binnen vier Monaten dreimal befördert worden. Sein Aufstieg in den Generalsrang wurde außerdem mit einem Dekret bekannt gemacht, in dem die Kommissare seinen Eifer und seine Intelligenz bei der Einnahme Toulons ausdrücklich hervorhoben. Damit wusste sich Napoleon für künftige, größere Aufgaben vorgemerkt.

Nachdem seine Verwundung ausgeheilt war, erhielt Brigadegeneral Bonaparte dank der Protektion des Kommissars Augustin Robespierre am 7. Februar 1794 seine Ernennung zum Artilleriebefehlshaber der *Armée d'Italie*, deren Hauptquartier in Nizza lag. Dieser Posten war eine Sinekure, denn die Italienarmee war nach einem zweijährigen lust- und erfolglos geführten Scharmützelkrieg gegen Piemont endgültig in den Zustand einer *drôle de guerre* geraten.[18] Bonaparte sollte zunächst die Küstenbefestigungen in der Provence inspizieren und, wenn nötig, reorganisieren. Er arbeitete wie immer rastlos und hatte deshalb innerhalb von sechs Wochen den Auftrag erfüllt.[19] Seit dem 20. März 1794 war er in Nizza stationiert.[20]

Der Plan, das mit Österreich seit dem Frühjahr 1792 verbündete Piemont zu züchtigen, vor allem aber die reiche Lombardei auszuplündern, um so die notorisch defizitären Finanzen der Revolution aufzubessern, war schon im Sommer 1793 vom Wohlfahrtsausschuss gebilligt worden.[21] Seitdem war indessen nichts zu seiner Verwirklichung geschehen, denn zunächst mussten die Aufstände im Süden Frankreichs niedergeworfen und Toulon erobert werden. Nach der Schneeschmelze in den Seealpen und der Reorganisation der Artillerie standen diesem Projekt im Frühjahr 1794 keine weiteren Hindernisse mehr entgegen. Das erste Ziel der Operationen sollte die Einnahme von Oneglia und Saorgio sein, zwei Orten, die für die von der britischen Flotte über Genua mit Nachschub versorgte Armee des Königreichs Sardinien, zu dem Piemont gehörte, von großer Bedeutung waren. Der detaillierte Feldzugsplan stammte aus der Feder Bonapartes.[22] Oneglia fiel am 9., Saorgio kapitulierte am 28. April. Diese raschen Erfolge hoben das Prestige Napoleons erheblich. Umso mehr drang er darauf, die so glücklich begonnene Offensive zügig fortzusetzen, zumal sich die Versorgung der Truppen im gebirgigen Gelände als sehr schwierig erwies, während in der ihnen zu Füßen liegenden Ebene alles in Hülle und Fülle vorhanden war. Für Bonaparte war das der Anlass, am 21. Mai 1794 einen weiteren, detaillierten Operationsplan vorzulegen, für dessen Realisierung er aber die vorherige Vereinigung der *Armée des Alpes* mit der *Armée d'Italie* unter einem Kommando zur unverzichtbaren Bedingung erklärte.[23] Die entscheidende, sehr napoleonische Idee seines Operationsplans war die

Konzentration aller verfügbaren Kräfte, um den Gegner mit deutlich überlegener Macht zu stellen und zu vernichten.[24] Erst mit einiger Verzögerung begann man, diesen Plan umzusetzen.[25] Die Verstärkungen, die von der *Armée des Alpes* zur Unterstützung der *Armée du Rhin* abgezweigt werden mussten, erzwangen jedoch dessen gründliche Modifikation, die Bonaparte am 20. Juni 1794 vorlegte.[26] Diese Überarbeitung reflektiert auch den Meinungsumschwung im Konvent wie im Wohlfahrtsausschuss, der jenen Stimmen, die an der Italienfront der Defensive vor einer Offensive den Vorzug gaben, mehr Gewicht verlieh.[27] Dementsprechend gliedert sich der Operationsplan in zwei Teile: Zunächst werden alle Maßnahmen aufgeführt, die geeignet erscheinen, «um das Hinterland gegen äußere wie innere Feinde zu schützen», während in einem zweiten Teil die Voraussetzungen erörtert werden, um die *Armée d'Italie* mit der *des Alpes* zu einer Fortsetzung der Offensive zu vereinigen. Aber noch ehe dieser von den Kommissaren befürwortete «Kompromiss» in Paris eintraf, wurde am 3. Juli 1794 ein Befehl des Wohlfahrtsausschusses an die *Armée d'Italie* ausgefertigt, der alle Annahmen, die Bonaparte zur Grundlage seiner beiden Operationspläne gemacht hatte, über den Haufen warf: Die Vereinigung der Alpen- und Italienarmee wurde untersagt. Stattdessen sollte lediglich die Italienarmee einen Vorstoß auf Coni unternehmen, um die Festungen von Demonte und Ceva zu erobern. Außerdem wurde nachdrücklich Wert darauf gelegt, die rückwärtigen Verbindungen nach Oneglia und Nizza durch starke Kräfte zu schützen.[28] Zwar werden das Erscheinen Robespierres *jeune* vor dem Wohlfahrtsausschuss und sein Plädoyer für eine energische Offensive an der Italienfront einen erneuten Meinungswandel herbeigeführt haben, doch dies war ohne Belang, denn der Sturz des Regimes von Tugend und Terror am 9. *Thermidor* (27. Juli 1794) bereitete den Überlegungen ein jähes Ende. In einem Schreiben vom 19. *Thermidor* (6. August 1794) teilten die Kommissare Albitte, Laporte und Salicetti dem Chef der Italien-Armee, Dumerbion, lapidar mit: «Wir sind davon überzeugt, dass es augenblicklich in einem höheren Interesse ist, die Ausführung des Operationsplans, der zwischen den Repräsentanten der beiden Armeen verabredet worden ist, auszusetzen.»[29] In einem weiteren Schreiben wurden außerdem die Suspendierung des Generals Bonaparte und seine sofortige Verhaftung und Überstellung nach Paris angeordnet.[30]

Die Beschuldigungen gegen Bonaparte erscheinen einigermaßen bizarr. In Übereinstimmung mit Robespierre *jeune* und Ricord soll er den von ihm entwickelten Plan für eine Offensive nur vorgetäuscht haben. Tatsächlich sei es den Verschwörern nur darum zu tun gewesen, die Ita-

DER OPPORTUNIST 53

lienarmee in Abrede mit dem Feind zu verderben. Der Beweis für dieses Hirngespinst? Bonaparte sei am 13. Juli im Auftrag Ricords in geheimer Mission nach Genua gefahren.[31] Dafür gab es jedoch eine plausible Erklärung: Vorgeblich, um mit dem Senat der auf Neutralität bedachten Republik Genua zu verhandeln, tatsächlich aber, um sich aus eigener Anschauung ein Bild von der militärischen Stärke dieser Republik zu verschaffen,[32] brach Bonaparte zu der Mission auf. Das erschien angezeigt, denn Genua sympathisierte trotz seiner Neutralität mit der feindlichen Koalition, und man musste damit rechnen, dass es bald offen auf deren Seite trat. Im Lichte der Ereignisse des 9. *Thermidor* waren derart nüchterne Überlegungen aber nicht gefragt. Was auch immer den Ausschlag gegeben haben mochte, der Befehl der Kommissare war Gesetz, und Bonaparte wurde bei seiner Rückkehr aus Genua in Nizza unter Hausarrest gestellt. Verknüpft mit den Beschuldigungen konnte das leicht in ein Todesurteil mit sofortiger Vollstreckung münden. Diesem Ritual, das viele Revolutionsprozesse zur bloßen Farce gemacht hatte, bei denen mit der Anklage bereits das Urteil feststand, entsprach es auch, dass seine Papiere beschlagnahmt und Lucien als Komplize ebenfalls verhaftet wurde. Umso bemerkenswerter war Napoleons demonstrative Ruhe. Während Lucien mit seinem Schicksal haderte und um Gnade flehte, ließ Napoleon in einem Brief an den französischen Consul in Genua über sich nur soviel verlauten: «Die Artillerie stand an vorderster Front, und der sardische Tyrann war im Begriff, einen gewaltigen Schlag zu erhalten, aber ich hoffe, dass dieser nur aufgeschoben ist ... Ich war von der Katastrophe, die den jungen Robespierre traf, etwas berührt, denn ich hielt ihn für unschuldig («pur»), aber, selbst wenn er mein Vater gewesen wäre, so hätte ich ihn dennoch eigenhändig erstochen, wenn er die Tyrannei angestrebt hätte».[33]

Was Napoleon damals vor dem Schafott bewahrte, war vermutlich nicht so sehr seine tatsächliche Unschuld oder jener mit ruhiger Würde formulierte Brief an die Kommissare, in dem er seine Verdienste um die Republik aufzählte.[34] Die anti-jakobinische Reaktion schwelgte nicht wie ihre Vorgänger in Blutbädern, sie beschied sich damit, lediglich die Köpfe der führenden Jakobiner rollen zu lassen. In einem gewundenen Brief vom 20. August 1794 an den Oberbefehlshaber der Italienarmee, Dumerbion, verfügten Albitte und Salicetti die vorläufige Haftentlassung Bonapartes und machten dessen vollständige Rehabilitierung vom Urteil des Wohlfahrtsausschusses abhängig.[35] In ihrer Empfehlung für Bonaparte an den Ausschuss findet sich auch das bemerkenswerte Argument, «dass wir von dem Nutzen überzeugt sind, den wir aus den Talenten dieses Militärs ziehen, die wir nicht leugnen können und die uns bei einer Armee sehr notwendig sind, in der er mehr als jede andere Person über Kenntnisse verfügt, und wo Männer dieses Schlags nur sehr schwer anzutreffen sind.»[36]

Der 9. *Thermidor* und seine Verhaftung beendeten Napoleons Flirt mit dem Jakobinismus. Ironischerweise stützte sich das neue Regime auf jene Kräfte, deren Wünsche im *Souper de Beaucaire* ausgerechnet der Kaufmann aus Marseille geäußert hatte: «Wir wollen nicht, dass unsere Verfassung Plünderung und Anarchie schützt. Unsere erste Bedingung ist: keine Clubs, keine so häufigen Urwählerversammlungen mehr, Respekt vor Besitz und Eigentum.»[37] Kürzer und prägnanter ließ sich das Programm der anti-jakobinischen Reaktion nicht beschreiben, deren Trägerschichten, die Landbesitzer und Rentenbezieher, die eigentlichen Gewinner der Revolution waren. Sie verdankten ihre Vermögen den zu Schleuderpreisen erworbenen *biens nationaux* aus dem verstaatlichten Adels- und Kirchenbesitz und wollten politisch einzig dieses Eigentum verteidigen. Bonaparte war das weder fremd noch unsympathisch, denn diese Haltung entsprach seinem korsischen Erbe, das Besitz vergötzte, weil davon Macht und Ansehen des Clans unmittelbar abhängig waren. Außerdem kam eine gesellschaftliche Ordnung, die diesen Zusammenhang als unveränderliche soziale Tatsache akzeptierte und respektierte, seinem militärisch geprägten Denken entgegen. Statt der Anarchie entfesselter politischer Leidenschaften verhieß eine solche Ordnung Ruhe, Kontinuität und Sicherheit als notwendige Voraussetzungen, um die eigene Stärke nach außen tragen zu können.

Das Direktorium, das sich nach dem 9. *Thermidor* in Frankreich etablierte, war jedoch weit davon entfernt, diese Ziele zu verwirklichen. Das neue Führungspersonal rekrutierte sich aus den alten, durch die *terreur* kompromittierten Eliten, die nur die ihnen zugefallene Macht um jeden Preis verteidigen und ihre eigene Existenz behaupten wollten. Um dies zu gewährleisten, bedienten sich die neuen Herrscher im wesentlichen dreier, eng miteinander verzahnter Methoden. Den Interessen ihrer Machtsicherung entsprachen zunächst die Gesetze, die am 5. und 13. *Fructidor* (22. und 30. August 1795) verabschiedet wurden. Das Wahlrecht wurde stark eingeschränkt, indem die Franzosen zwei Drittel der Abgeordneten aus dem Kreis jener auszuwählen hatten, die schon Mitglieder im Konvent gewesen waren. Ausgenommen davon war lediglich der Kern der radikal-demokratischen Jakobiner, also die Abgeordneten der Berg-Partei, die nach dem Putsch des 9. *Thermidor* unter Anklage standen. Damit wurde jenen der Machterhalt garantiert, die zuvor zwar opportunistisch die Radikalisierung der Revolution unterstützt hatten, dabei aber nicht durch Übereifer aufgefallen waren.

DER OPPORTUNIST 55

Die zweite Methode war der «weiße Terror», dessen Wüten im ganzen Land über Wochen und Monate stillschweigend toleriert wurde. Er richtete sich vor allem gegen Jakobiner und linke Republikaner. Kaum endete diese Abrechnung, der Tausende zum Opfer fielen und die der Revolution gleichsam ihre Seele austrieb, wandte sich das Direktorium gegen die Kräfte der royalistischen Reaktion, die jetzt wieder Morgenluft witterten. Den Höhepunkt dieser Verfolgung bot der 13. *Vendémiaire*, bei dem sich Bonaparte hervortat. Indem das Direktorium erst die Linke und dann die Rechte paralysierte, gelang es der Oligarchie der Opportunisten und Revolutionsgewinnler, die sich seit 1789 über alle Wechselfälle und Umbrüche hinweg behauptet hatte, ihren politischen Bankrott ein weiteres Mal hinauszuschieben. Dafür brauchte man unbedingt – und das war die dritte Methode – den Krieg, den das neue Regime von seinen gestürzten Vorgängern geerbt hatte. Er musste trotz der Friedensschlüsse mit der Toskana, Holland und Preußen gegen die beiden Hauptfeinde, das Reich sowie England, weitergeführt werden. Dieser Krieg, der schon die jakobinische Diktatur und die *terreur* legitimiert hatte, diente nun als Rechtfertigung für die Diktatur des Direktoriums.

Obwohl sich alle Beschuldigungen als unbegründet erwiesen, galt Bonaparte wegen seiner Nähe zum jüngeren Robespierre als enragierter Jakobiner. Er tat nach seiner Entlassung aus der Haft zwar wieder als Brigadegeneral Dienst, aber seinen Einfluss verlor er. Da nützte es wenig, wenn Oberbefehlshaber Dumerbion nicht auf seinen Rat verzichten mochte und er im Herbst einen neuen operativen Plan entwickelte, auf den gestützt die Österreicher am 21. September 1794 aus Dego vertrieben wurden. In seinem Bericht an den Wohlfahrtsausschuss betonte Dumerbion ausdrücklich: «Ich schulde den Talenten des Artilleriegenerals (Bonaparte) jene klugen Ratschläge, die uns den Erfolg verschafften.»[38] Bonaparte blieb kaltgestellt. Sicherlich hatte er sich auch mit seinen Offensivplanungen für die Italienarmee bei Carnot unbeliebt gemacht, der stattdessen einen Angriff auf Spanien befürwortete. Am 19. Juli 1794 hatte Napoleon Augustin Robespierre die umfangreiche *Note sur la Position politique et militaire de nos armées de Piemont et d'Espagne* überreicht, die auch Carnot in den Tagen des 9. *Thermidor* vorgelegen haben muss. Vermutlich in völliger Unkenntnis der Position Carnots widerrät Bonaparte dieser mit großer Entschiedenheit, denn, so sein Hauptargument, «Österreich ist unser erbittertster Gegner (...) Es gilt zunächst, Deutschland niederzuwerfen. Ist das geschehen, fallen Spanien und Italien von alleine. Deshalb dürfen wir unsere Angriffe nicht verzetteln, sondern müssen sie konzentrieren. Eine Offensive in Piemont bringt die Dinge in Polen in Fluss und ermutigt den Großtürken. Sollten wir große Erfolge erringen, dann können wir mit den nächsten Feldzügen Deutschland durch die Lombardei, das Tessin und die Grafschaft Tirol angreifen, während zur gleichen Zeit unsere Rhein-Armeen in das Herz (Deutschlands) vorstossen.»[39] Ohne sein Wissen hatte sich Bonaparte damit den Kriegsminister zu einem Gegner gemacht, der ihn noch plagen sollte. Zunächst jedoch bedeutete der Sturz Robespierres am 9. Thermidor für Carnot freie Hand, seine gegen Spanien gerichteten Pläne zu verfolgen. Damit waren Bonapartes auf Italien zielenden Absichten fürs erste gescheitert.[40]

Andererseits war Carnot gewitzt genug, einen derart vielversprechenden Offizier nicht restlos zu verprellen. Diese Überlegung steckte wohl hinter der Absicht, eine Expedition nach Korsika zu entsenden, um die abtrünnige Insel für Frankreich zurückzugewinnen. Mit den Vorbereitungen dieser Offensive, die nie stattfand und wahrscheinlich von Carnot zu keiner Zeit ernsthaft erwogen wurde, beschäftigte sich Bonaparte während des Winters 1794/95. Er kam jedoch schnell zur Einsicht, dass das Unternehmen wegen der Überlegenheit der englischen Flotte im Mittelmeer von vornherein aussichtslos sei. Diese Meinung teilte man auch in Paris, weshalb das Unternehmen abgeblasen wurde.[41]

Während dieser Zeit weilte Napoleon verschiedentlich in Marseille, wo Bruder Joseph lebte, der hier im August 1794 Julie Clary, die Tochter eines reichen Seidenhändlers, geheiratet hatte. Julie hatte eine jüngere, damals sechzehn Jahre alte Schwester, Bernardine Eugénie, besser bekannt unter dem Namen Désirée, von der in den Briefen Napoleons an Joseph seit Juni 1794 immer wieder die Rede ist.[42] Als er sich ab Dezember 1794 häufiger in Marseille aufhielt und Désirée vermutlich für längere Zeit sah, verliebte sich Napoleon zum ersten Mal in seinem Leben. Am 21. April 1795 verlobte er sich sogar mit Désirée, so dass sich die seltsame Perspektive abzeichnete, dass die beiden sonst so ungleichen Brüder in die nämliche Familie einheirateten.[43] Daraus wurde jedoch nichts, denn Napoleon erhielt den überraschenden Befehl, sich zur Westarmee zu begeben, die den noch schwelenden Aufstand in der Vendée bekämpfte. Bonaparte sollte hier als Brigadegeneral bei der Infanterie Verwendung finden, was er als Verschlechterung seines Status empfand, wogegen er in Paris protestieren wollte.[44] Da er damit keinen Erfolg hatte, ließ er sich aus «Gesundheitsgründen» zunächst bis zum 31. August 1795 beurlauben. Als dieser Urlaub verstrichen war und das Kriegsministerium trotz Bonapartes Versuchen, die Kommandierung zur Westarmee und zur Infanterie rückgängig zu machen, auf beidem beharrte, entschloss er sich, lieber auf halben Sold gesetzt den aktiven Dienst zu quittieren.

Vermutlich waren es weniger politische Motive oder gar die Abneigung, erneut in einem Bürgerkrieg kämpfen zu müssen, die Napoleon diese Entscheidung nahe legten, eher verletzter Stolz. Seine überlegenen militärischen Qualitäten hatte er hinlänglich bewiesen. Dass sie vom Kriegsministerium nicht angemessen gewürdigt wurden, musste er als eine Beleidigung empfinden. Viele Napoleon-Biographen lassen sich aus dramaturgischen Gründen dazu verleiten, die damalige Situation Bonapartes in Paris in denkbar düsteren Farben zu malen. Veranlassung dazu bieten die zahlreichen Hinweise in den Memoiren einiger seiner Zeitgenossen, die seine gedrückte Stimmung, seine ärmlichen Verhältnisse oder die erschreckende Vernachlässigung seiner äußeren Erscheinung schildern.[45] Stützt man sich hingegen auf die authentischen Äußerungen Napoleons aus dieser Zeit, zumal auf seine Briefe an Joseph, so bietet sich ein anderes Bild. Von Niedergedrücktheit, ja Verzweiflung ist keine Rede, auch wenn ihm der halbe Sold kein luxuriöses Leben gestattete. In einem Schreiben an Joseph vom 24. Juni 1795 heißt es zwar: «La vie est un songe léger qui se dissipe»;[46] wie dies zu verstehen ist, zeigt eine Passage aus einem ebenfalls an Joseph adressierten Brief vom Juli 1795, in der er das Pariser Leben nach dem Ende der Schreckensherrschaft schildert: «Der Luxus, das Vergnügen und die Künste regen sich hier auf ganz erstaunliche Weise. Gestern gab man die *Phèdre* in der Oper, eine Benefizveranstaltung für eine alte Schauspielerin. Seit zwei Uhr nachmittags drängte eine riesige Menge heran, obwohl die Preise verdreifacht waren. Die Kutschen, die Eleganten tauchten wieder auf, oder es war vielmehr so, als erinnerten sie es nur als einen langen Traum, dass sie jemals aufgehört hätten, ihren Glanz erstrahlen zu lassen. (...) Alles, was es braucht, um zu zerstreuen und das Leben angenehm zu machen, findet sich in diesem Land aufgehäuft. (...) Die Frauen sind allgegenwärtig, in den Theatern, auf den Promenaden, in den Bibliotheken. In den Studierstuben der Gelehrten trifft man auf die schönsten Wesen. Von allen Orten dieser Welt verdienen sie es nur hier, das Steuer in ihren Händen zu halten. Die Männer sind ganz verrückt nach ihnen, sie denken nur an sie und leben nur, um sich für sie zu verzehren. Eine Frau muss einfach einmal sechs Monate in Paris zubringen, um zu wissen, was ihr zusteht und welches ihre Herrschaft ist.»[47] Und gegen alle Behauptungen seiner damaligen Niedergeschlagenheit heißt es im Brief an Joseph vom 18. Juli 1795: «Hier lebt ein aufrechter und kluger Mann, der sich nur mit seinen Freunden abgibt, in aller nur vorstellbaren Weise und Freiheit ganz nach seinem Belieben und seinen Wünschen.»[48]

Auch konnte Napoleon schon bald wieder auf eine Fortsetzung seiner militärischen Karriere hoffen. Er erhielt einen Posten im *Bureau topographique*, der Planungsabteilung des Generalstabs.[49] Die Verwendung als «Schreibtischgeneral» sagte ihm zunächst durchaus zu, denn einmal war der aktive Dienst in der Rheinarmee angesichts der schwierigen militärischen Lage und des desolaten Zustands der französischen Truppen wenig verlockend. Zum anderen war er hier ganz in seinem Element, konnte er doch seine bereits vorhandenen Planungen für Italien überarbeiten und erneut dem Wohlfahrtsausschuss vorlegen.[50] Auch wenn das keinen unmittelbaren Niederschlag in der Kriegführung fand – die Italienarmee unter Kellermann war im Sommer 1795 wieder auf ihre Ausgangsstellungen vom Vorjahr zurückgedrängt worden – und er seine Pläne erst selber im folgenden Jahr verwirklichen sollte, beeindruckte er dennoch so sehr, dass er schon bald darauf zum Chef des *Bureau topographique* ernannt wurde.

Dieses Glück währte nicht lange, denn sein Förderer Doulcet de Pontécoulant demissionierte, und damit sah sich Bonaparte wieder jenen Leuten gegenüber, die ihn nach wie vor als Jakobiner ansahen. Jedenfalls muss im *Comité militaire* bei der Bewertung Bonapartes erhebliche Konfusion geherrscht haben, als er das Gesuch einreichte, vom Dienst in der französischen Armee beurlaubt zu werden, um sich dem türkischen Sultan zu verpflichten, der sein Heer modernisieren und eine Artillerie aufbauen wollte.[51]

Um der zunehmenden Ungewissheit zu entrinnen, wie sich sein weiterer Lebensweg gestalten mochte, redigierte Napoleon selbst den Wortlaut des positiven Bescheids auf seine Bitte, in türkische Dienste zu treten, den er Doulcet de Pontécoulant zur Unterschrift vorlegte. Der fertigte das Dokument am 13. September aus und fügte noch ein wohlwollendes Zeugnis hinzu, mit dem er Bonapartes große Fähigkeiten bei seiner Arbeit im *Bureau topographique* hervorhob.[52] Kaum jedoch war Doulcet de Pontécoulant als Chef des *Comité militaire* ausgeschieden, erhielt Bonaparte zu seinem großen Erstaunen neben diesem positiven Bescheid auch eine vom 15. September 1795 datierte Mitteilung des Wohlfahrtsausschusses, dass er mit sofortiger Wirkung aus der Armee entlassen sei, da er sich geweigert habe, das Kommando bei der Vendéearmee anzutreten.[53]

Diese einander widersprechenden Mitteilungen brachten Bonaparte kaum aus der Fassung, denn er hatte seinen Aufenthalt in Paris dazu genutzt, vielfältige Beziehungen zu knüpfen. Am 20. *Fructidor* (6. September 1795) ließ er Joseph wissen, er habe angesehene Männer zu Freunden und nennt dann einige seiner «Beschützer», deren Hilfe er sich auf der Rechten wie auf der Linken im Konvent sicher wähne.[54] Diese Verbindungen nährten seine Zuversicht. «Für die Zukunft sehe ich nur angenehme Dinge für mich voraus; sollte es aber anders kommen, dann muss man sich eben in das, was ist, schicken. Die Zukunft kann der Mann missachten, der Mut besitzt.»[55] Was so philosophisch-abgeklärt klingt, verrät jedoch nur seine Bereitschaft zu neuerlichem Opportunismus. In seinen Briefen an Joseph nimmt er wiederholt gegen die Royalisten Stellung.[56] Das erhellt, wie gut er die Machtlogik des neuen Regimes durchschaut hatte. Nachdem die Linke von ihm weitgehend vernichtet worden war, würde er nun mit nicht geringerem Nachdruck auch die Rechte, die Parteigänger der Monarchie, bekämpfen. Der tollkühne Landungsversuch, den einige royalistische Hitzköpfe mit logistischer Unterstützung der britischen Flotte Ende Juni 1795 in Quiberon wagten, konnte ihn in diesem Verdacht nur bestätigen. Andererseits blieb ihm nicht verborgen, dass die wachsende Unzufriedenheit mit den Thermidorianern der royalistischen Agitation in den Pariser Sektionen, den Urwahlbezirken, neuen Auftrieb gab. Die Alternative der «patriotischen», also der jakobinischen Kräfte, die dieses Treiben bereits an der Basis hätte in Schach halten können, war jedoch durch die vorgängige Repression zu sehr geschwächt.

Was jene seit längerem schwärende Unzufriedenheit zur Krise zuspitzte, waren die berüchtigten Wahlgesetze vom 5. und 13. *Fructidor* (22. und 30. August 1795). Vor allem in Paris kamen Unmut und Widerstand gegen diese Gesetze, mit denen sich der Konvent gleichsam zu perpetuieren suchte, den Royalisten zu Gute. Da die Wahlgesetze Bestandteil der Verfassung werden sollten, musste über ihre Annahme ein Plebiszit entscheiden, dessen überwältigend positives Votum nur massiven Manipulationen der Thermidorianer zuzuschreiben war.[57] Dadurch verschärfte sich die vorherrschende politische Unzufriedenheit erheblich.[58] Bonaparte registrierte diese Entwicklungen mit größter Aufmerksamkeit, musste er doch darauf bedacht sein, in dem sich anbahnenden Machtkampf auf die Partei der Sieger zu setzen. Für die Thermidorianer sprach, dass sie im Besitz der Machtmittel waren und diese auch, wie die gescheiterte Landung der Royalisten in Quiberon gezeigt hatte, entschlossen gebrauchten. Da sie ausnahmslos zum Kreis der «Königsmörder» gehörten, die für die Hinrichtung Louis XVI gestimmt hatten, blieb ihnen auch gar keine andere Wahl. Dass sie Bonaparte wegen ihrer Korruptheit und sittlichen Verkommenheit zuwider waren, hat seine Haltung nicht beeinflusst.[59] Was hätte er für sich auch von den Monarchisten gewinnen können, für die er dank der Rolle, die er in Toulon gespielt hatte, unwiderruflich kompromittiert war? Aber letzten Endes wurde ihm die Wahl durch die sich zur offenen Krise entfaltenden Umstände und durch einen Mann abgenommen, dem er bereits in Toulon begegnet war: Paul Barras.

Die neue Verfassung vom 21. Juni 1795 hatte die Exekutivgewalt einem fünfköpfigen Direktorium überantwortet, während die Legislative zwischen der Versammlung der «Cinq Cents» und den 250 Abgeordneten der «Anciens», einer Art Oberhaus, aufgeteilt war.[60] Einer dieser fünf Direktoren war Barras, mit weitem Abstand der gerissenste Schurke in diesem Kreis. Barras sollte, nachdem General Menou, der Oberbefehlshaber der Pariser Nationalgarden, zu den Royalisten übergelaufen war, das Regime mit militärischen Mitteln gegen den drohenden Aufstand verteidigen. Eine prekäre Aufgabe, da die Loyalität der Nationalgarden, die sich aus dem Pariser Kleinbürgertum rekrutierten, einem Hauptleidtragenden der chronischen Wirtschaftskrise und der galoppierenden Inflation, gegenüber dem *Directoire* sehr fragwürdig war. Ohne energische Führung würden sie sofort geschlossen zum Gegner überlaufen. Aber selbst wenn sie standhielten, hatten die Angreifer bei den großen *journées révolutionnaires* stets binnen kurzem über die Verteidiger gesiegt. In dieser ziemlich gefährlichen Situation hatte Barras zwei rettende Einfälle: Zum einen erließ er einen Aufruf, in dem er an den «Republikanismus» all jener Offiziere appellierte, die aus dem aktiven Dienst wegen jakobinischer Verstrickungen entlassen worden waren, und sie aufforderte, sich zu melden. Zum anderen war er entschlossen, das Regime mit Kanonen zu verteidigen.

Wer diesen Einfall hatte, Barras oder Bonaparte, lässt sich nicht feststellen. Sicher kam der Gedanke, bei Straßenkämpfen Artillerie gegen die Aufständischen einzusetzen, zum ersten Mal in der Nacht vom 12. auf den 13. *Vendémiaire* auf. Bonaparte hatte vom Aufruf Barras' gehört und begab sich in den Abendstunden zu den Tuilerien in dessen Hauptquartier. Angesichts der gefährlichen Situation war Barras um jeden Offizier mit sicherer republikanischer Gesinnung froh, aber Bonaparte war nur einer von denen, die dem Aufruf folgten. Keine Rede kann davon sein, dass Bonaparte für Barras schon an diesem Abend der Mann war, der mit kalter Ruhe und überlegener Umsicht zur Rettung des *Directoire* das Schwert führte. Das wollte Barras selber tun. Gegen Mitternacht konnte man schon überschauen, wie die Angreifer am anderen Tag vorgehen würden. Die Aufständischen, die bereits einen Teil der Hauptstadt kontrollierten, würden in den Morgenstunden des 13. *Vendémiaire* in zwei Kolonnen auf dem rechten und linken Seineufer vorrücken, um sich auf der Place du Carrousel und vor den Tuilerien zu vereinigen. Angesichts dieser Bedrohung hing alles davon ab, sich rechtzeitig in den Besitz jener rund vierzig Geschütze zu bringen, die im

DER OPPORTUNIST 61

Emmanuel Joseph Sieyès

Paul Barras

Arsenal der Nationalgarde im *Camp des Sablons* am Rand von Paris standen. Als Bonaparte von diesem Depot erfuhr, gab er sofort dem zufällig anwesenden Chef der 21. Chasseur-Schwadron, Joachim Murat, den Befehl, diese Geschütze zu sichern und sie so schnell wie möglich zu den Tuilerien zu schaffen. Murat erledigte diesen Auftrag mit jener Bravour, Umsicht und Schnelligkeit, die seinen späteren Ruhm begründeten. Bereits gegen sechs Uhr früh konnte Bonaparte über die Kanonen verfügen, derer sich auch die Aufständischen in Sablons hatten bemächtigen wollen, die allein durch Murats entschlossenes Eingreifen in letzter Minute daran gehindert worden waren.

Während rund viertausend Infanteristen unmittelbar bei den Tuilerien Aufstellung nahmen, positionierte Napoleon die Artillerie einige hundert Meter vor diesem Verteidigungsring.[61] Die meisten Geschütze ließ er in der Rue St. Honoré unweit der Kirche Saint-Roch aufstellen, während eine kleinere Batterie auf dem linken Seineufer den Zugang zum Pont-Royal verlegen sollte. Das Wetter begünstigte Bonaparte. Am 13. *Vendémiaire* (5. Oktober 1795) regnete es; das kühlte die Kampfeswut der Angreifer entschieden ab. Hätten sie, wie ursprünglich geplant, die Tuilerien bereits vor 7 Uhr früh angegriffen, dann wäre es ihnen wahrscheinlich gelungen, die Verteidiger zu überwältigen, da die Aufstellung der Geschütze, durch die engen Straßen erheblich behindert, noch längst nicht abgeschlossen war. So aber brandete die erste Angriffswelle erst in den Nachmittagsstunden durch die Rue St. Honoré, wo die Aufständischen dichtgedrängt in Bonapartes Geschützfeuer liefen. Das zwang sie zum Rückzug auf den kleinen Platz vor der Kirche Saint-Roch, um sich neu zu ordnen. Diese Bewegung kam Bonaparte sehr gelegen, denn er kommandierte hier selbst zwei Acht-Pfünder, die aber nicht mit grobem Schrot geladen waren, wie eine hartnäckige Legende behauptet, sondern deren Pulver lediglich mit Donner und Blitz entzündet wurde, was vollkommen ausreichte, um auf dem Platz Angst und Schrecken zu verbreiten.[62] Die psychologische Wirkung war enorm, die Angreifer stoben in wilder Flucht auseinander und wurden von nachsetzender Kavallerie verfolgt. Gleichzeitig hinderte die Batterie auf dem Seineufer die hier herandrängenden Aufständischen an der Überquerung des Flusses. Zwischen fünf und sechs Uhr nachmittags war Barras Herr der Lage, und gegen Mittag des folgenden Tages war ganz Paris wieder fest in der Hand des Regimes.

Dass der Erfolg viele Väter hat, wird durch den Ausgang des 13. *Vendémiaire* bestätigt. In seinen Memoiren rühmte sich Barras später, an diesem Tag alles überschaut und angeordnet zu haben, während er Bonaparte als einen bloßen Befehlsempfänger und Adjutanten hinstellt.[63] In seinen Erzählungen auf Sankt Helena entwarf Napoleon ein genau gegenteiliges Bild; er sei der Kopf gewesen, der den Erfolg dieses Tages in allen Einzelheiten geplant, ausgeführt und verantwortet habe.[64] Diese späteren Rodomontaden stehen jedoch in einem aufschlussreichen Gegensatz zum offiziellen Bericht, den Napoleon zwei Tage später über den Ablauf des 13. *Vendémiaire* gab.[65] Darin bestätigt er ohne Einschränkung Barras als alleinigen Urheber des Erfolgs und Retter der Republik. Dieser Bericht lässt sich indessen auch als Dokument seines damaligen Opportunismus lesen, denn Barras war es, von dem Bonapartes weitere Zukunft fürs erste abhing.

Andererseits war Napoleon eitel genug, wenigstens gegenüber dem Clan das eigene Licht nicht unter den Scheffel zu stellen. Im Schreiben an Joseph vom 14. *Vendémiaire* (6. Oktober 1795) lässt er diesen großspurig wissen: «Der Konvent hat Barras zum Oberbefehlshaber der Armee bestellt; die Komitees haben mich zu seinem Stellvertreter ernannt.»[66] Davon kann keine Rede sein; Barras hatte in dieser Funktion, die er am 13. *Vendémiaire* und danach bekleidete, keinen Stellvertreter. Napoleon befehligte lediglich die Artillerie. Dass die Fama seinen tatsächlichen Anteil an den Ereignissen sehr schnell übertraf und er in Kreisen der Pariser Royalisten gleichwohl als «Général Vendémiaire» geradezu notorisch wurde, lag vor allem an der Rede, die Stanislas Fréron am 19. *Vendémiaire* im Konvent hielt. Zuvor trat Barras auf, umgeben von den Offizieren, denen die Versammlung für die Niederschlagung des Aufstands danken wollte, hütete sich aber, auch nur einen der Begleiter namentlich zu erwähnen oder gar dessen Verdienste zu rühmen. Fréron jedoch, der 1793 während seiner Tätigkeit als Kommissar in Südfrankreich mit dem Napoleon-Clan in Berührung gekommen und dabei von den Reizen der damals erst dreizehnjährigen Schwester Napoleons, Pauline (genannt Paulette), heftig entflammt worden war, ergriff unmittelbar nach Barras das Wort, um ausdrücklich den entscheidenden Anteil des Generals Bonaparte hervorzuheben. Da Fréron die verführerische Paulette unbedingt heiraten wollte, aber fürchten musste, dem Clan wegen seiner Beteiligung an der blutigen Repression der Aufstände in Marseille und Toulon als Schwiegersohn nicht willkommen zu sein, verfiel er wohl auf den Gedanken, den älteren Bruder durch eine dicke Schmeichelei zu gewinnen.[67] «Vergesst nicht, Bürger, dass der General Napoleon, der erst in der Nacht des 12. (Vendémiaire) ernannt worden ist, um (General) Menou zu ersetzen und der nur während des Morgens Zeit hatte, um seine klugen Anweisungen zu geben, deren glückliche Wirkungen Sie erlebt haben, zuvor von seiner Waffengattung abberufen wurde, um ihn zum Eintritt in die Infanterie zu zwingen. – Gründer der Republik, wollt ihr noch länger säumen, das Unrecht wieder gut zu machen, das in eurem Namen eine große Zahl eurer Verteidiger erleiden mussten?»[68]

So wurde Bonaparte von einem der einflussreichsten Mitglieder des Konvents zum Retter der Republik ausgerufen und am 24. *Vendémiaire* zum Divisionsgeneral befördert. Als eine der letzten Amtshandlungen des Konvents erhielt er am 3. *Brumaire* das Oberkommando der in Paris stationierten Truppen und Polizeieinheiten, ein Amt, das zuvor Barras innegehabt hatte. Ein Zeitgenosse, Baron Fain, notierte damals, was viele sich gedacht haben mögen, als sie diese Nachricht hörten: «Man fragt sich, woher kommt er, was war er und durch welche früheren Verdienste hat er sich empfohlen?»[69]

Mit 26 Jahren hatte Bonaparte nun den wichtigsten militärischen Kommandoposten inne, den das Direktorium angesichts der weiterhin höchst instabilen inneren Situation zu vergeben hatte. Der wenig bekannte, kleinwüchsige Artillerieoffizier mit dem lächerlichen Namen und dem linkischen Auftreten mochte vielen, die das Machtpotential seiner Stellung fürchteten, als bloßer Platzhalter gelten, eine Pappfigur, der man sich zu gegebener Zeit mühelos entledigen würde. Auch Barras und seine vier Mitdirektoren dachten zweifellos so. Aber sie sollten sich täuschen. Der Aufstieg Napoleons nahm im Oktober 1795 seinen Anfang.

Nach außen war Bonapartes Stellung von Glanz umstrahlt. Sein Hauptquartier lag an der Place Vendôme; in neuer Uniform ließ er sich durch jene Straßen fahren, die er oft einsam durchwandert hatte. Aber gleichwohl war seine Lage heikel, denn er galt als Kreatur von Barras. Stürzte Barras, so war es auch um ihn geschehen. Das machte ihn zum Gefangenen des Direktoriums und zwang ihn, dieses Regime, das ihn als Werkzeug für den eigenen Machterhalt benutzt und dafür belohnt hatte, mit demonstrativem Eifer zu unterstützen.[70] Angesichts der heftigen Abneigung, die dem Direktorium aus allen Schichten entgegenschlug, kann nicht verwundern, dass es auch um Bonapartes Ruf keineswegs zum Besten bestellt war,[71] obwohl er im Unterschied zu den anderen Figuren des Regimes auf eine geradezu altmodische, beinahe lächerliche Weise seine republikanische Sittenstrenge und Unbestechlichkeit betonte.[72] Was ihm damals vor allem schadete, war die umfassende, in Paris von ihm ausgeübte Polizeigewalt. Die Wirtschaftskrise, chronische Versorgungsmängel und der endlos sich hinschleppende Krieg sorgten für schwärende Unzufriedenheit, die sich jederzeit in Aufständen Luft machen konnte. Bonapartes wichtigste Aufgabe war es, solchen Gewaltausbrüchen mit harter Hand vorzubeugen. Das erledigte er sehr erfolgreich, was seine Beliebtheit gewiss nicht steigerte, ihn aber für Barras und die anderen Direktoren immer unentbehrlicher machte. Vermutlich hatten sie ihr stilles Vergnügen daran, wie er am 8. Ventôse an der Spitze eines Truppenaufgebots die Schließung des Panthéon-Clubs, des Nervenzentrums der Jakobiner, vollstreckte und dessen Mitglieder mit Waffengewalt auseinandertrieb. Dieser Bonaparte schien ein gelehriger Polizeihund zu sein, der auf jeden Befehl sofort parierte. Barras nannte ihn einmal einen «Einfaltspinsel». Er musste sich in diesem Urteil bestätigt sehen, als sein ehrgeiziger Stadtkommandant ihm eines Tages anvertraute, dass er zur Heirat einer Frau entschlossen sei, die Barras' Mätresse war.

Die Frau, deren Reizen der sechsundzwanzigjährige Napoleon verfiel, war die Witwe Joséphine de Beauharnais, eine Creolin, die am 23. Juni 1763 auf Martinique, das zu den französischen Besitzungen in Westindien gehörte, als Tochter des Plantagenbesitzers Joseph Tascher de la Pagerie geboren wurde. Aus ihrer unglücklichen Ehe mit dem Vicomte Alexandre de Beauharnais stammten zwei Kinder: Eugène (geb. 3. September 1781) und Hortense (geb. 10. April 1783). Alexandre de Beauharnais, der als Deputierter auf den Generalständen von 1789 zu jenen Adeligen gehörte, die sich dem Dritten Stand angeschlossen hatten, gelangte mit vielen anderen Revolutionären der ersten Stunde rasch zu einer führenden Rolle – während der Flucht Ludwigs XVI. war er für wenige Tage Präsident der Constituante. Er machte sich dann den radikalen Kräften schnell verdächtig und wurde am 22. Juli 1794, fünf Tage vor dem Sturz Robespierres, hingerichtet. Joséphine, damals auch in Haft, lernte im Gefängnis Thérésa Tallien kennen. Die Tallien, Frau des Konventspräsidenten Jean-Lambert Tallien, der sich maßgeblich am Sturz Robespierres beteiligt hatte, galt als eine der führenden Odalisken der Zeit. Im Salon ihres Pariser Hauses «La Chaumière», einem im Stil eines Landsitzes erbauten Stadtschloss, versammelten sich regelmäßig die wichtigsten Repräsentanten der jetzt herrschenden Clique: Barras, Fréron und der Bankier Gabriel Ouvrard. Zu diesen gesellten sich Joseph Chénier, der Bruder des Dichters André Chénier, oder auch der amerikanische Botschafter in Paris und spätere Präsident James Monroe. Die Frauen gaben diesem Salon besonderen Glanz: die Intellektuelle *avant la lettre*, Germaine de Staël, die wegen ihres Geistes und ihrer Eleganz gleichermaßen bekannte Juliette Récamier oder die aus ganz anderen Gründen notorische Fortunée Hamelin.[73] Zu diesem Kreis stieß auch Joséphine de Beauharnais, nachdem sie mit Hilfe ihrer neuen Freundin Thérésa Tallien zehn Tage nach dem 9. *Thermidor* aus der Haft entlassen worden war. Damit avancierte Joséphine zu einer *femme à la mode*, eine gesellschaftliche Stellung, die sie mangels eigener Mittel nicht von sich aus bestreiten konnte. Aus dieser Verlegenheit rettete sie Barras, dem sie in La Chaumière begegnete und der sie zu seiner Mätresse machte. Mit Barras' raschem Aufstieg zum führenden Mann des neuen Regimes wurde auch sie zu einem strahlenden Fixstern am gesellschaftlichen Firmament des *Directoire*.

Als Napoleon ihr zum ersten Mal begegnete,[74] muss dies für ihn ein *coup de foudre* gewesen sein. Seine Liebe zu Désirée, die während seiner Pariser Zeit ins Wanken geraten war, kühlte nach dem 13. *Vendémiaire* rasch ab. Er war jetzt eine der führenden, gefürchteten Figuren des Regimes. Ein hübsches junges Mädchen aus der Provinz mit großer Mitgift zur Frau zu nehmen, ein Gedanke, mit dem er noch Anfang September als Möglichkeit gespielt hatte, um der Ungewissheit seiner Existenz zu entfliehen, war seiner Stellung jetzt nicht mehr gemäß, ja würde dieser vermutlich sogar schaden. Seine neue Situation und die Zukunft erforderten eine andere Lebensstrategie. Und in diese fügte sich die mondäne *veuve* Beauharnais vortrefflich ein.

Joséphine war nach dem Urteil vieler Zeitzeugen eine große Schönheit, die vor allem mit Charme für sich einnahm, eine Creolin, deren erotischer Schmelz mit einer gewissen trägen Eleganz ihrer Bewegungen einherging, die höchst aufreizend gewirkt haben muss. Napoleon war zudem fasziniert vom Flair ihrer «Vergangenheit», das auf prüde Geister eher abstoßend wirkte. Seit der Trennung von ihrem Mann 1782 hatte sie einige Affären gehabt. Außer ihrer Liaison mit Barras gab es eine intime Verbindung mit dem Revolutionsgeneral Lazare Hoche und vorher ein paar andere Liebeleien.⁷⁵ Joséphine war also eine in jeder Hinsicht «erfahrene» Frau, die jenes *savoir faire* in überreichem Maß besaß, das Napoleon noch immer entschieden fehlte und dessen Mangel er jetzt umso schmerzlicher erfuhr, als er in Kreisen verkehrte, in denen die selbstverständliche Beherrschung der *social graces* wesentlich wichtiger war als seine herausgehobene Machtstellung. Gerade diese gesellschaftlichen Vorzüge Joséphines fesselten Napoleon,⁷⁶ auch wenn er damals noch nicht absehen konnte, dass er damit in ein «Kapital» einheiratete, das sich auf dem Weg zu Alleinherrschaft und Monarchie sehr gut verzinsen sollte. Denn dank Joséphine kam er auch in engeren gesellschaftlichen Kontakt mit jenen Adelskreisen, die nicht in unbedingter Opposition zur Revolution verharrten und seit dem *Thermidor* nach einem Weg suchten, sich mit den nun eingetretenen Verhältnissen zu arrangieren. Sie sollten seine wichtigsten Helfer auf dem Weg zum Empire werden.

Außer ihrer verführerischen, mit zweiunddreißig Jahren vollerblühten Schönheit und dem Versprechen, ihm den Schliff der *école de Paris* zu geben, forderte Napoleon noch etwas Drittes an Joséphine unwiderstehlich heraus: Für den gesellschaftlichen Aufsteiger schien sie wegen des Glanzes ihrer Stellung in der durch und durch korrupten Welt des Direktoriums die Partie zu sein, die es zu machen galt, um die eigene soziale Position zu festigen und auszubauen.⁷⁷

Was aber veranlasste Joséphine dazu, der Werbung eines Mannes nachzugeben, der ihr wegen seiner Körpergröße von 1,68 Meter, seines ungeschliffenen Benehmens, seiner Herkunft aus bescheidenen Verhältnissen in der tiefsten Provinz kaum attraktiv erscheinen konnte und noch dazu viel zu arm war, um ihren verschwenderischen Lebensstil zu finanzieren? Es trennten sie auch gegensätzliche Naturelle; Napoleon war ehrgeizig, leidenschaftlich bis zur Gewalttätigkeit, Joséphine hingegen im höchsten Maße indolent. Sie interessierte sich für nichts anderes als für ein sorgenfreies Luxusleben. Und während Napoleon über alle Maßen verliebt war, wie seine zunächst überschwenglichen, bald wegen Joséphines Kühle und Distanz immer verzweifelteren Briefe zeigen,⁷⁸ teilte sie seine Gefühle noch nicht einmal ansatzweise.⁷⁹ Joséphine erhörte Napoleons stürmisches Werben vermutlich aus nüchternem Kalkül. Ihre weibliche Attraktivität, auf der allein ihre gesellschaftliche Stellung basierte, würde angesichts ihres Alters rasch verblassen; Elend und Armut bedrohten ihre Zukunft und die ihrer beiden Kinder. Napoleon bot eine zumindest geringe Chance, dieser fatalen Gewissheit, die ihrem weiteren Leben verhängt war, zu entrinnen.

Es drängt sich der Verdacht auf, dass Joséphine ihren Einfluss auf Barras auch während der Zeit, in der ihr Napoleon den Hof machte, nutzte, um dem jungen Offizier jenes Kommando zu verschaffen, von dem er seit dem Sommer 1793 träumte: das Oberkommando über die Italienarmee.[80] Damit verknüpften sich für Joséphine durchaus Vorteile. Zum einen konnte sie den Mann, der sie so leidenschaftlich umwarb, ihr aber gar nicht zusagte, sofort weit von sich entfernen, hatte andererseits aber bei einer Heirat zugleich die Reputation, Ehefrau des Generals Bonaparte, des Chefs der *Armée d'Italie*, zu sein. Überdies war Bonaparte auf diesem Posten nicht in gleicher Weise Schwankungen der politischen Konjunktur ausgesetzt wie jetzt als Chef der Inlandsarmee, den jeder nicht rechtzeitig unterdrückte Aufstand in Paris Amt und Kopf kosten konnte.

Am 2. März 1796 entschieden die fünf Direktoren angeblich auf Vorschlag von Barras, wie dieser sich später stets rühmte,[81] Napoleon zum Kommandierenden General der Italienarmee zu ernennen. In Wahrheit hatte Carnot dies seinen Mitdirektoren vorgeschlagen. Bonaparte hatte offenbar in zäher Überzeugungsarbeit dessen Vorbehalte überwunden. Jedenfalls verließ sich Carnot in den Wochen und Monaten vor Bonapartes Ernennung ganz auf Napoleons Ratschläge und übertrug ihm auch den gesamten Schriftwechsel mit seinem Amtsvorgänger General Schérer. Den Brief des Direktoriums vom 22. Januar 1796 an Schérer musste dieser als inakzeptables Ultimatum auffassen, das er mit Rücktritt quittierte. Der Brief basierte auf einem Entwurf Bonapartes.[82]

Angeblich unterrichtete Joséphine, von Barras beauftragt, Napoleon von seiner Ernennung.[83] Sie war jedenfalls das «Hochzeitsgeschenk», das Barras dem Paar machte,[84] das eine Woche später, am 9. März 1796 um 10 Uhr abends in der *Mairie* des 2. Pariser Arrondissements getraut wurde.[85] Diese «stille Hochzeit» nutzte Bonaparte zu einer Loyalitätserklärung gegenüber dem *Directoire*, in der sich Naivität und Gerissenheit die Waage halten. Letourneur, der damals turnusgemäß als Präsident des *Directoire exécutif* amtierte, teilte er am 11. März 1796 mit: «Ich habe den *citoyen* Barras gebeten, das Direktorium von meiner Hochzeit mit der *citoyenne* Tascher-Beauharnais in Kenntnis zu setzen. Das Vertrauen, das mir seitens des Direktoriums unter allen Umständen entgegengebracht wurde, macht es mir zur Pflicht, es über alle meine Handlungen zu unterrichten. Meine Heirat ist nur ein neues Band, das mich mit dem Vaterland verknüpft; sie ist mir eine Verpflichtung mehr für meinen festen Entschluss, mein Heil nur in der Republik zu suchen.»[86] Die «Flitterwochen» dauerten nicht einmal zwei Tage: Am 11. März 1796 brach General Bonaparte zum Rendezvous mit dem Ruhm auf und reiste in Begleitung seines Adjutanten Junot mit der Postkutsche in das Hauptquartier der *Armée d'Italie* nach Nizza.

DRITTES KAPITEL

KRIEGSKUNST

Napoleons Bild in der Geschichte wird vor allem von seinen Erfolgen als Feldherr beherrscht. Fraglos steht er als Heerführer und Stratege in einer Reihe mit Alexander, Hannibal oder Caesar. Zwischen 1796 und 1815 lenkte er über sechzig Schlachten, von denen er bis zum furchtbaren Gemetzel von Eylau am 8. Februar 1807 alle für sich entschied. Dabei bezwang er trotz seiner Jugend weitaus ältere und vielfach erprobte Gegenspieler, seine Kriegskunst, die Grundlage seines Ruhms, bedarf deshalb einer näheren Betrachtung.

Napoleons strategisches Genie gründete zunächst einmal in einer Reihe von Talenten, die er in den entbehrungsreichen Jahren seiner Ausbildung mit einer Fülle von Detailkenntnissen verfeinerte. Wie tausende von Befehlen und Anweisungen zeigen, kannte sich Napoleon in der Bespannung der berittenen Artillerie, der Konstruktion von Munitionswagen oder der Anlage von Feldbefestigungen ebenso aus wie beim Guss von Kanonen oder der Herstellung von Pulver. Das Wissen um solche Einzelheiten war eine wichtige Voraussetzung für die minutiöse Planung seiner Feldzüge wie für die Einschätzung der eigenen Stärken und Schwächen in einer konkreten Gefechtssituation. Diese fast pedantische Detailversessenheit entsprach der Tradition eines militärtheoretischen Diskurses, mit dem er sich in seinen Studienjahren vertraut gemacht hatte. Das zu seiner Zeit erfolgreichste Monumentalwerk dieser Literatur waren Moritz von Sachsens *Mes Rêveries*, in denen die technischen Voraussetzungen des Kriegshandwerks mit Liebe und Leidenschaft geschildert wurden. Diese einseitige «Diät» Napoleons mag erklären, dass er zeitlebens in allen Fragen der Seekriegsführung Laie blieb. Möglicherweise entsprach auch das einer französischen Tradition, denn die Marine war im *Ancien Régime* eher stiefmütterlich behandelt worden.

Napoleon zeigte gewisse Schwächen in der sogenannten Gefechtsfeldtaktik, also bei der Dislozierung und dem Einsatz kleinerer Einheiten auf dem Schlachtfeld. Darüber zu bestimmen, überließ er klugerweise seinen Unterführern, die das Geschehen in ihren jeweiligen Abschnitten unmittelbar übersahen. Seine Überlegenheit als Heerführer kommt hingegen in der meisterhaften Beherrschung der Strategie zum Vorschein, der gleichsam dramaturgischen Planung eines Feldzugs mit dem Ziel, die militärische Macht des Gegners zu vernichten, um ihn dann dem eigenen politischen Willen zu unterwerfen. Bezeichnenderweise vermied Napoleon den Begriff Strategie und benutzte stattdessen das schon zu seiner Zeit altertümliche, aber den Genieaspekt betonende Wort *art de guerre*, Kriegskunst. Napoleon begriff den Krieg als Duell. So definierte ihn Clausewitz später, dessen Theorie vom Kriege Napoleons Beispiel viel verdankt. Der Krieg als Duell zweier Mächte bedeutete für Napoleon, einen Feldzug entschlossen und rasch mit dem operativen Ziel zu führen, den Gegner auszuschalten. Ein solcher Waffengang hatte, wie er wiederholt betonte, den großen Vorteil, die Verluste an Menschen und Material – die eigenen wie die des Gegners – möglichst gering zu halten. Das hatte allerdings nichts mit humanitären Rücksichten zu tun, die nicht nur Napoleon, sondern auch der Zeit eher fremd waren. Sein Kalkül reflektierte vielmehr eine eigene politische Ökonomie, die immer darauf zielte, den besiegten Gegner in ein Vasallenverhältnis zu pressen, um dessen Ressourcen für fernere Feldzüge ausschöpfen zu können.

Der Erfolg jeder Strategie besteht zunächst darin, die eigenen Stärken in räumlicher wie zeitlicher Hinsicht sinnvoll zu organisieren und die Truppen derart zu positionieren, dass sie den Gegner rasch packen und in einer Schlacht überwältigen können.[1] In Napoleons literarischem Vermächtnis findet sich jedoch keine systematische Darlegung seiner Strategie;[2] seine umfangreiche militärische Korrespondenz und die Betrachtung seiner Feldzüge müssen deshalb diese «Lücke» füllen. Allerdings war er ausgerechnet in seiner eminenten Stärke alles andere als originell. Er realisierte zum einen nur erfolgreich, was andere bereits theoretisch formuliert hatten;[3] zum anderen beschied er sich mit einem begrenzten Repertoire an Manövern, die fallweise der jeweiligen Situation angepasst wurden. Der schöpferische Beitrag Napoleons bestand deshalb vor allem im besonderen *esprit*, mit dem er die vorgefundenen Instrumente virtuos kombinierte und handhabte. Dieser *esprit* schlug sich in einer Fülle von Äußerungen nieder, die jeweils eine Facette seines Ingeniums offenbaren, als «Zitatenschatz» aber eher ein wüstes Durcheinander häufig widersprüchlicher Bruchstücke seiner Konfession sind. Die Quintessenz dieser Äußerungen lässt sich deshalb weniger aus seinen häufig verblüffenden Bekenntnissen – ein bekanntes Beispiel dafür ist sein Diktum 1807 nach der Schlacht von Friedland: «Ich gewinne meine Schlachten mit den Träumen meiner Soldaten»[4] – als aus der Praxis rekonstruieren. Erst vor deren Hintergrund bekommen diese meist aphoristischen Zuspitzungen einen zusammenhängenden

Sinn. Lässt man das außer Betracht, dann erscheint der Ratschlag, den Napoleon General Lauriston gab, als dieser im Spätjahr 1804 aufbrach, die westindischen Besitzungen Frankreichs, die England besetzt hatte, zurückzuerobern, bloß als eine pathetische Phrase: «Hissen Sie meine Fahnen auf diesem schönen Kontinent; rechtfertigen Sie mein Vertrauen, und wenn, sobald Sie sich festgesetzt haben, die Engländer Sie angreifen und Sie dabei in Bedrängnis geraten, dann entsinnen Sie sich immer dreier Voraussetzungen: Halten Sie Ihre Kräfte zusammen, seien Sie stets aktiv und geben Sie durch Ihre unerschütterliche Entschlossenheit zu erkennen, dass Sie gewillt sind, nur ruhmvoll zu sterben. Das sind die drei großen Prinzipien der Kriegskunst, deren Befolgung mir das Glück bei allen meinen Operationen immer günstig stimmte. Der Tod bedeutet nichts; aber als Unterlegener und ohne Ruhm zu leben, heißt, jeden Tag den Tod zu erleiden.»[5]

Doch gerade in dieser Weisung lassen sich wichtige Elemente seines strategischen Denkens erkennen: die raumdeckende Dislozierung der eigenen Kräfte und das Prinzip, stets die Initiative über den Gegner zu behaupten oder, sollte der sie ergriffen haben, sie ihm sofort offensiv streitig zu machen. Schließlich schenkte Napoleon den psychologischen Aspekten der Kriegführung ganz besondere Aufmerksamkeit. Auf Sankt Helena bemerkte er zu Gourgaud: «In Italien (während der Kampagne von 1796-1797, J.W.) betrug unser Kräfteverhältnis immer eins zu drei, aber die Truppen vertrauten mir. Die moralische Stärke ist entscheidender für den Sieg als die Zahl.»[6] Die moralische Stärke der Truppen, ihr innerer Zusammenhalt, auf den Napoleon zu Recht so großen Wert legte,[7] suchte er auf unterschiedlichste Weise zu fördern. Während des ersten Italienfeldzugs verfiel Napoleon auf die Idee, die Fahnen der Halbbrigaden mit Inschriften besticken zu lassen, die deren besondere Qualitäten unterstrichen. So schmückte beispielsweise die Fahne der 57. Halbbrigade der Satz: «Die fürchterliche 57. Halbbrigade, die nichts aufhält.»[8] Sehr oft wurden die Tapferkeit einzelner Einheiten durch besondere Erwähnung in den Bulletins vom Kriegsschauplatz hervorgehoben[9] oder deren Heldentaten in der offiziösen Presse ausgiebig geschildert.[10] In Italien verfügte Napoleon zu diesem Zweck über zwei Zeitungen *Le Courrier de l'armée d'Italie ou le patriote français* sowie *La France vue de l'armée d'Italie*,[11] die kostenlos bei der Truppe verteilt wurden und ihn propagandistisch unterstützten. Ganz besonders wirkte aber die direkte Ansprache an die Soldaten, für die seine Proklamation vom 3. Dezember 1805 unmittelbar nach der Schlacht von Austerlitz das bekannteste Beispiel liefert: «Soldaten, ich bin zufrieden mit Euch. Ihr habt am Tag von Austerlitz alles das bestätigt, was ich von Eurer

KRIEGSKUNST 73

Furchtlosigkeit erwartet habe. (...) Soldaten, sobald alles getan ist, was notwendig erscheint, um das Glück und das Wohlergehen unseres Vaterlandes zu gewährleisten, werde ich Euch nach Frankreich zurückführen. Dort werdet Ihr Euch meiner umsichtigsten Aufmerksamkeit erfreuen. Mein Volk wird Euch mit Freude willkommen heißen, und Ihr müsst nur sagen ‹Ich war bei der Schlacht von Austerlitz›, damit man Euch antwortet, ‹Voilà, ein Tapferer.›»[12]

Zu den wichtigsten Mitteln, die Loyalität der Truppen wie ihre Kampfbereitschaft zu fördern, gehörte die Aussicht auf rasche Beförderung, mit der besondere Leistungen im Gefecht belohnt wurden, oder die Versetzung in bestimmte Eliteeinheiten. Vor allem die Aufnahme in die besser bezahlte, verpflegte und mit hohem Prestige ausgestattete Kaiserliche Garde war sehr begehrt.[13] Hinzu kam, dass deren Einheiten Napoleon als allerletzte Reserve dienten, die vor 1813–1815 kaum je aktiv im Kampf eingesetzt wurde. Darum wurde sie von der Hauptarmee sehr beneidet. Napoleon machte sich dies geschickt zunutze, indem er ein Rotationssystem einführte, mit dem bewährte Soldaten der Linientruppen für einige Jahre zum Dienst in der Garde abkommandiert wurden, ehe sie, unterdessen zu Offizieren befördert, wieder zu ihren alten Einheiten zurückkehrten. Entsprechend wurde auch mit Offizieren verfahren, die für einige Zeit Dienst bei der Garde taten, wo sie gleichsam die höheren militärischen Weihen erhielten, um dann in der Regel herausgehobene Kommandoposten bei der Linientruppe zu übernehmen.[14]

Der erfolgreichste Einfall Napoleons, um den Kampfgeist seiner Truppen zu stärken und sie auf seine Führung einzuschwören, war die Stiftung des Ordens der Ehrenlegion, der *Légion d'Honneur*, am 19. Mai 1802, der bis 1814 rund 48000 Mal verliehen wurde.[15] Im Unterschied zum *Ancien Régime*, unter dem nur die ausschließlich adeligen Offiziere in den Genuss von Auszeichnungen kamen,[16] wurde das «Kreuz» der Ehrenlegion auch an einfache Soldaten verliehen, die sich durch Tapferkeit ausgezeichnet hatten.[17] Der Orden, verbunden mit einer je nach Stufe der Dekoration gestaffelten bescheidenen Leibrente, schuf rasch eine begehrte soziale Distinktion. Napoleon war sich des Effekts dieser Auszeichnung auf die Soldaten sehr bewusst, wie sein Schreiben an den König von Bayern vom 6. Januar 1806 beweist, den er darum bittet, 40 Kreuze der Ehrenlegion an die verbündeten bayerischen Truppen mit der Maßgabe verleihen zu dürfen, dass je zwanzig Offiziere und zwanzig Mannschaften in den Genuss dieser Auszeichnung kämen.[18]

Seine besonderen Qualitäten als Truppenführer zeigten sich auch darin, dass Napoleon selbst als Kaiser und Beherrscher Europas ein *soldiers soldier* blieb. Er scheute sich nie, mit einfachen Soldaten das Gespräch zu suchen, sich nach ihren Beschwernissen zu erkundigen oder ihnen Worte der Aufmunterung und Anerkennung zuzurufen. Auch sorgte er sich stets um das leibliche Wohl seiner Truppen. Stabschef Berthier wies er immer wieder an, die täglichen Marschleistungen möglichst gering zu halten und alle drei Tage einen Ruhetag einzulegen.[19] Das Gegenstück dieser Rücksichtnahme waren Gewaltmärsche, die Napoleons Strategie des offensiven Bewegungskriegs in der letzten Phase eines Feldzugs regelmäßig erforderte. Ein Paradebeispiel dafür ist die Leistung der von Masséna kommandierten Division im Januar 1797: Am 13. Januar nahm sie an den Kämpfen bei Verona teil, marschierte während der Nacht auf Rivoli, wo sie am frühen Morgen des 14. Januar eintraf und sich den ganzen Tag in der hier tobenden Schlacht engagierte, um sogleich einen Tag und eine Nacht nach Mantua vorzurücken, wo sie am 16. Januar in das Gefecht von La Favorita verwickelt wurde.[20] Ein anderes bekanntes Exempel für die enormen Marsch- und Kampfleistungen der napoleonischen Truppen liefert das großräumig angelegte Einkreisungsmanöver von Ulm Ende September–Anfang Oktober 1805, bei dem eine französische Armee von 210000 Mann binnen 17 Tagen vom Rhein an die Donau verlegt und dank dieser schier übermenschlichen Anstrengung die österreichische Armee unter Mack kampflos zur Kapitulation gezwungen wurde.[21]

Die Schnelligkeit seiner Truppen, ihre hohe Beweglichkeit, die ihm auch die Ausführung kompliziertester Manöver während einer Schlacht erlaubte, waren wichtige Ursachen für die lang anhaltende Überlegenheit der napoleonischen Kriegführung. Als entscheidend erwies sich dafür vor allem die von der Revolution modifizierte Armeeorganisation des *Ancien Régime*, die Napoleon verfeinerte. Diese Armeeorganisation hatte drei Aspekte: die Gliederung der Truppen, ihre Versorgung und das Beförderungssystem. Seit der umfassenden Armeereform, die am 21. Februar 1793 verabschiedet worden war, galt als operative Einheit der französischen Armee die Division, die sich aus vier *demi-brigades*, vier Halbbrigaden, die an die Stelle der als reaktionär verschrienen Regimenter traten, zu je drei, in 9 Kompanien untergliederte Bataillonen zusammensetzte. Dem lag der Gedanke zu Grunde, daß die Division als ein eigenständiger Kampfverband operieren sollte. Sie umfaßte mithin alle damals üblichen Waffengattungen: Infanterie, Artillerie, Kavallerie, Pioniere. Napoleon nutzte diese Gliederung, um mehrere Divisionen zu einem Armeekorps zusammenzufassen. Damit verschaffte er sich das sehr flexible Instrument für seine weiträumig angelegten beweglichen Operationen, die ihm gestatteten, gleichzeitig offensiv Krieg an geografisch weit auseinanderliegenden Fronten zu führen.

Die Gliederung in Divisionen und Halbbrigaden erwies sich aber nicht nur für die operativen Belange als großer Vorteil, sondern sicherte auch die taktische Dominanz der französischen Truppen auf dem Gefechtsfeld. Vor allem bei der Infanterie ließ sich dank dieser Gliederung eine wesentlich größere Manöverierfähigkeit erzielen, da nun die beiden zuvor starr gehandhabten traditionellen Kampfformationen der Linien- und der Kolonnenaufstellung im *ordre mixte* kombiniert wurden. Je nach Gefechtslage konnten die Bataillone oder auch die *demi-brigades* jetzt zügig von der einen in die andere Aufstellung umgruppiert werden, ein Manöver, das früher unweigerlich ins Chaos geführt hätte.[22]

Unabdingbar für das Funktionieren einer solchen, die operative Selbstständigkeit von Divisionen und Armeecorps ermöglichenden Organisation war jedoch die straffe Zentralisierung der Kommandostruktur, auf die Napoleon entschieden Wert legte. Seit dem ersten Feldzug hatte er in Berthier einen fähigen Generalstabschef, der seine mehr oder weniger detaillierten Anweisungen in präzise Befehle umsetzen musste. Mit der Ausweitung der Operationsgebiete und der stetig steigenden Truppenzahl wurde die Generalstabsarbeit zu einem immer komplexeren bürokratischen Verfahren, das die Einrichtung eines Großen Hauptquartiers erforderlich machte: Die *maison de l'Empéreur*, zu der das persönliche Kabinett des Kaisers mit dem Topographischen Büro, die beiden Großoffiziere, Oberstallmeister Caulaincourt und Oberhofmarschall Duroc, zwölf persönliche Adjutanten, zwölf Ordonnanzoffiziere, ferner eine Reihe von Hofbeamten, der Leibarzt und weitere Bedienstete – jeder Adjutant hatte noch zwei oder drei *aides de camp* zur dienstlichen Verfügung – gehörten. Die zweite Säule des Großen Hauptquartiers war die *maison Berthier*, also das eigentliche Büro des Generalstabs, mit einem persönlichen Kabinett des Generalstabschefs sowie drei Abteilungen. Hinzu kam noch ein eigenes Topographisches Büro – nicht zu verwechseln mit dem des Kaisers –, das täglich eine Operationskarte erstellte und außerdem die von Berthier angeordneten Aufnahmen, Skizzen und Pläne verfertigte.[23]

Mit diesem auf Effizienz und Schnelligkeit angelegten Generalstab hatte Napoleon gegenüber allen seinen Gegnern einen enormen Vorsprung. Als Achillesferse erwies sich jedoch die eingeschränkte Geschwindigkeit der Nachrichtenübermittlung, die an die Leistung der Kurierpferde gebunden blieb. Je größer das Operationsgebiet wurde – bei seiner extremsten Ausdehnung reichte es von Moskau bis Madrid –, desto spürbarer wurde dieser Nachteil. Die Nachrichten überbrachten Kuriere, die über eine eiserne Konstitution verfügen mussten, da sie meist die ganze Strecke zwischen Absender und Adressaten zu bewältigen hatten und unterwegs nur ihre Pferde wechseln durften, ohne größere Rast einzulegen. Außerdem mussten sie nach dem Willen Napoleons geradezu die Befähigung zu Generalstabsoffizieren haben, denn sie sollten detailliert darüber berichten, was ihnen unterwegs aufgefallen war.[24] Optische Telegraphen, mit deren Erprobung während der Revolution begonnen worden war, spielten nur bei der Nachrichtenübermittlung innerhalb Frankreichs eine gewisse Rolle. Bedeutsam war vor allem die Verbindung Paris – Strassburg, die bei den Feldzügen von 1805 und 1809 in Deutschland zur Übermittlung militärischer Informationen genutzt wurde. Seit 1805 bestand auch eine Linie zwischen Paris und Lyon, die Napoleon über Mailand bis Venedig verlängern ließ.[25]

Der zweite wichtige Aspekt für die Überlegenheit der napoleonischen Kriegführung war das Versorgungsprinzip der Truppen, die sich dort verproviantierten, wo sie operierten. Dieses revolutionäre Prinzip, dass der Krieg sich selbst ernährt, funktionierte in jenen Ländern vorzüglich, in denen intensiv Landwirtschaft betrieben wurde. In der Regel führten seine Truppen nur Mannschaftsrationen für höchstens eine Woche mit sich, während Nachschublieferungen sich allein auf Kriegsmaterial beschränkten. Auch bei der Versorgung hatte das Divisionssystem den Vorteil, dass nicht allzu große Truppenkonzentrationen über längere Zeit einen Landstrich aussaugten. Außerdem konnten sich die napoleonischen Truppen, solange sie die Offensive behaupteten, aus den eroberten Magazinen des Feindes verproviantieren, die ihnen häufig unversehrt in die Hände fielen.

Der dritte wichtige Aspekt der napoleonischen Armeeorganisation war das Beförderungssystem. Es war ebenfalls ein Erbe der Revolution und prämierte nicht Geburt oder Stand, sondern förderte allein Tüchtigkeit und Talent. Napoleon selbst ist die beste Illustration für die Vorzüge dieses Ausleseprinzips. Es bot die sicherste Gewähr dafür, dass stets geeignetes Personal für alle Kommandoebenen zur Verfügung stand.[26] Viele seiner späteren Marschälle stammten wie Napoleon aus kleinen Verhältnissen.[27] Ohne diese zahlreichen Talente, ohne die Intelligenz, Erfahrung und Tatkraft seiner Kommandeure, hätte selbst ein Napoleon nicht über Jahre hinweg von Sieg zu Sieg eilen können.

Diese reformierte und reorganisierte Armee schmiedete Napoleon zu einer Waffe, mit der er in wenigen Jahren nahezu ganz Europa unterwarf. Eine vergleichbare kriegerische Entfaltung einer einzigen Macht hatte es seit dem Untergang des Römischen Reiches nicht mehr gegeben. Im Einklang mit dem revolutionären Elan, der das Versprechen von Freiheit, Gleichheit und Brüderlichkeit weit über die Grenzen Frankreichs hinaustrug, war Napoleon stets Anhänger der offensiven Kriegführung. Unabdingbar war für ihn allemal, wie er am 29. Juli 1806 an Joseph schrieb: «Sie müssen aus einer derart abschreckenden Defensive angreifen, dass der Gegner sich nicht getraut, Sie zuvor anzugreifen, und dann müssen Sie – mit Ausnahme der zur Verteidigung der Hauptstadt notwendigen Dispositionen – jede feste Stellung hinter sich zurücklassen und dem Gegner offensiv zusetzen, der, wenn man über ihn herfällt, Ihnen nichts mehr entgegenzusetzen vermag. Da haben Sie die ganze Kunst des Krieges.»[28]

Napoleon war aber bei aller Entschlossenheit zur Offensive kein Hasardeur. Wenige Tage vor seinem Putsch am 18. *Brumaire* bekannte er Roederer gegenüber, der in seine Pläne eingeweiht war: «Es gibt keinen ängstlicheren Menschen als mich, wenn ich eine militärische Unternehmung plane. Ich übersteigere mir alle Gefahren und alle möglichen Übel, die sich mir in den Weg stellen können. Ich befinde mich im Zustand einer höchst misslichen Aufgeregtheit. Das hindert mich aber gleichwohl nicht daran, vor anderen in meiner Umgebung ganz heiter zu erscheinen. Ich bin wie eine junge Frau vor ihrer Niederkunft. Aber, sobald ich meine Entscheidung getroffen habe, ist alles, bis auf das, was es braucht, um erfolgreich zu sein, vergessen.»[29] Aufschlussreich ist in diesem Zusammenhang auch sein Brief vom 18. September 1806 an Joseph: «Einerseits kann es sein, dass in acht bis zehn Tagen sich alles geklärt haben wird oder, wenn dies nicht der Fall sein sollte, dann dürften die Preußen bei einem ersten Zusammentreffen derart geschlagen werden, dass alles in wenigen Tagen vorbei ist. (...) Ich habe die Angewohnheit, immer drei oder vier Monate im voraus daran zu denken, was ich dann zu tun habe, und ich rechne dabei immer mit dem Schlimmsten.»[30] Die Ereignisse bestätigten Napoleons Worte exakt: Am 14. Oktober 1806 wurde Preußen in der Doppelschlacht von Jena und Auerstedt vernichtend geschlagen.

Napoleon verfügte über einen sehr ausdifferenzierten Möglichkeitssinn. In seinen Planungen spielte er alle näher und ferner liegenden Hypothesen durch, zog die Stärke des Gegners, die Verlässlichkeit möglicher Bundesgenossen, die topographische Situation und andere Überlegungen in sein Kalkül und entwickelte daraus einen Plan, an dessen Einzelheiten und Festlegungen er sich aber keineswegs klammerte, sondern der lediglich den Horizont absteckte, innerhalb dessen die tatsächlichen Operationen abliefen.[31] Mit anderen Worten: Der Plan formulierte einen Idealverlauf, der es ihm ermöglichte, alle Abweichungen hinsichtlich ihrer Auswirkungen einzuschätzen und entsprechend zu reagieren. Voraussetzung dafür war eine möglichst umfassende Kenntnis aller relevanten Faktoren, während andererseits dem Gegner ein entsprechendes Wissen möglichst versagt bleiben musste. Beidem schenkte Napoleon große Aufmerksamkeit.³² Bisweilen geschah es, dass eine Schlacht begonnen wurde, obwohl beide Seiten von der wirklichen Stärke des Gegners nichts wussten. Bestes Beispiel dafür ist die erwähnte Doppelschlacht von Jena und Auerstedt. Während Napoleon den ganzen Tag in dem Irrtum befangen war, gegen die Masse der preußischen Armee bei Jena zu fechten, wurde die entscheidende Schlacht dieses Tages, gut sechzehn Kilometer entfernt, von Marschall Davout bei Auerstedt geschlagen: Napoleon hatte es lediglich mit den Flügeln der preußischen Armee zu tun, während Davout mit seinem Corps von nur 26000 Mann gegen das zahlenmäßig weit überlegene preußische Zentrum kämpfen musste! Hauptursache für dieses Missverständnis war der dichte Nebel, der während des ganzen Tages über der Gegend lag und eine realistische Einschätzung der gegnerischen Kräfte unmöglich machte.³³ In der Regel aber wussten beide Seiten schon am Vortag, dass sie am anderen Morgen eine Schlacht beginnen würden. Damit war das Überraschungsmoment ausgeschlossen. Umso mehr kam es darauf an, sofort die Initiative an sich zu reißen und dem Gegner die eigene Dramaturgie aufzuzwingen, ihn derart in seinen Dispositionen zu verwirren, dass sein Widerstand jede Ordnung verlor, schließlich zusammenbrach und in ungeordnete Flucht mündete. Alle Angriffsbewegungen mussten dem Gegner dabei möglichst lange verborgen bleiben, damit man ihn dann mit größtmöglicher Schnelligkeit und Präzision vernichten konnte. Dieses Herzstück seiner Strategie brachte Napoleon in den *Notes sur la défense de l'Italie* vom Januar 1809 auf die Maxime: «In der Kriegskunst wie in der Mechanik ist die Zeit das große Element zwischen Masse und Kraft.»³⁴

Solche Einsichten mögen klingen wie Gemeinplätze, aber sie maskieren eine hochkomplexe Wirklichkeit, die zu überschauen, zu koordinieren und flexibel zu handhaben es eines Genies bedarf, das eine enorme Gedächtnisleistung mühelos mit taktischer Phantasie verknüpfen kann. Dazu gehören komplizierte Ablenkungs- und Täuschungsmanöver, um den eigenen Aufmarsch für den Gegner so verwirrend wie möglich zu gestalten. Zehn oder mehr Formationen in operativer Stärke, Regimenter, Divisionen oder Armeecorps, die sich ihrerseits wieder in eine Vielzahl kleinerer Marschformationen untergliedert haben, rücken auf unterschiedlichen Straßen und mit vermeintlich voneinander abweichenden Marschzielen auf bisweilen sehr breiter Front vor. Obwohl keine dieser Einheiten je weiter als zwei Tagesmärsche von der nächsten größeren Formation entfernt ist, soll sich dem Gegner das Bild eines weiträumig verstreuten Durcheinanders bieten, das ihn über die wahre Stärke seines Gegenübers täuscht und ihn zur Schlacht provoziert. Dann erst erlebt er die böse Überraschung, dass die vermeintliche Unordnung sich blitzartig in eine Verderben bringende Ordnung verwandelt.

Zwei Feldzüge illustrieren diese napoleonische Kriegskunst besonders eindrucksvoll: Zu Beginn der Kampagne in Süddeutschland, die zur «Erdrosselung» der österreichischen Armee unter Mack bei Ulm am 18. Oktober 1805 führte, bildete die *Grande Armée* eine Frontlinie, die sich Anfang September in einem weitgespannten Bogen von Straßburg bis Würzburg über mehr als 200 Kilometer Luftlinie erstreckte. Ähnlich weit ausgedehnt war die Front zu Beginn des «Blitzkriegs» gegen Preußen Anfang Oktober 1806. Derart weitgespannte Frontlinien hatten unter den Bedingungen, mit denen Napoleon kalkulierte, drei entscheidende Vorteile: Erstens konnte der Gegner in den Anfangsphasen des Feldzugs unmöglich ausmachen, welches Ziel der Angreifer anvisierte; zweitens erlaubte es die große Flexibilität des *corps d'armée*-Systems, die weit ausgefächerten Einheiten überall dort zusammenzuziehen, wo die gegnerischen Kräfte sich massierten, und sie im Bedarfsfall den Bewegungen des Gegners anzupassen; und, würde der Gegner drittens seine Truppen nicht konzentrieren, sondern als Antwort auf die ausgedehnte Frontlinie Napoleons in entsprechender Breite dislozieren, nützte ihm das auch nichts, weil er jetzt, statt in einer großen Umfassungsschlacht, in zwei oder drei kleineren Schlachten eliminiert wurde.[35]

Um den Gegner möglichst schnell und entscheidend zu schlagen, musste die planvolle «Unordnung» des Aufmarschs auf breiter Frontlinie in eine Truppenansammlung übergeführt werden, deren Flügel zwei bis maximal drei Tagesmärsche voneinander entfernt waren. Die Ausdehnung der Front verringerte sich in dieser Phase, in der Napoleon zum Sprung auf den Gegner ansetzte, auf etwa 60 Kilometer. Alle Einheiten waren über eine Linie miteinander verknüpft, die im Operationszentrum ihren Knotenpunkt hatte. Dieses lag in der Mitte zwischen beiden Flügeln. Die eleganteste Formation Napoleons für diese Phase war der *bataillon carré*, bei dem beispielsweise vier Armeecorps an den vier Ecken eines auf seiner Spitze stehenden Quadrats aufgestellt waren. Das Operationszentrum befand sich beim *bataillon carrée* im Zentrum dieses Quadrats. Diese Formation bot verschiedene Vorteile; einmal glaubte der Gegner im Regelfall, es mit nur einem, allerhöchstens zwei Armeecorps zu tun zu haben; zweitens konnten die einzelnen Corps blitzartig ihre Funktion wechseln, je nachdem von wo der Gegner vorrückte. Versuchte beispielsweise der Feind eine rückwärtige Umfassung, rückte das Reservecorps automatisch an die Spitze des verkanteten Vierecks, während das Corps, das die vormalige Spitze besetzt hatte, zum Reservecorps wurde. Entsprechend dieser Rotation um 180 Grad wurde das rechte zum linken und das linke zum rechten Flügelcorps. Die Formation des *bataillon carrée* erfüllte in idealer Weise Napoleons Maxime, immer aus einer starken Defensive heraus anzugreifen. Dank des *bataillon carrée* konnte er zur Verwirrung des Gegners ständig in Bewegung bleiben. Er ließ einzelne Divisionen oder ganze Corps hier oder dort auftauchen und sofort wieder verschwinden, so dass der Feind nie ein wirkliches Bild der Gefahr hatte, die sich zusammenbraute. Seinen Untergang vollendete der nahtlose Wechsel von einem Bewegungsmanöver zum Angriff, eine Wendung, die der Gegner meist erst gewahrte, wenn es für ihn zu spät war, um darauf noch angemessen reagieren zu können.

Napoleon gebrauchte die geschilderten strategischen Systeme keineswegs doktrinär. Bei jeder Operation bediente er sich einer den jeweiligen Umständen und Herausforderungen angemessenen Mischung der Elemente, so dass keine Kampagne oder Schlacht einer anderen gleicht. An fünf strategischen Prinzipien hielt er indes stets fest. Zum ersten durfte eine Armee nur eine *ligne d'operation* haben: Das Ziel der Operationen musste von Anfang an klar definiert und für alle Einheiten verbindlich sein. Damit sollte von vornherein unterbunden werden, dass Kräfte bei der Verfolgung zweitrangiger Ziele, die nicht unmittelbar einsichtig mit dem strategischen Hauptziel verknüpft waren, verschwendet wurden. Zweitens musste die Hauptarmee des Feindes stets das wichtigste Ziel sein, da nur deren rasche Vernichtung diesen veranlasste, den Kampf aufzugeben. Napoleon selbst gestattete sich gelegentlich Abweichungen von diesem Prinzip: 1800 griff er Melas auf dem Nebenkriegsschauplatz Italien an, obwohl die Attacke im Lichte des Prinzips entlang der Donau auf Wien hätte erfolgen müssen; ebenso warf er sich 1805 nicht auf Erzherzog Karl, der mit der österreichischen Hauptmacht in Italien stand, sondern umfasste und vernichtete Mack bei Ulm. Drittens musste die französische Armee immer so manövrieren, dass sie den Gegner aus psychologischen wie strategischen Gründen entweder an dessen Flanke oder in seinem Rücken packte. Viertens sollte die französische Armee stets die am meisten exponierte Flanke des Gegners umbiegen, um ihn von seinen Nachschubdepots, seiner Hauptstadt oder möglichen Verbündeten abzuschneiden. Fünftens schließlich mussten unter allen Umständen die rückwärtigen Nachrichtenverbindungen der französischen Armee offen und sicher gehalten werden.[36]

Ausgehend von diesen Prinzipien bediente sich Napoleon im wesentlichen zweier strategischer Konzepte. Er verwendete in rund dreißig

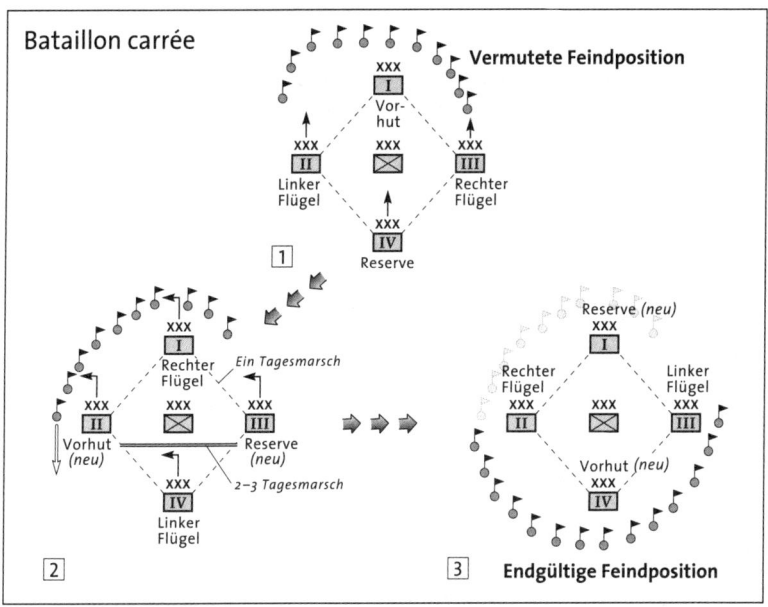

Schlachten *la manœuvre sur les derrières*,[37] den Umfassungsangriff, der den Gegner hinterrücks anfiel. Napoleon entschied sich immer dann für dieses Angriffsmuster, wenn er eine einzelne feindliche Armee vor sich hatte, die nicht auf rechtzeitige Unterstützung eines Verbündeten rechnen konnte, der sonst seinerseits Napoleon hätte in den Rücken fallen können. Diese *manœuvre sur les derrières* wurde von Napoleon meistens mit einem fintierten Frontalangriff eingeleitet, der die Aufmerksamkeit des Gegners fesselte. Dann konnte die Hauptarmee durch das Gelände oder von ausschwärmender Kavallerie gedeckt, ihn umgehen. Beim zweiten Italienfeldzug zog der in Genua belagerte Masséna die Aufmerksamkeit von Melas auf sich, der dann bei Marengo Napoleon in die Falle tappte; Ende September 1805 übernahmen das von Ney kommandierte Corps sowie die Kavallerie Murats im östlichen Schwarzwald diese Aufgabe, während bei der Kampagne von 1806 gegen Preußen diese Rolle vom holländischen König, Napoleons Bruder Louis, gespielt wurde, der seine Truppen, die in den Festungen entlang des Mittelrheins lagen, zu gelegentlichen Angriffen auf das östliche Ufer ausschwärmen ließ.[38]

Das zweite strategische Konzept wandte Napoleon an, wenn er es mit zwei oder mehr gegnerischen Armeen zu tun hatte, die untereinander leicht in Verbindung treten konnten: die *manœuvre sur position cen-*

trale. Die Kunst dieses Manövers bestand darin, einen Teil der gegnerischen Armee zu isolieren, diesen mit geballter Macht zu überwältigen, um dann sofort dem anderen das nämliche Schicksal zu bereiten. Im Gespräch mit Gourgaud über die Feldherrnkunst Friedrichs des Großen fasste Napoleon das Prinzip der *manœuvre sur position centrale* in die Maxime: «Die Kunst eines Generals besteht darin, wenn er sich dem Gegner (hinsichtlich seiner Truppenstärke insgesamt) unterlegen weiß, ihm auf dem Schlachtfeld zahlenmäßig überlegen zu sein.»[39] Der Schlüssel dafür lag in der Schwachstelle der gegnerischen Front, auf die er seinen Angriff konzentrieren musste. Häufig war diese Schwachstelle das Scharnier, an dem sich die Flügel zweier Armeen berührten. Diese meist nur mit schwachen Kräften besetzte Verbindung wurde in einem ersten, blitzartig geführten Sturmangriff aufgebrochen. Dann ließ Napoleon sofort seine Hauptmacht in die Lücke einrücken, die sich meist schon dadurch vergrößerte, dass die beiden Flügel unter dem Eindruck des massiven Angriffs auseinander wichen. Damit behauptete er die «zentrale Position», das heißt er hatte seine Streitmacht zwischen den beiden gegnerischen Armeen aufgestellt, wodurch diese nur noch über die «äußere Linie» operieren konnten, also eine wesentlich größere Distanz zu überwinden hatten, um von einer Flanke zur anderen zu gelangen. Demgegenüber behauptete Napoleon von der «zentralen Position» aus die «innere Linie», was ihm die Chance bot, sich sofort mit geballter Macht auf eine der beiden feindlichen Armeen zu werfen. Damit ihm die andere gegnerische Armee aber nicht ihrerseits in die Flanke oder den Rücken fallen konnte, teilte er seine Truppen in einen rechten und linken Flügel sowie in eine zentrale Reserve auf.

Nach dieser Umgruppierung begann die eigentliche Schlacht. Welche der beiden gegnerischen Armeen zuerst angegriffen wurde, hing von der Entfernung ab. Die weitere Entwicklung folgte dann entweder dem Muster, dass der angreifende Flügel nur fintierte, um die Aufmerksamkeit des Gegners zu fesseln, während gleichzeitig die Reserve zum Umfassungsmanöver ansetzte, um den Gegner in der Flanke oder im Rücken zu packen. Oder die Reserve unterstützte den Flügel bei einem Frontalangriff, während sich der am akuten Kampfgeschehen nicht beteiligte Flügel als ein *corps d'observation* in Reserve hielt, der die andere gegnerische Armee daran zu hindern hatte, in die Schlacht einzugreifen. Das geschah keineswegs nur defensiv, denn Napoleon bestand immer darauf, dass der Befehlshaber des Beobachtungscorps seinerseits offensiv vorging, um den ihm gegenüberstehenden Gegner so lange zu binden, bis die napoleonische Hauptmacht die Hände wieder frei hatte, um sich auf die andere gegnerische Armee zu stürzen. Schlachten nach

KRIEGSKUNST 83

dem Konzept der «zentralen Position» dauerten zwei, bisweilen sogar drei Tage, und ihr Ausgang zeitigte meist eine Verbesserung der strategischen Lage zum Vorteil der französischen Armee, obwohl diese mit unterlegenen Kräften angetreten war.[40] Der «zentralen Position» bediente sich Napoleon vor allem zu Beginn und gegen Ende seiner Feldherrnkarriere, als er jeweils zahlenmäßig seinen Gegnern weit unterlegen war. Diesen Nachteil zu neutralisieren, ja sogar in einen Vorteil zu verwandeln, darin vor allem offenbarte sich das militärische Genie Napoleons. Dem entsprach es auch, dass er sich nie sklavisch an die hier idealtypisch geschilderten Abläufe hielt. Ein strategisches System zu haben, aber sich von diesem nicht fesseln zu lassen, sondern davon abweichen, einzelne Elemente entsprechend den Erfordernissen neu kombinieren zu können, war das Geheimnis seiner strategischen Fähigkeiten. Auf Sankt Helena hat er Gourgaud gegenüber dieses Geheimnis einmal mit den einfachen Worten enthüllt: «Das Genie handelt nur nach Inspiration. Was unter bestimmten Umständen richtig ist, ist unter anderen Gegebenheiten falsch; deshalb gilt es die Prinzipien nur als die Achsen einer Funktion, die sich als Kurve abbilden lässt, zu verstehen. Das bedeutet dann schon etwas, wenn man bei dieser oder jener Gelegenheit daran denkt, wie sehr man von diesen Prinzipien abweicht.»[41]

Während die Strategie jene Phasen eines Feldzugs betrifft, in denen die Evolution der eigenen Armeen im Blick auf den erkundeten Aufstellungsraum des Gegners erfolgt, schlägt unmittelbar vor Beginn der Schlacht die Stunde der sogenannten «Großen Taktik». Damit wurden in napoleonischer Zeit alle Manöver und Dispositionen zur Einrichtung der eigenen Schlachtordnung bezeichnet, also die Festlegung des räumlich wie zeitlich koordinierten Zusammenspiels von Infanterie, Kavallerie und Artillerie. Auch bei der «Großen Taktik» stützte sich Napoleon mit einer Ausnahme auf bewährte Vorbilder, die er weiter verfeinerte oder variierte. Die Ausnahme bezeichnet lediglich seine Erfindung des «Divisionsquadrats» während des ägyptischen Feldzugs, um in der flachen Topographie der Nilebene den angreifenden Reiterarmeen der Mameluken wirksam begegnen zu können: Jede Division formierte sich bei einem Mamelukenangriff blitzschnell zu einem Karree, an dessen Außenseiten, in mehreren Reihen gestaffelt, sich die Infanterie einer Divison aufstellte, die so die Divisionskavallerie in der Mitte des Karrees schützte. Die Artillerie wurde an den vier Ecken eines solchen «Divisionsquadrats» in Stellung gebracht. Von dort konnte sie je nach Kaliber in gerader Schussbahn ein Glacis zwischen 700 und 900 Metern bestreichen. Wurden die Kanonen mit gehacktem Blei, der Mitraille, geladen, das unmittelbar nach Austritt aus dem Geschützrohr kegelförmig streute, womit ein wesentlich größerer Wirkungsradius erzielt wurde, verringerte sich die Schussdistanz wegen der geringeren Wucht der Einzelgeschosse auf vierhundert bis sechshundert Meter.[42] Im markanten Gegensatz zur damaligen Praxis machte Napoleon jedoch keinen Unterschied zwischen den vorhergehenden strategischen Operationen und den sich daran anschließenden Manövern der «Großen Taktik»: Für ihn waren beide untrennbare Bestandteile einer einzigen operativen Bewegung.[43]

Entsprechend der prinzipiell offensiven Anlage seiner Strategie stellte Napoleon auch die «Große Taktik» darauf ab, den Gegner sofort und unter Einsatz aller zu Gebote stehenden Kräfte und Mittel anzugreifen. Da Napoleon auf schnelle Entscheidung drängte, waren rein defensive Schlachten die große Ausnahme. Aber selbst wenn er sich in der Defensive befand, suchte Napoleon stets den Charakter der Schlacht durch eine strikt offensive Taktik zu bestimmen; rein defensiv kämpfte Napoleon nur bei Leipzig 1813.[44] Seine Vorliebe für Offensivtaktiken brachte es im Idealfall am schnellsten dahin, den Gegner zu verwirren und damit während des gesamten Kampfes die taktische Initiative zu halten. Gelang dies nicht, ließ sich der Gegner nicht durch die stets von konzentriertem Artilleriefeuer vorbereiteten und begleiteten massiven Angriffe irritieren, sondern verhielt sich stoisch in der Defensive, dann endeten diese Schlachten entweder mit einem für die angreifenden Franzosen unter großen Verlusten erkauften Unentschieden (Eylau und Borodino) oder gar mit einer vernichtenden Niederlage (Waterloo). Napoleons Offensivtaktiken waren andererseits ausnahmslos dann erfolgreich, wenn er den Gegner dadurch zu übereilten und unüberlegten Gegenattacken provozierte.[45]

In Übereinstimmung mit seinen strategischen Vorlieben war auch bei der «Großen Taktik» die Einkreisung des Gegners in der Schlacht, indem er entweder an einer seiner Flanken oder im Rücken gepackt wurde, Napoleons bevorzugtes Manöver, weil es dessen vollständige Vernichtung versprach. Da das aber eine zahlenmäßige Überlegenheit auf dem Gefechtsfeld erforderte, beschied er sich gelegentlich damit, mit einem kleineren Truppenteil eine der Flanken der gegnerischen Armee einzudrücken oder umzubiegen. Damit ließ dieser sich entweder dazu zwingen, seine Front neu zu formieren oder sie wenigstens teilweise zurückzunehmen. Ein Vernichtungssieg, wie ihn das Einkreisungsmanöver versprach, war damit jedoch nicht zu erzielen, da der Gegner stets die Kontrolle seiner rückwärtigen Nachschub- und Rückzugslinien behauptete. Für welche taktische Variante Napoleon sich auch entschied, er brauchte für deren Erfolg eine präzise Zeitabstimmung, von der die Abfolge der einzelnen Phasen des Schlachtverlaufs geregelt wurde. Aber auch dafür galt, was Napoleon einmal gegenüber Las Cases in die Worte fasste: «Der Ausgang einer Schlacht ist das Ergebnis eines Augenblicks, einer Eingebung: Man nähert sich mittels verschiedener Manöver, kommt miteinander ins Handgemenge, kämpft für eine gewisse Zeit, dann naht sich der entscheidende Augenblick, intuitive Gewissheit durchzuckt einen und die kleinste Reserveeinheit bringt die Entscheidung.»[46]

Neben diesen Varianten der «Großen Taktik» bediente sich Napoleon gelegentlich auch der traditionellen Schlachtordnung des Frontalangriffs, bei der sich zwei Armeen in befestigten Positionen gegenüberstanden und eine Abnutzungsschlacht unter Artilleriefeuer lieferten, bei der mit gelegentlichen Angriffen und Gegenangriffen der Infanterie und der Kavallerie die Front des Gegners so lange berannt wurde, bis einer von beiden die Nerven verlor und den geordneten Rückzug antrat. Diese einfallslose Taktik schätzte Napoleon aus zwei Gründen nicht: Zum einen verursachte sie stets hohe Verluste bei dem, der einen gut verschanzten Gegner angriff; zum anderen bedeutete der Sieg in solcher Schlacht nie die Vernichtung, da sich der Gegner bei meist geringen eigenen Verlusten zurückziehen konnte. Wenn sich Napoleon für den Frontalangriff entschied, gab es strategische Rücksichten, wie in der Schlacht von Rivoli am 14. Januar 1797, wo er unter allen Umständen die nördliche Vormarschkolonne der Österreicher stoppen und schlagen musste, ehe sich diese mit der von Süden heranrückenden vereinigen konnte. Oder er wählte die Frontaltaktik wegen der ungeschickten Aufstellung des Gegners wie bei Friedland am 5. Juni 1807, die er sich sofort zu Nutze machte.

Schließlich gab es noch die Variante der «Doppelschlacht», die sich zumeist aus der vorher gewählten Strategie der «Zentralen Position» ergab oder sich anbot, wenn ein Fluss oder eine Hügelkette das Gelände in zwei Hälften teilte. In den späten napoleonischen Feldzügen kam es überdies wegen der schieren Größe der Armeen zwangsläufig zu Doppelschlachten. Austerlitz entwickelte sich spontan zu einer solchen Doppelschlacht: Das Zentrum lag zwar auf dem Plateau von Pratzen, aber auch auf dem Nebenschauplatz nördlich davon, wo die Corps von Lannes und Murat lediglich beobachten sollten, um den rechten Flügel der Alliierten vom Eingreifen abzuhalten, kam eine regelrechte Schlacht in Gang. Jena plante Napoleon nach dem Muster der Umgehungstaktik. Umständehalber aber entfaltete sich daraus mit dem wesentlich wichtigeren Schauplatz Auerstedt eine Doppelschlacht.

Der Idealverlauf einer nach der Taktik der Umfassung angelegten Schlacht hatte im wesentlichen drei Phasen: Einkreisung, Durchbrechen der gegnerischen Front und Verfolgung der regellos fliehenden Truppen. Sobald die leichte Kavallerie, die die eigenen Truppen weiträumig abschirmte, die Position des Gegners festgestellt hatte, befahl Napoleon dem zunächst stehenden Armeecorps den Angriff mit der Absicht, den Gegner zu fixieren. Dann dislozierte er die Masse seiner Truppen der gewählten Taktik entsprechend und leitete das Umgehungsmanöver sofort ein. Häufig kalkulierte Napoleon folgendes ein: Der Gegner nahm wahr, dass er nur von verhältnismäßig schwachen, jedenfalls ihm unterlegenen Kräften angegriffen wurde. Das verlockte ihn unwiderstehlich zu einem raschen und mühelosen Anfangserfolg, der die Kampfmoral der eigenen Truppen heben würde. Kaum aber hatte der Gegner angebissen, verstrickte er sich tiefer in die Falle, die Napoleon mit dem Umgehungsmanöver spannte; denn jenes scheinbar schwache Corps wurde durch frisch herangeführte Einheiten ständig verstärkt, so dass die anfängliche Überlegenheit des Gegners rasch dahinschwand und die Kampfhandlungen an diesem Frontabschnitt in einer Abnutzungsschlacht erstarrten. Der Gegner warf nun auch Reserven hierhin, um den bereits zum Greifen nahen Erfolg noch herbeizuzwingen. Genau darauf lauerte Napoleon, um nun mit dem vorbereiteten Angriff an der Flanke oder im Rücken des Feindes zu beginnen. Der ideale Moment dafür trat ein, sobald der Gegner alle Reserven an jenen Frontabschnitt geworfen hatte, um die Entscheidung für sich zu erzwingen. Als Signal für diese *attaque débordante* befahl Napoleon eine doppelte Salve aus mehreren Kanonen in einem zeitlich festgelegten Abstand. Das weckte den Gegner aus seiner falschen Sicherheit: Berittene Artillerie, unbemerkt im Rücken herangeführt, eröffnete nun das Feuer, Kavallerie setzte nach, Infanterieeinheiten folgten. Die Falle drohte zuzuschnappen. Was immer der Gegner jetzt unternahm, es beschleunigte seine Niederlage: Wollte er sich rasch absetzen, um noch zu entwischen, setzte ihm Napoleon sofort mit einer Frontalattacke nach, die eine durch die Fluchtbewegung geschwächte Hauptfront durchbrach. Tat der Gegner das nicht, musste er von dieser Front Truppen abziehen, um sie der in seinem Rücken heraufziehenden Gefahr entgegenzuwerfen. Auch das bedeutete eine Schwächung der Hauptfront.

Der verhängnisvolle Ausgang stand für den Gegner in dieser Phase so gut wie fest und wurde mit der Gefechtsfeldtaktik herbeigeführt, über deren Einsatz die Kommandeure der einzelnen Einheiten und Frontabschnitte wachten: Berittene Gardeartillerie, die bislang in Reserve gehalten wurde, stürmte nun im Galopp an die Front und eröffnete aus kurzer

Distanz ein vernichtendes Mitrailleuse-Feuer. Dann wechselten Kavallerieattacken mit Bajonettangriffen der Infanterie im System des *ordre mixte*. Die wiederholten Kavallerieattacken zwangen die feindliche Infanterie dazu, sich zu starren Karrees zu formieren. Diese wiederum boten ein bequemes Ziel für die berittene Artillerie, die der Kavallerie folgte und aus nächster Nähe in die dicht gedrängten Soldaten feuerte. Das daraus folgende Chaos lieferte den Gegner nun dem Sturmangriff der französischen Infanterie hilflos aus, die eine immer breitere Bresche in die Front schlug. Das war der entscheidende Moment, für den Napoleon alle verfügbaren Kräfte aufbot: Jetzt stürmten die Einheiten der schweren Kavallerie, Kürassiere und berittene Grenadiere der Kaiserlichen Garde durch diese Bresche und fielen über die demoralisierten Feinde her. Technisch gesehen war die Schlacht damit entschieden, auch wenn noch die leichte Kavallerie, Husaren, Ulanen und Chasseurs, dem fliehenden Feind eine Weile nachsetzten, um so eine Neuformierung zu verhindern.

Gegenüber Gourgaud bemerkte Napoleon auf Sankt Helena, er habe bereits zu Beginn seiner Karriere die «Kriegskunst» vollständig beherrscht. Das ist keine Übertreibung. Das strategische wie das taktische System lässt sich bereits an einer seiner frühesten Schlachten studieren. Nach der Schlacht von Castiglione am 5. August 1796, mit der er sich aus der drohenden Umklammerung durch eine in zwei Marschsäulen heranrückende und weit überlegene österreichische Streitmacht befreite, beschrieb er dem Direktorium beide Systeme in seinem Bericht mit dürren Worten. Zur strategischen Ausgangslage heißt es:

«Die Division des Generals Sauret, die Brescia hätte decken sollen, zog sich über Desenzano zurück. In dieser schwierigen Situation, die eigenen Kräfte von einer überlegenen feindlichen Streitmacht geteilt, deren Siegeszuversicht dank dieser Vorteile nur noch anwachsen würde, kam mir der Gedanke, dass ich einen großen Plan fassen müsse. Der Feind, der über Brescia und entlang der Etsch aus Tirol herabstieg, nahm mich gewissermaßen in seine Mitte. Auch wenn meine Armee zu schwach war, diesen zwei Marschkolonnen des Feindes die Stirn zu bieten, war ihr aber dennoch zuzutrauen, dass sie jede der beiden getrennt schlagen könne, zumal ich in der Position, genau in der Mitte zwischen ihnen stand. Es schien mir deshalb möglich, wenn ich mich schnell zurückzöge, jene feindliche Kolonne, die von Brescia herabkam, zu umzingeln und sie entweder gefangen zu nehmen oder vernichtend zu schlagen. War dies ausgeführt, wollte ich mich zum Mincio zurückwenden, Wurmser (der Befehlshaber der zweiten österreichischen Marschkolonne, J.W.) angreifen und ihn zum Rückzug nach Tirol zwingen. (...) Um dieses Vorhaben auszuführen, galt es augenblicklich den Mincio zu überqueren, um zu verhindern, dass die beiden Marschsäulen sich einander näherten. Das Glück war diesem Vorhaben gnädig, und die Scharmützel von Desenzano, die zwei Treffen von Salo, die Schlacht von Lonato und die von Castiglione sind das Ergebnis.»

Den Verlauf der eigentlichen Schlacht von Castiglione schilderte Napoleon so:

«Im Morgengrauen des 18. *Thermidor* (5. August) hatten wir die erste Feindberührung. Bis gegen sechs Uhr blieb zunächst alles ruhig. Dann befahl ich meiner Armee eine Rückzugsbewegung, mit der Absicht, den Gegner zu veranlassen, uns zu folgen und um so die Zeit zu gewinnen, die es brauchen würde, bis die Division von General Serurier, deren Eintreffen ich in jedem Augenblick erwartete, von Marcaria zu uns gestoßen sei, um dann Wurmsers linke Flanke zu werfen. Dieses Manöver hatte teilweise den von mir erhofften Effekt. Wurmser dehnte seinen rechten Flügel aus, um unsere Rücken zu observieren. Kaum gewahrten wir die Division des Generals Serurier (...), die Wurmsers linken Flügel angriff, befahl ich meinerseits (...) den Angriff auf eine Feldbefestigung, die von den Österreichern in der Mitte der Ebene errichtet worden war. (...) Nach einer lebhaften Kanonade wandte sich der linke Flügel des Gegners zur Flucht.»[47]

Aber Strategie und Taktik sind nicht alles. Der zweite zentrale Faktor für Napoleons Erfolge waren seine Soldaten. Das waren nicht mehr die Freiwilligen der Revolutionskriege, die aus Begeisterung für *la patrie* oder für die vermeintlichen Errungenschaften von Freiheit, Gleichheit und Brüderlichkeit ihr Leben in die Schanze schlugen; seine Soldaten unterlagen der Wehrpflicht, die seit dem 5. September 1798 Gesetz war.[48] Je länger der Frieden, den Napoleon immer wieder versprach, auf sich warten ließ, je weiter sich die Kriegsschauplätze von der Heimat entfernten, desto größer wurde zwar die Zahl jener, die sich dieser Pflicht entziehen wollten. Doch immer noch trugen die meisten den «Rock des Kaisers» mit Enthusiamus, zumal Napoleons Charisma und der Nimbus der *Grande Armée* alle vom einfachen Soldaten,[49] der dreißig *Centimes* Sold am Tag hatte, bis hin zum Feldmarschall mit einem Grundgehalt von 40000 *francs* pro Jahr, begeisterte und zusammenschweißte.[50] Bis zur Kampagne in Polen 1807 verfügte Napoleon außerdem über Armeen aus kampferprobten Verbänden, deren Angehörige das Kriegshandwerk längst als Beruf und Berufung ansahen.[51] Spätestens nach 1812, nach den enormen Verlusten des Russlandfeldzuges, änderte sich das jedoch entschieden, denn nun bestimmten in den Mannschaften und Offiziersrängen junge, kriegsunerfahrene Männer das Milieu in der Armee, die diesen Mangel durch Begeisterung für den Kaiser wett zu machen suchten. Napoleon wusste durchaus, wem er seine Erfolge zu verdanken hatte: «Ich rechne mir allenfalls die Hälfte des Verdiensts an den Schlachten zu, die ich gewonnen habe, und für einen General bedeutet es schon sehr viel, wenn er (im Bulletin) erwähnt wird, denn Tatsache ist, dass die Armee die Schlacht gewinnt.»[52]

Diese Einschätzung ist realistisch, denn die napoleonischen Schlach-

KRIEGSKUNST   89

ten wurden noch in einem ganz überwiegenden Maß von Soldaten entschieden und nicht durch die Überlegenheit des Kriegsgerätes, das dabei zum Einsatz kam. Dabei handelte es sich in der Regel zwar um Wehrpflichtige, die aber von Offizieren geführt wurden, die den Kadern der alten Revolutionsarmee entstammten. Das war entscheidend für die Führungsqualität wie für den *esprit de corps*, der die *Grande Armée* beseelte. Diese ihm blindlings ergebene Armee war Napoleons eigentliche Machtbasis, das Instrument, mit dem er sein politisches Wollen durchsetzte. Je mehr diese Basis unter der Dauer seiner nicht enden wollenden Kriege erodierte, während die Heere im Zusammenhang seiner immer ausschweifenderen Machtprojektionen stetig größer wurden, desto stumpfer wurde dieses Instrument. Die Kontingente, die ihm seine Verbündeten zur Verfügung stellen mussten, hatten überdies nie die Qualität der alten *Grande Armée*, die zwischen 1805 und 1808 Napoleons Siege garantierte. Es wäre deshalb ein Gebot der Klugheit gewesen, dieses unverzichtbare Instrument seiner Macht nach Kräften zu schonen. Das jedoch war ihm unmöglich – und zwar keineswegs deshalb, weil er von seinen Gegnern nicht in Ruhe gelassen wurde, wie von ihm immer wieder behauptet wird, sondern weil er selber nicht anders konnte, als immer weiter Krieg zu führen.

Es ist auffallend, dass Napoleon so gut wie alles unterließ, das Los der Truppen, die für seine immer ausgreifenderen Ziele Leib und Leben in die Schanze schlagen mussten, fürsorglich zu erleichtern. Seine Soldaten, so wird häufig gesagt, galten ihm nur als Kanonenfutter, deren Wohl und Wehe ihm ansonsten gleichgültig war. Dem lässt sich nicht widersprechen, denn die medizinische Versorgung der Truppen, das Sanitäts- und Lazarettwesen spielten in den napoleonischen Kriegen so gut wie keine Rolle. Die Folgen dieser Vernachlässigung waren fürchterlich, denn vermutlich starben weit mehr Soldaten an Epidemien und sonstigen Krankheiten, an den Folgen ihrer höchst unzulänglich versorgten Verwundungen als auf den Schlachtfeldern. Seine innenpolitischen Gegner machten Napoleon daraus den Vorwurf, er habe der zynischen Anschauung angehangen, ein Krüppel, ein Arm- oder Beinamputierter, sei zum Dienst mit der Waffe nicht mehr zu gebrauchen und folglich eine überflüssige Existenz. Als einer der Ersten erhob Chateaubriand diesen Vorwurf, der in einer 1814 veröffentlichten Polemik schrieb: «Ein verwundeter Mensch war für Buonaparte eine Last: desto besser, wenn ein solcher starb, man war seiner los. Ganze Haufen verstümmelter Soldaten, untereinander, in einen Winkel geschoben, blieben zuweilen Tage und Wochen ohne Verband! Keine, auch noch so große Spitäler fassten die Kranken einer Armee von sieben oder

800000 Menschen; noch vielmehr die Wundärzte, die sie versorgen sollten. Keine Vorsicht ward für diese Armeen von dem Henker der Franzosen genommen. Keine Arzeneyen, kein Feldlazareth, zuweilen selbst keine Instrumente, um die zerschlagenen Beine abzunehmen.«[53] Chateaubriands Protest gibt Zeugnis von einem Gesinnungswandel, der viele damals erfasste und in dem sich vor allem verrät, dass der charismatische Zauber, den Napoleon so lange auf seine Landsleute ausgeübt hatte, jäh verblasste, kaum dass ihn das Schlachtenglück verließ und die Schrecken des Krieges sich Frankreich nahten. Man war Napoleons von Herzen überdrüssig, und jetzt war jedes Argument recht, das geeignet schien, ihm die lang gezollte kritiklose Bewunderung aufzukündigen. Diese plötzlich erwachte Sensibilität hat also eine unübersehbare politische Pointe, denn das Sanitätswesen hatte bei allen Armeen der Zeit eine nur sehr nachrangige Bedeutung. Die heutigem Verständnis nicht nachvollziehbaren Gründe dafür sind vielschichtig. Zum einen erwies sich das alte Bild der Soldaten als zählebig. Seit dem Aufkommen der Söldnerheere im 16. Jahrhundert galten sie als Abschaum der Gesellschaft, als Mordgesindel, das sich nur mit strengster Disziplin zusammenhalten ließ und dessen man sich am besten auf den Schlachtfeldern entledigte. An diesem Image änderten weder die Volksheere der Französischen Revolution noch die napoleonischen Armeen der Wehrpflichtigen etwas. Im einen wie im anderen Fall stellten die Angehörigen der Unterschicht das Gros der Soldaten.

Die soziale Asymmetrie, die darin sichtbar wird, wurde bei den napoleonischen Armeen lange Zeit durch die Aussicht auf Beförderung kompensiert. Wer als junger Mann die vergleichsweise wenig verlust- und entbehrungsreichen Italienfeldzüge unbeschädigt überlebte, der hatte zwar noch nicht den Marschallstab im Tornister, konnte sich aber dennoch bei den weiteren Feldzügen Hoffnung auf ein Avancement machen, das ihm sozialen Aufstieg verhieß, auf den er im zivilen Leben nicht hatte rechnen können. Eine solche Aussicht war in ihrer verführerischen Wirkung nicht zu unterschätzen. Hinzu kam, dass die Menschen in Zeiten, da sie so gut wie nichts vor den Wechselfällen des Lebens, vor Krankheit, Armut oder frühem Tod schützte, weitaus fatalistischer eingestellt waren. Der napoleonische Kriegsdienst mochte deshalb vielen als eine Art Lotterie erscheinen: Hatte man Pech, bezahlte man seinen Einsatz mit dem Leben oder kehrte als Krüppel heim; hatte man Glück, gelangte man zu Rang und Ansehen oder machte wenigstens reiche Beute.

Schließlich unterschied sich die Medizin zu damaliger Zeit kaum von Quacksalberei. Hygiene war weitgehend unbekannt. Betäubungsmittel, Seren und andere pharmazeutische Errungenschaften gab es noch nicht. Verwundeten mussten zerschmetterte Gliedmaßen bei vollem Bewusstsein amputiert werden. Wer diese Torturen überlebte, wurde häufig binnen weniger Tage ein Opfer des Wundstarrkrampfs. Andere rafften die zahlreichen Seuchen hinweg, die in den Lazaretten endemisch waren. Die nämlichen Strohschütten, auf denen soeben andere an Typhus gestorben waren, dienten den neu aufgenommenen Verwundeten als Lager.[54] Bezeichnenderweise nimmt die Zahl wie die Anschaulichkeit der zeitgenössischen Schilderungen dieser Schrecken in dem Maße zu, wie immer größere Truppenmassen aufeinander stießen und die Schlacht vor allem durch die Massierung des Geschützfeuers zu einem Schlachten wurde. Die Schlacht von Eylau am 8. Februar 1807 markiert in dieser Hinsicht die Wende.

Die mit den Mitteln der damaligen Medizin kaum lösbaren Probleme, die sich mit der proportional zur Größe der Heere wachsenden Zahl der Verwundeten stellten, wurden, so scheint es, von Napoleon mehr aus militärischen denn aus humanitären Rücksichten angegangen. Einen ersten Hinweis darauf gibt sein Tagesbefehl vom 17. März 1797, wonach die Ambulanzen der einzelnen Divisionen am Tag einer Schlacht direkt hinter ihren Einheiten Aufstellung nehmen sollten.[55] Mit dieser Anweisung änderte er die bislang praktizierte Regelung, bei der die Ambulanzen in einer Entfernung von zwei Meilen (!) vom Schlachtfeld stationiert wurden. Allein während der Kampagne in Ägypten und Syrien erließ er zwischen dem 13. September 1798 und dem 27. Mai 1799 zwölf derartige Befehle. Damals sah sich Napoleon einer Situation gegenüber, in der er allein auf sich gestellt war und ihm deshalb alles daran gelegen sein musste, sich die Loyalität und Kampfkraft der ihm unterstellten wenigen Truppen um jeden Preis zu erhalten.

Kaum saß Napoleon politisch fest im Sattel, zeigte er sich auch als Wohltäter· Am 6. Mai 1800 wurde Kriegsminister Lacuée angewiesen, unter den Invaliden aus Ägypten die Summe von 15000 *francs* zu verteilen.[56] Diesem Brauch hielt Napoleon nach jeder Schlacht, ob siegreich oder nicht, bis zuletzt die Treue.[57] Napoleons demonstrative Fürsorge war das eine. Das andere war seine Anweisung, die er seit den Schlachten von Jena und Auerstedt im Oktober 1806 stereotyp wiederholte, die Verletzten nicht in die großen Zentren zu evakuieren, da sich deren Anblick auf die Moral der frisch aufgestellten Truppen wie auch auf die Bevölkerung in den besetzten Gebieten nachteilig auswirken konnte. So schrieb er am 26. Oktober 1806 an Daru, den Generalintendanten der *Grande Armée*: «Man vereinige in Spandau meine Mittel für die Spitäler. Man ziehe aus Berlin ab, was man dafür braucht. In der Zitadelle, in einer Örtlichkeit, die vom Ingenieurswesen bestimmt werden soll, gilt es ein Lazarett für 1200 Verwundete einzurichten und in der Stadt (Spandau) drei Spitäler, jedes für 200 bis 300 Kranke. Ich ordne an, dass in Berlin ein Spital für 400 Kranke installiert wird; ich wünsche aber keinerlei Verwundeten in Berlin.»[58]

Diese und ähnliche Anordnungen, alle aus der Zeit nach 1806, legen den Schluss nahe, dass Verwundete für Napoleon eine unvermeidliche, aber auch lästige Folge des Krieges waren. Schon aus Rücksicht auf die Moral der Truppe und sein eigenes Ansehen musste man sich um sie kümmern. Das war vermutlich die tiefere Absicht seiner Geldgeschenke und anderer Aufmerksamkeiten,[59] die im Verhältnis zu dem, was ihn die verschwenderische Joséphine kostete, seine Privatschatulle kaum belasteten, deren propagandistische Wirkung aber unbezahlbar war.

Napoleon ließ keinen Zweifel daran, dass die Sorge um die Verwundeten den Schlachtablauf unter keinen Umständen stören oder behindern durfte. So wichtig waren die Verwundeten ihm nicht. Verwundung oder Tod waren der Preis, den der Kaiser seinen Soldaten selbstverständlich abfordern konnte. Das vergalt er ihnen mit Beförderung, Auszeichnungen, Dotationen und der Verheißung von Ruhm und Nachruhm. Das hatte jedoch auf die Dauer nicht mehr die beabsichtigte Wirkung. Je länger der Krieg andauerte, desto mehr war er für die, die ihn ausfochten, nur noch eine Last, die man aus Gewohnheit schulterte und mit Stumpfsinn oder Zynismus ertrug. Napoleon entging dies nicht, zumal auch bei ihm das furchtbare Gemetzel von Eylau einen tiefen Eindruck hinterlassen hatte. Das dokumentiert sein Brief an Joseph in Neapel vom 1. März 1807:

«Die Offiziere des Generalstabs, Obristen, Offiziere (der Linie) haben seit zwei Monaten nicht mehr ihre Uniform gewechselt, manche sogar nicht mehr seit vier Monaten (ich selbst bin seit vierzehn Tagen nicht mehr aus meinen Stiefeln herausgekommen); im Schnee und Schlamm, ohne Wein, ohne Schnaps, ohne Brot, dazu verdammt, von Kartoffeln und Fleisch zu leben, auf langen Märschen hin und her zu ziehen ohne irgendwelche Annehmlichkeiten zu haben und nur mit dem Bajonett und der Mitrailleuse zu kämpfen; sehr häufig müssen die Verwundeten in Schlitten evakuiert werden, vor der Witterung völlig ungeschützt über eine Strecke von fünfzig Meilen. Es wäre also schon ein ziemlich schlechter Scherz, uns mit jener Armee vergleichen zu wollen, die in der herrlichen Landschaft von Neapel Krieg führt, wo es Wein gibt, Olivenöl, Weißbrot, frische Unterwäsche, Bettzeug, ein gesellschaftliches Leben und selbst Frauen. Nachdem wir die preußische Monarchie vernichtet haben, kämpfen wir gegen den Rest der Preußen, gegen Russen, Kalmüken, Kosaken, gegen alle diese nördlichen Völkerschaften, die einst schon einmal in das Römische Reich eingedrungen sind. Wir führen diesen Krieg mit aller Kraft und aller Härte. Wegen dieser entsetzlichen

KRIEGSKUNST 93

Entbehrungen sind alle bereits mehr oder weniger krank gewesen. Was mich jedoch angeht, habe ich mich nie zuvor besser gefühlt, ja, ich habe sogar an Gewicht zugenommen. (...) Ein Krieg wie dieser verschlingt Mannschaften und Material; es wird ungeheuer viel Geld vonnöten sein, um das alles wieder in guten Stand zu setzen.»[60]

Eylau ließ auch einen Napoleon seine Grenzen ahnen, aber – das macht dieses Schreiben erschreckend deutlich – er war dennoch entschlossen, weiter Krieg zu führen und weiter zu siegen. Dazu brauchte er nur, wie er meinte, «ungeheuer viel Geld». Damit würden sich «Menschen und Material wieder in guten Stand setzen» lassen. Sein Verständnis dessen, was wirklich und machbar ist, war längst umgeschlagen in den Wahn eines Hasardeurs, der von der Überzeugung durchdrungen ist, durch Verdoppelung, Verdreifachung des Einsatzes den Gewinn förmlich erzwingen zu können – auf Kosten der Soldaten, die seiner Kriegskunst zu obliegen hatten.

VIERTES KAPITEL

Politik ist das Schicksal

Napoleon wird bis heute als großer Feldherr und überlegener Schlachtenlenker gesehen. Tatsächlich jedoch ordnete er sein militärisches Genie während seines Aufstiegs zur Macht immer seinen politischen Absichten unter. Kaum aber war er zum unumschränkten Herrscher Frankreichs geworden, kehrte sich dieses Verhältnis um. Von da an verengte sich sein politisches Trachten darauf, seine militärischen Eroberungen immer ausschweifenderen Machtprojektionen dienstbar zu machen. Zunächst konnte sich dem Zeitgenossen der Eindruck aufdrängen, dass er mehr Staatsmann als Soldat war. Seine auf Sankt Helena immer wiederholten Beteuerungen, ihm habe stets der Frieden in Europa als Ziel vorgeschwebt, können sich jedoch allenfalls auf seine Anfänge berufen. Dass er auch später immer nur den Frieden gewollt habe, ist eine wohlfeile Behauptung, denn er knüpfte daran jeweils Bedingungen, denen seine Gegner nur um den Preis endgültiger Selbstaufgabe zustimmen konnten. Dieses zutiefst unpolitische Denken wurde sein Verderben und war die wichtigste Ursache seines Scheiterns.

Sein erster Feldzug, mit dem er im Frühjahr 1796 in Oberitalien begann, ein «Blitzkrieg» *avant la lettre*, ließ Bonapartes Ruhm sofort in ganz Europa erstrahlen und wird seither in den Militärakademien und Generalstäben als ein Muster erfolgreicher Kriegsführung gegen einen zahlenmäßig weit überlegenen Gegner studiert. Innerhalb weniger Wochen besiegte der erst Sechsundzwanzigjährige mit einer einzigen kleinen Armee in nur einer Kampagne sechs österreichische Armeen, die nacheinander gegen ihn aufgeboten wurden. Gleichwohl war diese brillante militärische Leistung dem Primat seines politischen Wollens untergeordnet. Worauf es zielte, verraten bereits die detaillierten Pläne und Memoranden, die er zwischen Mai 1794 und Januar 1796 für den von ihm mit Nachdruck geforderten Italienfeldzug ausarbeitete.[1] In der ersten seiner beiden großen Denkschriften vom Juli 1795 steckte Bonaparte die Bühne ab. «Sollte mit den Reichsständen Frieden geschlossen werden, wird der Kaiser nur den Breisgau und seine Staaten in Italien zu seiner Linken haben. Das legt den Schluss nahe, dass Italien der Schauplatz sehr wichtiger Ereignisse sein wird.»[2] Für diesen Fall skizzierte er in seiner zweiten Juli-Denkschrift schon die Handlungsabläufe:

«Angesichts der augenblicklichen Lage in Europa kann man mit der Italienarmee einen großen Vorteil realisieren, indem man diese dazu bestimmt, entscheidende Schläge zu führen, um den Frieden herbeizuführen und das Haus Österreich empfindlich zu treffen. Die Italienarmee muss zunächst: 1. Den Feind aus seiner Stellung bei Loano und Vado vertreiben, weil er von dort aus unseren Nachschub aus Genua und Marseille unterbrechen kann. 2. Gilt es, solche Stellungen zu beziehen, in denen die Italienarmee überwintern und gleichzeitig Piemont bedrohen und sich auch gegen die Angriffe der Österreicher behaupten kann; durch eine solche Stellung wird der König von Sardinien zum Frieden gezwungen. 3. Eroberung der Lombardei, Zerstörung des Einflusses von Habsburg in Italien und das Angebot von Entschädigungen für den Krieg von Sardinien für seine Abtretung von Nizza und Savoyen. 4. Sobald wir die Lombardei beherrschen, gilt es, sich der Schluchten des Trentino zu bemächtigen und in das Innere von Tirol vorzustoßen, sich mit der Rheinarmee zu vereinigen, um dann den Kaiser, der im Herzen seiner Erblande angegriffen wird, zu einem Frieden zu zwingen, der den Erwartungen Europas und sämtlichen Opfern, die wir dafür gebracht haben, entspricht.»

Diese Denkschrift schließt mit den selbstsicheren Worten: «Wenige Feldzugspläne versprechen vorteilhaftere Ergebnisse, die gleichermaßen des Mutes unserer Soldaten wie der hohen Bestimmungen der Republik wert und würdig sind.»[3]

Damit verfolgte Bonaparte eine Option, die nicht unbedingt den politischen Absichten des Direktoriums entsprach, denn man hatte – den Überlegungen Carnots folgend – den Schwerpunkt der militärischen und politischen Aktionen auf das Reich gelegt. Die Operationen in Italien waren lediglich als Diversionen gedacht. Bonaparte hingegen wollte von Anfang an mit der Italienarmee den entscheidenden Stoß gegen Habsburg führen. Dieser Plan hatte mittlerweile offenbar auch in Pariser Regierungskreisen eine gewisse Zustimmung gefunden, denn wie der preußische Botschafter Sandoz-Rollin am 26. April 1796 nach Berlin meldete, habe ihm Außenminister Delacroix versichert: «Wir müssen den Frieden seitens der Italienarmee und ihrer Operationen erwarten.»[4] Bonapartes Zuversicht, dieses hoch gesteckte Ziel mit seinen vergleichsweise schwachen Kräften zu erreichen, gründete auf eine zutreffende Einschätzung der politischen und topographischen Gegebenheiten in Italien.

Nicht anders als das Reich war auch Italien Ende des 18. Jahrhunderts lediglich ein geographischer Begriff, der eine Fülle politischer Herrschaften umfasste, die aus zahlreichen inneren Auseinandersetzungen hervorgegangen waren. Im Laufe einer längeren Friedensperiode hatte sich jedoch das buntgewürfelte Staatenmuster allmählich konsolidiert: Handel und Wandel erblühten und die einzelnen Machtzentren traten in einen ebenso friedlichen wie regen Austausch. Vor allem Norditalien galt als sehr wohlhabend und versprach schon deswegen einem hungrigen Eroberer reiche Beute. Diese Einsicht beeinflusste auch die Politik jener Staaten und Herrschaften, die früh das aggressive Potential der Französischen Revolution erkannten und sich deshalb entweder mit Österreich verbündeten – wie das an Frankreich grenzende Königreich Piemont-Sardinien – oder ihr Heil in abwartender Neutralität suchten. Kaum aber hatten die Revolutionsarmeen 1792 das zu Piemont gehörende Savoyen annektiert, bezogen alle italienischen Staaten Frankreich gegenüber eine feindliche Haltung. Besonders galt das für das Königreich beider Sizilien, das den gesamten Südteil der italienischen Halbinsel staatlich organisierte. In dessen Hauptstadt Neapel saß ein Bourbone auf dem Thron, der mit einer Schwester Marie-Antoinettes aus dem Hause Habsburg verheiratet war. Neapel unterstützte Österreich in seinem Kampf gegen Frankreich mit der Entsendung eines Kavallerie-Corps. In dezidierter Feindschaft zu Frankreich stand auch der Kirchenstaat, dessen Territorium sich nach Norden hin anschloss und ganz Mittelitalien umfasste. Papst Pius VI. beschied sich jedoch damit, diesen Konflikt, veranlasst durch die kirchenfeindliche Politik der Revolution, allein mit spirituellen Mitteln wie Bannbullen und anderen Verdammnisurteilen zu bestreiten.[5]

In Norditalien herrschte demgegenüber eine wesentlich buntere Gemengelage. Neben dem mächtigen Königreich Sardinien-Piemont im Westen und der ebenso mächtigen Republik Venedig im Osten erstreckte sich die reichste Region Norditaliens, die zu Österreich gehörende Lombardei mit der Hauptstadt Mailand. Daran schlossen sich nach Westen und Südwesten hin die kleineren Herzogtümer Parma und Piacenza an, beide regiert von Herrschern aus dem Hause Bourbon. Dazu kam Modena, dessen Herzog aus dem Hause d'Este mit den Habsburgern verwandtschaftlich verbunden war, sowie die winzige Adelsrepublik von Lucca, das «Zaunkönigtum» des Herzogtums Guastalla und das Großherzogtum Toscana, über das ein Erzherzog aus dem Hause Habsburg herrschte. Das Gebiet der Republik Genua umfasste fast den gesamten Küstensaum des Golfs von Ligurien. Außer Piemont-Sardinien, das im Bündnis mit Österreich stand, waren einschließlich der Lombardei nicht weniger als fünf dieser Staaten mehr oder weniger als Provinzen des Habsburgerreichs anzusehen, da sie von Kindern oder Enkeln der Kaiserin Maria Theresia regiert wurden: die Lombardei von Erzherzog Ferdinand, die Toscana von Großherzog Ferdinand, einem Enkel Maria Theresias, der Herzog von Modena, Franz IV., war ebenfalls einer ihrer Enkel, ihre Tochter Maria Amalia war die Frau von Ferdinand, dem Herzog von Parma, einem Vetter von Carlos IV. von Spanien und Maria Carolina, eine weitere ihrer Töchter, war mit Ferdinand IV. von Neapel verheiratet. (Siehe Karte 1) Mit Ausnahme der Republiken von Genua und Venedig sowie des Kirchenstaats durchlebten all diese Staaten gegen Ende des 18. Jahrhunderts eine Zeit innerer Spannungen und Krisen. Zum einen stiegen die Nahrungsmittelpreise bei gleichzeitiger Stagnation der Löhne, ein Phänomen, das vor allem durch das rapide Bevölkerungswachstum verursacht wurde. Gleichzeitig geriet das Bürgertum in Bewegung, dessen Ehrgeiz auf eine gesellschaftliche Stellung zielte, die ihm der Adel hartnäckig verweigerte, der seinerseits seine Unzufriedenheit mit den herrschenden Regimen immer lauter artikulierte. Diese hatten sich einem aufgeklärten Absolutismus nach dem Vorbild Josephs II. verschrieben, stießen damit aber auf die erbitterte Opposition von Adel und Kirche, die beide den Verlust ihrer traditionellen Machtstellung fürchteten. Das Ergebnis dieser gegenläufigen Strömungen war eine Fermentation der Geister; sie schlug sich in zahlreichen Artikeln und Büchern zu sozialen und wirtschaftlichen Fragen nieder und bot den Stoff für allerhand Diskussionszirkel, die in Mailand, Florenz und Neapel florierten. Insbesondere die Ideen von Freiheit und Gleichheit, die von der Amerikanischen Revolution erfolgreich propagiert wurden, fanden bei der italienischen Jugend eine lebhafte Resonanz und wurden in den Freimaurerlogen, die in einem dichten Netz die Städte miteinander verknüpften, ausgiebig erörtert. Der Ausbruch der Französischen Revolution gab dieser Agitation neue Nahrung, die sich in gelegentlichen, wenngleich jeweils rasch unterdrückten Umsturzversuchen in Neapel, Bologna und Turin Luft machte. Die Angst vor einem Übegreifen der Revolution veranlasste schließlich alle diese eher milden Regime eines aufgeklärten Absolutismus, die Schraube der Repression wieder fester anzuziehen – und das verstärkte natürlich die Opposition.[6]

Über dieses Tableau Italiens war das Pariser Direktorium dank seiner Diplomaten und Agenten hervorragend informiert. Das Land, so schien es, war eine reife Frucht, die sich mühelos pflücken ließ. Eine neue kriegerische Initiative lockte schon deshalb, weil Frankreich am Rande des Staatsbankrotts stand, der sich mit einer systematischen Ausplünderung Italiens abwenden ließ. 1795, nach dem Ende des Kriegs mit Spanien, geriet deshalb die Apennin-Halbinsel in den Blick, wo die Republik seit 1792 einen von beiden Seiten lustlos geführten Stellungskrieg gegen Sardinien-Piemont und Österreich unterhielt. So war der Auftrag für Bonaparte, hier in die Offensive zu gehen und dabei möglichst schnell viel Beute zu machen.[7] Die ausgreifende Planung eines nördlich wie südlich der Alpen koordiniert vorgetragenen Zangenangriffs auf das Herz des Habsburgerreichs, wie sie von ihm entwickelt wurde, erschien dem Direktorium freilich als eine strategische Chimäre. Deshalb zerbrach sich in Paris auch niemand den Kopf darüber, welchen Status die Gebiete in Italien haben sollten, die man zu erobern plante. Bezeichnenderweise betrieb das Direktorium eine doppelseitige Politik, die einerseits die italienischen Jakobiner insgeheim ermunterte, das Land mit einer Revolution zu überziehen, andererseits die einzelnen Staaten mit der Aussicht auf territoriale Gewinne als Bündnispartner gegen Österreich zu gewinnen suchte.[8] Doch die Doppelstrategie misslang. Erst überraschende militärische Erfolge Bonapartes schufen ein *fait accompli*, das erst einmal durchdacht werden musste. Bonaparte nutzte die vorwaltende Gedankenlosigkeit und ergriff entschlossen seine Chance, in eigener Initiative das von ihm «befreite» Italien politisch neu zu ordnen. Seine Erfahrungen dort brachten ihn zu Einsichten, die ihm als Erstem Consul unendlich wertvoll sein sollten. Dass Bonaparte diese Chance sofort erkannte und ihr großes Potential für die Realisierung seiner eigenen geheimen Ambitionen richtig einschätzte, verrät ein Passus in seiner *Note sur l'Armée d'Italie* vom 19. Januar 1796: «Unabdingbare Voraussetzung ist, dass die Regierung dem kommandierenden General umfassendes Vertrauen schenkt, ihm eine große Entscheidungsfreiheit einräumt und ihm lediglich die Ziele angibt, die sie erreicht sehen möchte.»[9]

Bonaparte hatte in den Monaten nach Toulon und bis zum Sturz Robespierres am 9. *Thermidor* ausgiebig Gelegenheit gehabt, sein künftiges Operationsgebiet zu studieren. Er erkannte vor allem, dass die gebirgige Topographie, geschickt ausgenutzt, die zahlenmäßige Unterlegenheit seiner Armee ausgleichen würde. Den rund 37000 einsatzfähigen, aber schlecht ausgerüsteten Soldaten der Italienarmee,[10] auf einer Frontlänge postiert, die etwa der Nord-Süd-Ausdehnung der Ligurischen Alpen entsprach, standen 25000 piemontesischer und 28000 Mann österreichischer Truppen gegenüber, die in jeder Hinsicht besser ausgerüstet waren.[11] Besonders eklatant war deren Überlegenheit, abgesehen von der Mannschaftsstärke, bei der Kavallerie und Artillerie. Sowohl das gebirgige Gelände wie die defensive Aufstellung der verbündeten austro-piemontesischen Truppen machten diese Überlegenheit jedoch zunichte vor einem Gegner, der mit einigem taktischen Geschick und hoher Mobilität operierte. Eben das war die Absicht Bonapartes: Der Gegner blockierte mit einzelnen Detachements die von Nord nach Süd verlaufenden Talsenken mit dem strategischen Ziel, seine rückwärtigen Verbindungslinien nach Turin und Mailand zu decken. Eine dritte, vor allem für die Versorgung der österreichischen Truppen wichtige

Verbindung, die ebenfalls geschützt werden musste, lief nach Genua. Diese Aufsplitterung der gegnerischen Kräfte hatte von vornherein den entscheidenden Nachteil, dass die einzelnen Truppenteile weitgehend auf sich selbst gestellt waren, also im Falle eines überraschenden Angriffs kaum auf rechtzeitigen Entsatz hoffen konnten. Bonapartes operatives Kalkül gründete überdies auf dem Umstand, dass die beiden verbündeten Armeen unter einem getrennten Oberkommando standen, dessen Befehlshaber, Colli für die Piemontesen und Beaulieu für die Österreicher, sich misstrauten. Damit war eine effektive Koordination, ohne die ihre zahlenmäßige Überlegenheit nicht ausgespielt werden konnte, von vornherein stark beeinträchtigt. Bonaparte wusste das und konnte damit rechnen, dass es ihm ein Leichtes sein würde, die verbündeten Armeen zu trennen, weil jeder der beiden Befehlshaber vor allem seine rückwärtigen Verbindungslinien schützen musste.

Am 10. April 1796 begann er mit seiner Offensive, die erst am 1. Juni an den Ufern der Etsch zum Stehen kam. Zunächst wollte er das Scharnier zwischen den piemontesischen und österreichischen Truppen zerschlagen, das bot sich auch aus topographischen Gründen an.[12] Der Erfolg zeigte sich am 12. April in der Schlacht von Montenotte. Die beiden verbündeten Armeen wurden getrennt, ihre zahlenmäßige Überlegenheit war sofort neutralisiert. Während die österreichischen Truppen auf dem rechten Flügel durch die Division La Harpe in Schach gehalten wurden, wandte er sich mit seiner Hauptmacht den piemontesischen Truppen zu, die sich, wie erwartet, in Richtung Mondovi und Turin zurückzogen. Dank zügiger Marschleistung seiner Truppen, die die Piemontesen bei der Festung Ceva zu umfassen drohten, gelang es ihm, diese kampflos auf Mondovi zurückzudrängen, wo es am 21. April zur entscheidenden Schlacht kam. Ihr siegreicher Ausgang machte Bonaparte den Weg nach Turin frei. Am 23. April erreichte er Cherasco, gut dreißig Kilometer vor der piemontesischen Hauptstadt, wo ihn bereits Abgesandte des sardischen Königs Victor-Amadeus III. erwarteten, um mit ihm über einen Waffenstillstand zu verhandeln. Dieser wurde am 28. April geschlossen.

Mit welcher Sicherheit Bonaparte bereits agierte, enthüllt sein Schreiben vom 24. April 1796, in dem er das Direktorium von den bereits in Gang befindlichen Verhandlungen unterrichtete und hinzufügte: «Dieser Waffenstillstand, der einen Monat gelten soll, während dessen wir im Besitz all dessen bleiben, was wir erobert haben und das uns durch die Übergabe zweier Festungen garantiert wird, ist sehr vorteilhaft für die Republik. Danach werde ich die Zeit haben, die gesamte österreichische Lombardei bis Mantua zu erobern und Beaulieu aus Italien zu vertreiben.»[13] Tatsächlich war der Abschluss dieses Waffenstillstands die erste Eigenmächtigkeit, die sich Bonaparte gegenüber dem Direktorium heraushahm und mit der er gegen dessen unmissverständliche Instruktionen verstieß.[14] Für Bonapartes künftiges Betragen entscheidend sollte es sein, dass diese Vorgehensweise die ausdrückliche Billigung des Direktoriums fand, sie erreichte ihn aber erst nach der Unterzeichnung des Waffenstillstands vom 28. April 1796.[15] Wie wenig er sich seiner Sache zunächst sicher sein konnte, zeigt ein weiteres Schreiben an das Directoire vom 26. April 1796: «Ich bin in großer Unruhe zu erfahren, ob meine Antwort (auf den Piemontesischen Waffenstillstandsvorschlag) Ihren Absichten entspricht. – Wenn wir einen Frieden oder einen Waffenstillstand zu meinen Bedingungen erhalten, (...) werde ich nach Tirol ziehen, um mich dort mit der Rheinarmee zu vereinigen und den Krieg nach Bayern zu tragen. Was Genua anbelangt, sind Sie die Herren des Verfahrens und Sie können bestimmen, was Sie bedünkt, dass es geschehen solle. Beispielsweise wäre es angezeigt, wenn Sie diesen Herrschaften einige Millionen abknöpften.»[16] Dieses zweite Schreiben macht deutlich, wie sehr Bonaparte von Anfang an darauf spekulierte, dass die Korruption und Geldgier des Direktoriums ihm so lange freie Hand in Italien lassen würden, wie er militärisch erfolgreich war und Millionen für Paris herauspresste. Er sollte sich nicht täuschen. Je mehr das Direktorium von diesen Geldströmen abhängig wurde, desto mehr Freiheiten konnte er sich erlauben.

Rund zwei Wochen nach Beginn der Offensive war der erste Gegner bereits ausgeschaltet. Mit überlegenem Geschick hatte Bonaparte die piemontesisch-österreichische Allianz zerschlagen, an der seit den Anfangserfolgen 1792 alle französischen Vorstöße gescheitert waren. Außerdem war nun das Stärkeverhältnis zu Gunsten der *Armée d'Italie* verschoben. Entscheidend war aber auch das vorhersehbare Ende der Not, unter der die Italienarmee nach wie vor litt. Diese Erwartung drückte Bonaparte in einem Armeebefehl vom 24. April 1796 aus: «Seine Absicht (des kommandierenden Generals, J.W.) ist es, den eroberten Ländern große Kontributionen aufzuerlegen, die ihn instand setzen werden, die Hälfte des Soldes für die ganze Armee in Hartgeld zu bezahlen. Zwischen Offizieren und Mannschaften wird dabei kein Unterschied gemacht. Die Armee kann damit neuen Siegen entgegen eilen und die Erwartungen des Vaterlands erfüllen.»[17] Bonaparte wusste aber als guter Psychologe, dass der Soldat nicht allein für pünktliche Löhnung alle möglichen Strapazen und Entbehrungen auf sich nahm oder sein Leben aufs Spiel setzte. Diese Einsicht inspirierte ihn zu seiner ersten *Proclamation à l'Armée* vom 26. April 1796,[18] auch stilistisch ein Meisterwerk der Menschenführung:

«Soldaten, Ihr habt binnen zwei Wochen sechs Siege errungen, 21 Fahnen, 55 Kanonen, mehrere Festungen und die reichste Gegend des Piemont erobert. Ihr habt 15000 Gefangene gemacht und mehr als 10000 getötet oder verwundet. (...) Alles musstet Ihr entbehren, alles habt Ihr Euch verschafft. Ihr habt Schlachten gewonnen ohne Kanonen, Flüsse überquert ohne Brücken, Gewaltmärsche zurückgelegt ohne Schuhe, habt ohne Schnaps biwakieren müssen und oft auch ohne Brot. Nur die Phalangen der Republik, die Soldaten der Freiheit waren fähig, zu leiden, was Ihr littet. Man wird Euch Dank wissen, Soldaten! Das dankbare Vaterland schuldet Euch seinen Wohlstand. (...) Aber, Soldaten, Ihr habt noch nichts vollbracht, alles liegt erst noch vor Euch. Weder Turin noch Mailand habt Ihr eingenommen. (...) Zu Beginn des Feldzugs war an allem Mangel, jetzt schwelgt Ihr im Überfluss. Zahlreich sind die Magazine, die Ihr dem Feind abgenommen habt. Die Belagerungs- und Feldartillerie ist eingetroffen. Soldaten, das Vaterland hat ein Recht darauf, von Euch große Taten zu erwarten. Seid Ihr dieser Erwartung gewachsen? Die größten Hindernisse sind überwunden, gewiss, aber noch immer müsst Ihr Schlachten schlagen, Städte erobern, Flüsse überqueren. Gibt es einen unter Euch, dessen Mut sinkt? (...) Nein, unter den Siegern von Montenotte, Millesimo, Dego und Mondovi findet sich kein Einziger. Alle brennen darauf, den Ruhm des französischen Volkes in die Ferne zu tragen. (...) Alle werden von sich, wenn sie in ihre Dörfer zurückkehren, voller Stolz sagen wollen: ‹Ich war bei der Armee, die Italien erobert hat!› – Freunde, ich verspreche Euch diese Eroberung. Allein, dafür gibt es eine Bedingung, die Ihr mir schwören müsst, zu erfüllen. Ihr müsst schwören, die Völker, die Ihr befreien werdet, zu achten, das heißt, es gilt die schrecklichen Plünderungen zu verhindern, die sich Verbrecher, die von unseren Feinden dazu angestachelt wurden, zu Schulden kommen ließen. Haltet Ihr Euch nicht daran, dann werdet Ihr nicht die Befreier der Völker, sondern deren Plage sein; (...) Eure Siege, Euer Mut, Eure Erfolge, das Blut unserer Brüder, die im Kampf gefallen sind, alles das wird umsonst gewesen sein, selbst die Ehre und der Ruhm.»

Am Ende dieser Proklamation, die gedruckt und in Tausenden von Exemplaren an die Soldaten verteilt wurde, wechselt er den Adressaten: «Völker Italiens, die französische Armee naht sich, um Eure Ketten zu lösen. Das französische Volk ist der Freund aller Völker. Schenkt ihm Euer Vertrauen. Euer Eigentum, Eure Religion und Eure Rechtsordnung sollen respektiert werden. Wir führen den Krieg als großherzige Feinde, und wir haben es nur auf die Tyrannen abgesehen, die Euch versklavt haben.»[19] Aufschlussreich ist vor allem dieser letzte Passus, denn die Eroberungen in Italien sollten lediglich als Verhandlungsmasse dienen, um den Kaiser und den sardischen König für jene Gebietsabtretungen zu entschädigen, die Frankreich bei den Friedensverhandlungen für sich einforderte, um die fixe Idee der «natürlichen Grenzen» am Rhein und in den Alpen zu realisieren. Die Freiheit, die Bonaparte den italienischen Staaten versprach, war insofern nichts als eine große Lüge, mit der sie sich bereitwillig in die beabsichtigte Ausplünderung zum Wohle der bankrotten französischen Republik ergaben.[20] Zu einer zunächst schonenden Behandlung von Land und Leuten riet aber auch die naheliegende Überlegung, in der Etappe Aufstände und Unruhen gegen die Besatzer zu verhindern. Die Ambivalenz der Proklamation erlaubt jedoch auch eine Deutung, die Bonapartes Ambitionen entsprach: Eine revolutionäre Entwicklung in der Lombardei und den anderen italienischen Staaten wäre ihm wohl keineswegs ungelegen gewesen, denn sie hätte ihm zügig die Voraussetzungen für mehr Unabhängigkeit gegenüber dem Direktorium verschafft.

Das ändert aber nichts daran, dass er zunächst – in scheinbarer Übereinstimmung mit den Absichten des Direktoriums – den italienischen Staaten die Angst nehmen wollte, sie würden *gewaltsam* revolutioniert. Insofern kam dem Waffenstillstand zwischen Bonaparte und Piemont eine große propagandistische Wirkung zu, signalisierte dieser doch die Bereitschaft des revolutionären Frankreich, den Status quo der sardischen Monarchie anzuerkennen.[21] Mit anderen Worten: Bonaparte konnte zwar revolutionär reden, um seine eigenen, insgeheim gehegten Interessen zu befördern, er handelte gleichzeitig aber realpolitisch. So ließ er den französischen Gesandten in Genua, Faypoult, am 1. Mai 1796 wissen: «Es gibt in Piemont nicht einmal den Funken eines revolutionären Gedankens, und ich kann mir nicht vorstellen, dass Frankreich hier einen Umsturz auf seine Kosten anzetteln möchte.»[22] Priorität hatte jetzt, wie von ihm angekündigt, die Vertreibung der Österreicher aus Italien. Erst danach konnte man sich über die politische Organisation der «befreiten Territorien» Gedanken machen.

Der rasche Sieg hatte Bonapartes Prestige enorm gesteigert. Dieses Prestige war das Pfund, mit dem er wucherte, um seine politischen und strategischen Vorhaben durchzusetzen. Selbst wenn er sich noch hütete, seine Gelüste auf uneingeschränkte Handlungsautonomie offen zu zeigen, plagten das Direktorium schon einschlägige Ahnungen.[23] Daraus Konsequenzen zu ziehen, war man in Paris bereits zu schwach, denn einzig Bonapartes Erfolge in Italien verschafften dem Direktorium eine Überlebensfrist. Außerdem geizte der junge General nicht mit demonstrativen Loyalitätsbekundungen gegenüber der Republik, der er seine verblüffenden Erfolge mit großem propagandistischem Geschick gleichsam zum Geschenk machte. Dabei vergaß er nie zu betonen, dass sein Handeln mit den Intentionen des Direktoriums im Einklang stünde. Das führte zu einer merkwürdigen Situation, denn je mehr man in Paris von der Fortune der Italienarmee abhing, desto gefährlicher mussten den Direktoren die Ambitionen Bonapartes werden. Wie aber dessen Ehrgeiz zügeln, ohne andererseits den weiteren Siegeszug der

Italienarmee zu beeinträchtigen? Vermutlich hatte Barras den Einfall, Bonaparte auf kleiner Flamme einzukochen, dessen Selbstbewusstsein auszuhöhlen, um ihn dann wieder leichter gängeln zu können. Das Mittel zu diesem Zweck trug einen Namen: Joséphine. Die Hochzeit mit Joséphine war für Barras der letzte Beweis, dass Bonaparte ein rechter Tölpel sei. Welcher Mann bei Sinnen und Verstand heiratete eine sechs Jahre ältere Frau, deren Schönheit längst voll erblüht war, die keinerlei Vermögen besaß, dafür aber zwei unmündige Kinder aus erster Ehe zu ernähren hatte? Dass Bonaparte heftig in diese Frau verliebt war, konnte den Zyniker Barras nur mit Hohn und Spott erfüllen und bestärkte ihn in seinem Urteil, dass dieser Oberbefehlshaber der Italienarmee vor allem *sein* Instrument sein würde. In letzterem hatte Barras sich getäuscht, aber die rasende Verliebtheit des Generals würde sich als ein willkommenes Mittel nutzen lassen, ihn unter Kontrolle zu behalten. Für Barras' Kalkül sprechen eine Reihe von Indizien: Zum einen sind es die Liebesbriefe, mit denen Bonaparte, kaum zur Italienarmee abgereist, Joséphine förmlich überschüttete und die an Eindeutigkeit kaum etwas zu wünschen übrig lassen. Zum anderen hatte Joséphine die Angewohnheit, diese Briefe in ihrem Bekanntenkreis herumzuzeigen und sie selbst denen zur Lektüre zu geben, deren Bekanntschaft sie in der Pariser Gesellschaft gerade erst gemacht hatte.

Ein aufschlussreiches Zeugnis dafür gibt der Dramatiker Antoine Vincent Arnault, der Madame Bonaparte unmittelbar nach ihrer Hochzeit kennen lernte. Bei einem Besuch in ihrem Haus ließ Joséphine ihn einen Brief Bonapartes lesen: «Dieser Brief, den sie mir zeigte, besaß wie alle anderen Schreiben auch, die er ihr seit seiner Abreise gesandt hatte, den Charakter der heftigsten Leidenschaftlichkeit. Joséphine machte sich darüber umso mehr lustig, als diese Ergüsse nicht frei von Eifersucht waren. Ich höre noch heute ihre Stimme, als sie mir eine Passage vorlas, in der er jene Beunruhigungen, die ihn so offensichtlich quälten, sich mit den Worten zu zerstreuen suchte: *Sollte es wahr sein, wohlan! Fürchte den Dolch Othellos!* Ich vernahm, wie sie mit ihrem kreolischen Akzent dazu bemerkte: *Er ist so ulkig, dieser Bonaparte!* Die Liebe, die sie in einem derart außergewöhnlichen Mann erweckt hatte, schmeichelte ihr offensichtlich, auch wenn sie diese bei weitem nicht so ernst nahm wie er. Sie war sehr stolz darauf, dass er sie fast ebenso sehr wie den Ruhm liebte; und dieser Ruhm, der täglich wuchs, war ihr ganzes Entzücken, aber das galt nur für Paris, dass sie sich in der freudigen Erregung baden konnte, die ihr auf Schritt und Tritt entgegenschlug mit jeder Kunde, die von der Italienarmee einlief.»[24]

Die Briefe, die Joséphine dem Dramatiker zeigte, wird sie auch Barras, mit dem sie weiterhin engen Kontakt hielt, nicht vorenthalten haben. Unschwer kann man sich ausmalen, dass dieser deren Lektüre nicht nur mit amüsiertem Kopfschütteln quittiert hat: «Keinen Tag habe ich zugebracht, ohne Dich zu lieben; keine Nacht, ohne Dich fest in meine Arme zu nehmen; keine Tasse Tee habe ich getrunken, ohne den Ruhm und den Ehrgeiz zu verfluchen, die mich fern halten von der Seele meines Lebens.» (Nizza, 30. März 1796)[25]

Kaum zeichnete sich die Möglichkeit eines Waffenstillstands mit Piemont ab, der ihm einen Gegner vom Hals schaffte, wurde Bonapartes Drängen, Joséphine möge nach Italien kommen, heftiger: «Aber Du wirst kommen, nicht wahr? Du wirst hier sein neben mir, an meinem Herzen, in meinen Armen, (...). Nimm Flügel, komm, komm! Aber reise langsam. Der Weg ist weit, schlecht und anstrengend. (...) Ein Kuss auf Dein Herz, und dann etwas tiefer, sehr viel tiefer!» (Carru, 24. April 1796) «Ich habe Dir in dem Brief, den Dir Junot überbrachte, geschrieben, dass Du mit ihm aufbrechen sollst, um mich zu treffen. Heute bitte ich Dich darum, mit Murat über Turin zu reisen. Du gewinnst damit vierzehn Tage.» (Cherasco, 29. April 1796)

Allein, Joséphine wollte nicht kommen. Als Ausrede erfand sie sogar eine Schwangerschaft: «Es ist also wahr, dass Du schwanger bist. Murat schreibt mir das. Aber er sagte mir auch, dass Dich dies sehr angreife und er es nicht für ratsam hält, dass Du eine so lange Reise antrittst.» (Lodi, 13. Mai 1796) «Ich weiß nicht, warum ich seit diesem Morgen zufriedener bin. Ich habe die Vorahnung, dass Du nach hier unterwegs bist. Dieser Gedanke erfüllt mich mit Freude.» (Mailand, 18. Mai 1796) Doch auch diese Hoffnung trog, denn Joséphine hatte nach wie vor kein Verlangen, zu ihrem Mann nach Italien zu reisen. Es war weniger ihre Bequemlichkeit, die sie die Beschwernisse einer so weiten Reise scheuen ließ, als vielmehr etwas, was zumindest in Paris als offenes Geheimnis galt. Joséphine betrog ihren Mann mit einem anderen. Hippolyte Charles, neun Jahre jünger als sie, gutaussehend, zeichnete sich als Leutnant durch nichts anderes aus, als den Oberkommandierenden der Italienarmee, General Bonaparte, der von Sieg zu Sieg eilte, in der Etappe von Paris zum Hahnrei zu machen und die Gunst der Frau zu genießen, der dieser verfallen war.

Dieses Gift, mochte ein Mann wie Barras kalkulieren, würde Bonaparte, sobald er Kenntnis erhielte von der Untreue seiner abgöttisch geliebten Frau, langsam auszehren, ihn womöglich um den Verstand bringen, nachdem es zuvor seine Tatkraft, Siegeszuversicht und seine umsichtige Entschlossenheit zerstört hatte. Damit erledigte sich das

Problem, zu dem sich Bonaparte für das Direktorium auszuwachsen drohte, auf elegante Weise von selbst. Ein äußerst fähiger General von strahlender Jugendlichkeit, der zu den schönsten Hoffnungen berechtigte – ein Opfer seiner blinden, tollen Liebe zu einer Frau, die ihm an Lebenserfahrung, Raffinesse und Sittenlosigkeit weit überlegen war. Ein solcher Ausgang wäre dem von den Rasereien der Revolution abgestumpften Zeitgeschmack wie auch den Machtinteressen des Direktoriums, ja der ganzen korrupten Gesellschaft des Nach-Thermidor sehr entgegengekommen. Alle Welt, selbst Bonapartes nächste Umgebung, wusste von der leidenschaftlichen Affaire zwischen Joséphine und Hippolyte Charles. Murat hatte davon in Paris erfahren, ebenso Junot, der Adjutant; Bonapartes Bruder Joseph war ebenfalls im Bilde. Aber alle hüteten sich, den Betrogenen davon in Kenntnis zu setzen, auch wenn ihm Ahnungen und Eifersucht heftig zusetzten.[26]

Fast täglich rechnete Bonaparte mit dem Eintreffen Joséphines: «Es will mir scheinen, als hättest Du Dich entschieden und dass Du weißt, an wen Du Dich an meiner statt wenden sollst. Ich wünsche Dir Glück, sollte es der Unstetheit hold sein; ich sage nicht der Perfidie (...) Du hast niemals geliebt (...) Ich hatte meine Operationen beschleunigt. Ich erwartete Dich am 13. in Mailand, aber Du bist immer noch in Paris.» (Mailand, 8. Juni 1796) Am 11. Juni 1796 schrieb Bonaparte eigenhändig einen offiziellen Brief an Barras, dem er das für seinen Seelenzustand entlarvende Postscriptum anfügte: «Ich bin verzweifelt. Meine Frau kommt nicht. Sie wird einen Geliebten haben, der sie in Paris zurückhält. Ich verfluche alle Frauen, aber ich umarme aufrichtigen Herzens alle meine guten Freunde.»[27] Barras, den diese Mitteilung wohl nicht wenig überraschte, war somit bestens im Bilde. Bonaparte würde bald irgendeine Tollheit begehen, die ihn unmöglich machte. Aber sie ließ auf sich warten, während anderseits das Flehen, Beschwören und Beteuern ihm auch nichts nützte. Die Briefe, die Joséphine an Bonaparte schrieb, wurden immer seltener, kürzer und kälter. Statt der erfundenen Schwangerschaft wurde jetzt eine Krankheit als Ursache vorgeschoben, ihre Abreise zu verzögern. «Seit dem 18. (*Prairial*), meine liebe José phine, erwartete ich Dich und wähnte Dich bereits in Mailand eingetroffen», heißt es in einem Brief vom 14. Juni 1796 aus Tortona. «Kaum hatte ich das Schlachtfeld von Borghetto verlassen, sputete ich mich, Dich zu suchen; ich habe Dich aber nicht gefunden! Einige Tage später erfuhr ich durch einen Boten, dass Du gar nicht abgereist seist, aber er brachte mir keine Briefe von Dir. (...) Vor allem muss ich Gewissheit haben, dass Du mir die wüsten, die wahnsinnigen Briefe verzeihst, die ich Dir schrieb. (...) Meine Freundin, tue alles für Deine Gesundheit. Opfere al-

les Deinem Wohlergehen. Du bist empfindlich, zart und krank, wir haben jetzt die heiße Jahreszeit und die Reise ist lang. Ich flehe Dich auf Knien an, setze ein mir so kostbares Leben nicht aufs Spiel. (...) Wenn Du stirbst, werde auch ich sehr bald sterben, aber an Verzweiflung, an Entkräftung. (...) Liebe, wer da mag, den Ruhm, diene, wer will, dem Vaterland! Mein Herz ist in diesem Exil erstickt; und solange meine liebe Freundin leidet, sie krank ist, bin ich nicht imstande, den Sieg kühl zu planen. – Komm, komm schnell, aber achte auf Deine Gesundheit.»[28]
Bereits einen Tag später, am 15. Juni 1796, schickte Bonaparte mit einem Extrakurier, der sich vier Stunden in Paris aufhalten sollte, um ihre Antwort mit der erhofften ausführlichen Unterrichtung sofort zu überbringen, einen neuerlichen Verzweiflungsschrei: «Mein Leben ist ein andauernder Alptraum. Eine schreckliche Vorahnung hindert mich daran, zu atmen. Ich lebe nicht mehr. Ich habe mehr verloren als das Leben, mehr als das Glück, mehr als die Ruhe. Ich bin beinahe ohne alle Hoffnung. (...) Meine Ahnungen sind so furchtbar, dass ich mich damit bescheiden werde, Dich zu sehen, Dich für zwei Stunden an meine Brust zu drücken, um dann mit Dir gemeinsam zu sterben.»

Es war keineswegs diese extreme Verzweiflung, weshalb Joséphine endlich seinem Drängen nachgab. Entscheidend war vielmehr Bonapartes Ankündigung, nach Paris zu kommen. Die Aussicht, dass ein zutiefst verzweifelter, vor Eifersucht blindwütiger und deswegen völlig unberechenbarer Bonaparte in Paris auftauchte, wo seine düsteren Ahnungen sofort Gewissheit werden würden, machte dem Direktorium wie Joséphine gleichermaßen Angst und zwang sie zum Handeln. Sie scheint immer noch gezögert zu haben. Ihr ehemaliger Liebhaber und vertrauter Ratgeber Barras musste wohl sanften Druck auf sie ausüben, sich endlich nach Italien zu begeben, nachdem ihr Carnot bereits am 21. Mai 1796 gleichsam ein «Führungszeugnis» ausgestellt hatte, das er an Bonaparte sandte. «Das Direktorium hat sich bislang der Abreise der Bürgerin Bonaparte widersetzt, weil es die Furcht hegte, dass die Aufmerksamkeiten, die der Gatte ihr schenkte, diesen davon abhalten könnten, sich jenen Aufgaben zu widmen, zu denen ihn Heil und Ruhm des Vaterlands verpflichten, weshalb man übereingekommen ist, dass sie nicht eher aufbreche, als bis Mailand gefallen sei. Da Sie jetzt dort sind, haben wir keinerlei Einwände mehr. Wir hoffen jedoch, dass die Myrten, mit denen sie Sie schmücken wird, nicht den Lorbeer verunzieren werden, mit denen Sie unseren Sieg geschmückt haben.»[29]

Dass Joséphine von Bonapartes Leidenschaft eher verschreckt war und sich nur widerstrebend aufmachte, kann man ihr kaum verdenken. In seinen Memoiren schreibt Arnault: «Sie war zum Äußersten bekümmert, als sie erkannte, dass es jetzt keine Ausrede mehr gab, ihren Aufbruch noch weiter hinauszuschieben. (...) Arme Frau! Sie brach in Tränen aus und schluchzte so heftig, als schaffte man sie zum Schafott; stattdessen brach sie auf, um zu herrschen.»[30] Nicht weniger als sechs Kutschen rumpelten in jener Juninacht 1796 von Paris nach Italien. Joséphine war von einem umfangreichen «Hofstaat» mit allein fünf männlichen Bedienten umgeben. Mit von der Partie waren außerdem Bonapartes Adjutant Junot, Bruder Joseph, Schwager Nicolas Clary, der Bruder von Josephs Frau, sowie Joséphines Liebhaber Hippolyte Charles. Diese Reise, die Joséphine so lange wie möglich auszudehnen suchte, dauerte insgesamt 18 Tage, ehe die Gesellschaft Anfang Juli in Mailand eintraf.[31] Nach einer Trennung von mehr als vier Monaten verbrachten die beiden Eheleute, deren Leidenschaften so überaus unterschiedlich waren, im luxuriösen Palazzo Serbelloni, Bonapartes Mailänder Wohnsitz, endlich einige wenige Tage gemeinsam.

Vielleicht war es dieser unerträgliche Zustand, der tiefe Zwiespalt zwischen Leidenschaft und Eifersucht, der alle in Bonaparte schlummernden Fähigkeiten bis zum Äußersten steigerte, so dass er geradezu rauschhaft Erfolg auf Erfolg häufte. Der am 28. April 1796 mit Piemont abgeschlossene Waffenstillstand verschaffte ihm freie Hand, sich auf die ihm zahlenmäßig unterlegenen Österreicher zu werfen, deren Truppen raumdeckend entlang des linken Po-Ufers standen, um Mailand abzuschirmen. Bonaparte täuschte den Gegner, indem er ostentativ Anstalten unternahm, den Po bei Valenza zu überschreiten, um von hier aus auf direktem Wege nach Mailand zu marschieren. Das veranlasste den österreichischen Oberbefehlshaber Beaulieu, der die Masse seiner Kräfte hinter dem Tessin aufgestellt hatte, diese nach Westen zu verlegen und im Raum östlich von Valenza zu konzentrieren. Dies entsprach genau den Absichten Bonapartes, der nun zwei Divisionen auf dem rechten, südlichen Ufer des Po in Eilmärschen – in zwei Tagen wurden 115 Kilometer zurückgelegt – nach Piacenza vorrücken ließ. Am 8. Mai überschritten sie den Fluss und tauchten im Rücken Beaulieus auf. Dieses klassische Umgehungsmanöver brachte die Österreicher dazu, sich in Hast nach Osten über den Tessin, den Lambro und schließlich auch hinter die Adda bis zum Mincio bei Crema zurückzuziehen. Am Übergang über die Adda bei Lodi ließ Beaulieu lediglich eine Nachhut von 7000 Mann zurück, die den Flussübergang gegen die hier am 10. Mai erscheinenden Franzosen zunächst erfolgreich verteidigte. Drei Sturmangriffe über die schmale Brücke von Lodi scheiterten im Kugelhagel der Österreicher. Das Blatt wendete sich erst, als es kleineren französischen

Einheiten gelang, oberhalb von Lodi die Adda zu überqueren und dann den überraschten Verteidigern in den Rücken zu fallen. Diese Verwirrung ausnutzend glückte es dann, mit einem vierten Sturmangriff die Brücke von Lodi zu erobern. Dieser vierte Angriff über die Brücke von Lodi am 11. Mai 1796, den Bonaparte mit der Trikolore in der Hand gemeinsam mit Masséna angeführt haben soll, gehört zum ehernen Bestandteil der napoleonischen Legende. Auch wenn er seine exponierte Rolle im Bericht an das Direktorium verschweigt und stattdessen den Mut seiner Generäle hervorhebt,[32] sorgte er doch sofort dafür, dass sein Anteil propagandistisch gebührend herausgestellt wurde. An Faypoult, der ihm eine Reihe von Kupferstichen zusandte, die ein junger Künstler von Schlachtenszenen des italienischen Feldzugs angefertigt hatte, schrieb er zwei Tage später: «Ich bin Ihnen für die Stiche sehr verbunden, die Sie mir haben zukommen lassen und die der Armee sicherlich sehr große Freude machen werden. Bitte geben Sie in meinem Auftrag 25 *louis* an den jungen Mann, der sie geschaffen hat. Fordern Sie ihn aber auch dazu auf, den erstaunlichen Übergang über die Brücke von Lodi in Kupfer zu stechen.»[33] Dieser Auftrag wurde ausgeführt, und das Bild Bonapartes, wie er gleichsam unverwundbar in eine Trikolore gehüllt durch den Pulverdampf furchtlos auf das feindliche Feuer über die Brücke von Lodi zuschreitet, wurde in ganz Frankreich verbreitet, wo es seinem Ruhm neuen Glanz verlieh und jene Legende nährte, die bis heute das tatsächliche Geschehen undurchdringlich überwuchert.[34]

Die napoleonische Propaganda, die Lodi zu einer heroischen Schlacht stilisierte, maskierte erfolgreich den Umstand, dass dieser Waffengang unter strategischen Gesichtspunkten ein Fehlschlag war. Die zwei österreichischen Divisionen, die von Mailand herangerückt waren, entzogen sich Napoleons Würgegriff. Damit wiederholte sich im Kleinen, was ihm zuvor schon im Großen misslungen war: Durch die Überquerung des Po bei Piacenza die gesamte Armee Beaulieus einzukesseln und zu vernichten. Wenn dies gelungen wäre, hätte wahrscheinlich schon im Mai 1796 der italienische Feldzug siegreich beendet werden können. Deshalb setzte Bonaparte alles daran, diesen Rückschlag, der seinem rasch wachsenden Ruhm militärischer Unfehlbarkeit empfindlich zu schaden drohte, mit den Mitteln der Propaganda in einen großen Sieg umzustilisieren. Wie vorzüglich ihm dies gelang, zeigt einer seiner glühendsten Bewunderer, Stendhal: «Bonaparte wollte ihnen (seinen Soldaten) den Ruhm einer Tat verschaffen, der in ganz Europa seinen Widerhall fände. (...) Dieser Kampf (Lodi), den alle Welt und selbst die Nicht-Militärs begreifen konnte, beeindruckte die Öffentlichkeit durch seine außergewöhnliche Kühnheit. Binnen eines Monats war der Übergang über die Brücke von Lodi in Deutschland und England ebenso berühmt wie in Frankreich.»[35]

Lodi markierte aber auch für Bonapartes innere Entwicklung, wie er Las Cases in der Verbannung anvertraute, eine entscheidende Etappe: «Weder *Vendémiaire* oder selbst Montenotte (jenes entscheidende Manöver, mit dem er Piemontesen und Österreicher trennte, J.W.) verschafften mir die Gewissheit, ein Mensch zu sein, der zu Höherem berufen ist. Erst nach Lodi kam mir der Gedanke, dass ich auf unserer politischen Szene eine entscheidende Rolle spielen könnte. Damals wurde der erste Funke meines aufs Große zielenden Ehrgeizes geschlagen.»[36] Die Ausschaltung Piemonts war nur eine wichtige Etappe bei der Umsetzung seines italienischen Feldzugplans. Nach Lodi war dessen Vollendung in greifbare Nähe gerückt, wie Bonaparte mit kaum verhaltenem Triumph seinen alten Widersacher Carnot noch am 11. Mai 1796 wissen ließ: «Die Schlacht von Lodi, mein lieber Direktor, verschafft der Republik die gesamte Lombardei. (...) Bald werde ich Mantua angreifen können. Sobald ich diese Festung eingenommen habe, wird mich nichts mehr daran hindern, nach Bayern vorzustoßen. Binnen zwei Wochen kann ich mitten im Herz von Deutschland stehen.»[37] Daraus wurde nichts, denn die Rheinarmee verharrte untätig am Ufer des Flusses und rückte nicht, wie Bonaparte hoffte, siegreich nach Osten vor. Statt dessen zeichnete sich bald drohend ab, was er Carnot prognostizierte: Ohne diesen Vorstoß lief die Italienarmee Gefahr, von überlegenen österreichischen Kräften vernichtet zu werden. (Siehe Karte 2)

Beaulieu, der sich mit seiner geschlagenen Armee in wilder Auflösung bis nach Cremona zurückgezogen hatte, war fürs Erste keine ernstzunehmende Bedrohung. Bonaparte hätte sich also sofort dem von schwachen österreichischen Kräften verteidigten Mailand zuwenden können, das nur dreißig Kilometer nordwestlich von Lodi lag. Allein, er zögerte, wollte sich selbst erst einmal schlüssig werden, wie er diesmal verfahren sollte. Auch galt es abzuwarten, was Paris plante, sobald dort die Verwirrung nachließ, in die er das Direktorium mit der Schnelligkeit seiner militärischen Erfolge gestürzt hatte. Tatsächlich erreichte Bonaparte bereits am 14. Mai ein vom 7. Mai datiertes Schreiben, das Carnot namens des Direktoriums verfasst hatte. Darin wurde Bonaparte angewiesen, die Eroberung der Lombardei zügig zu vollenden, sich aber weder hier festzusetzen noch gar seinen Feldzug über deren Grenzen hinaus fortzuführen. Das Ziel der Kampagne sei bereits erreicht, wenn es ihm gelänge, die Österreicher nach Tirol abzudrängen und er lediglich den Anschein erwecke, sie auch dort noch zu bedrohen. Im übrigen aber sei er jetzt gehalten, seine Erfolge auszunutzen und sich zügig gegen die der Republik feindlichen Regierungen in der Mitte und dem Süden Italiens zu wenden. Der Herzog von Parma solle eine erhebliche Kontribution zahlen. Auch der Papst müsse gezwungen werden, sich von einigen seiner Reichtümer zu trennen. Ferner solle Pius VI. «sofort öffentliche Fürbitten für das Wohl und den Erfolg der Republik anordnen», während der König von Neapel die englischen Schiffe beschlagnahmen, ausliefern und ihnen seine Häfen künftig verschließen solle. Der Großherzog der (strikt neutralen) Toskana müsse den Durchzug eines französischen Armeecorps gestatten, das in Livorno seine Hand auf englische Schiffe und Warenlager lege. Alle diese Aufgaben seien von Bonaparte höchstpersönlich mit der Hauptmasse seiner Armee auszuführen, während ein wesentlich schwächeres Corps, «das von den Piemontesen unterstützt und das dem Befehl Kellermanns» unterstellt würde, die Lombardei in Schach hielte und hier die Kontributionen eintriebe. «Vor allem das Gebiet von Mailand darf nicht geschont werden. (...) Die Kanäle und die großen öffentlichen Einrichtungen des Gebiets, das wir nicht behalten wollen, müssen die Folgen des Kriegs ein wenig verspüren ...» Im übrigen sei es die Absicht der Direktoren, mit der Lombardei entweder den König von Sardinien zu entschädigen und ihn für sein Bündnis zu belohnen, oder diese Provinz «wieder an Österreich als ein notwendiges Zugeständnis abzutreten, um unseren Frieden mit dieser Macht zu gewährleisten»[38]

Das war eine kategorische Absage an Bonapartes Plan, in Tirol einzumarschieren und von dort weiter nach Bayern zu ziehen. Außerdem wurde einmal mehr klar gesagt, dass es *nicht* in der Absicht des Direktoriums läge, sich dauerhaft in Italien festzusetzen. Die bereits erfolgten oder geplanten Eroberungen sollten einzig dem Zweck dienen, Beute zu machen und sich ein Faustpfand für die Friedensverhandlungen mit Österreich zu verschaffen. Bonapartes anschließende Aufgabe sei, die Voraussetzungen für beides zu gewährleisten. Was aber nicht nur seine Eitelkeit ins Mark treffen, sondern vor allem auch seine insgeheim gehegten Pläne durchkreuzen musste, war die Ankündigung, das Oberkommando der Italienarmee aufzuteilen und Kellermann das Beobachtungscorps zu unterstellen, um Beaulieus Truppen in Schach zu halten, damit Bonaparte ungestört seinen Raubzug nach Mittelitalien unternehmen konnte. Nur zu deutlich verrät die Absicht des Direktoriums, das Kommando über die Truppen in Italien auf zwei Schultern zu legen, aber auch, wie sehr man in Paris bereits über das politische Gewicht beunruhigt war, das Bonaparte sich mit seinen Erfolgen erworben hatte. Dieser Entwicklung ließ sich vermeintlich ein Riegel dadurch vorschieben, dass man den siegreichen General auf die Rolle eines uniformierten Banditen festlegte, der künftig die kleinen und ohnmächtigen Herrschaften in Italien nach besten Kräften ausplündern sollte. Bonaparte machte sich keine Illusionen über die Wünsche des Direktoriums und hatte schon längst vor, diese *en passant* zu befriedigen. Bereits am 9. Mai handelte er in Piacenza einen Waffenstillstand mit dem Herzog von Parma aus, in dem dieser sich zur Zahlung von zwei Millionen *livres* sowie zur Übergabe von 20 Gemälden verpflichtete «au choix du général en chef», wie es in Artikel 4 des Vertrags heißt.[39] Im übrigen entsprach dieser Ausgang ganz den Erwartungen Bonapartes, der schon am 29. April 1796 das Direktorium unterrichtet hatte: «Ich werde dem Herzog von Parma einige Millionen an Kontributionen vorschlagen. Er wird Ihnen dann schon Friedensangebote unterbreiten. Überstürzen Sie aber nichts, damit ich die Zeit habe, ihn für die Kosten des Feldzugs aufkommen zu lassen, auf seine Rechnung meine Magazine füllen und meine Ausrüstung vervollständigen kann.»[40] An dieses Muster hielt sich Bonaparte zunächst in völliger Übereinstimmung mit der Politik des Direktoriums: Die Herrscher der einzelnen Staaten wurden nicht entmachtet, sie wurden durch Verträge entweder zur wohlwollenden Neutralität oder zur Bundesgenossenschaft mit Frankreich gezwungen. Außerdem mussten sie kräftig dafür bluten, dass sie den Anschein ihrer Souveränität behielten. Bonaparte konnte sich damit leicht arrangieren, denn diese Staaten waren noch keineswegs reif für eine Revolution; außerdem brachte er das Direktorium mit seinen höchst lukrativen Beutezügen immer mehr in seine Abhängigkeit.[41] Mit kluger Entschlossenheit fordert Bonaparte in seiner Antwort auf Carnots Schreiben für sich weitgehende politische Handlungsautonomie in Italien und erklärt diese zur conditio sine qua non weiterer Erfolge, von denen er weiß es, das Direktorium existentiell abhängt:

«Ich halte es für im höchsten Maße unpolitisch, die Italienarmee aufzuteilen. Es widerspricht gleichermaßen den Interessen der Republik, zwei kommandierende Generäle zu bestallen. – Die Expedition gegen Livorno, Rom und Neapel ist keine große Sache. Sie lässt sich mit einigen tiefgestaffelten Divisionen derart ausführen, dass man rasch wieder umkehren, sich mit konzentrierter Macht gegen die Österreicher wenden und diese bei der geringsten Bewegung, die sie machen, mit einer Umfassung bedrohen kann. – Dafür braucht es nicht allein nur einen einzigen General, sondern den darf auch nichts und niemand auf seinem Marsch und seinen Operationen behindern. (...) Wenn Sie mir alle möglichen Hindernisse in den Weg legen, wenn ich mich bei allen meinen Schritten mit Regierungskommissaren verständigen muss, wenn diese das Recht eingeräumt bekommen, meine Operationen abzuändern, (...) dann erwarten Sie nicht, dass mir noch etwas gelingt. Wenn Sie Ihre Machtmittel schwächen, indem Sie Ihre Truppen aufteilen, wenn Sie in Italien die Einheit des militärischen Kommandos zerstören, dann, und das sage ich Ihnen voller Schmerz, werden Sie die schönste Gelegenheit vergeben haben, Italien Ihre Gesetze zu diktieren. – Angesichts der augenblicklichen Lage in Italien ist es unverzichtbar, dass Sie hier einen General haben, der Ihr volles Vertrauen besitzt. Sollte das für mich nicht zutreffen, werde ich mich darüber nicht beklagen. Aber ich werde mich darum bemühen, meinen Eifer zu verdoppeln, um mich Ihrer Wertschätzung auf dem Posten, den Sie mir anvertraut haben, zu versichern. Jeder muss auf seine Weise Krieg führen. General Kellermann besitzt mehr Erfahrungen als ich und wird ihn deshalb auch besser führen können. Aber wir beide zusammen, wir würden es sehr schlecht machen. – Ich kann dem Vaterland nur dann wichtige Dienste erweisen, wenn ich Ihr ganzes Vertrauen besitze. Ich spüre, dass es eine gehörige Portion Mut braucht, um Ihnen diesen Brief zu schreiben. Es wäre andererseits sehr leicht, mich des Ehrgeizes oder des Stolzes zu zeihen! Was ich Ihnen vor allem aber schulde, ist meine Dankbarkeit, spendeten Sie mir doch stets Beweise Ihrer Wertschätzung, die ich Ihnen nicht vergessen darf.»[42]

Mit diesem Schreiben war Carnots im Auftrag des Direktoriums versuchter Dolchstoß geschickt pariert. Doch die Gefahr war für ihn noch längst nicht gebannt. Er musste jetzt so schnell wie möglich Fakten schaffen, mit denen sich die Pläne seiner Widersacher in Paris wirkungsvoll durchkreuzen ließen. In dieser Situation versprachen weitere Siege über den bereits geschlagenen Beaulieu wenig Erfolg, weil ihm dies förmlich untersagt war. Aussicht bestand allein in dem, was er bislang zu tun gezögert hatte: Er musste Mailand besetzen, jene Stadt, die das ganze Ausmaß seiner bisherigen Erfolge symbolisierte. Er musste sich hier in einer Weise installieren, die seine politische Machtstellung so wirkungsvoll zur Geltung brachte, dass sie jeden Versuch, ihn daraus zu verdrängen, von vornherein ausschloss. Stendhal hat dies genau begriffen: «Die Lombardei und Mailand werden die moralischen Voraussetzungen sein, auf die er seine Operationen abstützen wird.»[43]

Diese Absichten beeinflussten bereits die Choreographie seines Einzugs in Mailand, den Albert Sorel eindringlich geschildert hat: «Am 15. Mai, dem Tag des Pfingstfests, langte Bonaparte, bei strahlendem Sonnenschein in einer Kutsche fahrend, die von fünfhundert Kavalleristen und tausend Infanteristen eskortiert wurde, denen, nach römischer Sitte, ein kleiner Trupp österreichischer Kriegsgefangener vorausging, vor der Stadt an. Nicht weit von der Porta di Roma befahl er anzuhalten, verließ seine Kutsche und bestieg mit bekümmerter Miene und einer große Müdigkeit verratenden Haltung ein kleines, weißes Pferd. Masséna, Joubert, Kilmaine und der Zivilkommissar Salicetti folgten ihm. Er nahte sich dem Stadttor, wo ihn der Graf Trivulzio an der Spitze der Decurionen, der Herzog Serbelloni, ein liberal gesinnter Adeliger und der Erzbischof Visconti, ein Greis von achtzig Jahren, mit dem Gefolge seines Klerus empfingen.»⁴⁴ Die Mailänder Würdenträger begrüßten ihn mit Ansprachen, in denen sie ihren Ängsten, Wünschen und Hoffnungen Ausdruck verliehen, und denen Bonaparte regungslos lauschte. Dann ergriff er das Wort und erklärte, wenn er jetzt die Stadt und die Provinz Mailand im Namen der französischen Republik in Besitz nähme, wolle er diese Gelegenheit nutzen, jedermann seines Wohlwollens zu versichern. Die Republik würde alles unternehmen, um alle glücklich zu machen; einzig das Verdienst mache einen Unterschied zwischen den Menschen, die sich ansonsten im Geist brüderlicher Gleichheit und Freiheit vereinigten. Auch versicherte er, die Eigentumsrechte zu respektieren.⁴⁵ Das waren wohlfeile Versicherungen, für die ihm die Mailänder Bürger mit rauschendem Jubel dankten. Am Abend gab die Stadt Mailand ihm zu Ehren im *Palazzo reale* ein Galadiner, und Bonaparte nutzte die Gelegenheit zu einer Rede, die den politischen Direktiven des Direktoriums diametral zuwiderlief: «Ihr werdet frei und Ihr werdet dieser Freiheit sicherer sein als die Franzosen. Mailand wird Eure Hauptstadt. Der Oglio und der Serlio werden Eure Grenzen sein. Fünfhundert Kanonen werdet Ihr haben und die ewige Freundschaft Frankreichs. Die Romagna wird Euch zufallen; an beide Meere werdet Ihr angrenzen; Ihr werdet eine Flotte haben. Schluss jedoch mit den Rachegelüsten und Streitigkeiten. (...) Es wird immer Arme und Reiche geben. (...) Aber hütet Euch vor den Priestern, entfernt sie aus offiziellen Funktionen. (...) Sollte Österreich wieder versuchen, Euch zu unterjochen, werde ich Euch zur Seite stehen. Eines Tages, vielleicht, werdet Ihr untergehen, aber dann bin ich schon längst nicht mehr da; aber, was das anbelangt, auch Sparta und Athen sind verschwunden, nachdem sie sich in die Annalen der Welt eingeschrieben haben.»⁴⁶

Diese Ausführungen zeigen zum einen Bonapartes gestiegenes politisches Selbstbewusstsein.⁴⁷ Zum anderen gab er sich kaum Mühe, seine Verachtung des Direktorial-Regimes zu verbergen, wenn er den Mailändern versicherte, dass sie – unter seinem Regiment, versteht sich – ihrer Freiheit sicherer sein könnten als die Franzosen. Und schließlich rief er dazu auf, mit einer Revolution eine politische Organisationsform für Mailand und die Lombardei zu schaffen, die sich auf die gleichberechtigte Unterstützung aller Bürger stützte und von der lediglich der intrigante Klerus ausgeschlossen bleiben sollte.

Das bürgerlich-liberale Mailand, das seit 1714 zu Österreich gehörte, begrüßte Bonaparte als seinen Befreier, während die Unterschichten, die unter der Fuchtel des Klerus standen, ihm mit Ablehnung und Misstrauen begegneten. Das war Bonaparte durchaus bewusst, und es war auch klar, dass ihm dies die Verwirklichung seiner Pläne erheblich erschweren würde. Darum versagte er es sich, das Direktorium vom triumphalen Empfang in Mailand zu unterrichten. Überdies war viel vorteilhafter, wenn sich die Kunde davon auf andere Weise in Paris verbreitete. Er konnte sich dessen sicher sein, weil auch Offiziere und Mannschaften von den Mailändern als Befreier begrüßt und mit allen Zeichen der Gastfreundschaft aufgenommen wurden, wie Stendhal dies im ersten Kapitel seiner *Kartause von Parma* geschildert hat.[48] Im Schreiben vom 17. Mai 1796, also zwei Tage nach seinem Einzug in Mailand, teilt er dem Direktorium lapidar mit: «Mailand ist der Freiheit sehr zugeneigt. Es gibt einen Club (gemeint ist wohl ein Club der Revolutionsfreunde, J.W.) mit 800 Mitgliedern, die alle Advokaten oder Kaufleute sind. Wir lassen die vorhandenen Verwaltungseinrichtungen bestehen; wir beschränken uns nur darauf, deren Personal auszuwechseln (...). Wir werden aus diesem Land hier rund 20 Millionen an Kontributionen herausholen. Diese Landschaft ist eine der reichsten des ganzen Universums, aber sie ist auch nach fünf Jahren Krieg ziemlich ausgelaugt. Von hier werden die Zeitungen, die Schriften aller Art ausgehen, die Italien in Brand setzen werden, wo jetzt schon die größte Erregung herrscht. – Wenn dieses Volk es wünscht, sich als eine Republik zu konstituieren, soll man es ihm dann gestatten? Das ist die Frage, die Sie entscheiden müssen, und hinsichtlich der Sie mich Ihre Absichten zweckmäßigerweise wissen lassen sollten. Dieses Land ist wesentlich stärker patriotisch (für die Ziele der Revolution begeistert, J.W.) als das Piemont; es ist der Freiheit viel näher.»[49]

Es war eine neuerliche Tartüfferie, dass Bonaparte sich vom Direktorium Ratschläge erbat. Sie schien ihm aber angeraten, weil er noch keine Antwort auf die beiden Briefe vom 14. Mai erhalten hatte, in denen er gegen die geplante Entmachtung protestierte. Außerdem war die Frage, wie Mailand und die Lombardei künftig organisiert sein sollten, solange nicht vordringlich, wie österreichische Truppen noch in Teilen Norditaliens standen. Eine provisorische Verwaltungsorganisation würde zunächst völlig ausreichen. Eine entsprechende Verfügung erließ Bonaparte bereits am 19. Mai 1796.[50] Dieses Vorgehen empfahl sich praktischerweise aber auch deshalb, weil er im krassen Gegensatz zu seinen Ankündigungen zunächst nur eines wollte: Mailand und die Lombardei nach besten Kräften ausplündern. Beide hatte er als die Opfergabe ausersehen, mit der das Direktorium von seiner Unverzichtbarkeit überzeugt und dazu veranlasst werden sollte, ihm für die Zukunft freie Hand zu lassen. Zu diesem Zweck musste die Beute für das Direktorium besonders üppig ausfallen. Um den Appetit der Herren zu reizen, kündigte er ihnen am 18. Mai erneut die Übersendung jener 20 Gemälde an, die aus den Sammlungen des Herzogs von Parma stammten.[51] Am selben Tag noch unterrichtete er das Direktorium in zwei weiteren Schreiben davon, dass der Herzog von Parma eine erste Rate der vereinbarten Kontributionen von 500 000 livres bezahlt habe,[52] und dass er ferner Schmuckstücke und Silberbarren im Wert von 2 Millionen nach Tortona habe schaffen lassen, die aus diversen Kontributionen stammten und dort ihrer weiteren Verwendung harrten.[53] Einen Tag später folgte diesen frohen Botschaften eine detaillierte Aufstellung der Kunstschätze und wertvollen Manuskripte aus Mailand und Parma, «désignés par le général Bonaparte pour être transportés á Paris»,[54] und die berüchtigte *Proclamation au Peuple de la Lombardie*, in der Bonaparte verkündete, dass der Preis der Befreiung vom Joch des Tyrannen sich auf eine Tributzahlung von 20 Millionen belaufe.[55] Die Eintreibung dieser immensen Summe wurde freundlicherweise den lombardischen Behörden und deren Vertretern übertragen, die sich bei ihrer Aufteilung an dem bislang gültigen Steuerzensus orientieren sollten, allerdings mit der Modifikation, dass vorzugsweise Reiche und Wohlhabende und vor allem der bislang von jeder Steuer befreite Klerus herangezogen werden sollten, um so zu gewährleisten, dass die bedürftigen Klassen des Volkes davon verschont blieben. Diese letzte Bestimmung war ein allzu durchsichtiger und, wie sich bald zeigte, völlig wirkungsloser Versuch, die Unterschichten zu gewinnen, die die Franzosen nicht als Befreier begrüßt hatten, ihnen vielmehr feindselig gegenüber standen.[56]

An diese psychologische Offensive, adressiert an das geldgierige Direktorium, schloss sich auch Bonapartes Tagesbefehl vom 20. Mai 1796, mit dem er fünf Tage nach seinem triumphalen Einzug in Mailand dieses Ereignis würdigte.[57] In der vorletzten Passage wandte er sich, wie schon seine Anspielungen auf die Geschichte der Römischen Republik verriet, direkt an das Direktorium: «Wir sind die Freunde aller Völker, insbesondere aber die Freunde der Nachkommen Brutus, eines Scipio und all jener großen Männer, die wir uns zu Vorbildern genommen haben. Das Capitol wieder herzustellen, dort wieder die Statuen der Heroen in Ehren zu setzen, die sich hier auszeichneten, das römische Volk, das mehrere Jahrhunderte in Sklaverei schmachtete, wieder zu erwecken, das wird die Frucht aller unserer Siege sein.»[58]

Am 22. Mai 1796 sandte er dem Direktorium seine vorerst letzte Freudenbotschaft: «Der Kommissar Salicetti wird Ihnen die Aufstellung der Kontributionen, die wir angeordnet haben, zustellen. Sie können augenblicklich schon mit sechs bis acht Millionen in Gold oder Silber, in Form von Barren oder Schmuckstücken rechnen, die zu Ihrer Disposition in

Genua bei einem der ersten Bankiers lagern. Sie können über diese Summen frei verfügen, da die Bedürfnisse der Armee bereits befriedigt sind. Falls Sie dies wünschen sollten, werde ich davon eine Million nach Basel transferieren für die Belange der Rheinarmee.» Diese Mitteilung war aber nur der verlockende Paravent, hinter dem er sein ganz nebenbei geäußertes eigentliches Vorhaben verbarg: «Neuntausend Soldaten der Alpenarmee werden binnen zehn Tagen eintreffen; ich werde deren Kommen aber nicht abwarten, denn die Truppen sind bereits auf dem Marsch zu den Tälern Tirols.»[59] Das war pure Aufschneiderei, denn die geschlagenen Österreicher waren keineswegs vernichtet und hatten sich auf die starke Festung Mantua zurückgezogen. Mantua aber schützte großräumig alle Zugänge nach Tirol. Die Festung behauptete damit eine strategische Position, die auch in Paris bekannt war. Andererseits verriet Bonapartes überaus selbstbewusste Mitteilung, dass er nach wie vor an seiner eigenmächtigen politisch-militärischen Strategie festhalten wollte. Offensichtlich war er überzeugt, dass sein Einzug in Mailand und seine feierlichen Ankündigungen das Direktorium schon dazu brächten, sich seinem Willen zu beugen und ihm endlich jene Handlungsautonomie auf dem italienischen Schauplatz zuzugestehen, die ihm vorschwebte. Was ihm zu seinem Triumph über das Direktorium noch fehlte, war dessen förmliche Unterwerfungserklärung. Die ließ nicht lange auf sich warten. Am 21. Mai 1796 reagierte Carnot namens des Direktoriums auf die beiden Briefe Bonapartes vom 11. des Monats, mit denen er die Eroberung der Lombardei gemeldet und seinen Widerstand gegen die Teilung des Oberkommandos angekündigt hatte. Das wurde nun seinen Wünschen entsprechend in aller Form zurückgenommen. Außerdem wurde ihm zugestanden, selbst darüber zu entscheiden, wann er mit dem vom Direktorium gewünschten Eroberungszug nach Mittel- und Süditalien beginnen wolle. Sei diese Diversion erst einmal erfolgreich abgeschlossen, würde das Direktorium auch keine Einwände mehr haben, den Krieg bis nach Tirol zu tragen.[60]

Das Direktorium kapitulierte damit vor dem Machthunger Bonapartes auf der ganzen Linie. Daran ändert nichts, dass es ihm wenigstens die Prioritäten seines weiteren Vorgehens verbindlich vorzuschreiben suchte. Nach dem Willen des Direktoriums sollte er zunächst die Truppen Beaulieus endgültig vernichten, ehe er zum Raubzug nach Livorno, Rom und Neapel aufbrach. Dieser Ablauf entsprach ohnehin Bonapartes strategischen Dispositionen. Er hatte das Direktorium immer wieder darauf hingewiesen, dass die Festsetzung Österreichs in Mantua ein zu großes Risiko darstelle, sobald er sich nach Mittelitalien wende. Die militärische Handlungsfreiheit war für Bonaparte aber auch eine Verpflichtung. Von nun an durfte er sich keinen Fehler leisten, sonst böte sich dem Direktorium der willkommene Vorwand, sich seiner zu entledigen. Mit anderen Worten: Bonaparte musste gleichzeitig darauf bedacht sein, dass auch in Zukunft der Strom an Geld und Gold aus Italien ununterbrochen nach Paris floss.[61] Deshalb mussten neue Quellen erschlossen werden, die Toskana, der Kirchenstaat, Neapel und schließlich die Republik Venedig. Die ursprünglichen militärischen und politischen Ziele der italienischen Kampagne waren mit der Vertreibung Österreichs aus Norditalien erfüllt. Im Gegensatz dazu zielte Bonapartes strategisches Planen nach wie vor weiter darauf, die alte Kaisermacht gänzlich auszuschalten. Um dies zu erreichen, musste er dem Widerstand des Direktoriums durch weitere Erfolge begegnen. Das Direktorium hatte durchaus keinen Respekt vor der Chimäre des europäischen Gleichgewichts oder gar die Befürchtung, eine weiträumige kombinierte Operation überfordere die eigenen Kräfte. Man hatte vielmehr berechtigte Angst davor, dass Bonaparte im Falle des Gelingens als der große Sieger und Friedensstifter in Paris einzöge und das Direktorium in Schimpf und Schande verjagte. Ein solches Ende stand dem Direktorium ohnedies beständig vor Augen. Sein Dilemma aber war, dass die Reichtümer, die Bonaparte aus Italien schickte, das Mittel waren, um ihm immer wieder eine neue Frist zum Überleben zu verschaffen.

Die Kampagne in Italien war genau einen Monat lang, vom 10. April bis zum 10. Mai 1796, ein klassischer Duellkrieg zwischen zwei Mächten gewesen, den die überlegene strategische Brillanz Bonapartes in staunenswert kurzer Zeit entschieden hatte. Dass österreichische Truppen noch Teile von Oberitalien besetzt hielten, konnte das Bild dieses Erfolgs nicht sonderlich trüben; es würde nur einiger gezielter Schläge bedürfen, um die Österreicher binnen zweier Wochen, wie Bonaparte prognostizierte, vollständig zu vertreiben. Sich damit zu bescheiden, widersprach aber dem Überlebenswillen des Direktoriums, zu dessen Handlanger sich Bonaparte machte. Die Freiheit der Wahl hatte er in der Tat noch nicht. Über das Direktorium hatte er nur einen Pyrrhussieg errungen. Er war nur ein uniformierter Prokurist mit eingeschränkter Handlungsvollmacht. Die Geschäftspolitik bestimmte das Direktorium, und dort hatte man nichts anderes im Sinn, als den drohenden Bankrott durch die in Italien gemachte Beute abzuwenden.[62]

So wurde aus der italienischen Kampagne, die bis Lodi von den Einwohnern der Lombardei oder den Bürgern Mailands durchaus als ein «Befreiungskrieg» erlebt und begrüßt worden war, rasch ein Raubkrieg, der mit immer fadenscheinigeren Vorwänden gerechtfertigt werden musste. Den weiteren Operationen Bonapartes auf der Apenninhalbinsel haftet deshalb, unbeschadet ihres militärischen Glanzes, ein strenger *haut-goût* an, weil nicht nur das Direktorium, zahlreiche seiner Generäle, unter denen sich vor allem Masséna in dieser Hinsicht hervortat, sondern auch er selbst diesen Beutezug zur eigenen Bereicherung nutzten. Von den Millionen, die Bonaparte aus Italien nach Paris schaffte, floss nicht wenig in seine eigenen Taschen. Das einschlägige Urteil, das Laréveillière-Lépeaux in seinen Memoiren fällte, macht von dieser Praxis vergleichsweise verhalten Mitteilung:

«Die erste Kampagne Bonapartes in Italien ist die Ursache für den Luxus, der unsere Armeen korrumpiert hat, dieser Prunk, diese Angabe und, in deren Folge, diese Habgier, die darein mündeten, dass unsere Generäle zu unnachsichtigen Satrapen gegenüber den von ihnen eroberten Ländern wurden, häufig aber auch gegenüber ihren eigenen Mitbürgern und schließlich auch zu elenden Sklaven jenes, der sie mit leeren Ehren und allzu reellen Reichtümern überschüttete. Bonaparte hat damit das Exempel und das Prinzip für die widerwärtigsten Ausplünderungen gegeben. Wer immer der Republik dient, war sein Motto, soll sich auch an ihr bereichern. Maß und Anstand wurden darüber zu einer Dummheit; man plünderte ohne alle Scham; man stellte einen skandalösen Luxus zur Schau, den er allen, die ihn umgaben, ebenfalls abverlangte, während er selbst, in leicht durchschaubarer Scharlatanerie, eine große Einfachheit in seiner Kleidung affektierte, um dank dieses Kontrastes umso besser erkannt zu werden. Er ließ seine Familie nach Italien kommen, um sie reich zu machen; die Unterdrückung und Ausplünderung aller jener Regionen Italiens, in die er vorstieß, waren die Folge ihres Tuns. (...) Eine wahre Wolke von Geiern, die angeführt wurden von den Mitgliedern seiner Familie, stürzte sich auf dieses reiche und unglückliche Italien, um sich an seinem Kadaver zu mästen.»[63]

Die Metamorphose Bonapartes vom bejubelten Befreier zum Prokuristen des Schreckens vollzog sich binnen weniger Tage. Daran änderte auch nichts, dass er immer wieder mit großer Härte gegen die notorisch betrügerischen Heereslieferanten und andere Kriegsgewinnler vorging, die der Italienarmee wie ein Schwarm von Schmeißfliegen folgten, sich häufig auf eigene Rechnung bereicherten und die Bevölkerung auf alle erdenkliche Weise auspressten. Um wenigstens den ärgsten Missbräuchen zu begegnen, erließ er am 30. August 1796 in Brescia eine Anordnung zur Einrichtung einer Kommission, die alle einschlägigen Beschwerden seitens der gequälten Einwohner untersuchen und verfolgen sollte.[64] Aber auch diese Kommission scheint damit nicht sehr erfolgreich gewesen zu sein, wie seine detaillierte Klage zeigt, die er am 12. Oktober 1796 von Mailand dem Direktorium zusandte: «Seitdem ich in Mailand bin, Bürger Direktoren, bin ich nur damit befasst, Krieg gegen die Spitzbuben zu führen, von denen ich mehrere habe aburteilen und bestrafen lassen. Andere muss ich Ihnen verklagen. Indem ich offen gegen sie vorgehe, ist es nur zu einsichtig, dass tausend Stimmen wider mich eifern, die versuchen, die Meinung über mich zu verderben. So musste ich seit zwei Monaten hören, dass ich der Herzog von Mailand sein wolle, heute sagt man mir nach, König von Italien werden zu wollen. Dessen ungeachtet, und soweit meine Kräfte und Ihr Vertrauen mir dies gestatten, werde ich meinen gnadenlosen Kampf gegen diese Spitzbuben und die Österreicher fortsetzen.»[65]

Die der Lombardei auferlegte Kontribution von 20 Millionen wie die Agitation des Klerus, die bei den unterbürgerlichen Schichten auf offene Ohren stieß, machten sich in einer Reihe von Aufstandsversuchen Luft, die Bonaparte bedrohten. Er hatte damit begonnen, am 20. Mai seine Truppen an die Etsch zu verlegen, um Beaulieu endgültig aus dem Land zu jagen, ehe er den Wünschen des Direktoriums folgend zum Raubzug nach Mittelitalien aufbrechen wollte. In Mailand, vor allem in Pavia und verschiedenen kleinen Orten der Umgebung kam es zu bewaffneten Unruhen, die Bonaparte mit unnachsichtiger Brutalität innerhalb von zwei Tagen niederschlug. An dem vor Pavia gelegenen Dorf Binasco wurde zur kalkulierten Abschreckung ein fürchterliches Exempel statuiert.[66] Ein gutes Hundert der Aufständischen wurde füsiliert, das Dorf in Schutt und Asche gelegt. Pavia selbst wurde erst nach mehrstündiger Belagerung am 26. Mai von regulären französischen Truppen erstürmt, deren Kavallerie unter den fliehenden, schlecht bewaffneten Bauern, die in der Stadt Schutz gesucht hatten, ein fürchterliches Blutbad anrichteten.[67]

Kaum waren die Aufstände niedergeschlagen, wandte sich Bonaparte am 27. Mai wieder Beaulieu zu, der die zehntägige Ruhepause genutzt hatte, um seine Truppen neu zu formieren und entlang des Mincio, der vom Gardasee in den Po fließt, zu positionieren. Durch ein Täuschungsmanöver erweckte Bonaparte den Anschein, er wolle den Gardasee umgehen, um Beaulieus Rückzugslinie durch Tirol abzuschneiden. Der verlegte daraufhin die Hauptmasse seiner Truppen nach Norden, während Bonaparte seine Armee am 30. Mai bei Borghetto am rechten Ufer des Mincio konzentrierte. Dort erkämpfte er sich einen Übergang über das Flüsschen. Zwar versuchte Beaulieu, nachdem er seinen Irrtum erkannt hatte, noch einmal, ihn aufzuhalten, aber Bonaparte umging ihn wieder mit einem geschickten Manöver, das die Österreicher dazu zwang, sich nach Tirol abzusetzen. In seinem Bericht an das Direktorium vom 1. Juni 1796 konstatierte Bonaparte: «Damit sind die Österreicher vollständig aus Italien vertrieben! Unsere Vorposten befinden sich auf den Bergen Deutschlands.»[68] Bonaparte verwirklichte damit in weniger als zwei Monaten jenen Plan, den er seit mehr als zwei Jahren propagiert hatte. Dieser Triumph wurde allein von der Festung Mantua beeinträchtigt, die noch immer ihren Belagerern standhielt. Zu befürchten war, dass die Österreicher über kurz oder lang versuchen würden, diese Festung zu entsetzen. Es war mithin ein Gebot der Klugheit, Verona zu okkupieren, das den Ausgang des Etschtals kontrollierte. Dass Verona zum Gebiet der Republik Venedig gehörte, einer neutralen Macht, brachte Bonaparte nicht in Verlegenheit. Venedig, das längst den Zenit seiner Macht überschritten hatte und sich nicht wehren konnte, musste sich zähneknirschend in dieses *fait accompli* fügen.[69]

Als Bonaparte am 3. Juni in Verona einzog, schien er alle hochgespannten Ziele erreicht zu haben: Die Österreicher waren aus Norditalien vertrieben, das Direktorium hatte sich seinem Willen gebeugt, die Lombardei war befriedet. Doch der zweite Akt des italienischen Feldzugs sollte mehr Zeit und Kraft kosten als der Blitzkrieg des ersten.

FÜNFTES KAPITEL

Proconsul per Italiam

Bonapartes Einzug in Verona markierte auch einen Schlusspunkt seiner eigenen Ambitionen. Das Direktorium ließ ihn wissen: Bis hierhin und nicht weiter. Kein Gedanke daran, die abziehenden Österreicher nach Tirol zu verfolgen und dann nach Bayern vorzustoßen. In drei Schreiben vom 7., 18. und 21. Mai 1796 hatten die Direktoren ihn gemahnt, ihren Auftrag endlich zu erfüllen und sich nach Mittelitalien zu wenden.[1] Bonaparte hatte keine Ausrede mehr, sich dieser Weisung zu entziehen, zumal auch der Köder Venedig verschmäht wurde. Trotzdem ließ er das Direktorium am 15. Juni 1796 nicht im Unklaren über seine Verbitterung: «Denken Sie an die Italienarmee; schicken Sie ihr Männer und noch mehr Männer. Würde dies dem allgemeinen Feldzugsplan entsprechen, dann stünde ich an der Donau; aber jetzt werde ich nicht vor sechs Wochen dort sein.»[2] Nein, jetzt musste er den Part des uniformierten Räubers spielen, den das Direktorium ihm zugedacht hatte. Ein solcher Auftrag widerstrebte ihm keineswegs aus moralischen Rücksichten; er erschien ihm nur politisch und strategisch als höchst überflüssige Diversion. Das war der Preis für seine beschränkte Handlungsvollmacht. Masséna überwachte die Stellungen an der Etsch, während Bonaparte sich über Mailand nach Florenz begab.

Er schickte sich an, die Wünsche des Direktoriums pro forma zu erfüllen, war aber längst entschlossen, dies nur nach seinen eigenen Vorstellungen zu tun. Die von der Revolution unverstandene, deshalb aber umso mehr verachtete – und zugleich gefürchtete – Römische Kirche lebte jenseits der Alpen noch als sehr vitale Kraft – und ihr Einfluss reichte weit. Bonaparte betrachtete die Kirche als einen Machtfaktor, mit dem jeder rechnen musste, der in Italien auf Dauer Fuß zu fassen suchte. Von dieser Überlegung ließ er sich bei seinen Verhandlungen leiten, nicht von religiöser Überzeugung oder Scheu. Seine Sprache verrät viel. In den Berichten an das Direktorium bediente er sich zwar jener abfälligen Wertungen, mit denen Paris den Heiligen Stuhl bedachte, in seiner Korrespondenz mit dessen Vertretern aber war er nicht nur voller Respekt, sondern gab auch eine gewisse Empathie zu erkennen.

Des römischen Auftrags wollte er sich nach dem Vorbild seines Umgangs mit dem Königreich Sardinien-Piemont entledigen: So wie er es vermieden hatte, den sardischen König durch einen Einmarsch in Turin zu demütigen und ihn um den Preis wohlwollender Neutralität im scheinbaren Besitz seiner uneingeschränkten Souveränität beließ, wollte er es auch mit dem Papst halten. Rom würde er nicht betreten und damit auch nicht an die weltliche oder gar die spirituelle Macht des Papstes rühren, wie dies der antiklerikale Hitzkopf Larévellière-Lépeaux immer wieder forderte. Gleichwohl aber sollten dem Heiligen Stuhl Bedingungen diktiert werden, mit denen sich die Beutegier des Direktoriums befriedigen ließ. Abzusehen war, dass er mit dieser Vorsicht nicht bei allen Direktoren auf Zustimmung stoßen würde, doch dank der Kontributionen, die er dem Papst um den Preis abnötigte, ihn nicht weiter zu behelligen, würde man die Erregung in Paris schon dämpfen können. Mit ernsthaften Konsequenzen war also nicht zu rechnen, schließlich war er auch unentbehrlich. Überdies konnte er sicher sein, dass Österreich in der Zwischenzeit mit einer neuen Armee nach Oberitalien vorrückte, um das verlorene Terrain zurückzuerobern und die Festung Mantua aus dem Klammergriff ihrer Belagerer zu befreien. Dieser Gefahr konnte nur *er* die Stirn bieten. Vielversprechender aber war die Aussicht, dass er – wäre die römische Angelegenheit erst einmal in seinem Sinne vom Direktorium ratifiziert – die längste Zeit Prokurist der Direktoren gewesen wäre; dann verfügte er über unbeschränkte Handlungsvollmacht. Ein Erfolg seiner Politik gegenüber dem Heiligen Stuhl verschaffte ihm das Proconsulat über Italien.

Man kommt nicht umhin, die machiavellistische Gerissenheit des noch nicht einmal 27-Jährigen zu bewundern. Der französische Botschafter in Florenz, der Residenz des Großherzogtums Toskana, war Bonaparte am 3. Juni 1796 in Mailand begegnet: «Sein Aussehen überraschte mich zutiefst. Nichts wich mehr von der Vorstellung ab, die ich mir von ihm gemacht hatte. Inmitten eines zahlreichen Generalstabes gewahrte ich einen kleinwüchsigen Mann, der sehr mager war. Seine gepuderten Haare, die auf eine sehr eigenwillige Weise geschnitten waren und die seine Ohren frei ließen, fielen bis auf seine Schultern herab. Er steckte in einem knapp geschnittenen und bis oben hinauf zugeknöpften Kostüm, das mit einer schmalen, sehr geraden Goldborte geschmückt war, dazu trug er einen Hut mit einer dreifarbigen Feder. Im ersten Augenblick schien mir die Figur keineswegs schön zu sein, aber seine ausgeprägten Gesichtszüge, ein waches und durchdringendes Auge, eine lebhafte und brüske Gestik ließen eine glühende Seele, die große und nachdenkliche Stirn einen profunden Denker erahnen. Er forderte dazu auf, mich zu ihm zu setzen und wir sprachen über Italien. Seine Sätze waren kurz und seine Sprache, damals jedenfalls, strotzte von Fehlern. Er sagte mir, dass die Angelegenheit so lange nicht zu Ende gebracht sei, wie Mantua noch nicht eingenommen wäre; erst dann könne man sich als Meister von Italien wähnen; eine Belagerung sei schwierig und würde lange dauern; auch sei man noch gar nicht wirklich imstande, diese zu beginnen, weshalb man sich augenblicklich damit bescheiden müsse, den Platz lediglich einzuschnüren; auch hege er keinerlei Zweifel, dass Österreich eine weitere Armee aufstellen werde, um diese so wichtige Festung zu entsetzen, das jedoch bräuchte seine Zeit; das bringe ihm folglich einen Monat Ruhe, den er dazu nützen wolle, um ins Herz Italiens vorzurücken und sich dessen zu bemächtigen, um von dieser Seite Ruhe zu haben, wenn der Krieg in Oberitalien erneut begänne.»[3]

Unmittelbar nach dieser Unterredung brach Bonaparte nach Florenz auf. Sein Weg führte ihn über Tortona, Modena, Bologna weiter nach Livorno, ehe er am 30. Juni 1796 in der Hauptstadt des Großherzogtums Toskana eintraf. Bereits in Bologna, ebenso wie Ferrara eine päpstliche Exklave, die von einem Legaten im Rang eines Kardinals verwaltet wurde, schien sich für ihn der Zweck der Reise zu erfüllen,[4] denn er konnte dem Direktorium mitteilen: «Um den Römischen Hof zu erschüttern und ihn verspüren zu lassen, dass seine Zauberkraft, die er auf das Volk ausübt, für uns keinerlei Wirkung hat, habe ich den Senat (von Bologna, J.W.) dazu ermächtigt, alle Gesetze Roms, die seine Freiheit beeinträchtigen, für null und nichtig und als nie geschehen zu erklären. Das verschafft diesem Land hier große Freude, weshalb es sich auf Rom umso nachdrücklicher auswirkt. Überdies eröffnet es Ihnen die Möglichkeit, nach einem Friedensschluss, mit diesem Land so zu verfahren, wie es Ihnen gut dünkt.»[5] Das entsprach jedoch keineswegs den Absichten seiner Auftraggeber; deren Sinn stand nur auf Beute und man wollte nicht die politischen Verhältnisse in Italien verändern.

Als Bonaparte seinen Bericht schrieb, war er sich des Erfolgs *seiner* Politik jedoch schon sehr viel sicherer. Bereits am 6. Juni war er in Mailand mit José Nicolas de Azara, dem spanischen Gesandten am Heiligen Stuhl, zusammengetroffen, der im Auftrag Pius VI. seine Forderungen sondieren sollte. An Vorwänden, gegen Rom vorzugehen, herrschte bei den Franzosen kein Mangel, denn der Papst hatte seine Gegnerschaft gegenüber der Revolution in verschiedenen Bullen und Deklarationen deutlich bekundet. Außerdem war der zum Kirchenstaat gehörende Hafen von Ancona ein wichtiger Umschlagplatz für den englischen Mittelmeerhandel. Pius VI. wusste nur zu gut, dass er *manu militari* Bonaparte nichts entgegensetzen konnte, deshalb ließ er durch Azara seine Bereitschaft zu Verhandlungen übermitteln. Die Isolation des Papstes wurde unübersehbar, als Bonaparte am 5. Juni in Brescia auch mit Neapel einen Waffenstillstand schloss. Zwar ließen sich dem Königreich beider Sizilien keine Kontributionen abpressen, aber es verpflichtete sich, seine Kavallerie, die bislang auf der Seite Österreichs gekämpft hatte, für die Dauer des Konflikts zu neutralisieren.[6] Damit war Bonapartes Erfolgsgewissheit so gestärkt, dass er dem Direktorium am 7. Juni 1796 schrieb: «Aufgrund dieses Waffenstillstands mit Neapel sind wir ohne weiteres in der Lage, Rom alle Bedingungen zu diktieren, die uns zusagen. Bereits jetzt ist der Hof von Rom damit befasst, eine Bulle auszufertigen, die jene verdammt, die in Frankreich unter dem Vorwand der Religion den Bürgerkrieg predigen.» Die Unterredungen mit Azara hätten ihm außerdem den Eindruck vermittelt, Rom biete als Gegenleistung für einen Waffenstillstand Kontributionen an. Ihre Höhe schätzte Bonaparte auf 30 Millionen, hinzu kämen dreihundert ausgewählte Kunstwerke.[7] Der Optimismus war weit übertrieben, denn weder war im Gespräch mit Azara von irgendwelchen Kontributionen die Rede gewesen, noch gar von einer Bulle. Über diese Frage wurde erst bei den Verhandlungen gesprochen, die Bonaparte am 21. und 22. Juni mit Vertretern des Heiligen Stuhls in Bologna führte. Tatsächlich kam es dort zum Abschluss eines Waffenstillstandsabkommens, das freilich in wichtigen Punkten nicht den Erwartungen des Direktoriums entsprach: Der Papst verpflichtete sich zwar zu Tributzahlungen im Wert von insgesamt 20,5 Millionen und der Übergabe von 100 Kunstwerken und 500 Manuskripten. Von jener päpstlichen Bulle aber, die entscheidend dazu hätte beitragen können, den noch immer fragilen inneren Frieden in Frankreich zu festigen und die deshalb dem Direktorium kaum weniger bedeutsam gewesen wäre als alle Geld- und Sachleistungen, war nicht mehr die Rede.[8] Man verbarg in Paris die Enttäuschung über dieses Ergebnis in der Hoffnung, neue Erfolge auf dem italienischen Kriegsschauplatz könnten eine bessere Verhandlungsgrundlage schaffen. Diese Mäßigung war durchaus angeraten: In seinem dritten Schreiben vom 21. Juni hatte Bonaparte bereits auf die Gefahren aufmerksam gemacht, die von Österreich drohten, wenn der Kaiser frische Truppen nach Norditalien entsende.[9] Unmittelbar nach Abschluss der Unterhandlungen verließ Bonaparte Florenz. Von Bologna aus berichtete er den Direktoren am 2. Juli: «Eine befriedigendere Situation anzutreffen, ist kaum vorstellbar. Sie (die Einwohner der päpstlichen Legationen, J.W.) lieben uns mit Begeisterung, zahlen bereitwilligst die Kontributionen und hassen den Papst mit Inbrunst. (...) Aus Bologna, Ferrara und der Romagna ließe sich ohne jede größere Anstrengung und Mühe eine *aristokratisch-demokratische* Republik bauen, die sie gemäß ihrer

Rechtsbräuche und Gewohnheiten organisierten, und die 1. über zwei Häfen an der Adria verfügte, die es mit Venedig aufnehmen können, und die 2. die Macht des Papstes beseitigte sowie auf längere Sicht Rom und die Toskana auf die Seite der Freiheit zöge.»[10]

Mit anderen Worten: Er skizzierte damit die künftige Geschäftspolitik, die entgegen den Vorstellungen des Direktoriums Frankreich die Rolle einer Protektoratsmacht in Italien verschaffte. Eine solche Entwicklung stand zwar noch in weitem Feld, aber Bonaparte hatte damit abermals die von ihm favorisierte Lösung deutlich gemacht. Das Direktorium sah sich deshalb veranlasst, Botschafter Miot die Frage vorzulegen, «ob es der Französischen Republik möglich und von Nutzen sei, Italien zu republikanisieren?» Die Antwort war eindeutig: Eine «Revolutionierung» Italiens sei völlig unmöglich. Versuchte man sie dennoch, hätte dies fürchterliche Folgen. Stattdessen riet Miot dem Direktorium, seine Politik für Italien deutlich zu machen und vor allem zu erklären, dass nach einem Friedensschluss die eroberten Provinzen ihren früheren Herren nicht mehr zurückgegeben würden. Das wäre die Vorbedingung für eine eigene staatliche Organisation, die freilich für längere Zeit des militärischen Schutzes Frankreichs bedürfe – eine Lösung überdies, die den französischen Interessen vollkommen entspräche.[11]

Bonaparte hingegen musste zunächst anderen, ihm im Augenblick sicher wichtigeren Aufgaben genügen: Als er am 13. Juli wieder in Mailand anlangte, war endlich die ungetreue Joséphine eingetroffen. Dieses Glücks konnte er sich aber nur bis zum 17. Juli erfreuen, denn unterdessen hatte sich die Gefahr, die er in Florenz dem Direktorium vor Augen geführt hatte, konkretisiert: Der österreichische Feldmarschall Wurmser sammelte in Tirol eine Armee von 50000 Mann, die spätestens Ende Juli aus den Alpentälern beiderseits des Gardasees in die Lombardische Ebene einfallen würden. Brescia war bereits von einer der österreichischen Marschsäulen, die Quasdanovitch kommandierte, erobert worden und Masséna wurde von Wurmser hinter den Mincio zurückgedrängt. In dieser kritischen Situation hob Bonaparte die Belagerung der Festung Mantua auf, um sich mit geballter Truppenmacht auf eine der zwei angreifenden Marschsäulen zu stürzen, ehe sie sich vereinigen konnten. Zuerst wurde Quasdanovitchs Corps am 3. August 1796 bei Castiglione und weiter südlich bei Lonato zerstreut und bis ans Nordende des Gardasees zurückgeworfen. Drei Tage später, am 6. August, ereilte Wurmser dasselbe Schicksal bei Castiglione, der sich danach wieder nach Tirol zurückzog. Aus dem Urteil Carnots, der gegenüber dem preußischen Botschafter bemerkte: «Unsere Siege sind großartig, dennoch haben sie nur wenig bewirkt»[12] sprach kühler Realismus. Die Siege bei Lonato und Castiglione verschafften Bonaparte in der Tat nur eine Verschnaufpause. Doch ironischerweise waren es gerade diese Siege ohne wirkliche Entscheidung, die Bonapartes endgültigen Triumph über das Direktorium besiegelten, denn die Siegesnachricht traf in Paris gerade in dem Moment ein, da man von Bonapartes insgesamt enttäuschendem Verhandlungsergebnis mit dem Heiligen Stuhl Kenntnis bekommen hatte. Das scheint Carnot ausgenutzt zu haben, um am 18. August dem Direktorium vorzuschlagen, Bonaparte in Norditalien durch Kellermann zu ersetzen.[13] Wahrscheinlich war es sogar Bonaparte selbst, der Carnots Vorstoß mit dem Schreiben aus Verona vom 9. August 1796 provoziert hatte:

«Hier herrscht eine furchtbare Hitze, meine Gesundheit ist geschwächt. Sollte es in Frankreich einen einzigen lauteren und vertrauenswürdigen Mann geben, der meinen politischen Absichten misstrauen könnte und der berechtigte Zweifel an meinem Vorgehen hegte, dann werde ich sofort auf das Glück verzichten, meinem Vaterland zu dienen. Drei oder vier Monate in der Abgeschiedenheit werden jeglichen Neid beruhigen, meine Gesundheit wiederherstellen und mich überdies in Stand setzen, mit noch größerem Erfolg Aufgaben zu übernehmen, die mir das Vertrauen der Regierung übertragen könnte. Nur weil ich zur rechten Zeit Paris verlassen habe, konnte ich der Republik große Dienste erweisen. Wenn der Augenblick gekommen sein sollte, dann nur, indem ich mich erneut rechtzeitig von der Italienarmee verabschiede, damit ich den Rest meines Lebens für die Verteidigung der Republik aufopfern kann.»[14]

Dieser Brief war viel zu sehr *à propos*, um seinem vorgeblichen Zweck zu genügen. Bonaparte konnte sich ausmalen, dass das Verhandlungsergebnis mit dem Papst das Direktorium enttäuscht hatte. Und diese Enttäuschung mochte den Blick für seine anderen Eigenmächtigkeiten schärfen. Da erschien es das Klügste, sich selbst zur Disposition zu stellen und die durchaus bezweifelbare Selbstlosigkeit seines Handelns damit in ein besseres Licht zu rücken. Ein wohlfeiles Angebot, denn angesichts der unmittelbar bevorstehenden österreichischen Offensive musste Bonaparte keineswegs damit rechnen, dass man es akzeptiere. Carnot jedoch, der im Direktorium Bonaparte am besten kannte, seinen Ehrgeiz durchschaute und in seinen Eigenmächtigkeiten die heimliche Neigung ahnte, eines Tages alle Macht an sich zu reißen – Carnot sah sich durch dieses Schreiben in seinem Urteil bestätigt. Doch sein Vorstoß, Bonaparte durch Kellermann zu ersetzen, war vergeblich. Die wachsende Abhängigkeit von Bonapartes Erfolgen, von dem pünktlichen Zustrom der Beute – selbst die Pferde, mit denen sie ihre Staatskarossen bespannten, schickte er ihnen aus Italien – hatte die anderen

Direktoren blind gemacht für die Gefahren, die von dem kleinwüchsigen General ausgingen. Carnot scheiterte daran, und das Direktorium stellte sich so das Todesurteil aus, das Bonaparte drei Jahre später vollstrecken sollte.

Ende August formierte sich auf dem norditalienischen Schauplatz die zweite österreichische Angriffswelle, der sich Bonaparte so rasch wie möglich entgegenwerfen musste, um die Vereinigung der getrennt marschierenden feindlichen Armeecorps zu vereiteln. Zunächst griff Napoleon Davidovitch an und schlug ihn am 4. September bei Rovereto. Dann wandte er sich dem Hauptcorps unter Wurmser zu, der nach Mantua vorgestoßen war. Bei Bassano schnitt Bonaparte ihm am 8. September den Rückzugsweg nach Tirol ab. So blieb dem österreichischen Heerführer keine andere Wahl, als sich mit einigen tausend Mann in die Festung Mantua zu flüchten in der Hoffnung, dass ihn eine dritte österreichische Armee alsbald aus dieser misslichen Lage befreien würde.

Die Aussichten dafür waren umso besser, als die von Moreau und Joubert in Süddeutschland vorgetragenen Angriffe von Erzherzog Karl erfolgreich zurückgeschlagen wurden, Österreich also Truppen von hier nach Italien verlegen konnte. Das brachte Bonaparte in eine höchst gefährliche Lage, denn das Direktorium schickte ihm nur wenige Bataillone an Verstärkung. Mit lediglich 24000 Mann war er der österreichischen Armee unter Feldmarschall Alvinczy mit 48000 Soldaten weit unterlegen.[15] Der Vormarsch der Österreicher begann am 1. November 1796. Bonapartes verzweifelter Versuch, sie aufzuhalten, scheiterte am 12. November bei Caldiero. Diese erste wirkliche Niederlage zwang ihn zu einem ebenso kühnen wie aberwitzigen Manöver: Er zog sich auf Verona zurück, um, von dort bei Nacht und Regen am 14. November aufbrechend, weiter südlich bei Ronco über die Etsch zu gehen und die Österreicher im Marschland des Alpone bei Arcole in der Flanke anzugreifen. Diese konfuse, drei Tage, vom 15. bis 17. November dauernde und für beide Seiten sehr verlustreiche Schlacht, die Bonaparte nur deshalb als Sieg verbuchen konnte, weil Alvinczy schließlich die Nerven verlor und zum Rückzug blasen ließ, wurde von der französischen Propaganda zum großen Sieg umgemünzt.[16] (Siehe Karte 3)

In Arcole wurde die Legende von Lodi zur Wirklichkeit: Nachdem die Division Augereau zweimal gescheitert war, die Brücke über das Flüsschen Alpone im Sturmangriff zu nehmen, führte Bonaparte, eine Trikolore in den Händen, den dritten, gleichermaßen erfolglosen Angriff an. Was ihn vor dem sicheren Schlachtentod bewahrte, war nicht nur die Aufopferung seines Freundes Muiron, der Bonaparte mit seinem Körper deckte und auf der Brücke von Arcole wie rund tausend weitere französische Soldaten sein Leben ließ, sondern auch der Umstand, dass der Oberbefehlshaber etwa in der Brückenmitte in das sumpfige Marschland stürzte, aus dem ihn seine Adjutanten mit Mühe herauszogen.[17] Arcole war eine weitere Schlacht, die Bonaparte in seinem Bericht an das Direktorium in einen großen, wenn nicht gar entscheidenden Sieg umzudeuten suchte.[18] Doch diese Schlacht verlängerte nur den Krieg. Vor allem Carnot durchschaute, dass Arcole keineswegs der großartige Triumph war, wie Bonaparte glauben machen wollte. Deshalb schien es jetzt ratsam, mit Österreich so schnell wie möglich Frieden zu schließen. Dann konnte man Italien, das nach besten Kräften ausgeplündert und von dem nicht mehr viel zu erwarten war, sich selbst überlassen. So durchkreuzte man auch alle Pläne Bonapartes, die eroberten Territorien politisch zu organisieren.

Erst im Juli 1796 begann man im Direktorium, Überlegungen anzustellen, was mit diesen Territorien künftig geschehen solle. Bonaparte hatte dazu längst sehr konkrete Vorstellungen, denen man sich in Paris wohl oder übel zu fügen hatte. Lästig fallen konnten allein die Zivilkommissare des Direktoriums. Sie sollten die jeweiligen Armeeführer politisch überwachen. Wichtig war ihnen vor allem aber, die methodische Ausbeutung der eroberten Gebiete zu gewährleisten. Das zwang die Kommissare zu erheblichem Opportunismus gegenüber den Entscheidungen der Armeeführung. Dieses Dilemma sollte sich Bonaparte zunutze machen, wie er in einer Unterredung mit Miot am 5. Juni 1796 unumwunden zugab: «Ach, die Kommissare des Direktoriums haben sich nicht in meine Politik einzumischen; sie sollen sich, zumindestens im Augenblick, mit der Verwaltung der Einnahmen befassen, während sie alles weitere nichts angeht. Ich rechne außerdem darauf, dass sie nicht mehr für lange ihr Amt haben werden und dass man mir auch keine neuen schickt.»[19]

Freilich ging nicht alles nach seinen Wünschen. Was ihn erbitterte, aber nicht entmutigte, war der offensichtliche Widerwille, ja die Unfähigkeit der «Befreiten», sich politisch selbst zu organisieren. Doch sein triumphaler Einzug in Mailand weckte erste Erwartungen, die Anfang Juli zur Gewissheit wurden, als die päpstlichen Legationen von Bologna, Ferrara und der Romagna ihn mit stürmischem Jubel empfingen. Zuvor hatte sich auch in Mailand und der Lombardei der Wille zur politischen Selbstorganisation zu regen begonnen, auch von der Hoffnung beflügelt, so am ehesten der drückenden Last der Kontributionen entrinnen zu können. Wie dem auch sein mochte, Bonaparte ermunterte diese Bestrebungen tatkräftig, während die «befreiten» Gebiete für das Direktorium nach wie vor nichts anderes als bequeme Beute waren.

Deshalb ließ man Bonaparte so lange unbehelligt agieren. Sein Eifer, die Wahl seiner Worte, sein durch die militärischen Erfolge gefestigtes Selbstbewusstsein weckten zwar ein diffuses Misstrauen, das aber zu keinem konkreten Verdacht gerann. Die halbherzigen Versuche, ihn zurückzustutzen, für die Joséphine herhalten musste, scheiterten ebenso wie der zaghafte Versuch, ihn zu entmachten. So ließ man ihn einfach gewähren und tröstete sich im Stillen damit, dass die Versprechungen und Anordnungen des Generals vom Direktorium lediglich geduldet, aber nie sanktioniert wurden. Kurz, sollte es zu Friedensverhandlungen mit Österreich kommen, war Italien nicht mehr als eine Verhandlungsmasse, über die man nach Belieben disponieren konnte. Politische Fakten, die Bonaparte zu schaffen suchte, wären dann null und nichtig. Insofern waren die Friedensfühler, die Paris jetzt nach Wien ausstreckte, ein weiterer Versuch, dem allzu erfolgreichen General das Wasser abzugraben: Als Preis für Österreichs Anerkennung der «natürlichen Grenzen» Frankreichs am Rhein und in den Alpen – die Abtretung also der vormals habsburgischen Niederlande, die dieser Friedensschluss ratifizieren sollte – war die Wiederherstellung des territorialen und politischen Status quo ante in Italien vorgesehen. Mailand und die Lombardei würden damit wieder an Wien fallen. Diese Option war der Dreh- und Angelpunkt eines außenpolitischen Konzepts, das alle Bestrebungen einer politischen Selbstorganisation in den eroberten Territorien verwarf. Das war der Kern eines Memorandums, das der Außenminister des Direktoriums, Delacroix, unter dem Titel *Projets d'arrangement en Italie* am 25. Juli 1796 den Direktoren vorlegte. Es fand ihre Billigung.[20]

Doch bevor das Direktorium sich auf diese Linie festgelegt hatte, verfolgte Bonaparte längst seine eigenen Vorstellungen. Kaum war er mit Miot am 3. Juni das erste Mal in Mailand zusammengetroffen, fungierte dieser bereits als sein Sprachrohr gegenüber dem Direktorium und sandte diesem einen Tag später gleichsam die Blaupause eines Programms, das Bonaparte Punkt für Punkt erfüllen sollte: die selbstständige politische Organisation der Lombardei, Vertreibung Österreichs aus Norditalien, Gründung einer Republik auf dem Territorium der päpstlichen Legationen, Beherrschung des Papstes, ohne jedoch dessen Macht zu zerstören, sowie Kontributionszahlungen von Neapel, Genua, der Toskana und Venedig.[21] Sobald Bonaparte Ende Juni die päpstlichen Legationen «befreit» hatte, berief er provisorische Regierungen und ermunterte sie, eine Delegation nach Paris zu entsenden, damit ihnen das Direktorium die Gründung einer Republik und die Selbstbestimmung gewähre.[22] Den Abgesandten von Bologna gab Napoleon ein Empfehlungsschreiben an Carnot mit, das er ebenfalls am 2. Juli 1796 ausfertigte. Darin verwies er auf sein Schreiben vom gleichen Tag an das Direktorium und verknüpfte damit die eines Tartuffe würdige Bemerkung: «Ich weiß sehr gut, dass diese kleinen Berechnungen den großen Überlegungen untergeordnet sind».[23]

Während sich in den Legationen, wie auch in den Territorien südlich des Po, die Dinge rasch in seinem Sinne entwickelten, ließ sich vergleichbares weder in Mailand noch in der Lombardei erkennen. Hier schien es ihm unumgänglich, dem «patriotischen» Elan auf die Sprünge zu helfen. An jenem 9. August 1796, da er Carnot mitgeteilt hatte, wie erschöpft er sei, richtete er eine einschlägige Adresse an die Bürgerschaft von Mailand. Am 6. September 1796 teilte er dem Direktorium lapidar mit, es erscheine ihm notwendig, drei Bataillone aus Mailänder Bürgern zu bilden, die bei der Belagerung der Festung Mantua eingesetzt werden sollten. General Baraguey-d'Hilliers befahl er am 12. September, für die Bewachung der österreichischen Kriegsgefangenen «provisoirement» 300 Mann der Mailänder Bürgerwehr abzustellen. Da diese Praxis beim Direktorium auf keinerlei Protest stieß, sammelte Bonaparte Ende September eine «Légion lombarde». Davon unterrichtete er seine Vorgesetzten am 2. Oktober, bat aber bezeichnenderweise nicht um deren Zustimmung.[24]

Bonapartes Eigenmächtigkeiten verraten ein System, dessen Logik er am 9. Oktober 1796 unmissverständlich andeutete: «In Italien wird alles falsch gemacht. Das Prestige unserer Streitkräfte ist im Schwinden begriffen. Das wird uns teuer zu stehen kommen. Ich halte es deshalb für sehr dringend geboten, dass Sie die Situation Ihrer Armee in Italien bedenken, dass Sie sich zu einem System entschließen, das uns Freunde zu verschaffen verspricht sowohl auf Seiten der Fürsten, wie auf Seiten der Völker. Verringern Sie die Zahl Ihrer Feinde. Der Einfluss Roms ist unberechenbar. Es war ein Fehler, sich mit dieser Macht zu verfeinden. Alles das wird ihr zum Vorteil ausschlagen. Wenn ich dazu befragt worden wäre, dann hätte ich die Verhandlungen mit Rom vertagt, ebenso wie die mit Genua und Venedig. Jedesmal, wenn Ihr General in Italien nicht der Mittelpunkt von allem ist, laufen Sie große Gefahren. Man unterstelle mir jetzt aber nicht Ehrgeiz, wenn ich dies sage. Meine Ehrbegriffe sind dafür viel zu ausgeprägt und meine Gesundheit ist derart angegriffen, dass ich mich verpflichtet fühle, Sie um einen Nachfolger für mich zu bitten. Ich kann kein Pferd mehr besteigen. Was mir noch bleibt, ist der Mut, der aber nicht ausreicht, um einen Posten auszufüllen, wie ich ihn innehabe.»[25]

Dieser Brief enthielt zunächst eine Lageanalyse: Das Besatzungsregime bei gleichzeitiger Fortsetzung der offensiven Operationen musste die verhältnismäßig schwachen französischen Kräfte auf die Dauer überfordern. Deshalb galt es unverzüglich, für die eroberten Gebiete eine politische Selbstverwaltung auf republikanischer Grundlage zu entwickeln, über die allerdings der französische Oberbefehlshaber die politische Kontrolle ausüben sollte. Das war, nach Lage der Dinge, ein Gebot der Vernunft. Andererseits konnte sich Bonaparte damit seine lang gehegte Ambition erfüllen: Was er einforderte, war nichts anderes als das Proconsulat für Italien. Diese Forderung verknüpfte Bonaparte mit einem Ultimatum, denn anders sind die Hinweise auf seinen schlechten Gesundheitszustand nicht zu verstehen. Nur das geforderte Proconsulat vermochte ihn wiederherzustellen. Verweigerte man ihm dies, dann musste schleunigst ein Nachfolger gefunden werden.

Bonaparte hatte längst seine Technik im Umgang mit dem Direktorium entwickelt. Deshalb folgte diesem Ultimatum zwei Tage später ein weiteres Schreiben in geradezu kollegialem Ton, sozusagen proconsularisch:

«Die Affäre von Modena, Bürger Direktoren, ist vollkommen geglückt. Dieses Land ist zufrieden und glücklich darüber, dass es sich vom Joch befreit hat, das auf ihm lag. Die Patrioten sind zahlreich und halten die entscheidenden Plätze besetzt. Beigefügt finden Sie einige Flugschriften und Drucksachen, die Sie über die Wendung informieren werden, die ich der öffentlichen Meinung gegeben habe, um Fanatismus gegen Fanatismus zu mobilisieren und um uns Völker zu Freunden zu machen, die sonst unsere erbitterten Feinde würden. – Sie finden beigeschlossen auch die Organisation der *légion lombarde*. Die Nationalfarben, die sie gewählt haben, sind grün, weiß und rot. Unter den Offizieren dieser Legion sind viele Franzosen. Die anderen sind italienische Offiziere, die seit mehreren Jahren mit uns in der *Armée d'Italie* gekämpft haben. (...) Ebenfalls beigefügt finden Sie einen Entwurf für die Organisation, die ich der ersten *légion italienne* geben möchte. Ich habe deshalb an die Regierungskommissare geschrieben, damit sie die Regierungen von Bologna, Modena, Reggio und Ferrara dazu auffordern, sich zu einem Kongress zu versammeln. Der wird am 23. (Vendémiaire: 14. Oktober, J.W.) tagen. Ich vergesse nichts, was geeignet erscheint, dieser großen Bevölkerung Tatkraft einzuflößen und deren Meinungen zu unseren Gunsten zu beeinflussen.»[26]

Die Tendenz dieses Schreibens, in dem er sich auch anheischig machte, die Politik Frankreichs gegenüber den unabhängigen Staaten Sardinien, Genua, Venedig und Neapel zu bestimmen, ließ an Deutlichkeit nichts zu wünschen übrig. Sardinien und Genua, heißt es da, sollten durch Allianzverträge an Frankreich gebunden werden. Er macht sogar den Vorschlag, diese Bündnisse auf eigene Faust auszuhandeln. Paris solle sich nicht unterstehen, sich in *seine* Italienpolitik einzumischen. Es kommt noch besser: Bonaparte und Reubell, der für Außenpolitik zuständige Direktor, traten nun in einen Wettstreit ein, wer als Erster die Allianzverträge zustande brächte! Zwar gelang es Paris, dieses Spiel für sich zu entscheiden,[27] aber das sagte nichts über den Ausgang der Partie.

Das Direktorium wollte mit ihr zu einem schnellen Ende kommen und damit die Gestaltung der italienischen Politik entschlossen in die eigenen Hände nehmen. So wurde General Clarke beauftragt, in Wien Verhandlungen über einen Waffenstillstand anzuknüpfen.[28] Das war zwar ein guter Schachzug, nur war Clarke der falsche Mann, ihn auszuführen. Sieht man davon ab, dass Österreich durch die zahlreichen Niederlagen in Oberitalien in seinem Stolz viel zu gekränkt war, um einen Frieden zu schließen, den man in Europa nur als Zeichen einer längst vermuteten inneren Schwäche betrachten würde, beging das Direktorium einen zweiten großen Fehler: Clarke sollte sich mit Bonaparte über seine Mission beraten. Der aber erkannte sofort, dass Clarkes Mission darauf zielte, ihn um die Früchte seines politischen Ehrgeizes zu bringen. Handelte dieser Schreibtischgeneral aus dem «Bureau topographique» einen Frieden mit Österreich aus, dann musste hinter diesem Erfolg sein Ruhm verblassen. Alle Siege, alle Gefahren und Entbehrungen, alle Mühen, die eroberten Gebiete politisch zu organisieren und an Frankreich zu binden, wären umsonst gewesen.

Für Bonaparte stand fest: Clarkes Mission musste bereits in Mailand scheitern. Sein Ziel, zum Greifen nah, bedurfte wahrscheinlich nur noch einer Anstrengung, eines einzigen entscheidenden Sieges über die Österreicher. Mantua würde endlich fallen, dieser Stachel in seinem Fleisch. Die Belagerung der Festung dauerte noch immer an, und sie war für Wien eine ständige Herausforderung, sich aller Niederlagen zum Trotz noch nicht mit dem Verlust Norditaliens abzufinden. Er, der die Siege erfochten und damit den Weg bereitet hatte, wollte auch derjenige sein, der den Frieden stiftete. Die Aureole des Schlachtensiegers sollte um die des Friedensbringers gemehrt werden. Dann, so konnte er sich ausmalen, lägen ihm Paris, Frankreich, die Republik zu Füßen. Die Macht in Paris auf den Schlachtfeldern Norditaliens zu erobern, wäre sein schönstes, sein gelungenstes «manœuvre par les derrières».

Den lästigen Konkurrenten Clarke zu neutralisieren, fiel Bonaparte wesentlich leichter als erwartet, zumal ihm zwei Bundesgenossen beistanden, mit denen er nicht hatte rechnen können: Österreich und das Direktorium. Österreich weigerte sich ganz einfach, einen Bevollmächtigten aus Paris in Wien zu empfangen. Stattdessen wurde ihm bedeutet, mit dem österreichischen Botschafter in Turin in Verbindung zu treten.[29] Dazu kam, dass die Direktoren ihm zur Auflage machten, Bonaparte jeweils über den Fortgang seiner Verhandlungen zu informieren, «um weder etwas vorzuschlagen, noch irgendwelche Forderungen zu erheben, ohne sich zuvor versichert zu haben, dass diese im Einklang mit den Interessen der Republik und der Sicherheit seiner Armee stehen.»[30] Das musste Bonaparte geradezu entzücken, denn diese Auflage war in seinen Augen nichts anderes als die erste förmliche Anerkennung seines Proconsulats durch das Direktorium. In Paris hingegen begriff man nicht, dass man damit die eigene Initiative paralysierte. General Clarke traf am 29. November 1796 zum ersten Mal mit Bonaparte in Mailand zusammen. Bei dieser Gelegenheit wird ihm der Armeebefehlshaber all jene Gründe genannt haben, die nach seiner Ansicht zum augenblicklichen Zeitpunkt gegen einen Waffenstillstand oder gar einen Friedensschluss mit Österreich sprachen. Diese Gründe unterbreitete er auch dem Direktorium am 6. Dezember in einem längeren Memorandum. Sein Hauptargument war die Einnahme Mantuas. Bliebe die Festung in Händen Österreichs, werde Wien nie der französischen Rheingrenze zustimmen. Nur dieses Faustpfand könne auch den Papst zu einer entgegenkommenden Haltung gegenüber der Republik veranlassen.[31]

Bonapartes Argumente verfehlten weder ihren Eindruck auf Clarke noch auf das Direktorium. Zur Einsicht kam man in Paris aber erst, nachdem Wien sich geweigert hatte, in ernsthafte Verhandlungen einzutreten. Der Versuch, durch einen raschen Frieden mit Österreich auch Bonaparte entmachten zu können, war damit auf der ganzen Linie gescheitert. Ein neuerlicher Sieg über die kaiserlichen Armeen und die Einnahme von Mantua waren die einzige Möglichkeit, die dem Direktorium zunehmend lästiger werdende italienische Affäre zu liquidieren. Deshalb galt es, Bonaparte nicht nur neue Verstärkungen zuzuführen, man musste ihm auch freie Hand lassen, die Dinge nach seinen Vorstellungen zu gestalten.[32] Damit wurde ihm bereits jetzt das weitere Schicksal der Republik überantwortet. Der Proconsul hatte seine Bestallung damit in der Tasche. Das verschaffte ihm neuen Auftrieb, wie sein Schreiben an das Direktorium vom 28. Dezember 1796 verrät:

«Augenblicklich gibt es in der Lombardei drei Parteien: 1. diejenige, die sich von den Franzosen führen lässt; 2. diejenige, die der Freiheit zugeneigt ist und die ihr Begehren auch mit einer gewissen Ungeduld vorträgt; 3. die Partei, die zu den Österreichern hält und uns feindlich gesinnt ist. Ich unterstütze und ermutige die erste, zügele die zweite und unterdrücke die dritte Partei. (...) Die cispadanischen Republiken (Bologna, Ferrara und Modena, J.W.) sind ebenfalls in drei Parteien aufgeteilt: 1. die Freunde ihrer alten Regierung; 2. die Anhänger einer unabhängigen, aber etwas aristokratischen Verfassung; 3. die Befürworter einer Verfassung nach französischem Vorbild oder der einen Demokratie. Ich unterdrücke die erste, unterstütze die zweite und mäßige die dritte Partei.»[33]

Wie man sich diese Einflussnahme vorzustellen hat, das enthüllen zwei weitere Briefe Bonapartes. Am 10. Dezember 1796 schrieb er dem *Congrès d'État de Lombardie*: «Ich vermag keinerlei Nachteil darin zu erkennen, Bürger, dass Sie Abgeordnete zur Föderation von Reggio entsenden; die Einheit der Patrioten wird schon ihre Stärke zur Geltung bringen. (...) Wenn Italien wirklich frei sein will, wer wird es dann daran hindern können? Dazu reicht es aber nicht aus, dass sich die einzelnen Staaten verbinden; notwendig ist vor allem, dass die Bande der Brüderlichkeit zwischen den einzelnen Klassen des Staates fester geknüpft werden. (...) Ihr könnt, ihr müsst frei werden ohne alle Revolutionen, ohne die Risiken zu laufen und das Unglück zu durchleiden, die das französische Volk erlitten hat.»[34] Ganz ähnlich klingt auch ein Brief, den er am 1. Januar 1797 an den Präsidenten des *Congrés cispadan* richtete.[35] Bonapartes Botschaft lautet im Subtext, er sei nicht nur der Garant der zu schaffenden italienischen Einheit, sondern er werde auch gewährleisten, dass dieses Ziel ohne die Fährnisse einer Revolution erreicht werden könne. Italien soll ihm als Nachweis seiner Befähigung dienen, in Frankreich die von der Revolution geschlagenen Wunden zu heilen, die Gräben in der Gesellschaft zu schließen. Eben dafür mangelte es dem Direktorium an Legitimation, an Kraft und an Visionen. Noch identifizierte Bonaparte seinen Ehrgeiz mit dem Schicksal Italiens; aber er wusste schon, dass sein Erfolg nur eine Etappe war auf dem Weg zur Macht in Frankreich. Mailand war für ihn lediglich die Probebühne für den Auftritt in Paris.

Die vierte österreichische Offensive kam schneller, als Bonaparte vermutet hatte: Am 14. und 16. Januar 1797 schlug er die Österreicher vernichtend bei Rivoli und La Favorita. Damit war auch das Schicksal Mantuas besiegelt, das am 2. Februar kapitulierte. Jetzt waren alle Voraussetzungen gegeben, um mit Österreich zu einem Frieden zu kommen. Das Direktorium verständigte sich auch auf Bedingungen, die milder nicht hätten sein können: Belgien, das einstmals österreichische Flandern, das Bistum Lüttich, Savoyen und Nizza sollten auf jeden Fall zu Frankreich gehören; über das linke Rheinufer hingegen wollte man mit dem Kaiser verhandeln, der im übrigen für seine Gebietsverluste rechtsrheinisch entschädigt werden sollte. Kein Wort wurde mehr über Mailand und die Lombardei verloren, die man zuvor noch an Österreich hatte zurückgeben wollen als Preis für die Anerkennung der «natürlichen Grenzen Frankreichs» am Rhein. Was sollte man Österreich stattdessen dafür anbieten? Jede Gewichtsverschiebung rechts des Rheins zu dessen Gunsten würde Preußen, das dann seinerseits Kompensationen forderte, auf den Plan rufen. Auf diese Weise geriet das Direktorium mehr und mehr in den Sog von Bonapartes italienischer Konzeption:

Am 25. Januar 1797 legte es sich zunächst auf die Unabhängigkeit Mailands fest. Zwei Tage später warf Barras den Gedanken in die Debatte, die Republik Venedig zu «revolutionieren», will sagen, diese zu erobern, um sie dann Österreich als Kompensation anzubieten. Am 3. Februar tischte Laréveillière-Lépeaux seinen alten Lieblingsplan wieder auf, den Kirchenstaat zu zerstören. Diesmal wurde er von Reubell und Barras unterstützt: Mit einem Schreiben vom nämlichen Tag forderte das Direktorium Bonaparte auf, die päpstliche Regierung zu vernichten, «sei es, dass man Rom einer anderen Macht unterstellt, sei es, was noch erstrebenswerter wäre, dass man hier eine Regierung schüfe, die das Regiment der Priester verachtens- und hassenswert macht». Die Rechtfertigung für dieses Tun? «Die Römische Religion wird immer der unversöhnliche Feind der Republik sein.»[36] Am 11. Februar wurde Clarke überdies eine neue Instruktion für seine Verhandlungen zugesandt: Die Unabhängigkeit der Cispadanischen Republik gelte es auf jeden Fall zu verteidigen; der Herzog von Modena solle deshalb mit päpstlichen Territorien entschädigt werden.

Damit billigte das Direktorium die italienische Politik Bonapartes, was dessen Handlungsspielraum erheblich vergrößerte. Nach dem Fall Mantuas war Napoleon uneingeschränkter Herrscher über Italien. Seine Politik gegenüber dem Heiligen Stuhl lieferte dafür das Exempel: Während man im Direktorium darüber debattierte, ob man den Kirchenstaat zerstören und den Papst vom Thron stoßen oder ihm die staatliche Existenz gegen Erlegung einer gehörigen Summe belassen sollte, war Bonapartes politischer Kurs eindeutig: die Herrschaft des Papstes war zu respektieren. Welche Absichten ihn dabei leiteten, enthüllte er am 28. Oktober 1796 dem französischen Gesandten in Rom, Cacault: «Mein Ehrgeiz lässt mich viel mehr nach dem Titel eines Retters als nach dem eines Zerstörers des Heiligen Stuhles streben. (...) Mittels der unbeschränkten Handlungsvollmacht, die mir das Direktorium gegeben hat, und vorausgesetzt, dass man in Rom die notwendige Klugheit besitzt, werden wir unseren Nutzen daraus ziehen, wenn wir diesem schönen Teil der Welt den Frieden verschaffen und wir werden gleichzeitig die verschreckten Gewissen vieler Völker beruhigen.»[37] Wer so spricht, hat weite Perspektiven.

Solange Pius VI. jedoch darauf rechnete, dass es Österreich gelänge, die Franzosen aus Italien zu vertreiben, war er nicht geneigt, auf Bonapartes Friedensouvertüren zu reagieren. Der Kirchenstaat weigerte sich sogar, die im Waffenstillstandsabkommen von Bologna eingegangenen Verpflichtungen zu erfüllen. Diese Intransigenz provozierte das Direktorium immer wieder zu neuen Ausfällen, «den Thron der Torheit zu zerstören und in seiner Hauptstadt die Fahne der Freiheit zu hissen.«[38] Nach der Kapitulation von Mantua Anfang Februar 1797 hatte Bonaparte die Hände frei, den Kirchenstaat auch militärisch unter Druck zu setzen. Er drang in die Romagna und in die Marken ein und besetzte schließlich den Hafen von Ancona. Er vermied es aber sorgfältig, den Anschein zu erwecken, als wolle er Rom direkt angreifen. Seine verhaltenen Drohungen erfüllten auch so ihren Zweck. Schon am 16. Februar erschienen Bevollmächtigte des Papstes in Bonapartes Hauptquartier in Tolentino. Das erfolgreiche Ende der Verhandlungen diente ihm dazu, seinen alten Plan zu verwirklichen, Österreich in die Knie zu zwingen und mit dem Kaiser Frieden zu schließen.[39]

Nach der Waffenstillstandsvereinbarung von Tolentino am 19. Februar – der Papst verpflichtete sich zur Zahlung von insgesamt 30 Millionen *livres* und zur Abtretung von Avignon, Ancona, Bologna, Ferrara und der Romagna –, reiste Bonaparte nach Mantua ab. Von der Rheinarmee waren unterdessen zwei Divisionen eingetroffen. Da er weder in der Lombardei noch in der Cispadanischen Republik größere Truppenteile für die Besatzung zurücklassen musste, war er zuversichtlich, mit dieser verstärkten Armee endlich sein altes Vorhaben, bis nach Wien zu marschieren, realisieren zu können. Unterdessen hatten die Österreicher, nun unter dem Befehl von Erzherzog Karl, entlang der Piave Verteidigungsstellungen bezogen, die alle Straßen über die Alpen blockieren konnten. Für seinen Vorstoß boten sich Bonaparte drei Wege an: Durch das Tal der Etsch über Trient bis Bozen, um dann der Drau entlang nach Osten mit dem Marschziel Klagenfurt einzuschwenken. Weit im Osten führte die kürzeste und bequemste Vormarschroute von Gorizia nach Klagenfurt, während der dritte, der mittlere Weg im wesentlichen dem heutigen Trassenverlauf der Autobahn von Udine über Villach nach Klagenfurt entspricht. Diese Route schien am wenigsten geeignet, denn sie führte über den verschneiten Monte Tarvisio. Möglicherweise aber war gerade das der Grund für Bonapartes Entscheidung, seinen Hauptstoß über diese mittlere Route zu wagen, während Joubert auf der linken und Masséna auf der rechten Flanke mit kleineren Armeecorps vorrücken sollten. Das kühne Manöver gelang vorzüglich: Am 16. März überschritt Bonaparte den Tagliamento, die letzte österreichische Verteidigungslinie. Drei Wochen später stand er in Leoben nördlich von Graz, Masséna noch etwas weiter nordöstlich in Bruck, rund 160 Kilometer vor Wien, als Österreich am 7. April 1797 um einen Waffenstillstand nachsuchte. (Siehe Karte 4)

In Wien, das zeigte das österreichische Angebot, begann man die Nerven zu verlieren. Deshalb würde man sicher nicht nur über einen Waffenstillstand verhandeln, sondern über einen Vorfrieden. Der würde auch die Entscheidung über den künftigen politischen Status von Norditalien präjudizieren. Bonapartes seit einem Jahr geführter Feldzug erreichte jetzt das von ihm anvisierte politische Ziel: Ohne offizielle Vollmacht konnte er nun frei agieren und sich damit endgültig aus seiner Abhängigkeit vom Direktorium befreien. Clarke weilte zum Glück in Turin und verhandelte über einen Bündnisvertrag des Königreichs Sardinien-Piemont mit der Republik. Um so weniger dachte Bonaparte daran, Clarke von den Verhandlungen mit Österreich zu unterrichten. Auch schreckte er nicht davor zurück, dem Direktorium nachweislich falsche Angaben über seine Ziele zu machen. So heißt es in seinem Schreiben vom 8. April 1797:

«Wenn der Kaiser an uns abtritt, was ihm auf dem linken Rheinufer in seiner Eigenschaft als Fürst des Hauses Österreich gehört, und wenn er als Chef des Kaiserreichs die Grenzen der Republik am Rhein anerkennt; wenn er der Cispadanischen Republik das Herzogtum Modena überlässt; wenn er uns Mainz, in dem Zustand, in dem es sich augenblicklich befindet, gegen Mantua gibt, dann, so glaube ich, werden wir einen viel vorteilhafteren Frieden schließen als ihn die Instruktionen anvisieren, von denen mich Clarke unterrichtete. Wir werden ihnen, das ist wohl wahr, die ganze Lombardei und alle anderen Staaten, die wir augenblicklich besetzt haben, zurückerstatten. Aber werden wir damit nicht alles, was möglich ist, aus unseren Erfolgen herausgeschlagen haben, wenn wir die Rheingrenze gesichert wissen und wir im Herzen Italiens eine Republik von zwei Millionen Einwohnern geschaffen haben, die sich dank Carraras ganz in unserer Nähe befindet und die uns die Kontrolle über den Handel auf dem Po und in der Adria verschaffen wird und die in dem Maße wächst, wie der Papst sich selber zerstört? – Ich werde einen Kurier an Clarke absenden, damit dieser sich schleunigst von Turin hierher begibt. Er ist im Besitz Ihrer Instruktionen und hat alle Vollmachten, um diese Verhandlungen zu einem Ende zu bringen. Ich hoffe, dass er rechtzeitig eintreffen wird, denn es gilt den Moment nicht zu verpassen, der bei Verhandlungen wie diesen alles entscheidend ist.»[40]

Bis auf den letzten Nebensatz war alles gelogen. Bonaparte schickte keinen Boten an Clarke, obwohl es seine Pflicht gewesen wäre, ihm die Verhandlungen zu überlassen. Gravierender noch: Bereits an diesem Tag war er fest entschlossen, die Lombardei nicht an Österreich zurückzugeben. Stattdessen wollte er auf das linke Rheinufer verzichten und Österreich als Kompensation für seine Gebietsverluste in Norditalien Venedig anbieten! Das wandte sich entschieden gegen die Politik des Direktoriums, dem das Hemd der Rheingrenze natürlich näher war als der bunte Rock norditalienischer «Schwesterrepubliken». Doch Bonaparte glaubte unter Zeitdruck zu stehen. Griffe jetzt, wie von ihm verschiedentlich gefordert, die Rheinarmee Österreich an, konnte ihm

PROCONSUL PER ITALIAM 141

Hoche nördlich der Alpen womöglich noch im letzten Moment den Lorbeer entwinden, den er selbst pflücken wollte. Deshalb war ein rascher Friedensschluss für ihn noch vordringlicher als für Österreich, das am Ende seiner Kräfte angelangt war. Der gewitzte österreichische Kanzler Thugut durchschaute die Nöte Bonapartes. Das stärkte die österreichische Verhandlungsposition, zumal Bonaparte sich unter anderen Umständen kaum dazu verstanden hätte, Österreich für den Verlust der Lombardei auch nur die mindeste Kompensation anzubieten. Gerade darüber aber verhandelte er mit den österreichischen Bevollmächtigten: Im Austausch gegen die Lombardei und Belgien würde Österreich Mantua und Venedig nebst dessen Festlandsbesitz bis zum Tagliamento sowie Istrien und Dalmatien erhalten.[41] Bezeichnenderweise ist davon selbst in seinem Schreiben vom 16. April 1797 an das Direktorium keine Rede.[42] Noch fragwürdiger war es, Venedig, das er noch gar nicht in Besitz hatte, als Kompensation in Aussicht zu stellen.

Bonapartes Motive liegen auf der Hand. Zunächst wollte er den Frieden mit Österreich allein abschließen, sich dieses Verdienst exklusiv sichern und damit seinen Ruhm entscheidend mehren.[43] Zum weiteren wünschte er, Mailand und die Lombardei als Spielwiese zu bekommen, denn dort konnte er seine Macht entfalten und seine staatsmännischen Fähigkeiten unter Beweis stellen. Also musste er Österreich ein Angebot machen, das man in Wien schlecht ablehnen konnte. Deshalb trieb er die Verhandlungen zügig voran, um zu vermeiden, dass das Direktorium Wind von seinen Absichten bekäme und sie durchkreuzte. Er hatte Glück. Der Vorfrieden von Leoben wurde am 18. April 1797 auf der Basis seines Vorschlags, Belgien und die Lombardei gegen Venedig zu tauschen, geschlossen.[44] Als Clarke in der Nacht des 20. April in Leoben eintraf, wurde er von einem *fait accompli* überrascht, denn der Vertrag widersprach durchaus seinen Instruktionen. Ihm blieb aber keine andere Wahl, als klein beizugeben. In einem Brief an Außenminister Delacroix qualifizierte er den Vertrag von Leoben als ein lediglich vorläufiges Abkommen. Es gründe sich auf «éléments encore mobiles», die man bis zur Unterzeichnung eines vollgültigen Friedens noch «wesentlich verändern» könne.[45]

Das waren Hoffnungen, die sich nicht erfüllen sollten; schon die bloße Kunde vom Frieden mit Österreich wurde in der französischen Öffentlichkeit mit einem wahren Freudentaumel begrüßt. Das Direktorium musste wohl oder übel darin einstimmen, obwohl den Direktoren die Grundlagen dieses Friedensschlusses noch gar nicht bekannt waren. So wurden sie ein weiteres Mal Gefangene ihrer Schwäche. Bonaparte hatte damit gerechnet, auch war ihm wohl klar, dass er für seine Eigenmächtigkeiten nicht zur Rechenschaft gezogen würde. Die Nachricht vom Friedensschluss erreichte Paris am 26. April, der Text aber erst am 29. April, eine Zeitdifferenz, die Bonaparte vermutlich kalkuliert hatte, um sicherzugehen, dass alle Einwände im Freudentaumel untergehen würden. Überdies teilte Bonaparte dem Direktorium im Begleitschreiben vom 19. April 1797 mit:

«Sie haben mir hinsichtlich der *militärischen* Operationen volle Handlungsfreiheit gewährt;[46] wie die Dinge nun einmal lagen, wurde der Abschluss eines Vorfriedens, selbst mit dem Kaiser, zu einer militärischen Operation. Das wird ein Ruhmesdenkmal der Französischen Republik sein, und gleichzeitig auch ein unfehlbares Omen dafür, dass die Republik, in nur zwei Feldzügen, sich den ganzen europäischen Kontinent unterwerfen kann, vorausgesetzt sie organisiert mit Nachdruck ihre Armeen und vor allem die Waffe der Kavallerie. (...) Was mich betrifft, erbitte ich mir von Ihnen nur Ruhe. Ich habe das Vertrauen, das Sie in mich gesetzt haben, voll und ganz gerechtfertigt. Ich habe meiner bei allen Operationen nicht geachtet und bin jetzt bis kurz vor Wien vorgestoßen. Dabei habe ich mir mehr Ruhm erworben, als es braucht, um glücklich zu sein, während hinter mir die herrlichen Ebenen Italiens liegen, die ich zu Beginn der letzten Kampagne versprach, als ich mich aufmachte, der Armee, die von der Republik nicht mehr ernährt werden konnte, Brot zu verschaffen. – Der Neid wird sich vergebens bemühen, mir selbstsüchtige Absichten zu unterstellen. Meine Zivilkarriere wird wie meine militärische Laufbahn sein: *une et simple*. Deshalb werden Sie mit mir das Verlangen teilen, dass ich Italien verlassen muss, und ich erbitte mir von Ihnen nachdrücklich, dass Sie mir zusammen mit der Ratifikation des Vorfriedens Weisung geben, wie sich die Dinge in Italien gestalten sollen, und mir außerdem einen Urlaub gewähren, um mich nach Frankreich zu begeben.»[47]

Wie vorherzusehen, lösten die Vertragsbedingungen innerhalb des Direktoriums eine heftige Kontroverse aus.[48] An ihrer letztlichen Billigung änderte das nichts. Mit der Ratifikation des Vorfriedens von Leoben wurden noch zwei Dinge besiegelt: Bonapartes Proconsulat in Italien und das Schicksal der Republik Venedig. Auch war keine Rede mehr von Bonapartes Rücktrittsangebot. Ebenso obsolet war auch sein Urlaubsgesuch, denn Bonaparte musste nun den geflügelten Löwen von San Marco erlegen, dessen Fell in den geheimen Klauseln des Vorfriedens von Leoben schon aufgeteilt worden war. In Bonapartes Kalkül war die Eroberung Venedigs längst beschlossene Sache. Skrupel hatten ihn dabei nie geplagt, Respekt vor den heiligen Rechten und den jahrhundertealten Gewohnheiten anderer lag ihm sehr fern. Sein Gewissen hatte er längst an sein Genie delegiert; sein Handeln unterlag nur den Gesetzen des *amor fati*, deren einzige Richtschnur der Erfolg war.

Bezeichnend für sein Vorgehen sind die List und die Täuschungsmanöver, deren er sich gegenüber Venedig bediente. Kaum hatten seine

Truppen am 29. Mai 1796 das zum Festlandbesitz der Serenissima gehörende Brescia besetzt, versicherte er dieser: «Die Reste der feindlichen Armee haben sich hinter den Mincio zurückgezogen. Um sie zu verfolgen, passiert auch die französische Armee das Gebiet der Republik Venedig; sie vergisst dabei aber nicht, dass beide Republiken in langer Freundschaft miteinander verbunden sind. Die Religion, die Regierung, die Gebräuche und das Eigentum werden strikt geachtet werden. Die Bevölkerung möge beruhigt sein, denn die schärfste Disziplin wird beobachtet werden; alles, was die Armee braucht, wird mit Geld pünktlich bezahlt.»[49] Das waren nur leere Versprechungen, denn Bonaparte führte sich wie in Feindesland auf. Zwei Tage später, am 31. Mai, schlug er sein Hauptquartier in der ebenfalls zu Venedig gehörenden Festung von Peschiera auf und wies Masséna an, Verona zu besetzen. Gleichzeitig forderte er Nicolo Foscari, den Chef der venezianischen Verwaltung in Verona, ultimativ auf, sich bei ihm einzufinden. Das hatte die von Bonaparte beabsichtigte Wirkung: der *proveditore* Foscari erschien voller Angst und Schrecken.[50] Bonaparte spürte sofort die Ängstlichkeit seines Besuchers und zog alle Register, ihn noch mehr einzuschüchtern. Er überschüttete ihn, scheinbar außer sich vor Wut, mit einem Schwall von Vorwürfen, die Foscari entsetzten, zumal Bonaparte ihm drohte, Verona in Schutt und Asche zu legen. Das war nichts als eine Täuschung, aber sie hatte Erfolg: Foscari willigte bedingungslos in Bonapartes Forderungen ein, das strategisch wichtige Verona auf unbestimmte Zeit zu besetzen.

Damit war das Venedig verhängte Schicksal vorgezeichnet. Der Republik blieb nur eine Frist, denn Bonaparte wollte unbedingt eine Zersplitterung seiner Kräfte vermeiden, solange Österreich noch nicht endgültig besiegt war. In der Zwischenzeit konnte man die Angst der Venezianer durch Drohgebärden schüren. Dazu zwangen auch taktische Rücksichten, denn Venedig hatte längst mit umfangreichen Rüstungen begonnen, um seine Haut so teuer wie möglich zu verkaufen. Man zögerte freilich, Bonaparte anzugreifen; nach Lage der Dinge wäre das am aussichtsreichsten gewesen, denn dann hätte er einen Zweifronten-Krieg führen müssen. Zunächst aber zauderte man aus Gewohnheit, dann aus Furcht vor Bonapartes Überlegenheit. Um mehr über seine weiteren Absichten zu erfahren, erschienen am 7. Juni 1796 zwei venezianische Patrizier im Hauptquartier. Bonaparte verblüffte sie diesmal mit einer anderen Komödie. Was Italien anbelange, so seien die Absichten seiner Regierung wohlbekannt, nämlich dessen Souveränität zu gewährleisten und vor allem das Herzogtum Mailand wieder zum unabhängigen Staat zu machen (!), was insbesondere den Interessen der Republik Venedig entspreche. «Die Vielzahl der von ihm angesprochenen Themen», so vermerkten die beiden venezianischen Abgesandten am Schluss ihres Berichts, «die Genauigkeit seiner Beobachtungen, der weite Horizont seiner Ansichten, die Art und Weise, in der er diese entwickelte, seine Bemerkungen hinsichtlich der Interessen seines Landes und der anderer Nationen, all das veranlasst uns zu dem Urteil, dass dieser Mann nicht allein nur für das politische Geschäft mit reichen Talenten gesegnet ist, sondern dass er auch eines Tages einen großen Einfluss auf die Geschicke seines Landes nehmen wird.»[51]

Bonaparte ließ das Direktorium nach diesen Gesprächen wissen, dass es ihm sicher gelingen werde, den Senat von Venedig weiterhin in seiner Angstlähmung zu erhalten. Solange dies der Fall sei, werde man alle Ansprüche der Armee reibungslos befriedigen können. Sollte das Direktorium darüberhinaus fünf oder sechs Millionen aus Venedig herausschlagen wollen, wäre dies ohne weiteres möglich. Verfolge man jedoch weitergehende Pläne, möge man ihn dies wissen lassen; er würde dann schon den richtigen Moment finden, um sie zu verwirklichen, gelte es doch, zu vermeiden, mit aller Welt auf einmal im Streit zu liegen.[52] Mit anderen Worten: Bonaparte war entschlossen, sich des Konflikts mit Venedig zu bedienen, um seine proconsularische Unabhängigkeit von den Weisungen des Direktoriums auszubauen. Deshalb weckte er dessen notorische Geldgier, forderte scheinheilig entsprechende Instruktionen, um sogleich hinzuzufügen, dass das Wie und Wann ihrer Ausführung allein ihm überlassen bleiben müsse.[53]

Bonapartes Strategie war indes keineswegs so fein gesponnen, dass die andere Seite sie nicht durchschaut hätte. So mehrten sich die Stimmen, die vor seinem Angriff warnten. Venedig blühe dann das nämliche Schicksal wie den anderen italienischen Staaten; dagegen müsse man sich wappnen.[54] Das blieb Bonaparte nicht verborgen, der jeden Anlass zum Vorwand nahm, Venedig mit neuen Drohungen und Übergriffen weiter einzuschüchtern und zu verunsichern. Dieses Spiel fiel ihm umso leichter, als die Serenissima an ihrer Politik einer unbewaffneten Neutralität festhielt, ja sogar ein ihr von Preußen angebotenes Bündnis ausschlug.[55] Das war ein Fehler, denn Bonaparte säumte nicht, nach der Schlacht von Arcole im November 1796 in seinem Handeln und Reden gegenüber Venedig eine noch schärfere Gangart einzuschlagen. Das waren untrügliche Anzeichen dafür, dass er die finale Krise zum Verderben Venedigs jetzt entschlossen ansteuerte. Was sie ein letztes Mal aufschob, war der unerwartet zähe Widerstand des neuen österreichischen Oberkommandierenden, Erzherzog Karl. Deshalb musste Bonaparte, wie er dem Direktorium am 24. März 1797 offen eingestand, gegenüber Venedig alles tun, um «Zeit zu gewinnen».[56]

Die falsche Freundlichkeit dauerte nicht lange. Kaum war Bonaparte tief nach Kärnten vorgestoßen, verschärfte er wieder den Ton. Am 7. April schloss er den Waffenstillstand von Judenburg, der den Verhandlungen für den Vorfrieden von Leoben vorausging. Als Grundlage für diesen Präliminarfrieden unterbreitete er Wien drei Vorschläge, über die er das Direktorium am 16. April 1797 informierte. Er stellte dem Habsburger Kaiserhaus für die Abtretung Belgiens und des linken Rheinufers jeweils territoriale Kompensationen in Italien in Aussicht. Während lediglich der zweite Vorschlag mit der politischen Linie des Direktoriums übereinstimmte – der die Rückgabe der Lombardei vorsah –, stipulierte der erste die Abtretung des zwischen dem Mincio, dem Po und der Grenze der österreichischen Staaten gelegenen venezianischen Gebiets allerdings mit Ausnahme der Stadt Venedig, die weiterhin unabhängig bleiben sollte. Der dritte Vorschlag hingegen versprach für Belgien, das linke Rheinufer und den Verzicht Wiens auf Mailand und die Lombardei lediglich angemessene Entschädigungen, über die man sich in weiteren Verhandlungen verständigen müsse.[57] Bonaparte favorisierte von Anfang an den ersten Vorschlag, wie sein weiteres Betragen gegenüber Venedig zeigt. Bereits am 9. April 1797, zwei Tage nach Abschluss des Waffenstillstands von Judenburg, bombardierte er die Lagunenstadt mit einer Salve von Ultimaten.[58] Diese Drohungen waren flankiert von einer Proklamation *au peuple de terre ferme de la République de Venise*: «Die französische Armee wird Ihre Religion, Ihre Persönlichkeits- und Eigentumsrechte schützen. Sie sind Ihrerseits Opfer dieser kleinen Clique, die sich seit den Zeiten des finsteren Mittelalters der Regierung bemächtigt hat. Wenn der Senat von Venedig über Sie das Recht der Eroberung ausgeübt hat, dann werde ich Sie davon befreien; wenn er über Sie aber das Recht der Usurpation behauptet hat, dann werde ich Ihnen Ihre alten Rechte zurückerstatten.»[59]

Diese Proklamation ist ein Dokument der Perfidie: Mit dem falschen Versprechen, ihre politische Mündigkeit zu garantieren, sollten sich die Bewohner der venezianischen *terra ferma* gegen die Serenissima auflehnen und auf diese Weise Bonaparte das Geschäft der Zerstörung der Republik abnehmen. Seine Zuversicht teilte Bonaparte dem Direktorium ebenfalls am 9. April 1797 mit.[60] Das verrät, wie gewiss er sich seines Erfolges war, denn mögliche Einreden des Direktoriums würden durch den *fait accompli* des mit Österreich abgeschlossenen Vorfriedens gegenstandslos werden. Wenig wahrscheinlich hingegen war, dass Venedig in letzter Minute gegen das ihm von Bonaparte verhängte Schicksal noch aufbegehrte. In beiden Fällen sollte er sich nicht täuschen: Auf das von Junot überbrachte Ultimatum antwortete der Doge am 15. April

1797 mit dem Versprechen, alle Forderungen prompt zu erfüllen. Gleichzeitig gelang es, fast alle auf dem Festland stationierten venezianischen Truppenkontingente widerstandslos zu entwaffnen. Nur in Verona kam es zu einem Volksaufstand, dem zahlreiche Soldaten der französischen Besatzungsmacht sowie Einwohner, die mit den Franzosen fraternisiert hatten, zum Opfer fielen. Diese *Pâques véronaises* lieferten Bonaparte den Vorwand, um dem Direktorium gegenüber die in Leoben bereits vereinbarte Amputation der Republik Venedig zu rechtfertigen.[61] Auch gab er deutlich zu erkennen, dass damit aus seiner Sicht noch keineswegs das letzte Wort über das Schicksal Venedigs gesprochen sei: «Der Präliminarfrieden, der unterzeichnet wurde, ist nichts anderes als eine erste Verständigung zwischen zwei Mächten, die sich seit sechs Jahren bekämpfen und die sich deshalb daran gewöhnten, einander für unversöhnlich zu halten. Diese Präliminarien sind, was einen endgültigen Friedensschluss anbelangt, in jeder von Ihnen gewünschten Weise verbesserungsfähig. In der Zwischenzeit steht es der Republik völlig frei, die Unabhängigkeit der Lombardei zu proklamieren und dieses Land so zu konsolidieren, wie sie es vermag, um damit zu gewährleisten, dass binnen zwei Monaten in unserem Rücken Ruhe und Ordnung herrschen. – Das gesamte Staatsgebiet von Venedig wird dann auch zu Ihrer Disposition stehen.»[62]

Jetzt konnte Bonaparte das Ziel, Venedig zu vernichten, ohne Umschweife ansteuern, wie die Vertreter der Republik aus seinem Munde erfuhren. Mit ihnen war er am 26. April in Graz zusammengetroffen und hatte sie mit der Forderung konfrontiert: «Wenn alle diejenigen, die gegen Frankreich sich empörten, nicht bestraft, alle Gefangenen (diejenigen, die für Frankreich Partei ergriffen hatten, J.W.) nicht freigelassen werden, der englische Botschafter ausgewiesen, das Volk entwaffnet wird und wenn Venedig sich nicht endlich zwischen England und Frankreich entscheidet, dann erkläre ich Ihnen den Krieg. Ich bin gewillt, mit dem Kaiser Frieden zu schließen; ich könnte auch bis nach Wien vorstoßen; darauf habe ich jedoch verzichtet. Ich verfüge über achtzigtausend Mann und zwanzig Barken mit Kanonen. Ich dulde keine Inquisition mehr, keinen Senat. Ich werde für Venedig ein Attila sein.»[63] Unmittelbar nach dieser Unterredung erhielt Bonaparte Kenntnis von der Beschlagnahme eines französischen Schiffs, das am 20. April in Venedig einlaufen wollte. Dabei war es zu Kampfhandlungen gekommen, denen der Schiffskapitän zum Opfer gefallen war. Für ihn war das der endgültige Anlass, über Venedig herzufallen:[64] Am 2. Mai veröffentlichte Bonaparte ein Manifest mit einer Liste seiner Beschwerden gegen Venedig. Zehn Tage später war die Herrschaft des Dogen beseitigt und eine provisorische Regierung installiert. Zwar zierte sich das Direktorium etwas, die altehrwürdige Republik Venedig zu zerstören, um sie dann gemäß den Bestimmungen des Vorfriedens von Leoben an Österreich auszuliefern,[65] aber die Aussicht auf fette Beute überwand rasch alle Skrupel. Bonaparte hatte längst in Venedig Fakten geschaffen, als er vom Direktorium endlich eine umfassende Handlungsvollmacht bekam: «Angesichts des Ruhms, den Sie sich mit der Eroberung Italiens erworben haben», schrieb ihm Letourneur, der damalige Präsident des Direktoriums, am 12. Mai 1797, «ist es vor allem Ihre Aufgabe, aus diesem Sieg die notwendigen Konsequenzen zu ziehen und damit dazu beizutragen, dass die Republik in militärischer Hinsicht instand gesetzt wird, ihre Vorherrschaft über die anderen Völker Europas zu behaupten.»[66] Damit stellte das Direktorium Bonaparte einen Wechsel aus, den dieser zwei Jahre später, am 18. *Brumaire*, präsentierte. Zunächst diente er ihm aber als Grundlage für sein Proconsulat in Italien, das er faktisch schon ausübte. Nach der Erledigung der venezianischen Angelegenheit und der Unterzeichnung des Vorfriedens durch Österreich begab er sich wieder nach Mailand, wo er seinen Hof im Schloss von Mombello einrichtete.

In seinen *Campagnes d'Italie*, die er auf Sankt Helena diktierte, hat Napoleon nur kurz von seinem glanzvollen Hofleben während des Sommers 1797 auf Schloss Mombello berichtet, das «einige Meilen außerhalb von Mailand auf einem Hügel gelegen ist, von dem aus sich die ganze lombardische Ebene überblicken lässt».[67] Von der proconsularischen Pracht der Hofhaltung, der strengen Etikette, auf die er größten Wert legte, hat er freilich nichts erzählt. Das wird man erst aus Briefen und Erinnerungen der Zeitgenossen erfahren. Bonaparte residierte hier von den Seinen umgeben: von Joséphine, die das militärische Gepränge mit Eleganz und Charme überstrahlte; von seiner Mutter, die als strenge, unnahbare Matrone durch Schloss und Park wandelte; und schließlich, mit Ausnahme Luciens, von allen Geschwistern, die schon jetzt nach besten Kräften vom Glanz und den Reichtümern profitierten, die ihr erfolgreicher Bruder so großzügig vor ihnen ausbreitete.[68] Für den Luxus kam das «befreite» Italien auf. Hier sprudelte auch die Quelle seines jähen, persönlichen Reichtums, der sich unbeschadet aller Verschwendungen, in denen der Clan bald schwelgen sollte, als geradezu unerschöpflich erwies. Dass Bonaparte sich hier im größten Stil die Taschen füllte, steht auch ohne Belege außer jedem Zweifel. Vermutlich ist selbst die Schätzung Frédéric Massons, Bonapartes Privatvermögen habe sich nach Ende des ersten Italienfeldzugs auf wenigstens 3 Millionen *francs* belaufen,[69] noch weit untertrieben. Auf Sankt Helena hat Napoleon gegenüber Las Cases beteuert: «Ich kehrte von der italienischen Kampagne zurück und besaß nicht mehr als dreihunderttausend *francs*. Leicht hätte ich zehn oder zwölf Millionen mir aneignen können, die mir niemand hätte streitig machen können. Niemals habe ich nämlich irgendeine Abrechnung vorgelegt, weil mir eine solche auch von niemandem abverlangt worden ist. (...) Ich habe alles in allem der französischen Staatskasse wenigstens 50 Millionen verschafft. Das war das erste Mal in der modernen Geschichte, dass eine Armee das bedürftige Vaterland unterstützte, anstatt ihm zur Last zu fallen.»[70] Dieses Dementi enthüllt die eine Methode, nach der sich Bonaparte bereichert haben dürfte: Von den ungeheuerlichen Summen, die er aus Italien herauspresste, wird ein nicht geringer Teil in seinen Händen geblieben sein. Hinzu kam, dass die italienischen Herrscher sich durch Bestechung vom napoleonischen Verhängnis freikauften, eine Methode, derer sich auch Talleyrand später gegenüber den deutschen Duodezfürsten mit großem Erfolg bediente. Diese indirekte Erpressung machte auch unter allen seinen Untergebenen bis hin zum einfachen Soldaten Schule. Auf Sankt Helena kam Napoleon zwar darauf zu sprechen, band Las Cases aber den Bären auf, er habe damals diesen Versuchungen widerstanden.[71]

Die stets groß herausgestellte Behauptung von seiner persönlichen Bescheidenheit und Unbestechlichkeit – im Gegensatz zu der sittlichen Verkommenheit des Direktorialregimes – war ein Topos der napoleonischen Propaganda. Vor allem Las Cases nahm entsprechende Äußerungen des gestürzten Kaisers für bare Münze und machte sich auch in dieser Hinsicht zum wirkungsvollen Künder seiner vermeintlichen Tugendhaftigkeit. Dieses Image völligen materiellen Desinteresses suchte er als Feldherr und Kaiser stets durch einen demonstrativ zur Schau gestellten bescheidenen, wenn nicht frugalen Lebenszuschnitt zu unterstreichen. Er kleidete sich etwa im Gegensatz zur auffälligen Pracht seiner Umgebung stets einfach,[72] so wie die Diktatoren des 20. Jahrhunderts, denen er darin als Vorbild diente.

Auch der Aufenthalt in Mombello hatte, von allen Annehmlichkeiten abgesehen, eine eminent propagandistische Funktion. Hier war er der Mittelpunkt des gesellschaftlichen Lebens, das Zentralgestirn all derer, die sich Gunstbeweise oder Anerkennung erwarteten. Bonaparte gab den weisen, allen Künsten und Wissenschaften aufgeschlossenen und in allem erstaunlich gut bewanderten Monarchen.[73] Das verfehlte nicht den Eindruck auf die italienische Gesellschaft, die die Distanz zu ihrem «Befreier» allmählich überwand. Jetzt handelte er nach der stolzen Maxime, von der in einem Brief an den Astronomen Oriani bereits am 24. Mai 1796 die Rede war: «Alle Menschen von Genie, alle jene, die sich in der Republik des Geistes einen Namen gemacht haben, sind Franzosen, ganz gleichgültig, in welchem Land auch immer sie geboren wurden.»[74] Am 6. August 1797 schrieb er von Mombello an den Bildhauer Canova in Rom: «Ich erfuhr von einem Ihrer Freunde, Monsieur, dass Sie der Pension verlustig gegangen sind, die Sie von Venedig empfingen. Die französische Republik schätzt die großen Talente, die Sie auszeichnen, sehr. Als ein berühmter Künstler haben Sie einen besonderen Anspruch auf den Schutz durch die Italienarmee. Ich werde Anweisung geben, Ihnen Ihre Pension auszuzahlen. Lassen Sie es mich bitte wissen, wenn dieser Anweisung nicht Folge geleistet wird und seien Sie des Vergnügens versichert, das es mir bereitet, wenn ich Ihnen etwas zuwenden kann, was Ihnen nützlich ist.»[75]

Es lag ihm viel daran, die italienischen Künstler und Schriftsteller für sich zu gewinnen. Als *opinion leader* konnten sie seine Propagandisten in Italien werden. Der Mathematiker Mascheroni brachte diese Erwartung in der Widmung seines Geometrie-Handbuchs auf den Begriff: «Ich entsinne mich des Tages, da du über die Alpen stiegst, (...) um das dir teure Italien zu befreien.»[76] Ob ihm die «Befreiung» Italiens besonders am Herzen lag, mag dahin stehen. Er wollte das in viele Fürstentümer zersplitterte Land neu ordnen und sich als Staatsmann, Organisator und Gesetzgeber bewähren. Italien war, wie Albert Sorel treffend schrieb, das «Gallien des neuen Caesar». Hier ließ sich erproben, was er in einem Brief an Talleyrand einmal als das Wesen der «wahren Politik» definierte: «die Berechnung der Kombinationen und Chancen.»[77]

In der Cispadanischen wie in der Cisalpinischen Republik war der Ausgang der Wahlen für die Repräsentativorgane, gemessen an seinen Erwartungen, jedoch enttäuschend. In beiden Republiken, teilte Bonaparte dem Direktorium mit, habe der Klerus erfolgreiche Wühlarbeit geleistet und die Massen in seinem Sinne beeinflusst. Der Zweckoptimismus, den Bonaparte noch ein Jahr zuvor zur Schau gestellt hatte, war jetzt der Ernüchterung gewichen. Das hinderte ihn aber nicht, seine Pläne stetig zu detaillieren. Gegenüber Graf Francesco Melzi d'Eril äußerte Bonaparte in Mombello einmal: «Was Ihr Land angeht, so weist es sogar noch weniger Voraussetzungen für einen Republikanismus auf als Frankreich, und man muss hier noch weit weniger einfallsreich sein, als anderswo. Sie wissen das besser als sonst jemand. Wir werden alles tun, was Sie wünschen. Aber die Zeit ist noch nicht reif. Man muss dem Fieber des Augenblicks Rechnung tragen, weshalb wir hier ein oder zwei Republiken nach unserer Fasson schaffen werden. Monge wird uns das alles schon arrangieren. Unterdessen habe ich schon zwei von der Oberfläche Italiens verschwinden lassen, aber auch wenn es sehr aristokratische Republiken waren (Venedig und Genua, J.W.), so waren doch sie es, in denen sich noch am ehesten eine öffentliche Meinung regte und man sich zu politischen Überzeugungen bekannte.»[78] Diesen Realismus gestattete er sich dem Direktorium gegenüber natürlich nicht. Am 19. Mai 1797 schrieb er nach Paris: «Es wird also in Italien drei demokratisch verfasste Republiken geben, die angesichts (...) der Kindheit, in der die Italiener immer noch leben, im Augenblick jedenfalls, nur sehr schwer miteinander vereinigt werden können. Aber, sowohl die Pressefreiheit als auch die künftigen Entwicklungen werden schon einen Beitrag dazu leisten, diese drei Republiken zu einer einzigen zu verbinden.»[79] (Siehe Karte 5)

Ein anderer Grund, ordnungspolitische Bestrebungen in Norditalien zu zügeln, war der Umstand, dass das Direktorium den Vorfrieden von Leoben noch nicht ratifiziert hatte. Sobald jedoch die Vertragsdokumente mit den österreichischen Bevollmächtigten am 24. Mai 1797 in Mombello ausgetauscht waren, wandte sich Bonaparte sofort energisch der staatlichen Organisation Norditaliens nach seinen Vorstellungen zu: Gesetzgebende Kommissionen wurden einberufen, die Grundlagen einer Verfassung auszuarbeiten, Direktoren und Räte ernannt, ein einheitliches Gerichtswesen geschaffen, und Bürgerwehren wurden aufgestellt. Außerdem vereinigte er die Transpadanische und die Cispadanische zur Cisalpinischen Republik. Die Namensgebung spiegelte seine damaligen Pläne wieder, bei denen er Rom als politisches Zentrum für die angestrebte Neuordnung Italiens im Auge hatte.[80] Auf dem Weg dahin stieß Bonaparte jedoch zunächst auf heftige Widerstände, die sich aus dem virulenten «esprit de localité», dem eingelebten Partikularismus der einzelnen Städte und Herrschaften speisten.[81]

Während die politische Neuorganisation keineswegs so zügig voranging, wie von Bonaparte erhofft, erwuchsen in Paris neue Gefahren für seine Stellung als Proconsul. Die chronische innenpolitische Krise hatte sich zugespitzt. Das Direktorium verspielte seinen letzten Kredit bei den Notabeln, als man eine Zwangsanleihe beschloss, um die leere Staatskasse zu füllen. Die Millionensummen, die Bonaparte aus Italien herauspresste, waren angesichts der herrschenden Misswirtschaft nur Tropfen auf den heißen Stein.[82] Außerdem musste gemäß der Verfassung Ende März 1797 ein Drittel der Mitglieder der *Cinq-Cents*, des «Rats der Fünfhundert», in dessen Händen die Gesetzesinitiative lag, neu gewählt werden. Es ließ sich unschwer absehen, dass diese Wahlen für das Regime ein Debakel werden würden, zumal die Wähler der Revolution in all ihren Spielarten von Herzen überdrüssig waren. Deshalb stand zu befürchten, dass sie weniger aus Neigung denn aus Protest und aus Mangel an politischen Alternativen massiv für Kandidaten stimmten, die die Revolution ablehnten. Das Wahlergebnis fiel entsprechend eindeutig aus: Von den 216 Abgeordneten, die ausschieden und sich einer Wiederwahl stellten, erhielten nur elf eine Erneuerung ihres Mandats, während die überwältigende Mehrheit der neuen Abgeordneten, unter ihnen nicht wenige enragierte Royalisten, dem Regime mehr oder minder fern standen.

Das Regime bekam die Quittung für seine Unpopularität, die oppositionellen Kräfte waren aber noch zu schwach, um es von Innen heraus zu verändern oder gar zu stürzen. Das führte zu einem lähmenden Attentismus, einem sich gegenseitig Belauern. Die Neuwahlen für das letzte Drittel der Abgeordneten 1798 würden die anhängige Machtfrage eindeutig klären. Angesichts dieses sich anbahnenden Machtkampfs wuchs den drei Armeen der Republik ein neues Gewicht zu. Während die von Moreau kommandierte Rheinarmee ihrer Offiziere wegen im Verdacht des Royalismus stand, galten die Sambre-Maas-Armee unter Hoche und Bonapartes Italienarmee als Hochburgen republikanischer Gesinnung. Besonders Bonaparte, dessen entscheidende Rolle während des *Vendémiaire* unvergessen war und dessen «revolutionäre» Politik in Italien ständig für neuen Gesprächsstoff sorgte, wurde deshalb zur bevorzugten Zielscheibe der Zeitungen, die den Royalisten nahe standen.[83]

Bonaparte beobachtete diese Entwicklungen sehr genau. Die zunehmend kritische Lage des Direktoriums steigerte zwar sein politisches Gewicht und erweiterte seinen Handlungsspielraum; andererseits aber barg das entschlusslose Manövrieren des in sich gespaltenen Direktoriums für seine eigene Zukunft erhebliche Gefahren. Er musste sich also fragen, wie dieser Herausforderung, die die eigene politische Existenz und damit den weiteren Bestand der revolutionären Errungenschaften bedrohte, am besten zu begegnen sei. Die Gefahr wurde virulent, als in den *Cinq-Cents* gefordert wurde, Bonapartes Verhalten in Italien und besonders seine Rolle bei der Auflösung der Republik von Venedig zu untersuchen. Bonaparte erfuhr am 30. Juni davon und reagierte sofort mit großer Schärfe.[84] Als dieser Vorstoß seine Stellung gegenüber dem Direktorium nicht erschütterte, ging er in die Offensive. In seiner berühmt gewordenen Proklamation an die Armee zum 14. Juli 1797 heißt es: «Berge trennen uns von Frankreich; Ihr werdet diese mit der Geschwindigkeit des Adlers überwinden, falls es notwendig sein sollte, die Verfassung zu stützen, die Freiheit zu verteidigen und die Regierung wie die republikanisch gesinnten Bürger zu schützen. (...) Gnadenloser Krieg den Feinden der Republik und der Verfassung des Jahres III!»[85] Damit nicht genug, teilte er dem Direktorium am 15. Juli 1797 mit:

«Was mich anbelangt, so ist mir der Verzicht auf meine eigenen Interessen längst zu einer Gewohnheit geworden. Umso mehr treffen mich die Anschuldigungen, die Verleumdungen, die achtzig Zeitungen tagtäglich und bei jeder Gelegenheit über mich verbreiten, ohne dass es einen Einzigen gäbe, der ihnen widerspricht. (...) Ich erkenne nur zu genau, dass der Club von Clichy über meine Leiche schreiten will, um an sein Ziel zu gelangen, die Republik zu vernichten. Gibt es denn in ganz Frankreich keine Republikaner mehr? Sollten wir, nachdem ganz Europa von uns besiegt wurde, dazu gezwungen sein, uns irgendwo auf der Welt in eine Ecke zu verkriechen, um dort unsere traurigen Tage zu enden? – Sie können mit einem einzigen Schlag die Republik retten. (...) Verhaften Sie die Emigranten; zerstören Sie den Einfluss der Ausländer. Wenn Sie Unterstützung brauchen, rufen Sie die Armeen. Zertrümmern Sie die Druckerpressen der Zeitungen, die sich an England verkauft haben, die noch blutrünstiger argumentieren als dies Marat jemals tat. – Was mich anbetrifft, Bürger Direktoren, so ist es mir ganz und gar unmöglich, mit derart widersprüchlichen Zumutungen zu leben. Sollte es kein Mittel geben, um die Leiden des Vaterlands zu beenden, den Mordtaten und dem Einfluss Ludwig XVIII. einen Riegel vorzuschieben, dann fordere ich meine Entlassung.»[86]

Bonaparte forderte das Direktorium mit seiner Rücktrittsdrohung zu nichts anderem als einem Staatsstreich im Namen revolutionärer Legitimität auf. Er hat sich selber später beim Coup des 18. *Brumaire* auf diese Rechtfertigung berufen. Wie im *Vendémiaire* war es auch jetzt wieder Barras, den Machtinstinkt und Skrupellosigkeit handeln ließen. Er war das Haupt jenes Triumvirats, das innerhalb des Direktoriums den Staatsstreich vorbereitete. Dass dieser tatsächlich ausgeführt wurde, lag nicht nur an Bonapartes stillschweigender Unterstützung;[87] er sandte auch General Augereau, mit dem Barras die technischen Einzelheiten vereinbarte: Am Abend des 3. September 1797 ließen die Triumvirn die Gebäude, in denen die Legislative tagte, von Truppen umstellen. Gleichzeitig wurden die Stadttore geschlossen, die Führer der Royalisten von den Soldaten Augereaus verhaftet und weitere Truppen aus der Provinz angefordert. Zwei Tage später votierten die von den Truppen eingeschüchterten Versammlungen für die Deportation von zwei Direktoren, 42 Abgeordneten der *Cinq-Cents* und 11 Abgeordneten der *Anciens* sowie zahlreicher Journalisten nach Guyana, was deren sicheren Tod bedeutete. Außerdem wurden in 49 Départements die Wahlen annulliert, alle zurückgekehrten Emigranten, die nicht aus den Proskriptionslisten gestrichen waren, mussten Frankreich binnen zwei Wochen wieder verlassen. Bei Verstößen wurde die Todesstrafe angedroht. Sie wurde auch für eidbrüchige Priester wieder eingeführt. Schließlich wurden alle Wahlberechtigten erneut verpflichtet, ihren «Hass gegen Monarchie und Anarchie» zu beeiden.[88]

Dieser Staatsstreich des *Fructidor* brachte Bonaparte der Macht in Paris ein erhebliches Stück näher, auch wenn er im Augenblick nur die stille Genugtuung haben konnte, der eigentliche «starke Mann» zu sein, zumal das Direktorium sich mit diesem Akt seine Frist nur ein wenig verlängerte. Bonaparte kommentierte das Geschehen in einem Brief vom 19. September 1797 an den neuen Außenminister Talleyrand:

«Seit fünfzig Jahren vermag ich nur eine Sache zu erkennen, die wir gut definiert haben: die Souveränität des Volkes. Aber das zu bestimmen, was in der Zuschreibung der einzelnen Gewalten verfassungsmäßig ratsam sei, sind wir weit weniger glücklich gewesen. Die Organisierung des französischen Volks ist uns bislang allenfalls ansatzweise gelungen. – Die Macht der Regierung, im ganzen Umfang, den ich ihr zubillige, muss als der wahre Repräsentant der Nation angesehen werden. Diese Macht muss ausgeübt werden in Übereinstimmung mit der Verfassung und den organischen Gesetzen. Sie teilt sich, wie mir scheint, ganz natürlich auf in zwei genau unterschiedene Verfassungsorgane, von denen das eine nur überwacht, aber nicht handelt. Diesem müssen vom Verfassungsorgan, das wir heute als Exekutive bezeichnen, alle großen Entscheidungen vorgelegt werden. Dabei handelt es sich, wenn ich so sagen darf, um die legislative Kontrolle der Exekutive. Dieses große Verfassungsorgan wird wahrhaftig der Große Rat der Nation sein. Er wird alle jene Aufgaben hinsichtlich der Verwaltung und der Exekutive wahrnehmen, die in unserer Verfassung der Legislative anvertraut sind. – Dergestalt besteht die Regierungsgewalt aus zwei Verfassungsorganen, die vom Volk benannt werden, von denen das eine die große Versammlung darstellt, zu der aber nur Männer zugelassen sein dürfen, die bereits einige der Funktionen ausgefüllt haben, die ihnen Erfahrung mit der Regierungsarbeit verschafft haben. (...) Diese legislative Gewalt, die in einer Republik ohne Standeswürde ist, unbestechlich, ohne Augen und Ohren für das sie umgebende Geschehen, wird keinerlei eigenen Ehrgeiz entfalten und uns auch nicht mit tausenden von Gelegenheitsgesetzen überschwemmen, die sich alle wegen ihrer Absurdität gegenseitig aufheben und die uns eine Nation ohne Gesetze schaffen mit dreihundert Folianten voller Gesetzestexte. (...) Es ist im 18. Jahrhundert wahrhaft ein großes Unglück für eine Nation von dreißig Millionen Einwohnern, dazu gezwungen zu sein, sich auf Bajonette zu stützen, wenn es gilt, das Vaterland zu retten! Die gewalttätigen Heilmittel klagen den Gesetzgeber an; denn eine Verfassung, die Menschen gegeben wird, muss auch auf Menschen zugeschnitten sein.»[89]

Bonapartes gewundene Überlegungen zu einer Verfassung machen von einem Mitteilung: Sein Verlangen nach einer starken Exekutive, die der Kontrolle einer Legislative unterstehen sollte, wie man sie sich gefügiger, schwächer, in jedem Fall aber gesellschaftsferner gar nicht vorzustellen vermag. Was er hier skizzierte, war der Entwurf seiner Consulats-Herrschaft: ein autoritäres, stark zentralisiertes Herrschaftssystem, das eine effektive parlamentarische Opposition von vornherein ausschloss. Für ihn waren diese Überlegungen jetzt keine Gedankenspielereien mehr. Indem er Talleyrand in seine Überlegungen einweihte, suchte er diesen als Bundesgenossen zu gewinnen, um seine Rolle als Proconsul zu verteidigen. Darin sah er sich von zwei Seiten bedroht: Zum einen von Österreich, das die Verhandlungen, mit denen die Vereinbarungen von Leoben in einen Friedensvertrag überführt werden sollten, in der Hoffnung hinauszögerte, dass es in Paris zum Regimewechsel käme. Kaum jedoch hatte der Staatsstreich des 18. *Fructidor* diese Hoffnung zunichte gemacht, geriet Bonaparte in die Gefahr, vom Direktorium – das mit einem Mal seine Liebe zu einem republikanischen und staatlich geeinten Italien entdeckte – als Proconsul und, nach Clarkes Abberufung, als allein bevollmächtigter Unterhändler mit Österreich abgelöst zu werden.[90] Dagegen drohte er zum einen abermals mit Rücktritt, andererseits warf er dem Direktorium vor, allzu viel auf das exaltierte Gerede jener Italiener zu geben, die sich in Paris als «Patrioten», d.h. als enragierte Befürworter einer raschen und umfassenden staatlichen Lösung der italienischen Frage nach dem Vorbild der französischen Republik gerierten. Gegenüber Talleyrand äußerte er seine Skepsis häufig und vorbehaltlos: «Man übertreibe nur nicht den Einfluss, den diese angeblichen piemontesischen, cisalpinischen und genuesischen Patrioten besitzen, zumal es als ausgemacht gelten kann, dass, wenn wir uns zurückzögen, nicht nur unser moralischer und militärischer Einfluss auf einen Schlag verschwänden, sondern dass auch alle diese vermeintlichen Patrioten vom Pöbel totgeschlagen würden. Das tritt klar zu Tage und das wird immer offensichtlicher». Um eine positive Entwicklung einzuleiten, brauche es nicht nur viel Zeit, sondern auch eine kluge Politik, die jeweils die Umstände ausnutzte, die öffentliche Meinung entsprechend bildete und von falschen Einflüssen reinigte. Nur so lasse sich alles beschleunigen.[91]

Diese Befürchtungen waren indes weit übertrieben, denn Bonaparte konnte sich nach dem 18. *Fructidor* seiner Stellung gegenüber dem Direktorium so sicher sein wie nie zuvor. Seine Popularität in Frankreich und bei der eigenen Truppe war grenzenlos, und Paris wagte es schon lange nicht mehr, sich in seine Regie der italienischen Angelegenheiten einzumischen. Auf Sankt Helena bemerkte er zu Gourgaud, auf die Tage in Mombello zurückblickend, die er als seine vielleicht schönste Zeit bezeichnete: «Damals habe ich erkannt, was ich noch werden könnte! Ich sah bereits die Welt unter mir verschwinden, als wenn ich in die Lüfte emporgetragen würde ...»[92] Die einzig entscheidende Frage, bei der ihm das Direktorium noch Schwierigkeiten zu machen wagte, war der Frieden, über den er mit den Bevollmächtigten des Kaisers noch immer verhandelte. Bonaparte wünschte nichts sehnlicher, als die Verhandlungen schnell abzuschließen, um den ganzen Bonus des Friedensstifters für sich einzuheimsen. Jetzt wollte man in Paris aber alles haben; Belgien, die Rheingrenze und alle italienischen Territorien einschließlich des gesamten Gebiets von Venedig. Das waren jedoch Bedingungen, auf die Österreich um den Preis seiner Selbstachtung nie und nimmer eingehen konnte. Im Direktorium wollte man also den Krieg fortsetzen, um dann in Wien dem Kaiser den Frieden diktieren zu können. In diesem Sinne schrieb Kriegsminister Schérer am 17. September 1797 an General Hoche: «Das Direktorium wünscht, dass die beiden Rheinarmeen, die unter ein Kommando gestellt wurden, bis zum 20. *Vendémiaire* (11. Oktober, J.W.) bereit sind, den Feldzug zu beginnen. Es sind Sie, General, den es dazu bestimmt hat, unsere siegreichen Phalangen bis an die Tore von Wien zu führen. Die beiden Armeen, die Ihrem Kommando damit endgültig unterstellt sind, werden Sie in Stand setzen, dem Heros Italiens (Bonaparte, J.W.) die Hand zu reichen.»[93] Bonaparte dagegen ließ man lediglich wissen, dass er Österreich alle in Leoben gemachten Kompensationsversprechen abschlagen und sich deshalb auf eine neuerliche Kampagne vorbereiten müsse. Was man in Paris wirklich plante, dürfte ihm aber erst aufgegangen sein, als er mit Datum vom 29. September erfuhr, Österreich auf «eine Macht dritter Ordnung zu reduzieren», wie der preußische Botschafter in Paris nach Berlin berichtete.[94]

Bonapartes Plänen lag dergleichen denkbar fern. Das Direktorium gab damit deutlich zu erkennen, dass es ihn um den sicheren Ruhm des Friedensstifters bringen wolle. Seine Ankündigung, sich in die Menge der Bürger zurückzuziehen, genügte jedoch schon, um das Direktorium erneut einknicken zu lassen. Am 3. Oktober sandte es ihm eine gewundene Ehrenerklärung, flehte ihn an, von einem Rücktritt Abstand zu nehmen und begründete die Maximalforderungen an die Österreicher mit dem stetig wachsenden Druck der jakobinischen Linken, die nicht zulassen wolle, die venezianischen «Patrioten» dem österreichischen Despoten auszuliefern. «Das Wohl der Republik verbietet es, dass Sie an Ihr eigenes Befinden denken. – Wenn Frankreich nicht triumphiert, wenn es dazu gezwungen werden sollte, einen schmachvollen Frieden zu schließen, wenn die Frucht aller unserer Siege verloren geht, dann, Bürger General, liegen wir nicht nur krank darnieder, dann werden wir tot sein.»[95]

Dieses Eingeständnis der eigenen Schwäche musste Bonaparte als

Freibrief verstehen, nach Gutdünken zu verhandeln und vor allem rasch zum Ende zu kommen. Dabei scherte ihn wenig, dass man in Paris mit Rücksicht auf jene jakobinische Linke die Bedingungen unerträglich verschärfen wollte. Er war gut darüber unterrichtet, dass jene «masse de citoyens» nichts sehnlicher wünschte als Frieden, ohne sich für dessen Einzelheiten einen Deut zu interessieren. Diese Massen würden ihm akklamieren, erfüllte er ihnen diesen Wunsch. Dass auch Österreich, wenngleich aus ganz anderen Gründen, starkes Interesse am raschen Ende des Palavers hatte, zeigte die Entsendung des Barons Cobenzl, einem der geschicktesten Diplomaten des Kaiserreichs. Ab dem 27. September verhandelte Bonaparte mit Cobenzl abwechselnd in Udine und Passariano, wohin er sein Hauptquartier verlegt hatte.[96] In der Nacht vom 17. auf den 18. Oktober 1797 unterschrieben Bonaparte und Cobenzl in Campo-Formio, einem Dorf in der Mitte zwischen Passariano und Udine den Friedensvertrag, der im wesentlichen den Vorstellungen des Proconsuls *per Italiam* entsprach, aber die exzessiven Forderungen des Direktoriums ebensowenig erfüllte wie die Wünsche des Wiener Hofs.[97] In einem Brief an Talleyrand vom 18. Oktober, dem er eine Kopie des Vertragstextes beifügte, schrieb er: «Ich hege keine Zweifel, dass die Kritik diesen von mir abgeschlossenen Vertrag schlecht machen wird. Alle jedoch, die Europa kennen und etwas von den Dingen verstehen, werden restlos davon überzeugt sein, dass es unmöglich gewesen wäre, zu einem besseren Ergebnis zu kommen, ohne dass man erneut hätte kämpfen und ohne dass man dem Haus Österreich weitere zwei oder drei Provinzen hätte abnehmen müssen. Wäre das möglich gewesen? Gewiss. Wahrscheinlich? Nein. (...) Seit mehreren Jahrhunderten nicht ist ein vergleichbar vorteilhafter Friedensschluss zustande gekommen. Wir werden den wertvollsten Teil der Republik Venedig für uns in Besitz nehmen; ein anderer Teil wird an die Cisalpinische Republik fallen; der Kaiser muss sich mit dem Rest begnügen. – England wird eine neue Koalition gegen uns zusammenschirren. Der Krieg, der so lange, wie der Feind unmittelbar an unseren Grenzen stand, eine nationale und populäre Angelegenheit war, scheint dem Volk heute fremd und entwickelte sich zum Kabinettskrieg, in dem wir, nach dem augenblicklichen Stand der Dinge, auf die Dauer nur hätten unterliegen können. (...) Die gegenwärtige Situation eröffnet uns ein schönes Spiel. Richten wir alle unsere Energie auf den Aufbau einer Flotte und zerstören wir England. Ist das vollbracht, wird uns ganz Europa zu Füßen liegen.»[98]

Die letzten beiden Sätze formulierten das Programm und die Perspektive, die Napoleon zeit seiner Herrschaft verfolgen und an denen er schließlich scheitern sollte. Der Vertrag von Campo-Formio war eine entscheidende Stufe zu seinem persönlichen Triumph, gleichzeitig aber auch die Bedingung der Möglichkeit seines tiefen Sturzes. Der Weg, den er in diesem gottverlassenen friaulischen Dorf begann, führte ihn sehr weit – bis nach Sankt Helena im Südatlantik.

SECHSTES KAPITEL

Sandkastenspiele

Mit dem Frieden von Campo-Formio konnte keiner der Kontrahenten wirklich zufrieden sein: es war ein Waffenstillstand, den man so lange respektieren würde, bis eine Seite wieder so weit zu Kräften gekommen war, um ihn zunichte zu machen. Wie bei den Vereinbarungen von Cherasco, Tolentino und Leoben war das Direktorium aus purer Schwäche gezwungen, seinen Verdruss zu verbergen und in den öffentlichen Jubel über den heiß ersehnten Frieden einzustimmen. Natürlich waren die Direktoren erbost, dass Bonaparte nicht die Rheingrenze zur conditio sine qua non für den Vertragsabschluss gemacht hatte.[1] Über diesen Grenzverlauf, der zwar in Artikel 1 des geheimen Friedensvertrags genau festgelegt worden war, wollte man erst auf einem Kongress entscheiden, zumal auch die von den linksrheinischen Gebietsverlusten betroffenen Reichsstände zustimmen mussten. Einstweilen aber hatte man in Paris keine andere Wahl, als den Vertrag zu ratifizieren. Bonaparte konnte sich sagen: mögen sie murren, solange sie mich nur fürchten.[2] Die Furcht des Direktoriums äußerte sich in zwei Reaktionen: Zum einen überschlug man sich in Lobesbekundungen, zum anderen wurde alles daran gesetzt, die triumphale Heimkehr des Siegreichen zu verhindern.

Zunächst fasste man in aller Eile den Plan, Bonaparte mit einer Mission in der Türkei zu betrauen,[3] wohin er sich von Ancona aus sofort hätte einschiffen können. Das Vorhaben war jedoch allzu durchsichtig, deshalb ernannte ihn das Direktorium – wenn sich sein Kommen schon nicht vermeiden ließ –, am 26. Oktober 1797 zum *Général en chef de l'armée d'Angleterre*.[4] Da diese Armee erst einmal an der Kanalküste aufzustellen war, musste man Bonaparte für eine Weile anderweitig beschäftigen, um seinen Aufenthalt in Paris nach Möglichkeit abzukürzen. Man machte ihn also zum Chef der französischen Delegation beim Rastatter Kongress über die französische Rheingrenze, der für den 16. November einberufen wurde. Bonaparte ließ sich mit seiner Abreise noch fast zwei Wochen Zeit, denn er wollte letzte Hand an das in Italien begonnene Werk legen. Vor allem galt es, Venedig Aufschluss über das Schicksal zu geben, das ihm in Campo-Formio zugedacht worden war. Doch zuvor sollte die dem Untergang geweihte Republik nach Kräften ausgeplündert, die reichen Schätze der Stadt nach Frankreich geschafft und das, was man nicht erraffen konnte, nach Möglichkeit zerstört werden – den Österreichern sollte es jedenfalls nicht in die Hände fallen. Da wurde nichts geschont, selbst die goldenen Verzierungen des prächtigen Staatsschiffs, der *Bucentaure*, wurden heruntergerissen und nach Frankreich verbracht.[5] Der Glanz Venedigs schwand dahin in einer wahren Plünderungsorgie, in der Bonaparte seine mannigfachen, aber aus politischen Rücksichten unterdrückten Enttäuschungen über die frustrierende «Ungleichzeitigkeit» der Italiener auslebte.[6] In der Behandlung von Venedig blitzt schon viel von Bonapartes verächtlicher Brutalität auf, deren Züge bald immer häufiger und deutlicher hervortreten sollten.

Auf der Reise nach Rastatt, zu der er am 17. November von Mailand aufbrach, machte Bonaparte am 19. November in Turin Station. Dorthin war sein Vertrauter Miot unterdessen als französischer Botschafter entsandt. In einer längeren Unterredung mit Miot stellte Bonaparte eine Reihe von Überlegungen an, die sein Verhalten in den kommenden Monaten dem Direktorium gegenüber erhellen. Auf den 18. *Fructidor* bezogen, äußerte er zunächst unverblümt, auch wenn es dem Anschein widerspreche, so stimme er mit den politischen Absichten des Direktoriums durchaus nicht überein. Maßgebend sei für ihn lediglich gewesen, eine Rückkehr der Bourbonen zu vereiteln. Deshalb läge ihm nichts ferner als General Monks Rolle nach dem Tode Cromwells, der 1660 Charles II. auf den Thron verhalf. Solches lehne er nicht nur für sich selber ab, er werde es auch bei anderen verhindern. «Aber diese Advokaten in Paris, die man jetzt ins Direktorium aufgenommen hat (die Direktoren Merlin de Douai und François de Neufchâteau, die Barthélemy und Carnot ersetzten, J.W.), verstehen nichts vom Regieren. Das sind Kleingeister. Ich werde sehen, was sie in Rastatt erreichen wollen. Ich zweifle deshalb sehr, dass wir uns verständigen können und für länger übereinstimmen werden. Sie sind eifersüchtig auf mich, das weiß ich bestimmt, und unbeschadet allen Weihrauchs, mit dem sie mich einnebeln, gehe ich ihnen nicht auf den Leim. Sie fürchten mich mehr, als dass sie mich liebten. Sie haben sich beeilt, mich zum Oberbefehlshaber der England-Armee zu ernennen, um mich aus Italien zu entfernen, wo ich Herr und Meister bin und auf jeden Fall viel unabhängiger als ein Armeegeneral. Sie werden schon noch sehen, wie sich die Dinge hier entwickeln werden, wenn ich nicht mehr zur Stelle bin. (...) Was mich anbelangt, mein lieber Miot, so gestehe ich Ihnen, dass ich mich nicht mehr unterzuordnen vermag. Ich habe davon gekostet, zu befehlen und davon möchte ich nicht mehr lassen. Ich habe mich entschieden: Wenn ich nicht der Meister sein kann, dann werde ich Frankreich den Rücken kehren. Ich habe nicht soviel zustande gebracht, um das alles den Advokaten zu überlassen.»[7]

Seine Rolle in Frankreich stand ihm bereits klar vor Augen. Unklar war lediglich, wie und wann er dieses Ziel erreichen würde. Der in Italien erworbene Waffenruhm, gekrönt mit dem Frieden von Campo-Formio, würde sein Sprungbrett zur Macht sein.[8] Bis zu dem Moment, da seine Stunde gekommen war, durfte er seinen Ruhm aber nicht welken lassen, sonst würde er rasch vergessen werden. Dies ließ sich nur mit spektakulären Taten vereiteln.

Eine weitere Vorbedingung für den Erfolg war, seine Absichten geheimzuhalten. Nur einmal durchbrach Bonaparte die Geheimhaltung seiner Pläne und Absichten: In der *Proclamation au peuple cisalpin* vom 11. November 1797, mit der er sich von Italien verabschiedete. Auch wenn er sich an die Italiener wandte, so dachte er dabei an Frankreich, wo diese Proklamation gleichfalls veröffentlicht und mit noch größerer Aufmerksamkeit gelesen wurde: «Ihr seid das erste Beispiel für ein Volk in der Geschichte, das seine Freiheit erlangte ohne Parteienkämpfe, ohne Revolutionen und ohne Zerrissenheit. (...) Eure Position bestimmt Euch dazu, eine große Rolle in den europäischen Angelegenheiten zu spielen. Wenn Ihr dieser Bestimmung würdig sein wollt, dann gebt auch kluge und gemäßigte Gesetze; verwirklicht diese mit Kraft und Energie; fördert die Verbreitung des Wissens und respektiert die Religion. (...) Binnen weniger Jahre, wenn Ihr Euch selbst weiter entwickelt habt, wird es keine Macht auf Erden geben, die stark genug wäre, Euch auszulöschen. Bis dahin wird Euch die *Grande Nation* gegen die Angriffe Eurer Nachbarn beschützen. Deren politisches System wird sich dann mit dem Eurigen verbinden.»[9]

Diese kühnen Ausführungen konterkarierten die repressive Praxis, die nach dem 18. *Fructidor* in Frankreich herrschte: Willkürgesetze waren erlassen worden, die Priester sahen sich neuen Verfolgungen ausgesetzt und die Öffentlichkeit war in zahllose Parteien und Fraktionen zersplittert. Vor diesem Hintergrund nehmen sich die Ratschläge Bonapartes an die Bürger der Cisalpinischen Republik nicht nur als Kritik an den Zuständen in Frankreich aus, sie sollten von den Zeitgenossen auch als Verheißung künftigen Heils verstanden werden.

Von Turin reiste Bonaparte noch am Nachmittag des 19. November über die Schweiz nach Rastatt, wo er am Abend des 26. November eintraf. Auf dem Kongress konnte Bonaparte sein prokonsularisches Gebaren auf gänzlich neuem Schauplatz erproben. Die Vertreter der geistlichen und weltlichen Reichsstände ahnten dumpf, dass ihnen bald die Stunde schlagen würde und boten Zielscheiben für Bonapartes Sarkasmen. Die Verfassung des Reichs bezeichnete er als «corps métaphysique»,[10] was jenseits des mangelnden Respekts wenig Gutes verhieß. Dem schwedischen Gesandten Fersen – dessen Land zu den Garantiemächten des Westfälischen Friedens von 1648 gehörte, der ein Kernstück der Reichsverfassung war –, machte Bonaparte eine Szene, über die er Talleyrand ausführlich berichtete.[11] Bonapartes launisches, auch ungezogenes Gebaren verfolgte nur einen Zweck: So schnell wie möglich mit einem neuen Erfolg in der Tasche nach Paris zu kommen. Als der österreichische Bevollmächtigte Cobenzl am 28. November eintraf, genügten wenige Stunden, um den Tausch von Mainz, das an Frankreich fiel, gegen Venedig, das in den Besitz Österreichs überging, zu besiegeln. Auch wurden die Ratifikationsurkunden des Friedens von Campo Formio ausgetauscht. Danach reiste Bonaparte am 2. Dezember ab und erschien am späten Nachmittag des 5., nach einundzwanzigmonatiger Abwesenheit, in Paris.

Die schönen Tage von Mombello waren vorüber, und Bonaparte schlüpfte wieder in seine frühere Rolle des bescheidenen, wortkargen und linkischen Generals, den die Feste und Lobreden des Direktoriums verlegen machten.[12] Auch vermied er es, soweit möglich, sich in der Öffentlichkeit zu zeigen, und wenn, dann meist in Zivil oder, bei festlichen Anlässen, in der Uniform des *Institut*. Er war nämlich, was ihn mit großem Stolz erfüllte,[13] in die *Académie des Sciences* aufgenommen worden, wo er den Platz des nach dem 18. *Fructidor* geflüchteten Carnot einnahm. Auch wohnte er weiterhin in dem kleinen Haus in der Rue Chantereine, die man ihm zu Ehren jetzt in *Rue de la Victoire* umbenannt hatte. Seine ostentative Zurückhaltung war überlegt und klug, vermied er es doch so, dem Neid der einen oder den Verdächtigungen der anderen neue Nahrung zu geben. Auch war die Stunde noch nicht gekommen, sich von seiner Popularität gleichsam an die Macht tragen zu lassen. Was solche Pläne gleichwohl entschieden befördern musste, war seine unerhörte Machtfülle in dieser Zeit: Er war noch immer Oberbefehlshaber der Italienarmee und gleichzeitig Chef der im Aufbau befindlichen *Armée d'Angleterre*. Außerdem hatte er sich in seiner Eigenschaft als französischer Delegationsleiter beim Rastatter Kongress den Oberbefehl über die *Armées du Nord* und *d'Allemagne* ausbedungen, um damit über ein Instrument für die Durchsetzung der geheimen Absprachen über die Rheingrenze zu verfügen.

Wegen dieser Ämter und Funktionen konferierte er tagtäglich mit den Direktoren, die zunächst seine Anregungen und Vorschläge willig akzeptierten, sich bald aber auf ihr eigenes Selbstbewusstsein besannen und ihn immer wieder mit Einwänden verärgerten. Bonaparte, der Widerspruch nicht ausstehen konnte, griff zu seinem bewährten Mittel und drohte mit Rücktritt. Aus der sicheren Distanz Italiens tat diese Drohung stets die erwünschte Wirkung. Bei den Direktorialkonferenzen saß man aber an einem Tisch und blickte sich in die Augen. Das war eine ganz andere Situation. Eines Tages, als Bonaparte in gewohnter Manier den Direktoren das Gesetz des Handelns diktieren wollte, ermannte sich Reubell und machte ihn darauf aufmerksam, dass er weder das Mandat habe, in ihrem Kreise zu sitzen, noch gar, ihnen Befehle zu erteilen. Auf diese verletzende Zurechtweisung reagierte Bonaparte spontan mit der Ankündigung seines Rücktritts. Darauf Reubell: «Nur zu, General, hier haben Sie eine Feder! Das Direktorium erwartet Ihr Rücktrittsgesuch.»[14] Selbstverständlich schrieb Bonaparte dieses Gesuch nicht, sondern sah sich sogar genötigt, sich in aller Form bei den Direktoren zu entschuldigen. Das minderte Bonapartes Prestige nicht nur im Kreis der Direktoren, zumal Reubell die dem Direktorium dank Geldzuwendungen hörige Presse anwies, keine Elogen mehr auf den General zu veröffentlichen. Auch in der Öffentlichkeit begann sein Stern nun ein wenig zu verblassen.[15]

Deshalb war es das Beste, Paris den Rücken zu kehren und sich neuen Ruhm zu erwerben. Dazu riet auch die Erkenntnis: «Wenn ich zu lange nichts tue, bin ich verloren.»[16] Die Einsicht meinte zwar die Wankelmütigkeit der Pariser Öffentlichkeit, aber ihr eignete noch ein anderer, tieferer Sinn; Bonaparte war ein Getriebener, dessen Lebensmotto hätte lauten können: Ich handle, also bin ich. Auf den eigenen Lorbeeren auszuruhen und im Bewusstsein seiner vielfach erprobten Überlegenheit den richtigen Moment abzuwarten, war nicht seine Sache. Auf selbstgewisser Eitelkeit, so hatte ihn das Beispiel eines La Fayette gelehrt, ruhte wenig Segen, weil die Gemüter noch immer infolge der revolutionären Gärung heftig moussierten und in entsprechend raschem Wechsel ihre Idole verschlissen. Der archimedische Punkt zur Bändigung des zunehmend selbstzerstörerischen Strudels der Revolution lag deshalb nicht in Frankreich, schon gar nicht in Paris, auch nicht in Italien, sondern irgendwo, weit außerhalb, in einer Weltgegend voller Lockung und Geheimnis, deren märchenhafte Pracht und ungeheure Schätze sich nur vage ahnen ließen.[17]

Ägypten erfüllte in geradezu idealer Weise alle diese Voraussetzungen: Das Land der Pharaonen, das ein Alexander, ein Caesar erobert hatten, ein Land, das die Schätze Jahrtausende alter Kulturen barg, die dem, der sie hob, sicheren Ruhm versprachen. Ägypten war aber auch von großer strategischer Bedeutung. Der Herr über Ägypten beherrschte den alten Handelsweg der Landenge von Sinai, die das Mittelmeer vom Indischen Ozean, Europa von Indien trennte. Da war es von Vorteil, dass Ägypten ohne Herrscher zu sein schien. Das Land gehörte zwar nominell zum Osmanischen Reich, dem aber fehlte längst die Kraft, seinen Herrschaftsanspruch in dieser von Konstantinopel aus so fernen Provinz zur Geltung zu bringen. Schließlich war der Orient ein Traum, den Bonaparte schon lange hegte, eine ideale Projektionsfläche für seine früh entwickelten Machtphantasien. Bereits am 16. August 1797 hatte er dem Direktorium eine Expedition nach Ägypten nahegelegt: «Die Zeiten sind nicht mehr fern, in denen uns die Ahnung überfallen wird, dass wir uns, wenn England wirklich zerstört werden soll, Ägypten aneignen müssen. Das ungeheure ottomanische Imperium, das im Sterben liegt, macht es uns förmlich zur Pflicht, rechtzeitig über die Mittel nachzusinnen, wie wir unseren Handel mit der Levante erhalten können.»[18] Diese beiden Sätze enthielten bereits die ganze politische Rechtfertigung, um das ägyptische Abenteuer auf den Weg zu bringen. Aber auch wenn Bonaparte diese Rechtfertigung immer wieder bemühte, wird sie nicht plausibler. Frankreich verfügte über keine Marine, die eine solche Machtprojektion gegen England auf Dauer hätte durchsetzen können. Auf politisch-strategischer Ebene war das ägyptische Abenteuer deshalb von Anfang an völlig irrational und zu kläglichem Scheitern verurteilt. Dass dieses Scheitern mit dem angeblich großen Ertrag der Expedition maskiert werden konnte – in Frankreich grassierte eine *Égyptomanie*, die weit über das Ende der napoleonischen Herrschaft hinaus andauerte – sollte einer der erfolgreichsten Coups bonapartistischer Propaganda werden.

Von Ägypten konnte so lange keine Rede sein, wie allen Ernstes eine Invasion Englands geplant war, die Bonaparte leiten sollte und für die die *Armée d'Angleterre* aufgestellt wurde. Deshalb widmete er sich zunächst dieser Aufgabe. Am 8. Februar 1798 brach Bonaparte zu einer Inspektion der Küstenorte auf, in denen sich die *Armée d'Angleterre* versammelte. Seine Eindrücke vom Stand der Vorbereitungen für die geplante Invasion Englands waren geradezu niederschmetternd. Im Bericht an das Direktorium vom 23. Februar 1798 heißt es: «Welche Anstrengungen wir auch immer unternehmen, so werden wir dennoch in absehbarer Zeit nicht die Überlegenheit auf den Meeren erreichen. – Eine Invasion Englands zu wagen, ohne zuvor Herrscher der See zu sein, ist die riskanteste und die schwierigste Operation, die jemals begonnen wurde.» Am Ende seines Berichts kommt Bonaparte dann explizit zu dem Schluss: «Man muss also realistischerweise auf alle direkt gegen England gerichteten Aktionen verzichten, sich mit deren bloßem Anschein bescheiden und stattdessen seine ganze Aufmerksamkeit wie alle Mittel auf den Rhein konzentrieren, um zu versuchen, England entweder Hannover oder Hamburg zu entwinden. (...) Oder man entschließt sich zu einer Expedition in die Levante, die den englischen Handel mit Indien bedroht.»[19] Das war einleuchtend. Das Inselreich ließ sich nur über seine Flanken angreifen. Die eine Option war die Besetzung von Hannover und Hamburg, über die englische Waren auf den Kontinent gelangten; die andere die Eroberung Ägyptens, das man als Sprungbrett für eine Eroberung Indiens nutzen konnte. Die erste Option war jedoch politisch nicht zu realisieren, denn Hannover wie Hamburg fielen unter die 1795 in Basel vereinbarte norddeutsche Neutralität, die von Preußen garantiert wurde. Außerdem war bei jeder größeren Bewegung auf dem Kontinent mit dem Eingreifen Österreichs zu rechnen. Blieb also nur das aberwitzige ägyptische Gambit.

Doch das Direktorium hielt starrsinnig am Invasionsplan fest, für den beträchtliche Summen bereitgestellt wurden. Dennoch wurde wenige Tage später die Expedition gegen Ägypten beschlossen. Grundlage dieser Entscheidung war ein detailliertes Memorandum Bonapartes vom 5. März 1798.[20] Der Plan, Ägypten für Frankreich zu erobern, war schon während des *Ancien Régime* gelegentlich aufgetaucht, war aber jeweils rasch wieder zu den Akten genommen worden.[21] Der Orient, Ägypten waren für Bonaparte bis Ende Februar 1798 bloße Chimären, Traumgespinste, in die er sich verlor, um sich in seiner Imagination einen neuen Bildersaal unerhörter Ruhmestaten zu malen, der an exotischem Reiz seine Erfolge in Italien noch überstrahlte. Diese Träume spiegelten seine Befindlichkeit, das tiefe, von Tag zu Tag wachsende Unbehagen, mit dem er in Paris lebte, wo sein in Italien erworbener Ruhm unter den Intrigen und Medisancen der Parteien und Fraktionen immer rascher dahinwelkte, während sein Ziel, die Macht, in immer größere Fernen rückte. Deshalb wandte er jetzt, als man das Ägypten-Projekt im Direktorium diskutierte, seine ganze Energie daran, es in die Tat umzusetzen.[22] Wahrscheinlich war es Talleyrand gewesen, der Bonaparte aus seiner Verlegenheit befreit hatte, indem er dessen orientalischen Träumereien eine politische und strategische Richtung gab. Am 14. Februar 1798 hatte der Außenminister dem Direktorium ein längeres Memorandum zugeleitet, das Ägypten geradezu als «Gelobtes Land» schilderte und dessen Eroberung in finanzieller wie militärischer Hinsicht als wahres Kinderspiel bezeichnete.[23] Für eine schwache Regierung wie das Direktorium waren das genug verführerische Motive, um die andauernden innenpolitischen Schwierigkeiten durch ein kühnes außenpolitisches Unternehmen zu überspielen. Dass am Ende nicht dieses, sondern das Kalkül Bonapartes in Erfüllung ging und die Direktoren in der Rolle der betrogenen Betrüger dastanden, war anfangs keineswegs abzusehen. Einzig Bonaparte konnte sich des Gelingens sicher sein, denn selbst wenn er scheiterte, war er entschlossen, als Sieger nach Paris zurückzukehren.

Angesichts der Aussichtslosigkeit einer Invasion Englands waren die Verlockungen Ägyptens, die Talleyrand ausmalte, für das Direktorium unwiderstehlich. Hinzu kam, dass man damit nicht nur Bonaparte, sondern auch rund 30000 Mann jener Truppen los wurde, die jetzt nach dem Friedensschluss nach Frankreich zurückströmten. Aus all diesen Gründen entschloss sich das Direktorium ohne weitere Überlegung zu diesem riskanten Abenteuer,[24] angestiftet nicht zuletzt auch von seiner unstillbaren Beutegier. Am 5. März, dem zweiten Jahrestag seiner Abreise zur Italienarmee, erhielt Bonaparte den Auftrag, die Ägypten-Expedition mit allem Nachdruck und unter strenger Geheimhaltung zu organisieren und auszuführen.[25]

Während dieser Vorbereitungen, deren Kosten aus den Kassen Berns und Roms bestritten wurden, kam es zu einer jähen Verschlechterung der französisch-österreichischen Beziehungen. In Rastatt zogen sich die Verhandlungen in die Länge, weil jeder dem anderen noch in letzter Minute irgendein Zugeständnis abpressen wollte,[26] mit der Folge, dass das stets wache Misstrauen der beiden wichtigsten Kontrahenten neue Nahrung erhielt. Ein Zwischenfall in Wien, provoziert durch die Tölpelhaftigkeit des dortigen französischen Gesandten Bernadotte, der am 20. April in Paris bekannt wurde, schien einen neuerlichen Krieg gegen Österreich auszulösen. Diese Entwicklung stürzte das Direktorium in erhebliche Verlegenheiten. Einerseits war man sehr erleichtert und konnte es kaum abwarten, dass Bonaparte endlich nach Ägypten absegelte, andererseits glaubte man, in dieser sich zuspitzenden Situation auf ihn nicht verzichten zu können. Bonaparte seinerseits sah darin eine Chance, nun doch früher als erhofft an sein Ziel zu gelangen, und bot dem Direktorium an, nach Rastatt zu reisen, um hier über die Frage Krieg oder Frieden mit Österreich selbst zu entscheiden.[27] Nachdem jedoch am 24. und 25. April versöhnliche und den unbedingten Willen zum Frieden beteuernde Briefe aus Wien Paris erreichten, verstärkten die Direktoren ihren Druck auf Bonaparte, nach Ägypten aufzubrechen. In der Nacht vom 3. auf den 4. Mai reiste er nach Toulon ab. Von dort stach er am 19. Mai 1798 mit einer Flotte, 280 Kriegs- und Transportschiffe jeglicher Tonnage, voll beladen mit Menschen, Waffen, Munition und Nachschubgütern, mit dem Etappenziel Malta in See.[28]

Das waghalsige Unternehmen war zunächst vom Glück begünstigt: Nach dem Vorbild Alexanders des Großen hatte Bonaparte auch weit über hundert Wissenschaftler, Künstler, Architekten, Komponisten und Schriftsteller mitgenommen, um der Expedition von vornherein einen kulturellen Anstrich zu geben.[29] Für die propagandistische Ausschlachtung des Abenteuers war das von immensem Vorteil. Das stark befestigte Malta wurde ohne den Widerstand der dort herrschenden Ordensritter am 10. Juni 1798 für die Französische Republik in Besitz genommen. Am 19. Juni segelte die französische Armada ab und erreichte, von der englischen Mittelmeerflotte unbemerkt, am 1. Juli Alexandria. Bis jetzt war alles nach Plan verlaufen; nun aber begannen die Schwierigkeiten. Ägypten war eine Provinz des Osmanischen Reichs. In Wahrheit herrschten hier jedoch die Mameluken, die Elitetruppen der Paschas, die die einheimische Bevölkerung auf vielerlei Weise drangsalierten. Dank der Informationen des langjährigen französischen Konsuls in Alexandria rechnete Bonaparte fest damit, dass er in Ägypten als Befreier begrüßt werde, sobald es ihm gelänge, die Mameluken zu vernichten. Danach würde alles sehr einfach sein, und es käme nur darauf an, gestützt auf die italienischen Erfahrungen, eine Zivilverwaltung aufzubauen, die das Land organisierte. Zu ihrem Schutz war sicher nur eine kleine Besatzungsmacht vonnöten. Entscheidend aber war, dass die Hohe Pforte es guten Willens geschehen ließ, diese ihr nur noch nominell zugehörige Provinz den Franzosen zu überlassen. Bonaparte hatte deshalb mit Talleyrand vereinbart, dass der Außenminister selbst nach Konstantinopel reise, um dort die entsprechenden Verhandlungen zu führen. Kaum aber war Bonaparte aus Paris verschwunden, dachte Talleyrand nicht mehr daran, sein Versprechen einzulösen. Er beauftragte den Vertreter Frankreichs in Konstantinopel, Ruffin, diese heikle Mission zu erledigen. Der wurde jedoch sofort in den Kerker geworfen. Talleyrand konnte sich beglückwünschen, diesem Schicksal entronnen zu sein. Bonaparte wusste lange nichts von dieser Entwicklung, die seine weiteren Pläne nachdrücklich berührte, wie seine beiden Schreiben an das Direktorium aus Kairo vom 24. Juli und 19. August 1798 zeigen.[30]

Eine zunächst viel schlimmere Überraschung war für Bonaparte und das Expeditionscorps jedoch das Klima. Die Truppen landeten mitten in der heißesten Zeit in Ägypten. Schon der erste Marsch durch den glühenden Wüstensand, zu dem Bonaparte mit dem Gros seiner Armee am 7. Juli aufbrach, um erst drei Tage später bei El-Ramanyeh den westlichen Arm des Nil zu erreichen, war für die Soldaten in ihren Uniformen aus schwerem Tuch eine schreckliche Prüfung. Manche wurden vor Durst wahnsinnig, andere erblindeten unter der intensiven Sonneneinstrahlung.[31] Die Anstrengungen höhlten rasch die Moral der Truppe aus. Lauter Unmut und erste Anzeichen offener Meuterei waren die Folge. Wider seine sonstige Gewohnheit bewahrte Bonaparte eiserne Ruhe, statuierte keine Exempel und tat im übrigen so, als bemerke er nichts. Erreichte man den Nil, wären die ärgsten Entbehrungen schnell vergessen, und die erste siegreiche Schlacht würde die Moral schon wiederherstellen. Nach einem Scharmützel mit den Reitertruppen Mourad Beys am 13. Juli bei Shubra Khit kam es eine Woche später und einen Tagesmarsch von Kairo entfernt zu einer Schlacht mit der gesamten mamelukischen Streitmacht. Es war die «Bataille des Pyramides», wie Bonaparte sie mit untrüglichen Sinn für Propaganda in seinem Bericht an das Direktorium nennen sollte,[32] obwohl vom Ort des Kampfes aus die Pyramiden gar nicht zu sehen waren. Wie schon bei Shubra Khit formierte Bonaparte seine Divisionen jeweils zu waffenstarrenden Karrees – «Esel und Gelehrte in die Mitte!», soll der Befehl gelautet haben –, deren Außenseiten jeweils mehrere Reihen tief mit dicht an dicht stehender Infanterie besetzt waren, die erst, wenn die angreifende Reiterei sich ihnen auf fünfzig Schritt genähert hatte, konzentriert Feuer gab – mit fürchterlicher Wirkung auf die kurze Distanz.[33] Mourads Armee ritt vergeblich mehrere Attacken, die jeweils unter großen Verlusten für die Angreifer abgeschlagen wurden, und ergriff schließlich, nachdem einige tausend Kämpfer tot oder verwundet auf dem Schlachtfeld lagen, die Flucht, während die Franzosen nur rund hundert Verwundete und Tote zu beklagen hatten.[34]

Der Ausgang dieser ungleichen Schlacht, die trotz der Höhe der gegnerischen Verluste nichts entschied, war in dreierlei Hinsicht bedeutsam: Zum einen etablierte sie sofort Bonapartes Ruf als ein allen Gegnern überlegener Stratege, zum anderen festigte sie die Moral seiner Truppen, die jetzt über das weitgehend intakt gebliebene Lager Mourads herfielen und in einer Orgie des Plünderns und Raubens schwelgten. Zum dritten konnte Napoleon am folgenden Tag, dem 22. Juli, wie ein Triumphator an der Spitze seiner Truppen in Kairo einziehen. Zuvor hatte er noch eine von Gizeh datierte Proklamation in Kairo anschlagen lassen.[35]

Diese erste Proklamation erhellt bereits Bonapartes Absicht, neben einer Militärverwaltung eine Ziviladministration aufzubauen, in der allein Einheimische tätig sein sollten. Dabei wollte er sich auf die ortsüblichen Bräuche und Gewohnheiten stützen, wie es ihn das italienische Beispiel gelehrt hatte. Unbeschadet dessen wollte er sich in Ägypten auch ein neues Proconsulat schaffen, wo er, schon wegen der schlechten Kommunikationsbedingungen mit dem Mutterland, noch freier schalten und walten konnte als in Italien. Die für Kairo getroffenen Verwaltungsanordnungen sollten nach einem Erlass Bonapartes vom 27. Juli 1798 für alle Provinzen Ägyptens gelten.[36] Bonapartes Überzeugung jedoch, dass die *Bataille des Pyramides*, die Einnahme Kairos und der weitgehende Respekt vor den Bräuchen des Landes allein genügten, die französische Herrschaft durchzusetzen, erwies sich schnell als trügerisch.

Bis in die späten Julitage schien es, als werde Bonaparte in Ägypten seine militärischen und administrativen Erfolge in Italien noch weit übertreffen. Die Vision von einem Ägypten als blühender französischer Kolonie, die alle schmerzlichen Verluste ausgleichen würde, die Frankreich in Amerika und Westindien hatte hinnehmen müssen, gewann Gestalt. Zu Nord- und Mittelitalien, den Vasallen Frankreichs, zu dem Besitz von Malta, Korfu und der Ionischen Inseln kam jetzt noch das jahrtausendealte Reich der Pharaonen. Das Mittelmeer würde zum *Mare nostrum* der *Grande Nation*. Diese Fata Morgana zerstob am 1. August 1798 bei Abukir unter den Kanonen des von Admiral Nelson befehligten Mittelmeergeschwaders.

Wenige Tage vor dieser höchst fatalen Seeschlacht musste Bonaparte noch einen anderen Verlust erleiden. Schon seit dem Frühjahr war der Zerfall seiner Ehe offenkundig. Eine von Joséphine entlassene Dienerin hatte Bonaparte Intimitäten über die Untreue seiner Frau hinterbracht. Wohl zum ersten Mal erfuhr er, dass Joséphine ihn seit vielen Monaten mit Hippolyte Charles betrog. Die ehemalige Dienerin, Louise Compoint, wusste auch von illegalen Spekulationsgeschäften zu berichten, in die Joséphine mit Charles über einen ehemaligen Heereslieferanten namens Bodin verwickelt sei, der unter anderem die Italienarmee versorgt hatte. Napoleon beauftragte seinen Bruder Joseph, der, wie der ganze Clan, Joséphine entschieden ablehnte, mit Nachforschungen. Es zeigte sich in der Tat, dass Joséphine, Hippolyte Charles und Barras in illegale Geschäfte verstrickt waren. All diesen Anschuldigungen widersprach Joséphine jedoch unter einem Schwall von Tränen. Es scheint, als habe Bonaparte ihr zunächst Glauben geschenkt, nicht zuletzt, weil er dahinter eine Intrige seiner Gegner vermutete.[37] Doch an sein tief sitzendes Misstrauen muss dann ein Mann aus seiner engsten Umgebung gerührt haben, der von Joséphines Ehebruch genaue Kenntnis hatte. Am 25. Juli 1798 schrieb Bonaparte an seinen Bruder Joseph einen verzweifelten Brief: «Ich könnte in zwei Monaten in Frankreich sein; ich lege Dir meine finanziellen Interessen ans Herz. Ich habe sehr viel häuslichen Kummer, denn der Schleier ist vollständig zerrissen. Ich habe nur noch Dich auf Erden, Deine Freundschaft ist mir sehr teuer.

Um mich endgültig zu einem Menschenverächter zu machen, muss ich sie nur verlieren und Du mich hassen. Es ist eine ziemlich traurige Lage, alle Empfindungen auf einmal in einem Herzen und für eine Person zu hegen (...) Du verstehst mich. Kümmere Dich darum, dass ich bei meiner Rückkehr einen Landsitz habe, entweder in der Umgebung von Paris oder in Burgund. Ich werde dort den Winter über sein und mich einschließen. Ich habe die menschliche Natur gründlich satt! Ich brauche Einsamkeit und Alleinsein. Die *grandeurs* langweilen mich, mein Gefühl ist vertrocknet, der Ruhm mir fad geworden. Mit neunundzwanzig Jahren habe ich bereits alles ausgeschöpft. Mir bleibt nur noch, ein Egoist zu werden!»[38]

Doch den vorübergehend erwogenen Vorsatz, sich scheiden zu lassen, ließ Bonaparte wieder fallen. Rund zwei Monate später legte er sich in Kairo eine Mätresse zu, die Französin Marguerite-Pauline Bellisle, die ihrem Mann, einem Leutnant, als *Chasseur à cheval* verkleidet gefolgt war.[39] Ihre Zuwendung lenkte ihn von seinem Liebeskummer ab. In einem im Spätherbst geschriebenen, nicht datierten Brief an Joseph heißt es: «Kümmere Dich um meine Frau; besuche sie gelegentlich einmal.»[40] In diesen Worten, bemerkt Frédéric Masson zu Recht, scheint weder Zärtlichkeit auf, noch geben sie den Entschluss zur Trennung zu erkennen. Bonapartes Verhältnis nicht nur zu Joséphine, sondern zu Frauen überhaupt, war seitdem tief gestört. Jetzt erst kam seine misogyne Veranlagung zum Vorschein, die ihn aber nie daran hinderte, Frauen als Lustobjekte oft und gern zu benutzen.

In seiner brieflich geäußerten Hoffnung, er könne in zwei Monaten wieder in Frankreich sein, sprach sich auch die Zuversicht aus, Ägypten sicher unter Kontrolle zu haben. Was noch zu tun war, konnte man einem Stellvertreter anvertrauen. Genau eine Woche später war diese Erwartung zunichte gemacht. Die Seeschlacht vor Abukir, bei der Nelsons Mittelmeergeschwader die gesamte französische Flotte bis auf drei Schiffe zusammenschoss, die mit knapper Not entkamen, wurde zum Menetekel des ägyptischen Abenteuers, kaum dass es begonnen hatte.[41] Ägypten war damit zur Falle für das französische Expeditionscorps geworden. Aussicht auf Rettung von außen bestand nicht. Es gab nur eine Alternative: Entweder den von vornherein ziemlich aussichtslosen Versuch zu wagen, auf dem Landweg nach Konstantinopel oder gar in Richtung Indien durchzubrechen, oder abzuwarten, um irgendwann vor der schieren Not oder einem überlegenen Gegner zu kapitulieren. Wer aber trug die Schuld an dem Debakel? Der Oberkommandierende Bonaparte oder der Flottenbefehlshaber Admiral Brueys? Bonaparte hatte den Admiral bereits am 3. Juli 1798 angewiesen, bei geeignetem Tiefgang in den Hafen von Alexandria einzulaufen. Andernfalls solle er prüfen, ob er sich, auf Reede liegend, gegen einen überlegenen Angreifer mit Aussicht auf Erfolg zur Wehr setzen könne. War auch das unmöglich, dann solle er sofort unter Zurücklassung einiger kleinerer Schiffe nach Korfu Segel setzen.[42] Wahrscheinlich war der Admiral von diesem Ermessensspielraum überfordert. Er war an eindeutige Befehle gewöhnt. Nicht ausgeschlossen, dass Brueys in Sorge um das ägyptische Expeditionscorps, das ohne Flotte verloren war, kostbare Zeit verschwendete, den Tiefgang der Fahrrinne zu erkunden. Das mochte bei Bonaparte den Irrtum nähren, die gesamte Flotte befände sich im Schutz dieses Hafens. Andererseits hatte Brueys keine andere Wahl, denn seiner Flotte mangelte es an Wasser, Proviant und Holz, um die Fahrt nach Korfu überhaupt antreten zu können. In einer Botschaft vom 30. Juli teilte Bonaparte dem Admiral mit: «Ich bin überzeugt, dass augenblicklich 50 Schiffe beladen mit Lebensmitteln bei Ihnen eingetroffen sind. Wir haben hier eine immense Arbeit zu bewältigen. Es gilt ein Chaos zu entwirren und zu organisieren, das seinesgleichen noch nie gesehen hat. Wir haben Weizen, Reis und Gemüse im Überfluss.»[43] Diese Mitteilung erreichte Brueys nie, weil der Kurier unterwegs überfallen und ermordet wurde. Überdies war sie eine glatte Lüge, denn Bonaparte gab erst am selben Tag General Vial in Damiette die Anweisung, Brueys 1400 Zentner Reis und 500 Hammel zu schicken. Gelogen war auch Bonapartes Nachricht an das Direktorium vom 19. August, nach dem Desaster von Abukir, er habe Admiral Brueys befohlen, unmittelbar nach der Entladung der Flotte nach Korfu abzusegeln. Da die Nachrichtenverbindung zwischenzeitlich länger unterbrochen gewesen sei, habe er erst durch ein Schreiben vom 2. *Thermidor* (20. Juli, J.W.) erfahren, dass die Flotte noch immer vor Abukir ankere und außerdem schon englische Kriegsschiffe gesichtet worden seien. Dieser Brief habe ihn aber erst am 30. Juli erreicht. Deshalb habe er, im höchsten Maße alarmiert, sofort einen Kurier abgesandt, der Brueys (mündlich) den Befehl übermitteln sollte, unverzüglich nach Korfu aufzubrechen; ferner habe er den Boten angewiesen, so lange in Abukir zu bleiben, bis die Flotte abgesegelt sei.[44]

Alle Indizien sprechen jedoch dafür, dass dieser angeblich mündlich zu übermittelnde Befehl Bonapartes reine Erfindung war, um sich von jeder Schuld an der Vernichtung der Flotte reinzuwaschen, die er ausdrücklich Brueys anlastete.[45] In keinem der zahlreichen anderen Schreiben und Befehle jenes Tages findet sich der geringste Hinweis, dass er dem Admiral befohlen habe, sofort abzusegeln. Ein Beweis für

Bonapartes Lügen ist hingegen sein Brief vom 3. August an General Chabot, den Gouverneur von Korfu, in dem er diesem mit keiner Silbe ankündigte, dass er demnächst mit dem Einlaufen der Flotte zu rechnen habe.[46] Unterdessen war Nelson längst aufgetaucht und versetzte der französischen Kriegsmarine am Nachmittag des 1. August einen Schlag, von dem sie sich lange nicht mehr erholen sollte. Alle späteren Planungen Napoleons, England zu erobern, wurden damit schon bei Abukir bereits Makulatur.

Die Vernichtung der französischen Flotte wird Bonapartes dunkle Ahnungen über den Ausgang der ägyptischen Unternehmung zur Gewissheit gemacht haben. Hinzu kam die Enttäuschung darüber, dass Ägypten alles andere als ein Märchenland war. Die wasserlose Wüste, die von Hitze flirrende Weite, die durch die intensive Sonneneinstrahlung verursachte Erblindung vieler Soldaten, die erst nach Tagen wieder sehen konnten, die zahlreichen Darmerkrankungen und die unspezifischen Fieberanfälle – das waren alles unvorhersehbare Plagen. Doch damit nicht genug: die Überfälle nomadisierender Beduinen, die heimtückische Rache an Soldaten und Kurieren, die durchweg feindselige Haltung einer Einwohnerschaft, die offenbar keinen Wert auf die Befreiung vom Joch ihrer mamelukischen Unterdrücker legte, das alles war kaum ermutigend. Schließlich wollte das seit Italien vorzüglich bewährte Konzept, die Truppe aus dem eroberten Land zu versorgen, in Ägypten nicht recht gelingen. Das zeigen die großen Versorgungsschwierigkeiten der Flotte, die erheblich zu ihrer Lähmung beitrugen. Aber auch die Landungstruppen hatten große Mühe, sich zu verproviantieren. Zunächst forderte Bonaparte nur Wein- und Schnapslieferungen mit Dringlichkeit aus Frankreich an, bald war der Mangel an Tieren für den Lastentransport spürbar, dem nur durch den Erwerb von Kamelen und Pferden ein wenig abzuhelfen war. Nicht lange sollte es auch dauern, dass Bonaparte seine anfänglich hohe Meinung von der einheimischen Bevölkerung revidieren musste, deren Sitten und Gewohnheiten unbedingt zu respektieren er seine Soldaten immer wieder ermahnt hatte.[47]

Selbst nachdem Desaix in einer Reihe brillanter militärischer Aktionen die anfängliche Bedrohung der Mameluken-Reiterheere gebannt hatte, waren die Franzosen nur Herren Kairos sowie weniger Städte an der Küste, während das Land von marodierenden Banden heimgesucht wurde. Französische Soldaten, die ihnen in die Hände fielen, töteten sie erst nach schrecklichen Marterqualen. Diese Grausamkeiten gaben einen ersten Vorgeschmack der fürchterlichen Schrecken des Guerillakriegs, die zu einem Kennzeichen der Kampagne in Spanien werden sollten.

Verstört war Bonaparte vor allem aber darüber, dass sich in Ägypten, entgegen allen Erfahrungen in Italien, kein für alle Beteiligten lukrativer Raubkrieg führen ließ. In einer Nachricht an das Direktorium vom 24. Juli 1798 heißt es: «In diesem Land ist sehr wenig Münzgeld im Umlauf, entschieden zu wenig jedenfalls, um den Sold der Armee zu bestreiten. Stattdessen gibt es viel Weizen, Reis, Gemüse und Schlachtvieh. Für die Republik könnte es keine näher gelegene und mit fruchtbareren Böden gesegnete Kolonie geben. Das Klima ist sehr gesund, weil die Nächte frisch sind.»[48] Mit anderen Worten: Das ägyptische Abenteuer würde sich, wenn überhaupt, nur als langfristige Investition auszahlen. Für das Direktorium war das keine Perspektive. Man konnte in dem ganzen Unternehmen nur dann einen Sinn erkennen, wenn es raschen Gewinn abwarf. Je mehr der Geldmangel drückte, desto skrupelloser griff Bonaparte zu Zwangsmaßnahmen, die der Popularität der Franzosen noch abträglicher sein mussten. Wie Bonaparte da zu verfahren gedachte, teilte er General Kléber am 27. Juli mit: «Unsere Armut an Münzgeld steht in einem umgekehrten Verhältnis zu unserem Reichtum an Lebensmitteln. Das zwingt uns gebieterisch dazu, dem Handel soviel Goldbarren und Silber zu entziehen, wie uns dies nur möglich ist, und ihm im Tausch dagegen Lebensmittel zu geben.»[49]

Diese Art des Wirtschaftens leuchtete den Einheimischen ganz und gar nicht ein, weshalb Bonaparte bald Zuflucht zu Zwang und Gewalt nehmen musste. Als erstes wurden die Großkaufleute von Alexandria mit einer Kontribution von 300000 *livres de France* belegt; dieselbe Summe musste am nämlichen Tag Seid Mohammed el-Koraim zahlen, mit der Androhung, dass er, wenn er den Betrag nicht binnen fünf Tagen erlege, den Kopf verlöre. Eine Zwangsabgabe von 100000 *francs* wurde auch den Bürgern von Rosetta diktiert; die nämliche Summe presste man außerdem den Kaufleuten von Rosetta ab; ein ähnliches Schicksal ereilte die Kaufleute und Beamten der *ancienne administration* in der Stadt Damietta, die 150000 *francs* abliefern sollten, jene in Damas hingegen kamen mit einer Summe von 60000 *talari* (Maria-Theresien-Taler, die damals wichtigste Währung im Orient, J.W.) davon, abzuliefern in täglichen Raten. 100000 *talari* wurden den Kopten auferlegt, die in der Verwaltung der Mamelucken tätig waren, schließlich wurde speziell den Kaffeehändlern eine Zwangsabgabe von 200000 *talari* befohlen.[50]

Diese Zwangsmaßnahmen lösten zunächst lebhaften Unmut bei den unmittelbar Betroffenen aus, der rasch auf weite Bevölkerungskreise übergriff, weil die Händler ihre Kontributionskosten über die Preise abzuwälzen suchten. Die Quittung dafür war der Aufstand, der Kairo im

Oktober erschütterte. Bonaparte konnte den Aufruhr nur mit großer Brutalität ersticken. Gleichwohl verbesserte der Ertrag der Auflagen nur vorübergehend seine missliche finanzielle Lage, und er sah sich im August gezwungen, vom Direktorium eine Summe von 500000 *francs* zu erbitten. Darüber wird man in Paris alles andere als entzückt gewesen sein, schließlich war man daran gewöhnt, dass Bonaparte Geld schickte, nicht umgekehrt.

Auch wenn sich die Befürchtungen nicht bestätigten, die Engländer könnten nach ihrem Seesieg Alexandria und Rosetta im Handstreich einnehmen, musste Bonaparte sich gleichwohl den völligen Fehlschlag seines ägyptischen Unternehmens eingestehen. Weit davon entfernt, dies anderen gegenüber zuzugeben, vervielfachte er jetzt seine Anstrengungen, eine Verwaltung aufzubauen, die Gelehrten und Künstler, die ihn begleitet hatten, zu Arbeiten und Forschungen anzuhalten, zumal auch schon vor seiner Expedition in Frankreich große Neugier auf das Land am Nil herrschte, nicht zuletzt geweckt von der populären Reiseschilderung des Philosophen und Politikers Constantin François Volney.[51] Nach Abukir erfuhren diese Wissenschaftler und Künstler, die zu den wichtigsten Repräsentanten des kulturellen Lebens in Frankreich gehörten, einen von ihnen unbemerkten Rollenwechsel: Sie avancierten zu Bonapartes nützlichen Idioten, deren Forschungsergebnisse und künstlerischen Erträge dazu beitrugen,[52] das Debakel der ägyptischen Expedition erfolgreich zu verschleiern. Der Zauber dieser durchsichtigen Zwecklüge erwies sich als ein Meisterstück kulturhistorischer Propaganda. Der Fehlschlag in Ägypten, von dem die europäischen Koalitionskriege gegen Frankreich wieder ausgehen würden, verwandelte sich alsbald in eine große bonapartistische Epopöe.[53]

Die Niederlage von Abukir zwang aber auch das Direktorium, Bonapartes ägyptischer Mission ein neues Ziel zu setzen. Das arbeitete seiner Propaganda direkt in die Hände. Hielt man jetzt immer noch an der ursprünglichen, ausschließlich gegen England und die englischen Interessen in Indien gerichteten Zielsetzung fest, dann lief man unweigerlich Gefahr, nach Abukir als der große Verlierer dazustehen und den letzten Kredit in der Öffentlichkeit zu verspielen. Daher erwähnte man am 14. September in Paris im Zusammenhang mit der offiziellen Bekanntgabe von Bonapartes erfolgreicher Landung in Ägypten und der Einnahme Kairos weder England noch den Verlust der französischen Flotte mit einem Wort.[54] Aber es sollte noch schlimmer kommen: Entscheidend für die ägyptische Expedition war immer die Annahme gewesen, dass die Türkei diese Invasion nicht als feindseligen Akt auffasse, England die französische Landungsflotte nicht angreife, Russland,

Preußen und Österreich stillhielten. Talleyrand hatte sich stets so geäußert, und auch Bonaparte argumentierte wohl in seinen Gesprächen mit den Direktoren ganz ähnlich.

Abukir strafte diese Annahmen Lügen: Russland und die Türkei verbündeten sich mit England, kaum dass sie die Nachricht von Abukir erhalten hatten. Bonaparte trug ein gerütteltes Maß an Schuld daran, dass die Türkei diese Allianz so rasch mit zwei Mächten abschloss, denen sie aus guten Gründen stets misstraut hatte. So sandte er den Repräsentanten der Französischen Republik in Korkyra, Ithaka und an der Küste der Ägeis von Malta aus am 15. Juni einen Brief mit der Aufforderung, die Griechen zu informieren, dass die Trikolore über La Valetta wehe und sie daraus ihren Vorteil ziehen sollten.[55] Das war eine zwar verklausulierte, aber deutliche Ermunterung, sich gegen die türkische Herrschaft aufzulehnen. Mit anderen Worten: Das in Italien erfolgreiche Rezept, die Staaten zu schwächen, indem man sie «revolutionierte», wollte Bonaparte nun auch auf Griechenland anwenden. Dass dieses Spiel mit dem Feuer leichtfertig einen Konflikt mit der Türkei heraufbeschwören konnte, wusste Bonaparte, wie sein Brief vom 15. Juni an den französischen Kommandanten von Korfu beweist, den er vor einem möglichen türkischen Angriff warnte.[56]

In Konstantinopel, wo schon der Fall Maltas unliebsames Aufsehen erregt hatte, wuchs die Verärgerung beträchtlich, sobald Bonapartes Botschaften an die französischen Repräsentanten im griechischen Teil des Türkischen Reiches bekannt wurden. Am 25. Juli berichtete der französische Gesandte Talleyrand von einer Unterredung mit dem «Drogman» der Hohen Pforte, dem Fürsten Ypsilanti, einem gebürtigen Griechen. Wörtlich sagte dieser: «Als Drogman des Divan (...) kann ich die ehrgeizigen Absichten, die der Bürger Bonaparte in Bezug auf das Gebiet des Ottomanischen Reichs hat, nicht billigen; aber als Grieche verdamme ich mit allem Nachdruck eine solche Großmäuligkeit, die zehntausend Griechen das Leben kosten wird, die, wenn sie sich davon beeindrucken lassen, von den Türken massakriert werden.»[57] Als dann in Konstantinopel die Landung Bonapartes bei Alexandria ruchbar wurde, hegte man keinen Zweifel mehr an den feindlichen Absichten der Französischen Republik. Der Entschluss, gemeinsam mit England und Russland gegen Frankreich vorzugehen, fiel aber erst, nachdem die Kunde von Abukir am Bosporus eingetroffen war: Am 9. September erklärte die Hohe Pforte Frankreich den Krieg. Wenig später blockierte eine kombinierte russisch-türkische Flotte Korfu und eine englisch-portugiesische Malta. Damit war Bonaparte von Nachrichtenverbindungen mit dem Mutterland abgeschnitten, nachdem seit Anfang August vor

Alexandria kreuzende englische Kriegsschiffe schon die meisten französischen Kuriere abgefangen hatten.

Die türkische Kriegserklärung gab in Kairo das Signal zu dem bereits erwähnten Aufstand, der am 21. Oktober ausbrach. Das Zentrum der Revolte war die Al-Aksa Moschee und das umliegende Viertel, dessen verwinkelte Gassen die Rebellierenden verbarrikadiert hatten.[58] Bonaparte besann sich auf seine während des *Vendémiaire* gemachten Erfahrungen im Straßenkampf und gab Befehl, einige Mörser auf einer Anhöhe unweit der Moschee in Stellung zu bringen, die vom Mittag bis Abend des 22. Oktober diese und das umliegende Viertel weitgehend zerstörten. Gleichzeitig wehrten Kavallerieabteilungen vor der Stadt die herbeieilenden Nomaden ab. Die Entscheidung brachte aber gegen Abend das konzentrierte Artilleriefeuer, das die Aufständischen zum Aufgeben zwang.

Die Opferbilanz dieser zwei Tage währenden Kämpfe ist nie genau gezogen worden. Bonaparte spielte im Bericht an das Direktorium vom 27. Oktober die eigenen Verluste weit herunter und vervielfachte die der Aufständischen.[59] Wer von diesen überlebt hatte, lief jetzt Gefahr, der Rache der Sieger zum Opfer zu fallen – und diese Rache war fürchterlich. Bonaparte wies seinen Stabschef Berthier an, alle Aufständischen, die mit Waffen in der Hand angetroffen wurden, köpfen zu lassen. Noch grauenhafter war der Befehl Bonapartes, die Bewohner einer armseligen Ansiedlung in der Nähe Kairos, die vermutlich einige Franzosen getötet hatten, exemplarisch zu bestrafen. «Der Oberbefehlshaber gab seinem Adjutanten Croisier Befehl, sich dorthin zu begeben, die Bevölkerung aufzubringen, ihre elenden Hütten vollständig zu zerstören, alle Männer zu töten und die Überlebenden nach Kairo zu schaffen. Angeordnet wurde auch, den Männern die Köpfe abzuschlagen, diese in Säcke zu packen, um sie den Einwohnern von Kairo zu zeigen. (...) Am folgenden Tag kehrte die Truppe zurück. Viele der arabischen Frauen kamen unterwegs nieder; Kinder starben an Hunger, an der Hitze, an Erschöpfung. Gegen 4 Uhr langten auf dem Esbekia Platz mit Säcken beladene Esel an. Die Säcke wurden hier in aller Öffentlichkeit geöffnet und vor der neugierig zusammengeströmten Menge rollten die abgeschlagenen Köpfe heraus.»[60]

Der Aufstand von Kairo war für Bonaparte eine bittere Lektion. Seine Hoffnung, als Befreier begrüßt zu werden, auf die seine Politik unbedingter Toleranz gegründet war, hatte sich als Illusion erwiesen. Gleiches galt für seine hochgespannten Erwartungen von einer «zivilisatorischen Mission». Als weitere Folge des Kairoer Aufstands sank die Moral der Truppe auf einen neuen Tiefpunkt. Das früh schon im Offizierscorps grassierende Verlangen, sich nach Frankreich abzusetzen, wurde immer heftiger. Man bestürmte die Ärzte, entsprechende Gesundheitszeugnisse auszustellen. Kavalleriegeneral Alexandre Dumas, der Vater des Romanciers, scheint sogar das Haupt einer im Entstehen begriffenen Meuterei von Offizieren gewesen zu sein, die sich weigerten, die Invasion Ägyptens über Kairo hinaus fortzusetzen. Dies blieb Bonaparte nicht verborgen, aber er reagierte mit kluger Milde: Dumas wurde einfach mit einem Transport Schwerstverwundeter nach Frankreich zurückgeschickt und aus dem Armeedienst entlassen.

Trotz der brutalen Niederschlagung des Aufstands wusste Bonaparte, dass die Lage in Ägypten von Tag zu Tag unhaltbarer wurde. Dem Direktorium hatte er bereits am 21. Oktober berichtet, dass sich eine türkische Armee in einer Stärke von 60000 Mann bei Damaskus versammle.[61] Das war eine unmissverständliche Drohung, die Bonaparte freilich lange Zeit ebenso missdeutete wie das Auftauchen türkischer und russischer Kriegsschiffe im englischen Flottenverband, der Alexandria blockierte: Für Bonaparte, der lange nur unzulänglich über die aktuelle Lage in Europa und insbesondere in Frankreich unterrichtet war, eine höchst missliche Situation. Möglicherweise war die Stunde längst verstrichen, um in Paris gefahrlos nach der Macht zu greifen. Seine verständliche Neugier veranlasste ihn, mit der englischen Blockadeflotte Kontakte anzuknüpfen.[62] Das Wichtigste erfuhr er vom Flottenbefehlshaber Kapitän Samuel Hood: Die Türkei habe sich mit England und Russland verbündet, um gegen Frankreich Krieg zu führen. Auch diesmal wollte Bonaparte nichts davon glauben. Immerhin wurde aber zugesagt, wenn die Flotte Zeitungen aus Europa erhalte, werde man sie ihm gerne zukommen lassen. Seine mit diesen Kontakten ebenfalls angestrebten Sondierungen um einen Waffenstillstand, wenn nicht gar eine Friedensregelung, die beiden Seiten gestattete, das Gesicht zu wahren, stießen dagegen auf kühle Ablehnung.

Nach dem Scheitern dieser Kontakte versuchte Bonaparte, sich erneut mit der Hohen Pforte diplomatisch ins Benehmen zu setzen. Seine im August und September unternommenen Versuche waren allerdings kläglich gescheitert. Auch seinem dritten Versuch von Anfang Dezember erging es nicht anders: Das Schiff mit seinem Gesandten wurde vor Rhodos von den Engländern aufgebracht, der Unterhändler kam in Gefangenschaft, und seine Instruktionen gelangten erst Mitte April 1799 nach Konstantinopel.[63] Im übrigen war diese Mission nur als Ablenkungsmanöver geplant, denn Bonaparte bereitete seit Ende September einen Angriff auf Syrien vor, einen integralen Bestandteil des Ottomanischen Reiches.[64]

Bevor er zu dieser letzten großen militärischen Kampagne im Rahmen des ägyptischen Abenteuers aufbrach, richtete er an die Einwohner Kairos am 21. Dezember eine Proklamation, die zwar auf deren religiösen Fanatismus abgestellt war, aber einen mehr als seltsamen Beigeschmack hatte: «Cherifs, Ulemas und Prediger in den Moscheen, lasst Eure Gläubigen nur wissen, dass diejenigen, die sich mit Begeisterung als meine Feinde erklärt haben, keinen Schutz finden werden, weder in dieser, noch in der anderen Welt. Sollte es überhaupt einen derart verblendeten Menschen geben, der nicht zu erkennen vermag, dass die Vorsehung selbst all mein Tun lenkt? Gibt es irgendjemanden, der so ungläubig ist, daran zu zweifeln, dass alles, was in diesem ungeheuren Universum geschieht, dem unbedingten Willen der Vorsehung unterworfen ist? – Lasst Eure Gläubigen wissen, dass, seitdem es die Erde gibt, es geschrieben steht, dass, nachdem ich die Feinde des Islam bezwungen, die Kreuze umgestürzt habe, ich aus der Tiefe des Westens zurückkehren werde, um die Aufgabe zu erfüllen, die mir aufgetragen worden ist.»[65] Noch auf Sankt Helena hing Napoleon diesem Traum eines, seines Kalifats nach, das ihn wie Alexander den Großen in die Apotheose entrückt hätte.

Der syrische Feldzug, zu dem Bonaparte Ende Januar 1799 mit rund 15 000 Mann aufbrach, war allein von der Absicht bestimmt, die von Norden heranrückende türkische Armee weit außerhalb Ägyptens abzufangen und in die Flucht zu schlagen. Die Kampagne war im Grunde genommen das Eingeständnis seines Scheiterns. Bonaparte hatte sich dagegen lange zur Wehr gesetzt. Deshalb hielt er wider alle Indizien und Nachrichten der Fiktion die Treue, vom Osmanischen Reich nicht bedroht zu sein. Als er seinen Irrtum schließlich doch erkennen musste, schien es fast schon zu spät, dieser Bedrohung präventiv entgegentreten zu können. Als Bonaparte am Abend des 17. Februar 1799 bei seiner Armee eintraf, die unterdessen nach strapaziösen Märschen durch die Sinai-Wüste beim Küstenstädtchen El-Arish angelangt war, erlebte er die böse Überraschung, dass der Ort nicht wie erwartet von General Reynier besetzt war, sondern von einem stark verschanzten Gegner erbittert verteidigt wurde. Der feindliche Widerstand ließ sich erst nach drei Tagen brechen. Am 22. Februar ging es dann von El-Arish ohne nennenswerte Zwischenfälle weiter über Gaza nach Norden, bis man am 3. März vor Jaffa anlangte. Die befestigte Hafenstadt wurde nach dreitägiger Belagerung am Nachmittag des 7. März genommen.[66]

Mit dem Hafenstädtchen Jaffa sind zwei düstere Reminiszenzen verbunden, die für die syrische Kampagne insgesamt charakteristisch sind. Bonaparte wollte diese Kampagne von Anfang an als einen «Feldzug der verbrannten Erde» führen, also Galiläa in eine Wüstenei verwandeln.

Das zeigt vor allem das Massaker an über viertausend osmanischen Gefangenen, mit dem die französischen Truppen, nachdem sie im eroberten Jaffa eine Nacht und einen Tag lang barbarisch gehaust hatten, auf Befehl Bonapartes am 8. März 1799 begannen.[67] Vom Makel, den er damit auf sich geladen hatte, suchte er sich auf seine Weise zu befreien: Sein Besuch bei den Pestkranken im Lazarett von Jaffa, der unmittelbar nach Beendigung dieser Massenabschlachtung wehrloser Menschen stattfand, verfehlte weder auf die Gemüter der Zeitgenossen noch der Nachgeborenen die von ihm kalkulierte Wirkung. Zu einer der wichtigsten Ikonen der bonapartistischen Hagiographie wurde dieser Bußgang aber erst durch das Gemälde *Bonaparte visitant les pestiférés de Jaffa* von Antoine-Jean Gros, das der Erste Consul beim Künstler in Auftrag gab und das sofort Furore machte, als es zum ersten Mal im Salon von 1804 gezeigt wurde. In tausenden von Drucken fand dieses «Heiligenbildchen» rasche Verbreitung in ganz Europa. Seine Botschaft deckte noch ein weiteres Verbrechen zu, das Bonaparte auf seinem Rückzug beging, als er Ende Mai 1799 wieder in Jaffa weilte und erneut die Pestkranken besuchte. Einige von ihnen wurden auf seinen Befehl hin vergiftet, damit sie nicht der Rache der nachrückenden Türken zum Opfer fielen.[68]

Die Pest, die sich schon Ende Januar angekündigt hatte, befiel in Jaffa die französische Invasionsarmee. Als die Truppe am Nachmittag des 19. März vor der befestigten und mit einer starken osmanischen Garnison besetzten Hafenstadt Akko (St. Jean-d'Acre) erschien, war rasch zu erkennen, dass der französische Vorstoß hier zum Stillstand kommen würde. Bonaparte wollte sich aber nicht kampflos in das Unvermeidliche schicken. Er begann eine regelrechte Belagerung der Stadt, musste sie aber am 15. April ergebnislos abbrechen, als eine osmanische Armee ihm von Damaskus her in den Rücken zu fallen drohte. Bereits am 10. April wurden Junot und Kléber, die den sich nähernden Feind auskundschaften wollten, von zahlenmäßig weit überlegenen osmanischen Kräften bei Kanaa in ein Gefecht verwickelt, das sie dennoch für sich entscheiden konnten. Fünf Tage später sah sich Kléber unweit des Berg Tabor der osmanischen Hauptarmee gegenüber. Die Konfrontation hätte wegen der ungleichen Kräfteverhältnisse nur fatal für ihn enden können, wäre nicht Bonaparte unverhofft mit Verstärkung auf dem Schauplatz erschienen. Dank überlegener Gefechtsfeldtaktik gelang es den französischen Truppen, den Gegner Richtung Damaskus in die Flucht zu schlagen, wobei ihnen auch die gesamten Vorräte und das Lager der osmanischen Armee in die Hände fielen.[69]

So groß der Sieg für Bonaparte am Berg Tabor auch war und die gesunkene Moral der eigenen Truppe wieder hob, so wenig brachte er eine Entscheidung. Akko hielt sich noch immer und verlegte den Weg nach Norden. Die Belagerung musste also wieder aufgenommen werden, diesmal mit größerer Aussicht auf Erfolg, denn unterdessen war in Jaffa schweres Belagerungsgeschütz eingetroffen, das Ende April nach Akko geschafft wurde. Bonaparte hatte nun die Waffe, die die Festung sturmreif schießen sollte. Allein, diese Hoffnung trog: Zwischen dem 24. April und dem 10. Mai wurden zehn Sturmangriffe abgeschlagen. Die Wunder von Arcole und Lodi wiederholten sich nicht im Heiligen Land. Am 17. Mai sah sich Bonaparte schließlich gezwungen, den Abbruch der Belagerung und den Rückzug nach Ägypten zu befehlen.

Der Rückzug der erschöpften, demoralisierten Armee wurde ein einziger Weg des Leidens, Schreckens und Terrors.[70] Die Hoffnung, in Jaffa Schiffe vorzufinden, auf denen man nach Alexandria gelangen könnte, wurde grausam enttäuscht. Am 30. Mai traf die Armee in Gaza ein. Vor ihr lagen noch vier schreckliche Marschtage durch die Sinai-Wüste, ehe sie am 3. Juni die erste französische Garnison in Ägypten bei Kandia erreichte. Am Vormittag des 14. Juni zog eine erschöpfte und zerlumpte Armee, die fast ein Drittel ihrer Mannschaftsstärke eingebüsst hatte, in Kairo ein.

Die syrische Diversion erhellt einen Aspekt von Bonapartes Machtpraxis, der zu seinem Scheitern beitrug: Rücksichtslos verbrauchte er jene Talentressourcen, die ihm zur Verfügung standen. Bei der militärisch unsinnigen Unternehmung in Syrien fielen eine ganze Reihe fähiger Offiziere, darunter der General Bon und der populäre, von Bonaparte besonders geschätzte Pioniergeneral Caffarelli. Zu den weiteren Opfern des ägyptischen Abenteuers gehörten vielversprechende militärische Talente wie die Generäle Kléber und Lanusse sowie Bonapartes polnischer Adjutant Sulkowski. Ob Krieg oder Frieden, ob Militärs oder Zivilisten, die Zahl derer, die Bonaparte seinem unstillbaren Machthunger opferte und die er durch seine rastlose Aktivität aufrieb und verbrauchte, ist Legion. Kein Wunder, dass die Eliten Frankreichs, die schon unter den Konvulsionen der Revolution stark gelitten hatten, am Ende der Herrschaft Napoleons wenn nicht physisch, so doch psychisch und moralisch weitgehend vernichtet waren. Das hat seinen Sturz in den Jahren 1814 und 1815 beschleunigt.[71]

Spätestens nach der gescheiterten Belagerung von Akko musste Bonaparte einsehen, dass die ägyptische Expedition ein Fiasko war. Das Land war ein einziger Marasmus, in dem er unweigerlich zu versinken drohte. Dass Österreich und Russland wieder gegen die Republik Krieg führten, gab ihm die willkommene Möglichkeit, Ägypten den Rücken zu kehren. Bereits am 21. Juni 1799 wies er Konteradmiral Ganteaume an, zwei Fregatten bereit zu halten «à partir pour France.»[72] Zuvor jedoch schuldete er seinem Ansehen einen eindeutigen Waffensieg, der den eklatanten Misserfolg der syrischen Kampagne vergessen machte. Die Aussichten dafür waren nicht schlecht, war doch damit zu rechnen, dass die Türken in allernächster Zeit versuchen würden, eine Armee nach Ägypten zu bringen. Von diesen Befürchtungen war aber in dem Bericht, den Bonaparte am 28. Juni an das Direktorium sandte, nur am Rande die Rede. «Die syrische Kampagne war ein großer Erfolg. Wir beherrschen jetzt die gesamte Wüste und wir haben für dieses Jahr alle Absichten unserer Feinde durchkreuzt. (...) Unsere Situation hier ist sehr vielversprechend.» Dreister kann man nicht lügen. Das galt auch für seine Angaben hinsichtlich der Pestepidemie, der er vorrangig seine Verluste von 5344 Mann anlastete. Die Pest habe aber im wesentlichen nur in Alexandria, Gaza und Jaffa sowie in minderem Umfang auch in Damietta gewütet, während Kairo und das gesamte Oberägypten von ihr verschont geblieben seien. (Tatsächlich waren, als Bonaparte dies schrieb, die Spitäler in Kairo mit tausenden von Pestkranken überfüllt.) Dennoch benötige er wenigstens sechstausend Mann Verstärkung, wolle man sich während dieses Jahres in Ägypten behaupten. «Wenn Sie uns aber weitere 15000 Mann schickten, dann könnten wir überall hinmarschieren, sogar bis Konstantinopel. (...) Sollte es Ihnen jedoch unmöglich sein, uns diese Unterstützung zukommen zu lassen, dann bleibt nichts anderes, als Frieden zu schließen ...»[73] Das war eine unmissverständliche Drohung an das Direktorium: Entweder fand Paris eine Möglichkeit, ihn aus seiner misslichen Lage zu befreien, oder das Direktorium hatte die ganze Verantwortung für das ägyptische Desaster zu tragen. Da das eine, wie Bonaparte wohl ahnte, militärisch nicht zu bewerkstelligen war, und der Friedensschluss, nach Lage der Dinge nur eine Kapitulation, für das Direktorium auch nicht in Frage kam, wenn es politisch überleben wollte, hatte dieses Schreiben keinen anderen Zweck, als die längst geplante Flucht zu rechtfertigen.

Kaum zwei Wochen später erschien die osmanische Landungsflotte vor Alexandria. Durch ein Schreiben Marmonts, des Kommandeurs von Alexandria, erfuhr Bonaparte am 15. Juli davon, als er sich im Lager bei den Pyramiden aufhielt. Damit kündigte sich die Gelegenheit an, auf die er gelauert hatte. Mit größter Umsicht und Schnelligkeit setzte Bonaparte alle verfügbaren Truppen zur Bucht von Abukir in Marsch, in der die osmanischen Truppen an Land gingen.[74] In den späten Nachtstunden des 25. Juli eröffnete Bonaparte mit heftigem Artilleriefeuer auf die osmanischen Stellungen die zweite Schlacht, die den Namen Abukir trägt und am frühen Nachmittag mit einem glänzenden Erfolg der Franzosen endete. Dieser Sieg bei Abukir schob den vorhersehbaren Fall ganz Ägyptens indessen nur auf, denn Bonaparte erfuhr von dem gefangenen osmanischen Oberbefehlshaber, Mustapha Pascha, dass bereits eine zweite osmanische Armee auf dem Landweg von Damaskus nach Ägypten im Anmarsch sei.

Als Bonaparte am 11. August 1799 nach Kairo zurückkehrte, fand er durch neue Nachrichten seine schlimmsten Ahnungen bestätigt: Bereits seit März befand sich die Republik wieder im Krieg mit Österreich und Russland, die beide mit England verbündet waren. Die französischen Armeen waren an allen Fronten besiegt worden: Jourdans Rheinarmee bei Feldkirch und Schérer, der die Italienarmee kommandierte, ausgerechnet bei Rivoli. Bonaparte war damit klar: Das Vaterland war in größter Gefahr, er allein war von der Vorsehung dazu bestimmt, es vor dem drohenden Untergang zu retten.[75] Ganz im Stillen wurden die Vorbereitungen seiner Abreise beschleunigt. Selbst den wenigen Glücklichen, die Bonaparte nach Frankreich begleiten durften, verheimlichte er bis zuletzt das Ziel ihrer Reise. Am 17. August verließ Bonaparte Kairo in Richtung Alexandria. Erst am 22. August informierte er seine wichtigsten Generäle, dass er nach Frankreich reisen werde. Ein infames Spiel erlaubte er sich mit Kléber, dem er in einem Brief vom 19. August mitteilte, er beabsichtige nach Rosetta zu gehen. Kléber solle sich sofort dorthin aufmachen, denn er habe mit ihm über äußerst wichtige Angelegenheiten zu sprechen.[76] Dort angelangt, fiel Kléber wohl aus allen Wolken und schäumte vor Wut, als er hier ein Schreiben Bonapartes vorfand: «Sie finden dem beigeschlossen, Bürger General, einen Befehl, das Kommando über die Ägyptenarmee zu übernehmen. Die Furcht, dass der englische Kreuzer jeden Augenblick wieder auftauchen könne, hat mich meine Abreise um zwei oder drei Tage früher antreten lassen. (...) Wenn, durch unvorhergesehene Ereignisse, alle Versuche scheitern sollten (Nachschub an Waffen und Munition sowie Truppenverstärkungen zu schicken, J.W.), und wenn Sie bis Mai weder Hilfe noch Nachrichten aus Frankreich erhalten haben, und wenn ferner in diesem Jahr, trotz aller Vorkehrungen, die Pest wieder in Ägypten wütet und Sie mehr als 1500 Menschenleben kostet, was einen bedeutenden Verlust darstellte, der höher liegen dürfte, als die Ausfälle, die Sie durch kriegerische Konflikte jeden Tag erleben werden, in diesem Fall, so meine ich, dürfen Sie nicht länger das Wagnis einer neuerlichen Kampagne verfolgen, vielmehr sind Sie für diesen Fall bevollmächtigt, mit der Ottomanischen Pforte Frieden zu schließen, selbst unter der Voraussetzung, dass die vollständige Evakuierung Ägyptens die Hauptbedingung dafür wäre.»[77]

Einen Tag nach Ausfertigung dieser Schreiben, die nichts weniger dokumentieren als Bonapartes Verrat an jener Armee, die sein Ehrgeiz in die Falle geführt hatte, aus der er jetzt entschlüpfte, am Abend des 23. August also, verließ er an Bord der *Muiron* den Hafen von Alexandria. Zurück blieb eine Armee in hoffnungsloser Lage;[78] vor ihm aber lag Frankreich und die Erfüllung des langgehegten Wunsches, endlich an die Macht zu kommen. Von Aix-en-Provence aus versicherte Bonaparte am 10. Oktober 1799 dem von dieser Nachricht sehr überraschten Direktorium: «Ich habe Ägypten wohl geordnet und unter dem Befehl von General Kléber verlassen. Es war schon zur Gänze überschwemmt, aber der Nil war viel schöner als jemals zuvor in den letzten fünfzig Jahren.»[79]

SIEBTES KAPITEL

Der 18. Brumaire

Bonapartes Flucht aus Ägypten ist von mancherlei Rätseln umwittert.[1] Tatsache ist, dass er seine Truppen im Stich gelassen hat. Zwar hatte ihn das Direktorium aufgefordert, nach Frankreich zurückzukehren, selbstverständlich aber nur mit der Armee.[2] Diese Mitteilung erhielt Bonaparte mit einer Reihe anderer vertraulicher Briefschaften seiner Brüder und Talleyrands in der ersten Julihälfte 1799. Die Direktoren begründeten den sofortigen Abbruch des ägyptischen Abenteuers mit der sich zuspitzenden Lage in Europa. Wie sehr sich diese seither verdüstert hatte, konnte Bonaparte der *Gazette de Francfort* und dem *Courrier français de Londres* vom 6. und 10. Juni entnehmen, die ihm von Admiral Smith, dem Chef der englischen Blockadeflottille vor Alexandria, übermittelt wurden.[3] Beide Zeitungen berichteten von den Niederlagen der französischen Armeen in Italien und am Rhein. Der Befehl, mit dem Expeditionscorps zurückzukehren, war freilich gegenstandslos geworden. Bonaparte konnte zu diesem Zeitpunkt natürlich nicht wissen, dass Admiral Bruix' Versuch, mit einem Flottengeschwader von Brest nach Ägypten in See zu gehen, im August endgültig gescheitert war.[4] Er hätte deshalb keine andere Wahl gehabt, als zu kapitulieren und seine Truppen von der englischen Flotte repatriieren zu lassen. Mit Rücksicht auf seinen Ruf und die Fiktion, das ägyptische Abenteuer als großen Erfolg auszugeben, hätte er sich darauf aber nicht einlassen können. So rechtfertigte er seine Flucht aus Ägypten später auch nicht mit diesem Befehl, sondern allein mit dem Hinweis auf die bedrängte Lage des Vaterlands. Überdies sah er sich als «Retter» – und so wurde er auch nach seiner Ankunft in Frankreich am 11. Oktober in Avignon und zwei Tage später in Lyon gefeiert.[5]

Fraglich aber ist, ob Bonaparte seinen Entschluss zur Flucht lediglich nach der Lektüre von Zeitungsartikeln fasste. Wahrscheinlich war ihm die innenpolitische Lage in Frankreich sehr wohl bekannt. Seine Brüder Joseph und Lucien waren gute Informanten, die während seiner Abwesenheit in Paris seine Interessen wahrnahmen.[6] Beide hatten ihn im Laufe des Jahres 1799 mit Nachrichten versorgt, die ihn über Tunis und Tripolis auf dem Landweg erreichten und so der englischen Blockade entgingen.[7] Das bestätigte er später selbst, und eine Reihe von Vertrauten bekräftigte es⁸, während sein Sekretär Bourrienne dies bestritt. Das Ganze ist auch ohne Belang, denn für Bonapartes Erfolgsaussichten allein entscheidend war, dass er gleichsam als ein *deus ex machina* und «Retter» aus weiter Ferne kommend auf der Szene erschien und durch sein Handeln die schwelende Krise in seinem Sinne entschied.⁹ Das war für das Gelingen seines Putsches wie für dessen Legitimation von unverzichtbarer Bedeutung und verhalf ihm auch zum Anschein schierer patriotisch-revolutionärer Selbstlosigkeit, die sich gegen die Verkommenheit des Direktoriums vortrefflich ausspielen ließ.

Auch musste der erhebliche Anteil des seit Sommer 1798 in Paris fast vollständig versammelten Bonaparte-Clans an der Vorbereitung und Ausführung des Putsches vom 18. und 19. *Brumaire* tunlichst verschleiert werden. Das zeigt sich noch in den Memoiren der neben Bonaparte wichtigsten Protagonisten Joseph und Lucien. Während in Josephs Erinnerungen das wichtige Jahr 1799 kaum erwähnt wird, hat Lucien seinen Teil an der Vorgeschichte des 18. *Brumaire* in den 1834 redigierten Erinnerungen, wie deren Herausgeber Th. Iung mit Recht vermutet, aus Rücksicht auf die erneut virulenten Herrschaftsansprüche der Familie Bonaparte bewusst «undeutlich und wenig verständlich» formuliert.¹⁰ Nach Lucien hatte Napoleon keinerlei Kenntnis davon, dass Sieyès, seit Mai einer der fünf Direktoren, insgeheim einen Umsturz vorbereitete und für dessen Gelingen nach einem willigen Werkzeug Ausschau hielt. Lucien hat wider besseres Wissen behauptet, das plötzliche Erscheinen Bonapartes in Frankreich sei ein Werk der Vorsehung gewesen. Deshalb verschleierte er auch seine Rolle, die er als neo-jakobinischer Frondeur gegen das Direktorium – er war Abgeordneter Korsikas im «Rat der Fünfhundert» – so erfolgreich gespielt hatte, dass man ihn bereits am 19. August zu einem der Sekretäre der Versammlung wählte. Nichts auch davon, dass er nach der Ernennung von Sieyès zum Direktor am 19. Mai in dessen Lager überschwenkte und von Anfang an in die Umsturzpläne, die Sieyès gemeinsam mit Talleyrand aushackte,¹¹ eingeweiht war. Folgt man Luciens Darstellung, dann stand auch dieses Komplott, das längst ein offenes Geheimnis war – er bezeichnet es schamhaft als «Reformprojekt» –, in keinem Zusammenhang mit der «Machtergreifung» Bonapartes am 18. und 19. *Brumaire*.¹² Gleichzeitig tat er alles, um Bonapartes Ehrgeiz oder gar den Machthunger des Clans als entscheidende Ursache für den Putsch nicht offenbar werden zu lassen, ja er behauptete sogar, sein um sechs Jahre älterer Bruder Napoleon sei ihm weitgehend unbekannt gewesen. Er sei zwar als bedeutendster Heerführer seiner Zeit hervorgetreten und deshalb sicher auch eine der wichtigsten Stützen der Republik gewesen; von Bonapartes politischen Fähigkeiten und Ambitionen habe er aber bei dessen überraschender Rückkehr keine Kenntnis gehabt.[13]

Wie Napoleon waren auch die Brüder politische Opportunisten. Joseph, ebenfalls Abgeordneter im «Rat der Fünfhundert», zählte wie Lucien zunächst zu den Neo-Jakobinern, die im Frühsommer 1799 gemeinsam mit einer Reihe enttäuschter «Gemäßigter» die Mehrheit in beiden Kammern des Direktoriums stellten.[14] Diese Mehrheit spiegelte gleichsam die Verachtung, die man dem Direktorialregime entgegenbrachte, wider und verschärfte die Krise des politischen Systems, indem sie die vorzeitige Ablösung dreier Direktoren erzwang – neben Sieyès blieb von dieser Säuberung nur Barras verschont –, denen zwei Neo-Jakobiner, Gohier und Moulin, sowie Roger Ducos, ein Vasall des «Zentristen» Sieyès, nachfolgten.[15] Mit dieser Wahl des *Conseil des Anciens* wurde ausgerechnet der korrupte und verbrauchte Barras, der wie kein anderer alle Fehler und Ungereimtheiten der Direktorialverfassung personifizierte, zu jener Figur, von deren Votum die Mehrheit in der Kollegialexekutive abhing. Das kam den Plänen des Bonaparte-Clans freilich sehr entgegen, denn damit verschärfte – und verlängerte – sich die Verfassungskrise. Bonaparte musste nur noch vor ihrer Beilegung eintreffen, damit man ihren Ausgang in seinem Sinne beeinflussen konnte.

Diese Konstellation erhellt, warum sich Joseph und Lucien jetzt mit aller Vorsicht auf Sieyès' Seite schlugen, denn der repräsentierte gleichsam die «dritte Kraft» zwischen den beiden Extremen – den Jakobinern und den Monarchisten – jene «Partei», die für sich in Anspruch nahm, über allen Parteien zu stehen. Dieser «Zentrismus» war Ausdruck einer völligen Impotenz, für das Direktorium aber stets der politischen Weisheit letzter Schluss. Daher wurde fast regelmäßig das Ergebnis der jährlich stattfindenden Wahlen, bei denen ein Drittel des *Corps législatif* neu gewählt werden musste, unter Bruch der Verfassung von der Exekutive annulliert. Im *Fructidor* des Jahres V (1797) ereilte dieses Schicksal die Royalisten, die zu stark zu werden drohten: Man verbot nicht nur die meisten ihrer Presseorgane, man erklärte auch die Wahl von mehr als zweihundert Abgeordneten für ungültig. Im Jahr darauf, im *Floréal* des Jahres VI traf dieses Schicksal dann die Linke: Das Direktorium schloss 127 gewählte Volksvertreter aus, die meisten davon Neo-Jakobiner, nachdem es zuvor schon gegen deren Clubs und Zeitungen vorgegangen war. Dieses scheinbar entschlossene Handeln fand zwar jeweils den Beifall derer, die davon politisch zu profitieren wähnten, auf die Dauer aber höhlte dieses Verfahren die Legitimität der Republik aus. So wurden vor allem die gemäßigten Kräfte zunehmend desillusioniert, auf deren Unterstützung das Thermidor-Regime am Ende angewiesen war. Auf diese

Weise wurden seit 1798 ausgerechnet die Neo-Jakobiner zu den entschiedensten Verteidigern des Thermidor-Regimes, denn sie erkannten, dass jeder Versuch zur Verfassungsreform nur ein Regime hervorbringen würde, das noch autoritärer war und ihnen den Zugang zur Macht ein für allemal versperrte.[16] Sieyès Programm ging durchaus in diese Richtung: Durch eine tiefgreifende Verfassungsänderung suchte er sowohl den Bestand der Republik zu sichern, als auch sich selbst eine Schlüsselstellung in der neuen, unabhängigeren Exekutive zu verschaffen.

Für den Bonaparte-Clan war Sieyès deshalb genau der richtige Mann. Der Autor der im Januar 1789 erschienenen berühmten Denkschrift *Qu'est-ce que le Tiers état*, der sich während der Revolution im Hintergrund gehalten hatte, verfügte über eine nahezu makellose Reputation. In den Augen des Bonaparte-Clans hatte Sieyès außerdem den unschätzbaren Vorzug, weder in den Kammern noch in der Öffentlichkeit über eine nennenswerte Anhängerschaft zu verfügen. Das schränkte für ihn die Möglichkeit ein, einen erfolgreichen Staatsstreich zu wagen. Sieyès war mithin auf ein «Schwert» angewiesen, nicht etwa, um seine «Reformpläne» mit Gewalt durchzusetzen, sondern eher, um sich präventiv auf eine Macht zu stützen, die durch ihre bloße Gegenwart Einsprüche und Widerstände im Zaum hielt. Unter diesem Gesichtspunkt musste sich dem Bonaparte-Clan der Gedanke förmlich aufdrängen, Sieyès auf dem Weg zur Macht so lange zu unterstützen, bis man sie ihm vorenthalten konnte. Doch Sieyès war klug genug, nur nach einem «Schwert» zu suchen, das nach seinen Worten «möglichst kurz» sein,[17] das heißt von einem General geführt werden sollte, der keinerlei eigene politische Ambitionen hatte. Diesen Mann glaubte Sieyès in Joubert gefunden zu haben.[18] Damit Joubert aber diese Rolle in der Öffentlichkeit überzeugend spielen konnte, brauchte er das Charisma des Siegers. Sieyès übertrug ihm deshalb das Oberkommando der Italienarmee. Doch gleich zu Beginn der Schlacht bei Novi am 15. August 1799, mit der er sich den Siegeslorbeer erringen sollte, fiel Joubert; der Kampf endete überdies mit einer empfindlichen Niederlage. So wandte sich Sieyès an General Macdonald, doch der lehnte ab.[19] Und General Moreau, den er in dem Augenblick um Unterstützung bat, als die Nachricht von Bonapartes Rückkehr eintraf, antwortete geistesgegenwärtig: «Da haben Sie Ihren Mann; der wird Ihren Staatsstreich wesentlich besser bewerkstelligen als ich.»[20]

Sieyès gehörte zu dem kleinen Kreis derer, die die Rückkehr Bonapartes nicht überraschte.[21] Er war schon Anfang September von Joseph informiert worden. Dann wurde eine Komödie inszeniert: Talleyrand, ebenfalls im Bilde, verfasste einen Bericht, in dem er die Notwendigkeit begründete, die Ägyptenarmee und ihren Chef zurückzubeordern. Am 18. September machte sich der amtierende Außenminister Reinhard diese Empfehlung seines Vorgängers zu eigen und schickte eine entsprechende Depesche an Bonaparte.[22] Talleyrands Demarche verfolgte den durchsichtigen Zweck, die längst erfolgte Abreise Bonapartes aus Ägypten, mit dessen Eintreffen in Frankreich man in Kürze rechnen konnte, durch eine offizielle Anweisung des Außenministers zu rechtfertigen.[23]

Ein weit größeres Problem hatte der Bonaparte-Clan damit, den Bruder so rasch wie möglich über den aktuellen Stand der Verschwörung zu unterrichten. Bonaparte wusste nur das, was die Brüder ihm in den vertraulichen Schreiben vom 26. Mai 1799 mitgeteilt hatten. Das war aber durch die Parlamentsrevolte von Mitte Juni 1799 mit dem Austausch von drei Direktoren längst überholt. Folglich hatte die Verschwörung Sieyès, Lucien Bonaparte und Talleyrand den Plan zum Komplott der Direktoren Barras und Reubell, der Bonapartes Flucht aus Ägypten angestoßen hatte, unterdessen ersetzt. Barras jedoch, der die Juni-Säuberung des Direktoriums überlebt hatte, meinte, er könne den ahnungslosen Bonaparte noch für sich gewinnen, um nicht nur die Putschpläne von Sieyès zu durchkreuzen, sondern auch sein eigenes Umsturzvorhaben zu realisieren. Deshalb musste er als erster mit Bonaparte Kontakt aufnehmen.

Seine alte Freundin Joséphine war für eine derartige Mission besonders gut geeignet, denn der Bonaparte-Clan hasste sie inbrünstig und suchte sie dem Gatten gegenüber derart zu kompromittieren, dass Bonaparte sich von ihr trennen musste. Dieses Ziel wollte man unter allen Umständen noch vor dem Staatsstreich erreichen. Barras baute auf die Leidenschaft, mit der Bonaparte Joséphine verfallen war. Das verschaffte ihr erheblichen Einfluss auf dessen Entscheidungen. Zum anderen hatte Joséphine den immensen Vorteil, dass sie die Machtintrigen und Putschpläne nicht im mindesten interessierten. Ihr Umgang mit Barras und anderen Direktoren hatte also nichts mit ihren politischen Vorlieben zu tun. Sie kultivierte die gesellschaftlich-freundschaftlichen Beziehungen mit den Mitgliedern des Direktoriums, weil sie, wie Frédéric Masson treffend schreibt, die *Regierung* repräsentierten und «es immer gut ist, die Regierung, welche auch immer, auf seiner Seite zu wissen».[24] Außerdem fühlte Joséphine sich Barras verpflichtet, weil er ihr aus finanziellen Nöten geholfen hatte, in die sie ihrer ausgeprägten Verschwendungssucht wegen immer wieder geriet. Ihre einschlägigen Verlegenheiten vermehrte noch der Umstand, dass Bonaparte ihr zwar die hübsche Summe von 40000 *francs* jährlich für ihren Lebensunterhalt während der Zeit seiner Abwesenheit bewilligt, aber gleichzeitig Joseph zum Vermögensverwalter eingesetzt hatte.[25] Dank dieser Kassenvollmacht wiegte sich Joseph in der Illusion, die angefeindete Schwägerin in der Hand zu haben, deren fortgesetzte Untreue den willkommenen Vorwand lieferte, sie bei seinem Bruder unmöglich zu machen.[26]

Dieses Bündel von Motiven veranlasste Joséphine ebenso wie Joseph und Lucien zum sofortigen Aufbruch, als die Kunde von Bonapartes Landung in Frankreich nach Paris gelangt war. Joséphine eilte dem von ihr betrogenen Gatten entgegen, getrieben von ihrem schlechten Gewissen und aus Angst vor den Konsequenzen, die Bonapartes von seinen Brüdern geschürte Eifersucht für sie haben könnte. Es musste ihr rasch gelingen, den Wütenden zu besänftigen und wieder auszusöhnen. Das zu vereiteln, reisten auch Joseph und Lucien nach Süden; sie wollten Bonaparte natürlich vor allem über den aktuellen Stand der Verschwörung ins Bild setzen. Während Joséphine über das Burgund Napoleon entgegenfuhr, wählten die Brüder eine Route, auf der sie ihn unterwegs trafen.[27] Das verschaffte ihnen einen Vorsprung von drei Tagen.

Joséphines Untreue, ihre Betrügereien und ihre Verschwendungssucht waren für Joseph und Lucien nur Vorwände. Ihren Hass nährte vor allem, dass sie nicht dazugehörte, dass sie das «Tier war, das anders roch», das sich mit List und Verführung eingeschlichen und den erfolgreichen Bruder, von dem die Zukunft des Bonaparte-Clans in dieser einmaligen und so nie wiederkehrenden Situation abhing, zu ihrer Beute gemacht hatte. Was Napoleons Brüder an Joséphine besonders fürchteten und ihr neideten, waren Einfluss und die Bedeutung, die sie mit dem Gelingen des Putschs erlangen musste. Napoleon aus dem Clan der Bonaparte würde damit zum ersten Mann im Staate, zum Chef der Regierung, zum Besitzer aller Macht und allen Einflusses werden. Der Traum, mit dem sie in Korsika gescheitert waren, und der jetzt – unendlich viel glänzender – in Frankreich sich zu erfüllen schien, diese wunderbare Wende ihres Geschicks sollte nicht von einer Frau beeinträchtigt werden, die für sich und ihren Anhang Ansprüche stellte, die den Anteil der Bonapartes an diesen unerhörten Herrlichkeiten nur schmälern konnten. Schlimmer noch, dieser Frau war es sogar zuzutrauen, dass sie mit creolischer Hexenkunst und dem falschen Versprechen ihres augenscheinlich so viel glänzenderen Herkommens ihren Mann dazu anstiftete, seine Verpflichtungen gegenüber dem Clan zu vernachlässigen oder ihn lediglich mit einigen Brosamen abzuspeisen.

Man kann sich kaum einen größeren Kontrast vorstellen zwischen jener korsischen Flüchtlingsfamilie, die im Juni 1793 völlig mittellos in Toulon gestrandet war, und den Mitgliedern eines Clans, die sechs Jahre später in einer Zeit des allgemein grassierenden Elends und einer erschreckend fortschreitenden Anarchie[28] in Paris große Häuser unterhielten und in der Umgebung der Stadt mit einer selbstverständlichen Allüre die Schlossherren spielten, als hätten sie nie einen anderen Lebenszuschnitt gekannt. Die Quelle dieses Reichtums entsprang Bonapartes italienischer Beute, die er Joseph beim Aufbruch nach Ägypten anvertraut hatte. Charakteristischerweise fiel der Anteil für die weiblichen Mitglieder des Clans deutlich geringer aus als die Summen, die Joseph vor allem sich selber zuteilte. Die am 3. Januar 1777 geborene Marie Anne, genannt Elisa, die älteste der Schwestern, verheiratet mit einem nicht allzu viel versprechenden Militär namens Bacciochi, wurde mit einigen Fetzen Land in der Umgebung von Ajaccio abgespeist. Anders verhielt es sich dagegen mit der zweitältesten Marie Pauline, genannt Paulette, die am 20. Dezember 1780 geboren, mit General Victoire Leclerc verehelicht war, der seit August 1799 die Italienarmee kommandierte und dem Clan als wertvoller Bundesgenosse galt. Das zeigt sich an den Mitteln, die das Paar aus der Beute erhielt und die es instand setzten, drei Liegenschaften zu erwerben: In der Rue de la Victoire 1 in Paris ein Stadthaus, das Schloss von Plessis-Charmant bei Senlis und ein größeres Anwesen in Italien bei Villa-Reatino, aus dem Besitz einer römischen Fürstin. Nach dem Verkauf von Plessis-Charmant an Bruder Lucien kaufte das geschäftstüchtige Paar das schöne Schloss Mont-Gobert bei Villers-Cotterets, das mit zugehöriger Landwirtschaft über 17 000 *francs* an Einkünften abwarf.[29] Am großzügigsten bedachte sich indes Joseph selbst, der zunächst für 66 000 *francs* ein weitläufiges elegantes Stadthaus in der Rue du Rocher erwarb, das er für weitere 50 000 *francs* nach seinen Wünschen verändern ließ. Außerdem kam im Oktober 1798 das stattliche Schloss von Mortefontaine mit großem Park hinzu. Diesen ohnehin ausgedehnten Besitz mehrte er noch durch den Zukauf weiterer Ländereien von beinahe 600 Hektar. Alles in allem waren dafür 258 000 *francs* aufzubringen; eine entsprechende Summe wird auch der Umbau gekostet haben. Lucien beschied sich 1799 dagegen mit dem Erwerb eines hübschen Stadthauses in der heutigen Rue de la Pépinière und kaufte Ende August seinem Schwager Leclerc den Besitz von Plessis-Charmant für rund 57 000 *francs* ab.[30] Mit anderen Worten: Binnen eines Jahres verschwendete noch nicht einmal die Hälfte der Mitglieder des Bonaparte-Clans mehr als eine Million *francs* an eine Reihe von Luxusbehausungen, für die sie zum Zeitpunkt des Kaufs noch gar keine angemessene Verwendung hatten. Angesichts dieses Kaufrauschs wollte auch Joséphine nicht zurückstehen und erwarb für über 270 000 *francs* vom Bankier Lecoulteulx das Schloss Malmaison mit allem Mobiliar. Da sich Joseph aber weigerte, ihr diese Summe auszu-

händigen, musste sich Lecoulteux zunächst mit einer bescheidenen Anzahlung von 15000 *francs* begnügen, die Joséphine ihrem Schwager erst nach einer heftigen Szene entlocken konnte.[31]
Joseph und Lucien setzten ihrem erschöpften Bruder so zu, dass er in Tränen ausbrach. Die beiden waren schlechte Psychologen, denn sie begriffen nicht, dass gerade das, was sie an Joséphine abstieß, Napoleon so sehr faszinierte, dass er ihr immer wieder alle Lügen und Verfehlungen nachsah. Ihnen konnte nicht aufgehen, dass Napoleons Schwäche für diese im Grunde eher gewöhnliche Frau die Kehrseite seiner Stärke war, einer Stärke, der sie alles verdankten und ohne die sie die unbedeutenden Nachkommen eines verkrachten korsischen Advokaten und Projekteschmieds geblieben wären. Die Kabale fand schließlich das unvermeidliche Happy End. Zunächst aber traf Bonaparte, als er am 16. Oktober gegen sechs Uhr morgens in seinem Haus in der Rue de la Victoire einlangte, dort nur seine Mutter an. Joséphine vergnügte sich wohl wieder mit einem ihrer Liebhaber. So stieß einer der Verschwörer, Pierre-François Réal, der für die Versorgung von Paris zuständige Kommissar, im Lauf des Vormittags bei einem Besuch auf einen finster gelaunten Bonaparte, der sarkastisch bemerkte, den aus Ägypten heimgekehrten Kriegern ergehe es ganz ähnlich wie den Belagerern Trojas, «insofern deren Frauen die nämliche treue Anhänglichkeit bewiesen hätten; das eben wäre das Los der Helden!»[32]

Sein Sarkasmus verrät gleichwohl, dass Bonaparte den Höhepunkt seiner Ehekrise bereits überwunden hatte. Gewiss, die Anschuldigungen der Brüder gegen seine Frau, ihre Untreue, Verschwendungssucht, die Intrigen, in die sie angeblich mit Barras, dessen neuem Kollegen Gohier und dem undurchsichtigen Polizeiminister Fouché verstrickt war, ihre betrügerischen Spekulationsgeschäfte – all das traf zu. Am meisten aber schmerzte ihn vermutlich, dass sie wieder mit Hippolyte Charles angebändelt hatte, mit dem sie, wie die Brüder ausführten, in Malmaison in geradezu ehelicher Vertrautheit gelebt habe. Deshalb war es fast ein Wink des Schicksals, dass Joséphine erst am 18. Oktober nach Paris zurückkehrte, Bonaparte also zwei Tage und Nächte für sich hatte. Sein erster Zorn konnte abkühlen. Er konnte Argumente für und gegen eine Scheidung erwägen, ohne von den Hasstiraden der Brüder gestört zu werden. Wenn er ihrem Drängen aber folgte, würde er sich dem Clan ausliefern, der aus sich selbst nichts zustande brachte. Gäbe er jetzt den Einreden der Brüder statt und trennte sich von Joséphine, wäre es um seine Führungsrolle im Clan geschehen, träte Joseph an seine Stelle, auf die er nach Geburt und korsischer Familientradition Anspruch und in die er sich in den vergangenen sechzehn Monaten schon wie selbstverständlich eingelebt hatte. Mit anderen Worten: Bonaparte musste an Joséphine festhalten, wollte er seine Unabhängigkeit, Handlungsfreiheit und seinen Führungsanspruch gegenüber dem Clan behaupten. Es war, wie sich später zeigte, die richtige Entscheidung.

Gewiss, er selber hatte Joseph zum Schatzmeister des Clans und mit Lucien darüber hinaus zum Sachwalter seiner politischen Interessen bestellt und beide in seine geheimen Planungen eingeweiht. Sie hatten seine Erwartungen auch vorzüglich erfüllt; denn er selbst hatte sich nie für den Wirrwarr von Abhängigkeiten interessiert, in die das Direktorium eingesponnen war. Man musste sie aber unbedingt kennen, wenn man es möglichst geräuschlos und ohne Blutvergießen beseitigen wollte. Wie immer sie es im einzelnen angestellt haben mochten, die Brüder hatten großes Geschick bewiesen, ihre Netze zu knüpfen: Ende Oktober 1799 gehörten so gut wie alle Funktionsträger in den beiden Kammern, die *Inspecteurs de la Salle* und der Präsident des *Conseil des Anciens*, Lemercier, sowie eine ganze Reihe der einflussreichsten Abgeordneten zum inneren Kreis der Verschwörer, und Lucien wurde zum Präsidenten im «Rat der Fünfhundert» gewählt.[33]

Diesem Erfolg konnte auch Napoleon seine Anerkennung nicht versagen. Vielleicht missfiel ihm ein Schachzug Josephs, der die Hochzeit seiner hübschen Schwägerin, Napoleons einstiger Jugendgeliebter, Désirée Clary, mit dem politischen Konkurrenten Jean-Baptiste-Jules Bernadotte, der als Hoffnungsträger der Jakobiner galt, eingefädelt hatte.[34] Die Ehe wurde am 17. August 1798 geschlossen und sollte den für die Putschpläne nicht ungefährlichen Bernadotte unter die diskrete Kontrolle des Bonaparte-Clans stellen. Das gelang, weil die arglose Désirée ihre Schwester Julie, die Frau Josephs, auf dem Laufenden über alles hielt, was im Bernadotte-Haushalt über Bonapartes Absichten gesprochen wurde.[35]

Aber gerade weil ihnen die Vorbereitungen des geplanten Putsches so gut von der Hand gingen, musste Bonapartes Instinkt ihm vor der Gefahr warnen, dass seine Brüder aus diesem Erfolgserlebnis eine zu große Selbstständigkeit, wenn nicht gar Überlegenheit ableiten konnten. Also galt es jetzt, so schnell wie möglich zu handeln, den Putsch nicht länger aufzuschieben, die elende Komödie des Direktoriums zu beenden und ihre Akteure von der Szene zu verjagen. Auch diese Überlegung verbat jeden Gedanken an Scheidung, die den Pariser Klatschmäulern reichlich Nahrung gegeben und damit Bonapartes Reputation, mit der er jetzt wuchern musste, beschädigt hätte.[36]

Gegen eine Scheidung sprach aber auch, dass er diese Frau leidenschaftlich liebte. Jetzt empfand Bonaparte für Joséphine auf diese Liebe gegründete zärtliche Nachsicht. Ihre Schwächen gehörten zum Wesen der Frau, der er einst verfallen war.[37] Zu diesen Empfindungen mochte hinzukommen, dass sein Verhältnis zu ihr von Anfang an mit dem Gedanken verknüpft war, Joséphine gehöre einer erlauchteren Welt an als er selbst. Diesem Gedanken – später ein wesentlicher Aspekt seiner Machtentfaltung – lag eine pragmatische Überlegung zugrunde: Joséphines adelige Abkunft mochte es ihm erleichtern, seinen Vorsatz zu verwirklichen, einst Herrscher aller Franzosen zu sein. Zweifellos überschätzte Bonaparte damit Bedeutung wie gesellschaftlichen Einfluss der *bonne compagnie*, wie der alte Adel sich selber zu bezeichnen pflegte, bei weitem, auch wenn deren Faszination für viele durch die Revolution ebenso wenig beseitigt wurde wie die der Kirche. Der Anspruch, die Revolution zu beenden, auf die er seine Herrschaft gründen sollte, ließ sich nur einlösen, wenn es ihm gelang, zu seinen Bedingungen mit diesen beiden gesellschaftlichen Kräften Frieden zu schließen. Auf dem Weg zu diesem Ziel würde Joséphine von großem Nutzen sein.

Keineswegs aber linderten diese Überlegungen die Qualen, die ihm durch die Erzählungen der Brüder verursacht worden waren. Vermutlich war er sogar zur Trennung entschlossen, denn als Joséphine am 18. Oktober in die Rue de la Victoire zurückkehrte, fand sie seine Tür verschlossen. Sie musste die Demütigung auf sich nehmen, Stunde um Stunde laut klagend vor seinem Gemach auf der hölzernen Stiege zu kauern. Als ihre Kinder Hortense und Eugène sich einfanden und in das Klagen der Mutter einstimmten, erzwangen sie Vergessen und Vergebung. Es war das letzte Mal, dass Joséphine über Bonaparte triumphierte. Dieser Sieg war zugleich der Preis für ihre endgültige Unterwerfung unter den Mann, der sie fünf Jahre später zur Kaiserin machte. Zeitig am nächsten Morgen erschien Lucien in der Rue de la Victoire. Man führte ihn sogleich zum Schlafzimmer. Im Bett lagen Joséphine und Napoleon. Der Anblick ersparte, wie Frédéric Masson trocken anmerkte, weitere Erklärungen.[38]

Bonaparte konnte sich nach der Überwindung dieser häuslichen Krise ganz den Putschvorbereitungen widmen. Zuerst durfte er nicht durch allzu große Aktivität auffallen. Während man sich den Kopf darüber zerbrach, was er im Schilde führe, spielte er den Gatten, der daheim die Abende mit seiner Frau beim Kartenspiel zubrachte. Anderes zu tun, war völlig unnötig, denn vieles wies darauf hin, dass sich die finale Krise des Regimes ohnehin in seinem Sinne beschleunigte. Erste Hinweise hatten ihm die enthusiastischen Akklamationen geboten, mit denen er allerorten auf dem Weg von Fréjus nach Paris begrüßt worden war. Sehr zustatten kamen ihm auch die vor seiner Landung einlaufenden Siegesmeldungen, die eine unmittelbare Bedrohung Frankreichs bannten: Ney schlug die Österreicher am Rhein, Brune verjagte die anglo-russischen Invasionstruppen aus Holland, und bereits im September hatten Masséna und Soult den Russen bei Zürich eine vernichtende Niederlage bereitet. Das waren drei Erfolge, die ihm sehr zustatten kamen. Zum einen wurde verhindert, dass die Neo-Jakobiner mit der vertrauten Parole «Das Vaterland ist in Gefahr!» die Macht an sich rissen. Zum anderen blieb Bonaparte in den Augen der Öffentlichkeit unangefochten der Feldherr, der wesentlich mehr Siege errungen und Frankreich eine äußere Sicherheit verschafft hatte, wie sie das Land schon lange nicht mehr kannte. Deshalb galt er der Öffentlichkeit wirklich als ein *deus ex machina.* Krieg, das waren für das Volk nicht die Schlachten, die irgendwo in Italien, der Schweiz, jenseits des Rheins oder in Holland geschlagen wurden, sondern die Folgen, die jeden betrafen: Die Rekrutenaushebungen, der Währungsverfall, die wachsenden Steuerforderungen, kurz: die Unordnung und Unruhe, die die wenigen Vorteile der Revolution längst aufgezehrt hatten, mit der kaum überraschenden Folge, dass diese selber längst in Verruf geraten und man ihrer ebenso müde geworden war wie des andauernden Krieges. Für das Volk waren längst beide zu ein und demselben Übel geronnen. Das bereitete dem simplen Gedanken den Boden, wenn man die Revolution beendete, wäre damit endlich auch der Frieden gewonnen.

Wie widersprüchlich die Erwartungen auch sein mochten, die Bonaparte auf dem Weg nach Paris entgegenschlugen, so waren doch alle auf ihn konzentriert.[39] Er war der Mann aller Parteien, die ihn als Retter begrüßten, was eine von Marmont überlieferte Ankedote illustriert. In Fréjus habe ein Mann das Wort ergriffen, «eine Art von Club-Redner, eine gewöhnliche, aber dennoch sehr beeindruckende Erscheinung», der seine Ausführungen mit den Worten schloss: «Machen Sie nur zu, General, schlagen und verjagen Sie den Feind und dann machen wir Sie, wenn Sie das wünschen, zum König».[40] In dieser Episode waren die Ängste und Erwartungen der Menschen amalgamiert: Sehr fern war es ihnen einstweilen wohl, Bonaparte die Macht im Staat zu übertragen, ihr Schicksal in seine Hände zu legen. Vielmehr erhofften sie sehnsüchtig, dass er mit letzter kriegerischer Anstrengung den Feind vernichten und einen Frieden stiften würde, um dann eine neue Ordnung, Ruhe und Wohlstand heraufzuführen. Er war ein Idol der Massen, ein Nationalheld. Dieses Bild hatte er systematisch aufgebaut und gepflegt. Barras oder gar Sieyès waren lediglich den politischen Zirkeln der Hauptstadt geläufig; Bonaparte hingegen war ein Name, der bis in die entlegensten Winkel des Landes, bis in die ärmlichsten Katen drang und mit dem ebenso unpolitische wie vorbildliche Eigenschaften verbunden wurden: Erfolg, Tapferkeit, Güte, Volksnähe. Diejenigen, die bei der Landung in Fréjus zusammenströmten und sich auch nicht durch den Hinweis schrecken ließen, die Ankömmlinge könnten mit der Pest infiziert sein, fassten das alles in die lauthals bekundete Formel: «Wir haben lieber die Pest als die Österreicher!»[41]

Das alles war für Bonaparte höchst beruhigend. Ein solcher Empfang würde das Direktorium zu größter Zurückhaltung veranlassen. Deshalb war, als er am 17. Oktober den Direktoren einen Höflichkeitsbesuch abstattete, keine Rede davon, ihm wegen seiner Flucht aus Ägypten oder der eklatanten Verletzung der Quarantänebestimmungen irgendetwas vorzuwerfen. Stattdessen beschied sich das Direktorium, nachdem es mehr als zwei Stunden seinem Bericht über das ägyptische Abenteuer gelauscht hatte, mit der «absolution nationale»,[42] während Bonaparte im Gegenzug das falsche Versprechen ablegte, nur für die Verteidigung der Republik zu den Waffen zu greifen. Nach diesem öffentlichen Auftritt ließ er sich an den folgenden Tagen nicht in der Öffentlichkeit blicken. Wer ihn sehen wollte, musste ihn zuhause besuchen. Damit demonstrierte er sein vorgebliches Desinteresse an allen Umsturzplänen, von denen die Stadt schwirrte. Zugleich gewann er selbst ein Bild von der Situation und den Kräften und Interessen, die auf Veränderung drängten, mit wessen Unterstützung er würde rechnen können oder wer sich ihm in den Weg stellte.

Über weite Strecken lief da eine Komödie ab, deren Handlung außer Bonaparte, der den Regisseur spielte, allenfalls noch Talleyrand, der als sein Chefinspizient agierte, niemand überblickte. Zu dieser Achse der Verschwörung, die zwei Persönlichkeiten verband, wie man sie sich nach Herkommen und Wesen nicht unterschiedlicher vorstellen kann, gesellte sich noch eine Kerntruppe unbedingter Bonaparte-Anhänger. Dazu gehörten die einflussreichen Journalisten Regnault de Saint-Jean d'Angély, Maret und Roederer, ausnahmslos willige Werkzeuge seiner Propaganda, sowie Boulay de la Meurthe, Réal und Admiral Bruix. Das war Bonapartes Prätorianergarde für den Umsturz. Ob er nicht größere Schwierigkeiten sehe, bis die Sache wirklich geregelt sei, wollte Bonaparte wenige Tage nach seiner Ankunft in Paris von Roederer wissen, worauf dieser versetzte: «Was ich für schwierig, ja für fast unmöglich halte, ist, dass sie nicht erfolgreich ausgeführt wird, denn sie ist zu Dreiviertel bereits vollbracht.»[43] Darin verriet sich viel Zweckoptimismus, denn um die öffentliche Meinung in seinem Sinne zu beeinflussen, musste Bonaparte sich auch der Unterstützung durch den *Institut* versichern, auf dessen Mitgliedschaft er so stolz war. Er kannte die Eitelkeit seiner dortigen Kollegen, eine Schwäche, die er jetzt ausnutzte. Den ersten Brief nach seiner Ankunft in Paris schrieb er an den berühmten Geometer Laplace, bei dem er sich überschwänglich für dessen Abhandlung über die *Mécanique céleste* bedankte.[44] Wenige Tage später erschien er im *Institut* und nahm bescheiden seinen Platz bei der laufenden Sitzung ein. Das wiederholte sich in den folgenden Tagen mehrfach, am 27. Oktober ergriff er sogar das Wort, um seine Ideen über den Bau eines Kanals bei Suez vorzutragen. Das alles waren Gesten, die den Mitgliedern, die sich für das intellektuelle Gewissen der Revolution hielten, schmeicheln und für ihn einnehmen mussten. Der schönste Erfolg aber war, dass man ihn als Zivilisten ansah, dessen militärische Verwendung nur von den Umständen bestimmt wurde. Jetzt zahlte sich aus, dass er eine Reihe von Wissenschaftlern des *Institut* mit nach Ägypten genommen hatte. Dass die Ärmsten dort nun vermutlich mit ihrem Schicksal haderten, fiel kaum ins Gewicht, weil Bonaparte zwei der führenden Geistesgrößen, Monge und Berthollet, auf seine Flucht mitgenommen hatte, die ihren Kollegen sein Loblied sangen.[45]

Da Joseph und Lucien in beiden Kammern erfolgreich die Proselyten für Bonaparte gemacht hatten, musste er sich Aufschluss darüber verschaffen, wie es um die militärische Unterstützung bestellt und wer hier potentieller Widersacher war. Die Militärs waren von Anfang an die entscheidende Stütze des Direktoriums. Folglich brauchte einer, der das System beseitigen wollte, deren Mithilfe oder wohlwollende Neutralität. Auch hier hatte er vorzügliche Vorarbeit geleistet: Viele Offiziere der Pariser Nationalgarde oder der regulären Truppen, die in und um Paris stationiert waren, hatten ihm, während seiner Zeit im *Vendémiaire* als Chef der Inlandsarmee, ihre Beförderung zu verdanken. Außerdem wimmelte Paris von Offizieren, die das Abflauen der Kämpfe nach den jüngsten französischen Siegen als Vorwand genommen hatten, sich von ihren Einheiten zu entfernen. Viele von ihnen hatten keine Perspektive, und ihr Instinkt riet ihnen, die Nähe jenes Generals zu suchen, den der Erfolg und das Versprechen einer großen Zukunft umwitterten. Sie alle drängten herbei, suchten vorgelassen zu werden, wollten sich in Erinnerung bringen, ihre Loyalität beweisen. Sie erschienen in der Rue de la Victoire, standen in Gruppen vor Bonapartes Haus zusammen, blickten mit Neid auf jene, die Zutritt hatten. Bonaparte konnte es sich leisten, wählerisch zu sein, aus Vorsicht, aus Desinteresse oder aus schierer Ökonomie. Außerdem galt es, den Eindruck zu vermeiden, dass sein Haus das militärische und politische Hauptquartier des Umsturzes sei. Deshalb wurde beispielsweise das Offizierscorps der Pariser Garnison, als es eines Tages mit seinem Chef an der Spitze dem Helden von Ägypten seine Reverenz erweisen wollte, nicht vorgelassen. Ungeachtet dieses Affronts hatte Bonaparte dennoch leichtes Spiel, deren Chef, General Lefebvre, auf seine Seite zu ziehen.

Wenn ihn ein Besucher interessierte, verstand er es vorzüglich, ihn zu umgarnen. Mit geübtem Bühnenblick hat der Dramatiker Arnault viele Aspekte dieser Salonkomödie wahrgenommen und in seinen Memoiren geschildert.[46] Bei manchem Soldaten genügte es, diesen gewissermaßen beim Portepée zu packen. So erlebte es General Thiébault, der am 21. Oktober erschien und Bonaparte zur Rückkehr beglückwünschen wollte, mit der sich alle Hoffnungen Frankreichs erfüllten. Bonaparte sagte nur: «Ich rechne darauf, Sie wiederzusehen».[47] Eine andere Methode praktizierte er bei General Moreau, den er als möglichen Gegenspieler fürchten musste und der sich bei der Rheinarmee großer Popularität erfreute. Als er diesem am Abend des 22. Oktober bei einem Diner, zu dem der Präsident des Direktoriums, Gohier, gebeten hatte, erstmals begegnete, tauschten die beiden nur nichtssagende Artigkeiten aus. Dessen ungeachtet informierte Roederer, von Bonaparte einschlägig instruiert, am übernächsten Tag die Leser des *Journal de Paris* über die Begegnung der Generäle: «Seit mehreren Tagen, seit denen in der Öffentlichkeit die Rede von Bonaparte ist, spricht Bonaparte nur von Moreau, von seiner Bescheidenheit, seinem Bürgersinn. Das ist ein Grund mehr dafür, von beiden häufig zu reden.»[48] Damit sollte der Öffentlichkeit suggeriert werden, woran Bonaparte gerne selber glaubte, dass er Moreau auf seine Seite gezogen hatte.[49]

Wer sich Bonapartes wiederholten Avancen hingegen offen widersetzte, ihm während des Putsches aber nicht in den Arm fiel, war Bernadotte, der zwar in der Armee populär war, sich aber auf keine Hausmacht stützen konnte. Auch war es für Bonaparte vorteilhaft, dass dieser mögliche Konkurrent, der sein Leben als König von Schweden enden sollte,[50] das Kriegsministerium, zu dessen Leitung er am 3. Juli 1799 berufen worden war, bereits am 14. September auf Sieyès' Betreiben, dem die jakobinischen Neigungen Bernadottes zuwider waren, wieder verlassen musste. Bourrienne zufolge hat Bonaparte verschiedentlich versucht, Bernadotte für sich zu gewinnen. Offenkundig von ihm provoziert, ließ sich Bonaparte einmal sogar dazu hinreißen, ihm den Zustand Frankreichs und die Verkommenheit des Direktoriums in den schwärzesten Farben zu malen, woraufhin Bernadotte kühl versetzte: «Ich verzweifele nicht am Heil der Republik, und ich bin mir sicher, dass sie sich auch gut ihrer inneren wie äußeren Feinde erwehren kann.»[51] Das musste Bonaparte als eindeutige Warnung verstehen, zumal Bernadotte, so ein Gerücht, gemeinsam mit Jourdan und Augereau einen Militärputsch plante, der die Jakobiner wieder an die Macht bringen sollte. Das wurde jedoch mit dem plötzlichen Auftauchen Bonapartes verhindert.[52]

Der Putsch musste – für Bonaparte die Conditio sine qua non des Gelingens – nicht nur ohne Blutvergießen, sondern auch im Rahmen der verfassungsmäßigen Ordnung erfolgen. Deshalb musste er nicht nur die Unterstützung einer Mehrheit in beiden Kammern finden, er durfte auch nicht auf den Widerstand der Exekutive, also der fünf Direktoren stoßen. Während es Joseph und Lucien gelungen war, den *Conseil des Anciens* fast geschlossen zu gewinnen und sie auch im «Rat der Fünfhundert» über eine dem Putsch zugeneigte Mehrheit verfügten, musste das Direktorium erst noch bearbeitet werden. Diese Aufgabe war einerseits einfach, weil von den fünf Direktoren nur drei ein eigenes politisches Gewicht hatten, Barras, Gohier und Sieyès, während die beiden anderen, General Moulin und Roger Ducos, nichts zählten. Diese Dreierkonstellation hatte andererseits ihre Tücken, weil jeder für ein anderes Programm einstand, wie die herrschende Krise zu meistern sei. Gohier, der Präsident des Direktoriums, vertrat die mittlere politische Linie der eigentlichen Thermidorianer. Diese hielten der Verfassung des Direktoriums unbedingte Treue in der Überzeugung, die Revolution so zu beenden, dass man ihre materiellen und sozialen Errungenschaften strikt garantierte, also die Privatisierung des zum Nationaleigentum erklärten einstigen Adels- und Kirchenbesitzes unangetastet ließ. Als Bundesgenosse schied Gohier deshalb für Bonaparte aus, musste aber neutralisiert werden. Diese Aufgabe fiel Joséphine zu, die von Gohier verehrt wurde und ihre Rolle gut spielte, weil sie damit ihre Verführungskünste zur Geltung bringen konnte.

Blieben Barras und Sieyès. Beide waren politische Köpfe, die ihr Handwerk beherrschten und hinlänglich bewiesen hatten, dass sie auch in schwierigen Zeiten politisch überleben konnten. Barras hatte das Kunststück vollbracht, seinen Sitz im Direktorium zeit seines Bestehens zu verteidigen, das im übrigen seine Existenz wesentlich seiner entschlossenen Mittäterschaft beim Sturz Robespierres verdankte.[53] Er war wahrlich ein «altes Krokodil», korrupt, lasterhaft, verschlagen und, weil immer nur auf seinen eigenen Vorteil bedacht, als Bundesgenosse höchst unzuverlässig. Trotzdem war Barras eine politische Potenz, der Bonaparte manches zu verdanken hatte. Barras sah sich als sein Mentor, was Bonaparte indirekt dadurch anerkannte, dass er bei allen seinen proconsularischen Eigenmächtigkeiten stets darauf bedacht war, ihr gutes Einvernehmen nicht zu gefährden. Auch nachdem sich Bonaparte von dieser Vormundschaft emanzipiert hatte, blieb zwischen ihnen eine Komplizenschaft bestehen, die nicht politisch, sondern symbiotisch war: Jeder bewunderte und verachtete zugleich den anderen. Barras verfügte über genügend militärischen Sachverstand, um das Genie Bonapartes früh zu erkennen; Bonaparte wiederum war fasziniert von der politischen Durchtriebenheit Barras'. Daraus befreite er sich, als mit Talleyrand ein in diesen Belangen vermutlich noch gerissenerer Tutor erschien, den im Unterschied zu Barras nicht einmal ein Schatten der Erinnerung an einstige Überlegenheit oder an Gunstbeweise umwitterte, die zu lästigen Rücksichtnahmen verpflichteten.

Sieyès war für Bonaparte eine vergleichsweise unbekannte Größe. Er hatte zwar schon mit einem Brief vom 19. September 1797 einen Kontakt herzustellen versucht.[54] Dieser erste Anknüpfungsversuch blieb folgenlos, und gegenüber Bourrienne bekundete Bonaparte sein Desinteresse an dessen Person mit der Bemerkung: «Das ist ein Mann, der nur in Systemen denkt und den ich nicht schätze».[55] Sieyès aber war keineswegs der einfallslose Pedant, für den ihn Bonaparte zunächst halten mochte. Schließlich war Sieyès seit den Anfängen der Revolution einfach von der Bildfläche verschwunden. Aus der Versenkung tauchte er erst 1799 wieder auf, als er für kurze Zeit französischer Botschafter in Berlin wurde. Im Mai zum Direktor gewählt, kehrte er nach Paris zurück, wo er bald Barras aus der Rolle der dominierenden Figur in der Exekutive verdrängte. Dass er die Verfassung notfalls gewaltsam verändern und besonders die Exekutive stärken wolle, war ein offenes Geheimnis. Mit der Rückkehr Bonapartes schien sich auch das letzte Problem, die Suche nach einem «Schwert», erledigt zu haben.[56] Diese Ansicht wurde auch von den Bonaparte-Brüdern geteilt, die längst auf die Karte von Sieyès gesetzt hatten. Zu Lucien sagte Sieyès: «Sie brechen auf, um Ihren Bruder zu treffen; niemand anderer als Sie wird ihn von unseren Absichten unterrichten können. Es hängt jetzt allein nur von ihm ab, sich an unsere Spitze zu stellen und die Republik vor einem Wiedererwachen der Jakobiner zu retten».[57]

Trotz dieser eindeutigen Avancen wollte sich Bonaparte nach seinem Eintreffen in Paris alle Optionen offen halten, was viele Gemüter im politischen Establishment verwirrte, sein Gewicht aber nur vergrößerte. Zunächst nahm er Kontakt mit Barras auf.[58] Das besagte nichts, denn Bonaparte entschied sich sehr schnell gegen ein Bündnis mit Barras. Zum einen war dessen Ruf so schlecht, dass ein solcher Bundesgenosse mehr Schaden als Nutzen zu stiften versprach. Weitaus gravierender war, dass Bonaparte aus seinem Gespräch mit Barras den Eindruck gewann, dieser wolle ihm beim Umsturz eine Rolle zuweisen, wie er sie schon einmal beim 13. *Vendémiaire* gespielt hatte. Wie Napoleon auf

Sankt Helena seinen Begleitern versicherte, war dies der letzte Anstoß, Barras fallen zu lassen und sich Sieyès zuzuwenden. «Ich dachte erst daran, lieber mit Barras als mit Sieyès gemeinsame Sache zu machen, weil ich jenen kannte. Ja, weil er ein alter Bekannter von mir war. Mir war sein Wesen vertraut. Allein Barras verhielt sich ausgesprochen ungeschickt und überblickte seine eigene Situation nicht: Er machte mir den Vorschlag, das Kommando über die Italienarmee zu übernehmen. An die Spitze der Staatsgeschäfte wollte er stattdessen (General) Hédouville stellen. Das war für mich völlig sinnlos und ich beschloss, künftig mit ihm nichts mehr zu tun haben zu wollen».[59] Der obskure General Hédouville diente natürlich der durchsichtigen Verschleierung der wahren Absicht, nach geglücktem Putsch selbst die Position eines Staatschefs einzunehmen. Barras wiegte sich in der Illusion, er könne nach Belieben einer Partei durch seinen Beitritt beim Umsturz zum Sieg verhelfen: den Monarchisten, denen er sowieso zugeneigt sein sollte, den Jakobinern, die eine «reine» Republik ohne die Korruptheit des Direktoriums anstrebten, oder jenen, die Bonaparte auf den Schild einer Diktatur heben wollten. Damit hatte er jedoch überreizt, zumal sein Kredit in dem Maße verfiel, wie die Popularität Bonapartes wuchs.[60]

Barras, dem nach dieser entscheidenden Unterredung der Vertraute Bonapartes, Réal,[61] in dessen Auftrag unverblümt sagte: «Mein Lieber, er (Bonaparte, J.W.) will alles, und niemand wird ihn daran hindern, damit Erfolg zu haben; Sie haben den Moment verpasst; er ist bereit»,[62] hätte jetzt von sich aus, seinen entscheidenden Fehler erkennend, still das Feld räumen müssen. Stattdessen musste er ausdrücklich dazu aufgefordert werden, weil er immer noch hartnäckig glaubte, ohne ihn, seine Expertise und Zustimmung, würde niemand wagen, den Staatsstreich auszuführen. Darin sah er sich durch Bonaparte bestätigt, der ihm Entsprechendes durch Vertraute signalisieren ließ, sich selbst aber vor weiteren persönlichen Begegnungen hütete.[63] Diese Täuschung, auf Barras' Verblendung abgestellt, gelang vorzüglich. Erst als Talleyrand und Admiral Bruix am 18. *Brumaire* (9. November) bei Barras erschienen und ihm ein Rücktrittsschreiben vorlegten, das Roederer formuliert hatte, begriff er, dass seine Stunde geschlagen hatte. Er unterschrieb anstandslos. Angeblich, behauptet er in seinen Erinnerungen, seien ihm im Auftrag Bonapartes zwei Millionen *francs* angeboten worden, die er aber zurückgewiesen und die Talleyrand eingesteckt habe.[64]

Das Gespräch vom 30. Oktober brachte noch eine weitere Entscheidung: Bonaparte begab sich anschließend sofort zu Sieyès, der ebenfalls im Palais du Luxembourg wohnte, mit der Mitteilung, dass er mit ihm gemeinsame Sache machen wolle.[65] Damit schwenkte er endgültig in die Bahn ein, für die seine Brüder längst alle Weichen gestellt hatten. Die Jakobiner, denen er mit jugendlichem Opportunismus einst nahe gestanden hatte, kamen auf keinen Fall mehr als Bundesgenossen in Frage: Einmal hegte er für sie keinerlei Sympathien mehr, zum anderen musste er fürchten, dass sie sein Spiel einfach für sich selber nutzten, um ihn lediglich als Werkzeug zu gebrauchen, dessen sie sich dann rasch hätten entledigen können. Blieb also nur Sieyès, der, um neben Bonaparte *bella figura* machen zu können, zur Erheiterung der Besucher im Park des Luxembourg Reitstunden nahm.[66]

Dass Bonaparte das Spiel am Ende für sich entscheiden wollte, muss Sieyès nach ihrer ersten längeren Unterredung wenigstens geahnt haben. Bonaparte eröffnete das entscheidende Gespräch am 1. November, an dem außer den beiden Hauptverschwörern nur noch Lucien teilnahm, in dessen Haus es stattfand: «Seit meiner Ankunft sind Ihnen meine Absichten bekannt. Der Augenblick zu handeln ist jetzt gekommen. Haben Sie alle Ihre Vorbereitungen getroffen?» Als Sieyès seine Verfassungsüberlegungen in allen Einzelheiten erläutern wollte, unterbrach Bonaparte: «Mein Bruder hat mich bereits von Ihren Überlegungen in Kenntnis gesetzt. Zweifellos ist es aber nicht Ihre Absicht, Frankreich einfach eine neue Verfassung geben zu wollen, ohne dass das Land zuvor Gelegenheit hatte, diese Artikel für Artikel ausführlich zu diskutieren. Das lässt sich keineswegs rasch erledigen, aber andererseits haben wir auch keine Zeit mehr zu verlieren. Wir brauchen deshalb notwendigerweise eine Übergangsregierung, die unmittelbar am Tag der Machtübernahme ihre Geschäfte aufnimmt, sowie eine Gesetzgebende Kommission, die einen vernünftigen Verfassungsentwurf ausarbeitet, der dann dem Volk zur Abstimmung vorgelegt wird. Niemals könnte ich etwas unterstützen, das nicht in aller Freiheit diskutiert und dann nach Maßgabe des allgemeinen Stimmrechts gutgeheißen worden ist. Nach einer solchen Abstimmung mögen die Royalisten und die Jakobiner nur kommen (...), dann werden wir sie schon zur Vernunft bringen. Konzentrieren Sie sich also ausschließlich auf die eigentliche Machtübernahme und die gleichzeitige Bildung einer Übergangsregierung. Ich bin einverstanden damit, dass diese Regierung nur drei Personen umfasst; da ich diese für unverzichtbar halte, bin ich bereit, neben Ihnen und Ihrem Kollegen Roger Ducos einer der drei provisorischen Consuln zu sein. Was die endgültige Regierung anbelangt, so ist das eine ganz andere Sache. Wir werden sehen, was Sie darüber gemeinsam mit der Gesetzgebenden Kommission entscheiden werden. In jedem Fall werde ich Ihre Beschlüsse unterstützen. Für mich beanspruche ich aber, entweder der Exekutivgewalt anzugehören oder das Oberkommando einer Armee zu übernehmen. Wofür ich mich entscheide, wird jedoch nur davon abhängen, was Sie beschließen».[67]

Selbst wenn bei dieser berühmten, häufig zitierten Darstellung des Gesprächsverlaufs am Abend des 1. November 1799 «literarische» Absichten eingeflossen sind – Sieyès war gewiss nicht der Tropf, der sich von einem Bonaparte mit rhetorischen Säbelhieben sein Lieblingsspielzeug, den Verfassungsbaukasten, einfach in Stücke schlagen ließ –, so charakterisiert diese Schilderung Luciens dennoch vorzüglich die unterschiedlichen Temperamente und Absichten der beiden Verschwörer. Bonaparte hatte Kenntnis von Sieyès' Eitelkeit, der sich für eine Kapazität in Verfassungsfragen hielt. Auf diesem Feld war Bonaparte nicht sonderlich bewandert. Entscheidend war für ihn ohnehin nur, dass eine Verfassung geschaffen wurde, die ihm zupass kam und die sich auf eine möglichst breite Legitimation stützte. Das war einerseits viel politischer, andererseits aber caesarischer gedacht, als sich Sieyès dies jemals hatte vorstellen können. Dessen Gedankenwelt war mit Verfassungsentwürfen möbliert. Außerdem plagte ihn der Ehrgeiz, wie ein Uhrmacher das Räderwerk einer perfekten Verfassung zu entwickeln, deren Legitimation sich vor allem in ihrem reibungslosen Funktionieren erfüllte. Eine weitere Obsession von Sieyès war es, wie Bonaparte wusste, den geplanten Staatsstreich legalistisch zu tarnen. Nach seinen Vorstellungen sollten die beiden Kammern die gültigen Bestimmungen für eine Verfassungsreform derart revidieren, dass von ihnen binnen kurzem jene Idealverfassung verabschiedet werden konnte, die Sieyès vorlegen wollte. Die unpolitische Naivität dieser Vorgehensweise machte Bonaparte dadurch zunichte, dass er darauf bestand, die kausalen Prioritäten zu berücksichtigen und zunächst das zu erledigen, was als vordringlich anstand: Erst galt es die Schlacht zu gewinnen, das heißt den Umsturz erfolgreich ins Werk zu setzen, ehe man sich über Friedensbedingungen, das heißt die neue Verfassungsordnung den Kopf zerbrach.

Mit dieser Argumentation zertrümmerte Bonaparte den Lebenstraum des entlaufenen *abbé* zu einem Zeitpunkt, als dieser keine andere Wahl mehr hatte, als sich in das Geschick zu fügen, das ihm, wie er zweifellos erkennen musste, sein weit überlegener Mitverschwörer zudiktierte. Der Reitunterricht hatte ihm nichts genützt; seine Rolle würde die eines Steigbügelhalters sein, denn längst war es zu spät, den Umsturz abzublasen. Außerdem, mochte Sieyès denken, hatte Bonaparte nur seinen Anspruch auf Mitgliedschaft in der Übergangsregierung angemeldet. War die neue Verfassungsordnung erst einmal in Kraft, hatte er gesagt, bestünde er auf seiner Wahlfreiheit, entweder der Exekutive weiterhin anzugehören oder ein Armeeoberkommando zu übernehmen. Vielleicht verschwände er ja dann dahin, wo der Pfeffer wächst.

Die harschen Ausführungen Bonapartes verschlugen Sieyès zunächst die Sprache. Das nutzte dieser, um nochmals Bedingungen zu formulieren, ohne deren Erfüllung er sich nicht am Umsturz beteiligen werde: «Wollen Sie Ihren Verfassungsentwurf etwa nicht einer Kommission vorlegen? Glauben Sie wirklich, ohne eine Übergangsregierung auskommen zu können? Ohne jetzt noch viel Worte machen zu wollen, erkläre ich Ihnen offen, dass, wenn Sie dem nicht zustimmen können, Sie nicht mehr mit mir rechnen dürfen. Denken Sie darüber nach. Wir können uns wiedersehen, wann immer Sie dies wünschen.»[68]

Lucien war zutiefst überrascht vom Verlauf dieser ersten Unterredung. Ihm war bis dahin lediglich bekannt, dass sein Bruder nicht zur Verfügung stünde. Allenfalls könnte er mit seinem Namen das Reformvorhaben unterstützen, allerdings nur unter der Bedingung, dass der *Conseil des Anciens* den Entwurf der neuen Verfassung einer Volksabstimmung zur Annahme überantworte. Um das in die Wege zu leiten, werde es Sieyès sicherlich nicht an Unterstützung mangeln, er hingegen werde bei der Armee wesentlich dringlicher gebraucht. Diese dürre, eher abschlägige Auskunft, die Lucien sofort Sieyès hinterbracht hatte, wiegte diesen – und darauf hatte Bonaparte spekuliert – in der falschen Sicherheit, in Bonaparte den richtigen Mann fürs «Grobe» zu haben, der sich, weil an allem weiteren sichtlich desinteressiert, nach gelungenem Umsturz wieder zurück zur Armee trollte. So war die Falle gespannt, in die zu rennen Sieyès gar nicht mehr abwarten konnte, denn er beauftragte Lucien umgehend damit, bei Bonaparte darauf zu drängen, sich so schnell wie irgend möglich mit ihm zu verständigen.[69]

Die etwas mehr als dreiwöchige Vorgeschichte des Staatsstreichs vom 18. *Brumaire* ist, wiewohl viele Einzelheiten immer im Dunkel bleiben und manches wichtige Detail nur schattenhaft wahrzunehmen ist, weil die bedeutendsten Quellen, die Memoiren einiger Hauptakteure, nur kritisch gelesen werden können, eines der lebendigsten und spannendsten Lehrstücke der Machtpolitik. Hier treten außerdem schon alle wichtigen Figuren in den Rollen auf, in denen sie von jenem 18. *Brumaire* an für 15 ereignisreiche Jahre die Bühne Frankreichs, Europas und damit der damaligen Welt beherrschen sollten. Diese gut drei Wochen sind gleichsam das kurzweilige Intermezzo zwischen dem Frankreich der Revolution und dem *Empire Napoléonien*. Ohne diesen *Empire* wäre die Revolution, so groß ihr Anspruch, so glühend ihre Rhetorik auch gewesen sein waren, nur eine Episode geblieben. Vor diesem Schicksal bewahrte sie der 18. *Brumaire* und der Ehrgeiz Bonapartes, der größtes Interesse daran hatte, jene Zäsur zu verbergen und den Staatsstreich als eine lebensrettende Amputation auszugeben, die das verfaulte Fleisch der Direktorial-Republik abschnitt, um das 1789 begonnene Werk mit neuem Elan und in seiner vermeintlich ursprünglichen «Reinheit» fortzusetzen und zu vollenden.

Als Bonaparte und Sieyès sich in den frühen Morgenstunden des 2. November trennten, hatte der eine zwar seine Karten aufgedeckt, der andere aber noch nicht förmlich den ihm ultimativ gestellten Bedingungen nachgegeben. Dazu kam es erst beim Gespräch der beiden Verschwörer in der Nacht vom 6. auf den 7. November. Nun wurde auch endgültig verabredet, dass der Umsturz so ausgeführt werden sollte, wie von Sieyès vorgeschlagen: die Verfassung sollte gleichsam verfassungsgemäß außer Kraft gesetzt werden. Die Handhabe zu diesem Selbstmord lieferten die Artikel 102 bis 104 der *Loi organique*, die dem *Conseil des Anciens* das Recht gaben, bei drohender Umsturzgefahr die gesetzgebenden Körperschaften an einem Ort außerhalb von Paris einzuberufen. Bei der Formulierung dieser Verfassungsartikel hatte die wiederholt gemachte Erfahrung Pate gestanden, dass die in Paris tagenden Kammern von aufständischen Massen in ihrer Beratungsfreiheit beeinträchtigt worden waren. Ein angeblich von den Jakobinern geplanter Umsturzversuch sollte als Vorwand dienen, damit der *Conseil des Anciens*, dessen Mehrheit auf Seiten der Verschwörer stand, eine möglichst kurzfristig anberaumte Sitzung des «Rats der Fünfhundert» in einen abgelegenen Ort bei Paris einberief. Man einigte sich schnell auf das Schloss von Saint-Cloud. Der von einem Verfassungstheoretiker erdachte Umsturzplan hatte nur einen Haken, der seinem Gelingen schaden konnte: Man brauchte zwei ganze Tage, um das Stück nach den Bestimmungen der Verfassung, die man mit seiner Hilfe abschaffen wollte, auszuführen. Am ersten Tag musste der *Conseil des Anciens* den förmlichen Beschluss für die Verlegung des «Rats der Fünfhundert» nach Saint-Cloud fassen. Dessen Mitglieder mussten so rechtzeitig unterrichtet werden, dass sie noch nach Saint-Cloud gelangen konnten. Um lästigen Einwänden oder Rückfragen von vornherein aus dem Wege zu gehen, durften diese Einladungen den Abgeordneten erst in den frühen Morgenstunden zugestellt werden, so dass sie keine Gelegenheit mehr hatten, sich untereinander über Sinn und Zweck dieser höchst ungewöhnlichen Maßnahme zu verständigen.

Ursprünglich sollte der Umsturz am 7. November beginnen; der Termin musste aber um 48 Stunden verschoben werden. Einige der in die Verschwörung eingeweihten Abgeordneten des *Conseil des Anciens* bekamen verständlicherweise Angst vor der eigenen Courage und baten um einen Aufschub. Der wurde ihnen von Bonaparte mit der Bemerkung gewährt: «Ich lasse ihnen die Zeit, sich zu überzeugen, dass ich auch ohne sie ausführen kann, was ich gerne mit ihrer Unterstützung tun wollte.»[70] Weil der Staatsstreich verschoben wurde, konnte Bonaparte am Abend des 7. November einer Einladung zu einem Abendessen folgen, zu dem der den Jakobinern nahe stehende General Jourdan geladen hatte. Dabei entspann sich, den Aufzeichnungen Jourdans zufolge, folgender Dialog zwischen Gast und Gastgeber:

BONAPARTE: «Nun, General, was sagen Sie zum Zustand der Republik?»
JOURDAN: «Ich meine, General, wenn man nicht unverzüglich die Männer entfernt, die so miserabel regieren und wenn man nicht eine bessere Verfassung beschließt, dann muss man am Heil des Vaterlands verzweifeln.»
BONAPARTE: «Ich bin entzückt, derlei von Ihnen zu hören. Ich fürchtete nämlich, dass Sie zu denen gehörten, die an unserer elenden Verfassung festhalten wollen».
JOURDAN: «Keineswegs, General. Vielmehr bin ich davon überzeugt, dass Änderungen an unseren Institutionen unumgänglich sind, allein, es gilt dabei darauf zu achten, dass sie in keiner Weise die Grundprinzipien der repräsentativen Regierung oder die großen Grundsätze der Freiheit und Gleichheit beschädigen.»
BONAPARTE: «Kein Einwand, alles was getan wird, muss sich am Interesse des Volkes orientieren, aber wir brauchen eine stärkere Regierung.»
JOURDAN: «Darin stimmen ich und meine Freunde mit Ihnen überein, General. Wir sind bereit, uns mit Ihnen zu verbünden, wenn Sie bereit sind, uns an Ihren Plänen zu beteiligen.»
BONAPARTE: «Ich kann mich mit Ihnen und Ihren Freunden auf nichts einlassen, denn Sie verfügen nicht über die Mehrheit. Sie haben die Kammern mit Ihrem Vorschlag in Angst und Schrecken versetzt, als Sie den Notstand ausrufen lassen wollten, und Sie votieren gemeinsam mit Männern, die Ihr Ansehen beschmutzen (...) Ich bin von den guten Absichten, die Sie und Ihre Freunde hegen, zwar überzeugt, aber in diesem Fall kann ich nicht mit Ihnen zusammengehen. Seien Sie aber versichert, dass alles im Interesse der Republik geschehen wird.»[71]

Diese Unterhaltung zeigte Bonaparte zweierlei: Der geplante Umsturz war längst kein Geheimnis mehr; sollte er erfolgreich sein, duldete er jetzt keinen weiteren Aufschub. Entscheidend dürfte für ihn die beruhigende Gewissheit gewesen sein, dass die Jakobiner keinen ernsthaften Widerstand leisten würden. Die Quittung für diese Zurückhaltung sollten sie schon ein Jahr später erhalten, als Bonaparte einen Sprengstoffanschlag der Monarchisten zum Anlass nahm, mit den Jakobinern gründlich abzurechnen.

Am frühen Morgen des 18. *Brumaire* setzte sich das Räderwerk der von Bonaparte geplanten Umsturzvorbereitungen in Gang. Truppendetachements unter der Führung ihm ergebener Offiziere besetzten lange vor Sonnenaufgang die strategisch wichtigen Plätze der Stadt, legten einen Cordon um den Palais du Luxembourg, in dem die Direktoren wohnten, und um das Tuilerienschloss, in dem der *Conseil des Anciens* zusammentreten sollte, um wegen «drohender Gefahr» – von den Jakobinern war jetzt vorsorglich nicht mehr die Rede – die Sitzung des «Rats der Fünfhundert» für den 19. *Brumaire* ins Schloss von Saint-Cloud einzuberufen. Boten, die der spätere Postminister Lavalette organisierte, eilten durch die Stadt, um aus Druckereien paketweise die Proklamationen abzuholen, die in den Morgenstunden von den Hauswänden leuchteten und den Parisern das Geschehen erklärten. Ebenfalls zu ungewöhnlich früher Stunde waren die Inspektoren des *Conseil des Anciens* unterwegs, die dessen Mitgliedern Ladungen zu einer Dringlichkeitssitzung überbrachten, die um 7.00 Uhr beginnen sollte. Zeitgleich bot die stille Rue de la Victoire ein martialisches Bild: Offiziere aller Waffengattungen fanden sich vor Bonapartes Haus ein, um Unterstützung für den Staatsstreich zu signalisieren, dessen unmittelbar bevorstehender Beginn sich nicht mehr verheimlichen ließ. Unter den ersten war General Lefebvre, ein erklärter Republikaner, Kommandant der Pariser Garnison. Lefebvre gehörte nicht zu den Verschwörern, aber Bonaparte verstand es, ihn mit einer seiner meisterlichen Gesten zu gewinnen, indem er ihm mit einigen Worten den Säbel überreichte, von dem er behauptete, er habe ihn während der Schlacht bei den Pyramiden getragen. Bernadotte hingegen, der gleichfalls auf der Szene erschien, zeigte seine Ablehnung demonstrativ dadurch, dass er Zivil trug. Eine Ahnung, was sich an diesem Morgen vorbereitete, hatte auch Direktor Gohier, den Joséphine an diesem Morgen um 8 Uhr zum Frühstück gebeten hatte, um ihn auf diese Weise mit weiblicher List zu isolieren und zu neutralisieren. Das misslang jedoch, denn Gohier schickte nur seine Frau.

Die Direktoren auszuschalten, indem man sie vor vollendete Tatsachen stellte und so zum Rücktritt nötigte, war die entscheidende Hürde, die von den Verschwörern am 18. *Brumaire* zügig genommen werden musste, sollte der Umsturz ohne Blutvergießen über die Bühne gehen. Als Chefs der Exekutive hätten sie den Putsch mit Hilfe loyaler Truppen niederschlagen können. Deshalb musste ihr Rücktritt so rasch wie möglich herbeigeführt werden. Sieyès und Roger Ducos verkündeten verabredungsgemäß ihren Rücktritt im Laufe des Vormittags. Ihr Beispiel hatte indes nicht die erhoffte Signalwirkung auf die anderen Direktoren. Am leichtesten machte es Barras den Verschwörern, denn er hatte bereits am Vorabend seine Ohnmacht erkannt, als nicht Bonaparte bei ihm erschien, sondern dessen Sekretär Bourrienne.[72]

Die nächste Szene spielte auf dem rechten Seine-Ufer im Tuilerien-Schloss, in dem sich um 7 Uhr der *Conseil des Anciens* einfand. Die Versammlung war keineswegs vollzählig, da vorsichtshalber nur jene Mitglieder geladen waren, auf deren Unterstützung die Putschisten zählen konnten. Vom Präsidenten Lemercier durch eine Rede eingestimmt, verabschiedeten die Anwesenden ohne Aussprache den vorgelegten Beschluss, die nächsten Sitzungen des «Rats der Fünfhundert» sowie des *Conseil des Anciens* für den folgenden Tag um die Mittagsstunde nach Saint-Cloud einzuberufen. Außerdem wurde General Bonaparte mit dem Oberbefehl über alle Einheiten der regulären Armee, der Nationalgarde sowie der Wachmannschaften des *Corps législatif* betraut. Um die getroffenen Maßnahmen der Öffentlichkeit bekannt zu machen, wurde auch eine Proklamation verabschiedet, die mit der quasi-liturgischen Beschwörungsformel schloss: «Vive le peuple, par qui et en qui est la République!»[73] Bonaparte, der gegen 9 Uhr von diesen Beschlüssen unterrichtet wurde, begab sich sofort zu Pferd und in Begleitung zahlreicher Offiziere zu den Tuilerien, wo er vor den *Conseil des Anciens* trat und den Anwesenden in einer kurzen, geradezu geschichtsphilosophischen Rede versicherte: «Man durchforsche nicht die Vergangenheit nach Beispielen, die uns Hindernisse in den Weg legen könnten! Nichts in der Geschichte gleicht dem Ende des 18. Jahrhunderts; kein Geschehen am Ende dieses 18. Jahrhunderts lässt sich mit diesem Augenblick in Vergleich setzen. – Ihre Klugheit hat uns den vorliegenden Beschluss verschafft; mit unseren Armen werden wir ihn ausführen. Wir alle wollen eine Republik, die sich auf die wahre Freiheit, auf die bürgerliche Freiheit, auf die Vertretung der Nation gründet; wir werden sie haben (...) das schwöre ich. Das schwöre ich in meinem wie im Namen meiner Waffengefährten.»[74]

Bonaparte hatte eine Ansprache vorbereitet, bei der ihm ausgerechnet die Adresse eines Jakobinerclubs aus Grenoble als Vorbild diente.[75] Als er den Sitzungssaal verlassen hatte und sich draußen den Soldaten zuwandte, wollte es der Zufall, dass auch Bottot, Barras' Sekretär, auf der Szene erschien. Das kam Bonaparte sehr zupass, nun hatte er ein Gegenüber, an das er sich mit seiner Rede wenden konnte:

«In welchem Zustand habe ich Frankreich verlassen und wie habe ich es wieder angetroffen! Ich gab euch den Frieden und fand bei meiner Rückkehr den Krieg vor! Ich hinterließ euch Eroberungen, und jetzt hat der Feind unsere Grenzen überschritten! Bei meiner Abreise waren die Magazine gefüllt, jetzt lässt sich keine einzige Waffe mehr in ihnen finden! Ich habe Millionen aus Italien herangeschafft, jetzt gewahre ich allenthalben nur erpresserische Gesetze und Elend! Unsere Kanonen sind verkauft worden, der Diebstahl wurde zum System! Das

Staatsvermögen verschwendet! Jetzt greift man zu Zwangsmaßnahmen, die der Gerechtigkeit und dem gesunden Menschenverstand gleichermaßen zuwider sind! Man hat den Soldaten ohne alle Mittel gelassen, sich zu wehren! Wo sind die Tapferen, die Hunderttausend mit Lorbeer bekränzten Kameraden, von denen ich mich verabschiedete? Was ist aus ihnen geworden? Dieser Zustand kann nicht länger andauern; binnen drei Monaten führte er unweigerlich zum Despotismus. Wir wollen aber die Republik, die Republik, die auf den Grundsätzen der Gleichheit, der Moral, der bürgerlichen Freiheit und der politischen Toleranz ruht. Mittels einer guten Verwaltung werden alle Bürger die Parteiungen vergessen, denen sie sich anschließen mussten, damit es ihnen verstattet war, Franzosen zu sein. Es ist hohe Zeit, dass man endlich den Verteidigern des Vaterlands jenes Vertrauen erweist, auf das sie so viel Anspruch haben! Wollte man einigen Unruhestiftern Glauben schenken, dann wären wir alle Feinde der Republik, ausgerechnet wir, die wir durch unsere Anstrengungen und unseren Mut alles getan haben, um sie zu stärken. Wir kennen keine größeren Patrioten als die, die im Dienst an der Republik verstümmelt wurden.»[76]

Die Rede war eine geschickte Antwort auf alle Zweifel gegen den Umsturz, dessen Generalrechtfertigung die politische, militärische, wirtschaftliche und moralische Verkommenheit des Direktoriums sein sollte. Eine weitere Legitimation des Putsches war, eine ansonsten drohende Diktatur zu vereiteln. Allein der Umsturz vermöge die Republik zu retten, weshalb er nicht gegen diese gerichtet sei. Diese Argumentationskette verdeutlicht, dass Bonaparte sich damit nicht nur an seine unmittelbaren Zuhörer, die Soldaten, sondern an die breite Öffentlichkeit und die Nachwelt wandte. Ganz nebenbei erhielten auch zwei Persönlichkeiten endgültig Aufschluss darüber, dass sie künftig keine Rolle mehr spielen würden: Sieyès musste erkennen, dass Bonaparte auf Dauer die Führungsrolle beanspruchte, und Barras konnte nur den Schluss ziehen, dass er nicht mehr gebraucht würde. Das dürfte die Nonchalance erklären, mit der er am Mittag Bonapartes Abgesandte, Talleyrand und Admiral Bruix, empfing, die ihm das von Roederer formulierte Rücktrittsgesuch überbrachten.[77]

Im Unterschied zu Barras machten die beiden anderen Direktoren, Gohier und Moulin, zunächst keine Anstalten, ihre Ämter zu quittieren. Gleichwohl war ihr Widerstand zwecklos – Bonaparte ließ sie einfach im Palais du Luxembourg gefangen setzen. Damit war ihr Rücktritt nur noch eine Formalität. Es gab kein Direktorium mehr. Die Exekutivgewalt lag allein in Händen Bonapartes. Das war die Botschaft, die nicht nur aus seinem Reden und Handeln zu entnehmen war, sie wurde auch von den Proklamationen verkündet, die das Pariser Publikum über das Geschehen informierten und die Sieyès mit keiner Silbe erwähnten. Doch der Umsturz war damit erst zur Hälfte gelungen. Zwar stießen die über die Stadt verteilten Truppen auf keinerlei Anzeichen von Widerstand seitens der Jakobiner, noch machten die «jakobinischen» Generäle Bernadotte, Jourdan oder Augereau Miene, aus der Reserve zu treten. Ein Problem war jedoch der «Rat der Fünfhundert», in dem die Jakobiner über zahlreiche Anhänger verfügten und der am nächsten Tag zur Sitzung nach Saint-Cloud einberufen war, um den Umsturz als verfassungskonformen Vorgang abzusegnen. So sah es der Plan von Sieyès vor, der bislang reibungslos funktioniert hatte. Zu reibungslos vielleicht, denn Bonapartes Dominanz und das Militär weckten Befürchtungen, dass sich die Putschisten nicht einfach mit einer Reform der Verfassung begnügen würden, sondern die Republik beseitigen und durch eine Militärdiktatur ersetzen wollten. Zwar versäumte Bonaparte keine Gelegenheit, seine unbedingte Loyalität zur Republik zu betonen, aber das waren Worte, die allzu offensichtlich durch sein herrisches Gebaren unterlaufen wurden. Hinzu kam, dass die Zivilisten, von den Militärs an den Rand gedrängt, nur noch die Rolle von Statisten oder Stichwortgebern spielten.

Für Bonaparte war der 18. *Brumaire* in vieler Hinsicht ein großer, ihm bislang ungewohnter politischer Schlachtenerfolg gewesen, der sein Selbstbewusstsein bis zur Hybris steigerte. An diesem Tag blitzte erstmals jener Dämon auf, den er bislang selbst vor seinen engsten Vertrauten verborgen hatte. Bonaparte wollte alles wagen, um ans Ziel zu kommen. Das verrieten seine Dispositionen, das zeigten Anzahl und Aufstellung der Truppen, die über Paris verteilt worden waren, aber für einen «legalen» Staatsstreich nach Sieyès' Vorstellungen kaum nötig gewesen wären, darauf deuteten aber nicht zuletzt auch die unverhüllten Gewaltmaßnahmen hin, zwei Direktoren, deren Widerstand auf Dauer sowieso aussichtslos war, in einer für sie erniedrigenden Weise unter Hausarrest zu stellen.[78] Das verrät aber auch, dass ihn Zweifel plagten, ob der zweite Teil des Umsturzes ebenfalls reibungslos ablaufen würde. Wie wenig sich selbst ein Mann wie Polizeiminister Fouché des Ausgangs gewiss war, zeigten die Plakate, die er am Morgen des 19. *Brumaire* anschlagen ließ, die die Bürger zur Besonnenheit mahnten und vor «provocateurs à la royauté» warnten![79] Bonaparte seinerseits scheint, schenkt man dem Bericht Bourriennes Glauben, am Abend des 18. *Brumaire* nur ein Erlebnis die Freude am schönen Gelingen etwas getrübt zu haben: Seine morgendliche Begegnung mit Bernadotte:

«Ich habe nur zu gut bemerkt, dass Sie ebenso wie ich choquiert waren durch das ungebührliche Betragen von Bernadotte. Ein General ohne Uniform! Er hätte ja gleich in Pantoffeln erscheinen können! Wissen Sie, was ich ihm heute morgen gesagt habe, als ich ihn beiseite nahm? Alles. Er wusste, an was er sich halten konnte. Ich gebe dem allemal den Vorzug. Ich habe ihm gesagt, dass sein Direktorium verachtet, seine Verfassung verbraucht sei; es gelte klar Schiff zu machen und der Regierung eine andere Richtung zu weisen; dann habe ich noch hinzugefügt: Gehen Sie, ziehen Sie Ihre Uniform an; ich kann nicht länger auf Sie warten; Sie werden mich in den Tuilerien antreffen inmitten aller unserer Kameraden (...) Bernadotte, rechnen Sie weder auf Moreau oder Beurnonville, noch auf sonst einen der Generäle, die zu Ihrer Fahne stehen. Kennten Sie die Menschen besser, dann wüssten Sie, dass sie viel versprechen und wenig halten. Machen Sie sich da nichts vor. – Bernadotte versetzte mir darauf, dass er sich nicht an etwas beteiligen wolle, was er eine Rebellion nannte. – Eine Rebellion! (...) Bourrienne, verstehen Sie das? Eine Bande von Idioten; Leute, die von morgens bis abends in ihren Schuppen sitzen und sich um Nichtigkeiten katzbalgen! – Alles ist umsonst gewesen. Ich habe Bernadotte nicht zu überzeugen vermocht. Der Kerl ist eine Eisenstange. Ich habe ihm dann sein Ehrenwort abverlangt, dass er nichts gegen mich unternehmen wird. Wissen Sie, was er darauf geantwortet hat? – Sicherlich etwas sehr unerfreuliches. – Unerfreuliches! (...) Sie sind mir mal einer! (...) Viel schlimmer als das! Er hat mir gesagt: Ich werde mich ganz ruhig verhalten, wie ein guter Bürger, aber wenn das Direktorium mir den Befehl zum Handeln gibt, dann werde ich gegen alle Unruhestifter vorgehen.»[80]

Bonaparte übertrieb. Bernadotte war keine Gefahr. Er hatte kein Armeekommando, und das Direktorium, das ihm allenfalls eines hätte verschaffen können, existierte nicht mehr. Dass er die Sansculotten des Faubourg Saint-Antoine mobilisieren könne, war ebenfalls abwegig. Deren *esprit révolutionnaire*, zu Beginn des Direktoriums am 13. *Vendémiaire* noch einmal aufgeflackert, hatte sich unter der anhaltenden Wirtschaftskrise längst verbraucht. Das Sein bestimmt das Bewusstsein, und dieses riet auch ihnen, auf einen Wechsel des Regimes zu bauen, der nur eine Wende zum Besseren bringen konnte. Diese Haltung teilte die gesamte bürgerliche Öffentlichkeit. Dafür war der sofortige Anstieg der Rentenwerte, der mit dem 18. *Brumaire* einsetzte, ein deutlicher Indikator.[81]

Die Risiken für die Verschwörung waren jetzt nur noch unbedeutend. Das glaubten jedenfalls Bonaparte und Sieyès, die sich gemeinsam mit ihren wichtigsten Helfern, dem Ex-Direktor Roger Ducos, dem einstigen Justizminister Cambacérès sowie einer Reihe von Abgeordneten aus dem «Rat der Fünfhundert» am Abend des 18. *Brumaire* zu einer letzten Regiebespechung für den zweiten Tag des Umsturzes trafen. Erneut wurde bekräftigt, worauf man sich bereits verständigt hatte: Die Auflösung des Direktoriums und seine Ersetzung durch eine Übergangsregierung aus drei Consuln, die mit wenigen Mitarbeitern binnen kürzester Frist einen neuen Verfassungsentwurf ausarbeiten sollten. Den würden die beiden Kammern in Saint-Cloud absegnen, um den Umsturz in den Mantel der Legalität zu hüllen. Mögliche Widerstände im «Rat der Fünfhundert» versprach dessen Präsident Lucien Bonaparte überwinden zu können; Ähnliches versicherte auch Lemercier für den *Conseil des Anciens.* Um ganz sicher zu gehen, schlug Sieyès die präventive Verhaftung von rund 40 Abgeordneten vor, die zu den Jakobinern zählten. Das scheiterte am Widerstand Bonapartes, warum ist unklar. Dass er die Anwendung von Gewalt als Mittel, sich durchzusetzen, ablehnte, ist unwahrscheinlich. Möglich, dass er sich die Jakobiner nicht als potentielle Verbündete verprellen wollte, sollte Sieyès versuchen, ihn in letzter Minute auszumanövrieren; oder ihm war die Begeisterung seit seiner Rückkehr aus Ägypten derart zu Kopf gestiegen, dass er träumte, auch die Kammern würden ihm als Retter des Vaterlands, der Republik wie der Revolution einvernehmlich zujubeln, sobald er leibhaftig vor den Abgeordneten erschiene.[82] Dafür spricht sein ungeschicktes Verhalten am 19. *Brumaire* in Saint-Cloud. Um Haaresbreite wäre der Putsch deshalb gescheitert.

Das Geschehen in Saint-Cloud war noch einmal großes Theater, aber gleichzeitig die klägliche und damit umso symbolischer wirkende *dernière*. Das mitreißende Schauspiel der großen Repräsentativversammlungen, auf denen seit Sommer 1789 das Menschheitsspektakel der Revolution mit einer schier unerschöpflichen Fülle an politischen und rednerischen Talenten in Szene gesetzt worden war, wurde für immer vom Spielplan abgesetzt. Einer, der die Bedeutung dieses Tages ahnte, war Benjamin Constant, später einer der scharfsinnigsten liberalen Kritiker der napoleonischen Herrschaft. Am Morgen dieses Schicksalstags sandte er Sieyès einen Brief: «Der Augenblick ist meines Erachtens entscheidend für die Freiheit. Es geht die Rede von einer Vertagung der Kammern. Eine solche Maßnahme scheint mir heute verderblich, da sie die einzige Schranke zerstört, die einen Mann verhindern könnte, den Sie an den gestrigen Ereignissen beteiligt haben, der aber für die Republik noch viel bedrohlicher ist. Seine Verlautbarungen, in denen er nur von sich selber spricht, in denen er verkündet, dass seine Rückkehr die Hoffnung darauf weckte, dass er den Übelständen in Frankreich ein *Ende* bereite, haben mich mehr denn je davon überzeugt, dass er in allem, was er unternimmt, nichts anderes im Auge hat, als seinen eigenen Aufstieg. Unterstützt weiß er sich dabei von den Generälen, den Soldaten, dem aristokratischen Pöbel und allen jenen, die sich für den Anschein von Macht begeistern.»[83]

Als Lucien Bonaparte als Präsident der Zweiten Kammer mit einiger Verspätung gegen halb zwei Uhr in Saint-Cloud die Sitzung des «Rats der Fünfhundert» eröffnete, hatten dessen Abgeordnete bereits reichlich Muße gehabt, sich über die merkwürdigen Umstände und Anlässe auszutauschen, unter denen ihre Sitzung stattfand. Kaum hatte der erste

Redner, Gaudin, ein Verschwörer, das Wort ergriffen, um die düstere Lage des Landes zu schildern und damit die Forderung nach umfassenden Reformen zu verknüpfen, erscholl sofort der vielstimmige Ruf: «Nieder mit der Diktatur!» Binnen Sekunden versank der Saal im Tumult und Gaudin wurde mit Gewalt von der Rednerbühne gezerrt. Auch Lucien, der temperamentvoll losschimpfte, wurde von Abgeordneten physisch attackiert, die sich mit der Parole «Die Verfassung oder der Tod!» auf ihn stürzten. Unterdessen ergriff Delbrel, ein Häuptling der Jakobiner, das Wort und verlangte, dass jeder Abgeordnete sofort den Treueid auf die Verfassung erneuere. Ein weiterer Abgeordneter, Grandmaison, forderte gar, dass sich zunächst der *Conseil des Anciens* äußern solle über die Verschwörung, die angeblich die Republik bedrohe, über die Verlegung des Tagungsorts des *Corps législatif* sowie über die Gründe für Bonapartes Ernennung zum Oberkommandierenden aller Streitkräfte. Diese Forderung war wirklich gefährlich, zielte sie doch darauf, das Lügengespinst der angeblichen Verschwörung zu zerreißen. Zum Glück für die Verschwörer ging dieser Vorschlag im nur langsam verebbenden Tumult unter. Stattdessen beschloss die Mehrheit im «Rat der Fünfhundert» nach weiterem Hin und Her, zunächst über den Vorschlag Delbrels abzustimmen. Doch ausgerechnet der Schwur auf die Verteidigung der Republik führte endgültig ins Verderben, weil das Verfahren Stunden wertvoller Zeit verschlang, die nicht für die Organisation eines entschiedenen Gegenangriffs genutzt wurden.

Dieser gravierende taktische Fehler überließ die Initiative dem *Conseil des Anciens*, der mehrheitlich für den Umsturz war und dessen Sitzung gegen zwei Uhr begann. Aber auch hier liefen die Dinge nicht so, wie von den Verschwörern geplant: Einige Abgeordnete, denen absichtlich keine Ladungen zugestellt worden, die aber dennoch erschienen waren, verlangten eine Erklärung. Darauf offenkundig nicht vorbereitet, flüchtete man sich in die Lüge, es seien alle Abgeordneten ordnungsgemäß verständigt worden. Das verschlimmerte die Lage, denn nun verlangte eine Reihe von Abgeordneten, dass man Beweise für die angebliche Verschwörung vorlegen sollte. Um eine peinliche Debatte zu vermeiden, kam einer der Repräsentanten auf den rettenden Einfall, einen Verfahrensfehler zu monieren: Der «Rat der Fünfhundert» habe versäumt, wie von der Geschäftsordnung geboten, den *Conseil des Anciens* vom Beginn seiner Sitzung zu unterrichten. Bis zur Klärung dieser Quisquilie wurde die Sitzung für eine gute Viertelstunde unterbrochen.

Kaum begonnen, drohte der zweite Akt des Umsturzes gefährlich an Tempo zu verlieren. Schnelligkeit aber bedingte seinen Erfolg, sollte er seinen legalen Anstrich behalten. Dafür musste der *Conseil des Anciens* dem «Rat der Fünfhundert» die Zustimmung zur Übergangsregierung der drei Consuln wie der Einrichtung einer Verfassungskommission möglichst rasch entwinden. Damit war jetzt nicht mehr zu rechnen. Bonaparte, der in einem für ihn eigens eingerichteten Salon des Schlosses ausharrte, wurde immer nervöser. Daher zeigte er sich spontan in der Sitzungspause im *Conseil des Anciens* den Abgeordneten, um den ins Stocken geratenen Ablauf zu beschleunigen. Sein Erscheinen stand zwar im Einklang mit der Verfassungsbestimmung, dass niemand, der nicht den Kammern angehörte, an deren Sitzungen teilnehmen dürfe, es sei denn, er sei ausdrücklich aufgefordert worden. Aber es verrät auch Bonapartes Ahnungslosigkeit von parlamentarischen Gepflogenheiten: Das kasuistische Advokatenpalaver sollte ihm nicht den Erfolg in dieser Schlacht verkümmern! Er wollte klare Anweisungen geben, denen umstandslos Folge geleistet werden sollte. So schlug man erfolgreich Schlachten, so zog man einen Umsturz durch. Erstaunlich, dass er sich damit beschied, den zunächst nur erstaunten, aber zunehmend empörten Abgeordneten eine Standpauke zu halten wie seinen Grenadieren vor der Schlacht.[84] Sein Ungeschick bestand nicht so sehr darin, *was* er sagte, sondern *wie* er es sagte. Wirklich fatal wurde Bonapartes Auftritt erst, als ihm ein Abgeordneter zurief: «Und die Verfassung?» Eine solche Störung nicht gewohnt – welcher Grenadier hätte dies auch gewagt? –, ließ Bonaparte die Maske seiner bislang beteuerten Verfassungstreue fallen und beschimpfte die Kammern mit den Worten: «Die Verfassung haben Sie am 18. *Fructidor*, am 22. *Floréal*, am 30. *Prairial* verletzt. Die Verfassung! Jede Parteiung beruft sich auf die Verfassung; jede Parteiung verletzt die Verfassung! Alle verachten sie! Für uns kann sie kein Heilmittel mehr sein, denn niemand respektiert sie mehr (...) Retten wir die Gleichheit, die Freiheit, finden wir die Mittel, die jedermann die Freiheit sichert, die ihm zusteht und die von der Verfassung nicht mehr gewährleistet ist. Ich versichere Sie, dass sobald die Gefahren vorüber sind, deretwegen man mir meine außerordentlichen Befugnisse übertragen hat, werde ich diesen wieder entsagen.»

Mit den letzten beiden Sätzen konnte er gerade noch das Schlimmste vermeiden. Was er gesagt hatte, genügte jedoch, das Misstrauen einiger Abgeordneter erst recht zu wecken. Als die Sitzung um 4 Uhr fortgesetzt wurde, erhielt Bonaparte die förmliche Aufforderung, vor dem *Conseil des Anciens* zu erscheinen. Zunächst ging alles gut. Auf Antrag eines in die Umsturzpläne eingeweihten Abgeordneten wurde sogar beschlossen, die Ansprache Bonapartes zu veröffentlichen. Dann jedoch forderte ihn einer auf, die Namen der Verschwörer zu nennen. Darauf war Bonaparte nicht gefasst. In seiner Not nannte er Barras und Moulin, die ihn aufgefordert hätten, sich an die Spitze einer Bewegung zu setzen, um alle freiheitlich Gesinnten auszuschalten. Erstaunen und Entsetzen der Abgeordneten, Forderungen der Jakobiner nach dem sofortigen Zusammentritt eines Untersuchungsausschusses. Dieses Verlangen wurde mit einiger Mühe abgewendet. Wieder ergriff Bonaparte das Wort: «Als ich das Oberkommando übernahm, zählte ich allein auf den *Conseil des Anciens*. Nie rechnete ich mit dem ‹Rat der Fünfhundert›, in dem nur solche vertreten sind, die uns die Konventsherrschaft wieder anschaffen wollen, die Revolutionskomitees und die Blutgerüste, in dem die Chefs der Parteiungen gerade wieder ihre Beratungen aufnehmen und von dem Boten ausgesandt werden, um in Paris Unruhen zu stiften.»[85] Auch das war gelogen, aber mit mehr Geschick, denn die Hinweise auf die Gewaltbereitschaft der Jakobiner entsprachen den Ängsten der Gemäßigten. Bonaparte wusste das, weshalb er jetzt mit neuer Verve fortfuhr, den *Conseil* zum Handeln anzutreiben: «Diese kriminellen Absichten sollen Sie nicht erschrecken, Repräsentanten des Volkes. Umgeben von meinen Waffenbrüdern, werde ich Sie zu retten wissen. (...) Aber wenn irgendein vom Ausland bezahlter Redner auf den Einfall käme, mich für außerhalb der Gesetze stehend zu erklären, soll er nur auf der Hut sein, dass dieses nicht für ihn gilt! Sollte er aber davon sprechen, mich für vogelfrei zu stellen, dann werde ich mich an Euch wenden, meine tapferen Waffenbrüder, an Euch, tapfere Soldaten, die ihr schon so oft den Sieg erfochten habt, an Euch, Ihr tapferen Verteidiger der Republik, mit denen ich schon so viele Gefahren geteilt habe, um die Freiheit und die Gleichheit zu befestigen. Dann werde ich mich ganz Eurem Mut anvertrauen, meine tapferen Freunde, und auf mein Glück setzen.»[86] Zu seinem Glück war Bourrienne zur Seite, der ihm einzuhalten gebot. Bonaparte war drauf und dran, sich um Kopf und Kragen zu reden, indem er den Abgeordneten mit einem Militärputsch drohte und ihnen damit zur Unzeit die Illusion raubte, ohne sie könne der Umsturz nicht gemacht werden, zumal sie damit die Erwartung verknüpften, auch innerhalb der neuen Verfassungsordnung unverzichtbar zu sein.

Bonapartes allzu impulsive Intervention provozierte das Gegenteil dessen, was er beabsichtigt hatte. Am klügsten war es jetzt, fluchtartig das Feld zu räumen, um nicht mit weiteren Fragen der aufgeregten Abgeordneten bestürmt zu werden. Das Startsignal für den verfassungskonformen Umsturz hatte nur große Konfusion angerichtet. Die Abgeordneten im *Conseil des Anciens* stritten und zauderten, die von den Umsturzplanern vorgesehenen energischen Beschlüsse zu fassen. Das ganze Unternehmen drohte jetzt, kurz vor Gelingen, zur Farce zu werden. Die Zeit wurde knapp. Gelang der Umsturz nicht an diesem Tage, war sein Scheitern sicher. Deshalb war es gleichgültig, ob die roten Roben im *Conseil des Anciens* sich noch irgendwann zu einem Entschluss durchringen würden. Der «Rat der Fünfhundert» war jetzt die entscheidende Instanz. Hier musste das Stück enden. Als Bonaparte sich deshalb dem Saal zuwandte, in dem der «Rat der Fünfhundert» tagte, hatte er keinen Plan, keinen festen Vorsatz. Es war eine Situation wie in einer Schlacht: Nur vorwärts gehen, den Gegner in Verwirrung stürzen. Das Weitere würde sich dann schon zeigen. Außerdem erschien er nicht allein, er drang mit einer Eskorte Soldaten in das Getümmel des Saals. Dort versuchte er zum Rednerpult zu gelangen. Jetzt wurde er bemerkt, und sofort wurden Rufe laut: «Nieder mit dem Diktator! Nieder mit dem Tyrannen!» *Hors la loi!* Die Szene drohte zum Tribunal zu werden: Bonaparte verletzte mit seinem Erscheinen die Verfassung, denn niemand hatte ihn aufgefordert, in dieser Sitzung zu erscheinen. Nächst dem Rednerpult, wo die stärksten und entschlossensten Jakobiner ihren Platz hatten, stürzten sich einige auf ihn, packten ihn am Kragen seiner Uniform, bedrängten ihn und schleuderten ihm ihre Verwünschungen entgegen. Für Bonaparte, der immer einen tiefen Abscheu vor der physischen Nähe der Masse, ihrer ganzen existentiellen Zumutung hatte, war das ein Albtraum. Ihm schwanden die Sinne. Später glaubte er sich daran zu erinnern, dass ein Hüne ihn gepackt und seine Brust zugeschnürt habe. Vermutlich war das nur eine Metapher für das traumatische Erlebnis. Schließlich befreiten ihn Murat, Lefebvre, Gardanne und mehrere Grenadiere aus dem Getümmel und zerrten ihn aus dem Saal.

Bleich, einer Ohnmacht nahe und zutiefst verstört wankte Bonaparte von der Walstatt. Sieyès, dem er begegnete, redete er an: «General (sic), sie wollten mich außerhalb des Gesetzes stellen!»[87] Seine Begleiter rieten ihm, den Tumult als willkommenen Anlass zu nehmen, dem Spuk der Versammlung gewaltsam ein Ende zu machen. Bonaparte zauderte. Noch hatte er seine physische Schwäche nicht überwunden, auch kamen ihm Zweifel, ob die Truppen um Saint-Cloud wirklich zuverlässig waren und dem Befehl, die Versammlung auszuheben, folgen würden. Ein Abgeordneter erklärte sich bereit, in den *Conseil des Anciens* zu eilen, um dort in drastischen Worten die Vorfälle zu schildern und diesen dazu zu bewegen, endlich einen Auflösungsbeschluss zu fassen und Bonaparte die Regierungsgewalt zu übertragen. Der Zauber der Legalität sollte die Gewalt noch einmal rechtfertigen, die man nun aus lauter Ratlosigkeit entschlossen war anzuwenden.

Währenddessen kam der Tumult im Sitzungssaal des «Rats der Fünfhundert» nicht zur Ruhe. Nur mit knapper Not gelang es Lucien Bonaparte, einen Beschluss zu verhindern, der seinen Bruder des Kommandos enthob und außerhalb des Gesetzes stellte. Damit rettete er das Gelingen des Staatsstreichs und gewann wertvolle Zeit, die andere dazu nutzten, wie Marmont berichtet, die Truppen um das Schloss aufzuwiegeln und auf den Gewaltstreich einzustimmen: «Man verbreitete das Gerücht, ein Anschlag auf das Leben General Bonapartes sei versucht worden, und dieses Gerücht nützte ihm sehr: In Frankreich diskreditiert ein Mordanschlag die besten Motive. Der alte Serurier machte es besonders geschickt; indem er mit seinem Säbel vor den Soldaten auf und abschritt, wiederholte er nur immer wieder die Worte: ‹Die Elenden! Sie wollten den General Bonaparte ermorden. Weicht nicht zurück, Soldaten, haltet Ruhe und wartet auf eure Befehle.› Die Soldaten zeigten keinerlei Regung, aber solche Worte waren das sicherste Mittel, sie aufzuputschen. ‹Die Miserablen!!! ...›, fügte er hinzu, und dann begann er mit seiner Litanei wieder von vorne.»[88] Schließlich erschien Bonaparte auf der Szene, um seinerseits zur Truppe zu sprechen. Man brachte ihm ein Pferd. Vom Lärm und der Unruhe scheu gemacht, schlug es aus und bäumte sich auf. Bonaparte hatte alle Mühe, es zu besteigen und im Sattel Haltung anzunehmen.[89] Nach quälend langen Augenblicken ließ sich das Tier beruhigen. Bonaparte wandte sich an die ihm zunächst in Reih und Glied stehenden Truppen: «Soldaten, kann ich mich auf Euch verlassen?» Schweigendes, regloses Erstaunen war die Antwort. Das verriet die Unentschlossenheit, wie sie sich verhalten sollten, hatten sie doch nur zu deutlich das Lärmen aus dem Saal vernommen, die wüsten Schreie *Hors la loi*, die Bonaparte entgegen gellten und die noch längst nicht verstummt waren, denn Lucien Bonaparte hatte die Abgeordneten mit zynischen Worten aufs Neue in Empörung versetzt: «Die Erregung, die den *Conseil* ergriffen hat, beweist nur, was alle Welt ahnt, was auch mich bedrängt. Es war nur natürlich, dass der Versuch des Generals, sich hier Gehör zu verschaffen, keine andere Absicht verfolgte, als über die Situation Rechenschaft zu geben oder uns über eine wichtige Einzelheit der öffentlichen Angelegenheiten zu unterrichten.»[90] Die Lüge war so offensichtlich, dass die Linke wieder die Forderung erhob, Bonaparte außerhalb der Gesetze zu stellen. Damit wuchs erneut die Gefahr, dass die lautstarke Empörung in Gewalt umschlug. Doch es fehlte ihnen an Führung, an zwei oder drei Leitfiguren, die sich einen klaren Kopf bewahrten und die Mehrheit um sich scharten. Die anhaltende Unordnung verhinderte die Abstimmung über eine Amtsenthebung Bonapartes ein ums andere Mal. Auf Dauer war so die Entscheidung aber nicht zu vereiteln. Lucien verfiel deshalb auf eine kalkulierte Provokation, mit der er die Erregung zu neuen Höhen steigerte. Von seinem Präsidentenstuhl aus verkündete er mit Stentorstimme: «Sobald in diesem Saal wieder Ruhe eingekehrt, sobald die ungeheuerliche Ungehörigkeit, die hier vorfiel, vorüber ist, werden Sie dem Gerechtigkeit widerfahren lassen müssen, auf die dieser Anspruch hat.»[91] Das war zuviel, jetzt richtete sich die Empörung gegen den Redner, gegen den Präsidenten Lucien Bonaparte, dem nun ebenfalls die lautstarken Rufe *Hors la loi* in den Ohren gellten. Er hatte erreicht, was er wollte: Mit theatralischer Geste entledigte er sich seiner Schärpe und seiner Toga und brüllte nun rot von Erregung: «Ich sehe mich gezwungen, darauf verzichten zu müssen, mir Gehör zu verschaffen, weshalb ich zu Protokoll gebe, dass ich als Zeichen meiner Trauer die Insignien meines vom Volk übertragenen Amts auf der Tribüne niederlege.»[92] Luciens Theatercoup erzwang die Beendigung der Sitzung und nahm damit der Linken die letzte Möglichkeit, sich ihrer verfassungsmäßigen Macht zu bedienen, den Umsturz in letzter Minute zu vereiteln. Das ebnete der Gewaltlösung den Weg, die Bonaparte jetzt herbeiführte.

Bonaparte hatte sich zunächst an jene Soldaten gewandt, die seit Jahren den Wachdienst des *Corps législatif* versahen. Diesen taktischen Fehler suchte er dadurch wiedergutzumachen, dass er nun die vom Schloss Saint-Cloud räumlich weiter entfernten Einheiten der regulären Armee anredete. Hier hatten seit langem ihm vertraute Offiziere ihre Einheiten aufgestellt, unter ihnen viele Veteranen des Italien-Feldzugs, hier empfingen ihn sofort Hoch-Rufe und es war eine Begeisterung für ihn spürbar, die seine Entschlossenheit festigte, nun das Äußerste zu wagen und die Abgeordneten mit Waffengewalt zu verjagen: «Ich war dort (beim ‹Rat der Fünfhundert›, J.W.), um Mittel anzukündigen, die Republik zu retten und uns unseren Ruhm wieder zu geben. *Sie haben mir mit Dolchstößen geantwortet.* Derart wollten sie die Absichten der verbündeten Könige verwirklichen. Was hätte England noch mehr tun können?»[93] Diese Lüge – kein einziger der Abgeordneten hatte ihn mit einem Dolch bedroht – verfehlte bei den Soldaten, auf deren Loyalität er bauen konnte, ihre Wirkung nicht. Die ungeheure Erregung über das Vorgefallene, die Bonaparte zunächst völlig traumatisiert und in tiefe Trance versetzt hatte, überfiel ihn erneut, hatte aber jetzt den gegenteiligen Effekt: Außer sich vor Wut, von der Scham über seine vor Zeugen offenbar gewordene Schwäche verstärkt, steigerte er sich zu wahrer Raserei, stürzte sich in den Jubel, der ihm entgegenbrandete und badete im Erlebnis einer Menge, die sich von seiner blindwütigen Erregtheit anstecken ließ. Zu Pferd sprengte er hierhin und dorthin, stieß mit sich überschlagender Stimme abgehackte Sätze aus, steigerte die Anklagen zu einem wüsten Crescendo, in dem nur einige wenige Reizworte, «Verräter», «Mietlinge Englands», «Dolche», «Elende», zu verstehen waren. In einem kurzen Moment der Besinnung befahl er einer Abteilung, seinen Bruder Lucien aus dem Saal zu holen. Der Einfall verrät taktischen Instinkt, denn auf Luciens theatralisches Talent war Verlass. Das brauchte es jetzt, um die Entscheidung herbeizuführen. Schon begann es zu dunkeln, Nebelschwaden verwischten die Konturen. Gemeinsam mit dem Bruder trat Lucien vor die Truppe. Auch er war erregt, wusste sich aber zu beherrschen und seinen Zorn wirkungsvoll in Worte zu fassen, zur Größe der Rolle zu finden, die er jetzt spielen musste:

«Bürger Soldaten, der Präsident des ‹Rats der Fünfhundert› erklärt Euch, dass die überwältigende Mehrheit dieser Versammlung in diesem Augenblick von einigen Vertretern des Volkes, die sich mit Stiletten bewaffnet haben, terrorisiert wird, die das Rednerpult belagern, ihre Kollegen mit dem Tod bedrohen und über schauerlichste Dinge beraten. Ich erkläre Euch, dass diese tollkühnen Verbrecher, die zweifelsohne von England bezahlt werden, sich gegen den ‹Rat der Fünfhundert› empört und es gewagt haben, davon zu sprechen, den General außerhalb des Gesetzes zu stellen, der seinen gesetzlichen Auftrag ausführen wollte. Wenn wir noch in jenen fürchterlichen Zeiten ihrer Herrschaft wären, in denen dieses Wort, *hors-la-loi*, genügte, um jenen den Kopf abzuschlagen, die dem Vaterland die liebsten waren, dann sage ich Euch, dass diese Minderheit von Rasenden sich selbst außerhalb des Gesetzes gestellt hat durch ihre Anschläge auf die Freiheit dieser Versammlung. Im Namen des Volkes, das seit so vielen Jahren in den Händen dieser Kinder der Schreckenszeit nur ein Spielzeug ist, stelle ich den Kriegern die Pflicht anheim, die Mehrheit ihrer Abgeordneten zu befreien, damit sie, durch die Bajonette vor den Stiletten gerettet, über das Schicksal der Republik beraten können.» Sich dann seinem Bruder zuwendend, fuhr Lucien Bonaparte fort: «General, und ihr Soldaten, ihr Bürger alle, Ihr werdet keine anderen als Gesetzgeber Frankreichs anerkennen, als die, die sich mir zugesellen. Die anderen alle, die in der Orangerie (dem Sitzungssaal des ‹Rats der Fünfhundert›, J.W.) verharren, sie sollen mit Gewalt verjagt werden! Diese Verbrecher sind nicht mehr die Repräsentanten des Volkes, sondern die Vertreter des Dolchs! Dass dieser Titel ihnen anhafte, dass er sie überallhin verfolge! Und, sobald sie es wagen sollten, sich dem Volk zu zeigen, alle Finger auf sie zeigen, sie mit diesem wohlverdienten Namen als Repräsentanten des Dolchs bezeichnen. Es lebe die Republik!»[94]

Dieser große, mit melodramatischen Elementen geschickt garnierte Monolog verfehlte seine Wirkung auf die Soldaten nicht, denen der Tag in feuchter Herbstkühle, in der sie stundenlang vor dem Schloss hatten verharren müssen, lang wurde. «Aber», so berichtet Bourrienne, «trotz der Schreie *vive Bonaparte!*, die auf diese Ansprache folgten, verharrte die Truppe in ihrem Zögern. Noch schwankte sie, ihre Waffen gegen die Vertretung des Volkes zu richten.»[95] Lucien, dem dies nicht verborgen blieb, bewies ein weiteres Mal Geistesgegenwart. Er ließ sich einen Säbel reichen und hob ihn mit den Worten hoch: «Ich schwöre, die Brust meines eigenen Bruders zu durchbohren, sollte er es jemals wagen, Hand an die Freiheit der Franzosen zu legen!»[96] Eine Szene aus dem Schmierentheater, aber in Geste, Ton und Allüre genau der richtige Einfall, die noch Zaudernden mitzureißen. Bonaparte gab den Befehl, Murat stürmte an der Spitze seiner Grenadiere in die Orangerie, die Abgeordneten stürzten in wilder Flucht zu den Fenstern und sprangen in den Garten. Ohne Blutvergießen – Bonapartes ausdrücklicher Wunsch – wurde der Saal geräumt. Das letzte Hindernis vor dem Umsturz war überwunden.

In der *Galérie de Mars* im ersten Stock über der Orangerie, in dem der *Conseil des Anciens* noch tagte, wurden dessen Mitglieder durch die gewaltsame Vertreibung der Kollegen aus dem «Rat der Fünfhundert» jäh aus ihrer Lethargie gerissen. Obwohl viele der *Anciens* Mitwisser des Umsturzes waren, erschraken sie. Lucien versuchte die Gemüter zu beruhigen, erklärte alles mit jakobinischen Ausschreitungen, die keine andere Wahl der Mittel zugelassen hätten. Man hörte ihn an, schenkte ihm aber keinen Glauben, ersuchte ihn, zu schweigen und vertagte die Sitzung. Nach einer Dreiviertelstunde erging endlich der Bescheid, dass die Kommission für den Entwurf zur Bildung einer Übergangsregierung ihre Arbeit beendet habe. Der *Conseil des Anciens* trat wieder zusammen. Cornudet, der Berichterstatter der Kommission, begann mit der Feststellung, dass nach der Auflösung des «Rats der Fünfhundert» die *Anciens* die «gesamte Nationalrepräsentation» seien. Das allein schon rechtfertige, dass sie die jetzt durch die Situation gebotenen Maßnahmen ergriffen, denn keineswegs sei das Militär im Besitz der Exekutivgewalt; dieses hätte nur interveniert, weil diese Gewalt nicht vorhanden war, was sich nun erübrige, da die *Anciens* die notwendigen Schritte unternähmen. Nach diesen Worten verkündete er das von der Kommission ausgearbeitete Gesetzesvorhaben, das zunächst die Bildung einer provisorischen Regierung, bestehend aus drei Mitgliedern, vorsah. Die Gesetzgebenden Körperschaften wurden sodann auf den 22. Dezember vertagt, an dem sie sich ohne gesonderte Einladung und aus eigenem Recht wieder in Paris versammelten. Während dieser Vertagung sollte eine interimistische Kommission aus Mitgliedern des *Conseil des Anciens* die Belange der Nationalvertretung wahrnehmen. Dieser Kommission sei im übrigen freigestellt, eine Sitzung der Gesetzgebenden Körperschaften zu einem früheren Termin einzuberufen, wenn sie dies für richtig halte.[97] Diese Beschlussvorlage, vom *Conseil* ohne weitere Aussprache gebilligt, war der legalistische Firniss, auf den die Verschwörer so großen Wert gelegt hatten. Davon abgesehen, mussten aber Bonaparte wie auch Sieyès gleichermaßen höchst unzufrieden sein; sein erster Makel war, dass er so spät erst zustande kam, nachdem man sich des «Rats der Fünfhundert» bereits mit Gewalt entledigt hatte. Dieser Schönheitsfehler würde sich schon irgendwie beseitigen lassen. Schwerer wog dagegen, dass die Auflösung des «Rats der Fünfhundert» nicht als ein *fait accompli* dargestellt wurde, sondern lediglich als «Vertagung». Ein weiterer Fehler in den Augen der Verschwörer musste es sein, dass der Text nicht von einer «Verfassungsreform» sprach, sondern lediglich die Schaffung einer provisorischen Regierung in Aussicht stellte, die das Direktorium, auf drei Mitglieder reduziert, ersetzte. Schließlich, indem der Fortbestand der beiden Gesetzgebenden Körperschaften ausdrücklich betont wurde, war die Handlungsfreiheit der Übergangsregierung durch Kontrolle und mögliche Einreden der Gesetzgebenden Körperschaften behindert. Außerdem wurden die drei Mitglieder dieser Übergangsregierung, Sieyès, Roger Ducos und Bonaparte, nicht namentlich genannt.

Dieses Ergebnis war für die beiden Hauptverschwörer derart unbefriedigend, dass sie Luciens Vorschlag sofort zustimmten, die gerade erst auseinandergejagten Abgeordneten des «Rats der Fünfhundert» wieder zu versammeln und zu nötigen, den von ihnen nach den Umsturzplanungen erwarteten Beschluss zu fassen, der dann vom *Conseil des Anciens* nur noch abgesegnet werden musste. Das völlig unzulängliche Dekret, von diesen just beschlossen, überantwortete man einfach dem Vergessen. Dieser aberwitzig anmutende Vorschlag überzeugte jedoch sofort aus mehreren Gründen. Zum einen würde damit der Fetisch der Legalität doch noch gewahrt. Zum zweiten würden sie sichergehen können, dass über einen Vorschlag abgestimmt werde, der exakt ihren Vorgaben entsprach. Und schließlich ließ sich durch diese neuerliche Inszenierung gegenüber der Öffentlichkeit der falsche Eindruck aufrechterhalten, der Tag von Saint-Cloud habe nicht in nackter Gewalt geendet. Dass diese perfiden Überlegungen aufgingen, war gewiss: die verschreckten Abgeordneten würden zu allem Ja und Amen sagen, nur um die eigene Haut zu retten. Nun spielte es auch keine Rolle mehr, ob das nach Artikel 75 der Verfassung geforderte Quorum von 200 Abgeordneten zusammenkäme, damit der «Rat der Fünfhundert» überhaupt beschlussfähig sei. Man brauchte jetzt lediglich eine beliebige Anzahl von Abgeordneten, die sich einfach zur Mehrheit erklärten.

Natürlich kam Lucien auf diesen rettenden Einfall. Seinem Bruder waren die parlamentarischen Usancen fremd, und Sieyès war ein Theoretiker, aber kein Politiker, allein vertraut mit den Geschäftsordnungstricks des parlamentarischen Lebens. Lucien hatte in seiner kurzen, aber bewegten Laufbahn als aktiver Jakobiner gut aufgepasst. Hinzu mag die Einsicht gekommen sein, dass die entscheidende Rolle, die er in den letzten Stunden gespielt hatte, in den weiteren Plänen der beiden Hauptverschwörer nicht die gebührende Kompensation fand. Das würde sich korrigieren lassen, wenn er weiterhin eine Figur abgab, die für das Gelingen unverzichtbar war.

Während man sich aufmachte, die Abgeordneten wieder einzusammeln, von denen einige noch durch den dunklen Park irrten, andere sich in den Kneipen von Saint-Cloud von dem Schreckenserlebnis zu erholen suchten oder zu Fuß unterwegs nach Paris waren, blieb nur einer unter diesen außergewöhnlichen Umständen sich selbst treu: Talleyrand. In seinen Memoiren spielte er die Beteiligung an den entscheidenden Stunden der Verschwörung mit der Bemerkung herunter, er sei mit «einigen anderen Liebhabern» in Saint-Cloud zugegen gewesen. Er verkündete damals schlicht: «Il faut aller dîner».[98] Sprachs und nahm seine drei Begleiter, Roederer, dessen Sohn und Montrond mit zu einem Abendessen bei Madame Simons, die unweit von Saint-Cloud, im Tal von Meudon, ein Landhaus besaß. Aber noch ein anderer stellte an diesem Abend seine Wesensart unter Beweis: Fouché. Er war in Paris geblieben und wartete hier die Entwicklungen in Saint-Cloud mit jener undurchdringlichen Gelassenheit ab, die zu seinem Charakterbild gehörte. Als ihn seine Späher vom gewaltsamen Ende der Verschwörung unterrichteten, formulierte er eine Erklärung für die Öffentlichkeit, die in den Pariser Theatern am Abend des 19. *Brumaire* auf offener Bühne von Schauspielern verlesen wurde: «Die Gesetzgebenden Körperschaften waren in Saint-Cloud versammelt, um über die Belange der Republik und der Freiheit zu beraten, als General Bonaparte, der im ‹Rat der Fünfhundert› erschienen war, um dort über gegenrevolutionäre Manöver Klage zu führen, beinahe einem Anschlag zum Opfer gefallen wäre. Das Genie der Republik hat ihm das Leben gerettet; er kehrte mit seiner Eskorte zurück. Die Gesetzgebenden Körperschaften haben alle Maßnahmen ergriffen, die den Triumph und den Ruhm der Republik gewährleisten können».[99]

Gegen 9 Uhr abends hatten sich die Deputierten des «Rats der Fünfhundert» versammelt, soweit sie sich von den Inspektoren zur Rückkehr in die Orangerie hatten bewegen lassen. Über ihre Zahl gibt es abweichende Angaben. Sie schwanken zwischen dreißig und über dreihundert. Der von eilends herbeigeschafften Kerzenleuchtern in ein gespenstisches Licht getauchte Raum war nur notdürftig wieder hergerichtet worden. Lucien, der als Sitzungspräsident amtierte, ließ sich von dieser unwirklichen Szenerie zu einer Rede inspirieren, die sein irrlichterndes politisches Talent ebenso zeigt wie seine jakobinische Prägung: «Dieses ehemalige Palais der Könige, in dem wir uns in dieser feierlichen Nacht versammelt haben, gibt uns den Beweis, dass die Macht sehr zerbrechlich, und nur der Ruhm von Dauer ist! – Wenn wir uns heute als unwürdig erweisen des ersten Volkes auf Erden, wenn wir aus kleinmütigen und nicht hierher gehörigen Rücksichten nicht jene Unordnung abändern, in der sich dieses Volk befindet, wenn wir die von der ganzen Welt an uns gerichteten Erwartungen enttäuschen, dann verspielen wir damit nicht nur jeden Anspruch auf Ruhm, sondern wir werden auch die Macht nicht für lange in Händen halten: Andere werden sie uns zu Recht entreißen.»[100] Der nächste Redner, der Abgeordnete Bérenger, schlug die Annahme einer Resolution vor, die Bonaparte, den Generälen und Soldaten eine Ehrenerklärung aussprach, die mit den Worten endete, sie hätten sich «um das Vaterland sehr verdient gemacht».[101] Damit erhielt der Gewaltstreich nachträglich seine Rechtfertigung, ja, er wurde geradezu umgedeutet in eine *gleichermaßen* erwünschte wie notwendige Befreiung des Unterhauses von den *représentants du poignard*. Vor allem Bonaparte wurde damit von jedem Vorwurf, die Verfassung verletzt zu haben, freigesprochen. Darauf folgte Chazal, der ganz im Sinne des ursprünglichen Drehbuchs vorschlug, die vom *Conseil des Anciens* bereits gefassten Reformbeschlüsse zu präzisieren und eine Exekutivkommission zu berufen mit Sieyès, Roger Ducos und Bonaparte. Danach wäre es ein Gebot der Klugheit, den *Corps législatif* für eine Weile zu suspendieren, gleichzeitig aber dafür Sorge zu tragen, dass eine neuerliche Störung, wenn er seine Arbeiten wieder aufnähme, durch die Jakobiner ausgeschlossen sei. Deshalb sollten die Abgeordneten eine Proskriptionsliste jener aufstellen, die ihres Mandats verlustig gingen. Außerdem wurde ad hoc eine Kommission berufen, die auf der Grundlage der von Chazal gemachten Vorschläge das «Projekt einer Resolution bezüglich der für das öffentliche Wohl zu ergreifenden Maßnahmen» ausarbeiten und sich unverzüglich ans Werk machen solle.[102]

Während die Kommission sich zu ihren Beratungen zurückzog, setzte Lucien die Sitzung klugerweise fort. Unter anderem versicherte er, dass das, was «in dieser Nacht des 19. *Brumaire* in diesem Saale gesagt werde, von der Nachwelt noch wiederholt werden wird». Das war die Einleitung seiner Schilderung und Einordnung dessen, was am Nachmittag geschehen war.[103] Mit seinen beschwörenden Ausführungen gelang es ihm, die Zeit zu überbrücken, ehe die Kommission wieder erschien und durch ihren Sprecher Boulay de la Meurthe verkündete, der Versammlung die verfassungskonformen Grundlagen für eine Übergangsregierung zur Abstimmung vorlegen zu können.[104] Die wichtigsten Bestimmungen lauteten, dass das Direktorium aufgelöst sei und an seine Stelle eine «consularische Kommission» als Exekutive trete, der die drei Bürger «Sieyès, Roger Ducos und Bonaparte, General» angehörten. Diese nennten sich *Consuls de la République française*. Als wichtigste Aufgabe wurde den drei Consuln übertragen, die Ordnung innerhalb aller Bereiche der Verwaltung zu gewährleisten, in Frankreich den inneren und mit Europa den äußeren Frieden wiederherzustellen bzw. auszuhandeln. Außerdem wurde der *Corps législatif* bis zum 20. Februar 1800 vertagt; in der Zwischenzeit sollten zwei Kommissionen des *Conseil des Anciens* wie des «Rats der Fünfhundert» Vorschläge für eine neue Verfassung ausarbeiten.[105] Nachdem gegen ein Uhr morgens am 20. *Brumaire* vom *Conseil* diese Resolution gebilligt war, beschloss man auf Anregung von General Frégeville, dass die drei Consuln sofort feierlich auf diese Resolution vor dem *Corps législatif* eingeschworen wurden. Gegen zwei Uhr kündigten Trommeln das Erscheinen der drei Consuln an, die vor dem Präsidenten Lucien Bonaparte Aufstellung nahmen. Nachdem die Bestimmungen der Resolution verlesen waren, sprachen alle drei nacheinander die Eidesformel, die Lucien vortrug. Dann setzten sie sich, und Lucien ergriff noch einmal das Wort: «Die Freiheit Frankreichs wurde im Ballspielsaal von Versailles geboren. Seit dieser unsterblichen Sitzung im *Jeu de Paume* hat sie sich bis zu euch hingeschleppt, nachdem sie nach und nach von Unentschlossenheit, Schwäche und schmerzhaften Kinderkrankheiten heimgesucht worden ist. (...) Vernehmt aber auch diesen Zuruf der Nachwelt: die Freiheit Frankreichs, die im *Jeu de Paume* von Versailles geboren ward, wurde in der Orangerie von Saint-Cloud erneuert.»[106]

Gegen vier Uhr morgens verließen die Akteure die Bühne, auf der sich dieses wirre Staatsstreichstück abgespielt hatte. In tiefes Schweigen versunken fuhren Bonaparte, Sieyès, Lucien, der General Gardanne und Bourrienne nach Paris zurück. In der Rue de la Victoire angekommen, bemerkte Bonaparte zu seinem Sekretär: «Bourrienne, ich habe heute ziemlich viel Blödsinn gesagt. – Ja, ziemlich viel, General. – Ich spreche auch lieber zu Soldaten als zu Advokaten. Diese Hohlköpfe haben mich eingeschüchtert. Ich habe keinerlei Erfahrung im Umgang mit Versammlungen. Das wird schon noch kommen.»[107]

Das war kein für die Öffentlichkeit bestimmtes Schlusswort. Das hatte Bonaparte Bourrienne zuvor in Saint-Cloud diktiert, eine Proklamation, die am 20. *Brumaire* im *Moniteur* veröffentlicht wurde und die seine, die nunmehr offizielle Version des Geschehens wiedergab.[108] An dieser Schilderung, die dem Tumult im «Rat der Fünfhundert» sehr breiten Raum gibt, ist vor allem zweierlei bemerkenswert: Der Name seines Mitverschwörers Sieyès wird nicht genannt, und das geistesgegenwärtige Handeln seines Bruders Lucien, der durch sein Eingreifen den Umsturz in buchstäblich letzter Minute vor dem Scheitern bewahrte, findet ebenfalls keine Erwähnung.[109]

Französische Historiker haben viel Geist darauf verwendet, das Gegenteil dessen zu beweisen, was nicht zu leugnen ist: Der Umsturz des 19. *Brumaire* wäre ohne Gewaltanwendung durch das Militär nicht geglückt.[110] Das Geschehen war im übrigen exemplarisch: Bonaparte würde immer Gewalt als Mittel zur Durchsetzung seiner Interessen anwenden. Sehr bezeichnend ist auch, dass sich Bonaparte in seiner linkischen und für die Absichten der Putschisten denkbar kontraproduktiven Ansprache vor dem *Conseil des Anciens* nicht nur wiederholt auf nackte militärische Macht berief, ihm entfuhr dabei auch eine Phrase, die er wortwörtlich bereits in Kairo zur Einschüchterung der dortigen Bevölkerung nach dem Aufstandsversuch Ende Oktober 1798 gebraucht hatte: «Denken Sie daran, dass ich in Begleitung des Kriegs- wie des Glücksgottes voranschreite.»[111] Das war eine Sprache, die selbst in den Ohren jener Abgeordneten, die für den Umsturz waren, misslich klang. Mit diesen Worten offenbarte sich die Selbsteinschätzung eines Mannes, der von diesem Augenblick an für fünfzehn ereignisreiche Jahre die Geschicke Frankreichs und Europas beherrschen sollte.

ZWEITES BUCH

Der Diktator

ERSTES KAPITEL

Bonaparte erfindet Napoleon

Das Ergebnis des Staatsstreichs vom 18. und 19. *Brumaire* war zunächst rein negativer Natur. Die Zeitgenossen erlebten den Putsch als Regimewechsel und nicht als Beginn einer neuen politischen Ära. Sie erblickten im Staatsstreich des *Brumaire* lediglich den Zusammenbruch des Direktoriums. Aber es wurde nicht nur die von vielen verachtete Exekutive beseitigt; auch die auf den Prinzipien von Volkssouveränität und Repräsentativität gründende Legislative verschwand – mit Ausnahme des Zwischenspiels um 1848 – bis 1871 aus dem politischen Leben Frankreichs. Damit erfüllte sich die Prophezeiung Edmund Burkes aus den Anfängen der Revolution: «Es ist bekannt, wie schwer es zu allen Zeiten war, Armeen zu einem anhaltenden Gehorsam gegen bürgerliche Senate und Volksversammlungen zu bringen ... Der ganze militärische Charakter müßte verlohren gehen, wenn Militärpersonen sich in schuldiger Ehrfurcht und schweigender Bewunderung das Commando von Rednern gefallen lassen sollten, zumahl, wenn sie voraussehen, daß sie einer immer wechselnden Reihe dieser Redner ... den Tribut ihres Gehorsams zu leisten haben werden. Unter der Ohnmacht eines Theils der Regierung und dem Schwanken aller anderen Theile, werden sich die Offiziere dieser Armee eine Zeitlang mit einzelnen Empörungen und Meutereyen begnügen, bis irgend ein allgemein beliebter General, der die Kunst versteht, den Soldaten zu fesseln, und der den wahren Geist eines militairischen Befehlshabers besitzt, es dahin bringen wird, aller Augen auf sich allein zu richten ... Von dem Augenblick aber, da dies geschehen wird, muß der Mann, der die Armee wirklich commandirt, auch Meister alles übrigen werden; er muß Herr ... des Königs, Herr der gesetzgebenden Versammlung, Herr der ganzen Republik seyn.»[1]

Diese Täuschung über die wirklichen Vorgänge erklärt auch, warum nur die wenigsten sich für diesen Umsturz interessierten oder gar spekulative Erwartungen damit verknüpften.[2] Dafür waren drei Umstände ausschlaggebend. Trügerisch war zum einen die revolutionäre Rhetorik der Putschisten, die jener entsprach, derer sich die wechselnden Regime seit zehn Jahren bedient hatten. Zum anderen achtete Bonaparte auch hinsichtlich des Führungspersonals wie seines Handelns zunächst auf eine gewisse Kontinuität. Zum dritten durchschaute niemand seine weiteren Absichten. Zweifellos jedoch war Bonaparte der neue starke Mann, denn als Chef der Inlandsarmee gebot er über einen enormen Machtapparat.

In den Tagen und Wochen nach dem 19. *Brumaire* nutzte Bonaparte seine Machtstellung rücksichtslos nicht nur, um entscheidenden Einfluss auf die Formulierung der neuen Verfassung zu nehmen. Von Anfang an ging es ihm um die ganze Macht im Staat, auch wenn es galt, dies zu verheimlichen. Deshalb musste er sich als «Retter» ausgeben und das Geschehen des *Brumaire* mit der Verkommenheit des Direktoriums rechtfertigen. Derart sei Frankreich vor der Anarchie bewahrt worden – eine Ansicht, die bis heute vorherrscht.

Zunächst musste Bonaparte sicherstellen, dass er im provisorischen Regime von drei Consuln die Hauptrolle erhielt. Das entschied sich an der Frage, wer den Vorsitz übernahm. Gegenüber Bertrand behauptete Napoleon auf Sankt Helena, er habe diese Frage zum Erstaunen von Sieyès am Morgen des 20. *Brumaire* einfach für sich entschieden,[3] indem er vorgeschlagen habe, gemäß alphabetischer Reihenfolge jeden Tag einem anderen Consul den Vorsitz zu übertragen. Der Vorschlag war billig, denn Bonaparte hatte damit bereits erreicht, worauf es ihm ankam: Zum einen stünde sein Name als erster unter der Proklamation vom Morgen des 21. *Brumaire*; das erwies seinen Anteil am Erfolg des Umsturzes. Zugleich erschien er damit als *primus inter pares*. Außerdem verschaffte ihm der Vorsitz bestimmenden Einfluss bei der Auswahl der künftigen Minister. Stabschef Berthier wurde Kriegsminister, während Cambacérès, der sich bereits auf die Seite Bonapartes geschlagen hatte, das Justizministerium behielt. Zum Innenminister wurde der Astronom und Geometer Laplace ernannt, eine Entscheidung, die vor allem mit Rücksicht auf die «Ideologen» des Instituts gefällt wurde, vor deren Einfluss auf die öffentliche Meinung Bonaparte großen Respekt hatte. Talleyrand wäre ihm als Außenminister wohl am liebsten gewesen, doch dagegen sprachen dessen schlechter Ruf und die Abneigung von Sieyès. Daher beließ man Reinhard für eine kurze Übergangszeit in seinem Amt. Gegen den Widerstand von Sieyès gelang es Bonaparte, Fouché als Polizeiminister zu behalten,[4] eine Entscheidung, die für seine weiteren Absichten von größter Bedeutung war.[5]

Nachdem die Schlüsselministerien mit Männern seiner Wahl besetzt waren, überließ Bonaparte es Sieyès großzügig, wenigstens den Finanzminister vorzuschlagen. Sieyès favorisierte den Finanzfachmann Gaudin, der dieses Amt bis zum Ende von Napoleons Herrschaft innehaben sollte. Wiederum auf Empfehlung Bonapartes löste Forfait den bisherigen Amtsinhaber Bourdon nach wenigen Tagen an der Spitze des Marineministeriums ab. Zum Sekretär der drei Consuln wurde General Maret berufen, mit Bonaparte seit dessen Rückkehr aus Ägypten eng verbunden, dem die Aufgabe zufiel, die Sitzungen der Consuln vorzubereiten und deren Beschlüsse zu redigieren.[6] Die drei Consuln übernahmen zunächst alle Exekutivbefugnisse, die zuvor vom Fünfer-Direktorium ausgeübt wurden. Tatsächlich handelte es sich dabei nur um ein Duumvirat, denn Roger Ducos paktierte von Anfang an mit Bonaparte, was dessen Konkurrenz mit Sieyès verschärfen musste. Da beide aber noch aufeinander angewiesen waren – Bonaparte war zwar das Idol der Massen, Sieyès hingegen konnte sich auf das Vertrauen der politischen Klasse und der Geschäftskreise stützen –, legte das den Gedanken nahe, sich nach einem Mann umzusehen, der ihre unterschiedlichen Temperamente und Ansichten miteinander vermittelte. Damit kam Talleyrand wieder ins Spiel. Er wurde noch vor Ende *Brumaire* Außenminister und verstand es geschickt, einerseits zu Bonaparte zu halten, andererseits gegenüber Sieyès den Eindruck zu erwecken, er sympathisiere mit dessen Vorstellungen.[7]

Eine neue Verfassung auszuarbeiten, fiel nicht unmittelbar in den Aufgabenbereich der Consuln. Gemäß Artikel 10 des Dekrets vom 19. *Brumaire* sollten sich damit zwei Kommissionen befassen, deren jeweils 25 Mitglieder am Morgen des 20. *Brumaire* von den Rumpfvertretungen des «Rats der Fünfhundert» wie des *Conseil des Anciens* gewählt worden waren. Weit verbreitet war die Ansicht, Sieyès müsse lediglich den Entwurf einer idealen Verfassung aus der Tasche ziehen, doch dieser ließ sich nur ein wirres Knäuel von wirklichkeitsfremden Theorien und Vorschlägen entlocken.[8] Das erleichterte es Bonaparte, seine ausschließlich an pragmatischer Machtausübung orientierten Vorstellungen durchzusetzen. Doch war er so klug, sich zunächst zurückzuhalten und es den beiden Kommissionen zu überlassen, brauchbare Elemente aus Sieyès' Entwürfen zu ziehen. Dabei zeigte es sich, dass ausgerechnet Sieyès, der 1789 den entscheidenden Beitrag geleistet hatte, das Prinzip des souveränen Volkswillens gegen die Autokratie des Monarchen durchzusetzen, jetzt zum Opportunisten geworden war: Das von ihm entwickelte Repräsentativsystem lief praktisch auf eine Entmündigung des Wählerwillens hinaus, weil die Wahlberechtigten nur Wahlmänner aus dem Kreis der Notabeln bestimmen konnten. Als Kriterium für deren Wählbarkeit galt eine Steuerleistung, die dem Einkommen aus drei Tagen Arbeit entsprach. Auf dieser Grundlage entwickelte Sieyès ein kompliziertes Verwaltungs-, Kontroll- und Herrschaftssystem, das dem Zweck diente, die Notabeln als herrschende Partei zu konservieren. Die

BONAPARTE ERFINDET NAPOLEON 233

Joseph Fouché   Charles Maurice de Talleyrand

in zehn Jahren Revolution gesammelten Erfahrungen mit Regierungen, deren Wohl und Wehe von gewählten Repräsentativversammlungen mit häufig stark schwankenden Mehrheiten abhing, hatten Sieyès dazu veranlasst, das Wahlrecht und damit den revolutionären Gedanken der Volkssouveränität abzuschaffen. Diesen Verrat an seinen einstigen Grundsätzen rechtfertigte er mit der caesarischen Devise: «Das Vertrauen muss von unten, die Macht aber von oben kommen.»[9] Mit anderen Worten: Er wollte unbedingt verhindern, dem Volk, der hassenswerten *démocratie brute*, Einfluss auf die politischen Belange zu geben, was allein Sache des Staates sei. Deshalb durften sich dessen Mandatare nur aus Schichten rekrutieren, die sich durch Besitz und Bildung auswiesen. Um gleichzeitig zu verhindern, dass eine Fraktion der Versuchung nachgeben und alle Macht an sich reißen könnte, wurde von Sieyès sowohl die Legislative wie die Exekutive aufgeteilt. Seine Einsicht, dass die Achillesferse seines ausgeklügelten Systems die Exekutive sei – waren sich die beiden Consuln einig, würde die ihnen gegenüber ohnmächtige Legislative kaum deren Diktatur verhindern können –, brachte ihn auf den absurden Einfall eines *Grand Électeur*, der in sich die Volkssouveränität verkörperte, die Regierung zwar ernannte, aber keine Kompetenz hatte, sie zu leiten. Gleichsam als verborgene «Bleigarnitur» sollte er der Konstruktion eine elastische Stabilität verleihen.[10]

Bonaparte, der über die zähe Evolution von Sieyès' Verfassungsüberlegungen auf dem Laufenden gehalten wurde und dem Roederer hinterbrachte, ihm sei dabei vermutlich die Rolle des *Grand Électeur* zugedacht, bemerkte dazu nur: «Man bringt mich für einen Posten in Vorschlag, auf dem ich nur alle jene werde ernennen können, die irgendetwas bewirken und worein ich mich nicht einmischen darf.»[11] Noch drastischer soll er sich in dieser Hinsicht laut Fouché gegenüber Sieyès geäußert haben. Der nämlich hatte nicht ohne List vorgesehen, dem *Grand Électeur* für seine von der Verfassung gewollte Untätigkeit eine jährliche Dotation von sechs Millionen *francs* zu gewähren und ihm außerdem als Dienstsitz während der Sommermonate das Schloss von Versailles und im Winter die Tuilerien zu geben. In der Sitzung vom 1. Dezember 1799, in der Sieyès erstmals in Gegenwart der beiden anderen Consuln seine Verfassungsüberlegungen entwickelte, konnte Bonaparte, sobald dieser Punkt berührt wurde, nicht mehr länger an sich halten. Er sprang auf, entriss Sieyès die Papiere, durchkreuzte dessen Notizen mit zwei Federstrichen und bezeichnete seine Ausführungen als metaphysische Quisquilien. Das löste eine heftige Auseinandersetzung aus, in der Bonaparte für eine von jeglicher Kontrolle unabhängige Exekutive eintrat. Schließlich schleuderte Bonaparte dem Verfassungstheoretiker entgegen: «Wie konnten Sie nur glauben, Bürger Sieyès, dass ein Mann von Ehre, ein Mann von Talent und einiger Erfahrung in Regierungsgeschäften jemals damit einverstanden sein könnte, nichts anderes als ein Mastschwein zu sein, das sich an einigen Millionen im königlichen Schloss von Versailles gütlich tut?»[12]

Bonapartes heftige Reaktion verriet seine Absichten: Mit der Beseitigung der Volkswahlen konnte er ebenso gut leben wie mit der von Sieyès vorgesehenen Zersplitterung der Legislative, nicht aber mit einer Aufteilung der Exekutive zwischen zwei Consuln und einem *Grand Électeur*. Unmittelbar nach diesem ersten heftigen Zusammenstoß lud Bonaparte die Kommissare ein, ihre Beratungen in Gegenwart der drei Consuln in seinen Gemächern im Luxembourg fortzusetzen. Das bot ihm die Gewähr, sich durchzusetzen und von den ursprünglichen Entwürfen von Sieyès nur das beizubehalten, was ihm konvenierte.[13] Am Abend des 12. Dezember 1799 war es soweit: Der jetzt vorliegende Verfassungsentwurf entsprach im wesentlichen Bonapartes Wünschen. Sein Triumph wurde mit einem einzigen Verfassungsartikel ratifiziert, der dem Ersten Consul diktatorische Vollmachten gab, während seine beiden Kollegen lediglich dekorative Funktionen hatten.[14]

Dieser Verfassungsartikel steht für den zweiten, umso folgenreicheren Staatsstreich, mit dem sich Bonaparte endgültig in den alleinigen Besitz der Macht brachte: Mit einem Federstrich usurpierte er die Souveränität, die im Sommer 1789 das «Volk» für sich erstritten hatte. Diese

Enteignung rechtfertigte er mit dem Anspruch, derjenige zu sein, auf den sich das Vertrauen des ganzen Landes konzentriere und den diese Legitimation umgekehrt dazu verpflichte, sich für das Gemeinwohl einzusetzen. Bonaparte war nicht der «Gewählte», sondern der «Erwählte», der von der Vorsehung als «Retter» gesandt worden war.

Dem in nur elf Tagen intensiver Arbeit gefundenen und in fünfundneunzig Artikel gegossenen Verfassungsentwurf musste die Verfassungskommission am 13. Dezember 1799 nur noch formell zustimmen. Bonaparte nutzte diese Gelegenheit, um seinen Triumph über Sieyès mit einer Demütigung zu krönen: Die drei Consuln sollten, um einen letzten Anstrich von Legalität zu wahren, durch einen Wahlakt der beiden Kommissionen bestimmt werden. Stimmzettel wurden ausgeteilt, mit dem Votum der Abstimmenden versehen und in einer improvisierten Wahlurne gesammelt. Als man die Stimmzettel auszählen wollte, schritt Bonaparte ein, raffte die Stimmzettel an sich und sagte zu Sieyès gewandt: «Statt auszuzählen geben wir lieber dem Bürger Sieyès einen neuerlichen Beweis unserer Wertschätzung, indem wir ihm das Recht übertragen, die drei ersten Magistraten der Republik zu bestimmen, und kommen wir gleichzeitig überein, dass diejenigen, die von ihm benannt werden, eben jene sind, die wir durch unser Votum bestellen wollten.»[15] Sieyès tat, wie ihm geheißen, und nannte jenes Triumvirat, auf das sich Bonaparte mit ihm zuvor verständigt hatte: Bonaparte, Cambacérès und Lebrun. Bonaparte warf daraufhin die Wahlzettel ins Kaminfeuer. Auch dieses Spiel hatte er damit für sich entschieden.

Das Verfahren war ein eindeutiger Verfassungsverstoß, zu dem sich Sieyès als Werkzeug nicht zu schade war. Vermutlich aber nicht deshalb, weil er vor Bonapartes Machtwillen bereits resigniert hatte, sondern weil er zuvor in eine von dem Rivalen gestellte Falle getappt war. Bonaparte hatte seinem Widerpart vorgeschlagen, den Vorsitz des Senats zu übernehmen. Dessen Aufgaben sollte nach wie vor die sein, die Sieyès für dieses Gremium versammelter Staatsweisheit vorgesehen hatte. Das musste dem Theoretiker sehr schmeicheln, denn er glaubte damit eine Position zu besetzen, die ihm in der Verfassungswirklichkeit erhebliche Einflussmöglichkeiten eröffnete. Bonaparte hoffte andererseits nicht allein darauf, Sieyès kalt zu stellen. Um den Einfluss, über den der *abbé* noch immer in Kreisen der «Ideologen», bei der Hochfinanz und den Notabeln gebot, zu kompromittieren, hatte er einen infernalischen Einfall: Fünf Tage bevor die neue Verfassung in Kraft trat, ersuchten die als Consuln amtierenden Bonaparte und Roger Ducos die *Commission législative* des «Rats der Fünfhundert», dem Bürger Sieyès als Ausdruck des Danks und der Anerkennung von Volk und Vaterland sämtliche

Eigentumsrechte an dem im Staatsbesitz befindlichen Domänengut von Crosne zu übertragen. Mit dieser Wohltat verband sich indes eine unmissverständliche Botschaft: Sieyès sollte in der Versenkung eines wohlverdienten Ruhestands verschwinden. Dieses Danaer-Geschenk konnte Sieyès nicht zurückweisen, weil ihm dieser Ausweg ironischerweise aus verfassungsrechtlichen Gründen verwehrt wurde. Die Annahme musste andererseits aber seine Reputation nachhaltig beschädigen, weil die monarchische Praxis geldschwerer Dotationen vom *esprit républicain* missbilligt wurde. Er hatte deshalb keine andere Wahl als zurückzutreten.

Die auf den 22. *Frimaire* datierte Verfassungsurkunde, unter der die Namen der drei neuen Consuln Bonaparte, Cambacérès und Lebrun standen, wurde zwei Tage später, am 15. Dezember 1799, veröffentlicht. Die feierliche Proklamation, die dem Verfassungstext vorangestellt wurde, dessen letzter Artikel (No. 95) die Bestimmung enthielt, dass er der Gegenstand einer Volksabstimmung sein werde, endete mit den Worten: «Bürger! Die Revolution ist zu den Grundsätzen zurückgekehrt, von denen sie ausging; sie ist zu Ende.»[16] Das war eine kühne Behauptung, denn davon, dass im Dezember 1799 die Revolution zu Ende sei, konnte zumindest solange keine Rede sein, wie im Westen und Süden Frankreichs royalistische Aufstände das Land verunsicherten, eine europäische Mächtekoalition gegen Frankreich Krieg führte und die Bourbonen noch immer darauf rechneten, ihre Herrschaft über Frankreich zurückzugewinnen. Auch war diese Verheißung seit 1789 schon wiederholt ausgesprochen worden;[17] sie war deshalb nicht mehr als ein Versprechen, dem sich der Consulat verpflichtete. Die mit der Revolution errungenen Freiheitsrechte wurden zwar in der vorgängigen Proklamation angesprochen, im Text der Verfassung selbst wurden sie mit einer Ausnahme, die sich auf die Eigentumsrechte bezog, jedoch nicht mehr erwähnt; in den Artikeln 93 und 94 werden explizit die Unabänderlichkeit der Gesetze gegen die Emigranten wie hinsichtlich des Verkaufs der Nationalgüter genannt. Vom Prinzip der Freiheit hingegen ist nur implizit die Rede: Artikel 76 untersagt nächtliche Haussuchungen; Artikel 77 bestimmt, dass bei Verhaftungen gewisse Persönlichkeitsrechte zu berücksichtigen seien und Artikel 83 regelt das Petitionsrecht, allerdings mit der Einschränkung, dass es lediglich individuell in Anspruch genommen werden könne.[18] Die in der Proklamation verheißene «repräsentative Regierung» erfüllte sich darin, dass Bonaparte das allgemeine Wahlrecht zwar beibehielt, es aber seiner Wirkung beraubte, indem er die Ausübung allein auf die Plebiszite beschränkte.

Der Verfassungstext verzichtete auch auf eine feierliche Erklärung der Menschenrechte. Darin unterscheidet er sich deutlich von den drei

Cambacérès, Bonaparte und Lebrun

ihm vorausgegangenen Verfassungen. Die Deutung, die sich dafür aufdrängt, lautet: Bonaparte war am Ziel. Die Formulierung jenes Textes, den viele hartnäckig für eine Verfassung hielten, war für Bonaparte die letzte Etappe auf dem Weg zur Macht: Die «Verfassung» verstand er als die Geschäftsordnung seiner Diktatur.[19] Sollten sich einige ihrer Bestimmungen dennoch als hinderlich für seine uneingeschränkte Machtausübung erweisen, würden sich diese ohne viel Federlesens abändern lassen. Als erstes Beispiel dafür wurde die Verfassung einfach am 25. Dezember 1799 in Kraft gesetzt, noch ehe die Abstimmung abgeschlossen war, mit der das souveräne Volk in Ausübung des allgemeinen Stimmrechts darüber befinden sollte.

Angesichts der unbeschränkten Machtfülle der Exekutive war die Legislative ein gut dotierter Herrenclub, dessen Mitglieder nur sich selbst repräsentierten. Es war allein Bonaparte, der die Gesetze, die meist im *Conseil d'État* ausgearbeitet und von den hundert Mitgliedern des *Tribunats* wie den dreihundert «stummen» Mitgliedern des *Corps législatif* abgenickt wurden, nach eigenem Gusto anwandte. Mit anderen Worten: Der gesamte Verfassungstext enthielt nur eine valide, unabänderliche Bestimmung, in einem Wort, einem Namen ausgedrückt: Bonaparte.[20] So und nicht anders sah er sich selbst, als er den Mitgliedern der Legislative einmal mit unverhüllter Verachtung bescheinigte: «Ich allein bin der einzige Repräsentant des Volkes.»[21] Die offiziellen Repräsentativorgane hatten lediglich eine Fassadenfunktion, die das Verschwinden einer der wichtigsten Errungenschaften der Revolution, der Souveränität des Volkes, das seinen Willen in Wahlen artikulieren konnte, zu kaschieren hatte. Pro forma war das allgemeine Wahlrecht zwar nicht abgeschafft worden, da jeder Franzose, der das 21. Lebensjahr vollendet hatte, befugt war, sein Votum abzugeben. Andererseits aber war dessen Geltung eingeschränkt, weil die Wahlfreiheit auf ein bloßes Vorschlagsrecht reduziert wurde: Die Wähler hatten lediglich die Möglichkeit, eine Liste von lokalen Notabeln zusammenzustellen, die ein Zehntel der Wahlberechtigten des jeweiligen Arrondissements umfassten. Damit war dem allgemeinen Wahlrecht Genüge getan. Danach bestimmte eine Generalversammlung auf der Ebene der Départements wiederum ein Zehntel aus dem Kreis der Gewählten, die die Wahlmännerliste des Départements bildeten. Diese wählten aus ihrem Kreis das nationale Wahlmännergremium, das fünf- bis sechstausend Persönlichkeiten umfasste. Aus diesem Reservoir rekrutierten sich die Mitglieder der drei an der Gesetzgebung beteiligten Versammlungen, während aus den vorgängigen Listen das Personal für die Départemental- und Kommunalverwaltungen ausgewählt wurde. Alle diese Listen galten als «permanent», das heißt, einmal zusammengestellt, wurden sie alle drei Jahre nur um die Zahl derjenigen ergänzt, die zwischenzeitlich durch Tod oder Verzicht ausgeschieden waren oder die sich als politisch unzuverlässig erwiesen hatten.

Die Einschränkungen des Wahlrechts kamen Bonaparte bestens zupass. Aus seiner Sicht sprachen dafür im Wesentlichen die folgenden Überlegungen. Durch die große Vermögensumwälzung der Revolution wurde eine neue Schicht von Grundeigentümern und Rentenbesitzern geschaffen. Diese «Gewinner der Revolution» fürchteten nichts mehr, als durch eine Wiederherstellung der vorrevolutionären Gesellschaftsordnung diesen Besitz wieder zu verlieren. Wer ihnen diesen garantierte, konnte sich ihrer Loyalität gewiss sein. Deshalb hing die Wählbarkeit davon ab, dass der Betreffende ein jährliches Mindesteinkommen aus Land- oder Immobilienbesitz von 150 bis 200 *francs* bezog oder eine entsprechende Steuerleistung erbrachte. Diese verhältnismäßig niedrige Einkommensschwelle galt aber nur für das passive Wahlrecht auf der untersten, der kommunalen Ebene; der Zutritt zu den Wahlmännerkollegien auf der nächst höheren Stufe der Départements war auf die sechshundert am höchsten besteuerten Persönlichkeiten beschränkt, so dass die Auswahl der fünf- bis sechstausend Wahlmänner, die auf der nationalen Liste figurierten, die Gewähr dafür bot, dass deren Personal nach Bekanntheit und Besitz die Spitze der gesellschaftlichen Pyramide bildete.

Dass Grundbesitz gesellschaftlichen und politischen Einfluss legitimierte, war für Bonaparte vor dem Hintergrund seiner korsischen Herkunft eine eingelebte Erfahrung. Das Geflecht persönlicher Klientelbeziehungen, das den Ausschlag für Macht und Einfluss der Insel-Clans gab, musste wegen der komplexeren gesellschaftlichen Struktur in Frankreich formalisiert werden. Dem entsprach das Distinktionsmerkmal der Steuerquote, die ja nicht ausschließlich aus Erträgen des Grundbesitzes resultierte, sondern aus Einkommen jeglicher Art. Mithin rechneten zu den Notabeln, die den neuen «pays légal», also die Schicht der Passivwähler landesweit ausmachten, auch jene, die auf Grund ihres Arbeitseinkommens oder der Höhe ihrer sonstigen Bezüge eine entsprechende Steuerquote erfüllten: wohlhabende Handwerker und Kaufleute, hohe Staatsbeamte und Militärs.

Dieser neue «pays légal», auf den das Regime des Consulat wie des Empire seine Herrschaft gründete, umfasste in absoluten Zahlen rund siebzigtausend Individuen.[22] Auch wenn deren wichtigstes Merkmal Grundbesitz oder dessen geldwertes Äquivalent darstellte, waren die Notabeln keine gesellschaftliche Elite, die sich als Plutokratie kennzeichnen lässt. Vor allem auf der kommunalen Ebene, aber auch noch auf der der Départements, gehörten Angehörige der unteren Mittelschichten dazu. Dessen ungeachtet war die Grenze zu denen, die nicht dazu gezählt werden sollten, deutlich gezogen: die besitz- und gesichtslose *populace*. Auf dem Land die Kleinbauern, die ihr Leben mit prekärer Subsistenzwirtschaft fristeten, sowie all jene, die sich gegen Kost und Lohn verdungen hatten, während es in den Städten die Kleingewerbetreibenden sowie die Angehörigen des «Lumpenproletariats» *avant la lettre* waren, als Sansculotten die einstigen Stützen der jakobinischen Revolution.[23] Diese Ausgrenzung der unteren Schichten entsprach der gut dokumentierten Abneigung Bonapartes gegenüber dem «Pöbel», dessen leicht beeinflussbare Leidenschaftlichkeit – wer nichts besaß, hatte auch nichts zu verlieren – er für die Unordnung und sinnlosen Gewaltexzesse der Revolutionszeit verantwortlich machte. Seine Absicht war es deshalb, die von der Revolution zerstörte gesellschaftliche Hierarchie zu rekonstruieren, indem er die oberen und mittleren Schichten wieder in die Pflicht nahm. Für sich wollte Bonaparte daraus den Gewinn ziehen, diese Notabeln zu besonderer Loyalität zu verpflichten, da er der Schöpfer wie der Garant ihrer gesellschaftlichen Bedeutung war.

Bonaparte schuf damit die Grundlagen jener bürgerlichen Gesellschaft, die Frankreich während des 19. Jahrhunderts und noch weit darüber hinaus charakterisieren sollte. Die unterbürgerlichen, besitzlosen

Schichten waren von ihr praktisch ausgeschlossen, weil sie keinen Anteil am «pays légal» hatten, nicht wirklich als *citoyens*, als politisch mitverantwortliche Bürger im Staat galten und somit aus dem Kreis des «Peuple de France» politisch und sozial herausfielen. Indem die Verfassung das Eigentum als alleiniges Kriterium für die gesellschaftliche Qualifikation als Bürger festschrieb, beseitigte sie einerseits den sozialen Immobilismus der vorrevolutionären ständischen Gesellschaft. Andererseits vereitelte sie aber jene soziale Dynamik, die Arbeit und Talent die Chance gesellschaftlichen Aufstiegs eröffnete und der die Revolution eine so breite Schneise geschlagen hatte. Davon hatte nicht zuletzt ein Korse profitiert, der ohne diese Schneise vermutlich sein Leben als unbekannter Artillerieoffizier beschlossen hätte. Die Revolution war tatsächlich in dem Sinne beendet, weil die entscheidende soziale Voraussetzung für das Consularregime Bonapartes wie die Kaiserherrlichkeit Napoleons eine Gesellschaft war, die der Schicht der Revolutionsgewinner ihre Beute garantierte. Als Preis dafür wurde die soziale Dynamik nach Kräften unterbunden.

In politischer Hinsicht bedeutete die soziale Stabilitätsgarantie, die Consulat und Empire dem «pays légal» der Notabeln ausstellte, einen *non valeur*: Ihr gesellschaftliches Gewicht übersetzte sich nie in politischen Einfluss. Darin liegt der große Unterschied zum Direktorium, dessen Verfassung zwar auch die Tendenz prägte, direkte Demokratie und die daraus resultierenden, als unkontrollierbar erlebten politischen Geltungsansprüche der Volksmassen durch ein zensitäres passives Wahlrecht zu zähmen. Die Consulatsverfassung ging hier einen entscheidenden Schritt weiter, indem sie die Notabeln als legitimatorisches Alibi benutzte und sie damit zu einem beliebig zu gebrauchenden Instrument deformierte. Bonaparte gründete die Legitimität seines Regimes auf einen Trugschluss, an den die Notabeln bis kurz vor Ende seiner Herrschaft deshalb mit solcher Inbrunst glaubten, weil sie damit ihr soziales Dasein auch politisch zu rechtfertigen wähnten: Sie verstanden sich als die zur Vertretung der Nation Berufenen, übersahen dabei aber völlig, dass sie weder über Einflussmöglichkeiten auf das politische System verfügten, noch dass sie irgendjemand anderen repräsentierten als sich selbst, ihre Interessen und Statusängste.

Aus seiner Abscheu vor den Notabeln, seinem Widerwillen, dass Reichtum und Besitz allein einen Anspruch auf Einfluss verschaffen, hat Bonaparte von Anfang an kein Hehl gemacht. Gegenüber seinem Berater Pierre-Louis Roederer äußerte er im November 1800: «Man kann aus dem Reichtum keinen verbrieften Anspruch auf sozialen Vorrang ableiten. Ein Reicher ist häufig ein Nichtsnutz ohne allen Verdienst! Selbst ein sehr wohlhabender Kaufmann ist das häufig nur deshalb, weil er sich allein darauf versteht, teuer zu verkaufen oder zu stehlen. Keineswegs ist es meine Absicht, Ackergesetzen das Wort zu reden, und was ich sage, bleibt unter uns. Ich trete sogar dafür ein, dass es Reiche gibt, denn diese sind das einzige Mittel, um den Armen eine Existenz zu verschaffen, aber im Reichtum schlechthin vermag ich nicht einen verbrieften Anspruch auf Wertschätzung oder politische Bedeutung zu erkennen. Heutzutage würde im übrigen eine solche Anerkennung noch viel übler aufgenommen werden als zu jeder anderen Zeit. Der Reichtum ist gegenwärtig nichts anderes als die Frucht des Diebstahls, des Raubs. Wer gehört zu den Reichen? Derjenige, der im großen Stil Nationalgüter erworben hat, der Armeelieferant, der Dieb. Wie also könnte man auf einen derart erworbenen Reichtum eine Notabelngesellschaft gründen?»[24]

Bringt man Bonapartes politische Herkunft in Anschlag, die jakobinisch eingefärbt war, wird man in dieser Aussage ein Bekenntnis zu einer gemäßigten (keine Ackergesetze!) sozialen Revolution erkennen, die durchaus mit den Intentionen der Consulatsverfassung in Einklang stand. Zieht man jedoch Bonapartes politische Zukunft in Betracht, deren Horizont ihm spätestens seit den Tagen des *Brumaire* deutlich vor Augen stand, dann musste er die Notabeln aus einem Grund ablehnen, über den er sich nicht gut äußern konnte, wollte er jene Zukunft nicht gefährden. Die Notabeln würden eine neue Elite bilden, eine Art Aristokratie, deren Existenz sich auf die Errungenschaften von 1789 gründete und nicht auf einen Gnadenakt des Ersten Consuls Bonaparte, dem gegenüber sie dann zu Dank und Loyalität verpflichtet wäre.

Für Bonaparte war jener Trugschluss eine willkommene Voraussetzung seines Regimes, mit dem er den gravierenden Konstruktionsfehler des Direktoriums, das ungeklärte Verhältnis von Exekutive und Legislative, dadurch beseitigte, dass er die Exekutive mit einer alles überwältigenden Präponderanz ausstattete: Die Consuln wurden vom Senat für zehn Jahre bestellt, ein Mandat, das erneuert werden konnte. Entscheidender war, dass sie «unverantwortlich» gestellt waren, während ihrer Amtsdauer weder gestürzt noch abberufen werden konnten. Für eine erste Amtsperiode stand zunächst nur Bonaparte zur Verfügung, der Cambacérès als zweiten Consul ins Gespräch brachte.[25]

Die Motive Bonapartes, sich für Cambacérès zu entscheiden, liegen auf der Hand: Der Justizminister repräsentierte die revolutionäre Linke. Eine entsprechende Proporzüberlegung gab auch den Ausschlag für die Ernennung des dritten Consuls, Lebrun. Laut Cambacérès soll Bonaparte bemerkt haben: «Verständigen wir uns auf die Wahl des dritten

Consul, hinsichtlich dessen ich noch nicht entschieden bin. Ein Militär wäre uns ohne Nutzen; und Sie haben auch für einen zweiten Mann für die Gesetzgebung keinerlei Verwendung. Wir brauchen also jemanden, der zwar der Revolution nicht völlig fern steht, sich aber dennoch einige Bande zu den Resten der alten Monarchie bewahrt hat und diesen für ihre Zukunft folglich einige Hoffnungen machen kann. Was halten Sie von Lebrun?»[26]

Damit war das Kollegialitätsprinzip aber bereits erschöpft, denn Artikel 40 der Verfassung stipulierte, dass nur der Erste Consul besondere Vollmachten und Funktionen habe. Er allein setzte die Gesetze in Kraft, ernannte oder entließ die Mitglieder des *Conseil d'État*, bestimmte die Minister, Botschafter, Offiziere sowie die Mitglieder der Départemental- und Lokalverwaltung, die Staatsanwälte und die meisten Richter. Artikel 42 enthielt darüber hinaus die Bestimmung, dass bei allen anderen Entscheidungen der zweite und der dritte Consul lediglich eine beratende Stimme hätten. Ihr Votum war also für den Ersten Consul nicht im mindesten bindend, Bonaparte war nach den Bestimmungen dieser Verfassung im alleinigen und uneingeschränkten Besitz aller Exekutivbefugnisse. Mit dem Putsch vom 18. *Brumaire* war das Direktorialsystem nicht, wie Sieyès sich dies erträumt hatte, durch die «beste aller denkbaren Verfassungen» ersetzt worden, sondern durch die Diktatur eines Mannes. Bonaparte bediente sich dieses Instruments, um sich als Napoleon zu erfinden. Zunächst jedoch war er Herr jener Situation, die er Talleyrand am 19. September 1797 mit den Worten beschrieb: «Die Regierungsgewalt, in der umfassenden Bedeutung, die ich ihr gebe, muss als die wahre Repräsentation der Nation verstanden werden.»[27] Damit hatte er ein auf seine Person zugeschnittenes Programm formuliert, das es jetzt zu verwirklichen galt.

Sein wichtigstes Hilfsmittel war der *Conseil d'État*, dessen Aufgabe es laut Artikel 52 der Consulats-Verfassung war, «Gesetzesvorschläge und Verwaltungsrichtlinien auszuarbeiten sowie Lösungsvorschläge zu entwickeln, sollten irgendwelche Schwierigkeiten bei deren Anwendung auftreten». Die Zusammensetzung des *Conseil d'État*, über die in der Verfassung nichts stand, oblag allein Bonaparte, der sich dieser Aufgabe mit der Ernennung von zunächst 29 Mitgliedern entledigte. Die Auswahlkriterien orientierten sich vorrangig an fachlicher Qualifikation; ein weiteres, wenngleich nachrangiges Merkmal dieser ersten Ernennungen für den *Conseil d'État* war, dass sich alle seine Mitglieder den «Gemäßigten» zurechnen ließen. Viele von ihnen hatten entweder den Staatsstreich des 18. *Brumaire* unterstützt oder sich als Gefolgsleute Bonapartes bewährt.[28]

Der *Conseil d'État* fungierte gleichsam als Bonapartes «think-tank». Die Arbeitsleistung dieses Beratungsgremiums, das in Anwesenheit Bonapartes nicht selten bis in die frühen Morgenstunden tagte, war enorm. Ebenso bemerkenswert ist, dass in diesem Kreis alle anstehenden Fragen ohne falsche Rücksichtnahme auf die Ansichten des Ersten Consuls erörtert wurden. Bisweilen kam es sogar vor, dass der *Conseil* eine andere Auffassung vertrat und sich damit fallweise durchsetzen konnte. Der *Conseil* diente Bonaparte gleichsam auch als eine Art Verwaltungshochschule:[29] In den ausführlichen Diskussionen konnte Bonaparte spielerisch seine verwaltungstechnischen, juristischen und finanzwissenschaftlichen Kenntnisse ausbilden und verfeinern, indem er seine eigenen pragmatischen Anschauungen der Kritik der Fachleute aussetzte. Diese Widerspruchsfreiheit des *Conseil*, die sich deutlich von der sonst üblich werdenden Speichelleckerei unterschied, war jedoch nur ein rein funktionales Zugeständnis des Diktators. Das fiel ihm leicht, weil der *Conseil* kein Verfassungsorgan mit bindendem Votum war. Außerdem blieben seine Beratungen geheim; lediglich die Empfehlungen wurden veröffentlicht. Schließlich genügte der *Conseil* auch einer menschlichen Schwäche Bonapartes: Er lieferte ihm eine Bühne, auf der er seinen Kenntnisstolz in ungeschützter Eitelkeit entfalten konnte. Hier schlüpfte er wieder in die Rolle des obskuren Artillerieleutnants, der die Vorgesetzten mit seinem Wissen verblüffte und die eigene Überlegenheit bewies.[30]

Die neue Consulatsverfassung, die alle Gestaltungsmacht in die Hände Bonapartes legte, wie auch das Geflecht der Institutionen, die das mehr schlecht als recht maskierten, nahm die Öffentlichkeit gleichgültig wahr. Angesichts der Unordnung in Frankreich kann dies nicht wundernehmen.[31] Nach zehn Jahren permanenter Revolutionswirren, zahlreicher Staatsstreiche und uneingelöster Versprechungen, lebten die meisten Menschen in einem Zustand dumpfer Lethargie. Daher wurde die Verkündung der neuen Verfassung, der vierten seit 1791, von der Einwohnerschaft von Paris, wie Sandoz-Rollin seiner Regierung berichtete, «mit mehr Gleichgültigkeit als Interesse gehört und aufgenommen. Diesem Volk ist alles einerlei, mit Ausnahme des Friedens.»[32]

Frieden aber hieß vor allem die innere Aussöhnung Frankreichs. Konkret handelte es sich darum, eine Antwort auf die drei Fragen zu formulieren, von denen jede einzelne das Potential für den Ausbruch eines Bürgerkriegs barg: die Politik, die Religion und das Eigentum. Diese Erwartungen, die mit dem Zauberwort «Frieden» verknüpft waren, hatte das neue Regime umso ernster zu nehmen, als es daran interessiert sein musste, besonders die Zustimmung der bäuerlichen Massen zu gewinnen. Diese hielten zwar dem alten Glauben die Treue, hatten aber von der Beseitigung des Feudalsystems profitiert, ein Erfolg, den sie dauerhaft garantiert wissen wollten. Viele Bauern hatten außerdem den begehrten Status von Kleineigentümern erlangt, als sie aus dem Enteignungsbesitz der «Nationalgüter» Parzellen erwarben, um deren Besitz sie bei einer Rückkehr der Adelsemigranten fürchten mussten. Umso mehr galt es, auch die großen Konflikte, die sich bis auf die lokale Ebene auswirkten, zu beenden: In so gut wie jedem Dorf gab es einen Priester, der den Eid auf die Revolution geleistet hatte und mit einem Amtsbruder in erbitterter Konkurrenz stand, der diese Eidesleistung verweigert hatte. Schließlich hatten die politischen Kämpfe, die Denunziationen und willkürlichen Verfolgungen der Revolutionsjahre viele Feindschaften hervorgebracht, die befriedet werden mussten. Um seine Macht zu festigen, musste Bonaparte folglich zu raschen Maßnahmen greifen. Dem diente der Beschluss der Consuln vom 20. November 1799, Kommissare in die 22 Militärbezirke Frankreichs zu entsenden, mit dem offiziellen Auftrag, «die Bürger in allen Teilen der Republik über die Ursachen und die Absichten, die mit dem Staatsstreich vom 18. und 19. des Monats im Zusammenhang stehen, aufzuklären». Wichtiger als die propagandistische Aufgabe war ihr weiteres Mandat: «Sie werden sich Aufschluss über die politische Haltung und die Zuverlässigkeit der öffentlichen Funktionsträger verschaffen. Diejenigen, gegen die sich die allgemein geäußerte Meinung derer ausspricht, die ihrer Verwaltung unterstehen, können vorläufig von ihren Ämtern suspendiert und ersetzt werden. Die Kommissare werden außerdem alle Versammlungen untersagen, die sich gegen die herrschende Ordnung und die öffentliche Ruhe richten.»[33]

Die Handlungsvollmacht der Kommissare versprach den wirkungsvollsten Propagandaeffekt.[34] Ein solches Signal war notwendig, weil die Ergebnisse der Volksabstimmung über die neue Verfassung, gemessen an den hochgemuten Erwartungen Bonapartes, enttäuschend ausfielen.[35] Nur dank umfangreicher Fälschungen der Wahlbeteiligung gelang es, die gewünschte öffentliche Legitimation des Regimes zu erzielen.[36]

Um seine Herrschaft landesweit durchzusetzen, musste Bonaparte nun vor allem die überfälligen politischen, wirtschaftlichen und sozialen Reformen in Angriff nehmen. Zum Gelingen dieses ungeheuren Vorhabens trug er in erster Linie durch seinen unbedingten Machtwillen bei, mit dem er alle Einreden, Skrupel und Rücksichten entschlossen beiseite schob. Gestützt auf den *Conseil d'État*, der gemeinsam mit den

Fachministern jene Reformen ausarbeitete, die seinem Regime binnen kurzem eine breite Zustimmung sicherten, gelang es Bonaparte, sich als Napoleon gleichsam neu zu erfinden. Ihrem Wesen nach zeigten sie einen neuen, sehr modern anmutenden Führungsstil, der unschwer als zivile Variante jener Feldherrnkunst zu erkennen ist, in der Bonaparte bereits brilliert hatte. Der Führungsstil bestand vor allem darin, einerseits seinen Mitarbeitern und Ratgebern alles abzufordern, andererseits es sich vorzubehalten, den Zeitpunkt der Entscheidung wie die Mittel, die es einzusetzen galt, selbst zu bestimmen und dabei jede Rücksichtnahme auf Parteiinteressen zu vermeiden. Das alles gab der Consulatsherrschaft den viele betörenden Zauber eines Neubeginns, der das Versprechen barg, dem geschundenen Frankreich einen Ausweg aus den Revolutionswirren zu weisen.

Deshalb war es von großem propagandistischen Wert, dass die Consuln als erste Maßnahme am 13. November 1799 die verhasste *loi sur les otages* abschafften, die es der Polizei erlaubte, die Verwandten jener in Haft zu nehmen, die auf Seiten der royalistischen Gegenrevolution das Direktorium bekämpften.[37] Wie oft bei derart summarischen Repressionsmaßnahmen, verschärfte dieses Gesetz das Übel, dem es wehren sollte, und insbesondere im Westen und Südwesten Frankreichs flammten die royalistischen Aufstandsbewegungen erneut auf. Die Aufhebung des Gesetzes hatte große Wirkung, die Bonaparte ganz auf seine Person zu konzentrieren verstand: Nach dem Vorbild seiner Visite bei den Pestkranken von Jaffa verfügte er sich höchstpersönlich in den berüchtigten *Temple* und befreite einige der hier inhaftierten Geiseln mit Worten, die am folgenden Tag im *Moniteur* standen: «Ein ungerechtes Gesetz hat Sie Ihrer Freiheit beraubt; meine erste Pflicht ist es, Ihnen diese wieder zu verschaffen.»[38]

Mit der Aufhebung des Gesetzes verfolgte Bonaparte noch eine weitere Absicht: Das Lager der Royalisten zu spalten und als Kraft, die seine noch ungefestigte Herrschaft gefährden konnte, auszuschalten. Das schien zunächst vorzüglich zu gelingen, zumal die Royalisten für eine Weile der Illusion verfielen, Bonaparte wolle eine Restauration der Bourbonen in die Wege leiten. Doch den beiden royalistischen Abgesandten, Baron Hyde de Neuville und General d'Adigné, die er am 27. Dezember 1799 empfing, hatte er anderes mitzuteilen: «Die Bourbonen haben keinerlei Chancen mehr. Sie haben für sie alles getan, was Sie tun mussten. Ich schätze Sie als tapfere Menschen ein, versammeln Sie sich auf der Seite des Ruhms. Ja, (...), kommen Sie unter meine Fahnen, meine Regierung wird die Regierung der Jugend und des Geistes sein.»[39]

Diese Absage an die Hoffnungen der Royalisten unterstrich Bonaparte durch seine Entschlossenheit, den Bürgerkrieg möglichst rasch auf friedlichem Wege zu beenden. Für die Politik der Versöhnung, die er geschickt mit seinem Namen verband, bescherte ihm Sieyès einen weiteren Erfolg, der es ihm ermöglichte, seinen Anspruch, über allen Parteien zu stehen, mit großem Effekt zu beweisen. Sieyès fürchtete, die entmachteten Jakobiner sännen auf Rache und heckten einen Gegenstaatsstreich aus. Diese Befürchtung brachte ihn auf den Einfall, die vermeintliche Gefahr durch eine umfassende Proskription der Jakobiner zu bannen, die ohne Anklage, Verfahren oder Urteil deportiert werden sollten. Das entsprach den Usancen des Direktoriums, denen aber das neue Regime nicht gut nacheifern konnte. Sieyès vermochte sich dennoch damit durchzusetzen, zumal Bonaparte keinerlei Einwände machte, obwohl er sich damit zu seiner Versöhnungspolitik in Widerspruch setzte. Mit ihrer Unterschrift ermächtigten die Consuln die Polizeibehörden, 37 Persönlichkeiten nach Guyana und 22 weitere auf die Atlantikinseln Ré und Oléron zu deportieren. Unmittelbar danach wurde diese Liste mit dem förmlichen Deportationsbeschluss dem *Moniteur*, zu dieser Zeit noch das Organ von Sieyès, zugestellt, der sie auch veröffentlichte und damit erhebliche Unruhe auslöste. Erst diese Reaktionen weckten den Widerstand innerhalb der Regierung. Namentlich Justizminister Cambacérès weigerte sich, den Deportationsbeschluss im *Bulletin des Lois* zu veröffentlichen, was für dessen förmliche Inkraftsetzung unabdingbar war. Gleichzeitig ging er zu Bonaparte, dem er die ganze Gefährlichkeit eines so willkürlichen Handelns vorhielt, das geeignet sei, die revolutionär Gesinnten zu beunruhigen, die Royalisten zu ermutigen und dem Ansehen des neuen Regimes unermesslichen Schaden zuzufügen. Bonaparte gab diesen Einwänden sofort statt und behauptete, seine Unterschrift lediglich aus Gefälligkeit geleistet zu haben. Gleichzeitig erkannte er die Chance, dem Ruf von Sieyès zu schaden und wies Cambacérès an, in Paris das Gerücht zu streuen, er, Bonaparte, trete mit Nachdruck für eine Politik der Versöhnung und des Verzeihens ein. Diese dreiste Lüge, an deren Verbreitung sich auch Fouché beteiligte,[40] trug erheblich dazu bei, Bonapartes Ansehen zu festigen.

Kaum aber war es ihm wenig später gelungen, sich Sieyès' auf die bereits beschriebene Weise zu entledigen, setzte er die Versöhnungspolitik in großem Stil fort: Am 23. Dezember 1799 wurde der Legislativen Kommission ein Amnestiegesetz unterbreitet, das einigen ausgewählten Repräsentanten der jakobinischen Linken wie der royalistischen Rechten, die vom Direktorium verbannt worden waren, die Rückkehr nach

Frankreich gestattete. Davon profitierten so bekannte Namen wie die «fructidorisés» Carnot und Barthélemy oder «terroristes» wie Barère und Vadier.[41] Im März 1800 ließ Bonaparte auch General La Fayette, der bereits im November 1799 heimlich nach Frankreich zurückgekehrt war, von der Liste der Emigranten streichen.

Nach dieser ersten Welle von Amnestierungen, vor allem auf propagandistische Wirkung berechnet, übte sich Bonaparte bei weiteren Akten verzeihender Milde in größerer Vorsicht. Am 26. Februar 1800 wurde die Einrichtung einer dreißigköpfigen Kommission beschlossen, die alle Anträge auf Streichung von der Liste der Emigranten prüfen sollte.[42] Die Einrichtung dieser Kommission muss man im Lichte der Empfehlung des *Conseil d'État* sehen, die am 25. Januar 1800 mit Billigung Bonapartes feststellte, «dass die Gesetze, die gegen die Emigranten erlassen wurden, nach wie vor gelten, und dass die neue Verfassung diesbezüglich keinerlei Änderung gebracht hat, was sowohl die Strafe wie die Formen, unter denen diese Strafe gegen einen (ohne ausdrückliche Genehmigung) zurückgekehrten Emigranten vollzogen werden, anbelangt.»[43] Mit anderen Worten: Im *Conseil* herrschte die Meinung vor, eine allzu zügige oder gar pauschale Amnestie für den emigrierten Adel könne die unkalkulierbare Gefahr einer Gegenreaktion der jakobinischen Linken heraufbeschwören. Noch war Bonapartes Herrschaft alles andere als selbstverständlich.

Aber auch die Entmachtung von Sieyès, so elegant sie geglückt sein mochte, beschwor neue Gefahren für Bonaparte herauf. Allenthalben mehrten sich die Anzeichen einer regime-immanenten Opposition. Vor allem die «Liberalen», die Bonaparte als «Ideologen» verabscheute und die seit dem 1. Januar 1800 im Tribunat eine Bühne für ihre rednerischen Talente hatten, begannen die Machtfülle zu geißeln, mit der die Verfassung den Ersten Consul ausgestattet hatte. Ihre Kritik entzündete sich an den Versöhnungsgesten, die sich Bonaparte gegenüber der katholischen Kirche erlaubte, sobald er sich Sieyès vom Halse geschafft hatte. Die Chronologie der Abläufe verrät, dass Bonaparte schon länger zu einer Politik der Toleranz gegenüber der katholischen Kirche entschlossen war. Aber auch hier galt das Gebot, nichts zu überstürzen. Unmittelbar nachdem Sieyès von der politischen Bühne verschwunden war, ersetzte Bonaparte am 25. Dezember 1799 den «Ideologen» Laplace als Innenminister durch seinen Bruder Lucien. Drei Tage später unterschrieb er die ersten zwei Gesetze, mit denen das Regime seine Bereitschaft zu einem Friedensschluss mit der Kirche signalisierte.[44] Ebenfalls am 28. Dezember 1799 wurde eine Proklamation *Aux Habitants des Départements de l'Ouest* veröffentlicht: «Die Consuln erklären erneut, dass die Glaubensfreiheit durch die Verfassung garantiert wird. Jedem Beamten ist es strikt untersagt, dagegen zu verstoßen.»[45]

Solche Bekundungen provozierten den Zorn der «Liberalen» im Tribunat und der «Ideologen» im *Institut*. Die Religionsfeindschaft, ihre revolutionäre Abscheu gegenüber dem «Aberglauben», den für sie die katholische Kirche repräsentierte, gewann ihnen die Jakobiner aller Schattierungen als Bundesgenossen. Die Opposition, die sich damit gegen das Consulat formierte, mochte Bonaparte durch ihren Lärm zwar lästig fallen, aber sie war keine ernsthafte Bedrohung. Deshalb konnte sich Bonaparte in der ersten, vergleichsweise «liberalen» Phase seiner Diktatur damit begnügen, diese linken Widersacher polizeilich überwachen zu lassen und ihnen im übrigen ihre wichtigste Waffe, die Presse, zu entwinden. Durch eine consularische Anordnung vom 17. Januar 1800 wurden auf einen Schlag sechzig der 73 in Paris erscheinenden Zeitungen mit der Begründung verboten, dass sie «Werkzeuge in der Hand der Republikfeinde» seien.[46] Wesentlich unverblümter äußerte sich Bonaparte über den von ihm gefürchteten Einfluss der Presse zu seinem Sekretär Bourrienne: «Wenn ich ihr die Zügel schießen lasse, werde ich nicht länger als drei Monate an der Macht bleiben.»[47] Konsequenterweise schuf sich Bonaparte eine Presse nach eigenem Geschmack, die ihm ein Bild der französischen Wirklichkeit entwarf, das immer weniger mit den Tatsachen übereinstimmte, je länger seine Herrschaft währte und je größere Opfer sie forderte. Selbstverständlich nutzte er die Presse auch als Propagandainstrument.[48] Das illustriert ein hübsches Beispiel. Unmittelbar vor seiner Übersiedlung in die Tuilerien, das frühere Stadtschloss der Könige, in dem der Erste Consul seine Dienstwohnung hatte,[49] beauftragte Bonaparte den Maler David, in einer der Galerien des Palasts eine aus der italienischen Beute stammende Büste des Caesarenmörders Brutus aufzustellen. Damit die Öffentlichkeit diesen symbolischen Akt auch würdigte, ließ er im *Moniteur*, unterdessen Regierungsorgan geworden, einen Artikel veröffentlichen, der Caesar vorwarf, er habe «auf seinem Haupt alle Würden und die gesamte Macht versammelt und seinen Willen an die Stelle des Gesetzes gesetzt. Was aber jenen anbetrifft, der ihn fällte, so war dieser edel und rein!»[50]

Das war eine Verbeugung vor den Jakobinern, gegen die Bonaparte allerdings einen geradezu pathologischen Hass hegte, dem er, kaum dass sich ihm ein Anlass bot, sofort freien Lauf ließ. Das Attentat in der Rue Saint-Nicaise vom 3. *Nivôse an IX* (24. Dezember 1800), dem Bonaparte mit knapper Not entging, diente ihm als Vorwand. Die Urheber des Bombenanschlags waren, wie Fouché schnell herausfand, die

Royalisten. Für Bonaparte jedoch stand sofort fest, dass es sich um Jakobiner handelte. Dafür gab es keinerlei Beweise, doch der *Conseil d'État* pflichtete willig bei und verschärfte zwei Tage später das Gesetz über die Sondergerichtsbarkeit um zwei Paragraphen: Der eine bestimmte deren alleinige Zuständigkeit bei Anschlägen auf Regierungsmitglieder, der zweite stellte es in das Ermessen der Consuln, all jene Personen in die Verbannung zu schicken, deren bloße Gegenwart eine Gefahr für die Sicherheit des Staates war.[51] Doch diese Regelung, mit der schiere Willkür auf eine pseudo-gesetzliche Basis gestellt werden sollte, ging Bonaparte noch nicht weit genug. In einer Rede vor dem *Conseil d'État*, die einen Einblick in sein Machtverständnis gewährt, verlangte er für sich das Mandat für ein noch viel rücksichtsloseres Vorgehen: «Die Verhandlung vor dem Sondergericht wird viel zu langsam vonstatten gehen, wird (durch gesetzliche Bestimmungen) zu sehr eingeschränkt sein. Ein solch schauderhaftes Verbrechen verlangt nach einer beispiellosen Rache. Diese muss so schnell sein wie der Blitz. Blut muss fließen; es gilt wenigstens so viele Schuldige zu erschießen, wie es Opfer gegeben hat, fünfzehn oder zwanzig, zweihundert weitere müssen deportiert werden, und im übrigen ist diese Gelegenheit dazu zu nutzen, die Republik zu säubern. Dieser Anschlag ist das Werk von Schurken, von *Septembriseurs*, die an allen Verbrechen der Revolution beteiligt waren. Sobald diese Clique erkennt, dass man ihr Hauptquartier in Stücke schlägt und dass ihre Anführer vom Glück verlassen sind, wird alles zur Ruhe kommen. Die Arbeiter werden wieder ihre Tätigkeit aufnehmen, und zehntausend Menschen, die in ganz Frankreich dieser Clique nahestehen und die als mögliche Täter in Frage kommen, werden sich von ihr abwenden. Dieses große Exempel ist notwendig, um die Zwischenklasse an die Republik zu binden. (...) Man muss das Vorgefallene mit den Augen von Staatsmännern ansehen. Ich bin derart von der Notwendigkeit überzeugt, ein nachdrückliches Exempel zu statuieren, dass ich sogar bereit bin, die Verbrecher mir vorführen zu lassen, sie zu vernehmen, zu verurteilen und eigenhändig ihre Strafe zu unterschreiben. Ich übertreibe keineswegs, wenn ich das sage; ich habe schon ganz anderen Gefahren getrotzt. Mein guter Stern hat mich immer geschützt, und ich zähle auch künftig auf ihn. Jetzt aber handelt es sich um die soziale Ordnung, die öffentliche Moral und die nationale *Gloire*.»[52] Diese Worte umreißen das innenpolitische Programm Bonapartes, das die Zeit seiner consularischen Diktatur bestimmen sollte. Cambacérès brachte es auf eine bündige Formel: «Er brachte insbesondere seinen Willen zum Ausdruck, von der Revolution nur an dem festhalten zu wollen, was unmöglich war, von ihr abzutrennen, und um die Regierung alle jene zu scharen, die nichts anderes als Frieden und Sicherheit verlangten, sich im übrigen aber damit zu bescheiden, die überkommenen Prinzipien mit Klugheit zu verwirklichen.»[53]

Der *Conseil d'État* opponierte zwar mehrere Tage, Bonaparte den gewünschten Blankoscheck auszustellen. Dieser Widerstand versteifte sich noch, als die Indizien sich mehrten, dass die Urheber des Anschlags von der Rue Saint-Nicaise tatsächlich bei den Royalisten zu vermuten seien. Es half alles nichts. Bonaparte setzte sich durch, aber da sich bis zuletzt auch der Senat weigerte, seinen Vorsatz mit einem entsprechenden Gesetz zu bemänteln, bediente er sich erstmals des Instruments eines *Sénatus-consulte*, das es ihm ermöglichte, scheinbar im Einklang mit der Verfassung gegen die Verfassung zu verstoßen! Da die Consulats-Verfassung keine Bestimmung enthielt, wie bei einer Verfassungsänderung vorzugehen sei, der Senat aber legitimiert war, Gesetze zu verwerfen, die seiner Auffassung nach nicht mit der Verfassung vereinbar waren, wurde daraus jetzt im Umkehrschluss abgeleitet, der Senat könne in Übereinstimmung mit dem Ersten Consul Verfassungsrecht schaffen.[54] Diese Verfahrensweise, bei der sich der Senat zum Befehlsempfänger des Ersten Consul degradierte, wurde unter dem Paraventbegriff *Sénatus-consulte* zu einem immer öfter gebrauchten Mittel, um Gesetzesregelungen ohne die Zustimmung der Legislativorgane durchzusetzen. Bereits dieser erste Sündenfall, der Bonaparte mit dem *Sénatus-consulte* vom 15. *Nivôse an IX* (5. Januar 1801) die Handhabe verschaffte, ohne ein ordentliches Verfahren 130 Jakobiner zu deportieren, genügte, um den Senat zum willenlosen Werkzeug seiner Diktatur zu machen. Einen weiteren Beweis für seine Unterwürfigkeit lieferte der Senat ein Jahr später, als er im Januar 1802 den Wünschen Bonapartes gehorchte und aus dem Tribunat sowie dem *Corps législatif* alle hier noch vorhandenen liberal oder republikanisch gesinnten Widersacher des Ersten Consuls entfernte.[55]

Bonapartes Vorgehensweise war nichts weniger als ein Putsch gegen die soeben in Kraft getretene Consulats-Verfassung, ein eindeutiger Rechtsbruch. Die 130 Jakobiner, die bezeichnenderweise als «Terroristen» stigmatisiert wurden, rettete vor der Deportation auch nicht, dass Fouché die Royalisten als Urheber des Bombenanschlags identifizierte. Die wahren Täter endeten nach kurzem Verfahren ausnahmslos unter der Guillotine. Mit seinem Betragen zeigte Bonaparte zum ersten Mal, wie rücksichtslos er seine Machtfülle gebrauchte. Die Zeitgenossen nahmen daran keinen sonderlichen Anstoß; ihnen war die Garantie der Ordnung das Wichtigste.[56]

Dass von Bonaparte die angebliche Gefahr durch die Jakobiner stets aufgebauscht wurde, erweckte den Eindruck, das Regime sei gleichermaßen von der jakobinischen Linken wie der antirevolutionären Rechten, den Royalisten bedroht gewesen. Das verschaffte ihm bei den Zeitgenossen wie der Nachwelt den Ruf, er verkörpere die «Vernunft der Mitte». Die Rettung Frankreichs, so die bonapartistische Legende, war nur um den Preis der Diktatur zu haben. Wahr ist daran lediglich, dass allein der virulente Royalismus eine ernstzunehmende Gefahr darstellte. Das erkannte Bonaparte, wie seine umsichtige Toleranz- und Versöhnungspolitik gegenüber der katholischen Kirche belegt. Sein Kalkül war, die Royalisten zu isolieren, indem er die Forderungen jener befriedigte, die in erster Linie für die staatlich ungehinderte Ausübung ihres Glaubens kämpften und dieses Ziel nur mit einer monarchischen Restauration zu erreichen glaubten.

Bonaparte beließ es aber nicht nur bei jenen Gesten, mit denen er Ende Dezember 1799 seine grundsätzliche Bereitschaft zur Versöhnung in Glaubensfragen andeutete. Die Hand, die dieses Zuckerbrot offerierte, würde auch die Peitsche gebrauchen, wenn seine Angebote nicht auf sofortige Zustimmung stießen. Aufschlussreich dafür ist das Schreiben Bonapartes an den Oberkommandierenden der gegen die Aufständischen in der Vendée operierenden Truppen, General Hédouville, vom 29. Dezember 1799: «Lassen Sie die Chefs (der Aufständischen, J.W.) wissen, dass ich von der Wahrheit dessen überzeugt bin, was sie von dem Vertrauen sagen, das sie in mich haben. Ich werde nach ihrem Betragen urteilen, das sie augenblicklich an den Tag legen. (...) Wenn einige dieser Anführer, nachdem sie ihren Beitrag zur Befriedung geleistet haben, nach Paris kommen wollen, beauftrage ich Sie, ihnen die dafür notwendigen Voraussetzungen zu schaffen. – Suchen Sie Verständigung mit jenen Pfarrern zu erreichen, die über den meisten Einfluss auf dem platten Land gebieten. Sie können von diesen acht oder zehn nach Paris schicken, die sie mit Pässen und einem Zehrgeld für die Reise ausstatten. Sie können ihnen zu verstehen geben, dass sie, wenn sie sich an meine Umgebung wenden, alles das zugestanden bekommen, was von uns bei den Maßnahmen noch übersehen worden sein sollte, die wir mit besonderer Rücksicht auf sie ergriffen haben. (...) Sollte es jedoch zu Kampfhandlungen kommen, dann gehen Sie mit aller Umsicht und Härte zu Werke. Das ist das einzige Mittel, den Krieg abzukürzen und ihn folglich für die Menschheit weniger beklagenswert zu machen.»[57] Seine grundsätzliche Bereitschaft, die Glaubens- und Gewissensfreiheit zu respektieren, teilte Bonaparte auch am 30. Dezember 1799 dem royalistischen Agenten d'Andigné mit: «Sagen Sie Ihren Mitbürgern, dass die

Revolutionsgesetze nicht mehr den schönen Boden Frankreichs verwüsten werden, dass die Revolution beendet ist, dass die Glaubensfreiheit voll und ganz respektiert wird.»[58]

Diesen versöhnlichen Ouvertüren folgten unverhüllte Drohungen auf dem Fuße, eine Kombination, die Bonaparte wiederholt in Italien mit Erfolg praktiziert hatte und deren Ergebnisse ihn auch jetzt nicht enttäuschen sollten. Während er noch mit dem Bevollmächtigten der Aufständischen, dem *abbé* Bernier insgeheim über eine Waffenruhe und Kapitulation der Aufständischen verhandelte, wurde ihm klar, dass diese damit nur Zeit gewinnen wollten. Am 5. Januar 1800 ließ er General Hédouville zwar noch wissen, er möge dafür sorgen, dass überall die Anweisung hinsichtlich der Begräbnisfeierlichkeiten für Papst Pius VI. bekannt gemacht würde, die der Linie seiner bislang gültigen Versöhnungspolitik entsprach. Gleichzeitig aber wies er diesen auch an, mit aller Schärfe und Rücksichtslosigkeit gegen die Aufständischen vorzugehen: «Sie, mein lieber General, sind mit allen Vollmachten ausgestattet, ja, mit allen Vollmachten. Machen Sie davon genau so rücksichtslos Gebrauch als befänden Sie sich mitten in Deutschland(!).»[59]

Der Befehl war ein Freibrief für unnachsichtige Repression, die umzusetzen es einer Außerkraftsetzung der Verfassung in den aufständischen Gebieten bedurfte. Zugleich wurde ein Generalgouverneur berufen, der einen mit allen Vollmachten ausgestatteten militärischen Oberbefehl erhielt.[60] Für diesen Posten benannte Bonaparte den wegen seiner unbedingten republikanischen Gesinnung bekannten General Brune, ein Mitglied des *Conseil d'État*. In einer Direktive umriss Bonaparte dessen Aufgaben: «Die Regierung wird den westlichen Départements gegenüber keine weiteren Zugeständnisse mehr machen. (...) Für die Départements von Ille-et-Vilaine, Loire-Inférieure, Côtes-du-Nord und Morbihan wird die Gültigkeit der Verfassung aufgehoben. (...) Jeder, der sich unterwirft, soll in Gnaden aufgenommen werden. Aber dulden Sie keinerlei Zusammenkünfte der Rebellenchefs mehr. Auch ist Ihnen jede Art von diplomatischer Verhandlung untersagt. – Den Priestern gegenüber verhalten Sie sich mit großer Nachsicht. Gehen Sie aber mit drakonischen Maßnahmen gegen die größeren Gemeinden vor, um diese so zu zwingen, auf der Hut zu sein und die kleineren Gemeinden zu schützen. Schonen Sie auf keinen Fall aber die Gemeinden, die sich schlecht betragen. Lassen Sie im Morbihan einige Pachthöfe und größere Dörfer in Flammen aufgehen und statuieren Sie einige Exempel. – Sorgen Sie dafür, dass es Ihren Truppen weder an Brot, Fleisch noch an Sold mangelt. Es gibt in diesen Départements, die sich einiges zu Schulden haben kommen lassen, genug, um Ihre Truppen zu unterhalten.

Nur, wenn man sie die Schrecken des Kriegs verspüren lässt, werden sich deren Bewohner gegen die Unruhestifter zusammenschließen und sie werden endlich begreifen, dass ihnen die Sympathien, die sie bislang für diese hegten, sehr nachteilig sind.»[61]

Diese Doppelstrategie aus Nachsicht und Repression führte binnen Wochen zum Erfolg. Nach und nach ergaben sich mit Ausnahme des Bretonen Georges Cadoudal, den Bonaparte in einer geheimen Unterredung zu überzeugen suchte,[62] alle Führer der royalistischen Aufstandsbewegung in den nördlichen und südwestlichen Départements Frankreichs. Bis Ende April 1800 waren die Aufstände sämtlich erloschen. Lediglich einige Banden verunsicherten noch das platte Land, aber um dieses Unwesen zu bekämpfen, genügte die Gendarmerie. Die regulären Truppen jedenfalls konnten an andere Schauplätze verlegt werden. Das Ende des Bürgerkriegs in den küstennahen Départements bannte für Bonaparte die Gefahr eines Kriegs an zwei Fronten, denn die innere Befriedung Frankreichs war eine Voraussetzung dafür, dass er die von ihm angestrebte außenpolitische Bewegungsfreiheit erlangte.

Für die neuerliche Kampagne gegen Österreich, die Bonaparte längst plante, brauchte er vor allem Geld. Das führte zu einem kaum lösbaren Dilemma, denn alle seine Berater wiesen Bonaparte darauf hin, dass eine Verbesserung der öffentlichen Finanzen mit einer Beendigung des Kriegszustands verknüpft sei, worauf er versetzte: «Ich verspüre wie Sie das Bedürfnis nach Frieden, allein die Feinde, die hinsichtlich unserer Situation einer Täuschung unterliegen, beabsichtigen, eine neue Koalition zu wagen. Unsere Friedensfühler, die wir zur britischen Regierung ausstreckten, hatten keinerlei Erfolg. Mit Wien werden wir nicht erfolgreicher sein. Wir müssen uns deshalb in größter Eile auf eine neuerliche Kampagne vorbereiten, die mir unvermeidlich erscheint.»[63] Damit war zum ersten Mal jene vermeintliche Aporie benannt worden, die er bis ans Ende seiner Tage zu einem wahren System der Ausreden und Rechtfertigungen ausbauen sollte, mit dem er seine stets auf unbedingte Offensive angelegte Politik aus dem schieren Zwang zur Prävention rechtfertigte, den ihm andere europäische Mächte immer auferlegt hätten. Damit hatte er so lange Erfolg, weil er zwei historische Perspektiven miteinander verschränkte: Die Prinzipien von 1793, die den Frieden davon abhängig machten, die gegenrevolutionären Mächte in Europa zur Anerkennung der neuen revolutionären Ordnung zu zwingen, galt es mit dem Anspruch zu verknüpfen, die Revolution zu beenden, der seine Diktatur rechtfertigte. Damit immunisierte Bonaparte sein Regime gegenüber allen gegenteiligen politischen Geltungsansprüchen. Zugleich verschaffte er sich ein politisches Deutungsmonopol, das auf permanente Selbstrechtfertigung seines Handelns hinauslief, dessen Erfolg sich letztlich erst mit der Utopie seiner unangefochtenen Weltherrschaft einstellte. Allein in dieser grenzenlosen Perspektive ließen sich die Ungleichzeitigkeiten, die mit der Revolution aufgebrochen waren, politisch wie sozial mit den im Rest der Welt vorherrschenden Zuständen vermitteln. Seine Diktatur war auf diese Weise in einer unauflösbaren Symbiose mit dem Erbe der Revolution verbunden.

Zunächst einmal aber mangelte es dem Consulat für weitere Unternehmungen an Geld. Die Kassenlage war düster, ja, die Feststellung ist keineswegs übertrieben, dass der Putsch des 18. *Brumaire* dem sicheren Bankrott des Direktoriums nur um Tage zuvorgekommen war.[64] Zwar ließ der Staatsstreich den Kurs der Renten sofort ansteigen, aber das änderte nichts an der abwartenden Haltung der Finanzkreise gegenüber dem neuen Regime. Auch die Aufhebung des bei den Wohlhabenden besonders verhassten *emprunt forcé progressif*, einer progressiven Zwangsanleihe, zu der das Direktorium in seiner Geldnot gegriffen hatte, konnte diesem Attentismus nichts anhaben, zumal dieser *emprunt* ersetzt wurde durch eine 25 prozentige Sonderabgabe auf die Grund- und Warensteuern. Außerdem würde es eine Weile dauern, bis die Mehreinnahmen aus dieser Steuer die leere Staatskasse füllten. Deshalb galt es, die akute Not durch allerlei Aushilfen zu überbrücken. Ländereien aus Staatsbesitz wurden verschleudert, Käufer von «Nationalgütern», die mit Zahlungen im Rückstand waren, energisch gemahnt, ihren Verpflichtungen nachzukommen, ja, man ging sogar so weit, im Park von Versailles Bäume zu fällen, um den Erlös aus dem Holzverkauf der Staatskasse zuzuführen.[65] Ursprünglich sollte dieser Holzeinschlag als Sicherheit für eine Anleihe in Höhe von zwölf Millionen *francs* dienen, die man in den Niederlanden plazieren wollte, die seit 1798 als sogenannte «Schwesterrepublik» unter französischem Kuratel standen. Doch dieses Mal hielten die Amsterdamer Geldleute allen französischen Pressionen stand.[66] Das System der Aushilfen, das noch ergänzt wurde durch einen rigorosen Sparkurs – allein aus dem Etat der Marine wurden 90 Millionen *francs* gestrichen[67] –, reichte bei weitem nicht aus, den akuten Geldbedarf des Regimes zu befriedigen. Finanzminister Gaudin gelang es gerade einmal, mittels einer Lotterie, etwas über zwei Millionen *francs* einzunehmen; weitere sechs Millionen konnte er den Holländern abnötigen. Damit ließen sich gerade die ärgsten Löcher stopfen. Bezeichnenderweise wurde der Löwenanteil dieser Summe der Italien- und Rheinarmee zugewendet; die einzigen «zivilen» Zahlungen gingen an das Außenministerium (300000 *francs*) sowie 100000 *francs* an das Innenministerium, die jedoch für die *ateliers publics* in Paris, einer Art Arbeitsbeschaffungsmaßnahme, zweckgebunden waren.[68] Bonaparte war klug genug, energische Maßnahmen zur Überwindung der Finanznot zu Anfang des Consulats zu vermeiden. Deshalb hatte er kategorisch untersagt, Anleihen aufzulegen oder gar neue Steuern zu erheben: Die Gefahr, dass eine Anleihe der französischen Republik nicht gezeichnet werden würde, war ebenso groß, wie der Schaden, den neue Steuern der gerade wachsenden Popularität des neuen Regimes zufügen mussten. Angesichts gähnend leerer Staatskassen war dieser Kurs auf Dauer aber nicht durchzuhalten. In aller Diskretion wandte sich Bonaparte deshalb an die Banken, damit diese ihm die für den geplanten Feldzug gegen Österreich dringend benötigten Mittel zur Verfügung stellten. Die Pariser Geldleute verhielten sich zunächst sehr zugeknöpft. Sie standen der neuen Regierung mit großem Misstrauen gegenüber, und glaubten überdies, durch ostentative Zurückhaltung günstigere Zinssätze erlangen zu können. Außerdem musste sie gegen den Consulat in Harnisch bringen, dass Finanzminister Gaudin mit einer seiner ersten Maßnahmen gegen das für die Staatsfinanzen ruinöse, aber für die Heereslieferanten höchst lukrative System der *délégations* vorging. Dieses System, das vom Direktorium eingeführt worden war, gestattete es den großen Lieferanten, ihre Forderungen an die Staatskasse unmittelbar aus einem Teil der einlaufenden Steuern zu befriedigen. Auf diese Weise wanderte ein immer größerer Anteil am Steueraufkommen unkontrolliert in die Taschen einiger weniger Geschäftsleute.[69] Diese Praxis drohte auf die Dauer nicht nur die öffentlichen Finanzen wie die staatliche Kreditwürdigkeit zu ruinieren, sie übereignete die Republik über kurz oder lang auch einigen Millionären gewissermaßen als Privateigentum. Diesen Missbrauch abzustellen, war folglich nicht nur ein Gebot der Staatsraison wie einer vorausschauenden Finanzverwaltung, sondern verhieß dem Regime weiteren Popularitätsgewinn, weil die Heereslieferanten als Buhmänner dienten, die an allen Missständen schuld waren. Deshalb konnte Bonaparte sicher sein, dass ein energisches Vorgehen gegen die als *sangsues*, als Blutsauger, verschrieenen «Kapitalisten» lebhaften Beifall finden werde.

Gabriel Ouvrard, unter den Pariser *sangsues* einer der fettesten und bekanntesten, der sein immenses Vermögen vor allem mit Munitionslieferungen an die französische Armee zusammengebracht hatte, wurde von Bonaparte instinktsicher als das Opfer auserkoren, das als Exempel dienen sollte. Hinzu kam Rachsucht, denn Ouvrard hatte im *Brumaire* bis zuletzt unbeirrt zu seinem alten Gönner Barras gehalten. Außerdem war er auf vielfältige Weise geschäftlich mit Joséphine verbandelt, der er wiederholt größere Summen vorgestreckt hatte. Ouvrard, den Bonaparte Anfang Januar 1800 um jene Summe von 12 Millionen *francs* anging, die er brauchte, um die geplante Kampagne gegen Österreich zu beginnen, lehnte nicht nur ab, sondern hatte die Stirn, seinerseits 10 Millionen zu fordern, die er dem Direktorium einst geliehen haben wollte.[70] Das war für Bonaparte zuviel. Er ordnete am 27. Januar 1800 die Verhaftung Ouvrards an und stellte dessen Vermögen unter Zwangsverwaltung.[71] Dieser Schachzug, mit dem er sonst Erfolg gehabt hatte, erwies sich diesmal als Pyrrhussieg, auch wenn die Verhaftung Ouvrards mit Beifall aufgenommen wurde.[72] Auf die anderen Geldleute machte dieses harte Vorgehen aber keineswegs den beabsichtigten Eindruck. Im Gegenteil: Ihre Empörung war so lebhaft, dass sich Bonaparte gezwungen sah, eine Delegation aus ihren Reihen am 6. Februar 1800 in den Tuilerien zu empfangen.

Dass er auf diesem Weg der reinen Willkür nicht, noch nicht, zum Erfolg kommen konnte, musste auch Bonaparte einsehen. Er arrangierte sich deshalb mit Ouvrard ganz im Stil der Unsitten und Missbräuche des Direktoriums auf eine beide Seiten befriedigende Weise: Nicht nur, dass Ouvrard ein Gefängnisaufenthalt erspart blieb, schloss man mit ihm auch einen umfangreichen Lieferungsvertrag für die Marine ab, der die Unterschrift Bonapartes trägt.[73] Im Gegenzug verpflichtete sich Ouvrard, der Staatskasse eine Summe von 14 Millionen *francs* zur Verfügung zu stellen, von denen er allerdings 10 Millionen, die er bereits dem Direktorium angewiesen hatte, abzog, so dass lediglich vier Millionen übrig blieben, die in Form von Schuldverschreibungen erbracht wurden, fällig frühestens Ende des Jahres 1800. Um diese «Härte» etwas zu mildern, verpflichtete er sich dazu, einige weitere, aber kleinere Summen sofort zu erlegen. Dafür wurde der gegen ihn erwirkte Haftbefehl außer Kraft gesetzt. Albert Vandal hat diesen Kuhhandel treffend zusammengefasst: «Am Ende begnügte man sich mit einem Lösegeld, statt ihn zu erschießen.»[74]

Auch wenn er insgeheim der Ansicht sein mochte, mit dem Staatsstreich vom 18. *Brumaire* Frankreich «erobert» und «unterworfen» zu haben, so musste Bonaparte doch einsehen, dass die Methoden der Geldbeschaffung, die er in Italien erfolgreich angewandt hatte, keinen Erfolg zeitigten. Das Einzige, was Abhilfe versprach, war eine gründliche Reform des Steuerwesens und der Finanzverwaltung. Der Mann für diese Aufgabe war Bonapartes Finanzminister Gaudin, einer jener «unpolitischen» Fachleute, deren unauffälliges Wirken jene staatlichen Institutionen in Frankreich zu Ansehen brachte, die das Ende der napoleonischen Herrschaft bis heute überdauert haben. Gaudin sah sich im wesentlichen mit drei Herausforderungen konfrontiert: Das Steueraufkommen musste verbessert, die Kreditwürdigkeit des Staates wiederhergestellt und die Steuerverwaltung von Grund auf neu organisiert werden.

Mit Ausnahme der Stempelgebühren, der Zölle und der Posttarife hatte die Revolution alle indirekten Steuern, die stets den Löwenanteil des Steueraufkommens ausmachen, aus prinzipiellen Erwägungen abgeschafft. Mit Rücksicht auf seine Popularität wollte Bonaparte zunächst alles dabei belassen, musste sich dann aber den Argumenten Gaudins beugen: Neben dem *octroi*, dem Zoll, der auf alle Waren an den Toren der größeren Städte eingehoben wurde, mussten nach und nach auch auf Tabak, Getränke und Salz wieder indirekte Steuern abgeführt werden.[75] Um die Kreditwürdigkeit des Staates wiederherzustellen, wurde zum weiteren am 1. Februar 1800 die *Banque de France* mit einem Einlagekapital von 30 Millionen gegründet. Schließlich wurde auch die Finanzverwaltung neu organisiert und straff zentralisiert.[76] Binnen vier Monaten war dieses Reformwerk abgeschlossen, das sich nahtlos einfügte in den umfassenden Neubau einer strikt hierarchisch strukturierten Zivilverwaltung, wie sie bis heute in Frankreich existiert.

Im Geist wie in der Organisation der französischen Zivilverwaltung, die mit dem Gesetz vom 17. Februar 1800 geschaffen wurde, spricht sich ganz unverblümt der autoritäre Herrschaftswille Bonapartes aus. Daraus lässt sich der Schluss ableiten, die Verwaltungsorganisation sei wegen ihrer umfassenden politischen Kompetenzfülle zur eigentlichen Verfassung des Landes geworden, während das Papier, das diese Überschrift zierte, während der Dauer des Regimes seine von Anfang an geringe Bedeutung vollends einbüßte. Für die Zeitgenossen versprach die neue Verwaltungsorganisation jedenfalls zwei sehr praktische Vorteile: Effizienz und Ordnung.

Übernommen wurde die von der Revolution geschaffene Einteilung des Territoriums der Republik in Verwaltungsbezirke, die sogenannten Départements. Beseitigt wurde allerdings die Wahl der Institutionen auf lokaler Ebene (Départements, Kantone und Kommunen); sie wurde durch ein Delegationsprinzip ersetzt, das ausschließlich der Chef der Exekutive, der Erste Consul, ausüben konnte. Er ernannte die Chefs der Départemental-Verwaltung, die Präfekten, die Chefs der Unterpräfekturen, wie jetzt die früheren Kantone hießen, sowie die Bürgermeister der größeren Städte, während die Ortsvorsteher der kleineren Gemeinden von den Präfekten bestimmt wurden. Die Abhängigkeit dieser Verwaltungshierarchie vom Chef der Exekutive wurde ferner dadurch betont, dass diese zwar für eine unbefristete Dauer ernannt wurden, aber jederzeit ohne Angabe von Gründen abberufen werden konnten. Dies und das beträchtliche Sozialprestige – der Präfekt war der persönliche Repräsentant des Ersten Consuls und später des Kaisers – bedingten eine Loyalität, die sich häufig in einer vorauseilenden Regimetreue äußerte, die den hohen Effizienzgrad dieser Verwaltung nicht nur in politischer Hinsicht gewährleistete. Darüber hinaus suchten die Amtsträger durch ihr Verhalten das Risiko bei solcher Willkür zu minimieren, zumal Ruhegehälter oder Pensionen ebensowenig vorgesehen waren wie eine staatliche Unterstützung der Witwen und Waisen im Dienst verstorbener Beamter. Aufschlussreich ist auch, nach welchen Kriterien das Personal für diese Positionen ausgewählt wurde. Nach dem Gesetz vom 17. Februar 1800 sollte das Corps der Verwaltungsbeamten aus den Notabelnlisten der Départements entnommen werden, soweit es die Besetzung der Posten eines Präfekten, Unterpräfekten oder eines Bürgermeisters der großen Städte wie Lyon, Marseille oder Bordeaux betraf – für Paris gab es die Sonderregelung, die dem Präfekten des Seine-Départements die Verwaltung der Stadt anheimstellte.[77] Da diese Notabelnlisten aber erst binnen Jahresfrist erstellt sein würden, wählte Bonaparte bei der Ernennung der ersten 98 Präfekten auf Grund von Namensvorschlägen aus, die Innenminister Lucien Bonaparte zusammengestellt hatte. Neben vier ehemaligen Priestern, einigen Ex-Adeligen, Ministern früherer Regime, Diplomaten und Offizieren behaupteten einstige Mitglieder der großen revolutionären Repräsentativversammlungen den Löwenanteil.[78] Nach ihren politischen Anschauungen sortiert, kamen jedoch nur «Gemäßigte» zum Zuge, nämlich ehemalige Jakobiner, von denen die wenigsten jedoch eine «terroristische» Vergangenheit hatten.[79]

In ihrer Vergangenheit waren diese Männer alle mit Fragen und Problemen befasst gewesen, mit denen sich auch die Verwaltung, in der sie jetzt ihr Auskommen fanden, auseinandersetzen musste. Für Bonaparte entscheidender war aber eine andere Überlegung: Damals beseelte jene Männer der idealistische Glaube, der Revolution zu dienen, sie mit ihrem Engagement voranzubringen. Dieses Erlebnis hatte ihre Biographien nachhaltig geprägt. Insofern Bonaparte die Illusion wahrte, sein Regime halte unbeirrt an den revolutionären Zielen fest, realisiere diese jedoch auf erfolgreichere Weise, konnten diese Männer in dem Bewusstsein handeln, nicht dem Ersten Consul oder dem Kaiser persönlich zu dienen, sondern den übergeordneten, gleichsam «ewigen» Anliegen der Revolution.[80] Darin wurzelt der spezifisch französische Republikanismus, jene Selbstfeier des revolutionären Erbes, das als verpflichtender Auftrag von allen politischen Lagern und Strömungen verstanden wird und das seinen anschaulichsten Ausdruck darin findet, dass von den Kommunisten auf der Linken bis hin zum *Front National* auf der Rechten auf Parteifesten und Kundgebungen die *Marseillaise* angestimmt wird, der einstige Kampfgesang der enragierten Jakobiner, der seit dem 14. Februar 1879 die Nationalhymmne der Französischen Republik ist.[81]

ZWEITES KAPITEL

Marengo

Die Legitimation der Diktatur Bonapartes hing ab von der inneren Befriedung Frankreichs und seiner staatlichen Neuorganisation. Ebenso wichtig aber war es, Frieden mit den europäischen Mächten zu schließen, denn nur so ließen sich die Errungenschaften der Revolution gegen Einsprüche von außen schützen. An der Herausforderung, beide Aufgaben gleichzeitig zu lösen, war das Direktorium gescheitert. Aus dieser Erfahrung hatte Bonaparte seine Lehren gezogen. Seine Lösung war das Consulat, das alle zivilen und militärischen, administrativen und diplomatischen Entscheidungen ihm allein zuwies. Das Prokonsulat in Italien war die Blaupause für diese beispiellose Machtkonzentration gewesen, das ihm bereits als Entwurf für die Herrschaft in Ägypten gedient hatte. Seine Merkmale waren ein autoritäres und zentralisierendes Regime, geprägt von Rationalität, Zweckopportunismus und Rücksichtslosigkeit in der Wahl der Mittel. Ein strategisch-politisches Konzept, das über den Machterhalt hinauswies, war damit nicht verknüpft. In Italien wie in Ägypten hatte er überdies die Erfahrung gemacht, die bis zuletzt Richtschnur seines politischen Handelns gegenüber anderen Mächten blieb: Sieger war, wer den Triumph auf dem Schlachtfeld in einen vorteilhaften Frieden ausmünzte. Diese Maxime barg stets neuen Konfliktstoff. Für Bonaparte wie für Napoleon war Frieden stets die Fortsetzung des Krieges mit anderen Mitteln. Zunächst jedoch überwogen die erzielten Erfolge bei weitem die Hypotheken, die man sich damit auflud. Deshalb erstrahlt bis heute die kurze Ära des Consulats in einem Glanz wie keine andere Epoche seiner Herrschaft.

Auch die französische Außenpolitik folgte Mustern und Interessen, die älter waren als die jeweiligen Regime: Frankreich hatte seine Tendenz zu territorialer Expansion seit langem damit gerechtfertigt, sich gegen eine Umklammerung durch das Haus Habsburg wehren zu müssen. Die Revolution überhöhte diese Tendenz ideologisch und strebte die Eroberung der «natürlichen Grenzen» Frankreichs an, die mit dem Rhein im Norden und Osten und dem Hauptkamm der Alpen im Südosten sowie den Pyrenäen im Südwesten identifiziert wurden. Aus dem älteren Mächtegegensatz war inzwischen eine Konfrontation mit einer europäischen Koalition geworden. Deren Pfeiler waren vor allem England und Österreich, zeitweilig auch Russland. Preußen, das zunächst den größten Lärm in dieser Koalition gegen Frankreich gemacht hatte, war mit dem «Sonderfrieden» von Basel 1795 ausgeschieden, um seine ganze Kraft darauf zu konzentrieren, seinen Anteil an der dritten polnischen Teilung zu verdauen.

Von den ursprünglichen Kreuzzugsideen hatten sich die Alliierten längst verabschiedet. Jetzt ging es nur noch um nüchterne Machtpolitik, also darum, den eigenen Einfluss zu mehren und den des Gegners, also Frankreichs, zu mindern. So war England beispielsweise nicht bereit, sich damit abzufinden, dass Frankreich die habsburgischen Niederlande, das heutige Belgien, annektiert und auch die Niederlande unter dem Vorwand militärisch besetzt hatte, diese seien das unverzichtbare Glacis für die Verteidigung der belgischen Beute. Österreich seinerseits konnte es nicht verwinden, aus dem norditalienischen Besitz verjagt und als Machtfaktor im übrigen Italien neutralisiert worden zu sein. Nur Russland hatte auf dem westeuropäischen Schauplatz keine vitalen Interessen, sondern engagierte sich als europäische Großmacht vorwiegend, um mitmischen, mitsiegen und vor allem mitkassieren zu können. Dieser Ehrgeiz war der Grund dafür, dass russische Armeen damals in Norditalien und in der Schweiz kämpften, ja russische Einheiten sogar auf den Kanalinseln stationiert waren.

Die Grundkonstellation des europäischen Konflikts, den Bonaparte bei seiner Machtübernahme erbte, blieb bis 1815 im wesentlichen unverändert, auch wenn Russland oder Österreich, erzwungenermaßen oder aus freien Stücken, vorübergehend ausschieden. Das änderte jedoch nichts daran, dass Frankreich stets aus der Position des Schwächeren, des zahlenmäßig Unterlegenen agierte. Die Fortune und Genialität Bonapartes konnten diese Tatsache zwar für eine geraume Weile ausgleichen, wenn nicht gar umkehren. Zustatten kam ihm dabei, dass die anderen Mächte lange brauchten, um ihr gegenseitiges Misstrauen zu überwinden und in Frankreichs Herrscher die gemeinsame Bedrohung ihrer unterschiedlichen Interessen zu erblicken. Aber das sollte auch dem französischen Diktator nicht die Erfahrung ersparen, dass kein noch so unbedingter Wille, keine Vision, kein Ingenium das einfache Gesetz außer Kraft setzen kann, nach dem auf Dauer die Übermacht obsiegt.

Kaum als Erster Consul bestallt, verkündete Bonaparte am 25. Dezember 1799 das Programm seiner Herrschaft, das bereits im ersten Satz epigrammatisch aufscheint: «Die Republik den eigenen Bürgern teuer, den Fremden achtenswert, den Feinden schrecklich zu machen, das sind die Verpflichtungen, die wir auf uns genommen haben, indem wir das erste

Amt im Staate antraten.»[1] Seine erste außenpolitische Amtshandlung an diesem Tag bestand darin, dem König von England wie dem Kaiser und König von Ungarn und Böhmen namens der drei Consuln seine prinzipielle Bereitschaft zum Frieden zu bekunden.[2] «Ein neues Regime – ein neuer Anlauf» – nach dieser Maxime sollte der seit sieben Jahren währende Kriegszustand beendet werden. Man darf indessen vermuten, dass der Adressat dieser Botschaft mehr die französische Öffentlichkeit als die europäische Staatenwelt war, denn ein Friedensschluss entsprach keineswegs den Interessen Bonapartes. Ihm musste vielmehr daran gelegen sein, zunächst seine Macht in und über Frankreich durch militärische Triumphe jenseits der Grenzen zu konsolidieren. Der ideale Gegner dafür war Österreich. Wenn die österreichische Armee mit einigen rasch geführten Schlägen vernichtet werden konnte, wäre das Ergebnis – auf der Grundlage von Campo-Formio – ein kontinentaler «Siegfrieden». Ein Verhandlungsfrieden mit England würde folgen und die Möglichkeit eröffnen, die eigene Herrschaft durch ein aufblühendes Wirtschaftsleben abzusichern. Das wiederum war die Voraussetzung für die weitere Expansion Frankreichs in Europa.

Wie nicht anders zu erwarten, reagierten die beiden Adressaten ablehnend auf Bonapartes Friedensouvertüre. England in Form und Inhalt geradezu verletzend; nicht George III. antwortete, sondern der englische Außenminister Lord Grenville beschied sich mit einer diplomatischen Note an Talleyrand. Man betonte zwar die Friedensliebe Englands, erklärte aber gleichzeitig kategorisch, Frieden sei erst dann möglich, wenn in Frankreich wieder die Bourbonen herrschten, von denen allein zu erwarten sei, dass sie die alten Grenzen des Landes respektierten. In seiner im Ton noblen Antwort vom 16. Januar 1800 beteuerte Bonaparte zwar einmal mehr seine Bereitschaft zum Frieden, verwahrte sich aber nicht ungeschickt gegen das dreiste Verlangen Londons, nur mit den Bourbonen verhandeln zu wollen.[3] Damit verschaffte er sich gegenüber seiner eigenen Öffentlichkeit jene Ausrede, derer er sich noch oft bedienen sollte: er habe immer den Frieden gewollt, aber dieser sei ihm vom «perfiden Albion» beharrlich verweigert worden – es sei denn, er erklärte sich bereit, die Revolution und ihre Errungenschaften zu verraten.

Auch Wien wies – wenngleich höflicher als London – das Ansinnen Frankreichs zurück. Angesichts der militärischen Erfolge Habsburgs in Italien, die Bonapartes Eroberungen weitgehend ungeschehen gemacht hatten, dachte man natürlich nicht im Traum daran, Frankreich Konzessionen zu offerieren. Paris reagierte darauf mit dem Vorschlag, den Friedensvertrag von Campo-Formio zum Ausgangspunkt für weitere

Verhandlungen zu machen. Österreich sollte statt in Deutschland in Italien für die Preisgabe seines linksrheinischen Besitzes entschädigt werden, Bonaparte stellte aber in Aussicht, einen Teil dessen anzuerkennen, was Habsburg sich wieder angeeignet hatte.[4] Allerdings rechnete man in Paris wohl damit, dass Wien diesen Vorschlag ebenfalls verwerfen würde. Der Notenwechsel war letztlich nichts anderes als ein Versuch, Zeit zu gewinnen, denn Frankreich war weder finanziell, noch militärisch für den Krieg gerüstet, der sich in bedrohlicher Weise seinen alten Grenzen näherte.[5]

Tatsächlich war die Situation zu Beginn des Jahres 1800 etwa so kritisch wie im Sommer des Vorjahres, als es den Generälen Ney, Brune und Soult gelungen war, in den Niederlanden, am Rhein und in der Schweiz einen kombinierten Angriff der Zweiten Koalition auf das französische Kernland abzuwehren. Außerdem musste sich das von Bonaparte in Ägypten zurückgelassene Expeditionscorps weiterhin gegen die Türken zur Wehr setzen. Die Aussichten verschlechterten sich zunehmend für diese Armee, denn die englische Seeblockade verhinderte den Nachschub an Mannschaften und Material. Wenigstens begann Russland sich aus seinem aktiven Engagement an der Seite der Koalition zurückzuziehen.

Die Schlacht, auf die Bonaparte brannte, galt es mit Österreich zu schlagen. Bis dahin mussten aber noch einige Hindernisse beseitigt werden. Ironischerweise machte ihm dabei sein eigenes erfolgreiches Beispiel zu schaffen, das bei anderen den Ehrgeiz entfacht hatte, ihm nachzueifern. Das galt ausnahmslos für die Oberbefehlshaber der drei Armeen, die mit Front zum Feind disloziert waren: Augereau, ein republikanischer Haudegen, der scheelen Blicks Bonapartes Machtübernahme verfolgt hatte, kommandierte die in den Niederlanden stationierte, zwanzigtausend Mann starke *Armée de Batavie*. Moreau, politisch ebenso wenig zuverlässig wie Augereau, war Oberbefehlshaber der zwischen Strassburg und Basel aufgestellten Rheinarmee. Sie umfasste rund huderttausend Mann und stand einer österreichischen Armee in gleicher Stärke auf der Ostseite des Schwarzwalds gegenüber. Und schließlich der impulsive, stets auf Beute versessene und politisch ebenfalls höchst zweifelhafte Masséna, der die Italienarmee im Raum Genua befehligte, deren rund vierzigtausend Mann der fast um das Dreifache überlegenen österreichischen Armee unter Feldmarschall Melas gegenüberstanden. Seine Truppen wurden überdies auch von See aus durch die englische Mittelmeerflotte bedroht.

Die weit überdehnte französische Frontlinie reichte von Mainz bis nach Genua. Der strategische Dreh- und Angelpunkt war die Schweiz, von wo aus Bonaparte mit der Reservearmee, die er im Raum Dijon aufstellen ließ, den Gegner entweder in der Flanke Süddeutschland oder in seinem Rücken in Oberitalien angreifen konnte. Tatsächlich scheint Bonaparte eine Weile geschwankt zu haben, für welchen Schauplatz er sich entscheiden solle. Als er Moreau mit größter Behutsamkeit seine Absicht mitteilte, an der Rheinfront zu erscheinen, drohte dieser sofort damit, sein Kommando niederzulegen. Das war eine ihm nur zu vertraute Reaktion. Bonaparte konnte aber auf Moreau nicht verzichten, denn einer einschlägigen Verfassungsbestimmung zufolge durfte er selbst als Consul kein Kommando übernehmen. Deshalb verweilte er noch bei seiner ursprünglichen Absicht, das Schwergewicht der Operationen auf die Rheinfront zu legen, und schrieb Moreau am 16. März 1800 einen für ihn höchst erstaunlichen Brief: «General Dessolles (der Stabschef Moreaus, J. W.) wird Sie, Bürger General, von meinen Absichten hinsichtlich der bevorstehenden Kampagne unterrichten. Er wird Ihnen auch sagen, dass sich niemand mehr als ich für Ihren persönlichen Ruhm und Ihr Glück verzehrt. – Die Engländer sind mit gewaltigen Flottenrüstungen befasst! Was führen sie nur im Schilde? Ich bin heute nur mehr eine Art von Gliederpuppe (mannequin), die all ihre Freiheit und ihr Glück eingebüßt hat. – Die *Grandeurs* sind schön, aber nur in der Erinnerung und in der Vorstellung. – Ich beneide Sie um Ihr glückliches Los. Sie werden, gemeinsam mit Ihren tapferen Männern, schöne Taten verrichten. Nur zu freiwillig vertauschte ich meinen consularischen Purpur mit den Epauletten eines Brigadechefs unter Ihrem Kommando. – Ich würde es sehr begrüßen, wenn es mir die Umstände erlaubten, zu kommen, um Ihnen die Hand zu drücken. In jedem Fall darf ich Sie in jeglicher Hinsicht meines aufrichtigen Vertrauens versichern.»[6] Das Dokument beweist, wie verzweifelt Bonaparte seine damalige Situation empfunden haben muss. Die große innere Spannung, in der er bis zum Tag jener Schlacht lebte, die er mit der Sucht eines Spielers herbeisehnte, erklärt manche seiner Unschlüssigkeiten und Fehler, die ihm bis zum 14. Juni 1800, dem Tag von Marengo, noch unterlaufen sollten.

In den Märztagen des Jahres 1800 machte ihm auch die öffentliche Meinung Sorgen, die, nicht zuletzt durch die groß herausgestellten Botschaften an England und Österreich ermuntert, in Friedenshoffnungen schwelgte. Dieser Stimmung suchte Bonaparte mit zwei Proklamationen zu begegnen. Sie appellierten an den Patriotismus seiner Landsleute und deuteten in aller Vorsicht einen kurzen, aber entscheidenden Krieg an, der einen dauerhaften Frieden zur Folge haben würde. Die eine dieser Bekanntmachungen war an die Präfekten gerichtet. Sie sollten dafür sorgen, dass die Wehrpflichtigen freudig zu den Fahnen eilten, zumal ihnen und ihren Familien damit ein «letztes Opfer» abverlangt werde. Doch die von Bonaparte voreilig geweckten Friedenshoffnungen drohten nun, sich in einer massiven Verweigerung der Wehrpflicht niederzuschlagen.[7] Dem suchte er auf zweierlei Weise entgegenzusteuern. Zum einen veröffentlichte er am 20. März 1800 eine weitere Proklamation, deren Adressat die *Jeunes Français* waren. Dem folgte ein Consulats-Beschluss, der auf dem jeweils größten Platz im Hauptort eines jeden Départements die Errichtung einer Säule vorschrieb, auf der die Namen der Gefallenen des Départements eingraviert werden sollten. Beides scheint nur geringe Wirkung gehabt zu haben, weshalb sich Bonaparte am 21. April 1800 mit einem erweiterten Aufruf an die Jugend Frankreichs wandte. Das darin erstmals auftauchende Argumentationsmuster, es gelte nur noch eine letzte Anstrengung zu wagen, eine letzte Koalition zu zerschlagen, um schließlich die Revolution ein für allemal zu beenden, wurde zu einer Standardformel der napoleonischen Rhetorik. Ähnliche Appelle sollten die Franzosen noch oft zu hören bekommen; vor Austerlitz, vor Jena, Friedland, Wagram und Moskau. Den letzten einschlägigen Appell dieser Art sollte es am 14. Juni 1815 geben, vier Tage vor Waterloo.

Die ganze Kampagne stand zunächst unter keinem guten Stern. Die Reservearmee, die sich bei Dijon langsam versammelte, glich mehr einem wüsten Haufen, dem es an allem mangelte: an Ausrüstung, Munition, Waffen, an Ordnung und Disziplin. Offiziere gab es zwar reichlich, aber kaum ausgebildete Mannschaften. Schließlich sah sich Bonaparte durch Moreaus Weigerung, die geplante Offensive gewissermaßen im Schatten des Ersten Consuls zu beginnen, dazu gezwungen, seine Pläne neu zu überdenken. Dafür sprach allerdings auch eine böse Überraschung, die ihm die Österreicher bereiteten: sie hatten, wie schon im April 1796, erneut in Italien die Initiative an sich gerissen und Masséna erfolgreich angegriffen. Damit war die Frage des Schauplatzes entschieden. Misslich war freilich, dass die Aufstellung der Reservearmee noch in vollem Gange war. Deshalb musste die bedrängte Italienarmee so lange standhalten, bis Bonaparte auf der Szene erschien. Der Lage nach bot sich ein großräumig angelegtes Manöver *sur les derrières* an: Bonaparte überquerte mit der Reservearmee die Alpen, um der von seinem plötzlichen Erscheinen überraschten österreichischen Armee, die nur auf den in der Falle von Genua sitzenden Masséna starrte, in den Rücken zu fallen. Der Plan war kühn, makellos und sehr riskant. Er hatte auch den Charme, an das große Vorbild Hannibals anzuknüpfen, der mit Elefanten, nicht aber mit Kanonen, den Hauptkamm der Alpen von Nord nach Süd überschritten hatte.[8]

Mit Rücksicht auf die Empfindlichkeit Moreaus ließ Bonaparte am 22. März 1800 einen Feldzugsplan von den Consuln absegnen, der den Marsch der in Dijon versammelten Reservearmee auf den norditalienischen Schauplatz von den Erfolgen der Offensive abhängig machte, die Moreau Mitte April in Süddeutschland beginnen sollte. Mit dieser Diversion sollten die österreichischen Truppen bis hinter Ulm zurückgedrängt werden. Damit konnte man vereiteln, dass die Österreicher, durch die Schweiz vorstoßend, der Reservearmee auf ihrem Weg nach Norditalien in den Rücken fielen. Außerdem sollte Moreau ein Reservecorps unter Lecourbe bilden, dessen vier Divisionen in der Schweiz zwischen dem Sankt-Gotthard und dem Raum Schaffhausen Aufstellung nähmen. Sobald es ihm gelungen sei, den Feind im Raum Ulm abzudrängen, sollte dieses Reservecorps auf den norditalienischen Schauplatz vorrücken, um die Italienarmee zu verstärken. Käme Moreau bei Erfüllung dieses Auftrags jedoch in Bedrängnis, dann würde sich die Reservearmee sofort nach Norden wenden, um ihm zu Hilfe zu eilen.[9]

Nach dem Vorbild seiner ersten italienischen Kampagne plante Bonaparte einen «Blitzkrieg» in Norditalien mit dem Ziel, binnen weniger Wochen den Gegner in einer großen Umfassungsschlacht zu vernichten. Soweit leuchtete der Plan ein; sein Schwachpunkt war, dass das Gelingen entscheidend von der Initiative Moreaus abhing, der blind hätte sein müssen, um nicht die Chance zu erblicken, die sich ihm damit bot. Mit anderen Worten: das Beispiel Bonapartes gegen dessen Urheber zu wenden.[10] Moreau wusste, dass seine schärfste Waffe der Zeitfaktor war, denn Bonaparte musste aus innenpolitischen Gründen und wegen der nach wie vor äußerst gespannten Lage der Staatsfinanzen an einem möglichst kurzen Feldzug gelegen sein. Scheiterte er daran, geriet er in erhebliche Bedrängnis.

Dass Moreau in diesem Spiel die meisten Trümpfe in der Hand hatte, war auch Bonaparte bewusst. Der Kriegsplan vom 22. März ließ sich unschwer als Anerkennung dieses Umstands lesen. Was sollte er also jetzt noch tun, um Moreau darauf einzuschwören, ihn mit aller Entschlossenheit zu unterstützen? Die Lösung, auf die Bonaparte verfiel, zeigt erneut die Schwäche seiner Lage, die ihm leicht zur Falle werden konnte. Der getreue Berthier, am 2. April 1800 zum nominellen Chef der Reservearmee von Dijon ernannt, erhielt den Auftrag, auf seinem Weg dorthin über Basel zu fahren, wo Moreau sein Hauptquartier aufgeschlagen hatte, um diesen mit einem förmlichen Vertrag auf die Erfüllung seines Auftrags im Rahmen des Feldzugsplans vom 22. März festzulegen![11] Wie vorhersehbar, erhob Moreau sofort Einwände gegen die Abspaltung des Reservecorps unter Lecourbe, fast ein Drittel seiner effektiven Truppenstärke. Berthier hatte keine andere Wahl, als sich dem Diktat des selbstbewussten Generals zu beugen, der erst den Gegner über Ulm hinaus zurückdrängen wollte. Danach müssten wenigstens die ersten beiden Divisionen Lecourbes noch für einige Zeit in der Schweiz bleiben und ihm dort zur Verfügung stehen, ehe sie ihrerseits auf dem norditalienischen Schauplatz eingesetzt werden könnten.[12]

Unterdessen spitzte sich die Entwicklung auf dem norditalienischen Schauplatz zu. Am 5. April hatte Melas mit der Offensive gegen Masséna begonnen. Nun kam alles darauf an, ob Masséna so lange standhalten würde, wie die Reservearmee von Dijon aus brauchte, um den Alpenhauptkamm zu überwinden und, durch das Armeecorps Lecourbes verstärkt, im Rücken der Österreicher aufzutauchen. Zu diesem Wettlauf mit der Zeit trat die offene Frage, ob Moreau den Vertrag erfüllte, auf den er sich mit Berthier verständigt hatte. Moreau, dessen strategischer Auftrag lediglich ein Ablenkungsmanöver auf dem Nebenkriegsschauplatz Süddeutschland war, avancierte dank dieser Vereinbarung de facto zum Oberkommandierenden des gesamten Feldzugs. Von seiner Entschlossenheit, seinem taktischem Geschick und seinen zügigen Operationen war das Gelingen des italienischen Feldzugplans abhängig. Wenn es ihm nicht rechtzeitig gelang, die Österreicher nach Ulm abzudrängen, drohte Bonapartes kühnes Vorhaben zu scheitern: Musste Masséna in der Zwischenzeit vor der österreichischen Übermacht in Genua kapitulieren, konnte diese sich zur Raumdeckung Norditaliens umgruppieren und die von Norden her vordringende französische Reservearmee abfangen. Das wäre das Ende jenes Blitzkriegs, den Bonaparte führen und gewinnen wollte.

Je mehr Zeit verstrich, desto dringender musste Moreau in Süddeutschland mit seinem Angriff beginnen. Aber er dachte nicht daran. Bonapartes Nervosität wuchs. Am 22. April schrieb er in spürbar gezwungener Ermunterung: «Die Jahreszeit ist schön. Sie haben zahlreiche, fachkundig geführte Truppen und unser volles Vertrauen. Schicken Sie uns baldmöglichst (vom Feind erbeutete) Fahnen und machen Sie zahlreiche Gefangene. Wir sollten so lange nicht mit Schlägen geizen, wie wir nicht Ergebnisse erzielt haben, die unsere Verluste aufwiegen.»[13] Moreau rührte sich nicht. Am 24. April wurde Carnot angewiesen, diesen endlich zum Angriff zu bewegen: «Der heutige Telegraph von Basel und Straßburg meldet, dass es nichts Neues gibt. Wiederholen Sie gegenüber dem General Moreau den Befehl, den Feind unverzüglich zu attackieren. Geben Sie ihm zu verstehen, dass seine Verzögerungen ernsthaft die Sicherheit der Republik gefährden.»[14] Moreau ließ sich auch dadurch nicht aus der Ruhe bringen. Inzwischen traf vom norditalienischen Kriegsschauplatz die Nachricht ein, dass die Armee Massénas von der Wucht des österreichischen Angriffs aufgespalten worden war. Masséna hatte seine Hauptstreitmacht auf Genua zurückgenommen und wurde hier von den Österreichern eingeschlossen, während es nur einem kleineren Teil der Italienarmee unter dem Kommando von Suchet gelungen war, sich nach Osten auf die Kammlinie der Seealpen abzusetzen. Bonaparte schrieb daraufhin an Berthier: «Angesichts dieser Lage werden Sie sicher einsehen, wie notwendig es ist, dass sich die Reservearmee so schnell wie irgend möglich nach Italien aufmacht, ganz unabhängig davon, wie die Operationen der Rheinarmee verlaufen. (...) Nichts in Italien wird den vierzigtausend Mann, die Sie haben, Widerstand leisten können. Ob die österreichische Armee nun siegreich ist oder besiegt wird, es ist dies völlig gleichgültig, denn sie wird in keinem Fall dem Ansturm einer frischen Armee standhalten können.»[15] Er wollte sich nun nicht mehr an die mit Moreau getroffenen Abreden halten; sein verzweifelter Optimismus wurde immer fadenscheiniger, denn die «frische Armee» war, das wussten er und Berthier nur zu gut, noch weit entfernt davon, ein kriegstaugliches Heer zu sein. Am gleichen Tag ließ Bonaparte Moreau wissen: «Der Kriegsminister hat General Berthier Befehl gegeben, sich so bald als möglich in Bewegung zu setzen, damit er dementsprechend, wie sich die Dinge in Italien entwickeln, operieren kann. – Ich hoffe, dass Sie unterdessen den Rhein überschritten haben. Verschaffen Sie sich so schnell wie möglich einen Vorteil, damit Sie, durch welches Ablenkungsmanöver auch immer, die Operationen in Italien unterstützen können. Alle Verzögerungen werden für uns die fürchterlichsten Folgen haben.»[16] Einen Tag später, am 25. April, konnte Bonaparte mit spürbarer Erleichterung Berthier mitteilen: «Ich erhalte in diesem Augenblick eine telegraphische Depesche, die mir mitteilt, dass seit dem heutigen Morgen heftiger Kanonendonner am Rhein zu vernehmen ist: Moreau ist also zum Angriff angetreten.»[17]

Die Nachricht, dass Moreau endlich mit seiner Offensive begonnen hatte, nahm Bonaparte zwar eine Sorge, änderte aber vorerst nichts an der prekären Lage der Italienarmee. An Masséna schrieb er am 5. Mai: «Die Reservearmee befindet sich im Aufbruch. Ich reise noch heute Nacht ab. Ich zähle darauf, dass Sie so lange wie möglich standhalten, wenigstens aber bis Ende Mai.»[18] Jetzt galt es die Reservearmee so rasch wie möglich auf den oberitalienischen Schauplatz zu führen. Was ihr an Ausrüstung fehlte, musste unterwegs beschafft werden. Bonapartes Korrespondenz mahnte in den nächsten Tagen nur zu einem: Eile. Dabei spielte es keine Rolle, ob es sich um 6000 Gewehre handelte, die «à franc étrier» nach Châlons-sur-Marne geschafft werden sollten und die für die

Reservearmee bestimmt waren, oder um eine Million *francs* in Silber, «voyageant jour et nuit», die ebenfalls nach Dijon mussten und für deren Transport an jeder Etappe frische Spannpferde bereitstanden. Oder es galt Lieferungen von Schnaps und Hafer nach Genf zu beschleunigen, Patronenhülsen, Blei und Gewehre sollten ebenfalls «à marches forcées» herangeschafft werden.[19] Berthier wurde am 27. April versichert: «Ich werde Maßnahmen ergreifen lassen, dass in den nächsten zehn Tagen *et sans séjours* alle Pferde, die in Versailles aufzutreiben sind, (nach Dijon) abgehen.»[20] Schnaps, Pferde, Maulesel, Geld, Blei, Patronenhülsen, Hafer, Biskuits – von all dem, was eine Armee brauchte, war jetzt so gut wie ausschließlich in der Korrespondenz des Ersten Consuls die Rede. Detaillierte Befehle, welche Halbbrigaden zu welchen Einheiten kommandiert werden, welche wann und wo sich einfinden sollen, Einzelheiten über Einzelheiten, die aufzuzählen, zu koordinieren das Tagwerk eines ganzen Stabs ausmachten, wurden von Bonaparte in seinem Arbeitszimmer in den Tuilerien diktiert und von Kurieren übermittelt. Dahinter steckt eine Arbeitsleistung, eine Präsenz und Willenskraft, die auch dann noch in Staunen versetzt, wenn man in der unglaublichen Energie die nackte Angst erkennt, vom Schein des guten Sterns verlassen zu werden, an den Bonaparte seit seinen Anfängen in Italien fest glaubte. Zuweilen war der Druck so groß, dass er vor lauter Nervosität die Lehne seines Sessels mit seinem Federmesser bearbeitete.[21]

Am 4. Mai 1800 informierte Bonaparte Berthier über die aktuelle Lage der Italienarmee. Es sei damit zu rechnen, wenn man sich nicht sehr beeile, von den Österreichern am Alpensüdrand empfangen zu werden, was «ihm (Melas, dem österreichischen Oberkommandierenden, J. W.) immense Vorteile verschaffte, Ihnen den Eintritt in Italien zu verwehren.» Neben einigen Einheiten, die er zur Verstärkung der im Marsch befindlichen Reservearmee zu schicken versprach, wies er Berthier an, Moreau über die bedrohliche Lage der Italienarmee zu unterrichten. «Geben Sie ihm zu verstehen, dass einige Halbbrigaden für ihn ohne allen Belang sind, dass aber einige Halbbrigaden weniger sich für die Reservearmee von Italien, ja sogar für die Grafschaft von Nizza nachteilig auswirken können.» Außerdem ließ er ihn wissen, dass er am 8. Mai in Genf einzutreffen beabsichtige.[22] Kaum weniger beiläufig hatte Bonaparte zuvor seinen Entschluss bekannt gegeben, binnen zwei Tagen zu einer «Inspektion» der Reservearmee aufzubrechen. Diese Mitteilung zeigt, wie sehr ausgerechnet er darauf bedacht war, den Wortlaut des einschlägigen Verfassungsartikels zu respektieren. Aus Rücksicht darauf musste er auch die Befehle, die sonst er erteilte, von Carnot, dem Kriegsminister, erbitten. Zugleich misstraute Bonaparte seinen politischen

Absichten, weshalb er ihn diskret überwachen ließ. Die Stärke seiner Position als Erster Consul wurde so zu seiner Schwäche. Als deren Dokument erwies sich auch der am 5. Mai namens der drei Consuln ergangene Beschluss, den zwischen Berthier und Moreau ausgehandelten Vertrag von Basel aufzukündigen, weil dessen Bestimmungen angesichts der verzweifelten Lage der Italienarmee nicht mehr einzuhalten seien.[23]

Auf dem Weg nach Genf passierte Bonaparte immer wieder Einheiten der Reservearmee, die auf die Alpen vorrückten. Jetzt hatte er vor Augen, was er bislang nur aus den Klagen Berthiers kannte: mehr schlecht als recht ausgerüstete Soldaten, bei denen sich kampferfahrene Leute der alten Italienarmee mit vielen Rekruten mischten, von denen nur die wenigsten wirklich ausgebildet waren und denen schon die ungewohnten Strapazen der ersten Marschtage schwer zu schaffen machten.

Auf schlechten, vom Dauerregen aufgeweichten Straßen wurde das Vorrücken der Armee zum mühsamen Geschäft. Kavallerie und Artillerie, die schweren Munitionswagen, der Train blieben weit hinter der Infanterie zurück, deren Soldaten, mit Sturmgepäck und Flinten beladen, auch nur langsam vorankamen. Salicetti, jetzt als Regierungskommissar in Korsika tätig, teilte Bonaparte am 11. Mai mit: «Die Reservearmee überschreitet die *grandes Alpes*. (...) Wenn Sie dieses Schreiben lesen, ist es durchaus möglich, dass Italien in der Hand der Republik ist.»[24] Das verrät eine Zuversicht, von der man sich fragen mag, worauf sie gründete. Ähnlich ist der Ton seines ersten Schreibens, das er am 9. Mai von Genf an die beiden Consuln in Paris sandte, die in seiner Abwesenheit die Regierungsgeschäfte führten: «Ich bin gestern um Mitternacht in Genf angelangt. Die ganze Armee ist auf dem Marsch und in der besten nur vorstellbaren Ordnung. – Augenblicklich erhielt ich Ihre Nachricht vom 16. *Floréal* (6. Mai). Ich entnehme dieser mit Freude, dass Paris ruhig ist. Im übrigen empfehle ich Ihnen nochmals, gehen Sie sofort energisch gegen den Ersten vor, wer immer es auch sei, der von der Linie abweicht. Das ist der Wunsch der gesamten Nation.»[25]

Neben der Sorge, ob in Paris während seiner Abwesenheit alles ruhig bliebe, quälte Bonaparte die hartnäckige Intransigenz Moreaus, dessen Offensive in Süddeutschland zwar erfolgreich vorankam – die Österreicher wurden bei Stockach, Engen, Messkirch und Biberach geschlagen –, der sich aber gleichwohl immer noch weigerte, ein Corps nach Italien abzuordnen. Am 14. Mai erneuerte Bonaparte seinen Appell:

«Wenn das Ablenkungsmanöver, das von der Regierung via den Sankt-Gotthard angeordnet worden ist, nicht in aller Sorgfalt und Umsicht ausgeführt wird, die die Umstände erheischen, dann kann es geschehen, dass die zwölf- bis vierzehntausend Mann, die wir in Genua haben, zusammen mit dem dortigen Hauptquartier in Gefangenschaft geraten und dass dann auch die Reservearmee geschlagen wird. Deshalb ist es so überaus notwendig, dass Sie ein Corps von zwanzigtausend Mann abgehen lassen, um den Süden zu unterstützen. Sie müssen nicht nur gegen die österreichische Italienarmee kämpfen, sondern es gilt auch, von Ihrer Armee Hilfe für das Landesinnere zu erhalten, denn derartige Erfolge sind nur zu geeignet, den Aufrührern eine allgemeine Ermunterung zu geben.»[26]

Mitten in die Vorbereitungen des Italienfeldzugs platzte im April überdies die Nachricht von der Konvention, die General Kléber am 24. Januar im ägyptischen El-Arish mit Admiral Sidney Smith geschlossen hatte. Ihre wichtigste Bestimmung war, dass die französischen Truppen umgehend nach Frankreich repatriiert werden sollten. Diese Neuigkeit musste Bonaparte höchst ungelegen kommen, denn die Rückkehr der völlig verwahrlosten Truppen würde auch die alles andere als glänzende Rolle enthüllen, die er bei diesem Abenteuer gespielt hatte. Diese Befürchtung schimmert deutlich zwischen den Zeilen eines Schreibens durch, das er am 19. April an Kléber schickte: «Bis Sie diesen Brief erhalten haben werden, Bürger General, wird die tapfere Orientarmee in den Häfen der Republik eingetroffen sein, nachdem sie in Ägypten die unvergänglichen Spuren ihres ruhmreichen Wirkens zurückgelassen hat. (...) Es ist der Wunsch des Ersten Consuls, dass die Einheiten, die diese Armee bilden, nach ihrer Ankunft an unseren Küsten auf die Inseln Hyères und Pomègne verteilt werden, damit sie sich hier erst einmal von ihren Anstrengungen erholen können. (...) Ich habe bereits strikte Befehle erteilt, dass es diesen Truppen weder an Nahrung noch an dem, was sonst ihre Bedürfnisse befriedigen könnte, mangelt. Alles wird aufgeboten werden, damit diese Versorgung reibungslos garantiert werden kann.»[27] Der Sinn dieser Maßnahme, die auf eine Internierung der Ägyptenarmee auf zwei kargen Inseln vor der Mittelmeerküste Frankreichs hinauslief und der sogar noch eine strikte Quarantäne vorausgehen sollte, liegt auf der Hand: Die Soldaten sollten so lange wie irgend möglich daran gehindert werden, mit ihrem elenden Aussehen oder ihren Erzählungen das ägyptische Desaster Bonapartes aufzudecken. Diese Sorgen nahm ihm dann ironischerweise die britische Regierung ab, die sich weigerte, die Konvention von El-Arish zu ratifizieren. Daraufhin dauerte das ägyptische Abenteuer noch bis zur bedingungslosen Kapitulation der letzten französischen Truppen unter General Menou am 2. September 1801 fort. Erst danach wurden die französischen Truppen auf englischen Schiffen nach Frankreich geschafft.

Allerdings war General Desaix, einer der fähigsten Befehlshaber der Ägyptenarmee, bereits am 5. Mai in Toulon gelandet.[28] Unmittelbar nach seiner Ankunft hatte er sich brieflich an Bourrienne gewandt und diesen gebeten, bei Bonaparte zu erkunden, welche Verwendung man für ihn habe.[29] Bonaparte reagierte sofort. Als vorzüglicher Truppenführer war Desaix bei dem bevorstehenden Feldzug höchst willkommen. Kaum geringer dürfte aber auch Bonapartes Interesse daran gewesen sein, unter allen Umständen zu verhindern, dass Desaix während seiner Abwesenheit in Paris auftauchte und sich dort über seine ägyptischen Erlebnisse verbreitete. Vor dem Hintergrund dieser Erwägungen ist sein Antwortbrief an Desaix zu verstehen: «(Ihre Ankunft) ist eine gute Nachricht für die gesamte Republik, aber ganz besonders für mich, der ich Ihnen alle Wertschätzung zuwende, die Männern Ihres Talents zusteht, verbunden mit einer Freundschaft meines Herzens, das, da es heute sehr alt ist und die Menschen allzu gut kennt, sich keinem anderen zuwendet. (...) Kommen Sie, so schnell Sie können, finden Sie sich bei mir ein, wo immer ich sein werde.»[30]

Dass es vor allem jene Ängste und Befürchtungen waren, die durch Desaix' Auftauchen bei Bonaparte geweckt wurden und die ihn zu diesem Brief inspirierten, erhellt sein Schreiben, das er einen Tag später, am 15. Mai, an Talleyrand sandte:

«Ich habe aus Toulon, Bürger Minister, zahlreiche Briefe von Generälen erhalten, unter anderem auch einen von General Menou. Aus diesen Schreiben geht hervor, dass die Kapitulation (die Konvention von El-Arish, J. W.) von allen aufgeklärten Menschen und mehreren beherzten Männern in der Armee missbilligt wird. Der Chefzahlmeister dieser Armee hat eine exakte Aufstellung des Mannschaftsbestands geschickt, die ich den Consuln zukommen lasse, damit sie diese im *Moniteur* veröffentlichen. Sobald dieser Artikel erschienen ist, wünsche ich, dass Sie einige weitere Beiträge verfassen lassen, deren Tenor sein sollte, dass, wäre ich in Ägypten geblieben, sich diese herrliche Kolonie noch immer in unserem Besitz befände; wäre ich hingegen in Frankreich geblieben, hätten wir nicht Italien verloren. – Bei dieser Gelegenheit ist es im übrigen angezeigt, daran zu erinnern, dass bei Aboukir viertausend Franzosen zwanzigtausend Türken geschlagen und den Pascha gefangen genommen haben; dass in Damiette der General Verdier mit achthundert Mann viertausend Janitscharen besiegte; und dass der Groß-Vizir sicherlich nicht weniger als dreißigtausend Mann aus allen Ländern aufgeboten hatte, die von achttausend Franzosen in die Flucht geschlagen wurden. Die Preisgabe Ägyptens ist ferner ein umso größeres Unglück, als in diesem Jahr, dank der von uns ergriffenen Maßnahmen, die Pest keinerlei Opfer gefordert hat und dass zum weiteren die in Brest ankernde Flotte mit sechstausend Mann an Bord und reichlich Munitionsvorräten diese Hilfslieferungen einen Monat früher oder später in Ägypten angelandet hätte. (...) Hervorzuheben ist schließlich, wenn die Ägyptenarmee gewusst hätte, England würde sich gegen ihre Rückkehr nach Frankreich sperren, es keinen Zweifel geben kann, dass sie sofort mit dem Groß-Vizir erneut den Kampf gesucht, diesen durch die Wüste zurückgejagt und Ägypten wieder erobert haben würde. – Sie werden verstehen, dass es sehr notwendig ist, dieses alles öffentlich zu sagen, insbesondere um damit jeden Schatten des Verdachts zu zerstreuen, mit dem sich in die Brust zu werfen die Feinde der Regierung bereit zu sein scheinen.»[31]

Am 11. Mai hatte Bonaparte in Genf die genaue Route der etappenweisen Alpenüberquerung festgelegt. Von Villeneuve durch das Rhonetal nach Martigny: 40 km; von dort nach Saint-Pierre: 33 km; hier begann die schwierigste Wegstrecke: 3 km steil bergan und bergab in das Hochtal von Proz, dann weiter auf einem Gebirgsweg bis zum Großen Sankt-Bernhard: 9 km; von dem auf der Passhöhe gelegenen Hospiz nach Saint-Remy, dem ersten Dorf im Piemont: 6 km; von hier endlich wieder auf einer auch für Fuhrwerke passierbaren Straße nach Etroubles: 5 km; von Etroubles schließlich nach Aosta: 15 km.[32] Für einen trainierten Bergwanderer ist dies eine herrliche Strecke, für eine Armee mit Ross und Reiter, mit Kanonen und dem ganzen Train ein unerhörtes Wagnis, zumal das Fortkommen auf vereisten Pfaden – rechts gähnende Abgründe, links steilaufragende Felsen – enorme Anstrengungen verlangte, die es mit Umsicht und schierer Muskelkraft zu meistern galt. Die Kanonen mussten von ihren Lafetten genommen, in ausgehöhlte Baumstämme gebettet und die steilen und schmalen Pfade zur Passhöhe hochgezogen werden. «Zwölf Kanonen sind bereits über den Sankt-Bernhard geschafft worden; aber das hat einige Schwierigkeiten bereitet, weniger wegen der Kanonen, als vielmehr wegen dieser verfluchten Munitionswagen.»[33] Das dürfte nur ein schwaches Echo jener zahllosen Flüche gewesen sein, mit denen diese *maudits caissons* von der Stelle bewegt wurden.

Wie häufig bei Bergwanderungen fiel der Aufstieg ungeachtet aller Beschwernisse leichter als der Abstieg. Diese Erfahrung blieb auch der Reservearmee nicht erspart. Selbst Bonaparte soll, so berichtet sein Kammerdiener Constant, auf dem Hosenboden den steil abfallenden, tiefverschneiten Abhang eines Gletschers hinuntergerutscht sein.[34] Sonst bewegte sich der Erste Consul, wie alle Welt, zu Fuß fort oder ließ sich von einem Maultier tragen, das sich weit besser und sicherer als ein Pferd auf steilen Gebirgspfaden bewegen kann. Das berühmte Gemälde Davids *Bonaparte passant les Alpes au Grand-Saint-Bernard* – es war ein solcher Erfolg, dass er fünf Versionen davon malte – zeigt den Ersten Consul im wehenden Mantel auf stolz sich aufbäumendem Ross mit entschlossener Miene dem Betrachter zugewandt und mit der Rechten nach vorne weisend an der Spitze seiner Armee. Es ist indessen ein reines Phantasieprodukt. Authentisch daran sind lediglich der Mantel und die Uniform des Helden, die ihm der Kammerdiener Constant in das gut beheizte Atelier im Pariser Louvre schaffte, alles andere ist freie Erfindung.

Als eine ernste Gefährdung des gesamten Feldzugs erwies sich zuletzt noch die von einem kleinen österreichischen Kontingent besetzte Festung Bard, die den Ausgang der Schlucht kontrollierte, die das Wildwasser der Dora Baltea in den Fels gegraben hatte. Bard war nur auf halsbrecherischen Bergpfaden zu umgehen, die allenfalls von der Infanterie genutzt werden konnten; das Gros der Armee musste durch diese Schlucht, die von der Festung mit einem tödlichen Dauerfeuer bestrichen werden konnte. Bonaparte, der diese Marschroute festgelegt hatte, scheint von der Festung Bard, die das Aosta-Tal verschloss, erst Kenntnis erhalten zu haben, als er von Berthier am Abend des 19. Mai in seinem Quartier bei den Bernhardinern in Martigny davon unterrichtet wurde. Zu Bourrienne bemerkte er damals: «Ich langweile mich in diesem Kloster. Diese Idioten werden mir die Festung Bard niemals zu Fall bringen. Sie zwingen mich dazu, dass ich mich mit einer solchen Armseligkeit befasse.»[35] Nachdem die hastig unternommenen Versuche, die Festung im Sturm zu nehmen, misslungen waren, verlegte man sich auf eine List: Im Schutz der Nacht wurden einige Kanonen und Munitionswagen, deren Räder mit Stroh umwickelt wurden, von menschlicher Muskelkraft bewegt an diesem Hindernis vorbeigeschafft – die Spannpferde hätten, wie die ungeschützten Räder, zuviel Lärm gemacht.[36] Das war aufwendig und zeitraubend, aber es blieb keine Wahl. Trotz dieser Verzögerung war der größte Teil der Reservearmee am 24. Mai in der Po-Ebene angelangt, ohne dass der Gegner auch nur ahnte, was in seinem Rücken vor sich ging.

Die nervliche Anspannung, unter der Bonaparte in den Tagen und Wochen zuvor gestanden hatte, wich jetzt tiefer Erleichterung. Ein Beispiel dafür ist sein Brief an Joseph vom 24. Mai: «Ich bitte Dich, meiner Frau dreißigtausend *francs* zu geben. – Die größten Hindernisse sind überwunden; wir sind die Herren von Ivrea und der Festung, in der wir zehn Kanonen fanden. Wir sind hier wie der Blitz hineingefahren; der Feind hat mit uns überhaupt nicht gerechnet und konnte unser Erscheinen kaum fassen. – Größte Ereignisse werden sich zutragen; die Ergebnisse werden gewaltig sein, so hoffe ich, für das Glück und den Ruhm der Republik.»[37] Selbst der erkrankte Talleyrand erfährt in diesen Tagen die fürsorgliche Anteilnahme des wie befreit wirkenden Ersten Consuls: «Ich wünsche sehr zu vernehmen, dass Sie vollkommen wiederhergestellt sind und dass Sie vom Gebrauch Ihrer schrecklichen Arzneien Abstand genommen haben.»[38]

Was ihn immer noch mit Unruhe erfüllte, war die Situation in Paris. Am 24. Mai schrieb er von Aosta den Consuln: «Die Ereignisse werden sich nun sehr schnell entwickeln. Ich hoffe in vierzehn Tagen wieder zurück in Paris zu sein. Empfangen Sie im übrigen meine Glückwünsche hinsichtlich der Ruhe, die in Paris herrscht.»[39] Dem Pariser Stadtkommandanten versicherte er am nämlichen Tag: «Hier geht alles sehr gut, und, dank Ihrer Aktivität und Wachsamkeit bin ich, was Paris anbelangt, beruhigt.»[40] Am entlarvendsten aber ist der Brief an Fouché, ebenfalls vom 24. Mai, der von Schmeicheleien für den intriganten Polizeiminister nur so trieft. Anlass war die Enttarnung des *Comité anglais*, einer royalistischen Verschwörung in Paris, durch Fouché. Das hatte die ärgsten Befürchtungen des Ersten Consuls bestätigt: «Ich gewärtige mit Vergnügen, dass Sie immer mit Riesenschritten vorankommen. Zwei oder drei solcher Aufdeckungen wie des *Comité anglais* mehr und Sie werden in der Geschichte dieser Zeit eine ehrenvolle und schöne Rolle spielen.»[41]

Am Abend des 2. Juni zog Bonaparte in Mailand ein. Diesmal begrüßte ihn die Bevölkerung nicht mehr jubelnd als Befreier, was ihn aber nicht daran hinderte, im *Bulletin de l'Armée de Réserve* vom 3. Juni 1800 zu behaupten, dass er bei seinem Einzug vom Volk mit dem größten Enthusiasmus gefeiert worden sei.[42] Wichtiger war für ihn, dass Moncey mit einem Corps von rund 11 000 Mann kampferfahrener Truppen zur Reservearmee stieß. Das waren zwar immer noch weniger als die rund 86 000 Mann, über die Melas nach den Kämpfen mit Masséna und Suchet noch verfügte, aber das würde nicht allzu sehr ins Gewicht fallen. Bonaparte hatte nach wie vor das Überraschungsmoment für sich, zumal Melas irrtümlich annahm, französische Truppen würden am Var in Südostfrankreich aufmarschieren. Schließlich hatte auch die Besetzung Mailands eine große strategische Bedeutung: Damit schnitt Bonaparte den Österreichern ihre auf dem linken Ufer des Po nach Brescia laufende Kommunikationslinie ab, während die gut gefüllten Magazine, die den Franzosen in Mailand in die Hände gefallen waren, alles enthielten, woran die Reservearmee Mangel litt.

Knapp eine Woche nach der Einnahme Mailands wurde zur Gewissheit, was seit Wochen zu befürchten stand: Ein Kurier des österreichischen Oberbefehlshabers war abgefangen worden, der die Nachricht nach Wien überbringen sollte, dass Masséna am 4. Juni in Genua kapituliert, für seine Truppen aber den freien Abzug hinter die Linie des Var erwirkt hatte.[43] Das war zwar misslich, denn Bonaparte hatte immer noch darauf gerechnet, dass Masséna eine zweite Front im Süden bilden würde, um Melas wenigstens im Rücken beunruhigen zu können, sobald dieser erkannt hatte, dass ihn die Reservearmee von Norden her bedrohte. Darauf ließ sich jetzt nicht mehr bauen, denn die Formation von Massénas Truppen jenseits des Var und ihr Eintreffen auf dem

Schauplatz würden zuviel Zeit in Anspruch nehmen. Zur Beruhigung Bonapartes war der abgefangenen Depesche auch zu entnehmen, dass Melas die Anwesenheit des Ersten Consuls mit der Reservearmee in Italien für ein bloßes Gerücht hielt, dem er keinerlei Glauben schenkte. Das war eine ausgezeichnete Nachricht.

Ursprünglich hatte Bonaparte die Absicht gehabt, von Mailand aus in gerader Linie nach Süden vorzustoßen und jenseits des Po im Raum von Stradella darauf zu warten, dass Melas versuchen würde, seine rückwärtige Verbindungslinie nach Mantua wieder freizukämpfen. Der Fall Genuas eröffnete Melas aber die Option, Stradella links liegen zu lassen und sich stattdessen in der Hafenstadt festzusetzen, wo er – wie Bonaparte fürchten musste – von der englischen Flotte bequem versorgt werden konnte. Diese Möglichkeit ließ ihm deshalb keine andere Wahl, als die Österreicher so schnell wie möglich anzugreifen. Bonapartes neuer Plan sah daher vor, weiter nach Westen in den Raum von Alessandria vorzustoßen, wo er sicher war, Feindberührung zu bekommen.[44] Diese radikalen Korrekturen verursachten unvermeidlicherweise einige Verwirrung, die dadurch noch vergrößert wurde, dass Berthier zwar ein vorzüglicher Stabschef, aber kein Stratege war, Bonaparte es seinerseits aber auch nicht lassen konnte, sich ständig in die Stabsarbeit einzumischen und damit die sowieso schon herrschende Konfusion noch zu steigern. (Siehe Karte 6)

Am 9. Juni kam es bei Montebello zu einem ersten heftigen Schlagabtausch: Obwohl das von Lannes geführte achttausend Mann starke Armeecorps den gegnerischen Einheiten unter General Ott, der achtzehntausend Mann befehligte, zahlenmäßig weit unterlegen war, entschloss sich der französische General zur Attacke. Zum Glück erschien General Victor rechtzeitig mit fünftausend Mann auf der Szene, dem es gelang, den rechten Flügel der Österreicher zu werfen, die daraufhin den Kampf abbrachen und sich auf Alessandria zurückzogen. Auch wenn dieser Erfolg keineswegs vollständig war – die Österreicher zogen sich in guter Ordnung zurück –, war das Treffen von Montebello psychologisch außerordentlich wichtig: Die Franzosen sahen sich für ihre gewaltigen Anstrengungen bei der Alpenüberquerung mit einem ersten Sieg belohnt, und Bonaparte usurpierte diesen frischen Lorbeer, den sich Lannes erworben hatte, obwohl er noch nicht einmal in der Nähe des Schlachtfelds gewesen war. Im *Bulletin de l'Armée de Réserve* vom 10. Juni wird Lannes mit keinem Wort erwähnt![45] Erst kurz vor seiner tödlichen Verwundung in der Schlacht von Essling erhielt Lannes von Napoleon in später Anerkennung seiner bei Montebello errungenen Verdienste am 19. März 1808 den Titel eines *Duc de Montebello* verliehen.[46]

Die Schlacht von Montebello bewies Bonaparte auch, dass sich die Hauptmasse der österreichischen Armee irgendwo im Raum Alessandria aufhalten musste. Was aber würde Melas tun, nachdem er erfahren hatte, dass die französische Reservearmee in seinem Rücken aufgetaucht war und ihm die rückwärtigen Verbindungslinien abschnitt? Würde er sich auf Genua zurückziehen, um hier im Schutz der englischen Flotte in aller Ruhe den Angriff Bonapartes abzuwarten? Dieser Gedanke wurde zu einer Obsession. Melas, so war Bonaparte überzeugt, würde so lange einer Schlacht ausweichen, bis er sich in einer Position befände, in der er seine Überlegenheit sicher ausspielen konnte. Das aber musste unter allen Umständen verhindert und Melas deshalb so schnell wie möglich zur Schlacht gezwungen werden. Vor allem musste man auskundschaften, wo genau Melas sich aufhielt. Bonaparte beging nun einen beinahe fatalen Fehler: Er gab die strategisch vorzügliche Position bei Stradella auf und teilte die Armee in mehrere kleine Corps, die, in unterschiedliche Richtungen in Marsch gesetzt, die Stellung des Feindes erkunden sollten. In der vermeintlichen Weisheit dieser Maßnahme sah er sich durch falsche Informationen bestätigt, wonach Melas entschlossen sei sich abzusetzen, um eine Schlacht zu vermeiden.[47]

Doch Melas kam zu einem genau gegenteiligen Entschluss: Auch er wollte so rasch wie möglich eine Schlacht schlagen, um eine Vereinigung der Reservearmee Bonapartes mit der Italienarmee zu verhindern, von der er wähnte, dass Masséna und Suchet sie zügig von Westen heranführten. Deshalb plante er, am 14. Juni die Reservearmee anzugreifen, um seine Kommunikationsverbindungen nach Mantua wieder freizukämpfen. Am frühen Sonntagmorgen dieses Tages sahen sich die völlig ahnungslosen und kräftemäßig weit unterlegenen Franzosen, die vor dem Dorf von Marengo aufgestellt waren, auf einmal mit über dreißigtausend Österreichern konfrontiert, die in drei Kolonnen, unterstützt von heftigem Artilleriefeuer, vorrückten. Bis Bonaparte den ganzen Ernst der Situation erfasste, verging weiter wertvolle Zeit. Nur dem Einsatz der Divisionen Gardanne und Chambarlhac war es zu verdanken, dass es nicht bereits am frühen Vormittag zur Katastrophe kam. Gegen 10 Uhr erschienen endlich Lannes und Murat auf dem Schlachtfeld, deren Einheiten die französischen Corps um 15000 Mann verstärkten, gerade einmal die Hälfte der gegnerischen Truppen. Dieses ungleiche Kräfteverhältnis begann sich am frühen Nachmittag auf dem Schlachtfeld auszuwirken: Gegen drei Uhr setzten sich die abgekämpften französischen Truppen, denen auch die Munition ausging, nach Osten in Richtung San Giuliano vom Feind ab. Damit schien eine Niederlage der Reservearmee unvermeidlich zu sein.

In buchstäblich letzter Minute wendete sich jedoch das Blatt: Desaix, der drei Tage zuvor bei Bonaparte erschienen war und den dieser sofort zum Chef eines neugebildeten vierten Armeecorps gemacht hatte, erschien kurz nach drei Uhr mit wenigstens einer seiner zwei Divisionen auf dem Schlachtfeld. Nach dem Bericht von Bourrienne soll Bonaparte Desaix gefragt haben, wie er denn die Lage einschätze, worauf dieser ohne Umschweife antwortete: «Die Schlacht ist vollständig verloren. Aber es ist erst zwei Uhr (eig. drei Uhr), weshalb wir noch die Zeit haben, eine weitere heute zu gewinnen.»[48] Binnen einer Stunde hatten sich die französischen Truppen, deren Kampfmoral durch das überraschende Auftauchen der von Desaix herangeführten Verstärkung wieder gehoben wurde, neu formiert und griffen die überraschten Österreicher, die sich ihres Sieges schon gewiss wähnten, mit allem Nachdruck an. Das brachte die Entscheidung: Der rechte Flügel der Österreicher wurde geworfen, mehrere Tausend Österreicher gerieten in Gefangenschaft, während der Rest in wilder Flucht durch das Dorf Marengo und über den Fluss Bormida in Richtung Alessandria davonstob. Das war das Signal für den Angriff der gesamten französischen Front. Dem linken Flügel der Österreicher gelang zwar ein geordneter Rückzug, das änderte aber nichts daran, dass diese Schlacht, die bis in die Abendstunden andauerte, nach ihrem anfänglichen Sieg dennoch für Melas mit einer empfindlichen Niederlage endete.[49]

In Marengo erfüllten sich die Hoffnungen nicht, die Bonaparte mit dieser Kampagne verknüpft hatte. Österreich war nicht als Gegner ausgeschaltet und konnte deshalb auch nicht zu einem sofortigen Friedensschluss gezwungen werden. Das Eingeständnis dieses Scheiterns steckt in der Konvention, auf die sich Berthier und Melas am 15. Juni verständigten und die in Artikel 14 die Bestimmung enthielt, dass keine der Armeen die andere angreifen dürfe, ohne dass sie diese von ihrer Absicht zehn Tage zuvor unterrichtete.[50] Außerdem behielt Österreich eine zwar reduzierte, aber dennoch starke Stellung in Norditalien, deren Eckpunkt die Festung Mantua bildete. Damit wurde die Entscheidung auf einen späteren Zeitpunkt vertagt. Die Verantwortung für diesen unbefriedigenden Ausgang war am wenigsten dem Ersten Consul, vielmehr dem intriganten Selbstbewusstsein seiner Untergebenen Moreau und Masséna anzulasten. Bonaparte hatte mit einer unzulänglichen Reservearmee, deren ursprünglich angesetzte Feldstärke mehr als doppelt so groß sein sollte, alles erreicht, was er mit derart kargen Mitteln erreichen konnte. Sein großes Manko lag darin, dass sich Moreau zunächst dem Plan kategorisch verweigerte, gemeinsam mit Bonaparte die Offensive in Süddeutschland zu beginnen. Deshalb überschritt die Reservearmee nicht früher die Alpen. Und schließlich gefährdete Moreau deren Erfolg noch dadurch, dass er statt des 25000 Mann starken Corps von Lecourbe, das aus kampferfahrenen Truppen bestand, lediglich die 11000 Mann des Corps von Moncey an die Italienarmee überstellte. Masséna seinerseits beging den Fehler, seine Armee zu teilen, statt sich mit seiner ganzen Streitmacht nach Genua zu werfen, wo diese sehr wahrscheinlich Melas so lange hätte standhalten können, bis die Reservearmee in dessen Rücken auftauchte. Eine solche Konstellation hätte dann, wie von Bonaparte ursprünglich beabsichtigt, die Chance geboten, die Österreicher in die Zange zu nehmen und in einer einzigen entscheidenden Schlacht zu vernichten, so dass ganz Norditalien wieder in der Hand der Republik gewesen wäre.

Der Friede, den Bonaparte versprochen hatte, stand damit noch aus. Deshalb suchte er die Verantwortung dafür einfach auf den Gegner abzuwälzen. Trotz entsprechender Propaganda gelang ihm das aber nur teilweise, zumal die Tatsachen im allzu großen Kontrast zu seinem Versprechen standen. Eröffnet wurde diese Propagandaoffensive mit einem Schreiben des Ersten Consuls an den Kaiser, das aus Marengo vom 16. Juni 1800 datiert ist. Gleich im ersten Satz wird betont, dass es der Wunsch des französischen Volkes sei, den Krieg, der es nur in Verzweiflung stürze, zu beenden. Bonaparte zählt dann eine Reihe von Gründen auf, die aus der Sicht des Kaisers den Krieg rechtfertigten, um diese dann einen nach dem anderen zu zerpflücken. Das Ganze mündete in den Vorschlag, den Frieden von Campo-Formio einfach in Kraft treten zu lassen, nachdem zuvor noch eine Bestandsgarantie für die kleineren Mächte ausgearbeitet worden sei, in deren einschlägigen Befürchtungen er die Hauptursache für den Bruch des schon einmal geschlossenen Friedens zu erkennen vorgibt. Sollte der Kaiser sich aber zu diesen Vorschlägen nicht bereitfinden, dann würden die Feindseligkeiten wieder aufgenommen werden, wofür dann aber allein er in den Augen der Welt die Verantwortung trüge.[51]

Eine weitere Schuldzuweisung galt England, das als das böse Herz der gegen Frankreich gerichteten Koalition dargestellt wurde. Im *Bulletin de l'Armée de Réserve* vom 17. Juni 1800 behauptete der Erste Consul mit einiger Kühnheit: «In Paris wie in Wien, in Frankreich wie in Deutschland, bei der französischen wie bei der österreichischen Armee wünscht alle Welt den Frieden. Die Intrigen und das Geld der Engländer, der Einfluss der Kaiserin und die Ungnade des Prinzen Karl scheinen die einzigen Ursachen zu sein, die diesen verhindern.»[52] In den nächsten Tagen nutzte er das Bulletin der Reservearmee dazu, die besondere Perfidie Albions in aller Ausführlichkeit zu schildern. Den Anlass dazu lieferte der

Tod Desaix' in der Schlacht von Marengo: «Im Laufe seines Lebens erlebte Desaix, dass vier Pferde unter ihm totgeschossen wurden und er dreimal verwundet wurde. Erst drei Tage vor der Schlacht war er im Hauptquartier angelangt. Er brannte darauf, in den Kampf zu ziehen, und am Vorabend sagte er zwei- oder dreimal zu seinen Adjutanten: *Es ist schon recht lange her, dass ich mich in Europa geschlagen habe. Die Kugeln kennen uns nicht mehr; irgendetwas wird uns zustoßen.* Als man dann mitten im ärgsten Feuer dem Ersten Consul vom Tod Desaix' Mitteilung machte, entfuhr diesem nur ein einziger Satz: *Warum nur ist es mir nicht verstattet, ihn zu beweinen?* Sein Körper wurde nach Mailand geschafft, um ihn dort einzubalsamieren.»[53] Das war aber nur die theatralische Ouvertüre. Das Hauptstück wurde am 18. Juni im dritten Bulletin der Reservearmee nach der Schlacht von Marengo gegeben, einem Meisterstück napoleonischer Propaganda. Von besonderer Finesse war der Aufbau dieses Dokuments, das auf die Aufmerksamkeit einer großen Öffentlichkeit abzielte und deshalb ohne Einleitung oder Umschweife abrupt mit einer Mittelung beginnt, die dem Leser unmittelbar zu Herzen gehen sollte: «General Desaix hatte aus Ägypten zwei kleine Neger mitgebracht, die ihm der König von Dafour zum Geschenk gemacht hat. Diese Kinder haben den Tod ihres Herrn nach der Sitte ihres Landes betrauert und dies auf eine äußerst berührende Weise getan. – Der Erste Consul hat die beiden Adjutanten des General Desaix, Savary und Rapp, mit sich genommen (nach Mailand, J. W.). Der Leichnam des Generals ist nach Mailand überführt worden, wo er einbalsamiert wird. Es ist noch nicht entschieden, ob der Erste Consul dessen sterbliche Hülle nach Paris sendet, oder ob er sie in einem Denkmal beisetzt, das auf dem Sankt-Bernhard errichtet werden soll, um an dessen Überquerung durch die Reservearmee für alle Zeiten zu erinnern. (Tatsächlich wurde Desaix in der Krypta der Klosterkirche auf dem Großen Sankt-Bernhard beigesetzt. Das Denkmal, das Bonaparte hier zu errichten plante, kam jedoch nie zustande, J. W.) – Der General Desaix ist der erste Europäer, der den Ruhm Frankreichs über die Katarakte (des Nils, J. W.) hinaus getragen hat. Er wurde von den Bewohnern Oberägyptens bewundert, die ihn den *gerechten Sultan* nannten. Er bewahrte eine lebhafte Abscheu gegen die schlechte Behandlung, die ihm Admiral Keith widerfahren ließ. Dieser Marineoffizier im Generalsrang hat ihn mit einer Verachtung und Misshandlungen überhäuft, wie sie einer europäischen Nation unwürdig sind. – General Desaix war von Alexandria auf dem aus Ragusa stammenden Schiff *La Madone de Grâce de Saint-Antoine de Padoue* abgereist. Er führte Pässe des Groß-Vizirs und des englischen Kommandanten vor Alexandria mit sich, der ihm außerdem noch, um seine unbehelligte Passage zu gewährleisten, einen englischen Offizier zur Begleitung gegeben hatte. Dennoch wurde er auf Befehl von Admiral Keith verhaftet und gegen das Völkerrecht nach Livorno geschafft. Vergebens wies er seine Pässe vor, und ebenso vergebens empörte sich der englische Offizier, der mit ihm an Bord war, gegen dieses üble Betragen. Auf der Reede von Livorno angelangt, beraubte man das Schiff seiner Takelage und montierte das Steuerruder ab und setzte es so dem Kentern aus. – General Desaix wurde in das Lazarett geschafft, das aber eine Art von Gefängnis war. (Dabei handelte es sich vermutlich, was Bonaparte verschweigt, um eine Quarantäne, J. W.) Admiral Keith besaß die Niedrigkeit, diese Verletzung der Menschenrechte noch mit Beleidigungen zu garnieren. Er ließ ihm das Angebot unterbreiten, täglich mit zwanzig *sous* zur Bestreitung seiner Lebenshaltungskosten wie auch der anderen gefangenen französischen Soldaten beizutragen, indem er mit abgeschmackter Ironie hinzufügte, dass die Gleichheit, die in Frankreich proklamiert worden sei, erheische, dass er keine bessere Behandlung erführe als jene. – Konsequenterweise wurde er in denselben Hof gesteckt, in dem sich auch die Soldaten befanden, und man verweigerte ihm jegliche Zuwendungen einschließlich Zeitungen und einige militärische Schriften. *Ich fordere nichts von Ihnen*, versetzte Desaix daraufhin, *außer, dass Sie mich von Ihrer Gegenwart befreien. Geben Sie, wenn Sie dies wollen, Stroh für die Verwundeten, die mit mir gekommen sind. Ich habe mit den Mamelucken, den Türken, den Anatoliern, den Arabern der großen Wüste, den Äthiopiern, den Schwarzen des Darfour, den Tartaren verhandelt; alle haben sich an ihr gegebenes Wort gehalten und die Menschen, die vom Unglück geschlagen waren, nicht noch beleidigt.* (...) Die französische Nation tut gut daran, siegreich zu sein. Es gibt nämlich keine Exzesse, die sich ihre Feinde nicht gestatteten, sobald sie eine Niederlage hinnehmen muss. (...) England wird wegen seiner Anmaßung, seiner Käuflichkeit, seiner Korruption, der Schmach und der Verachtung der Franzosen, wie im übrigen auch der Österreicher und der Russen verfallen.»[54]

Dieses Pamphlet, dessen Verfasser die geringsten Anlässe zum Vorwand nimmt, sich in Hass zu steigern, gibt bereits politische Fixierungen zu erkennen, denen Bonaparte als Kaiser Napoleon vergebens nachjagen sollte. Die große Liga der kontinentaleuropäischen Mächte unter Führung Frankreichs gegen England: Dass diese fixe Idee erstmals nach der Schlacht von Marengo in aller Deutlichkeit formuliert wurde, kommt nicht von ungefähr. Marengo bedeutete nämlich, wie ein unverdächtiger Beobachter, der royalistische Agent Hyde de Neuville, in seinen Erinnerungen bemerkte, «den Taufakt der persönlichen Macht

Napoleons».⁵⁵ Ganz beiläufig lässt sich das an den Schilderungen des Schlachtverlaufs ablesen, die Bonapartes Fehler als wohl überlegtes Kalkül ausgaben und seinen Anteil am Verlauf der Schlacht in einer Weise herausstellten, der nicht im entferntesten den Tatsachen entsprach. Selbstverständlich wurde der entscheidende Anteil, den die Generäle Desaix, Kellermann und Marmont am Sieg hatten, systematisch verschwiegen. Als Napoleon hatte Bonaparte dann noch einmal die Gelegenheit, am 14. Juni 1807 eine Schlacht zu schlagen, bei der ihm tatsächlich jenes taktische Manöver gelingen sollte, von dem er im nachhinein behauptete, es habe ihm den Sieg bei Marengo verschafft: Friedland.⁵⁶

Bisweilen liebt die Geschichte die Duplizität der Ereignisse: An jenem 14. Juni 1800, dem Tag der Schlacht von Marengo und des Todes von Desaix, wurde im fernen Kairo ein weiteres Problem aus der Welt geschafft. Kléber, dessen ungeminderten Zorn Bonaparte wegen seiner Flucht aus Ägypten nach wie vor fürchten musste und der als erfolgreicher Revolutionsgeneral bei den Jakobinern weitaus mehr Ansehen genoss als Moreau, Kléber wurde an eben diesem Tag in Kairo ermordet. Diese toten Helden waren die einzig guten Helden. Senator Dominique-Joseph Garat, ein Anhänger Bonapartes der ersten Stunde, sprach diese Wahrheit mit Sätzen, die schon die sprachliche Proskynese des Empire vorwegnahmen, bei der gemeinsamen Totenfeier für Desaix und Kléber auf der Place des Victoires ganz ungewollt aus: «Derjenige, der so oft in den Schlachten entweder Euer Vorbild oder Euer Chef war und der heute, an der Spitze der Republik stehend, Euch seine Anerkennung zollt, dem werdet ihr helfen, dem werdet Ihr noch dienen aus der Tiefe der Gräber heraus, die er Euch errichtet hat.»⁵⁷

DRITTES KAPITEL

Der trügerische Frieden

Als letzte Nachricht vom italienischen Schauplatz war in Paris das vom 10. Juni 1800 datierte *Bulletin de l'Armée de Réserve* eingetroffen, das die Schlacht von Montebello mit dem vieldeutigen Satz charakterisierte: «Man kämpfte den ganzen Tag mit aller Verbissenheit.»[1] Danach trat ominöses Schweigen ein.[2] Dass Royalisten wie Jakobiner nach jedem Strohhalm griffen, war nicht überraschend. Wirklich beunruhigend war, dass selbst innerhalb des consularischen Machtapparats mancher mit einer Niederlage Bonapartes rechnete: Es waren vor allem die Anhänger von Sieyès, die das Regime des Ersten Consuls durch eine konstitutionelle Monarchie ersetzen wollten. Angesichts der systematischen Schwächung der radikalen Republikaner mochten sie sich von dieser Lösung zwei Vorteile versprechen: Eine solche Monarchie unterläge der Kontrolle der gemäßigten Brumairianer, und das bot ihnen die Gewähr, die wichtigsten materiellen Errungenschaften der Revolution zu wahren. Darüber hinaus würde eine konstitutionelle Monarchie einen Friedensschluss mit den europäischen Mächten erleichtern.[3]

Marengo machte diesen Hoffnungen ein jähes Ende. Nach Jacques de Norvins gab die Freude der Pariser über die Siegesnachricht Anlass zu zahlreichen spontanen Festlichkeiten.[4] Diese Begeisterung beflügelte weniger der militärische Erfolg, als vielmehr die damit verknüpfte Hoffnung auf einen raschen Frieden. Dass er diese Erwartung verstanden hatte, gab Bonaparte bereitwillig zu erkennen. Während der Feiern anlässlich des 14. Juli ließ er verlauten, man werde binnen zwei Monaten Frieden haben; das bedeute aber nicht, dass der Krieg sofort ende. Derartige Äußerungen, die schnelle Verbreitung fanden, nahmen allen «anarchistischen» Agitatoren den Wind aus den Segeln, deren «Worte in der Leere verhallten».[5]

Marengo bedeutete in vieler Hinsicht die große Wende für das Regime. Das Consulat war damit endgültig etabliert, die herausgehobene Rolle Bonapartes glänzend bestätigt, die innerhalb des politischen Systems laut gewordene Opposition zum Schweigen gebracht. Sogar die Armee, bei der mancher Bonaparte die Flucht aus Ägypten noch immer verargte, stand jetzt, sieht man von Frondeuren wie Moreau und Bernadotte ab, geschlossen hinter ihm. Bonaparte war klug genug, diesen auf dem Schlachtfeld über seine Zweifler und Opponenten errungenen Triumph nicht zu deutlich herauszustellen. Den Innenminister wies er vor seiner Rückkehr an: «Ich werde in Paris überraschend einlangen. Meine Absicht ist es, dass weder Triumphbögen errichtet, noch sonstige Feierlichkeiten veranstaltet werden. Ich habe eine zu hohe Meinung von mir selbst, als dass ich dergleichen Firlefanz besonders schätzte. Ich kenne keinen anderen Triumph, als die Genugtuung der Öffentlichkeit.»[6] Hinter dieser Bescheidenheit verbarg sich auch die Erkenntnis, auf welch schmalem Grat er gewandelt war. Der glückliche Ausgang der Schlacht von Marengo war der dünne Faden, an dem sein Schicksal gehangen hatte. Wäre er gerissen, hätten viele, die ihn jetzt in Paris mit Schmeicheleien überschütteten,[7] seinem Sturz mit verschränkten Armen beigewohnt. Bonaparte war Menschenkenner genug, um die Begeisterung seiner Anhänger, Minister und Vertrauten richtig einzuschätzen. Deren Loyalität zu seiner Person und seinem Regime würde nur solange Bestand haben, wie er sie mit Erfolgen verblüffte, sie mit immer neuen Würden und Reichtümern verwöhnte. Diese Lehre zu beherzigen fiel ihm nicht schwer, denn sie entsprach seinen menschenverachtenden Neigungen.

Auch wenn er sich gegenüber allem, was in Paris während seiner Abwesenheit für den Fall seiner Niederlage oder gar seines Tods überlegt wurde, blind und taub stellte,[8] ging es doch nicht spurlos an ihm vorüber. Die ihn kannten, erlebten nun mit einem Mal einen anderen, einen launischen, despotischen, ungeduldigen Menschen, der mit seiner Umgebung im Kommandoton verkehrte, Unnahbarkeit und eine bislang nicht gewahrte Unstetheit zur Schau stellte. «Der Erste Consul», schrieb der preußische Botschafter Sandoz, «behandelt die politischen Angelegenheiten wie militärische. Er beharrt darauf, dass alles schnell zu Ende gebracht wird, alles seiner Ungeduld wie seinem Willen sich beuge. Seine Talente sind ohne Zweifel groß und selten, aber die Ideen brauchen wie die Vernunft ihre Zeit, um zu reifen (...) Wenn er in seinen Entschlüssen auch nicht zögerlich ist, so ist sein Vertrauen in Personen doch erheblichen Schwankungen ausgesetzt: Heute ist es ein *Conseiller d'État*, morgen ein anderer.»[9] Seit Marengo war Bonapartes Position so gefestigt, dass in seinem Clan bereits darüber nachgedacht wurde, wie die Machtstellung des Bruders auf Dauer sichergestellt werden könnte, um mit Gewissheit auch weiterhin von seinem Erfolg zu zehren. Es war aus dieser Perspektive nahe liegend, rechtzeitig die Voraussetzungen dafür zu schaffen, das Regime von seiner Person abzukoppeln und dem Clan sozusagen als erbdynastisches Institut zu überantworten. Entsprechende Überlegungen hatte die Familie bereits zu Beginn des Consulats ventiliert. Kaum war Bonaparte zur Reservearmee abgereist, äußerte sich Joseph vorsichtig gegenüber Miot in diesem Sinne: Er müsse gefasst sein auf das, was komme und vor allem die schreckliche Möglichkeit bedenken, dass der Bruder eines plötzlichen Todes stürbe. Dank des Namens, den er trage, sei es ihm unmöglich, obwohl er es bevorzuge, im Verborgenen zu leben, weshalb er sich gezwungen sähe, irgendeine herausgehobene Rolle für den Fall zu übernehmen, ein solches Unglück träte ein, «um von vornherein einen Einfluss zu sichern, den auszuüben meiner Familie wie mir so überaus wichtig ist».[10] Marengo und die Rückkehr Bonapartes entzogen solchen Überlegungen zunächst den Boden. Es war damit aber eine Frage angeschnitten worden, die auch Bonaparte beschäftigt haben muss. Am 31. Juli 1800 bemerkte er zu Senator Cabanis: «Das ist eine Lücke, die in dem gegenwärtigen Gesellschaftsvertrag klafft und die es zu schließen gilt. Wenn man das Wohl des Staates gewährleisten will, ist es unabdingbar, dass es immer einen designierten (Ersten) Consul gibt. Ich bin die Zielscheibe für alle Royalisten, für alle Jakobiner. An jedem Tag ist mein Leben in Gefahr und das gilt umso mehr für den Fall, dass, erneut zum Krieg genötigt, ich mich einmal mehr an die Spitze der Armeen stellen muss.»[11] Bonaparte hütete sich jedoch, in diesem frühen Stadium seines Regimes für eine Erbschaftsregelung seiner Amtsnachfolge einzutreten. Gegenüber Miot stellte er eine solche Lösung mit dem Argument in Abrede, dass man damit viel zu vielen fest gegründeten und höchst virulenten Anschauungen vor den Kopf stieße.[12] Doch unausweichlich war damit zum ersten Mal an das Tabu gerührt worden, das zu beseitigen jetzt nur noch eine Frage der Zeit wie der Umstände war.

Tatsächlich war es aber noch viel zu früh, eine solche Nachfolgeregelung selbst in aller Diskretion zu erörtern. Hätte Bonaparte die Absicht angedeutet, die consularische Diktatur in eine Erbmonarchie zu überführen, wäre es um seine Herrschaft geschehen gewesen. Eine solche Transformation des Regimes, die in einem unvermittelbaren Widerspruch zum noch allzu frischen Erlebnis der Revolution stand, konnte allenfalls das Ergebnis eines Prozesses sein, den es mit viel Umsicht zu steuern galt. Entscheidend war deshalb zunächst, den Bestand des Consulat mit der Person des Ersten Consuls zu identifizieren. Spektakuläre Schlachtensiege à la Marengo boten sich dafür jedoch nicht eben an. Weit wichtiger war es, die innere Konsolidierung des Regimes zügig voranzutreiben, die Hand in Hand gehen musste mit der Herstellung des äußeren Friedens. Solange das Consulat nicht wirklich fest etabliert war, würden die beiden Hauptgegner Frankreichs, Österreich und England, darauf lauern, dessen Schwäche zu nutzen; lediglich Preußen würde voraussichtlich in jener beobachtenden Haltung verharren, auf die es sich seit dem Frieden von Basel 1795 zurückgezogen hatte. Der preußische Botschafter in Paris, Lucchesini, erhielt am 16. Oktober 1800 die Direktive, sich so lange französischen Bündnisangeboten gegenüber taub zu stellen, «bis Frankreich sich in seinem Innern stabilisiert hat. (...) Dafür genügt es, dass Bonaparte, von gemäßigten Ansichten geleitet, den Kontinent hinsichtlich der umstürzlerischen Ideen beruhigt, die überall auf eine Revolutionierung der gesellschaftlichen Ordnung abzielen und von denen sich die früheren Regierungen in Frankreich bestimmen ließen, damit Preußen sich ernsthaft mit ihm verständigen und auch Russland zu einem entsprechenden Schritt veranlassen kann.»[13]

Die Instruktion zeigt, wie eng außen- und innenpolitische Belange für das consularische Regime miteinander verknüpft waren. Von größter Bedeutung war für Bonaparte deshalb zunächst, die immer noch virulenten royalistischen Bestrebungen zu zerschlagen und, damit eng verbunden, den von der Revolution begonnenen Kirchenkampf zu beenden. Dafür sprach überdies, dass Österreich nach Marengo noch keineswegs zum Friedensschluss bereit war. Die Vorgespräche, die nach dem jeweils in Italien und Süddeutschland vereinbarten Waffenstillstand aufgenommen wurden, dienten beiden Seiten lediglich dazu, Zeit zu gewinnen und sich für einen neuen Waffengang zu rüsten. Bonaparte brauchte aber rasche, die eigene Anhängerschaft überzeugende Erfolge. Die ließen sich im Inneren am ehesten dadurch erreichen, die royalistische Gefahr durch ebenso kluge wie spektakuläre Zugeständnisse zu bannen. Das würde sich auch vorteilhaft auf die Verhandlungen mit dem Papst über eine Beilegung des Kirchenkonflikts auswirken.

Um dem Royalismus in Frankreich, der im Westen und Süden trotz aller Pazifizierungsmaßnahmen noch immer lebendig war, das Wasser abzugraben, bot sich eine großzügige Regelung des dornigen Emigrantenproblems an. Viele der rund 100 000 zumeist adeligen Emigranten waren aus Angst vor der Revolution ins Ausland geflohen, wo sie häufig ein ärmliches Dasein fristeten. Die wenigsten von ihnen hatten sich jedoch durch die Bereitschaft kompromittiert, mit der Waffe in der Hand für eine Wiederaufrichtung des alten Regimes zu kämpfen. Was ihre Remigration dennoch problematisch machte, war das Bestreben, wieder zu ihren früheren Besitztümern zu gelangen, denn deren neue Eigentümer gehörten zu den wichtigsten Stützen des Consulats.[14] Doch für Bonaparte war die Emigrantenfrage «eine der größten Wunden der Republik, die wir so schnell wie möglich heilen müssen», wie er Justizminister Abrial am 22. Juli 1800 schrieb.[15] Zunächst versuchte er, dieses

Problem individuell zu lösen, indem er gnadenhalber einzelnen Emigranten die Heimkehr gestattete. Diese Praxis sollte ihm die Betroffenen persönlich verpflichten. Angesichts der großen Zahl rückkehrwilliger Emigranten erwies sich das Verfahren aber als unzureichend. Um möglichen Missverständnissen vorzubeugen, erteilte Bonaparte deshalb erneut allen Hoffnungen der Royalisten eine deutliche Absage, die in ihm nur einen zeitweiligen Platzhalter für den legitimen Monarchen, Louis XVIII, den Comte de Provence, erkennen wollten. Am 7. September 1800 ließ Bonaparte den Prätendenten mit brutaler Offenheit wissen: «Sie dürfen nicht mit Ihrer Rückkehr nach Frankreich rechnen; Sie müssten dann schon über einhunderttausend Leichen marschieren. – Opfern Sie Ihre Interessen der Ruhe und dem Glück Frankreichs (...) Die Geschichte wird es Ihnen zu danken wissen.»[16] Das hieß auch, man werde die Heimkehr der Emigranten als Votum für den Consulat verstehen. So geschah es: Die Älteren arrangierten sich stillschweigend mit dem neuen Regime, während viele der Jüngeren in die Dienste des Ersten Consuls einzutreten suchten.[17] Wie verzweifelt die royalistische Restauration am Ende war, zeigte sich nicht zuletzt daran, dass sie sich auf terroristische Anschläge verlegte, um Bonaparte zu liquidieren und das dann eintretende Chaos für einen Umsturz zu nutzen.

Die Repatriierung des emigrierten Adels verlangte auch, Frieden mit der katholischen Kirche zu schließen. Bonaparte wollte das pragmatisch regeln. Darüber äußerte er sich am 16. August 1800 im *Conseil d'État* bei der Erörterung der Sklavenfrage in den französischen Kolonien: «Meine Politik ist, die Menschen so zu regieren, wie dies von der großen Mehrheit gewünscht wird. Auf diese Weise, so glaube ich, anerkennt man die Souveränität des Volkes. Indem ich mich zum Katholiken machte, habe ich den Krieg in der Vendée beendet, als Muslim konnte ich mich in Ägypten behaupten, als Ultramontaner gelang es mir, die Italiener zu gewinnen. Sollte ich jemals ein Volk von Juden regieren, dann würde ich den Tempel Salomons wieder aufbauen.»[18] In dieser Manier eines siegreichen Generals, der durch dosierte Zugeständnisse seine eigenen Herrschaftsinteressen fördert, plante Bonaparte auch einen zügigen Friedensschluss zwischen dem Heiligen Stuhl und dem Consulat. Das erwies sich jedoch als ein Missverständnis, das die Verhandlungen belastete und in die Länge zog. Die politische Macht des Papstes war spiritueller, nicht materieller Natur. Damit verbot sich ihr jede opportunistische Flexibilität, die insgeheim darauf hoffen mochte, das verlorene Terrain bei einer Änderung der politischen Großwetterlage wieder zurückzuerobern. Das Merkmal spiritueller Macht ist ihre eingelebte Stetigkeit, die sie dazu anhält, jede einmal eingenommene Position mit größter Zähigkeit zu verteidigen. Diese Lektion musste Bonaparte erst einmal lernen.[19]

Der angestrebte Friedensschluss bedeutete für die Kirche einen gewaltigen Verlust an Macht und Einfluss: Wie der Geburtsadel hatte auch sie ihre privilegierte Stellung und damit ihren weltlich-politischen Einfluss verloren. Außerdem hatte sie ihre riesigen Vermögenswerte, ihre Steuerbefreiungen und anderen materiellen Vorteile entschädigungslos eingebüßt. Diese Verluste waren irreversibel, denn auf ihrer Anerkennung gründete die Legitimation des Regimes.[20] Das widerspruchslos zu akzeptieren, bedeutete für die Kirche eine zweifache Zumutung. Zum einen musste sie damit den seit der Reformation schrittweise abgezwungenen Verlust ihrer weltlichen Macht anerkennen, dem sie sich bislang mit Zähigkeit widersetzt hatte. Zum anderen lief die Kirche Gefahr, mit der widerspruchslosen Ratifikation ihrer durch die Französische Revolution aufgedungenen Bedeutungsminderung einen gefährlichen Präzedenzfall zu schaffen, dessen Nachahmung sich anderwärts kaum verhindern ließ.[21]

Bonaparte bot vergleichsweise bescheidene Gegenleistungen. Staatlicherseits sollte die durch die Revolution herbeigeführte Kirchenspaltung geheilt und gleichzeitig die Ausübung der Religionsfreiheit garantiert werden. Mit diesen beiden Zugeständnissen musste er aber mit Sicherheit auf den erbitterten Widerstand all jener stoßen, die sich als die eigentlichen Wahrer und Sachwalter der Revolution begriffen: Das politische Establishment des *Brumaire*, das den *Conseil d'État*, den *Corps législatif*, den *Institut*, die Armee und die Zivilverwaltung umfasste. Doch Bonaparte stützte sich auf den Willen des Volkes. Man würde besonders in der religiösen Frage mit seinen Vorstellungen übereinstimmen, zumal zahlreiche Anhänger der Revolution dem Glaubensbekenntnis ihrer Väter die Treue hielten und das Schisma lebhaft bedauerten. Seiner Versöhnungspolitik gegenüber der Kirche würden darüber hinaus auch jene zustimmen, die Kirchengut erworben hatten und dessen Besitz durch den früheren Eigentümer anerkannt sehen wollten. Gelang die Aussöhnung mit der Kirche, dann würde ein Konkordat Bonapartes unabhängige Stellung gegenüber dem politischen Establishment des Consulats derart stärken, dass er dieses vollends entmachten und in ein hochdotiertes Schattendasein entlassen konnte.

Durch ein Konkordat ließen sich außerdem die Aristokratie des *Ancien Régime* und auch das antirevolutionär gesinnte Bürgertum für sein Regime gewinnen, was seinerseits den Einfluss der Republikaner minderte. Für das Gelingen sprach nicht zuletzt, dass in jenen Kreisen das ostentative Bekenntnis zum Katholizismus zum guten Ton gehörte. Der große Erfolg von Chateaubriands Buch *Génie du Christianisme* (1802) war dafür ein Indiz. Schließlich faszinierte Bonaparte an der Restaurierung des katholischen Glaubensbekenntnisses noch ein gesellschaftspolitischer Aspekt. Roederer gegenüber bemerkte er am 18. August 1800: «Aber wie kann es Ordnung in einem Staat geben ohne Religion? Die Gesellschaft hat keinen Bestand ohne die Ungleichheit der Vermögen, und die Ungleichheit der Vermögen hat ihrerseits keinerlei Bestand ohne die Religion. Wenn ein Mann in unmittelbarer Nachbarschaft eines anderen verhungert, der alles im Überfluss besitzt, dann ist es jenem unmöglich, diesen Unterschied zu akzeptieren, sobald es nicht eine Autorität gibt, die ihm sagt: *Gott will es so; es muss auf der Welt Reiche und Arme geben; aber in der Ewigkeit wird die Verteilung anders geregelt sein.*»[22]

In diesen politischen Perspektiven muss das von Bonaparte angestrebte Konkordat gesehen werden, zu dem ihn sein Machtwille und keineswegs irgendein religiöser Skrupel trieb. Wie bei der Vorbereitung eines Feldzugs ließ er auch hier größte Umsicht walten, ohne dass sich daraus eindeutige Rückschlüsse auf seine Absichten hätten ziehen lassen. Die Anordnung zur feierlichen Beisetzung des noch vor dem Putsch des 18. *Brumaire* in französischer Gefangenschaft gestorbenen Papstes Pius VI. gehörte ebenso dazu wie die verschiedentlich in den Proklamationen an die Aufständischen im Westen Frankreichs bekundeten religiösen Toleranzversprechen. Aus diesen Signalen konnte man nur bedingt konkrete politische Absichten ableiten. Kaum jedoch hatte Bonaparte mit der Reservearmee die Alpen überwunden und war in Mailand eingezogen, nutzte er die erste Gelegenheit, um die Grundzüge seiner künftigen Religionspolitik darzulegen. Am 5. Juni 1800, noch vor Marengo, wandte er sich in einer Rede in Mailand an den katholischen Klerus der Stadt: «In der Überzeugung, dass diese Religion (das römisch-katholische Bekenntnis, J.W.) die einzige ist, die einer wohlgeordneten Gesellschaft das wahre Glück verschaffen und die Grundlagen einer guten Regierung festigen kann, versichere ich Sie, dass ich es mir angelegen sein lassen werde, sie zu allen Zeiten und mit allen Mitteln zu schützen und zu verteidigen. (...) Frankreich hat aus seinem Unglück gelernt und endlich seine Augen geöffnet; es hat jetzt erkannt, dass die katholische Religion ihm ein Anker ist, der ihm allein Halt geben kann und es vor Stürmen bewahrt. Es trägt folglich dieses Glaubensbekenntnis wieder in seinem Herzen. Ich will Ihnen nicht verhehlen, dass ich selbst sehr viel dazu beigetragen habe. Ich versichere Sie, dass man in Frankreich die Kirchen wieder geöffnet hat, dass der katholische Glaube dort seine altvertraute Ausstrahlung wiedererlangen und das

Volk mit Ehrfurcht die heiligen Hirten gewahren wird, die voller Eifer zu ihren verlassenen Herden zurückkehren werden.»[23]

Diese Rede, mit der Bonaparte nebenher alle Verantwortung dem Direktorium zuschob, hatte vor allem einen Adressaten: den auf einem Konklave in Venedig am 14. März gewählten und eine Woche später zum Papst Pius VII. gekrönten Kardinal Chiaramonti. Dass der Wechsel auf dem Stuhl Petri in die Zeit der Marengo-Kampagne fiel, die Frankreich de facto wieder jenen Einfluss auf der Apennin-Halbinsel verschaffte, den es sich mit dem Vertrag von Campo-Formio gesichert hatte, war für die von Bonaparte angestrebte religionspolitische Öffnung des Consulats eine glückliche Fügung. Zwischen Rom und Paris stand damit nicht mehr die Macht Österreichs, die jede Annäherung zwischen der revolutionären und der spirituellen Gewalt im eigenen Interesse nach allen Kräften hintertrieben hätte. Außerdem war der Papst jetzt wieder unmittelbar möglichen diplomatischen und nötigenfalls auch militärischen Pressionen Frankreichs ausgesetzt. Schließlich konnte der neue Papst aus der Politik seines Vorgängers seine Lehren ziehen. Das alles stand Bonaparte vor Augen, der den Erfolg von Marengo nutzen wollte, mit Rom zu einer Verständigung zu kommen.[24]

In einem Gespräch mit Kardinal Martiniana in Vercelli am 25. Juni nannte Bonaparte drei Bedingungen, denen das geplante Konkordat genügen müsse: die Beendigung der Kirchenspaltung, das heißt die Beseitigung des Schismas zwischen der französischen Staatskirche und der romtreuen Kirche; eine vollständige personelle Erneuerung und gleichzeitige Verringerung des französischen Episkopats durch Abschaffung einiger Diözesen; eine förmliche Anerkennung der erfolgten Veräußerungen von Kirchengut durch den Heiligen Stuhl. Tatsächlich machten dann diese drei Bedingungen das Konkordat aus, das in langwierigen Verhandlungen von Mitte November 1800 bis Mitte Juli 1801 in Paris vereinbart wurde.[25]

Erwartungsgemäß weckten die sich hinziehenden Verhandlungen mit dem Heiligen Stuhl mannigfache Widerstände. Aktiv wurde zum einen der konstitutionelle Klerus, den das Konkordat um seine Existenz brachte. Gefährlicher aber war indes die stille Opposition, die Fouché mobilisieren konnte, der noch in seinen Erinnerungen das Konkordat als einen «großen politischen Fehler» bezeichnete.[26] Zu den Gegnern des Konkordats gehörten schließlich auch die «Ideologen», die mit wachsendem Misstrauen und halblaut geäußerter Kritik Bonapartes Herrschaft begleiteten. Die Wiederherstellung des katholischen Bekenntnisses in Frankreich galt ihnen als Sünde wider den Geist der Revolution. Selbst der sonst in politischen Fragen zurückhaltende La Fayette ließ sich nun mit dem Vorschlag vernehmen, Kirche und Staat sollten nach dem amerikanischen Vorbild strikt getrennt sein.[27] Der von Bonaparte im Grunde geschätzte Philosoph Volney, der dem Ersten Consul die Bedenken der Mitglieder des *Institut* gegen das Kokordat vortragen wollte, brachte ihn derart in Rage, dass er ihm einen Fußtritt in den Bauch versetzt haben soll.[28]

Einen zügigen Abschluss der Konkordatsverhandlungen auf der Basis der von Bonaparte gemachten Vorschläge vereitelte jedoch die Intransigenz der Kurie, die darauf hoffte, dass Österreich den Sieg davon trüge. Entsprechend verhielt sich Wien; man legte hier keine Eile an den Tag, in ernsthafte Friedensverhandlungen einzutreten. Auch wenn man in Paris dieses Spiel durchschaute, suchte man seine Zuflucht zunächst nur in Drohungen und nicht in Taten. Bonaparte hatte keine andere Wahl, denn er war mit Rücksicht auf die Stabilität seines Regimes zu unbedingter Friedenspolitik verpflichtet, wie er dem preußischen Botschafter gegenüber bekannte: «In meinen Überlegungen wächst die Notwendigkeit eines Friedens für Europa mit jedem Tag. Man schenkt dem Umstand zuwenig Beachtung, dass die Französische Revolution so lange nicht beendet sein wird, wie das Übel des Krieges andauert, und dass diese Revolution, wenn sie fortdauert, noch immer zahlreiche Staaten beunruhigen, anzünden oder gar umstürzen kann. Ich wünsche den Frieden aus ganzem Herzen, sowohl um die gegenwärtige französische Regierung fester zu gründen, wie auch um die Welt vor dem Chaos zu bewahren.»[29] Wäre dies alles wirklich Bonapartes ehrliche Absicht gewesen, hätte die Geschichte einen anderen Verlauf genommen. Talleyrand jedenfalls, der dessen gar nicht so geheimes Sinnen und Trachten durchschaute, bemerkte unmittelbar nach bekanntwerden des Siegs von Marengo mit Blick auf die künftigen italienischen Verhältnisse zum Heereslieferanten und Geldmagnaten Ouvrard: «Ich weiß sehr gut, was der Erste Consul tun müsste, was sein eigenes Interesse, das Wohl Frankreichs wie das Europas forderte. Er kann zwei Wege einschlagen: Das Bündnissystem, das jeden Fürsten, nachdem sein Territorium erobert worden ist, die Herrschaft zu für den Sieger günstigen Bedingungen belässt. Demzufolge könnte der Erste Consul schon jetzt den König von Sardinien, den Großherzog von Toskana etc. wieder einsetzen. Oder will er im Gegensatz dazu annektieren, vereinnahmen? Entschließt er sich dazu, begibt er sich auf einen Weg, bei dem er an kein Ende kommt.»[30]

Talleyrand machte sich keine Illusionen über Bonapartes Option, auch wenn dieser die Dinge in Italien mit Rücksicht auf die Friedensverhandlungen mit Österreich zunächst noch in der Schwebe ließ und sich mit einer Militärverwaltung begnügte, die vor allem aus den eroberten Territorien soviel Geld wie möglich herauspressen sollte. Erste konkrete Hinweise auf seinen Entschluss lieferten jedoch zwei andere Verträge: Das mit den USA am 30. September 1800 geschlossene Abkommen, dessen wichtigster Bestandteil die Anerkennung des Prinzips «Die Flagge folgt dem Handel» war, demzufolge im Konfliktfall Schiffe unter neutraler Flagge nicht von einer Kriegspartei aufgebracht werden durften;[31] zum anderen der am Sommersitz der spanischen Könige in San Ildefonso von Berthier am 1. Oktober unterzeichnete Vertrag, der die Abtretung des spanischen Besitzes von Louisiana an Frankreich vorsah.[32] Als Gegenleistung für die Überlassung dieses riesigen Territoriums verpflichtete sich Bonaparte, das winzige Herrschaftsgebiet von Parma, über das der Schwiegersohn (und Neffe) der spanischen Königin herrschte, um das Herzogtum Toskana zu vergrößern und für dessen Herrscher die Anerkennung durch die europäischen Mächte als Königtum bei den anstehenden Friedensverhandlungen zu erwirken.[33] Der Erwerb von Louisiana war für Bonaparte eine Art von Trostpreis für den Verlust Ägyptens; für Frankreich jedoch war dieses noch kaum erforschte Territorium westlich des Mississippi allenfalls eine Art von riesigem Abenteuerspielplatz. Das würde aber kaum den Schaden wettmachen, der im Verhältnis zu den USA drohte, denn für die machte es einen großen Unterschied, ob dieses Gebiet vom innerlich morschen Spanien oder vom ehrgeizigen und rastlosen Frankreich kontrolliert wurde.[34]

Die beiden Verträge von Mortefontaine und San Ildefonso geben, so nebensächlich sie für die politischen Belange Europas waren, dennoch einigen Aufschluss über Bonapartes doppelbödige Diplomatie, auch im Blick auf sein hartnäckig verfolgtes Ziel, jeweils einen Separatfrieden mit Österreich und England zu erreichen. Das hatte zum einen den Vorteil, die beiden Verbündeten voneinander zu lösen. Zum anderen vermied Bonaparte damit, ein trilaterales Friedensabkommen zu schließen, dem Russland als vierte Macht beigetreten wäre und das ihm auf absehbare Zeit die Hände gebunden hätte. Das Zögern Österreichs, nach Marengo in Friedensverhandlungen einzutreten, lieferte Bonaparte deshalb den willkommenen Vorwand, sich der Toskana zu bemächtigen. Zugleich eröffneten ihm Kompensationsforderungen des um seine Herrschaft gebrachten Großherzogs Ferdinand von Toskana die Möglichkeit, die längst geplante große Flurbereinigung im Deutschen Reich zu beschleunigen – und damit die Chance, die süddeutsche Staatenwelt endgültig unter französischen Einfluss zu bringen.

Vor diesem Hintergrund irritierte es Bonaparte keineswegs, dass sich die mit Marengo verknüpften Friedenserwartungen nicht sofort erfüllten. Österreich zierte sich zum einen wegen des am 20. Juni 1800 mit England geschlossenen Subsidienvertrags, der es zu einer energischen Fortsetzung seiner Kriegsanstrengungen verpflichtete.[35] Zum anderen wollte man in Wien Frankreich gegenüber weiterhin den Status einer Großmacht behaupten. Das aber setzte voraus, dass die italienischen Gebietsverluste wieder rückgängig gemacht wurden. Das war ein offenes Geheimnis, und man machte sich in Paris keine Illusionen über die Absicht Österreichs, mit den Verhandlungen, zu denen der Kaiser Graf Saint-Julien nach Paris entsandte, vor allem Zeit zu gewinnen. Entsprechend lauteten auch die geheimen Instruktionen, die der in diplomatischen Gepflogenheiten unerfahrene Graf weisungsgemäß erst nach seiner Ankunft in Paris zur Kenntnis nahm und die seinen brennenden Ehrgeiz im Blick auf diese Mission heftig enttäuschten.[36] Saint-Julien wurde strikt untersagt, irgendwelche Verhandlungen zu führen. Er sollte sich auf Sondierungen beschränken, welche Überlegungen in Paris mit dem Friedenswunsch verknüpft seien.[37]

Saint-Julien, der das ihm angesonnene Spiel nicht begriff, wurde ein leichtes Opfer Bonapartes und Talleyrands, die sofort erkannten, dass sie den eitlen Grafen gut für ihre Zwecke einspannen konnten.[38] Statt sich also damit zu bescheiden, die französischen Intentionen zu erkunden, verstand es Talleyrand ihn zu überreden, einen Vorfrieden zu vereinbaren. Mit diesem Dokument, das im wesentlichen die Bestimmungen des Friedens von Campo-Formio wiederholte und am 28. Juli von Bonaparte ratifiziert wurde, reiste Saint-Julien am 30. Juli im stolzen Bewusstsein seines großen diplomatischen Erfolges nach Wien ab, wo er am 5. August eintraf. Sobald Außenminister Thugut seinen Bericht gehört und die mitgebrachten Dokumente in Augenschein genommen hatte, bekam er einen furchtbaren Wutanfall.[39] Der gescheiterte Diplomat musste sein Ungeschick mit Verbannung in einen entlegenen Teil der Monarchie büßen, während sein Begleiter Graf von Neipperg für drei Monate auf einer Festung inhaftiert wurde. Neipperg sollte sich Jahre später dafür an Bonaparte rächen: Nachdem Franz II. ihn nach 1814 als Begleiter und Ratgeber seiner Tochter, der zweiten Frau Napoleons, attachiert hatte, wurde er deren Liebhaber. Nach dem Tod Napoleons 1821 wurde er mit ihr in morganatischer Ehe verbunden. Marie-Louise gebar ihm drei Kinder.

Natürlich lehnte Wien den von Saint-Julien ausgehandelten Präliminarfrieden rundheraus ab. Gleichzeitig signalisierte Kaiser Franz II., dass er nach wie vor an Friedensgesprächen mit Frankreich interessiert sei, freilich müsse England daran beteiligt werden. Diese Bedingung, den Bestimmungen des Subsidienvertrags geschuldet, bedeutete einen weiteren Aufschub der Verhandlungen, denn England zeigte keinerlei Neigung, an einer entsprechenden Initiative teilzunehmen. So machte Frankreich den Versuch, durch eine Verständigung mit Russland und ein Bündnis mit dem neutralen Preußen England zu isolieren und gleichzeitig Österreich mit einem neuerlichen Waffengang zum Frieden zu zwingen. Paul I., ein Träumer auf dem Zarenthron, war von den einschlägigen Avancen Bonapartes – die rund 6000 russischen Kriegsgefangenen wurden beispielsweise auf Kosten Frankreichs neu ausgerüstet und mit einem Zehrgeld ausgestattet nach Russland entlassen – derart beeindruckt, dass er seine Abneigung gegen das revolutionäre Frankreich vorübergehend vergaß.

Diese außenpolitischen Schachzüge waren aber innenpolitisch nicht zu vermitteln. Bonaparte musste nach wie vor den Anschein erwecken, als wolle er mit Österreich Frieden schließen. Dass Österreich den mit Saint-Julien bona fide ausgehandelten Vorfrieden ablehnte, lieferte ihm nun den Vorwand zum neuen Waffengang. Bonapartes Entschlossenheit, den Krieg gegen Österreich in Deutschland und Italien wieder aufzunehmen, verfehlte ihren Eindruck auf Wien nicht. Dieses Mal benannte Thugut den erfahrenen Diplomaten Cobenzl, der den Frieden von Campo-Formio vereinbart hatte. Er wurde zum Bevollmächtigten für die Friedensverhandlungen, die in Lunéville am 7. Oktober 1800 beginnen sollten. Wenige Tage zuvor war in Paris bekannt geworden, dass Malta vor den Engländern kapituliert hatte. Jetzt war nicht mehr damit zu rechnen, dass England sich an diesen Verhandlungen beteiligen würde. Umso schneller musste Bonaparte mit Österreich zu einem Abschluss kommen, um sich ganz darauf konzentrieren zu können, England mittels der geplanten politisch-diplomatischen Isolation an den Verhandlungstisch zu zwingen. Aber auch jetzt setzte Österreich wieder alles daran, die Verhandlungen in die Länge zu ziehen. Den Ausschlag dafür gaben die Forderungen, die Frankreich stellte und die jene des Friedens von Campo-Formio weit überstiegen. Bonaparte beharrte im wesentlichen auf vier Punkten, die Österreich nicht akzeptieren konnte: Wien sollte in die Abtretung der ehemals habsburgischen Niederlande (Belgien) wie der Lombardei einwilligen; außerdem sollte es die französische Rheingrenze anerkennen und damit das Reich verraten, dessen Interessen dadurch nachhaltig verletzt wurden; schließlich verlangte Bonaparte eine Auflösung des Bündnisses zwischen Österreich und England. Als Gegenleistung für alle diese Zugeständnisse sollte Wien, wie schon im Vertrag von Campo-Formio festgelegt, mit dem Löwenanteil des venezianischen Festlandsbesitzes beiderseits der Adria «entschädigt» werden. Damit wollte Bonaparte eine machtpolitische Asymmetrie festigen, die zwar den französischen Eroberungen entsprach, die Stabilität dieses Friedens aber von vornherein in Frage stellen musste. Den Verlust der ehemals habsburgischen Niederlande und die französische Rheingrenze konnte Wien verwinden, wenn dafür als Gegenleistung seine alte Stellung in Oberitalien einschließlich des venezianischen Gebiets zugestanden wurde. Diesen Preis wollte Bonaparte aber unter keinen Umständen zahlen. Über die Gründe dieser Hartnäckigkeit kann man nur spekulieren. Vielleicht glaubte er, mit Rücksicht auf seine innenpolitische Stellung nicht etwas preisgeben zu dürfen, das er zweimal erobert hatte; möglich andererseits auch, dass er den Besitz Italiens für die entscheidende Voraussetzung hielt, das Mittelmeer zum *mare nostrum Francorum* zu machen.

Der Wunsch, am Besitz Italiens um jeden Preis festzuhalten, machte ihn blind für die immensen politischen Vorteile, die er aus einem klugen Verzicht hätte schlagen können. Mit dem Zugeständnis an Österreich, seine Macht in Oberitalien in vollem Umfang wiederherzustellen – mit der Restaurierung des Königreichs Sardinien-Piemont als einem unter unmittelbarem französischen Einfluss stehenden Pufferstaat –, wäre eine Situation entstanden, die Wien auf die Dauer an die Seite Frankreichs gebunden hätte; nicht aus Dankbarkeit für soviel Großmut, sondern in dem Kalkül, dass der italienische Besitz nur im Bündnis mit Frankreich garantiert wäre.

Die detaillierten Instruktionen, die Bonaparte seinem Bruder Joseph, den er als französischen Bevollmächtigten nach Lunéville entsandte, am 20. Oktober 1800 diktierte,[40] verraten seine Absichten, auch wenn sie hinsichtlich der österreichischen Kompensationen einen gewissen Spielraum anzudeuten scheinen. Aufschlussreich für den Dämon, der Bonaparte damals schon umtrieb, ist eine Anekdote, die Talleyrand in seinen Memoiren überliefert. Cobenzl, der am 24. Oktober in Lunéville eintraf, erhielt dort die Einladung, noch vor Beginn der Konferenz nach Paris zu kommen, wo ihn der Erste Consul zu einem Gespräch zu empfangen wünsche.[41] Als er, dieser Einladung wohl oder übel Folge leistend, am Abend des 28. Oktober in Paris eintraf, wurde Cobenzl sogleich zu Bonaparte in die Tuilerien befohlen, wo ihn Talleyrand empfing und zu Bonaparte brachte, der sich für diese Begegnung eine bemerkenswerte Inszenierung hatte einfallen lassen: «Bonaparte gewährte ihm eine erste Audienz um neun Uhr abends in den Tuilerien. Er selbst hatte die Möblierung des Zimmers angeordnet, in dem er ihn empfangen wollte. Es war der Salon, der dem einstigen Kabinett des Königs vorgelagert ist. In die eine Ecke des Raums hatte er einen kleinen Tisch stellen lassen, vor dem er saß. Alle anderen Sitzgelegenheiten waren entfernt worden; lediglich einige Kanapes, die aber im weiten Abstand zu ihm aufgestellt waren, hatte man belassen. Auf dem Tisch lagen Papiere und Schreibzeug. In dem ganzen Raum brannte nur eine einzige Lampe; der Kronleuchter war nicht angezündet. Herr von Cobenzl tritt ein; ich gehe ihm voraus. Die Dunkelheit in dem Salon, die Entfernung, die es zu durchschreiten galt, um zu dem Tisch zu gelangen, an dem Bonaparte saß, den man kaum erkannte, die Verblüffung, die aus all dem resultierte, Bonaparte, der sich nur kurz von seinem Stuhl erhob, um sich sofort wieder zu setzen, die Unmöglichkeit für Herrn von Cobenzl, seinerseits nicht stehen zu bleiben, verwiesen sofort jedermann auf seinen Platz, oder besser noch, auf den Platz, den ihm der Erste Consul zuweisen wollte.»[42]

Trotz dieses ungewöhnlichen Verhandlungsstils Bonapartes drehten sich die Gespräche mit Joseph in Lunéville, die unmittelbar nach dieser Zusammenkunft aufgenommen wurden, im Kreise. Bonaparte sah dem einen Monat lang zu, dann verlor er die Geduld und kündigte Ende November 1800 den mehrfach verlängerten Waffenstillstand auf. Fünf französische Armeen gingen auf einer Front vor, die von der Donau bis zum Arno reichte. Bereits am 3. Dezember 1800 fiel bei Hohenlinden, östlich von München, die Entscheidung, als Moreau der österreichischen Armee eine vernichtende Niederlage bereitete. Ursprünglich wollte Bonaparte diesen *coup de grace* selber ausführen und zwar auf dem italienischen Schauplatz. Dass es ausgerechnet Moreau gelang, das Ende des Krieges zu erzwingen und Österreich zu dem von der französischen Öffentlichkeit herbeigesehnten Frieden zu nötigen, verwandelte die Rivalität zwischen beiden in offene Feindschaft.

Die Wurzeln dieser Rivalität reichten tief und liefern wertvolle Hinweise für ein Charakterbild Bonapartes. Im Unterschied zu dem kleinwüchsigen, autoritären und bisweilen cholerischen Korsen, der nach Pariser Maßstäben dem «Kleine-Leute-Milieu» entstammte, war der groß gewachsene, sechs Jahre ältere Moreau ein Spross aus einer altehrwürdigen, bretonischen Juristenfamilie. Anders als Bonaparte hatte er eine umfassende Bildung genossen und ein juristisches Studium absolviert, sich aber dann für den Dienst in der Armee entschieden. In den Revolutionskriegen brillierte er unter Dumouriez auf dem belgischen Kriegsschauplatz, avancierte 1793 zum Brigadegeneral und ein Jahr später zum Chef einer Division. Moreau erwies sich als vorzüglicher Stratege und Heerführer, der sich seine Lorbeeren auf den nördlichen Kriegsschauplätzen der Revolution, in Belgien, Holland und Deutschland, erwarb. Im Unterschied zu Bonaparte, der zum Hasard neigte, instinktiv und rasch handelte, war Moreau ein Methodiker, der das Risiko eines Feldzugs zu minimieren trachtete. Sein mit Methode und Umsicht errungener Ruhm stand im Schatten Bonapartes, der mit seiner rücksichtslosen Spielernatur die vermeintlich spektakuläreren Erfolge erzielte. Deshalb musste es Bonaparte besonders missfallen, dass nicht er, sondern sein Rivale mit einem neuerlichen Waffenerfolg gegen Österreich den Frieden herbeiführte. Bonapartes Eitelkeit war umso empfindlicher getroffen, als sie beide bei ihren Truppen populär waren.

Nach Hohenlinden war die Feindschaft zwischen den beiden Männern nur vermeidbar, wenn sich der eine dem anderen unterordnete. Nach Lage der Dinge hätte Moreau dieses Opfer bringen müssen, was aber weder seinem Wesen entsprach noch seine unerschütterliche republikanische Gesinnung zuließ. Bonaparte ließ es nicht an Versuchen fehlen, dem Rivalen diesen Opfergang zu erleichtern. Sehr bezeichnend dafür ist sein Vorgehen: Er plante, Moreau zu seinem Schwager zu machen, indem er ihn mit seiner Schwester Caroline verehelichte. Caroline aber hatte sich in Murat, «la belle jambe», verliebt, von dem sie um keinen Preis lassen wollte. Dann verfiel Bonaparte darauf, seine Stieftochter Hortense mit Moreau zu verheiraten, eine Perspektive, der sich dieser aber dadurch entzog, dass er Hals über Kopf eine Mlle. Hulot heiratete. Nun versuchte es Bonaparte mit demonstrativen Schmeicheleien und allerhand Gunstbeweisen, die aber schon deshalb wirkungslos blieben, weil der prächtige Salon, den Moreaus Frau in Paris unterhielt, sich mehr und mehr zum Treffpunkt der Liberalen und Republikaner entwickelte, die ihre Kritik an Bonapartes Herrschaft äußerten und damit Moreau ohne dessen Zutun in die Rolle einer Galionsfigur ihrer Bestrebungen drängten. Bonaparte, dem dieses Treiben natürlich nicht verborgen blieb, konnte über diese im Grunde eher harmlose Salonopposition nicht hinwegsehen. Nicht ganz zu Unrecht witterte er auch die Gefahr, dass sich daraus eine Fronde der nach wie vor mehrheitlich republikanisch gesinnten Generäle entwickeln könnte, die in der anbrechenden Friedensperiode keine andere Beschäftigung hatten, als zu politisieren. Deshalb trachtete er zuletzt nur noch danach, Moreau auszuschalten. Dafür galt es einen Vorwand zu finden, der ihn aber nicht kompromittierte und seinen Herrschaftsanspruch beschädigte.

Der Sieg bei Hohenlinden öffnete den Weg nach Wien, dem sich Moreaus Kavallerie bis auf fünfzig Meilen näherte. Österreich war in seinem Bestand gefährdet. Jetzt halfen keine diplomatischen Winkelzüge mehr. Am 25. Dezember willigte Franz II. in den Waffenstillstand von Steyer ein. Am 9. Februar 1801 unterschrieb Cobenzl den Friedensvertrag von Lunéville. Der Kaiser erkannte die französische Rheingrenze von der Schweiz bis zu den Niederlanden an. In Italien behielt Österreich Venedig sowie alles Land bis zur Etsch, die Dalmatinische Küste, Istrien und die diesen Küsten vorgelagerten Inseln. Wien erkannte außerdem die Holländische, die Schweizerische, die Cisalpinische und die Ligurische Republik an. Außerdem wurde das Herzogtum Toskana dem neugeschaffenen «Königreich von Etrurien» zugeschlagen, wie im Vertrag von San Ildefonso mit Spanien vereinbart. Der Herzog der Toskana aus dem Hause Habsburg sollte für seinen Gebietsverlust mit Salzburg und Berchtesgaden entschädigt werden. (Siehe Karte 7)

Mit dem Frieden von Lunéville wurden alle Fehler und Versäumnisse behoben, mit denen aus französischer Sicht der Frieden von Campo-Formio behaftet war. Die Anerkennung der französischen Rheingrenze war ein Verrat des Kaisers am Reich, das damit endgültig zur Disposition gestellt wurde. Bonaparte hatte aber noch mehr durchgesetzt, zumal die «natürlichen Grenzen» in Italien bereits weit überschritten waren und sich schon jetzt absehen ließ, dass er nicht nur die Beute der *République Cisalpine* behalten, sondern Österreich ganz aus Italien vertreiben würde. Also war auch dieser Friedensschluss im Kalkül Bonapartes nur ein Waffenstillstand, während man sich in Wien in der falschen Zuversicht wiegte, der Vertrag stelle eine dauerhafte Lösung dar, die den schleichenden Machtverlust Österreichs zumindest verlangsamte.

Lunéville war der erste Schritt zum *Grande Empire*, zur *Grande Nation*. Binnen eines halben Jahres war Frankreich zur führenden Macht auf dem Kontinent aufgestiegen. Allein England wollte sich damit nicht abfinden, aber das schien nur noch eine Frage der Zeit, denn Russland hatte eine politische Kehrtwende eingeleitet, die Bonapartes Absichten sehr entgegenkam. Am 16. Dezember 1800 hatten sich Schweden und Dänemark in St. Petersburg auf die von Russland geführte «Liga der Neutralen» verständigt, der Preußen zwei Tage später ebenfalls beitrat. Vordergründig sollte dieses Bündnis die Neutralität des Seehandels wahren, die durch England, das die Weltmeere beherrschte, ständig verletzt wurde. Auch wenn die Wirksamkeit dieses Bündnisses im wesentlichen auf den Ostseeraum beschränkt blieb, traf es die wirtschaftlichen und politischen Interessen Englands dennoch herb. Bonaparte, der von Sprengporten, einem Emissär des Zaren, der am 18. Dezember 1800 in Paris eintraf, von der unmittelbar bevorstehenden Konstitution der «Liga der Neutralen» unterrichtet wurde,[43] verknüpfte damit, wie sein Schreiben an den Zaren vom 21. Dezember zeigt, sofort die größten Erwartungen.[44] Zum ersten Mal stand ihm die Verlockung eines französisch-russischen Bündnisses vor Augen, mit dem sich zum einen England wirksam in Schach halten ließe und das zum anderen Frankreich die Vorherrschaft über ganz Westeuropa und das Mittelmeer sicherte.[45] War dies erst einmal gewährleistet, würden sich beiden Mächten ungeahnte Möglichkeiten in Asien eröffnen, wie Bonaparte gegenüber dem *Conseil d'État* im Dezember 1800 ausführte.[46] Das russische Bündnis war damals die große Illusion Bonapartes, wie es später, in den Tagen von Tilsit, die große Illusion Napoleons sein sollte. Doch die gegen England gerichtete «Liga der Neutralen» fiel drei Monate später bereits auseinander: Zar Paul I. wurde am 23. März 1801 ermordet, und sein Nachfolger Alexander I. knüpfte sofort wieder die Verbindung zu England, das seinerseits dieser Liga den endgültigen Garaus machte, als es am 2. April die vor Kopenhagen ankernde dänische Flotte vernichtete. England bewies damit seinen Willen – trotz seiner schweren wirtschaftlichen Krise seit 1799[47] – den Kampf gegen Frankreich fortzusetzen.[48] Solange England in Feindschaft gegenüber Frankreich verharrte, war an einen Frieden in Europa nicht zu denken. In dieser Perspektive war Lunéville auch ohne das Zutun Bonapartes nicht mehr als ein weiterer Waffenstillstand, der nur so lange Bestand hätte, wie er nicht von einer neuen Mächtekoalition unter Führung Englands in Frage gestellt wurde.

Dennoch leitete die Einsicht, dass eine weitere Fortführung des Krieges die wirtschaftlichen Probleme des Landes verschlimmern musste, die bereits erste soziale Unruhen zeitigten, eine gewisse Sinnesänderung in der englischen Politik ein. England hatte seit Lunéville keinen «Festlandsdegen» mehr, und auch Russland setzte unter Zar Alexander I. die Verhandlungen mit Frankreich fort, die am 8. Oktober 1801 in einen Friedensschluss mündeten. Der Kurswechsel der englischen Politik erfolgte Anfang Februar 1801, als das Kabinett Pitt zurücktrat.[49] Obwohl sich England den Kontinentalhandel durch die Beseitigung der «Liga der Neutralen» erhalten hatte, sah sich London genötigt, dem System des europäischen Friedens beizutreten, mit Frankreich als dessen Dreh- und Angelpunkt. Entsprechende Signale sandte Außenminister Lord Hawkesbury am 21. März 1800 aus. Paris schickte daraufhin den erfahrenen Diplomaten Louis Otto nach London. Sehr schnell zeigte sich, dass das größte Hindernis für eine Verständigung beider Mächte die leidige ägyptische Angelegenheit war. Mit Rücksicht auf sein Prestige konnte Bonaparte den französischen Anspruch auf Ägypten, wo sich noch immer die demoralisierten Reste des französischen Expeditionscorps behaupteten, nicht einmal um den Preis eines Friedensvertrags mit England aufgeben. Auch wenn diese Truppen dank der effizienten Seeblockade keine sonderliche Gefahr mehr für die englischen Interessen im östlichen Mittelmeer waren, so musste es für London ebenfalls eine Frage des Prestiges sein, die französische Präsenz in Ägypten schnell zu beenden. Die Entscheidung, ironischerweise ganz im Stile Bonapartes, brachte ein englisches Expeditionscorps, das Anfang März 1801 in Ägypten landete und die Reste der französischen Armee am 31. August zur Kapitulation zwang. Ägypten, so wurde vereinbart, sollte wieder an die Türkei, das seit September 1800 von England besetzte Malta an seinen früheren Herrscher, den Johanniterorden, fallen. Allerdings verknüpfte ein Junktim den Abzug Englands von der Insel mit der Räumung der von Frankreich besetzten Häfen auf dem neapolitanischen Festlandsbesitz des Königreichs beider Sizilien. Im wesentlichen auf dieser Grundlage – England wurde außerdem noch der Besitz des einstmals spanischen Trinidad und des vordem niederländischen Ceylon garantiert – wurde der Präliminarfrieden zwischen Frankreich und England am 1. Oktober 1801 in London geschlossen und am 25. März 1802 als Friedensschluss von Amiens besiegelt.[50]

Der Frieden von Amiens war für Bonaparte ein großer Erfolg. Die europäische Mächtekoalition, die seit Sommer 1792 Krieg gegen die Französische Revolution geführt hatte, legte nicht nur die Waffen nieder, sie erkannte gleichzeitig auch die «natürlichen Grenzen» Frankreichs an. Das implizierte eine neue Verteilung der politischen Gewichte, da Frankreich jetzt als die führende Macht in Westeuropa respektiert wurde, während Russland diese Rolle über Osteuropa zufiel und Englands Herrschaft über die Meere bestätigt wurde. Bonaparte avancierte damit zum Testamentsvollstrecker Richelieus und Louis XIV. Seit Marengo war mehr erreicht worden, als zuvor je erträumt. Frankreichs Rang als führende Nation auf dem Kontinent war endgültig konsolidiert. Die deutschen Staaten, Italien, Holland, die Schweiz und Belgien sahen in ihm das politische Gravitationszentrum. Dessen Anziehungskräften gaben sie sich umso bereitwilliger hin, weil sie von Bonaparte die Wiederherstellung geordneter Verhältnisse erwarteten, die der willkürlichen Ausbeutungswirtschaft der Revolutionszeit ein rasches Ende machen würden. Diese Situation bot Frankreich die einmalige Möglichkeit, auf friedlichem Wege seine Hegemonialstellung auszubauen und zu konsolidieren, indem es unter seiner Schirmherrschaft eine politische und gesellschaftliche Neuordnung in Italien und Deutschland vorantrieb. Allein, Bonaparte konnte und wollte sich damit nicht bescheiden. Deshalb verweigerte er sich während der Friedensverhandlungen von Amiens dem englischen Wunsch nach einem Handelsvertrag, der Frankreich den englischen Waren geöffnet hätte. Die Anerkennung des Prinzips der friedlichen Koexistenz mit dem Inselreich, das mit seiner Flotte die Meere unangefochten beherrschte, wäre die einzige Garantie für Frankreichs dominante Rolle in Europa gewesen. Diese Chance hat

Bonaparte mutwillig ausgeschlagen. Sein Dämon ließ ihn keine weitere, ebenbürtige Macht dulden. Deshalb wurde auch der Frieden von Amiens wie schon der von Lunéville nur ein Waffenstillstand, eine letzte Atempause, bevor er den Krieg anzettelte, der ihm jene «Universalmonarchie» bescheren sollte, die offenbar sein Denken und Streben schon immer beherrscht hatte.

Dass der umfassende europäische Frieden, den er als sein großes politisches Ziel beschwor,[51] in Wahrheit nur eine Etappe war, erhellen vor allem zwei politisch-strategische Weichenstellungen: zum einen die umfassende Neuorganisation der holländischen, schweizerischen und italienischen «Schwesterrepubliken» mit der Absicht, diese in politische, wirtschaftliche und militärische Abhängigkeit von Frankreich zu bringen; zum anderen die Initiative zu einer neuen, expansiven Kolonialpolitik, die mit dem Erwerb Louisianas begonnen hatte und in der Expedition nach Santo Domingo ihre logische Fortsetzung fand. Beide politischen Ouvertüren widersprachen dem Geist der mit Amerika, Österreich, Russland und England geschlossenen Friedensabkommen. Die europäischen Mächte hatten implizit oder sogar explizit (Österreich) die «natürlichen Grenzen» Frankreichs anerkannt. Sie waren auch symbolisch die äußerste Linie, über die hinaus diese Mächte eine weitere Ausdehnung Frankreichs nicht akzeptieren würden. Das führte zu einem Dilemma, denn Frankreich musste ein legitimes Interesse daran haben, in jenem Glacis vor den «natürlichen Grenzen» einen gewissen Einfluss auszuüben. Die Vernunft hätte also dazu geraten, vor allem die Schweiz wie das Königreich Piemont als «neutrale» Pufferstaaten zwischen Frankreich und Österreich anzusehen. Mit einigem Geschick und gutem Willen hätte sich auf diese Weise auch das Problem lösen lassen, dass alle diese Grenzgebiete im Zuge der französischen Eroberung auch großen Veränderungen in ihrer sozialen und politischen Verfassung unterworfen waren. Das verursachte allenthalben erhebliche Spannungen zwischen konservativen und progressiven Kräften, was vereitelte, dass diese Staaten sich selbst organisieren und aus eigener Kraft zu politischer Stabilität gelangen konnten.

Bonaparte hatte jedoch weder Geduld noch gar Interesse daran, nach einer Lösung dieser Probleme zu suchen. Sein Handeln folgte allein der Logik der Macht, und der europäische Frieden hatte ihm alle Trümpfe in die Hand gegeben. Diese jetzt nicht auszuspielen, wäre ihm wahrscheinlich als Verrat an seinem «guten Stern» erschienen. Dafür sprach im übrigen auch eine andere, sehr handfeste Überlegung: Die reichen Niederlande oder die wohlhabende Lombardei waren für die französische Republik wie zu Zeiten des Direktoriums jenseits aller strategischen Überlegungen vor allem Objekte der Ausbeutung. Diese Praxis musste den Aufbau einer unabhängigen und eigenstaatlichen Verantwortung dieser Länder vereiteln. Die Niederlande und Norditalien waren durch die französische Militärverwaltung bereits in einer Weise finanziell drangsaliert worden, dass beide für längere Zeit keine Chance mehr hatten, aus eigener Kraft auf die Beine zu kommen. Die Größenordnung dieses Problems lässt sich am Beispiel der *République Cisalpine* illustrieren. Der Waffenstillstand nach Marengo, der abgelöst wurde durch den Winterfeldzug von 1800/01, den Brune, Macdonald und Murat in Nord- und Mittelitalien führten, hatte den von der vorausgegangenen österreichisch-russischen Kampagne bereits erschöpften Ländern neue, unerträgliche Lasten aufgebürdet. Brune, der nach Abreise Bonapartes das Oberkommando der Italienarmee übernahm, war vom Ersten Consul mit weitgehenden Vollmachten ausgestattet, die ihn zu einer Politik der Härte in den besetzten Gebieten verpflichteten. Seine Machtfülle nutzte er, in der *République Cisalpine* eine Militärdiktatur zu errichten, die den zivilen Organen keine andere Wahl ließ, als seine Forderungen prompt zu erfüllen.[52] Die Zahl der französischen Truppen, die von rund vier Millionen Einwohnern der *République Cisalpine* nach dem Prinzip der revolutionären Kriegführung zu ernähren und zu besolden waren, belief sich zu Ende des Jahres 1800 auf 130000 Mann. Dafür mussten die ungeheure Summe von 115 Millionen *francs* in barem Geld und außerdem noch Nahrung und Ausrüstung im Wert von 45 Millionen *francs* aufgebracht werden.[53] Das waren nur die offiziellen Summen, zu denen die Forderungen kamen, die den Einwohnern vom Heerführer bis hinab zum einfachen Soldaten abgepresst wurden.[54]

Diese rohe Gewaltherrschaft der Militärs ließ immer mehr Stimmen laut werden, die Bonaparte bestürmten, den eroberten Ländern eine staatliche Ordnung zu geben, und sei es auch um den Preis, dass diese seinen Vorstellungen entsprach, um so wenigstens die ärgsten Missbräuche abzustellen. Doch Bonaparte konnte diesen vielfältigen Bitten und Klagen nicht stattgeben, so lange das Konkordat noch nicht unterzeichnet war und auch der Friedensschluss mit England noch ausstand. Das hinderte ihn andererseits nicht, bereits am 7. September 1800 den Beschluss zu verkünden, die Cisalpinische Republik um das zu Piemont gehörende Gebiet um Novarra zu vergrößern. Die Grenze zwischen Piemont und der Lombardei sollte künftig der Flusslauf der Sesia markieren.[55] Mit dieser Annexion verfolgte Bonaparte die ausschließlich militärstrategische Absicht, eine breite und feste Straße über den Simplon anzulegen, um so über eine sichere Verbindung zwischen Norditalien und Frankreich zu verfügen.[56] Mit dem Frieden von Lunéville wurden die Grenzen der Cisalpinischen Republik nach Osten bis zur Etsch vorgeschoben. Außerdem wurde ihr im Süden noch das Gebiet zwischen dem Unterlauf der Etsch und des Po zugeschlagen.[57] Diese Gebietserweiterung bot aber noch keinen Hinweis auf eine neue staatliche Organisation. Bonaparte wusste aus eigener Erfahrung, dass er sich auf keine der einheimischen Parteien stützen konnte. Die italienischen Jakobiner waren ihm ebenso suspekt wie ihre französischen Gesinnungsgenossen; die «Gemäßigten» musste er im Verdacht haben, eine Politik zu steuern, die sie vom Einfluss Frankreichs entfernte; auf die Aristokratie schließlich konnte er sich mit Rücksicht auf seine republikanisch-revolutionäre Reputation nicht gut verlassen. So schien seinen eigenen Machtinteressen am besten gedient zu sein, wenn er in Italien selbst das Heft in die Hand nähme. Das musste – wieder einmal – so inszeniert werden, dass ihn die Italiener als «Retter» begrüßten. Man verfiel deshalb auf die Einberufung einer Verfassungsgebenden Versammlung, einer *Consulta*, deren Mitglieder einerseits möglichst alle gesellschaftlichen Schichten repräsentieren sollten, die sich andererseits aber im Sinne der Interessen Bonapartes widerspruchslos würden gängeln lassen.

Ab Mitte Dezember 1801 fanden sich die Abgeordneten der *Consulta* in Lyon ein, wo Talleyrand am 29. Dezember den Entwurf einer Verfassung für die Cisalpinische Republik vorlegte, den im wesentlichen Roederer in enger Abstimmung mit Bonaparte entwickelt hatte.[58] Mit anderen Worten: Der Zweck der Versammlung erschöpfte sich darin, in einer Komödie mitzuspielen, denn bis auf wenige geringfügige Änderungen war es von vornherein ausgemacht, dass diese *Consulta* den Verfassungstext akzeptierte. Um dennoch kein Risiko zu laufen, wurde die Plenarversammlung auf Instruktion Bonapartes in fünf Regionalsektionen unterteilt, die jeweils getrennt über den Entwurf beraten sollten.[59] Am 11. Januar 1802 erschien Bonaparte auf der Szene, um letzte Hand anzulegen, zumal es jetzt galt, die Regierung der Cisalpinischen Republik zu bilden. Zu diesem Zweck wurde aus dem Kreis der Versammelten eine Kommission von dreißig Personen gebildet, die dem Ersten Consul entsprechende Vorschläge unterbreiten sollte. Diese Entscheidungsfreiheit war nur scheinbar, denn die Kommission sollte natürlich vorschlagen, Bonaparte zum Chef der neuen Republik zu bestimmen. Dieses scheinbar klug eingefädelte Manöver ging zunächst gründlich schief, denn die Kommission votierte am 21. Januar 1802 mit 25 Stimmen für den Grafen Melzi. Der war indes klug genug, das ihm zugedachte Amt auszuschlagen, so dass bei einer weiteren Abstimmung am 24. Januar Bonaparte dieser Posten angeboten wurde, der sofort annahm und Melzi zum Stellvertreter machte. Am 26. Januar proklamierte Bonaparte in seiner Eigenschaft als Präsident des neuen Staats die «République Italienne», ein Name, der sofort große Hoffnungen auslöste, die freilich schnell enttäuscht werden sollten,⁶⁰ denn die ehemals Cisalpinische Republik war jetzt in politischer, wirtschaftlicher und militärischer Hinsicht noch enger mit Frankreich verknüpft als ihre Vorgängerin. Ein ähnliches Schicksal erlebte Genua, das im Juni 1802 eine eigene Verfassung erhielt, die Salicetti ausarbeitete und bei der Bonaparte den Senat wie den Dogen ernannte. Ähnlich funktionierte auch die Verfassung für Lucca, die bereits Ende September 1801 in Kraft getreten war.

Nicht lange in der Schwebe blieb das weitere staatliche Schicksal Piemonts, das durch den gewaltsamen Tod von Zar Paul I. besiegelt wurde, der aus prinzipiellen Erwägungen seine schützende Hand über die Ansprüche des Königshauses von Piemont-Sardinien gehalten hatte. Bonaparte musste das berücksichtigen, solange er Russland in eine Allianz gegen England einbinden wollte. Alexander I. teilte die Ansichten seines Vaters aber nicht, deshalb verkündete Bonaparte unverzüglich den Beschluss einer provisorischen Ordnung für Piemont.⁶¹ Ganz Piemont wurde französischer Militärbezirk. (Siehe Karte 8)

Bonaparte krönte die Neuordnung Italiens mit dem Operettenkönigreich Etrurien, das gemäß dem Vertrag mit Spanien aus der Toskana geschaffen und dem Herzog von Parma, dessen Ländchen an die Cisalpinische Republik fiel, übereignet wurde. Allerdings missfiel Bonaparte der regierende Herzog von Parma und er wünschte dessen Abdankung zu Gunsten seines Sohnes. Dazu brauchte es die Zustimmung der spanischen Bourbonen, die Lucien Bonaparte, nach seiner Entlassung als Innenminister zum Botschafter in Spanien ernannt, nach langwierigen, für ihn höchst einträglichen Verhandlungen erwirkte.⁶² In seinem Urteil über den Herzog von Parma hatte sich Bonaparte im übrigen nicht getäuscht, denn dieser weigerte sich einfach, wie vereinbart, das Herzogtum Parma und Piacenza herauszurücken. Spanien intervenierte zu seinen Gunsten, und Bonaparte, der es ausnahmsweise einmal nicht eilig hatte, geduldete sich bis zu dessen Tod, der bereits am 9. Oktober 1802 in Folge einer Verstopfung eintrat: Durchlaucht hatten sich an Kuchen und Schweinefleisch überfressen.⁶³ Auch jetzt fiel Parma nicht, wie einst beabsichtigt, an die *République Italienne*. Bonaparte wollte es dem Königreich Etrurien zuschlagen, wenn ihm Spanien dafür noch den Besitz von Florida überließe.⁶⁴ In Madrid ging man auf diese Avancen jedoch nicht ein, weil man mit einigem Recht Verwicklungen mit England fürchtete, das durch diese koloniale Expansion Frankreichs alarmiert sein musste. Andererseits wollte Bonaparte mit dem Pfunde wuchern und spielte mit dem Gedanken, Parma dem König von Sardinien als Entschädigung für den Verlust von Piemont zu überlassen, wie er den Papst vertraulich wissen ließ, bei dem er voll falscher Höflichkeit am 13. Dezember 1802 anfragte, ob ein solcher Nachbar denn genehm wäre.[65] Aber das waren bloße Gedankenspielereien. Parma blieb unter direkter französischer Verwaltung.[66]

Dieser erste Anlauf Bonapartes zu einer politischen Neuordnung Italiens blieb, wie alle späteren Versuche auch, merkwürdig inkohärent. Die Annexion Piemonts, mit der definitiv die «natürlichen Grenzen» Frankreichs überschritten wurden, war sein erster großer politischer Fehler. Die wirtschaftlichen und strategischen Vorteile dieser Aneignung hätten sich auch ergeben, wenn Piemont mit der *République Italienne* verschmolzen worden wäre, die auf die enge Beziehung zu Frankreich angewiesen blieb. Daran hätte auch nichts geändert, wenn Genua nebst Ligurien, Lucca und Parma noch dazugekommen wären. In dieser Halbherzigkeit offenbart sich die ambivalente Haltung, die Bonaparte gegenüber Italien und den Italienern hegte und die stets zwischen Bewunderung und Verachtung schwankte. Sein Misstrauen begründete er mit einer den Italienern unterstellten politischen Unreife, die er in ihrem ausgeprägten Partikularismus sah. Das war eher die Rationalisierung eines Vorurteils, zumal dieser Partikularismus in Deutschland nicht weniger ausgeprägt war, was Bonaparte hier aber nicht an wahrhaft großflächigen Flurbereinigungen hinderte. In der Verbannung auf Sankt Helena hat er sich der großen Pläne gerühmt, die er in Italien und Deutschland verwirklichen wollte und bei denen ihm vorgeschwebt habe, diesen Völkern eine politische, eine nationalstaatliche Einheit zu stiften.[67] Seine tatsächliche Politik verfolgte hingegen sehr traditionelle Ziele, wenn sie nicht geradezu darauf abzielte, Frankreich einen Kranz von Satellitenstaaten zu verschaffen, die dazu beitragen sollten, seine ins Grenzenlose ausschweifenden imperialistischen Träume zu realisieren.

Wie sich im Blick auf Deutschland zeigen sollte, war Bonaparte jedoch alles andere als ein Dogmatiker: Hier ersetzte er das ausgeklügelte, für einen Außenstehenden heillos verwirrende System der machtpolitischen *checks and balances*, das dem Heiligen Römischen Reich deutscher Nation seine überraschend lange Bestandsdauer verliehen hatte,[68] durch ein System des «Trilateralismus»: Der von ihm im Juli 1806 geschaffene und seinem Kuratel unterstellte Rheinbund, ein Dynastenbündnis, dessen einzelne Mitglieder ihrerseits in Rivalität zu Österreich oder Preußen lebten, bildete ein Gegengewicht zu den beiden deutschen Flügelmächten. Diese Konstruktion war von makelloser Eleganz und entsprach in ihrer inneren Logik durchaus sowohl den großen, dynastisch geprägten Traditionslinien der deutschen Geschichte wie den politischen Folgen der Glaubensspaltung. Diese Voraussetzungen gab es in Italien nicht. Für Italien, dem angeblich eine durch sein Herkommen bedingte besondere Vorliebe galt, gab es keinerlei *master-plan* und nie jene Vision, derer er sich auf Sankt Helena rühmte. Das Wesen seine Politik gegenüber den Satellitenstaaten im allgemeinen wie gegenüber Italien im besonderen erläuterte Napoleon in einem Schreiben an seinen Stiefsohn Prinz Eugène, der damals das Amt eines Vizekönigs in Italien bekleidete, vom 23. August 1810 mit den Worten: «Ich verstehe mich besser als sonst jemand auf die italienische Politik. Es gilt nachdrücklich darauf zu achten, dass Italien keinerlei Überlegungen anstellt, die es von seinen Rücksichten auf den Wohlstand Frankreichs entfernen könnten. Es muss seine Interessen mit denen Frankreichs voll und ganz identifizieren. Vor allem aber muss es darauf bedacht sein, in Frankreich nicht das Verlangen nach seiner Annexion zu wecken, denn, wenn Frankreich dies wollte, wer vermöchte es dann daran zu hindern? Nehmen Sie sich also auch zur Devise Ihres Handelns: *La France avant tout.*»[69]

Den unbedingten Vorrang der französischen Interessen bei allem Tun und Lassen anzuerkennen, war das Prinzip, dem sich schon Bonaparte verpflichtete und nach seinem Willen alle Welt unterzuordnen hatte. Gleichzeitig sah er sich allein dazu berufen, diese Interessen nicht nur mit seiner Politik zu exekutieren, sondern sie zuvor auch zu definieren. Diesen Anspruch hatte er bereits im Dauerkonflikt mit dem Direktorium während seines Pro-Consulats in Italien durchgesetzt; das war das Bewegungsgesetz seines Handelns, seines Erfolgs wie seines Scheiterns.

Statt nach Osten, der ihn enttäuscht hatte, wandte Bonaparte jetzt seinen Blick nach Westen. Dort lockten zwar keine Pyramiden, dafür aber ein ungeheurer Raum mit ungeahnten Möglichkeiten. Außerdem war Frankreich in dieser fernen Weltgegend strategisch vorzüglich positioniert, denn im Frieden von Basel war ihm der spanische Teil Santo Domingos zugefallen, so dass es jetzt zusammen mit der älteren französischen Besitzung auf dem westlichen Drittel der Insel nominell die gesamte Insel besaß. Ihre Größe und Lage machte sie zur Drehscheibe der gesamten Karibik, wo sich seit dem 17. Jahrhundert die Interessengegensätze der europäischen Mächte vielfältig überkreuzten.[70] Auch unter wirtschaftlichen Gesichtspunkten war Santo Domingo, dessen Zuckerproduktion im 18. Jahrhundert bereits die aller britischen Besitzungen in dieser Weltgegend weit übertraf, eine Perle in der Karibik. Diese Prosperität wurde durch die Unabhängigkeit der Vereinigten Staaten, die ihren Zuckerbedarf ausschließlich aus Santo Domingo deckten, gesteigert und führte unter dem rigiden Merkantilismus des *Ancien Régime* zur Ausbildung eines ganzen Geflechts sozialer Konflikte. Diese prägten nicht nur die Gesellschaftsstruktur in der Kolonie, sondern brachten auch deren unterschiedliche soziale Gruppen in eine entsprechend ihren wirtschaftlichen Interessen und gesellschaftlichen Aspirationen nuancierte Frontstellung zum Mutterland.

Die reichen weißen Plantagenbesitzer, die *grands blancs*, mehrheitlich freihändlerisch gesinnt, standen in gespanntem Verhältnis zu den französischen Kaufleuten und Bankiers in der Metropole, von denen sie wirtschaftlich abhingen.[71] Eine zweite wichtige soziale Gruppe bildeten die *affranchis*, freigelassene Sklaven, zumeist Mulatten, die es zu einigem Wohlstand gebracht hatten. Nicht wenige davon waren ihrerseits Plantagenbesitzer und Sklavenhalter, die zu Beginn der Französischen Revolution etwa ein Drittel des gesamten Farmlandes besaßen. Ihre aus diesem Wohlstand resultierende soziale Stellung, verknüpft mit einem entsprechenden Selbstbewusstsein, führte sie einerseits in einen latenten Konflikt mit den *grands blancs* und den Repräsentanten der französischen Kolonialmacht, andererseits mit den *petits blancs*, weißen Handwerkern und Ladeninhabern, die es besonders erzürnte, dass ehemalige Sklaven eine gesellschaftliche Stellung einnahmen, die vermeintlich ihnen zustand. Alle Versuche, mittels einer einseitig die Weißen begünstigenden Gesetzgebung den sozialen und wirtschaftlichen Aufstieg der *affranchis* zu vereiteln, erwiesen sich als Fehlschläge, die das Verhältnis der Bevölkerungsgruppen zueinander noch mehr vergifteten.[72]

Der Ausbruch der Französischen Revolution schlug dann die Funken, die dieses Pulverfass zur Explosion brachte: Die *grands blancs* sahen die Stunde gekommen, sich vom Mutterland loszusagen; die *affranchis* hofften auf volle rechtliche und soziale Emanzipation, während die zahlreichen Sklaven ihre Befreiung nahen wähnten. Als diese ausblieb, kam es im August 1791 zum Sklavenaufstand, der die nächsten zehn Jahre fortdauerte. Angesichts dieser Bedrohung schlossen sich *grands blancs* und *affranchis* zu einem Zweckbündnis zusammen. Da das von Revolutionswirren zerrissene Mutterland nicht die dringend benötigte militärische Hilfe leisten konnte, gewann der Konflikt rasch die Dimensionen eines internationalen Krieges, zumal die aufrührerischen Negersklaven materielle Unterstützung aus der spanischen Kolonie auf Santo Domingo erhielten, deren Behörden die ganze Insel wieder unter ihre Kontrolle bringen wollten. Die *affranchis* schlugen sich dagegen auf die Seite der französischen Revolutionsregierung, nachdem diese am 4. März 1792 die rechtliche Gleichstellung von Mulatten und Weißen gesetzlich verankert hatte. Nun wandten sich die *grands blancs* an die britischen Behörden auf Jamaica, Truppen zu entsenden, um den Sklavenaufstand zu ersticken und den sozialen Vorwitz der *affranchis* zu züchtigen. In dieser für die französische Kolonialmacht aussichtslosen Lage, mit einer den britischen Landungstruppen weit unterlegenen Garnison, suchte der französische Zivilgouverneur, der Jakobiner Sonthonax, sein Heil in einer kühnen Flucht nach vorn: Ohne von Paris ermächtigt zu sein, verkündete er am 29. April 1793 die Aufhebung der Sklaverei und forderte gleichzeitig die aufständischen Schwarzen auf, gemeinsam mit der französischen Garnison die britische Invasion zurückzuschlagen.

Dieser Schachzug erwies sich als entscheidend. Dank der massiven Unterstützung durch die Aufständischen, die unter der geschickten Führung Toussaint Louvertures, des «schwarzen Bonaparte» standen, gelang es zunächst, die von Osten vordringenden Spanier zurückzuschlagen. Das britische Expeditionscorps hingegen, das von den *grands blancs* sowie jenen *affranchis* unterstützt wurde, die gegen die Sklavenbefreiung opponierten, konnte sich bis April 1798 auf der Insel behaupten. Den Abzug der britischen Truppen, die bei dieser Intervention mehr als 25000 Mann verloren (die meisten allerdings Opfer des Gelbfiebers), handelte Toussaint Louverture mit dem britischen General Maitland aus. Damit war Toussaint Louverture formell als oberste Autorität der Insel anerkannt. Dem wollten sich die *affranchis* nicht beugen und riefen deshalb im Februar 1799 im Süden des französischen Teils der Insel eine Gegenregierung aus. Den danach ausbrechenden Bürgerkrieg konnten die zahlenmäßig überlegenen und von Toussaint Louverture geschickt geführten Schwarzen bereits im August 1800 für sich entscheiden. Toussaint Louverture war somit zum unangefochtenen Herrscher in der nominell noch immer französischen Kolonie Santo Domingo aufgestiegen. In dieser Rolle wurde er auch vom Mutterland anerkannt, das ihm die Titel eines Generalgouverneurs und militärischen Oberbefehlshabers verlieh, eine Machtfülle, die Toussaint Louverture, darin ganz seinem Vorbild Bonaparte verpflichtet, dazu nutzte, sich ein Pro-Consulat in Santo Domingo zu errichten. Um den zerrütteten inneren Frieden auf der Insel wiederherzustellen, vor allem aber auch, um die freigelassenen Sklaven, die allein zahlenmäßig den größten Bevölkerungsanteil hatten, zügig sozial und wirtschaftlich zu integrieren, erließ Toussaint Louverture am 12. Oktober 1800 eine Reihe von Agrargesetzen. Damit wurden die ehemaligen Sklaven dazu verpflichtet, weiterhin auf den Plantagen zu arbeiten, von nun an jedoch als bezahlte Kräfte. Die Regelung sah vor, dass von den Erträgen der Plantagen ein Viertel den Arbeitern als Lohn zustehen, die Hälfte der Staatskasse zufallen, während das letzte Viertel den Plantagenbesitzern gehören sollte. Diese Regelung brachte letztere in Rage. Sie setzten über ihre einflussreiche Lobby in Frankreich Himmel und Hölle in Bewegung, um eine Rückkehr zu den alten Verhältnissen zu erzwingen.[73]

Bonaparte begegnete Toussaint Louverture zunächst mit großer Sympathie,[74] weil er dessen ordnungsstiftende Funktion anerkennen musste, zumal ihm ein direktes Eingreifen wegen des andauernden Kriegszustands mit England verwehrt blieb. Das wiederum nutzte Toussaint Louverture geschickt, um seine Machtstellung auf der Insel auszubauen: Im Januar 1801 marschierte er mit seinen Truppen in den ehemals spanischen Teil Santo Domingos ein und erreichte am 26. Januar die im Südosten gelegene gleichnamige Inselhauptstadt. Das war ein Affront, denn die Inbesitznahme dieser Inselhälfte, die im Frieden von Basel 1795 Frankreich zugesprochen worden war, sollte ausdrücklich durch französische, sprich weiße Truppen erfolgen, um ein Übergreifen der Sklavenrevolte zu verhindern. Von dieser Eigenmächtigkeit wusste man wohl in Paris noch nichts, denn noch am 4. März 1801 wurde Toussaint Louverture vom Ersten Consul zum Generalkapitän (Gouverneur) des französischen Inselteils ernannt.[75] Damit versuchte Bonaparte Toussaint Louverture in Weisungsabhängigkeit von der Pariser Regierung zu bringen, was dieser jedoch durchschaute und selbstbewusst durchkreuzte, indem er im Juli 1801 eine Verfassung verkündete, mit der die territoriale Einheit der Insel – allerdings unter Anerkennung der französischen Oberhoheit – proklamiert wurde. Damit ging er aber den entscheidenden Schritt zu weit, wie ihm Bonaparte in einem Schreiben vom 18. November 1801 mitteilte: Nun habe er seine Schuldigkeit getan und solle ins Glied zurückzutreten; der mit England geschlossene Vorfriede gestatte es der Regierung, sich unmittelbar mit den Angelegenheiten von Santo Domingo zu befassen. Zu diesem Zweck sei der Bürger Leclerc zum Generalkapitän und damit zum obersten Regierungsvertreter auf der gesamten Insel ernannt worden und werde sich an der Spitze einer angemessenen Streitmacht an Ort und Stelle begeben, um der Souveränität des französischen Volkes den notwendigen Respekt zu verschaffen.[76] Hinsichtlich der von Toussaint Louverture verkündeten Verfassung heißt es: «Die Verfassung, die Sie verkündet haben, enthält zahlreiche gute Ansätze, birgt aber auch Bestimmungen, die der Würde und der Souveränität des französischen Volks widersprechen, dem Santo Domingo zugehörig ist. Die Umstände, in denen Sie sich befanden, auf allen Seiten von Feinden umringt, ohne dass Ihnen die Metropole zu Hilfe eilen oder sie sonstwie unterstützen konnte, haben die Artikel dieser Verfassung gerechtfertigt, keineswegs jedoch für die Dauer. Jetzt jedoch haben sich die Umstände in einer derart glücklichen Weise geändert, dass Sie sicherlich der Erste sein werden, der der Souveränität der Nation, die Sie zu ihren angesehensten Bürgern rechnet, (...) seinen Respekt zollt. Ein anderes Verhalten wäre unvereinbar mit der Vorstellung, die wir von Ihnen haben. Ein solches Betragen würde Sie Ihrer zahlreichen Ansprüche auf Dank und Anerkennung der Republik berauben und würde zu Ihren Füßen einen Abgrund öffnen, der, wenn er Sie verschlingt, auch zum Verderben für die tapferen Schwarzen werden könnte, deren Mut wir bewundern und die wir deshalb nur widerstrebend uns gezwungen sähen, für ihre Rebellion zu bestrafen.»[77]

Den radikalen Kurswechsel, den Bonaparte ankündigte, hat man immer wieder damit erklärt, dass er sich den Argumenten der Plantagenbesitzerlobby gebeugt habe, weil diese zu den Notabeln zählten, auf deren Zustimmung sein Regime gründete.[78] Für deren Argumente habe ferner die große wirtschaftliche Bedeutung Santo Domingos gesprochen, das allein rund zwei Drittel des gesamten französischen Kolonialhandels darstellte. Diese Argumente haben gewiss ihr Gewicht, vermögen aber Bonapartes Sinnesänderung nicht vollständig zu erklären. Den letzten Anstoß gaben imperiale Überlegungen, die ganz auf der Linie jener lagen, die ihn das ägyptische Abenteuer hatten wagen lassen. Woran er im Land der Pyramiden gescheitert war, suchte er nun jenseits des Atlantik zu realisieren: Die britische Herrschaft auf den Weltmeeren durch ein französisches Kolonialreich zu durchbrechen, das sich von der Karibik bis in den Mittleren Westen Nordamerikas erstreckte. Der Erwerb von Louisiana und die französische Herrschaft über ganz Santo Domingo waren dazu die ersten Schritte.[79] Mit dem zunächst 25000 Mann starken, rasch aber auf insgesamt 58000 Mann anschwellenden Expeditionscorps, das Bonaparte unter dem Kommando seines Schwagers Leclerc, des Mannes seiner Schwester Pauline, nach Santo Domingo entsandte und das Ende Januar 1802 auf der Insel anlangte, verfolgte er auch noch innenpolitische Absichten: Die Truppe setzte sich zum kleineren Teil aus Einheiten der unterdessen repatriierten Ägyptenarmee, zum größeren Teil aus solchen der Rheinarmee zusammen, die beide als politisch wenig zuverlässig galten und die deshalb auf neuen Schauplätzen fern von Frankreich einzusetzen Bonaparte ein Gebot der Klugheit zu sein schien.[80]

Dieses neuerliche Abenteuer, in das sich Bonaparte in völliger Verkennung der eigenen Stärke und der drohenden Gefahren stürzte,[81] ließ sich auch zunächst sehr vielversprechend an. Die im ehemals spanischen Teil von Santo Domingo angelandeten französischen Truppen stießen beim Marsch auf die Inselhauptstadt nur auf geringen Widerstand.[82] Im französischen Teil wurde das Expeditionscorps jedoch sofort in heftige Kämpfe verwickelt. Zwar gelang es Anfang Juni 1802, Toussaint Louverture durch eine Täuschung gefangen zu nehmen und nach Frankreich zu schaffen, wo er ein Jahr später in einem kalten Kerker im *Fort de Joux* (Jura) elend endete, aber dessen Nachfolger Christophe und Dessalines setzten den Widerstand mit dem Mut der Verzweiflung fort, fürchteten sie doch zu Recht, dass mit dem Sieg der Franzosen die Sklaverei wieder eingeführt würde. Das Vorbild dafür lieferte Martinique, das mit dem Frieden von Amiens von England wieder an Frankreich abgetreten worden war und wo die Sklaverei mit dem Argument beibehalten wurde, dass der unsichere Zustand der Insel keine andere Wahl ließe. Nach anfänglichen Erfolgen war bald der für Frankreich katastrophale Ausgang dieses Kolonialkriegs abzusehen. Einer Gelbfieberepidemie, die im Sommer 1801 ausbrach, fielen über 50000 französische Soldaten, unter ihnen General Leclerc, zum Opfer. Das Wiederaufflammen des Kriegs mit England Mitte Mai 1803 unterbrach die Nachschublieferungen aus dem Mutterland. Das Desaster wurde am 1. Januar 1804 besiegelt, als Dessalines die Unabhängigkeit Haitis proklamierte. Damit hatte Frankreich dank der törichten Politik Bonapartes seine reichste Kolonie endgültig verloren.[83] Das bedeutete auch das jähe Ende seines Traums von einem großen französischen Kolonialreich in der westlichen Hemisphäre, eine Einsicht, aus der Bonaparte gegen den heftigen Protest seiner Brüder Lucien und Joseph sofort die Konsequenz zog, indem er Louisiana für die lächerliche Summe von 80 Millionen *francs* an die USA verkaufte.

Mehr noch als das ägyptische Abenteuer dokumentiert die Expedition nach Santo Domingo ein Bonaparte kennzeichnendes Unvermögen: eine langfristige politische Perspektive entwickeln und auch erfolgreich durchhalten zu können. Oder anders gesagt: Was ihn zeit seiner Herrschaft charakterisierte, ihm für lange Zeit große Erfolge verschaffte, aber gleichzeitig auch sein Scheitern verursachte, war sein ausgeprägter Hang zum politischen Opportunismus, der ihn jede vermeintlich gute Gelegenheit ergreifen ließ, die Macht Frankreichs und damit seine eigene zu mehren, ohne dass er sich damit aufhielt, die mittel- und langfristigen Konsequenzen seines Handelns angemessen zu bedenken. Das Paradebeispiel für dieses Unvermögen wird dann das spanische Abenteuer sein, in das er sich 1808 stürzte. Die tiefere Ursache für diese politische Blindheit liegt aber nicht allein in seinem ungeduldigen Naturell, sondern vielmehr im Wesen seiner Herrschaft, deren Legitimation unbeschadet aller dynastischen Verbrämungen nie so eingelebt und selbstverständlich war wie die einer Erbmonarchie. Um seine Macht zu erhalten, ihre immer prekäre Legitimation zu festigen, war Bonaparte stets zum Erfolg verdammt. Dieser Fluch lastete auf ihm. Er war der Preis für die Macht, nach der zu greifen ihn Ehrgeiz wie Genie unter den durch die Revolution geschaffenen Umständen angestiftet hatten.

VIERTES KAPITEL

Das Erbe des Consulats

M änner erfahren ihre historische Größe», bemerkte Napoleon in der Verbannung auf Sankt Helena, «durch nichts anderes, als durch die Institutionen, die sie hinterlassen haben.«[1] Diese Prognose reflektiert einen Nachlass, dessen Erbe bis in unsere Tage reicht und der jenseits aller verwehten Schlachtensiege, die mit dem Namen Napoleon Bonaparte verknüpft sind, jenseits der ephemeren Größe, auf welche die *Grande Nation* Anspruch erheben konnte,[2] das materielle Fundament darstellt, auf dem der fortdauernde Ruhm des Erblassers ruht. Auch wenn diese Perspektive seit je sein Handeln beeinflusste, hat er ihr doch erst nach seinem Scheitern eine größere Bedeutung zugeschrieben. Zuvor war es der Ruhm des Eroberers gewesen, mit dem er seinen Namen unsterblich machen wollte. Als Täter war Bonaparte gewissenlos wie nur je ein Pragmatiker der Macht. Ihr allein, in unbedingter Identifikation mit seiner Person, galt sein Sinnen und Trachten. Ideale Ziele, hehre Absichten, in Sonderheit solche *sub specie aeternitatis,* hatten für ihn eine allenfalls tributäre, sein eigentliches Vermächtnis lediglich schmückende Bedeutung, die sich für propagandistische Zwecke gut eignen mochte. Die groß herausgestellte wissenschaftliche Ausbeute der ägyptischen Expedition liefert dafür das Exempel. Bonaparte, der als gewiefter Spieler des Machtpokers seine Pläne zu verbergen wusste, lüftete einmal aus Kalkül die Maske, hinter der er sich verbarg. Den Anlass dazu bot die Vorbereitung seiner größten, erfolgreichsten und unblutigsten «Schlacht», mit der er endgültig eine unanfechtbare Machtstellung in Frankreich errang.

In einem äußerst komplexen Manöver, mit dem er im Laufe des Jahres 1802 sowohl das Konkordat mit der Römischen Kirche wie den Friedensschluss mit Russland und England gemeinsam mit zwei anderen Projekten – der Stiftung der Ehrenlegion und einer umfassenden Neuorganisation des öffentlichen Unterrichtswesens – den Kammern zur Ratifikation vorlegte, bereitete er diesen unblutigen Schlachtensieg mit einer strategischen Umsicht vor, mit der er sich selbst übertraf. Als «Sandkasten» diente ihm, wie üblich, der *Conseil d'État,* der zahlreiche Bedenken am Konkordat vortrug und das Projekt der Ehrenlegion mit dem Argument kritisierte, damit werde das revolutionäre Prinzip der

Gleichheit ausgehebelt. Im Verlauf der zähen Diskussionen ließ er sich am 18. *Floréal* (8. Mai 1802) zu einer Ausführung hinreißen, die seine Pläne wenigstens teilweise erhellte: «Will man die Prinzipien, die mit der Revolution errungen wurden, auf Dauer bewahren, ist es notwendig, die Nation zu organisieren. Aber, was ist die Nation? Eine Wolke von Sandkörnern. Wir sind vereinzelt, ohne System, Zusammenhalt oder Verbindung. Was mich anbelangt, tue ich alles für die Republik, allein es gilt die Zukunft zu bedenken. Sind Sie davon überzeugt, dass der Bestand der Republik endgültig garantiert ist? Darin täuschten Sie sich sehr. Wir sind dafür verantwortlich, die Zukunft der Republik zu gewährleisten, aber dieser Aufgabe haben wir bislang noch nicht genügt und wir werden ihr auch nicht genügen, wenn wir nicht in den Boden Frankreichs einige Granitblöcke versenken. Glauben Sie etwa, dass auf das Volk Verlass ist? Es schreit durcheinander, es lebe der König! Es lebe die Liga! Man muss ihm also eine Richtung weisen, und dafür braucht es Instrumente. Während des Krieges in der Vendée habe ich erlebt, dass vierzig Männer ein Département beherrschten. Eben dieses System müssen wir übernehmen.»[3]

Mit den *masses de granit* meinte Bonaparte aber nicht nur das Geflecht der Notabeln, das nach der Verfassung des Consulat die politische Nation konstituierte, sondern auch alle jene Institutionen, die in seiner Perspektive den Zusammenhalt und das Zusammenspiel der Gesellschaft organisierten. Dazu rechnete neben dem Konkordat, das einen dauerhaften Religionsfrieden stiften sollte,[4] auch die Schaffung der Ehrenlegion. Damit wollte er eine den Prinzipien der Republik gemäße Meritokratie schaffen. Dazu zählte außerdem die Reform des öffentlichen Erziehungswesens wie die Formulierung des *Code civil*, eines Zivilgesetzbuchs – ein riesiges Programm, dessen einzelne Elemente miteinander aufs engste verknüpft waren, das durchzusetzen jedoch auf eine Fülle von Widerständen einzelner Gruppen und Interessen stoßen musste. Um diese Opposition von vornherein zu schwächen und in den Augen der breiten Öffentlichkeit als kontraproduktiv zu stigmatisieren, entwarf Bonaparte ein Panorama, das die bereits erbrachten wie die noch beabsichtigten Leistungen seiner Herrschaft auf allen Feldern der inneren wie äußeren Politik vorstellte. Allein, dieses *Exposé de la Situation de la République*, das unschwer mit einer Thronrede zu vergleichen ist und am 22. November 1801 «avec une douce satisfaction», wie es im ersten Satz heißt, veröffentlicht wurde, war viel zu langatmig, detailliert und selbstgefällig formuliert, um propagandistischen Nutzen zu haben.[5]

Die Realisierung dieses Programms hing von zwei Voraussetzungen ab: Vom Friedenschluss mit England und mit der Römischen Kirche.

Der Frieden mit England würde auf einhellige Zustimmung stoßen. Anders das Konkordat, dem einige der für das Regime besonders wichtigen Gruppen mit erbitterter Feindschaft gegenüberstanden. Das trat gleich nach zähen Geheimverhandlungen offen zu Tage – Bonaparte drohte dem päpstlichen Unterhändler zwischenzeitlich sogar mit seiner Konversion zum lutherischen oder calvinistischen Glaubensbekenntnis[6] – an deren Ende am 16. Juli 1801 der ausgehandelte Kompromiss paraphiert werden konnte. Der Katholizismus wurde damit nicht als Staatsreligion anerkannt, worauf der Papst bis zuletzt bestand, der sich schließlich damit beschied, ihn als das religiöse Bekenntnis einer Mehrheit der Franzosen wie der Consuln zu bezeichnen.[7] Diesen Passus nahm Bonaparte besonders ernst: In den Tuilerien wurde eine Hauskapelle eingerichtet, in der der Erste Consul von nun an demonstrativ an jedem Sonntag dem Messopfer beiwohnte.[8] Danach dauerte es noch zwei Monate, bis der Heilige Stuhl das Vertragswerk in aller Form ratifizierte, so dass sich erst Mitte Oktober der für Fragen der Religion zuständige Staatsrat Portalis mit dem Kardinallegaten Caprara dem nicht minder schwierigen Geschäft widmen konnte, eine Verständigung über die praktischen Ausführungsregelungen der Konkordatsbestimmungen zu erzielen. Bonaparte zerbarst darüber schier vor Ungeduld, war es doch seine Absicht, wie er Portalis bereits am 14. Oktober 1801 – erst am folgenden Tag traf Caprara in Paris ein – wissen ließ, den Frieden mit England wie das Konkordat am 18. *Brumaire* (9. November 1801),[9] dem zweiten Jahrestag seines Staatsstreichs, publik zu machen. Das misslang, weshalb sich Bonaparte mit seiner Proklamation begnügen musste. Ansonsten hatte er aber alles erreicht: Die Aufgabe der Kirche innerhalb seines Regimes sollte sich vor allem im Beitrag zu einer wirksamen sozialen Kontrolle erschöpfen, wie er einmal bei einer Diskussion im *Conseil d'État* eingestand, als es darum ging, wie sich bestimmte Entscheidungen gesellschaftlich durchsetzen ließen: «Habe ich nicht meine Gendarmen, meine Präfekten, meine Priester?»[10]

Bonaparte übersah jedoch, dass vor der feierlichen Proklamation des Konkordats dieses erst vom *Corps législatif* ratifiziert werden musste, ehe es als Staatsgesetz verkündet werden konnte. Das Versehen spricht Bände, denn es waren just diese beiden Kammern, in denen Bonaparte mit erbitterten Widerständen zu rechnen hatte. Fürchten musste er den *Tribunat*, die Hochburg der «Ideologen», die sich selbstbewusst für Wächter der revolutionären Prinzipien hielten und deren Sympathien sich Bonaparte auf vielerlei Weise immer versichert hatte. Jetzt wurden sie ihm lästig, gingen ihm mit ihren Einreden, ihrer dogmatischen Prinzipienreiterei auf die Nerven, ja, drohten durch ihren Widerspruch seine Politik zu erschweren, wenn nicht gar zu konterkarieren.[11] Das hinderte Bonaparte nicht, das Konkordat bereits am 10. September 1801 zu «ratifizieren». Zugleich ordnete er an, diesen Schritt nicht öffentlich bekannt zu machen, um die Opposition gegen den Staatsvertrag nicht noch mehr zu provozieren. Das nützte jedoch wenig, zumal auch innerhalb des sonst klug abwägenden *Conseil d'État* Widerstände aufbrachen. Gleichzeitig mehrten sich die Anzeichen, dass im *Tribunat* wie im *Corps législatif* die Opposition wuchs.[12] Das zwang Bonaparte zu raschem Handeln. Den Anlass dazu lieferte ihm der *Tribunat*, der zwei Titel des *Code civil* ablehnte. In einer Botschaft vom 2. Januar 1802 an den *Corps législatif* ließ er wissen, dass er bis auf weiteres alle Gesetzesvorlagen zurückziehe.[13]

Das war eine offene Drohung mit einem parlamentarischen Staatsstreich, für den die Consulatsverfassung, wenn man sie geschickt auslegte, die Handhabe bot. Nach dem Buchstaben der Verfassung nahte nämlich der Zeitpunkt, da ein Fünftel der Mitglieder in beiden Kammern ausgewechselt werden musste. Herr dieses Verfahrens war der Senat; allerdings blieb unklar, ob dieses Fünftel durch Los zu bestimmen sei oder ob der Senat die Vollmacht habe, die ausscheidenden Abgeordneten namentlich zu bestimmen. Der zweite Consul, Cambacérès, entschied, wie zu erwarten, wider den Geist der Verfassung, aber damit ganz im Sinne Bonapartes, der Senat sei befugt, die ausscheidenden Abgeordneten namentlich zu bestimmen.[14] Mit diesem Verfahren ließ sich unauffällig und scheinbar im Einklang mit der Verfassung die Opposition in den Kammern ausschalten, zumal Bonaparte zuvor schon dem Senat jeglichen Widerspruchsgeist, der sich auch in dessen Reihen zu regen begann, ausgetrieben hatte.[15]

Als Ergebnis dieser Vorgehensweise, mit die lästige Oppositionelle eliminiert und durch willfährige Ja-Sager ersetzt wurden, verloren die Repräsentativorgane der Republik jegliches Ansehen, was Bonaparte mit grimmiger Genugtuung erfüllte. Ungeachtet dessen blieb eine zwar geschwächte, dennoch aber spürbare Opposition gegen das Kokordat in den Kammern sowie in der Öffentlichkeit und vor allem innerhalb der Generalität virulent. Bonaparte suchte dieser die Spitze dadurch zu nehmen, dass er einen umfangreichen Katalog scharfer Ausführungsbestimmungen, die sogenannten *articles organiques* ausarbeiten ließ. Sie sollten mit dem Konkordat ratifiziert werden, in dem der Heilige Stuhl sich dazu verpflichtete, sie bedingungslos zu akzeptieren. Diese Ausführungsbestimmungen machten u. a. die Veröffentlichung päpstlicher Bullen oder Enzykliken in Frankreich von der vorherigen Billigung durch die Regierung abhängig, untersagten dem päpstlichen Nuntius jegliche Autorität über den französischen Klerus, verboten alle kirchlichen Feiertage, die nicht auf einen Sonntag fielen und erklärten den *Conseil d'État* zur letzten Instanz in strittigen Fragen zwischen Staat und Kirche. Diese Unterwerfung der Kirche unter die Interessen des Staates komplettierte der Treueid, den die Bischöfe leisten mussten und mit dem sie sich nicht nur dazu verpflichteten, nichts gegen die Regierung zu unternehmen, sondern diese auch sofort zu unterrichten, wenn ihnen in ihren Diözesen etwas zur Kenntnis gelangte, das für den Staat abträglich sein könnte. In anderen Worten: Mit diesem Eid wurden die Bischöfe und damit die ihnen unterstehenden Pfarrer zu Polizeispitzeln, die über die Gläubigen eine diskrete Gesinnungskontrolle ausübten.[16] Jede einzelne dieser Bestimmungen, mit denen die katholische Kirche in Frankreich in einer Weise unter Aufsicht des Staates geriet wie nie zuvor, stieß auf den entschiedenen und anhaltenden Protest des Papstes. Gleichwohl hütete er sich, deshalb den gesamten Staatsvertrag in Frage zu stellen. Dass Bonaparte dennoch die Ratifikation des Konkordats um drei Monate hinauszögerte, geschah nicht aus Rücksichtnahme auf die Opposition. Damit beabsichtigte er vielmehr, diesen Akt mit der Besiegelung des Friedens mit England zu kombinieren, der am 25. März 1802 in Amiens geschlossen wurde.

Nachdem die Opposition in den Kammern durch den «konstitutionellen Staatsstreich» zum Schweigen gebracht war, musste Bonaparte nur noch den Frondeursgeist in der Armee vernichten. Die Generalsfronde war, wie Sorel sie treffend kennzeichnete, nichts anderes als eine «cabale de tous les Bonapartes *ratés* contre le Bonaparte qui a reussi».[17] Im Grunde verargten sie dem Ersten Consul, dass er ihnen durch den allgemeinen Frieden jede Aussicht genommen hatte, sich mit neuem Ruhm zu bedecken und vor allem weiter Beute zu machen. Stattdessen wimmelten sie jetzt untätig in Paris herum, sahen sich zu Bittstellern degradiert, die sich mit allerhand Zivilbehörden herumschlagen mussten und deshalb genauer gewahrten, wie weit sich ihr einstiger Waffengefährte von ihnen und ihrer Sphäre entfernt hatte, wie sehr sein consularisches Regime es darauf anlegte, sie auf Distanz zu halten. Diese Unzufriedenheit, die sich in allerhand aufrührerischen Reden Luft machte, konnte für Bonaparte allerdings erst dann wirklich gefährlich werden, wenn sich die Generäle auf einen Militärputsch verständigten. Einschlägige Initiativen hat es zwar gegeben, wie Bonaparte wohl wusste, aber sie scheiterten bereits in ihren Anfängen, weil es den Herren an Mut fehlte.

Umso leichter fiel es Bonaparte, diesem Kult der Unzufriedenheit – der Friede von Amiens wie das Konkordat wurden im übrigen ohne Umstände ratifiziert – ein rasches Ende zu bereiten. Während die Rheinarmee in die Fiebersümpfe von Santo Domingo entsandt wurde, schickte er die Generäle, die sicherlich bald wieder zu gebrauchen waren, auf ehrenvolle Posten weit weg von Paris. Statt disziplinarisch belangt zu werden, sahen sich diese belohnt und befördert, was allemal das Klügere war: Macdonald wurde zum Botschafter in Kopenhagen, Brune in Konstantinopel, Lannes in Lissabon und Gouvion Saint-Cyr in Madrid ernannt. Das war an und für sich nicht ungewöhnlich, zumal die Verwendung von Militärs für diplomatische Missionen seit der Revolution schon deshalb gang und gäbe war, weil viele der adeligen Diplomaten des *Ancien Régime* emigriert waren.[18] Ausnahmen machten lediglich Bernadotte, für den Bonaparte als Mann seiner früheren Liebschaft immer eine Schwäche hatte und der das Kommando über die *Armée de l'Ouest* mit Sitz in Rennes erhielt, und Moreau, für den sich kein seinem Rang und Anspruch gemäßes «goldenes Exil» finden ließ, was aber nicht weiter ins Gewicht fiel, da dieser General als Verschwörer noch zögerlicher war denn als Militär. Den Schlussstrich unter diese «Verschwörung der Generäle», die sich bei den Feierlichkeiten aus Anlass der Ratifikation des Konkordats am Ostersonntag, dem 18. April 1802, in Notre-Dame noch einmal im kindisch-trotzigen Betragen einiger Beteiligter manifestierte,[19] zog Bonaparte am 4. Mai 1802 vor dem *Conseil d'État*, als er mit deutlichen Worten die Unterordnung des Militärs unter die Anweisungen der Regierung betonte.[20]

Die Militärs brachte gegen Bonaparte überdies in Rage, dass er jäh entschied, den Emigranten mittels Generalamnestie, von der nur ein sehr kleiner Personenkreis ausgenommen war, die Rückkehr nach Frankreich zu gestatten. Gegen entsprechende Vorschläge, besonders von Fouché vorgetragen, hatte sich der Erste Consul bislang immer verwahrt. Eine große Rolle spielte dabei die Befürchtung, dass einer massenhaften Rückkehr der Emigranten umfangreiche Restitutionsansprüche an die bislang noch nicht veräußerten *biens nationaux* folgten. Deshalb kann als erstes Anzeichen seines Sinneswandels in der Emigrantenfrage die Anweisung gelten, die Bonaparte Staatsrat Regnier am 15. Februar 1802 erteilte, Nationalgüter im Wert von 120 Millionen *francs* zu veräußern.[21] Dass sich Bonaparte nach seinem bisherigen zähen Widerstand ausgerechnet jetzt in der Emigrantenfrage auf die Seite Fouchés schlug, kann man mit den unmittelbar bevorstehenden Friedensschlüssen mit England und dem Heiligen Stuhl plausibel erklären. Beide Mächte hatten den Emigranten Unterstützung zukommen lassen, die jetzt versiegte. Damit war die Stunde gekommen, sich mit einer großmütigen Geste der Loyalität eines rund einhunderttausend Individuen umfassenden Personenkreises zu versichern. Für die große soziale Fusion, die Bonapartes gesellschaftspolitische Absichten leitete, versprach dies ein spekatulärer Coup zu werden. Daher die Eile, mit der jetzt gehandelt wurde: Am 11. April 1802 tagte der Staatsrat in Malmaison und verabschiedete schon fünf Tage später den Entwurf eines umfassenden Amnestiegesetzes.[22] Um langwierige Debatten im Tribunat und im *Corps législatif* zu vermeiden, deren Mitglieder sich vielleicht in ihren Besitzinteressen tangiert fühlten, wurde beschlossen, das Amnestiegesetz in Form eines Senatsbeschlusses in Kraft zu setzen.[23]

Am 26. April 1802, acht Tage nachdem in Notre-Dame mit einem in vieler Hinsicht fragwürdigen Zeremoniell das Konkordat feierlich in Kraft trat,[24] wurde die Generalamnestie veröffentlicht. Bis auf einige wenige Ausnahmen, im wesentlichen die militärischen Chefs der Emigrantenarmee sowie die Mitglieder des Hofstaats von Louis XVIII,[25] wurde allen Emigranten, die bis zum 23. September nach Frankreich zurückkehrten, Straffreiheit unter der Bedingung zugesichert, dass sie einen Treueid auf die Verfassung ablegten. Außerdem konnten sie keinerlei Ansprüche auf ihr einstiges Eigentum erheben, wenn dieses bereits veräußert war. Sonstiges Eigentum hingegen sollte ihnen, mit Ausnahme von Waldbesitz in einer Größe von über 300 Morgen sowie der Immobilien, in denen staatliche Institutionen untergebracht waren, zurückerstattet werden.[26] Erwartungsgemäß leistete die Generalamnestie der Emigranten einen erheblichen Beitrag, das Ansehen des Regimes zu mehren und die Machtstellung Bonapartes zu festigen. Dank ihres kausalen wie zeitlichen Zusammentreffens mit dem allgemeinen Frieden, verstand sie die Öffentlichkeit als weiteren Friedensschluss. Diese Einschätzung wurde auch von vielen Emigranten geteilt, die nun in hellen Scharen überall die Grenzen zur Heimat überschritten, auch wenn nicht wenige den Schock überwinden mussten, vor den Ruinen ihrer einstigen Herrlichkeit zu stehen.[27]

Bonaparte galt die alte Aristokratie als unersetzliches Sediment für jene *masses de granit*, die er in den Boden Frankreichs senken wollte. Selbst seiner engeren Umgebung gegenüber ließ er davon aber nichts durchblicken, sondern betonte bei jeder Gelegenheit seine tiefgefühlte und republikanisch gefestigte Abneigung gegen alles, was irgendwie mit Adel und Monarchie zusammenhing.[28] Diese Komödie spielte Bonaparte so lange, wie die Zeit nicht reif schien, die Maske seines Republikanismus fallen zu lassen, hinter der er den Ehrgeiz verbarg, die Bonapartes aus Ajaccio zur vierten Dynastie in Frankreich zu erheben.

Die beispiellosen Erfolge des Regimes Bonaparte, der in gut zwei Jahren alles erreicht hatte, woran seine Vorgänger gescheitert waren, der den äußeren wie inneren Frieden gestiftet, eine umfassende Neuorganisation des gesamten Landes eingeleitet, die zerrissene Gesellschaft mit sich versöhnt, der mit einem Wort alles vollbracht hatte, um die Revolution zu beenden, diese Erfolge legten Überlegungen nahe, welche Vorkehrungen für den Fall getroffen werden müssten, dass ihr Urheber und Spiritus rector plötzlich aus dem Leben schiede. Diese Ängste lagen nahe, weil das Leben Bonapartes wiederholt durch mörderische Anschläge bedroht wurde, die entweder noch gerade rechtzeitig entdeckt wurden, oder denen er, wie dem Sprengstoffattentat vom 24. Dezember 1800, nur mit viel Glück entkommen war. Zuvor schon hatte die Kampagne von Marengo nicht nur bei denjenigen, die sich Bonapartes Nachfolge zutrauten, solche Gedanken geweckt, sondern auch bei denen, die sich seinem Regime angeschlossen hatten.[29] Dass die soziale Stellung und Sicherheit, ja, die eigene Existenz vom Wohlbefinden eines einzigen Mannes abhing, beunruhigte die Anhänger des Consuls in wachsendem Maße, je mehr Bonapartes Regime durch die von ihm erzielten Erfolge gefestigt und damit seine Unersetzlichkeit immer deutlicher wurde. Schon bald kam deshalb in der Umgebung Bonapartes der Wunsch auf, sich abzusichern und rechtzeitig Vorkehrungen zu treffen, um die Fortdauer des Regimes unabhängig von dem, der es ausübte, zu gewährleisten. Damit kam endgültig der wahre Charakter der Consulats-Verfassung zum Vorschein, wie sie Bonaparte von Anfang an seinen Herrschaftsinteressen gemäß zugeschnitten hatte: Bonaparte hatte, um ein historisches Bild, damals häufig bemüht, zu gebrauchen, sich selber die Rolle eines Monk, eines bloßen Platzhalters und Verwesers zugedacht, der von der Bühne abträte, sobald Napoleon erschiene. Damit sich dieser Rollentausch rechtfertigen ließ, konnte und durfte er nicht durch einen neuerlichen Akt der Usurpation ins Werk gesetzt werden, sondern musste geradezu durch das Interesse am Staatswohl erzwungen scheinen.

Das Kunststück, diese Metamorphose, bei der sich ein republikanischer General obskurer korsischer Herkunft in den Kaiser Frankreichs und Begründer einer vierten Dynastie verwandelte, gleichsam auf offener Bühne und unter den Augen eines staunenden Publikums aufzuführen, muss selbst dem Bewunderung abnötigen, der dem Ergebnis nicht kritiklos gegenübersteht. Die perfekte Inszenierung dieses Stücks, bei dem Bonaparte alle Rollen mit der gleichen Umsicht ausfüllte, nicht nur als Hauptdarsteller, sondern auch als Autor und Regisseur, ist von allen seinen Leistungen die meisterlichste. Allerdings unterstellt man wohl zuviel mit der Annahme, dass er von Anfang an, vom 18. *Brumaire*, Ablauf wie Ausgang dieses Stücks bereits im Kopf hatte. Hierfür wird gelten, was sich auch für seine Kriegskunst feststellen lässt: Er überblickte eine Fülle von Möglichkeiten, die sich zum rechten Zeitpunkt mit Geschick realisieren ließen. Im Mai 1802 war die Zeit reif, wurden die Möglichkeiten, mit denen er in Gedanken gespielt haben mochte, zu konkreten Alternativen. Das Consulat auf Lebenszeit war der dramaturgisch notwendige Zwischenakt, um den Bühnenboden endgültig zu bereiten und das Publikum auf die imperiale Klimax einzustimmen.[30]

Von seinen engen Mitarbeitern drängte der *Conseiller d'État* Roederer am frühesten und hartnäckigsten, so bald wie möglich einen Nachfolger zu benennen, die einschlägigen Verfassungsbestimmungen, die dem *Sénat conservateur* diese Aufgabe zusprachen, außer Kraft zu setzen. Das lief auf nichts anderes als das Prinzip der Erblichkeit hinaus, das unweigerlich eine dynastisch-monarchische Staatsform mit allen daraus resultierenden Konsequenzen heraufführte. Schon unmittelbar nach der Kampagne von Marengo suchte Roederer in einem längeren Gespräch Bonaparte von einer solchen Lösung zu überzeugen. Seinem Instinkt folgend, verwahrte sich Bonaparte energisch dagegen, versäumte aber nicht, sich alle Optionen offen zu halten, indem er bemerkte: «Die Franzosen können nur von mir regiert werden. Ich bin davon überzeugt, dass niemand außer mir, sei es Louis XVIII oder Louis XIV imstande wären, in diesem Augenblick Frankreich zu regieren. Sollte ich sterben, wäre dies ein großes Unglück.»[31] Bonaparte konnte sich Ratschlägen und Zumutungen seiner Umgebung aber in der Gewissheit entziehen, dass «die Birne noch nicht reif» sei. Allerdings ließ er auch keine Gelegenheit aus, das Thema im Gespräch zu halten und die Ängste seiner Paladine durch möglichst ausweichende oder demonstratives Desinteresse zeigende Antworten zu schüren.[32] Bei einem Abendessen in Paris am 1. Dezember 1800 machte einer der Gäste die Bemerkung, dass es jedermann, und folglich auch dem Ersten Consul unmöglich sei, vorherzusagen, was Frankreich zustieße, wenn er, Bonaparte, stürbe. Daraufhin versetzte dieser: «Sollte ich in drei oder vier Jahren am Fieber in meinem Bett sterben und machte ich dann, um meinen Roman abzuschließen, ein Testament, dann würde ich der Nation sagen, dass sie sich vor einer Militärregierung hüten solle. Ich würde ihr empfehlen, einen zivilen Magistraten zu ernennen. Ein Militär als Erster Consul, der nicht zu regieren verstünde, überließe alles dem Belieben seiner Leutnants.»[33]

Mit solchen Bemerkungen glaubte Bonaparte, den Reifungsprozess der «Birne» zu beschleunigen. Zu seiner Überraschung musste er aber, als er glaubte, die Zeit der Ernte nahe, feststellen, wie sehr er sich getäuscht hatte. Ein erstes Anzeichen bot das Gesetz zur Schaffung der *Legion d'Honneur*, das ausgerechnet im *Conseil d'État*, dem es am 4. Mai

1802 vorgelegt wurde, auf ebenso lebhafte wie grundsätzliche Kritik stieß, die sich auf den Respekt vor den Prinzipien der Revolution berief.[34] Andererseits gewann der Gedanke immer mehr an Reiz, dem Ersten Consul namens der Repräsentativorgane in irgendeiner Form die besondere Anerkennung der Nation auszusprechen. Um solche Überlegungen von vornherein abzuwenden, blieb Bonaparte dabei, den Bescheidenen zu spielen, der sich in der Erfüllung seiner Pflichten selbstlos verzehrte. Seine falsche Bescheidenheit bescherte ihm dann jene unliebsame Überraschung, die Cambacérès vorhergesehen hatte: Statt, wie insgeheim erwartet, vom Senat zum Consul auf Lebenszeit bestellt zu werden, begnügte sich dieser damit, Bonapartes Amtszeit, lange vor Ablauf der Frist, lediglich um weitere zehn Jahre zu verlängern. Wie alle Beteiligten wussten, war das aber weit weniger als Bonaparte erhofft hatte.

Bonaparte hatte mit seinem Verhalten selbst dazu beigetragen, das Missverständnis herbeizuführen, das ihn mit dem Votum des Senats am Nachmittag des 8. Mai 1802 unliebsam überraschte.[35] Unmittelbar danach wurde dieser Beschluss dem *Tribunat* und dem *Corps législatif* zur Kenntnisnahme zugestellt, die diesen beifällig aufnahmen und sofort über eine Glückwunschadresse an den Ersten Consul berieten, der darauf, wie Cambacérès schreibt, indes «keinerlei Wert legte». Das kann man verstehen, denn seine Inszenierung, von langer Hand vorbereitet, hatte nicht das gewünschte Resultat erzielt. Jetzt hatte er keine Wahl mehr, als die Maske seines angeblichen Desinteresses fallen zu lassen, wollte er das Stück, das so weit fortgeschritten war, noch retten. Um den Anschein seiner Selbstlosigkeit zu wahren, versteifte sich Bonaparte auf den Einfall, den Beschluss des Senats mit der Begründung abzulehnen, dass ihm seine Macht vom ganzen Volk übertragen worden sei – eine Anspielung auf das Plebiszit, mit dem die Consulatsverfassung pro forma gebilligt worden war. Deshalb könne es auch jetzt nur Sache des Volks sein, ihm eine Verlängerung dieses Mandats zu bewilligen. Damit wurde eine Lösung des Problems angedeutet, die Cambacérès sofort zu realisieren versprach: Um die Fiktion von Bonapartes Desinteresse an dieser Frage aufrecht zu erhalten und um sie desto besser als rein verfassungsrechtliches Problem auszugeben, riet Cambacérès, der Erste Consul solle sich für zwei Tage nach Malmaison zurückziehen, zuvor aber noch eine Erklärung abgeben und den Beschluss des Senats in aller gebotenen Form zurückweisen.[36] In der Erklärung, von Cambacérès verfasst und von Bonaparte unterzeichnet, heißt es: «Senatoren, der ehrenvolle Beweis der Wertschätzung, den ihr Beschluss vom 18. *Floréal* (8. Mai 1802) enthält, wird immer in mein Herz eingegraben sein. – Die Zustimmung des Volkes hat mich im höchsten Amt des Staates bestätigt.

Ich hielte mich jedoch nicht seines Vertrauens für versichert, wenn der Akt, der mir dieses Mandat verlängerte, nicht auch seinerseits durch seine Wahlentscheidung sanktioniert werden würde. Ihre Überzeugung ist es, dass ich dem Volk ein neuerliches Opfer schulde; ich werde es auf mich nehmen, sollte der Wille des Volkes mir befehlen, was Ihre Entscheidung nahelegt.»[37]

Das war ein geschickter Regieeinfall, der die Inszenierung in buchstäblich letzter Sekunde noch einmal rettete. Für den 10. Mai berief Cambacérès eine außerordentliche Sitzung des *Conseil d'État* ein, dem er diese Erklärung mit der Aufforderung zur Kenntnis brachte, entsprechend den Wünschen des Ersten Consuls einen Volksentscheid zu beschließen, der über die Frage entscheiden sollte, ob Napoleon Bonaparte zum Consul auf Lebenszeit bestellt werden sollte.[38] Mit diesem Vorgehen wurde erneut die Verfassung verletzt, denn der *Conseil d'État* war zu einem solchen Beschluss gar nicht befugt. Das war Sache des Senats, dessen Entscheidung damit obendrein desavouiert wurde, ohne dass er es gewagt hätte, Protest einzulegen! Als weiteren eklatanten Verfassungsverstoß billigten der *Tribunat* und der *Corps législatif* diesen Beschluss, der eine Verfassungsänderung implizierte, obwohl diese Repräsentativorgane dafür ebenfalls keine Kompetenz hatten. Der Senat, solchermaßen zweimal überspielt, sah sich gleichwohl mit der seine Selbstachtung endgültig vernichtenden, diesmal aber fraglos verfassungsgemäßen Pflicht konfrontiert, das Ergebnis der ohne sein Zutun beschlossenen Volksbefragung, mit der drei Wochen nach Veröffentlichung des Beschlusses begonnen wurde,[39] förmlich zu registrieren und zu verkünden: Am 15. *Thermidor* (3. August 1802) wurde Napoleon Bonaparte vom Senat zum Consul auf Lebenszeit proklamiert.[40]

Es folgte noch eine Zugabe: Bonaparte nutzte das Plebiszit, dem Land eine neue Verfassung zu diktieren.[41] Dieses Projekt war seit Juli im engsten Kreis seiner Vertrauten ausgearbeitet worden, deren Ratschläge und Einwände Bonaparte sich anhörte, um dann nach eigenem Gutdünken zu entscheiden. Die Verfassung des Jahres X ist also ausschließlich sein Werk. Nachdem deren Text am 4. August vom *Conseil d'État* gebilligt wurde, stimmte auch der Senat am 5. August den insgesamt 86 Artikeln zu und setzte diese mittels des dritten *Sénatus-consulte* in Kraft. Das Consulat auf Lebenszeit erhielt damit ein Instrumentarium, das passgenau den Herrschaftsinteressen Bonapartes entsprach und ihm die konstitutionellen Voraussetzungen für den letzten, noch ausstehenden Akt seiner Inszenierung lieferte.

Nach einer der wichtigsten Bestimmungen der neuen Verfassung wurde Bonaparte das Recht zugestanden, dem Senat, wann immer es ihm beliebte, einen Kandidaten für seine Nachfolge vorzuschlagen oder diesen testamentarisch zu bestimmen. Damit wurde in der Verfassung verankert, wogegen er sich zuvor entschieden gesträubt hatte. Warum diese scheinbare Inkonsequenz? Bonaparte wollte offenbar gerade jetzt unter allen Umständen seine wahren Absichten verbergen. Die Regelung seiner Nachfolge mit dem Plebiszit zu verknüpfen, hätte bedeutet, diesem den Beigeschmack des Monarchischen zu verleihen und damit unnötig Widerstände heraufzubeschwören. Solche Gefahr musste ihn nun nicht mehr schrecken. Jetzt konnte der monarchische Charakter dieser Nachfolgeregelung ganz offensiv dazu genutzt werden, die Gemüter auf die längst geplante Lösung vorzubereiten. Das gelang so gut, dass bis heute falsche Vorstellungen über die wahren Zusammenhänge in Umlauf sind. Das Argument zur Rechtfertigung dieses höchst merkwürdigen Verfahrens lautet: Die sozialen Gruppen, die Revolutionsgewinner, die Eigentümer von Grund und Boden, die Bonapartes Aufstieg zur Macht unterstützt hatten, suchten ihre Beute in seiner Person zu verteidigen. Folglich erkannten sie in ihm den einzig fähigen Mann, die «natürlichen Grenzen» Frankreichs, gleichsam das unverzichtbare Glacis für eine erfolgreiche Verteidigung dieser Beute, zu behaupten. Deshalb hätten jene Gruppen keine Einwände gegen die monarchische Transformation des Regimes gehabt, die mit der Kombination aus Consulat auf Lebenszeit und Nachfolgeregelung unvermeidlich war.[42]

Tatsächlich handelt es sich bei diesem Argument nur um die gelungene Projektion von Bonapartes Vorhaben: Seine Legitimation für den *Consulat à Vie* wie den *Empire* gründete ausschließlich auf seinem Anspruch, mit der Verteidigung der «natürlichen Grenzen» auch die Revolutionsgewinne der *Brumairianer* wie das gesamte gesellschaftliche Gefüge, dessen Grundlagen er während des Consulats gelegt hatte, garantieren zu können. Diesen Interessenzusammenhang, den er zu seiner Legitimation verdichtete, hat Bonaparte bereits am 14. Februar 1802 gegenüber Roederer angedeutet, ein Datum, das ganz beiläufig erhellt, wie weit seine Pläne schon fortgeschritten waren: «Eine der Voraussetzungen, die einen ganz besonderen Beitrag zur Stabilität von Monarchien leisten, ist der Umstand, dass man mit der Idee der Krone auch die des Eigentums verknüpft. Man sagt von einem König, er ist Besitzer des Thrones seines Vaters, so wie man von einem Privatmann sagt, dass er Besitzer eines Grundstücks ist. Jeder, dem daran gelegen ist, dass sein Eigentum respektiert wird, wird auch das des Monarchen achten.»[43]

Wer dies für plausibel hält, der übersieht, dass weder das Consulat auf Lebenszeit noch das Kaiserreich oder die Erblichkeit des Regimes jene Garantie leisten konnten, auf die sich der Legitimationsanspruch berief.

Die Macht Bonapartes, ob nun als Consul auf Lebenszeit oder als Kaiser Napoleon, war einzig und allein auf seinen Erfolg gegründet, darauf, dass er in letzter Konsequenz als Sieger vom Schlachtfeld ging: Um zu herrschen, war er zum Erfolg verdammt. Mit dem Consulat auf Lebenszeit machte er ganz Frankreich zum Opfer dieser Verdammnis, deren Bedingungen er dem Land mit der neuen Verfassung setzte. Ein einziger aus seiner näheren Umgebung hat das sich anbahnende Verhängnis zumindest geahnt und gewagt, einen vernünftigen Gegenvorschlag zu machen: Thibaudeau, der Bonaparte am 28. Mai 1802 ein ausführliches Memorandum für eine neue Verfassung vorlegte, worum ihn der Erste Consul gebeten hatte. Unter dem Gesichtspunkt ihrer Repräsentativität qualifizierte Thibaudeau die geltende Consulatsverfassung als äußerst mangelhaft. «Entweder sind keine Volksvertreter vorgesehen oder die, die es gibt, sind nicht vom Volk bestimmt worden. Dieser Fehler ist radikal. Der *Corps législatif* ist eine ganz und gar verächtliche Einrichtung, und der *Tribunat* stellt lediglich eine spiegelbildliche Verdoppelung des *Conseil d'État* dar; jener ist gleichsam nur das Echo in dieser Löwenhöhle des Schweigens. (Eine Anspielung darauf, dass die Beratungen im *Tribunat* öffentlich waren, während die im Staatsrat stets hinter verschlossenen Türen stattfanden, J. W.) Der Senat schließlich gleicht einem Kapitel von Stiftsherren; die Senatoren sind ausnahmslos reiche Rentiers ohne irgendeine Seelenregung. Tatsächlich sind aber weniger die Menschen, als vielmehr die Institutionen selbst zu verklagen.» Um diesen Missständen abzuhelfen, schlägt Thibaudeau die Schaffung eines umfassenden Repräsentativsystems vor, das auf staatlicher und auch auf lokaler Ebene eingeführt werden soll und für dessen Kontrolle er eine freie Presse als unverzichtbar erklärt.[44]

Über Bonapartes Reaktion auf diese Vorschläge, die seinen Vorstellungen diametral entgegengesetzt waren, hat Thibaudeau in seinen *Mémoires sur le Consulat* ausführlich berichtet. Der Erste Consul erläuterte in diesem Zusammenhang auch die Vorzüge seiner neuen Verfassung: «Mein System ist höchst einfach. Ich bin nämlich davon überzeugt, dass es unter den obwaltenden Umständen vor allem gilt, die Macht zu zentralisieren und gleichzeitig den Einfluss der Regierung zu vergrößern, um dergestalt die Nation zu schaffen. Ich bin die verfassungsgebende Macht; deshalb habe ich den *Sénatus-consulte* vorgeschlagen. Augenblicklich gilt es abzuwarten, wie sich die Wahlkollegien bewähren, denn wenn ich eine Institution schaffe, vermag ich noch nicht abzusehen, ob sie auch funktioniert. Unter der Voraussetzung aber, dass die Wahlkollegien gut zusammengesetzt sind und in ihnen auch ein guter Geist herrscht, wird man ihnen eine viel bessere Besetzung des *Corps législa-*

tif zu verdanken haben. Diese Taubstummen, die jetzt darin vertreten sind, sind nur lächerlich; das war eine Erfindung von Sieyès.»[45] Neben den *Sénatus-consulte*, deren Zweckhaftigkeit sofort einleuchtet, war die Schaffung der Wahlkollegien eine andere wichtige und vielsagende Neuerung, die nicht minder den unbedingten Machtwillen Bonapartes reflektierte. Die Wahlkollegien auf Kantonals- und Départementsebene ersetzten jene dreistufige Hierarchie von Notabelnlisten, die Sieyès so sehr am Herzen lag. Die Mitglieder der Wahlkollegien sollten auf der untersten Verwaltungsebene, dem Kanton, von allen Wahlberechtigten unter den sechshundert am höchsten besteuerten Bürgern des jeweiligen Arrondissements gewählt werden; die mit diesem Akt geschaffene Wahlversammlung auf der Ebene des Arrondissements bestimmte dann ihrerseits nach plutokratischen Gesichtspunkten die Zusammensetzung des Département-Wahlkollegiums.

So sah der traurige Rest dessen aus, was nach Bonapartes Willen vom hehren Revolutionsprinzip der Volkssouveränität übrig geblieben war, zumal die Mitgliedschaft in diesen Kollegien lebenslang galt, Vakanzen aber erst dann durch Zuwahl aufgefüllt werden mussten, wenn sie ein Drittel der normalen Mitgliederzahl überschritten! Der Clou dieser vergleichsweise unauffälligen Änderungen an der bisherigen Praxis der Notabelnlisten lag ganz woanders: Sobald es galt, einen vakanten Sitz in einem der drei «Repräsentativorgane», dem *Tribunat*, dem *Corps législatif* oder dem Senat zu besetzen, übten die Wahlkollegien ihr verbrieftes Recht aus, zwei Kandidaten vorzuschlagen. Bonaparte wählte dann aus diesen Vorschlägen die ihm genehmen Persönlichkeiten aus. Damit nicht genug, übte er auf die Kollegien selbst durch die Ernennung der Präsidenten unmittelbaren Einfluss aus. Außerdem hatte er das Recht, jedem Arrondissementskollegium in freier Entscheidung zehn und jedem Départementalskollegium zwanzig zusätzliche Mitglieder hinzuzufügen.[46] Dank dieser direkten Einflussmöglichkeiten, die noch leicht durch zahlreiche informelle Pressionen erweitert werden konnten, musste der Erste Consul seitens der neuen Wahlkollegien nicht mehr mit Widerständen rechnen; diese Gremien tanzten nach seiner Pfeife und versanken darüber in völlige Bedeutungslosigkeit.

Damit offenbart sich das ganze Wesen der neuen Verfassung, die mehr schlecht als recht den Umstand bemäntelte, dass es sich bei dem neuen Regime, dem *Consulat à Vie*, um eine Diktatur handelte, die jede oppositionelle Regung sofort als staatsfeindlich brandmarkte und verfolgte. Der Erste Consul konzentrierte tatsächlich die gesamte Macht auf sich: Er allein war befugt, Staatsverträge zu schließen; er allein besetzte den Senat. Auch den zweiten und dritten Consul, ebenfalls auf Lebenszeit berufen, bestimmte nur er allein. Das galt auch für die Richter am obersten Berufungsgericht, der *Cour de Cassation*, sowie für die Friedensrichter. Nur er durfte die Verfassung mittels der *Sénatus-consulte* interpretieren oder ändern. Dieses Privileg gestattete es ihm, ohne Aufhebens das Consulat durch das Kaisertum zu ersetzen. Gestützt darauf, konnte er auch die gesamte Verfassung suspendieren, den Tribunat und den *Corps législatif* nach Belieben auflösen oder Gerichtsurteile kassieren. Das setzte zwar immer *Sénatus-consultes* voraus, die wieder nur er initiieren konnte; zu ihrer Vorbereitung berief er jeweils einen *Conseil privé*, dessen Mitglieder jeweils von ihm ausgesucht wurden.[47] Zugleich gewann der Senat erheblich an Gewicht, weil er die *Sénatus-consultes* registrieren und in Kraft setzen musste. Praktisch jedoch war dies ohne Bedeutung, denn selbst wenn der Senat sich weiterhin durch Kooptation personell ergänzte, standen dafür nur Kandidaten zur Auswahl, die Bonaparte benannt hatte. Außerdem behielt er sich das Recht vor, selbst bis zu 40 zusätzliche Senatoren zu bestellen. Dieses ohnehin schon enge System einer Gesinnungskontrolle der Senatoren verstärkte er wenig später informell noch durch ein Netzwerk aufwendiger Bestechungen: Einige Senatoren erhielten beispielsweise eine «Sénatorerie» zugesprochen, dotiert mit einem prächtigen Landsitz und dem dazu gehörigen Umschwung an Nationaldomänen.[48] Außerdem gestattete die neue Verfassung den ohnehin üppig besoldeten Senatoren die Ausübung eines Regierungsamts oder einer hohen Verwaltungsfunktion. Dagegen wurden der *Corps législatif* und der *Tribunat* zum bloßen Schattendasein verdammt: Der *Corps législatif* verlor das Recht, regelmäßig Sitzungen abzuhalten und sich einen Präsidenten zu wählen; der *Tribunat* wurde in seiner Mitgliederzahl auf 50 halbiert und die Verfassung verhängte das «Schweigegebot», das heißt untersagte es ihm, die Gesetze zu diskutieren.

Diese Verfassung, Bonapartes ureigenstes Werk und Meisterstück, mit dem er seine mit dem italienischen Pro-Consulat begonnene politische Lehrzeit abschloss, entwarf ein völlig neues, in vielfacher Hinsicht sehr modernes Verständnis von Herrschaft und Regierung. Der in einer Person konzentrierte Machtwille wurde durch ein strikt hierarchisiertes und zentralistisch ausgerichtetes Verwaltungssystem bis in die feinsten gesellschaftlichen Kapillaren diffundiert. Die Verwaltung bezog ihre Lebenskraft aus einem sozialen System, zu dem die Gesellschaft durch denselben Machtwillen geformt wurde und dessen tragende Konstruktionselemente die institutionellen *masses de granit* waren: die *Legion d'Honneur*, das Erziehungswesen, der *Code civil* wie der immer größer werdende Kreis von Nutznießern seiner Herrschaft, die ausschließlich der Person des Ersten Consuls verpflichtet waren. Diese verdrängten die Notabeln, die Gewinner von 1789, auf die vor allem Sieyès gesetzt hatte. Zeitgemäß gesprochen, wollte dieses Herrschaftsprojekt eine politisch-soziale *corporate identity* schaffen, von der alle Weisungen des Machtwillens reibungslos, wenn nicht gar in der Illusion einer selbstverantwortlichen Unabhängigkeit quasi automatisch erfüllt wurden. Die Funktionskontrolle dieses komplexen, gleichzeitig erstaunlich elastischen politischen Systems übte eine Verwaltung aus, deren *esprit de corps* sich aus hoher Fachkompetenz speiste und dank ihrer auf den *Code civil* gestützten Sachrationalität in der sozialen Wirklichkeit der *Grande Nation* mehr und mehr zu einer Ersatzverfassung avancierte. Das Beispiel der napoleonischen Herrschaft hat bis heute nicht nur im politischen Leben Frankreichs tiefe Spuren hinterlassen; auch «eiserne Kanzler» und Diktatoren ließen sich von ihm inspirieren, und der prägende Einfluss seiner Herrschaftsphilosophie ist selbst in den Organisationsstrukturen multinational oder global agierender Unternehmen nachzuweisen.

Das Consulat auf Lebenszeit wie die neue Verfassung waren der Rahmen für die Gesellschaftsordnung, deren Körper Bonaparte mit einer Reihe von im weitesten Sinne sozialpolitischen Gesetzesvorhaben modellierte. Ironischerweise war es ausgerechnet eine Neuerung, die alle Regime überdauern sollte und noch heute wegen ihres großen Prestiges von vielen begehrt wird, die auf den heftigsten Widerstand im *Conseil d'État* und den Repräsentativorganen stieß: die *Legion d'honneur*. Mit der Stiftung der Ehrenlegion hatte Bonaparte vor, unabhängig von den durch Besitz ausgezeichneten Notabeln eine weitere Elite zu schaffen, auf deren unbedingte Ergebenheit sich das Regime stützen konnte. Im Unterschied zu den Auszeichnungen des *Ancien Régime* sollte die Ehrenlegion ihren Statuten nach nicht ausschließlich an Militärs, sondern auch an Zivilisten vergeben werden können.[49] Aber obwohl Bonaparte wiederholt beteuerte, die Ehrenlegion stelle keinen Ritterorden dar, noch sei es ihre Aufgabe, den Ersten Consul zu verteidigen, gelang es ihm nur unter erheblichen Schwierigkeiten, sich gegen eine erstaunlich große Opposition durchzusetzen, die darin zu Recht den Versuch erkannte, dass ein Einzelner sich zum obersten Richter über Verdienst und Mut aufwarf, der damit den Ehrgeiz der Vielen auf seine Person konzentrierte. Im *Conseil d'État* stimmten von 24 Mitgliedern zehn dagegen; im *Tribunat* war das Stimmenverhältnis 56 zu 38 und im *Corps législatif* 166 zu 110.[50] Das Abstimmungsergebnis zeigte deutlich, wie unpopulär die Ehrenlegion zunächst war. Bonaparte war klug genug, die Ehrenlegion, nachdem sie die parlamentarischen Hürden im Mai 1802 genommen hatte, zunächst einmal ruhen zu lassen. Erst unmittelbar nach der Proklamation des Kaiserreichs zwei Jahre später verschaffte er ihr den Eklat und die Funktion eines «Ritterordens».

Auch die Reform des Schulwesens, per Gesetz vom 1. Mai 1802 verabschiedet, fügte sich nahtlos in die Gesellschaftsordnung ein, die Bonaparte auf die Anforderungen seines Regimes zuschnitt. Die Grundschulen blieben wie zu Zeiten des *Ancien Régime* den Gemeinden überlassen. Das bedeutete in der Praxis, dass schlecht bezahlte und ausgebildete Lehrer den Knaben der ärmeren Schichten bestenfalls rudimentäre Basiskenntnisse des Lesens, Schreibens und Rechnens beibrachten.[51] Darin sprach sich eine markante Verachtung der Unterschichten aus, die Bonaparte als chronische Unruhestifter verdächtigte und deshalb durchaus im Zustand ihrer «natürlichen» Unwissenheit belassen wollte. Diesem Kalkül folgend wurde die Primarschulbildung während des Kaiserreichs mehr und mehr in die Hände des katholischen Klerus gelegt, der 1804 ein erstes Lehrerseminar in Lyon einrichtete. Die Schulerziehung der Mädchen war staatlicherseits gar nicht vorgesehen. Wenigstens wurde im Kaiserreich in Écouen eine Internatsschule für höhere Töchter (deren Väter mit der *Legion d'Honneur* ausgezeichnet worden waren) eingerichtet, über deren Aufgaben, Organisation und Lehrinhalte Napoleon ausgerechnet auf Schloss Finkenstein in Polen am 15. Mai 1807, einen Tag nach der Schlacht von Friedland, ein längeres Memorandum verfasste, das nicht nur seinen Bewunderern einen Beweis mehr dafür liefert, dass er auch unter widrigen Umständen seinen Geist auf die entlegensten Themen konzentrieren konnte. Diese Denkschrift ist ein ungeschminktes Dokument seines Frauenbilds wie der Funktion, die er Angehörigen des «schwachen Geschlechts» in seinem Gesellschaftsentwurf zubilligte: «Was sollen die Mädchen, die in Écouen erzogen werden, lernen? Die Grundlage muss die Unterweisung in Religion in aller Strenge sein. (...) Die Schwäche des weiblichen Gehirns, die Beweglichkeit ihrer Gedanken, ihre Bestimmung in der sozialen Ordnung, die Notwendigkeit ihrer stets gleichen und fortdauernden Bescheidung wie die ihrer milden und stets bereitwilligen Fürsorge, alles das lässt sich nur durch die Religion erreichen, durch einen wohltätigen und sanften Glauben. (...) Die Schülerinnen müssen jeden Tag beten, die Messe besuchen und im Katechismus unterwiesen werden. Diesem Teil ihrer Erziehung gilt es die größte Sorgfalt zu widmen. – Zum weiteren müssen die Schülerinnen Rechnen und Schreiben lernen und außerdem sollten sie in die Anfangsgründe der französischen Sprache eingeführt werden, so dass sie wenigstens die Rechtschreibung beherrschen. Auch müssen sie einige Grundkenntnisse in Geographie und Geschichte vermittelt bekommen, mit Latein oder anderen Fremdsprachen gilt es aber sie unter allen Umständen zu verschonen. (...) Die Hauptsache aber muss sein, dass alle Schülerinnen dreiviertel des Tages ausschließlich mit Handarbeiten befasst sind; sie müssen Strümpfe stricken, Hemden schneidern oder sticken können, kurz alle weiblichen Verrichtungen beherrschen. (...) Ich wünsche mir, dass ein junges Mädchen, das Écouen besucht hat und dann einen kleinen Haushalt führt, sich darauf versteht, seine eigenen Kleidungsstücke anfertigen zu können, die ihres Gatten in Stand zu halten und Babywäsche zu schneidern wie überhaupt ihrer kleinen Familie alle jene Annehmlichkeiten zu verschaffen, die in einem ländlichen Haushalt zur Regel gehören.»[52]

Das Hauptaugenmerk von Bonapartes Schulreform galt indes den Sekundarschulen, den Lyzeen, die nach dem Vorbild des einstigen *collège* Louis-le-Grand organisiert wurden, das unter dem Namen *Prytanée français* die Wirren der Revolution überdauert hatte. In jedem Obergerichtsbezirk wurde ein solches Lyzeum auf Staatskosten eingerichtet, das als Internat geführt wurde und für dessen Besuch ein jährliches Schulgeld von wenigstens 600 *francs* anfiel. Für diese insgesamt 45 Eliteschulen, die vor allem der Nachwuchserziehung für die rasch wachsende Verwaltung dienten, stellte der Staat 6400 Stipendien zur Verfügung, davon 2400 für Söhne von Offizieren und Staatsbeamten reserviert, während die restlichen 4000 den besten Schülern der zahlreichen privaten Sekundarschulen zugute kamen.[53] Die Lehrer an den Lyzeen wurden von Bonaparte ernannt,[54] ansonsten beschied sich der Staat damit, die privaten Sekundarschulen einer strengen Kontrolle durch die Präfekten und die Schulbehörde zu unterwerfen, die im Innenministerium ressortierte.[55] Das ganze höhere Schulwesen bevorzugte, wie Georges Lefebvre schreibt, die Söhne der «Zivilbeamtenschaft sowie der höheren militärischen Ränge und warf zugleich dem Kleinbürgertum einen Köder hin, der es mit der Bourgeoisie assimilierte, indem es auf diese Weise seiner befähigtsten Elemente beraubt wurde».[56]

Die mit großem Abstand wichtigste Reform, die unter dem Consulat begann, war zweifellos der *Code civil*, das erste Rechtssystem, das in ganz Frankreich galt und auch von den Staaten ganz oder teilweise übernommen wurde, die unter französischen Einfluss gerieten.[57] Seiner Genese nach ist der *Code civil* ein Kompromiss aus überkommenen gewohnheitsrechtlichen Bestimmungen des *Droit coutumière*, des Römischen Rechts und der Rechtsschöpfungen der Revolution. Der Dreh- und Angelpunkt dieses Zivilgesetzbuches sind die Eigentümerinteressen. Außerdem statuierte der *Code civil* auch die formale Geltung fundamentaler Prinzipien der Revolution: die Gleichheit aller (Männer) vor dem Gesetz, die Laizität des Staates, die Glaubensfreiheit und die Freiheit der Arbeit. Trotzdem wurde die Sklaverei in den Kolonien wieder eingeführt. Wie vielen anderen Schöpfungen Napoleons eignet auch dem *Code civil* ein doppelter Charakter: Einerseits bestätigt er die Beseitigung des Feudalwesens in all seinen Ausdrucksformen und konfirmiert zugleich die von der Revolution angestoßenen fundamentalen sozialen Veränderungen. Diese Eigenschaften machten den *Code civil* in ganz Europa zum Symbol der Revolution und trugen entscheidend dazu bei, wo immer er zur Geltung kam, die traditionellen Gesellschaften einem dynamisch verlaufenden Modernisierungsprozess auszusetzen, der allerdings, wie das Beispiel der deutschen Staatenwelt zeigt, nur so lange andauerte, wie die napoleonische Macht bestand. Andererseits sollte der *Code civil* aber auch die demokratischen und emanzipatorischen Einflüsse der Revolution beschneiden. Dem diente vor allem die einseitige Privilegierung der bürgerlichen Wertschöpfungsinteressen, die ihren Ausdruck in der Verabsolutierung des Eigentums fand.[58] Dem entsprechen auch die ausgefeilten familienrechtlichen Bestimmungen, die dem Vater gegenüber der Frau und den Kindern geradezu despotische Vollmachten einräumen.[59] Ausgesprochen reaktionär sind die Bestimmungen, die die Rechtsstellung der Frauen regeln, die lediglich, wenn sie selbstständig geschäftlich tätig waren, als rechtsfähige Subjekte galten.[60] Auch das Scheidungsrecht, das bis heute als eine der großen Errungenschaften des *Code civil* gilt, erweist sich bei näherer Betrachtung seiner mehr als 80 (!) Artikel als regelrechte Mogelpackung. Danach war ein Scheidungsgrund *pour faute* nur als flagranter Ehebruch eines der Gatten zulässig: «Der Mann kann die Ehescheidung wegen eines von seiner Frau begangenen Ehebruchs verlangen.» (Art. 229) Umgekehrt gilt aber für die Frau: «Die Frau kann wegen eines vom Manne begangenen Ehebruchs die Ehescheidung verlangen, wenn derselbe seine Beischläferin im gemeinschaftlichen Hause gehalten hat.» (Art. 230) Außerdem galten als Scheidungsgründe für beide Gatten «harte und grausame Misshandlungen» sowie «grobe Beleidigungen» (Art. 231) und auch die Verurteilung eines der Ehegatten zu «einer entehrenden Strafe» (Art. 232). Eine Ehescheidung auf Grundlage «wechselseitiger Einwilligung» wurde vom *Code civil* zwar gestattet, aber von so vielen Kautelen abhängig gemacht, dass diese Regelung in der Praxis wohl kaum Bedeutung erlangte.[61] Außerdem mussten Eltern oder sonstige Anverwandten der beiden Gatten in deren Scheidung einwilligen (Art. 278); gegen den Widerstand des *Conseil d'État* setzte sich Bonaparte mit seiner Forderung, eine Ehescheidung bei «wechselseitiger Einwilligung» zu gestatten, durch. Allerdings nahm dann die Kommission, die das Gesetzbuch vorbereitete, diese vergleichsweise großzügige Regelung durch eine Fülle von Einschränkungen praktisch wieder zurück.[62]

Das Zivil- und das später hinzutretende napoleonische Strafgesetzbuch sind eine Sache, die Organisation der Rechtspflege, also der Instanzen, die auf Grundlage dieser Gesetze Recht sprechen, eine andere. Beim Gerichtswesen übernahm Bonaparte im wesentlichen die Organisation, die die Revolution geschaffen hatte, modifizierte sie aber entscheidend, indem er lückenlose Kontrolle über die «richtige» Gesinnung des Richterpersonals ausübte. Das begann damit, dass er alle Richter auf Lebenszeit berief. Doch konnten die Richter ohne Angabe von Gründen abgelöst werden. Auf diese Weise behaupteten sich nur dem Regime ergebene Männer auf Dauer in diesem Amt. Hand in Hand damit erfolgte eine weitgehende Abschaffung der Geschworenengerichte, die während der Revolution eingeführt worden waren. Aber wie schon zu Zeiten des *Ancien Régime* brauchte es nicht ein rechtskräftiges Urteil, um eine Person ins Gefängnis zu werfen. Dazu genügte ein einschlägiger Befehl, vom *grand juge*, dem Justizminister also, oder dem Polizeiminister ausgefertigt. Gegen diese willkürlichen Verhaftungen gab es keinerlei Rechtsmittel. Man konnte nur an die *Commission de la liberté individuelle* appellieren, die im Senat ressortierte, aber über keinerlei verfassungsrechtlich verankerte Erzwingungsmöglichkeiten verfügte!

Dass der autoritäre Staat weder durch einschlägige Verfassungsbestimmungen noch durch die positive Rechtsordnung in der Willkür seines Handelns eingeschränkt oder kontrolliert wurde – selbst die Instanzen der ordentlichen Rechtspflege verloren durch Schaffung von Sondergerichtshöfen, Militärtribunalen u. ä., wenn dies dem Regime opportun war, ihre Geltung –, erhellt nur einen Aspekt des Polizeistaats, den Bonaparte mit dem Consulat schuf. Ein anderer, weitaus bedrückender, weil unterschiedslos alle Staatsbürger betreffend, war die im Laufe des Regimes immer dichter geknüpfte Gesinnungskontrolle, die Presse- und Briefzensur sowie die allgegenwärtigen Polizeispitzel ausübten. Bonaparte wollte unbedingt wissen, was die Untertanen dachten und taten, sie nach ihren Gesinnungen ein- und zuordnen, um sie, sollten sie seiner Herrschaft irgendwie abträglich oder gar gefährlich werden, ebenso rasch wie unauffällig unschädlich machen zu können. Die Verfolgung von Madame de Staël ist für diese unnachsichtige Praxis nur das bekannteste Beispiel.

Die lediglich charismatische Absicherung seines Regimes verdammte Bonaparte dazu, zeitlebens erfolgreich zu sein oder unterzugehen. Dieser zentralen Schwäche seiner Herrschaft war er sich durchaus bewusst. In einem Gespräch mit Thibaudeau gestand er: «Bedenken Sie, dass ein Erster Consul in keiner Weise diesen Königen von Gottes Gnaden gleicht, die ihre Staaten wie ein Erbteil betrachten. Ihre Macht wird durch alte Gewohnheiten abgesichert. Im Gegensatz dazu sind bei uns diese alten Gewohnheiten nichts als Hindernisse. Die derzeitige französische Regierung lässt sich in nichts mit jenen Regimen vergleichen, die sie ringsum umgeben. Von ihren Nachbarn gehasst, dazu gezwungen, in ihrem Inneren verschiedene ihr übel gesinnte Klassen im Zaum zu halten, muss sie, um sich so vieler Feinde auf einmal zu erwehren, spektakuläre Taten vollbringen, braucht sie folglich den Krieg.»[63] Bonaparte leuchtete das als sein vom Schicksal verhängtes Gesetz ein, weil darin eine vermeintlich objektive Notwendigkeit mit seinem unbezähmbaren Machtwillen zur Deckung kam, der zutiefst ziellos war und daher keine Grenzen erkennen, geschweige zu setzen vermochte. Dieser Machtwille war sein Dämon. Die immer wieder aufgezählte Ahnengalerie, um seinem Tun einen Sinn einzustiften, reicht von Alexander bis Charlemagne; sie vermag sein Geheimnis ebenso wenig zu erhellen, wie die von tiefer Ahnungslosigkeit kündende Unterstellung, die einen Adolf Hitler für seinen Wiedergänger hält. Die eine wie die andere Deutung verkennt, dass Napoleon Bonaparte seit Lodi keine andere Perspektive hatte als jene, die Welt wie die Menschheit mit einer Gelegenheit zu verwechseln, gefährliche und spektakuläre Taten um ihrer selbst willen zu vollbringen. Darin spricht sich eine romantische Sehnsucht aus, die unbeschadet ihrer unübersehbaren pathologischen Prägung bis heute eine starke Faszination ausübt.

Wegen seiner grenzenlos ausschweifenden Machtphantasien fiel außer den weitgehend kostenneutralen Reformen, mit denen die Gesellschaft im Sinne seines Regimes und mit Rücksicht auf dessen Effizienz gestaltet werden sollte, das Erbe des Consulats vergleichsweise bescheiden aus. Dies gilt im Besonderen für das Erscheinungsbild von Paris und steht damit in markantem Gegensatz zu den Gedankenspielereien, mit denen Napoleon bis zu seinem Ende immer die Verschönerung, den aufwendigen Um- und Ausbau der Metropole zu einer Art von Welthauptstadt umkreiste, die von seiner Macht und Größe Zeugnis geben sollte.[64] Davon war der Zustand der Kapitale zu Beginn des Consulat weit entfernt, zumal sie in den Jahren der Revolution tiefer und tiefer verkommen war.[65] Was man im Paris jener Zeit schmerzlich vermisste, waren große Straßenachsen, die eine raschere Zirkulation des Verkehrs ermöglichten und das völlig übervölkerte und verbaute Zentrum entlasteten. Entsprechende Pläne gab es zwar schon während des *Ancien Régime* und der Revolution, aber es fehlte jeweils an Willen und Geld, sie zu realisieren. Alle diese Pläne kannte der Erste Consul und spätere Kaiser, sie dienten ihm durchweg als Vorbild für eigene städtebauliche Visionen,[66] von denen allerdings nur ein Bruchteil verwirklicht wurde. Die unter seiner Ägide veranlassten Arbeiten lassen sich in vier Gruppen unterteilen: Sanierung des städtischen Zentrums durch Abrissarbeiten; Neuanlage von Straßen und Plätzen in den innerstädtischen Bezirken; Aufstellung von Denkmälern zur Verherrlichung seiner Herrschaft; schließlich Einrichtungen zur verbesserten Versorgung der Stadt mit frischem Trinkwasser und Nahrungsmitteln. Bezeichnenderweise wurde eine eigene Verwaltung geschaffen, die die Planung und Ausführung dieser Arbeiten überwachen sollte.[67]

Den ersten Anstoß zu Abrisssanierungen im Stadtzentrum gab die Explosion der Höllenmaschine vom Weihnachtsabend 1800, die einige Häuser beschädigt hatte. Also wurde die Place de Carrousel beträchtlich erweitert, was weithin auf Beifall stieß und unter den Zeitgenossen – durchaus im Sinne Bonapartes – das Verlangen weckte, mit diesen Abbrucharbeiten fortzufahren.[68] Die städtebaulich bedeutsamste Veränderung, begonnen während Consulat und Empire, betraf das Quartier zwischen den Tuilerien-Gärten, der Place de la Concorde und den inneren Boulevards. Der in diesem Viertel ausgedehnte nationalisierte Grundbesitz geistlicher Orden schuf die Voraussetzungen für eine städtebauliche Neuordnung, in der sich die Visionen Bonapartes widerspiegeln sollten.[69] Diese Regelung erwies sich aber rasch als Hindernis für den zügigen Neubau in diesem Viertel. Besonders galt dies für die Rue de Rivoli, die als napoleonische *Via triumphalis* projektiert worden war.[70] Ähnlich verhielt es sich mit der zunächst vom Ersten Consul beabsichtigten umfassenden Sanierung der völlig verslumten Ile de la Cité: Unmittelbar vor der Kaiserkrönung Napoleons in Notre-Dame wurde der in der Nachbarschaft zur Metropolitankirche stehende Komplex von Klosterbauten abgerissen und damit erst jener Platz geschaffen, der sich heute vom «Paradies» bis zum Pont de la Cité erstreckt. Die bedeutsamsten Veränderungen erlebte das Pariser Stadtbild in napoleonischer Zeit entlang der Seine, über die bis 1813 insgesamt vier neue Brücken geschlagen wurden.[71] Gleichzeitig wurden die noch unbefestigten Seineufer, bis dahin von Mühlen gesäumt, mit hohen Kaimauern versehen, die bis 1813 eine Länge von drei Kilometern erreichten.[72] Das alles waren sinnvolle und notwendige Anfänge, allein Bonapartes Bauleidenschaft, die zunächst die gesamte Stadt gründlich umgestalten wollte, beschied sich, je länger das Regime dauerte und je deutlicher das monarchische Gepränge seiner Herrschaft zum Vorschein kam, mit immer weniger Objekten, die eindeutig seiner Person wie seinem Ruhm dienen sollten: In der aufwendigen Renovierung der Tuilerien und im Um- und Ausbau des Louvre erschöpfte sich wesentlich dieser Ehrgeiz.[73] Aber auch bescheidenere, dekorative Vorhaben, die Möblierung des Weichbilds von Paris mit allerhand Denkmälern und Triumphbogen, kam über erste Ansätze kaum hinaus.[74] Selbst der sinnvolle Plan, Paris mit ausreichend Trinkwasser zu versorgen, den Napoleon in einem an Innenminister Crétet gerichteten Memorandum vom 10. April 1806 umriss,[75] wurde nur teilweise realisiert: Erst im März 1812 wurde der Kanal fertiggestellt, der das Wasser des Flüsschens Ourcq über eine Distanz von 96 Kilometern nach Paris transportierte und dessen Bau die damals phantastische Summe von 38 Millionen *francs* verschlang. Dieses Geld fehlte dann für andere Vorhaben. Kurioserweise begrüßten keineswegs alle Zeitgenossen diese substantielle Verbesserung der Wasserversorgung von Paris. Manch einer sah sogar eine große Gefahr für die öffentliche Moral heraufziehen: «Der Wasserüberfluss hat in Rom zunächst den Brauch und schließlich den Missbrauch der Bäder zur Folge gehabt. (...) Wird die Bequemlichkeit, sich zuhause mit Wasser zu versorgen, nicht auch bei uns zu einem Verfall der Sitten führen, eben dadurch, dass sich dieser asiatische Luxus entwickelt?»[76] Diese groteske Befürchtung eilte der tatsächlichen Entwicklung weit voraus: Erst während der Juli-Monarchie wurde «l'eau à l'etage» in einigen wenigen damals neu errichteten Luxuswohnungen üblich, und in der Tat waren es zunächst die Kokotten der *Grande Monde*, die sich den Luxus eines eigenen Bades leisteten.

Diese alles in allem bescheidene urbanistische Bilanz der napoleonischen Epoche steht jedoch in deutlichem Kontrast zu jenen wenigen, aber aufwendigen Um- und Ausbauten, die auf Geheiß des Ersten Consuls in Angriff genommen wurden. Sofort fällt ihre dezidiert monarchische Ausprägung auf, die den Gebrauchsnutzen der Bauwerke ihrer Repräsentativität unterordnet. Dies gilt für den Pariser Wohnsitz des Ersten Consul, die Tuilerien, wie für die in der Umgebung von Paris gelegenen Schlösser von Saint-Cloud und Fontainebleau, die Bonaparte als Sommer- und Herbstresidenzen nutzte. Für die umfassende Renovierung des Tuilerien-Schlosses, das während der Revolution arg gelitten hatte, legte Fontaine im März 1801 Bonaparte einen Generalplan vor, der eine erhebliche Vergrößerung der Gartenanlagen auf ihren heutigen Umfang vorsah. Dafür mussten entlang der Terrasse des Feuillants an der westlichen Längsseite der Anlage eine Reihe ehemaliger Klostergebäude abgerissen werden. An deren Stelle plante Fontaine nach bester Architektenmanier die Errichtung von Galerien, eines Opernhauses sowie eines Amphitheaters. Dies stieß auf Bonapartes entschiedenen Widerstand. Ihn erschreckten die vorhersehbaren Kosten dieses Projekts, und er insistierte deshalb darauf, dass an der Westseite verschiedene Straßendurchbrüche vorgesehen werden sollten, deren angrenzende Grundstücke sich mit Gewinn veräußern ließen.[77]

Besonders an der Innendekoration der renovierten Tuilerien nahm Bonaparte lebhaften Anteil. Für seine Phantasmen ordnete er beispielsweise an, aus Versailles, den Museen und Depots alle großen Schlachtengemälde aus der Suite der großformatigen Bilder beizuschaffen, mit denen der Maler Charles Lebrun im Auftrag Louis XIV die Geschichte Alexanders des Großen illustriert hatte, die in der Galerie der Diana aufgehängt werden sollten.[78] Dem Vorbild Alexanders huldigte Bonaparte auch in Saint-Cloud, wo er die berühmte Alexanderschlacht von Albrecht Altdorfer – heute in der Alten Pinakothek in München – in seinem Badezimmer aufhängen ließ ... Diesem ikonographischen Programm entsprach auch, dass Anfang Januar 1802 die Pferde von San Marco vor dem Tuilerien-Schloss aufgestellt wurden.[79] Die letzte Veränderung an den Tuilerien in der Zeit des Consulat war schließlich die Einrichtung einer größeren Kapelle, ein Auftrag, den Fontaine in seinem Tagebuch am 17. Januar 1803 kommentierte: «Die Wiederherstellung des Glaubens verlangte eine offene Zurschaustellung des katholischen Kultus. Der Erste Consul wünschte, in aller Öffentlichkeit der Messe in seinem Palais beiwohnen zu können, weshalb wir den Auftrag erhielten, einen für eine Kapelle geeigneten Raum zu finden. (...) Allem Anschein nach wollte man zum Pomp der einstigen Zeremonien zurückkehren, und vor allem eine Kirchenmusik vorsehen, die dem Vorbild jener Praxis entsprach, die von den französischen Königen gepflegt wurde.»[80]

Die Entscheidung für das von Mansart errichtete Schloss von Saint-Cloud, den Hauptschauplatz seiner «Machterschleichung», als Sommerresidenz des Ersten Consul fiel Anfang September 1801. Nach Auskunft Fontaines sei Malmaison, der Besitz Joséphines, trotz der zwischenzeitlich hier vorgenommenen erheblichen Erweiterungsbauten für Bonaparte, der am Leben in der Natur Gefallen gefunden habe, zu klein gewesen.[81] Das ist eine höfliche Umschreibung, denn Bonaparte teilte die Vorlieben Joséphines für exotische Blütenpracht und Vögel, die sie in Volieren hielt, keineswegs, wie ihn überhaupt die Ausgestaltung von Malmaison, in der sich der Geschmack Joséphines widerspiegelte, eher befremdete. Bonaparte legte bei seinen Residenzen – neben Saint-Cloud noch Fontainebleau und der Elysée-Palast – auf etwas anderes als die Natur besonderen Wert: nicht großbürgerliche Bequemlichkeit, sondern caesarische Machtrepräsentation, deren Symbolik bis in dekorative Details manisch durchgespielt wurde. Das verschafft dem *Empire*-Stil seine steif-frostige und parvenühafte Anmutung.

FÜNFTES KAPITEL

Ein Mord und eine Krone

Bonaparte wusste, dass der europäische Frieden nicht mehr als ein befristeter Waffenstillstand war. Zu Thibaudeau sagte er: «Angesichts unserer Lage halte ich alle Friedensschlüsse nur für kurze Waffenstillstände, und das Schicksal meiner zehnjährigen Amtszeit wird kein anderes sein, als beinahe ohne Unterbrechung Krieg führen zu müssen. (...) Hüten Sie sich davor, zu glauben, ich wollte den Frieden brechen; nein, nie werde ich die Rolle des Angreifers spielen. Mir ist viel mehr daran gelegen, die Initiative anderen zu überlassen. Ich kenne sie zu gut; sie werden die Ersten sein, die wieder zu den Waffen greifen, oder mir doch gerechtfertigte Anlässe liefern, dass ich dies meinerseits tue. Ich bin auf jede Eventualität vorbereitet.»[1]

Diese Selbstauskunft ist in zweierlei Hinsicht bemerkenswert. Ihr machiavellistischer Überschuss bildete später das wichtigste Element der bonapartistischen Legende, mit der sich Napoleon zur stets verfolgten Unschuld stilisierte. Nicht er war der Aggressor, es waren England, Österreich, Preußen oder Russland, die danach trachteten, Frankreich und die Revolution zu vernichten. Damit zwangen sie ihn zu einer nicht endenden Serie von Verteidigungskriegen. Diese groteske Behauptung verschleierte auch, was manche ihm später zugute hielten, denn in Wahrheit hatte er kein Konzept für eine europäische Friedensordnung, das die Interessen der anderen Mächte berücksichtigte. Dafür gebrach es ihm an der entscheidenden Voraussetzung, seinen Ambitionen Maß und Ziel zu setzen. Den friedlichen Ausgleich konkurrierender Interessen sah er als Schwäche, als Gefahr für die Legitimation seines Regimes. Diese Sicht entsprach seinen Karriereerfahrungen. Die Revolution, die dem krassen Außenseiter einen kometengleichen Aufstieg zu Macht und Ruhm ermöglichte, hatte eine Dynamik freigesetzt, die alle Erfahrungen sprengte, alle überkommenen Gewissheiten über den Haufen warf. Wer jetzt Erfolg haben wollte, musste sich dieser Dynamik blindlings anvertrauen, musste auf der Welle reiten, die das alte Europa der Höfe und Allianzen, der dynastischen Interessen und Intrigen unter sich begrub. Insofern verstand sich Bonaparte ganz im Sinne Hegels als Leitender Angestellter des «Weltgeistes».

Diese geschichtsphilosophische Prognose war sein großer Irrtum. Die

Geschichte macht in ihrem Fortschreiten nie Tabula rasa, sie bringt allenfalls zum Einsturz, was unwahr geworden ist. Bonapartes ganzes Ingenium zielte auf Zerstörung; darin liegt seine herostratische Größe. Was er hingegen an die Stelle dessen setzte, was er zertrümmerte, blieb Stückwerk, dem nur seine Macht eine fragwürdige Konsistenz verschaffte. Keineswegs war aber in Bonaparte von Anfang an der ganze Napoleon enthalten. Der Artillerieleutnant hatte noch keine Vorstellung vom Kaiser Napoleon. Das hieße, den Prozess seiner Selbstwerdung zu leugnen, mit dem späteren Napoleon den früheren Bonaparte deuten, und den radikalen Wandel der Zeitumstände zu vernachlässigen. Andererseits weist dieser Prozess aber auch Konstanten auf. Die wichtigste ist sicher seine Bindungslosigkeit. Bonaparte war ein *homo novus*, den weder Herkommen noch andere überpersonale Traditionszusammenhänge – ständische, kulturelle, sprachliche oder nationale Zugehörigkeit – in seiner Entwicklung beeinflussten. Er war ein Außenseiter, und sein Handeln wurde allein bestimmt von den Rücksichten auf seine Selbstbehauptung. Das wusste er sehr genau. Versuche von Zeitgenossen, die den Bonapartes eine Abstammung von einem der spätrömischen Kaisergeschlechter andichteten, hat er mit Hohn und Spott quittiert. Als ihm wieder einmal eine solche phantastische Genealogie vorgelegt wurde, beschied er den Schmeichler knapp mit den Worten: «Das ist der Stammbaum aller Korsen. Meine Herkunft hingegen ist rein französisch; sie datiert vom 18. *Brumaire.*»[2]

Vor dem Hintergrund der Revolution erwies sich sein Außenseitertum, seine Bindungslosigkeit als Stärke, die, entschlossen ausgespielt, faszinierte und ihn für lange unüberwindlich machte. Bindungslosigkeit war die entscheidende Voraussetzung für Bonapartes Aufstieg wie für Napoleons Untergang, für den überbordenden *amor fati* wie für die politische Konzeptionslosigkeit. Der *amor fati* zeigte sich in der Rastlosigkeit, in der Unfähigkeit, Entwicklungen in Ruhe reifen zu lassen; hinter der politischen Konzeptionslosigkeit, der Unfähigkeit, längerfristige Ziele zu formulieren, die zu erreichen es gelegentlich Zugeständnisse brauchte, für die Niederlagen oder Kränkungen zu akzeptieren waren, steht sein Opportunismus, der stets ungezügelte Drang, günstige Gelegenheiten rücksichtslos auszubeuten, ohne die Folgen zu bedenken. In unmittelbarem Zusammenhang damit muss man auch seinen rüden Umgang mit den jeweiligen Verbündeten sehen. Seine herrische Ungeduld schlug sich in der oft brutalen Kompromisslosigkeit seiner Diplomatie nieder, die häufig nur einer zivilen Form der Kriegführung glich. Das macht die Art deutlich, in der er mit dem Papst umsprang. Ironischerweise aber gewann das so häufig gedemütigte Papsttum daraus eine moralische Kraft, die dem «materialistischen» 19. Jahrhundert dann erfolgreich widerstand. Ein weiterer Beleg ist die Fragwürdigkeit, mit der er allein den eigenen Machtzuwachs im Auge hatte. Schon der schiere Aberwitz, Europa unter den lächerlichen Mitgliedern seines Clans aufzuteilen, die er zu Operettenkönigen machte, zeigt überdeutlich, wie wenig ihn der Bestand dieser Ordnung interessierte. Die *Grande Nation* oder der *Grand Empire* waren bloßer Etikettenschwindel, und die großen Visionen, die er in Sankt Helena ausmalte und die seinem Handeln angeblich zu Grunde gelegen hatten, erweisen sich als bloße Erbauungsliteratur. Sein immer maßloseres Eroberungswerk trug das Ziel vielmehr in sich selbst, Macht ließ ihn nach noch mehr Macht verlangen. Mit dem späteren napoleonischen Imperialismus, der nach 1805 immer deutlicher in Erscheinung trat, drängt sich deshalb der Eindruck auf, dass dessen Idee im Schlachtenschlagen bestand, die nur weitere Schlachten zur Folge haben mussten. Daher seine bekannte Aussage: «Die Stelle von Gottvater einnehmen? Ah, das wollte ich nicht; das ist eine Sackgasse!»[3]

Der europäische Frieden, in den die Mächte aus Erschöpfung und Einsicht binnen weniger Monate einwilligten und der Frankreich eine dominierende Stellung in Europa verschaffte, von der Richelieu nur hätte träumen können, war für Bonaparte ein Zwischenakt, eine Atempause, die er seinem Land nach zehn Jahren Krieg und Revolution gönnen musste. Schließlich galt es, die Gesellschaft, das politische System und die Wirtschaft seinen Machtinteressen folgend zu organisieren, musste der französische Machtzuwachs in Europa ausgebaut und konsolidiert werden. Doch diese Überlegungen beherrschten allenfalls seine mittelfristige Perspektive. Auf kurze Sicht hingegen, für ihn stets vorrangig, fühlte sich Bonaparte von der Furie des Erfolgs gehetzt. Seine Macht war zu jungen Datums und zu gewaltsamen Ursprungs, er konnte nicht darauf vertrauen, dass Verwaltungs- und Schulreformen oder eine prosperierende Wirtschaft ausreichten, sie zu festigen. Er brauchte, wonach sein Charakter und seine Erfahrung verlangten, rasche, spektakuläre Erfolge, Siege, die seinen Ruhm immer wieder auffrischten. Ein General an der Spitze des Staates, der keine Schlachten mehr schlägt, der nicht siegreich aus Feldzügen zurückkehrt, wird rasch zur lächerlichen Figur, macht sich überflüssig und stört am Ende nur noch. Deshalb ließ Bonaparte trotz des Friedens nichts unversucht, weitere strategische Positionen zu besetzen.

Das Schicksal des Deutschen Reichs liefert dafür das Exempel. Im Frieden von Lunéville war das bereits auf dem Rastatter Kongress vereinbarte Prinzip bestätigt worden, die deutschen Fürsten für ihre linksrheinischen Gebietsverluste rechtsrheinisch vor allem mit geistlichen Territorien zu entschädigen. Die große Flurbereinigung, auf die man sich damit verständigte, firmierte deshalb als Säkularisation, auch wenn ihr außerdem noch 45 der 51 Reichsstädte sowie fast der gesamte Besitz der Reichsritterschaft zum Opfer fielen. Gerade Österreich hätte sich aus eigenem Interesse gegen umfangreiche Säkularisierungen im Reich stemmen müssen, denn deren Opfer waren stets seine treuesten Verbündeten gewesen, aber Wien versagte sich dieser Herausforderung. Damit nicht genug, flüchtete man sich in Wien in die Rolle des Pontius Pilatus und beauftragte ausgerechnet den ohnmächtigen Reichstag, mit Frankreich die leidigen Entschädigungsfragen auszuarbeiten.[4] Dieses Ansinnen war ungeheuerlich: Der Reichstag sollte damit die Details eines Prozesses organisieren, der zur Selbstverstümmelung, ja dem Untergang des Reiches führen musste. Dazu wurde eine eigene Kommission, die sogenannte «Reichsdeputation», berufen, die im August 1802 zusammentrat. Sie sollte einer schamlosen Ausrede Reputation verschaffen und damit der Beutegier der deutschen Flügelmächte, Preußen und Österreich, das Mäntelchen der Rechtmäßigkeit umhängen. Die fanden sich aber in der Rolle betrogener Betrüger wieder, denn die Entscheidung darüber, wer mit wieviel und mit welchen Ländereien für seine linksrheinischen Verluste entschädigt werden sollte, fiel in Paris.[5]

Die Einsicht in die eigene Ohnmacht veranlasste viele Reichsstände, unmittelbar nach Abschluss des Friedens von Lunéville in Paris vorstellig zu werden, um ihre Interessen wortreich zu vertreten.[6] Im stillen Einverständnis mit Russland spielte Bonaparte den Schiedsrichter in diesen *querelles allemandes*,[7] über die er keineswegs als ehrlicher Makler, sondern im Einklang mit seinen Herrschaftsabsichten zu entscheiden gedachte. Das Ergebnis des Rattenrennens der deutschen Reichsstände nach Paris war der französisch-russische Entschädigungsplan, der am 3. Juni 1802 von Talleyrand und dem russischen Botschafter in Paris, Markov, unterzeichnet und der «Reichsdeputation» in Regensburg am 18. August als «Diskussionsgrundlage» vorgelegt wurde.[8] Das war natürlich purer Euphemismus, denn die «Reichsdeputation» hatte, von einigen Retouchen zu Gunsten Österreichs abgesehen,[9] keine andere Wahl, als diesen Plan gut zu heißen. Österreich war ansonsten einer der großen Verlierer dieser Flurbereinigung, denn seine Gewinne fielen im Gegensatz zu denen Preußens und der deutschen Mittelstaaten mit Ausnahme Sachsens, das keinerlei Entschädigungsansprüche gelten machen konnte, nur bescheiden aus. Autor des berühmt-berüchtigten «Reichsdeputationshauptschlusses» vom 25. Februar 1803,[10] der dem

Heiligen Römischen Reich deutscher Nation den Todesstoß versetzte, war allein Bonaparte.

Diese Autorschaft verrät sich zum einen in einer Reihe von Dispositionen, die England beruhigen sollten, wie darin, eine neuerliche Koalition der Kontinentalmächte gegen Frankreich zu vereiteln. Nach der ersten Absicht verpflichtete sich Preußen dazu, das der englischen Krone gehörende Hannover, das Preußen seit 1801 besetzt hatte, wieder zu räumen. Außerdem erhielt Hannover das Bistum Osnabrück, obwohl es keine Gebietsverluste auf dem linken Rheinufer erlitten hatte. Der zweiten Absicht entsprach es, Preußen ungefähr mit dem achtfachen an Territorium und dem vierfachen an Bevölkerungszahl für seine linksrheinischen Verluste zu entschädigen: Für die Zukunft bedeutete es aber mehr, dass Preußen mit den Bistümern bzw. Hochstiften von Hildesheim, Münster und Paderborn, sowie den Abteien Elten, Essen, Herford und Werden im Westen des Reichs Fuß fasste, während es gleichzeitig auch seinen Besitz in Mitteldeutschland mit dem Bistum Erfurt sowie dem Eichsfeld, der Abtei Quedlinburg und den Reichsstädten Goslar, Mühlhausen (Thüringen) und Nordhausen weiter ausbaute.[11] Außerdem überließ Bonaparte dem Prinzen von Oranien-Nassau als «Entschädigung» für dessen Verzicht auf das «Stathouderat» in den Niederlanden, zwei Bistümer und die Stadt Dortmund. Um sich des Wohlwollens des Zaren zu versichern, erhielt dessen Verwandter, der Herzog von Oldenburg, der zwar keinerlei linksrheinische Gebietsverluste erlitten hatte, das Bistum Lübeck zugesprochen. Österreich hingegen bekam lediglich die Erzbistümer Brixen und Trient, musste aber gleichzeitig für die Verluste des Herzogs von Modena aufkommen, dem der Breisgau übereignet wurde, sowie für die des Erzherzogs Ferdinand von Toskana, dem die Einnahmen aus dem Erzbistum Salzburg zufielen.[12]

Um eine neue Koalition zu vereiteln, versicherte sich Bonaparte der Abhängigkeit der süddeutschen Staaten, die als Puffer wie als mögliche Bundesgenossen gegen Österreich dienten. Deshalb wurde beispielsweise Baden um das mehr als Neunfache, Württemberg um das Siebenfache ihrer linksrheinischen Bevölkerungsverluste rechtsrheinisch entschädigt, während sich Bayern lediglich mit einem Zugewinn von rund 150000 Seelen begnügen musste, der um rund 20 Prozent seine linksrheinischen Verluste überstieg.[13] Um die Eitelkeiten des deutschen «Zaunkönigtums» zu befriedigen, erhielten Baden, Hessen-Kassel, Württemberg und Salzburg die Kurwürde zugesprochen, angesichts des Zustands, in dem sich das Reich befand, nur noch Schall und Rauch. Das Reich hatte damit zehn Kurfürsten, unter denen erstmals die protestantischen Glaubens mit sechs die Mehrheit stellten.

Als politischer Verlierer dieser von Bonaparte initiierten Flurbereinigung des Deutschen Reichs stand Habsburg da, während Frankreich den großen Gewinner gab, weil es seinen Einfluss auf die deutschen Belange erheblich erweiterte. Nun konnte Bonaparte die ihm verpflichteten deutschen Mittelstaaten sowohl gegen Preußen wie gegen Österreich ausspielen. Er war damit de facto bereits jetzt der Protektor des «dritten Deutschland», auch wenn er sich fürs Erste beschied, die Rheingrenze, das große Ziel der Revolution, erreicht zu haben. Die Mäßigung täuschte, denn durch die Vergrößerung und die binnenterritoriale Homogenisierung ihrer Herrschaft, die ihnen scheinbare Souveränität verschaffte, gerieten die süddeutschen Staaten in desto größere Abhängigkeit von Frankreich, denn sie mussten die Gebietszugewinne verdauen und in ihre staatlichen Ordnungen integrieren. Unter Vormundschaft Frankreichs entstanden so aus der Ruine des Reichs die deutschen Mittelstaaten, die, straff geführt, zu einem erheblichen Machtpotential werden konnten. (Siehe Karte 9)

Für Österreich, das der ganzen Entwicklung mit unbegreiflicher Tatenlosigkeit zugesehen hatte, war das ein böses Erwachen. Es tröstete Wien kaum, dass die Stärke der süddeutschen Staaten eine Variable der französischen Politik war. Das Traumgespinst eines «dritten Deutschland», das viele Gemüter bis 1870 narren sollte, erwies sich von Anfang an als Lebenslüge. In seinem *Exposé de la situation de la République*, das Bonaparte am 20. Februar 1803 dem Senat und dem *Corps législatif* übermittelte, kommentierte er die kurz skizzierten territorialen Veränderungen in Deutschland: «Durch die glückliche Zusammenarbeit von Frankreich und Russland ließen sich alle hartnäckigen Gegensätze miteinander vermitteln, und aus dem Sturm, der das Deutsche Reich auszulöschen schien, ist dieses Reich, das für das Gleichgewicht und die Ruhe Europas unverzichtbar ist, stärker denn je hervorgetreten, besteht es jetzt doch aus wesentlich homogeneren, besser miteinander verknüpften und verteilten Elementen, die auf der Höhe der Zeit und der in ihr vorherrschenden Ideen sind.»[14] Diese Worte verraten nicht falsche Selbstbescheidenheit, sondern zeigen lediglich, dass Bonaparte zum damaligen Zeitpunkt noch keine unmittelbaren Konsequenzen aus dem unerhörten strategischen Zugewinn ziehen wollte, den ihm das unerklärliche Desinteresse Österreichs am weiteren Schicksal des Reichs und die Kurzsichtigkeit Russlands beschert hatten.

Bonapartes Machtinteressen richteten sich vielmehr auf die Schweiz. Die Alpenrepublik, sowohl für die Kontrolle Süddeutschlands wie Norditaliens von hervorragender strategischer Bedeutung, wie die Kampagne von Marengo gezeigt hatte, musste unter allen Umständen fest in der französischen Einflusssphäre verankert werden. Den willkommenen Vorwand dazu lieferten die bürgerkriegsähnlichen Zustände, die nach Abzug der letzten französischen Truppen Ende August 1802 wieder aufflammten. Die nach Lausanne geflüchtete Schweizer Regierung sah sich schließlich genötigt, Bonaparte um Unterstützung zu bitten. Der antwortete am 30. September 1802 mit einer an die achtzehn Schweizer Kantone gerichteten Proklamation, mit der er sich zum Vermittler im Konflikt ernannte.[15] Außerdem ordnete er eine sofortige Entwaffnung der Aufständischen an, befahl einem Armeecorps unter Ney, die Schweiz zu besetzen, und verkündete die Einberufung einer Beratenden Versammlung in Paris, an der Abgeordnete des Schweizer Senats sowie der einzelnen Kantone beteiligt sein sollten.[16] Zwei Tage zuvor, am 28. August 1802, erklärte Bonaparte die «Unabhängigkeit» des Südschweizer Kantons Valais, der damit ganz unter französische Herrschaft geriet. Als Garanten seiner «Unabhängigkeit» figurierten Frankreich, die Schweiz und die Italienische Republik, eine Farce, denn die Abtrennung dieses Kantons gründete allein auf militärstrategischen Überlegungen.[17]

Die angekündigte Versammlung am 10. Dezember 1802 in Paris erörterte den von Bonaparte unterbreiteten Vermittlungsvorschlag einer neuen Bundesverfassung, der am 19. Februar 1803 akzeptiert wurde. Die von Bonaparte diktierte Bundesverfassung enthielt als wichtigste Bestimmungen die Rechtsgleichheit der Kantone untereinander, denen jedes Bündnis mit einer ausländischen Macht untersagt war. Außerdem wurde eine schwache Zentralregierung eingesetzt, der ein Bundestag zugeordnet war, in den die Kantone, je nach Bedeutung, ein oder zwei Abgeordnete entsenden sollten. Auch verpflichtete sich die Schweiz dazu, Frankreich, wie zu Zeiten des *Ancien Régime*, vier Regimenter mit 16 000 Soldaten zu stellen.[18] Eine eigene Armee war der Schweiz verboten. Sollte Frankreich eine Invasion drohen, mussten die Kantone dennoch 12 000 Mann zur Verfügung zu stellen.[19] Die Schweiz stand damit ganz unter französischem Kuratel, gesichert durch das Defensivbündnis, das am 27. September 1803 mit einer Laufzeit von fünfzig Jahren abgeschlossen wurde.[20] Ungeachtet dieser Bestimmungen erwies sich die «Mediation» Bonapartes als seine bei weitem Abstand gelungenste Übung auf dem schwierigen Feld der Staatsbildung und Verfassungsgebung. Mit der «Mediations-Akte» gelang ihm das einmalige Kunststück, alle Interessen nicht nur miteinander zu vermitteln, sondern er schaffte es auch, dass man ihn als Protektor begrüßte. So wurde Bonaparte in gewisser Hinsicht zum Paten jenes spezifisch schweizerischen Patriotismus, der das Wesen der vielsprachigen und multiethnischen Konföderation bis heute kennzeichnet.

Die «Unabhängigkeit» des Valais sowie die militärische und politische Integration der Schweiz in das französische Herrschaftssystem musste zwangsläufig Begehrlichkeiten auf das Piemont wecken, das wie ein Riegel zwischen dem französischen Kernland und der Italienischen Republik lag. Das entschied sein Schicksal: Am 11. September 1802 wurde das Piemont annektiert.[21] Dem vorausgegangen war bereits am 26. August die Annexion von Elba, der im Oktober jene des Herzogtums Parma folgte. Diese nicht unbeträchtliche Ausweitung und Festigung des französischen Einflusses in Kontinentaleuropa im Schutze des Friedens von Amiens verstieß nicht, wie französische Historiker gern hervorheben, gegen dessen Buchstaben, denn der Vertrag schweigt sich tatsächlich aus über die deutschen, schweizerischen und italienischen Angelegenheiten. Andererseits spricht das aber Bände über die von Anfang an prekäre Stabilität dieses Friedens, zumal die weitere Entwicklung in Kontinentaleuropa für England von erstrangigem Interesse sein musste. Tatsache ist aber auch, dass der Erste Consul Anweisung gegeben hatte, die kontinentaleuropäischen Belange bei den französisch-englischen Friedensgesprächen nicht zur Sprache zu bringen.[22] Mit anderen Worten: Bonaparte hatte von Anbeginn lebhaftes Interesse daran, zu vermeiden, dass der Friedensschluss mit England die von ihm längst geplante Expansion Frankreichs in Kontinentaleuropa vereitelte – dabei musste ihm klar sein, wie wenig gleichgültig eine solche Entwicklung London sein konnte. Das zeigt sein Schreiben an Talleyrand vom 4. November 1802, man möge den scheidenden französischen Botschafter in London, Otto, ebenso wie dessen Nachfolger, General Andréossy, mit Argumenten gegen entsprechende englische Klagen versehen.[23]

Bonaparte hatte richtig kalkuliert: Das System der europäischen Friedensschlüsse schuf die Voraussetzung für die geplante konfliktfreie Expansion. Auch wenn ihm dabei das erstaunliche Desinteresse Österreichs, die dumme Eitelkeit Russlands, die Entschlusslosigkeit Preußens oder die Isolierung Englands zustatten kamen, so war das alles dennoch eine diplomatisch-politische Meisterleistung: Im Februar 1803 waren Nord- und Mittelitalien, die Schweiz und Holland enger als je zuvor an Frankreich gebunden. Spanien war so schwach, dass sein Bündnis mit Frankreich sich kaum von einem Protektorat unterschied. Ähnlich war die Situation in Süddeutschland, dessen Staaten den Schutz des Consulats brauchten. Diese Ausweitung und gleichzeitige Konsolidierung der französischen Einflusssphäre in Kontinentaleuropa kommentierte Talleyrand in seinen Memoiren mit einer spürbaren Bewunderung für das Vollbrachte: «Ohne die mindeste Übertreibung kann man feststellen, dass Frankreich in der Zeit des Friedens von Amiens sich dem Ausland gegenüber einer solchen Macht, eines Ruhms wie eines Einflusses erfreute, dass selbst der Ehrgeizigste von all dem kaum mehr für sein eigenes Land würde wünschen können. Was diese Situation aber noch wunderbarer machte, war die Geschwindigkeit, mit der sie geschaffen wurde. In weniger als zweieinhalb Jahren, vom 18. *Brumaire* bis zum 25. März 1802, dem Tag, an dem der Friede von Amiens unterzeichnet wurde, hatte sich Frankreich aus der Ohnmacht, in die es das Direktorium gestürzt hatte, auf den ersten Platz in Europa geschwungen.»[24]

Die französische Haltung – was im Friedensvertrag von Amiens nicht explizit vereinbart war, konnte auch nicht eingeklagt werden – zeigt nur, dass Paris die Verständigung mit England im Grunde nicht auf eine breitere Grundlage stellen wollte. Die französische Diplomatie reagierte auf die um Verständnis werbenden Einwände Lord Hawkesburys gegen Bonapartes Expansionspolitik stets mit dem Hinweis auf den völkerrechtlichen Grundsatz *Pacta sunt servanda*, Verträge müssen eingehalten werden. Auch wenn die spektakuläre Ausweitung des französischen Einflusses in Kontinentaleuropa in die Zeit vor Abschluss des Vertrags von Amiens fiel – lediglich die Annexion des Piemont fand nach dessen Unterzeichnung statt –, wird man Verständnis für Hawkesburys Argumente haben: Der Frieden von Amiens war für ihn ein System, das auf gegenseitigen Kompensationen und Gebietsrückerstattungen gründete. Seitdem dieser Vertrag unterzeichnet worden sei, so klagte der englische Botschafter, hätte sich jedoch die Position der beiden Kontrahenten spürbar verändert und zwar ausnahmslos zu Gunsten Frankreichs. «Trotz unserer Entschlossenheit, uns in keiner Weise in die Angelegenheiten des Kontinents einzumischen, sehen wir uns dennoch wider unseren Willen dazu gezwungen, und zwar sowohl durch die Klagen, die uns erreichen, wie auch durch die öffentliche Meinung (in England), die sich hier mit beispiellosem Nachdruck äußert.»[25]

Der Druck der öffentlichen Meinung, auf den Hawkesbury hinweist, zeigt, dass England um den wichtigen kontinentaleuropäischen Absatzmarkt zu fürchten begann, der ihm durch die französische Expansion beschnitten wurde. Die französische Besetzung Belgiens hatte England 1793 zum Kriegseintritt gegen die Revolution provoziert, mit dem Ergebnis, dass Belgien zwar französisch blieb, der gesamte Überseehandel Frankreichs aber in die Hände Englands geriet. Trotzdem verschärfte sich Englands Dilemma, denn die Kosten des Krieges, an der rapide wachsenden Staatsverschuldung abzulesen, überstiegen bei weitem die Handelsgewinne. Dieses Verhältnis umzukehren, erklärte sich England zum Friedensschluss mit Frankreich bereit, mit dem es seinen politischen Einfluss auf dem Kontinent um den Preis aufgeben wollte, seinen

Exportmarkt zurückzugewinnen.[26] Das erwies sich als folgenreiche Illusion: man verkannte in London das Wesen von Bonapartes Regime, dessen Ehrgeiz auf eine Ausweitung des politischen wie wirtschaftlichen Einflusses Frankreichs abzielte und der deshalb daran interessiert war, dem englischen Handel nicht wieder jene Vorteile zu verschaffen, die ihm der Handelsvertrag von 1786 beschert hatte.[27]

Fragen der künftigen Gestaltung der Handelsbeziehungen zwischen beiden Ländern hatte man im Vertrag von Amiens ebensowenig angesprochen wie die Folgen, die eine Ausweitung der französischen Einflusssphäre in Europa für die englische Wirtschaft haben musste: Außer Frankreich wurden nämlich auch jene Länder, die unter mittelbarer oder unmittelbarer Kontrolle Frankreichs standen, durch hohe Importzölle auf englische Kolonialwaren und Industrieerzeugnisse abgeschottet, die mit heimischen Produkten konkurrierten,[28] während sich gleichzeitig französische Kaufleute anschickten, wieder im Übersee- und Kolonialhandel tätig zu werden. Besonders empfindlich wirkte sich die Rückgabe der französischen Kolonien aus, mit der Frankreich nicht nur seine traditionellen Absatzgebiete für Manufakturwaren wiedererlangte, es konnte sich auch freimachen von der bisherigen Abhängigkeit vom Import englischer Kolonialwaren. Frankreich zog mithin aus dem Vertrag von Amiens alle Vorteile, während England, das stillschweigend darauf vertraute, mit Handelserleichterungen honoriert zu werden, sich in dieser Erwartung nicht nur enttäuscht sah, sondern auch einen empfindlichen Rückgang seiner Exporte erlebte. Eine Fortdauer dieser wirtschaftlich unerträglichen Entwicklung würde einen neuen Krieg unvermeidlich machen.[29]

Dieser stille, aber das Verhältnis beider Länder vergiftende Interessenkonflikt zeigt in nuce, wie begrenzt Bonapartes politische Weitsicht war. Wirtschaftlich war England, wie er eingestehen musste, Frankreich weit überlegen. Mit seiner Flotte verfügte das Inselreich über einen weltweiten Einfluss, dem Frankreich wenig entgegensetzen konnte. Dieser seinen Stolz verletzenden, aber auch seine weiteren Pläne beeinträchtigenden Asymmetrie ließ sich durch die Erweiterung der französischen Einflusssphäre zu Lasten der englischen Exportmärkte begegnen. Dahinter verbarg sich das traditionelle Axiom französischer Politik, England stünde Frankreich immer im Wege. Bei Bonaparte wuchs sich das zur Obsession aus, deshalb musste er die Motive, die London zum Friedensschluss bestimmten, völlig missverstehen. Damit enttäuschte er aber auch Hoffnungen der französischen Wirtschaft auf Exporterleichterungen.[30] Er wiegte sich in der Gewissheit, England folgenlos enttäuschen zu können, weil London im Moment keinen bedeutenden kontinentaleuropäischen Bündnispartner hatte. Doch das musste nicht immer so bleiben. Eine Gegnerschaft Englands barg stets die Gefahr einer neuen, gegen Frankreich gerichteten Mächtekoalition in sich, eine Imponderabilie, die Bonaparte kaum auf die Dauer würde überlisten können. Aber just diese Absicht leitete ihn, als er, von großen, allein auf diplomatischem Wege erreichten Expansionserfolgen trunken, darauf vertraute, den französischen Einfluss in Europa so rasch und effizient ausdehnen und diese Gefahr damit ein für allemal bannen zu können.

Ein Beweis für Bonapartes realitäts- und politikferne Machtphantasie ist die Instruktion an den französischen Botschafter in London vom 23. Oktober 1802: «Jedesmal, wenn die Minister direkt oder indirekt im Gespräch mit Ihnen, mit Krieg drohen, müssen Sie mit Nachdruck die Frage stellen: Handelt es sich um einen Seekrieg? Was könnte damit schon erreicht werden, außer, dass man die Entwicklung (einer Marine) vereitelt, die es noch gar nicht gibt? Oder handelt es sich um einen Krieg auf dem europäischen Festland? Weder Preußen noch Bayern werden aber dann an der Seite Englands marschieren, während Österreich entschlossen ist, was immer auch geschehen mag, sich in nichts einzumischen. (...) Sollte sich Österreich dennoch in irgendetwas einzumischen wagen, dann wird es England sein, das uns dazu zwingt, Europa zu erobern; denn kaum dass der erste Kanonenschuss gefallen ist, werden wir uns der Schweiz, der Niederlande bemächtigen, und, um uns alle Ungelegenheiten zu ersparen, die ihre Quelle und Ursache möglicherweise in diesen Ländern haben, sie einfach mit Frankreich vereinigen. In gleicher Weise ließe sich im übrigen auch mit der Italienischen und der Ligurischen Republik verfahren, statt sie in diesem Zwischenstadium zu belassen, das uns nur ihre ungeheuren Ressourcen vorenthält. Hannover und Preußen werden ein nämliches Schicksal erleiden, mit der Folge, dass sich ganz England wird wappnen müssen, um allen Invasionsvorhaben begegnen zu können, die wir unvermeidlicherweise versuchen werden. Sobald sich der Erste Consul nach Lille oder Saint-Omer verfügt und hier alle Schuten Hollands sowie eine Armee von einhunderttausend Mann an der Küste versammelt, wird England sich in einem dauernden Alarmzustand befinden, der umso größer sein dürfte, als es in den beiden ersten Monaten des Krieges bereits Hannover und Portugal verloren haben wird und dann tatsächlich sich dem unterdessen entstandenen *Empire des Gaules* gegenübersieht, mit dem es schon jetzt Europa zu schrecken sucht.»[31]

Das Dokument zeigt zweifelsfrei, dass Bonaparte den Frieden von Amiens lediglich als Waffenstillstand ansah. Es reflektiert nicht nur seine Interessenlage, sondern zeigt auch seine nüchterne Einschätzung Englands, das selbst nach Abschluss eines vorteilhaften Handelsvertrags nicht auf Dauer bereit wäre, die französische Vorherrschaft auf dem Kontinent, die Annexion Belgiens oder ein großes französisches Kolonialreich (Louisiana) in Nordamerika zu akzeptieren. Wie auch immer er es anstellte, England bliebe stets die Macht, die sich einer Ausweitung des französischen Einflusses in Europa entgegenstemmte. So hatte Bonaparte im Grunde nur dann eine realistische Chance, wenn er gleichsam von sich selbst zurücktrat und seinen Ruhm darin zu finden trachtete, Frankreich nach den Wirren der Revolution mit sich zu versöhnen und zu neuem Wohlstand und kultureller Blüte zu führen.

Das entsprach aber keineswegs seiner «Berufung». Er musste seinen Weg gehen und das Duell mit England suchen und ausfechten. Ein kluger Berater, Joseph Fiévée, der sich im Auftrag Bonapartes während des Sommers 1802 einige Wochen in London zu informellen Gesprächen mit führenden Persönlichkeiten des Landes aufgehalten hatte,[32] nannte im Februar 1803 die Voraussetzungen, denen der Erste Consul für den Sieg in dieser Auseinandersetzung genügen müsse: «Man darf sich keine Illusionen machen; niemals wird es England dulden, dass wir unsere Kolonien wiedererlangen und unser Handel mit diesen wieder aufblüht. Großbritannien hat sich auf so viele Ausgaben festgelegt, dass es nur die Wahl hat, entweder stückweise zu verenden oder sich das Monopol des Welthandels auf die Gefahr hin zu sichern, dass es unter den Anstrengungen, dieses Ziel zu erreichen, zu Grunde geht. Wer hätte es sich ausmalen können, dass der Handelsgeist, den man immer als friedvoll ausgibt, wie der Eroberungsgeist durch Erfolge trunken wird? Wenn Frankreich, das heute siegreich dasteht, mit seinen Kräften kein Schindluder treibt, wenn es sich Europa gegenüber als Macht zu erkennen gibt, die ihm die Freiheit der Meere verschaffen will, wenn es die Sitten, Gewohnheiten und Gesetze der Völker achtet, die von ihm erobert werden, dann steht außer Zweifel, dass England unterliegt. Wenn aber Frankreich seine Absicht verkündet, über Europa so zu herrschen wie England über die Meere, dann werden die Kontinentalmächte in Großbritannien ihren natürlichen Bundesgenossen erkennen; die Völker werden sich England zuwenden, weil der Grundsatz gilt, dass, sieht man sich zwei Gefahren gegenüber, man sich vor allem gegen die wappnet, die sich am drängendsten darstellt. Die Politik der Nationen richtet sich immer danach und nach nichts anderem.»[33]

Der mit dem Debakel von Santo Domingo sich abzeichnende Verlust des französischen Kolonialbesitzes in der westlichen Hemisphäre, der ihn dazu veranlasste, Louisiana im April 1803 an die USA zu verkaufen,[34] hielt Bonaparte keineswegs davon ab, sein Glück nun in der östlichen zu versuchen. Dem diente die Vorbereitung der Expedition Decaens in den Indischen Ozean, um auf Réunion und der Ile de France (Mauritius) sowie in der auf dem indischen Festland gelegenen Enklave Pondichéry die französische Herrschaft wieder zu errichten. Weit mehr Unruhe als diese Unternehmung löste in London jedoch die Mission aus, mit der Bonaparte im Herbst 1802 Oberst Sébastiani, einen korsischen Landsmann, der ihm seit den ersten Aktivitäten auf der Heimatinsel vertraut war, beauftragte. Unter dem Vorwand einer diplomatischen Mission, in Wirklichkeit aber, um zu spionieren und den französischen Einfluss in Ägypten und Palästina wieder zu beleben, wurde der Oberst auf eine Erkundungsreise nach Ägypten und den Nahen Osten entsandt.[35]

Die englische Regierung verbarg zunächst aus diplomatischen Rücksichten ihre Irritation,[36] weil zum gleichen Zeitpunkt der Austausch neuer Botschafter bevorstand: London entsandte Lord Whitworth nach Paris, während General Andréossy nach England ging. In seinen Instruktionen für Andréossy gab Bonaparte dem Botschafter auch die Order, die englische Regierung mit einer Reihe offensiver Forderungen zu konfrontieren. Vor allem sollte er Klage über die Feindseligkeit der englischen Presse gegenüber Frankreich im allgemeinen und Bonaparte im besonderen führen und gegen die fortgesetzte Unterstützung der in Frankreich nach wie vor virulenten Aufstandsbewegungen, der widerspenstigen Bischöfe, der Bourbonen wie der royalistischen Emigranten protestieren, die das Klima zwischen beiden Staaten nachhaltig vergifteten.[37] Aus diesem umfassenden Katalog konnte sich Andréossy nach Belieben bedienen, wenn es galt, englische Beschwerden wegen der Ausweitung des französischen Einflusses in Europa zu konterkarieren.

Diese Instruktionen zeigen deutlich, wie prekär der Frieden zwischen England und Frankreich bereits war.[38] Die englische Diplomatie war andererseits erfahren genug, in derart gespannter Situation, in der die nebensächlichste Bemerkung, die kleinste Geste die Gegenseite unnötig provozieren konnte, sich in Contenance und Diskretion zu üben. Gleichwohl ließ die Mission Sébastianis in London die Entscheidung reifen, Malta nicht, wie in Amiens mit Frankreich vereinbart, zu räumen. Die Mittelmeerinsel hatte für beide Mächte erstrangige Bedeutung: Für Frankreich war Malta in erster Linie eine Prestigefrage, während die Insel für die Seemacht England als Flottenstation von großer Bedeutung war. Das bestätigte sich, als 1802 die Entsendung Sébastianis in den Orient bekannt wurde. In gewisser Weise erreichte Bonaparte damit genau das, was er wollte: England durch permanente diplomatische Provokationen unter Druck zu halten, von denen freilich keine einen vertretbaren Kriegsgrund bot. Mit dieser besonderen Form von *Brinkmanship*, einer Politik des äußersten Risikos, mit der Bonaparte gegenüber schwächeren Staaten große Erfolge hatte, konnte er England jedoch nicht beeindrucken. Wegen des Entschlusses, an Malta festzuhalten, schlugen die Briten Paris im November 1802 eine entsprechende Vertragsänderung vor: England sollte Malta behalten, während Frankreich sich verpflichtete, seine Truppen, wie bereits im Vertrag von Lunéville stipuliert, aus Holland und der Schweiz abzuziehen. Im Gegenzug würde England Frankreichs Annexion von Elba und den Status quo in Italien akzeptieren, wenn der König von Sardinien für den Verlust seines Herrschaftsbereichs eine Entschädigung erhielte.[39]

Mit diesem geschickten Schachzug stellte man Bonaparte die ausdrückliche Anerkennung aller Eroberungen Frankreichs in Europa sowie seine Hegemonie auf dem Kontinent – Deutschland und Belgien, die nicht explizit erwähnt wurden, selbstredend inbegriffen – in Aussicht. Der geforderte Abzug der französischen Truppen aus Holland und der Schweiz würde an der französischen Kontrolle beider Staaten nichts ändern. Diesen Vorschlag, noch nicht einmal mit dem Junktim eines britisch-französischen Handelsvertrags oder mit der Forderung nach einer Senkung der exorbitanten Einfuhrzölle für englische Waren verknüpft, musste Bonaparte dennoch ablehnen. Dass Malta im britischen Besitz bleiben sollte, spielte dabei keine Rolle; die Weigerung, die Insel wie vereinbart zu räumen, war Bonaparte vielmehr hochwillkommen, um England des Vertragsbruchs zu bezichtigen und London die Schuld am neuerlichen Kriegsausbruch zuzuschieben. Bonaparte musste diesen Vorschlag ablehnen, weil er sich nicht auf den beschriebenen Status quo in Kontinentaleuropa festlegen wollte, der eine weitere Expansion der französischen Vorherrschaft verhindern sollte. Denn das war das eigentliche Interesse Großbritanniens. Man konnte nicht länger tatenlos zusehen, wie der französische Machtbereich immer weiter ausgedehnt wurde.

Am englischen Verhandlungsangebot sah Bonaparte, wie dünn der Faden bereits war, an dem der Friede von Amiens hing. Das überraschte ihn kaum, auch wenn er sich noch keineswegs für einen erneuten Ausbruch des Konflikts gerüstet sah.[40] England sollte aber vor der europäischen wie der französischen Öffentlichkeit als der allein Schuldige dastehen. Dies verrät der *Exposé de la situation de la République* vom 20. Februar 1803: «Die Regierung verbürgt sich gegenüber der Nation für den Frieden auf dem Kontinent; auch ist ihr die Hoffnung auf eine Fortsetzung des Friedens zur See erlaubt. Dieser Frieden entspricht dem Wünschen und Wollen aller Völker; um ihn zu erhalten, wird die Regierung alles unternehmen, was sich mit der nationalen Ehre vereinbaren lässt und was wesentlich verknüpft ist mit der genauen Einhaltung der Verträge.»[41] Der Frieden von Amiens bestand danach für rund zwei Monate, in denen das übliche Spiel gespielt wurde: Die Diplomatie entfaltete rege Tätigkeit, aber die vorgeschlagenen Kompromisse fielen auf beiden Seiten durch. Was Bonaparte wollte, verraten seine Anweisungen an Talleyrand vom 1. Mai 1803: «Zeigen Sie sich kalt, hochmütig und durchaus auch ein bisschen kriegslustig. – Sollte die englische Note das Wort *Ultimatum* enthalten, dann geben Sie zu verstehen, dass dieses Wort nur ein Synonym für Krieg ist, dass es die Art und Weise kennzeichnet, in der ein Vorgesetzter mit seinem Untergebenen spricht. Sollte die Note dieses Wort aber nicht enthalten, dann sorgen Sie dafür, dass er es gebraucht, indem Sie ihm zu verstehen geben, dass man endlich wissen müsse, woran man sei, dass wir des dauernden Zustands der Ungewissheit überdrüssig sind.»[42]

Bereits am 11. März 1803 hatte Bonaparte den Zaren von der englischen Weigerung, Malta binnen drei Monaten nach Unterzeichnung des Friedensvertrags zu räumen, unterrichtet und damit die Versicherung verbunden: «Ich bin weit davon entfernt, mich jemals in eine solch unehrenhafte Behandlung zu schicken und bin zu allem entschlossen, dem rechtzeitig vorzubeugen.»[43] Am nämlichen Tag schrieb er auch an König Friedrich Wilhelm III. von Preußen, den er gleichlautend über seine Empörung wegen Englands Verhalten in Kenntnis setzte. Allerdings schloss er diesen Brief, den sein Vertrauter Duroc nach Berlin überbrachte: «Für den Fall, den ich mir nicht vorstellen möchte, dass sich der König von England in derart schändlicher Weise am guten Glauben versündigt, was zwangsläufig den Kriegsausbruch zur Folge hätte, beanspruche ich für mich das Recht, ihn überall dort anzugreifen, wo seine Flagge weht und wo mir dies möglich erscheint. Insbesondere mit Rücksicht auf diese Möglichkeit habe ich General Duroc beauftragt, mit Ihrer Majestät in Unterhandlungen zu treten.»[44]

Bonapartes doppeltes Kalkül mit dieser diplomatischen Offensive England zum Alleinschuldigen am Wiederausbruch des Konflikts zu machen, Russland und Preußen aber zu wohlwollender Neutralität zu verpflichten, ging glänzend auf.[45] Doch weder Russland noch Österreich konnten auf die Dauer tatenlos zusehen, wie Bonaparte den französischen Einfluss in Europa immer weiter ausbaute. Das musste beide Mächte zutiefst irritieren und sie wieder an die Seite Englands treiben. Diesen politischen Konjunkturumschwung beschleunigte Bonaparte durch zwei für seine Herrschaft charakteristische Fehler. Zum einen nutzte er die französische Hegemonie über Europa rücksichtslos aus und knechtete die von ihm abhängigen Staaten in kolonialistischer Manier. Zum anderen ließ er sich zur Entführung und Hinrichtung des Duc d'Enghien hinreißen, eines nahen Verwandten des bourbonischen Herrscherhauses. Dieser kaltblütige politische Mord bot Russland den Anlass, seine Neutralität aufzugeben und sich England wieder anzunähern.

Beim drohenden Ausbruch des Konflikts zu Beginn des Jahres 1803 witterten die royalistischen Gegner Bonapartes wieder Morgenluft. Im besonderen galt das für die Aufstandsbewegung der *Chouannerie*, die in den traditionellen Unruheprovinzen im Norden und Westen unbeschadet der energischen Repression noch immer virulent war.[46] Dass ihre Umtriebe augenblicklich die größte Gefahr waren, zeigt Bonapartes Schreiben vom 25. Mai 1803 an den *grand juge* Regnier, der seit der Entmachtung Fouchés im Herbst 1802 auch das Amt des Polizeichefs innehatte.[47] Wie üblich, verfiel er darauf, durch nackten Terror abzuschrecken. Dazu gehörte die Recht und Gesetz missachtende Anordnung Bonapartes vom 25. Dezember 1803: Rädelsführer der Rebellen sollten umstandslos von Militärtribunalen zum Tode verurteilt und erschossen werden. «Die Menschlichkeit und die öffentliche Sicherheit gebieten es, dass Exempel statuiert werden.»[48] Dieser Linie entsprach auch der Senatsbeschluss vom 26. Februar 1804, der für zwei Jahre die von Bonaparte ohnehin nicht geschätzten Geschworenen bei den Kriminalgerichten abschaffte, wenn bei diesen Verfahren anhingen wegen Hochverrats, eines Attentats gegen die Person des Ersten Consuls oder eines sonstigen Verbrechens gegen «die innere und äußere Sicherheit der Republik».[49]

Dieses Ausnahmegesetz antwortete auf eine unmittelbar zuvor aufgedeckte royalistische Verschwörung. Deren Haupt war Georges Cadoudal, den der Comte d'Artois, einer der Prinzen des Hauses Bourbon, zum «Generalleutnant» ernannt hatte. Cadoudal, der aus England kommend heimlich einreiste und sich seit Ende August 1803 in Paris versteckte, knüpfte ein weitgespanntes Verschwörungsnetz mit dem Revolutionsgeneral Pichegru und Bonapartes altem Widersacher Moreau als prominentesten Mitgliedern. Das bot Bonaparte den willkommenen Vorwand, sich dieses gefährlichen Rivalen elegant und ohne Blessuren zu entledigen. Die zufällige Aufdeckung der Verschwörung hatte für die weitere Entwicklung von Bonapartes Regime eminente Bedeutung. Vor dem Hintergrund einer günstigen wirtschaftlichen Lage diente sie als willkommener Vorwand, die Diktatur, mit dem Consulat auf Lebenszeit förmlich verkündet, auf allen Ebenen durchzusetzen.[50] Die Zensur und die polizeistaatliche Repression wurden verschärft, die Identifizierung des Regimes mit der Person Bonapartes vorangetrieben, dessen Profil nun wie einst das der Könige die Münzen des *Franc germinal* schmückte. Parallel dazu verfestigte sich in der öffentlichen Meinung die Ansicht, dass man in der Person des Ersten Consuls die Errungenschaften der Revolution verteidigte. Entsprechende Überlegungen, die auf eine «Monarchisierung» des Consulats abzielten, hatten zuvor bereits Mitglieder des willfährigen *Corps législatif* geäußert.[51] Bonaparte hütete sich aber auch diesmal vor allen Übertreibungen, um nicht die jakobinischen oder royalistischen Widerstände zu nähren. Entsprechende Umsicht zeigt beispielsweise seine Anweisung an Justizminister Regnier vom 19. Oktober 1803, alle Drucker und Verleger streng zu überwachen, dass weder ihm noch seiner Frau irgendwelche Bücher oder Druckschriften ohne vorheriges Einverständnis gewidmet würden.[52]

Nach der Aufdeckung der Verschwörung Cadoudals triumphierte die Ansicht, die Regnault de Saint-Jean d'Angely in einem Schreiben an Thibaudeau vortrug: «Sie wollten Bonaparte töten; man muss ihn schützen, indem man ihn durch die Regelung seiner Nachfolge unsterblich macht.»[53] Das war nichts anderes als die Umschreibung für die Wiedereinführung des monarchischen Prinzips der Erblichkeit für Person und Amt des Ersten Consuls. Dieser Gedanke griff jetzt nicht nur innerhalb des politischen Systems in Windeseile um sich, sondern wurde auch von der breiten Öffentlichkeit geteilt, und Bonaparte konnte einmal mehr behaupten, er habe sich nur den Wünschen der Nation gebeugt.[54] Im Winter 1804 war alles bereit, den Regimewechsel mit Zustimmung der Nation zu inszenieren. Allerdings fehlte noch ein zündender Funke, ein konkreter Anlass, ein Fingerzeig des Schicksals, kurz, ein Ereignis von möglichst symbolisch auslegbarer Bedeutung, das den Schritt nicht nur beglaubigte, sondern ihn im Interesse der Revolution und der Verteidigung ihrer Prinzipien geradezu erzwang. Es entsprach nicht Bonapartes Naturell, nur auf einen glücklichen Zufall zu warten. Deshalb inszenierte er den politischen Mord an einem Prinzen von königlichem Geblüt, eine Tat, von deren Verantwortung manche seiner Bewunderer den Ersten Consul bis heute freisprechen wollen.

In seinem auf Sankt Helena verfassten und vom 15. April 1821 datierten Testament erklärte er im Angesicht des nahen Todes: «Ich habe den Duc d'Enghien verhaften und aburteilen lassen, denn das war ein Gebot der Sicherheit, des Interesses wie der Ehre des französischen Volkes zu einer Zeit, in der der Comte d'Artois, nach seinen eigenen Angaben, sechzig Mörder in Paris in seinem Sold hatte. Unter ähnlichen Umständen würde ich genauso handeln.»[55] Napoleon bekannte sich noch bei anderer Gelegenheit, im Mai 1816, offen zu seiner Verantwortung, als er einem seiner Begleiter, General Bertrand, dem *Grand Maréchal du Palais*, auf Sankt Helena unumwunden eingestand: «Ich zögerte. Am Abend sagte Talleyrand zu mir: *Der Duc d'Enghien muss noch vor Tagesanbruch erschossen werden.* Ich gab den Befehl. Er starb auf Grund des Urteils eines Militärgerichts, das aus Offizieren gebildet war, die nach den Gesetzen entschieden. Dank einer langen und schwierigen politischen Karriere habe ich das Bewusstsein, damit kein Verbrechen begangen zu haben.»[56]

Das Verderben des Louis de Bourbon-Condé, Duc d'Enghien, eines Nachfahren des großen Feldherrn Condé, war seine hohe Geburt wie der bequeme Umstand, dass er unweit der französischen Grenze im badischen Ettenheim im Exil lebte. Beides machte ihn gewissermaßen zur Idealbesetzung der verwaisten Hauptrolle im Komplott Cadoudals, der eine Woche zuvor der Polizei ins Netz gegangen war. Außerdem war der Duc d'Enghien mit 32 Jahren fast so alt wie jener, dem er angeblich nach dem Leben trachtete, um an die Macht zu gelangen. Zwar zählte der Herzog, wie seine umfangreiche Korrespondenz zeigt,[57] zu den Gegnern Bonapartes, aber das war allein seiner Familien- und Standeszugehörigkeit geschuldet und fand keinen Niederschlag in irgendwelchen verschwörerischen Aktivitäten. Stattdessen frönte er zwei Leidenschaften: Seiner Liebe zu seiner Frau Charlotte de Rohan in Straßburg und der Jagd. Deshalb lebte er im grenznahen Ettenheim nahe den wildreichen Revieren der Rheinauen und des Schwarzwalds. Von hier konnte er sich auch in kürzester Zeit unter falschem Namen nach Straßburg begeben, um seine Frau zu besuchen. Beides wurde ihm zum Verhängnis.

Bonaparte fiel der Duc d'Enghien deshalb auf, weil sein Name gelegentlich in Polizeiberichten auftauchte, die zur Pflichtlektüre des Ersten Consuls zählten. In den *Rapports de la préfecture de police* wird der Herzog erstmals am 20. September 1803 genannt.[58] Die insgesamt vier Hinweise sind jedoch derart unspezifisch, dass selbst die Polizei des Consulats Mühe hatte, daraus ein konkretes «Verschwörerprofil» zu entwickeln, das die Entführung und Aburteilung auch nach dem sehr laxen Rechtsverständnis einer Diktatur rechtfertigte. Der Verdacht reichte gerade aus, um auf ihn aufmerksam zu werden. Zwischen dieser Wahrnehmung und dem Entschluss, ihn zu entführen und für ein Verbrechen zu verurteilen, das sich noch nicht einmal ansatzweise nachweisen ließ, gibt es eine Differenz, die nur durch den Willen der unmittelbar Beteiligten zu erklären ist, die Person des Duc d'Enghien als eigentlichen Kopf der Verschwörung Cadoudals auszugeben.

Für die Entschlossenheit Bonapartes, zwischen sich und die Bourbonen «einen Strom von Blut zu legen», wie Talleyrand gesagt haben soll,[59] gibt es ein schriftliches Zeugnis, das Schreiben vom 19. März 1804 an den

Pariser Stadtkommandanten Murat. Dieser hatte den Ersten Consul von Gerüchten in Kenntnis gesetzt, Angehörige der Häuser Bourbon und Orléans hielten sich in Paris auf, wo sie in ausländischen Botschaften logierten. Bonaparte reagierte darauf in einer Weise, die zeigt, dass an seiner Entschlossenheit, den Duc d'Enghien umbringen zu lassen, schon vor der Farce des Militärtribunals keinerlei Zweifel mehr bestanden: «Bürger General Murat, ich habe Ihren Brief erhalten. Sollte sich der Duc de Berry in Paris aufhalten und bei Herrn von Cobenzl wohnen, und M. d'Orléans bei dem Marquis de Gallo (dem sardischen Botschafter, J.W.), dann würde ich sie nicht nur diese Nacht noch verhaften und erschießen lassen, ich würde auch die Botschafter arretieren und sie das nämliche Schicksal erleiden lassen; das Völkerrecht würde dadurch nicht im mindesten verletzt. (...) Es gibt keinen anderen Prinzen in Paris als den Duc d'Enghien, der morgen in Vincennes eintreffen wird. Seien Sie dessen versichert, und dulden Sie unter keinen Umständen, dass man Ihnen gegenüber das Gegenteil behauptet.»[60]

Dieses Schreiben zeigt, dass Bonaparte der Autor, Regisseur und Letztverantwortliche für diese «Affaire» war, deren tödlicher Ausgang von Anfang an feststand. Das Leben des Duc d'Enghien war schon verwirkt, als in den frühen Morgenstunden des 15. März 1804 französische Gendarmen in sein Wohnhaus eindrangen, ihn festnahmen und nach Straßburg schafften. Von dort wurde er in der Nacht des 17. März nach Paris gebracht und im Schloss von Vincennes inhaftiert. In der Nacht vom 20. auf den 21. März trat ein von Murat gebildetes Militärgericht zusammen, das nach der Farce eines Prozesses den Duc d'Enghien in allen sechs Punkten der Anklage schuldig sprach und zum Tode verurteilte. Das Urteil wurde noch im Morgengrauen des 21. März 1804 in Vincennes vollstreckt, der Leichnam am Ort der Hinrichtung im Festungsgraben verscharrt.[61]

Trotz des dichten Schleiers der Geheimhaltung wurden Verurteilung und Hinrichtung des Duc d'Enghien sofort in Paris bekannt.[62] Vermutlich kam das den Verantwortlichen sehr gelegen. Zum einen brauchten sie sich nicht durch eine gewundene Erklärung für ihr Tun zu rechtfertigen; zum anderen ließ sich mit dem Anstrich selbstverständlicher Beiläufigkeit die von Bonaparte beabsichtigte Signalwirkung erheblich steigern:[63] Jetzt gehörte auch er zum Zirkel der *regicides*, zum Kreis jener, die einst für den Tod des Königs votiert hatten. Das königliche Blut an seinen Händen demonstrierte aller Welt unmissverständlich, dass er sich nie und nimmer mit der Rolle eines Reichsverwesers begnügen würde, sondern entschlossen war, aufs Ganze zu gehen und sich selbst zum gekrönten Herrscher Frankreichs zu machen.[64]

Allein um der Inszenierung dieser Botschaft willen musste ein Mensch sterben. Dieses kühl geplante und ins Werk gesetzte Opfer verstörte die Gemüter der Zeitgenossen mehr als die Hekatomben von Soldaten, die für den imperialen Wahn auf den napoleonischen Schlachtfeldern von Lissabon bis Moskau ihr Leben lassen sollten. Der durch nichts zu rechtfertigende Mord am Duc d'Enghien blieb das Kainsmal, von dem sich alle – ob Talleyrand, Savary, Réal oder auch Napoleon – zu reinigen suchten, als sie sich nach 1815 die Verantwortung dafür gegenseitig zuschoben. Dieses Verwirrspiel lässt sich an einem Aspekt des Geschehens verdeutlichen, bei dem Staatsrat Réal, ein enger Vertrauter Bonapartes, den Hauptpart spielte. Réal sollte darüber wachen, dass in Vincennes alles den gewünschten Gang nähme. Am Nachmittag des 20. März 1804 gab Bonaparte ihm die schriftliche Weisung, sich nach Vincennes zu verfügen, um den Gefangenen zu vernehmen. Die Fragen, die er stellen sollte, führte Bonaparte im nämlichen Schreiben auf, das mit der ominösen, aber unmissverständlichen Anweisung endet: «Es wird notwendig sein, dass Sie den öffentlichen Ankläger, der ein Major der Elite-Gendarmerie ist, diese Fragen stellen lassen und dass Sie ihn dann dazu anhalten, dass das ganze Verfahren zu einem schnellen Ende kommt.»[65]

Mit diesem Befehl wurde Réal, der zuvor schon mit der Untersuchung der Verschwörung Cadoudals betraut war und deshalb den pompösen Titel eines *Conseiller d'État spécialement chargé de l'instruction et de la suite de toutes les affaires relatives à la tranquillité et à la sûreté intérieures de la République* führte, zum Herrn des Verfahrens, der nach außen die Verantwortung für die Mordtat zu übernehmen hatte. Um die eindeutige Kompromittierung zu vermeiden, ignorierte Réal den Befehl und erschien nicht in Vincennes, was er hinterher mit der wenig überzeugenden Ausrede zu rechtfertigen suchte, er habe nicht gewusst, dass der Duc d'Enghien bereits eingetroffen sei. Réal wollte erst am frühen Morgen des 21. März von dessen Ankunft erfahren haben und machte sich sofort auf nach Vincennes. Unterwegs soll er Savary begegnet sein, der als Oberst der Elite-Gendarmerie nicht nur die Füsilierung des Duc d'Enghien befehligt, sondern im Auftrag Bonapartes auch die zügige Abwicklung des gesamten Verfahrens beaufsichtigt hatte. Savary teilte ihm mit, dass er zu spät käme.[66] Diese Episode erwähnte Savary in seinen Erinnerungen allerdings nicht.[67]

«Er (Bonaparte, J.W.) ließ mich sofort zu sich kommen und schien meinen Ausführungen mit größter Überraschung zu lauschen. Er konnte nicht verstehen, warum man das Urteil noch vor dem Eintreffen von Réal gefällt und vollstreckt hatte, dem befohlen war, sich nach Vincennes zu begeben, um den Gefangenen zu vernehmen. Er fixierte mich mit Luchsaugen und sagte: *Es gibt da etwas, was ich nicht verstehe. Dass die Kommission ihr Urteil nach dem Schuldeingeständnis des Duc d'Enghien gefällt hat, das überrascht mich nicht ... Aber, wie konnte man nach diesem Geständnis sofort das Urteil fällen, das doch erst erfolgen sollte, nachdem M. Réal den Angeklagten zu einem Punkt befragt hatte, den aufzuklären für uns von besonderem Interesse war?* Dann wiederholte er nochmals: *Es gibt da etwas, was ich nicht verstehe ... Voilà un crime, et qui ne mène à rien.»* – «Da haben Sie ein Verbrechen, das zu nichts führt.»[68]

Mit dieser Bemerkung suchte Bonaparte seine Hände in Unschuld zu waschen. Die Verurteilung und Füsilierung des Duc d'Enghien war ein zutiefst bedauerliches Versehen, dessen Verantwortung sich Réal aus Pflichtvergessenheit und Savary aus übertriebenem Pflichteifer teilten. Dass diese Episode ein ungeschickt inszenierter Schwindel war, um Bonapartes Verantwortung zu verbergen, zeigt sich schon daran, dass keiner der angeblich «Schuldigen» für sein Versagen den Zorn des Ersten Consul zu spüren bekam. Im Gegenteil: Sowohl Réal wie Savary wurden nach Einführung der *noblesse de l'Empire* von Napoleon in den Adelsstand erhoben – Réal wurde zwar nur Graf, während Savary den Titel eines Herzogs von Rovigo erhielt –, dafür erhielten Réal und Murat unmittelbar nach der Hinrichtung eine Gratifikation von je 100000 *francs*, während die sieben Mitglieder des Militärtribunals sich mit jeweils 10000 *francs* bescheiden mussten.[69]

Trotz aller Umsicht und Kaltschnäuzigkeit Bonapartes bei diesem politischen Mord suchte ihn diese Tat später immer wieder mit Gewissensbissen heim, denen er sich aber bis zur Stunde seines Testaments stets mit den gleichen Ausreden zu entziehen suchte. Ein besonders anschauliches Beispiel dafür hat General Caulaincourt überliefert, Napoleons Begleiter auf der Flucht im Winter 1812 vom russischen Smorgoni nach Paris. Eines Tages kam die Affaire des Duc d'Enghien zur Sprache, für die Napoleon allein Talleyrand seit dem auf dessen Wunsch erfolgten Abschied aus dem Ministeramt im Sommer 1807 verantwortlich machte. Dabei entfuhr ihm ein für sein Motiv an diesem Mord verräterisches Eingeständnis:

«Auch wenn man sich in Paris weiland die Mäuler über dieses Vorkommnis zerrissen hat, würde ich heute nicht anders handeln, wenn es die Umstände erheischten. Außerdem wäre es durchaus möglich gewesen, dass ich ihn begnadigt hätte, wenn mich Murat von einem entsprechenden Wunsch des Prinzen unterrichtet hätte. Ganz gewiss hätte er nicht sterben müssen, wenn ich dieses Schreiben erhalten hätte, auch wenn das Gesetz, nach dem er verurteilt wurde, eindeutig ist, denn es war durch nichts zu rechtfertigen, dass er eine Verschwörung an unseren Grenzen unterhielt und sechzig Briganten bezahlte, die mich umbringen sollten. Ich war nicht derjenige, der die Bourbonen entthront hat; wenn sie sich dafür rächen wollten, dann mussten sie sich billigerweise an die halten, die sich dessen schuldig gemacht hatten. Anstatt sie zu verfolgen und ihre Anhänger zu misshandeln, habe ich ihnen Pensionen angeboten und selbst ihre Gefolgsleute in meine Dienste genommen. Auf diese meine Handlungen haben sie damit geantwortet, dass sie Mörder bewaffneten. *Blut verlangt nach Blut.*»[70]

Das war gut korsisch gedacht: Bonaparte rechtfertigte die Ermordung des Duc d'Enghien damit, dass ihm die Bourbonen *vendetta*, Blutrache, geschworen hatten! Nach korsischer Sitte also hatte er keine Handlungsfreiheit, er sah sich «objektiv» zu dieser Tat gezwungen. Doch sein Tatmotiv war nicht korsisch, es war machiavellistisch: Der Mord am Duc d'Enghien diente ausschliesslich dazu, seine Herrschaftslegitimation gegen die Geltungsansprüche der Bourbonen zu immunisieren. Louis de Bourbon-Condé musste nicht einer *vendetta* wegen sterben, sondern wegen eines nüchternen Machtkalküls. Dazu konnte sich Bonaparte unmöglich offen bekennen, weil er sich mit einem solchen Eingeständnis um die bezweckte Legitimation gebracht hätte. Er wäre dann nichts anderes gewesen als ein geständiger Mörder.[71]

Trotz der eisernen Kontrolle durch Bonapartes Polizeiregime in Paris begann es hier heftig zu gären, sobald der erste Schrecken gewichen war. Dieser Moment kam im Juni 1804, als den Verschwörern um Cadoudal der Prozess gemacht wurde. Zwanzig von ihnen wurden am 9. Juni zum Tod verurteilt, von denen Bonaparte zwölf, die meisten unter ihnen von Adel, begnadigte; die übrigen, darunter Cadoudal, wurden guillotiniert. Pichegru entzog sich seinem Prozess durch Selbstmord. Moreau hingegen wurde zunächst mangels Beweisen freigesprochen. Das Urteil wurde jedoch nicht anerkannt, und in einem zweiten Prozess wurde eine zweijährige Haftstrafe verhängt, die ihm aber gegen das Versprechen, nach Amerika ins Exil zu gehen, erlassen wurde. Dieser Prozess löste die Angstlähmung, in der Paris seit den Märzereignissen gelebt hatte. In einem Brief an Joseph Bonaparte, der schon das falsche Ansehen genoss, der «gute Geist» des Clans zu sein, schrieb der Staatsrat und Vertraute Napoleon Bonapartes, Pierre-Louis Roederer, am 14. Juni 1804:

«In der vergangenen Woche waren die Feindschaft, die entfesselten Leidenschaften, die sich gegen die Regierung richteten, genau so heftig und auch allgemein verbreitet, wie ich dies seit den Zeiten unmittelbar vor Ausbruch der Revolution nicht mehr erlebt habe. Ich wähnte mich zu wiederholten Malen in die Jahre (17)87, 88 und 89 zurückversetzt, wo man sich überall erlaubte, alles nur denkbare gegen den Hof zu äussern. Diesmal aber mit dem fatalen Unterschied zu den Jahren 87 und folgende, als man sagte, die Königin etc., lauteten die Bemerkungen jetzt ganz einfach nur Bonaparte. Es ist nichts zu fürchterlich, als dass es nicht offen ausgesprochen würde. Beispielsweise wird gesagt, dass Pichegru ebensowenig freiwillig aus dem Leben geschieden sei wie der Duc d'Enghien.

Alle Zeugen wurden beschimpft, dass sie manipuliert worden seien, ja selbst die meisten Angeklagten hätte man bestochen, damit sie Moreau belasteten. Der Anwalt von Rolland (einer der Angeklagten, J.W.), Dommanget, schickte drei Tage, bevor er vor Gericht den Angeklagten verteidigen sollte, alle Vernehmungsprotokolle und Akten, die man ihm zugesandt hatte, mit der Bemerkung zurück, dass er nicht willens sei, einen Agenten der Regierung zu verteidigen. Alle äußerten die Einschätzung, dass Moreau zum Schafott bestimmt sei, dass ihn korrupte Richter unweigerlich zu dieser Strafe verurteilten. Die Richter wurden während der Sitzung ausgebuht, aber, um die Wahrheit zu sagen, ihre unverständliche Schärfe, für die es kein Beispiel in einem ordentlich geführten Prozess außerhalb der Revolutionszeit gibt, lieferte schon manchen Anlass für eine solche Beschimpfung. Die von der Polizei verübten Folterpraktiken verstärkten noch die Feindseligkeit, die von den Richtern provoziert wurde, deren Vernehmungsmethoden anmuteten wie eine andere Art, Daumenschrauben anzulegen, derer sich die Polizei bei ihren Verhören tatsächlich bedient hatte. Am Eingang zum Gerichtsgebäude wurden die Portraits der Angeklagten verkauft, und das Volk betrachtete mit Sympathie sogar das Bild von Georges (Cadoudal). Mit einem Wort, niemals zuvor war ich Zeuge einer derart regierungsfeindlichen Stimmung. In den Jahren 87, 88 und 89 habe ich das Verhalten der Gerichte und des Volks genau beobachtet. Die Stimmung war damals längst nicht so hassgeschwängert. Der einzige Unterschied ist nur, dass damals die Repression weniger spürbar war, die heute durch die Gegenwart einer Polizeigewalt ebenso zur Geltung gebracht wird, wie durch die Erinnerung an mehr als eine der großen Unterdrückungsmaßnahmen. (...) Welch schreckliches Bild! Welche Umkehrung aller Zuneigungen, die Frankreich seit einem, seit zwei, drei Jahren beseelten! Noch nie habe ich für die politischen Belange einen vergleichbaren Schmerz verspürt wie den, der mich seit acht Tagen peinigt und ohne zu wissen, wem ich mich damit anvertrauen soll oder wie ich es anstellen muss, mich von ihm zu befreien. Was gäbe ich nicht dafür, Sie hier jetzt zu sehen? Nur Sie wären im Stande, mich über mein Missbehagen aufzuklären; nur Sie vermöchten mir zu sagen, welche Umstände, welche Menschen die Ursache dafür sind, dass der Chef des Staates derart vorurteilsgeladene Empfindungen auf sich zieht. Nur Sie könnten ihm aufzeigen, bis zu welchem Grad man ihm die Zuneigung verweigert unter dem Vorwand, die Macht zu bewahren, als ob es jemals in Frankreich eine gesicherte Macht gegeben hätte, ohne die Zustimmung der Öffentlichkeit.»[72]

Roederers Stimmungsbild war ein schlechtes Omen für das Kaiserreich, das mit dem *Sénatus-consulte* vom 18. Mai 1804 verkündet wurde und dessen erster Artikel lautete: «Die Regierung der Republik wird einem Kaiser übertragen, der den Titel eines Kaisers der Franzosen führt. Die Rechtsprechung erfolgt im Namen des Kaisers durch Richter, die er einsetzt. – Napoleon Bonaparte, gegenwärtig Erster Consul der Republik, ist Kaiser der Franzosen.» Der zweite Artikel dieses neuen Staatsgrundgesetzes begründete die Erblichkeit der Kaiserwürde.[73] Die von Bonapartes Anhängern seit längerem gewünschte Erblichkeit drängte sich nach Aufdeckung der Verschwörung Cadoudals geradezu auf, um die

Kontinuität von Staat, Verfassung und Gesellschaft zu gewährleisten. Davon sprach einer der eifrigsten Befürworter des Konzepts, Regnault de Saint-Jean d'Angely, der Bourrienne gegenüber in jenen Tagen bemerkte: «Seit langem hegen alle vernünftigen Menschen, alle wahren Freunde ihres Landes den Wunsch, dass der Erste Consul sich zum Kaiser macht und zu Gunsten seiner Familie den alten Grundsatz der Erblichkeit wieder einführt. Das ist das einzige Mittel, das den neuen Vermögen und den Männern, die dank ihres Verdienstes in führende Stellungen gelangt sind, Konsistenz und Dauer verschafft. Die Republik, die ich umso leidenschaftlicher geliebt habe, wie ich die Verbrechen der Revolution verabscheute, ist für mich nicht mehr als eine Utopie. Der Erste Consul hat mich überzeugt; er strebt die oberste Macht nur deswegen an, um Frankreich groß, frei und glücklich zu machen, wie auch, um es aus der Wut einander bekämpfender Parteien zu befreien.»[74]

Mit der Hinrichtung des Duc d'Enghien signalisierte Bonaparte, dass er sich nun «durchgerungen» habe, die Kaiserwürde wie den Grundsatz der Erblichkeit zu akzeptieren, sofern ihm der Senat und der *Corps législatif* dies antrügen. Mit diesem bekannten Spiel sollte der Anschein gewahrt bleiben, dass der neuerliche Anschlag auf die Verfassung im Einklang mit ihr geschah. Bereits am 27. März 1804 übersandte der Senat dem Ersten Consul eine Ergebenheitsadresse, in der es u.a. hieß: «Wenn Sie die Franzosen in den Städten und auf dem Lande alle einzeln fragen könnten, träfen Sie nicht einen, der Ihnen nicht, wie wir auch, sagte: *Großer Mann, vollenden Sie Ihr Werk, indem Sie es ebenso unsterblich machen wie Ihren Ruhm. Sie haben uns vor dem Chaos in der Vergangenheit gerettet; Sie lassen uns die Wohltaten der Gegenwart segnen; garantieren Sie uns die Zukunft.*»[75] Was da ebenso pompös wie vage formuliert wurde, bedeutete die Bereitschaft des Senats, einer neuerlichen Verfassungsänderung zuzustimmen.[76] Als der Senat im feierlichen Aufzug und in Gegenwart der wichtigsten Staatsorgane diese Adresse dem Ersten Consul vortrug, mimte Bonaparte den Überraschten. In seiner improvisierten Antwort äußerte er lediglich, dass er sich im Laufe des Jahres mit den darin gemachten Vorschlägen befassen wolle, «indem er mit diesen Worten seine Ungeduld zu verbergen suchte.»[77]

Nachdem sich der Senat zurückgezogen hatte, verweilte Bonaparte noch im Gespräch mit einigen Staatsräten, denen er versicherte, nur die Anerkennung des Prinzips der Erblichkeit könne eine Gegenrevolution vereiteln. Solange er lebe, sei diese zwar nicht zu fürchten, doch jeder gewählte Staatschef nach ihm werde zu schwach sein, um den Aspirationen der Bourbonen auf Dauer Widerstand zu leisten. Folglich sei es notwendig, einen General zum Nachfolger zu bestimmen, aber unter diesen sei kein einziger geeignet, in seine Fußstapfen zu treten. «Frankreich», so Bonaparte, «verdankt seinen zwanzig Divisionsgeneralen sehr viel; in dem Rang, in dem sie stehen, haben sie sich tapfer geschlagen. Aber keiner unter ihnen hat das Zeug zum Oberbefehlshaber, geschweige zum Regierungschef. Europa hat seit Friedrich (dem Großen, J.W.) und dem Prinzen Eugen keinen Oberbefehlshaber mehr gesehen.»[78] Das war deutlich, aber, wie sich schnell zeigte, nicht deutlich genug, um den *Conseil d'État*, der von Bonaparte beauftragt wurde, in seiner Abwesenheit über die Vor- und Nachteile der Erblichkeit des Regierungsamts zu beraten, im Sinne seiner Wünsche und Absichten zu beeinflussen. Dass der *Conseil d'État* in einer Frage Rat und Auskunft geben sollte, die Bonaparte bei sich längst entschieden hatte, nimmt sich seltsam aus. Worum es ihm in Wirklichkeit ging, enthüllte er Joseph:

«Ich hatte immer schon die Absicht, die Revolution mittels der Einrichtung der Erblichkeit zu beenden; allerdings war ich überzeugt, dass sich ein solcher Schritt erst in fünf oder sechs Jahren tun ließe. Jetzt erkenne ich jedoch an den Vorstellungen, die man mir unterbreitet, an dem Nachdruck, mit dem alle, die mir nahe stehen, eben darauf hinzuarbeiten scheinen, dass ich mich getäuscht habe, und dass die Sache sich viel früher realisieren lässt, als ich glaubte. Dennoch möchte ich, bevor ich mich entscheide, sicher sein, dass sie besonders von jenen befürwortet wird, die erheblichen Anteil an der Revolution hatten. Ich brauche vor allem die Meinung der Patrioten und selbst der Terroristen, und ich werde nichts riskieren, ohne dass ich der Zustimmung dieser Klasse von Menschen sicher bin. Aus diesem Grund will ich die Meinung des *Conseil d'État* erfahren, und nicht die von Leuten haben, die zu meiner Familie gehören oder von solchen, die seit vier Jahren schon die Ansicht verkünden, dass nur eine Art von Königswürde das einzige Mittel sei, meiner Regierung Stabilität zu verschaffen; stattdessen ist mir viel mehr an der Auffassung jener Mitglieder (des *Conseil d'État*) gelegen, auf die ich mich am wenigsten verlassen kann und die sich während der Revolution durch Anschauungen ausgewiesen haben, die dem völlig entgegengesetzt sind, also Leute wie Treilhard, Berlier, Lacuée, Réal etc. Der Vorschlag muss von Leuten dieser Kategorie gemacht und unterstützt werden.»[79]

Ausgerechnet die Revolutionäre dazu anzustiften, die Wiedererrichtung der Monarchie zu befürworten, was ihren eigenen Prinzipien diametral widersprach, war ein höchst ausgefallenes Kalkül, das indessen aber nicht wie geplant aufging: Bei den Beratungen über diese Frage brachen derart große Meinungsunterschiede auf, dass sich die Staatsräte nicht auf einen von allen getragenen Vorschlag verständigen konnten, sondern jeder Einzelne Bonaparte seine Ansicht schriftlich mitteilte.[80] Die vage Äußerung des Senats wie die unentschiedene Haltung des *Conseil d'État*, sich für eine Erblichkeit seines Amtes auszusprechen, konnten Bonaparte aber keineswegs davon abbringen, dieses Projekt jetzt so rasch wie möglich durchzusetzen. Dabei verließ er sich wieder auf die bewährte Unterstützung Josephs. Der lud eine Reihe einflussreicher Mitglieder des Senats und des *Tribunats* zu sich ein und ließ sie wissen, was die Stunde geschlagen hatte: «Säumen Sie nicht länger, sich deutlich auszusprechen, wenn Sie nicht von der Armee überholt werden wollen; der Erste Consul wird die zwischen Brest und Hannover verstreut liegenden Garnisonen aufsuchen. Es besteht kein Zweifel daran, dass die Soldaten ihn als Kaiser begrüßen, und dass die Akklamation des Volkes die Ansichten der Armee bestätigt. Was bliebe dann den großen Institutionen des Staates anderes übrig, als diese Wünsche zu sanktionieren? Deshalb wäre es ein Gebot der Klugheit, wenn diese dem zuvorkämen. Heute könnte man sie noch befragen; morgen schon dürfte ihre Meinung keine Rolle mehr spielen. Es steht vor allem den Männern der Revolution zu, dass sie eine entsprechende Initiative ergreifen, denn wer könnte mehr daran interessiert sein, die Macht des Ersten Consuls zu konsolidieren und den Bourbonen jede Möglichkeit zur Rückkehr zu verkümmern? Der Titel eines *erblichen Consul* wird jedoch dem Ersten Consul nicht genügen; er wünscht sich einen, bei dem die Republik nicht durchscheint: Derjenige eines Kaisers ist der einzige, der ihm wie Frankreich würdig ist.»[81]

Die Drohung, durch einen Militärputsch überholt zu werden, tat ihre Wirkung. Josephs Redereien, das Militär sei entschlossen, den Ersten Consul zum Kaiser zu proklamieren, waren ein durchsichtiger Bluff. Bonaparte lag nichts ferner, als diese Würde einem weiteren militärischen Gewaltstreich zu verdanken. Der 18. *Brumaire* durfte sich nicht wiederholen, wollte er die Legitimation seiner Kaiserwürde nicht von vornherein beschädigen. Außerdem waren viele der militärischen Kader nach wie vor entweder republikanisch gesinnt oder an dieser Frage völlig desinteressiert.[82]

Parallel zu diesen Manövern und Intrigen Bonapartes, die mittlerweile «reife Birne» der Erblichkeit und der Kaiserwürde zu pflücken, kam es innerhalb des Bonaparte-Clans zu wahren Dramen. Den Anlass lieferte Bonapartes erklärte Absicht, wegen der Kinderlosigkeit Joséphines den Erstgeborenen der Ehe seines Bruders Louis mit Hortense de Beauharnais, Napoléon-Charles, zu adoptieren, ein Kind, das eine frappierende Ähnlichkeit mit dem Onkel aufwies, weswegen böse Zungen einschlägige Vermutungen äußerten. Dies brachte insbesondere die Brüder Joseph und Louis – mit Lucien hatte sich Napoleon wegen dessen zweiter Ehe mit einer Mme. Jouberthon zuvor schon unversöhnlich verkracht, während der jüngste Bruder Jérôme auf einem Schiff der französischen Marine in der Karibik Dienst tat – in Rage, die darin den Versuch ihres

Bruders erkannten, sie um ihre «legitime Erbfolge» im Falle seines Ablebens zu betrügen. Die Heftigkeit, mit der Louis und Joseph auf den Adoptionsplan ihres Bruders reagierten, zeigt in aller Deutlichkeit den krankhaften Bedeutungswahn des Clans. Louis, dem Napoleon am 7. April 1804, begleitet von Joséphine, zu erklären versuchte, dass er dessen Sohn adoptieren wolle, um die Nachfolge zu sichern, schien sich zunächst mit der Versicherung zufrieden zu geben, dass ihm dies schöne Perspektiven bot, die ihn leicht über den Erbschaftsausschluss hinwegtrösteten. Napoleon scheute sich jedoch, mit seinem Bruder eingehender darüber zu sprechen, und überließ dies der beim Clan verhassten Joséphine. Das war ein Fehler, denn am folgenden Tag suchte Louis Joseph auf. Damit war der Eklat da, denn Joseph erinnerte seinen Bruder sofort an die Gerüchte um die Vaterschaft seines Sohnes, hielt ihm vor, nicht die Interessen der Seinen für die eines Kindes opfern zu dürfen, das zur Hälfte ein Beauharnais sei. Es wäre dann seiner Autorität völlig entzogen und würde nur von seiner Mutter in einem für ihn unzugänglichen Schloss aufgezogen. Diese Vorhaltungen versetzten Louis in wachsende Erregung, die sich schließlich in ärgsten Beschimpfungen seiner Schwiegermutter und Schwägerin entluden, «indem er über sie Sachen sagte, die selbst der glühendste Hass kaum zu denken wagte». In diese Tiraden fiel nun auch Joseph ein, der allerdings ganz andere Beweggründe hatte, sich über Napoleon zu beschweren. Gegenüber den Vertrauten Roederer, Girardin und Miot, die er unmittelbar nach der Unterredung mit Louis aufsuchte, «verhehlte er nicht im mindesten die Empörung, die ihm dieser Plan seines Bruders verursacht hatte. Er erkannte darin die vollständige Zerstörung aller seiner Zukunftsperspektiven: keine Erbfolge, keine Macht für sich und seine Kinder; durch eine höchst perfide Kombination sah er sich in allen seinen Hoffnungen enttäuscht, für immer von den Staatsgeschäften ausgeschlossen und, was für ihn noch mehr ins Gewicht fiel, aller seiner Rechte und Ansprüche beraubt zu sein, die er glaubte sich selber durch das Ansehen erworben zu haben, das er im Senat genoss und das ihm die Nachfolge seines Bruders in jedem Fall einbringen würde, veränderte man nicht willkürlich den natürlichen Gang der Entwicklung. Je länger er sprach, desto mehr steigerte sich seine Wut und bald fanden seine entfesselten Leidenschaften ihren Niederschlag in derart gewalttätigen Ausdrücken, wie sie nur eine zutiefst verletzte Seele in Worte zu kleiden vermag. Er verfluchte den Ehrgeiz des Ersten Consul und wünschte ihm den Tod, der seiner Familie wie Frankreich nur Glück bringen könne.»[83]

Bonaparte kam das Familienzerwürfnis in dieser entscheidenden Phase höchst ungelegen und er griff zu einem bewährten Mittel, den

Frieden wieder her zu stellen: Er rückte die Frage der Adoption in den Hintergrund, während die Brüder damit vertröstet wurden, in die Erbenreihe aufgenommen zu werden. Außerdem ernannte er Louis zum Divisionsgeneral und zum *Conseiller d'État*, beides Vorsichtsmaßnahmen, um ihn besser kontrollieren zu können. Joseph hingegen überzeugte er mit der Erklärung, dass unter den gegenwärtigen Umständen als Nachfolger nur ein Militär in Frage käme; allerdings akzeptierten die anderen Generäle keinen als Vorgesetzten, der nicht Gefahren und Ruhm mit ihnen geteilt habe. Mit diesem wahrhaft schlagenden Argument gelang es ihm, Joseph zu überreden, das Kommando des in der Normandie stationierten 4. Infanterieregiments zu übernehmen.[84] Nach dieser Täuschung konnten die aufsässigen Brüder fern von Paris in elenden Garnisonen ihren ehrgeizigen Träumen nachhängen, und Bonaparte machte sich daran, den letzten Schritt, der ihn noch von der uneingeschränkten Macht trennte, in aller Ruhe vorzubereiten.

Die Initiative dazu ergriff er am 24. April 1804, als er dem Senat auf dessen Adresse vom 26. März eine Botschaft sandte, die er mit der völlig unzutreffenden Behauptung einleitete: «Sie betrachten die Erblichkeit des höchsten Amts im Staat als eine Notwendigkeit, um das französische Volk vor den Anschlägen meiner Feinde und den Unruhen zu bewahren, die aus rivalisierenden Ambitionen entstehen.»[85] Davon war in der Adresse des Senats vom 26. März keine Rede gewesen. Bonaparte ging jedoch einen Monat später stillschweigend davon aus, dass eben dies die Auffassung des Senats zu sein habe. Tatsächlich knickte der Senat sofort ein, was wiederum dem *Tribunat*, der nach der Verfassung die Gesetzesinitiative hatte, das Signal gab, nun seinerseits den Wünschen des Ersten Consuls zu willfahren. Das geschah mit Antrag des Tribuns Curée, eines einstigen Jakobiners,[86] der am 30. April 1804 zur Abstimmung vorschlug, dass «Napoleon Bonaparte, gegenwärtig Erster Consul, zum Kaiser der Franzosen deklariert und zugleich der Beschluss gefasst wird, dass die kaiserliche Würde in seiner Familie erblich» sei.[87]

Mit überwältigender Mehrheit passierte dieser Antrag den Tribunat – als einziger wagte es Carnot, sich offen dagegen auszusprechen – und wurde am 4. Mai dem Senat zugeleitet, dessen Präsident, François de Neufchâteau, sich bei dieser Gelegenheit zu der Erklärung verstieg, er könne nun das Geheimnis lüften, dass auch der Senat seit dem 27. März 1804 über diese Fragen berate. Er schlug den Kollegen vor, da keine Zeit mehr zu verlieren sei, sofort über die Verleihung der erblichen Kaiserwürde an Napoleon Bonaparte abzustimmen.[88] Das geschah noch am selben Tag. Am Abend des 4. Mai wurde Bonaparte in einer feierlichen Botschaft vom Senat über dessen Beschluss informiert, ein Erbkaisertum einzurichten, das «Napoleon Bonaparte und seiner Familie» übertragen werden sollte.[89] Allerdings hatte es der Senat gewagt, noch ein ausführliches «Mémoire» anzuhängen, das den künftigen Kaiser auf die Achtung der wichtigsten Grundrechte verpflichtete.[90] Der Senat versuchte damit, Bonaparte um den Preis seiner Erhebung zum Kaiser eine regelrechte Verfassung aufzunötigen, in der er sich auch selbst eine neue, herausgehobene Rolle zudachte, die darin ihren Ausdruck fand, dass auch die Mitgliedschaft im Senat erblich sein sollte.[91] Wie zu erwarten, war Bonaparte über diese Ansprüche heftig empört.[92] Auf seine Veranlassung wurde dieser «Mémoire» nicht veröffentlicht und verschwand in der Versenkung der Archive. Eine zehnköpfige Kommission aus Senatoren (u.a. Fouché), Ministern (u.a. Talleyrand) und den drei Consuln formulierte dann auf Grundlage des Senatsbeschlusses den Wortlaut des *Sénatus-consulte*, der am 18. Mai 1804 vom Senat gegen drei Stimmen und zwei Enthaltungen gebilligt wurde: Napoleon Bonaparte war damit verfassungsgemäß zum Erbkaiser Frankreichs proklamiert. An diesem 18. Mai 1804 endete Bonapartes längster, erfolgreichster und unblutigster Feldzug, der mit seiner Flucht aus Alexandria am 23. August 1799 begonnen hatte. Die Macht in Frankreich war erobert.

SECHSTES KAPITEL

Der Kaiser

Die Proklamation des Erbkaisertums brachte eine Fülle von Veränderungen, unter denen die Geringfügigste dennoch den größten Effekt machte: Aus Bonaparte wurde Napoleon. Das erste Dokument, das der frisch gekürte Kaiser der Franzosen nach monarchischer Sitte nur mit seinem Taufnamen unterfertigte, war eine Anweisung vom 18. Mai 1804, mit der die offiziellen Anreden der neuen Würdenträger des kaiserlichen Regimes protokollarisch verbindlich geregelt wurden.[1] Die neue Verfassung, die gleichzeitig mit der Verkündung des Kaiserreichs in Kraft trat, wurde zunächst kaum wahrgenommen, obwohl sie eine Reihe von Dispositionen enthielt, die Frankreich in den kommenden Jahren grundlegend veränderten. Sie war mit 142 Artikeln wesentlich umfangreicher als die Consulatsverfassung. Das erklärt sich vor allem aus dem Erbkaisertum, der Rolle der kaiserlichen Familie, den Fragen der Regentschaft und der neuen Würden und Würdenträger. Manches war verschwunden. Beispielsweise kamen die Begriffe «Volk» und «Nation» – zuvor unverzichtbar, um die staatliche Macht zu legitimieren – bis auf zwei Erwähnungen im Verfassungstext nicht mehr vor. Doch im Zusammenhang mit dem Plebiszit für das Prinzip des Erbkaisertums war es unvermeidlich, auf sie zurückzugreifen. Die andere Erwähnung des *Peuple français* geschah in der Aufzählung all jener Gelöbnisse, die der Kaiser ablegen musste: «Ich schwöre, die Unverletzlichkeit des Gebiets der Republik zu wahren; die gesetzlichen Regelungen des Konkordats und der Freiheit der Glaubensbekenntnisse zu achten und deren Achtung durch andere zu garantieren; die Gleichheit vor den Gesetzen, die politische und bürgerliche Freiheit, die Unwiderruflichkeit der Verkäufe des Nationaleigentums zu respektieren und dies auch von anderen einzufordern; keine Steuern zu erheben, keinerlei Abgaben einzufordern, die nicht im Einklang mit dem Gesetz stehen; die Einrichtung der Ehrenlegion zu erhalten; allein im Interesse des Glücks und des Ruhms des französischen Volkes regieren zu wollen.»[2]

Diese Formel ist ein vollständiger Katalog jener Versöhnungspolitik, der sich Bonaparte seit dem 18. *Brumaire* verschrieben hatte und die die formale Legitimation für sein diktatorisches Regime war. Sie hatte nicht die mindeste institutionelle Bedeutung. Das galt besonders für die

Beschwörung der Republik, die ausdrücklich weiterhin Geltung haben sollte. Allein das mit dieser Verfassung geschaffene Erbkaisertum konnte sich auf eine doppelte Legitimation berufen, die zur revolutionären Genese der Republik in unvermittelbarem Widerspruch stand und diese damit endgültig auf das reduzierte, was ihr seit dem Consulat auf Lebenszeit verheißen war: eine Fassade, eine bloße Behauptung zu sein. Alle Gesetze und Anordnungen von Gesetzesrang, die der Kaiser erließ, bezogen ihre Geltung aus der Formel: «Napoleon, von Gottes Gnaden und auf Grund der Verfassung der Republik, Kaiser der Franzosen ...»[3]

Das «Gottesgnadentum» Napoleons I. war nur die letzte Konsequenz einer Entwicklung, mit der sich die Revolution von ihren Ursprüngen entfernte. Diese Entwicklung hatte Bonaparte an die Macht gebracht. Daraus zog er die Lehre, die Ergebnisse der Revolution ließen sich nicht mit einem Verfassungsverständnis vereinbaren, das den revolutionären Grundsatz der Volkssouveränität zur Voraussetzung des politischen Handelns machte. Der Putsch des 18. *Brumaire* hatte nur gelingen können, weil er die damals herrschende Unordnung und Ratlosigkeit mit dem Versprechen überwand, die Errungenschaften der Revolution gegen deren Revolutionierung zu verteidigen. Damit vor allem gewann Bonaparte die Unterstützung der Revolutionsgewinnler, während die ermüdeten und enttäuschten Volksmassen, die einst der jakobinischen Revolution ihre Wucht verliehen hatten, sich allzu bereitwillig mit der Verheißung abfanden, dass ihre Souveränität plebiszitär gewahrt bliebe. Das machte sein Regime anfangs den europäischen Mächten so genehm, denn man erkannte in ihm vor allem den Mann, der die Revolution zähmte und ihr Ausgreifen nach Europa verhinderte.

Dessen ungeachtet konnte sich Bonaparte wiederholt als der «einzige Repräsentant des Volkes» bezeichnen, das er zugleich von ganzem Herzen verachtete. Damit jedoch mutierte, für die Zeitgenossen unbemerkt, die vordem demokratische Legitimation revolutionärer Herrschaft zu einer lediglich populistischen, die ihr Inhaber propagandistisch wie opportunistisch wesentlich flexibler handhaben konnte. Dass in weniger als vier Jahren diese fragwürdige populistische Legitimation ergänzt wurde durch den Anspruch auf die Herrschaftsrechtfertigung eines Gottesgnadentums, stand zur Revolution im schärfsten Widerspruch. Daran ändert auch die «Thronrede» nichts, in der Napoleon zur Eröffnung der «Session législative» am 27. Dezember 1804 vor allem den «Willen der Nation» als Quelle und Rechtfertigung seiner kaiserlichen Macht betonte.[4] Das tat er nur aus der Rücksicht, die es zu Beginn des monarchischen Regimes noch zu nehmen galt. Aus dem neuen Katechismus, der im August 1806 veröffentlicht wurde und der das Regelwerk religiöser wie zugleich staatskundlicher Unterweisung für breiteste Bevölkerungsschichten darstellte, ist im Zusammenhang mit der Herrschaftslegitimation Napoleons vom «Willen der Nation» oder gar des «Volkes» keine Rede mehr, sondern ausschließlich davon, dass die Ordnung Napoleons die von Gott gewollte Ordnung sei, gegen die zu verstoßen mit ewiger Verdammnis bestraft werde. Diese Pflichten bänden die Franzosen nicht nur an Napoleon, sondern auch an dessen Erben, wie dies die Verfassung des Kaiserreichs vorsehe, denn Gott, so die Begründung, verleihe Reiche «nicht nur an eine Person im besonderen, sondern auch an deren Familie».[5] Der Gott dieses Katechismus dachte und handelte also nicht nur sehr korsisch, sondern hatte in seiner Allwissenheit auch die Verfassung in dieser speziellen Hinsicht den längst erfüllten Prätentionen des Bonaparte-Clans angepasst.

Tatsächlich war die Regelung der Erbfolge die augenfälligste Schwachstelle der Verfassung. Nach dem Vorbild der *Loi salique* wurde die Kaiserwürde in der männlichen Primogenitur «an die unmittelbaren, natürlichen und legitimen Nachkommen» Napoleon Bonapartes, «bei immerwährendem Ausschluss der Frauen und deren Nachkommen» vererbt. Als einem selbst kinderlosen Dynastiegründer wurde Napoleon Bonaparte ad personam in Artikel vier die Möglichkeit eröffnet, Söhne oder Enkel seiner Brüder als Thronfolger zu adoptieren, sobald diese das 18. Lebensjahr vollendet hatten. Für den Fall, dass kein natürlicher oder adoptierter Erbe bei Eintritt des Erbfalls bestimmt wäre, fiele die kaiserliche Würde an Joseph Bonaparte und dessen männliche Nachkommen. Sollte aber auch Bruder Joseph nicht als Thronfolger in Frage kommen, ginge das Erbe an Bruder Louis und dessen männliche Nachkommen. Käme jedoch auch diese Regelung nicht zum Zuge, dann sei es Aufgabe des Senats, einen neuen Kaiser zu wählen.[6] In Erwartung einer dynastischen Rolle erhielten Joseph und Louis von der Verfassung ausdrücklich den Titel eines «Prince français» und eine jährliche Apanage von einer Million *Francs* zugesprochen; dem Kaiser wurden als Apanage 25 Millionen zugebilligt.

Diese Erbfolgeregelung, die weniger dem «Salischen Recht» als vielmehr einer bislang unbekannten «Loi corsique», einem korsischen Familienerbrecht entsprach, war in verschiedener Hinsicht höchst eigenartig. Zum einen wurde eine neue, die vierte Dynastie gegründet, bei der mit dem Gründungsakt das Erbrecht sofort auf die nähere Verwandtschaft des Dynastiegründers ausgeweitet wurde. Dies freilich nur mittelbar, denn vor Joseph und Louis sollten erst deren männliche Nachfahren, sofern sie der Dynastiegründer adoptierte, zum Zuge kommen. Diese Regelung stiftete geradezu den Adoptionszwang: Der Dynastiegründer hatte keine andere Wahl, als den Erstgeborenen seines ältesten Bruders zu adoptieren, ein Vorgang, der automatisch die Thronfolgeansprüche seines Vaters beschnitt. Diese Ungereimtheiten verblassten jedoch neben dem rechtssystematischen Widersinn, dass mit dem Gründungsakt der neuen Dynastie das Erbrecht auf Teile der bereits vorhandenen Familie, also auf die beiden Brüder Joseph und Louis, ausgeweitet wurde. Rechtslogisch gesehen setzt eine derartige laterale Erbberechtigung bereits ein Recht voraus, das schon der Vater des Dynastiegründers gehabt haben musste. Mit anderen Worten: Charles Buonaparte wäre demzufolge bereits Kaiser von Frankreich gewesen! Ginge man von dieser Rechtsfiktion aus, dann hatte aber nach der «Loi salique» Joseph Bonaparte vorrangige Ansprüche auf den französischen Kaiserthron, auf den sich nun sein jüngerer Bruder, der Zweitgeborene Napoleon setzte.

Die Erbfolgeregelung war also in jeder Hinsicht absurd, unlogisch und politisch verderblich. Sie war gekennzeichnet vom Geist eines orientalischen Despotismus, eines mentalen Sultanismus, dessen Triumph im aufgeklärten, nachrevolutionären Frankreich unbegreiflich anmutet. Auch wenn die Erbfolgeregelung niemals angewandt wurde, bleibt doch entscheidend, dass sie durch ein Plebiszit im Juni 1804 bei einer Wahlbeteiligung von etwas über 40 Prozent mit 3,5 Millionen gegen lediglich 2569 Neinstimmen gebilligt wurde. Allerdings war auch diesmal das Ergebnis massiv manipuliert worden. Es gab keine geheime Stimmabgabe, weshalb die Stimmberechtigten von vornherein einem erheblichen Konformitätsdruck ausgesetzt waren.

Die Erbfolgeregelung für das napoleonische Herrschaftssystem war nicht nur in rechtlicher Hinsicht eine Fiktion, sie war auch aus praktisch-politischen Gründen zum Scheitern verurteilt. Joseph und Louis waren den Franzosen völlig unbekannt. Sie hießen zwar auch Bonaparte, aber Bonaparte war doch nur der eine, «le petit caporal». Abgesehen davon, dass sie weder in charismatischer noch intellektueller Hinsicht ihrem Bruder das Wasser reichen konnten, wären sie auch vom napoleonischen Herrschaftssystem nicht gestützt worden. Dessen Repräsentanten förderten und verteidigten zwar mit der Unterstützung der erbkaiserlichen Aspirationen Napoleons ihre eigenen Interessen, für dessen minder begabte Brüder musste dies aber keineswegs gelten. Außerdem konnte man es Fouché oder Talleyrand durchaus zutrauen, dass nach Napoleons Tod einer von ihnen die Macht an sich risse. Wie das Beispiel des Generals Malet zeigen sollte, waren solche Überlegungen dem bonapartistischen System gleichsam eingewebt, denn dessen

Legitimation ruhte trotz aller gegenteiligen Anstrengungen nur auf den zwei prekären Säulen von Erfolg und Gewalt.

Mit welcher Rabulistik man auch versuchte, der Erbfolgeregelung einen tieferen, auf Systemerhalt abzielenden Sinn zu geben, es musste misslingen. Begreifen lässt es sich nur, wenn man Frankreich, *l'empire français* wie *la grande nation*, unter dem Blickwinkel eines korsischen Familienunternehmens betrachtet: Die Bonapartes nahmen am 18. Mai 1804 endgültig Besitz von Frankreich. Ob fähig oder nicht, die Familienzugehörigkeit war ausschlaggebend. Brüder und Schwestern, Neffen und Nichten, Schwager und Schwägerinnen des Kaisers – mit einziger Ausnahme des Bruders Lucien, der sich mit Napoleon irreversibel überworfen hatte – avancierten als Prinzen und Prinzessinnen, nach 1806 auch als Könige und Königinnen zu Leitenden Angestellten im Familienunternehmen namens *Grande Empire*. Auf ihren Phantasieposten hatten sie zudem ein üppiges Auskommen, das zum dauernden Verdruss ihres Bruders ihr Selbstbewusstsein inflationär aufblähte. Diese familiäre Nomenklatur stand selbstredend in einem aufreizenden Widerspruch zur Verfassung, die lediglich im Zusammenhang mit der absurden Erbfolgeregelung Joseph und Louis den Titel und die Würde eines «Prince français» zugebilligt hatte; der Rest des Clans war weder verfassungswürdig noch verfassungsfähig, was aber nichts daran änderte, dass dessen lauthals geäußerte Ansprüche Napoleon rasch erweichten, auch den übrigen Clan-Mitgliedern den ihnen «zustehenden» Rang im Kaiserreich einzurichten. Dass Napoleon von den Ämtern der sechs Großwürdenträger des Kaiserreichs, die in der Verfassung ausdrücklich genannt wurden, vier an Familienangehörige vergab, war erst der Anfang: Bruder Joseph wurde «Grand Électeur», Stiefsohn Eugène de Beauharnais «Archichancelier d'État», Bruder Louis «Connétable» und Schwager Joachim Murat «Grand Admiral». Die beiden verbleibenden Chargen fielen an Cambacérès als «Archichancelier de l'Empire», und an den ehemaligen dritten Consul Lebrun als «Architrésorier». Außerdem sah die Verfassung noch die Schaffung von «Großoffizieren des Empire», von Marschällen, Generalinspekteuren und Generalobersten für die einzelnen Waffengattungen sowie eine Reihe weiterer ziviler Hofbeamten wie Kammerherren und Zeremonienmeister vor. Am 19. Mai 1804 wurden die Namen von 18 frisch gekürten Marschällen verkündet, unter denen sich neben den getreuesten Anhängern des Kaisers wie Berthier, Bessières, Davout, Lannes, Moncey, Murat und Soult auch solche befanden, denen wegen ihrer mehr oder weniger ausgeprägten Opposition mit dieser Ehre der Stachel ihres Widerspruchs gezogen werden sollte. Dies galt zumal für Augereau, Bernadotte, Jourdan und

Masséna, während Brune, Mortier und Ney einfach dafür belohnt wurden, dass sie sich stets herausgehalten hatten. Außerdem wurden noch vier verdiente Armeeführer aus der Revolutionszeit, Kellermann *père*, Lefebvre, Pérignon und Sérurier zu «Ehrenmarschällen» ernannt. Von den wichtigsten zivilen Hofchargen stellte Talleyrand mit seiner allerdings erst am 11. Juli 1804 erfolgenden Ernennung zum «Grand Chambellan» alle anderen in den Schatten: Napoleons Onkel, der Kardinal Fesch, wurde zum «Grand Aumônier», Ségur zum «Grand Maître des Cérémonies», Caulaincourt zum «Grand Écuyer» und Duroc zum «Grand Maréchal du Palais» bestellt.

Es drängt sich die Frage auf, warum Menschen mit Sinn und Verstand wie Fouché, Talleyrand, Cambacérès und andere ähnlichen Formats diesen Operettenschwindel stillschweigend duldeten oder ihn sogar nach Kräften förderten. Die Antwort ist einfach: Sie alle hatten die revolutionär-republikanische Gleichheit und Brüderlichkeit von Herzen satt, ihr Ehrgeiz galt ausnahmslos Besitz und Bedeutung, jeder von ihnen träumte von einer Satrapie, von Reichtum, der unabhängig machte gegenüber allen Wechselfällen des Schicksals. Für ihre Antriebe ist Fouché eine gute Illustration.[7] Der *Conseiller d'État* und langjährige Präfekt Napoleons, Antoine-Clair Thibaudeau, hat in seinen Memoiren anschaulich geschildert, wie Fouché, einer der größten Grundbesitzer Frankreichs, als Duc d'Otrante auf seinem Schloss bei Ferrières nach der ersten Abdankung Napoleons im Sommer 1814 lebte: «Gegen Ende Juli (1814) zog sich Fouché, ohne etwas zu sagen, auf sein Schloss bei Ferrières zurück. Unbeschadet dessen, dass er mit der Gegenwart unzufrieden und hinsichtlich der Zukunft eher bedrückt war, führte man hier ein sehr angenehmes Leben. Der Eigentümer war weder sonderlich elegant noch verschwenderisch, achtete stattdessen auf Solidität und Ordnung. Das Schloss war ohne ostentativen Luxus schön eingerichtet. Es gab hier bequeme Zimmer, vorzügliche Speisen. Der mit Bäumen eingewachsene Park war in französischer Manier angelegt: alte und schöne Bäume bildeten majestätische und gewaltige Schatten spendende Alleen. Die Gemüse- und Obstgärten trugen üppige Frucht. Es gab einen großen Teich und weite Wiesen. Von dieser Residenz aus herrschte der Ex-Minister, der Herzog von Otranto, den man in seiner Umgebung und ringsum im Land nur mit *Monseigneur* anredete, über mehrere andere Schlösser und Parks, Bauernhöfe und Wälder, deren Erwerb ihn, wie er mir gestand, mehr als sechs Millionen gekostet habe. Das war ein schöner Traum, für Fouché von Nantes, Priester der Oratorianer, Mitglied des Konvents mit Mantel, aber ohne Degen. (Anspielung darauf, dass Fouché Anfang September 1792 in den Konvent gewählt wurde, wo er zunächst zur Rechten zählte, ehe er am 16. Januar 1793 öffentlich für den Tod des Königs votierte und damit auf die Linke in der Versammlung überwechselte, J. W.) Er spielte keineswegs den Hochmütigen, aber sein beträchtlicher Landbesitz verschaffte ihm unweigerlich ein gewisses selbstsicheres Auftreten. Sein Umgangston war einfach und natürlich, mit den Bauern verkehrte er wie mit Seinesgleichen und in geschäftlichen Dingen war er ausgesprochen kulant. So oft er konnte, bewegte er sich in deren Kreisen. Sein einziges Vergnügen waren Spaziergänge. Bewaffnet mit einem langen Rohrstock mit goldenem Knauf, gefolgt von seiner Familie und Freunden, durchmaß er mit großen Schritten seinen ungeheuren Besitz, dessen Grenzen er nicht aufzuzeigen vermochte. Für seine Gäste hatte er eine Jagd und ein Billard; für beides hatte er selber keinerlei Neigung. Sobald man sich im Salon versammelte, wurde eine familiäre und völlig unbedeutende Konversation gepflogen; nur, wenn man mit ihm allein war, kam der Herzog auf ernsthaftere Dinge zu sprechen. Die Anwesenheit der Kinder erfüllte die Abende mit fröhlichem Lärm. Der Herzog war ein guter Vater, er ließ die Kinder gewähren und ergötzte sich an ihren Spielen. Er schätzte es ganz und gar nicht, unnötig wach zu sein; sobald ihn die Müdigkeit anwandelte, wurde zeitig zu Bett gegangen. Er betrug sich sehr natürlich; wollte man ihn nach seinen Gewohnheiten beurteilen, hätte man ihn für einen Patriarchen gehalten.»[8]

Diese Schilderung vom Lebenszuschnitt Fouchés, des einstigen Schlächters von Lyon, des gefürchteten Polizeiministers des Consulat wie des Empire, weist auf die Motive hin, von denen sich all jene in der näheren oder weiteren Entourage Napoleons leiten ließen, als sie zu der lächerlichen Afferei des napoleonischen Erbkaisertums schwiegen. Sie alle hatten nur den Traum, dereinst ihre Schäfchen auf sattgrünen Matten weiden zu können, eine Erwartung, die ihnen ausnahmslos in Erfüllung ging. Das war die wohl vorteilhafteste Manier, die Revolution zu beenden, ihrem Wesen nach nichts anderes als eine riesige Umverteilung der Vermögen. Allein die Erbuntertänigkeit, das Feudalwesen waren ein für allemal beseitigt. Soziale Abhängigkeiten schufen die neuen Vermögen, die jetzt die gesellschaftliche Ordnung strukturierten und in der die einstigen Revolutionäre die ersten Plätze einnahmen. Damit dies so blieb, kostete es keine sonderliche Überwindung, Tand und Talmi des napoleonischen Kaisertums widerspruchslos zu tolerieren, denn im unmittelbaren zeitlichen wie kausalen Zusammenhang mit dessen feierlicher Salbung zum Imperator Francorum in Notre-Dame wurde auch diese neue Bourgeoisie und ihr neuer Reichtum konsekriert. Daher rührt die Anhänglichkeit dieser Bourgeoisie an Napoleon fast bis zuletzt; aber auch deren fast ausnahmslos geschlossene Abkehr von ihrem einstigen Idol und ihre Hinwendung zu den neuen, alten Mächten und Machthabern, die mit der bourbonischen Restauration 1814 und 1815 ihren Einzug hielten. Als Voraussetzung brauchte man lediglich die Zusage, dass die Besitzstände garantiert waren.

Trotz seines ausgeprägten Zynismus vermochte selbst ein Napoleon diese letzte Wendung nicht vorherzusehen. Ihm schwebte vor, wovon er sich für die endgültige Festigung seiner Herrschaft im Innern viel versprach, die bürgerlichen Schichten des einstigen *Tiers État* systematisch zu aristokratisieren. Aufschlussreich dafür ist eine Weisung an Finanzminister Gaudin vom 9. März 1805, eine genaue Aufstellung der sechzig reichsten Grundbesitzer in jedem Département anzufertigen.[9] Dafür sollte nicht nur die bloße Steuerleistung herangezogen werden. Napoleon legte vielmehr Wert darauf, dass «die guten Familien, die dem zugehören, was man einst den Dritten Stand nannte, dem gesündesten Teil der Bevölkerung also, und die durch vielfältige und enge Beziehungen mit der Regierung verbunden sind», besonders berücksichtigt wurden. «Aus dem Kreis dieser Familien sollten wenigstens zwei Drittel jener sechzig Individuen bestimmt werden, von denen dann die dreißig am höchsten Besteuerten ein Mandat erhalten. Im allgemeinen wird man auf dieser Liste der sechzig Grundbesitzer aber jene unberücksichtigt lassen, die erst nach dem Jahr VIII (November 1799, J.W.) wieder in den Besitz ihres Vermögens gelangten, weil sie zuvor emigriert waren. Man vergewissere sich vor allem der Schulden, mit denen ihr Vermögen belastet ist. Die Kenntnisse, die man dabei gewinnt, werden wertvolle Entscheidungskriterien dafür sein, ob man diese oder doch lieber jene Person auswählt.»[10] Es waren also jene älteren bürgerlichen Schichten, die ihre Vermögen durch die Revolution mehrten und konsolidierten, die Napoleon jetzt als weitere *masses de granit* in die Fundamente der beabsichtigten neuen sozialen Ordnung einbringen wollte.

Die sozialen Fundamente und Widerlager des kaiserlichen Regimes waren das Eine; für die dauerhafte Absicherung seiner charismatischen Herrschaft nach außen benötigte das napoleonische Erbkaisertum aber noch ein symbolisches Zeichen für diese aus der Revolution hervorgegangene Neuschöpfung, eine über ihren illegitimen Ursprung hinausweisende Sinnstiftung. Dieser Absicht diente u.a. das ausgefeilte, sofort eingeführte Hofzeremoniell.[11] Mittel zum Zweck war der Kult Karls des Großen, die forcierte Identifikation des napoleonischen Empire mit dessen Kaiserreich des Abendlands. Mit der «Adoption» dieses Ahnherrn für seine eigenen imperialen Ambitionen befasste sich Napoleon wohl schon lange vor dem *Sénatus-consulte* vom 18. Mai 1804. Zu diesem Zeitpunkt kannte er sich, wie seine detaillierten Dispositionen für die wichtigsten Würdenträger des Reichs und weitere protokollarische Feinheiten zeigen,[12] schon sehr gut in der etwas entlegenen Materie des fränkischen Hofwesens aus.[13] Dass er für Karl den Großen ein besonderes Interesse hegte, wird zum ersten Mal in der vermutlich an den Innenminister gerichteten Anweisung vom 29. April 1803 erkennbar, Karl ein Denkmal auf der Place de la Concorde oder auf der «Place dite Vendôme» zu errichten.[14]

Auch das markanteste Symbol herrscherlicher Gewalt, das Wappenemblem, borgte sich Napoleon vom putativen Ahnherrn. Allerdings ging dieser Entscheidung eine Debatte im *Conseil d'État* voraus, bei der zunächst der gallische Hahn vorgeschlagen wurde. Dann kam der Elefant aufs Tapet, ein Tier, das damals in Mode war. Cambacérès verfiel auf die Biene, ein Vorschlag, den Napoleon mit dem Hinweis vom Tisch wischte, dass es sich beim Chef des Bienenstaates um eine Königin handele ... Die Anregung leuchtete ihm dennoch irgendwie ein, denn die Biene wurde das Wappentier seiner Dynastie. Schließlich einigte man sich auf den König der Tiere, einen ruhenden Löwen auf blauem Feld. Auch dieses Votum verwarf Napoleon spontan und sprach sich stattdessen für einen «auffliegenden Adler» aus.[15] Der Adler war das Wappentier des alten Reichs wie das Karls des Großen gewesen. Der auffliegende Adler hingegen war eine napoleonische Innovation, deren unmittelbares Vorbild jedoch ausgerechnet der preußische, genauer, der friderizianische Adler war.[16]

Alle Anleihen bei der karolingischen Symbolik mussten aber Mummenschanz bleiben, solange nicht der Papst Napoleon I. nach dem Vorbild Karls des Großen zum Kaiser gesalbt hatte. Mehr als dieses der Zeit entrückte Ritual leuchtet ein, dass Napoleon die Legitimation des Gottesgnadentums und damit die Aufnahme in den katholischen Katechismus, dem sich die allermeisten Franzosen zugehörig fühlten, zu erreichen suchte. Wie schon das Konkordat zeigte, begriff er auch hier die Religion als Mittel, soziale Kontrolle ebenso unauffällig wie wirksam auszuüben: Die Salbung durch den Papst verschaffte dem Kaisertum in den Augen der Gläubigen eine gottgewollte Rechtfertigung. Damit konnten die innerweltlichen, stets aber aufkündbaren Legitimationen – die materielle Herrschaftsrechtfertigung, dass nur er, Napoleon Bonaparte, imstande sei, Frankreich zu führen, die Verfassungsmäßigkeit durch den *Sénatus-consulte* vom 18. Mai 1804, sowie schließlich das Plebiszit – abgesichert werden.

Also bedeutete die weihevolle Salbung durch den Papst für Napoleon wesentlich mehr als pompöses Staatstheater, auch wenn ihm die spirituellen-sakramentalischen Aspekte des Rituals von Herzen gleichgültig waren. Er wollte die Versinnbildlichung seiner Macht, ihre Inszenierung und symbolische Überhöhung, ein Schauspiel, das Magie freisetzte, die sich wiederum zur weiteren Konsolidierung nach innen wie außen nutzen ließe. Als Gesalbter war er überdies, wie er glaubte, in einem monarchischen Europa den anderen Herrschern ebenbürtig. Aber das erwies sich als Illusion.

Außer Frage stand, dass Napoleon sich nicht nach Rom aufmachte, um dort vom Papst zum Kaiser der Franzosen gesalbt zu werden. Eine solche Pilgerfahrt verbot sich allein schon deshalb, weil sie der Beweis für die Unterordnung seiner weltlichen Gewalt unter die spirituelle Macht des Papstes gewesen wäre. Protokollfragen sind Machtfragen, deshalb musste der Papst nach Paris kommen. Als Termin sah Napoleon den 18. *Brumaire*, den 9. November 1804, den vierten Jahrestag seines Putsches vor, ein optimistischer Plan, denn die Kurie hatte keinerlei Veranlassung, den Wünschen Napoleons zu willfahren. Andererseits enthielten die Ausführungsbestimmungen zum Konkordat eine Fülle von Maßgaben, über deren Abänderung Rom gerne verhandelt hätte. Damit bot sich die Möglichkeit eines quid pro quo: Der Heilige Stuhl sah gute Chancen, seine mit dem Konkordat verknüpften Vorstellungen in einem engen zeitlichen wie kausalen Zusammenhang mit dem *Sacre* durchsetzen zu können.[17] Außerdem hielt man sich in Rom nicht zuletzt im Blick auf die «Affaire» des Duc d'Enghien diplomatisch gegenüber Frankreich zurück.[18] Anfang September 1804 sagte der Papst schließlich zu, die Salbung in Paris vorzunehmen. Napoleon quittierte das am 15. September 1804 mit einem bemerkenswerten Schreiben: «Heiliger Vater, die glücklichen Wirkungen, die von der Wiederherstellung der christlichen Religion (das Konkordat, J.W.) auf die Moral und den Charakter meines Volkes ausgingen, veranlassen mich, Ihre Heiligkeit zu bitten, mir einen neuerlichen Beweis der Anteilnahme zu spenden, die sie für meine Zukunft wie für die dieser großen Nation hegt, und zwar unter Umständen, die zu den wichtigsten rechnen, die in den Annalen der Weltgeschichte verzeichnet stehen. Ich möchte Ihre Heiligkeit darum bitten, zu kommen, um dem Zeremoniell der Salbung und Krönung des Ersten Kaisers der Franzosen den allereindrücklichsten religiösen Charakter zu verleihen. Diese Zeremonie wird einen neuen Glanz dadurch gewinnen, dass sie von Ihrer Heiligkeit höchstselbst vorgenommen wird. Sie wird auf uns und auf unsere Völker den Segen Gottes lenken, dessen Beschlüsse das Schicksal der Reiche und Familien (!) ganz nach seinem Willen beeinflussen. – Ihre Heiligkeit weiß um die Zuneigung, die ich schon lange für Sie hege, und Sie wird daraus unschwer das Entzücken ermessen können, das mir diese Gelegenheit bieten wird, Ihr neue Beweise dafür zu geben. Napoleon.»[19]

Nach Ton wie Inhalt war dieses Schreiben für den Papst ein Affront. Nicht nur vermied Napoleon alle protokollarischen Grußformeln, wie sie im Verkehr christlicher Monarchen mit dem Papst üblich waren, weil ihm diese zu unterwürfig klangen. Das Schreiben enthielt zum weiteren auch keines der zuvor wiederholt angedeuteten Versprechen, auf denen der Heilige Stuhl als Gegenleistung für den *Sacre* bestand. Deshalb glich der Brief einem in freundliche Floskeln gekleideten Befehl an den Papst, sich gefälligst nach Paris zu verfügen und hier ein Zeremoniell zu inszenieren, von dessen religiös-spirituellem Gehalt keine Rede war, dafür aber umso eindeutiger von dessen erhoffter, das Prestige Napoleons ins Gewaltige steigernder Wirkung. In einer ersten Regung wollte Pius VII. seine Zusage zur Parisreise deshalb wieder rückgängig machen.[20]

Wie in diesem Brief an den Papst mit fast brutaler Deutlichkeit angekündigt, versprach sich Napoleon vom *Sacre* vor allem propagandistische, dem Eklat seines neuen kaiserlichen Regimes zugute kommende Effekte. Deshalb nahm die Inszenierung dieser Zeremonie für Monate seine ganze Aufmerksamkeit in Anspruch. Wo und in welchem Rahmen sie stattfinden solle, beschäftigte ihn besonders nachdrücklich. Die erstmalige feierliche Verleihung der Ordensinsignien der Ehrenlegion am 14. Juli 1804 im Invalidendom nutzte Napoleon als Generalprobe.[21] Auch wenn diese Ordensverleihung einem Augenzeugen zufolge sehr würdig ablief und der Invalidendom den perfekten Rahmen abgab,[22] sprach sich Napoleon entschieden dagegen aus, hier auch das Zeremoniell des *Sacre* abzuhalten. Stattdessen plädierte er für die Metropolitankirche Notre-Dame, weil diese Kathedrale dem Geschehen einen noch prächtigeren und würdigeren Rahmen verliehe. Weil Napoleon bei Gelegenheit des *Sacre* vor allem Paris und die Welt mit der Pracht seiner kaiserlichen Macht beeindrucken wollte, hielt er auch nichts vom Vorschlag, das Zeremoniell auf dem Marsfeld stattfinden zu lassen: «Hat man sich ausgemalt, welchen Eindruck es machte, wenn der Kaiser und seine Familie in den kaiserlichen Gewändern den Unbilden der Witterung ausgesetzt sind, dem Schlamm, dem Staub oder dem Regen? Welche Anlässe zum Spott lieferte das den Parisern, die nichts so sehr lieben, als alles lächerlich zu machen und die überdies daran gewöhnt sind, dass Chéron in der Oper und Talma im Théâtre-Français den Kaiser wesentlich besser zu geben vermögen als ich das jemals könnte!»[23]

Vom Erhabenen zum Lächerlichen ist, wie Napoleon selber sagte, nur ein Schritt. Diese Gefahr war besonders groß, wenn man als Sohn eines korsischen Winkeladvokaten allen Ernstes den Kaiser von Frankreich mimen wollte. Auch sollte die Magie der Inszenierung des *Sacre* nach Bonapartes Vorstellungen keineswegs religiöser Natur sein; sie war ausschließlich auf die politische Wirkung abgestellt. Deshalb, weniger aus snobistischer Eitelkeit, war es so wichtig, dass alles bis ins Kleinste perfekt, stimmig, überwältigend, die Mitwelt von der natürlichen Größe Napoleons fraglos überzeugend geplant und ausgeführt wurde. Den Ablauf des *Sacre* wie der Feierlichkeiten, die sich darum rankten, bereitete Napoleon mit einer Umsicht vor, wie er sie sonst nur auf Feldzüge verwandte. Vier Tage nach der Ordensverleihung im Invalidendom regelte er beispielsweise durch Dekret in allen Einzelheiten die Prunkgarderobe und Herrschaftsinsignien, die er, Joséphine sowie die Würdenträger seines Hofes beim Salbungszeremoniell tragen sollten: eine Orgie in Weiß, Purpur und Gold übersät mit funkelnden Brillanten und anderen Edelsteinen.[24] Bis Anfang September indes konnte der Ablauf des Zeremoniells nicht beschlossen werden, da die Mitwirkung des Papstes noch nicht feststand. Dann aber musste alles sehr schnell geschehen, insbesondere die umfangreichen Arbeiten in und um Notre-Dame. Vor der Kirche musste das mit elenden Häusern dichtbebaute «Paradies», der Vorplatz der Kirche, freigelegt werden, während das Innere nach Geschmack und Maßgaben von Percier und Fontaine, den beiden späteren kaiserlichen Hofarchitekten, die maßgeblich den Stil des *Empire* prägten, in einen riesigen Bühnenraum verwandelt wurde.

Während diese Arbeiten auf Hochtouren liefen und Napoleon gleichzeitig mit Nachdruck die Invasion Englands vorbereitete, die in der Normandie in mehreren großen Feldlagern konzentrierte Invasionsarmee inspizierte, erhitzten sich die Gemüter innerhalb des Bonaparte-Clans zusehends. Die schwindelerregende Standeserhöhung des Zweitältesten zum Kaiser der Franzosen drohte dem Clan den letzten Rest von Verstand und Selbstbescheidung zu rauben. Die Mitglieder hatten sich immer an Napoleons Rockschöße geklammert und obwohl sie mit Ausnahme Luciens nichts zum jähen Aufstieg zu Macht und Reichtum beitrugen, dennoch stets davon profitiert. Den mit Abstand größten Gewinn strich Joseph ein, der deshalb glaubte, besonders großspurig auftreten zu können; auch die Schwestern oder der abwechselnd von Melancholie und Eifersucht geplagte Louis standen mit Prätentionen keineswegs zurück. Abgesehen von Jérôme, dem Jüngsten, der noch nicht wie seine Geschwister der Geldgier und dem Wohlleben verfallen war, lebten sie alle in dem falschen Bewusstsein, durch eigene Anstrengung und Leistung verdient zu haben, was sie dem kaiserlichen Bruder gegenüber mit würdeloser Zudringlichkeit beanspruchten.[25] Dass Napoleon diese lästigen Begehrlichkeiten nicht energischer abwehrte, sondern stets entnervt nachgab und sie mit immer neuen und größeren Ehren und Aufgaben überhäufte, hat viel zu seinem Untergang beigetragen. Für diesen Masochismus gibt es eine naheliegende Erklärung: es war der korsische Familiensinn, jenes Pflichtgefühl, als Älterer, Stärkerer, in jedem Fall aber von früh an Erfolgreicher sich für das Fortkommen seiner Angehörigen geradezu aufopfern zu müssen.[26] Gleichzeitig verschaffte ihm diese Fürsorge auch eine verquere Befriedigung, sein Machterlebnis besonders dem älteren Joseph gegenüber auszukosten, während er die Schwestern, die ihn regelmäßig mit ihren Tränen oder Ohnmachten erweichen konnten, bisweilen seine ganze Verachtung für das schwache Geschlecht fühlen ließ.

Das Verhältnis Napoleons zu dem aus wesentlich weicherem Holz geschnitzten Joseph entwickelte sich zu einer Rivalität um die Macht. Dabei suchte der Schwächere in diesem Duell immer wieder die willig gewährte Unterstützung des Clans, denn die übrigen Mitglieder konnten damit ihre eigenen Interessen nach besten Kräften fördern. Diese innerfamiliären Allianzen und Konflikte wurden für Napoleon zur rechten Qual, während Joseph, ohne Pflichten und Aufgaben, offenbar besonderen Spaß daran hatte, den jüngeren Bruder mit seinen Ambitionen in immer neue Verlegenheiten zu stürzen. Napoleon hatte eine solche Entwicklung seines Verhältnisses zu Joseph vorausgeahnt, deshalb kümmerte er sich zeitig darum, diesem ein seinen Fähigkeiten angemessenes Auskommen zu verschaffen. Das ging so lange gut, wie Napoleon noch zur Macht aufstieg. Doch schon da zeigte sich, dass Joseph seinen Aufgaben nicht gewachsen war. Stets war er – wenn auch nicht gerade ungeschickt bei Verhandlungen –, ob als französischer Botschafter in Rom oder als Verhandlungsführer bei den Vertragsabschlüssen mit den USA, mit dem Reich und mit England auf Talleyrand oder den Bruder als Souffleure angewiesen.

Die Rivalität musste just an der Frage der Erbmonarchie aufbrechen, denn hier konnte sich Joseph auf sein «gutes Recht» als Erstgeborener berufen. Er war fest entschlossen, nicht von den Ansprüchen zu lassen, die ihm daraus erwuchsen. Napoleon hatte Josephs Entschlossenheit unterschätzt, und das verschärfte ihren Streit, der umso unverständlicher war, weil diese Ansprüche durch nichts gerechtfertigt waren. Joseph blieb fixiert auf seine angeblichen Rechte als Erstgeborener. Deshalb ist es kein Wunder, dass Napoleon die Hirngespinste des Bruders – und der anderen Clan-Mitglieder – am Abend des 18. Mai 1804 mit schneidender Ironie abfertigte: «Tatsächlich, wenn man meine Schwestern hört, könnte man sagen, dass ich meine Familie um das Erbe des toten Königs, unseres Vaters, betrogen habe.»[27]

Um Joseph im Guten von seiner Narretei abzubringen, machte Napoleon ihm bereits im Januar 1803 das Angebot, Oberbefehlshaber der im Solde Frankreichs stehenden Schweizer Truppen zu werden.[28] Joseph lehnte ab und Napoleon erhöhte seine Offerte; er stellte ihm Anfang September 1803 den Posten eines Kanzlers in Aussicht, wenn ihn der Senat nominierte.[29] Aber Joseph verschmähte auch diesen fetten Köder, der, hätte er danach geschnappt, seinen Verzicht auf die «berechtigten Erbansprüche» materiell kompensiert hätte. Am 12. September 1803 teilte Joseph seinem Bruder gewunden mit: «Seit mehr als sechs Monaten bekomme ich von einigen Senatoren gesagt, dass sie an mich für den Posten des Kanzlers im Senat dächten; seit mehr als sechs Monaten lasse ich keinen Zweifel an meiner festen Absicht, dieses Angebot nicht anzunehmen. (...) Seither habe ich auch den Ersten Consul angefleht, dabei nicht an mich zu denken. Ich habe einem Bruder gegenüber, der mich mit seinem Wohlwollen noch nie enttäuscht hat, auseinandergesetzt, dass dieser Posten eines Kanzlers für mich nicht zuträglich ist, dass er mir mein ganzes Glück durch die ihm anhängenden Pflichten zerstöre, Pflichten, die in völligem Widerspruch zu meiner Lebensweise wie meinem Charakter stehen (!); dass es mir in meinem Alter schwer fiele, alle Augenblicke ohne Not mich zu verändern; dass der Nutzen, von dem ich auf diesem Platz sein könne, nicht das Opfer wert wäre, das man mir damit abverlangte. (...) Es ist für die Regierung ohne alle Bedeutung, ob dieser Posten nun von mir oder jemanden anderen besetzt wird. (...) Im übrigen gestattet es mir meine Gesundheit ganz und gar nicht, einen solchen Posten anzunehmen, den ganz auszufüllen ich durch meine Ehre verpflichtet wäre.»[30]

Nach dieser erneuten Absage schickte Napoleon Talleyrand zu Joseph, um ihn umzustimmen. Josephs Brief vom 18. September 1803 an Napoleon war jedoch eindeutig: «Sie machen mir den Vorwurf, Sie würden Ihr Interesse, das Interesse des Staates, meinen Gewohnheiten und der Mäßigung meines Charakters opfern. Wenn das Unglück Frankreichs es erzwänge, dass Sie den Kontinent verließen (eine Anspielung auf die Vorbereitungen zu einer militärischen Invasion Englands, J.W.), dann übernehme ich hier die Aufgabe, die gefährlichsten Posten, die Sie mir zu offerieren geruhen, zu besetzen. Ich werde das machen, was Sie wünschen, Mitglied der Regierung sein, Ihr *designierter Nachfolger*. Nichts wird mich schrecken, *denn ich strebe nach nichts*. Dank meiner Entschlossenheit wie meiner Integrität hoffe ich darauf, Ihnen würdig zu sein.»[31] Damit ließ Joseph die Katze aus dem Sack, gab zu erkennen, wonach sein Sinn stand und sprach die Erwartung aus, dass er sich als berechtigter Nachfolger des Bruders sähe, auch wenn er im gleichen

Atemzug völlige Selbstlosigkeit und Bescheidenheit heuchelte. Alle Einwände gegen die Posten, die ihm vordem angeboten worden waren, seine Gesundheit, sein Lebensglück, seine Liebe zum zurückgezogenen Leben auf dem Lande, waren nur Ausreden, um nicht die eigentliche Option seines Ehrgeizes preiszugeben, die Nachfolge Napoleons als Erster Consul, als Kaiser anzutreten.

Spätestens jetzt wusste Napoleon, woran er mit Joseph war, was ihn aber nicht hinderte, diesem im November 1803 eine Gratifikation von 200000 *francs* zukommen zu lassen. Im März 1804 folgte eine neuerliche Zuwendung von 300000 *francs*.[32] Diese Summen waren es Napoleon wert, um das Verhältnis zu Joseph zu verbessern, zumal im Frühjahr 1804 die leidige Erbfolgeregelung vom Senat formell entschieden werden musste. Dank seiner Freunde im Senat war Joseph über die Absichten Napoleons ungefähr im Bilde und mit ihnen der festen Überzeugung, dass ihm, dem ältesten Bruder des Ersten Consuls und künftigen Kaisers, der erste Platz in der Erbfolge zustünde. Das entsprach aber keineswegs Napoleons Intentionen, wie er Joseph in einem Gespräch am 2. April 1804 andeutete.[33] Zwei Tage später gab er dem Bruder gegenüber offen zu, dass er sich zum Kaiser ausrufen lassen und gleichzeitig seinen Neffen Napoléon-Charles als Thronerben adoptieren wolle. Im Falle von dessen Minderjährigkeit solle Joseph mit den beiden Consuln die Regentschaft ausüben.[34] Diese Perspektive versetzte Joseph in äußerste Erregung. Er gab zur Antwort, dass es ihm in keiner Weise gerechtfertigt erscheine, um seine Rechte gebracht zu werden, die er sich als älterer Bruder auf die Krone erworben habe, ein Standpunkt, der Napoleon nun seinerseits empörte, der deshalb durchblicken ließ, jetzt umso mehr an seiner Adoptionsabsicht festhalten zu wollen.[35]

Damit geriet der innerhalb des Clans schwelende Konflikt um seit Generationen geheiligte Erbrechte in das politische System. Joseph beauftragte Staatsrat Roederer, ihm ein Gutachten bezüglich der «Hérédité Consulaire» vorzulegen.[36] Roederer kam darin zu dem Schluss, dass eine Adoption nur die zweitbeste, die direkte, das heißt bei Nichtvorhandensein eines direkten männlichen Nachkommen des Erblassers, die kollaterale Erbfolge, die zunächst Joseph als Ältestem zufiele, aber die beste sei. Gestützt auf dieses Gutachten und besessen von der Berechtigung seiner Erbinteressen widmete sich Joseph jetzt der Aufgabe, seinen lethargischen Bruder Louis gegen die Adoptionspläne Napoleons aufzubringen. Nun machte auch Louis Erbansprüche geltend.[37] Angesichts dieser Fronde seiner Brüder sah sich Napoleon zu einem taktischen Rückzug genötigt. Für alle Fälle erhielt Joseph jetzt eine neuerliche Gratifikation von über 300000 *francs* zugeschanzt, so dass er innerhalb von zwölf Monaten zusätzlich zu seinen schon üppigen Senatorenbezügen von 120000 *francs* mehr als eine Dreiviertelmillion *francs* erhielt. Im August und September 1804 kamen noch zwei Gratifikationen von 300000 und von 50000 *francs* hinzu, die Josephs außerordentliche Einnahmen auf die für damalige Verhältnisse wahrlich exorbitante Summe von fast 1,2 Millionen *francs* steigerten.[38]

Die auf Betreiben Napoleons im *Sénatus-consulte* vom 18. Mai 1804 formulierte Erbschaftsregelung erkannte zwar die Erbberechtigung der Brüder an, räumte aber der Adoption den unbedingten Vorrang ein. Damit zerbrachen Josephs hochfliegende Machtphantasien. Auch der künftige Rang eines «Prince français», verbunden mit einer jährlichen Apanage von einer Million *francs*, konnte ihn ebenso wenig trösten wie die Würde eines «Grand Électeur» mit einem Jahresgehalt von 333333 *francs* und Wohnrecht im Palais du Luxembourg. Joseph war verdrossen, auch wenn er nach außen den Nonchalanten gab und so tat, als seien ihm alle Ehren und Titel von Herzen gleichgültig. Tatsächlich war ihm nur an wirklicher Machtteilhabe gelegen, an der Verfügung über ein Instrument, das ihm Einfluss auf die Entscheidungen seines Bruders gab. In diesem machtversessenen Ehrgeiz unterschied sich Joseph von den anderen im Clan, denen es vor allem um Geld und schönen Schein ging, den hochtönende Titel begleiteten und dessen Nuancen sich im komplizierten Protokoll und Zeremoniell abbildeten. Mit diesen lächerlichen Eitelkeiten, die ihn schlimmstenfalls ärgerten, nicht aber seine Macht oder seine Entscheidungsfreiheit zu beschneiden suchten, glaubte Napoleon spielend fertig zu werden. Um sich hier Ruhe zu verschaffen, genügte die falsche Großzügigkeit, mit der er klingende Titel und leere Würden verteilte, die allenfalls durch die damit verbundenen Gratifikationen ein gewisses Gewicht erhielten. So verfuhr er mit seinen Schwestern, als sie sich am Abend des 18. Mai 1804 darüber empörten, dass ihre Schwägerinnen, die Frauen von Joseph und Louis, von Napoleon als Prinzessinnen angeredet wurden, während sie, die doch unmittelbar zu seiner Familie, zu den Bonapartes aus Ajaccio, zur vierten Dynastie Frankreichs gehörten, als schmuck- und bedeutungslose Aschenputtel dastanden. Dieser Gram erheiterte Napoleon sehr und provozierte ihn auch zu manch grausamen Spott, aber letzten Endes obsiegte in ihm immer der ebenso gutmütige wie großzügige Familienmensch und er überschüttete die Clan-Mitglieder mit Ehren und Geld.[39]

Durch eine Reihe von Zugeständnissen, allerdings im eklatanten Widerspruch zur Verfassung, gelang es Napoleon schließlich, mit dem Clan einen prekären Waffenstillstand zu schließen: Die Schwestern des

Kaisers, so war dem *Moniteur* vom 20. Mai 1804 zu entnehmen, durften sich ebenso wie ihre Schwägerinnen mit dem Titel «kaiserliche Hoheit» schmücken. Das schuf neue Probleme, denn mit Ausnahme der Schwester Paulette, mit dem römischen Prinzen Borghese verheiratet, waren Caroline und Élisa mit Bürgerlichen verehelicht, was zumal dem ehrgeizigen Murat Pein bereitete: er durfte, wegen der strikten Hofetikette, erst in großem Abstand seiner Frau Caroline in den Familiensalon folgen. Napoleon sorgte auch hier für Abhilfe. Zunächst wurde Murat, zuvor schon auf dem herausgehobenen Posten des Militärbefehlshabers von Paris, zum Marschall ernannt und 1805 zum «Grand Admiral» berufen. Damit erhielt er den Rang und die Stellung eines der in der Verfassung vorgesehenen Großwürdenträger Frankreichs mit einem Jahresgehalt von 333333 *francs*. Außerdem wurde er von Napoleon seines schieren Verdiensts wegen, mit Schwester Caroline verheiratet zu sein, zum Prinzen erhoben und so seiner Frau protokollarisch gleichgestellt. Auch für Mutter Letizia, die ostentativ zu dem verstoßenen Bruder Lucien hielt und deshalb die meiste Zeit in dessen Nähe in Rom lebte, wurde schließlich eine Lösung gefunden, die ihren Ehrgeiz mit dem Protokoll vermittelte. Mochte es schon lächerlich genug sein, dass die Brüder als «Princes françaises» galten und mit «kaiserliche Hoheiten» angeredet wurden, so war dies wenigstens durch die Verfassung gedeckt. Völlig ausgeschlossen aber war, dass Napoleons Mutter ebenfalls den Titel «kaiserliche Hoheit» führte. Welchen Titel dann? Diese Frage warf ungeheure Probleme auf, weil es zu ihrer Beantwortung keinen Präzedenzfall gab. Nun mochte eine Entscheidung so lange keine Eile haben, wie die Mutter sich fern von Paris und dem Kaiserhof in Italien aufhielt. Dem war jedoch nicht so, denn Kardinal Fesch, Onkel Fesch, Frankreichs Botschafter beim Heiligen Stuhl, schrieb am 9. Juli 1804 an Napoleon: «Ihre Mutter ist in die Bäder nach Lucca abgereist. Ihre Gesundheit hat mehr an seelischen, denn an körperlichen Ursachen gelitten. Wie ich bemerken musste, haben sich ihre Leiden immer dann verschlimmert, wenn ein Bote anlangte, ohne Briefe für sie zu haben. Ihre Verzweiflung war besonders groß, als sie aus den Zeitungen die Proklamation des Kaiserreichs entnehmen musste. Sie war darüber tief betroffen, dass sie in den drei Monaten, die sie sich in Rom aufhielt, keine Extrapost bekam. Sie hat deshalb den Eindruck, dass Ihre Majestät ihr jedes andere Mitglied der Familie vorzieht. (...) Der Ehrgeiz Ihrer Mutter ist auf einen Titel, auf einen Rang aus. Sie leidet sehr darunter, dass die einen sie *Majestät, Kaiserliche Mutter* nennen, während sich andere damit bescheiden, sie lediglich mit *Kaiserliche Hoheit* anzureden, ein Titel, wie ihn auch ihre Töchter führen. Sie brennt darauf zu erfahren,

DER KAISER

welcher Rang für sie vorgesehen ist.»⁴⁰ Dieser mehr als deutliche Hinweis darauf, dass auch seine Mutter an der «Familienkrankheit» litt, trieb Napoleon zur Entscheidung. Der Kompromiss, den man schließlich fand, lautete: *Madame, Mère de Sa Majesté l'Empereur*, woraus sich dann die gebräuchliche Kurzform *Madame-Mère* entwickelte.⁴¹

Der Waffenstillstand mit dem Clan endete abrupt, als Napoleon am 12. Oktober 1804 von seiner Reise ins Rheinland nach Paris zurückkehrte und seine bislang verschwiegene Absicht verkündete, auch Joséphine vom Papst zur Kaiserin salben und krönen zu lassen. Joséphine hatte ihn begleitet und war ihm mit diesem Wunsch unterwegs in den Ohren gelegen, bis er sich hatte erweichen lassen, ohne wahrscheinlich die Konsequenzen für sich wie für die im Clan herrschende Stimmung zu bedenken. Auch wenn er Joséphine schon lange nicht mehr mit jener Leidenschaft zugetan war wie in den Zeiten der ersten italienischen Kampagne, so liebte er sie zweifellos, so dass er dieser Empfindung andere Überlegungen im Zusammenhang mit den Erbschaftsfragen und Joséphines Kinderlosigkeit unterordnen konnte. Gegenüber Roederer bemerkte Napoleon: «Mein Interesse, wie auch das Interesse meines Herrschaftssystems verlangt möglicherweise von mir, dass ich mich neu verheirate. Aber ich habe auch gesagt: Warum sollte ich eine so gute Frau nur deshalb verstoßen, weil ich derart aufgestiegen bin! Hätte man mich in ein Gefängnis geworfen oder ins Exil verbannt, hätte sie gewiss mein Schicksal mit mir geteilt. Und nur weil ich zur Macht gelangt bin, soll ich sie verstoßen? Nein, das überfordert meine Kräfte, denn ich habe auch nur das Herz eines Menschen; ich wurde nicht von einer Tigerin aufgezogen. Sollte sie aber sterben, werde ich mich wieder verheiraten und Kinder haben. Aber ich möchte sie nicht unglücklich machen.»⁴² Napoleon handelte spontan und aus tiefer Zuneigung, als er Joséphine den offensichtlichen Herzenswunsch erfüllte, übersah aber völlig ihre berechnende List, die ihm erst wenige Tage vor dem *Sacre* bewusst wurde: Joséphine und er waren lediglich auf Grund einer Ziviltrauung miteinander verheiratet, d.h. in den Augen der Kirche lebten sie so lange in Sünde, wie ihre Ehe nicht durch eine kirchliche Trauung besiegelt war. Das war für den Papst die Conditio sine qua non, dem Kaiserpaar das Sakrament des *Sacre* am 2. Dezember 1804 in Notre-Dame zu spenden. Damit konnte Joséphine Napoleon zu einem Schritt nötigen, den er aus freien Stücken kaum getan hätte.⁴³ Wie der Papst davon erfuhr? Joséphine legte bei ihm die Beichte ab und eröffnete dem Papst auch die Sünde, mit Napoleon im Konkubinat zu leben. Kurz, sollte es nicht zum Skandal kommen und die Feier, zu der alle Vorbereitungen auf Hochtouren liefen und der Adel halb Europas bereits nach Paris unterwegs war, in letzter Minute abgesagt werden, musste Napoleon sich kirchlich trauen lassen.[44] Mit diesem ebenso stillen wie bewundernswert eleganten Schachzug hatte Joséphine erreicht, worauf es ihr wohl vor allem ankam: die Furcht vor einer Trennung von Napoleon wegen ihrer Kinderlosigkeit mittels der kirchlichen Trauung, die das Band zwischen ihnen fester zu knüpfen versprach, zumindest zu verringern.

Joséphines Krönung zur Kaiserin mit dem Segen des Papstes empörte den Clan aufs ärgste. Darüber machte sich Napoleon keine Illusionen, wie die Umstände beweisen, unter denen er die Bombe platzen ließ. Vorgeblich, um Einzelheiten des *Sacre* zu besprechen, hatte er Joseph am 12. Oktober 1804 zu sich bestellt. Der klugen Regel folgend, solche Eröffnungen nur in Gegenwart von Zeugen zu machen, hatte er außerdem die ehemaligen Consuln und jetzigen Großwürdenträger des Empire, Cambacérès und Lebrun, sowie Roederer hinzugebeten. Kaum hatte er sein Geheimnis preisgegeben, meldete sich Joseph zu Wort und protestierte erregt, dass die Krönung Joséphines zur Kaiserin seine Interessen verletze. Roederer gegenüber kommentierte Napoleon diese Ausführungen Josephs später: «Was untersteht er sich eigentlich, mir gegenüber von seinen Rechten und seinen Interessen zu sprechen, ausgerechnet mir gegenüber, seinem eigenen Bruder, seine Eifersucht und seine Ansprüche aufzudecken, um mich damit nur an meinem empfindlichen Punkt zu verletzen. Das kann durch nichts mehr aus meiner Erinnerung gelöscht werden. Das ist ganz genau so, wie wenn er einem leidenschaftlichen Liebenden gesagt hätte, er habe mit dessen Geliebter geschlafen, oder auch nur, dass er sich Hoffnungen darauf mache. Selbst wenn er am nächsten Tag dann angelaufen gekommen wäre, um zu sagen, das alles sei nur ein Scherz gewesen, so hätte das an dem Schlag, den er damit mir versetzte, nichts geändert. Meine Geliebte ist die Macht. Ich habe zuviel darauf verwandt, sie zu erobern, als dass ich es jetzt duldete, dass man sie mir ausspannt oder ihr auch nur den Hof macht. Sie haben gut reden, wenn Sie meinen, dass die Macht ganz von selbst zu mir gekommen sei. Ich weiß, welche Anstrengungen, welche schlaflosen Nächte, welche Winkelzüge sie mich gekostet hat. Noch vor zwei Wochen hätte ich mir nicht vorstellen können, dass ich ihm (Joseph, J.W.) damit einen Tort antue. Jetzt lasse ich ihm aber nichts mehr durchgehen. Ich werde ihn nur noch auslachen; aber er hat mit meiner Geliebten geschlafen. Der Senat, der *Conseil d'État* könnten für zehn Jahre in Opposition zu mir stehen, ohne mich deshalb zu einem Tyrannen zu machen. Um mich in einen solchen aber zu verwandeln, braucht es nur eine Regung seitens meiner Familie.»[45]

Napoleon brachte überdies in Rage, dass Joseph nichts Eiligeres zu tun hatte, als seine Vertrauten und die Mitglieder des Clans von den empörenden Plänen des Bruders zu unterrichten. Josephs besondere Infamie lag darin, dass er sich gut vorstellen konnte, wie sehr sich seine Schwestern erregen würden, dass sie, die Prinzessinnen, nach dem Wunsch ihres kaiserlichen Bruders die Schleppe des Krönungsmantels der verhassten Kaiserin beim feierlichen Zeremoniell des *Sacre* tragen sollten! Das empfanden sie als öffentliche Demütigung, als Anschlag auf ihre Prinzessinen-Ehre, als Beschmutzung ihrer über jeden Verdacht erhabenen Sittsamkeit! Diese Intrigen und Schmähreden blieben Napoleon natürlich nicht verborgen, weshalb er die Unterredung mit Roederer am 4. November 1804 zu einer kühl kalkulierten Abrechnung mit Joseph im besonderen und der Familie im allgemeinen nutzte: «... meine Brüder sind nichts ohne mich; sie sind lediglich deshalb groß, weil ich sie groß gemacht habe, das französische Volk weiß von ihnen nur das, was ich ihm über sie gesagt habe. In Frankreich gibt es tausende von Personen, die sich weit mehr um den Staat verdient gemacht haben als sie, auch Sie selber gehören dazu; Sie haben mehr gemacht als jene. (...) Joseph ist nicht zum Herrscher bestimmt; er ist wesentlich älter als ich; ich dürfte länger leben als er, ich befinde mich wohl, und außerdem ist er keineswegs von so hoher Geburt, um sich irgendwelche Hoffnungen machen zu können. Ich bin in Armut geboren, und auch er ist, wie ich, in größter Bescheidenheit aufgewachsen; ich habe mich durch meine Taten nach oben gebracht, während er dort verharrt, wo er geboren wurde. Wenn man über Frankreich herrschen will, dann muss man in der *Grandeur* geboren, von Kindesbeinen an in einem Palast mit Dienern aufgewachsen sein oder man muss sich als Mensch wenigstens vor allen anderen auszeichnen. Ich habe niemals zugestanden, dass meine Brüder die natürlichen Erben der Macht sind: Ich halte sie allenfalls für geeignet, die Macht vor einem Absturz zu bewahren, sollte wegen Minderjährigkeit eine Lücke entstehen. (...) Man darf sich ihn also allenfalls nur vorstellen als eine Art von Aushilfe, die unter ganz bestimmten Voraussetzungen notwendig sein könnte, wenn man die Erbfolge in der Nachkommenschaft meiner Familie sichern will. Das französische Volk hat ihm nichts votiert.»[46]

Im Zuge dieser Generalabrechnung hielt er auch gegen den übrigen Clan nicht hinterm Berg: «Sie sind alle eifersüchtig auf meine Frau, auf Eugène, auf Hortense, auf alles, was in meiner Nähe ist. Nun gut, meine Frau hat Diamanten und Schulden, das ist alles. (...) Sie behaupten, meine Frau sei die Falschheit in Person, und dass die Aufmerksamkeit ihrer Kinder nur gespielt sei. Wie auch immer, ich mag sie eben, sie behandeln mich wie einen alten Onkel. Das macht das Leben angenehm.

Ich werde langsam alt, ich bin jetzt sechsunddreißig, ich brauche meine Ruhe.»[47]

Der Schwall von Klagen, mit dem Napoleon Roederer überschüttete, war gleichsam die letzte Warnung an Joseph und die übrige Familie, den Bogen ihrer Prätentionen und Eifersüchteleien nicht zu überspannen. Wie sich aber schnell zeigte, waren weder Joseph noch der Clan gewillt, diese Einsicht zu beherzigen. Vermutlich rechnete die Familie damit, dass der Bruder ihren Wünschen schon stattgeben werde, allein um einen Eklat zu vermeiden. Darin hatten sie sich aber getäuscht, wie Joseph am 17. November 1804 erkennen musste. Bei einer Konferenz in Saint-Cloud, zu der Napoleon Joseph und Louis, die Großwürdenträger des Kaiserreichs, die wichtigsten Hofbeamten sowie einige Minister gebeten hatte, sollten die letzten Einzelheiten zu den Feierlichkeiten des *Sacre* besprochen werden. Alles nahm einen ruhigen, geschäftsmäßigen Gang bis zu dem Augenblick, als Napoleon vorschlug, beim Kostüm der Prinzen und Großwürdenträger auf die ursprünglich vorgesehene lange Mantelschleppe zu verzichten, da diese der Schleppe des Krönungsornats zu ähnlich sei. Also solle mit Ausnahme des Kaisers keiner der anderen Würdenträger eine solche Schleppe tragen. Dagegen protestierte lediglich Cambacérès mit dem Hinweis, dass seine Schleppe bereits in Arbeit und auch in der Öffentlichkeit schon bekannt sei, welches Ornat er trage, während Joseph dem Vorschlag Napoleons zustimmte.

Kaum aber war dieser Vorschlag von der Runde akzeptiert worden, ergriff Joseph erneut das Wort, um die Schlinge zuziehen zu können, in der er Napoleon wähnte, gefangen zu haben: «Nachdem nun anerkannt worden ist, dass mit Ausnahme des Staatschefs niemand sonst, welchen Rang er auch einnimmt, als jemand gelten kann, der der Ehren der Souveränität teilhaftig ist, und nachdem wir im besonderen nicht mehr als Prinzen auftreten, sondern lediglich als Großwürdenträger, wäre es alles andere als richtig, wenn unsere Frauen, die in dieser Situation ja nichts anderes als Frauen von Großwürdenträgern sind, als Prinzessinnen handelten und die Mantelschleppe der Kaiserin trügen, eine Aufgabe, die folglich von den Ehrendamen oder Zofen wahrgenommen werden muss.»[48] Damit war die Katze aus dem Sack: Joseph machte sich zum Anwalt seiner Schwestern, die es als Anschlag auf ihre Würde empfanden, dass sie ihrer Schwägerin, der vormaligen Witwe Beauharnais und jetzigen Kaiserin Frankreichs beim *Sacre* die Schleppe ihres Krönungsmantels tragen sollten. Nachdem Joseph alle Versuche der Anwesenden, diese rein zeremonielle Bestimmung zu rechtfertigen zunichte gemacht hatte, geriet Napoleon in maßlose Wut. Joseph war angeblich mehrfach versucht, seinen Rücktritt von allen Ämtern anzubieten, um den Wütenden zu besänftigen. Tatsächlich offenbarte sich Joseph nach dieser Sitzung Napoleon gegenüber in diesem Sinne und verknüpfte damit das Angebot, sich irgendwo in Deutschland niederzulassen. Dieser demonstrative Rückzug des ältesten Bruders wenige Tage vor dem *Sacre* hätte den Eklat jedoch nur öffentlich gemacht und die Kaiserliche Reputation beschädigt. Napoleon dämpfte seine Erregung.[49]

Eine knappe Woche darauf kam es zur entscheidenden Aussprache. Napoleon bot Joseph drei Möglichkeiten an: Entweder er verzichte auf alle Ämter und Würden und ziehe sich aus dem öffentlichen Leben zurück; oder er bleibe weiterhin Prinz und Großwürdenträger des Kaiserreichs und verharre auch künftig in der Haltung unbedingter Opposition zu ihm; oder aber er ordne sich fortan ganz seinen, Napoleons, Wünschen unter und bleibe sein «erster Untertan». Entschiede er sich für die erste Möglichkeit, so sei das durchaus akzeptabel, auch wenn es nicht völlig mit seinen Plänen übereinstimme, aber die ließen sich anpassen. Er müsse dann einfach nur gesundheitliche Gründe vorschützen, sich nach Mortefontaine zurückziehen und dort den Winter über den Kranken spielen. Entschiede Joseph sich für diese Möglichkeit, so führte Napoleon nicht ohne Suffisanz weiter aus, dann bliebe ihm gar nichts anderes mehr übrig, als sich ganz seiner Frau und deren Familie zuzuwenden, zumal Louis bei weitem zu schwach wäre, um ein Gegengewicht zu bilden. Im übrigen werde Joseph dann politisch auch nicht mehr zählen, weshalb er, Napoleon, umso unbehinderter dem Ziel zueilen könne, das ihm vorschwebe.

Wähle Joseph jedoch die zweite Möglichkeit, dann wäre dies eine offene Kriegserklärung. «Aber, womit wollen Sie mich angreifen? Wo ist die Armee, die Sie gegen mich marschieren lassen könnten? Mit welcher Unterstützung, mit welchen Kräften wollen Sie mir das Kaiserreich streitig machen? Ihnen fehlt alles, und ich werde Sie ganz einfach vernichten. (...) Die dritte Wahlmöglichkeit ist die einfachste, diejenige, die Ihnen am ehesten zuträglich ist und für die Sie sich schließlich auch entscheiden sollten. Fügen Sie sich ein in eine Erbmonarchie und seien Sie mein erster Untertan! Das ist eine recht hübsche Rolle, die man spielen kann, wenn man der zweite Mann in Frankreich, vielleicht sogar in Europa ist. Das alles hängt davon ab, wie es ausgeht, und darüber haben Sie bei weitem noch nicht den ganzen Überblick. Mein Auftrag ist es, das Antlitz der Erde zu verändern; davon bin ich jedenfalls überzeugt.»[50] Diese alles in allem realistische Schilderung der Optionen bestimmte Joseph dazu, sich den Wünschen Napoleons mit einigem Widerstreben unterzuordnen. Jedenfalls war gesichert, dass er und seine Frau beim *Sacre* ihren protokollarischen Pflichten nachkommen würden.[51]

Andererseits machte sich Napoleon keinerlei Illusionen darüber, dass es ihm gelungen sei, Josephs Opposition ein für allemal zu brechen. Deshalb schien es das Ratsamste, den ältesten Bruder nicht nur von Paris und jenen Kreisen, die ihn in seiner Haltung bestärkten, fern zu halten, sondern ihm auch den Stachel des Widerstands endgültig zu ziehen, indem er ihm einen Posten verschaffte, der sich mit dem Erbanspruch politisch nicht vereinbaren ließe. Diese Gewähr schien das Königreich Italien zu bieten, das es zwar noch nicht gab, Napoleon aber nach bewährter Manier nach der Kaiserproklamation schaffen wollte: Die Sache musste so eingefädelt werden, dass das Repräsentativorgan der Italienischen Republik, die *Consulta*, aus vermeintlich freien Stücken den Wunsch äußerte, dem Land ebenfalls eine monarchische Verfassung zu geben. So geschah es, aber wie unschwer vorher zu sehen, nahmen Österreich und andere europäische Mächte eine drohende Haltung für den Fall ein, dass die Kaiserkrone Frankreichs mit der Königskrone Italiens auf einem Haupt vereint sein sollten.[52] Napoleon tat nun so, als wolle er sich diesen Drohungen bereitwillig beugen. Deshalb inszenierte er eine bizarre Komödie. Er bot ausgerechnet Joseph die italienische Krone unter der Bedingung an, dass dieser mit Rücksicht auf die Empfindlichkeiten der europäischen Mächte auf seine Erbansprüche an die französische Kaiserkrone förmlich verzichtete.

Das war für Joseph ein gleichermaßen überraschendes wie seriöses Angebot. Aussichten, jemals die französische Kaiserkrone zu tragen, gab es nicht, aber jetzt konnte er sofort Souverän eines Staates werden, dessen einziger Nachteil darin bestand, dass seine Souveränität durch ein enges Vasallenverhältnis zu Frankreich eingeschränkt war. Napoleon kannte den Älteren jedoch gut genug, um sicher zu sein, dass er ablehnen würde. Er schrieb deshalb bereits am 1. Januar 1805 dem österreichischen Kaiser und kündigte ihm die Kandidatur Josephs für den italienischen Thron als *fait accompli* an.[53] Wie vorhergesehen, weigerte sich Joseph, das Angebot der italienischen Krone zu akzeptieren. Er begründete seine Ablehnung u.a. mit der eingeschränkten Souveränität seiner Herrschaft und auch mit der Bedingung seines Erbverzichts auf die französische Kaiserkrone.[54] Um die gut gelungene Komödie noch um einen Akt zu erweitern, bot Napoleon jetzt die Krone dem ältesten Sohn seines Bruders Louis mit der Maßgabe an, dass der Vater bis zu dessen Volljährigkeit die Regentschaft übernähme. Diese Offerte formulierte Napoleon vorsichtshalber so, dass Louis gar nicht anders konnte, als sie mit Empörung zurückzuweisen.[55] So erreichte Napoleon sein wahres Ziel: Er konnte sich in Mailand zusätzlich zur französischen Kaiserkrone noch den eisernen Reif der Lombarden aufs Haupt setzen, seinen Stiefsohn Eugène de Beauharnais zum Vizekönig Italiens ernennen und ihn gleichzeitig in den Rang eines kaiserlichen Prinzen erheben, eine Lösung, die u.a. den Charme hatte, dass sich der Clan darüber wieder ereiferte.

Man braucht wenig Phantasie, um sich auszumalen, welche Stimmung im Clan in den Monaten, Wochen und Tagen vor dem 2. Dezember 1804 herrschte, dem Tag des *Sacre*, der höchsten, endgültigen, durch nichts mehr zu überbietenden Absegnung des atemberaubenden Aufstiegs des Bruders in schwindelnde Höhen durch Papst Pius VII. Für die Geschwister war dieses Ereignis die größte Demütigung. Sie standen hier nicht im Mittelpunkt, sondern besetzten allenfalls dekorative Nebenrollen. In ihrem Stolz war die Mutter dieser Zumutung von vornherein fern und in Rom geblieben. Dass sie David dennoch auf seinem Riesengemälde, auf dem das feierliche Geschehen in Notre-Dame angeblich getreulich festgehalten worden ist, abgebildet hat, ist eine der verzeihlicheren napoleonischen Propagandalügen.

Angesichts dieser Spannungen und Verwerfungen, der zahllosen Aufgeregtheiten, die ein ungewohntes, hochkompliziertes Protokoll auslöste, angesichts der vieltausendköpfigen Menge von Würdenträgern, Geistlichen, Militärs und Diplomaten, kurz, jener Festversammlung der napoleonischen Gesellschaft, deren Creme sich am Morgen des 2. Dezember 1804 nach genau festgelegtem Terminplan in feierlichen Zügen von ihren unterschiedlichen, über Paris verteilten Sammelplätzen und jeweils begleitet von militärischen Ehreneskorten, auf Notre-Dame zubewegte und in dem mit Tribünen ausgestatteten Kirchenschiff ihre reservierten Plätze einnahm, war es fast ein Wunder, dass die vielstündige Zeremonie ohne nennenswerte Zwischenfälle ablief. Um sieben Uhr in der Frühe jenes eisigen Dezembermorgens setzten sich die ersten Deputationen der Würdenträger vom Palais de Justice zu Fuß nach Notre-Dame in Bewegung. Zur nämlichen Stunde sammelten sich die Abordnungen von Heer, Marine und Nationalgarden auf der Place Dauphine. Eine Stunde später, um acht Uhr, machten sich die *Grands Corps de l'État* von ihren jeweiligen Dienstsitzen aus auf den Weg nach Notre-Dame, der Senat, der *Conseil d'État*, der *Corps législatif* und der *Tribunat*. Die würdigen Herren in ihren Togen und Talaren durften in Kutschen fahren, die eine Eskorte von je hundert Kavalleristen begleitete; nur die Mitglieder der *Cour de Cassation* mussten zu Fuß gehen und wurden folglich von Infanterie begleitet.

Vor Notre-Dame waren sechs Bataillone der Gardegrenadiere und Gardejäger aufgezogen, die aber auch nicht verhindern konnten, dass, als um sechs Uhr morgens die Kirchentüren geöffnet wurden, eine mit

Einlasskarten versehene Menge wahllos das Kirchenschiff flutete und die bis zur letzten Minute an der Dekoration arbeitenden Handwerker störte. Noch schlimmere Unordnung herrschte draußen im Umfeld der Kirche, wo Neugierige die Zufahrten blockierten. Da der Polizeipräfekt den nach umfangreichen Abrissarbeiten ungewohnt weiträumigen Vorplatz von Notre-Dame, die Place du Parvis, für alle Kutschen mit Ausnahme jener, die im Korso des Papstes, des Kaisers oder des deutschen Kanzlers Dalberg fuhren, hatte sperren lassen, mussten die hohen Damen und Herren in ihren aufwendigen Festroben – viele Frauen hatten überdies trotz der herrschenden Kälte tiefdekolletierte Toiletten angelegt – weit vor der Metropolitankirche ihre Kutschen verlassen und sich zu Fuß durch die engen, von Schmutz starrenden, mit Kot bedeckten Gassen der mittelalterlich verwinkelten Ile de la Cité durchschlagen, was durch die neugierige Menge noch zusätzlich erschwert wurde.

Das Chaos und Gewühl, das vor Notre-Dame herrschte, war das groteske Gegenbild der strengen Ordnung im Inneren. Der kaiserliche Thron, in dem dem Chor entgegengesetzten Ende des Kirchenschiffs aufgeschlagen, diente als Bezugspunkt, auf den die Sitzordnung der Geladenen ausgerichtet war. Während die Senatoren und die *Conseillers d'État* zu beiden Seiten des Throns Aufstellung nahmen, wurden die übrigen Würdenträger über die Länge des gesamten Kirchenschiffs bis zum Chor in absteigender Rangfolge platziert, wie es ihrer Wichtigkeit innerhalb der streng hierarchisierten, uniformierten, kostümierten und etikettierten napoleonischen Gesellschaft entsprach.

Als gegen halb zehn Uhr die ausländischen Diplomaten eintrafen, folgten ihnen die Vertreter des ausländischen, zumeist deutschen Adels, die aus der großen Flurbereinigung der Säkularisation um manches Kloster reicher hervorgegangen waren und nun mehr aus Furcht als aus Dankbarkeit der Standeserhöhung ihres Wohltäters beiwohnten. Schließlich, gegen zehn Uhr, hielt auch der Papst mit seinem Gefolge feierlichen Einzug. Gleichzeitig verkündeten Kanonenschüsse, dass der Kaiser von den Tuilerien nach Notre-Dame aufgebrochen war. Es dauerte noch eine gute Stunde, bis Napoleon und Joséphine beim Palais des Erzbischofs, in unmittelbarer Nachbarschaft zu Notre-Dame gelegen, ankamen. Hier legten beide ihre kostbaren Krönungsgewänder an – allein der Krönungsmantel Joséphines trug einen Hermelinbesatz, der über einhunderttausend *francs* gekostet hatte – und schritten dann gegen 12.15 Uhr in feierlichem Zug zur Kirche. Das hier endlich beginnende Zeremoniell hatte zwei Teile: Zunächst las der Papst eine Messe, während der Napoleon von Pius VII. zum Kaiser gesalbt und eingesegnet wurde, sich aber selber die auf dem Altar liegende Krone aufs Haupt setzte, um dann die Kaiserin zu krönen. Nach dem Ende dieser Messe zogen sich der Papst und die begleitenden Kardinäle und Bischöfe in die Sakristei zurück, während der zweite, der gewissermaßen zivile Teil des Zeremoniells begann: Kardinal Fesch nahm das Evangelienbuch vom Altar, legte es Napoleon vor, der es mit einer Hand berührte und dann mit lauter Stimme jene Eidesformel sprach, die ihm vom *Sénatus-consulte* vorgeschrieben war und mit der er die verbliebenen Rudimente der einstigen republikanischen Verfassung zu wahren beschwor. Unmittelbar danach trat ein Herold hervor, der mit lauter Stimme Napoleon zum Kaiser der Franzosen proklamierte.[56]

Miot, der bei den Krönungsfeierlichkeiten in Paris zugegen war, beschloss dieses Kapitel seiner Memoiren mit den Worten: «Er hatte alles erreicht, was er erreichen wollte. Dort, wo die Macht oder die Kunstfertigkeit seiner Ränke nicht ausreichten, bediente er sich zusätzlich der List. Er hatte jetzt *sein* Volk, *seine* Untertanen, *seine* Armeen, *seine* Schiffe; jeder Anschein eines republikanischen Regimes war auf einmal verschwunden und zwar sowohl in der Wirklichkeit wie in den Umgangsformen. Die Gegenrevolution hatte auf der ganzen Linie triumphiert. Ihr war es gelungen, die absolute Monarchie mit allem, was dazu gehört, aufzurichten, aber das sollte ihr nicht lange zum Vorteil gereichen.»[57] Diese skeptische, aber zutreffende Sicht werden die Meisten, die beim *Sacre* zugegen waren, kaum geteilt haben. Für sie war die Kaiserkrönung Napoleons mit dem Segen des Papstes eine große Erleichterung, wurden damit doch auch die neue soziale Ordnung und die sie prägenden Besitzverhältnisse abgesegnet, von denen sie alle ausnahmslos profitierten. Für diese Sicherheit verzichtete man bereitwillig auf einige Errungenschaften der Revolution. Es war kein Verlust, der den Gewinn schmälerte, den das Regime Napoleons I. darstellte. Der neue Kaiser war, wie sie alle, ein Revolutionsgewinnler, gewiss der größte. Das machte keinen Unterschied, denn ihnen kam es darauf an, dass er Fleisch von ihrem Fleische war und seine Interessen mit den ihren übereinstimmten.

SIEBTES KAPITEL

Austerlitz

Der Kriegszug, den Napoleon am längsten und intensivsten vorbereitete, wurde nie geführt: die Invasion Englands. Der Plan war alles andere als originell. Schon im Januar und Februar 1798, soeben zum Oberbefehlshaber der Englandarmee ernannt, hatte er sich an Ort und Stelle mit den Schwierigkeiten und Chancen eines solchen Unternehmens vertraut gemacht. Damals hatte er von einer Ausführung des Vorhabens entschieden abgeraten. Im Mai 1803 schien er jedoch ganz anderen Sinnes, zumal die Feindseligkeiten zwischen England und Frankreich sich verschärft hatten, und er, Napoleon, nicht mehr abhängig war von einem Direktorium, sondern uneingeschränkter Befehlshaber. Mit Energie und Tatkraft angepackt mochte das waghalsige Unternehmen gelingen. Vieles deutet also darauf hin, dass Napoleon ernsthaft entschlossen war, die Invasion zu wagen. In seiner Korrespondenz zwischen Juni 1803 und August 1805 wird sichtbar, dass er deren Vorbereitung allergrößte Aufmerksamkeit schenkte: In der Normandie wurden große Truppenteile konzentriert, eine Landungsflotte wurde gebaut, neue Häfen wurden entlang der Kanalküste angelegt.

Hatte er also wirklich vor, England zu erobern oder zweifelte er doch insgeheim am Gelingen dieses Wagnisses? Dem preußischen Sondergesandten Lombard, mit dem Bonaparte in Brüssel zu ausführlichen Unterredungen zusammentraf, sagte er am 30. Juli 1803: «Der Schlaf Europas ist ein unerklärliches Rätsel. Vielleicht erleben wir bald eine Umwälzung, die sich mit keiner der Revolutionen, deren Zeuge wir waren, vergleichen lässt. Ich bin entschlossen, das schwierigste, aber gleichzeitig auch am meisten Erfolg versprechende Unternehmen zu wagen, das von der Politik jemals entworfen worden ist. Ich kann damit scheitern, das Waffenglück ist wankelmütig, aber es kann mir auch gelingen, und drei Tage mit dunstigem Wetter und mit einigen günstigen Umständen können mich zum Herrn von London machen, des dortigen Parlaments wie der Bank. Stellen Sie sich einmal die Unordnung vor, in die dadurch Handel und Vermögen gestürzt würden! (...) Allein, die Einnahme von London unterwirft mir noch nicht England. Um die Nation zu erobern braucht es eine Revolution, die von der Hauptstadt ausgeht. Eine Revolution! Allein schon dieses Wort macht mir Angst für

Frankreich, für ganz Europa. Die Erschütterungen, die von ihr ausgehen, sind, ich weiß es, unkalkulierbar, aber was soll ich tun? Ich habe nur die Wahl zwischen zwei Übeln.»[1]

Zwei Jahre später schienen diese Skrupel vergessen. Die Truppenkonzentration bei Boulogne richtete sich aber nicht nur gegen England; sie besaß auch eine strategische Logik im Hinblick auf eine kriegerische Auseinandersetzung mit Österreich. Mit anderen Worten: Auch diesmal hielt sich Napoleon unterschiedliche Optionen offen. Da ihm aus unterschiedlichen Richtungen Gefahren drohten, bezog er mit Boulogne lediglich eine Zentralposition. Im Sommer 1805 wurde die Gefahr, die ihm von Österreich drohte, besonders akut. Gleichwohl verschlangen die Vorbereitungen, die nur im Zusammenhang mit einer Invasion Englands sinnvoll waren, riesige Summen. Dennoch darf man bezweifeln, dass Napoleon tatsächlich jemals gewillt war, auf diese Karte zu setzen. Die Unwägbarkeiten wuchsen, je weiter die Vorbereitungen fortschritten. Die zwei- oder dreitausend flachen Landungsboote beispielsweise, auf denen die Truppen nächtens über den Kanal gebracht werden sollten, mussten während der Flut auslaufen. Das aber war allein schon deshalb unmöglich, weil die Hafenplätze an der Kanalküste für eine derart große Zahl von Landungsschiffen nicht ausreichten. Zum anderen waren diese Boote für den starken Seegang im Kanal völlig ungeeignet.[2] Völlig absurd und jeder Schiffsstatik Hohn sprechend war Napoleons Idee, die Landungskähne mit einigen Geschützen zu ihrer Selbstverteidigung auszurüsten. Schließlich war völlig schleierhaft, woher diese vielen Geschütze beschafft werden sollten, da schon der Ausbau der Küstenbatterien hunderte neuer Kanonen und Mörser erforderlich machte.[3]

Selbst bei ruhiger See in einer langen Winternacht hätte die französische Invasionsflotte keine Chance, die englische Küste zu erreichen, denn man durfte sicher sein, dass die englischen Schiffe, von denen aus man das Geschehen in den französischen Häfen genau beobachten konnte, bei allen Wetterbedingungen auch nachts auslaufen würden. Das Landungsmanöver konnte deshalb nur gelingen, wie Napoleon im Frühjahr 1804 zu dämmern begann, wenn es mit den Operationen der verbündeten französischen und spanischen Flotten koordiniert wurde. Diesen sollte, so das große Projekt, das im Frühjahr 1805 Gestalt annahm, die Aufgabe zufallen, das Gros der englischen Flotte durch ein Täuschungsmanöver in die Karibik zu locken. Im Kanal sollten dann mit konzentrierten Kräften die verbliebenen englischen Schiffe vernichtet und den Landungsbooten Geleitschutz gegeben werden. Diese weiträumigen, geradezu absurden Flottenbewegungen, die die strategische Urheberschaft des in der Seekriegsführung völlig unerfahrenen Napoleon verraten und nach dem Allianzvertrag mit Spanien vom 4. Januar 1805 auch mehrfach angeordnet wurden, waren von vornherein zum Scheitern verurteilt. Einmal blockierte die englische Flotte all jene Häfen, in denen größere französische oder spanische Schiffsverbände lagen. Doch bei genauerer Betrachtung handelte es sich dabei wohl um eine Selbstblockade der französischen wie der spanischen Flotte, deren Offiziere kaum Vertrauen in die Fähigkeiten, die Qualität ihrer Schiffe und die Erfahrung ihrer Mannschaften hatten, um einen Ausbruch zu wagen. Nur Admiral Villeneuve gelang es, am 30. März 1805 mit elf Schiffen aus Toulon auszubrechen und sich in Cadiz mit einem spanischen Verband von sieben Schiffen zu vereinigen. Dieser vielversprechende Anfang war auch der letzte Versuch. Villeneuve segelte bis in die Karibik, ohne dass die englische Flotte, die in der Biskaya und vor Brest stationiert war, ihn verfolgte. Er kehrte unverrichteter Dinge nach Cadiz zurück. Napoleons Seufzer mit Blick auf Villeneuve, der mit seinen Schiffen einfach in Spanien blieb, verrät, dass er selber den Glauben an die Invasionspläne zu verlieren begann: «Welche Chancen, erfolgreich zu sein, wenn ich da unten nur einen Mann hätte!»[4]

Vermutlich war sich Napoleon selber nicht schlüssig, was er tun sollte. Solange die vorbereitenden Arbeiten für die Invasion liefen, musste er Optimismus zur Schau tragen. Spätestens im Januar 1805 waren die Vorbereitungen im Großen und Ganzen abgeschlossen. Jetzt hätte die Operation beginnen können, aber das Unternehmen wurde ein ums andere Mal verschoben. Gleichwohl bekundete er seine unbedingte Siegeszuversicht bei jeder Gelegenheit und suchte durch häufige Inspektionen der in sechs Lagern konzentrierten Truppen die Moral hochzuhalten. Bezeichnend dafür ist auch, was er Cambacérès aus Boulogne am 16. November 1803 mitteilte: «Ich habe von den Anhöhen von Ambleteuse die Küsten Englands gesehen, so wie man von den Tuilerien auf den Kalvarienberg (den Montmartre, J.W.) blickt. Man kann einzelne Häuser unterscheiden und nimmt auch Bewegungen wahr. Das ist ein Graben, der sich überqueren lässt, wenn man nur den Mut hat, es zu versuchen.»[5]

Diese und andere Äußerungen scheinen seinen festen Vorsatz zu belegen, eine Invasion Englands zu wagen. Darauf verweist auch die französische Politik Spanien gegenüber. Dem spanischen Königreich war im Vertrag vom Oktober 1803 die Neutralität garantiert worden, wenn es Frankreich eine monatliche Zahlung von sechs Millionen *livres* zukommen ließe.[6] So wertvoll Napoleon diese Zuwendungen waren, die spanische Flotte erschien ihm dennoch immer begehrenswerter. Um sich ihrer aber zu versichern, musste er Spanien zur Aufgabe seiner Neutralität bewegen. Das gelang schließlich mit dem französisch-spanischen

Bündnisvertrag vom Dezember 1804.[7] Auch diese Politik – der Verzicht auf die Subsidien, die ohnehin nur stockend eintrafen und die nicht enden wollenden Anstrengungen, den trägen Verbündeten auf Trab zu bringen – scheint zu belegen, dass Napoleon ernsthaft die Invasion Englands beabsichtigte.

Vermutlich überschaute er jedoch das ganze Risiko dieser Invasion, die bei nüchterner Betrachtung aussichtslos war. Das beweisen seine zahlreichen einschlägigen Befehle, die binnen kürzester Frist wieder durch anderslautende Anweisungen aufgehoben wurden. Die erste detaillierte Order für eine Invasion Englands vom 2. März 1805 ist an Konteradmiral Ganteaume gerichtet. Ganteaume wurde befohlen, von Brest in die Karibik auszulaufen, um die englische Flotte aus dem Kanal abzuziehen. Sobald ihm dies gelungen sei, solle er unverzüglich zurückkehren und zwischen 10. Juni und 10. Juli vor Boulogne erscheinen.[8] Aber schon dieser erste Versuch scheiterte. Ganteaume konnte den Hafen nicht verlassen: Brest wurde von englischen Schiffen blockiert. Am 24. März 1805 sandte Napoleon die Mitteilung: «Ein Seesieg unter diesen Umständen führt zu nichts. Haben Sie nur das eine Ziel vor Augen, Ihre Mission zu erfüllen. Laufen Sie kampflos aus.»[9] Wie aber diesen Befehl ausführen, kampflos, sprich unbemerkt die englische Blockade zu passieren? Das blieb Napoleons Geheimnis. In einem weiteren Schreiben an Ganteaume vom 11. April 1805 gab er sich noch voll Zuversicht, dass das Unternehmen begänne.[10] Dessen Erfolg wurde aber immer wieder in Frage gestellt: Zum einen durch die permanente Bedrohung seitens der englischen Flotte, zum anderen durch die Schwierigkeiten, über große Entfernungen hinweg Nachrichten zu übermitteln. Napoleons Botschaft an Admiral Villeneuve vom 14. April 1805 ist ein getreues Spiegelbild dieser Probleme: «Sie müssten unterdessen mit zwölf unserer Schiffe und wenigstens sechs weiteren des Königs von Spanien an unserer Insel Martinique angelangt sein. Konteradmiral Magon wird Ihnen noch zwei Schiffe zuführen. Unsere Absicht ist es, dass, wenn Sie 35 Tage nach dem Eintreffen des Konteradmirals Magon keine Nachrichten von Admiral Ganteaume erhalten haben, Sie davon ausgehen müssen, dass er entweder auf Grund widriger Witterungsverhältnisse oder wegen der feindlichen Blockade verhindert wurde. In diesem Fall machen Sie sich sofort und auf dem kürzesten Weg auf die Rückfahrt nach El Ferrol. Dort werden Sie 15 französische und spanische Schiffe antreffen, die Ihr Geschwader auf 35 Schiffe verstärken. Mit dieser Streitmacht werden Sie vor Brest erscheinen und sich hier mit den 21 Schiffen unter dem Befehl von Admiral Ganteaume vereinigen, ohne dass Sie jedoch dazu in den Hafen einlaufen. Mit dieser Seestreitmacht werden Sie in den Kanal vordringen und vor Boulogne erscheinen. Unter diesen Umständen ist es dann unsere Absicht, dass Sie das Oberkommando über die gesamte Seestreitmacht übernehmen.»[11]

Als Villeneuve Anfang Mai 1805 wieder wohlbehalten aus der Karibik nach Europa zurückkehrte, war diese strategische Diversion fehlgeschlagen: Jetzt sollte die Vereinigung der Eskadra Villeneuves mit jener Ganteaumes, die nach wie vor in Brest festlag, vollzogen werden. Geschwaderchef Ganteaume hatte sich in den zurückliegenden Wochen und Monaten stets hartnäckig geweigert, einen Ausbruchsversuch aus Brest zu wagen. Napoleon hing aber nach wie vor an der Illusion, dass Villeneuves Auftauchen vor Brest die Vereinigung der beiden Verbände ermöglichen könnte. Aus Pavia wies er am 8. Mai 1805 Villeneuve an: «Unsere Absicht ist es, dass Sie Ihre Vereinigung unter Vermeidung eines Kampfes vollziehen; sollten Sie aber zum Kampf gezwungen sein, dann sollte dieser möglichst nah an Brest ausgefochten werden, damit der Admiral Ganteaume Gelegenheit hat, in das Geschehen einzugreifen. (...) Sobald Sie sich mit dem Geschwader von Admiral Ganteaume vereinigt haben, das Ihren Verband um 21 gute Schiffe verstärken wird, wird Ihre Streitmacht weitaus beträchtlicher sein als diejenige, die Ihnen der Gegner wird entgegenstellen können und Sie werden sich dann sofort nach Boulogne wenden, wo wir persönlich zugegen sein werden.»[12]

Napoleon wiegte sich augenscheinlich noch in dem Glauben, seinen Befehlen werde umgehend entsprochen, sein Wille könne das künftige Geschehen erzwingen. So schrieb er am 29. Mai 1805 an Marineminister Decrès: «Die Engländer spüren, dass wir sie an der Gurgel haben. Sie bangen um Indien, um Amerika und um ihr eigenes Land. Sie ahnen nur zu sehr, dass 20 Schiffe, die irgendwo draußen auf den Meeren sind, zu jeder Zeit an einem beliebigen Punkt ihrer Küsten auftauchen können; sie wissen auch, dass diesen Schiffen noch weitere folgen oder auch, dass ihre Schiffe von uns mit der Absicht verfolgt werden können, den Krieg nach Indien zu tragen. Angesichts aller dieser Unsicherheiten werden es ihnen die Klugheit, die schiere Notwendigkeit zum Gesetz machen, den Handel im Mittelmeer einzustellen.»[13] Hier scheint bereits die Vorstellung auf, an die sich Napoleon bald klammern sollte, England durch eine Handelsblockade in die Knie zu zwingen. Zwei Tage später schrieb er von Mailand an Decrès: «Ich verstehe nicht, warum Sie so sehr meine Rückkehr nach Paris wünschen. Nichts ist angezeigter als meine Reise, um meine Absichten zu verbergen und um den Feinden etwas Abwechslung zu verschaffen, die, sobald sie wissen, dass ich während der Monate *Messidor* und *Thermidor* anderweitig beschäftigt bin, darüber Zutrauen fassen und sich dazu verstehen werden, weitere

Schiffe in ferne Weltgegenden zu entsenden.»[14] In einem Brief vom 31. Mai an den gleichen Adressaten verstieg sich Napoleon sogar dazu, bei den englischen Gegenspielern jenes Durcheinander von widersprechenden Befehlen zu vermuten, das die Ausführung seiner eigenen Anordnungen verwirrte,[15] während er gleichzeitig allen Ernstes erwog, den in Brest verzagenden Ganteaume mit genauen Anweisungen auszustatten, wie er die englische Blockade durchbrechen könne![16]

Von seinem Italienaufenthalt am 11. Juli nach Fontainebleau zurückgekehrt, verfügte er sich am 3. August 1805 ins Lager von Boulogne, um hier fast einen Monat mit wachsender Ungeduld auf Villeneuves Erscheinen zu lauern, damit der ihm, wie Napoleon am 16. Juli schrieb, für vier oder fünf Tage die Seeherrschaft über den Kanal gewährleiste.[17] Am 4. August war diese Frist bereits auf 12 Stunden zusammengeschmolzen, so sehr unterschätzte er die Schwierigkeiten eines erfolgreichen Landungsunternehmens.[18] Aber hoffte Napoleon jetzt wirklich noch auf eine solche Chance? Als er am 2. August 1805 von Paris nach Boulogne abreiste, wollte er damit jedenfalls seine Entschlossenheit signalisieren, die Invasion in allernächster Zeit zu wagen.[19] Tatsächlich aber keimte bereits ein anderer Plan, wie das kurze Schreiben an Talleyrand vom 31. Juli 1805 zeigt, in dem er davon spricht, dass er Nachrichten aus Italien habe, die darauf hindeuteten, dass Österreich zum Krieg rüste.[20] Kaum in Boulogne angelangt wurde der Außenminister am 3. August angewiesen, Cobenzl gegenüber eine deutliche Sprache anzuschlagen.[21] Napoleon konnte nicht damit rechnen, dass sich Österreich durch solche Drohungen würde einschüchtern lassen. Mit anderen Worten: Spätestens Anfang August 1805 begann er sich von seinem Invasionsplan abzuwenden, auch wenn die Vorbereitungen weiter vorangetrieben wurden.[22] Dass Admiral Villeneuve dann nicht mit den vereinigten französischen und spanischen Flotten zwischen 9. und 12. August, wie es sich Napoleon ausgemalt hatte, vor Boulogne auftauchte, wird für die Entscheidung, die er am 13. August Talleyrand mitteilte, kaum mehr eine Rolle gespielt haben: «Ich habe meine Wahl getroffen: Ich will Österreich angreifen und noch vor Ende November in Wien sein, um mich den Russen entgegenstellen zu können, sollten sie sich zeigen.»[23] Drei Tage später wies er Talleyrand an, das sich sträubende Bayern zu einem Bündnis mit Frankreich zu überreden; gleichzeitig sollte er den österreichischen Botschafter in Paris so weit bringen, dass Österreich im Falle eines Krieges zwischen beiden Mächten als Angreifer dastehen müsse.[24]

Neben der angeblich akuten österreichischen Kriegsdrohung trug die angespannte Lage der Staatsfinanzen mittelbar zur Vereitelung der Invasionspläne bei. Die englische Blockade der französischen Häfen schädigte empfindlich den französischen Außenhandel. Das galt vor allem für die hochverzollten Kolonialwaren, die dank großer Nachfrage die lukrativste Quelle staatlicher Einnahmen waren. Unmittelbar ausschlaggebend für die finanzielle Krise war jedoch, dass die in der Normandie stationierte Invasionsarmee aus dem schwindenden Aufkommen des ordentlichen Haushalts finanziert werden musste. Außerdem verschlangen seit zwei Jahren der Bau der Invasionsflotte und die Anlage von Häfen an der französischen Kanalküste erhebliche Mittel. Das Defizit im Staatshaushalt, durch Anleihen in Frankreich und den Niederlanden nur mit Mühe ausgeglichen, schreckte den fiskalpolitisch orthodoxen Napoleon, glaubte er darin doch eines der großen Übel zu erkennen, das die soziale Legitimation seines Regimes zu paralysieren drohte. Deshalb schenkte er dem Rat seines Finanzministers Gaudin Gehör, die von der Revolution abgeschafften indirekten Steuern auf Produkte des Massenkonsums wieder einzuführen. So wurde am 25. Februar 1804 die *Administration des Droits réunis* geschaffen, hinter der sich die für die Eintreibung der indirekten Steuern zuständige Behörde verbarg. Diese Einnahmen genügten aber nicht, die Lücken zu stopfen, weshalb Schatzminister Barbé-Marbois auf den verzweifelten Einfall kam, die Bankiers und Heereslieferanten wie zu Zeiten des Direktoriums um Anleihen anzugehen. Die waren zu einem solchen Geschäft umso eher bereit, als sie Zinssätze bis zu 15 Prozent kassierten. Als Sicherheit verpfändete Barbé-Marbois einen Teil der künftigen Steuereinnahmen und stellte Schuldscheine auf den Staatsschatz aus, die von der *Banque de France* diskontiert wurden. Damit wurde eine versteckte Inflation angestoßen, die ausgerechnet im Spätsommer 1805 offensichtlich wurde und die Staatsbank in eine schwere Vertrauenskrise stürzte.

Die angespannte Finanzlage überzeugte Napoleon davon, dass tatenloses Verharren von Übel sei. Nur ein für Frankreich siegreicher Krieg versprach hier Abhilfe. Der unterlegene Gegner würde das aufgelaufene Defizit nicht nur durch Kontributionen ausgleichen, sondern auch den französischen Nationalreichtum mehren.[25] Außerdem war die in der Normandie konzentrierte Invasionsarmee, die seit dem 2. Dezember 1803 offiziell den Namen *Armée d'Angleterre* führte, ein vorzügliches Instrument, das jedoch gebraucht werden musste, sollte es seine Schärfe und Präzision bewahren. Solange sich die Spannung aufrecht erhalten ließ, gereichte Napoleon diese für Friedenszeiten ungewöhnlich große Truppenansammlung nur zum Vorteil: Da sie von der französischen Gesellschaft abgeschottet waren, konnte er alle seine Listen und Tricks aufbieten, diese Soldaten auf seine Person und Absichten einzuschwören. Dem schenkte er besonderes Augenmerk, wie seine häufigen, stets mehrere Tage, wenn nicht Wochen andauernden Truppenbesuche zeigen, die er durch feierliche Ordens- oder Fahnenverleihungen geschickt zu akzentuieren wusste. Auch geizte er nicht mit Andeutungen und Proklamationen, die den Anschein erweckten, dass die Invasion Englands unmittelbar bevorstehe. So wurde die *Armée d'Angleterre* in ständiger Alarmbereitschaft gehalten. Ein solcher Zustand gespannter Erwartung konnte aber nicht beliebig ausgedehnt werden. Deshalb lauerte Napoleon mit wachsender Ungeduld weniger auf die günstige Konstellation für den Angriff auf England als vielmehr auf einen Vorwand, wieder einen Krieg gegen den alt vertrauten Gegner Österreich vom Zaun zu brechen. Das jedenfalls verriet er dem *Conseil d'État*, mit dem er am 17. Januar 1805 über die angespannten finanzielle Situation des Kaiserreichs beriet: «Seit zwei Jahren hat Frankreich ohne Murren die größten Opfer gebracht, die man ihm nur abverlangen kann. Ein allgemeiner Krieg auf dem Kontinent würde ihm auch keine größeren auferlegen. Ich habe die stärkste Armee, die effizienteste Militärorganisation und ich befinde mich durchaus schon in derselben Situation, in der ich wäre, tobte der Krieg auf dem Kontinent. Allein, um in Friedenszeiten eine solche Streitmacht zu versammeln, zwanzigtausend Spannpferde für die Artillerie zu unterhalten, den gesamten Nachschub vorzuhalten, muss man einen Vorwand finden, der diese Anstrengungen rechtfertigt, ohne dass die Kontinentalmächte sich darüber beunruhigen. Diesen Vorwand lieferte uns der Plan einer Invasion Englands. Mir ist durchaus bewusst, dass, wenn man in Friedenszeiten so viele Spannpferde für die Artillerie unterhält, man dreißig Millionen zum Fenster hinauswirft. Andererseits habe ich aber deshalb heute zwanzig Tage Vorsprung vor allen meinen Feinden, und ich werde schon einen ganzen Monat meinen Feldzug begonnen haben, ehe Österreich alle Artilleriespannpferde, die es braucht, aufgekauft hat. Wenn ich absehe, dass das Geschehen in Italien Österreich in Bewegung bringt, (Napoleon gibt damit zu erkennen, dass er Österreich durch seine Krönung zum König der Lombardei zum Krieg provozieren wollte, J. W.) erkläre ich ihm den Krieg, sobald es mit seinen Rüstungen beginnt.»[26]

Österreich jedoch rührte sich nicht. Weder die Kaiserproklamation Napoleons im Mai 1804 noch seine Selbstkrönung zum König Italiens am 26. Mai 1805 vermochten die Donaumonarchie aus der Reserve zu locken. Andererseits war England nicht untätig geblieben und hatte die Invasionsdrohung durch ein neues kontinentales Bündnissystem konterkariert. Bereits im Februar 1804 bewilligte das britische Parlament eine Summe von fünfeinhalb Millionen Pfund für Geheimoperationen, mit der eine neue Koalition auf die Beine gestellt werden konnte. Für

Napoleon war spätestens jetzt der Ausbruch eines Konflikts mit Österreich unvermeidlich, um die sich formierende europäische Mächteallianz zu zerschlagen. Dieser Krieg würde nur dann nicht ausbrechen, wenn er England in die Knie zwingen konnte; Österreich würde es, auf sich allein gestellt, nicht wagen, gegen ihn zu Felde zu ziehen. So deutete Napoleon dem *Conseil d'Etat* im Januar 1805 an, die Invasion Englands sei nur *eine* Option; die andere sei ein neuer Feldzug gegen Österreich. Wofür er sich entscheide, hänge letztlich von Wind und Wetter im Kanal ab. Vereitelten die Wetterverhältnisse eine Landung in England, werde er Krieg gegen Österreich führen, Mitteleuropa sich untertan machen und den Kontinent als Waffe gegen das Inselreich gebrauchen. Dem preußischen Botschafter Lucchesini hatte Bonaparte bereits am 30. November 1803 gedroht: «Es ist die Straße, die von Straßburg nach Wien führt, die von den Franzosen eingeschlagen werden muss, wenn sie Österreich zum Frieden zwingen wollen, und es ist eben diese Straße, die Sie uns verbieten wollen, zu benutzen. Indem Sie uns der Unterstützung durch unsere natürlichen Verbündeten, Baden, Württemberg und den Kurfürsten von Bayern, zu berauben trachten, wollen Sie den Krieg auf dem Kontinent entweder ganz verhindern oder seine Aussichten für Frankreich möglichst nachteilig gestalten.»[27]

Im April 1805 schlossen England und Russland ein Militärbündnis, das den Kern der Dritten Koalition gegen Frankreich bildete, die, durch den Beitritt Österreichs komplettiert, unter dem Eindruck der französischen Annexion Genuas Anfang August geschlossen wurde.[28] Das war die alte Mächtekonstellation, die Frankreich immer zu fürchten hatte. Deshalb ging Napoleon im August 1805 wieder diplomatisch in die Offensive und versuchte Preußen als Bündnispartner zu gewinnen. Als Preis bot er erneut das der englischen Krone gehörende Hannover an, das Frankreich unmittelbar nach Ende des Friedens von Amiens besetzt hatte. Aber Preußen sperrte sich auch diesmal gegen alle Avancen und verharrte in der törichten Illusion, dass es allein am besten fahre. Mit der anderen politischen Möglichkeit, die sich anbot, war Napoleon etwas erfolgreicher: Ende August kam es zum Abschluss eines geheimen Bündnisvertrags zwischen Frankreich und Bayern,[29] dem sich Baden und Württemberg notgedrungen anschließen mussten, wollten sie nicht einfach von der *Grande Armée* überrannt werden, wenn es zum Ausbruch eines französisch-österreichischen Krieges kommen sollte.[30]

Spätestens Anfang August 1805 wusste Napoleon, dass er die Donaumonarchie im Bündnis mit Russland zum Gegner hatte. «Je mehr ich die Situation in Europa überdenke», schrieb er am 23. August an Talleyrand, «desto deutlicher erkenne ich die Notwendigkeit, einen entschiedenen

Standpunkt einzunehmen. Tatsächlich darf ich mir nichts von den österreichischen Erklärungen erhoffen. Man wird mich mit schönen Worten abspeisen und damit Zeit gewinnen, mit der Folge, dass ich den ganzen Winter über nichts tun kann. Österreich wird aber noch in diesem Winter einen Subsidien- und Allianzvertrag (mit England, J.W.) unterzeichnen unter dem Vorwand, bewaffnete Neutralität zu wahren; und im April (1806) sehe ich mich dann mit einhunderttausend Russen in Polen konfrontiert, die von England unterhalten werden, vorzüglich ausgerüstet mit Pferden und Artillerie etc., mit 15 bis 20tausend Engländern auf Malta und 15tausend Russen auf Korfu. Dann werde ich mich in einer ziemlich kritischen Situation befinden. Deshalb bin ich bereits jetzt zum Handeln entschlossen.» Napoleon malte damit ein Schreckensszenario aus, dem er unbedingt zuvorkommen musste, auch wenn er gegenüber Talleyrand noch immer mit der Invasion Englands spielte. Müsste dieses Unternehmen jedoch bis zum April 1806 vertagt werden, werde er das Nächstliegende tun: «Am 1. *Vendémiaire* (23. September, J.W.) befinde ich mich mit 200000 Mann in Deutschland und mit 25000 Mann im Königreich Neapel. Ich marschiere auf Wien und werde meine Waffen nicht eher niederlegen als bis ich Neapel und Venedig in Besitz und gleichzeitig die Staaten des Kurfürsten von Bayern derart vergrößert habe, dass ich von Österreich künftig nichts mehr befürchten muss.»[31]

Als Napoleon am 25. August in Boulogne mitgeteilt wurde, Admiral Villeneuve habe sich, statt von El Ferrol nach Brest und zum Kanal zu segeln, nach Cadiz geflüchtet, lieferte ihm diese Nachricht den Vorwand, die Invasion Englands endgültig abzublasen. Er hatte damit zugleich einen Sündenbock, dem er die Schuld für das Scheitern dieses aberwitzigen Unternehmens geben konnte. Seine Ausfälle gegen Villeneuve in einem Brief an Vize-Admiral Decrès vom 4. September 1805 sind reiner Theaterdonner: «Villeneuve ist ein Elender, den es mit Schimpf und Schande aus dem Amt zu jagen gilt. Ohne eigene Einfälle, ohne Mut, ohne höheres Interesse opfert er alles, nur um seine Haut zu retten.»[32] Viel spricht dafür, dass Napoleon Admiral Villeneuve eine Rolle zudiktierte, die zuvor Admiral Brueys in der Seeschlacht von Abukir hatte spielen müssen. Indiz dafür sind Napoleons Instruktionen vom 16. Juli 1805 an Villeneuve: «Sobald Sie sich mit dem Geschwader von El Ferrol vereinigt haben, werden Sie derart manövrieren, dass Sie uns die Herrschaft über den Kanal verschaffen und sei dies auch nur für vier oder fünf Tage; derlei ließe sich gewährleisten, indem Sie entweder die Geschwader aus Rochefort und Brest unter Ihrem Kommando vereinigen, oder auch nur das von Brest oder das von Rochefort (...) Unser Marineminister wird Sie über die Stärke dieser Geschwader sowie über die unterschiedlichen Kombinationen, die uns als die wahrscheinlichsten erscheinen werden, unterrichten. Was Ihren Erfolg anbelangt, vertrauen wir voll und ganz auf Ihre Erfahrung und auf Ihren Eifer für den Ruhm unserer Waffen. – Wenn, wegen der Kämpfe, die Sie möglicherweise zu bestehen haben werden, Ihr Verband auseinandergerissen wird oder wenn andere Umstände, die wir nicht vorhersehen können, Ihre Situation grundlegend verändern, dann wünschen wir unter keinen Umständen, dass unsere Armee (sic) in den Hafen von El Ferrol einläuft. Für diesen Fall, der mit Gottes Hilfe nicht eintreten möge, ist es unser Wunsch, dass Sie, nachdem Sie unsere Geschwader von Rochefort und El Ferrol aus der Blockade befreit haben, in Cadiz vor Anker gehen.»[33] Napoleon gab also Villeneuve die Anweisung, nach Cadiz zurückzukehren, wenn sich das geplante Manöver nicht realisieren ließe. Für Villeneuve war klar, dass der Kaiser vor allem die Flotte in Sicherheit wissen wollte. Angesichts seiner großen Handlungsfreiheit dürften seine Entscheidungen davon kaum weniger beeinflusst worden sein als von Feigheit, die ihm Napoleon unterstellte. Der Vorwurf verletzte Villeneuve so tief, dass er im Oktober den fatalen Befehl gab, aus Cadiz auszulaufen. Nelson, gefechtstaktisch weit überlegen, lauerte ihm vor Kap Trafalgar auf und brachte ihm jene Niederlage bei, von der sich die französische Kriegsmarine lange nicht mehr erholte.

Unabhängig aber von diesen Vorgängen, kann Pierre de Villeneuve mit Abstand als der größte Versager in der Geschichte der französischen Marine gelten. Dies rechtzeitig zu erkennen und entsprechende Konsequenzen zu ziehen, war auch dem in Marineangelegenheiten nicht bewanderten Napoleon zuzutrauen. Villeneuve war als Kapitän mit seinem Schiff in der Seeschlacht von Abukir von Admiral Brueys Flotte desertiert, ohne einen Schuss abzufeuern, ein Verhalten, das ihn sechs Jahre später offenbar zum Flottenbefehlshaber prädestinierte! Hat Napoleon diesen Mann zum Oberbefehlshaber gemacht, weil auf dessen Versagen Verlass war?[34]

Vermutlich war Napoleon über die Nachricht, mit dem Auftauchen Villeneuves im Kanal sei unter keinen Umständen mehr zu rechnen, sehr erleichtert, denn sofort befahl er Stabschef Berthier, den Abmarsch der *Grande Armée* aus der Normandie in Richtung Süddeutschland vorzubereiten.[35] Mit dem 29. August verließ die *Grande Armée* die Normandie in drei großen Marschsäulen: nach Speyer, Mannheim und Straßburg. In mehrere Armeecorps gegliedert, kommandiert von Bernadotte, Davout, Lannes, Mortier, Ney und Soult, belief sich die effektive Einsatzstärke auf insgesamt 183000 Mann, davon 38000 Kavalleristen und 340 Kanonen. Für Napoleon war es «die beste Armee», die er je hatte: Ein Viertel der Mannschaften bestand aus Veteranen der Revolutionskriege, ein weiteres Viertel waren Teilnehmer der Feldzüge von 1800 in Süddeutschland und Oberitalien und die restliche Hälfte bestand aus Wehrpflichtigen, die zwischen 1800 und 1803 einberufen und während ihrer Stationierung in der Normandie gründlich ausgebildet worden waren.[36]

Napoleons Feldzugsplan orientierte sich an den Dispositionen des Gegners, der sich gleichzeitig an vier verschiedenen Fronten zum Angriff sammelte: Gegen Hannover, wo rund vierzigtausend Russen, Schweden und Engländer vom schwedischen Vorpommern aus aufmarschierten; dann Neapel, wo eine englisch-russische Armee mit 30000 Mann gelandet war; in Norditalien standen Masséna und Eugène über 140000 Österreichern gegenüber, und hinzu kam noch der bayerisch-schwäbische Donauraum, den Anfang September 1805 zwei österreichische Armeen, gefolgt von einer russischen Armee, insgesamt rund 180000 Mann, überrannt hatten. Weitere russische Armeen rückten zur Verstärkung dieser Truppen aus ihren entfernten Bereitstellungsräumen heran. Angesichts dieser gefährlichen Lage, die ihn zwang, noch vor Eintreffen des Gros der russischen Armeen eine Entscheidung zu suchen, entschloss sich Napoleon, im Zentrum anzugreifen. Hier konzentrierten sich die meisten gegnerischen Kräfte und in diesem Raum ließ sich die *Grande Armée* am schnellsten dislozieren, während Masséna in Norditalien und Gouvion-Saint-Cyr in Neapel den überlegenen Gegner möglichst in Schach halten sollten. Napoleon plante, den über Bayern nach Schwaben vorrückenden österreichischen Truppen durch ein großräumiges Zangenmanöver die rückwärtigen Verbindungslinien abzuschneiden, um sie dann entweder gegen die Nordhänge Tirols oder den Rhein zu drücken.[37]

Die Dimension dieses Manövers musste dem Gegner unbedingt verborgen bleiben. Deshalb spielte Napoleon seit seiner Rückkehr von der Englandarmee nach Saint-Cloud am 5. September Komödie, deren Geheimnis er dem *Conseil d'État* am 17. September 1805 in einer Rede enthüllte, die in ihrer Wortwahl den Furor revolutionärer Zeiten beschwor: «Das Haus Österreich ergreift wider uns die Waffen ohne Kriegserklärung. Es lässt seine Truppen in Bayern einmarschieren; es ist ohne Vorwarnung über die deutschen Fürsten, die unsere Verbündeten sind, hergefallen. Diese Macht, die ihre Existenz nur meiner Mäßigung verdankt, die ich zweimal hätte aus Wien und allen ihren Staaten verjagen können, wagt es heute, mir Bedingungen zu diktieren. Diese Macht bildet sich ein, dass ich mich allen Wünschen unterwerfe, die es England gefällt an mich zu stellen, und die es sich selber versagt, mir bekannt zu machen. Soviel Unverschämtheit, Undankbarkeit und Perfidie haben den Widerwillen aller deutschen Fürsten ausgelöst: Sie zittern vor Empörung. Ich werde sie rächen, gleichzeitig werde ich aber auch meine Ehre wie die Frankreichs rächen. Meine Armeen sind bereits auf dem Marsch zum Rhein. Sie werden ihn bald überschritten haben, und ich werde mich an ihre Spitze stellen, um dieses hassenswerte Haus Österreich zu zerstören, das ich niemals hätte schonen dürfen. Ich werde es zu einer Macht zweiten Ranges herabmindern. Meine Verbündeten werden erkennen, dass sie stolz auf mich sein können und dass mein Schutz kein leeres Versprechen ist. Ich werde aus Bayern einen großen Staat machen, der den Puffer zwischen Österreich und mir bildet und ich werde einen neuen Frieden im Palast des Kaisers von Deutschland unterfertigen. – Aber ich brauche noch ein paar Tage bevor ich in den Senat gehe, um der ganzen Nation Rechenschaft zu geben über unsere augenblickliche Situation, meine Empfindungen und Absichten. Bis es so weit ist, wird meine Sprache friedfertig sein. Da aber die Zeit drängt und da ich, indem ich losmarschiere, die Ruhe Frankreichs sichern muss, wollte ich Sie über die Maßnahmen unterrichten, die ich ergreifen will und mich über deren Umsetzung mit Ihnen beraten. Sie erkennen daran selbst, wie sehr eine Geheimhaltung dieser Vorhaben notwendig ist, zumal sie in offensichtlichem Widerspruch zu meinen öffentlichen Bekundungen stehen.»[38]

Eine dieser Maßnahmen sah die Neuaufstellung der Nationalgarden vor. Das war auf den ersten Blick bemerkenswert, weil diese Bürgerwehren einst als Träger des revolutionären Geistes gefürchtet waren. Wenn sie Napoleon jetzt wieder aktivierte, würde er sich damit ein Instrument schaffen, das leicht seiner Kontrolle entgleiten konnte. Tatsächlich aber verband er damit nur einen Propagandacoup, dessen Tragweite er dem *Conseil d'État* vor Augen stellte: «Ich wäre ein rechter Tropf, verlangte ich alle diese Mittel nur für die gegenwärtige Kampagne. Dafür habe ich alles, was man braucht: Magazine, Truppen, Pferde, Artillerie. Meine Armee ist in denkbar glänzendem Zustand. Sie hat ganz Frankreich durchquert, ohne dass es auch nur einen Deserteur gab. Überall wurde sie mit Freude willkommen geheißen. (...) Aber, auch wenn ich im Augenblick ganz beruhigt bin und heute keinerlei Bedürfnis habe, gilt es doch jene Anforderungen eines Kriegs vorherzusehen, der zwei oder drei Jahre dauern könnte. Dann muss gewährleistet sein, während ich irgendwo tief in Deutschland engagiert bin, dass die Nation für sich selbst sorgt, dass sie die Festungen, die Magazine im Inneren bewacht, dass sie, wenn dies notwendig sein sollte, eine Invasion, einen Anschlag des Feindes auf unsere Küsten zurückweist. Deshalb gilt es, ihre alte Energie wiederzubeleben und ganz Europa zu zeigen, dass sie hinter ihrem Führer steht, an seinen Vorhaben Anteil nimmt und ihn darin unterstützt. Ich habe den Thron nur durch den Willen der Nation, dank der Mehrheit ihrer Stimmen. Ich bin ihr Werk; und es ist die Aufgabe der Nation, diese Schöpfung zu gewährleisten. Wenn die Zustimmung, mit der mich die Nation so häufig willkommen geheißen hat, nicht eine nichtswürdige Schmeichelei, sondern durchaus ernst gemeint war, dann muss ich auf sie zählen können, weshalb man der einschlägigen Aufforderung, die ich aussprechen will, gar nicht genug Glanz oder Feierlichkeit verleihen kann.»[39] Die Aufstellung der Nationalgarden, so effektvoll angekündigt, blieb im übrigen auch auf jene Départements beschränkt, die sich ihrer Loyalität wegen dafür eigneten. Außerdem behielt sich Napoleon das Recht vor, deren Offiziere zu ernennen, was den Corpsgeist der neuen Nationalgarde sofort verkümmern musste, weil sie bis dahin ihre Offiziere selber gewählt hatte.

Die Begeisterung über den neuen Krieg, der mit der Geschwindigkeit eines Sommergewitters aufzog, hielt sich in Grenzen. Napoleon versuchte zwar, die Verantwortung den Verbündeten zuzuschieben, tatsächlich aber war es seine Annexionspolitik in Italien, die Krönung in Mailand, die Einverleibung Genuas und ganz Liguriens in das französische Kaiserreich und, last but not least, die Überlassung der Fürstentümer von Piombino und Lucca an seine Schwester Élisa, die den letzten Anstoß zur dritten europäischen Mächtekoalition gab. Die Stimmung wurde zusätzlich nicht nur durch die Einberufung rund 80000 weiterer Wehrpflichtiger, die als Reservetruppen zurückbleiben sollten, gedämpft, hinzu kam eine schlechte Ernte, die sich nachteilig auf die Brotpreise auswirkte. Außerdem sorgte das wachsende Staatsdefizit in den Finanzkreisen für Unruhe. Napoleon suchte dem durch weitere Steuererhöhungen beizukommen. Das alles musste den Kaiser enorm unter Druck setzen, diesen Krieg möglichst rasch und spektakulär zu beenden, denn von seinem Ausgang hing nicht zuletzt die Zukunft seiner Herrschaft ab.[40] Überdies war die Koordinierung von sechs weitgehend unabhängig voneinander operierenden Armeecorps, die in einem weitgespannten, von Straßburg bis Würzburg reichenden Bogen aufmarschierten – insgesamt mehr als 200000 Soldaten – auch für ihn eine neue Erfahrung. Zum ersten Mal in seiner militärischen Karriere konnte er den Krieg jetzt so führen, wie er es verstand: Er konnte den Raum und die Entfernungen als eine seiner wichtigsten Waffen nutzen, ohne auf irgendwelche übergeordneten Instanzen oder auf eifersüchtige Generäle Rücksicht nehmen zu müssen. Dieser Feldzug sollte seine hohe strategische Überlegenheit erweisen. Auch deshalb musste dieser Krieg mit schnellen Schlägen entschieden und durch einen vorteilhaften Frieden besiegelt werden.

Alle diese Erwartungen, Erregungen und Widrigkeiten, nicht zu vergessen die große Umsicht und stete geistige Präsenz, die diese Operationen erforderten, verursachten einen Druck, der selbst Napoleon überwältigte: Das geschah am Abend des 30. September 1805 im Etappenquartier von Straßburg. Napoleon hatte mit Talleyrand zu Abend gegessen und wollte noch in der Nacht zur Armee aufbrechen: «Als er die Tafel verließ», schreibt Talleyrand in seinen Erinnerungen, «begab er sich allein zur Kaiserin Joséphine; binnen einiger Minuten kehrte er jedoch überraschend zurück. Ich befand mich noch im Salon, wo er mich beim Arm packte und mit sich in sein Zimmer zog. M. de Rémusat, sein erster Kämmerer, der weitere Befehle von ihm erhalten wollte und der fürchtete, dass er abreiste, ohne sie ihm gegeben zu haben, trat im nämlichen Augenblick ein. Kaum waren wir in dem Zimmer angelangt, stürzte der Kaiser zu Boden; er konnte mir gerade noch sagen, ich möge die Türe schließen. Ich riss ihm seine Krawatte herunter, denn er machte ganz den Eindruck, als würde er ersticken; er erbrach sich nicht, stöhnte aber und geiferte. M. de Rémusat gab ihm Wasser zu trinken, während ich ihn mit Eau de Cologne überschüttete. Sein Körper wand sich in Konvulsionen, die erst nach einer Viertelstunde abklangen. Dann setzten wir ihn auf einen Sessel; er begann dann zu sprechen, brachte seine Kleidung in Ordnung, gab uns Anweisung, über das Vorkommnis strengstes Stillschweigen zu bewahren und eine halbe Stunde später war er schon unterwegs nach Karlsruhe.»[41]

Unmittelbar ausgelöst hatte diesen Anfall wohl das Schreiben von Cambacérès. Vom 28. September 1805 datiert hatte es Napoleon vor jenem Abendessen erreicht. Der Brief bestätigte die schlimmsten Befürchtungen des Kaisers: In Paris gehe das Gerücht, die *Banque de France* würde die auf sie lautenden Zahlungsanweisungen nicht mehr mit Bargeld einlösen.[42] Die Bank war also zahlungsunfähig. Das musste eine schwere Wirtschaftskrise und einen entsprechenden Vertrauensverlust des Regimes zur Folge haben. Das war eine Aussicht, die Napoleon besonders schrecken musste, denn ganz Frankreich war, bis auf die 30 000 Mann unter dem Kommando Brunes an der Kanalküste, von Truppen entblößt. Vor allem aber beschwor diese Nachricht eine seiner schlimmsten Obsessionen herauf – die panische Angst vor Unruhen in Paris, die rasch außer Kontrolle geraten konnten. Bewahrheiteten sich die Gerüchte, dann drohte seinem Regime größte Gefahr; die aber ließ sich nur durch einen schnellen, entscheidenden Sieg bannen, um das

Vertrauen wieder zu festigen. So begann ein Wettlauf mit der Zeit, dessen einzelne Stationen die Briefe von Cambacérès beleuchten.

Für eine Weile konnte die scharfe Pressezensur die Hiobsbotschaften eindämmen und dem Regime eine Atempause verschaffen. Am 12. Oktober meldete Cambacérès eine gewisse Entspannung: «Gestern war der Auflauf vor der Bank etwas kleiner. Die Öffentlichkeit gewinnt wieder Sicherheit und gewöhnt sich daran, dass nur drei- bis vierhunderttausend *francs* pro Tag ausgezahlt werden. Die Leiter der Bank haben ihrerseits auch wieder Mut gefasst, seitdem ihnen das baldige Eintreffen der spanischen Piaster angekündigt wurde.»[43] Wirklich entscheidend für die Stimmung aber waren Siegesmeldungen, die mit Ungeduld erwartet wurden. Am 18. Oktober schrieb Cambacérès: «Das Treffen von Wertingen hat hier große Aufmerksamkeit gefunden. Man war nicht weniger elektrisiert von der Nachricht über das Scharmützel bei Günzburg. Diese beiden Erfolge kündigen neue an und die Öffentlichkeit rechnet fest damit. (...) Der Triumph der Armeen Ihrer Majestät hat die Aktionärsversammlung der *Banque (de France)* sehr viel ruhiger gemacht als wenn das Gegenteil der Fall gewesen wäre. Das Geld wagt sich wieder aus seinen Verstecken hervor ...»[44] Die Kapitulation des in Ulm eingeschlossenen österreichischen Feldmarschalls Mack am 20. Oktober hatte allerdings nur kurze Auswirkungen, wie Cambacérès am 27. Oktober eingestehen musste: «Die Bank, der es seit einigen Tagen sehr viel besser ging, scheint erneut bedroht.»[45] Die Erfolge der *Grande Armée* über Österreich wurden freilich von der französischen Öffentlichkeit vergleichsweise gering veranschlagt, während, wie Cambacérès dem Kaiser wiederholt mitteilte, alle Welt auf einen Sieg über die Russen wartete.[46] Seit den Kampagnen in Italien zählte Österreich nicht mehr viel, die russischen Streitkräfte waren hingegen noch eine unbekannte und deshalb beunruhigende Größe.

Angesichts der Labilität der öffentlichen Gemütslage kann es nicht verwundern, dass die seit dem 4. November in Paris umlaufenden Gerüchte von der spektakulären Niederlage der vereinigten spanisch-französischen Flotte vor Trafalgar ein neuerliches Stimmungstief verursachten. Die Menschenmenge vor der *Banque de France* schwoll sogleich wieder an.[47] Am 7. November schrieb Cambacérès: «Der Ansturm auf die Bank wird täglich größer. Man hat Mühe, überhaupt noch die Ordnung aufrecht zu erhalten, und wenn die Notwendigkeit der Umstände oder die Befehle Ihrer Majestät uns die wenigen Truppen, die noch in Paris sind, nehmen, dann muss man sich unvermeidlicherweise auf den Ausbruch von Unruhen gefasst machen.»[48] Einen Tag vor Napoleons Einzug in Wien, am 13. November, schrieb Cambacérès: «Der

Zusammenbruch von Récamier (dessen Bank, J.W.), der sich seit einigen Tagen abzeichnete, ist gestern eingetreten. Gerüchte sprechen von einem Verlust von 25 Millionen, andere gar von 30 Millionen. Nur wenige der Pariser Geschäftshäuser sind von diesem Desaster betroffen, das vor allem in den Départements und im Ausland Schaden anrichten wird. Mehrere Generäle, Botschafter und Gesandte fremder Staaten sind mit erheblichen Summen in Mitleidenschaft gezogen.»[49] Der Bankrott des Bankhauses Récamier war nicht nur deshalb peinlich, weil eine ganze Reihe der Prätorianer Napoleons dabei viel Geld verloren, sondern auch, weil sein Regime dieses Ende nicht abwenden konnte. Um den Bankrott zu vermeiden, hatte Récamier um eine Staatsbürgschaft von einer Million *francs* gebeten. Die war aber verweigert worden, weil die *Banque de France* ihrerseits seit Wochen praktisch zahlungsunfähig war und ihren fälligen Konkurs nur dadurch hinauszögerte, dass sie täglich nur Forderungen von nicht mehr als 300000 *francs* bediente. Récamiers Bankrott ließ den Wert der 1000 *francs* Schuldverschreibung der *Banque de France* um 70 *francs* fallen, wie der in Abwesenheit des Kaisers die Regierungsgeschäfte führende Joseph Napoleon am 12. November mitteilte: «Es ist unerlässlich, dass Ihre Majestät hinsichtlich der Finanzen eine Entscheidung trifft; der Polizeiminister hat mir heute deswegen wieder mit allem Nachdruck geschrieben.»[50]

Die Misere der öffentlichen Finanzen hatte Napoleon im wesentlichen selbst verschuldet. Seine Eroberungssucht, der Drang, unablässig Kriege zu führen, verleiteten ihn zu extensiver Ausgabenpolitik. Allerdings hatte er stets darauf vertraut, dass seine Eroberungen sich nicht nur selbst finanzierten, sondern aus den besiegten Staaten auch soviel an Geld und Gut herauszupressen war, um den defizitären Haushalt des Kaiserreichs auszugleichen und die unersättlichen Ansprüche seiner näheren und weiteren Umgebung zu befriedigen. Diese fiskalische Logik der napoleonischen Kriege erhellt sein Schreiben vom 15. November, das er von Schönbrunn aus an Joseph richtete und das bezeichnenderweise nicht in die offizielle Publikation seiner *Correspondance* aufgenommen wurde: «Masséna hat sich sehr mittelmäßig aufgeführt; dank seiner falschen Dispositionen ist er bei Caldiero geschlagen worden. (...) Es wäre nicht schlecht, wenn Sie durch einige gemeinsame Freunde ihm zu verstehen geben könnten, dass ich nicht sehr zufrieden mit ihm bin, allerdings weniger was seine Tapferkeit anbelangt, als vielmehr hinsichtlich des Talents, das er gezeigt hat. Das hätte den Vorteil, seinen Ehrgeiz anzustacheln, und vielleicht ließe sich damit auch der Unordnung steuern, die in dieser Armee sich bemerkbar macht. Ich bin darüber unterrichtet, dass man der zu Österreich gehörenden Hälfte von Verona eine Kontribution von 400000 *francs* auferlegt hat. (Das auf beiden Ufern der Etsch gelegene Verona war eine «geteilte Stadt»: Die auf dem linken, dem östlichen Ufer der Etsch gelegenen Stadtteile gehörten zu Österreich, die auf dem rechten, westlichen Ufer zum Königreich Italien, J. W.) Meine Absicht ist es, die Generäle und Offiziere, die mir gut gedient haben, derart reich auszustatten, dass es nicht mehr nachvollziehbar ist, wenn sie durch ihre Habgier das vornehmste Gewerbe der Welt entehren, indem sie sich die Verachtung der einfachen Soldaten zuziehen.»[51]

Solange der entscheidende militärische Erfolg ausblieb, spitzte sich die finanzielle Krise in Paris in geradezu bedrohlicher Weise zu.[52] Die Menge des umlaufenden Münzgelds schrumpfte immer rascher, weil Gold und Silber ins Ausland, vornehmlich nach England geschafft wurden,[53] so dass die Finanzkrise bald alle gesellschaftlichen Schichten in Mitleidenschaft zog.[54] Auch die staatlichen Dienstleistungen, besonders die Versorgung der Armee mit Sold und Fourage, warf schier unlösbare Probleme auf.[55] In diesem Zusammenhang ist es von besonderer Frivolität, als Cambacérès am 26. November schrieb: «Ich habe in den letzten Tagen die Tuilerien besucht und sehe mich deshalb in der Lage, Ihrer Majestät die Auskünfte geben zu können, um die Sie mich gebeten haben. (...) Die großen wie die kleineren Wohnräume Ihrer Majestäten sind fertiggestellt. Sie könnten sofort bewohnt werden, wären sie nur bereits möbliert. – Der große Konzertsaal im Molière-Pavillon ist ebenfalls fertiggestellt. – Das gilt auch für die neue Treppe zum Sitzungsraum des *Conseil d'État*, dessen Vorraum, den *Corps de garde* sowie für alle Büros. – Die Arbeiten in der Kapelle und im Sitzungsraum des *Conseil d'État* sind noch nicht beendet und werden wohl noch bis in die ersten Januarwochen andauern. Die Maurer- und Zimmermannsarbeiten sind im großen und ganzen vollendet. Unter der Woche wird man damit beginnen, das Parkett zu verlegen. Dann muss nur noch der Stuck aufgetragen und poliert sowie die übrigen Schmuckornamente angebracht werden.»[56]

Die mutwillig heraufbeschworene finanzielle Situation entsprach jedoch der Spielernatur Napoleons: Was die *Banque de France*, den Pariser Finanzmarkt, ja, den *Grande Empire*, also Frankreich und seine Satelliten, jetzt vor einem Bankrott retten konnte, war ein gewaltiger Sieg, der die dritte Koalition mit einem Mal zersprengte. Und diesen Sieg errang Napoleon wunderbarerweise am 2. Dezember 1805, am ersten Jahrestag seiner Kaiserkrönung in Notre-Dame, auf dem Schlachtfeld von Austerlitz in Mähren über die vereinigten und ihm zahlenmäßig weit überlegenen österreichischen und russischen Armeen. Als die ersten Nachrichten von diesem langersehnten, großen Erfolg im Laufe des

11. Dezember in Paris eintrafen, wirkte sich das unmittelbar auf die Stimmung an den Finanzmärkten aus, auch wenn sie nur sehr zögerlich neues Vertrauen in das kaiserliche Regime zu setzen begannen.[57] Napoleons Spielernatur entsprach diese ganze Kampagne vollkommen, die er im Spätsommer 1805 mit jenem großräumigen Manöver begonnen hatte, das in einem weiten Bogen sieben Armeecorps wie ein Netz über Süddeutschland warf und in dem zum Auftakt eine ganze österreichische Armee gefangen wurde. Österreich verfügte aber immer noch über zwei Armeen mit einer Sollstärke von über 120000 Mann. Hinzu kam die von Zar Alexander I. geführte russische Armee mit fast hunderttausend Mann. Rein zahlenmäßig waren die Alliierten dem Kaiser also um mehr als das Doppelte überlegen.

Die numerische Unterlegenheit machte Napoleon nicht nur durch die rasche Dislozierung seiner Truppen wett, ein diplomatischer Erfolg kam hinzu. Gerade noch rechtzeitig vor Beginn der Kampfhandlungen gelang es ihm, mit Bayern, Württemberg und Baden Bündnisse abzuschließen. Napoleon bewies hier ausnahmsweise einmal politische Klugheit, denn er verpflichtete sich dazu, seine Verbündeten an den Früchten des Sieges teilhaben zu lassen. Dieser Verlockung gab am 25. August als erstes Bayern nach. Danach hatte Talleyrand leichtes Spiel, auch Württemberg, das am 30. August, und Baden, das am 5. September folgte, auf die Seite Napoleons zu ziehen. Damit hatte er den Vorteil, ganz Süddeutschland als Aufmarschgebiet nutzen zu können, die Voraussetzung für jenes Einkreisungsmanöver, das die österreichische Armee Mack zur Kapitulation nötigte.

Natürlich setzte Napoleon auch die Propaganda mit routinierter Meisterschaft ein. Wichtigstes Mittel, die öffentliche Meinung nicht nur in Frankreich, sondern auch im Ausland zu beeinflussen, waren die *Bulletins de la Grande Armée*, offizielle Verlautbarungen, die, häufig von Napoleon diktiert, vom Fortgang des Feldzugs berichteten. Allein über den relativ kurzen Feldzug vom Herbst/Winter 1805, der mit der Schlacht von Austerlitz am 2. Dezember bereits entschieden war, «informierten» zwischen dem 7. Oktober und dem 26. Dezember 37 dieser Bulletins, die Stendhal zutreffend als «Kriegsmaschinen» bezeichnete und über deren Wirkung Metternich, damals österreichischer Diplomat in Berlin, urteilte: «Die Bulletins der französischen Armee, die täglich veröffentlicht werden und mit denen man Deutschland und ganz Europa überschwemmt, sind eine neue Erfindung und erheischen die ernsthafteste Würdigung.»[58]

Da sich die zahlenmäßige Überlegenheit des Gegners auf Dauer nicht überlisten ließ, musste Napoleon nach der Kapitulation Macks mit der

Masse seiner Truppen in Richtung Wien vorstoßen, um so die den Krieg entscheidende Schlacht zu erzwingen. Damit konkretisierten sich all jene Befürchtungen, die Talleyrand bewogen, Napoleon am 17. Oktober in einer ausführlichen Denkschrift zum Bündnis mit Österreich zu raten, denn nur so könne der Frieden in Europa gewährleistet werden. Nach Macks Kapitulation waren Talleyrands Vorstellungen, Österreich vor der Vernichtung zu bewahren, allerdings obsolet geworden,[59] denn jetzt entsprechende Verhandlungen aufzunehmen, würde den Alliierten in die Hände spielen, die den Aufmarsch ihrer Armeen in aller Ruhe vollendeten. Außerdem ruinierte der Ausgang der Seeschlacht bei Trafalgar am 21. Oktober für Jahre, wenn nicht Jahrzehnte die Aussichten auf eine Invasion Englands. Napoleon war von nun an der «Gefangene des Kontinents», es erschien ihm mithin völlig sinnlos, mit Österreich zu dauerhafter Verständigung zu kommen. Die Friedensfühler, die Napoleon mit seinem Schreiben vom 17. November zu Kaiser Franz ausstreckte,[60] waren deshalb reine Taktik.

Napoleon musste sich auch wegen der undurchsichtigen Haltung Preußens beeilen, das nach außen zwar trotzige Neutralität behauptete, aber nur darauf lauerte, sich auf die Seite des Erfolgreichen zu schlagen. Da die Alliierten ganz offenbar die Überlegenen waren, neigte man am Berliner Hof sehr dazu, sich ihnen anzuschließen. Doch konnten sie im Unterschied zu Frankreich Preußen keinen territorialen Zugewinn offerieren. Frankreich hatte Hannover als Mitgift für ein enges Bündnis gegen England und dessen Verbündete angeboten. Berlin erkannte jedoch diesen vergifteten Köder. Wenn man ihn schluckte, so handelte man sich die Feindschaft Englands ein und war für immer dazu verdammt, an der Seite Frankreichs zu bleiben. In diesem Widerstreit zwischen Lockung und politischer Vernunft entschied man sich dafür, nichts zu entscheiden. Durch diese Haltung geriet Preußen, je mehr sich der europäische Mächtekonflikt zuspitzte, endgültig ins Abseits. Am Ende gab Frankreich den Anstoß dafür, dass sich Preußen schließlich, wenngleich nur zögerlich, für das russische Gambit entschloss. Drei französische Armeecorps hatten bei ihrem Vorstoß auf die Donau das Gebiet der zu Preußen gehörenden Grafschaft Ansbach durchquert. Diese Neutralitätsverletzung löste in Berlin helle Empörung aus. Also raffte man sich dazu auf, mit Russland am 3. November 1805 einen geheimen Allianzvertrag abzuschließen. Preußen verpflichtete sich darin, ab dem 15. Dezember den Kampf der Alliierten mit 180000 Mann zu unterstützten, sollte Napoleon sich weigern, in Friedensvorschläge einzuwilligen.[61]

Napoleons Lage wurde durch das preußisch-russische Bündnis entschieden verschlechtert. Zwar waren nach der Niederlage von Ulm die

Österreicher stark demoralisiert und leisteten mit den im Großraum Wien verfügbaren Truppen keinen sonderlichen Widerstand mehr. Aber dieses Bild konnte sich ändern, sobald Erzherzog Karl mit seinen 80000 Mann aus Italien kam und Mitte Dezember auf der Bildfläche erschien. Gleichzeitig würden von Norden die Preußen hinzustoßen und alle russischen Armeecorps ebenfalls zur Stelle sein. Diese Perspektive verschaffte den Alliierten eine drückende Überlegenheit. Außerdem war Napoleon gezwungen, seine Streitmacht zu zersplittern, um die Flanken seines weit in Feindesland vorgetragenen Vorstoßes zu decken: das Corps Ney war nach Tirol, Marmont nach der Steiermark, Davout an die ungarische Grenze und Bernadotte nach Böhmen beordert worden, so dass Napoleon nur noch die Armeecorps von Murat, Lannes und Soult zu unmittelbarer Verfügung hatte. Um dem damit drohenden Verhängnis zu entkommen, musste er jetzt unbedingt eine Vereinigung der Armee des Erzherzogs Ferdinand, die sich der Einkesselung bei Ulm entzogen hatte, mit dem russischen Armeecorps unter Kutusov, das bei Braunau am Inn stand, sowie mit der Zweiten russischen Armee unter Buxhoewden im Raum Brünn verhindern. Kutusov vereitelte Napoleons Absicht: Er zog sich mit seinem und den zwei österreichischen Corps unter seinem Oberbefehl in Gewaltmärschen entlang der Donau über Lambach, Wels, Steyer, Amstetten, St. Pölten bis nach Krems zurück; dort überschritt er am 11. November die Donau und rückte, nachdem er die französischen Verfolger blutig zurückgeschlagen hatte, nach Norden in Richtung Znaym und weiter nach Brünn vor. Damit ließ Kutusov Wien, das nur von einer schwachen Besatzung verteidigt wurde, sehr zur Überraschung Napoleons rechts liegen. Der ehrgeizige Murat konnte dieser Versuchung nicht widerstehen. Statt, wie befohlen, gemeinsam mit dem Corps Davout die russische Armee unter Kutusov zu verfolgen und deren Vereinigung mit der Hauptstreitmacht des Zaren in Mähren zu vereiteln, wandte sich Murat mit seiner Kavallerie nach Wien. Das trug ihm den scharfen Tadel Napoleons ein, der am 11. November vom Stift Melk an den Schwager schrieb: «Sie haben zwei Tage verloren und dabei nur an Ihren eigenen Glorienschein gedacht, der Ihnen zufiele, wenn Sie in Wien einmarschierten. Ruhm ist aber nur dort zu erringen, wo es auch eine Gefahr gibt. Davon kann aber bei einer Haupstadt, die ohne jede Verteidigung ist nach dem Sieg von Marschall Davout, der den Rest des Corps von General Kienmayer, den der General Merveldt befehligte, geschlagen und gefangen genommen hat, umso weniger die Rede sein.»[62]

Murat machte seine Eigenmächtigkeit wieder wett, indem er mittels einer List die strategisch wichtige Donaubrücke in Wien unbeschädigt in seine Gewalt brachte. Damit konnte er den von Napoleon beklagten Tempoverlust bei der Verfolgung Kutusovs wieder einholen, indem er von Wien zügig nach Nordwesten in Richtung Znaym vorstieß und den von Krems heranrückenden, von den vorhergegangenen Gewaltmärschen erschöpften Russen bei Oberhollabrunn den Weg verlegte. Diese Absicht misslang jedoch. Schuld daran war einmal mehr Murat, der sich von den Russen übertölpeln ließ. Sie hatten ihm nur ihre Nachhut in den Weg gestellt, die er jedoch für die Hauptstreitmacht hielt. Da Murat nur einen Teil des Corps Lannes zur Verfügung hatte, wollte er so lange nicht angreifen, bis er Verstärkung bekam. Um den Gegner in der Zwischenzeit zu binden, ging Murat zum Schein auf das Waffenstillstandsangebot ein, mit dem sich Kutusov ebenfalls zum Schein verpflichtete, Österreich umgehend zu verlassen, sobald Napoleon diesen Waffenstillstand gebilligt habe.[63] Als Napoleon am frühen Morgen des 16. November in Schönbrunn von dieser neuerlichen Tölpelei Murats erfuhr, durch die Kutusov unterdessen mit der Masse seines Corps nach Norden entkommen war und sich bei Wischau mit der Zweiten russischen Armee vereinigt hatte, bekam er einen Wutanfall, der noch im Schreiben dieses Tages widerhallt.[64]

Dass Kutusov entwischt war, brachte Napoleon in eine zunehmend bedrohliche Lage. Daran änderte auch nichts, dass Murat mit überlegenen Kräften Kutusovs Nachhut unter Bagration nach erbittertem Kampf besiegte. Daher ist der Name Hollabrunn nicht unter den Siegen, die am Pariser Arc de Triomphe eingraviert sind. Wie fatal seine Sache tatsächlich stand, wurde Napoleon wohl am 17. November bewusst, als er in Znaym das berühmte Schreiben Talleyrands vom 12. November erhielt, der ihm das Desaster von Trafalgar mitteilte und dies mit der Schmeichelei verknüpfte: «Das Genie und das Glück waren in Deutschland.»[65] Umso größer waren die Ruhe und die Zuversicht, die Napoleon jetzt demonstrativ zur Schau stellte. Bezeichnend dafür ist sein Brief vom 18. November an Cambacérès: «Ich schreibe Ihnen aus Mähren. Drei Viertel der österreichischen Monarchie sind in meiner Gewalt, ebenso ihre Magazine, Arsenale und sämtliche ihrer Einrichtungen. Um ihre Finanzen ist es nicht gut bestellt; auch sind ihre Banken in einem ziemlich schlechten Zustand. Nach meiner Rückkehr nach Paris, die sich nur um einige Wochen verzögern wird, werde ich mich um Abhilfe bekümmern.»[66] Dass er die Situation vollständig beherrschte, bewies Napoleon am 20. November, als er Marschall Soult einen Befehl schickte, der aus nur einem einzigen Satz bestand: «Es wird dem Marschall Soult befohlen, sich nach Austerlitz zu verfügen.»[67] Napoleons Schlachtplan war fertig. Jetzt galt es, den Gegner in die Falle zu locken, die er gestellt hatte.

Als Napoleon am 20. November in Brünn einzog, stieß Kutusov bei Olmütz zum Corps Buxhöwden. Am 22. November erhielt Kutusov von Zar Alexander und Kaiser Franz, die ebenfalls in Olmütz eintrafen, den Oberbefehl über die vereinigten österreichischen und russischen Truppen. Kutusov war ein erfahrener und vorsichtiger General. Im entscheidenden Kriegsrat vom 24. November vertrat er die Ansicht, die Konfrontation mit Napoleon so lange hinauszuzögern, bis Erzherzog Karl von Süden und die Preußen von Norden die französische Armee in die Zange nehmen konnten, deren Kommunikationslinien bereits gefährlich überdehnt waren. Damit konnte er sich aber gegen Zar Alexander I. und dessen militärische Ratgeber nicht durchsetzen, die siegesgewiss auf eine rasche Entscheidung drängten. Dass sie damit Napoleons Wünschen zuarbeiteten, den nur ein umfassender Schlachtensieg aus seiner immer misslicher werdenden Situation befreien konnte, kam ihnen nicht in den Sinn. Vielmehr glaubten sie untrügliche Anzeichen zu erkennen, Napoleon suche aus Einsicht in seine Schwäche ihrem entschlossenen Zugriff in buchstäblich letzter Minute zu entrinnen. Tatsächlich unterließ Napoleon nichts, die Gegner in dieser irrigen Annahme zu bestätigen.

Dem diente auch das diplomatische Ballett, das sich im Herbst 1805 in eben dem Maße beschleunigte, wie die Heere einander näher rückten und die große Entscheidungsschlacht unvermeidlich wurde. Eine andere listenreiche Überlegung Napoleons bei diesem bizarr anmutenden Treiben zielte darauf, die Absichten und Abreden des Gegners in Erfahrung zu bringen und mögliche Risse im Bündnis der Alliierten rechtzeitig zu erkennen, um diese nach Kräften zu erweitern. Schließlich musste er auch Aufschluss über die Haltung Preußens gewinnen. Der Besuch des Zaren Anfang November in Berlin war kein Geheimnis geblieben, wohl aber der bei dieser Gelegenheit unterzeichnete Bündnisvertrag, der Preußens Eingreifen auf Seiten der Alliierten vorsah. Der Casus foederis sollte gegeben sein, sobald Napoleon einen Vermittlungsversuch ablehnte, der Frankreich umfangreiche Zugeständnisse für einen Frieden abverlangte. In Artikel 3 dieses Allianzvertrags hatte sich der preußische König ausdrücklich verpflichtet, einen Bevollmächtigten ins französische Hauptquartier zu entsenden, der die in Artikel 2 genau spezifizierten Bedingungen vortragen sollte.[68] Graf Haugwitz, mit dieser Mission betraut, ließ es zum wachsenden Verdruss von Österreichern und Russen aber nur sehr gemächlich angehen und bequemte sich erst am 14. November zur Abreise ins französische Hauptquartier.[69]

Um sich Aufschluss über seine gefährliche Lage zu verschaffen, unternahm Napoleon zunächst den vorhersehbar aussichtslosen Versuch, den österreichischen Kaiser davon zu überzeugen, es sei besser für ihn, aus dem Bündnis mit Russland auszuscheren. Das war der Kern der Botschaft, die Napoleon am 8. November von Linz aus an Franz II. richtete.[70] Neun Tage später, am 17. November, schrieb er ihm erneut. Sein einziges Kriegsziel sei es, «die russische Armee zu verfolgen und diese dazu zu zwingen, das österreichische Territorium zu räumen. (...) Wenn mir Ihre Majestät versichern kann, dass sie (die russischen Armeen, J.W.) alle Ihre Staaten räumen, dann werde ich in Brünn Halt machen und sie nicht weiter verfolgen.»[71] Das Angebot, allzu plump auf eine Spaltung der Allianz abgestellt, parierte Franz II. damit, Napoleon zwei Emissäre nach Brünn zu senden, die als Bedingung für Friedensgespräche die Vermittlung Preußens anboten. Damit war Napoleons Absicht von vornherein durchkreuzt, mit Österreich allein ins Gespräch zu kommen. Das hätte zwangsläufig das Misstrauen des Zaren geweckt und infolge dessen den Aufmarsch seiner Truppen verlangsamt. Die Nachricht von der Mission des Grafen Haugwitz beendete diese diplomatischen Rochaden. Von Haugwitz musste man in Erfahrung bringen, was Preußen im Schilde führte, vor allem, ob Preußen beim Zarenbesuch in Berlin der Allianz von Russland und Österreich beigetreten war. Alle diese Fragen sollte Talleyrand klären. Napoleons Instruktionen liefern einen vorzüglichen Einblick in sein politisches Denken: «Fragen Sie ihn, warum man Armeen gegen mich aufstellt; will man mir also drohen? Will mir Preußen gar Bedingungen stellen? Wenn die drei Mächte, die Polen unter sich aufgeteilt haben, sich derart verschworen haben, Krieg gegen mich zu führen, was kann ich dann noch tun? Welche Gewähr hätte ich, dass eine erste freundliche Nachsicht mich nicht dann zu einer zweiten zwänge? Angesichts aller dieser Unklarheiten behaupten Sie einfach, Sie hätten mich schon seit längerem nicht mehr gesprochen. Versuchen Sie schließlich auf alle Weise zu ergründen, was Haugwitz eigentlich will. Sprechen Sie ihm von einer Vereinbarung, die am 3. November unterzeichnet worden sei, wie dies die Österreicher sagen, und dass diese in allen Stücken der Teilung Polens entspreche. Frankreich ist aber nicht Polen. Eine derartige Verwechslung würde den ganzen Kontinent für mehrere Jahre in Flammen setzen, ein Ausgang, bei dem niemand damit rechnen kann, am Ende als Sieger dazustehen.»[72]

Napoleons Instruktionen verraten seine Ängste: Die Teilung Polens war die Chiffre politischer Ohnmacht; sie symbolisierte seine Furcht, im Falle einer Niederlage, um Macht und Ansehen gebracht, Frankreich wieder auf die Grenzen von 1789 reduziert zu sehen. Jede Nachsicht, jedes Entgegenkommen seinerseits, meinte er, würde von der anderen Seite sofort als Zeichen der Schwäche angesehen und ausgenutzt. Deshalb hielt er sich daran, die Vorteile, die er durch seine Macht errungen hatte, immer rücksichtsloser zu behaupten, ja, letzten Endes so lange weiter zu siegen, bis niemand mehr ihm den Genuss seiner Herrschaft schmälern konnte. Dieser Utopie jagte Napoleon nach, und sie schien ihm nach Austerlitz zum Greifen nahe. Da er jedoch wusste, wie sehr Talleyrand solche Projektionen ablehnte und stattdessen für einen Verständigungsfrieden mit Österreich eintrat, suchte Napoleon schon am darauffolgenden Tag die fatalistischen Anklänge dieser Instruktion zu betonen: «Ich stelle mir vor, dass Ihre Kuriere von Paris einlaufen und Sie über den Gang der Ereignisse in Europa unterrichtet halten. Sie finden hier beigefügt eine ziemlich lächerliche Proklamation des deutschen Kaisers. Wir stehen in einem regen Briefwechsel miteinander, ohne dass wir damit irgend weiterkommen. Cobenzl, der die Schreiben abfasst, glaubt, mich damit täuschen zu können. Tatsächlich hat es den Anschein, als sinken sie immer tiefer in die Arme der Russen. Die Parzen spinnen den Lebensfaden der Menschen; das Schicksal hat jedem Staat seine Lebensdauer bestimmt. Eine blinde Fatalität treibt das Haus Österreich vor sich her. – Ich bitte Sie, das Banken- und Finanzwesen dieses Landes zu studieren, damit Sie mich bei meinem nächsten Aufenthalt in Wien darüber ins Bild setzen können.»[73]

Diese enge Nachbarschaft von Fatalismus und brutaler Pragmatik ist charakteristisch für Napoleon: Einmal das Walten des Schicksals, zum anderen die gewaltigen Kontributionen, die er Österreich abpressen wird nach erneutem Sieg. Deshalb sollte Talleyrand schon die technischen Voraussetzungen für diesen Kapitaltransfer prüfen. Napoleon wusste, dass alle Verhandlungen, den Konflikt auf friedlichem Wege beizulegen, zum jetzigen Zeitpunkt umsonst waren. Er führte sie dennoch nur aus der Überlegung weiter, den Gegner zu beschäftigen und in der falschen Zuversicht seiner militärischen Überlegenheit zu wiegen. Das gelang, weil besonders die militärische Umgebung des Zaren drängte, alles auf die Karte einer Schlacht zu setzen und nicht so lange zuzuwarten, bis Preußen in das Geschehen eingriffe. Diese Ungeduld und blinde Zuversicht war Napoleons Glück, das er zunächst gar nicht fassen konnte. Als ein Deserteur am 27. November den ersten Hinweis gab, die Alliierten sammelten sich zum Angriff, hielt Stabschef Berthier dies zunächst für so unwahrscheinlich, dass er den Überläufer festsetzen ließ.[74] Tatsächlich bestätigte dann Savary, von Napoleon zu Zar Alexander I. entsandt, um dem Herrscher aller Reußen sein Willkommen zu entbieten,[75] nach seiner Rückkehr aus dem russischen Hauptquartier eben dies.[76] Vielleicht misstraute Napoleon diesen Meldungen, die zu sehr seinen Wünschen entsprachen, vielleicht wollte er seinerseits alles tun, um den Gegner in dem Vorsatz zu bestärken, so schnell wie möglich eine Schlacht zu schlagen. Jedenfalls versäumte er nicht, unterschiedlichste Hinweise zu geben, dass er einen Kampf scheue und stattdessen zum Frieden entschlossen sei. Damit festigte er die Siegeszuversicht des Zaren und seiner Umgebung so sehr, dass sie sich durch nichts mehr irritieren ließen und deshalb leichte Beute wurden. Nach den ersten Vorpostengeplänkeln befahl Napoleon beispielsweise, die französische Frontlinie zurückzunehmen. Oder er beschied am Abend des 28. November bei einem zufälligen Zusammentreffen die Marschälle Soult, Lannes und Murat, die ihm zum sofortigen Rückzug raten wollten: «Auch ich halte einen Rückzug für notwendig.»[77]

Besondere Wirkung hatte sicher, dass Napoleon seinen Adjutanten Savary, der von seiner ersten Mission nur eine nichtssagende Antwort Alexanders I. mitgebracht hatte,[78] am Abend jenes 28. November erneut zum Zaren mit der Bitte um einen auf vierundzwanzig Stunden befristeten Waffenstillstand schickte.[79] Beide Angebote an Alexander sollten natürlich als Friedensfühler verstanden werden, die Napoleon in buchstäblich letzter Minute ausstreckte. Napoleons List hatte in diesem Fall zwei Effekte: Zum einen sollte der Gegner in seiner Angriffslust bestärkt werden; zum anderen wollte Napoleon sich damit wieder einmal den Anschein geben, unter vernünftigen Bedingungen zum Frieden bereit zu sein.

Zwar wich der Zar dem Vorschlag Napoleons aus, schickte aber gleichzeitig den Fürsten Dolgoruki, einen Befürworter des sofortigen Waffengangs, zu Napoleon. Nach einer viertelstündigen Unterredung fasste Dolgoruki seine Eindrücke derart zusammen, dass man nur entschlossen vorgehen müsse, damit die Franzosen die Flucht ergriffen[80]. Überhaupt sei bei deren Truppen eine allgemeine Niedergeschlagenheit bemerkbar. Diese Schilderung bestärkte die Russen in ihrer Siegeszuversicht, die noch durch den Befehl Napoleons gefestigt wurde, in der Nacht vom 29. auf den 30. November die französischen Truppen um etwa zwei Meilen zurückzunehmen.[81]

Die psychologische Überlegenheit Napoleons entsprach seinen gefechtstaktischen Dispositionen. Der Siegesglaube des Gegners war dabei sein wichtigstes Kalkül. Die zu erwartende offensive Schlacht der Alliierten wollte er zunächst defensiv parieren, um dann im entscheidenden Moment den Gegner mit einem Zangenangriff zu vernichten. Deshalb die vom Gegner mit größter Aufmerksamkeit registrierte Rückzugsbewegung: Das Corps Soult, das auf dem rechten Flügel stand, hatte die langgestreckte Anhöhe von Pratzen geräumt und war hinter den Goldbach zurückgegangen. Diese Aufstellung lud gewissermaßen die

Russen ein, den rechten Flügel der Franzosen aufzurollen, den Napoleon ebenso wie das Zentrum nur mit schwachen Kräften besetzt hatte, während die Corps Murat und Lannes auf dem linken Flügel massiert waren. Napoleons Schlachtplan zielte auf einen Drehtüreffekt: Danach warfen die Russen, um ihrem Flankenangriff das notwendige Moment zu verschaffen, die meisten ihrer rund 60000 Mann auf der Anhöhe von Pratzen in den Angriff. In diesem Augenblick durchstieß dann Napoleon das geschwächte Zentrum des Gegners, um die Anhöhe in seine Gewalt zu bringen und dann den mit Soult beschäftigten linken Flügel der Russen hinterrücks anzufallen und ihn zwischen dem Steilufer des Goldbach und zwei größeren Fischteichen am südlichen Ende des Schlachtfelds zu zerschmettern. Tatsächlich nahm die Schlacht ihren Verlauf nach Napoleons Planungen.[82] (Siehe Karte 10) Bei geringen eigenen Verlusten fügte er den Österreichern und Russen eine vernichtende Niederlage zu. Kaum weniger als dieser Ausgang der Schlacht bedeutete für die Stabilität seines Regimes die symbolische Koinzidenz, dass der 2. Dezember 1805, der Tag von Austerlitz, auch der erste Jahrestag seiner Kaiserkrönung war. Vor einem Jahr war es der Papst, der sich in Notre-Dame seinem Willen fügte, diesmal waren es die Repräsentanten der beiden ältesten und mächtigsten Monarchien der Welt, die Kaiser von Russland und Österreich, die ihm unterlagen. Napoleon entblödete sich nicht, das im Rundschreiben an die französischen Bischöfe mit dem göttlichen Willen zu identifizieren.[83]

Hatte Bonaparte mit dem Sieg von Marengo sich endgültig die Herrschaft über Frankreich gesichert, so verschaffte ihm nun Austerlitz die unangefochtene Dominanz über Kontinentaleuropa. Im Moment jedoch war der praktische Nutzen wichtiger, den er Talleyrand am 4. Dezember mit den Worten andeutete: «Sagen Sie den Österreichern, dass der Ausgang der Schlacht alle Voraussetzungen umgestoßen hat, dass man sich, weil man alles auf eine Karte gesetzt hatte und deshalb auch alles verloren hat, sich auf wesentlich härtere Bedingungen gefasst machen muss.»[84] Österreich musste nun die Zeche für den Übermut seines russischen Verbündeten allein bezahlen, eine Last, unter der das nach zehn Jahren fast ununterbrochenen Kriegs erschöpfte Land schier zusammenbrach. Da half es wenig, dass die zunächst von Napoleon geforderte Summe von 100 Millionen auf gut die Hälfte reduziert wurde; schwerer wog, dass Österreich aus Deutschland und Italien gänzlich verdrängt wurde. Dass sich die Monarchie damit auf Dauer nicht abfinden konnte, lag auf der Hand. Daher hatte der Frieden von Pressburg auch keinen längeren Bestand als die für Österreich weitaus günstigeren Verträge von Campo-Formio oder Lunéville. Talleyrand sah hier weiter als sein

Herr und Meister, dem er am 5. Dezember von Wien aus riet, trotz des großen Siegs von Austerlitz Österreich im Interesse des europäischen Gleichgewichts als Großmacht zu erhalten.

«Ihre Majestät können jetzt die österreichische Monarchie zerbrechen oder stärken. Ist sie aber erst einmal zerstört, dann läge es selbst nicht mehr in der Macht Ihrer Majestät, die verstreuten Bruchstücke zu versammeln und aus ihnen wieder eine kompakte Masse zu formen. (...) Die österreichische Monarchie ist aus einer Reihe von Staaten, die sich beinahe alle hinsichtlich ihrer Sprache, ihrer Sitten, Religion, ihrer politischen und bürgerlichen Ordnung nach sehr voneinander unterscheiden und die als einziges einigendes Band lediglich die Person ihres Herrschers haben, mehr schlecht als recht zusammengestückt. Eine solche Macht ist notwendigerweise schwach und alle Rüstungsanstrengungen, die sie unternimmt, bewirken doch nur, diese Schwäche noch deutlicher hervortreten zu lassen. (...) Aber hinsichtlich der Barbaren ist sie ein gleichermaßen ausreichendes wie unverzichtbares Bollwerk. – Wenn diese Macht heute niedergeschlagen und gedemütigt ist, dann ist sie eines Bezwingers bedürftig, der ihr großzügig die Hand reicht und ihr, indem er sich mit ihr verbündet, das Selbstbewusstsein wieder verschafft, das ansonsten so viele Niederlagen und Desaster ihr für immer austreiben werden.»[85]

Napoleon hat diesen klugen Rat nicht beherzigt. Vielleicht deshalb, weil er nicht ohne Grund vermutete, Österreich werde die von Talleyrand in seiner Straßburger Denkschrift vorgeschlagenen Kompensationen auf dem Balkan darum nicht akzeptieren, weil deren Preis die Feindschaft mit Russland war. Außerdem sprach aus seiner Sicht aber auch dagegen, dass ein Bündnis mit Preußen ihm die weitaus schärfere Waffe im Kampf gegen England verschaffte. Was immer Napoleon veranlasste, die Empfehlung Talleyrands in den Wind zu schlagen, der Triumph von Austerlitz war der Anfang vom Ende. Bitter jedoch ist die Ironie, dass die siegestrunkenen und rachedurstigen Autoren der Pariser Vorortfriedensverträge von 1919 sich weder der Argumente Talleyrands noch der Lehre erinnerten, die sich aus ihrer Nichtbeachtung ziehen ließ. Noch mehr Anlass zur Nachdenklichkeit aber gibt der führende französische Napoleon-Historiker, Jean Tulard, der mit aller Bestimmtheit die Auffassung vertritt: «In Wirklichkeit behielt Napoleon gegen seinen Minister Recht. Durch den Frieden von Pressburg setzte er die Politik der Schwächung des Hauses Habsburg fort, die von den Bourbonen gewollt worden war. Er begann damit, dieses Intarsienmuster von Völkern zu zerbrechen, aus dem schlussendlich, weil sein Werk unvollendet blieb, die europäischen Kriege des 19. und 20. Jahrhunderts ihren Ausgang nahmen.»[86] Nicht weniger plausibel ist indes die genau gegenteilige Behauptung, dass Austerlitz die prima causa dieser europäischen Bürgerkriege gewesen ist.

DRITTES BUCH

Der Imperator

ERSTES KAPITEL

Die Maske fällt

Mit Austerlitz beginnt die napoleonische Herrschaft über Europa. Sie war gestützt auf die *Grande Armée*. Mit ihr suchte Napoleon seine ausschweifende Machtphantasie vom «Kaiserreich des Abendlands» zu verwirklichen. Dieses Ziel hat die französische Napoleon-Geschichtsschreibung jedenfalls seinem schrankenlosen Expansionismus unterstellt.[1] Fraglich ist jedoch, ob das zutrifft, zumal vieles darauf hindeutet, dass Napoleon in die Macht schlechthin vernarrt war, die außer ihrer ständigen Mehrung kein Ziel hatte.[2]

Im Unterschied zu den Armeen, mit denen er seinen Feldherrnruhm in Italien begründete, war die *Grande Armée* ein militärischer Verband aus Wehrpflichtigen. Das prägte ihren *esprit de corps*: Die schlecht disziplinierten und organisierten Revolutionsarmeen wogen ihre Unzulänglichkeiten dadurch auf, dass sie sich als Befreier verstanden, als Träger des politischen Fortschritts; sie fochten nicht mehr für einen König, sondern für ihr Vaterland. Sie wurden nun abgelöst von gut ausgebildeten und versorgten Einheiten, die sich als Eroberer ihrem Anführer, dem Kaiser, verbunden wussten. Dieser Loyalität schenkte Napoleon besondere Aufmerksamkeit; sie war das Geheimnis seiner Führungsstärke. Deshalb wurden alle Schlachtenerfolge von der Propaganda nur ihm zugute gebracht, während die Leistungen seiner Generäle in den *Bulletins* häufig noch nicht einmal erwähnt wurden. Augereau oder Masséna hatten beispielsweise am siegreichen Ausgang der italienischen Kampagnen von 1796/97 bedeutenden Anteil; mit dem ihnen zustehenden Ruhmeslorbeer schmückte aber nur Bonaparte sein Caesarenhaupt. So geschah es wieder in der Kampagne von Marengo, die ohne Lannes oder Desaix vermutlich in einem militärischen Desaster für den Ersten Consul geendet hätte. Napoleons Nimbus in der Kriegführung strahlte weit über die eigene Armee hinaus. Seine Anwesenheit auf dem Schlachtfeld, so Wellington, wiege eine Armee von 40000 Mann auf.[3] Auch wenn er längst zur Legende geworden war, musste Napoleon eben deshalb stets darauf achten, dass seinem Ruhm als allgegenwärtiger und allwissender Heerführer die nötigen Weihen gespendet wurden. Dem dienten die Proklamationen und *Bulletins de la Grande Armée*. Ein Muster dafür ist die *Proclamation* vom 30. September 1805: «Soldaten,

Euer Kaiser befindet sich mitten unter Euch. Ihr seid nichts anderes als die Avantgarde eines großen Volkes. Sollte es sich als notwendig erweisen, dann wird dieses Volk, wenn ich es aufrufe, in seiner Gesamtheit aufstehen, um diese neue Liga zu überwältigen und zu zerstören, die der Hass und das englische Gold zusammengeschirrt haben. Aber, Soldaten, vor uns liegen Gewaltmärsche, wir müssen Erschöpfungen und Entbehrungen aller Art ertragen. Welche Hindernisse man uns auch in den Weg legen wird, wir werden sie allesamt überwinden und uns erst ausruhen, sobald wir unsere Adler auf dem Gebiet unserer Feinde aufgestellt haben.»[4] Auf diese Ankündigung folgte dann gleichsam als Echo das 3. *Bulletin de la Grande Armée*, datiert aus Zusmarshausen vom 10. Oktober 1805, in dem es u.a. heißt: «Es regnet stark, aber das verlangsamt nicht die Gewaltmärsche der *Grande Armée*. Der Kaiser gibt das Beispiel; Tag und Nacht ist er zu Pferd, immer inmitten seiner Truppen und überall da, wo seine Anwesenheit vonnöten ist. Gestern hat er vierzig Meilen zu Pferd zurückgelegt; geschlafen hat er in einem kleinen Dorf, ohne einen Diener oder irgendwelches Gepäck, obwohl der Bischof von Augsburg seinen Palast illuminiert und Seine Majestät während der Nacht erwartet hatte.»[5]

In Texten wie diesen verbirgt sich die Essenz seiner Erfolge, seine uneinholbare Führungsqualität. Napoleon stieg mit Austerlitz endgültig zum Idol der *Grande Armée* auf, die ihre Siegeszuversicht aus der Identifikation mit seiner Legende schöpfte. Das setzte voraus, dass auch diese Truppe sich immer noch als Revolutionsarmee begriff, die Mannschaftsdienstgrade von Offizieren befehligt wurden, die einmal einfache Soldaten waren und damit, wie im übrigen der Kaiser selbst, ein Beispiel gaben: Nicht Geburtsprivilegien, sondern individuelle Tüchtigkeit entschied über den Rang.[6] Der Militärdienst stand allen offen, die die physischen Mindestanforderungen erfüllten; gleichzeitig bot er Aufstiegschancen wie nirgendwo sonst. Die *Grande Armée* war umgeben von einem Prestige, das unwiderstehlichen Reiz ausübte: In ihr verbanden sich Ruhmsucht mit Beutegier, Abenteuerlust mit Fernweh. Auch war, wie Wellington in einem Memorandum 1836 hervorhob, die Armee im Zentrum der napoleonischen Sozialordnung angesiedelt, die, militärisch gegliedert, nach dem Prinzip von Befehl und Gehorsam funktionierte. Alle Institutionen waren mittelbar oder unmittelbar militärischer Effizienz untergeordnet. An die Verheißung, dass ein jeder den Marschallstab im Tornister trage, konnte sich der Einzelne umso inbrünstiger klammern, weil Napoleon selbst für dessen Erfüllung einstand. Aus seiner Führungslegitimation entstand so eine Kommandoeinheit; alle Ressourcen Frankreichs liefen jeweils dort zusammen, wo sich Napoleon aufhielt, und ließen sich für Ziele mobilisieren, die allein er vorgab.[7] Diese Machtzusammenballung in seiner Person war Ergebnis seiner Erfahrungen als Befehlshaber der Italienarmee. Das verschaffte ihm seinen Gegnern gegenüber immense Vorteile, denn sie hatten nur delegierte Macht und waren von den Entscheidungen politischer Instanzen abhängig.[8]

Seit der Schlacht von Marengo reifte das napoleonische System im Schutz des prekären Friedens in Europa und bewies bei Austerlitz seine Tauglichkeit. Damit stand für Napoleon fest, seine Herrschaft auf Europa auszudehnen. Das ist der Subtext zweier Briefe, die er Mitte Dezember 1805 aus Schönbrunn an Joseph schrieb. Er hatte den Bruder scharf zurechtgewiesen, weil Joseph die Nachricht, Österreich strecke nach der Niederlage bei Austerlitz Friedensfühler aus, in Paris verbreitet und damit entsprechende Hoffnungen geweckt hatte. «Mein Bruder», hieß es in dem Brief vom 13. Dezember, «es war völlig überflüssig, die Entsendung von Bevollmächtigten mit solchem Nachdruck und mit Böllerschüssen zu verkünden. Das ist ein wirksames Mittel, um den nationalen Geist einzuschläfern wie auch um den Ausländern eine völlig falsche Vorstellung unserer inneren Gemütsverfassung zu geben. Selbst wenn man aus Leibeskräften *Frieden* brüllt, wird man ihn genau damit nicht erreichen. Deshalb habe ich davon nichts im Bulletin erwähnt. Um so mehr wäre es angezeigt gewesen, das auch nicht von den Theaterbühnen verkünden zu lassen. Friede ist ein Wort ohne jede Bedeutung; was wir brauchen ist ein ruhmreicher Frieden. Deshalb erscheint mir nichts unpolitischer und falscher zu sein als alles das, was man in Paris bei dieser Gelegenheit gemacht hat.»[9] Und in dem zweiten Brief hieß es: «Es entspricht nicht meiner Gewohnheit, meine Politik an den in Paris umlaufenden Gerüchten auszurichten, und ich bin empört darüber, dass Sie immer noch so schwach sind, dem irgendeine Bedeutung zuzubilligen. Mein Volk ist unter allen Umständen immer gut damit gefahren, auf mich stolz zu sein, und die Fragen, die sich heute stellen, sind allemal viel zu kompliziert, als dass sie einem Pariser Bürger geläufig sein könnten. (...) Ich werde Frieden schließen, sobald ich überzeugt bin, dass er mit den Interessen meines Volkes übereinstimmt; das Geschrei einiger Intriganten wird ihn weder um eine Stunde beschleunigen noch verlangsamen. Mein Volk wird immer einer Meinung sein, solange es weiß, dass ich mit ihm zufrieden bin, denn es spürt daran, dass seine Interessen gewahrt werden. Die Zeiten, zu denen man in den Sektionen sich beratschlagte (Anspielung auf die Zustände während der jakobinischen Revolutionsphase, J.W.), sind vorbei. (...) Ich werde, falls dies notwendig sein sollte, noch die eine oder andere Schlacht schlagen, wenn es einen Frieden gilt, der mir eine dauerhafte Garantie gibt. Ich überlasse nichts dem Zufall. Was ich sage, führe ich auch immer aus, es sei denn, ich stürbe.»[10] Nach Austerlitz hatte sein Imperialismus rabiate Züge angenommen, und die Clan-Mitglieder hatten von nun an keine andere Aufgabe mehr, als seiner gewalttätigen Politik zu dienen.

Über die Perspektiven dieser Politik war er sich im Hinblick auf Deutschland längst klar. Schon im Mai 1797 hatte er gesagt: «Den deutschen Staatsverband (Corps germanique) umzustoßen, hieße, den Vorteil der Annexion Belgiens wie den der Rheingrenze preisgeben; denn das bedeutete nichts anderes, als 10 bis 12 Millionen Einwohner zwei Mächten (Preußen und Österreich, J.W.) in die Hand zu geben, die uns beide gleichermaßen verachten. – Existierte dieser deutsche Staatsverband nicht, müsste man ihn schleunigst unserer eigenen Bequemlichkeit wegen erfinden.»[11] Seit dem Frieden von Campo-Formio bestimmte diese Maxime die napoleonische Politik gegenüber den deutschen Klein- und Mittelstaaten; sie waren die Hauptgewinner der Säkularisation, und sie erlebten nach Austerlitz einen weiteren Machtzuwachs, der sie ironischerweise aber endgültig vom napoleonischen Machttraum abhängig machte. Seit November 1804 umbuhlte Napoleon Bayern, das unter den deutschen Mittelstaaten der größte war und dessen Beispiel Württemberg, Baden und weitere deutsche Kleinststaaten folgten. In geheimen Verhandlungen drängte der französische Botschafter in München, Otto, auf den Abschluss eines französisch-bayerischen Bündnisses. Damit begann eine jener Tragikomödien der politischen Impotenz deutscher Kleinfürstentümer. Kurfürst Maximilian Joseph erkannte durchaus den Machtzuwachs, den ihm ein Bündnis mit Frankreich einbrachte. Sein Instinkt warnte ihn aber auch davor, sich mit einem politischen Abenteurer wie Napoleon allzu eng einzulassen.[12] Auch Friedrich II. von Württemberg suchte sich so lange wie möglich dem unvermeidlichen Schicksal eines Bündnisses zu entziehen, das ihm seit Anfang August 1805 als Angebot vorlag. Erst die Nachricht vom 11. Oktober, dass französische Truppen den Rhein überschritten hatten, zwang ihn, den Allianzvertrag zu unterschreiben. Carl Friedrich von Baden hingegen hatte wegen der unmittelbaren Nachbarschaft seines Ländchens zu Frankreich schon so viele Demütigungen einstecken müssen, dass ihm die Allianz mit Frankreich – am 2. September 1805 in Ettlingen besiegelt – ein bislang unbekanntes Maß an Sicherheit versprach.[13]

Alle diese Bündnisse sicherten Napoleon ein Aufmarschgebiet gegen Österreich und schufen überdies die Voraussetzungen für den geplanten Rheinbund, der die deutschen Klein- und Mittelstaaten unter Führung Frankreichs organisierte. Die Rechnung ging auf: Die deutschen Fürsten konnten nach Austerlitz ihre Angst vor Frankreich vergessen und überboten sich nun in fordernder Liebedienerei gegenüber ihrem neuen Schutzherrn. Napoleons zynischem Politikverständnis war die schamlose Beutegier dieser machtpolitischen Zwerge besonders erbaulich, denn sie banden sich damit irreversibel an Frankreich. Mit Campo-Formio hatte Napoleon die Zerstörung des Alten Reichs eingeleitet, das er nun durch ein System pseudosouveräner Staaten unter seiner Kuratel ersetzen wollte. Das traf sich mit dem Ehrgeiz der deutschen Klein- und Mittelstaaten, die dem Fetisch «Souveränität» nachjagten, die sie aus eigener Kraft gegen Frankreich, Österreich und Preußen nie hätten behaupten können.[14]

Der Friede von Pressburg, der Habsburg aus Italien, der Schweiz und vom Rhein vertrieb, stillte den Ehrgeiz der süddeutschen Herrscherhäuser: Bayern schluckte mit Tirol und Vorarlberg, den Bistümern Trient und Brixen, dem Fürstentum Eichstätt, dem Restbestand des Bistums Passau, Augsburg wie dessen Stadtkreis, Lindau, der Markgrafschaft Bingen und weiterer kleinerer Besitzungen den Löwenanteil. Baden und Württemberg teilten sich den innerhalb ihrer Territorien gelegenen habsburgischen Streubesitz. Bayern und Württemberg konnten außerdem allen reichsritterschaftlichen Besitz enteignen. Auch die Rangerhöhungen, die sich die Westentaschen-Souveräne als Zugabe für ihre Bündnisse mit Napoleon ausbedungen hatten, musste Habsburg im Friedensvertrag anerkennen. Bayern und Württemberg firmierten künftig als Königreiche, während die in Baden herrschenden Zähringer sich ebenso wie der Landgraf von Hessen-Darmstadt mit dem Titel eines Großherzogs zu begnügen hatten. Das war Flitter und Firlefanz, denn weitaus wichtiger als alle diese Titel, die lediglich Anspruch machten, war die Bestimmung, dass Bayern, Württemberg und Baden sich der vollständigen Souveränität über ihre Staaten erfreuten. Das trennte sie endgültig vom Alten Reich.[15] Doch diese souveränen Klein- und Mittelstaaten waren auf sich gestellt nicht überlebensfähig: Die politische Neuordnung Deutschlands musste sich um ihres schieren Bestands willen in den größeren Rahmen einer europäischen Neuordnung einfügen. Die «Sonne von Austerlitz» projizierte so den Machttraum des französischen Kaisers als Schattenriss auf die europäische Landkarte.

Außer Deutschland erlebte vor allem Italien infolge des Friedens von Pressburg Veränderungen. Österreich musste Venedig, Istrien und Dalmatien an das Königreich Italien abtreten. Ferner wurde eine französische Armee unter der nominellen Führung Joseph Bonapartes nach Neapel in Marsch gesetzt. Vorwand für diese Intervention war die Behauptung, die über das Königreich beider Sizilien herrschenden Bourbonen hätten mit den Mächten der Dritten Koalition paktiert. In Wahrheit hatten sie im September 1805 ein Neutralitätsabkommen mit Frankreich geschlossen. Doch spielten sie in der Tat ein doppeltes Spiel. Das wurde spätestens am 19. November offenbar, als eine englische Flotte mit einer anglo-russischen Landungstruppe vor Neapel erschien, die das Königreich Italien von Süden angreifen sollte. Der Plan wurde aber durch den Ausgang der Schlacht bei Austerlitz vereitelt, die Flotte verschwand unverrichteter Dinge und zurück blieb das durch dieses Manöver kompromittierte Königspaar Ferdinand und Marie-Caroline, eine Schwester von Marie-Antoinette. Diese Konstellation konnte Napoleon gar nicht willkommener sein. Das Echo seines Wutanfalls über die Falschheit der neapolitanischen Bourbonen hallte noch in der Proklamation vom 27. Dezember 1805 wider: «Soldaten, seit zehn Jahren habe ich alles unternommen, um den König von Neapel zu retten; er hingegen hat alles für seinen Untergang getan. (...) Die Dynastie von Neapel hat zu herrschen aufgehört; ihre bloße Existenz ist mit der Ruhe Europas und der Ehre meiner Krone unvereinbar.»[16] Doch seinen Entschluss, die in Neapel herrschenden Bourbonen zu verjagen, hatte er schon längst gefasst. Das zeigt ein Brief an Talleyrand vom 26. Juli 1805.[17] Nach der politischen Neuordnung Nord- und Mittelitaliens wurde das Königreich beider Sizilien zum nächsten Objekt seiner Expansionsbegierde. Wie sicher er seiner Sache war, wird an dem Projekt offenbar, an Neapel ein Exempel zu statuieren, das Furcht und Schrecken verbreitete: Die Französische Revolution, als deren Vollstrecker und Vollender sich Napoleon jetzt wieder kostümierte, hatte mit Ausnahme des französischen bislang keinen europäischen Thron umgestürzt, sondern sich damit begnügt, mehrere Monarchien in ihrem territorialen Bestand zu schmälern. Mit Neapel hatte Napoleon eine Doppelpremiere im Sinn, die das Muster für die politische Neuordnung Europas lieferte. Mit der Absetzung der Bourbonendynastie bestimmte er Bruder Joseph zum Herrscher über Neapel.

Die damit inaugurierte Methode seiner Herrschaftsausübung durch Machtdelegation an Familienangehörige wandte er fortan konsequent an: Eugène de Beauharnais amtierte als italienischer Vizekönig, während Napoleons Schwestern Elisa Bacciochi mit Lucca und Piombino, Pauline mit dem winzigen Fürstentum von Guastalla «belehnt» wurden. Damit gehörte die gesamte Apenninhalbinsel mit Ausnahme Siziliens, des kleinen Königreichs von Etrurien – dessen Tage aber gezählt waren[18] – und des Kirchenstaats zum napoleonischen Herrschaftsbereich: Selbst die Macht Königs Josephs I. von Neapel saß auf französischen Bajonetten. Das Dekret vom 31. März 1806, mit dem die Belange der kaiserlichen Familie geregelt wurden, verdeutlichte die besondere Abhängigkeit: Alle Prinzen, die über das Imperium herrschten, blieben «Princes françaises» und waren Angehörige einer gewissermaßen föderalen europäischen Monarchie.[19] Das nepotische Klientelwesen, das Napoleon damit eingeführt hatte und das seine Herrschaft über Europa systematisieren und flexibilisieren sollte, suchte er außerdem durch die Schaffung von Fürstentümern zu festigen, mit denen er verdiente Würdenträger seines Regimes ausstattete. So erhielt Bernadotte, Josephs Schwager, am 5. Juni 1806 die «souveräne» Herrschaft über das Fürstentum von Pontecorvo, während Talleyrand delikaterweise mit einer zweiten in das neapolitanische Territorium eingesprengten päpstlichen Enklave, dem Fürstentum von Bénévent, ausgestattet wurde. Diese «Belehnung» war eine Provokation des Heiligen Stuhls: Ausgerechnet Talleyrand, einst Bischof von Autun, den Napoleon gezwungen hatte zu heiraten, wurde Nutznießer einer päpstlichen Besitzung. Der Protest des Vatikans ließ nicht auf sich warten.[20] Napoleon antwortete im Schreiben vom 12. Februar 1806 an den Papst mit einem Satz, der die Blaupause seiner künftigen Italienpolitik war: «Eure Heiligkeit ist Souverän von Rom, aber ich bin der Kaiser. Alle meine Feinde sind folglich auch Ihre Feinde.»[21] Mit anderen Worten: Napoleon sah sich in der Nachfolge Karls des Großen als «Suzerain» des Kirchenstaats. Diese Einstellung machte einen Konflikt mit dem Papst unvermeidlich.

Von allen Eroberungen schenkte Napoleon Italien die größte Aufmerksamkeit. Das hatte indes nichts mit kulturellen oder historischen Prägungen zu tun: Für ihn war Italien ein von Fremdherrschaft befreiter Raum, den er nach Belieben gestalten konnte. Am Beispiel Italiens lässt sich deshalb am besten die selbstzweckhafte Beschränkung zeigen, die Napoleon mit der staatlichen Organisation seiner Herrschaft verfolgte. Mit Ausnahme des Piemont, das einfach abgetrennt und der Alpenregion zugeschlagen wurde, erfuhr die Apenninhalbinsel jetzt eine großflächige Neueinteilung, die sich lediglich an geographisch-topographischen Faktoren orientierte: Die Küstenregion westlich des Apennin kam bis Rom zu Frankreich. Die nördlich und östlich des Apennin gelegenen Ebenen bis nach Ancona bildeten das Königreich Italien, während alles Land südlich davon zum Königreich Neapel gehörte. Die ehemaligen österreichischen Gebiete auf dem östlichen Ufer der Adria hießen nun Illyrische Provinzen und waren eine eigenständige Verwaltungseinheit. Unbeschadet dieser Aufteilung war die Apenninhalbinsel zwar in politischer, administrativer und wirtschaftlicher, nicht aber in nationaler Hinsicht ein Verbund, dessen Oberhaupt ungeachtet der nachgeordneten Gewalten Napoleon war, der in seiner Person die Vorherrschaft Frankreichs repräsentierte. Die annektierten nordwestlichen Teile der Halbinsel wurden in Départements eingeteilt, an deren Spitze Präfekten standen. Das Königreich Italien hingegen verwaltete Napoleons Stiefsohn Eugène, der den Titel eines Vizekönigs führte, was hinlänglich klar macht, über welch eingeschränkten Handlungsspielraum er verfügte.

Eugène, der sich von allen Clan-Mitgliedern noch am bereitwilligsten seinem Stiefvater unterordnete, büßte dafür, denn Napoleon überschüttete ihn mit einschlägigen Briefen – allein in der ersten Woche als Vizekönig erreichten ihn 21 dieser Schreiben! Zwei Tage vor seiner offiziellen Bestallung erhielt Eugène eine erste weitschweifige Ermahnung, die einen Einblick gibt in die Psychologie der kaiserlichen Herrschaftsausübung:

«Mein Cousin, indem ich Ihnen die Regierung meines Königreichs Italien anvertraue, geben wir Ihnen einen Beweis unserer Wertschätzung, die Sie sich durch Ihr Betragen erworben haben. Aber, da Sie noch in einem Alter sind, in dem man die Abgründe des menschlichen Herzens noch nicht kennt, können wir Ihnen gar nicht genug Umsicht und Klugheit anempfehlen. Unsere italienischen Untertanen verbergen von Natur aus ihre wahren Gefühle noch viel besser als dies die französischen Bürger tun. Deshalb gibt es für Sie nur eine Möglichkeit, sich deren Wertschätzung zu erhalten und ihrem Wohlergehen nützlich zu sein: Schenken Sie nie einer einzigen Person Ihr ganzes Vertrauen, sagen Sie niemandem, was Sie von den Ministern und hohen Offizieren in Ihrer Umgebung halten. Die Kunst, sich zu verstellen, die man in einem gewissen Alter ganz selbstverständlich beherrscht, sollte für Sie nichts anderes sein als eine Frage des Prinzips und der Selbstbeherrschung. Sollte es Ihnen aber einmal unterlaufen, dass Sie frei von der Leber weg gesprochen haben, ohne dass es dafür eine Notwendigkeit gab, dann gestehen Sie sich sogleich selber ein, dass Sie damit einen Fehler begangen haben, um so dessen Wiederholung zu vermeiden. Bezeugen Sie der Nation gegenüber, die Sie regieren, eine Wertschätzung, die es umso deutlicher zu machen gilt, wie Sie Anlässe zu erkennen wähnen, dass dieses Volk jener umso weniger würdig ist. Es wird der Tag kommen, an dem Sie entdecken, dass es nur geringe Unterschiede zwischen diesem und jenem Volk gibt. Ihr politisches Handeln muss sich immer am Glück meiner Völker Italiens orientieren; was Sie an Gewohnheiten und Bräuchen stören mag, gilt es, als erstes Ihre Empörung zu unterdrücken. In jeder anderen Stellung als der des Vizekönigs von Italien können Sie sich berühmen, Franzose zu sein; hier jedoch müssen Sie das schleunigst vergessen, und Sie werden keinerlei Erfolg haben, wenn Sie nicht überzeugend darin sind, die Italiener zu lieben. Sie wissen nämlich darum, dass man nur das liebt, was man auch wertschätzt. Lernen Sie ihre Sprache; sorgen Sie dafür, dass Sie vor allem mit Italienern verkehren; achten Sie darauf, sie gelegentlich mit Ihrer besonderen Aufmerksamkeit auszuzeichnen; billigen Sie, was ihre Billigung findet und lieben Sie, was von ihnen geliebt wird. (...) Nehmen Sie mich nicht in allem, was Sie tun, zum Vorbild; Sie müssen sich noch weitaus mehr Zurückhaltung auferlegen. – Präsidieren Sie nur selten dem Staatsrat; Sie haben zu wenig

Kenntnisse, um dieser Aufgabe wirklich mit Erfolg genügen zu können. Ich sehe keinerlei Nachteil darin, wenn Sie an dessen Sitzungen teilnehmen, aber einem Ratsmitglied die Präsidentschaft überlassen. Ihre mangelnden Kenntnisse der italienischen Sprache, insbesondere aber auch der Gesetzgebung, sind Ihnen eine gute Ausrede, fern zu bleiben. Ergreifen Sie im Staatsrat niemals das Wort: Man würde Ihnen zuhören, ohne Sie einer Antwort zu würdigen, aber man würde nur zu schnell erkennen, dass Sie nicht in der Lage sind, einen Gegenstand wirklich gründlich zu erörtern. Die Stärke eines Fürsten, der schweigt, lässt sich niemals ergründen; sobald er aber spricht, muss er das Bewusstsein einer großen Überlegenheit haben. (...)[22]

Napoleons Kenntnisse von Italien gereichten dem Land nicht zum Vorteil, denn Josephs Herrschaft über das Königreich Neapel erwies sich als ebenso nutzloses wie kostspieliges Unterfangen. Auch wenn er seine Sache durchaus nicht schlecht machte, wurde er ständig von den Einreden seines Bruders irritiert. Gleichwohl diente Neapel als Muster dafür, wie die Dinge in der Batavischen Republik zu regeln seien. Die dort amtierende Marionettenregierung unter Rutger Jan Schimmelpenninck hatte das Land unter ungünstigen Bedingungen zwar gut verwaltet, sich aber eben deshalb Napoleons Wünschen gegenüber als nicht allzu fügsam erwiesen. Welche Änderungen ihm hier vorschwebten, ließ er Talleyrand am 14. März 1806 wissen: «Holland ist ohne Regierung; es braucht aber eine; ich werde ihm den Prinzen Louis geben. (...) Binnen zwanzig Tagen muss Prinz Louis (als König, J.W.) seinen Einzug in Amsterdam halten.»[23] Unmittelbar danach erhielt der niederländische Botschafter den Entwurf einer monarchischen Verfassung für sein Land, mit dem sich ab April ein Großer Staatsrat in Den Haag befasste, der Napoleon vergebens einige Änderungen abzuringen suchte. Schließlich kam es zu jener abgeschmackten Komödie, auf die Napoleon nie verzichten mochte: Am 5. Juni 1806 wandte sich eine Delegation des Großen Staatsrats von Holland an den Kaiser, den siebenundzwanzigjährigen Louis zum König von Holland zu machen, ein «Wunsch», dem sofort stattgegeben wurde: Noch am nämlichen Tag sah sich Louis zum König der Niederlande proklamiert.

Diesem Schema konnte die Eingliederung der deutschen Staatenwelt in das von Napoleon beherrschte Europa nicht folgen. Das Prinzip, von dem er sich hier leiten ließ, will Napoleon, wie er Metternich erzählte, dem nach Paris angereisten Fürstprimas Dalberg bei dessen Abschiedsaudienz erläutert haben: «Nun, was wollen Sie, sagte mir Napoleon lachend, dieser Mann ist voll von leeren Träumereien. Er quält mich fortwährend, ich solle die Verfassung dessen, was er das deutsche Vaterland nennt, herstellen. Er will sein Regensburg haben, seinen Reichskammergerichtshof samt allen Traditionen des alten Deutschen Reiches. Er hat wieder von diesen Albernheiten zu sprechen versucht, aber ich habe ihn kurz abgeschnitten. Monsieur l'Abbé, habe ich ihm gesagt, ich will Ihnen meine geheimen Absichten anvertrauen. Die Kleinen in Deutschland möchten gegen die Großen in Schutz genommen werden; die Großen jedoch wünschen, ganz nach ihrem Belieben zu herrschen; außerdem, da ich von der Föderation (dem Rheinbund, J.W.) nur Menschen und Geld haben will, und es die Großen und nicht die Kleinen sind, die mir das eine wie das andere liefern können, lasse ich die Ersten in Ruhe, und die Zweiten müssen sich eben so gut sie es vermögen, einrichten!»[24]

In der für ihn charakteristischen zynischen Offenheit gab Napoleon damit unmissverständlich zu erkennen, dass für ihn der Rheinbund alles andere als eine Station auf dem Weg zu einer konföderativen staatlichen Neuordnung der bunten deutschen Verhältnisse war. Er war Realist genug, um zu wissen, dass Bayern, das mit seinen rund 3,5 Millionen Einwohnern 30000 Soldaten für die *Grande Armée* stellen musste, wesentlich andere Interessen und Perspektiven hatte als das Fürstentum Liechtenstein, das nur rund 4500 Einwohner aufwies, ihm aber gleichwohl 40 Soldaten zu überstellen hatte. Nie begriff Napoleon den Rheinbund als eine politische Handlungseinheit, sondern war im Gegenteil immer bestrebt, mit jedem seiner Mitglieder getrennt zu verhandeln nach der bekannten Maxime: Divide et impera, teile und herrsche. Dieser Absicht entsprach es auch, dass Napoleon die beiden rechtsrheinischen Herzogtümer Cleve und Berg Mitte März 1806 zum Großherzogtum Berg zusammenlegte, das er seinem Schwager Murat übereignete.[25] Diese deutliche Überschreitung der Rheingrenze, mit der sich das französische Expansionsstreben eigentlich hatte bescheiden wollen, rechtfertigte Cambacérès am 31. März 1806 dem Senat gegenüber: «Der Prinz Murat wird damit beauftragt, einen wichtigen Abschnitt der Grenzen des *Empire* zu bewachen.»[26] Dieses Wächteramt erfüllte sich vor allem darin, Preußen vom Niederrhein zurückzudrängen, um in Norddeutschland eine ähnliche Situation herzustellen wie im Süden durch das Bündnissystem mit Baden, Württemberg und Bayern gegenüber dem Habsburgerreich.

Der Zustand eines alles in allem sehr unsicheren Status quo, in dem sich die deutsche Staatenwelt nach dem Frieden von Pressburg wiederfand, verlangte indes gebieterisch nach einer dauerhaften Lösung, mit der Frankreichs unangefochtene Rolle als Schutzmacht festgeschrieben werden konnte. Napoleons Überlegungen seit dem Frühjahr 1806 zeigen, dass er sich vorzüglich in den hochkomplizierten Mechanismen der *querelles allemandes* auskannte.[27] Zunächst hatte es den Anschein, als wolle er die politische Organisation des Alten Reichs in modifizierter Form beibehalten. Talleyrand, dem die Gesandten der kleinen deutschen Staaten in heftiger Sorge um ihren Bestand unablässig in den Ohren lagen und den sie mit Bestechungen zu gewinnen suchten, riet dem Kaiser nachdrücklich, die politische Geographie Deutschlands ein für allemal zu ordnen. Napoleon mochte sich dieser Einsicht zwar nicht von vornherein verschließen, konnte sich aber zwischen den unterschiedlichen Plänen seiner beiden Deutschlandexperten im Außenministerium, La Besnardière und Pfeffel, zunächst nicht entscheiden. Zu welcher Lösung er sich schließlich durchrang, blieb den Betroffenen vorerst jedoch verborgen.[28] Allein das verdeutlicht, dass der Rheinbund, im Widerspruch zu seinem Konsens versprechenden Namen, ein Diktat Napoleons war: Am 11. Juli 1806 erteilte er Generalstabschef Berthier Befehl, in Süddeutschland insgesamt 232000 Soldaten zusammenzuziehen.[29] Sechs Tage später, am 17. Juli, wurde den Repräsentanten der beteiligten Staaten die Rheinbundakte vorgelegt; die regierenden Fürsten, so die Richtlinie, hatten nur vierundzwanzig Stunden Zeit, ihre Unterschrift zu leisten; sollten sie diese verweigern, wurde ihnen die Mediatisierung angedroht.[30] Außer den drei süddeutschen Flächenstaaten gehörten zu den «Gründungsmitgliedern» des Rheinbunds auch der Großherzog von Berg, der Großherzog (vormals Landgraf) von Hessen-Darmstadt, die Fürsten von Nassau-Usingen und Nassau-Weilburg, die Fürsten von Hohenzollern-Hechingen und Hohenzollern-Sigmaringen (also die katholische Linie der Hohenzollern, J.W.), die Fürsten von Salm-Salm und Salm-Kirburg, der Fürst von Isenburg-Birstein, der Herzog von Arenberg, der Fürst von Liechtenstein und der Graf von der Leyen.[31] (Siehe Karte 11)

In Artikel 1 der Bundesakte wurde stipuliert, dass die Mitglieder des Bundes für immer vom Territorium des Deutschen Reichs getrennt seien und eine eigene Konföderation bildeten. Diese Bestimmung bekräftigte Artikel 3 damit, dass die verbündeten Könige und Fürsten allen Titeln entsagten, die wie auch immer geartete Beziehungen zum Deutschen Reich aufwiesen. Außerdem sollte der Reichstag bis zum 1. August von der Abspaltung des Bundes vom Körper des Reichs förmlich unterrichtet werden. Als zentrales Organ, das u.a. über alle inneren Zwistigkeiten entscheiden sollte, erhielt der Rheinbund einen eigenen Bundestag mit Sitz in Frankfurt, dessen Präsidium mit dem Titel eines Fürstprimas der Fürstbischof von Mainz und bisherige Erzkanzler des Deutschen Reichs Karl von Dalberg übernahm.[32] Dass Dalberg damit lediglich eine protokollarische Macht erhielt, präzisierte Artikel 12 der

Bundesakte: «Ihre Majestät der Kaiser der Franzosen wird als Schirmherr des Bundes proklamiert und er wird in dieser Eigenschaft beim Tode eines jeden Fürstprimas dessen Nachfolger ernennen.» Diese Abhängigkeit des Rheinbunds wurde auch durch Artikel 35 geregelt, der ihm die unkündbare Verpflichtung eines immerwährenden Offensiv- und Defensivbündnisses mit Frankreich aufnötigte. Im Kriegsfall hatte der Rheinbund insgesamt 63000 Soldaten zu stellen – auf Bayern entfiel entsprechend seiner Größe mit 30000 Mann der Löwenanteil an diesem Kontingent. Außerdem musste der Bund noch für Sold und Unterhalt von 200000 französischen Truppen aufkommen, die auf seinem Gebiet stationiert waren, um *«l'indépendance germanique»* zu gewährleisten. In den weiteren Artikeln der Bundesakte regelte man die Mediatisierung, also die entschädigungslose Enteignung aller Herrschaftsprivilegien von Reichsstädten, Reichsrittern, Grafen, Herzögen und Fürsten, die damit in Bausch und Bogen zu – allerdings privilegierten – Untertanen wurden. Besonderes Augenmerk galt auch der Beseitigung sämtlicher Enklaven, um so eine Ursache ständiger Querelen unter den Mitgliedern des Bundes von Anfang an auszuräumen. Nächst der Säkularisation war dieses Diktat die zweite große Flurbereinigung des Alten Reiches, dessen Sterbeurkunde die Rheinbundakte war.[33]

Auf längere Sicht hatte jedoch Napoleons Zugeständnis an die Interessen des mediatisierten Adels die Folge, dass der seine Patrimonialbesitztümer ebenso behalten durfte wie alle Herrschafts- und Feudalrechte, sofern diese nicht einen wesentlichen Bestandteil der Souveränität darstellten. Außerdem wurden dem Adel alle Privilegien garantiert, derer sich die souveränen Fürsten und Bundesmitglieder auf ihren Domänen erfreuten und die beispielsweise die niedere und mittlere Gerichtsbarkeit ebenso umfassten wie die überkommenen Zehnten und Feudalabgaben.[34] Sichtbar wird daran nicht nur die monarchische Wende des napoleonischen Regimes, sondern deutlich wird damit vor allem auch, dass Napoleon längst das Interesse daran verloren hatte, die Errungenschaften der Revolution zu exportieren. Sein Ziel war es jetzt, auf diese Weise seine imperialistische Politik abzustützen. Eine bloße Nebenfolge davon war, dass die politische Geographie Deutschlands erheblich vereinfacht wurde. Die Vereinheitlichung der inneren Verwaltung und mit ihr die konsequente Entrümpelung der in Jahrhunderten verfilzten Herrschaftsstrukturen war zweifellos ein erheblicher Fortschritt und brachte eine rapide Modernisierung der einzelstaatlichen Bürokratien mit sich. Natürlich kam es Napoleon damit vor allem auf eines an: Die deutschen Bundesgenossen sollten damit nur in Stand gesetzt werden, ihrem Protektor auf dem französischen Kaiserthron willige Helfer zu sein. Diesen Preis mussten sie für ihren Zugewinn an Binnensouveränität entrichten – und Napoleons Rechnung ging auch glänzend auf: Die Rheinbundstaaten blieben für ihn die mit weitem Abstand ergiebigsten Milchkühe.

Im Lichte späterer Erfahrungen wird man Napoleons Konzessionen an den mediatisierten Adel, mit denen er sich am Geist der Revolution versündigte, sehr bedauern. Damit wurde nämlich eine Schicht am Leben erhalten, die wegen ihrer durch nichts gerechtfertigten sozialen Ausnahmestellung bis weit ins 20. Jahrhundert hinein das soziale Milieu vor allem in den ländlichen Gebieten Deutschlands und in den Kleinstädten dominierte. Dass die Nachkommen dieses Adels nach Ende der Monarchie in Deutschland 1918 alles andere als musterhafte Demokraten waren, sondern vielmehr in hellen Scharen Hitlers NSDAP zuliefen,[35] dessen Reputation sich dank dieses fatalen Vorbilds in weiten bürgerlichen Kreisen erheblich verbesserte, gehört zu den mittelbaren Spätfolgen der napoleonischen Herrschaft. Von diesem Beispiel abgesehen, gibt insgesamt zu denken, welches Danaergeschenk die Einschränkung der napoleonischen Reformen bei der Modernisierung der politischen Systeme in den französischen Satellitenstaaten war, die nur den Forderungen an ihre finanziellen, wirtschaftlichen und militärischen Ressourcen genügen sollten. Dies trug erheblich dazu bei, insbesondere in Italien und Deutschland eine Nationalstaatsbildung zu verzögern, was böse Folgen haben sollte. Es fällt jedenfalls auf, dass ausgerechnet die beiden Länder, die zu Beginn des 19. Jahrhunderts am nachdrücklichsten dem napoleonischen «Modernisierungsprogramm» ausgesetzt waren, identisch sind mit jenen, die im 20. Faschismus und Nationalsozialismus hervorbrachten. Auch wenn Napoleon nicht unmittelbar für diese Entwicklung verantwortlich gemacht werden kann, so handelt es sich dabei dennoch *auch* um eine langfristige Nebenfolge seiner ausschließlich auf die eigene Macht bezogenen Reformtätigkeit.

Die halbherzige Modernisierung der Rheinbundstaaten entsprach keineswegs Napoleons Herrschaftsabsichten. Dieser Effekt stellte sich im übrigen auch nur deshalb ein, weil dem Rheinbund nur eine sehr kurzlebige Existenz beschieden war, weshalb Deutschland gnädig erspart blieb, die Konsequenzen dieser Herrschaftskonstruktion in ihrer Gänze zu erleiden: Der Rheinbund diente Napoleon besonders in militärischer Hinsicht als Instrument, Deutschland zu kontrollieren. Was als Bündnis, als Konföderation erschien, war lediglich die Maske eines umfassenden Systems der politischen Unterordnung und wirtschaftlichen Ausbeutung. Das Schicksal der Staaten des Warschauer Paktes, die viel länger in einer strukturell ähnlichen Abhängigkeit von einer Führungsmacht standen, liefert – mutatis mutandi – dafür das einschlägige Exempel.

Innerhalb des *Grand Empire* hatte der Rheinbund andererseits aber auch deshalb vergleichsweise großen Erfolg, weil Napoleon damit nur eng umrissene Ziele verfolgte: Nie wollte er das Reich Karls des Großen wiederbeleben und aus dem Rheinbund eine Konföderation formen, die das «Dritte Deutschland» unter seinem Protektorat politisch organisierte. Deshalb kümmerte es ihn auch nicht, wie weit die angestoßenen Reformen tatsächlich umgesetzt wurden. Das zeigt die Einführung des *Code Napoléon*; man übernahm das Gesetzbuch lediglich auf dem von Frankreich annektierten linken Rheinufer sowie in Baden und Berg, freilich mit der paradoxen Folge, dass in den beiden Großherzogtümern dessen eigentumsrechtliche Bestimmungen einen wesentlichen Beitrag leisteten, die alten feudalrechtlichen Privilegien des Adels zu konservieren.[36]

Der Fortschritt, den Napoleon verkündet hatte, blieb ein Propagandaversprechen von gefährlicher Ambivalenz, die sich vor allem dem von den Zeitgenossen nicht erkannten Risiko seiner janusköpfigen Politik verdankte, die revolutionieren wollte, ohne revolutionär zu sein. In diesem Widerspruch steckt das Dilemma, an dem Napoleon letzten Endes scheiterte: Der *Grand Empire*, der nach Austerlitz Gestalt zu werden schien, konnte nur innere Kohärenz gewinnen, wenn man ebenso nachdrücklich wie geduldig den Modernisierungsprozess förderte, dessen wichtigstes Instrument der *Code Napoléon* war. Doch derlei lag Napoleons imperialistischen Bestrebungen fern, auch wenn er auf Sankt Helena wiederholt behauptete, er habe die europäische Staatenwelt nach nationalstaatlichen Kriterien organisieren und politisch emanzipieren wollen. Das traf wohl zu, denn zunächst schien Napoleon tatsächlich eine objektive Verbesserung der sozialen, wirtschaftlichen und politischen Verhältnisse in den seinem Machtbereich integrierten Staaten anzustreben. Die hellsichtigeren Zeitgenossen haben das erkannt und mit großen Erwartungen optimistisch begrüßt.[37] Allerdings kühlte dieser Enthusiasmus bald ab, als man sah, dass die französischen Truppen auch Monate nach dem Friedensschluss von Pressburg in Süddeutschland blieben und sich nach revolutionärer Gewohnheit «aus dem Lande ernährten». In zwei anonymen Broschüren war zu lesen, Bayern habe seit den Schrecken des Dreißigjährigen Kriegs keine vergleichbaren Leiden mehr erdulden müssen. Die Autoren erkannten Napoleons eigentliche Intentionen: er wolle nichts weniger, als Deutschland versklaven und hemmungslos ausbeuten.

Napoleon reagierte darauf wie gewohnt, indem er versuchte, den Unmut mit drakonischen Strafandrohungen zu ersticken. Da sich die Autoren nicht ausfindig machen ließen, wurden einige Verleger und Buchhändler verhaftet und vor ein französisches Kriegsgericht gestellt, das in Braunau am Inn zusammentrat. Sechs wurden zum Tode verurteilt, aber nur einer von ihnen, der Nürnberger Buchhändler Palm, der das Pamphlet «Deutschland in seiner tiefen Erniedrigung» verlegt hatte, wurde am 26. August 1806 erschossen.[38] Mit diesem Willkürakt verscherzte sich Napoleon rasch die Sympathien derer, die ihm diesseits des Rheins als Retter zugejubelt hatten. Ihre Bewunderung schlug nun in Abneigung und Hass um. Napoleon hat dies nicht weiter irritiert, denn die Rheinbundakte enthielt jene Unkündbarkeitsklausel, mit der die Bundesgenossen auf Gedeih und Verderb an sein Imperium gebunden waren. Am 16. Juli 1806 übersandte er Berthier eine Kopie dieses Dokuments mit der Auflage, es ratifizieren zu lassen, bevor die Armee aus Süddeutschland abzöge.[39] Außerdem wurde Berthier angewiesen, den Austausch der Ratifikationsurkunden für den 25. Juli in München vorzusehen. Dieses Datum war auch verbindlich für die Könige von Bayern und Württemberg, die an einzelnen Punkten der Rheinbundakte, vor allem am Protektorat Napoleons, Anstoß genommen hatten. Mit ihrer Unterschrift, die Berthier gleichsam mit der französischen Armee im Rücken einfordern konnte, schickten sich die Rheinbundstaaten in ihre Entmündigung. Sie war der Preis, den die Herrscher für ihre Unabhängigkeit von Kaiser und Reich und für die Souveränität innerhalb ihrer Herrschaftsgebiete entrichten mussten. Im übrigen war der Rheinbund kein exklusiver Club, sondern ein Bündnissystem, dem sich «andere Fürsten und Staaten Deutschlands anschließen konnten, sofern ihre Aufnahme dem gemeinsamen Interesse aller entspreche».[40] Die Formulierung war missverständlich, denn die Mitglieder hatten auch in dieser Hinsicht kein Votum. Einzig Napoleon entschied über eine Erweiterung des Bundes, der bald alle deutschen Staaten umfasste. Am 1. August 1806 wurde die Rheinbundakte dem noch immer in Regensburg tagenden Reichstag notifiziert. Diese Gelegenheit nutzte Napoleon, um eine charakteristische Deklaration abzugeben, die seine politischen Absichten propagandistisch verfälschte.[41]

Napoleons Friedensschalmaien wurden jedoch alsbald von neuem Kriegslärm übertönt. Der Anlass war diesmal Preußen, das sich seit dem Sonderfrieden von Basel 1795 an keinem der Waffengänge gegen die Revolution oder Napoleon beteiligt hatte. Preußen, das alle Welt einschließlich Napoleon noch immer für eine militärische Macht ersten Ranges hielt, hatte sich mit seiner impotenten Neutralität politisch in eine unmögliche Lage manövriert.[42] Der Höhepunkt aller Irrungen und

Wirrungen des Berliner Kabinetts trat mit Austerlitz ein: Der preußische Minister Haugwitz, neben dem König einer der Hauptverantwortlichen der preußischen Nichtpolitik, reiste im November 1805 mit Zittern und Zagen nach Wien, um Napoleon ultimativ das Eingreifen der preußischen Militärmacht auf Seiten der Mächte der Dritten Koalition für den 15. Dezember anzukündigen. Da Napoleon aber mit feiner Witterung Preußens Spiel durchschaute, weigerte er sich, mit Haugwitz zusammenzutreffen. Dazu kam es erst nach Austerlitz, also zu einem Zeitpunkt, als alle Voraussetzungen dieser Mission entfallen waren. Den Zustand sichtlicher Verwirrung, in dem sich Haugwitz deswegen befand, nutzte Napoleon, um Preußen zum Bündnis mit Frankreich, dem am 16. Dezember 1805 in Schönbrunn paraphierten Vertrag, zu verpflichten. Dieses Abkommen stand im diametralen Widerspruch zu der noch immer gültigen, nach wie vor geheimen preußisch-russischen Allianz vom Sommer 1805. Napoleon aber erfüllte sich damit vermeintlich einen alten Wunsch. Er hatte für Preußen, wegen des von ihm verehrten Friedrich II., eine irrationale Schwäche und umwarb es lange vergebens. Sentimentalitäten aber lagen ihm fern. Mit der Allianz, die Friedrich Wilhelm III. den Besitz Hannovers verschaffte, geriet auch Preußen unter napoleonischen Einfluss. Damit wurde England in Napoleons Augen der vorletzte potentielle «Festlanddegen» entwunden. Für dieses Kalkül spricht auch, dass der Pakt Napoleon keinerlei Verpflichtungen gegenüber dem Verbündeten auferlegte.[43] Berlin suchte dieser Falle in letzter Minute mit dem Vorschlag zu entrinnen, die Annexion Hannovers bis zum Abschluss eines europäischen Friedens zu vertagen. Davon wollte Napoleon natürlich nichts wissen, und Haugwitz, der zur Ratifizierung des Schönbrunner Vertrags am 15. Februar 1806 nach Paris kam, sah sich jetzt mit noch ungünstigeren Vertragsbedingungen konfrontiert: Preußen musste sich verpflichten, seine Häfen für englische Schiffe und Waren zu sperren. Damit war der preußischen Politik das Kunststück gelungen, es sich gleichzeitig mit allen Parteien zu verderben. England stellte sofort seine Subsidien ein. Dies und die Verluste durch das gegen England erzwungene Handelsembargo – allein diese Einnahmen beliefen sich auf rund ein Viertel der jährlichen Staatseinnahmen – rissen ein Loch in den Staatshaushalt. Um das Defizit durch Ausgabenkürzungen zu verringern, sparte man in Berlin genau am falschen Ende: Die preußische Armee wurde demobilisiert, ihr Mannschaftsbestand auf Friedensfuß gesetzt. So begab man sich des letzten Instruments, mit dem man sich gegen Napoleons Nötigungen hätte zur Wehr setzen können. Unter diesen Umständen musste man in Berlin das Haugwitz in Paris ausgestellte Vertragsdiktat zähneknirschend akzeptieren.

Mit der Offensiv- und Defensivallianz, die Napoleon König Friedrich Wilhelm III. abnötigte und in der ausdrücklich Russland als möglicher Gegner aufschien, überspannte er freilich den Bogen des Zumutbaren. Die tief empfundene Schmach wegen des Wortbruchs Russland und England gegenüber schlug in Berlin bald in offenen Hass auf Frankreich um. Die Gründung des Rheinbundes unter dem Protektorat Napoleons, der damit in den Augen Preußens die Nachfolge der Habsburger als Deutscher Kaiser angetreten hatte, steigerte die herrschende Unruhe. Auch die von Talleyrand ausgestreuten Optionen auf so etwas wie einen Norddeutschen Bund unter der Führung Preußens konnten da nicht verfangen. Wie ernst es Paris mit dieser Option meinte, lässt sich nicht ausmachen, zumal im Frühjahr und Sommer 1806 die verschiedensten Kombinationen durchgespielt und auf ihre Tragfähigkeit für eine europäische Friedensordnung überprüft wurden, die damals zum Greifen nahe schien. Gewiss ist nur, dass Napoleon keineswegs einen Krieg mit Preußen anzetteln wollte. Auf diesen Krieg brannte Preußen jedoch, und in Berlin hielt man Ausschau nach einer Rechtfertigung für die Kriegserklärung.[44] Am 6. August 1806 glaubte man in Berlin mit grimmiger Erleichterung nicht nur den lange gesuchten Vorwand, sondern sogar einen Beweis für die Verschlagenheit Frankreichs in Händen zu halten: Napoleon, so wurde bekannt, habe England die Rückgabe Hannovers angeboten, in dessen Besitz Preußen gerade erst einen Monat zuvor gelangt war![45] Damit gab Napoleon zu verstehen, wie wenig Preußen für ihn zählte, denn er sah wohl, dass Preußen sich durch das Bündnis mit Frankreich selber isoliert hatte. Das erwies sich jetzt als dessen große Schwäche. Am 8. August schrieb Friedrich Wilhelm III. dem Zaren, Napoleon trüge sich mit der Absicht, Preußen zu zerstören, und verband damit die rhetorische Frage, ob Alexander dem ungerührt zusehen wolle?[46] Einen Tag später, am 9. August, erging der Befehl zur Mobilisierung der preußischen Armee.

Die Kriegsrüstungen Preußens blieben Napoleon nicht verborgen, aber er ignorierte sie zunächst. Erst im Schreiben an Talleyrand vom 12. September 1806 blitzte Beunruhigung auf: «Mit keiner der großen europäischen Mächte ist es mir möglich, ein wirkliches Bündnis zu knüpfen.»[47] Bereits am 5. September 1806 wies er Berthier an, die Armee im Raum Bamberg zusammenzuziehen.[48] Napoleon konnte sich diese Gelassenheit im Bewusstsein seiner Überlegenheit gestatten: «Preußen versichert mich auf vielfältige Weise seiner durchaus friedfertigen Absichten, aber ich treffe nichts desto weniger meine Vorbereitungen. Binnen weniger Tage wird es entweder abrüsten oder es wird zerschmettert. Österreich beteuert seine friedfertigen Absichten. Russland weiß nicht, was es will. Seine Entfernung vom Schauplatz macht es aber in jedem Fall ohnmächtig.»[49] Am 25. September forderte Friedrich Wilhelm III. ultimativ den Rückzug der französischen Truppen hinter den Rhein bis zum 8. Oktober. Das war die Kriegserklärung. Die preußische Politik verstieg sich damit zu äußerster Inkonsequenz – Hass macht blind. Preußen hatte 1805 den Fehler begangen, sich nicht mit Frankreich zu verbünden. Jetzt machte es den weiteren Fehler, sich gegen Napoleon zu stellen, im ungünstigsten Augenblick, der sich denken ließ: Ohne einen Verbündeten, die eigene Armee noch nicht vollständig mobilisiert und gleichzeitig in dem Bewusstsein, dass die *Grande Armée* noch südlich der Mainlinie stand.

Napoleons Kampagne gegen Preußen im Oktober 1806 war der letzte und kürzeste seiner Blitzkriege. Das Muster entsprach dem gegen Österreich: Galt es damals angeblich, Bayern zu befreien, so fiel diese Rolle jetzt Sachsen zu, das, wie Napoleon in seiner Proklamation vom 6. Oktober verkündete, von der nämlichen Kriegspartei angegriffen worden sei, die schon 1792 die Invasion des revolutionären Frankreichs initiierte.[50] Zwischen dem 10. und dem 14. Oktober wurde Preußen mit einer Gründlichkeit ohnegleichen vernichtet. Am 10. Oktober kam es zu dem Treffen bei Saalfeld, als Prinz Louis Ferdinand zufällig auf das seinen Kräften weit überlegene V. Armeecorps stieß, das Lannes kommandierte. Es kam zu einem für die Preußen von vornherein aussichtslosen Kampf, den Lannes bei geringen eigenen Verlusten – das V. Corps verlor lediglich 200 Mann an Toten und Verwundeten – nach vier Stunden triumphal für sich entschied: Beinahe die Hälfte des preußischen Corps von 8300 Mann war gefallen oder wurde gefangen genommen.[51] Saalfeld vernichtete die preußische Kampfmoral. Damit wurde die totale Niederlage der preußischen Hauptarmee am 14. Oktober in der Doppelschlacht von Jena und Auerstedt unvermeidlich. (Siehe Karte 12) Der preußische Staat löste sich auf. Friedrich Wilhelm III. flüchtete nach Königsberg, in Berlin wurde der berühmte Aufruf angeschlagen: «Der König hat eine Bataille verloren. Ruhe ist jetzt die erste Bürgerpflicht. Der König und die Prinzen sind am Leben.»[52] Am 27. Oktober hielt Napoleon Einzug in Berlin, nachdem die Truppen Davouts die Stadt schon einige Tage zuvor besetzt hatten. Das mächtige Preußen, der Staat Friedrichs II., war nur noch eine Erinnerung. Mit Jena und Auerstedt endeten alle seit 1740 unternommenen Versuche Preußens, aus eigener Kraft zu einer Großmacht zu werden. Das blieb so bis 1866. Dass der preußische König in dieser verzweifelten Situation den Abschluss eines Waffenstillstands verweigerte, weil er sich in Königsberg im Kreis seiner unverantwortlichen und unbelehrbaren Ratgeber sicher wähnte und außerdem darauf vertraute, russische Truppen, die im Anmarsch auf Ostpreußen waren, würden bald eintreffen und das Blatt noch einmal wenden, war mehr als eine Dummheit, es war geradezu ein Verbrechen. Napoleon kam dies gelegen: Er verhängte über Preußen das schärfste Kriegsrecht. Die preußische Bevölkerung zahlte die Zeche für den falschen Mut ihres Königs zur falschen Zeit. Das französische Besatzungsregime mit seinen Requisitionen und Einquartierungen, das Daru und Bignon unnachsichtig organisierten, ruinierte das ohnehin nicht mit Reichtümern gesegnete Preußen auf Jahre.

Diese Niederlage beendete den ersten Akt der Kampagne, dem noch ein zweiter folgen musste, solange sich der preußische König im Vertrauen auf die russischen Armeen einem Frieden verweigerte. Die Notwendigkeit, auch mit dem Zaren die Waffen zu kreuzen, schreckte Napoleon nicht. Nach einer Niederlage, so kalkulierte er, wäre Alexander I. zum Frieden bereit. Für Napoleon lag aber zunächst näher, den Teil Europas, der ihm mit der preußischen Kampagne zugefallen war, zu organisieren, um damit ein *fait accompli* für die Verhandlungen mit Russland zu schaffen. In dieser Perspektive fielen vor allem zwei belangvolle Entscheidungen: Die Verkündung der gegen England gerichteten Kontinentalsperre und die Erweiterung des Rheinbunds durch eine Reihe nord- und mitteldeutscher Staaten.

Am 21. November 1806 veröffentlichte Napoleon in Berlin das berühmte Dekret, das über die «britischen Inseln den Zustand der Blockade» verhängte.[53] Diese Ankündigung war einerseits ein Propagandacoup, ein «ideologisches Manifest»,[54] andererseits eine bloße Retourkutsche. Nach dem Ende des Friedens von Amiens hatte die englische Flotte systematisch alle französischen Schiffe aufgebracht. Hinzu kam eine effektive Blockade der französischen Häfen. Napoleon hatte längst versucht, mit entsprechenden Gegenmaßnahmen zu reagieren, indem er alle Häfen unter französische Kontrolle für englische Schiffe und Waren sperren ließ und auch die Verbündeten zu entsprechenden Vorkehrungen verpflichtete. Das Berliner Dekret war deshalb nur die Bekräftigung dieser Gegenmaßnahmen, die schon vier Wochen zuvor, im 15. *Bulletin de la Grande Armée* vom 23. Oktober 1806, angekündigt worden waren.[55]

Für die Handlungslogik Napoleons bezeichnend ist sein Schreiben vom 15. Dezember 1806 an Talleyrand: «Die Besetzung von Hamburg und der anderen Häfen im Norden ist eine Operation, die den größten Einfluss auf den Frieden zur See haben wird, weil sie England dazu zwingt, seine bisherige Politik aufzugeben und uns unsere Kolonien zurück zu erstatten.»[56] Folglich musste Napoleon die Absatzmärkte für englische Waren und Produkte möglichst vollständig in seine Gewalt bringen. Dass dieses Kalkül nicht aufgehen konnte, liegt auf der Hand. Napoleon hätte absehen können, dass ihn diese Schimäre, die ihn bis in die sonnendurchglühten Hochebenen Spaniens und die eisigen Weiten Russlands verfolgte, am Ende ruinieren musste.[57] Überdies hat seine Kontinentalsperre zu keiner Zeit Handel und Wirtschaft Großbritanniens nachhaltigen Schaden zugefügt.[58] England konnte wegen seiner finanziellen Ressourcen die Einbußen leicht verkraften. Außerdem gelang es ihm, sich neue Märkte in Nord- und Südamerika zu erschließen. Endlich kam dem englischen Außenhandel auch zugute, dass die Kontinentalsperre nie lückenlos funktionierte, englische Waren und von England verhandelte Kolonialprodukte wie Zucker, Kaffee, Tee und Kakao gelangten nach wie vor dank schwunghaften Schmuggels auf den europäischen Markt.[59] Vor allem Holland blieb das weitgeöffnete Einfallstor für englische Waren, denn König Louis, der sich als Niederländer begriff und seine Politik an niederländischen Interessen ausrichtete,[60] tat bis zu seinem plötzlichen Thronverzicht 1810 alles, um Napoleons Kontinentalsystem zu unterlaufen. England hatte seinerseits aber mit Gegenmaßnahmen – den am 7. Januar 1807 verhängten «Orders in Council», die den Handel neutraler Staaten mit Frankreich untersagen – genauso wenig Erfolg. Frankreich hatte jedoch in wirtschaftlicher und finanzieller Hinsicht bei dem Handelskrieg den größeren Schaden. Napoleon gelang es, dessen Folgen nur dadurch zu mildern, dass er Kosten und Lasten auf die Satelliten abwälzte. Im übrigen waren beide Mächte schon bald geneigt, sich gegenseitig Ausnahmeregelungen zu gewähren, während sie gleichzeitig ihre «Verbündeten» weiterhin zur Beachtung der jeweiligen Boykottmaßnahmen anhielten.[61]

Das europäische Festland für den Absatz englischer Waren zu sperren, war nur ein Aspekt der Kontinentalsperre. Zum anderen sollte der französischen Wirtschaft eine Quasi-Monopolsituation verschafft werden.[62] Diese Absicht entsprach ganz den physiokratischen Vorstellungen eines staatlichen Wirtschaftsdirigismus, nach denen Napoleon handelte. Das unterjochte Europa sollte durch umfassende wirtschaftliche Abhängigkeit an Frankreich gebunden werden. In der Praxis bedeutete das eine Ausbeutung *sans phrase*, die sich in dem Maße, wie seit 1808 die Überanstrengung Frankreichs immer deutlicher sichtbar wurde, ständig verschärfte. Es war eine fixe Idee Napoleons, so das wachsende Außenhandelsdefizit Frankreichs und die endemische Unterdeckung des Staatshaushalts auszugleichen, die sich wegen der Kriege, die sich nicht mehr selber finanzierten (Spanien, Russland), rapide vergrößerten. Chaptal spottete darüber, Napoleon manövriere die Wirtschaft «wie ein Bataillon» und verlange von ihr, seinen Befehlen zu gehorchen.[63]

Die quasi-koloniale Abhängigkeit der napoleonischen Satellitenstaaten, die nicht auf die Wirtschaft beschränkt blieb, sondern alle Lebensbereiche umfasste und deren bestgehasste Ausdrucksform die Wehrpflicht war,[64] erfüllte bei weitem nicht die Erwartungen. Effektiv war das Kontinentalsystem deshalb lediglich in einer Hinsicht, die sich Napoleon aber hütete, besonders hervorzuheben: Es gewährleistete politische Kontrolle über die abhängigen Staaten. All diesen Staaten, einschließlich Österreichs, wurde das Berliner Dekret schlicht notifiziert, das heißt als bindender Beschluss mitgeteilt, ohne dass sie dagegen einen Einwand erheben konnten, geschweige zuvor konsultiert wurden.[65] Ein Federstrich beseitigte damit alle feierlichen Versicherungen und Garantien hinsichtlich ihrer Souveränität und Unabhängigkeit, die den unter dem «Schutz» Frankreichs stehenden Staaten gegeben waren, höchst unfeierlich. Außenhandel, Wirtschaftspolitik, Zivil- und Handelsgesetzgebung, ja sogar das Postwesen unterlag von nun an den Bestimmungen des Berliner Dekrets, dessen pünktliche Beachtung der Kontrolle den französischen Ministern für Auswärtige Beziehungen, Krieg, Marine, Finanzen, Polizei und Post oblag.[66]

Nach der preußischen Niederlage bei Jena und Auerstedt wurde der Rheinbund um jene mit Preußen verbündeten deutschen Staaten erweitert. Das thüringische «Zaunkönigtum», Weimar, Gotha, Meiningen, Hildburghausen und Coburg, musste sich *en bloc* dem Rheinbund anschließen und hatte sein Kontingent an Soldaten zu stellen. Sachsen wurde von Napoleon noch vergleichsweise schonend behandelt, denn er ließ sich in diesem Fall von einer Klugheit leiten, die er ansonsten vermissen ließ. Friedrich August von Sachsen war von Preußen zur Bundesgenossenschaft genötigt worden, weshalb sich Napoleon durch Nachsicht der dankbaren Anhänglichkeit des sächsischen Kurfürsten zu versichern suchte.[67] Das änderte gleichwohl nichts daran, dass auch Sachsen eine Kontribution von 25 Millionen *francs* entrichten musste, eine Summe, die bis zum Ende der französischen Besatzung auf 32 Millionen ansteigen sollte. Der französisch-sächsische Friedensvertrag vom 11. Dezember 1806 in Posen machte Sachsen zum Königreich und zum Mitglied des Rheinbundes, verknüpft mit der Maßgabe einer Offensiv- und Defensivallianz mit Frankreich und der Verpflichtung, im Bündnisfall ein Kontingent von 20000 Mann zu stellen. Außerdem wurde Sachsen noch um den preußischen Kreis Cottbus vergrößert, ein besonders durchtriebener Einfall Napoleons, der damit Sachsens Verhältnis zu Preußen von Grund auf zerstören wollte.[68]

Wesentlich ungnädiger verfuhr Napoleon dagegen mit Karl Wilhelm Ferdinand von Braunschweig und dem Landgrafen Wilhelm IX. von

Hessen-Kassel. Diese Fürsten verkörperten die beiden Extreme deutscher Kleinstaaterei. Der Herzog von Braunschweig, in dessen Namen jenes unselige Kriegsmanifest des Jahres 1792 erlassen worden war, das dem «sodomitischen Paris» Zerstörung für den Fall androhte, dass Louis XVI nicht sofort wieder in alle Ämter und Würden eingesetzt werde, war in ganz Deutschland ein wegen seiner Bildung geschätzter Herrscher, dessen Hofhaltung in ihrer Einfachheit und Natürlichkeit wohltuend von der Verschwendungssucht und Prunkliebe anderer regierender Häuser abstach. In der Schlacht von Auerstedt wurde der Herzog von Braunschweig, der preußischer Feldmarschall war, tödlich verwundet und starb am 10. November 1806. Die Erwartung, dass ihm die schwere Verwundung den Respekt des Siegers verschaffe, brachte er in einem Brief an Napoleon zum Ausdruck. Darin sah er sich jedoch bitter enttäuscht. Napoleon hatte vermutlich längst den Entschluss gefasst, das Haus Braunschweig aus seinem Land zu jagen. Jetzt steigerte er sich in einen seiner Wutanfälle und drang auf Vergeltung für das, was der Herzog vierzehn Jahre zuvor Paris angedroht hatte.[69] Auch wenn es dazu nicht kam, so verschwand das Herzogtum Braunschweig dennoch aus der politischen Geographie Deutschlands. Ein gleiches Schicksal erlitt Hessen-Kassel,[70] dessen Herrscher, Landgraf Wilhelm IX., vor allem wegen zweier Unarten in ganz Deutschland berüchtigt war: wegen seines Soldatenhandels und seines erfinderischen Geizes. Einen Teil seines Vermögens hatte er damit erworben, im nordamerikanischen Unabhängigkeitskrieg Soldaten an England zu «vermieten». Ein solches Scheusal vom Thron zu verjagen, hätte, möchte man vermuten, alle Untertanen mit Freude und Dankbarkeit für den Bezwinger erfüllen müssen. Davon konnte jedoch keine Rede sein, denn Wilhelm IX. erfreute sich geradezu liebevoller Anerkennung der von ihm Geknechteten. Als der Herrscher 1814 aus dem Exil kommend in seiner Kutsche wieder in die Residenz Kassel einrollte, spannten ihm begeisterte Bürger die Pferde aus, um sein Fahrzeug mit eigener Kraft fortzubewegen.[71] Dass unter diesen freudig Entmündigten auch die Brüder Grimm waren, kann einen nur mit trübsten Ahnungen hinsichtlich der politischen Reife des so genannten deutschen Geistes erfüllen. Ein hohes Maß an Verantwortung für diesen Ausgang kam aber auch Napoleon zu, der die beiden Herzogtümer Braunschweig und Hessen-Kassel im Königreich Westfalen aufgehen ließ, das in jeder Hinsicht als moderner Modellstaat geplant war.[72] So bekundete es Napoleon ursprünglich; bald aber wurde diese Absicht durch die übliche Praxis seiner Hegemonialherrschaft nachdrücklich dementiert.[73] Einen Beitrag, das Land zu ruinieren, leistete auch die Verschwendungssucht, in der der Hof von Kassel unter der

Regie von Napoleons jüngstem Bruder Jérôme nebst seiner Gattin Katharina von Württemberg schwelgte, was die biederen und sittenstrengen deutschen Bürger erst recht empörte.[74]

Eine weitere wichtige Ursache für den Hass auf alles Französische, der in allen Territorien, die nach Jena und Auerstedt unter französische Kontrolle kamen, in unterschiedlicher Intensität sichtbar wurde, lieferten die Militärverwaltungen über diese Gebiete. Die besetzten Regionen ertrugen dieses Schicksal unterschiedlich lange: Das Königreich Westfalen wurde bereits im Herbst 1807 Wirklichkeit, während Hannover, zum zweiten Mal von französischen Truppen besetzt, bis 1810 der Militärverwaltung unterstand. Erfurt schließlich erlitt dieses Regime bis nach der Schlacht bei Leipzig im Spätherbst 1813. Unabhängig von dessen Dauer wurden allen besetzten Gebieten zunächst enorme Kriegskontributionen abgefordert. Zur zügigen Eintreibung wurde alles Land, das Preußen und seinen Verbündeten westlich der Elbe gehörte, auf Grundlage eines kaiserlichen Dekrets vom 23. Oktober 1806 in sechs Militärverwaltungsbezirke gegliedert, an deren Spitze jeweils mit Vollmachten ausgestattete Kriegskommissare standen, die in Münster, Minden, Braunschweig, Fulda, Erfurt und Kassel saßen. Dabei ging es nur um die Beibringung der Kontributionen, weil die besetzten Provinzen ausnahmslos ihre überkommenen Gesetze und Gebräuche beibehielten. Die napoleonischen Armeen kamen nicht mehr als Befreier von Leibeigenschaft und sonstigen lehensrechtlichen Absurditäten, sondern erschienen als Erpresser und Räuber. Die französischen Militärverwaltungen waren notorisch korrupt, ihre Angehörigen füllten sich nach Kräften die eigenen Taschen, auch wenn Napoleon sie scharf kontrollierte und er diese Übel mit häufigen Versetzungen einzudämmen suchte. Andererseits unterliegt es aber auch keinem Zweifel, dass Napoleon selber mit unerbittlicher Härte darauf drang, die unter Militärverwaltung stehenden Provinzen systematisch auszuplündern, nachdem ihren Bewohnern alle Möglichkeiten zur Gegenwehr genommen worden waren.[75]

Die Militärverwaltung drückte besonders in jenen Territorien, die drei Jahre zuvor bei der ersten großen Flurbereinigung im Deutschen Reich in die Hände einer neuen Herrschaft gelangt waren, die selbst noch dabei war, sich in den neuen Gegebenheiten einzurichten und jetzt von der Baustelle ihres Ländchens verjagt wurde. Ein besonders tragikomisches Beispiel lieferte Fulda, das ausgerechnet dem protestantischen Prinzen Wilhelm Friedrich von Oranien, einem Schwager des preußischen Königs, 1803 als Kompensation für den Verlust seiner holländischen Statthalterschaft überantwortet worden war. Das ehemalige

Fürstbistum war ein hügeliges und waldreiches Gebiet, bewohnt von armen, einfachen Menschen. Die Verwaltung des Landes befand sich, als General Thiébault in Fulda die Militärregierung übernahm, in denkbar größter Unordnung, ließ sich doch nicht einmal der Umfang des dem Hause Oranien gehörenden Domänenbesitzes feststellen. In vollständiger Unkenntnis all dieser Schwierigkeiten hatte man in Paris die Kontribution, die man aus dem armen Fulda herausholen wollte, auf eine Million *francs* festgelegt. Hinzu kamen die Kosten der Militärverwaltung sowie alle möglichen militärischen Requisitionen. In seinen Memoiren hat General Thiébault ein lebhaftes Bild seiner damaligen Tätigkeit gegeben. In 144 Tagen gelang es ihm nur, 212000 *francs* der Kontribution einzutreiben. Dieses magere Ergebnis ließ sich aber auch nicht mit Kunstschätzen oder sonstigen Kostbarkeiten aufbessern, da die Fuldaer Fürstäbte alles andere als kunstsinnige Menschen waren, sondern lediglich einen guten Tropfen schätzten. So fanden sich in den Kellern drei Fässer feinsten Johannisbergers vom Jahrgang 1779, die auf 3600 Flaschen gezogen wurden, sowie eine Gemse, ein Geschenk an den Fürsten von Oranien, das, in einem Bretterverschlag verwahrt, die ignoranten Fuldaer von großer Seltenheit zu sein bedünkte, sei es doch das einzige Tier seiner Gattung, das man lebendig gefangen habe. Zwölf große Bücherkisten, in denen die Bibliothek der aufgelösten Abtei Weingarten verstaut war, rundeten den Schatz ab, den die französische Beutegier in Fulda machen konnte. So disparat wie mager diese Ausbeute auch ausfiel, sie wurde dennoch zusammengepackt und nach Paris geschafft.[76]

Ähnliche Erfahrungen musste auch das vergleichsweise reiche Hannover machen. Das Land wurde nämlich durch die erste französische Besetzung, das preußische Intermezzo und die zweite, noch viel unverschämtere Forderungen erhebende Okkupation napoleonischer Truppen sowie durch die Einbußen wegen der Kontinentalsperre so gründlich ruiniert, wie nur noch Preußen. Die nicht enden wollenden Klagen der Hannoveraner rührten Napoleon aber nicht im mindesten, wie seine immer kürzer werdenden Antworten zeigen: «Ich habe angeordnet», schrieb er beispielsweise am 23. März 1807 an den Generalintendanten der *Grande Armée*, Daru, «dass Hannover soundsoviel pro Woche bezahlt; und das muss es zahlen.»[77] Diese Praxis unnachsichtiger Härte zeigt, dass sich Napoleon bei seinen jetzt und später gemachten Eroberungen von keinem anderen Gedanken mehr leiten ließ, als die von ihm Beherrschten für seine stete Machtvergrößerung bluten zu lassen. Der Gedanke, der sein Handeln noch in Italien beherrscht hatte, die militärischen Eroberungen durch moralische zu ergänzen, wandelte ihn nach seiner Kaiserkrönung zu keiner Zeit mehr an.

Der chauvinistisch aufgeheizte Franzosenhass, der sich in der Ideologie und Poesie der «Befreiungskriege» Luft machte, nährte sich zu einem guten Teil aus jenen Erfahrungen. Gegenüber seinem Arzt Barry O'Meara sagte Napoleon auf Sankt Helena, es sei vermutlich sein größter Fehler gewesen, den preußischen König nicht von seinem Thron zu verjagen, als er dies ohne viel Federlesens hätte tun können: «Nach Friedland (der Schlacht von Friedland am 14. Juni 1807, die mit einer russischen Niederlage endete und damit die Voraussetzungen für den Frieden von Tilsit mit Russland schuf, J.W.), hätte ich Preußen Schlesien abnehmen und diese Provinz Sachsen zuschlagen müssen, zumal der König von Preußen und die Preußen viel zu tief verletzt waren, um nicht bei der ersten sich bietenden Gelegenheit auf Vergeltung zu setzen. Hätte ich so gehandelt, hätte ich ihnen eine liberale Verfassung verschafft und die Bauern aus der feudalen Erbuntertänigkeit befreit, wäre das Volk zufrieden gewesen.»[78] Auch das ist Legende oder einfach Unsinn,[79] denn die Politik, die Napoleon seit seiner Kaiserkrönung trieb, war ihrem Wesen nach antirevolutionär. Damit bewahrte er dem hervorstechenden Wesenszug die Treue, der in den Jahren seines Aufstiegs von immensem Nutzen war: seinem ausgeprägten, instinktiven Opportunismus. Der bestimmte ihn jetzt dazu, die Hohenzollern nicht zu verjagen, Preußen nicht zu «befreien» und um Schlesien zu amputieren. Napoleon ahnte, dass dies einen Frieden mit Russland vereitelte, den er nach Eylau dringend brauchte. Aus demselben Kalkül heraus vermied er es auch, ein unabhängiges Polen zu schaffen.

Nach Jena und Auerstedt war Napoleon der unbestrittene Herrscher von ganz Norddeutschland und Preußen, das damals bis Warschau reichte. Das, wähnte er, musste ihm die entscheidende Voraussetzung schaffen, das vom Handel lebende England endgültig in die Knie zu zwingen, indem er ihm seine Absatzmärkte verschloss. Wie sehr ihn diese Zuversicht erfüllte, bezeugt Metternich, der seine Eindrücke von Napoleon bei einem im Jahr 1810 geführten Gespräch zusammenfasste: «Auffallend waren mir bei dieser erneuerten Begegnung mit dem so reich begabten Manne seine gänzlich irrtümlichen Ansichten über England und über dessen Lebenskräfte und Geistesgang. Entgegengesetzte Ansichten ließ er nicht aufkommen und suchte ihren Schlüssel in Vorurteilen, die er verwarf. Dass er England mittelst der Kontinentalsperre zu Paaren treiben werde, dies stellte er als eine mathematische Gewissheit hin.»[80] Seine Fixierung auf England, das er nie begriff und als eine Nation von Ladenbesitzern verachtete,[81] machte Napoleon blind für die realistische Option, die sich ihm jetzt zum letzten Mal bot: Frankreich als die Führungsmacht auf dem Kontinent zu etablieren und diese Rolle durch den Abschluss eines für alle Seiten erträglichen Friedens auf Dauer zu festigen. Stattdessen entschloss er sich zum Wagnis einer Kampagne gegen Russland, zu der er sich gezwungen glaubte, wie er dem Senat gegenüber ausführte, den er um neue Rekrutenaushebungen angehen musste.[82]

Preußen war zerschmettert, aber Friedrich Wilhelm III. weigerte sich dennoch, um Frieden zu bitten. Für Napoleon spielte das keine Rolle. Ihn narrte die Aussicht, Russland, die letzte feindliche Macht auf dem Kontinent, in einem einzigen Feldzug ausschalten zu können. Das verriet die Proklamation an die Armee vom 26. Oktober 1806, die er einen Tag vor seinem triumphalen Einzug in Berlin veröffentlichen ließ: «Soldaten, die Russen berühmen sich, uns anzugreifen; wir werden ihnen entgegenziehen, wir werden ihnen die Hälfte des Wegs ersparen. Sie werden ein weiteres Austerlitz, diesmal aber mitten in Preußen, erleben. Eine Nation, die so schnell die Großzügigkeit vergessen hat, die wir ihr gegenüber nach jener Schlacht bewiesen, als ihr Kaiser, dessen Hof, die Reste ihrer Armee sich nur retten konnten dank der Kapitulation, die wir ihnen gewährten, eine solche Nation wird gegen uns nicht mit Erfolg zu kämpfen verstehen.»[83]

Gemessen an den Möglichkeiten des Zarenreichs, war das russische Aufgebot nicht eben bedeutend, aber groß genug, um dem der Verzweiflung nahen Preußenkönig Mut zu machen. Außerdem verfügte Napoleon längst nicht mehr über die schmucke und ausgeruhte *Grande Armée*, die in Austerlitz, ja auch nicht mehr über jene, die in Jena und Auerstedt gekämpft hatte. Für diese Siege hatten auch die Franzosen hohe Opfer bringen müssen. Noch schwerer wog, dass, je länger die rückwärtigen Verbindungslinien nach Paris wurden, desto mehr Truppen zu deren Schutz in den eroberten Ländern zurückgelassen werden mussten. Von Gewicht war noch ein zweiter Faktor, der auf die Stimmung in der Truppe drückte. Preußen war ein armes Land, und je weiter man nach Osten, nach Preußisch-Polen hinein vorrückte, desto erbärmlicher wurden die Lebensumstände. Eine Armee, die aus dem Land leben soll, das sie besetzt, registriert solche Verschlechterung sehr genau, zumal man erst im September das bayerische und fränkische Schlaraffenland verlassen hatte. Seit November jedoch wurde das Land immer armseliger und gleichzeitig das Wetter immer unwirtlicher. Zwar blieb es bis Ende Dezember ungewöhnlich warm, dafür aber regnete es ohne Unterlass, so dass sich die schlechten Straßen in Schlammwüsten verwandelten, in denen Reiter, Ross und Wagen stecken blieben. Dann aber, ohne jeden Übergang, kamen Kälte und Schnee, der manchmal so dicht fiel, dass man kaum noch den Kameraden neben sich wahrnehmen konnte. Abends drängte man sich dann froststarr und wortkarg ums Biwakfeuer, und manch einer lauschte bang dem Wolfsgeheul in der Ferne. Den einfachen Soldaten mochte da die Furcht anfallen, der Kaiser sei drauf und dran, sich in den verschneiten Weiten Ostpreußens und Polens zu Tode zu siegen, in einer Landschaft, die sich endlos bis hinter den dunklen Horizont dehnte. Über hunderte von Meilen von der Heimat entfernt in einer scheinbar grenzenlosen öden Steppe mit Kosaken um deren Besitz zu kämpfen, musste nicht nur simple Gemüter bedrücken. Aber die Russen entzogen sich der Schlacht, wichen aus, lösten sich in nichts auf, sobald man glaubte, sie gefasst zu haben. Diese stets enttäuschte Erregtheit, das sinnlose Blindekuh spielen einer ganzen Armee in feindlichem Gelände, war auf die Dauer nicht mehr zu ertragen, das musste ein rasches Ende nehmen.[84] Für viele kam dieses Ende am 7. oder 8. Februar 1807 während eines wüsten Schneesturmes, der den Tag zur weißen Nacht machte, bei dem Ort Eylau in Ostpreußen.

Von allen Schlachten, die Napoleon schlug, war Eylau eine der opfervollsten und fürchterlichsten. Wohl gab es in der vorletzten Phase der napoleonischen Kriege, als sich Heere von jeweils mehreren hunderttausend Mann wie bei Leipzig drei Tage lang eine erbitterte Schlacht lieferten, mehr Tote und Verwundete als bei Eylau, aber dieses spätere Geschehen konnte nicht die Erinnerung an diese Schlacht auslöschen, in der ein ganzes französisches Armeecorps, das Augereau kommandierte, vollständig aufgerieben wurde. Allein dessen Verluste dürften rund 12 000 Mann an Toten und Verwundeten betragen haben, während Napoleon im 58. *Bulletin de la Grande Armée* vom 9. Februar 1807 die gesamten französischen Verluste mit lediglich 7600 Mann bezifferte.[85] Diese krasse Propagandalüge stieß diesmal auf Kritik bei der Armee, und Napoleon sah sich gezwungen, ein hilfloses Eingeständnis hinterher zu schicken.[86] Tatsächlich beliefen sich die französischen Verluste auf rund 25 000 Mann.[87] Die Schlacht hätte fast mit einer spektakulären Niederlage Napoleons geendet, wurde aber am Nachmittag des zweiten Tages von beiden Seiten abgebrochen. Napoleon hatte dennoch die Stirn, Eylau als großen Erfolg der französischen Waffen zu feiern, denn kaum erfuhr er, dass auch die Russen abzogen, gab er seinen auf dem Rückzug befindlichen Truppen den Befehl, umzukehren und das Schlachtfeld, das einen grauenhaften Anblick bot, wieder zu besetzen.

Der Ausgang der Schlacht von Eylau war in verschiedener Hinsicht ein Vorgeschmack auf Napoleons Russlandfeldzug 1812. Eylau war in militärischer und politischer Hinsicht sinnlos. Trotz der entsetzlichen Verluste wurde nichts entschieden. Seine Behauptung, Sieger zu sein, konnte Napoleon mit keiner erbeuteten Kanone oder Fahne untermauern. Für seine Reputation als unbesiegbarer Feldherr war das ein heftiger Schlag. Zum ersten Mal wurden seinem militärischen Genie Grenzen gezeigt, wurden ihm solche Verluste beigebracht, dass an eine Fortsetzung des Feldzugs nicht zu denken war. Zum ersten Mal sah sich Napoleon gezwungen, ein ganzes Armeecorps aufzulösen. Vom VII. Corps Augereaus hatten lediglich 2000 Soldaten das Gemetzel überlebt. Die erlittenen Verluste waren so hoch, dass die *Grande Armée* ihren Charakter gründlich veränderte: Bestand sie bis dahin ausschließlich aus französischen Veteranen und Rekruten, so wurde sie jetzt mit deutschen, italienischen, holländischen, ja sogar spanischen Kontingenten aufgefüllt. Die Schwäche, die Demoralisierung, die Malaise zeigten sich auch deutlich daran, dass Napoleon Friedrich Wilhelm III. am 24. Februar 1807 ein Friedensangebot machte, das dieser, wie nicht anders zu erwarten, ablehnte. Für Napoleon hatte diese verzweifelte Offerte dennoch zwingende Logik: Nur ein Friedensschluss mit Preußen konnte seine rückwärtigen Verbindungslinien in den nächsten Monaten sichern.

Möglich, dass ihn deswegen im ostpreußischen Osterrode, wo er sich vom 21. Februar bis zum 31. März 1807 aufhielt und dann in seinem komfortablen Hauptquartier auf Schloss Finkenstein bei Warschau (bis 6. Juni 1807) gelegentlich der Gedanke überfiel, wie sinnlos sein Wollen und Trachten sei, das ihn in diese entlegene Weltgegend geführt hatte. Verräterisch ist jedenfalls seine rastlose Arbeit, die sich in umfangreicher Korrespondenz niederschlug. Neben Routineangelegenheiten fand er die Muße, Louis, dem König von Holland, einen langen mahnenden Brief wegen dessen ehelicher Misshelligkeiten zu schreiben.[88] Selbstverständlich galt dem Brotpreis in Paris wie stets seine ungeteilte Aufmerksamkeit, ebenso den Umtrieben seiner Lieblingsfeindin, Mme. de Staël.[89] Daneben konnte er sich aber auch ausgiebig mit vergleichsweise abwegigen Fragen wie einer Förderung der Geisteswissenschaften oder der Schaffung einer Fakultät für Literatur und Geschichte am *Collège de France* befassen.[90] In ständigem Kontakt mit Innenminister Maret in Berlin und mit Talleyrand in Warschau wurden die großen innen- wie außenpolitischen Vorhaben erörtert, und Napoleon bereitete die Schaffung eines neuen, kaiserlichen Adels von seinen Gnaden ebenso vor wie die Aufnahme von einem guten Dutzend deutscher Fürstlichkeiten in den Rheinbund. Mit der Türkei suchte er ein Bündnis zu schmieden, um Russland in die Zange zu nehmen. Mit dem Schah von Persien, der ebenfalls gegen Russland und später auch gegen das britische Indien losschlagen sollte, wurde sogar am 4. Mai 1807 in Finkenstein ein entsprechender Vertrag geschlossen.[91] Diese Planungen blieben weitgehend das, was sie von Anfang an waren: Phantastereien. Für den mentalen und intellektuellen Zustand Napoleons in dieser Zeit ist jedoch bezeichnend, dass er seine Phantasien für real hielt und aus ihnen Kraft schöpfte, sich mit erneuter Anstrengung im Frühsommer 1807 auf den russischen Gegner zu werfen, um diesen in einer entscheidenden Schlacht zu bezwingen. Napoleon hatte aber auch einen sehr intimen Anlass, in diesem elenden Winter in Polen und Ostpreußen neue Zuversicht zu hegen: Am 31. Dezember 1806, einen Tag vor seinem Einzug in Warschau, hatte er in Poltusk die Nachricht erhalten, dass eine seiner Geliebten, Eléonore de La Plaigne, ein Kind geboren hatte. Damit schwanden die letzten quälenden Zweifel, er sei die Ursache für Joséphines Kinderlosigkeit. Einen Tag später begegnete Napoleon zum ersten Mal Maria Walewska, die seine polnische Geliebte wurde und ihm einen Sohn schenkte, Alexandre Walewski, der am 11. Mai 1810 geboren wurde. Er wurde 1855 unter seinem Neffen, Napoleon III., französischer Außenminister.

Auch dieses Mal retteten die falsche Zuversicht des Gegners und dessen taktische Fehler Napoleon aus tiefer Verlegenheit. Die russische Armee unter Bennigsen, der sich in Eylau so vorzüglich geschlagen hatte, suchte im Juni 1807 den linken Flügel der Franzosen, der in Richtung Königsberg vorgeschoben war, zu überraschen. Napoleon erkannte das Manöver jedoch rechtzeitig und es gelang ihm, die Russen in ungünstiger Position zu umfassen. Diese Bewegung, die jene auf den Tag genau sieben Jahre zuvor bei Marengo nur unvollkommen gelungene kopierte, wurde am 14. Juni 1807 bei Friedland mit exerzierplatzgemäßer Präzision ausgeführt. Die Schlacht, die wegen der langen Tageshelligkeit in diesen nordöstlichen Breiten im Mitsommer 19 Stunden andauerte – und von Napoleon bewusst in die Länge gezogen wurde, um alle Truppen einsetzen zu können, damit die russische Niederlage umso nachdrücklicher ausfiele –, erfüllte die Erwartungen Napoleons: Bei sehr geringen Verlusten der Franzosen büßten die Russen über 25000 Mann und 80 Kanonen ein. Nach dieser Niederlage verließ Zar Alexander I. jeglicher Mut, und er bat nach kurzem Zaudern bei Napoleon um Frieden.

Mit Friedland war zum letzten Mal dem unterdessen klassischen Muster napoleonischer Kriegführung Erfolg beschieden: Mit einer einzigen Schlacht wurde der Gegner zum Frieden genötigt. Allerdings kamen Napoleon dabei Umstände zu Hilfe, die er damals kaum übersehen konnte und die es ihm ersparten, den Krieg nach Osten fortzusetzen, zu dem er einstweilen weder willens, geschweige gerüstet war. Die Niederlage von Friedland hatte die russische Militärmacht keineswegs zerstört. Was Alexander dennoch einen raschen Frieden nahelegte, war zum einen Enttäuschung darüber, dass der Bündnispartner England sich mit der fest versprochenen Hilfe zurückhielt, zum anderen die Furcht, ein Vordringen der *Grande Armée* auf das Gebiet des «heiligen Russland» könnte die Gefahr einer Militärrevolte, einer Adelsverschwörung oder eines Aufstandes im annektierten Polen heraufbeschwören. Mit anderen Worten: Beide Seiten hatten ein ähnliches Interesse an einem raschen Friedensschluss, mit dem sie ihre strukturelle Schwäche dem anderen gegenüber verbergen konnten. Die russische Friedensofferte hatte außerdem noch eine Pointe, die Napoleon ebenfalls verborgen blieb. Deren Konzept ging zum Teil auf einen Vorschlag zurück, den der auf Druck Napoleons entlassene preußische Minister Hardenberg dem Zaren wie dem König von Preußen unterbreitet hatte, die zu Beratungen am 21. und 22. Juni 1807 auf Schloss Sczawl zusammengekommen waren. Preußen, das es kaum mehr gab, das aber die Reste seiner Existenz zu behaupten suchte, schlug dem Zaren durch seinen entlassenen Minister vor, den Friedensschluss mit Frankreich durch einen Bündniswechsel zu bekräftigen, mit dem sich Russland und Preußen mit Napoleon gegen England vereinten. Damit das bereits um rund die Hälfte seines Territoriums amputierte Preußen in diesem Dreibund ein gewisses Gewicht behielt, sah Hardenbergs Vorschlag vor, dass die drei polnischen Teilungsmächte Russland, Österreich und Preußen auf ihre mit der zweiten und dritten Teilung eingeheimste Beute verzichteten. Daraus sollte wieder ein polnisches Königreich geformt werden unter dem sächsischen König Friedrich August als Herrscher, der im Gegenzug jedoch den größten Teil Sachsens an Preußen abtreten sollte, das damit über ein sehr kompaktes Staatsgebiet verfügt hätte, das ihm die Führungsrolle in Nord- und Mitteldeutschland verschaffte. Russland und Österreich sollten für ihren Verzicht auf die polnische Beute mit Gebieten auf dem unter türkischer Herrschaft stehenden Balkan entschädigt werden.[92]

Hardenbergs Vorschlag war zwar völlig unrealistisch, kam aber den Absichten des Zaren entgegen, der sich aus dem Bündnis mit England lösen wollte, in dem er die mit seinem Selbstwertgefühl unverträgliche Rolle eines Juniorpartners spielen musste. Einer Allianz mit Frankreich hingegen würde solcher Makel nicht anhaften. Für Napoleon lag es nahe, sich mit Russland im Kampf gegen England zu verbünden. Angesichts dieser Dispositionen standen die Friedensverhandlungen zwischen Alexander und Napoleon, die in Tilsit stattfinden sollten, von vornherein unter einem günstigen Stern. Außerdem konnte Alexander sich Napoleon mit dem entwaffnenden Charme nicht nur seiner Jugend nahen, sondern auch als ein dem anderen ganz Gleichberechtigter. Unmittelbar nach Unterzeichnung des Waffenstillstands am 22. Juni 1807 eröffnete sich Alexander dem Kaiser mit der unerhörten, Napoleon sofort überzeugenden Offerte, dass nur ein Bündnis von Frankreich und Russland «das Glück und die Ruhe des gesamten Erdballs garantieren» könne. «Eine vollständig neue Politik muss die bisherige ersetzen, und ich bin überzeugt, dass wir uns mit Kaiser Napoleon ohne alle Schwierigkeit verständigen werden, vorausgesetzt allerdings, dass wir unter vier Augen verhandeln.»[93] Sein Einverständnis mit diesem vertraulichen Gespräch übermittelte ihm Napoleon mit den Worten: «Ich werde Ihr Sekretär und Sie werden der Meinige sein.»[94] Angesichts dieser von Charme sprühenden Offenheit, zu der Napoleon fähig sein konnte, war er sicher, Alexander für sich gewinnen und zum Werkzeug seiner Pläne machen zu können.

In Tilsit erfüllte sich ein Wunsch, den Napoleon bereits nach Austerlitz gehegt hatte und dessen nüchternes Kalkül schon damals eingebettet war in demonstrative Sympathie, die Alexander ihm angeblich einflößte. Davon kündet das Schreiben, das Napoleon unmittelbar nach der Schlacht von Austerlitz am 5. Dezember 1805 an den Großherzog von Württemberg gerichtet hatte: «Der Kaiser von Russland ist umringt von wenigstens zwanzig Tölpeln, die ihn ins Verderben stürzen werden; er selber jedoch besitzt einen so glücklichen Charakter, der von großartigen Eigenschaften geradezu strotzt, dass ich überzeugt bin, einige Ratschläge, die Sie ihm durch die Vermittlung Ihrer Schwester (die Mutter Alexanders, Maria Feodorovna, geborene Sophia von Württemberg-Montbeliard, Witwe Zar Pauls I., J.W.) zukommen lassen, werden ihm nur von Nutzen sein. (...) Wären wir zusammengetroffen, dann hätten wir uns gewiss auf einen Frieden verständigt, und ihm wäre dabei die schönste Rolle zugefallen, die ein Herrscher jemals auf Erden innegehabt hätte: die Rolle, an der Spitze seiner Armee stehend Frieden zu schließen.»[95]

Was in Austerlitz versäumt wurde, sollte nun in Tilsit umso aufwendiger inszeniert nachgeholt werden: In der Mitte der Memel, die von nun an die Ostgrenze des *Grand Empire* markierte, verankerte man ein Floß, auf dem ein weißes Zelt errichtet worden war, in dem sich die beiden Monarchen zu ihrer ersten Unterredung am 25. Juni 1807 trafen. Alexander I., so zeigte es sich nun, war an verführerischer Liebenswürdigkeit Napoleon durchaus ebenbürtig. Während sich aber der Zar nur den Anschein gab, sich vom Charme Napoleons betören zu lassen, scheint dieser umgekehrt überzeugt gewesen zu sein, der Herrscher aller Reußen begegne ihm mit aller Offenheit, wie sein Brief vom 25. Juni 1807 an Joséphine verrät: «Meine Freundin, ich habe den Kaiser Alexander getroffen; ich bin sehr zufrieden mit ihm; das ist ein sehr gut aussehender, gutherziger und junger Kaiser; er verfügt über mehr Verstand, als man vermeinen möchte.»[96] Der besondere «Geist von Tilsit» prägte auch Napoleons Schreiben an Cambacérès[97] und sogar an Fouché.[98] Das war eben jener *gelée royale*, jener süße Honigseim, von einem wahrhaft legitimen gekrönten Haupt anerkannt und bewundert zu werden, nach dem es den älteren der beiden Kaiser, den ruhmbedeckten Emporkömmling, den in allen Listen erfahrenen Strategen und Heerführer immer gelüstet hatte. Das erhellt, weshalb Napoleon der weitaus Naivere war, der allen Ernstes glaubte, Alexander sei von seinem Stern geblendet und erkenne in ihm den Erwählten der Vorsehung. Wen die Götter verderben wollen, den schlagen sie zuvor mit Blindheit: Ausgerechnet die Macht, die in Eylau standhielt, würde sein künftiger treuer Verbündeter sein. Napoleon war davon überzeugt, diese Begegnungen mit Alexander auf dem Floß in der Memel, die mit Umarmungen eröffnet und beendet wurden, seien nach Austerlitz seine dritte, die endgültige Kaiserkrönung: Der Herrscher des Ostens anerkannte in ihm den Herrscher des Westens.

Dieser imperiale Mystizismus prägte die Unterredungen. Zunächst waren das auch keine Friedensverhandlungen, sondern man plauderte über machtpolitische Visionen, mit denen jeder den anderen zu beeindrucken suchte. Napoleon versicherte dem Zaren, dass er nichts dagegen einzuwenden hätte, wenn dieser sich das schwedische Finnland aneignete. Auch forderte er ihn auf, seine Interessen gegenüber dem Osmanischen Reich geltend zu machen, mit dem sich Frankreich eben erst gegen Russland verbündet hatte. Der Zar seinerseits schmeichelte sich mit der Eröffnung bei Napoleon ein, dass er die Engländer ebenso sehr wie er hasse. Konkret versprach er Napoleon, in Russland die Kontinentalsperre konsequent anzuwenden, alle russischen Häfen für englische Waren und Schiffe zu schließen, ja, er sagte zu, gegen England Krieg zu führen.[99] Das bestärkte Napoleon in der Illusion, die Verständigung mit Russland könne Grundlage sein für eine Allianz der beiden großen europäischen Kontinentalmächte gegen die alleinige Seemacht von Weltrang.[100] Das war, wie sich bald herausstellte, ein Irrtum, denn Alexander blieb weder seinem Überschwang gegenüber Napoleon treu, den er wahrscheinlich ohnehin nur gespielt hatte, noch folgten die Realitäten jener Logik, die ihr die Machtphantasien der beiden Herrscher wiesen.

Allerdings hantierten die mit dem Friedensvertrag getroffenen Abreden, der am 7. Juli 1807 unterzeichnet wurde, ebenso wie die Vereinbarungen des französisch-preußischen Abkommens vom 9. Juli mit wesentlich nüchterneren Maßgaben und verrieten damit die wahren Motive. Russen wie Franzosen waren eines Kriegs überdrüssig, der weder Ziel noch Ende hatte. Französischerseits war man damals noch nüchtern genug, die Aussicht zu fürchten, sich in den immensen Weiten und dem fürchterlichen Klima Russlands zu verlieren. Der Zar seinerseits hatte allen Grund zu bangen, dass auch das russische Polen dem Beispiel der preußischen Teilungsbeute folgte, sobald die Franzosen die Memel überschritten und der polnische Nationalismus wieder erwachte. Beide Befürchtungen machten zum Frieden geneigt. Die Friedensbedingungen, denen Alexander zustimmte, reflektierten vor allem Napoleons Hegemonialträume: Russland erkannte den Status quo nach den französischen Eroberungen in Europa an. Das schloss nicht nur die umfangreichen Amputationen Preußens ein, sondern auch das System von Satellitenstaaten in Deutschland und Italien, das Russland bislang nicht akzeptiert hatte. Damit nicht genug, schluckte Alexander auch die Errichtung eines Großherzogtums Warschau, das aus der preußischen Teilungsbeute geschaffen und dem König von Sachsen in Personalunion übertragen wurde. Außerdem zog sich Russland endgültig aus der Adria zurück und überließ Frankreich Cattaro und die Ionischen Inseln einschließlich Korfus.

Die staatliche Existenz, die Preußen blieb, bedeutete für das Land zuviel zum Sterben, aber zu wenig zum Überleben. Die am 9. Juli ebenfalls in Tilsit abgeschlossene Konvention nahm dem Land rund die Hälfte der Bewohner und ein gutes Drittel seines Gebiets. Dieser Rumpf sollte außerdem gewaltige Kriegskontributionen bezahlen, deren Höhe aber erst festgelegt werden musste. Bis zu deren vollständiger Begleichung blieben französische Besatzungstruppen im Land, die vor allem die Festungen entlang der Oder okkupierten, also Glogau, Küstrin und Stettin, sowie Breslau, Glatz, Kosel und Spandau. Preußen schrumpfte damit zu einem Schatten seines früheren Selbst. Das entsprach der Verachtung, die Napoleon für diesen Staat jetzt empfand, den er so lange bewundert und vergebens umworben hatte. Was für Preußen galt, traf auch auf das neu geschaffene Großherzogtum Warschau zu, in dem sich keineswegs die Träume der Polen nach einem eigenen, unabhängigen und stolzen Königreich erfüllten, das sie sich von Napoleon erwartet hatten. Ein solches Polen hätte, wie Napoleon wusste, den Frieden und das für die französischen Interessen überaus vorteilhafte Bündnis mit Russland vereitelt.[101] Das auszusprechen, hütete er sich. Stattdessen machte er dafür immer wieder die politische Unreife der Polen verantwortlich: «Ich werde die Unabhängigkeit Polens nicht eher proklamieren, als bis ich

DIE MASKE FÄLLT 467

erkannt habe, dass sie diese wirklich wollen und sie auch aus eigener Kraft verteidigen können», schrieb Napoleon am 6. Dezember 1806 an Murat.[102] Angesichts der polnischen Aspirationen war die Schaffung des Großherzogtums Warschau ein Schachzug von durchtriebener Klugheit: Damit enttäuschte Napoleon nicht rundheraus die Hoffnungen der Polen auf einen eigenen, unabhängigen Staat und bewahrte sich andererseits deren Unterstützung, auf die er vor allem wegen der tapferen polnischen Soldaten, die in allen Feldzügen ihr Leben in die Schanze schlugen, nicht verzichten konnte. Die Polen hielten an dieser Hoffnung, die sie mit Napoleon zu realisieren dachten, fest, auch als dieser das Großherzogtum Warschau in der Folgezeit nach besten Kräften so auspresste wie alle anderen Staaten, die das Unglück hatten, seine Satelliten zu sein.[103]

Dass die Vereinbarungen von Tilsit nicht dauerten, ergibt sich aus ihnen selbst. Napoleon sicherte sich alle Vorteile, denn Tilsit ratifizierte seine Politik des kontinentalen Systems, mit dem er nun glaubte, England endgültig ruinieren zu können.[104] Für diese Aussicht war ihm kein Preis zu hoch. Alexander forderte nichts und stimmte einfach zu, weil er Frieden haben wollte. Dahinter verbarg sich die Einsicht, eine weitere Fortsetzung des Krieges sei sinnlos, solange weder Preußen noch Österreich als Verbündete auf dem Kontinent zur Verfügung standen. Das würde sich ändern. Dazu brauchte es nur Geduld. Die konnte Alexander aufbringen, während Napoleon zu weiteren Erfolgen verdammt bliebe, zu erobern, zu siegen. Irgendwann aber würde dies selbst seine Kräfte, sein Genie überfordern. In dieser Perspektive war Tilsit tatsächlich der Scheitelpunkt der napoleonischen Herrschaft in und über Europa: Danach ging es zunächst langsam, bald immer schneller bergab. Tilsit markierte Napoleons große Selbsttäuschung. Er erkannte darin nur seinen Triumph, dessen Dauer gering war, den er Dritten gegenüber aber als endgültig darzustellen suchte.[105] Dass Russland sich seinem politischen System nicht unterwerfen würde, hat Napoleon geahnt, spielte jetzt aber keine Rolle. Erst einmal herrschte die Ruhe, die seinen Vorstellungen entsprach und die er brauchte, um die *Grande Armée* zu reorganisieren, Österreich endgültig zu entwaffnen und das Abendland seiner Kuratel zu unterwerfen. Alle diese Ziele würden sich mit Hilfe der russischen Allianz erreichen lassen. Hätte diese aber keinen Bestand mehr, würde man weitersehen. Wäre England bis dahin noch nicht unterworfen, müsste man zunächst mit Russland fertig werden. Das nachhaltig geschwächte Preußen bot dafür kein Hindernis, während das Großherzogtum Warschau die weit nach Osten vorgeschobene Ausgangsbasis für eine erfolgreiche Invasion des Zarenreichs bildete. Weil er Russland augenblicklich im Schutz der Allianz mit Frankreich gewähren ließ und es zu Eroberungen in Finnland und auf dem Balkan ermunterte, hatte sich Napoleon zugleich Zeit und materielle Voraussetzungen verschafft, um jene Kräfte zu sammeln, die er brauchte, das Zarenreich zu unterwerfen. Klügere wie Talleyrand, der nach Tilsit als Außenminister demissionierte, erkannten in diesen Plänen das Menetekel von Napoleons Herrschaft; für sie war Tilsit der Anfang vom Ende der französischen Kaiserherrlichkeit.

Die Illusion, deren Realisierung Napoleon mit Tilsit zum Greifen nahe schien, zerschellte bereits am 2. September 1807. An diesem Tag beschoss ein englisches Geschwader das neutrale Kopenhagen und brachte, nachdem sich der dänische König weigerte, ein Bündnis mit England zu schließen, die gesamte dänische Flotte auf. Damit schlug England die erste große Bresche in das kontinentale System. Der britische Premier Canning, der lediglich von der Tatsache der Tilsiter Verhandlungen unterrichtet war, interpretierte diese Nachricht völlig zutreffend, als er bereits am 18. Juli Admiral Gambier den Befehl gab, mit seinem Geschwader nach Kopenhagen zu segeln. Die englische Flotte beherrschte damit Nord- und Ostsee und konnte so den Handelsschiffen, die das Wagnis auf sich nahmen, die Blockade zu unterlaufen, einen wirksamen Geleitschutz geben. Auf mittlere Sicht erwies sich das als entscheidend.

ZWEITES KAPITEL

Der europäische Krieg

Der Friede von Tilsit gewährleistete nicht die Konsolidierung des *Grand Empire*. Doch seit Tilsit hielt sich Napoleon für unbezwingbar. Die Gefahr, dass seine Herrschaft immer verwundbarer würde, je umfassender sein Herrschaftsanspruch war, schätzte er gering ein. Auch war er überzeugt, über bewährte Antworten zu verfügen: Noch mehr Repression, Zentralisation und Eroberungen. Das würde erst enden, wenn Napoleon die endgültige, weder von England noch einer anderen Macht bestrittene Hegemonie ausübte. Diese Perspektive schwante Metternich: «In Europa zählte das Land (Frankreich, J.W.) nicht einen Freund; so war es denn immer ein Gefühl der Beunruhigung, welches die Befriedigung über einen Sieg der französischen Armeen beherrschte, denn jeder wusste, dass diese Siege stets neue nötig machten, um das Werk zu vollenden, dessen Ausdehnung niemand ermessen konnte.»[1] Napoleons Machtwahn, der seit Tilsit sein Planen beherrschte, hatte sich mehr und mehr seinem Wesen eingeprägt. Als er am 27. Juli 1807 nach Saint-Cloud zurückkehrte, nahm seine nächste Umgebung einige gravierende Veränderungen wahr: Rein äußerlich war er stattlicher geworden, hatte trotz der Strapazen dreier Feldzüge einen Embonpoint, der ihn äußerlich zunehmend der Inkarnation des in sich ruhenden, erfolgreichen Herrschers annäherte. Dem entsprechend trat er, bestens gelaunt, mit unwiderstehlichem Aplomb auf und agierte mit herrischer Bestimmtheit.

Darin sprach sich die Autorität dessen aus, der seine Überlegenheit verinnerlicht hatte. Seit dem Sommer 1807 liefert Napoleons Korrespondenz ein getreues Spiegelbild dieses Absolutheitsanspruchs, der sich seinem Regime unmittelbar mitteilte. Die Öffentlichkeit nahm diesen Wandel an einer Reihe personeller wie institutioneller Änderungen wahr: Talleyrand, der nach Tilsit um Entlassung aus dem Amt des Außenministers einkam,[2] wurde durch den bisherigen Innenminister Champagny ersetzt, der Napoleon unbedingt ergeben war. Zu dessen Nachfolger ernannte er den blassen Emmanuel Crétet, bislang Gouverneur der *Banque de France* und deshalb daran gewöhnt, Napoleons Eigenmächtigkeiten stillschweigend zu ertragen. Der in den Sielen seines Amtes gestorbene Joseph Portalis wurde durch den *Conseiller d'État*

Bigot de Préameneu ersetzt, der Napoleons Kirchenpolitik gegenüber dem französischen Episkopat und dem Vatikan widerspruchslos umsetzte. Das waren allesamt Kreaturen, farblose Geschäftsführer, keine Minister. Am meisten Aufsehen erregte die umstandslose Beseitigung des *Tribunats*, die am 19. August 1807 verkündet wurde. Eine weitere häufig kommentierte Änderung betraf das Hofleben, das durch eine Etikette geregelt wurde, die den Kaiser für jedermann auf Armeslänge entrückte und die Hoffeste und Hofjagden, zu denen man nicht geladen, sondern befohlen wurde, zu anstrengenden Torturen machte.[3]

Schon bei den Friedensschlüssen von Lunéville und Amiens hatte Napoleon jeweils scharf zwischen den Buchstaben und dem Geist dieser Abkommen unterschieden. Hatte er damals Englands Unmut durch seine italienischen Annexionen erregt, so fuhr er nach Tilsit ganz in diesem Stil fort, allerdings in größeren Dimensionen. Bereits unmittelbar nach der Schlacht von Austerlitz verkündete er das Ende der Bourbonenherrschaft in Neapel, über das seit Februar 1806 Joseph als König von Napoleons Gnaden herrschte. Wie ein Blick auf die Karte Italiens zeigte, hatte man damit den Kirchenstaat mit Territorien eingekreist, die mittelbar oder unmittelbar unter französischer Herrschaft standen. Damit war der weltlichen Herrschaft der Päpste ihr zukünftiges Schicksal verhängt. Gleichwohl schreckte Napoleon noch davor zurück, mit dem Papst kurzen Prozess zu machen. Eine solche Gelegenheit ließ er ungenutzt verstreichen, als französische Truppen im Herbst 1805 unter Missachtung der einschlägigen völkerrechtlichen Bestimmungen das Gebiet des Kirchenstaats durchquerten, um nach Neapel vorzustoßen. Napoleons Scheu, den Papst seiner weltlichen Herrschaft zu berauben, erklärt sich aus der Rücksicht auf die Katholiken Frankreichs. Außerdem lag seinem Naturell eine Politik der Nadelstiche entschieden näher, die, nur geschickt genug angelegt, den Papst derart provozieren würde, dass dessen Reaktion den Vorwand lieferte, die Kurie zu entmachten.

Unbeschadet der Zurückhaltung Napoleons brachen die Feindseligkeiten mit dem Heiligen Stuhl bereits im Oktober 1805 aus, als Gouvion de Saint-Cyr den auf päpstlichem Territorium gelegenen Adria-Hafen Ancona unter dem Vorwand besetzte, ein britisches Landungsunternehmen verhindern zu wollen. Der Papst reagierte prompt mit einem Ultimatum: Sollte die Besetzung Anconas nicht unverzüglich aufgehoben werden, bräche er den Verkehr mit dem französischen Repräsentanten in Rom ab.[4] Mit der Antwort, die an Deutlichkeit diesem Ultimatum in nichts nachstand, ließ sich Napoleon bis zum 7. Januar 1806 Zeit.[5] Pius VII. wurde dadurch aber nicht eingeschüchtert, sondern insistierte im Schreiben vom 29. Januar 1806 auf seinem Standpunkt, ja, warf sogar die leidige Frage nach Rückerstattung der päpstlichen Legationen auf, die längst dem Königreich Italien zugeschlagen waren.[6] Napoleon reagierte mit gespielter Empörung. Am 13. Februar 1806 befahl er dem französischen Botschafter am Heiligen Stuhl, Fesch, auf der sofortigen Ausweisung aller Engländer, Russen, Schweden oder Sarden, die am römischen Hof tätig seien, zu bestehen.[7] Der Nervenkrieg erreichte seinen Höhepunkt, als die auf Ausgleich bedachten Repräsentanten, Fesch in Rom und Kardinal Consalvi in Paris, durch zwei *hard-liner*, Alquier, den früheren französischen Botschafter in Neapel, und Kardinal Di Pietro ersetzt wurden. Allein, der Feldzug gegen Preußen und die sich daran anschließende Kampagne gegen Russland erzwangen eine Atempause in diesem Konflikt, der unmittelbar nach dem Friedensschluss von Tilsit mit größerer Heftigkeit wieder aufflammte. Napoleon konnte jetzt für sich beanspruchen, in der Nachfolge Karls des Großen Kaiser der abendländischen Christenheit zu sein. Außerdem erzwang die Kontinentalsperre auch die weiträumige Besetzung der zwei Häfen auf dem Gebiet des Kirchenstaats, Civita Vecchia an der West- und Ancona an der Ostküste. Die befanden sich zwar in französischer Hand – Ancona seit Oktober 1805, Civita Vecchia seit Mai 1806 –, aber für die Effizienz der Blockade musste auch das jeweilige Hinterland seiner Kontrolle unterliegen.

Im Juli 1807 gab Papst Pius VII. dem Druck Napoleons insoweit nach, als er den französischen Kardinal de Bayane zu seinem Verhandlungsbevollmächtigten ernannte. Kaum aber hatte Napoleon Anfang November 1807 angeordnet, den gesamten adriatischen Küstensaum des Kirchenstaats zu besetzen, widerrief der Papst diese Vollmachten. Napoleon sah sich nun seinerseits zu keiner Rücksichtnahme mehr verpflichtet. Am 10. Januar 1808 befahl er, den Kirchenstaat zu okkupieren.[8] Vorgeblich sollte sich General Miollis darauf beschränken, die Engelsburg zu besetzen, neapolitanische Banditen zu verfolgen und kranke französische Soldaten zu schützen. Tatsächlich jedoch führte Napoleon mit dieser Okkupation anderes im Schilde, wie er Botschafter Alquier am 22. Januar 1808 enthüllte: «Der Kaiser hegt keinerlei Absichten, das Gebiet seiner Staaten in Italien zu vergrößern und will auch nichts dem Papst abnehmen; aber, es ist dennoch sein Wunsch, dass der Papst sich seiner Politik unterordnet und dass er in dessen Staaten denselben Einfluss ausübt wie in Neapel, in Spanien, Bayern oder den Staaten des Rheinbunds. Wenn deshalb der Heilige Stuhl infolge einer Blindheit, die ihn befallen hat, neuerliche Unklugheiten begehen sollte, wird er für immer seiner weltlichen Herrschaft verlustig gehen. Das Verhalten des Papstes wird für diese Maßnahmen den Ausschlag geben.»[9] Auch wenn der Papst sich hütete, Napoleon jenen Vorwand zu liefern, wurde die Einschnürung seiner Bewegungsfreiheit systematisch vorangetrieben: Am 20. März 1808 erhielt Miollis Befehl, die Eingänge zum Papstpalast zu bewachen.[10]

Der sich seit langem anbahnende Konflikt mit der römischen Kirche stand und steht immer im Schatten einer anderen, für Napoleon weitaus fataleren Auseinandersetzung. Ebenso störend wie die beiden Seehäfen des Kirchenstaats, die für englische Schiffe und Waren offen standen, verweigerte sich auch das kleine Portugal, traditionell mit England verbündet, der Kontinentalsperre. Als Markt für englische Exporte bedeutete Portugal sicherlich ebenso viel wie der Kirchenstaat, weshalb auch diese Lücke im Zaun Kontinentaleuropas gegen England dringend geschlossen werden musste. Nachdem ein entsprechendes Ultimatum, das Napoleon ohne Vorwarnung Portugal im Juli 1807 gestellt hatte,[11] wirkungslos verstrich, wurden, wie angedroht, französische Truppen in Marsch gesetzt, die am 11. November die spanisch-portugiesische Grenze überschritten.[12] Formell gedeckt war diese Invasion nicht allein durch den Allianzvertrag, der, immer wieder novelliert, Spanien seit rund hundert Jahren an Frankreich band, sondern speziell durch die Vereinbarungen, die beide Länder am 27. Oktober 1807 in Fontainebleau geschlossen hatten. Gegenstand dieser Verabredung war ein Schurkenstreich: die Aufteilung Portugals. Damit wollte Napoleon zwei Fliegen mit einer Klappe schlagen, Lissabon den englischen Schiffen verschließen und gleichzeitig ein Territorium zur Hand haben, um Maria-Luisa, der Königin von Etrurien, eine Kompensation für ihr italienisches Herrschaftsgebiet anbieten zu können, das sich Napoleon nun endgültig aneignete: die Toskana.[13] Tatsächlich verfolgte Napoleon noch eine dritte Absicht: Er wollte die spanischen Bourbonen vom Thron verjagen.

Die Invasion und die Aufteilung Portugals – Manuel de Godoy, der starke Mann in der spanischen Politik, sollte als persönlichen Besitz ein Drittel der portugiesischen Beute erhalten – diente Napoleon nur als Vorwand, um ungehindert möglichst viele französische Truppen auf der iberischen Halbinsel zu konzentrieren,[14] die sich im geeigneten Moment als Besatzungstruppen zu erkennen gaben. Spanien, so meinte Napoleon zuversichtlich, ließ sich wie eine reife Frucht pflücken. Im Februar 1808 begann er damit, seine Karten aufzudecken: Zwischen Burgos und Barcelona besetzten französische Truppen die spanischen Festungen, zu denen sie sich kampflos Zugang verschafften. Da dieses Betragen jetzt auch den spanischen Hof zu beunruhigen begann, der Auskunft über die wahren Absichten verlangte,[15] sah sich Napoleon gezwungen, die Maske fallen zu lassen: Am 20. Februar 1808 erhielt Murat seine Ernennung zum *Lieutenant de l'Empereur en Espagne*, wurde er zum Chef der Besatzungstruppen bestellt.[16]

Diese eindeutige Maßnahme missverstanden die Spanier zunächst völlig, denn die französischen Truppen galten nach wie vor als Verbündete. Weit verbreitet war die Meinung, Murat sei von Napoleon gesandt, um König Carlos IV. und seine Familie aus den Netzen zu befreien, die der «Fürst des Friedens», Manuel de Godoy, der Liebhaber der megärenhaft-hässlichen Königin Maria-Luisa, über sie geworfen hatte. Das meist illiterate, von Adel und Klerus gleichermaßen in Unwissenheit gehaltene spanische Volk hasste Godoy zutiefst, galt er doch als der allein Verantwortliche für alle Leiden, Entbehrungen und Übel. Dem Hass, der dem Minister aus allen Schichten entgegenschlug, entsprach die Popularität, der sich Kronprinz Ferdinando, eine ebenso schwache Figur wie sein Vater, erfreute. Vermutlich deshalb wäre Ferdinando für Napoleon die geeignete Marionette in Spanien gewesen, zumal seine Beliebtheit die Okkupation verdeckte. Doch Napoleon erkannte diese Chance nicht. Sein unausrottbarer Hang zu Nepotismus und sein korsischer Familiensinn verführten ihn zu dem Glauben, ans Ziel gelangen zu können, ohne auf die spanischen Bourbonen die mindeste Rücksicht nehmen zu müssen. Hinzu kamen seine falschen Vorstellungen von den immensen Reichtümern Spaniens, die seiner Überzeugung nach die spanische Regierung ihm vorenthielt.[17] Beides verschränkte sich zu dem Irrtum, Spanien kampflos in Besitz nehmen zu können, wenn es nur gelang, den Hof in Schrecken zu halten und die naiven Hoffnungen des Volkes nicht zu enttäuschen. Am 10. März 1808 ließ er Eugène wissen: «Meine Truppen stehen dreißig Meilen von Madrid entfernt. Es kündigen sich wichtige Ereignisse an.»[18]

Am spanischen Hof schwärte eine Kabale, von der Furcht genährt, beim Tod Carlos IV. risse Godoy alle Macht an sich. Um dies zu verhindern, sollte Carlos IV. dem Duque de Infantado eine Handlungsvollmacht ausstellen und ihm außerdem den militärischen Oberbefehl über Madrid erteilen. Diese Intrige kam aber der Königin zu Ohren, die ihre Interessen mit denen ihres Geliebten, Godoy, identifizierte und sich in eine wütende Hass- und Rachehysterie gegen ihren eigenen Sohn Ferdinando steigerte, zu dessen Verhaftung sie ihren schwachen Gatten umgehend anstiftete. Die Beliebtheit des Kronprinzen ließ Godoy sofort die Gefahr wittern, dass er bei einem Prozess gegen Ferdinando, zumal bei seiner Verurteilung, damit rechnen musste, sich den Volkszorn zuzuziehen. Um das zu verhindern, setzte Godoy durch, dass man den Kronprinzen zwang, eine Unterwerfungserklärung zu unterschreiben. Dieser Schachzug gelang zwar, weil der Sohn an Einfalt seinem Vater nicht nachstand. Aber er verfehlte die damit beabsichtigte Wirkung, denn in den Augen der Öffentlichkeit galt Ferdinando nun als das Opfer von Machenschaften, deren Urheber kein anderer als Godoy sein konnte, der im Einvernehmen mit dem Königspaar gehandelt hatte, das damit den letzten Rest seines Ansehens verlor.[19]

Diese Hofkabale zog sich von Oktober 1807 bis Ende Januar 1808 hin und lieferte Napoleon den willkommenen Paravent für den Aufmarsch seiner Truppen in Spanien. Kaum aber hatte die Intrige ihren vorläufigen Abschluss gefunden, dämmerte dem spanischen Hof die große Gefahr durch die französische Armee, die sich Madrid näherte. Da offener Widerstand wegen der offensichtlichen Schwäche der spanischen Armee und auch im Blick auf die feindselige Stimmung der Untertanen gegenüber dem Hof sinnlos schien, verfiel man auf den Gedanken, via Cadiz nach Südamerika zu flüchten. Um diese Absicht geheim zu halten, verfügte sich der gesamte spanische Hof am 13. März 1808 in die rund 50 Kilometer südlich von Madrid gelegene Sommerresidenz von Aranjuez, von der aus man am 18. März nach Cadiz aufbrechen wollte. Trotz dieser List sorgte der ungewöhnlich frühe Aufbruch des Hofs für Unruhe, die sich durch das gerüchteweise Bekanntwerden der Fluchtabsichten rasch zu Siedehitze steigerte. Zur unvermeidlichen Explosion kam es in der Nacht vom 17. auf den 18. März. Bewaffnete Banden tobten durch Aranjuez, drangen am Vormittag des 18. März in den Garten des Schlosses ein, belagerten die Sommerresidenz und ließen den Kronprinzen hochleben. Für die schwachen Nerven Carlos IV. war das alles zuviel. Um sein vermeintlich bedrohtes Leben zu retten, unterfertigte er am 19. März eine Abdankungsurkunde zugunsten seines Sohnes, des Prinzen von Asturien. Das hatte die beabsichtigte Wirkung; die Menge beruhigte sich und akklamierte mit anhaltendem Beifall den neuen König Ferdinando VII.[20]

Kaum war der wüste Tag von Aranjuez vorüber, hatte sich das Volk wieder beruhigt, wurde Don Carlos von Reue geplagt und jammerte laut über seine übereilte Abdankung. Davon hörte Murat, der am 23. März 1808 an der Spitze seiner Truppen in Madrid einzog. Murat heuchelte Verständnis, erkannte er doch in der fortschwärenden dynastischen Krise die große Chance, seinen ehrgeizigen Traum realisieren zu können, selber den spanischen Thorn zu besteigen. Auf Murats Rat hin wandte sich Carlos an Napoleon mit der Bitte um Vermittlung. Zu seinem vermutlich nicht geringen Entzücken sah der sich aber auch von Ferdinando VII. angegangen, der endlich Gewissheit erlangen wollte, wie Napoleon sich zu der ganzen Entwicklung stelle, zumal dessen *lieutenant* ihm hartnäckig jegliche Anerkennung als legitimen Monarch

Spaniens verweigerte. Napoleon wurde damit von beiden Parteien zum Herrn in einem Verfahren bestellt, an dessen Ausgang er selbst das größte Interesse hatte. Um aber ganz sicher zu gehen, wurden die beiden streitenden Parteien aus Spanien gelockt und in das unweit der Grenze gelegene Bayonne geladen. Hier schnappte die Falle zu, die Napoleon aufgestellt hatte: Erst wurde Carlos veranlasst, seine Abdankung insgeheim zu erneuern; diesmal allerdings mit der entscheidenden Modifikation, dass er nicht, wie in Aranjuez geschehen, zugunsten seines Sohnes und legitimen Nachfolgers Ferdinando auf den Thron verzichte, sondern interimistisch zugunsten Napoleons, bis eine dauerhafte Lösung gefunden sei.[21] Als Gegenleistung für den Verzicht auf ein Reich, in dem die Sonne nicht unterging, erhielt Carlos IV. das Schloss von Compiègne nebst dem dazu gehörenden Wald auf Lebenszeit sowie das Schloss von Chambord als frei verfügbares Eigentum. Außerdem wurde ihm eine Zivilliste von 7,5 Millionen *francs* jährlich zugesprochen, die aus der französischen Staatskasse bezahlt werden sollte.[22] Am 6. Mai leistete dann auch Ferdinando VII. seine Unterschrift unter die vorgelegte Erklärung, mit der er auf den spanischen Thron zugunsten seines Vaters Carlos verzichtete, der seine Ansprüche zuvor bereits an Napoleon abgetreten hatte.

Nach diesem Ballett der Thronverzichte glaubte sich Napoleon in der Illusion wiegen zu dürfen, die spanische Frage in kürzester Zeit, mit denkbar geringem Aufwand, weitgehend geräuschlos und ganz in seinem Sinne über die Bühne gebracht zu haben. In dieser Zuversicht beeinträchtigten ihn auch nicht die bereits am Nachmittag des 5. Mai einlaufenden Nachrichten, in Madrid sei es am 2. Mai zum Volksaufstand gegen die Besatzung gekommen, der mit einer Opferbilanz von mehreren hundert Toten blutig unterdrückt wurde.[23] Murat, der für die Niederschlagung des Aufstands Hauptverantwortliche, teilte sich mit Napoleon in jene Illusion und wähnte außerdem, sein energisches Handeln habe ihn dem spanischen Thron entschieden näher gebracht. Talleyrand gegenüber, den Napoleon am Abend des 6. Mai vom vollständigen Erfolg seiner Bayonner Intrige unterrichtete, dokumentierte er diese Zuversicht mit den Worten: «Ich betrachte die ganze Angelegenheit als im wesentlichen erledigt. Zwar mag es zu ein paar Unruhen kommen, aber die vorzügliche Lehre, die der Stadt Madrid erteilt wurde wie auch jene, die unlängst Burgos erfuhr, dürften notwendigerweise die Dinge zügig entscheiden. Nachdem man die offizielle Version des Geschehens (des *Dos de Mayo*, J.W.) im *Moniteur* zur Kenntnis genommen hat, sollten Sie dem diplomatischen Corps gegenüber in dem Sinne sprechen, dass das spanische Volk von einem Fieber befallen sei, dem niemand Einhalt gebieten könne; ferner, dass das Volk keinerlei Furcht vor den spanischen Truppen habe, die im übrigen auch nicht auf es schießen würden; dass dies die anständigen Bürger Spaniens nur zu gut wüssten und dass sie sich deshalb sehr glücklich schätzten, eine Schutzmacht zu haben, die sie vor allen diesen Vorkommnissen bewahrt.»[24]

Das ist der Beweis für die Blindheit, mit der Napoleon hinsichtlich Spaniens geschlagen war und mit der er lange in dem fatalen Irrtum verharrte, seiner eigenen Propaganda mehr zu vertrauen als den Tatsachen, die sich rasch in unmissverständlicher Deutlichkeit einstellten.[25] Ein weiteres Zeugnis seiner Verblendung ist auch sein denkbar nonchalantes Schreiben vom 10. Mai 1808 an Joseph: «Durch das Organ des obersten Rats von Kastilien verlangt die Nation von mir einen König. Sie sind es, dem ich diese Krone bestimmt habe. Spanien ist etwas ganz anderes als das Königreich Neapel: Das sind elf Millionen Einwohner, mehr als einhundertfünfzig Millionen an Steuereinnahmen, ohne die ungeheuren Erträge aus dem amerikanischen Besitz einzurechnen. Überhaupt ist das eine Krone, die Sie in Madrid ansiedeln, das lediglich drei Tagesreisen von Frankreich entfernt ist. Außerdem grenzt Spanien unmittelbar an Frankreich. In Madrid sind Sie also so gut wie in Frankreich, während Sie sich in Neapel am Ende der Welt befanden. Mein dringlicher Wunsch ist es deshalb, dass Sie, sofort nachdem Sie diesen Brief erhalten haben, die Regentschaft jemandem Ihrer Wahl übergeben, das Kommando über die Truppen jedoch dem Marschall Jourdan, und dass Sie sich ungesäumt nach Bayonne aufmachen, indem Sie den Weg über Turin, den Mont Cenis und Lyon nehmen. Sie werden diesen Brief am 19. (Mai) erhalten; Sie werden am 20. aufbrechen und am 1. Juni hier anlangen. Geben Sie vor Ihrer Abreise dem Marschall Jourdan Anweisungen, wie er Ihre Truppen dislozieren soll und regeln Sie im übrigen alles in der Weise, als wären Sie bis zum 1. Juli abwesend. Über alles Weitere schweigen Sie gegenüber jedermann. Es ist möglich, dass der eine oder andere Verdacht geäußert wird. Versetzen Sie darauf lediglich, dass Sie sich nach Oberitalien begeben, um dort mit mir einige wichtige Angelegenheiten zu regeln.»[26] Da Napoleon auch in diesem Falle höchsten Wert auf den Anschein legte, nicht er oktroyiere Spanien Joseph als König, die spanische Nation erbitte sich diesen vielmehr von ihm, wurde der ob dieser für ihn enttäuschenden Wendung erbitterte Murat beauftragt, den Rat von Kastilien einzuberufen und zu veranlassen, sich mit einer entsprechenden Anfrage an Napoleon zu wenden.

Um Spanien unter Kontrolle zu halten, bedurfte es, davon war Napoleon überzeugt, nur geringer Anstrengungen. Seine Zuversicht trübte allenfalls der elende Zustand der spanischen Finanzen,[27] weswegen die unter Bernadottes Kommando stehenden spanischen Truppen mittels Bankkrediten besoldet werden mussten.[28] Außerdem veranlasste er die *Banque de France*, Spanien einen Kredit von 25 Millionen *francs* zu überschreiben, zu dessen Sicherung die spanischen Krondiamanten herangezogen wurden, von denen aber die Königin den größten Teil nach Frankreich mitgenommen hatte. Das bislang von Napoleon überaus erfolgreich angewandte Konzept, dass seine Eroberungen sich nicht nur selbst finanzierten, sondern auch noch erhebliche Summen abwarfen, ging mithin in Spanien nicht auf. Hegte er aber die Illusion, es handele sich nur um anfängliche Schwierigkeiten, die sich durch eine straffe Steuerverwaltung rasch überwinden ließen, so wurde er bald eines Schlechteren belehrt: Spanien erwies sich in jeder Hinsicht als ein Fass ohne Boden, das hunderte von Millionen an Geldern und hunderttausende von Menschenleben verschlang.

Zwischen der Abreise der um ihren Thron gebrachten königlichen Familie am 13. Mai 1808 und der Ankunft des neuen Herrschers in Bayonne am 8. Juni lag eine Zeitspanne, die Napoleon nutzte, um mögliche Befürchtungen der europäischen Höfe zu zerstreuen. Metternich hatte als erster Alarm geschlagen, wie sein Brief vom 27. April 1808 an den Grafen Stadion zeigt, dem er die Notwendigkeit eines österreichisch-russischen Zusammengehens nahelegte, um der weiteren Expansion Napoleons einen Riegel vorzuschieben.[29] Bei einem Abendessen, zu dem ein Pariser Bankier geladen hatte, sagte der russische Botschafter, Graf Tolstoi, er habe in letzter Zeit vier Kuriere abgehen lassen: «Der erste vermeldete die Annexion der Toskana, der zweite die Invasion Portugals, der dritte die des Kirchenstaats und der vierte die Inbesitznahme Spaniens. Welche Botschaft wird der fünfte überbringen? Ich weiß es nicht.»[30] Der französischen Diplomatie, der Talleyrand auf Bitten Napoleons einmal mehr seine Talente lieh, gelang es leicht, jene Besorgnisse zu zerstreuen, weil die französische Machtübernahme in Spanien zunächst reibungslos vonstatten zu gehen schien. Das war ein Trugschluss, wie schon die *Junta de Bayonne*, eine Notabelnversammlung nach dem Vorbild der italienischen *Consulta*, erkennen ließ, die Napoleons Machterschleichung das Mäntelchen nationalrepräsentativer Zustimmung umhängen sollte, indem sie eine neue Verfassung für Spanien entwarf und verabschiedete. Hatte er sich mit der Komödie der *Consulta de Lyon* noch vergleichsweise Mühe gegeben, so war die *Junta de Bayonne* für Napoleon nur noch lästige Routine, die er Joseph aufhalste. Von den insgesamt 150 Mitgliedern der *Junta* trafen bis zum 8. Juni nur 26 in Bayonne ein; am Ende waren es 65 Deputierte. Das musste erhebliche Zweifel an der Verbindlichkeit ihrer Beschlüsse wecken. Napoleon war

DER EUROPÄISCHE KRIEG 479

Joseph Bonaparte   Joachim Murat

das gleichgültig, zumal er deren Arbeit schon erledigt hatte: Eine neue Verfassung, die von ihm diktiert, der *Junta* in der ersten Sitzung am 15. Juni zur Beratung und Beschlussfassung vorgelegt wurde.[31] Die Komödie endete am 7. Juli, als Don Joseph feierlich die Verfassung beschwor, während ihrerseits die Mitglieder der *Junta* ihm in Gegenwart des Erzbischofs von Burgos den Treueid leisteten. Damit war der Form Genüge getan, und die neue Verfassung wurde in der offiziösen *Gazette de Madrid* veröffentlicht. Darin erschöpfte sich bereits ihre Bedeutung, denn praktische Wirkung erlangte sie in Spanien nie:[32] Joseph war von seinem Bruder zum König über ein Reich bestellt worden, das er sich erst erobern musste.

Der Aufstand des spanischen Volkes, der wie ein Flächenbrand um sich griff, sobald Gerüchte, die von der Abdankung Ferdinandos VII. berichteten, zu Gewissheiten wurden, war radikal und spontan: Die neue Macht im Lande sah sich in kürzester Zeit derart isoliert, dass sie sich nur in einigen wenigen Orten behaupten konnte, während das Land ringsum im Flammenmeer eines Volksaufstandes versank, der eine wahrhaft nationale Angelegenheit war und bei dem häufig Kleriker, Mönche und Priester den Ton angaben.[33] Savary, Napoleons ergebener Henker des Duc d'Enghien, der ab Mitte Juni 1808 den schwer erkrankten Murat in Madrid vertrat, vermochte jedoch die Bedrohlichkeit der Situation am wenigsten einzuschätzen. Für ihn war dieser Aufstand nur ein «Bandenkrieg» (*guerre de brigandage*), obwohl die Rebellion ihm längst das Handeln diktierte. Savary missverstand den neuartigen Charakter dieses Kriegs, den nicht reguläre Truppen, sondern schlecht bewaffnete Bauern, Mönche und Pfahlbürger bestritten. Das war eine *guerilla*: Kuriere wurden abgefangen und massakriert, Armeepatrouillen in Hinterhalte gelockt und erbarmungslos niedergemacht. Das ganze Land mit seinen öden Hochebenen, unwirtlichen Gebirgen, armseligen Dörfern und wehrhaften Städten, die sich in den Schutz ihres mittelalterlichen Mauerkranzes duckten, wurde zur großen Falle.

Kaum hatte Joseph am 9. Juli 1808 die spanische Grenze überschritten, um sich mit großem Gefolge und unter dem Schutz einer starken militärischen Eskorte in seine neue Haupt- und Residenzstadt Madrid zu begeben, befielen ihn düstere Vorahnungen, die er regelmäßig seinem Bruder mitteilte, der sie durch forcierten Optimismus zu zerstreuen suchte. Nach sorgenvollen ersten Meldungen teilte er am 12. Juli Napoleon aus Vitoria mit: «Niemand hat Ihrer Majestät bislang die ganze Wahrheit gesagt. Tatsache ist, dass sich bislang noch kein einziger Spanier für mich erklärt hat. (...) Wenn Ihre Majestät keinen europäischen Krieg zu führen hat, dann sollte Sie sich ernsthaft damit befassen, sehr viele Truppen und Gelder nach Spanien zu schicken.» Am 14. Juli gelang es Marschall Bessières bei Medina del Rio Seco ein Heer der spanischen Aufständischen, das Joseph den Weg von Burgos nach Madrid verlegte, vernichtend zu schlagen. Diese Siegesnachricht eignete sich jedoch kaum, bei Joseph irgendwelchen Enthusiasmus zu erregen, wie seine sehr nüchternen Mitteilungen an Napoleon vom 15. und 16. Juli zeigen.[34] Noch aus Burgos schrieb er am frühen Morgen des 18. Juli an Napoleon: «Es scheint, als habe es niemand gewagt, Eurer Majestät die genaue Wahrheit zu sagen. Was mich anbelangt, darf ich sie Ihnen aber nicht verschweigen. Die Aufgabe, die sich stellt, ist sehr groß; um sie in Ehren zu bewältigen, braucht es ungeheure Mittel. Die Angst lässt mich keineswegs die Dinge doppelt sehen. Als ich Neapel verließ, habe ich mein Leben den waghalsigsten Herausforderungen anvertraut. Seitdem ich mich in Spanien aufhalte, sage ich mir jeden Tag: Mein Leben hat wenig zu bedeuten und ich überlasse es Ihnen gerne. Aber, wenn man nicht mit der Schmach leben will, die dem Misserfolg zugehört, braucht es gewaltige Aufwendungen an Menschen und Geld. Nur dann wird mir die natürliche Eigenschaft meines Wesens Anhänger verschaffen können. Heute, und solange alles derart zweifelhaft erscheint, dünkt mich die Güte, ein Zeichen von Feigheit zu sein, weshalb ich durchaus entschlossen bin, mich als weniger gütig zu zeigen (als ich dies von Natur aus bin). Damit ein Mann, der zum Herrschen bestimmt ist, sich dieser widerwärtigen Aufgabe so gut wie irgend möglich entledigen kann, muss eine große Streitmacht aufgestellt werden, um auf diese Weise noch mehr Aufstände von vornherein zu vereiteln, und um weniger Blut vergießen und weniger Tränen trocknen zu müssen. Wie auch immer sich die spanischen Verwicklungen auflösen lassen werden, der spanische König wird nur immer Anlass zum Seufzen haben, denn er wird immer nur mit Gewalt Eroberungen machen können. Aber gut, da die Würfel gefallen sind, gilt es alles daran zu wenden, die inneren Auseinandersetzungen möglichst abzukürzen. Ich bin keineswegs ob meiner Lage entsetzt, aber sie ist dennoch einzigartig vor der Geschichte: Ich verfüge hier noch nicht einmal über einen einzigen Anhänger.»[35] «Im Laufe dieser Nacht hatten wir erneut zahlreiche Desertionen; die Stimmung ist gar nicht schlechter denkbar. Ich kann Ihrer Majestät gegenüber nicht oft genug wiederholen, dass es gewaltiger Anstrengungen bedarf, um die spanischen Angelegenheiten zu einem guten Ende zu bringen. (...) Viele Menschen, selbst Bürger, haben sich den Aufständischen angeschlossen.»[36]

Allein, wie gewaltig mussten die Anstrengungen sein, um zum Erfolg zu führen? Einen ersten Fingerzeig dafür lieferte das von General Dupont kommandierte Armeecorps, das sich Anfang Juni von Madrid aus nach Andalusien in Marsch setzte. Am 8. Juni nahmen Duponts Truppen Cordoba ein und zerstörten die reiche Stadt in einer mehrere Tage andauernden Plünderungs- und Gewaltorgie. Die weit vorgeschobene Position war in dem vom Aufruhr entflammten Andalusien ohne substantielle Verstärkungen nicht zu halten; Dupont trat den Rückzug an. Beutebeladen schleppte sich der Heerzug durch die andalusische Gluthitze der Sierra Morena zu. Mitte Juli langte das völlig erschöpfte Corps in Andujar am Guadalquivir an. Hier schnitten ihm reguläre spanische Truppen, die zu den Aufständischen übergelaufen waren, den Rückzug in Richtung Madrid ab. Duponts Lage war, auch wegen taktischer Fehlentscheidungen, aussichtslos. Er ergab sich nach kurzem Kampf am 20. Juli und unterzeichnete in Bailén die Kapitulation.

Napoleon erreichte die Nachricht von diesem Desaster am 2. August. Es war seine erste große Niederlage, der Nimbus seiner Unbesiegbarkeit war nachhaltig beschädigt, denn Dupont hatte vor einem Gegner kapituliert, den Napoleon nicht ernst nahm und den er auch weiterhin unterschätzen sollte. Durch die Gefangennahme des Corps fiel fast ein Viertel der französischen Armee in Spanien aus, Madrid hatte nach Süden hin keine Raumdeckung mehr. Joseph, der erst am 20. Juli in seiner Haupt- und Residenzstadt eingezogen war, verließ Madrid schon zehn Tage später, am 30. Juli, fluchtartig. Diese Flucht kam der Aufgabe des ganzen Landes gleich und dem Eingeständnis, dass Napoleons Spanien-Politik gescheitert war. Das listenreich gesponnene Netz war zerrissen –

aber nicht nur das hatte man in Europa aufmerksam beobachtet. Hinzu kam, dass ein schlecht bewaffneter Haufen spanischer Bauern nicht nur den napoleonischen Armeen erfolgreich Widerstand geleistet hatte – so wurde etwa Saragossa seit Monaten von den Franzosen erfolglos belagert –, sondern dass es ihnen auch gelungen war, ein ganzes französisches Armeecorps zur Kapitulation zu zwingen.

Das alles musste weitreichende und unabsehbare Folgen haben, die sich zunächst in Portugal bemerkbar machten. Mit seinem 26000 Mann starken Expeditionscorps hatte Junot keine Mühe gehabt, Portugal zu unterwerfen und bis nach Lissabon vorzustoßen. Im Unterschied zu den Spaniern hatten die Portugiesen die Plagen der Invasion geduldig ertragen. Doch das änderte sich schlagartig nach dem erfolgreichen Aufstand im Nachbarland. Der portugiesische Volksaufstand gegen die Invasoren wurde von England tatkräftig unterstützt. Die Briten hatten am 1. August an der Mündung des Mondego ein Expeditionscorps von 9000 Mann unter dem Befehl von General Sir Arthur Wellesley, dem späteren Duke of Wellington, an Land gebracht. Junot, der seine Streitmacht aufgeteilt hatte, sah sich plötzlich einer zwar zahlenmäßig unterlegenen, aber gut ausgebildeten Kampftruppe gegenüber. Leichtsinnig gemacht durch die anfänglichen Erfolge, beging Junot den Fehler, Wellingtons Streitmacht, die auf den Höhen bei Vimeiro Stellung bezogen hatte, anzugreifen. Mehrere Angriffswellen brachen im exakt geleiteten Feuer der englischen Infanterie zusammen,[37] und ein Gegenangriff Wellesleys brachte für Junot die Niederlage. Der von ihm erbetene Waffenstillstand mündete ein in die Konvention von Sintra vom 22. August 1808. Das französische Expeditionscorps wurde unter Mitnahme aller Waffen und der Beute auf englischen Schiffen nach Frankreich gebracht.

Binnen Monatsfrist waren auf der iberischen Halbinsel zwei Corps der bislang erfolgreichen französischen Armee von einem Gegner zerschlagen worden, der einem Offizier Napoleons als kaum satisfaktionsfähig gelten konnte. Es rächte sich nun, dass Napoleon seinen Generälen systematisch ein von seinen Weisungen und Vorgaben unabhängiges Denken abgewöhnt hatte. Chaptal hat dies beschrieben:

«Ich habe es niemals erlebt, dass der Kaiser irgendeinen seiner Generäle gerühmt hätte, aber umso häufiger habe ich ihn vernommen, wie er sie heftig kritisierte, sei es wegen ihres mangelnden Talents, sei es wegen ihrer schlechten Manöver. Von seinen Marschällen hat er oft gesagt: *Diese Leute halten sich für unersetzlich, aber sie wissen nicht, dass ich hundert Divisionsgeneräle habe, die sie sofort ablösen könnten.* (...) Er billigte niemandem irgendwelches Talent zu außer sich selber. – Das erklärt, warum er im Rat wie im Krieg alles für sich beanspruchte, alles sich zuschrieb. (...) Was seinen Erfolg noch zusätzlich steigerte und den seiner Generäle gleichzeitig minderte, war, dass allein er alles vermochte, da er als einziger von niemandem abhängig war und er deshalb Menschen und Material ganz nach Belieben opfern konnte, ohne irgendeinen Tadel fürchten zu müssen, während seine Generäle immer die Verluste im Auge hatten und sich stets davor ängstigten, bei ihm in Ungnade zu fallen, weshalb sie so furchtsam wurden und aller Wagemut ihnen abging.»[38]

Für die spanische Unternehmung sollte dieses unglückliche Beginnen, bei dem zwei Feldzüge, die in Napoleons Augen nicht mehr als Polizeiunternehmen oder militärische Landpartien waren, auf eine ebenso klägliche wie spektakuläre Weise scheiterten, symptomatisch werden. Napoleons ohne Not begonnenes spanisches Abenteuer markierte den Anfang vom Ende seiner Macht.[39] Seinem Genie, seinem politischen und militärischem Sachverstand wäre es andererseits sehr wohl zuzutrauen gewesen, die Konsequenzen zu ziehen und die unwirtliche, in großen Teilen geradezu nordafrikanisch anmutende Ödnis der iberischen Halbinsel sich selbst zu überlassen. Selbst wenn man die Kontinentalsperre für wirkungsvoll hielt, waren Spanien und Portugal als napoleonische Satellitenstaaten ein Unding. Der Englandhandel war für die Halbinsel kaum erheblich. Außer Wolle, Sherry und Portwein hatte man kaum Produkte zu bieten, die sich für den Export eigneten, während umgekehrt der Import sich auf einige wenige englische Industrieprodukte beschränkte. Offenbar war Napoleon aber von der Idee besessen, Bourbonen wo immer sie noch an der Macht waren, zu beseitigen und damit das Werk der Revolution jenseits der französischen Grenzen zu vollenden.[40] Aber selbst dies gelang ihm nicht vollständig. Im Schutz der englischen Flotte behaupteten sich die Bourbonen auf Sizilien bis über Napoleons Ende hinaus: Die Meerenge von Messina erwies sich für ihn als ebenso unüberwindlich wie der Kanal.

Spätestens jetzt muss die Frage gestellt werden, was Napoleon veranlasste, sich in das spanische Abenteuer zu stürzen? Die Antwort gibt seine bisherige Karriere: Erneut führte ihn sein Opportunismus in Versuchung, eine vermeintlich gute Gelegenheit zu nutzen, seine Macht zu mehren, sich neue Ressourcen zu verschaffen. Einmal mehr zeigt sich daran, dass sich Napoleon keine Grenzen zu setzen vermochte. Auf der iberischen Halbinsel wurde ihm dies erstmals zum Verderben. Bailén und Vimeira boten Napoleon die Chance, den Fehler, Spanien seinem Machtbereich einverleiben zu wollen, zu korrigieren. Dass er diese Chance ungenutzt verstreichen ließ, seine besten Soldaten in der Estremadura, in Alt- und Neukastilien und schließlich im Baskenland in sinnlosen Schlachten opferte, machte sein Verderben unvermeidlich. Seine Politik war und blieb phantasielos darauf fixiert, Macht und noch mehr Macht zu erwerben, statt die Hegemonie Frankreichs über den Kontinent durch ein kluges Bündnissystem zu festigen, das den Partnern unter seinem Schutz und seiner Kontrolle einen eigenen Gestaltungsspielraum eröffnete.

Weder der eigenen noch der europäischen Öffentlichkeit gegenüber ließ sich das Desaster von Bailén oder die Flucht Josephs mit den Mitteln von Zensur und Propaganda verheimlichen oder verharmlosen.[41] Es schien geboten, dem beschädigten Nimbus der Unbesiegbarkeit durch eine spektakuläre Machtdemonstration neuen Glanz zu verleihen. Diesen Plan verband Napoleon mit dem Treffen gekrönter Häupter und anderer souveräner Fürstlichkeiten, das er für den Oktober 1808 nach Erfurt einberief. Zum anderen sollte Zar Alexander mit diesem «Fürstentag» des *Grand Empire* beeindruckt und in ihm nach Jahr und Tag der «Geist von Tilsit» wieder erweckt werden. Die damit verknüpfte konkrete Absicht war, dass Russland Österreich in Schach hielte, das aufzurüsten begann und das Frankreich angreifen würde, sobald er sich tief genug in das spanische Wespennest vorgewagt hatte. Napoleon sah diese Gefahr,[42] wie seine lange Unterhaltung mit dem österreichischen Botschafter während seines Geburtstagsempfangs für das diplomatische Corps am 15. August 1808 zeigt.[43] Mit anderen Worten: Erfurt sollte in Napoleons Sicht sowohl der Schadensbegrenzung wie der Schadensprävention dienen. Voraussetzung dafür war seine Entschlossenheit, das spanische Abenteuer nicht vorzeitig zu beenden, es vielmehr mit allen Mitteln für sich zu entscheiden.[44] Das war der Kern seiner Botschaft an den Senat vom 4. September 1808, der Napoleon die Aushebung von 80000 Rekruten «bewilligte».[45]

Das Treffen in Erfurt sollte aber auch die Deutschen gehörig beeindrucken, was vorzüglich gelang. In den zwei Wochen, die der Erfurter «Fürstentag» dauerte, sahen sich die Rheinbundfürsten für ihren Eifer mit zahlreichen Gastmählern, Tanzveranstaltungen, Jagden und dem erhebenden Gefühl belohnt, nicht nur im Brennpunkt des politischen Weltgeschehens zu stehen, sondern auch dessen Karren mitziehen zu dürfen. Als besonderen, kulturellen Höhepunkt dieses Treibens ließ Napoleon die *Comédie Française* nach Erfurt kommen, die mit den großen Stücken Corneilles, Racines und Voltaires, ja sogar mit Voltaires *La mort de César* – der in Paris nicht gespielt werden durfte – ein vom Kaiser höchstselbst zusammengestelltes Repertoire aufführte.[46] Der nachhaltigste Eindruck auf die Deutschen gelang Napoleon indes eher unbewusst, zumal er ihn durch seine eigentümliche Schüchternheit erzielte, die ihn seit je in großen Gesellschaften befiel und die er zeitlebens mit forcierter Forschheit zu überspielen suchte. Den Anlass lieferten die zwei Begegnungen mit Goethe.[47] Die erste bot eine Audienz am Vormittag des 2. Oktober in Erfurt, zu der Goethe geladen war, die andere ein großes Gala-Diner, das der Großherzog von Sachsen-Weimar am 6. Oktober in seiner Residenz gab. Während nach Abschluss des Diners Alexander mit der Königin von Westphalen den Ball eröffnete, zog es Napoleon vor, sich mit Wieland und Goethe zu unterhalten. Das berühmte Wort des Kaisers, «Voilà, un homme!» oder auch «Vous êtes un homme!», mit dem er Goethe nach eigener Mitteilung begrüßt haben soll,[48] was bis heute den Grund für die sich hartnäckig behauptende Legende liefert, Napoleon habe solchermaßen und mit subtiler Kennerschaft das ihm ebenbürtige Genie anerkennen wollen, fiel jedoch bei der Audienz in Erfurt. Die Bedeutung, die Goethe dieser Begrüßung selbst eingeheimniste, ist blühender Unsinn, denn Napoleon entfuhr damit lediglich eine Verlegenheitsfloskel, was der Weimarer Olympier, der natürlich auch längst schon an seinem Denkmal baute, entweder nicht erkannte oder vor sich und der Nachwelt nicht zugeben wollte. Unter dieser entfaltete dann Napoleons Wort eine ungeheure Wirkung, deren Opfer sogar der sonst so kritische Nietzsche wurde. Der lieferte obendrein noch die Pointe, den Ausspruch Napoleons ausgerechnet gegen dessen Gegnerin Mme. de Staël zu wenden, die es sich in ihrem bekannten Buch *De l'Allemagne* hatte angelegen sein lassen, «die Deutschen als sanfte herzensgute willensschwache Tölpel der Theilnahme Europa's zu empfehlen. Man verstehe doch endlich das Erstaunen Napoleon's tief genug, als er Goethen zu sehen bekam: es verräth, was man sich Jahrhunderte lang unter dem *deutschen Geiste* gedacht hatte. *Voilà un homme!* – das wollte sagen: *Das ist ja ein Mann! Und ich hatte nur einen Deutschen erwartet!*»[49]

Dass Napoleons *Ecce homo* allein seiner gesellschaftlichen Unbeholfenheit geschuldet war und nicht mehr bedeutete als die gleichsam urkundliche Feststellung, welchen Geschlechts das Gegenüber sei, erhellt der weitere Fortgang dieser denkwürdigen Unterredung, in der sich der frühstückende und allerhand Geschäfte nebenbei abwickelnde Kaiser zunächst nach Goethes Alter, nach Familie und Kindern sowie dem Wohlergehen des Herzogs erkundigte. Dass er, wie im übrigen auch Wieland, am 12. Oktober mit dem Orden der Ehrenlegion dekoriert wurde, dünkte Goethe, der diese Auszeichnung auch nach dem Sturz des Kaisers oft als einzige trug, eine weitere, außerordentliche Anerkennung seiner Person. Auch das ist Einbildung, denn Napoleon zeichnete an diesem Tag außer Goethe und Wieland noch zwei weitere Deutsche mit diesem Orden aus: den Oberstabsarzt Stark sowie den Bürgermeister von Jena, Vogel.[50]

Weitaus weniger erfolgreich war die Erfurter Konferenz nach ihren politisch-diplomatischen Erträgen. Zwar unterzeichneten die Außenminister Champagny und Romanzov gegen Ende des Treffens am 12. Oktober eine *Convention d'Alliance*, deren Wortlaut Napoleon bereits vor Beginn der Verhandlungen diktiert hatte und die im wesentlichen die Vereinbarungen von Tilsit bekräftigte.[51] Davon abgesehen war für Napoleon die Begegnung mit dem Zaren trotz aller demonstrativen Herzlichkeit und Freundschaft, die man einander bekundete, aber ziemlich enttäuschend, wie er dem Botschafter in St. Petersburg, Caulaincourt, offenbarte. Der Verlauf der Unterhaltung, die Caulaincourt in seinen Memoiren in extenso wiedergibt, ist für das politische Denken Napoleons sehr aufschlussreich. Napoleon verdächtigte Zar Alexander, Hintergedanken zu hegen, behauptete von ihm, ein anderer gewesen zu sein als jener, dem er in Tilsit begegnet war. Caulaincourt, den er darum bat, ihm dies zu erklären, war mutig genug, Napoleon das Verhalten des Zaren so zu erläutern, dass jeder in Europa sich von ihm bedroht fühle und auch Russland beginne, diese Furcht zu teilen. Welche Absichten man ihm denn unterstelle, wollte Napoleon nun wissen – «Diejenige, sich zum Alleinherrscher aufzuschwingen», versetzte Caulaincourt. – «Aber Frankreich ist bereits jetzt schon sehr groß! Wonach könnte es mich noch gelüsten? Habe ich nicht schon mit Spanien genug zu tun, mit dem Krieg gegen England?» – «Ohne Zweifel wäre damit schon jeder andere als Ihre Majestät voll und ganz beschäftigt. Aber die Anwesenheit Ihrer Truppen in Deutschland, Ihre Entschlossenheit, Ihre Stellungen entlang der Oder zu behaupten, das alles gibt Anlass, zu glauben, ja, wie ich Ihrer Majestät eingestehen muss, wovon ich geradezu überzeugt bin, dass Sie noch andere Absichten haben und dass Ihr Ehrgeiz noch nicht befriedigt ist.» Das erheiterte Napoleon, der dann die Vermutung äußerte, es seien zweifellos die spanischen Angelegenheiten, die diese Stimmungen und Verstimmungen auslösten und, da ihn schon die Ahnung plagte, mit diesem Abenteuer einen großen Fehler begangen zu haben, referierte er Caulaincourt in allen Einzelheiten die Verhandlungen von Bayonne, betonte die Sachzwänge, denen er sich ausgesetzt gesehen habe, behauptete, Kronprinz Ferdinando habe Spanien England angenähert, es in jedem Fall aber seinem natürlichen Verbündeten Frankreich entfremdet. «Habe ich damit Unrecht? Das wird die weitere Entwicklung erweisen. Anders zu handeln, hätte bedeutet, die Pyrenäen einzuebnen; Frankreich, die Geschichte hätten mir das dann zu Recht zum Vorwurf gemacht.» Aber, welchen Belang hätten die spanischen Angelegenheiten für Russland? «In Russland war man auch nicht sehr wählerisch in den Methoden, die bei der Teilung und der Unterwerfung

Polens gebraucht wurden. (...) In der Politik folgt und genügt alles dem Interesse der Völker, dem Verlangen nach Frieden, dem notwendigen Gleichgewicht zwischen den Staaten. Diese bedeutenden Begriffe versteht ein jeder zweifellos auf seine Weise; deshalb gilt auch, wer könnte behaupten, dass ich nicht im Interesse Frankreichs, ja selbst in dem Spaniens gehandelt habe? Macht man es sich nicht zu einfach, wenn man behauptet, dass in der Politik nur die Einfältigen guter Gründe entrieten? Aber, in diesem Fall, sind die Einfaltspinsel wie die Verstandesmenschen, die guten Glaubens sind, dazu gezwungen zuzugeben, dass ich nur getan habe, was ich tun musste, angesichts einer Situation, in die die Intrigen des Hofs von Madrid dieses unglückliche Land gebracht hatten.» Und schließlich: «Aus einer sehr einfachen Angelegenheit, die sich mit der Zeit von selber erledigt hätte, hat sich etwas entwickelt, das alles kompliziert und mir wesentlich mehr Verlegenheiten schafft, als man glaubt. Ich habe mir beim besten Willen nicht vorstellen können, welche Folgen die Schwäche, die Verschlagenheit, die Feigheit und die üble Gesinnung dieser spanischen Prinzen haben würden.»[52]

Mit dieser Unterredung bewies Napoleon sein prinzipienfreies, durch und durch opportunistisches Verständnis von Politik. Nahm etwas nicht den von ihm geplanten Verlauf, traten unvorhergesehene Schwierigkeiten ein, ließen sich die anderen Mitspieler nicht so bereitwillig manipulieren, wie der überlegene Regisseur erwartete, dann flüchtete er sich regelmäßig in Schuldzuweisungen. In diesem Falle war die Methode besonders eklatant, denn die Schwierigkeiten in Spanien, so versuchte er in diesem Gespräch Caulaincourt klarzumachen, rührten einzig und allein daher, dass die spanischen königlichen Hoheiten sich nicht so bereitwillig um ihren Thron hatten bringen lassen, wie dies in Napoleons Drehbuch stand. Mit anderen Worten: Nicht der Mörder, sondern der Ermordete war der Schuldige.

Napoleon ahnte damals noch nicht, dass Talleyrand seine Hand mit im Spiel gehabt und den Zaren vor dem unstillbaren Machthunger des französischen Kaisers mit den bemerkenswerten Worten gewarnt hatte: «Sire, was wollen Sie hier erreichen? Es ist Ihre Aufgabe, Europa zu retten, aber Sie werden ihr nur genügen, wenn Sie Napoleon die Stirn bieten. Das französische Volk ist zivilisiert, sein Herrscher aber nicht; der Herrscher Russlands ist zivilisiert, nicht aber sein Volk. Folglich wäre es am Herrscher von Russland, der Verbündete des französischen Volks zu sein.»[53] Talleyrands Reden und Handeln waren Verrat, aber dem Zaren leuchtete beides umso mehr ein, weil er sich damit in einer Rolle anerkannt sah, die er selber insgeheim schon längst liebgewonnen hatte.[54] Die Eitelkeit des Zaren, eine bedeutende politische Rolle in Europa zu spielen, die alten, legitimen Monarchien vom Alb jener Operettenkönigreiche zu befreien, mit denen Napoleon den Clan ausgestattet hatte, war durch Erfurt weiter angestachelt worden. Napoleon, an sich ein guter Psychologe, vermochte nicht, die russische Sphinx zu durchschauen, weil ihn die Faszination von Alexanders strahlender Jugend gefangen nahm. Dem *Corps législatif* versicherte Napoleon jedenfalls am 25. Oktober 1808, sein Treffen mit Zar Alexander habe das vollkommene Einvernehmen, das zwischen ihnen herrsche, bestätigt.[55]

Während der Fürstenrevue von Erfurt verschlechterte sich die Lage in Spanien. Unablässig flehte Joseph um Truppenverstärkungen und Geld. Andererseits entwickelte er einen Plan, Madrid zurückzuerobern.[56] Unterwegs nach Erfurt beschied ihn Napoleon von Kaiserslautern aus am 24. September: «Für den Krieg braucht man vernünftige und präzise Ideen. Die Vorschläge, die Sie mir unterbreiten, sind nicht ausführbar.»[57] In Erfurt erhielt er die Quittung für diesen wohlfeilen Verweis, denn hier erfuhr er von Junots Kapitulation.[58] Aber selbst dieser Rückschlag konnte den Elan Napoleons nicht bremsen, das spanische Abenteuer mit militärischen Mitteln zu Ende zu bringen. Ärgerlich war nur, dass seine Marschälle und Generäle in Spanien nicht so handelten, wie er es von ihnen erwartete: Nach Napoleons Plan sollten die spanischen Insurgenten auf beiden Flügeln ungehindert vorrücken, um sie dann einzukesseln.[59] Im Widerspruch dazu hatte Joseph die Marschälle Ney und Moncey beauftragt, den Gegner hinter den Ebro zurückzuwerfen. Das gelang auch ohne größere Schwierigkeiten, weil sich die Aufständischen nicht gegen die französischen Linientruppen behaupten konnten. Diese trügerischen Anfangserfolge befeuerten den Ehrgeiz der Generäle, die Schmach ihres übereilten Rückzugs durch eine kühne Offensive wieder wettzumachen. Das wiederum eröffnete Perspektiven, die Napoleon erheblich beunruhigen mussten, denn ein neuerlicher Rückschlag in Spanien, gar die Niederlage und Kapitulation eines ganzen Armeecorps wie in Bailén und Vimeira geschehen, würden sein militärisches Renommée endgültig zerschlagen. Deshalb hatte er keine andere Wahl mehr: Er musste nach Spanien gehen und die Dinge selber in die Hand nehmen.

Seinen Entschluss hatte Napoleon bereits von Erfurt aus Joseph am 13. Oktober 1808 mitgeteilt: «Mein Bruder, ich habe alle Angelegenheiten mit dem Kaiser von Russland geregelt. Morgen reise ich nach Paris ab und werde binnen Monatsfrist in Bayonne sein. Schicken Sie mir eine genaue Zustandsbeschreibung der Armee, damit ich danach deren definitive Organisation entwerfen kann, indem ich dafür so wenig Dislozierungen wie möglich vorsehe. In der augenblicklichen Situation scheint der Feind die Positionen behaupten zu wollen, in denen er sich befindet. Je mehr er sich in unserer Nähe aufhält, desto besser. Der Krieg könnte dann mit einem einzigen Handstreich mittels eines gut ausgeführten Manövers beendet werden, und deshalb muss ich an Ort und Stelle sein.«[60] Die selbstbewusste Zuversicht in diesen Zeilen gründete sich darauf, dass Napoleon zu diesem Zeitpunkt bereits rund 190 000 Mann seiner besten Truppen in Spanien hatte. Sie wurden noch durch zwei Corps verstärkt, die Mortier und Junot aus Frankreich heranführten. Angesichts dieser Überlegenheit musste es ein Leichtes sein, die undisziplinierten, keinem einheitlichen Kommando unterstehenden Kriegshaufen der spanischen Insurgenten binnen kurzem zu vernichten. Die weitere Befriedung Spaniens wäre danach reine Polizeiarbeit. Das war die Perspektive, unter der Napoleon seinen spanischen Feldzug im November 1808 begann. Dank seiner energischen und umsichtigen Führung wie der in großer Zahl verfügbaren Elitetruppen, stellten sich rasch Erfolge ein, die diese Zuversicht befeuerten.[61] Am 30. November 1808 gelang der polnischen Kavallerie in einem zweiten, sehr verlustreichen Anlauf, den Pass von Somo-Sierra im Guadarrama-Gebirge zu erobern.[62] Damit stand den französischen Truppen der Weg nach Madrid offen.

Zur gleichen Zeit, da die französischen Truppen in nord-südlicher Richtung den Pass von Somo-Sierra in Richtung auf Madrid überquerten, marschierte eine englische Armee, von Portugal aus, in genau entgegengesetzter Richtung über das Guadarrama-Gebirge. Da beide Armeen keine Kenntnis voneinander hatten,[63] konzentrierten sich Franzosen wie Engländer auf ihre jeweiligen Ziele: die Franzosen auf Madrid, die Engländer auf die Vereinigung mit einem zweiten Corps von 10 000 Mann, das bei La Coruña gelandet war und nach Astorga marschierte. Am Nachmittag des 2. Dezember 1808, dem Jahrestag von Austerlitz und seiner Kaiserkrönung, traf Napoleon auf der Höhe von Chamartin ein. Ihm zu Füßen lag Madrid, das sich nach kurzem Widerstand am frühen Morgen des 4. Dezember ergab.

Napoleon war an der Spitze seiner Truppen in Madrid eingezogen. Selbstverständlich wäre es jetzt gewesen, die Regierungsgeschäfte wieder in die Hände Josephs zu legen. Davon konnte jedoch keine Rede sein. In den Bestimmungen der Kapitulation von Madrid war weder vom König noch von der Verfassung von Bayonne die Rede.[64] Allein das genügte, um Joseph deutlich zu machen, dass er nichts zählte, Napoleon sich nicht nur als Herr über Madrid, sondern auch als Herrscher über ganz Spanien wähnte: Er beanspruchte das selbstverständliche Recht des Eroberers.[65] Damit erloschen alle Ansprüche Josephs auf die spanische Krone, die ihm durch einen Volksaufstand entrissen worden war.

Wenn Joseph wieder den spanischen Thron besteigen sollte, dann nur, wenn Napoleon auf seine durch die Eroberung erworbenen Ansprüche und Rechte verzichtete. Zu Josephs unverhohlenem Ärger dachte Napoleon durchaus nicht daran. Vielmehr stürzte er sich in ein umfassendes Gesetzgebungsprogramm, das er in den Tagen um den 4. Dezember verkündete und mit dem er das Ziel verfolgte, die spanische Gesellschaft zu reformieren und zu modernisieren. Die Gesetze Napoleons sahen zum einen die Abschaffung aller Feudalrechte sowie die Beseitigung der Inquisitionsgerichtsbarkeit vor. Damit nicht genug wurde ein Drittel aller spanischen Klöster aufgehoben, deren Besitz eingezogen und teils für die Tilgung der Staatsschuld verwendet, teils dafür, die Provinzen und Städte für ihre Ausgaben zu entschädigen, die ihnen durch die französische Besatzung entstanden waren. Ein viertes Dekret verfügte schließlich die Beseitigung aller innerspanischen Zollschranken. Das Reformprogramm erläuterte Napoleon in seiner *Proclamation aux Espagnols* vom 7. Dezember 1808: «Spanier, euer Schicksal liegt in euren Händen. (...) Alles, was eurem Wohlergehen und eurer Größe hinderlich war, wurde von mir beseitigt. Die Hindernisse, die dem Volk zur Last wurden, sind von mir zerstört worden. Eine freiheitliche Verfassung schenkt euch an Stelle einer absoluten Monarchie eine gemäßigte und durch die Verfassung gezähmte Krongewalt. Es wird allein von euch abhängen, ob diese Verfassung euer Gesetz sein wird. Sollten aber alle meine Anstrengungen nichts fruchten und solltet ihr mein Vertrauen enttäuschen, dann wird mir nichts anderes zu tun übrig bleiben, als euch wie eroberte Provinzen zu behandeln und meinen Bruder auf einen anderen Thron zu setzen. Dann werde ich mir selber die spanische Krone auf mein Haupt drücken und ich werde schon wissen, was zu tun sein wird, damit sie von den Schlechtgesinnten respektiert wird, denn Gott hat mir die dazu notwendige Macht und den dafür erforderlichen Willen verliehen, um alle Schwierigkeiten zu überwinden.»[66] Der letzte Halbsatz erinnert an jene Inanspruchnahme eines ihm erteilten göttlichen Auftrags, auf den sich Napoleon bereits in Kairo berufen hatte. Aber damit war ihm auch in Spanien kein Erfolg beschieden.

Napoleon glaubte, dass seine Gesetzgebung die Aufklärung ersetzte, die in Spanien nie stattgefunden hatte.[67] Tatsächlich sorgte sein Reformeifer nur dafür, den Widerstand der Spanier gegen das französische Besatzungsregime zu verschärfen.[68] Vom Erfolg seiner revolutionären politischen Pädagogik war er jedoch derart durchdrungen, dass er allen Ernstes glaubte, Spanien sei nun ein für allemal der französischen Vorherrschaft unterworfen. Das Zeugnis dieses Irrglaubens, das den späteren Spott seines Kerkerwärters von Sankt Helena, Sir Hudson Lowe hervorrief, Napoleon habe sich ein Spanien nach seiner Vorstellung geschaffen, ist der *Bulletin de l'Armée d'Espagne* vom 13. Dezember 1808, in dem er als Maßstab und Beweis für den Erfolg seiner Reformanstrengungen den Umstand betonte: «Die Auflösung der (regulären) spanischen Truppen setzt sich allüberall fort. Die neu ausgehobenen Formationen, mit deren Aufstellung begonnen worden war, streben allenthalben auseinander und kehren in ihre Wohnorte zurück.»[69] Das zeigt Napoleons Verblendung hinsichtlich der spanischen Angelegenheiten: Bei ihm spielten lediglich reguläre Truppen eine Rolle, während die Insurgenten für ihn nur Banden waren. Das stellte sich als folgenreicher Irrtum heraus, denn Spanien wurde jetzt zum Schauplatz einer Kriegführung, bei der keine der gültigen Regeln mehr geachtet, Disziplin durch Fanatismus ersetzt und die waffentechnische Unterlegenheit der Kämpfer durch deren Grausamkeit kompensiert wurde. Der Guerillakrieg, der Kampfkraft und Moral der französischen Truppen nachhaltig zerrüttete und dessen heimtückische Gefährlichkeit Napoleon nie begriff, bestimmte von nun an das Geschehen. Napoleon nahm diese Gefahr kaum wahr, weil mit einem Mal ein Gegner auf der Szene erschien, der seine ganze Aufmerksamkeit fesselte: das englische Expeditionscorps unter Sir John Moore, das, von Portugal kommend, bereits Mitte November in Salamanca eingetroffen war, von dessen Anwesenheit Napoleon aber erst am 19. Dezember 1808 erfuhr.[70]

Die Präsenz eines englischen Armeecorps in dem von Madrid nicht allzu weit entfernten Salamanca war für Napoleon eine große, aber durchaus willkommene Überraschung, denn damit bot sich die Gelegenheit, den Gegner zu stellen und zu vernichten und en passant die Schmach Junots auszulöschen. Der sofortigen Ausführung stand jedoch die winterliche Witterung entgegen: eine Überquerung des Guadarrama-Gebirges, diesmal von Süd nach Nord, war fast unmöglich. Napoleon ließ sich durch solche Überlegungen nicht irritieren. Am 22. Dezember 1808 brach er an der Spitze einer Armee von rund 50000 Mann auf, um in Eilmärschen dem englischen Corps eine Rückzugsbewegung auf die Küste abzuschneiden.[71] Diese Offensive wurde für die daran beteiligten französischen Soldaten zum wahren Albtraum. Schneestürme und vereiste Gebirgspfade machten die Überwindung der Sierra de Guadarrama zu einem Gewaltakt, der Mensch und Tier aufs Äußerste strapazierte.[72] Auch Napoleons Absicht, das englische Corps unmittelbar nach Überquerung der Sierra de Guadarrama zum Kampf zu stellen, wurde durchkreuzt. Die englischen Truppen entzogen sich in Gewaltmärschen in Richtung Nordwesten zum Hafen von La Coruña der drohenden Einkreisung.

Napoleon, der mit seinem Stab am 1. Januar 1809 in Astorga eintraf, erhielt im Laufe des Tages eine Reihe von Depeschen, die ihn angeblich veranlassten, die weitere Fortführung des Feldzugs Marschall Soult zu überlassen,[73] während er unter Mitnahme seiner Garde und begleitet von Marschall Lannes am 6. Januar abreiste – zunächst allerdings nur bis Valladolid. Dass Napoleon so kurz vor dem Ziel aufgab, das er mit soviel Nachdruck, ja Rücksichtslosigkeit gegen sich und andere verfolgt hatte, musste gewichtige Gründe haben. Deren Natur zeigte das weitere Geschehen, das in einer neuerlichen Kampagne gegen Österreich kulminierte. Dass Österreich rüstete, um für Austerlitz Revanche zu nehmen, war seit Monaten ein offenes Geheimnis, aber für sich genommen kein Grund, Napoleon derart zu alarmieren.[74] Fraglich scheint andererseits auch, ob er wegen einer angeblichen Verschwörung in Paris so überstürzt den spanischen Schauplatz verließ. Zwar herrschte auch hier an Hinweisen kein Mangel, die Napoleons stets waches Misstrauen nährten. In der Ablehnung eines Gesetzesvorschlags durch das *Corps législatif* im November 1808 verriet sich für ihn beispielsweise ein Widerspruchsgeist, der mit seinem Regime unvereinbar war. Von Aranda aus schrieb er deshalb am 27. November 1808 einen geharnischten Brief an Talleyrand in dessen Eigenschaft als *Vice-Grand Électeur*: «Mein Cousin, der *Corps législatif* ist zusammengesetzt aus zahlreichen Persönlichkeiten, die von ihrer Wichtigkeit allzu sehr überzeugt sind und es übel vermerken, dass sie nicht Ränge und Titel führen und die überdies, nachdem sie die Revolution beerdigt haben, sich immer noch für eine Nationalversammlung halten.»[75]

Die Prätentionen des *Corps législatif* waren zwar lästig, für Napoleons Machtstellung stellten sie aber kaum eine Gefahr dar; sein Brief an Talleyrand war deshalb mehr als eine Warnung an den Adressaten gedacht, denn der nutzte, was Napoleon dank seiner Späher nicht verborgen geblieben war, seine Abwesenheit dazu, gegen das kaiserliche Regime mit spitzen Bemerkungen Stimmung zu machen.[76] Damit nicht genug kam es zwischen Talleyrand und seinem alten Rivalen Fouché zum ostentativen Schulterschluss, der mancherlei Mutmaßungen nährte.[77] Der Dritte im Bunde war Murat, den Talleyrand und Fouché schriftlich in ihre Pläne einweihten, die politische Stabilität des Regimes für den nicht unwahrscheinlichen Fall zu garantieren, dass Napoleon in Spanien den Tod fände. Dieses Schreiben kam Napoleon in die Hände. Er glaubte nun den Beweis für eine Konspiration vor sich zu haben und brach deshalb am 17. Januar 1809 von Valladolid nach Paris auf, wo er bereits am 23. Januar eintraf. Am 28. Januar kam es zu der berühmten Szene, in der Napoleon Talleyrand eine halbe Stunde lang mit einer wahren Flut von

Invektiven und Beschimpfungen überschüttete, die in dem Satz gipfelten: «Merken Sie es sich, Sie sind nichts als Scheiße in einem seidenen Strumpf.» Talleyrand ließ diesen Wutausbruch über sich ergehen ohne ein Wort der Entgegnung. Hinterher soll er jedoch gesagt haben: «Schade, dass ein so bedeutender Mann eine so schlechte Erziehung genossen hat!»[78]

Es bleiben allerdings Zweifel, ob Napoleon diese angebliche Verschwörung wirklich ernst genommen hat. Für ihn bot sich eine willkommene Gelegenheit, Talleyrand, dessen Umtriebe ihm sicherlich schon seit längerem missfielen, einmal richtig zusammenzustauchen. Es war ein heilsames Exempel für andere Großwürdenträger seines Hofes. Mit der Verschwörung ließ sich auch die Abreise aus Spanien begründen,[79] ohne das Gesicht zu verlieren. Nach seiner Ankunft in Astorga am 1. Januar 1809, wo er seinen von den Gewaltmärschen arg strapazierten Truppen eine Ruhepause gönnen musste, begann es Napoleon zu dämmern, dass ihm Sir John Moore entwischt war. Einem solchen Ende des von ihm geführten spanischen Feldzugs, das einer Niederlage gleichkäme, durfte er sich nicht aussetzen.[80] Deshalb übertrug er an jenem 1. Januar das Kommando für die weiteren Operationen Marschall Soult, der in der Tat zusehen musste, wie Moore seine Truppen zwischen dem 14. und 17. Januar 1809 in La Coruña einschiffte.[81] In der Nähe eines solchen Geschehens war für einen Napoleon kein Bleiben.[82]

Kaum war er nach Paris zurückgekehrt, wurde hier der Eindruck verbreitet, die spanischen Angelegenheiten seien endgültig erledigt. So jedenfalls die voreilige Überzeugung Napoleons. Dem entsprach die Rückbeorderung der Garde sowie zweier Divisionen aus Spanien, während zwei weitere Divisionen, nach dort bereits in Marsch gesetzt, nach Deutschland umdirigiert wurden. Diese und andere Dispositionen verrieten aber auch, dass Napoleon mittlerweile die österreichischen Rüstungen ernst zu nehmen gedachte und sich zu einem neuen Feldzug an die Donau entschlossen hatte. Der russische Sondergesandte Romanzow in Paris äußerte Metternich gegenüber: «Er braucht Geld; er hat mir dieses Motiv nicht verborgen. Er will den Krieg gegen Österreich, um es sich zu beschaffen.»[83] Das traf zu, das spanische Abenteuer hatte bereits erhebliche Mittel verschlungen. Entscheidender war noch eine andere Überlegung: Napoleon musste Österreich aus zwei Gründen als Friedensstörer und Angreifer hinstellen. Zum einen, um Russland damit erneut auf den «Geist von Tilsit» einzuschwören, um zu verhindern, dass der Zar der Versuchung erlag, sich mit dem Kaiser von Österreich gegen Frankreich in einem Moment zu verbünden,[84] da sein Ansehen durch die Niederlagen in Spanien und Portugal nicht nur schwer beschädigt war, sondern auch seine besten Truppen auf dem iberischen Kriegsschauplatz gebunden waren. Zum anderen musste Napoleon die kriegsmüde französische Öffentlichkeit auf neue Opfer und Entbehrungen vorbereiten, die man ihm angeblich erneut aufzwang. Dieser Absicht dienten komplexe Manöver, die Napoleons Bereitschaft unter Beweis stellen sollten, alles getan zu haben, um Österreich zu veranlassen, von seinen kriegerischen Absichten abzusehen. Eine Pressekampagne diente als probates Mittel. Hinzu kam eine Kreditsperre, zu der die holländischen und die Bankiers aus den Rheinbundstaaten angestiftet werden sollten. Metternich durchschaute das Manöver, wie sein Bericht vom 28. Februar 1809 an Graf Stadion zeigt.[85]

Wie üblich sollten alle diese Initiativen nur einen Paravent bilden, hinter dem Napoleon den Aufmarsch in Süddeutschland organisierte.[86] Am 30. März erteilte er Befehle für den Truppenaufmarsch im süddeutschen Raum, der bis zum 15. April abgeschlossen sein sollte. Napoleon vermutete, dass die österreichische Armee etwa zu diesem Zeitpunkt zum Angriff auf Bayern bereit sei, der dieses Mal ohne vorherige Kriegserklärung erfolge.[87] Er irrte sich nur über den Beginn des österreichischen Angriffs, der bereits am 9. April einsetzte, als österreichische Truppen den Inn überquerten; das wurde am 12. April in Paris bekannt. Am 13. April brach Napoleon von hier auf und traf fünf Tage später in Donauwörth ein, um die *Grande Armée d'Allemagne*, wie sie jetzt hieß, zu befehligen. Er plante, den Österreichern schon aus Rücksicht auf das russische Bündnis die Offensive zu überlassen, sie dann aber in Süddeutschland zu stellen und in einer Schlacht zu vernichten. Das vereitelten die Österreicher, die früher angriffen als erwartet, mit der Folge, dass die französischen Truppen ihre Bereitstellungsräume in Süddeutschland noch nicht erreicht hatten. Andererseits waren die Österreicher auch diesmal wieder unfähig, die Chance auszunutzen und mit geballter Macht die noch weit getrennten Hälften der *Grande Armée d'Allemagne* nacheinander zu attackieren. Napoleon gelang es gerade noch rechtzeitig, seine Truppen zu vereinigen und die österreichische Armee unter Erzherzog Karl in fünf Schlachten an vier aufeinanderfolgenden Tagen zwischen Isar und Donau bei Thann, Abensberg, Landshut, Eckmühl und Regensburg vom 19. bis 23. April in die Flucht zu schlagen.[88] Damit war der Weg nach Wien frei, das die französische Armee am 10. Mai 1809 erreichte. (Siehe Karte 13)

Im Unterschied zur Kampagne von Austerlitz machte Österreich jetzt Miene, die Stadt zu verteidigen. Außerdem hatte man diesmal sämtliche Brücken, die auf das nördliche Donauufer führten, zerstört. Hier befand sich auch die österreichische Armee, die trotz erheblicher Verluste aus ihrer Defensivposition neue Kraft gewinnen konnte. Für Napoleon war mithin noch wenig gewonnen, als sich Wien am 13. Mai 1809 ergab, denn die österreichischen Truppen lagen nördlich der Hauptstadt in einer starken Stellung am Ostabhang des Bisambergs. Napoleon musste die Lage rasch für sich entscheiden, wollte er nicht Gefahr laufen, dass Österreich noch in letzter Minute – sei es durch einen Volksaufstand in Norddeutschland und Preußen, sei es durch die direkte Unterstützung Preußens – jene Hilfe bekäme, auf die man in Wien hoffte. In der Nacht des 20. Mai setzten erste französische Verbände auf die Donauinsel Lobau über. Durch die dichte Bewaldung auf der Insel waren den österreichischen Spähern die Pontonarbeiten verborgen geblieben. Man hatte sich überdies durch einen zum Schein unternommenen Brückenschlag bei Nussdorf ablenken lassen. In der Nacht zum 21. Mai gelang es französischen Pionieren, den letzten Donauarm von der Insel Lobau aus zum Nordufer zu überbrücken, so dass, von den Österreichern unbemerkt, am Morgen die beiden Ortschaften Aspern und Essling kampflos besetzt werden konnten. Diese behaupteten sich auch ab Mittag gegen die zur Überraschung Napoleons mit erheblicher Übermacht angreifenden Österreicher, die gleichzeitig vergeblich versuchten, die Pontonbrücken durch Lastkähne, die mit Steinen beladen stromab trieben, zum Einsturz zu bringen. Der Schaden ließ sich jeweils rasch beheben, und den Franzosen gelang es in der Nacht auf den 22. Mai, weitere Verstärkungen in den Brückenkopf auf dem Nordufer der Donau zu verlegen. Das änderte jedoch wenig daran, dass sie sich auch am Morgen des 22. Mai einem zahlenmäßig weit überlegenen Gegner gegenübersahen. In dem Brückenkopf war es Napoleon zwar gelungen, rund 62000 Mann und 144 Kanonen zu massieren, denen aber über 100000 Österreicher mit wenigstens 260 Geschützen gegenüberstanden. Mit anderen Worten: Der taktische Fehler, den Napoleon bereits am Vortag begangen hatte, den Gegner in seiner Stärke und Entschlossenheit zu unterschätzen, und der beinahe zu einer spektakulären Niederlage führte, wäre diese nicht durch den Kampfgeist der unter den Marschällen Molitor und Bessières kämpfenden Truppen mit erheblichen Verlusten vereitelt worden, zwang ihn am Morgen jenes 22. Mai dazu, alles auf eine Karte zu setzen und nun seinerseits durch einen entschlossen vorgetragenen Angriff zu versuchen, die Österreicher auseinanderzusprengen. Nach anfänglichen, hart erkämpften Erfolgen – französischen Truppen gelang es, das Zentrum der österreichischen Angriffsfront einzudrücken – wendete sich gegen 10.00 Uhr vormittags das Blatt, und die Franzosen sahen sich genötigt, den Angriff abzubrechen und langsam zurückzugehen, vor allem, weil gegen 8.00 Uhr in die Hauptbrücke vom Südufer zur

Insel Lobau eine riesige Bresche geschlagen worden war, die den dringend benötigten Nachschub jäh unterbrach. Zwar setzten die Österreicher sofort zum Gegenangriff an, der aber lief sich an den erbittert verteidigten Dörfern Aspern und Essling fest. So konnten die Franzosen ihre Truppen nach und nach auf die Insel Lobau zurückziehen, ein Manöver, das mit dem Abbruch der Brücke zum Nordufer am frühen Morgen des 23. Mai abgeschlossen wurde.[89] (Siehe Karte 14.)

Der Ausgang der Schlacht bei Aspern, in der beide Seiten mit jeweils über 20000 Toten und Verwundeten gleich hohe Verluste erlitten hatten, konnte zwar als unentschieden hingestellt werden; tatsächlich handelte es sich, wenn auch nicht in militärischer, so doch in moralischer Hinsicht um eine eindeutige Niederlage Napoleons.[90] Bezeichnend für seine innere Verfassung nach dieser Schlacht ist, dass er über 36 Stunden brauchte, um zu seiner gewohnten Form und Aktivität zurückzufinden. Das zeigen die Befehle, die er erst am 24. Mai wieder auszusenden begann. Hinzu kam, dass es auch erst im Laufe des 25. Mai gelang, die Brücke von der Insel Lobau zum Südufer der Donau wieder instand zu setzen, so dass endlich die zahlreichen Verwundeten in Spitäler in Wien und Umgebung gebracht werden konnten.[91] Die *Armée d'Allemagne* befand sich in einer sehr kritischen Verfassung, wie Marmont in seinen Erinnerungen schildert: «Die Armee war durch die Donau, die vor Wien sehr breit ist, in zwei Teile geteilt, die miteinander nur durch eine seltene und unregelmäßige Bootsverbindung kommunizieren konnten. Der Teil der Armee, der auf dem linken Ufer lag und nach den erbitterten und mörderischen Kämpfen völlig erschöpft war, verfügte auf der Insel Lobau weder über Munition, um sich gegen einen Angriff zu wehren, noch über genügend Raum, um sich bewegen zu können. Vor sich hatte sie, nur durch einen Flussarm getrennt, der aber bestenfalls die Breite eines Baches hatte, die siegreichen und mit allem vorzüglich versorgten Feindkräfte. Hätte die österreichische Armee mit aller Entschlossenheit den Sturm auf die Insel gewagt, hätte sie diese gewiss sofort genommen. Wenn andererseits ein Corps von lediglich 12 bis 15000 Mann die Donau bei Krems überschritten hätte, gleichzeitig unter der Bevölkerung Wiens ein Aufstand ausgebrochen wäre, wozu diese nur zu bereit schien, dann wären ebenfalls mit Gewissheit alle die berühmten Einheiten, das Corps Masséna, das von Lannes sowie die Gardekavallerie, ausnahmslos alle Truppen, die sich hier befanden, gefangen genommen oder vernichtet worden mit allen Folgen, die das gehabt hätte und die man sich unschwer ausmalen kann».[92] Was Napoleon aus dieser gefährlichen Situation rettete, war die Entschlusslosigkeit des Erzherzogs Karl, den Erfolg der österreichischen Waffen erneut auf die Probe zu stellen. So verstrich jene für Österreich einmalige Gelegenheit ungenutzt, die Schlacht zu schlagen, die Napoleon sehr wahrscheinlich vernichtet hätte.

Die kaum zu kaschierende Niederlage Napoleons bei Aspern und Essling kam ihm auch in politischer Hinsicht äußerst ungelegen, denn in dem seit langem schwelenden Konflikt mit dem Kirchenstaat hatte er sich eben zu einer folgenschweren Entscheidung durchgerungen, mit der er dem Heiligen Stuhl den letzten Anschein weltlicher Macht nahm. Seit der Besetzung Roms durch französische Truppen im März 1808 saß der Papst im Quirinal gefangen. Er konnte nur noch seine moralische Macht ausspielen. Damit rechnete Napoleon, der im Schreiben vom 22. Januar 1808 an Außenminister Champagny drohte, den Kirchenstab zu annektieren.[93] Kaum war die Kunde vom Ausgang der Schlachten bei Aspern und Essling nach Rom gelangt, entschloss sich Pius VII. zum Handeln und veröffentlichte am 10. Juni 1809 die Bulle *Quam Memoranda*, die, ohne sie jedoch beim Namen zu nennen, alle Angreifer des Heiligen Stuhls mit Exkommunikation belegte. Der römische Bannstrahl traf Napoleon im denkbar ungünstigsten Augenblick, denn Österreich hatte für den entscheidenden, unmittelbar bevorstehenden Waffengang alle Trümpfe in der Hand. Deshalb reagierte Napoleon auf die römische Herausforderung jetzt besonders rasch und in einer Weise, die erhebliche Konsequenzen haben sollte. Sein Handeln in dieser Frage ist deshalb stets kontrovers beurteilt worden. In einem Brief an Murat vom 19. Juni 1809 schrieb er unmissverständlich: «Ich habe Sie wissen lassen, dass es meine Absicht war, die römischen Angelegenheiten mit aller Entschlossenheit voranzutreiben und dass man sich dabei durch keinerlei Widerstände beeindrucken lassen dürfe. Keine Zufluchtsstätte darf respektiert werden, wenn man sich nicht zuvor meinem Beschluss unterworfen hat; ebenso ist keinerlei Ausrede zulässig, um irgendeine Art von Widerstand zu rechtfertigen. Sollte der Papst, im eindeutigen Widerspruch zum Geist seines Amtes wie dem des Evangliums, Empörung predigen und suchte er sich der Unverletzlichkeit seiner Wohnung zu dem Zweck zu bedienen, um Sendschreiben zu drucken, dann muss er verhaftet werden. Mit diesen Szenen muss endlich Schluss sein. Philippe le Bel ließ (Papst) Bonifatius (VIII.) verhaften und Karl V. hielt Clemens VII. für lange Zeit im Gefängnis in Haft. Beide hatten aber viel weniger getan. Ein Priester, der Widerstand und Krieg anstatt Frieden gegenüber der weltlichen Gewalt predigt, missbraucht seinen heiligen Charakter.»[94] Das klang eindeutig: Es war der Befehl, den Papst zu verhaften, wenn sich dieser seine Unterwerfung unter den Willen Napoleons widersetzte, und er wurde in der Nacht vom 5. auf den 6. Juli 1809 vollstreckt, als General Radet in den Quirinal eindrang und Pius VII. in Gewahrsam nahm.

Die Verhaftung und Entführung des Papstes aus Rom, die auf ausdrückliches Geheiß Napoleons erfolgten, verursachten, kaum bekannt geworden, einen solchen Skandal, dass er sich, wie stets wenn sich seine Pläne nicht erfüllten, davon distanzierte und die Verantwortung anderen zuschob. Verantwortlich für die Vernichtung der französischen Flotte vor Abukir war Admiral Brueys; die Invasion Englands war nur an der Unfähigkeit Admiral Villeneuves gescheitert; für die Ermordung des Duc d'Enghien oder das Desaster in Spanien war Talleyrand verantwortlich; die Schlacht von Waterloo schließlich sollte allein wegen der Fehler verloren gehen, die Ney oder Grouchy begangen hatten. Im Falle des Papstes, so ließ sich Napoleon jetzt vernehmen, sei es nie und nimmer seine Absicht gewesen, diesem auch nur ein Haar zu krümmen. Ausgerechnet gegenüber Fouché beteuerte er am 18. Juli 1809 als erstem seine «Unschuld»: «Ich bin empört darüber, dass man den Papst verhaftet hat; das ist der blanke Wahnsinn. Man hätte den Kardinal Pacca inhaftieren müssen, den Papst aber in Rom in Ruhe lassen. Allein, es lässt sich dies jetzt nicht mehr heilen; was geschehen ist, ist geschehen. (...) Auf keinen Fall jedoch wünsche ich, dass der Papst nach Frankreich kommt. Sollte er sich noch immer an der Riviera von Genua aufhalten, dann böte sich als der beste Ort für seine Unterbringung Savona an.»[95] Fouché wird diese verworrene Mitteilung mit einem sardonischen Lächeln quittiert haben, denn dieses Dementi war doch nichts anderes als das Eingeständnis seiner Verantwortung. Um seiner nachgeschobenen Behauptung, er habe nicht den Papst, sondern Kardinal Pacca in Haft nehmen wollen, ein gewisses Gewicht zu verleihen, ließ Napoleon diesen in der Festung Fenestrelle in strenger Einzelhaft schmachten. Noch aufschlussreicher ist in diesem Zusammenhang, dass der Kirchenstaat erst mittels eines *Sénatus-consulte*, der am 17. Februar 1810 erging, förmlich annektiert wurde.

Der rasch sich zuspitzende Konflikt mit dem Papst war für Napoleon nur ein Nebenkriegsschauplatz, während sich seine ganze Aufmerksamkeit auf die Vorbereitung der entscheidenden Schlacht mit Österreich konzentrierte. Seines Erfolges wollte sich Napoleon jetzt ganz sicher sein, deshalb ließ er von überall her Verstärkungen in den Raum Wien vorrücken. Ein Gleiches tat sein Gegenspieler Erzherzog Karl, der allerdings Anfang Juli mit rund 130000 Mann den 180000 Soldaten Napoleons weit unterlegen war. Nach einem Täuschungsmanöver bei Aspern ließ Napoleon seine Streitmacht in der Nacht zum 5. Juli von der Insel Lobau aus auf das nördliche Donauufer übersetzen. Dies gelang auch, ohne dass die Österreicher, die eine starke, an den Bisamberg angelehnte Defensivposition bezogen hatten, die Manöver störten. Napoleon fasste deshalb den Entschluss, den Gegner gleich am nächsten Morgen anzugreifen, ehe weitere Verstärkungen für die Österreicher eintrafen. Der Schlachtplan Napoleons sah vor, den linken Flügel der Österreicher mit massierten Kräften anzugreifen, während sein eigener linker Flügel, von Masséna befehligt, den Auftrag bekam, die gegnerische Hauptmacht abzulenken. Erzherzog Karl erkannte jedoch diese Dispositionen und gab seinem rechten Flügel und dem Zentrum seinerseits den Angriffsbefehl gegen die napoleonische Streitmacht. Diesem Angriff konnte Masséna nicht standhalten; trotz immer neuer Verstärkungen wichen der linke Flügel wie auch Teile des Zentrums zurück, während sich gleichzeitig immer bedrohlicher die Umfassung des rechten Flügels durch die Österreicher abzeichnete. Napoleon gelang es erst gegen Mittag, die Gefahr zu bannen, indem er den weiteren Vorstoß der Österreicher durch heftiges Artilleriefeuer zum Stehen brachte. In diesem Moment nahm er seinen ursprünglichen Schlachtplan mit neuer Energie wieder auf und versuchte mit dem rechten Flügel die Entscheidung zu erzwingen. Gelänge es diesem, den Ort Wagram einzunehmen, gerieten die Österreicher in eine gefährliche Situation, die sie dazu veranlassen musste, ihren weit vorgeschobenen rechten Flügel zurückzunehmen.

Dieser Plan schien auch aufzugehen, sobald Davout am Nachmittag die Anhöhen bei Markgraf-Neusiedel erstürmt hatte. Allein, dabei blieb es, denn es gelang Bernadotte nicht, Wagram, das diesen Höhenzug auf der linken Seite flankierte, zu nehmen. Damit zerschlugen sich Napoleons Hoffnungen endgültig, einen raschen und vollständigen Sieg zu erringen und die feindliche Defensivposition hinter dem Rußbach aufzurollen. Der erste Schlachttag, der 5. Juli, endete so mit einem Unentschieden. Da Napoleon seine Truppen für den nächsten Tag um Raasdorf konzentrierte, verstärkte sich der Eindruck, dass noch nicht einmal Bodengewinne gemacht worden waren. Auch das blutige Geschehen am 6. Juli, das von den Österreichern bereits um vier Uhr morgens begonnen worden war, wogte bis zum Nachmittag an verschiedenen Brennpunkten unentschieden hin- und her. Die Entscheidung brachte auch diesmal wieder Napoleons Entschluss, in einem der Brennpunkte des Schlachtgeschehens die Artillerie zu konzentrieren, deren mörderisches Feuer den Gegner ins Wanken brachte, ein Vorteil, der von der nachsetzenden Kavallerie und Infanterie rasch ausgenutzt werden konnte. Diese neue, sich auf den massiven Einsatz der Artillerie stützende Gefechtsfeldtaktik fügte dem Gegner enorme Verluste zu – die auf verhältnismäßig kurze Distanz verschossenen mit gehacktem Blei gefüllten Streugeschosse hatten eine entsetzliche Wirkung – und entschied letztlich den für Napoleon siegreichen Ausgang der Schlacht von Wagram.[96] Auch für die Franzosen war Wagram sehr verlustreich. Napoleon musste zum ersten Mal die Erfahrung machen, dass der Gegner keineswegs vernichtet war und um Frieden bat. Erzherzog Karl gelang es vielmehr, seine Truppen in guter Ordnung vom Schlachtfeld bei Wagram nach Znaim zu verlegen, wo er wieder eine defensive Stellung bezog. Napoleon blieb also keine Wahl, als die Entscheidung noch einmal zu suchen. Dazu schien es bereits am 11. Juli 1809 zu kommen, als die Armeecorps Masséna und Marmont Feindberührung hatten und sich eine regelrechte Schlacht zu entwickeln begann. In dieser Situation traf jedoch ein Waffenstillstandsangebot von Erzherzog Karl im französischen Hauptquartier ein, das Napoleon gegen den einmütigen Rat seiner Generäle sofort akzeptierte. Die entsprechenden Vereinbarungen wurden um 2 Uhr morgens am 12. Juli unterzeichnet.

Sieht man einmal von den besonderen Umständen ab, die Napoleon daran hinderten, sich mit seiner gesamten Heeresmacht auf die österreichische Armee zu stürzen – ein relativ großes Beobachtungscorps musste abgezweigt werden, um dem aus Südosten heranrückenden Erzherzog Johann den Weg zu verlegen –, gaben dennoch andere Gründe den Ausschlag, den angebotenen Waffenstillstand sofort zu akzeptieren. In der nur dreimonatigen Kampagne gegen Österreich war sein militärischer Genius verschiedentlich an seine Grenzen gestoßen. Das galt zum einen für die Qualität seiner Truppen. Besonders die Infanterie hatte zunehmend kampfunerfahrene oder unausgebildete Rekruten, die beim geringsten Anlass zu panischen Fluchtreaktionen neigten. So musste die Infanterie in verdichteten Formationen auf dem Schlachtfeld operieren, und das machte sie unter Geschützfeuer extrem verwundbar. Zum anderen nahm der Anteil nichtfranzösischer Soldaten stetig zu. Vor allem Sachsen, Bayern und Italiener stellten große Kontingente. Das führte zu babylonischer Sprachenvielfalt, die für die zügige Übermittlung und Befolgung von Befehlen denkbar nachteilig war. Auch rächte es sich nun, dass die *Grande Armée d'Allemagne* so überhastet aufgestellt worden war. Die Disziplin der Truppe konnte nur unter Androhung drakonischer Strafen aufrechterhalten werden. Außerdem hatte der Gegner aus früheren Lektionen Lehren gezogen: Die österreichische Armee war nach Kampfgeist und Führung eine wesentlich andere als jene, mit der Napoleon bei Ulm und Austerlitz so leichtes Spiel gehabt hatte. Dies nicht rechtzeitig zu erkennen, sondern sich in der Zuversicht zu wiegen, Österreich mit einer Schlacht niederwerfen zu können, war der größte Fehler, den Napoleon bei der Kampagne von 1809 beging. Dieser folgenreiche Irrtum, in dem er bis Aspern-Essling befangen war, verführte ihn zu einer Reihe von Fehlentscheidungen, die ihn beinahe um den Sieg gebracht hätten.[97] Im Unterschied zu Friedland war Wagram auch nicht der glänzende Sieg, der alle vorherigen Versäumnisse vergessen machen konnte. Der Preis für den vergleichsweise bescheidenen Erfolg von Wagram war der massive Einsatz der Artillerie, der auch in den eigenen Reihen viele Opfer forderte. Wagram war die erste «Materialschlacht» der Geschichte, die eben nicht durch überlegene Führungskunst und soldatische Tugend entschieden wurde, sondern allein durch den rücksichtslosen Einsatz konzentrierter Feuerkraft. Damit kündete sich ein Wandel im Charakter der napoleonischen Schlacht an. Dem gefechtstaktisch raffinierten Angreifer folgte jetzt der defensiv eingestellte Befehlshaber, der stoisch, einfallslos und ohne Skrupel auf überlegene Feuerkraft setzte, unter deren Wirkung der Gegner ausblutete, ehe die schwere Kavallerie ihm den Garaus machte. Dass mit diesem Wandel sich auch sein Schlachtenglück, das ihm so lange treu geblieben war, dem Ende zuneigte, hat er geahnt, wie seine Annahme des Waffenstillstandsangebots zeigt. Einen weiteren Hinweis dafür bot seine Bemerkung in einem Brief an Kriegsminister Clarke, als er sich, im Schloss Schönbrunn residierend, längst schon wieder mit den leidigen Angelegenheiten in Spanien befassen musste. Den unmittelbaren Anlass dazu lieferte die Schlacht von Talavera vom 27. und 28. Juli 1809, in der sich Wellington auf der einen, König Joseph und Marschall Jourdan auf der anderen Seite gegenüberstanden. Talavera war das Muster einer jener defensiv geführten Schlachten, wie sie Wellington auch aus Rücksicht auf seine notorische zahlenmäßige Unterlegenheit bevorzugte. In Talavera standen rund 20000 Engländern doppelt so viele Franzosen gegenüber, deren wiederholt vorgetragene Angriffswellen regelmäßig im konzentrierten Abwehrfeuer der vorzüglich positionierten Engländer zusammenbrachen. Jourdan und Joseph entschlossen sich deshalb am Nachmittag des 28. Juli, die Schlacht abzubrechen und den Rückzug anzutreten. Nachdem er die taktischen Fehler der beiden Heerführer gerügt hatte, formulierte Napoleon die Maxime, die seine jüngst mit den Schlachten von Aspern, Essling und Wagram gemachten Erfahrungen resümiert: «Schlachten dürfen überhaupt nur dann geschlagen werden, wenn die Chancen, sie zu gewinnen, siebzig Prozent betragen. Auch soll man eine Schlacht überhaupt nur dann liefern, wenn man keinerlei Hoffnungen mehr auf eine glückliche Wende hat, zumal ihrer Natur nach der Ausgang einer Schlacht immer zweifelhaft ist.»[98] Mit der Schlacht von Wagram jedenfalls endete der letzte Feldzug, den Napoleon für sich entscheiden konnte.

DRITTES KAPITEL

GÖTZENDÄMMERUNG

Mit Wagram hatte Napoleon zum letzten Mal die Chance, eine europäische Friedensordnung zu stiften, die Frankreich die Rolle der kontinentaleuropäischen Führungsmacht garantiert hätte. Charakteristischerweise kam ihm der Gedanke nie, denn Frieden war für Napoleon ein Zustand, der ihn verunsicherte. Deshalb versagte er es sich, den *Grand Empire*, der nichts anderes bezweckte als Unterwerfung und Ausbeutung, auf eine neue Grundlage zu stellen. An der französischen Hegemonie über Kontinentaleuropa änderte sich damit nichts, wohl aber an deren Legitimation und Dauer. Moralische Eroberungen waren ebensowenig Napoleons Sache wie gute Politik oder Diplomatie. Das wurde ihm zum Verderben, denn die geographischen Räume und die Völker mit unterschiedlicher Kultur, Sprache, Religion und Sitte, die er sich untertan machte,[1] erzeugten tektonische Spannungen, die die Statik des *Grand Empire* überforderten. Die ersten Risse wurden auf der iberischen Halbinsel sichtbar. Die nationale Aufstandsbewegung, ein Volkskrieg, der allen Konflikterfahrungen zuwiderlief, zeigte dem *Empire* die Grenzen seiner Belastbarkeit auf. Der österreichische Feldzug von 1809, den Napoleon mit von allen erkannter Mühe noch einmal, ein letztes Mal für sich entschied, war bereits eine unmittelbare Folge der Überforderung, deren Ursache in Spanien lag.

Der Ausgang der Kampagne von 1809 verstärkte den Eindruck von der Brüchigkeit des *Grand Empire*. Der Zauber von Tilsit hatte sich als trügerisch erwiesen. Das französisch-russische Bündnis versagte, kaum dass es einer ernsten Prüfung unterzogen worden war. Zar Alexander hatte nichts unternommen, Österreich zu zügeln, um dem im fernen Spanien engagierten Napoleon den Rücken freizuhalten, wie dies Geist und Logik von Tilsit geboten hätten. Zum anderen sah sich Napoleon wie in seinen Anfängen dazu gezwungen, in aller Hast eine Armee aufzustellen, die aber, wie der gesamte Verlauf des Feldzugs bewies, allergrößte Mühe hatte, sich siegreich zu behaupten. Bitter musste auch die Einsicht sein, wie wenig seine alten Rezepte der Menschenführung und Verführung diesmal anschlugen. Nicht, dass Napoleons Herrschaft in Frankreich ernsthaft durch irgendwelche Verschwörungen der Royalisten oder der Jakobiner bedroht war. Damit amüsierte ihn lediglich Fouché, der in schöner Regelmäßigkeit entsprechende Umtriebe aufdeckte, die routinemäßig mit Prozessen und durch Todesurteile geahndet wurden. Napoleon machte vor allem die große Ernüchterung zu schaffen, die ihm, von Friedland zurückgekehrt, entgegenschlug. Er konnte sich nicht eingestehen, dass seine politischen wie militärischen Erfolge, die längst schon niemanden mehr beeindruckten, auf die Stimmung drückten, weil man absehen konnte, es würde mit ihnen nie ein Genüge haben. Er musste sich wohl oder übel zu Tode siegen. Dieses Empfinden entwertete a priori seine wiederholten Versprechen, der nächste Sieg sei der letzte, ehe der Ewige Friede anbreche, der seinen Namen trüge. Gutwillige, die noch gewähnt hatten, dieses Versprechen habe sich mit Tilsit erfüllt, sahen sich kaum ein Jahr später schon wieder getäuscht, als Napoleon ohne Not das spanische Abenteuer begann.[2]

Ein unübersehbares Anzeichen der schleichenden Ernüchterung war, dass in jenen Monaten, als Napoleon selbst in Spanien eingriff, die Verschwörungsgerüchte erneut ins Kraut schossen[3] und einige Paladine sich auf Ersatz für ihn zu verständigen suchten, um ein Machtvakuum zu vermeiden. Dass Fouché und Talleyrand, einst einander spinnefeind, auf einmal als unzertrennliches Freundespaar posierten, genügte, um diesen Gerüchten eine gewisse Substanz zu geben. Umso nachdrücklicher wirkte es, als Napoleon lediglich Talleyrand eine wüste Szene machte und ihn aus seiner Nähe verstieß, während er Fouché ostentativ verschonte. Eine derart unausgewogene Reaktion verriet Schwäche und verbreitete gerade deswegen in der engeren Umgebung des kaiserlichen Hofs erhebliche Unsicherheit.[4]

Napoleon ließ sich jedoch weder von den Verschwörungsgerüchten noch von der pessimistischen Stimmung beeindrucken, sondern bereitete nach dem Zeugnis von Mollien umsichtig und gelassen wie je den Feldzug gegen Österreich vor.[5] Die Routine, mit der er zu Werke ging, konnte jedoch kaum über die wachsenden Schwierigkeiten hinwegtäuschen, mit denen er sich konfrontiert sah, denn mit dem fortwährenden Konflikt in Spanien musste er zum ersten Mal einen Krieg an zwei Fronten führen. Das hatte die missliche Folge, nicht alle ihm zur Verfügung stehenden Streitkräfte und militärischen Talente auf einem Schauplatz konzentrieren zu können: Einige der besten Einheiten der *Grande Armée* standen in Spanien, weshalb von diesen kampferprobten Truppen nur rund 90000 Mann verfügbar waren. Um sich gegen Österreich zu behaupten, das sich seit Austerlitz einem Erneuerungsprozess unterzogen hatte, der besonders seinen militärischen Fähigkeiten zugute kam, benötigte Napoleon das Dreifache dieser Truppenstärke. Das ließ sich aber binnen der wenigen Monate, die ihm noch zur Vorbereitung des

Feldzugs blieben, kaum erreichen. Er nahm deshalb Zuflucht zu einem System von Aushilfen, das zur Regel wurde: die gewünschte Sollstärke der Truppen war nur zu gewährleisten, wenn immer mehr Rekruten der unterworfenen Mächte unter den Fahnen des Kaiserreichs Dienst taten. Im Feldzug von 1809 belief sich deren Zahl auf rund einhunderttausend deutsche, holländische und polnische Soldaten, ausnahmslos Wehrpflichtige, deren Motivation, sieht man von dem polnischen Kontingent ab, Leib und Leben für Frankreich und Napoleon in die Schanze zu schlagen, man nicht allzu hoch einschätzen darf.[6] Zum anderen wurde auch die Rekrutierung der Wehrpflichtigen in Frankreich auf der Grundlage des Gesetzes «Jourdan-Delbrel» vom 5. September 1798 entsprechend ex- wie intensiviert.[7] Dessen Geltungsbereich erstreckte sich prinzipiell auf alle Männer im Alter von 18 bis 40 Jahren, die einen vierjährigen Kriegsdienst abzuleisten hatten. Im Zuge der napoleonischen Kriege stieg der Bedarf an «Menschenmaterial» stetig an. Alljährlich wurde die Zahl der einzuberufenden Rekruten durch ein Gesetz, ab 1805 durch ein *Sénatus-consulte* für die einzelnen Départements festgelegt. Zu keinem Zeitpunkt jedoch schöpfte man die jeweiligen Quoten auch nur annähernd aus.[8]

Die angesichts des notorischen «Menschenhungers» Napoleons erstaunlich niedrige Quotenausnutzung erklärt sich zum einen daraus, dass in den Jahren nach 1806 der Anteil von Ausländern die Zahl der aus Frankreich Gebürtigen deutlich übertraf. Zum anderen wurden ab 1805 regelmäßig alle Wehrpflichtigen, auch wenn sie ihren Militärdienst abgeleistet hatten, einfach weiterverpflichtet. Diese Kader wurden für Napoleon unersetzlich, weil es die größere Heere erfordernden Kampagnen auf immer entlegeneren Schauplätzen unmöglich machten, Rekruten auszubilden. Sie mussten das Kriegshandwerk im Ernstfall in der Schlacht lernen. Deshalb wurden die Kadertruppen, die *grognards*, für Napoleon immer wichtiger, weil ihre Kampfkraft über Verlauf und Ausgang der Schlachten entschied und nicht so sehr das absolute Stärkeverhältnis seiner Truppen im Vergleich zum Aufgebot des Gegners. Solange die Rekruten nicht über ausreichende Kampferfahrung und die daraus resultierende soldatische Routine verfügten, waren sie kaum mehr als «Kanonenfutter».

Das Rekrutierungsverfahren hatte noch zwei bemerkenswerte Pointen: Zum einen reflektierten die den einzelnen Départements zugeteilten Rekrutierungsquoten eindeutig politische Rücksichten. Paris oder die westlichen Départements, die einstigen Hochburgen royalistischer Aufstände, wiesen deutlich niedrigere Sollzahlen auf als beispielsweise jene südlich der Loire gelegenen Verwaltungsbezirke. Zum anderen hing die Auswahl der Rekruten nicht nur vom Losentscheid oder ihrer körperlichen Verfassung, sondern vor allem von ihrem sozialen Herkommen ab: Söhne aus wohlhabenden Häusern konnten sich entweder ganz vom Militärdienst freikaufen, indem sie einen geeigneten Ersatzmann stellten, dem sie dafür eine im Laufe der Jahre immer höhere Summe bezahlen mussten,[9] oder es gelang ihnen durch Beziehungen oder Bestechung einer Musterungsklasse zugeteilt zu werden, die ihnen die Chance eröffnete, fern des Schlachtenlärms in der Reserve oder im Festungsdienst zu verbleiben.

Ungeachtet aller späteren Verklärungen galt auch in napoleonischer Zeit der Kriegsdienst als Übel, dem sich, wer konnte, lieber entzog.[10] Diese Abneigung war aber nicht nur sozial differenziert. Dank der geschickten Propaganda, die seit den Anfängen des Consulats das Militär herausstellte und die von spektakulären und wenig verlustreichen Waffenerfolgen auch bestätigt wurde, genoss die Armee ein Ansehen, das sich mit der Rolle deckte, die ihr Napoleon in seinem Gesellschaftssystem zugedacht hatte: Sie entwickelte sich zum wichtigsten Pfeiler jener *masses de granit*, mit deren Hilfe er das projektierte Gesellschaftsgebäude fundamentieren wollte. Ganz besondere Bedeutung erlangte in diesem Zusammenhang die erste *Grande Armée*. Mit dieser Armee, die von 1805 bis 1808 bestand, verknüpfte sich auch ein Imagewechsel des Soldaten. Bis dahin galten Soldaten als uniformiertes Raubgesindel, als nur mit äußerster Brutalität zu disziplinierendes Gelichter, das man am besten auf die Schlachtfelder exportierte. Die «Volksheere» der revolutionären *Levée en masse* fügten diesem Bild einen neuen, gefährlicheren Aspekt hinzu: den ihrer besonderen revolutionären Radikalität. Dieses Bild änderte sich mit der *Grande Armée*, weil es Napoleon gelang, in diesem Heer seine während des Italienfeldzugs gemachten Erfahrungen in Menschenführung und Propaganda auszumünzen: In fast zwei Jahren formte er eine heterogene Männergesellschaft zu einer ihm bedingungslos ergebenen Einheit und vermittelte ihr einen *esprit de corps*, der sie zu einem Instrument machte, das für lange Zeit nicht seinesgleichen hatte.

Der Faszination, die von dieser Schöpfung ausging, die sich der besonderen Wertschätzung ihres charismatischen Befehlshabers erfreute – von den rund 32000 Dekorationen der 1802 gestifteten Ehrenlegion wurden bis 1814 rund 95 Prozent an Militärs verliehen[11] – konnten sich nur wenige entziehen. Vor allem für die Söhne des städtischen Kleinbürgertums bot die Aussicht auf ein verhältnismäßig rasches Avancement zum Offizier in der *Grande Armée* eine verlockende Alternative zu der sozialen Sackgasse, mit der sie häufig konfrontiert waren. Anders sah die Situation auf dem platten Land aus, das entsprechend der Bevölkerungsverteilung die Masse der Wehrpflichtigen zu stellen hatte, wo aber in einzelnen Regionen die soziokulturell bedingte Abneigung vieler Söhne aus dem bäuerlichen Milieu, sich von der vertrauten Lebensweise zu verabschieden, besonders ausgeprägt war. Das zeigte sich in den Jahren nach 1808 an auffällig steigenden Zahlen jener, die sich durch Selbstverstümmelung oder Desertion dem Militärdienst entzogen.[12] Dieses Phänomen, das Napoleon durch polizeiliche Repression zu steuern suchte, lässt sich einerseits als Reaktion auf den sprunghaft anwachsenden Bedarf an Soldaten deuten, der durch die in immer kürzeren Abständen erfolgenden Rekrutierungskampagnen gedeckt werden musste – dem entsprechend sank auch das Durchschnittsalter der Rekruten von etwas mehr als zwanzig auf knapp achtzehn Jahre ab – und andererseits mit der großen Wende des kriegerischen Glücks erklären, das mit dem spanischen Desaster Napoleon untreu zu werden begann. Den fatalen Eindruck dessen, was die Soldaten jetzt immer öfter von der Front in die Heimat zu berichten wussten, konnte auf Dauer keine noch so geschickte Propaganda überspielen. Die äußerst entbehrungs- und verlustreiche Winterkampagne von 1807 in Ostpreußen und Polen lieferte dafür nur einen ersten Vorgeschmack; als dauerhaft fatal für die Moral erwies sich hingegen dann der nicht enden wollende und zunehmend als sinnlos erlebte Krieg in Spanien, wie Joseph Fiévée bereits im September 1808 erkannt hatte.[13]

Die große Ernüchterung, die nach 1808 die zuvor in der französischen Gesellschaft vorherrschende, durch immer neue, scheinbar spielerisch errungene und in jeder Hinsicht fast billig wirkende Siege und Eroberungen genährte Begeisterung für Militär und Krieg zu dämpfen begann, wurde von der Armee bis in die Endphase des Regimes jedoch nicht geteilt. Waren aus den Rekruten erst einmal kampferprobte Soldaten geworden, die erfahren hatten, dass im mörderischen Getümmel der Schlacht die Kameraden mehr als patriotische Phrasen, Schnaps mehr als die Schimäre des Ruhms zählten, dann spätestens gehörten auch sie zu jener *Grande Armée*, die bereit war, das Letzte für ihr Idol, für ihren Kaiser, für Napoleon zu geben.[14] Die Veteranen der napoleonischen Kriege hielten, was nicht überraschen kann, auch nach 1815 dem Mythos Napoleons unbedingte Treue und standen für die Ideologie des Bonapartismus ein.

Zu dieser Zeit beschlich Napoleon nicht die mindeste Ahnung, dass die Zustimmung der Öffentlichkeit zu seinem caesarischen Regime sich abkühlen könnte. Talleyrand hatte er aus reiner Prävention so spektakulär verstoßen, weniger aus konkretem Anlass als aus Machtinstinkt. Für alle Fälle war damit ein Exempel statuiert. Nein, nach Tilsit, dem

Schurkenstück von Bayonne, dem Spektakel von Erfurt wie nach Wagram konnte sich Napoleon unbestritten im Zenit seiner Macht wähnen. Alles schien ihm zu gelingen, alles fügte sich seinem Wünschen und Wollen. Jetzt, konnte er sich sagen, kam der Zeitpunkt, mit größtmöglichem Effekt den Schlussstein in das Gebäude der neuen, von ihm aufgeführten gesellschaftlichen Ordnung einzufügen, jene letzte der *masses de granit*, die dem Ganzen nicht nur dauerhaft Halt, sondern auch bleibenden Glanz verleihen sollte: Im März 1808 wurde durch eine Reihe gesetzgeberischer Maßnahmen die *Noblesse d'Empire*, ein neuer Adel von Napoleons Gnaden geschaffen. Damit tat er nach langem Zögern jenen Schritt, den aufmerksame Beobachter seiner Herrschaftspraxis schon seit längerem erwartet hatten.[15]

Zugleich mit der Übertragung der Kaiserwürde an Napoleon durch den *Sénatus-consulte* vom 18. Mai 1804 war ein Hofstaat mit Kammerherren, Hofmarschällen und anderen Schranzen geschaffen worden, jenes Ballett des alten Hofes, dem es aber an seinem intimsten Publikum mangelte: dem um den Thron versammelten Adel. Das fiel natürlich sofort auf und gab Anlass für eine zunächst ergebnislose Erörterung im *Conseil d'Etat*.[16] Einen ersten, vorsichtigen Versuch, hier Abhilfe zu schaffen, wagte man damit, einige wichtige Persönlichkeiten aus der nächsten Umgebung des Kaisers mit Fürstentümern zu belehnen, die aus Rücksicht auf die Erinnerungen an die Revolution jenseits der alten Grenzen Frankreichs lagen. Diese Praxis begann Ende März 1806, als Murat die Herzogtümer von Cleve und Berg übertragen wurden. Gleichzeitig erhielt Napoleons Schwester Pauline das Fürstentum von Guastalla, und der getreue Berthier durfte sich mit dem Titel eines «Prince de Neuchâtel» schmücken. Am 5. Juni 1806 kamen Talleyrand und Bernadotte an die Reihe. Eine gänzlich andere Qualität hatte hingegen jenes kaiserliche Dekret vom 28. Mai 1807, das dem Marschall Lefebvre wie dessen erstgeborenen, männlichen Nachkommen den Titel eines «Duc de Danzig» in Anerkennung seiner Verdienste bei der erfolgreichen Belagerung dieser Hafenstadt verlieh. In der Botschaft an den Senat ließ Napoleon erkennen, er wolle eine durch besondere, erbliche Titel ausgezeichnete Meritokratie, also eine Art von Verdienstadel schaffen, ein Begriff, den er allerdings sorgsam vermied.[17] Mit der Verleihung des Herzogtitels an Marschall Lefebvre wurde der napoleonische Adel ins Leben gerufen, denn der Marschall gehörte weder zur kaiserlichen Familie, noch zählte er zu den höheren Hofbeamten.[18] Die Begründung für diese Verleihung diente kaum ein Jahr später auch als Muster für die Formulierung jener von Napoleon am 1. März 1808 unterzeichneten Statuten, die die Möglichkeit schufen, bestimmten Personen «Anerkennungen» in Form von dekorativen Titeln auszusprechen, die sich an die Adelsränge des *Ancien Régime* anlehnten.[19] Unter den 3263 Personen, die Napoleon zwischen 1808 und 1814 adelte, stellten Militärs sowie zivile Funktionsträger des kaiserlichen Regimes mit weitem Abstand das größte Kontingent,[20] während Künstler, Wissenschaftler und Schriftsteller, aber auch Kaufleute und Bankiers so gut wie keine Berücksichtigung fanden.[21] Die meisten von Napoleon Geadelten entstammten dem bürgerlichen Milieu, während jene rund 20 Prozent aus zweifelsfrei unterbürgerlichen Schichten ausschließlich Militärs waren, die bereits während der Revolutionskriege von der massiven Adelsemigration profitiert hatten und in Offiziersränge aufgestiegen waren. Beides zeigt deutlich, dass der napoleonische Adel keineswegs, wie von seinem Schöpfer nachträglich behauptet, vorrangig Angehörige des *peuple* zugute gekommen sei.[22] Genau das Gegenteil trifft zu: Die *Noblesse d'Empire* leistete auf ihre, rein numerisch gesehen, bescheidene Weise zweifelsfrei einen Beitrag dazu, jene Gesellschaft, die aus der Revolution als Gewinner hervorgegangen war, zu verfestigen.[23] Damit bestätigte auch dieser neue Adel die dominierende soziale Tendenz der napoleonischen Herrschaft, sich der Schicht der Revolutionsgewinner als tragenden Säulen zu versichern. Das jedoch sollte sich als Irrtum erweisen, denn diese Schichten und ganz besonders der von ihm kreierte Adel hielten nur so lange zu ihm, wie sie sich in ihrer Stellung von ihm abhängig wussten. Kaum neigte sich seine Herrschaft dem Ende zu, gehörten sie zu den Ersten, die ihm den Rücken kehrten und damit seinen Sturz noch beschleunigten.

Die *Noblesse d'Empire* genügte auch Napoleons snobistischem Komplex. Darin verbarg er sein chronisches Leiden, ein Emporkömmling zu sein. Von diesem Stigma konnte er sich weder durch sein Genie noch durch seine Erfolge als Krieger oder Staatsmann befreien. Deshalb betonte er im Umgang mit Zar Alexander I. beispielsweise seine kleine Herkunft besonders, heuchelte falschen Stolz, indem er sich rühmte, eine Art *selfmade*-Kaiser zu sein. Nein, von diesem Makel vermochte ihn kein Papst, keine noch so heilige oder feierliche Krönungszeremonie zu reinigen, sondern allein die uneingeschränkte Anerkennung seines angemaßten Ranges durch die großen europäischen Herrscherhäuser, die Romanoffs und die Habsburger. Das erfuhr Napoleon als das große, das ihn innerlich erhebende und geradezu verklärende Erlebnis von Tilsit, als ihn der Zar ganz selbstverständlich wie seinesgleichen behandelte, mit ihm in vertrauter Freundschaft umging, die sich nur einstellt, wenn zwei starke Persönlichkeiten einander als gleichwertig schätzen. Doch bei Alexander war das nur Verstellung, Komödie, Schwindel und Heuchelei. Er ließ sich auf eine Rolle ein, die ihm Napoleon antrug, dessen

Snobismus selbst dem kurzsichtigen Zaren auffiel und der, wenn er den anderen auch nur mit symbolischen Gesten befriedigte, darin völlig zu Recht seine Chance erkannte, den Sieger von Friedland so großmütig zu stimmen, dass der Frieden, den es zu schließen galt, alles mögliche, nicht aber eine russische Niederlage besiegelte. Tilsit war für Napoleon die große Illusion, weil er wähnte, ihm brächte die Freundschaft mit dem Zaren nicht nur eminente politische Vorteile, sondern auch die vollgültige Mitgliedschaft im Club der alten, legitimen europäischen Herrscherhäuser. Um sich dieser Mitgliedschaft wirklich zu versichern, drängte sich nach Tilsit der Gedanke einer Trennung von Joséphine auf, um einen Spross der russischen Herrscherfamilie heiraten zu können. Eine solche Ehe würde nicht nur das russisch-französische Bündnis festigen, sondern ihn auch vom Odium seines Parvenutums befreien. Auf jeden Fall war sein Thronfolger von Geburt an im Besitz jener Legitimität, die sein Erzeuger sich mühsam hatte erkämpfen und ertrotzen müssen.

Um diesen geheimen Plan kaltblütig ins Werk zu setzen, brauchte Napoleon zwei Jahre und mehrere halbherzige Anläufe, ehe nach mancher Wirrnis, nach vielen Tränen, peniblen Szenen und falschen Schwüren eine Lösung gefunden wurde. Der erste Akt dieser Kabale begann unmittelbar nach seiner Rückkehr aus Tilsit, als, von Paris ausgehend, überall an den europäischen Höfen Gerüchte die Runde machten, eine Scheidung Napoleons stehe unmittelbar bevor. Als Quelle dieses Geredes ließ sich Fouchés Polizeiministerium ausmachen, dessen Spitzelberichte sich leicht für eine solche Kampagne verwenden ließen und ihr zugleich den Anstrich amtlicher Glaubwürdigkeit verschafften. Die Gerüchte gelangten auch nach St. Petersburg, wo sie ein lebhaftes Echo fanden. Der französische Botschafter, Caulaincourt, berichtete ausführlich darüber nach Paris.[24] Am Zarenhof war man durch dieses Gerede und die Auskünfte des russischen Botschafters in Paris gewarnt und sah nun mit Bangen einer Anfrage Napoleons entgegen, ob an eine Heirat mit der älteren der beiden Zarenschwestern, Katharina Pavlovna, zu denken sei. Diesen Wunsch konnte man mit Rücksicht auf den freundschaftlichen Geist von Tilsit nicht gut abschlägig beantworten. Umso größer deshalb die Erleichterung, als eine entsprechende Demarche ausblieb. Schließlich sickerte auch durch, Napoleon habe Fouché wegen der Kampagne zur Rede gestellt. Konkreten Anlass gab ein Brief Fouchés an Joséphine, in dem er sie unter Hinweis auf die in der Öffentlichkeit verbreitete Meinung sowie aus Gründen der Staatsraison dazu aufforderte, Napoleon die Scheidung vorzuschlagen. Einen solchen Brief konnte Fouché aber nur mit Zustimmung Napoleons verfassen,[25] der nicht den Mut aufbrachte, selber mit diesem Ansinnen vor sie zu treten.[26] Kaum hatte die in Tränen aufgelöste Joséphine Napoleon das Schreiben Fouchés zur Kenntnis gebracht, knickte er ein, bestritt wortreich, das Mindeste damit zu tun zu haben und überschüttete die Verzweifelte mit Liebesschwüren, Trostworten und Versicherungen seiner Treue, die sich abwechselten mit Verwünschungen Fouchés, den er aus dem Amt zu entfernen versprach.[27] Davon konnte natürlich keine Rede sein. Er trieb die schlechte Komödie freilich so weit, dass er dem nichtsahnenden Fouché einige Tage später in Fontainebleau eine heftige Szene machte, der er am 30. November 1807 eine vergleichsweise milde schriftliche Abmahnung folgen ließ.[28]

Im März 1808 flammten die Scheidungsgerüchte erneut auf. Dieses Mal lösten sie eine laute Szene in den kaiserlichen Privatgemächern der Tuilerien aus, die sich daran entzündete, dass Napoleon Joséphine nahelegte, sie möge die Scheidung beantragen. Napoleons Insistenz, Joséphines ebenso hartnäckige Weigerung, Tränen, Vorwürfe, schließlich Zärtlichkeiten, Vergeben und Vergessen – von all dem wusste der russische Botschafter aus sicherer Quelle ausführlich seinem Hof zu berichten,[29] der damit erneut befürchten musste, mit einer aus vielen Gründen inopportunen Werbung behelligt zu werden. Folglich musste man rechtzeitig Vorkehrungen treffen: Katharina Pavlovna galt es so rasch wie möglich zu verheiraten. Seine Mutter, Maria Feodorovna, die Witwe Pauls I., habe, wie Alexander Napoleon vorsichtshalber mitteilte, durch eine Verfügung ihres Gatten, die dessen Testament noch einmal bestätigte, das alleinige Bestimmungsrecht über ihre Töchter erhalten. Demzufolge sei ohne Zustimmung der Zarenwitwe die Eheschließung einer ihrer Töchter nicht vorstellbar. Spätestens diese Auskunft musste Napoleon aufmerken lassen, dem der makabre Witz, dass soviel Pietät gegenüber den Wünschen eines mit Wissen seiner Witwe und seines Sohnes Ermordeten herrschte, nicht hätte entgehen können. Außerdem musste ihm bekannt sein, dass Maria Feodorovna den «korsischen Parvenu» verabscheute. Spätestens aber, als man in St. Petersburg auf den Ausweg verfiel, Katharina Pavlovna mit dem in keiner Hinsicht attraktiven, aber just in russische Dienste eingetretenen Fürsten Friedrich-Georg von Holstein-Oldenburg zu verheiraten, hätte Napoleon ein Licht aufgehen müssen.

In Erfurt verfiel Napoleon auf eine bizarre Idee, die die Flucht vor dem ungeliebten Bewerber geradezu erzwang: Er hatte Zar Alexander I. in aller Diskretion eröffnen lassen, er möge ihm den Vorschlag machen, eine russische Großfürstin zu heiraten. Nicht, dass Napoleon es wegen der noch ausstehenden Trennung von Joséphine damit eilig oder es gar auf

Joséphine, Kaiserin der Franzosen

die Zarenschwester Katharina Pavlovna im besonderen abgesehen hatte, nein, ihm war es nur darum zu tun, dass Alexander ihm eine Großfürstin als künftige Frau und Mutter eines Thronfolgers reservierte und sich so für ihn engagierte. Caulaincourt und Talleyrand sollten diesen Gedanken dem Zaren unterbreiten, eine Aufgabe, der sich beide mit geziemender Delikatesse entledigten. Das wiederum bot Alexander die Chance, sich zu nichts zu verpflichten. Eine Woche nach seiner Rückkehr aus Erfurt wurde in St. Petersburg die Hochzeit von Katharina Pavlovna mit dem Fürsten von Holstein-Oldenburg verkündet.[30] Dieser stille Schachzug erschwerte Napoleon das russische Gambit, denn die andere Schwester des Zaren, die am 18. Januar 1795 geborene Anna Pavlovna, war für eine baldige Eheschließung und Mutterschaft zu jung.

Die sich überstürzenden Entwicklungen des Jahres 1808 – die Intrige von Bayonne, mit der das spanische Desaster begann, und der Krieg mit Österreich – zwangen Napoleon dazu, Scheidungsabsichten und dynastische Heiratsgelüste einstweilen zu verschieben. Mit dem Frieden von Schönbrunn aber, der das Habsburgerreich neben einer riesigen Kontribution von 65 Millionen wieder eine Reihe weiterer Territorien kostete, die es an Frankreich oder dessen Satellitenstaaten abtreten musste, kam dieser Plan erneut aufs Tapet. Kein Wunder, denn durch die jüngsten Erfolge beflügelt, musste sich Napoleon der Gedanke aufdrängen, das eigene Haus in Ordnung zu bringen und vor allem die Zukunft der Dynastie Bonaparte aus Ajaccio dadurch auf sichere Grundlagen zu stellen, dass eine neue Frau aus europäischem Herrschergeschlecht Kaiser Napoleon einen Thronfolger schenkte. Als er am Morgen des 26. Oktober 1809 aus Wien kommend in Paris eintraf, hatte er sich entschlossen, mit Joséphine so bald wie möglich zu brechen.

Das Schloss von Fontainebleau, nicht die Tuilerien in Paris, sollten die Kulisse bilden für das Drama, das Napoleon vermutlich seit seiner Kaiserkrönung in dem Maße fürchtete, wie seine Gewissheit wuchs, dass es im Interesse seiner Dynastie unvermeidlich sei. Das war kein einfacher Erkenntnisprozess für ihn, auch wenn er, nachdem zwei seiner zeitweiligen Mätressen mit gesunden Knaben niedergekommen waren, nicht mehr bei sich die Ursache für die Kinderlosigkeit seiner Ehe vermuten musste. Deshalb galt es, die Scheidung so schnell es ging über die Bühne zu bringen, die Napoleon bereits hatte herrichten lassen: Handwerker vermauerten in Fontainebleau die direkte Verbindung zwischen seinem Schlafgemach und dem von Joséphine.[31]

Joséphine, von Napoleon nach Fontainebleau beordert, der hier seinen Jagdvergnügen zu frönen vorgab, ahnte sogleich, dass die gefürchtete Stunde der Trennung geschlagen hatte. Unbeschadet seiner Absicht, Joséphine zu verstoßen, brachte Napoleon aber auch diesmal nicht den Mut auf, seinen Entschluss unumwunden vorzubringen, um allen Beteiligten unnötige Quälereien zu ersparen.[32] Stattdessen begnügte er sich damit, Joséphine besonders frostig und wortkarg gegenüber zu treten, suchte im Ausweg der Schwachen und Feigen Zuflucht, ihr allein durch sein Verhalten den Trennungswunsch mitzuteilen, um sie auf diese Weise zu nötigen, die stillschweigend gefasste Entscheidung ebenso stillschweigend zu akzeptieren und ihn für eine andere freizugeben. Diese schlechte Komödie, die Méneval genau beobachtet hat, den Joséphine häufig mit ihren Sorgen um genauere Auskunft bedrängte, dauerte einige Tage, bis sich Napoleon bei einem gemeinsamen Abendessen am 30. November 1809 ermannte und Joséphine von seinem Entschluss in Kenntnis setzte.[33]

Napoleon, dem es keine Gewissensqualen bereitete, Hunderttausende zu opfern, den der grauenhafte Anblick der von Toten, Sterbenden oder Verstümmelten übersäten Schlachtfelder nur ausnahmsweise in seinem Innersten berührte, litt dieser Trennung wegen, die ihm im Blick auf die

Zukunft seines Werks und seiner Dynasie geboten schien, die schrecklichsten Qualen. Die Rolle des tragischen Helden, den die Schicksalsmächte zu einem Handeln zwangen, das seiner ganzen Natur wie seinen Emotionen widerstrebte, stand ihm kaum zu Gebote. Wie in der ersten Zeit seiner stürmischen, oft und bitter enttäuschten Liebe zu Joséphine, kam auch jetzt wieder hinter der Maske des gefühllosen Herrschers der Mensch in seiner anrührenden Schwäche und Verwundbarkeit zum Vorschein. Kein Zweifel: Napoleon war nach wie vor Joséphine verfallen;[34] sie war und blieb die einzige Frau, die er wirklich geliebt hat – auf seine Weise. Sie verstoßen zu müssen, aus seinem Leben zu verbannen, ihr Qualen zu verursachen, das alles ging schier über seine eigenen, ungeheuren Kräfte. Indem er Joséphines Schmerz auf alle Weise zu lindern suchte, glaubte er, für sich selber Trost zu finden. Deutlicher noch als alle Zuwendungen zeigte aber die Hast, mit der er jetzt nach einem «ventre», einem gebärfähigen «Bauch» Ausschau hielt, wie er sich gelegentlich gegenüber Vertrauten ausdrückte, die ganze Bitterkeit der Verwundung durch diese Trennung. In gewisser Weise war Joséphine für den abergläubischen Napoleon der «gute Stern» gewesen, von dessen Leitfunktion er überzeugt war. Sich von ihr zu trennen musste für ihn gleichbedeutend sein mit Verrat, der nur sein Verderben nach sich ziehen konnte.

Der vorletzte Akt des Scheidungsdramas fand am 15. Dezember 1809 in Anwesenheit des Bonaparte-Clans im großen Arbeitszimmer Napoleons in den Tuilerien statt. Als Zeugen fungierten Erzkanzler Cambacérès und Regnault de Saint-Jean-d'Angely. Zunächst las Napoleon eine vorbereitete Erklärung vor, mit der er seine Absicht, sich von Joséphine zu trennen, bekundete. Als er zu der Passage kam: «Sie war fünfzehn Jahre die Zierde meines Lebens; die Erinnerung daran wird für immer in meinem Herzen geborgen sein», drohte seine Stimme zu kippen. Joséphine, die dann ihre ebenfalls schriftlich formulierte Zustimmung vortragen sollte, wurde schon nach dem ersten Satz so von Rührung überwältigt, dass Regnault den Inhalt des Schriftstücks vortragen musste. Die tränenreiche Szene endete mit der Anfertigung eines Protokolls, das alle Anwesenden unterzeichneten. Dann umarmte Napoleon Joséphine, nahm die gänzlich Aufgelöste bei der Hand und führte sie in ihre Appartements.[35] Am nächsten Tag fiel es ausgerechnet Eugène de Beauharnais zu, den Senat von der Scheidungsabsicht des Kaiserpaars in Kenntnis zu setzen und diesen aufzufordern, durch ein *Sénatus-consulte* den Scheidungsakt förmlich zu legalisieren, ein Verlangen, dem diese allen Wünschen des Kaisers willfahrende Institution umstandslos entsprach.[36]

Ohne länger zu überlegen wandte sich Napoleon auf der Suche

nach seinem «ventre» wieder nach St. Petersburg. Die Großfürstin Anna Pavlovna wurde im Januar 1810 fünfzehn Jahre alt, weshalb man davon ausgehen konnte, sie sei unterdessen zur gebärfähigen Frau herangereift.[37] Bereits am 22. November 1809 hatte Botschafter Caulaincourt in St. Petersburg den Auftrag für eine entsprechende Anfrage beim Zaren.[38] Die Schwäche, die Napoleon mit seiner Ungeduld zu erkennen gab, stärkte die russische Position, zumal man in Paris offensichtlich einen wichtigen Umstand übersehen hatte: In St. Petersburg waren Tilsit wie Erfurt nur noch vergangene Episoden ohne Zukunft. Aus der kurzzeitigen Verständigung mit Frankreich hatte der Zar alle Vorteile gezogen, die sich mit den Interessen Russlands in Einklang bringen ließen; deshalb war es für St. Petersburg sinnlos, diese Detente durch das Anknüpfen familiärer Bande zu festigen.

Mit der Komödie von Tilsit hatte Alexander die Niederlage von Friedland vergessen lassen: Die Zeche für den Frieden hatte allein das unglückliche Preußen zu zahlen, während Russland sich mit der Preisgabe einiger weit vorgeschobener und im Konfliktfall kaum haltbarer Positionen in der Ägäis bescheiden konnte; mit der Anerkennung der napoleonischen Annexion in Europa hatte man sich leicht abgefunden, weil sie unter anderen Machtverhältnissen wieder ungeschehen gemacht werden konnten. Außerdem hatte Russland freie Hand in Finnland, dessen Einverleibung ihm eine längst begehrte Ausweitung seines Herrschaftsgebiets bescherte. Mehr konnte oder wollte Napoleon nicht bieten, zumal er die Kontrolle von Konstantinopel und den Dardanellen für Frankreich beanspruchte. Deshalb waren die Teilungspläne der Türkei, mit denen er immer wieder lockte, für Russland ohne Interesse. Schließlich, musste man sich in St. Petersburg eingestehen, begannen die Nachteile für Russland aus der Verständigung mit Frankreich zu überwiegen. Im besonderen galt das für die Kontinentalsperre. Der Boykott Englands schadete Russland aus zwei Gründen besonders: Zum einen fand sich kein anderer Abnehmer für die russischen Holz- und Weizenexporte, während umgekehrt der Import von industriellen Fertigwaren und Kolonialwaren versiegte. Der Masse der russischen Leibeigenen waren diese Nachteile herzlich gleichgültig, nicht aber den russischen Oberschichten, die auf ihren überschüssigen Produkten sitzen blieben und gleichzeitig auf manchen liebgewonnenen Luxus verzichten mussten oder sich diesen nur zu horrenden Preisen leisten konnten. Das immer lauter werdende Murren über diese Situation konnte der Zar nicht überhören, denn dessen Despotie wurde, wie der russische Außenminister Rumiantsov Napoleon einmal klar zu machen suchte, «durch die Einflussnahme der Salons gemäßigt».[39]

Jedenfalls ergab sich zweifelsfrei, dass man in St. Petersburg keinerlei Interesse mehr daran hatte, die Beziehungen zu Napoleon zu vertiefen, sondern nach Möglichkeiten Ausschau hielt, diese falsche Freundschaft so rasch wie möglich zu beenden. Politische Klugheit gebot jedoch, den Schritt nicht zu übereilen. Außerdem war es immer von Vorteil, wenn man dem Partner eindeutig alle Schuld am Zerbrechen der Beziehung zuschreiben konnte. Dafür eignete sich in den Augen der russischen Regierung vorzüglich das Großherzogtum Warschau, das sich wie ein rostiger Nagel in die weiche Flanke Russlands bohrte und hier eine chronische Entzündung hervorzurufen drohte. Ein erster Anlass, den eine französische Instinktlosigkeit lieferte, stellte sich bald ein: Mit dem Schönbrunner Frieden wurde Österreich gezwungen, ein großes Stück seiner polnischen Beute fahren zu lassen. Zwar hatte Napoleon den kleineren Teil davon an seinen russischen Bündnispartner zum Dank für dessen bestenfalls symbolisch-moralische Unterstützung in der Auseinandersetzung mit Österreich weitergereicht, den Löwenanteil aber dem Großherzogtum Warschau zugeschlagen, das damit zu respektabler Größe angewachsen war. In St. Petersburg sah man das mit Argusaugen und großer Verstimmung, denn man hatte Paris davor gewarnt. In einer längeren Unterredung mit Caulaincourt erläuterte Zar Alexander die Haltung, die Russland im Konflikt Frankreichs mit Österreich einnehmen werde: «Die Zerstörung der österreichischen Monarchie wäre nicht nur für Europa, sondern auch für unser Bündnis ein Unglück. Die österreichische Regierung hat es verdient, dass man ihr eine scharfe Lektion erteilt, die sie auch erhalten soll, aber dennoch darf Österreich nicht zerstört werden. Was Russland anbelangt, so sage er deutlich, dass, wenn die österreichische Monarchie Gebietsabtretungen zu gewärtigen habe, dann könne es sein Land auf keinen Fall dulden, wenn Galizien zur Gänze oder zum Teil in andere Hände als in die seinen gelange; denn alles, was von dieser Seite dem Großherzogtum Warschau zugeschlagen werde, wäre ein Schritt hin zur Wiederherstellung Polens und stünde damit im genauen Widerspruch zum ersten Interesse Russlands. (...) Der Kaiser (Napoleon) kann das Königreich Sachsen um Gebiete von Böhmen oder wo auch immer vergrößern, dagegen habe ich keinerlei Einwände, aber keinesfalls um Galizien, das möchte ich mit Ihnen für jetzt und für die Zukunft klargestellt haben, um so von vorne herein alle Missverständnisse zu vermeiden. Jegliche Vergrößerung des Großherzogtums (Warschau) nach Galizien hinein läuft meinen Interessen unbedingt zuwider.»[40]

Unverständlich ist, dass Napoleon diese deutliche Warnung überhörte, denn dass Polen für Russland von erstrangiger Bedeutung war, musste ihm einleuchten. Das zeigte, dass Napoleon weder in Tilsit noch in Erfurt Vereinbarungen zwischen zwei gleichgewichtigen und gleichberechtigten Partnern abschloss: Russland galt ihm trotz aller Freundschaftsbekundungen gegenüber Alexander als Juniorpartner, dessen Interessen denen Frankreichs nachgeordnet waren. Durchaus möglich auch, dass Napoleon in der Erweiterung des Großherzogtums Warschau um erhebliche Teile Galiziens nichts anderes sah als eine Kompensation Frankreichs für den russischen Erwerb Finnlands, der mit dem Friedensvertrag von Friedrichsham am 17. September 1809 besiegelt worden war.[41] Dazu hatte Napoleon schon in Tilsit seine ausdrückliche Zustimmung gegeben, während für Alexander der Schönbrunner Frieden, als ihm dessen Text durch Caulaincourt am 27. Oktober 1809 übermittelt wurde, eine böse Überraschung sein musste. Alexander erlebte jetzt, dass Napoleon allen vorherigen Versicherungen zuwider gehandelt und keinem der von seinem Verbündeten wiederholt und nachdrücklich geäußerten Wünsche und Bedenken entsprochen hatte. Von den rund zwei Millionen Seelen, die Österreich in Galizien abtreten musste, wurde Russland mit fünfhunderttausend abgespeist, während dem Großherzogtum Warschau ein Gebiet mit rund 1,5 Millionen Menschen zugeschlagen wurde. Hinter dieser groben Täuschung konnte Alexander nur Napoleons Absicht vermuten, Polen über kurz oder lang wieder als unabhängigen Staat herzustellen, eine Aussicht, die Russland als existentielle Bedrohung verstehen musste.

Dass Alexander den Schönbrunner Vertrag so interpretierte, ging unterdessen auch Napoleon auf, der sich deshalb beeilte, dem russischen Außenminister Rumiantsov am 20. Oktober 1809 mitzuteilen, er werde hinsichtlich des Großherzogtums Warschau alles tun, was der Zar wünsche, ja, er sei bereit, den Namen Polen wie jegliche Form der Erinnerung daran auszulöschen und zu verbieten. «Der Kaiser ist gesonnen, den Gedanken an eine Wiedergeburt Polens, der ihm sowieso sehr fern liegt, nicht wieder zu beleben, sondern er ist auch dazu bereit, sich mit dem Kaiser Alexander über alle Maßnahmen zu verständigen, die geeignet erscheinen, um jegliche Erinnerung (an Polen) in den Herzen seiner Bewohner auszulöschen. Seine Majestät erklären ihr Einverständnis damit, dass die Begriffe *Pologne* und *Polonais* nicht nur aus allen politischen Dokumenten und Akten, sondern auch aus der Geschichte ausgelöscht werden.»[42] Doch diese schriftliche Zusicherung, die erst zehn Tage nach Bekanntwerden des Schönbrunner Vertrags in St. Petersburg eintraf, genügte dem Zaren nun nicht mehr: Er bestand jetzt darauf, diese Zusagen Napoleons mit einem förmlichen Vertrag zu besiegeln.[43]

Die Forderung des Zaren, etwas vertraglich festzulegen, was zwischen zwei verbündeten Mächten an und für sich eine politische Selbstverständlichkeit war, zeigt, wie stark Napoleons widersprüchliches Betragen irritierte. Tatsächlich liebäugelte Napoleon immer wieder mit der Option eines unabhängigen Polen, die er aber ebenso regelmäßig verwarf. Seine Polenpolitik war stets von zynischer Pragmatik bestimmt, indem er bei diesem unter den drei Mächten aufgeteilten und von ihnen einvernehmlich unterdrückten Volk stets die Hoffnung wachhielt, er sei als die Inkarnation der Französischen Revolution der selbstlose Kämpfer für die polnische Freiheit. Das war natürlich unwahr, denn ihm ging es vor allem um Soldaten, die ihm die Polen in dem Missverständnis, er stehe für sie ein, seit dem Krieg in Italien mit Begeisterung zur Verfügung stellten.[44] Zum anderen diente ihm das Großherzogtum Warschau als weit nach Osten vorgeschobene, strategisch wichtige Plattform, von der aus er sowohl Preußen wie Russland im weiten Vorfeld der «natürlichen» Grenzen Frankreichs in Schach halten konnte.

Napoleons undurchsichtiges, auf jeden Fall aber unaufrichtiges Taktieren in der polnischen Frage lieferte den entscheidenden Anstoß für die immer raschere Entfremdung zwischen Frankreich und Russland. Der Zar, der Napoleon in Tilsit nicht nur mit Berechnung, sondern auch mit einem gewissen Maß an naiver Bewunderung genaht war, nahm diese Erfahrungen zum Anlass, sein Bild vom französischen Kaiser gründlich zu revidieren. Darüber sprach er in einem vertraulichen Gespräch sehr offen mit seinem früheren Außenminister, dem aus Polen gebürtigen Fürsten Adam Czartoryski, Ende 1809. Czartoryski, der Alexander auf in St. Petersburg umlaufende Gerüchte aufmerksam machte, Napoleon litte an epileptischen Anfällen, die seine geistigen Fähigkeiten bedrohten, erhielt darauf zur Antwort: «Niemals wird Napoleon einer Geisteskrankheit erliegen; das ist ganz und gar unmöglich, und diejenigen, die solchen Unsinn verbreiten, kennen ihn nicht. Napoleon ist ein Mann, der selbst inmitten des größten Durcheinanders immer einen kühlen Kopf behält. Wann immer er außer sich gerät, dann geschieht das nur aus Kalkül, um die anderen damit zu beeindrucken, sie einzuschüchtern. Er tut nichts, was er nicht zuvor genau in seinen möglichen Folgen bedacht hat. Vor allem die seiner Handlungsweisen, die von besonders spontaner Gewalttätigkeit oder Kühnheit zu zeugen scheinen, sind von ihm ganz kühl vorausbedacht worden. (...) Was seine Gesundheit anbelangt, dann sind das alles Märchen, die man sich da erzählt. Niemand verfügt über eine stabilere Konstitution als er. (...) Niemand sonst hält Belastungen und Arbeit besser aus als er. Allerdings ist ihm ein ausgeprägtes Schlafbedürfnis eigentümlich, das ihn allerdings nicht zu bestimmten Stunden überfällt, das ihm aber dennoch acht Stunden Schlaf täglich zum Bedürfnis macht.»[45]

Dass Napoleon hier mit Überlegung und System handelte, bestärkte Alexander in seiner Einschätzung, ihn für einen gerissenen und bei allem nur auf seinen Vorteil bedachten Spieler zu halten. Dieses Urteil war der Nährboden für das Misstrauen des Zaren und veranlasste ihn, zum Kontrahenten von Tilsit und Erfurt auf Distanz zu gehen. Der Prozess wurde durch die räumliche Entfernung zwischen Paris und St. Petersburg beschleunigt, für deren Überwindung unter günstigsten Witterungsverhältnissen die Kuriere wenigstens drei Wochen brauchten. Wer immer unter solchen Bedingungen auf Auskunft und Antwort lauerte, sah sich zwangsläufig auf die Folter seiner Ungeduld gespannt, die ihn bald den harmlosesten Bescheid misstrauisch erwarten ließ. So erging es Alexander wie Napoleon, mit dem Unterschied jedoch, dass das Misstrauen des Zaren schon voll entwickelt war, während Napoleon erst jetzt aus seiner Illusion zu erwachen begann, der weit Überlegene zu sein.

Napoleons Position wurde überdies geschwächt durch Verquickung der leidigen polnischen Streitfrage mit seiner hektischen Brautwerbung. Deshalb ließ er durchblicken, er sei in der polnischen Frage zu allen nur denkbaren Zugeständnissen an die russischen Empfindlichkeiten bereit. Caulaincourt wurde daher bevollmächtigt, den vom Zaren gewünschten Vertrag zu vereinbaren. Dem Botschafter unterlief jetzt der für einen Diplomaten unverzeihliche Fehler, den einen mit dem anderen Auftrag zu verquicken: In der polnischen Frage ließ er ein schier grenzenloses Entgegenkommen erkennen, um so den Zaren günstig zu stimmen, seine Auskunft in der Heiratssache zu beschleunigen. Damit konnte der Zar endgültig die ganze Sache zu seinem Spiel machen.[46] Schließlich musste Napoleon einsehen, dass man ihn in St. Petersburg ganz offensichtlich zum Narren halten, ihn als unwillkommenen Freier lächerlich machen wollte, nachdem man ihn in der polnischen Frage über den Tisch gezogen hatte. Doch gebot politische Klugheit, jetzt nichts zu überstürzen und die eigene Dummheit dadurch wettmachen zu wollen, dass man Russland vor den Kopf stieß, indem man beide Angelegenheiten einfach fallen ließ. Also entschloss man sich, die Ratifikation des unterdessen ausgearbeiteten Vertrags, mit dem die polnischen Missverständnisse den Wünschen des Zaren gemäß aus der Welt geschafft werden sollten, fürs Erste aufzuschieben.[47] Am 5. Februar 1810 langte in Paris schließlich die am 21. Januar von Caulaincourt abgeschickte Depesche ein, dass die Mutter des Zaren noch immer Bedenken gegen die beabsichtigte Eheschließung trage, was Napoleon endlich veranlasste, diese Sache aufzugeben. Unterdessen gab es auch in St. Petersburg ein Einsehen, dass es nicht sehr klug wäre, das grausame Spiel noch weiter zu treiben. Am 7. Februar 1810 unterrichtete Alexander Caulaincourt, er könne Napoleons Werbung mit Rücksicht auf die Jugend seiner Schwester nicht stattgeben.

Napoleon, der seit Mitte Januar 1810 insgeheim mit dem abschlägigen Bescheid gerechnet hatte, war längst mit Maßnahmen beschäftigt, um Schaden für seine Reputation abzuwenden. Diesem Zweck diente vor allem eine feierliche Sitzung des *Conseil privé* sowie des Familienrats, die am 21. Januar 1810 in den Tuilerien stattfand und bei der neben Murat und Eugène auch alle Würdenträger des Reichs in großer Robe zugegen waren. Dieses erlauchte Gremium sollte empfehlen, aus welchem Herrscherhaus die künftige Kaiserin Frankreichs, die Mutter des Thronfolgers stammen solle. Zur Debatte standen eine sächsische Prinzessin, die Schwester des Zaren sowie die österreichische Erzherzogin Marie-Louise. Nach dem Bericht Cambacérès' befürwortete eine Mehrheit der Anwesenden eine Ehe mit der österreichischen Erzherzogin,[48] ein Votum, das Napoleon immerhin eine Lösung zeigte, an der er insgeheim schon arbeiten ließ. Angesichts der noch andauernden Verhandlungen in dieser Angelegenheit mit St. Petersburg konnte diese Zusammenkunft jedoch nur eine propagandistische Funktion haben: den Schaden zu begrenzen, sobald die einschlägigen Bemühungen Napoleons am Zarenhof tatsächlich scheiterten.

Von einem Eheschluss, der eine verwandtschaftliche Verbindung zwischen den Bonapartes aus Ajaccio mit den Habsburgern stiftete, versprach man sich viel in Wien, wo man traditionell den Segnungen einer politisch klugen Heiratspolitik vertraute. Napoleon hatte bereits während der Friedensverhandlungen mit Österreich diese Möglichkeit spielerisch in Erwägung gezogen.[49] Von welcher Seite der aktuelle Anstoß jetzt ausging, ist nicht zweifelsfrei feststellbar, für das Ergebnis im übrigen auch gleichgültig. Metternichs in Paris zurückgebliebene Frau, der gegenüber die verstoßene Kaiserin Joséphine entsprechende Anregungen ventilierte,[50] wird einen gewissen Anteil daran gehabt haben. Ende Januar 1810 waren jedenfalls die in aller Diskretion angesponnenen Verhandlungen zur Zufriedenheit beider Höfe abgeschlossen. Der endgültige Ehevertrag, seiner völkerrrechtlichen Qualität nach ein Staatsvertrag zwischen zwei Mächten, wurde am 9. März 1810 von dem für diese Gelegenheit zum Sonderbotschafter ernannten Berthier im Namen Frankreichs und von den Grafen Trautmannsdorff und Metternich für Österreich unterschrieben. Zwei Tage später, am 11. März, fand in Wien die kirchliche Trauung qua Procuration statt, der am 1. April die Ziviltrauung im Schloss von Saint-Cloud folgte.

Der 1. April 1810 ist das Datum, zu dem Napoleon im Zenit seiner Macht stand. Der lange, bisweilen schwierige Aufstieg zu imperialer Größe, die sich in den Hermelin der Legitimität hüllen konnte, war an diesem Tag vollendet. Die Ziviltrauung mit Marie-Louise verband das neue, aus der Revolution hervorgegangene imperiale Regime mit dem *Ancien Régime*, verknüpfte, über den Umweg der Einheirat der Bonapartes in das Haus Habsburg, die vierte Dynastie, die nicht nur über Frankreich, sondern über Europa herrschte, mit der dritten, der bourbonischen, die von der Revolution hinweggefegt worden war. Außerdem war Napoleons Snobismus auf diese Weise Genüge getan, zumal die jetzt durch Heirat gestiftete Blutsverwandtschaft mit den Habsburgern ein wesentlich bedeutenderes symbolisches Gewicht hatte als jene mit den Romanoffs. Der Kaiser der Franzosen avancierte damit zum Vollmitglied im exklusiven Club der legitimen Herrscher, was, mit Ausnahme Großbritanniens, alle Mächte anerkannten. Auf Grund seiner schieren Machtfülle konnte er außerdem für sich in Anspruch nehmen, der primus inter pares zu sein. Das war, wie man zugeben muss, schon eine seltsame Entwicklung für eine Revolution, die sich 18 Jahre zuvor ihrer selbst durch einen Königsmord vergewissert hatte.

Paris wurde darüber zur Hauptstadt Europas. Dazu trug nicht wenig bei, dass das Königreich Italien, obwohl sein Herrscher Kaiser Frankreichs war, formal als unabhängiger Staat galt und seit dem 9. Februar 1810 sein Außenministerium wie sein Staatssekretariat in Paris hatte. Tags zuvor hatte Napoleon mit einem Federstrich das Staatsgebiet Frankreichs um die nördlich des Ebro gelegenen spanischen Provinzen durch Annexion erweitert. Außerdem wurde verkündet, alle weiteren spanischen Provinzen würden nach ihrer «Befreiung» von Generälen verwaltet werden. Die Maßnahme lief darauf hinaus, ganz Spanien der direkten Kontrolle Frankreichs zu unterwerfen. Das war jedoch kein Zeichen der Stärke, sondern der Schwäche, wie das Schreiben Napoleons vom 8. Februar 1810 an Berthier in seiner Eigenschaft als *Major Général de l'Armée d'Espagne* zeigt: «Ich vermag nicht mehr für die enormen Ausgaben meiner Armee in Spanien aufzukommen. Deshalb wünsche ich, dass die Verwaltung des eroberten Landes in den Händen der Generäle liegt, die in diesen Provinzen den Oberbefehl haben, damit alle Ressourcen für die Erfordernisse der Armee verwendet werden können. Überdies sehe ich mich außer Stande, weiterhin Monat für Monat zwei Millionen (*francs*) zu schicken, um den Sold der Truppen zu bezahlen, die in der Umgebung von Madrid stationiert sind und die den Kern der Spanienarmee bilden.»[51]

In diesen wenigen Zeilen blitzt für einen Moment die bittere Wahrheit auf, auf welch tönernen Füßen das Reich Napoleons stand. Aber je offenkundiger wurde, wie sehr die überspannte Machtanstrengung die Kräfte Frankreichs überforderte, desto despotischer gerierte sich Napoleon und desto bereitwilliger setzte er auf die jeder Politik Hohn sprechende Anwendung schierer Gewalt, durch Wortbruch und unverhüllte Verachtung selbst gegenüber den eigenen Brüdern. Die fragwürdigen Erfolge, die er damit erzielte, brachten unvermeidlich den Zusammenbruch seines Imperiums, während die erpressten Mehreinnahmen bei weitem nicht ausreichten, den akuten Geldmangel zu mildern. Ursache dafür war aber nicht nur der kostspielige Krieg, der sich in Spanien hinschleppte, sondern eine Wirtschaftskrise in Frankreich, die Ende des Jahres 1809 einsetzte, 1811 ihren Höhepunkt erreichte und alle Lebensbereiche tangierte: Binnen zweier Jahre beispielsweise stieg der Brotpreis um 50 Prozent. Der Konjunktureinbruch trug entschieden dazu bei, den Glanz des Empire zu trüben. Gleichzeitig damit kamen aber auch die großen Verluste an Menschen zum Vorschein, die das Land wegen der immerwährenden Kriege erlitten hatte. Dieses Erlebnis illustriert ein Tagebucheintrag des österreichischen Diplomaten Lebzeltern, der im Mai 1810 von Paris aus nach Italien reiste und den die Entvölkerung der reichen Provinzen Frankreichs, durch die er fuhr, tief bestürzte: «Die jährlichen Rekrutenaushebungen haben hier eine Generation nach der anderen vernichtet – man gewahrt überall nur gebrechliche Greise und Frauen – die meisten von ihnen sind Witwen oder Kinder, von denen viele Waisen sind. Überall herrscht tiefes Schweigen. Eine allgemeine Lähmung ist zu bemerken; aber das ist keineswegs die beschauliche Ruhe, die von Zufriedenheit kündet, sondern zeugt von der Wirkung, die dauernde Angst und fortwährender Schrecken auf die Gemüter hat. Es ist der Schmerz, den Sohn, die letzte Hoffnung der Familie in ferne Gegenden ziehen zu sehen, aus denen er nie mehr wiederkehren wird. Dem ist eine gleichermaßen düstere wie wilde Anmutung eigentümlich, eine erzwungene Resignation, die sich einstellte, nachdem allzu viele Tränen vergossen worden sind. In Paris verdeckt eitle Einbildung viel von diesen Übeln, aber in der Provinz sind solche Illusionen längst zerstoben.»[52] Napoleon musste diese Krise umso ungelegener kommen, als sich kein ergiebiges Opfer bot, das sich hätte ausplündern lassen. Andererseits war er es aber der Erhaltung seiner Popularität bei den Massen wie auch bei der Armee schuldig, die Auswirkungen der Krise durch einschlägige Interventionen – Regierungskredite, große öffentliche Bauaufträge oder auch eine gezielte Förderungspolitik der französischen Industrie – zu mildern.[53]

In seinem Verständnis von Politik und Finanzpolitik im besonderen glaubte Napoleon angesichts der zusätzlichen Summen, die er für die

Bekämpfung der Wirtschaftskrise in Frankreich aufwenden musste, keine andere Wahl zu haben, als die annektierten Gebiete und die Satellitenstaaten noch unnachsichtiger auszupressen. Dass er damit den Zusammenbruch des *Grand Empire* beschleunigte, konnte ihm so lange gleichgültig sein, wie er sich im uneingeschränkten Besitz der Machtmittel wusste, jeden Aufstandsversuch ersticken zu können. Gleichzeitig erkannte er darin auch ein willkommenes Mittel, die in seinen Augen undankbaren und unbotmäßigen Brüder derart unter Druck zu setzen, dass sie ihren Thronen entsagten. Beide Motive sind in seiner neuen politischen Offensive unauflöslich miteinander verwoben.

Mit dem Dekret vom 8. Februar 1810 entmachtete Napoleon seinen Bruder Joseph vollends, indem er ihm nicht nur das nominelle Oberkommando über die rund 270 000 französischen Soldaten in Spanien und Portugal entzog, sondern auch dessen Souveränität als spanischer König auf die Region um Madrid, auf Neu-Kastilien, beschränkte. Das alles wurde von ihm ins Werk gesetzt, ohne dass er Joseph, der zu dieser Zeit in Andalusien weilte – den französischen Truppen war es gelungen, Sevilla einzunehmen –, zuvor auch nur durch eine Zeile unterrichtet hätte. Napoleon erfand mit diesem Dekret auch einen dem Völkerrecht bislang unbekannten Grundsatz, dass nämlich alle von seinen Truppen besetzten Territorien quasi automatisch als annektierte Gebiete zu gelten hätten.[54]

Außerdem spricht im Falle Spaniens vieles dafür, dass Napoleon sein ureigenstes Metier, das Heeres- und Kriegswesen, nicht mehr verstand. Seine Entscheidung, die französischen Truppen in Spanien in acht selbstständig operierende Armeecorps aufzugliedern, deren Chefs eifersüchtig über ihre Kommandohoheit wachten, war ein Fehler, der das spanische Desaster endgültig heraufbeschwor.[55] Die Corpskommandeure, die in ihrem Befehlsbereich neben der militärischen auch die zivile wie polizeiliche Gewalt ausübten, entwickelten sich schnell zu blutsaugerischen Despoten, die das Land mit allen ihnen zu Gebote stehenden Mitteln drangsalierten und damit die Erbitterung der Einheimischen und die Aufstandsbewegung umso mehr anheizten.[56] Gleichzeitig zerstörte Napoleon mit dieser Entscheidung alles, was Joseph bislang an geduldiger Aufbauarbeit in Spanien vollbracht hatte. Die Ergebnisse waren zwar noch bescheiden – die Leistung, die Joseph in Spanien zuzuschreiben ist und die die schönsten Früchte trug, die von ihm nach dem Vorbild des Louvre angeregte Gründung des Prado-Museums, ist längst vergessen –, was aber das Königspaar nicht hinderte, darin seine Mission zu erkennen. Umso mehr litt Joseph darunter, dass Napoleon ihn in diesem Streben nicht verstand, weshalb ihn schon vor dessen fatalen Entschlüssen der Gedanke anwandelte, auf den spanischen Thron zu verzichten.

Die Art und Weise, in der Napoleon mit Joseph umsprang, nimmt sich noch vergleichsweise harmlos aus, denkt man an sein Verhältnis zu Louis. Kaum hatte der den holländischen Thron bestiegen, verschlechterten sich ihre Beziehungen kontinuierlich. Den ersten Anstoß gab Louis, der sich von Anfang seiner Herrschaft an als *holländischer* König begriff und sich nicht in das System unbedingter Loyalität und Unterordnung unter die Wünsche und Capricen Napoleons fügen wollte, die dieser mit den Interessen Frankreichs selbstverständlich gleichsetzte. Vom fernen Osterrode aus überschüttete er Louis am 19. März 1807 mit Vorwürfen, die in dem wahrlich absurden Tadel gipfelten: «Aber Sie sehen nichts als Holland und bedenken dabei so gar nicht, dass ohne die ungeheuren Anstrengungen, die Frankreich unternimmt, Holland nichts anderes wäre als eine englische Provinz.»[57] Das war zunächst der Generaltenor aller Klagen und Beschwerden: Statt sich als gekrönter Kolonialgouverneur zu betragen, der Holland nach Kräften auspresste, um Napoleon die stets dringend und in immer größerer Menge benötigten Geldmittel zu beschaffen, verhielt sich Louis genau anders: er wollte seinen Untertanen ein milder, nachsichtiger und gerechter König sein, wollte von allen geliebt, geschätzt und verehrt werden. Dieser Ehrgeiz musste ihn in einen immer größeren Widerspruch zu den Intentionen seines kaiserlichen Bruders bringen. Louis ließ sich dadurch keineswegs beirren, er beharrte mit dem autistischen Eigensinn des Gemütskranken auf der Richtigkeit seines Handelns, was Napoleon vor Wut regelmäßig explodieren ließ. Seinen Niederschlag fand dies in einer Korrespondenz, von der jedoch nur die wenigsten Zeugnisse – aus unschwer nachvollziehbaren Gründen – in die offizielle Sammlung der *Correspondance de Napoléon Ier* aufgenommen wurden.[58]

Außerdem wurde das Verhältnis der Brüder durch Louis' rüdes Betragen gegenüber seiner Frau Hortense getrübt. Napoleon, der die Ehe gegen beider Willen aus fragwürdigen dynastischen Überlegungen erzwungen hatte, fühlte sich Hortense gegenüber in der Pflicht. Louis verfolgte seine Frau mit einer krankhaft übersteigerten, durch nichts zu rechtfertigenden Eifersucht, hielt sie wie eine Gefangene am holländischen Hof, ließ ihr nachspionieren, ihre Post öffnen und quälte sie mit den unsinnigsten Vorwürfen und Verdächtigungen. Schließlich wusste sich die gepeinigte Hortense keinen anderen Rat mehr, als sich immer häufiger für längere Zeit zu ihrer Mutter nach Paris zu flüchten. Die Zwistigkeiten am holländischen Königshof drangen, obwohl sich Hortense still in ihr eheliches Martyrium schickte – in ihren Memoiren hat sie dann ausgiebig über ihre Leiden Auskunft gegeben – an die Öffentlichkeit. Napoleon reagierte empfindlich auf das Gerede, das dem Ansehen des Clans schädlich war. Aus der Abgeschiedenheit von Schloss Finkenstein schrieb er am 4. April 1807 einen langen Brief an seinen Bruder, einen vollständigen Katalog aller seiner Vorwürfe. In diesem Zusammenhang kam er zum ersten Mal auch auf dessen Eheprobleme zu sprechen: «Ihre Streitereien mit der Königin sind unterdessen bis an die Öffentlichkeit gelangt. Befleißigen Sie sich doch bitteschön in Ihrer häuslichen Umgebung jenes gütigen und verweichlichten Umgangs, den Sie in den Regierungsgeschäften an den Tag legen, und zeigen Sie in diesen lieber jenen Rigorismus, den Sie in Ihrer Ehe ausüben. Sie behandeln eine junge Frau so, wie man mit einem Regiment umspringt.»[59]

Napoleons zunehmend dünner werdender Geduldsfaden gegenüber dem Bruder drohte angesichts der Missachtung zu reißen, die Louis dem Kontinentalsystem entgegenbrachte. Holland lebte vom Handel mit England, das umgekehrt ein wichtiger Markt für englische Produkte war. Nachdem Louis anfänglich die strengen Auflagen seines Bruders befolgt hatte, ließ er sich von den Klagen seiner holländischen Untertanen, die den Schaden davon trugen, mehr und mehr erweichen, so dass ganz Holland bald zum Schmuggelparadies wurde, über das englische Waren auf dem ganzen Kontinent Verbreitung fanden. Das blieb Napoleon natürlich nicht verborgen, dessen Wut auf den Bruder ins schier Grenzenlose wuchs. Louis reagierte auf diese Vorwürfe stets mit ruhiger Gelassenheit, womit er allerdings Napoleon nicht im mindesten beeindrucken konnte, der sich jetzt entschloss, Holland einfach zu annektieren. Louis, der wie die meisten anderen Mitglieder der Familie am 1. Dezember 1809 in Paris eintraf, um den fünften Jahrestag der Kaiserkrönung zu feiern, erfuhr jedenfalls bei seinen Gesprächen mit Napoleon sofort und unumwunden von dieser Absicht. Louis widersetzte sich heftig diesem Ansinnen, versprach aber in einem Brief vom 17. Dezember 1809 Napoleon sogar, alle Zollmaßnahmen zu befolgen, wie überhaupt seinen Wünschen zu willfahren. Damit aber provozierte er nur Napoleons Sarkasmus, der dem Bruder auch die Annexion des linken holländischen Rheinufers ankündigte. Napoleons Brief schloss mit Drohungen: «Meiner Meinung nach übernehmen Ihre Majestät Verpflichtungen (jene Versprechungen, die Louis in seinem Schreiben vom 17. Dezember gemacht hatte, J. W.), die Sie niemals werden einhalten können, weshalb die Annexion Hollands durch Frankreich nur aufgeschoben ist.»[60]

Napoleons Pläne ließen sich nicht völlig geheim halten und beunruhigten die Öffentlichkeit in Holland. Louis wollte seine Untertanen besänftigen, aber seine Abreise aus Paris wurde verhindert. Napoleon hatte um das Wohnhaus von *Madame Mère*, bei der Louis im *faubourg* Saint-Germain wohnte, Elitegendarmen aufziehen lassen.⁶¹ Diese Gewaltmaßnahme zerstörte Louis' letzte Illusionen. Das Katz-und-Maus-Spiel mit Louis und Holland setzte Napoleon noch bis in den Juli 1810 hinein fort, bis Louis die Nerven verlor. In der Nacht vom 1. auf den 2. Juli 1810 verschwand er aus Haarlem, reiste inkognito durch Holland und Deutschland, stets in Angst, von Häschern seines Bruders festgesetzt zu werden, und langte schließlich im böhmischen Teplitz an, wo ihm Kaiser Franz II. erlaubte, Aufenthalt zu nehmen. Am Tag danach rückten französische Truppen in Amsterdam ein, und am 10. Juli wurde das vom Vortage datierte Dekret veröffentlicht, das die Annexion Hollands durch Frankreich verkündete.

Louis' durch keine Revolution, keinen Putsch oder Bürgerkrieg, sondern allein durch die Launen des kaiserlichen Bruders verursachtes Verschwinden, der Thron und Land einfach im Stich ließ, war in dieser Form ein Novum in der Geschichte. Dass er sich dann noch in die Obhut einer Macht flüchtete, gegen die sein Bruder in den letzten dreizehn Jahren viermal Krieg geführt hatte, war eine pikante Zutat. Darüber hinaus war diese Flucht ein Fanal, das das Scheitern von Napoleons familienpolitischem System grell beleuchtete. Seine Ursache war wohl weniger die mangelnde Rationalität dieser Spielart von Nepotismus, der tief in der korsischen Klientelgesellschaft verwurzelt war. Er hatte sich den Brüdern gegenüber stets überlegen gefühlt. Sie bewahrten sich gleichwohl noch einen gewissen Stolz, der im Falle Luciens den Bruch mit Napoleon sogar unvermeidlich machte. Sein Stiefsohn Eugène, Vizekönig von Italien, hingegen steigerte seine Loyalität bis zur Selbstverleugnung, und die Kehrseite von Schwager Murats Eitelkeit bestand darin, sich fast bis zuletzt bedingungslos Napoleons Wünschen zu unterwerfen.

Napoleon war andererseits die Art der von den Brüdern unter seiner strengen Aufsicht ausgeübten Herrschaft ziemlich gleichgültig. Das zeigte sich vor allem bei Jérôme, der als König von Westfalen einiges dazu beitrug, diesen ursprünglich als napoleonischen Modellstaat geplanten Flickenteppich gründlich zu ruinieren: Am Exempel des Königreichs Westfalen packte das damalige nicht-preußische Deutschland das Entsetzen vorm napoleonischen Wesen und Wirken.⁶² Je länger Jérôme hier als eine Art Prinz Karneval herrschte, mit beiden Händen das Geld für Maskenbälle, Feuerwerke, die Verschönerung von Palästen und Parks, für üppige Dotationen an Freunde und Mätressen ausgab,⁶³ je mehr er mit seinen Kontributionen Frankreich gegenüber in Verzug geriet, die wenigstens gelegentlich mit abenteuerlichen Krediten zu exorbitanten Zinssätzen bedient wurden, desto mehr beschleunigte er die in ganz Deutschland seit 1807 bemerkbare Gärung der Geister dadurch, dass er den Namen Napoleons und Frankreichs mit Schmach und Schande besudelte. Die Hauptverantwortung trug jedoch Napoleon, denn er hatte das wegen seiner Geldgier bereits stark verschuldete Königreich dem Bruder übergeben, bestand aber weiterhin auf Zahlung aller Kriegskontributionen und anderen Abgaben. Dafür sorgten im übrigen die Beamten der französischen Kriegsverwaltung, die noch für geraume Weile neben der zivilen Bürokratie Jérômes tätig waren und mit dieser natürlich häufig in Konflikt gerieten.[64]

Napoleon tadelte Jérômes Misswirtschaft im Königreich Westfalen zwar immer wieder, stellte ihm auch eine Reihe tüchtiger Beamter als Minister zur Seite, aber diese wurden, wie auch andere Landsleute, von Seiner Königlichen Hoheit so schlecht behandelt, dass sie froh waren, wenn sie seinem Dienst entrinnen und nach Paris zurückkehren konnten. An ihre Stelle traten irgendwelche Kreaturen, die Jérôme aus den Rängen des ruinierten deutschen Kleinadels verpflichtete und die seiner Willkür und Verschwendung keinerlei Zügel anzulegen vermochten, zumal sie sich vor allem die eigenen Taschen füllen wollten. Tatsächlich scheint Napoleon jedoch das Treiben Jérômes weitgehend gleichgültig gelassen zu haben, vorausgesetzt natürlich, dass er seine Politik nicht störte, ein Vergehen, dessen sich Joseph und Louis viel häufiger schuldig machten. Geriet Jérôme aber beispielsweise mit der Begleichung seiner Schulden bei der *Caisse d'amortissement* in Verzug, musste er regelmäßig mit Briefen Napoleons rechnen, deren Ton zwischen Sarkasmus und väterlicher Ermahnung schwankte.[65]

Doch selbst diese Mahnungen verstummten, als Napoleon das Desaster von Bailén bekannt wurde. Jetzt galt es nur noch, Jérôme bei Laune zu halten, damit er ihm die jeweils angeforderten Soldaten, Pferde und Gelder schickte. Die Misswirtschaft in Westfalen interessierte ihn erst wieder, als in dem kleinen Königreich Bauernunruhen ausbrachen und auf die Städte übergriffen. Nicht auszuschließen war, dass sie sich, von diversen Freicorps unterstützt, die im Frühjahr und Sommer 1809 marodierend durch Norddeutschland zogen, zu einer ernsten Bedrohung im Rücken und an der Flanke der gegen Österreich aufmarschierenden *Grande Armée* auswuchsen.[66] Am 29. April 1809 schrieb Napoleon an Jérôme einen Brief, der im Gegensatz zu dem, was sich Louis oder Joseph an einschlägigen Ermahnungen anzuhören hatten, erneut erstaunlich milde ausfiel: «Ihr Königreich ist ohne Verwaltung, ohne Finanzen und ohne alle Organisation. Monarchien gründet man nicht auf einen ausufernden Luxus. Was Ihnen widerfahren ist (eine Revolte der westfälischen Armee, die im Zusammenhang mit den Unruhen stand, J. W.), ereignete sich für mich keineswegs unerwartet. Ich hoffe, diese Erfahrung wird Sie eines Besseren belehren. Nehmen Sie endlich ein Betragen und Gewohnheiten an, die jenen entsprechen, die Sie in dem Land, das Sie regieren, antreffen. Auf diese Weise werden Sie die Wertschätzung seiner Bürger erlangen. (...) Im übrigen ist jetzt aber nicht der geeignete Zeitpunkt für Predigten. Sorgen Sie dafür, dass einige strenge Exempel statuiert werden.»[67] Ungeachtet dieser Kritik überließ Napoleon dem verschwendungssüchtigen Jérôme durch Vertrag vom 14. Januar 1810 Hannover, von dessen Einnahmen er aber 4,5 Millionen *francs* für sich reservierte. Jérôme musste sich außerdem verpflichten, 26000 Soldaten zur Verfügung zu stellen und bis zum Ende des Krieges 18500 französische Soldaten auf seinem Territorium zu unterhalten.[68] Das allein zählte jetzt für Napoleon: Soldaten und Geld.

Napoleon kannte gleichwohl auch bei Jérôme keine Nachsicht, wenn dieser bei militärischen Belangen sich mit ungerechtfertigten Prätentionen aufplusterte. Kaum endete die Kampagne von 1809, erhielt er in zwei Schreiben aus Schönbrunn die Quittung. Am 17. Juli 1809 beschied ihm Napoleon:

«Ich habe einen Tagesbefehl von Ihnen zur Kenntnis erhalten, der Sie zum Gespött von ganz Deutschland, Österreich und Frankreich macht. Haben Sie denn keinen Freund in Ihrer nächsten Umgebung, der Ihnen einmal einige Wahrheiten sagt? Sie sind König und Bruder des Kaisers: Das sind aber in Kriegszeiten ziemlich belanglose Eigenschaften. Dann muss man Soldat sein, noch einmal Soldat und nichts anderes als Soldat. Dazu ist weder die Begleitung eines Ministers vonnöten noch die des diplomatischen Corps, noch irgendwelcher sonstiger Aufwand. Vielmehr muss man bei seiner Avantgarde biwakieren, Tag und Nacht im Sattel sitzen, mit der Avantgarde vorrücken, um zu wissen, was es Neues gibt, oder eben lieber in seinem Serail bleiben. – Sie führen Krieg wie ein Satrap. Gütiger Gott, haben Sie sich derlei etwa von mir abgeschaut? Ausgerechnet von mir, der ich mit einer Armee von 200000 Mann ins Feld ziehe, an der Spitze meiner Schützen marschiere und noch nicht einmal Champagny (dem Außenminister) gestatte, mir zu folgen, sondern den ich vielmehr in München oder Wien zurückgelassen habe.»[69]

Im zweiten Schreiben aus Schönbrunn vom 25. Juli 1809 wurde Napoleon noch deutlicher:

«Während dieses Feldzugs haben Sie sich immer dort aufgehalten, wo der Feind gerade nicht war. (...) Ich war so alt wie Sie, als ich bereits Italien erobert und dabei österreichische Armeen besiegt hatte, die dreimal stärker waren als ich. Aber ich hatte keine Schmeichler, kein diplomatisches Corps, das mich umwimmelte; ich habe den Krieg als Soldat geführt; man kann ihn auch gar nicht anders führen. Ich habe für mich auch nicht in Anspruch nehmen können, Bruder des Kaisers oder König zu sein; ich habe nur alles getan, was getan werden musste, um den Feind zu schlagen. (...) Was die Zukunft angeht, ist es gewiss nicht meine Absicht,

Ihrer Ehre Eintrag zu tun, wenn ich Ihnen das Oberkommando nehme; aber ich möchte auch nicht mehr den Ruhm meiner Waffen aufs Spiel setzen für törichte Gönnerhaftigkeit gegenüber der eigenen Familie.»[70] Das war eine programmatische Ankündigung, denn mit der Scheidung von Joséphine und dem Plan, eine habsburgische Erzherzogin zu heiraten, machte Napoleon einen letzten Endes vergeblichen Versuch, einen Schlussstrich unter die bislang praktizierte Familienwirtschaft zu ziehen.[71] Das System der Herrschaftsausübung über Europa, für das er seine Familie eingespannt hatte, war von Beginn an die Maskerade seiner Machtbesessenheit. Jetzt hatte er es endgültig satt, die Eigenmächtigkeiten der Brüder länger zu ertragen, die den bloßen Schein ihrer königlichen Würden mit der Sache selbst verwechselten und sich meist redlich bemühten, ihren Völkern gegenüber den «guten König» zu geben.[72] Napoleon trachtete keineswegs nach hehrer Idealität, mit der er auf Sankt Helena sein Handeln zu rechtfertigen suchte. Sein Machtwille war einfallslos, also pathologisch: Um die Macht zu behaupten, half nur, noch mehr Macht anzuhäufen.

Napoleon wurde jetzt endgültig zum Gefangenen seines Machtwahns. Ein erstes deutliches Symptom dafür war, wie er mit den bislang von ihm mit aller Nachsicht behandelten Brüdern umsprang. Ein anderes war die Verblendung, in die ihn seine Heirat einer Erzherzogin aus dem Hause Habsburg stürzte, die für den Zaren einen unverzeihlichen Affront darstellen musste. Napoleon erkannte dies nicht. Metternich, der unterdessen die Politik Österreichs leitete, war ihm darin über, denn er witterte doch die Chance, die «widernatürliche» französisch-russische Verständigung zu sprengen. Im Unterschied zu Napoleon durchschaute er die Pointe dieser Heirat, mit der sich dieser mit dem Zaren einen Feind mehr auf den Hals lud, mit Österreich aber keinen Freund gewann. Für eine solche Einsicht war Napoleon umso unzugänglicher, da er mehr und mehr der Illusion verfiel, er sei unüberwindlich, weil ihm alles gelinge. Seinen Omnipotenzwahn musste es deshalb entschieden festigen, als Marie Louise ihm am 30. März 1811 den langersehnten Thronfolger, den König von Rom, gebar. Damit, so musste es Napoleon scheinen, war seine Dynastie endgültig gesichert, galt es für ihn jetzt nur noch, deren Zukunft gegenüber jeder denkbaren Anfechtung zu gewährleisten. Diese Gefahr identifizierte er aber nur mit dem alten Rivalen England. Den musste er jetzt endgültig in die Knie zu zwingen. Als Mittel zum Zweck sollte die Kontinentalsperre dienen, die es jetzt gleichsam wasserdicht zu gestalten galt.

Ein erster Schritt dazu war die Entmachtung von Bruder Louis und die Annexion Hollands. Ein zweiter Schritt war die im Dezember 1810 er-

Marie-Louise mit dem König von Rom

folgende Einverleibung der Hansestädte sowie des gesamten norddeutschen Küstensaums einschließlich des Herzogtums Oldenburg in den *Empire français*. (Siehe Karte 15) Beide Maßnahmen hatten auch die mit ihnen beabsichtigten Auswirkungen, wovon das immer lauter werdende Wehklagen der französischen Kaufleute Mitteilung machte, auf das zu reagieren sich Napoleon im Mai 1811 gezwungen sah. Den Bescheid, den er ihnen in einer Audienz gab, ist ein bemerkenswertes Dokument seiner Verblendung:

«Ich will den Frieden, aber nicht einen, der nicht ausgereift ist. (...) Ich hätte in Tilsit keinen Frieden geschlossen; ich wäre bis nach Wilna und noch weiter gezogen, wenn mir damals der Zar nicht das Versprechen gegeben hätte, den Frieden zwischen Frankreich und England bewerkstelligen zu helfen. (...) Der Kontinent wird weiterhin gegen Importe aus England abgeschottet bleiben. Ich werde von Kopf bis Fuß gewappnet sein, um meine Dekrete durchzusetzen und um allen Versuchen der Engländer, über die Ostsee einzudringen, einen Riegel vorzuschieben. Zwar gibt es noch immer Schmuggel, aber der wird vollständig ausgerottet werden. (...) Mir ist durchaus bekannt, worüber in den Salons der Kaufleute geklagt wird. Ich weiß, dass man sich dort heftig über meine Politik beschwert, dass man der Ansicht ist, ich sei damit schlecht beraten. (...) Man entdeckt mir keine Neuigkeit, dass Bordeaux, Hamburg und andere Häfen unter der Unterbrechung des Seehandels leiden. Gewisse Anordnungen des russischen Zaren haben sich nachteilig für die Manufakturen von Lyon ausgewirkt. Das sind aber lediglich individuelle Verluste, für die ich nach Abhilfen suchen werde. Im übrigen übersteigen die Exporte nach Russland kaum die Summe von 25 Millionen und machen damit lediglich 1 oder 2 Prozent des gesamten Warenumschlags aus, weshalb sie kaum nachteilig für das wirtschaftliche Geschehen insgesamt sein können. In Russland zirkuliert im übrigen Papiergeld; in Österreich ebenso. England ist damit überschwemmt. Frankreich hingegen ist das reichste Land der Erde. Seine territorialen Ressourcen sind unerschöpflich. Es verfügt über sehr viel Geld. Nach einer Schätzung sind mehr als eine Milliarde an Kriegskontributionen nach Frankreich gelangt. (...) Keineswegs bin ich der Ansicht, dass man weder Seehandel noch Kolonien brauche, aber auf beide muss man eben so lange verzichten, bis sich England in seiner Politik wieder vernünftiger und gerechter Prinzipien besinnt oder ich ihm den Frieden diktieren kann. Wäre ich der Erbe des Thrones von Louis XV oder von Louis XVI, dann wäre ich dazu verdammt, auf meinen Knien den Frieden von England zu erflehen. Tatsächlich aber bin ich der Nachfolger der Kaiser von Frankreich. Ich habe meinem Reich die Mündungen der größten Flüsse Europas und der Adria (sic!) einverleibt. Nichts kann mich mehr daran hindern, eine Flotte von 200 großen seegängigen Schiffen zu bauen und auszurüsten. Ich weiß, dass die Engländer die besseren Admiräle haben und dass das ein großer Vorteil ist. Aber in dem Maße, in dem man uns zwingt, zu kämpfen, werden wir auch lernen, zu siegen. Wir werden eine, zwei, drei Schlachten verlieren, aber wir werden die vierte gewinnen aus dem einfachen und selbstverständlichen Grund, dass derjenige, welcher der Stärkere ist, den Schwächeren überwältigen muss.»[73]

Die Wahnvorstellungen, in die sich Napoleon längst verrannt hatte, treten einem in diesen Ausführungen ungeschminkt entgegen. Deutlich wird an ihnen aber auch, dass er Russland mehr und mehr ins Visier nahm. Das hatte in Napoleons Sicht auch seinen guten Grund, denn das Zarenreich verschloss zwar englischen Schiffen seine Häfen, nicht aber solchen, die unter neutraler Flagge segelten, für die aber ebenfalls nach den Bestimmungen des Kontinentalsystems ein striktes Embargo gelten sollte. Auf diese Weise gelangten riesige Mengen englischer Waren nach Russland und von dort auf dem Landweg in die deutschen Staaten. Diese Durchlöcherung seiner famosen Handelssperre verfolgte Napoleon mit wachsendem Groll, auch wenn er sich zunächst noch damit beschied, die russische Regierung nur sehr höflich und zurückhaltend («fort polie, fort douce») darauf aufmerksam zu machen, wie es in einer Weisung an Außenminister Champagny vom 4. Dezember 1810 hieß.[74]

Das Zarenreich gehorchte jedoch nur der schieren Not, denn der russische Staatshaushalt konnte nicht auf die Einnahmen aus den Importzöllen für die von neutralen Staaten gelieferten Waren verzichten, da damit die großen Verluste aus dem weitgehend stillgelegten Exportgeschäft nach England annähernd kompensiert wurden. Das erklärt zum weiteren auch die beträchtlichen Zollerhöhungen, mit denen ab dem 1. Januar 1811 Warenimporte belegt wurden. Davon waren die französischen Luxusgüterexporte nach Russland besonders betroffen.[75] Napoleon empörte aber ganz besonders eine Praxis, die er selber anwandte: Auf Anweisung von Zar Alexander wurden alle unverzollten Waren beschlagnahmt und vernichtet. Gegenüber dem russischen Gesandten Tchernycheff sagte Napoleon am 10. April 1811:

«Da haben wir eine schöne Allianz! Sie beschlagnahmen alles, was aus Frankreich kommt, und ich mache es meinerseits ganz genau so. Ein solches Verfahren ähnelt allerdings mehr dem Zustand eines Krieges. Außerdem, und das entbehrt wirklich jeglichen Sinnes und ich kann es daher unter keinen Umständen dulden, zumal es meine Kaufleute empört, das ist Ihre Anweisung, alle die Waren zu verbrennen, die Ihnen von Frankreich geliefert wurden. Ich weiß beim besten Willen nicht, wie ich dies anders bewerten soll, denn als die gröbste Beleidigung, die man mir überhaupt nur zufügen kann. (...) Ich verbrenne englische Handelswaren, weil unsere beiden Länder sich auf den Tod bekämpfen, und ich tue dies weit mehr aus der Absicht heraus, damit auf irgendeine Weise ihrer Ehre einen Tort anzutun, als ihre Industrie schädigen zu wollen. Mein Herr, da ich es nicht anders vermag, als einen Affront mit einem ebensolchen zu beantworten, habe ich Befehl gegeben, dass in allen Häfen, die von mir kontrolliert werden, Hölzer, Pottasche, Hanf, Eisen (sic!), kurz alles, was aus Russland stammen könnte, verbrannt wird.»[76]

Die chronischen Vergiftungen der französisch-russischen Beziehungen, die durch eine solche Denk- und Handlungsweise verursacht wurden, schürten das ohnehin schon auf beiden Seiten reichlich vorhandene Misstrauen, das mehr und mehr in offene Feindschaft umschlug. Spätestens ab dem Frühjahr 1812 rüsteten beide Mächte offen für einen Krieg. Damit begann Napoleons Herrschaftssystem an der Starrheit des von seinen wirtschaftspolitischen Vorurteilen geprägten Kontinentalsystems zu zerbrechen. In diesem Scheitern, das seinem zutiefst unpolitischem Machtwahn geschuldet war, verbarg sich eine tiefe Ironie, die sein großer Gegenspieler Metternich mit Genuss herauspräparierte:

«Das Geflecht von Napoleons Eroberungen wies einen ganz besonderen Charakter auf. Mit der Universalherrschaft, auf die er es abgesehen hatte, verfolgte er keineswegs die Absicht, in seinen Händen die unmittelbare Beherrschung einer gewaltigen Anzahl von Ländern zu konzentrieren, sondern ihm war es lediglich darum zu tun, die europäischen Staaten nach dem entstellten und übertriebenen Vorbild des Reichs Karls des Großen einer zentralen Oberherrschaft unterzuordnen. Wenn augenblickliche Rücksichtnahmen ihn dazu veranlassten, von diesem Plan abzuweichen, wenn er sich genötigt wähnte, Frankreich Gebiete zuzuschlagen oder einzugliedern, die er nach seinem wohlverstandenen Eigeninteresse nie hätte anrühren dürfen, dann haben diese für die Stärkung der Macht höchst abträglichen Maßnahmen, die im übrigen weit davon entfernt waren, den großen Plan, den er in seinem Innersten verfolgte, zu fördern, entschieden dazu beigetragen, eben diesen umzustoßen und zu zerstören.»[77]

Für Metternichs Urteil liefert in dem sich jetzt rasch zuspitzenden Konflikt mit Russland ausgerechnet Schweden, das immer am äußersten Rand von Napoleons Blickfeld lag, eine hübsche Illustration. Aufgrund der geheimen Vereinbarungen von Tilsit hatte sich Alexander verpflichtet, Schweden zu veranlassen, seine Häfen für englische Schiffe zu sperren. Die Weigerung Schwedens war für Russland ein willkommener Vorwand zum Krieg, das sich damit das Großherzogtum Finnland aneignen konnte. Kaum war jedoch im September 1809 dieser Konflikt durch Friedensschluss beendet, erkannte Schweden seine Chance darin, den Handel mit England kräftig auszubauen. Das lag im Interesse beider Seiten, denn je besser das Kontinentalsystem entlang der Nordseeküste funktionierte, desto wichtiger wurde die Ostsee für den englischen Handel. Umgekehrt konnte Schweden den Ausfall Russlands bei Holzexporten nach England ausgleichen. Napoleon war diese Entwicklung natürlich ein Dorn im Auge. Deshalb verlangte er nachdrücklich, dass Schweden nicht nur diesen Handel einstelle, sondern England auch den Krieg erkläre. Die ultimative Forderung wurde von Schweden rundweg abgelehnt, denn der Handel mit England war für das Land schlicht lebensnotwendig.[78] Das hatte auch der neue schwedische König, Napoleons einstiger Marschall Bernadotte schnell begriffen. Dass ausgerechnet dieser 1810 den schwedischen Thron bestiegen hatte, war von Napoleon nicht verhindert worden. Das stellte sich nun als fataler Fehler heraus. Dabei hatte sich der kinderlose Karl XIII. von Schweden mit der Bitte an Napoleon gewandt, ihm einen Nachfolger zu nennen. Auf dieses Ansinnen reagierte dieser aber nur sehr ausweichend.[79] Daraufhin ergriffen die Schweden nun ihrerseits die Initiative und boten Bernadotte einfach deshalb die Thronfolge an, weil er der einzige unter Napoleons Marschällen war, mit dem Schweden jemals in Berührung gekommen war und den man als kultivierten Menschen in Erinnerung behalten hatte.[80] Napoleon, der von Bernadotte über das schwedische Angebot informiert wurde, war zwar überrascht und reagierte darauf höchst ungehalten, tat aber schließlich nichts, diese Initiative zu unterbinden. Metternich gegenüber verstieg er sich sogar zu der Behauptung, «ein französischer Marschall auf dem Throne Gustav Adolphs sei übrigens eine der hübschesten Possen, die man England spielen könne».[81] Wie sich aber bald zeigte, war er selber derjenige, der den Narren in dieser Posse gab.

VIERTES KAPITEL

RUSSLAND

Mit dem Tag, an dem Napoleon von der Einführung der exorbitanten Zolltarife für französische Importe nach Russland erfuhr, stand sein Beschluss fest, gegen Russland Krieg zu führen. Die Nachricht kommentierte er spontan mit den Worten: «Hier sehen wir, wie ein großer Planet eine falsche Bahn einschlägt. Was es damit auf sich hat, kann ich nicht nachvollziehen. Er kann aber nur die Absicht verfolgen, sich von uns abzuwenden. Seien wir also auf der Hut und treffen wir jene Vorbereitungen, zu denen uns die Klugheit rät.»[1] Was mit diesen Vorbereitungen gemeint war, zeigen vor allem seine zahlreichen Briefe an Kriegsminister Clarke, in denen er Rüstungsanstrengungen befahl. In Danzig entstand eine riesige Nachschubbasis.[2] Am 2. April 1811 ließ Napoleon den König von Württemberg wissen: «Dieser Fürst (Zar Alexander, J.W.) hat sich bereits sehr weit vom Geist von Tilsit entfernt; alle Ideen, die auf einen Krieg zielen, kommen aus Russland. Wenn der Zar den Krieg will, dann wird sich die öffentliche Meinung seinen Absichten schon anpassen; sollte er ihn nicht wollen, er es aber unterlässt, diese Anstöße nicht sofort zu unterbinden, dann wird er wider seinen eigenen Willen im Jahr darauf dennoch dazu gezwungen werden. Auf diese Weise wird eintreten, dass gegen meinen wie gegen seinen Willen, gegen die Interessen Frankreichs wie gegen die Russlands, ein Krieg ausbrechen wird. Dergleichen habe ich schon so oft bemerkt, dass sich mir aus früheren Erfahrungen ohne weiteres die Zukunft erschließt.»[3]

Napoleons Fatalismus war ein leicht durchschaubarer Paravent, hinter dem er die wahren Gründe für seine Kriegsentschlossenheit zu verbergen suchte. Ihm war offenbar klar geworden, dass das Kontinentalsystem ohne Russland nichts als eine aufwendige Absurdität war.[4] Dem Grafen Lauriston, der im April 1811 als Botschafter in St. Petersburg Caulaincourt ablöste, gab Napoleon die Instruktion mit, weder Polen noch der Zollstreit seien für ihn einen Anlass zum Krieg; der Fall träte jedoch ein, wenn Russland entweder das linke Donauufer annektieren oder den Frieden von Tilsit zerreißen und mit England Frieden schließen wolle.[5] Der europäischen Öffentlichkeit gegenüber beteuerte Napoleon, lediglich die Polen vor den Expansionsgelüsten des Zaren schützen zu wollen. Die lautstarke Szene, die er beim Diplomatenempfang am 15. August 1811 dem russischen Botschafter Kourakin machte, diente allein dieser Absicht und war nichts als Komödie. Er sei, ließ er den Diplomaten wissen, selbst dann, wenn die russische Armee auf den Höhen von Montmartre stünde, nicht bereit, auch nur einen Fußbreit Boden des Großherzogtums Warschau preiszugeben.[6]

In dem umfangreichen Memorandum, das Napoleon am 16. August 1811 seinem neuen Außenminister Maret diktierte und in dem er das Für und Wider eines Kriegs gegen Russland erwog, benannte er Polen als wahrscheinlichen Auslöser dieses Konflikts. Damit meinte er allerdings nicht dessen Unabhängigkeit, sondern seine Funktion als Puffer zwischen Russland und Europa. Entschädigte man Russland für den Verlust von Oldenburg, das dem Schwager des Zaren gehörte, auch nur mit einem Teil des Großherzogtums Warschau, liefe man Gefahr, dass das Zarenreich seine Westgrenzen bis an die Oder und nach Schlesien vorschöbe und damit endgültig zu einer europäischen Macht würde – und das gelte es um jeden Preis zu verhindern. Russlands Einfluss zu begrenzen, es Europa fern zu halten, beschäftigte Napoleon seit Tilsit. Er hatte die Absicht, die Allianz Russlands mit Preußen zu zerstören. Die musste aber ohnehin hinfällig werden, wenn sich Russland mit England verband. Das war für Napoleon viel gefährlicher als das Bündnis mit Preußen, der kleinsten der europäischen Mächte.[7]

Einen Konflikt mit Russland hätte Napoleon liebend gerne vermieden. Deshalb suchte er fieberhaft nach einer Möglichkeit, die Kampagne von 1805 zu wiederholen, Österreich in einem kurzen Feldzug zu besiegen, um dann nachzuholen, was er sich seither als Versäumnis vorgeworfen hatte: die Donaumonarchie zu zerschlagen, das Reich auf seine drei Kronen, die böhmische, die ungarische und die österreichische, aufzuteilen und damit das östliche Glacis seines kontinentaleuropäischen Herrschaftsbereichs mit drei Mittelmächten gegenüber Russland zu sichern. Ein solches Konzept leuchtete ein, aber 1811 bot sich Napoleon nicht der geringste Vorwand, es zu verwirklichen, denn Habsburg hatte unterdessen gelernt, seine Stärke nicht zu überschätzen. Wien wies deshalb nicht nur die Avancen des Zaren zurück, der die Möglichkeiten einer Allianz auszuloten suchte,[8] sondern schloss mit Paris das Bündnis, das es St. Petersburg verweigert hatte. Damit erhielt Napoleon die Gewähr, dass Österreich ihm bei einem Krieg mit Russland nicht in die Flanke fiele. Die Prämie für die Allianz Österreichs mit Frankreich, eine politische Fortsetzung der Heirat von Marie-Louise mit Napoleon, bestand darin, nicht ein weiteres Mal die eigene staatliche Existenz für das Wohl des Zarenreichs aufs Spiel zu setzen.

Die Rolle, der sich Wien verweigerte, schien dagegen manchen Leuten in Berlin besonders attraktiv, da sie die Perspektive eröffnete, sich des französischen Jochs rasch und unter kalkulierbaren Opfern zu entledigen. Friedrich Wilhelm III. stand solchen Überlegungen nicht nur mit Skepsis gegenüber, sondern ihn plagte auch die Furcht, Napoleon könne, ehe er in einen Krieg gegen Russland zöge, zuerst mit Preußen kurzen Prozess machen.[9] Um diese Gefahr zu bannen, bot er Napoleon im Frühjahr 1811 eine Allianz an und informierte darüber gleichzeitig den Zaren, den er am 12. April in einem larmoyanten Brief um Zustimmung bat: Er könne nicht anders handeln und das Bündnis sei auch nicht gegen Russland gerichtet.[10] Das preußische Angebot stieß in Paris auf Misstrauen. Napoleon verdächtigte Friedrich Wilhelm III., ein doppeltes Spiel zu spielen; andererseits hatte er allen Grund, ein militärisch wieder erstarktes Preußen in seinem Rücken zu fürchten, sollte es zum Krieg mit Russland kommen. So ignorierte er das Ansinnen einfach. Nun befürchtete Berlin, Napoleon sei entschlossen, Preußen unter allen Umständen vor Ausbruch eines Konflikts mit Russland zu vernichten. Diese Einschätzung führte zu einer Panikreaktion: Preußen machte Russland ein streng geheimes Bündnisangebot, dessen casus foederis eine Intervention des Zarenreichs für diesen Fall vorsah.[11] Gleichzeitig setzte Preußen seine Rüstungen mit neuem Elan fort, was gegenüber dem französischen Botschafter in Berlin, Saint-Marsan, damit begründet wurde, dass Friedrich Wilhelm III. nach wie vor an einem Bündnis mit Frankreich festhalte; käme dieses jedoch nicht zustande und müsste Preußen fürchten, im Falle eines Krieges zwischen Frankreich und Russland in Mitleidenschaft gezogen zu werden, dann wolle man sich zur Wehr setzen.[12]

Die Auskunft musste Napoleon alarmieren. Er wies Saint-Marsan am 13. September an, die preußische Regierung ultimativ aufzufordern, binnen drei Tagen alle Rüstungen einzustellen. Verweigere sich Berlin dieser Forderung, erhielte Marschall Davout Befehl, in Preußen einzumarschieren und der Monarchie Friedrichs des Großen endgültig ein Ende zu bereiten.[13] Preußen stand nun mit dem Rücken zur Wand, denn Russland hatte keine Neigung, Frankreich auf preußischem Boden gegenüberzutreten. Der Zar war für den Fall eines Konflikts längst zur Defensive entschlossen. Napoleon sollte in die Weiten des Russischen Reiches gelockt werden. Das hatte Alexander Friedrich Wilhelm III. bereits im Schreiben vom 26. Mai 1811 mitgeteilt.[14] Gegenüber dem in geheimer Mission in St. Petersburg weilenden Scharnhorst wiederholte der Zar diese Überlegungen, worauf dieser antwortete, eine solche Strategie setze Preußen dem Ansturm der *Grande Armée* aus, dem es aus eigener Kraft kaum standhalten könne. Beharre der Zar auf seinem strategischen Konzept, habe Preußen deshalb mit Rücksicht auf sein Überleben keine Wahl, als sich mit Frankreich zu verbünden. Diese Perspektive zwang Alexander zum Einlenken. Am 17. Oktober 1811 unterzeichnete er einen geheimen Allianzvertrag mit Preußen. Er vermied allerdings, sich zu verpflichten, seine Truppen über die Weichsel hinaus nach Westen, also nach Preußen hinein, vorstoßen zu lassen.[15] Das aber war für Berlin entscheidend. Ohne diese Verpflichtung taugte die Allianz nichts. Diese Einsicht gab den Ausschlag dafür, dass Preußen das Vertragswerk nicht ratifizierte. Damit aber war der Untergang Napoleons bereits besiegelt. Hätte Berlin sich auf dieses Bündnis eingelassen, wäre der Krieg nicht nur sieben Monate früher ausgebrochen, sondern Napoleon wäre über Preußen hergefallen und hätte das Land binnen kurzem vernichtet, während die eigentliche russische Kampagne vermutlich am Unterlauf der Weichsel geschlagen worden wäre.

In Berlin konnte man schon deshalb leichteren Herzens auf die Ratifikation der russischen Allianz verzichten, weil Napoleon ausgerechnet jetzt seinerseits ein Bündnisangebot vorlegte. Scharnhorsts Mission in St. Petersburg hatte sich vor Paris nicht verheimlichen lassen. Um das doppelte Spiel Preußens zu durchkreuzen und Friedrich Wilhelm III. kampflos unschädlich zu machen, unterbreitete man ihm ein Bündnisangebot, das ein lediglich symbolisches Engagement für den Fall eines französisch-russischen Kriegs verlangte: Preußen sollte ein Corps von 20000 Mann stellen, über dessen Verwendung allein Napoleon entschiede. Am Vorabend seines russischen Feldzugs hatte Napoleon damit das vermeintliche diplomatische Kunststück fertiggebracht, Österreich und Preußen in einer gegen den Zaren gerichteten Allianz zu verbinden. Es ließ sich allerdings absehen, dass dieses Bündnis nur so lange halten würde, wie Napoleon seine Überlegenheit behaupten konnte. Russland, dessen einziger Verbündeter Schweden war – aus Verärgerung über die Besetzung von Schwedisch-Pommern durch französische Truppen schlossen beide Mächte auf Vorschlag Bernadottes im Frühjahr 1812 ein enges Offensiv- und Defensivbündnis –, hatte nun in der Tat keine Wahl, als in jener Strategie sein Heil zu suchen, die die riesigen Räume des Landes als Waffe nutzte. Napoleon war sich durchaus bewusst, dass hier eine große, unkalkulierbare Gefahr auf ihn lauerte. Er versicherte Metternich noch kurz vor Beginn des Feldzugs, dass er nur bis Smolensk oder Minsk vorstoßen wolle.[16] Am 19. Dezember 1811 ließ Napoleons Sekretär Méneval dem kaiserlichen Bibliothekar Barbier die Nachricht zukommen: «Ich bitte Herrn Barbier, mir für seine Majestät einige gute Werke zuzusenden, die am besten geeignet sind, einem Kenntnisse über die russische und vor allem die litauische Topographie zu vermitteln unter besonderer Berücksichtigung von Sümpfen, Flüssen, Wäldereien, Wegen etc. Außerdem wünscht seine Majestät die detailliertesten Berichte, die wir auf Französisch besitzen, über die Kampagne Karls XII. in Polen und Russland zu erhalten. Einige Werke über militärische Operationen in diesen Gegenden wären gleichermaßen von Nutzen.»[17]

Napoleon bereitete den Russlandfeldzug in logistischer Hinsicht so vor wie jene Kampagne, die niemals stattgefunden hat: die Invasion Englands. Das zeigt seine Korrespondenz, in der Fragen von Versorgung und Nachschub einen immer breiteren Raum einnahmen. So am 16. Dezember 1811 an Eugène: «Mein Sohn, ich weiß nicht, ob ich Ihnen bereits geschrieben habe, dass Ihre Truppen ein Paar Schuhe an den Füßen, zwei Paar in ihrem Tornister und zwei Paar im Transportwagen haben sollen; es ist die Aufgabe der jeweiligen Regimenter, sich darum zu kümmern. Ist das geschehen, kann man sich in der Hoffnung wiegen, dass die Soldaten an der Weichsel eintreffen werden mit zwei Paar Schuhen im Tornister und einem an den Füßen.»[18] Solche Umsicht verrät Unsicherheit: Napoleon plagte die dumpfe Ahnung, dass der Russlandfeldzug nicht vor Einbruch des Winters beendet sei. Möglich, dass ihn auch Zweifel hinsichtlich des Sinns der Unternehmung anfielen. Die wiederholt genannte Begründung, er habe Russlands europäische Küstenlinie dem Rigorismus des Kontinentalsystems unterwerfen wollen, konnte auch für ihn in keinem vertretbaren Verhältnis zu Kosten und Risiken dieses Feldzugs stehen. Für die dauerhafte Stabilität seiner Dominanz über Kontinentaleuropa hatte die Niederwerfung Russlands ebenfalls nur nachrangige Bedeutung, zumal das Zarenreich weit jenseits des Horizontes lag, der für die Zeitgenossen die äußerste Grenze Europas markierte. Das Tableau der denkbaren Motive, die Napoleon zu diesem beispiellosen Kriegszug veranlassten, verwirrt sich endgültig, wenn man versucht, all seine Begründungen auf einen Nenner zu bringen. Es wäre ein müßiges Unterfangen. Der kleine korsische Artillerieleutnant, der General der Revolution, der Kaiser der Franzosen verfolgte phantasmagorische Ziele. Wäre politische Rationalität einer seiner Charakterzüge gewesen, hätte er es kaum so weit gebracht.

Was Napoleon fehlte, war die Unterwerfung Russlands, das die letzte Macht auf dem Kontinent darstellte, die sich mit dem Erzfeind England gegen ihn noch verbünden konnte. Das bestimmte, nachdem er die direkte Konfrontation mit England vermieden hatte, die Logik des Kontinentalsystems. Dazu gab es für ihn folglich keine Alternative. Das deutete Napoleon im Gespräch mit dem Polizeipräfekten von Paris an. Als Pasquier ihn unmittelbar vor der Abreise von der Sorge unterrichtete, seine Abwesenheit werde vor dem Hintergrund der Brotteuerung Unruhen in Paris zur Folge haben, versetzte Napoleon: «Ja, gewiss, da ist viel Wahres an dem, was Sie sagen; das ist nur eine Schwierigkeit mehr, die sich zu allen denen hinzugesellt, die meiner bei jener Unternehmung harren, die die größte und die schwierigste ist, die ich je auf mich genommen habe; allein, es gilt zu vollenden, was man einmal begonnen hat.»[19] Eine weitere Äußerung hat Savary überliefert. In einer Unterhaltung, die im Frühjahr 1812 stattfand, soll sich Napoleon darüber beklagt haben, erneut zum Krieg gezwungen zu sein. «Er beschwerte sich, dass man ihm einen schlechten Dienst erwiesen habe und dass er sich gezwungen sähe, den Krieg gegen Russland nur deshalb noch in diesem Jahr zu führen, um zu vermeiden, dass er im kommenden Jahr auch noch Preußen und Österreich gegen sich habe. (...) Er bedauerte lebhaft, dass er allzu sehr den Empfindungen vertraut habe, die ihn dazu veranlasst hätten, in Tilsit Frieden zu schließen, und er wiederholte immer wieder: Derjenige, der mir diesen Krieg ersparte, hätte mir einen unschätzbaren Dienst erwiesen; allein, es ist wie es nun einmal ist und man muss sich dem stellen.»[20]

Der fatalistische Grundton in diesen Äußerungen ist nicht zu überhören. Wer oder was zwang Napoleon, etwas auf sich zu nehmen, was für ihn selbst das größte und schwierigste Unternehmen war? Was musste vollendet werden, nur weil es einmal begonnen worden war? Und wer, wenn nicht er selbst, hätte ihm diesen Krieg ersparen können? Napoleon scheint ein einziges Mal dem Druck, der auf ihm lastete, nachgegeben und einem Vertrauten eröffnet haben, welche Wünsche und Hoffnungen ihn plagten und was er vollenden wollte. Dieser Mann, ein Angehöriger des alten Adels, ein natürlicher Sohn Louis XV, einst Kriegsminister und seit dem Sturz der Monarchie – am 10. August 1792 – in der Emigration, aus der er erst zu Beginn des Consulats zurückgekehrt war, war der 1755 geborene Graf Louis de Narbonne-Lara. In einem langen Gespräch im März 1812 gab Napoleon Dinge von sich preis, die jener nach dem Gespräch seinem Sekretär Villemain gegenüber mit den Worten kommentierte: «Was für ein Mann! Was für großartige Ideen! Welche Träume! Wo ist der Irrenwärter, der auf dieses Genie Acht hat? Es ist dies alles nicht zu glauben. *On est entre Bedlam* (der großen Irrenanstalt in London, J.W.) *et le Panthéon.*»[21] Nach Villemains Schilderung, dem Narbonne dessen Verlauf und Inhalt in extenso mitteilte, begann die Unterredung damit, dass Narbonne Napoleon geradezu anflehte, keinen Krieg mit Russland zu riskieren, das Glück Frankreichs wie das seiner Dynastie nicht leichtfertig aufs Spiel zu setzen. Stattdessen möge er sich doch damit bescheiden, an den Grenzen Russlands ein freies Polen unter seinem Schutz zu schaffen, dessen Aufgabe es wäre, Russland von Europa fern zu halten und in seine Steppen, nach Asien, zu verbannen. Solche Einwände kannte Napoleon:

«Ihre Befürchtungen werden angesichts dessen, was wirklich geschieht, in sich zusammenfallen. Die unzivilisierten, barbarischen Völker sind abergläubisch und haben nur ganz einfache Vorstellungen. Ein mit furchtbarer Wucht gegen das Herz des Russischen Reichs, gegen das große, das heilige Moskau geführter Schlag, wird mir mit einem Mal diese ganze blinde und wurzellose Masse ausliefern. Ich kenne Alexander; ich bin ihm überlegen; daran wird sich nichts geändert haben. Man muss nur seine Phantasie mit etwas beeindrucken, das von Entschlossenheit und Kraft Mitteilung macht; dann wird er schon zu mir gelaufen kommen. Vielleicht knickt er auch schon beim bloßen Anblick meiner unerhörten Rüstungen ein oder angesichts der europäischen Revue, die ich in Dresden abhalten werde, ehe ich ihm durch Sie mein Ultimatum überreichen lasse. Wenn nicht ... Dann muss das Schicksal seinen Lauf nehmen, und Russland wird vernichtet werden von meinem Hass auf England! Sein Barbarentum, vor dem Sie sich so sehr ängstigen, ist nichts anderes als eine Unterlegenheit unter unser taktisches und organisatorisches Genie. Und was die Weiten Russlands anbelangt, dann sind das alles nur weitere Etappen, die wir mit unseren Siegen markieren. An der Spitze von vierhunderttausend Mann, für deren Sold gesorgt ist, die mit Ross und Wagen in beispielloser Fülle versehen sind, mit Reserve-Corps auf unseren beiden Flanken, mit einem Corps von Litauern, die blutsverwandt sind mit Völkern, durch deren Gebiet wir ziehen, ist es mir nicht bange vor diesem langen Weg durch die Steppen, an dessen Ende die Eroberung und der Friede stehen.»[22]

So sahen die Illusionen aus, die Napoleon mit dem russischen Feldzug verknüpfte: Alles, so wähnte er, sei von ihm vorbedacht, nichts dem Zufall überlassen. Allein, nichts von dem, was Napoleon vorgetragen hatte, konnte nur im entferntesten einen Krieg gegen Russland rechtfertigen. Napoleon plagten wieder jene Träume, die ihn schon beim ägyptischen Abenteuer genarrt hatten, es den antiken Helden, besonders Alexander dem Großen gleichzutun. Hinzu kam seine geradezu romantische Verfallenheit an den Orient, sein Drang nach Osten, von dem er noch auf Sankt Helena wähnte, dass er darin seine wahre Bestimmung gefunden hätte, wäre es ihm vergönnt gewesen, tatsächlich über Moskau hinaus zu gelangen. Das mischte sich nun bei ihm mit heute besonders fatal anmutenden historischen Analogien, bei denen er sich in der Rolle jener römischen Feldherrn und Kaiser sah, die über Jahrhunderte den Ansturm der Barbaren auf die antike griechisch-römische Zivilisation erfolgreich abgewehrt hatten. Mit diesen Phantastereien, die er dem fasziniert lauschenden Narbonne eröffnete, bewegte er sich tatsächlich am Rande jenes schmalen Risses, der Bedlam vom Panthéon trennt:

«Alles in allem ist dieser lange Weg die Route nach Indien. Alexander (der Große, J.W.) ist auch von so weit weg aufgebrochen wie Moskau, um bis zum Ganges zu gelangen. Seit Saint-Jean-d'Acre (Akko, J.W.) habe ich mir das immer wieder gesagt. Ohne die englischen Kreuzer und die französischen Emigranten (Louis de Phélippeaux, einer von Napoleons Klassenkameraden an der *École Militaire*, der im Sold des britischen Admirals Sir Sidney Smith stand, J.W.), die das Abwehrfeuer der Türken geleitet und, zusammen mit der Pest, mich dazu veranlasst haben, die Belagerung abzubrechen, wäre es mir ohne weiteres gelungen, eine Hälfte von Asien zu erobern, und ich hätte Europa von hinten aufgerollt, um mir auf diese Weise die Throne Frankreichs und Italiens zu erringen. Heute ist es meine Aufgabe, vom anderen Ende Europas her Asien aufzurollen, um auf diesem Weg England meiner Macht zu unterwerfen. (...) Dieser Feldzug wird möglicherweise weniger anstrengend sein als jener, der unser in drei Monaten harrt. Moskau liegt dreitausend Kilometer von Paris entfernt; und es werden manche Schlachten auf diesem Weg zu schlagen sein. Gesetzt den Fall, Moskau ist eingenommen, Russland zu Boden geworfen, der Zar mit uns wieder versöhnt oder irgendeinem Mordkomplott zum Opfer gefallen, dann bietet sich uns vielleicht ein neuer und von uns abhängiger Thron; und, sagen Sie selber, wäre es dann einer großen französischen Armee nebst ihren Verbündeten nicht ein Leichtes, von Tiflis aus bis zum Ganges vorzustoßen, an dessen Ufern nur ein französisches Schwert wird aufblitzen müssen, um in ganz Indien das windige Gerüst dieser händlerischen Größe (England, J.W.) zum Einsturz zu bringen? Das wird eine gigantische Expedition sein, das gebe ich gerne zu, aber im 19. Jahrhundert ist diese durchaus zu machen. Vom Ganges aus wird Frankreich im selben Augenblick auch die Unabhängigkeit des Abendlands und die Freiheit der Meere errungen haben».

Im folgenden schmückte Napoleon diesen triumphalen Eroberungszug noch mit weiteren Einzelheiten aus – «Sie sehen jetzt, mein lieber Narbonne, dass alles klug auf einander abgestimmt ist» –, um dann, als er offensichtlich bemerkte, dass dieser von seinen Ausführungen eher verwirrt als überzeugt war, sich in eine Apotheose seiner selbst zu versteigen:

«Täuschen Sie sich nicht; ich bin ein römischer Kaiser; ich entstamme dem besten Geschlecht der Caesaren, dem Geschlecht der Gründer. Chateaubriand hat mich, ich weiß nicht mehr in welcher Ausgabe des *Mercure*, völlig unverständlicherweise mit Tiberius verglichen, der Rom nur verließ, um sich nach Capri zu begeben. Ein hübscher Einfall, das! Trajan, Diokletian, Aurelian, wenn ich bitten darf, einer dieser Männer, die von sich aus etwas dargestellt haben und die Welt aus den Angeln hoben. Sie, der Sie doch sehr in der Geschichte bewandert sind, fallen Ihnen denn nicht die Übereinstimmungen ins Auge, die meine Regierung mit der des Diokletian hat, dieses Verwaltungsnetz, das ich so weit ausgeworfen habe, diese Augen des Kaisers, die überall wachen und diese Zivilgewalt, die ich allüberall in diesem so durchaus kriegerischen Reich zu bewahren vermochte? (...) Ich, ich habe das Volk befriedet, indem ich es bewaffnete (...). Was schließlich meine Ähnlichkeit, meine Parallelität zu Trajan anbelangt, so hoffe ich doch sehr, dass sie mehr ist als nur eine opernhafte Schmeichelei. Wie er habe ich im Orient und am Rhein siegreich gekämpft; im Inneren ist es mein Verdienst, die Gesellschaft widerhergestellt zu haben und zwar mittels jener Mäßigung, die, was immer man mir nachsagen mag, das Grundgesetz meiner Regierung ist. Ich bin auf die Erinnerungen an den Schrecken nachgefolgt, so wie Trajan der Nachfolger Domitians war; und wie er habe ich den Staat vergrößert und verschönert. Ich bin auf seinen Spuren jenseits der Donau und der Weichsel gewandelt. Aber meine Bestimmung ist es, noch viel weiter zu gehen, nach Norden hin; denn dort lauert die Gefahr und die Zukunft. Man wird zum Gründer nur jenseits jener Festungswälle, die als unüberwindbar gelten. (...) Erst wenn all das vollbracht ist, wird es möglich sein, alles weitere zu ordnen und vor allem den Streit mit Rom und dem Papst beizulegen. Glauben Sie aber nur nicht, dass ich den Glauben erneuern wollte. Ich bin kein Abdallah-Menou (der Oberbefehlshaber der Ägyptenarmee nach der Ermordung Klébers, der zum Islam übergetreten war, J.W.). Ich werde ein Konstantin sein, der aber weder (...) nachgiebig ist, noch sich als Glaubensspalter aufspielt. Wenn ich Rom für meinen Sohn behalte, dann werde ich Notre-Dame dem Papst übereignen. Paris jedenfalls wird dann in der Bewunderung aller Menschen so hoch gestiegen sein, dass seine Kathedrale ganz selbstverständlich zum spirituellen Mittelpunkt der katholischen Welt avanciert.»[23]

Sind diese Ausführungen authentisch? Napoleon hat zweifellos so geredet und gedacht. Es ist dieselbe Stimme, das nämliche Selbst- und Machtbewusstsein, von dem nicht zuletzt die zahlreichen Zeugnisse Kunde geben, die von den Vertrauten seiner Verbannung überliefert wurden. Was diese von jenen allenfalls unterscheidet, sind die packenderen, die griffigeren Formulierungen, die mit einer Bestimmtheit ausgesprochen werden, die keinen Widerspruch fürchtet. In seinen Worten äußert sich der Geist, mit dem Napoleon den Kriegszug gegen Russland, jenes «grand jeu de l'Europe», begann. Was ihn dazu anstiftete, war der gleiche Hasard des Alles oder Nichts, der vielen seiner Kampagnen ihren widrigen, aber gleichwohl verführerischen Reiz verleiht.

Er eröffnete den Feldzug gegen Russland, wie er Narbonne angekündigt hatte, mit einem beeindruckenden Staatsakt in Dresden: Mit Ausnahme seiner gekrönten Brüder Joseph und Jérôme sowie des Schwagers Murat – der eine war in Spanien unabkömmlich, während den anderen beiden befohlen wurde, sich sofort zu den von ihnen kommandierten Armeecorps zu verfügen – hatten sich in der zweiten Hälfte des Monats Mai 1812 alle Souveräne von Napoleons Gnaden sowie sein Schwiegervater, Kaiser Franz, in der Hauptstadt des Königreichs Sachsen eingefunden. Dieser Fürstentreff wurde zu einem vierzehn Tage währenden Staatsballett mit *levers*, Empfängen, Bällen, Diners, Konzerten und sonstigen Vergnügungen. Zu verhandeln gab es nichts, zumal Napoleon sich längst damit begnügte, Befehle zu erteilen. Die Heerschau der Souveräne verfolgte tatsächlich keinen anderen Zweck, als den Zaren zu beeindrucken, wenn nicht gar einzuschüchtern. In all dem Prunk und Gepränge verriet sich indes weniger die Stärke als die

Unsicherheit Napoleons angesichts dessen, was vor ihm lag und was sich nur vermeiden ließ, wenn Alexander in letzter Minute klein beigab. Dem lag derlei aber fern. Napoleon musste deshalb am 29. Mai 1812 von Dresden aus nach Osten aufbrechen. Graf Ségur kommentierte das mit den Worten: «Er zog den schrecklichen Herausforderungen eines fernen und entscheidenden Krieges ganz so entgegen, wie man aus einem solchen als triumphierender Sieger zurückkehrt.»[24]

Die *Grande Armée*, die am 24. Juni 1812 ab Mitternacht auf drei Pontonbrücken die Memel überquerte und nach Russland einfiel, war eine Streitmacht, die alles seit Menschengedenken an Kriegsvolk übertraf: Mit Ausnahme der kaiserlichen Garde, als selbstständige Einheit geführt, war diese Armee in zehn Infanterie- und vier Kavalleriecorps gegliedert, die eine Mannschaftsstärke von 449000 Mann aufwiesen, die 1146 Kanonen mit sich führten.[25] Im Laufe des Feldzugs stießen außerdem noch Verstärkungen hinzu, die sich auf insgesamt 162700 Mann und 226 Kanonen beliefen, so dass die nominale Stärke der *Grande Armée* 611700 Mann und 1372 Kanonen betrug. Den größten Anteil an den Mannschaften der *Grande Armée* hatten mit rund 420000 Soldaten allerdings die von Napoleon annektierten Gebiete oder die mit ihm «verbündeten» Staaten zu stellen.[26] Diese riesige Armee sollte sich jedoch rasch als viel zu groß und zu schwerfällig erweisen, um die geplanten taktischen Aufgaben lösen zu können.

Die russische Armee, die zwar über eine Million Mann hätte umfassen sollen, war diesem Aufgebot tatsächlich weit unterlegen. Die drei Heere, die sich Napoleons Einfall entgegenstellten, gliederten sich in die *Erste Westliche Armee*, zunächst von Barclay de Tolly kommandiert, die 104250 Mann und 7000 Kosaken umfasste, sowie in die *Zweite Westliche Armee* unter Bagration, der lediglich 33000 Mann und 4000 Kosaken befehligte. Außerdem gab es noch die *Dritte (Reserve)Armee*, die der Kavalleriegeneral Tormassov anführte und die 38000 Mann regulärer Truppen sowie 4000 Kosaken hatte.[27] Diese Zahlenverhältnisse spiegeln aber nicht die unterschiedliche Kampfmoral beider Armeen wider. Die numerische Überlegenheit der *Grande Armée* wurde dadurch relativiert, dass die Soldaten in ihrer Mehrzahl keinerlei Kriegserfahrung hatte, geschweige denn von Kampfgeist beseelt waren. Das galt, mit Ausnahme der polnischen Freiwilligen, sicherlich für die Masse der Soldaten aus den annektierten oder verbündeten Staaten. Demgegenüber rekrutierten sich die russischen Armeen vor allem aus kräftigen Bauernburschen, denen der strenge Gehorsam dank der seit Menschengedenken bestehenden Leibeigenschaft längst in Fleisch und Blut übergegangen war. Das war eine Voraussetzung für die staunenswerte und gleichmütige Ausdauer, mit der sie allen Strapazen und insbesondere den Risiken der Schlacht begegneten. Ihre Furchtlosigkeit steigerte sich im Gefecht zu stoischem Mut, zumal sie alle in der Gewissheit kämpften, den eigenen Boden, das «heilige Russland» zu verteidigen.

Napoleon plante, einen kurzen Feldzug zu führen, in dem er in ein oder zwei großen Umfassungsschlachten bei möglichst geringen eigenen Verlusten die gegnerische Streitmacht vernichtete, um so einen Unterwerfungsfrieden zu erzwingen.[28] Das Gelingen dieses Plans hing im wesentlichen von zwei Voraussetzungen ab: Die *Grande Armée* musste rasch vorstoßen, um der russischen Hauptstreitmacht jede Rückzugsmöglichkeit ins Landesinnere abzuschneiden; zum zweiten musste dieses Manöver innerhalb der ersten Wochen glücken, also zu einem Zeitpunkt, wo die räumliche Tiefe der rückwärtigen Kommunikationslinien für die Nachrichtenübermittlung und den Nachschub noch überschaubar war. Die *Grande Armée* sollte in drei Marschsäulen vorgehen, die beiden getrennt operierenden russischen Armeen zum Zusammenschluss zwingen, um dann die gesamte gegnerische Streitmacht in einer Vernichtungsschlacht auszuschalten. Die Ausführung dieses Plans scheiterte jedoch schon in der ersten Woche: Sowohl Barclay de Tolly wie Bagration wichen vor der voranstürmenden *Grande Armée* so rasch zurück, dass noch Zeit blieb, alle Vorratsmagazine in Brand zu setzen. Als Napoleon am 28. Juni in Wilna einrückte, war seine Armee noch nirgendwo auf bewaffneten Widerstand gestoßen. Dagegen machte die kräftezehrende Hitze, die sich abwechselte mit sintflutartigen Regenfällen begleitet von jähem Temperatursturz, Mensch und Tier schon in den ersten Marschtagen schwer zu schaffen. Außerdem tauchte bereits in der ersten Woche ein Problem auf, das mit der Dauer des Feldzugs immer schlimmer wurde: die mangelhafte Verpflegung. Über den Vormarsch von Kowno nach Wilna schreibt Caulaincourt in seinen Memoiren: «Die Avantgarde fand noch genug, um zu leben, während der Rest der Armee vor Hunger verging. Die Erschöpfung wurde durch den herrschenden Mangel und die sehr kalten Regenfälle des Nachts noch gesteigert. 10000 Pferde krepierten.»[29] Napoleon war völlig irritiert, dass der Gegner sich einer Schlacht verweigerte und damit seine Absichten durchkreuzte, eine rasche Entscheidung herbeizuführen. Das jedenfalls zeigt die Unterredung, die er am 1. Juli mit einem Abgesandten des Zaren, General Balachof, führte.[30]

Napoleon war taktlos genug, Balachof zu versichern, der Zar sei von schlechten Ratgebern umgeben. Dann kam er schließlich auf das Thema zu sprechen, das ihn vor allem beunruhigte: «Ich kenne diesen Barclay de Tolly nicht, aber wenn ich ihn nach der Art und Weise beurteile, wie er den Feldzug eröffnet hat, dann muss ich vermuten, dass er über nicht viel militärisches Talent verfügt. Noch nie zuvor hat einer Ihrer Kriege mit einem solchen Durcheinander begonnen: Bis jetzt lässt sich keinerlei Führung ausmachen; wie viele Magazine wollen Sie denn noch anzünden und warum überhaupt? Dann hätte man sie auch gar nicht erst anlegen müssen oder sie wenigstens gemäß ihrer Bestimmung benutzen können. Ging man bei Ihnen am Ende von der Annahme aus, ich sei nur gekommen, um einen Blick auf die Memel zu werfen, nicht aber, um sie zu überschreiten? Haben Sie denn keinerlei Ehrgefühl? Seit Peter I., seit Russland eine europäische Macht ist, hat noch kein Feind Ihre Grenzen überschritten, und ich befinde mich bereits in Wilna! Ich habe kampflos eine ganze Provinz eingenommen. Allein schon aus Achtung Ihrem Herrscher gegenüber, der für zwei Monate sein kaiserliches Hauptquartier hier aufgeschlagen hatte, hätten Sie diese Stadt verteidigen müssen. Welchen Kampfgeist wollen Sie eigentlich Ihren Truppen einflößen, oder besser noch, welche Moral beseelt diese jetzt schon? Ich erinnere mich, welche Gedanken Sie hegten, als Sie zur Kampagne von Austerlitz aufbrachen: Sie hielten sich für unbesiegbar! Aber jetzt sind Sie zutiefst davon überzeugt, dass Sie von meinen Truppen besiegt werden.»[31]

Natürlich wollte er den Zar durch solche beleidigenden Reden provozieren und dazu bringen, seinen Truppen selbstmörderisch zu befehlen, sich mit weit unterlegenen Kräften einer Schlacht zu stellen. Überdies aber waren Berthier, Bessières und Caulaincourt Zeugen dieses Gesprächs, die zu seinen besten Generälen zählten und aus ihrer Skepsis wegen des russischen Feldzugs nie ein Hehl gemacht hatten. Er suchte ihnen auf diese Weise seine Überlegenheit zu demonstrieren und wollte ihnen vorführen, dass der Zar, wie auch immer er sich verhielte, in jedem Fall der Unterlegene sei.

Napoleons Hohn, die Russen hätten noch nie einen Feldzug mit einem solchen Durcheinander begonnen, enthielt gleichwohl ein Körnchen Wahrheit. Ihr Zurückweichen entsprach in dieser Anfangsphase keineswegs einem strategischen Plan; es wurde allein durch die zahlenmäßige Überlegenheit der *Grande Armée* verursacht, der sich entgegen zu stellen sinnlose Opfer gekostet hätte.[32] Das begriff Napoleon nicht, denn dann hätte er sich eingestehen müssen, dass die mit einer so großen Armee begonnene Invasion Russlands ein riesiger taktischer Fehler war, der von Anfang an zum Scheitern führte. Deshalb musste er sich an die immer wieder enttäuschte Hoffnung klammern, die Russen stellten sich entweder einer Schlacht oder sie bäten kampflos um Frieden, gezwungen, vor seiner schieren Macht zu kapitulieren. Das gab den

Ausschlag dafür, dass Napoleon achtzehn Tage, bis zum 16. Juli, in Wilna blieb. Nach Meinung des Historikers und Militärtheoretikers Jomini, der als Brigadegeneral in französischen Diensten den Russlandfeldzug mitgemacht hat, war das ein weiterer Fehler Napoleons.[33] Dieser Zeitverlust musste aufgeholt werden. Napoleon trieb die *Grande Armée* zu Gewaltmärschen, um den flüchtenden Gegner zu packen und zur Schlacht zu zwingen. Der nächste Ort, mit dem er diese Hoffnung verband, war Witebsk. Tatsächlich sprach vieles dafür, hier die russische Armee einzuholen, denn es mehrten sich die erbitterten Gefechte, die deren Nachhut lieferte.[34] Umso größer die Enttäuschung, als man am Morgen des 28. Juli feststellen musste, dass der Gegner im Schutz der Nacht Witebsk geräumt hatte und man nicht einmal wusste, in welche Richtung er abgezogen war.[35]

Napoleon ging davon aus, Barclay de Tolly werde auf Smolensk vorrücken, um sich mit Bagration zu vereinigen. Diese Vermutung leuchtete ein. Napoleon hätte sofort von Witebsk aufbrechen müssen. Das erwies sich jedoch als unmöglich. Es war das erste Mal, dass Napoleon einem anderen, seinem Stabschef Berthier, hilflos eingestehen musste, dass auch sein Wille und sein Genie nichts gegen die objektiven Bedingungen ausrichten könnten, die sich ihm in Russland in den Weg stellten: «Teilen Sie dem Fürsten Schwarzenberg (der das österreichische Korps am rechten Flügel der Armee befehligte, J.W.) mit», schrieb er am 30. Juli 1812 aus Witebsk, «dass sich Bagration mit der Hauptarmee im Raum Smolensk vereinigen wird; dass man dies hätte verhindern können, zumal diese Vereinigung erst in fünf oder sechs Tagen sich realisieren wird, aber dass die herrschende Hitze so stark und die Armee so erschöpft ist, dass der Kaiser sich zu dem Entschluss genötigt sah, ihr einige Tage Ruhe zu gönnen.»[36] Das aber war bestenfalls die halbe Wahrheit, denn der Zug der *Grande Armée* von der Memel über Wilna nach Witebsk hatte, so Caulaincourt, «schon mehr Verluste verursacht, als zwei große, verlorene Schlachten».[37] Das konnte auch Napoleon nicht verborgen bleiben, der seit seiner Ankunft im menschenleeren Witebsk am Nachmittag des 28. Juli in sehr gedrückter Stimmung war. Am Abend dieses Tages ließ er sich vernehmen: «Der Feldzug von 1812 ist beendet; der von 1813 wird den Rest vollenden.»[38] (Siehe Karte 16)

Tatsächlich scheinen die Schwierigkeiten, mit denen er nicht gerechnet hatte, und die ständig sich entziehenden gegnerischen Streitkräfte – Barclay de Tolly nannte er deshalb schon «Général de retraite» – Napoleon unmittelbar nach Ankunft in Witebsk zu dem Entschluss gebracht zu haben, hier Halt zu machen und die *Grande Armée* so zu positionieren, dass sie hinter einer Linie von Riga bis Polosk ganz Litauen kontrollierte.³⁹ Die Vorteile, die er sich von einer solchen Defensivposition versprach, suchte er seinen Generälen mit den Argumenten einzureden:

«Das ist ein Krieg, mit dem wir unsere Positionen stärken wollen und den wir anstatt eines Eroberungskriegs führen. Statt rascher Siege werden wir uns einfach länger verweilen; von uns kontrollierte Aufstände in einigen polnischen Distrikten werden an die Stelle dessen treten, dass wir den Zar weiter verfolgen und ihn zu überwältigen suchen. Von nun an werden wir keinerlei Schwierigkeiten mehr mit der Versorgung einer so zahlreichen Armee haben; das besetzte Land wird seine Befreier ernähren. Die Garnisonen von Minsk und Wilna werden ohne alle Schwierigkeit mit der von Witebsk in Verbindung stehen; alles was wir erobert haben, wird sich befreit wähnen; alle Räume, die zwischen den einzelnen Corps der *Grande Armée* liegen, werden uns freundlich sein und zu unserer Unterstützung beitragen; was Russland schließlich anbelangt, wird es sich durch diesen ersten französischen Vorstoß um die Hälfte seiner alten Eroberungen amputiert sehen, wogegen sich zu wehren es noch nicht einmal auf seinem eigenen Boden wagte.» Und dann wiederholte er noch einmal mit anderen Worten, was er als Entschluss bereits angekündigt hatte: «Wir werden nicht den Wahnsinn von Karl XII. wiederholen. Dieses Jahr müssen wir hier leben, um den Krieg dann im kommenden Frühjahr zu Ende zu bringen.»⁴⁰

Die Gründe für Napoleons Einsicht, wider alle Gewohnheit seine Stärke in der Defensive zu suchen, liegen auf der Hand: Das unerbittliche Kontinentalklima, das Mensch und Tier zusetzte; die Versorgungsschwierigkeiten, die zum einen daher rührten, dass sich die russischen Weiten in keiner Weise mit jenen Landschaften vergleichen ließen, die Schauplätze seiner früheren Erfolge waren und die zum anderen daraus resultierten, dass der Nachschub, der ganze Viehherden mit sich führen musste, wesentlich langsamer vorankam als die Armee; schließlich wurden die rückwärtigen Kommunikationslinien immer länger und damit anfälliger für Störungen aller Art. Die Defensivposition zur Sicherung des bislang Erreichten war also ein Gebot der Vernunft. Dagegen sprach, dass ihr der Geruch von Versagen, von Niederlage anhaftete, weil sie in zu offensichtlichem Widerspruch zu der dynamischen Erfolgsgeschichte Napoleons stand. In Witebsk erkannte sich Napoleon als Gefangener seines eigenen Erfolgs. Sein Nimbus verdammte ihn dazu, auch aus Russland als Sieger zurückzukehren.⁴¹

Wie sehr er zwischen diesen beiden Optionen schwankte, der vernünftigen Defensive und der seinem Bild allein gemäßen Offensive und warum er sich schließlich für letztere entschied und damit sein Verderben endgültig heraufbeschwor, hat Caulaincourt geschildert: «Er glaubte an eine Schlacht, weil er sie sich herbeisehnte, und dass er sie gewänne, weil ihm ein Sieg unverzichtbar war. (...) Wenn der Kaiser gelegentlich die wahre Lage erkannte und die Folgen dieses Kriegs überschaute, wenn er sich für Momente einmal ohne Leidenschaft darüber äußerte, dann musste man sich kurz danach schon auf einen ganz anderen Diskurs gefasst machen. Der Kaiser fiel dann wieder in seine alten Illusionen zurück und malte sich erneut seine gigantischen Vorhaben aus. Das kleinste Scharmützel, das Eintreffen irgendwelcher Verstärkungen, ja sogar einiger Munitionskarren (...) genügten, um ihm zu Kopfe zu steigen.»[42]

Die Generäle wagten es zwar immer wieder, ihre gegenteiligen Vorstellungen mit Nachdruck zu äußern, obwohl sie fürchten mussten, dafür mit scharfen, bisweilen beleidigenden Worten gerügt und zurückgewiesen zu werden.[43] Es war dies alles umsonst, denn immer tiefer verrannte sich Napoleon in ein Wunschdenken, das ihn mehr und mehr von der Wahrnehmung der Realität entfernte. Die plausibelsten Argumente, die etwa am 12. August 1812 der für den Nachschub verantwortliche Generalintendant der *Grande Armée*, Daru, vorbrachte, der mit Nachdruck dafür plädierte, nicht weiter nach Osten vorzustoßen, prallten an Napoleon einfach ab. Daru verwies darauf, dass die Armee bereits ein Drittel ihres Mannschaftsbestands durch Krankheiten, Unterernährung oder Desertionen eingebüßt habe, dass die Schwierigkeiten, die Soldaten zu versorgen, immer mehr wüchsen, je weiter man in dieses arme und feindliche Land vorrücke; er machte auf die Unmöglichkeit aufmerksam, große Transporte zu organisieren, weil es an den notwendigen Zugpferden mangele, auf den Schaden, der durch die Plünderungen angerichtet werde, durch die sich die Truppe auf eigene Faust zu ernähren suchte, wie auch, dass man bei weiterer Fortsetzung des Krieges kaum mit irgendwelchen Schlachtensiegen rechnen dürfe. Schließlich, so Daru weiter, stelle sich unter einer übergeordneten Perspektive mit Nachdruck die Frage nach dem nationalen Interesse, das es in diesem für Frankreich so überaus kostspieligen und gefährlichen Kriege angeblich zu wahren gelte, das aber nicht auszumachen sei. Daraus folge für ihn zwingend die Notwendigkeit, die Kriegshandlungen sofort zu beenden.[44] Napoleon konnte diesen Einwänden nur seine phantastisch ausgeschmückten und ins Gigantische gesteigerten Machtträume entgegensetzen, in denen er, wie einst in Knabentagen im kalten Brienne, seine Zuflucht suchte vor einer feindlichen Wirklichkeit. Es waren immer dieselben Beispiele, die er bemühte, um sich und anderen den Nachweis zu liefern, dass seine Hartnäckigkeit auch diesmal von Erfolg gekrönt sein werde; wieder und wieder führte er Austerlitz und Friedland an, zwei Schlachten, die jeweils kurze Feldzüge entschieden hatten. Daraus leitete er ab, eine siegreiche Schlacht vor Moskau, sein triumphaler Einzug in die Stadt müsse den Zar zwingen, Frieden zu schließen. Dessen feste Haltung sei nicht mehr als eine Theaterpose, die unter den Schlägen der *Grande Armée* keinen Bestand haben könne. Gegenüber Narbonne, der auch davon abriet, die russische Kampagne fortzusetzen, bemerkte Napoleon: «Ich wünschte, ich könnte den Ratschlägen von Daru Folge leisten. Aber ich fürchte, dafür ist jetzt keine Zeit mehr. Die Gefahr, in der wir stehen, treibt uns nach Moskau. Die Einwände aller Weisen haben sich erschöpft. Die Würfel sind gefallen. Es ist jetzt einzig der Sieg, der uns retten und erlösen kann.»[45] So lautete Napoleons letzte, fatalistische Antwort auf alle Einwände.[46] Am 12. August brach die *Grande Armée* nach Smolensk auf, der sich Napoleon am folgenden Tag, an der Spitze seiner Garde reitend, anschloss. Damit endete sein fünfzehntägiger Aufenthalt im trostlosen Witebsk, wo er die längste Zeit darauf gelauert hatte, dass der Zar sich mit einem Friedensangebot nahe. Was ihm in Witebsk wie zuvor schon in Wilna versagt blieb, sollte nun endlich in Smolensk wahr werden: In Gewaltmärschen, die unter geschickter Ausnutzung der großen Waldungen dem Gegner verborgen bleiben sollten, plante Napoleon, die sich bei Smolensk vereinigenden russischen Streitkräfte zu umfassen und zu vernichten.[47] Dieses Erfolgs war sich Napoleon derart sicher, dass er bereits am 15. August Außenminister Maret anwies, entsprechende Nachrichten nach Paris weiterzuleiten.[48]

Am 16. August langte Napoleon vor Smolensk an. Die von Davout, Ney und Poniatowski kommandierten Corps sollten die hinter eindrucksvollen Ziegelmauern verschanzte Stadt angreifen,[49] während Junot sie umgehen und den russischen Truppen den Rückzug nach Moskau abschneiden sollte. Das Artilleriebombardement der Stadt begann am frühen Morgen des 16. August und wurde am 17. sowie in der Nacht auf den 18. August ununterbrochen fortgesetzt. Die Stadt war längst ein einziges Flammenmeer, als Barclay de Tolly seinen Truppen Befehl gab, sich aus Smolensk abzusetzen. Gegen vier Uhr in der Frühe des 18. August zog Davout in die zerstörte Stadt ein. Napoleon, der sich am 17. August mit der Gewissheit zur Ruhe begeben hatte, am nächsten Tag endlich die Schlacht schlagen zu können, auf die er seit fast zwei Monaten brannte, musste am Morgen des 18. August erneut einsehen, dass auch Smolensk nur ein weiteres Hindernis war, mit dem die Russen seinen Vormarsch verlangsamt hatten.[50] Während die russische Armee, die in Smolensk ihre Verwundeten und Kranken zurückgelassen hatte, von denen viele in der Flammenhölle bei lebendigem Leib verbrannten, sich auf dem jenseitigen Ufer des Dnjepr nach Osten zurückzog, leistete deren Nachhut in den Trümmern der Stadt den vordringenden Franzosen noch immer erbitterten Widerstand, dessen Niederwerfung viele weitere Opfer forderte und es den Angreifern unmöglich machte, die russische Armee noch einzuholen, die längst im Schutz der Nacht verschwunden war.[51]

Als Napoleon das Schlachtfeld inspizierte, suchte er aus dem fürchterlichen Anblick jenen Trost zu gewinnen, der seine Enttäuschung, wieder um die ersehnte Entscheidungsschlacht betrogen zu sein, etwas milderte. Ségur, der ihn begleitete, hat seine Reaktionen beschrieben:

«Die angespannte Miene des Kaisers und seine spürbare Irritation sprachen davon, was er litt; ihm war jedoch die Politik längst zur zweiten Natur geworden, die der ersten bald zu schweigen befahl. – Im übrigen ist dieses Zählen der Toten nach einer Schlacht ein ebenso täuschendes wie widerwärtiges Geschäft, denn längst schon hat man die meisten von unseren Gefallenen fortgeschafft, während die des Feindes gleichsam zum Beweis noch da liegen. Diese Umsicht lässt man immer walten, um unseren Soldaten schlimme Eindrücke zu ersparen, zumal sie auch durch das sehr verständliche Verlangen angefeuert wird, die eigenen Verwundeten zu bergen und zu versorgen, den Toten aber den letzten Dienst zu erweisen, ehe man sich um jene des Feindes kümmert. – All dessen ungeachtet schrieb der Kaiser, dass seine Verluste wesentlich geringer seien als die der Moskoviter, dass ihn die Eroberung von Smolensk in den Besitz der russischen Salinen gebracht hätte und dass sein Finanzminister mit vierundzwanzig Millionen an zusätzlichen Einnahmen rechnen dürfe. Dass er solchen Illusionen tatsächlich anhing, ist weder wahr noch auch nur wahrscheinlich. Deshalb konnte man fast den Eindruck gewinnen, dass er seine Fähigkeit, anderen etwas weiszumachen, jetzt gegen sich selber anwandte.»[52]

Auch in Smolensk fielen Napoleon erneut Zweifel an, ob es ratsam sei, den Feldzug fortzusetzen und bis nach Moskau weiterzumarschieren. Die immer schwieriger werdende Versorgungslage, der chronische Mangel an Zugpferden, der dazu zwang, Kanonen und Nachschub einfach zurückzulassen, die Verluste an Kavalleriepferden, die diese Truppengattung zur stumpfen Waffe machten, und dazu die erschreckende Zunahme an Kranken, Verwundeten und Erschöpften, die einfach nicht mehr die Kraft und den Willen hatten, das Marschtempo mitzuhalten, die zurückfielen und sich zu Banden formierten, all das war auch Napoleon bekannt, weil Daru immer wieder mit deutlichen Worten auf die Gefahren hinwies, die sich daraus ergaben. Aber Napoleon hatte Übung darin, solche Argumente nicht zu beherzigen oder gering zu achten. Dabei konnte er sich darauf berufen, dass bei den italienischen Kampagnen Schwierigkeiten und Mängel keineswegs geringer gewesen waren, er aber dennoch triumphiert habe. Napoleon beeindruckten und bedrückten allenfalls die Schreckensbilder, insbesondere der Gestank von faulendem Fleisch, von Verwesung, der Anblick verstümmelter Körper, die lauten Klagen der Sterbenden, die Schreie der Verwundeten, die unter den mit unzulänglichen Instrumenten ausgeführten Amputationen bei vollem Bewusstsein entsetzliche Qualen erleiden mussten. Wie bei allen napoleonischen Kriegszügen lag auch hier auf dem Sanitätswesen kein sonderliches Augenmerk. Angesichts dessen müssen die ausgebrannten Ruinen von Smolensk den Bühnenprospekt für ein Stück gegeben haben, in dem die Hölle sich selbst inszenierte. Die vollständig verwüstete, von der Bevölkerung verlassene Stadt war ein einziges Lazarett, das nun wahrhaftig auf einem Leichenfeld aufgeschlagen wurde. Ségur hat versucht, die Eindrücke zu beschreiben, die Napoleon überfielen, als er an jenem warmen Sommerabend des 19. August vom Besuch des Schlachtfelds bei Valutina-Gora, auf dem Neys Vorhut mit furchtbaren Verlusten einen leeren Triumph errang, nach Smolensk zurückkehrte: «Nachdem er stundenlang der lastenden Hitze ausgesetzt gewesen war und hatte erfahren müssen, dass man den Weg auf acht Meilen ausgespäht habe, ohne zum Gegner aufzuschließen, trübte sich seine Stimmung. Auf seiner Fahrt zurück nach Smolensk, als seine Kutsche über das mit Trümmern übersäte Schlachtfeld rumpelte, sich der Anblick des nicht enden wollenden Zugs von Verwundeten, die sich auf der Straße aus eigener Kraft zurückschleppten oder die getragen wurden, darbot und schließlich, in Smolensk selbst, die Hügel von amputierten Gliedmaßen, die man einfach wegwarf, kurz, als er alles das gewahren musste, was an Schrecklichem und Abstoßendem als Ernte der Schlachtfelder übrig bleibt, wich alle Zuversicht von ihm. Smolensk war nichts anderes als ein großes Lazarett, und das laute Wehgeschrei, das darüber gebreitet lag, übertönte in seinen Ohren das Triumphgeheul, das auf dem Schlachtfeld von Valutina angestimmt worden war.»[53]

All diese Eindrücke scheinen Napoleon für Augenblicke wieder ins Schwanken gebracht zu haben, ob er den Kriegszug bis Moskau fortsetzen solle. So jedenfalls äußerte er sich gegenüber Caulaincourt.[54] Aber dann obsiegte wieder der *amor fati*. General Rapp, der ihm geradezu sagte, dass die Armee auf alles andere als auf den Einmarsch in Moskau brenne, versetzte Napoleon: «Das Fass ist geöffnet, man muss den Wein trinken!»[55] Noch brutaler war die Abfuhr, die sich Caulaincourt holte, der sich mit anderen aus der Begleitung des Kaisers vom Anblick des in Flammen stehenden Smolensk mit dem Ausruf: «Schauderhaft, Sire» abwandte und dem Napoleon widersprach, indem er seinen Worten zynisch hinzufügte: «Erinnern Sie sich, meine Herren, doch des Ausspruchs eines römischen Kaisers: Der Körper eines toten Feindes riecht immer gut.»[56] Mit solchen und anderen Bemerkungen heuchelte Napoleon eine Siegeszuversicht, mit der er seine Umgebung anzustecken und von der Richtigkeit seiner Absicht, nach Moskau zu ziehen, zu überzeugen suchte. Insgeheim wird aber auch ihm gedämmert haben, dass das

Festhalten an diesem Ziel reiner Hasard war. Das brennende Smolensk konnte ihm eine Vorahnung dessen geben, was ihn in Moskau erwartete: Dieser Krieg wurde nicht mehr als Duell zwischen zwei Armeen ausgetragen, deren Befehlshaber sich an bestimmte Spielregeln hielten, es war ein Krieg völlig neuen Typs, bei dem sich die gegnerische Armee wie die einheimische Bevölkerung dem würgenden Zugriff des Angreifers entzogen und ihn in einem verlassenen und verwüsteten Land, von allen Hilfsmitteln planvoll entblößt, sich buchstäblich zu Tode marschieren ließen. Hätte er seinem Debakel in Spanien mehr Aufmerksamkeit geschenkt, wäre Napoleon dieser neue Charakter des Krieges, der sich als dessen umfassende Nationalisierung beschreiben lässt, längst aufgegangen.

Von Smolensk nach Moskau ist es, gemessen an der Strecke, die die *Grande Armée* bereits zurückgelegt hatte, nicht mehr weit. Aber die Meilen dehnten sich für die, die sich mit schwindender Kraft vorwärts schleppen mussten, ins schier Unendliche. Zugleich klammerten sich die Soldaten gar nicht mehr an das Ziel Moskau, sondern nur noch ans eigene Überleben, das sich im Grundbedürfnis äußerte, den quälenden Hunger zu stillen. Napoleon sah das wohl, aber er reagierte auf seine Weise, indem er die Generäle anhielt, noch strikter auf die Disziplin ihrer Truppen zu achten.[57] Andererseits wusste er genau, dass der Wert einer Armee, deren Soldaten vor allem ums Überleben kämpfen, nicht sehr hoch zu veranschlagen ist. Deshalb bedurfte es für die Kampfmoral der *Grande Armée* zu allererst eines Gegners, der sich endlich in einer Schlacht stellte. Darauf hoffte Napoleon, nach allen Enttäuschungen, in Moskau. Er war sich sicher, die russische Armee würde diese Stadt nicht kampflos preisgeben. Diese Erwartung erfüllte sich Napoleon ausgerechnet mit der Ernennung des Grafen Kutusov zum russischen Oberbefehlshaber. Kutusov war zwar ein unbedingter Anhänger der Rückzugsstrategie, aber kaum hatte er das Kommando übernommen, geriet er unter den Druck des Zarenhofs, der ihn nötigte, Napoleon vor Moskau eine Schlacht zu liefern.[58]

Seit dem für beide Seiten verlustreichen Gefecht von Valutina am 19. August blieb die Vorhut Napoleons der russischen Armee hart auf den Fersen und ließ sie nicht mehr zur Ruhe kommen: Entweder stellte sich Kutusov einer Schlacht, um sich so wenigstens eine Atempause vor seinen Verfolgern zu verschaffen, oder diese trieben ihn bis Moskau vor sich her, eine Perspektive, die vielleicht strategisch, aber angesichts des Erwartungsdrucks, der auf ihm lastete, politisch kaum zu rechtfertigen war. Anfang September langte die russische Armee bei Borodino, dem letzten größeren Ort vor Moskau an. Hier sollte die Schlacht geschlagen werden, die über Moskaus Schicksal entschied. Clausewitz, im russischen Stab zugegen, hat darüber ein unübertrefflich lapidares Urteil gefällt: «Diese Schlacht gehört zu denjenigen, bei welchen eigentlich wenig zu erklären ist, weil die Folgen den vorhandenen Umständen ganz entsprechend sind. 120 000 Russen, von welchen 30 000 Kosaken und Milizen (deren Angehörige bestenfalls mit Spießen ausgerüstet waren, J.W.) sind, stehen in einer sehr mittelmäßigen Stellung gegen 130 000 Franzosen, deren Feldherr Bonaparte ist – was ließ sich da bei gleich großer Tapferkeit der beiderseitigen Truppen von dem Abmessen der Kräfte auf dem kleinen Raum anderes erwarten, als geschehen ist, nämlich ein sanftes Umschlagen der Waage zum Nachteil der Russen. Wir haben nie verstehen können, warum die Menschen so begierig nach Aufklärung über die Schlacht von Borodino fragten. Die einen konnten gar nicht begreifen, warum Kutusov abmarschiert sei, da er doch gesiegt habe, die anderen, warum Bonaparte die Russen nicht zertrümmert habe.»[59] Diesem Urteil ist wenig hinzuzufügen, außer dass die Schlacht vom 7. September die blutigste war, die in napoleonischer Zeit geschlagen wurde: Die *Grande Armée* verlor allein 47 Generäle, weit über 100 Obristen, insgesamt rund 28 000 Mann, während sich die Verluste der russischen Armee auf 52 000 Mann, also auf gut die Hälfte ihrer Linientruppen beliefen. Vor allem um die hinter Erdwällen verschanzten russischen Artilleriestellungen wurde mit einer solchen Erbitterung gekämpft, dass ganze Regimenter am Ende der Schlacht auf eine Hand voll Soldaten zusammengeschmolzen waren. Napoleon irritierte am Ausgang dieses Kampfes am meisten, dass kaum Gefangene gemacht wurden, weil die russischen Soldaten ihre Stellungen buchstäblich bis zum letzten Atemzug behaupteten. Wiederholt bemerkte er deshalb zu Berthier, wie Caulaincourt berichtet: «Diese Russen lassen sich töten *comme des machines;* sie ergeben sich nicht. Das hilft uns keineswegs weiter. Diese Soldaten sind wie Festungen, die man mit Kanonen zertrümmern muss.»[60]

Der sich selbst verleugnende Stoizismus, mit dem die russischen Soldaten der *Grande Armée* standhielten, liefert aber nur eine Erklärung dafür, dass diese Schlacht trotz der ungeheuren Opfer für Napoleon nur mit einem technischen Sieg endete, zumal der russischen Armee ein geordneter Rückzug gelang, den zu stören die französischen Angreifer keinerlei Kraft und nicht einmal mehr den Willen hatten. Borodino war also in keiner Hinsicht die Schlacht, auf die Napoleon seit mehr als zwei Monaten gehofft hatte und deretwegen er bis vor die Tore Moskaus gezogen war. Die russischen Streitkräfte hatten zwar entsetzliche Verluste erlitten, aber sie ließen sich ausgleichen, zumal die kampferprobten Truppen vom türkischen Kriegsschauplatz und die großen Reserven im

Hinterland von Moskau noch gar nicht zum Einsatz gekommen waren. Der *Grande Armée* machte aber am meisten zu schaffen, was ihren Untergang mit Gewissheit heraufbeschwor: Es war, und diese Einsicht erhärtete sich jetzt im russischen Hauptquartier zum grimmigen Dogma, die unmögliche Situation, in die sie sich selbst hineinmanövriert hatte. Über achthundert Meilen von ihren Basen, von Nachschub und frischen Truppen entfernt, musste sie mit jedem Tag, mit jedem Schritt, den sie weiter vorrückte, an Kraft, Elan und Siegeszuversicht verlieren. Diese Armee war zum sicheren Untergang verurteilt.

War Borodino für Napoleon bestenfalls ein Erfolg, der für den Ausgang des russischen Feldzugs völlig belanglos war, so bedeutete diese Schlacht, wie der sowjetische Historiker Tarlé treffend schrieb, für das russische Volk einen gewaltigen moralischen Sieg.[61] Borodino signalisierte überdies einen wichtigen Moment in der Entzauberung des napoleonischen Nimbus. Am Tag danach, am 8. September, schrieb Napoleon an Marie-Louise: «Meine gute Freundin, ich schreibe Dir vom Schlachtfeld von Borodino. Ich habe gestern die Russen geschlagen; ihre gesamte Armee, 120 000 Mann stark, war zugegen. Die Schlacht war heiß: gegen zwei Uhr nachmittags war der Sieg unser. Ich habe mehrere tausend Gefangene gemacht und sechzig Kanonen erbeutet. Die Verluste der Russen belaufen sich auf 30 000 Mann. Ich habe auch sehr viele Gefallene und Verwundete.»[62] Aber selbst diese, in Ton wie Inhalt eher zurückhaltende Mitteilung, strotzt noch vor Übertreibungen: Es gab nicht mehrere tausend Gefangene, sondern nur rund siebenhundert, während es sich bei den zwanzig russischen Kanonen, die man als Siegesbeute vorweisen konnte, ausnahmslos um stark beschädigte Geschütze handelte, die der Gegner auf dem Schlachtfeld zurückgelassen hatte.[63]

Nach Borodino hatte Napoleon keine Wahl mehr, als nach Moskau weiterzumarschieren, wo die *Grande Armée* am 14. September anlangte. Hier jedoch wurden alle Hoffnungen enttäuscht: die Soldaten hatten gewähnt, in Moskau durch schieren Überfluss für alles, auf das sie bislang hatten verzichten müssen, für ihre Entbehrungen und Strapazen entschädigt zu werden, während Napoleon sich in der Gewissheit wiegte, spätestens jetzt gäbe der Zar klein bei und bäte ihn um Frieden, den er dann großmütig gewähren wollte. Als Präludium dazu hatte er sich ausgemalt, dass eine Abordnung der vornehmsten Bürger und reichsten Kaufleute Moskaus ihm an einem der Stadttore ihre Aufwartung machte, um die goldenen Schlüssel zur heiligen Stadt Russlands auf einem Brokatkissen zu präsentieren. Aber nichts dergleichen geschah. Stattdessen erreichte Napoleon, nachdem er zwei Stunden vor dem

Stadttor gewartet hatte, die höchst beunruhigende Nachricht Generals Durosnel, der mit Gendarmen Moskau inspizierte, dass die Behörden wie die Einwohner die Stadt samt und sonders verlassen hätten, dass in den besseren Häusern gelegentlich noch Domestiken, in anderen hingegen nur übles Gelichter anzutreffen sei.[64] Diese herbe Enttäuschung bestätigte sich am folgenden Tag, dem 15. September, als er durch die menschenleere Stadt zum Kreml ritt, wo er sich in den Gemächern des Zaren einrichtete. Gegen 10 Uhr in der Nacht dieses 15. September begann der Brand Moskaus, vom russischen Gouverneur Rostopcin befohlen,[65] nachdem in der Nacht zuvor bereits der große Bazar ein Raub der Flammen geworden war.[66] Die Einäscherung Moskaus endete erst am 20. September. Anton Wilhelm Nordhof, der damals in Moskau lebte, hat davon eine eindrucksvolle Schilderung gegeben: «An allen Seiten, in der Mitte, an allen Ecken und Orten loderten die Flammen empor. Es entstand ein Sturmwind ohnegleichen, der die Flammen bis zur Erde niederdrückte und in feine Spitzen zusammenpreßte wie der Schmelzer mit einem Blasrohr. Die Flammen eines Hauses ergriffen zehn andere zugleich. Kaum hing ein Feuerflocken an einem Hause, so fuhr auch schon die Flamme heraus. Tief in der Erde verborgene Wasserleitungen, Eiskeller, noch mit Eise gefüllt, brannten bis auf den Grund aus. Die Erde wurde so erhitzt, dass man die Hand nicht auf derselben halten konnte. Mir selbst verbrannten die Stiefeln auf den Füßen. Aus den Eisen- und Kupferbuden floß das geschmolzene Metall.» Die Feuersbrunst gab das Signal für eine riesige Plünderungsorgie, die gut zwei Wochen andauerte.[67]

Die planmäßige Einäscherung Moskaus, der nicht nur ein großer Teil der Häuser, sondern auch alle darin lagernden Vorräte zum Opfer fielen, weckten nun auch in Napoleon ernsthafte Zweifel, ob der Zar zum Abschluss eines Friedens bereit sei. Er überlegte erneut, den Rückzug anzutreten.[68] Dieser Vorsatz verblasste aber rasch wieder angesichts des Gedankens, dass diese Entscheidung in ganz Europa als Niederlage gewertet worden wäre und entsprechende Folgen für seine Machtstellung gehabt hatte. Deshalb streute Napoleon jetzt das Gerücht, dass er in Moskau bleiben, die *Grande Armée* hier ihr Winterquartier nehmen werde.[69] Dass es ihm damit ernst sei, schien nicht nur Caulaincourt fraglich, der andererseits aber das Dilemma, in das Napoleon sich verrannt hatte, nur zu gut durchschaute: Für Napoleon war ein russisches Friedensangebot jetzt die einzige Möglichkeit, ohne Gesichtsverlust das Abenteuer zu liquidieren, das ihn bis nach Moskau geführt hatte. Es war allein die Hoffnung auf dieses Angebot, die Napoleon seinen Aufenthalt in Moskau verlängern ließ, der mit jedem Tag, den er hier verbrachte, sinnloser wurde.⁷⁰ Das sagte ihm sein Verstand, weshalb er bereits bei seinem Aufenthalt in Petrowskoie erwog, sofort von Moskau nach St. Petersburg aufzubrechen, um durch sein Erscheinen vor den Toren der politischen Hauptstadt Russlands den Zaren zum Frieden zu nötigen.⁷¹ Dieser angesichts des Zustands der *Grande Armée* geradezu irrwitzige Plan wurde umso bereitwilliger archiviert, als man sich an neue Friedensillusionen klammern konnte. Die wurden ausgerechnet von Murat genährt, der die Avantgarde kommandierte und daher immer in Fühlung mit der russischen Armee blieb, die sich von Borodino über Moskau in Richtung Kasan abgesetzt hatte. Diese Armee sei, versicherte Murat, zutiefst demoralisiert und desorganisiert und sehne sich nach nichts so sehr wie nach einem Frieden. Insbesondere im höheren Offizierscorps der Russen wolle man Frieden, weshalb man bereits in diesem Sinne an den Zaren geschrieben habe und jetzt auf dessen Antwort warte.⁷² Der bis zur Dummheit eitle Murat, der keine Gelegenheit ausließ, mit den russischen Truppen zu fraternisieren und sich von den Kosaken bewundern ließ, die er mit aufwendigen Geschenken überschüttete, hatte sich diesen Bären aufbinden lassen. Napoleon glaubte ihm zwar kein Wort, durchschaute Murat als naives Opfer einer russischen Desinformationskampagne, war aber gleichwohl entzückt, weil dieses Geschwätz seinen Illusionen neue Nahrung gab.⁷³ Diese Hirngespinste mussten aber notwendigerweise verblassen, solange der Zar sich in Schweigen hüllte und seine angebliche Friedensgeneigtheit durch keine Geste zu erkennen gab.

Im Gegensatz zu der großen Zuversicht, die er zu verbreiten suchte, blieb Napoleon höchst unsicher, was die von ihm erhofften Friedensofferten des Zaren anbelangte. Der Direktor des zum Kreml-Komplex gehörenden Hauses für Findel- und Waisenkinder, Toutolmine, der sich am 18. September mit der Bitte an Napoleon wandte, dieser möge veranlassen, seine Einrichtung unter besonderen Schutz zu stellen, wurde mit ausgesuchtem Wohlwollen empfangen. Bei diesem Gespräch äußerte Toutolmine den Wunsch, die Zarenmutter, die allen wohltätigen Einrichtungen Russlands vorstand, brieflich über die Situation der Moskauer Institution zu unterrichten. Dem gab Napoleon sofort bereitwillig statt, äußerte gleichzeitig auch den Wunsch, Toutolmine möge seinem Bericht hinzufügen, dass er, Napoleon, Alexander nach wie vor sehr schätze und nichts anderes wünsche, als mit ihm Frieden zu schließen.⁷⁴ Diesem ersten Friedensfühler, den Napoleon, ungewöhnlich genug, von sich aus ausstreckte, folgte nur zwei Tage später eine weitere, erheblich deutlichere Demarche. Der Zufall wollte es, dass eine der reichen Moskauer Familien ihre Flucht aus der Stadt vertrödelt hatte und nun in der Falle saß. Ihr Chef, Ivan Iakovlev, wandte sich an den ihm von Paris her bekannten Marschall Mortier, um diesen um Schutz und Beistand zu bitten. Mortier unterrichtete Napoleon, der Iakovlev sogleich zu sich befahl. Iakovlev, der für sich und seine Familie um freies Geleit einkam, um Moskau unbehelligt verlassen zu können, erhielt dies von Napoleon unter der Bedingung zugestanden, dass er an Zar Alexander einen Brief überbringe.[75] Dieses vom 20. September 1812 datierte Schreiben Napoleons ist in politischer wie psychologischer Hinsicht höchst aufschlussreich. Zunächst berichtet er Alexander darin in großer Ausführlichkeit, welchen ungeheuren Schaden die von Rostopcin verantwortete Feuersbrunst in Moskau angerichtet habe. Was man damit erreicht habe, sei im Verhältnis zu den angerichteten Verwüstungen gering zu veranschlagen, zumal alle Vorräte in den Kellern gelagert gewesen seien, wo sie das Feuer meist unbeschädigt überdauert hätten.

«Warum also eine der schönsten Städte der Welt und das Werk von Jahrhunderten eines so geringen Nutzens willen zerstören? Seit Smolensk aber ist dieses Betragen zu beobachten, das bislang schon 600000 Familien an den Bettelstab gebracht hat. Die Wasserpumpen der Stadt Moskau waren entweder zerstört oder fortgeschafft, ein Teil der Waffen, die im Arsenal verwahrt wurden, war an Gesindel verteilt worden, das dann dazu Anlass gab, dass einige Kanonenschüsse auf den Kreml abgegeben werden mussten, um sie zu vertreiben. (...) Müsste ich davon ausgehen, dass alle diese Dinge auf Anordnung Ihrer Majestät hin geschehen seien, würde ich Ihnen diesen Brief nicht schreiben; aber ich halte es für unmöglich, dass Sie, in Kenntnis Ihrer Grundsätze, Ihres Herzens, der Billigkeit Ihrer Ideen, derartige Ausschreitungen hätten autorisieren können, die eines bedeutenden Herrschers und einer großen Nation unwürdig sind. (...) Ich habe gegen Ihre Majestät Krieg ohne alle Ranküne geführt. Eine Nachricht von Ihnen, vor oder unmittelbar nach der letzten Schlacht, hätte meinem Marsch Einhalt geboten und ich hätte sogar auf meinen Einzug in Moskau verzichtet. Sollte Ihre Majestät mir noch ein Quentchen Ihrer einstigen Gefühle bewahrt haben, dann wird Sie diesen Brief mit Wohlwollen zur Kenntnis nehmen. Jedenfalls kann Sie mir nicht das als Schuld anlasten, was ich Ihr von den Geschehnissen in Moskau berichtet habe.»[76]

Auf diesen seltsamen Brief reagierte der Zar aber eben so wenig wie auf die von Toutolmine übermittelte kurze Nachricht. Dieses konsequente Schweigen hatte seinen Grund einfach darin, dass Alexander sich in seiner unbedingten Ablehnung aller Friedensouvertüren einig wusste mit der in allen Klassen und Schichten seines Volkes vorherrschenden Auffassung.[77] Für zwei, drei Wochen konnte sich Napoleon damit trösten, dass es diese Spanne wohl brauchte, um vom Zaren einer Antwort gewürdigt zu werden und bis ihm Frieden angeboten werde. Deshalb gab er sich den Anschein, in Moskau sein Winterquartier zu nehmen. Dass das ausgeschlossen war, lag andererseits klar zu Tage: Moskau war durch die Brandkatastrophe, die von rund 30000 Häusern allenfalls 5000 verschont hatte,[78] weitgehend unbewohnbar geworden. Außerdem ließ sich das wüste Stadtgebiet vor allem bei Nacht nur sehr schwer kontrollieren, Überfälle und Morde nahmen in erschreckender Weise zu. Eine ganz entscheidende Schwierigkeit aber bot die Versorgungslage: Was man in den ersten Tagen an Lebensmittelvorräten gefunden hatte, war nicht streng rationiert, sondern verschleudert worden. Außerdem mangelte es an Pferdefutter, das von immer weiter ins Umland ausschweifenden Fouragekommandos beschafft werden musste, die dabei häufig von Kosaken oder bewaffneten Bauernhaufen niedergemacht wurden.[79]

Während die *Grande Armée* in ihrem Moskauer Quartier immer mehr von Kräften kam, der Sinn ihres Aufenthaltes nicht nur Marschällen und Generälen immer weniger einleuchtete, gewann die unweit davon im Süden bei Taroutino lagernde russische Armee Tag für Tag an Zuversicht und Stärke. Murat, der die französische Vorhut kommandierte und dessen Aufgabe es war, sich über Zustand und Moral der russischen Armee Aufschluss zu verschaffen, wusste für geraume Weile nicht einmal, wo genau sie sich aufhielt, nachdem sie Kutusov in einem geschickten Manöver unter seinen Augen gleichsam weggezaubert hatte. Sie schützte jetzt die reiche Region um Kaluga vor einem Zugriff der Franzosen.[80] Aus dieser Defensivposition heraus wäre es dem Gegner gleichermaßen ein Leichtes gewesen, in die Offensive zu gehen, sobald er sich stark genug und die *Grande Armée* entsprechend geschwächt wusste. Diese Situation spiegelte die Unentschiedenheit des Ausgangs der Schlacht von Borodino wider, die beiden Seiten eine längere Ruhepause abnötigte. Dass Napoleon diese Rast im kampflos besetzten Moskau einlegen konnte, schien nur ihm ein unschätzbarer Vorteil zu sein. Tatsächlich brachte ihm dieser Aufenthalt mit jedem Tag, den er hier in der Hoffnung verweilte, den Friedensschluss mit dem Zaren von Moskau datieren zu können, mehr in Nachteil. Nicht nur, dass der Einbruch des russischen Winters, den er allen Warnungen Kundiger zum Trotz in seinen fatalen Auswirkungen gering einschätzte,[81] immer näher rückte, es wurden auch die immensen Nachteile der überdehnten rückwärtigen Kommunikationslinie deutlich spürbar. Kuriere wurden abgefangen, der Nachschub immer öfter unterbrochen. Alle diese Anzeichen zeigten, dass die Situation der *Grande Armée* in Moskau unmöglich auf Dauer zu behaupten war. Deshalb war es geradezu wohlfeile Frivolität, als er davon sprach, Schauspieler aus Paris kommen zu lassen, um in Moskau einen regulären Theaterbetrieb aufzuziehen. Auf derselben vertrauten Linie lag auch, dass Napoleon eine Zivilverwaltung für Moskau schuf, an deren Spitze er Lesseps als «intendant de la ville et de la province de Moscou» berief, der sogleich einen Stadtrat einsetzte, der aus zweiunddreißig Russen bestehen sollte, die sich gegen diese «Ehre» aber mit Händen und Füßen stemmten. Wie üblich wurde diese Schöpfung mit einer hochtönenden Proklamation bekannt gemacht, die jedoch ohne jede Wirkung blieb, womit sich die Tätigkeit dieser famosen Verwaltung bereits in Wohlgefallen auflöste.[82]

Dass diese leere Geschäftigkeit die missliche Situation nicht ändern konnte, musste sich Napoleon schließlich eingestehen. Am 3. Oktober rief er seine Marschälle zum Kriegsrat in den Kreml zusammen. Zunächst eröffnete er ihnen, sich mit der *Grande Armée* nach St. Petersburg wenden zu wollen. Das stieß jedoch auf einhelligen Widerspruch, der sich auf den nahen Winterbeginn berief und darauf, dass man mit der Armee Kutusovs zu rechnen hätte. Außerdem verbiete der gegenwärtige Zustand der Truppe jede expansive Diversion. Diese Gründe konnte auch Napoleon nicht wegwischen, weshalb er sich an Caulaincourt mit der Frage wandte: «Wollen Sie nach St. Petersburg reisen? Sie werden mit dem Kaiser Alexander zusammentreffen. Ich werde Ihnen einen Brief mitgeben und Sie werden mit ihm den Frieden aushandeln.» Als Caulaincourt darauf versetzte, dass er diese Mission für überflüssig erachte[83] und im übrigen vom Zaren gar nicht empfangen werde, gab ihm Napoleon mit falscher Freundlichkeit zur Antwort, dass er nicht wisse, was er sage, denn

«Zar Alexander werde umso bereitwilliger auf dieses Verhandlungsangebot eingehen, das man ihm damit biete, als sein Adel, der durch den Krieg und den Brand von Moskau großen Schaden erlitten habe, sehnlichst, wie er sich nur zu gewiss sei, Frieden wünsche». Als trotz dieser und anderer Einwände Napoleons Caulaincourt auf seinem Standpunkt beharrte, wandte sich Napoleon schließlich von ihm mit der Bemerkung ab: «Nun gut, ich werde Lauriston schicken; ihm wird dann die Ehre zuteil werden, den Frieden geschlossen und Ihrem Freund Alexander die Krone gerettet zu haben.»[84] Lauriston, der ähnliche Argumente wie Caulaincourt gegen eine solche Mission zu erheben suchte, schnitt Napoleon jedes weitere Widerwort ab, indem er ihm einfach befahl, sich zu Kutusov zu begeben und von diesem freies Geleit nach St. Petersburg zu erwirken. Lauriston wurde mit den Worten verabschiedet, die Napoleons ganze Verzweiflung verraten: «Ich möchte den Frieden, ich muss den Frieden haben, ich brauche ihn unbedingt; wahren Sie mir nur die Ehre!»[85]

Einem Befehl konnte sich General Lauriston nicht verweigern, weshalb er sich am 5. Oktober zum russischen Hauptquartier aufmachte. Kutusov lehnte es jedoch ab, die von Lauriston gewünschten Pässe auszustellen, versprach diesem aber, das Schreiben Napoleons an den Zaren weiterzuleiten, auf das sicherlich bald eine Antwort eintreffen werde.

Aus all diesen Umständen, vor allem aber daraus, dass die russische Generalität einschließlich Kutusovs zu erkennen gab, dass man russischerseits des Krieges überdrüssig sei, schöpfte Napoleon neue Hoffnung, alles werde sich in seinem Sinne wenden.[86] Dass es sich dabei nur um eine bewusste Irreführung und Kriegslist handelte, wollte Napoleon selbst dann noch nicht wahrhaben, als sich Kutusov einem Waffenstillstand mit dem Argument verweigerte, er habe dafür keine Vollmacht, erkläre sich aber bereit, die Vorpostengeplänkel einzustellen. Selbst diese nichtssagende Geste wertete Napoleon als Indiz, dass Alexander sich bald mit einem Friedensangebot nahen würde.

Die Vorgänge zeigen, wie sehr Napoleon aus schieren politischen Rücksichten an Moskau festhielt, festhalten musste. Er musste dem von ihm unterworfenen Europa, das nur auf eine Gelegenheit lauerte, sein Joch abzuschütteln, erneut beweisen, dass er der Stärkere war, indem er Alexander dazu nötigte, mit ihm in Moskau Frieden zu schließen. Deshalb musste er hier ausharren, während militärisch-strategische Rücksichten ihn zum sofortigen Rückzug hätten veranlassen müssen. Auch wenn er seiner unmittelbaren Umgebung gegenüber so tat, als verkenne er das tiefe Dilemma, in Moskau ausharren zu müssen, wusste Napoleon zu genau, dass er die Stadt bald aufgeben musste, wollte er wenigstens die Reste der *Grande Armée* retten.[87] Deshalb wurde fünfzehn Tage nach der Mission Lauristons erneut ein französischer Parlamentär mit einem Schreiben Berthiers zu Kutusov geschickt, der in Erfahrung bringen sollte, ob unterdessen Nachricht vom Zaren eingetroffen sei. Kutusov musste dies natürlich verneinen.[88] Das war am 20. Oktober. Es war dies Napoleons letzter, nur noch halbherziger Versuch, sein Glück zu erzwingen. Tatsächlich hatte er bereits am 14. Oktober erste Befehle erteilt, die Evakuierung Moskaus vorzubereiten.[89] Allerdings hütete er sich, einen genauen Termin für den Aufbruch zu nennen, wohl um der Hoffnung, der Zar fände sich zu einem Friedensschluss bereit, eine letzte Frist einzuräumen. Dass er dann schon vier Tage später, am 19. Oktober, umringt von seiner Garde, Moskau verließ, löste die Schlacht von Taroutino aus, die am 18. Oktober mit einem russischen Angriff auf den linken Flügel von Murats Vorhut begann und mit einer Niederlage der Franzosen endete. Die Bedeutung dieses Ereignisses, auch wenn die Schlacht von eher bescheidenem Rang war, entging Napoleon nicht: Erstmals hatte die russische Armee die Offensive ergriffen und erstmals hatte sie einen eindeutigen Sieg errungen, bei dem die eigenen Verluste deutlich unter denen der Franzosen lagen, die zum Rückzug gezwungen wurden. Napoleon wusste nun, dass Kutusov mit der Absicht umging, der *Grande Armée* den Weg von Moskau nach Südwesten zu verlegen, der zunächst in Richtung auf Kaluga und dann nach Westen auf Smolensk führen sollte.[90] Am Vormittag des 19. Oktober verließ Napoleon mit dem Gros der *Grande Armée* Moskau. Zurück blieb Marschall Mortier, der die Nachhut befehligte, die, bevor sie ihrerseits die Stadt verließ, den Kreml sowie eine Reihe weiterer Bauwerke, die den Brand überdauert hatten, in die Luft sprengen sollte.[91] Da Napoleon sich nun seinerseits die Kriegführung der «verbrannten Erde» zu eigen machte, erhielt der russische Feldzug endgültig seine barbarischen Züge. Alle Dörfer und Gebäude, die die Franzosen auf ihrem Rückzug noch einigermaßen intakt antrafen, wurden systematisch zerstört.[92] Am 24. Oktober teilte Napoleon von Borovsk aus Marie-Louise lakonisch mit: «Meine Armee ist auf dem Marsch. Ich habe den Kreml sprengen lassen und Moskau den Rücken gekehrt. Es ließ sich mit meinen weiteren Plänen nicht vereinbaren, dass ich dort mein Winterquartier genommen hätte. Meine Gesundheit ist gut, das Wetter schön, meine Angelegenheiten sind in bester Ordnung.»[93] Bezeichnenderweise ließ er Marie-Louise aber nicht wissen, dass er jetzt zum ersten Mal das Risiko einer großen Schlacht gescheut hatte, denn am Morgen dieses 24. Oktober war die Vorhut der Franzosen auf ihrem Marsch Richtung Kaluga von russischen Truppen abgefangen worden. Das legte die Vermutung nahe, dass Kutusov mit der russischen Hauptstreitmacht auf der Höhe von Malo-Jaroslawetz Stellung bezog, um einen Durchbruch der *Grande Armée* nach Kaluga zu vereiteln. Anstatt seiner Gewohnheit zu folgen, das Angebot dieser Schlacht anzunehmen und den Durchbruch nach Kaluga zu erzwingen, gab Napoleon Befehl, sich nach Norden, auf Borovsk zurückzuziehen: Von nun an war er nicht mehr der Jäger, sondern der Gejagte.

Der Rückzug war Napoleons Eingeständnis seines Scheiterns. Jener 24. Oktober 1812 ist das Datum, an dem auch Napoleon das Gefühl beschleichen musste, den Zenit seiner Macht überschritten zu haben. Diese Zerstörung aller Illusionen stellte sich aber keineswegs schlagartig ein – es bedurfte einiger Anstöße. Der erste war die Einsicht, nicht die Reste der *Grande Armée* für einen höchst fraglichen Waffenerfolg zu riskieren; ein zweiter das Erlebnis Napoleons am Morgen des 25. Oktober, als er nur mit kleinem Gefolge und ohne die ihn sonst begleitenden Einheiten der Garde einen Erkundungsritt unternahm und nur mit knapper Not der Gefangennahme durch umherschweifende Kosaken entging.[94] Dieses Erlebnis veranlasste ihn dazu, von nun an immer einen mit Gift gefüllten Flakon bei sich zu führen, den er um den Hals trug. Der dritte Anstoß war wohl der schauderhafte Anblick des Schlachtfelds von Borodino, das die *Grande Armée* am 29. Oktober erneut passierte.[95]

In der Nacht vom 29. auf den 30. Oktober bat Napoleon Caulaincourt zu einem vertraulichen Gespräch zu sich, in dessen Verlauf er schließlich den Punkt anschnitt, der ihn vor allem umtrieb: Er plane, sich auf schnellstem Wege nach Paris zu begeben, sobald er für die Armee ein Quartier gefunden habe. Was er, Caulaincourt, davon halte, ob seine Abreise nicht einen schlechten Eindruck bei der Truppe hinterlasse, wenngleich dies die sicherste Gewähr dafür böte, sie rasch zu reorganisieren; auch schiene ihm dies das beste Mittel zu sein, seine Macht in Europa wieder zur Geltung zu bringen, und ob er eine Gefahr darin erkennen könne, wenn er ohne größere Eskorte durch Preußen reise.[96] Alles, was Napoleon in diesem Gespräch äußerte, zeigte nur, dass er den Ernst der Lage noch gar nicht begriffen hatte und noch immer in der Überzeugung lebte, seine schiere Gegenwart reiche aus, alle Kräfte zu mobilisieren, um binnen drei Monaten eine neue Armee zur Verfügung zu haben, die ihm seine alte Machtstellung garantierte.[97] Dieser Optimismus erhielt durch im Laufe des 6. November einlaufende Nachrichten einen erheblichen Dämpfer. Zum einen erfuhr er vom Teilrückzug der französischen Truppen, die, an der Düna stationiert, für die Flankendeckung der zurückflutenden *Grande Armée* von großer Bedeutung waren; zum anderen gelangten die ersten, noch etwas unklaren und deshalb umso alarmierenderen Informationen über die erfolgreiche Niederschlagung der Verschwörung des Generals Malet in Paris zu seiner Kenntnis.[98] Weitere unliebsame Überraschungen harrten seiner, kaum dass er am 9. November gegen Mittag in Smolensk angelangt war: Die mehr als zweitausend Mann starke Vorhut des Ersatzcorps, das Baraguey-d'Hilliers aus Frankreich heranführte, war von russischen Einheiten umzingelt und zur Kapitulation genötigt worden; gleichzeitig wurde bekannt, dass Witebsk von der russischen Armee Wittgenstein erobert und schließlich Eugène mit seinem Corps an den Ufern des Vop in die Flucht geschlagen worden war und dabei zahlreiche Geschütze verloren hatte.[99] Um das Maß dieser Enttäuschungen voll zu machen, stellte sich heraus, dass die Nachschublager und Lebensmittelmagazine in Smolensk bei weitem nicht so gut mit Vorräten versehen waren, wie man sich dies ausgemalt hatte. Das vereitelte Napoleons ursprünglichen Plan, das Winterquartier für die *Grande Armée* in Smolensk einzurichten.

In Smolensk hielt er sich vier Tage auf und hatte alle Muße, sich vom miserablen Zustand der *Grande Armée* zu überzeugen, die sich hier sammelte. Napoleon, der sich auf den Märschen immer nur von Einheiten der Garde abgeschirmt fortbewegte, die bevorzugt versorgt wurden, hatte, so muss man vermuten, bis dahin keine Vorstellung davon, wie heruntergekommen und demoralisiert die Soldaten waren. Er begann jetzt auch mit «Geisterarmeen» zu jonglieren, die binnen Kürze zur *Grande Armée* stoßen und ihm erlauben würden, diese von Grund auf zu reorganisieren.[100] Dass er nicht nur schauspielerte, um anderen Mut zu machen, sondern sich selber an diese Illusionen klammerte, machte Napoleon, kaum hatte er am 14. November Smolensk verlassen, in einem weiteren nächtlichen Gespräch mit Caulaincourt deutlich. Diesmal eröffnete er die Unterredung damit, die Notwendigkeit seiner schleunigen Rückkehr nach Paris zu betonen. Gleichzeitig räumte er ein, die ganze Unordnung, in der sich die Armee befände, erkannt zu haben; dessen ungeachtet vertrat er jedoch die Ansicht, wenn sie sich erst einmal mit jenen Corps vereinigt hätte, die an der Beresina auf sie warteten, würde sich sehr schnell wieder die Ordnung herstellen lassen, denn diese frischen Truppen würden die Nachhut bilden, in deren Schutz er die Moskauer Truppen neu aufstellen könnte. Auch kam er wieder auf die polnischen Kosaken zu sprechen, die binnen weniger Tage auftauchen müssten, zählte jene Abteilungen auf, die Schwarzenberg und die anderen Corps unterdessen verstärkten, vor allem aber erbaute er sich an der Aussicht jener Einheiten, die nach und nach bei der *Grande Armée* einträfen und von denen mehrere bereits Wilna verlassen hätten, wo weitere zum Aufbruch bereitstünden. «Der Kaiser schmeichelte sich immer damit, alles wieder auf die Beine stellen und sogar eine Achtung gebietende Haltung einnehmen zu können, wenn er nur erst einmal die Magazine von Minsk zu seiner Verfügung habe. Ich werde auf Schritt und Tritt Verstärkungen antreffen, sagte er mir, während Kutusov, wie wir es erleben mussten, sich auf seinen Märschen in dem Maße erschöpfen wird, in dem er sich von seinen Reserven entfernt. Er befindet sich jetzt in einem Landstrich, der von uns bereits ausgesogen worden ist. Die hiesigen Magazine sind nur für uns da. Die Russen werden Hungers sterben.»[101]

Dass ausgerechnet den russischen Truppen jetzt die Erfahrungen drohen sollten, die den Untergang der *Grande Armée* heraufbeschworen, die mehr noch als an der Kälte am Hunger litt, zeigt, wie sehr Napoleons Wirklichkeitsverständnis von einem geradezu wahnhaften Wunschdenken vernebelt wurde. Es erschreckt besonders, dass er selbst an diesem 14. November noch weit davon entfernt war, das ganze Ausmaß des Desasters zu erfassen, in das er die *Grande Armée* und mit dieser die Zukunft seiner Herrschaft über Europa und Frankreich gestürzt hatte. Ihm wurden auch noch nicht die Augen geöffnet, als die Nachrichten einlangten, Minsk mit allen seinen Magazinen sei am 16. November von der russischen Armee eingenommen worden. Er erfasste die entsetzliche Katastrophe erst, als er Zeuge jenes fürchterlichen Dramas werden musste, wie die einst Große Armee verzweifelt versuchte, ihre nackte Existenz auf das andere schützende Ufer der eisigen Beresina zu retten.[102]

Von Moskau bis Smolensk gelang noch ein einigermaßen geordneter Rückzug; von Smolensk bis zur Beresina war es über weite Strecken nur noch regellose Flucht, in der sich, was von der *Grand Armée* übrig geblieben, in mehreren unordentlichen Haufen dahin wälzte, unablässig bedrängt von Kutusovs Reiterverbänden, die sich wie ein Schatten parallel zu den Flüchtenden hielten und diese bisweilen überholten, um ihnen den Weg zu verlegen. Die Taktik der Russen ähnelte dem Spiel einer Katze mit der Maus: Nie, was Kutusov ein Leichtes gewesen wäre, unternahm er auch nur den Versuch, die traurigen Reste der *Grande Armée* einzukesseln, sie zu vernichten oder zur Kapitulation zu zwingen; immer wurde ihr wieder soviel Spielraum gewährt, neue Hoffnung zu schöpfen, wenigstens ihr nacktes Überleben zu retten. So ging es über fast zwei Wochen, bis die der völligen Erschöpfung nahen Fliehenden sich am Ufer der Beresina einfanden, auf der dicke Eisschollen trieben, und über die zwei Behelfsbrücken führten, die aber teilweise zerstört waren und erst von den Pionieren, die unter Einsatz ihres Lebens bis zu den Schultern im eisigen Wasser standen, notdürftig instand gesetzt werden mussten. Fast bis zuletzt aber scheint sich Napoleon wie ein Wahnsinniger daran geklammert zu haben, dass er nach wie vor das Geschehen kontrolliere. Zu Caulaincourt bemerkte er am 23. November: «Sollten wir die Beresina überquert haben, bin ich Herr der weiteren Ereignisse, denn zwei frische Armeecorps, die ich dort antreffen werde, und meine Garde reichen mir, um die Russen zu schlagen. Sollten wir indes nicht übersetzen können, werden wir uns die Kugel geben. Erkunden Sie mit Duroc, was man mit sich führen kann für den Fall, dass man gezwungen wäre, sich ohne Wagen seitwärts durch die Felder zu schlagen. Man muss darauf vorbereitet sein, alles zu vernichten, damit dem Feind keine Trophäen in die Hände fallen. Lieber esse ich für den Rest des Feldzugs mit meinen Fingern, als dass auch nur eine Gabel mit meinem Wappen von den Russen erbeutet wird.»[103]

Als Napoleon dies sagte, konnte er noch darauf vertrauen, die Brücke bei Borisoff garantiere den Übergang über die Beresina. Einen Tag später, am 24. November, erreichte ihn die Schreckensnachricht, dass es Oudinot nicht gelungen sei, diesen lebenswichtigen Übergang zu verteidigen, der von den Russen sofort zerstört wurde. Damit, so schien es, saß Napoleon endgültig in der Falle, denn nach der Überquerung des Dnjepr hatte man auf seinen Befehl hin alle Pontons verbrannt, weshalb er jetzt keinerlei Möglichkeiten mehr besaß, einen Fluss zu überbrücken, der normalerweise ein unbedeutendes Rinnsal, jetzt aber stark angeschwollen war. Die einzige Rettung bot nur noch eine Furt, die einige Meilen oberhalb von Borisoff die Anlage von zwei Behelfsbrücken gestattete. Damit diese Arbeiten von der russischen Armee unbemerkt vollendet werden konnten, wurden drei Regimenter in den Raum südlich von Borisoff entsandt, die dort so tun sollten, als wollten sie den Kampf aufnehmen. Diese List gelang, die Aufmerksamkeit der Russen wurde gefesselt, was es den französischen Pionieren ermöglichte, ihre harte Arbeit zügig zu vollbringen: Am Nachmittag des 26. November waren die zwei Behelfsbrücken geschlagen, über die zunächst Oudinots Corps auf das rettende Ufer gelangte. Das war russischen Kundschaftern jedoch nicht entgangen, denn kaum hatte Napoleon am 27. November mit der Garde, gefolgt von weiteren Einheiten der Armee, die Beresina glücklich überquert, erschienen russische Truppen am 28. November auf der Szene, die sich mit der französischen Nachhut erbitterte Gefechte lieferten, in deren Verlauf die beiden Behelfsbrücken für kurze Zeit unter russisches Feuer gerieten. Das löste eine Panik unter den Tausenden aus, die am diesseitigen Ufer geduldig darauf warteten, auf das rettende Ufer zu gelangen. Dem jähen Andrang der verängstigten Massen, von denen viele im Kugelhagel auf den Brücken tot zusammenbrachen und sich zu Hindernissen für die Nachdrängenden auftürmten, hielt eine dieser Brücken nicht stand. Nun stürmte alles mit blinder Verzweiflung den einen intakten Übergang, den am Morgen des 29. November die Nachhut, nachdem auch sie über die Beresina gegangen war, in Brand setzte. Für die mehr als zehntausend Menschen, die noch auf dem jenseitigen Ufer standen, war das das sichere Todesurteil. Diese Aussicht quittierten sie mit einem fürchterlichen Geschrei, in dem Wut und Todesangst sich mischten.[104]

Zu dieser letzten schauerlichen Tragödie des an Schrecken überreichen Russlandfeldzugs hätte es vermutlich gar nicht kommen müssen, wenn man diese Menge dazu angehalten hätte, die Brücken noch in der Nacht vom 27. auf den 28. November zu passieren, als sie von keiner Menschenseele überquert wurden. Fast drängt sich deshalb der Verdacht auf, Napoleon sei es am Ende willkommen gewesen, jene Elendsgestalten zu opfern, die für ihn ohnehin nur Abschaum waren und deren Erscheinungsbild nur zu sehr geeignet erschien, das ganze Grauen seines Russlandfeldzugs zu zeigen. Erhärtet wird dieser fürchterliche Verdacht dadurch, dass Napoleon zumindest eine Ahnung haben musste, dass ihn auf dem diesseitigen Ufer der Beresina auf drei Seiten russische Armeecorps bedrängten, von denen jedes seiner auf 31000 kampffähige Soldaten zusammengeschmolzenen Armee überlegen war: Admiral Tshitshagov verfügte über 31 000 Mann, General Wittgenstein hatte mehr als 30 000 und Miloradovitch mehr als 25 000. Hinzu kam die russische Hauptarmee unter Kutusov mit 39 000 Mann.[105] Dass sich Napoleon dieser Schlinge, die sich um ihn zusammenzog, in allerletzter Minute noch entziehen konnte, verdankte er nicht nur seinem Geschick oder seinem sprichwörtlichen Glück, wie Clausewitz schrieb: «Aber die Hauptsache hat der Ruf seiner Waffen getan, und er zehrte also hier von einem längst zurückgelegten Kapital. Wittgenstein und Tschitschagof haben ihn beide gefürchtet, ihn, sein Heer, seine Garden; ebenso wie Kutusov ihn bei Krasnoi gefürchtet hat. Keiner wollte sich von ihm schlagen lassen. Kutusov glaubte den Zweck auch ohnedies zu erreichen, Wittgenstein wollte den eben erworbenen Ruhm nicht daran geben, Tshitschagov nicht eine zweite Schlappe erleiden. – Mit dieser moralischen Macht war Bonaparte ausgerüstet, als er sich aus einer der schlimmsten Lagen zog, in welcher sich je ein Feldherr befunden hat.»[106]

Ein fernes, sehr schwaches Echo aller jener Schrecken lässt sich aus Napoleons Brief an Marie-Louise herauslesen, den er ihr am 28. November 1812 von seinem Quartier in Zembin sandte: «Mir bereitet es großen Kummer, wenn ich daran denke, was Du leidest, weil Du so viele Tage ohne Nachrichten von mir warst, aber ich weiß, dass ich in außergewöhnlichen Situationen auf Deinen Mut und Deinen Charakter rechnen darf.»[107] In dem berühmten, dem 29. *Bulletin de la Grande Armée* wurde jene Tragödie an der Beresina, als Napoleon mehr als zehntausend Menschen, Frauen, Kinder, Kranke, Verwundete, Ausgepumpte, die nicht einmal mehr als Kanonenfutter taugen mochten und deshalb nur lästig waren, ihrem sicheren Untergang überantwortete, mit keiner Silbe erwähnt. Aber nicht dieses Verschweigen macht den 29. *Bulletin* zum bösen Propagandastück, sondern dass es Napoleon mit dieser Verlautbarung, die für seine Verhältnisse ziemlich schonungslos den Zustand der *Grande Armée* offenbarte, gelungen ist, die Verantwortung für das russische Desaster von sich auf die extremen klimatischen Verhältnisse des russischen Winters abzuwälzen. Bis heute herrscht deshalb die Meinung vor, dass die auf dem Rückzug erlittenen Verluste sich als eine unmittelbare Folge der rapide sinkenden Temperaturen darstellen ließen.[108] Diese einseitige und falsche Zuordnung – der starke Frost verursachte Erfrierungen, war aber keineswegs in erster Linie oder gar allein für die erheblichen Verluste an Menschen und Tieren verantwortlich zu machen, die vor allem an Erschöpfung und Unterernährung starben – geht auf jenen 29. *Bulletin* zurück,[109] in dem es gleich zu Beginn heißt:

«Die Kälte, die am 7. (November) einsetzte, verschärfte sich jäh, und vom 14. auf den 15. und den 16. zeigte das Thermometer 16 und 18 Grad unter dem Gefrierpunkt an. Die Straßen waren eisbedeckt; die Pferde der Kavallerie, der Artillerie, des Trains verendeten jede Nacht nicht zu hunderten, sondern zu tausenden, vor allem die Pferde, die aus Frankreich und Deutschland stammten. Mehr als 30000 (!) Pferde fielen so innerhalb weniger Tage aus; unsere Kavallerie musste zu Fuß gehen; unsere Artillerie wie unser Nachschub hatten keine Bespannung mehr. Deshalb musste der größte Teil unserer Geschütze, unserer Munitions- wie Lebensmittelvorräte (!) aufgegeben und vernichtet werden. – Diese Armee, die ein so schönes Bild noch am 6. bot (!), war seit dem 14. schon eine ganz andere, beinahe ohne jede Kavallerie, ohne Artillerie, ohne Transportmittel. Ohne Kavallerie konnten wir uns über eine Viertelmeile hinaus keine Aufklärung verschaffen; ohne Artillerie war es uns unmöglich, eine Schlacht zu riskieren und dem Gegner die Stirn zu bieten (...) Diese Schwierigkeit, verbunden mit der plötzlichen scharfen Kälte, machte unsere Situation mit einem Mal (!) sehr schwer erträglich. Männer, die von Natur aus nicht so abgehärtet sind, dass sie über allen Wechselfällen des Geschicks wie des Glücks stehen, schienen davon angesteckt zu werden, verloren ihre Zuversicht, büßten ihren Gleichmut ein und sahen nichts als Unglück und Katastrophen auf sich zukommen; diejenigen aber, die von der Natur dazu geschaffen worden sind, allem zu trotzen, bewahrten sich ihren Optimismus wie ihr gewohntes Betragen und erkannten in allen Schwierigkeiten, die sie überwinden mussten, nur die Quelle neuen Ruhms.»[110]

Mit dem letzten Satz konnte Napoleon nur sich selber gemeint haben. Alle anderen, jene bestenfalls 40000 Mann, die das Inferno der *Grande Armée* in Russland glücklich überstanden und nun als Heerwurm des Elends nach Frankreich zurückströmten, waren ein zutiefst demoralisierter Haufen. Deshalb war Napoleons Sorge, dass der Anblick dieser jammervollen Gestalten jenen Kräften neue Nahrung gab, die wegen des russischen Debakels Hoffnung zu schöpfen begannen, das napoleonische Joch abzuschütteln. In diesem Zusammenhang ist es aufschlussreich, dass Napoleon den in Wilna residierenden Außenminister Maret am 29. November 1812 anwies, die Vertreter fremder Mächte zur Abreise nach Warschau zu veranlassen mit dem Hinweis, dass er selber sich ebenfalls dorthin begebe. Seine Begründung lautete: «Die Armee bietet augenblicklich keinen schönen Anblick.»[111] Zu solchen Aushilfen und Listen musste er jetzt seine Zuflucht nehmen, um vor sich und anderen zu verbergen, dass seinem Ehrgeiz, seiner Expansion, denen er selber nie eine Grenze zu ziehen vermochte, das russische Verhängnis eine Grenze gesetzt hatte. Von nun an musste er seine ganze Energie daran wenden, seinem politischen Überleben immer neue Fristen zu verschaffen.

FÜNFTES KAPITEL

DER AUFSTAND EUROPAS

Stufenleiter der Größe und des Sturzes Napoleons.

Die Tragödie an der Beresina war nicht das Ende des russischen Debakels: Die kläglichen Reste der *Grande Armée* mussten bis Ostpreußen weiterziehen, um sich in Sicherheit zu wähnen. Die einst stolze Streitmacht war in wüste Haufen zerlumpter und ausgehungerter Marodeure zerfallen, die nackte Überlebensgier vorwärts trieb. Für Napoleon war es deshalb konsequent gewesen, sich von dieser Truppe, die zu nichts mehr zu gebrauchen war, zu entfernen. Der 29. *Bulletin*, der vom ruhmlosen Ende der *Grande Armée* sprach, war auch Napoleons Abschied von den von ihm geführten und verführten Soldaten. Diesmal wiederholte er nicht den Fehler von Ägypten, sich heimlich davonzustehlen. Die Marschälle wurden zu einem letzten Kriegsrat versammelt, bei dem er ihnen die Abreise nach Paris eröffnete.[1] Für seine Anwesenheit dort sprach vor allem ein Argument, dessen sich Napoleon gegenüber Caulaincourt bediente: «Unser Unglück wird eine gewaltige Sensation in Frankreich auslösen, aber meine Ankunft wird die übelsten Wirkungen ausgleichen.»[2] Das verriet sein Dilemma: Für ihn, den Kaiser, war es sicherlich das Klügste, umgehend nach Paris zu eilen. Das hatte die Affäre Malet gezeigt, jener rasch in sich zusammengebrochene Putschversuch eines geistig verwirrten Generals, der das Gerücht ausstreute, Napoleon habe in Russland den Tod gefunden. Auch würde nur der Kaiser binnen kurzem eine neue Armee aufstellen können. In seiner Eigenschaft als Oberbefehlshaber der *Grande Armée* hatte er jedoch bis zuletzt bei der Truppe auszuharren, die, je aussichtsloser und verzweifelter ihre Lage war, in ihm die letzte Gewähr für ihre Rettung sehen musste. Ob es Napoleon jedoch gelungen wäre, die demoralisierten Soldaten, von denen zwischen der Beresina und Wilna täglich hunderte, wenn nicht tausende von der Fahne gingen, besser zusammenzuhalten, mag dahingestellt bleiben.

In Wilna, so Napoleons große Hoffnung, würde sich alles zum Besseren wenden. Hier befanden sich gut gefüllte Magazine,[3] und die Reste der Armee konnten ihr Winterquartier beziehen und schnell zu Kräften kommen. Außerdem lag Wilna weit östlich. Dem Ort kam deshalb in strategischer wie propagandistischer Hinsicht erstrangige Bedeutung zu: Von hier aus ließ sich im kommenden Jahr eine neue Offensive gegen Russland beginnen, und man konnte das Großherzogtum Warschau wie das unzuverlässige Preußen unter Kontrolle halten. Als das, was von der *Grande Armée* noch übrig war, am 8. Dezember 1812 in Wilna anlangte, wo frische Truppeneinheiten hinzustoßen sollten, zerstob auch diese Hoffnung: Die Armee, bei der Ankunft in Wilna auf rund 8000 Mann zusammengeschmolzen,[4] zerfaserte endgültig in Disziplinlosigkeit. Schuld daran trug Murat, dem Napoleon aus familiären Rücksichten den Oberbefehl übertragen hatte. Die in Wilna aufgehäuften Vorräte wurden in einer wahren Plünderungsorgie verschwendet. Die Offiziere machten den Anfang und gaben damit ein Beispiel, dem alle nacheiferten.[5] Als am 10. Dezember Schwärme von Kosaken in den Vorstädten auftauchten, genügte das, den wüsten Spuk in wilder Flucht auf Kowno auseinanderstieben zu lassen. Nach Wilna umfasste die Armee nur noch rund viertausend Mann.[6]

In Smorgoni, rund vierzig Meilen vor Wilna, brach Napoleon begleitet von Caulaincourt am 5. Dezember gegen 10 Uhr nachts in einer Kutsche nach Paris auf. In zwei weiteren Gefährten folgten sein polnischer Dolmetscher Wonsowicz, Duroc, Mouton, Lefebvre-Desnottes und drei Diener. Eine kleine Kavallerieeskorte bildete den einzigen Schutz. Nach Überquerung der Memel kam man so nicht weiter, die Gruppe musste in Kutschen, auf Schlittenkufen montiert, umsteigen. So ging die Fahrt über Warschau nach Dresden und von dort wieder in Kutschen weiter über Erfurt und Mainz nach Paris, wo Napoleon am 18. Dezember 1812 kurz vor Mitternacht in den Tuilerien eintraf. Man fuhr bei Tag und Nacht. Napoleon reiste, um nicht erkannt zu werden, inkognito als Graf Gérard de Rayneval, der als Sekretär Caulaincourts, des Duc de Vicence, ausgegeben wurde. Halt wurde nur gemacht, um die Pferde zu wechseln und eine warme Mahlzeit einzunehmen. Während der langen Fahrt durch eine monotone Winterlandschaft redete Napoleon wie ein Wasserfall, gab er dem Drang nach, sich zu erklären. Er rechtfertigte sein Handeln in jener apodiktischen Weise, die auch seine Rodomontaden auf Sankt Helena kennzeichnen sollte. Keine Rede aber davon, eigene Fehler zuzugeben. Für die Katastrophe der *Grande Armée* trug er keinerlei Verantwortung. Sich selber machte er lediglich den Vorwurf, von dem anhaltend schönen Wetter getäuscht worden zu sein. Deshalb habe er den Feldzug vierzehn Tage zu spät begonnen.[7] Die Hauptverantwortlichen für das russische Desaster seien der *abbé* de Pradt, Botschafter in Warschau, der es nicht verstanden habe, die Polen für den Kriegszug zu begeistern, sowie Außenminister Maret. Dem kreidete er an, nicht den Friedensschluss zwischen der Türkei und Russland verhindert zu haben. Außerdem habe der es nicht vermocht, Schweden das Bündnis mit

Russland auszureden. Um beides zu erreichen, «hätte er nur einige Millionen ausgeben müssen, die als Preis nicht zu hoch gewesen wären, um uns diesen bedeutenden Verbündeten zu sichern».[8] Kein Thema, das von ihm nicht angeschnitten wurde: England natürlich, das perfide Albion, die polnische Politik, die spanischen Wirren, der Zar, Talleyrand und der Duc d'Enghien, die eigene Regierung, deren Probleme und Perspektiven, die mannigfachen Enttäuschungen, die ihm seine Familienangehörigen bereiteten und schließlich sprach er sogar von seinen Geliebten, verbreitete sich über deren Vorzüge. Umso mehr fällt auf, dass er ein Thema, das sich geradezu aufdrängen musste, konsequent mit Schweigen überging: Das Desaster der *Grande Armée*, die zahllosen Leiden und der elende Tod von weit mehr als einer Viertelmillion Menschen binnen eines halben Jahres, die er sinnlos geopfert hatte. Das hat ihn nicht im mindesten berührt.

Mit der Vernichtung der *Grande Armée* hatte er nichts zu schaffen. Deren Untergang sei der Unfähigkeit Murats anzulasten, wie er in einem Gespräch mit Molé Mitte Februar 1813 behauptete.[9] Auch versicherte er bei Eröffnung des *Corps législatif* am 14. Februar 1813, der ganze Feldzug sei recht eigentlich ein großer Erfolg: «Wir haben über alle Hindernisse triumphiert. Selbst der Brand von Moskau, durch den in vier Tagen vernichtet wurde, was die Frucht der Mühen und der Entbehrungen von vierzig Generationen war, hat nichts der günstigen Entwicklung meiner Angelegenheiten anzuhaben vermocht. Allein die außergewöhnliche Härte und der frühe Beginn des Winters hat meiner Armee ein schweres Unglück zugefügt. Binnen weniger Nächte änderte sich für mich alles. Ich habe große Verluste erlitten. Diese hätten mir gewiss das Herz gebrochen, wenn ich unter derartigen Herausforderungen anderen Empfindungen zugänglich gewesen wäre als dem Interesse, dem Ruhm und der Zukunft meiner Völker.»[10]

In Wilna, so verhieß er Caulaincourt, fände die *Grande Armée* ein sicheres Winterquartier, weshalb sie schnell wieder hergestellt sei. Die Skepsis, mit der Caulaincourt diesem Optimismus begegnete, veranlasste Napoleon, Einblick in sein Wunschdenken zu geben. Binnen acht Tagen werde er in Wilna mehr Mittel zur Verfügung haben, um den Russen die Stirne zu bieten, als diese in einem Monat zusammenzubringen vermöchten. In ganz Polen würden die Bauern aufstehen, sich bewaffnen und die Kosaken verjagen, während sich die Stärke der französischen Armee spielend verdreifachen ließe, weil sie genügend Nahrungsmittel, Ausrüstung und Munition vorfinde, zumal sie ihren Nachschubbasen näher käme, während die Russen sich von den ihrigen immer weiter entfernten. Selbst das unwirtliche Winterklima mache, so meinte er, den

Russen stärker zu schaffen als den eigenen Truppen, denn schließlich seien ja die Polen auch daran gewöhnt, die außerdem mit aller Inbrunst Haus und Herd verteidigten. Selbst die französische Infanterie litte nicht mehr unter der Kälte, wäre sie erst einmal neu montiert.[11]

Es fällt schwer, für den Realitätsverlust Napoleons eine Erklärung zu finden. Eine Deutung gibt Caulaincourt, der mit seinem Bericht *en passant* die Legende zerstört, Napoleon habe in Russland mit seinen Soldaten alle Leidenserfahrungen geteilt, sei wie diese Hunger und Kälte ausgesetzt gewesen und habe dies alles nur wegen seiner physischen und moralischen Überlegenheit unbeschädigt überlebt. Tatsächlich bewegte sich Napoleon nur im schützenden Kokon seiner Garde, die wesentlich besser versorgt wurde als die Armee. Außerdem wurde die Garde, wie die *Maison de l'Empereur*, also der kaiserliche Stab, stets durch spezielle Transporte mit allen Köstlichkeiten versorgt. An Napoleons Tafel herrschte nie Mangel, der von ihm bevorzugte Chambertin oder Clos-Vougeot wurde serviert, während gleichzeitig Soldaten und Offiziere Hunger, Durst und Kälte litten.[12] Bezeichnend ist auch, dass von zweiunddreißig ausschließlich für den Kaiser bestimmten Reitpferden zweiundzwanzig die russische Katastrophe überlebten, während die Kavallerie- und Spannpferde zu tausenden krepierten.

Gleichwohl war das russische Abenteuer nicht spurlos an ihm vorübergegangen. Senator Chaptal, ein genauer Beobachter, bemerkte nach Napoleons Heimkehr tiefgreifende Veränderungen in seiner physischen und moralischen Konstitution. «Ich muss zugeben», schreibt er in seinen Erinnerungen, «dass ich seit dieser traurigen Zeit (der russischen Kampagne, J.W.) bei ihm weder die vertraute Stimmigkeit in seinen Gedanken noch dieselbe Willensstärke bemerkte. Was vor allem auffiel, waren seine stets völlig zusammenhanglosen Einfälle, in denen sich seine Phantasie kundtat. Auch seine frühere Neigung wie seine Fähigkeit für langes Arbeiten war nicht mehr vorhanden, weshalb ich häufig Anlass hatte zu bemerken, dass von hundert Ganglien in seinem Gehirn allenfalls nur noch die Hälfte gesund seien. – Hinzu kam, dass das Reiten ihn zunehmend erschöpfte, der Schlaf, den er bislang bemeistert hatte, wurde mit einem Mal sein Meister und die Tafelfreuden, die ihn zuvor gleichgültig gelassen hatten, begannen ihm jetzt zu behagen. Er selber bemerkte alle diese Veränderungen, die mit ihm vorgingen, überhaupt nicht. Vielmehr war es seine erklärte Absicht, die Macht in der ihm vertrauten Fülle wieder herzustellen, ohne jedoch wahrnehmen zu können, wie sehr sich die Situation verändert hatte. Deshalb neigte er jetzt immer häufiger dazu, eigene Fehler dem Verrat oder der Unfähigkeit der Generäle anzulasten.»[13]

In Paris angelangt, stürzte eine Fülle von Problemen auf Napoleon ein, auf die er rasch reagieren musste. Besonders dringlich war, eine neue Armee aufzustellen, die seinen Machtanspruch wieder glaubhaft machte. Damit aufs Engste verknüpft war das Problem der öffentlichen Finanzen, die für die Vorbereitung des russischen Kriegszugs erschöpft worden waren. Schließlich, und das bereitete Napoleon die größte Verlegenheit, sah er sich nach der durch keinen Propagandacoup zu beschönigenden Niederlage gegen Russland in Europa mit einer komplizierten politisch-diplomatischen Situation konfrontiert. Solange er keine neue Armee zur Verfügung hatte, war mit Drohungen und Gewalt, seinen beiden bewährten Techniken, nichts auszurichten, ließ sich beispielsweise das Gespenst eines Verrats Preußens, das ihm auf der Schlittenfahrt über preußisches Gebiet noch Anlass zu Heiterkeit gewesen war,[14] nicht verscheuchen. Als wahren Grund für Napoleons Verlegenheit hatte jedoch alle Welt erkannt: Der Kaiser war nackt. Das russische Debakel war nicht nur ein verlorener Feldzug, es bedrohte den Bestand des *Grand Empire*. Damit rächte sich, dass er diesen Krieg ohne parallele politische Strategie, ohne ein politisches Ziel vom Zaun gebrochen hatte. Jetzt beschwor seine politische Impotenz sein Verderben, denn sie ließ ihn nicht die Chance erkennen, dass weder England noch Russland oder Österreich aus *politischen* Rücksichten ein Interesse hatten, den *Grand Empire* zu vernichten. Vor allem Österreich, dem jetzt unter den europäischen Mächten eine Schlüsselfunktion zufiel, ließ es nicht an Ouvertüren für einen Kompromissfrieden fehlen, auf die Napoleon stets mit Gegenforderungen reagierte.[15]

Deshalb war es vor allem seine Intransigenz, die in der ersten Hälfte des Jahres 1813 den entscheidenden Beitrag für jene neue Koalition leistete, die das Ziel hatte, den Kontinent von seiner Herrschaft zu befreien. Entgegen einer weit verbreiteten Anschauung resultierte diese Koalition nicht aus dem russischen Misserfolg, noch war jenes Ziel von Anfang an das Feldzeichen, unter dem sich die Alliierten versammelten. Preußen war zu geschwächt und aus Erfahrung gewitzt, um sich, wie einige Heißsporne forderten, sofort gegen Frankreich zu erheben. Napoleon war nach wie vor stark genug, ein Aufbegehren blutig zu ersticken, zumal er das Land noch immer besetzt hielt. Auf die Unterstützung Russlands wollte man in Berlin nicht zählen, weil man fürchtete, diese Hilfe habe ihren Preis. St. Petersburg schielte nicht nur auf den preußischen Anteil an der polnischen Beute, sondern auch auf Ostpreußen und Danzig.

Trotz wesentlich anderer Überlegungen gelangte man in Wien zu ähnlichen Schlussfolgerungen: Österreich behauptete sich nach wie vor aus eigener Kraft als europäische Großmacht. Die ihm im Schönbrunner

Frieden zugestandene Armee von 150000 Mann war angesichts des russischen Debakels ein bedeutender Machtfaktor. Aber auch für Österreich galt, dass es allein keine Chance gegen Napoleon hatte. Von Preußen war nichts zu erwarten, und mit Russland hatte man schlechte Erfahrungen gemacht. Außerdem war auch die russische Armee für absehbare Zeit außer Stande, einen größeren Feldzug zu führen. Vor allem misstraute man der russischen Macht, und Wien plagte die Furcht, das Zarenreich avanciere zum wichtigsten Mitglied im Konzert der kontinentaleuropäischen Mächte. Diese Rolle musste Österreich für sich behaupten.

Auf Grund dieser unterschiedlichen Interessen waren die Kontinentalmächte also weder fähig noch willens, die Situation in der ihnen von Napoleon unterstellten Rücksichtslosigkeit auszunutzen. Das verschaffte ihm noch einmal alle entscheidenden Trümpfe. Um sie klug auszuspielen, fehlte es Napoleon aber entschieden an Verständnis für das Spiel, das jetzt angesagt war und das von ihm nicht neue militärische Siege, sondern taktische Zugeständnisse forderte. Er verkannte, dass ohne ein Offensivbündnis mit Preußen und Österreich Russland an der Memel stehen blieb. Deshalb musste es jetzt sein Ziel sein, jene beiden Mächte zu neutralisieren, auf die Russland für ein europäisches Gambit als Bündnispartner nicht verzichten konnte. Im Falle Preußens ließ sich dies vermutlich noch anfangs 1813 durch ein kühnes *renversement des alliances* bewerkstelligen. Napoleon hätte lediglich auf die noch ausstehenden Kontributionen verzichten, die Besatzungstruppen abziehen und das preußische Gebiet bis zur Elbe wiederherstellen müssen. Ein Bündnisfrieden mit Preußen festigte Napoleons Herrschaft über die Rheinbundstaaten und die europäische Machtposition. Das war die Voraussetzung, die angebotene Vermittlung Österreichs im fortdauernden Konflikt mit Russland und England in der weiteren Perspektive eines europäischen Friedensschlusses akzeptieren zu können.

Diese Spekulation gilt es anzustellen, will man nicht dem Trugschluss erliegen, Napoleon habe für sein Verhalten zwischen Dezember 1812 und dem Beginn seiner Kampagne in Sachsen im Sommer 1813 keine Alternative gehabt.[16] Sein Fehler lag darin, dass er sein Handeln für alternativlos hielt. Welche Gründe sich auch nennen lassen, sie verweisen alle auf seine Unfähigkeit, nicht anders als aus einer Position unangefochtener Stärke handeln zu können. Das Exempel für Napoleons Verblendung bot sein Brief an Kaiser Franz I. vom 7. Januar 1813. Erneut wird darin die längst zur Wahrheit gehärtete Propagandalüge angeführt, der russische Winter sei das Verderben der *Grande Armée* gewesen. Diese Verluste stünden indes in keinem Verhältnis zu den Ressourcen, mit denen alle Mängel binnen kürzester Zeit behoben seien. Der Realitätsverlust, der sich darin einmal mehr ausspricht, bekommt geradezu wahnhafte Züge, wenn Napoleon Armeecorps, die einmal in den Aufmarschplänen der *Grande Armée* für den Russlandfeldzug existierten, Divisionen zuteilt, die unterdessen auf den Mannschaftsbestand von Kompanien geschrumpft waren. Dessen ungeachtet behauptet er, in Ostpreußen über eine *Grande Armée* von 200 000 Soldaten zu verfügen! Eine Geisterarmee.

«Aus all dem ergibt sich zwingend, dass nicht ich es sein werde, der Friedensfühler ausstreckt, zumal die letzten Entwicklungen zu Gunsten der Russen ausschlugen, weshalb es Aufgabe von deren Kabinett ist, entsprechende Vorstöße zu unternehmen, wenn man denn die Situation recht bedenkt, weshalb ich mich nicht dem Angebot auf Friedensvermittlung verweigere, das Ihre Majestät ankündigte. (...) Ihre Majestät weiß, zu welchen Bedingungen ich Frieden mit England schließen könnte (...) Was Russland angeht, verweigere ich mich ebenfalls nicht einem für alle am Krieg beteiligten Mächte ehrenhaften Frieden. Außer Frage muss jedoch stehen, dass es nicht in meiner Macht liegt, auch nur eine der Maßgaben in Frage zu stellen, deren Unverletzlichkeit durch unsere Verfassungsgesetze bestimmt wurde. Das bedeutet im Einzelnen: Keines der Länder, die durch *Sénatus-consultes* mit Frankreich vereinigt wurden, kann Gegenstand von Verhandlungen weder mit Russland noch mit England sein. Was den Vertrag von Tilsit anbelangt, so bin ich bereit, jene Bedingungen zur Disposition zu stellen, von denen die vollständige Unabhängigkeit Russlands eingeschränkt wurde (die russischen Verpflichtungen, sich der Kontinentalsperre anzuschließen, J.W.), aber ich werde kein Dorf des Großherzogtums Warschau preisgeben und ich werde es auch nicht dulden, dass Russland irgendeine Vergrößerung auf Kosten von Österreich, Preußen, der Türkei oder Schwedens erhält.»[17]

Es ist wie immer: Napoleon akzeptierte einen Frieden nur zu seinen Bedingungen. Nach wie vor war er entschlossen, auf Gewalt und Krieg zu setzen und außerstande, seine Weltherrschaftsgelüste zu zügeln. Im Gespräch mit Molé gab er Einblick in die «Philosophie», der er seine Seele verschrieben hatte: «Das Unmögliche ist ein Begriff, dessen Bedeutung durch und durch relativ ist. Jeder Mann hat so seine eigene Vorstellung von dem, was unmöglich ist, und die ist davon abhängig, ob er mehr oder weniger vermag. Das Unmögliche ist das Gespenst der Furchtsamen und die Zuflucht der Tölpel. Führt aber die Macht dieses Wort im Munde, dann, so glauben Sie mir, ist dies nichts anderes, als das Eingeständnis der Ohnmacht.»[18] Für seine Pläne musste ihn Frankreich weiterhin unterstützen, an seinen Erfolg, an seinen Stern ebenso glauben wie er. Davon konnte nach dem Zeugnis Molliens keine Rede mehr sein:

«Bei denselben Menschen bemerkte ich eine widersprüchliche Empfindung: Sie waren es zufrieden, Napoleon in Paris zu wissen, aber unzufrieden darüber, dass er seine Armee im Stich gelassen hatte. Weit verbreitet aber war das Verlangen nach Frieden; man sah diesen allerdings entfernter denn je, und gleichzeitig fragte man sich, wo man die Mittel fände, um den Krieg fortzusetzen. – Dieser Zustand der öffentlichen Meinung hinderte jedoch weder den Senat, den *Corps législatif*, den *Conseil d'État*, die Gerichtshöfe oder den Pariser Stadtrat daran, bei Hofe wie üblich bei seiner triumphalen Heimkehr zu erscheinen, um Napoleon ihrer Anerkennung, ihrer Loyalität und Treue gegenüber ganz Frankreich wie auch ihrer immer währenden Bereitschaft zu versichern, neue Anstrengungen zu leisten, die er von ihnen verlange. (...) Aber weder seine Anwesenheit in Paris, noch sein zur Schau gestellter Stoizismus ob der erlittenen Verluste oder seine demonstrative Zuversicht in den Erfolg eines neuen Feldzugs vermochten die Niedergeschlagenheit und die Angst zu beseitigen, die in allen gesellschaftlichen Schichten vorherrschten; man erwartete von ihm nicht neue Erfolge, sondern eine neue Politik. Frankreich sah für sich keine Sicherheit in der Politik, auf die er sich eingelassen hatte.»[19]

Um sich nach Russland die Zustimmung der Massen zu sichern, hatte Napoleon noch einen Joker im Ärmel: Seine nach wie vor schwärende Fehde mit dem Papst. Jetzt zu einem Frieden mit dem Heiligen Stuhl zu kommen, versprach ihm eine Dividende ohne Risiko. In der Nacht vom 5. auf den 6. Juli 1809 war Pius VII. auf Befehl Napoleons von General Radet verhaftet worden. Mit diesem drastischen Schritt, für den er sogleich seine Verantwortung bestritt,[20] hatte Napoleon auf seine Exkommunikation reagiert. Das brutale Vorgehen gegen den Papst – Pius VII. wurde wie ein Schwerverbrecher unter starker Bewachung aus dem Kirchenstaat geschafft und zunächst nach Grenoble transportiert, wo man wieder umkehrte, um ihn nach Savona zu bringen und ab dem 21. August 1809 im Palast des dortigen Bischofs zu internieren – machte einen großen Skandal, gegen den sich Napoleon vergebens zu verwahren suchte.[21] Zugleich bemühte er sich, den erzwungenen Aufenthalt des Papstes in Savona nicht als Gefangenschaft erscheinen zu lassen.[22] Diese Rücksichten hielten aber nicht lange an, denn mit dem *Sénatus-consulte* vom 7. Februar 1810 wurde die Annexion der päpstlichen Staaten vollzogen. Das zeigte, dass Napoleon sich mit nichts weniger als der bedingungslosen Unterordnung von Papst und Kirche beschied. Ungeachtet weiterer Repressalien weigerte sich der Papst, die von Napoleon nominierten Bischöfe zu bestätigen. Für dieses Problem galt es schnell eine Lösung zu finden, wollte er sich nicht dem Vorwurf aussetzen, leichtfertig ein Kirchenschisma zu provozieren. Da er nicht nachgeben wollte, berief Napoleon im Frühjahr 1811 ein Konzil ein, zu dem die Bischöfe des *Grande Empire* einschließlich der 104 von ihm für verwaiste Diözesen benannten Geistlichen geladen wurden, das am 17. Juni 1811 in Notre Dame zusammentrat.[23] Dieses Konzil sollte die vom Papst verweigerte Bestätigung jener Bischöfe erteilen. Das geschah am 5. August 1811. Nach weiteren Drohungen resignierte der inzwischen mürbe gemachte Pius VII. und stimmte durch sein Schweigen zu, was Napoleon lauthals als diplomatischen Erfolg verbuchte. Dieser Triumph ließ sich aber nur durch einen Trick aufrecht erhalten, denn der Papst verwarf keine vierundzwanzig Stunden später seine angeblich schweigende Zustimmung. Deshalb suchte Napoleon den Druck auf Pius VII. zu steigern, um dessen Willen zu brechen.[24]

Den willkommenen Vorwand, eine vermutlich längst geplante Tat auszuführen, lieferte Napoleon ein englischer Flottenverband, der im Frühjahr 1812 vor Savona auftauchte. Für ihn stand damit fest: England wolle den Papst entführen. Damit konnte er den Papst nach Frankreich schaffen. «Der Papst soll in seiner Kutsche gemeinsam mit seinem Leibarzt reisen. Die Maßnahmen sind derart zu treffen, dass er Turin bei Nacht durchquert, dass er erst am Mont Cenis Halt macht, dass er Chamberry und Lyon ebenfalls bei Nacht passiert und dass er dergestalt nach Fontainebleau gelangt, wo er weisungsgemäß empfangen werden wird. (...) Der Papst darf nicht in seine päpstlichen Gewänder gekleidet reisen, sondern soll lediglich als Kleriker gewandet sein; außerdem gilt es darauf zu achten, dass er unterwegs nirgendwo, mit Ausnahme des Mont Cenis, erkannt werden kann.»[25] Der Papst wurde also ein zweites Mal entführt und an einen Ort geschafft, an dem man ihn noch besser unter Kontrolle hatte.

Als Napoleon nach der Katastrophe in Russland, in der nicht wenige Gläubige ein Gottesurteil erkannten, zurückkehrte, saß vor den Toren von Paris der Papst als sein Gefangener. Angesichts seiner Lage musste er den lästigen Konflikt so schnell wie möglich beenden.[26] Bei seinen Verhandlungen mit Pius VII. wechselten sich Drohungen und Lockungen in buntem Wirbel ab. Sollte sich der Papst seinen Wünschen fügen, verhieß Napoleon der Römischen Kirche eine glänzende Zukunft, eine Wiedererlangung ihrer alten, durch die Reformation verloren gegangenen Stellung, die sich in einer Rekatholisierung Deutschlands erfüllte! Als Preis forderte Napoleon die Anerkennung der von ihm eingesetzten Bischöfe und dass Pius VII. und seine Nachfolger auf dem Stuhl Petri künftig ihren Sitz in Paris nähmen und ihrer weltlichen Herrschaft entsagten. Den beiden letzten Forderungen wollte sich Pius VII. jedoch nicht beugen, er bestand auf Avignon als Papstsitz. Trotz dieser Divergenzen wurde am 25. Januar 1813 das Konkordat von Fontainebleau geschlossen: Der durch Alter und Krankheit geschwächte Papst unterfertigte den vorgelegten Text, in dem mit hinterhältigem Geschick all jene Positionen, an denen sich der Widerstand Pius VII. entzündet hatte, nur vage und damit vielfältig interpretierbar formuliert waren.[27]

Napoleon hatte alles erreicht, was er erreichen wollte. Seine Propaganda säumte nicht, das Konkordat als Friedensschluss mit der Kirche hinauszuposaunen, mit Glockengeläut und Te Deum in den Kirchen des *Grand Empire* den Gläubigen verkündet. Innenpolitisch wurde das Konkordat ein großer Erfolg. Die Verständigung mit der Kirche ließ sich vorzüglich propagandistisch verwerten, um die Folgen der Niederlage in Russland zu dämpfen. Diese Absicht beherrschte auch seine Finanzpolitik. Napoleon hatte stets darüber gewacht, die Steuer- und Abgabenlast in Frankreich auf niedrigem Niveau zu halten. Das erklärt seinen zähen Widerstand gegen die Wiedereinführung der indirekten Steuern, der *droits réunis*, den er erst nach längerem Zaudern aufgab. Für den Haushalt von 1813 war ein Defizit von rund 150 Millionen *francs* zu erwarten, während die Haushaltsjahre 1811 und 1812 weitere 80 Millionen *francs* an Unterdeckung aufwiesen. Angesichts dieses Schuldenbergs riet Schatzminister Mollien zu einer Erhöhung der indirekten Steuern, was zwar der bequemste und sicherste, in politischer Hinsicht aber der gefährlichste Ausweg war. Napoleon lehnte deshalb rundweg ab. Sein erster Lösungsvorschlag zielte auf nichts anderes als Betrug: Die Heereslieferanten, die auf pünktlicher Bezahlung bestanden, sollten mit einem Teil jener Schuldverschreibungen im Wert von insgesamt 140 Millionen *francs* befriedigt werden, die Preußens Friedrich Wilhelm III. in Tilsit abgepresst worden waren. Als der korrekte Mollien darauf hinwies, diese Schuldverschreibungen seien nichts wert, da Preußen offensichtlich entschlossen sei, alle Verpflichtungen gegenüber Frankreich aufzukündigen, versetzte Napoleon, dass die Römer beispielsweise in dem Augenblick, als Hannibal sich anschickte, Rom zu belagern, Käufer ausgerechnet für jenes Terrain fanden, auf dem dieser sein Lager aufgeschlagen hatte.[28]

Stattdessen verfiel Napoleon auf eine andere, ebenso windige Lösung: Man wollte den Grundbesitz am Gemeindeeigentum, der nur einen bescheidenen Pachtzins abwarf, einziehen und als neue «Nationalgüter» veräußern.[29] Die Operation versprach schätzungsweise über 300 Millionen *francs*, eine hübsche Summe. Wie bei Napoleon üblich, wurde die bloße Erwartung schon als Realität gesehen; so wurden die noch zu realisierenden Einnahmen bereits zur Deckung des 1812 aufgelaufenen Haushaltsdefizits und des für 1813 berechneten veranschlagt. Die Finanzierungsmethode hatte überdies den Charme, dass ihre Hauptprofiteure neben dem Fiskus die Notabeln waren.[30]

Diese Verfahrensweise erhellt schlaglichtartig, wie Napoleon selbst seine Situation einschätzte. Bislang hatte er sein Regime auf das Versprechen von Kontinuität, Sicherheit, Berechenbarkeit und Wohlstand gegründet. Gegen die waghalsige Finanz- und Sozialpolitik der Revolution und des Directoire war Napoleon mit dem Versprechen angetreten, Remedur zu schaffen. In der Consulatszeit war diese Zusage erfolgreich eingelöst worden. Deshalb sahen ihm die bürgerlichen Schichten, die vom Zugewinn an Handlungs- und Verkehrssicherheit profitierten, den Verlust an Freiheitsrechten nach. Damit hatte er seinem Regime ein Legitimationspolster erworben, vom dem er glaubte, nach der Katastrophe des Russlandfeldzuges zehren zu können. Seinen unverantwortlichen Ministern gegenüber, die in Napoleons Virtuosentum keine Rettung sahen und die deshalb für einen Kompromissfrieden plädierten, vertrat er eisern seinen solipsistischen Standpunkt. «Wenn Frankreich seiner würdig sein wolle», so zitiert ihn Mollien, «müsse es sich seiner kleinkrämerischen Einwände enthalten. Das Interesse aller müsse in erster Linie dem Ziel gelten, seinen Ruhm, der Eintrag erlitten habe, wiederherzustellen. Der einzige Friede, der für ihn vorstellbar sei, könne allein nur jener sein, den er nach neuen Siegen diktiere und der ihm im übrigen alle seine Eroberungen garantiere.»[31]

Für diese Politik, die aller politischen Weisheit Hohn sprach und den Interessen des Landes zuwiderlief, musste rasch eine neue Armee aufgebaut werden.[32] Napoleon musste sich um die Zustimmung seiner Untertanen bemühen, denn Zwang und Drohung allein würden kaum mehr Wirkung zeigen. Das nötigte ihn, sich der von ihm verachteten und systematisch verzwergten Repräsentativorgane zu bedienen. Schon das Finanzgesetz, das die Enteignung und Veräußerung des Gemeindeeigentums vorsah, hatte er, im Gegensatz zum Haushalt von 1812, dem *Corps législatif* zur Abstimmung vorgelegt. Auch die neuen, in ihrem Umfang alle bisherigen Aushebungen weit übertreffenden Rekrutenaufstellungen, musste er sich vom Senat absegnen lassen. Das war ihm besonders unangenehm, denn nach einem erfolgreichen Ausgang des Russlandfeldzugs hätte er die letzten Reste der Volksrepräsentation beseitigt, wie er Metternich Ende Mai 1812 in Dresden gesagt hatte.[33] In der gegenwärtigen Lage nun übertrug er Außenminister Maret die Aufgabe, den Senat über die bedrohliche außenpolitische Situation des *Grand Empire* zu unterrichten.[34] Damit die umfangreichen Aushebungen, mit denen man schon vor dem Senatsvotum begonnen hatte, reibungslos vonstatten gingen, wurden zu Beginn des Jahres 1813 zahlreiche Präfekten und Unterpräfekten durch neue Kräfte ersetzt, die die Gewähr boten, ihre Ernennung mit besonderem Eifer zu rechtfertigen.[35]

Das Ergebnis dieser Umbesetzungen konnte sich sehen lassen. Aus der regulären Aushebung des Jahres 1813 standen Napoleon im Dezember 1812 rund 200000 Mann zur Verfügung, die binnen weniger Monate ins Feld geschickt werden konnten. Eine zweite, sofort zu erschließende Ressource waren die Nationalgarden mit einer Sollstärke von rund 100000 Mann. Laut Gesetz konnten sie jedoch nur für die Territorialverteidigung eingesetzt werden. Ein Senatsbeschluss vom 11. Januar 1813 brachte die von Napoleon gewünschte Änderung. Außerdem wurde die Konskription der Altersklasse von 1814 vorgezogen, von der man sich weitere 150 000 Mann versprach.[36] Damit verfügte Napoleon aus dem Stand über eine Streitmacht von rund 450000 Mann, die mit den in Preußen, Italien oder Spanien stationierten Einheiten, den Truppen im inländischen Festungsdienst und den Resten der *Grande Armée* ihm weit mehr als eine halbe Million Soldaten verschaffte – so viele, wie vermutlich beim Russlandfeldzug zugrunde gegangen waren. Doch kampferprobte Soldaten fehlten fast völlig in dieser neuen Armee.

Vor allem mangelte es entschieden an Kavallerie. Nicht nur erforderte diese Waffengattung längere Ausbildungszeiten als die Infanterie, auch ihre Aufstellung und Ausrüstung kostete mehr Geld. Napoleon wies deshalb die Präfekten an, eine zusätzliche Aushebung zu organisieren. Er dachte dabei vor allem an Söhne von Notabeln, die sich bislang gern dem Kriegsdienst verweigert hatten und nun auf eigene Kosten ausrüsten und mit eigenen Pferden einrücken sollten. Im Gegenzug wurde ihnen nicht nur Ruhm und Ehre, sondern die sofortige Anwartschaft auf einen Offiziersrang versprochen. Außerdem lockten eigens für sie kreierte elegante Uniformen.[37] Schließlich bediente sich Napoleon seines bewährten Mittels, Offiziere und Soldaten der *Grande Armée* mit Auszeichnungen und Geldgratifikationen zu überschütten, die man aus dem in den Kellern der Tuilerien lagernden Gold- und Silberschatz der *Domaine extraordinaire* bestritt. Über diesen Hort, der sich aus Einsparungen an der Zivilliste, vor allem jedoch aus der Kriegsbeute speiste, verfügte allein Napoleon.

Dass ein Zweifrontenkrieg selbst seine Möglichkeiten überforderte, wusste Napoleon jetzt aus bitterer Erfahrung. In einem Brief vom 4. Januar 1813 wies er deshalb Joseph an, Madrid und Kastilien zu räumen und sein Hauptquartier nach Valladolid zu verlegen.[38] Es war der Anfang vom Ende des spanischen Abenteuers, auch wenn Napoleon den Rückzug damit begründete, man müsse diese Truppen auf den nordosteuropäischen Schauplatz verlegen.[39] Gleichzeitig wurde Marschall Soult zurückbeordert und Joseph zum Oberbefehlshaber ernannt. Damit wurde der Abzug der Franzosen notwendig beschleunigt – und nach der Schlacht von Vitoria am 21. Juni 1813, in der die Franzosen von Wellington vernichtend geschlagen wurden, war das Ende der französischen Herrschaft in Spanien endgültig besiegelt. Nach dieser Niederlage verschwand Joseph auf Geheiß seines Bruders nach Mortefontaine. Der Sache nach war dies nichts anderes als sein Sturz.[40]

Mit seinen fieberhaften Anstrengungen, eine neue *Grande Armée* auf die Beine zu stellen, hatte sich Napoleon auf einen Wettlauf gegen die Zeit eingelassen, den er kaum gewinnen konnte. Die erste Bestätigung dafür, dass sich die Schlinge zusammenzog, in der man ihn fangen wollte, war das Ausscheren des preußischen Corps aus der erzwungenen Waffenbrüderschaft gegen Russland. Am 30. Dezember 1812 unterzeichnete General Yorck die Konvention von Tauroggen. Damit brach die imaginäre Front, an die sich Napoleon immer noch zu klammern suchte, zusammen. Die Reste der *Grande Armée*, die Eugène befehligte, hatten keine Kraft mehr, um die Weichsellinie zu behaupten. An der Oder hoffte Napoleon im Januar 1813 standzuhalten.[41] Aber auch das war illusorisch, denn die französische Präsenz in Preußen beschränkte sich auf den Besitz einzelner Festungen. Am 22. Januar 1813 reiste Friedrich Wilhelm III. unbehelligt aus dem besetzten Berlin nach Breslau. Am 12. Februar 1813 verkündete er hier die Mobilisierung der preußischen Linientruppen in Schlesien und Pommern. Was das zu bedeuten hatte, war unschwer zu erkennen, doch Napoleon weigerte sich auch jetzt noch, die unumgänglichen Konsequenzen zu ziehen. Dem Pariser Polizeipräfekten Pasquier, der ihn wie Caulaincourt und andere drängte, die Dinge realistisch zu sehen, entzog er sich stets auf dieselbe Weise. In seinen Erinnerungen schildert Pasquier, wie es ihm und dem Senator Sémonville Ende Februar 1813 gelungen sei, Außenminister Maret von ihrer Einschätzung der bedrängten Lage des *Grand Empire* zu überzeugen und ihn zu überreden, Napoleon bei einem Gespräch damit zu konfrontieren. Nach der dreistündigen Konferenz erschien ein strahlender Maret und verkündete den beiden Bedenkenträgern: «*Nun gut, meine lieben Freunde, alles, was Sie mir erzählt haben, und was mich, wie ich gerne bereit bin zuzugeben, nicht wenig bestürzt hat, ist völlig unbegründet: Der Kaiser hat darüber nur gelacht, und in vier Sätzen und unter Anführung einiger unumstößlicher Tatsachen hat er dieses ganze windige Gerüst finsterer Voraussagen vollständig zum Einsturz gebracht. (...)* Nach diesem Erlebnis», so Pasquier, «gelangte ich unvermeidlich zu der Einsicht, dass Napoleon seinen Minister noch weitaus erfolgreicher getäuscht hatte als sich selber. (...) Ich hielt es deshalb für ausgemacht, dass sein ostentatives Vertrauen (in die eigene Stärke) zu der Zeit, von der ich spreche, lediglich gespielt war, und dass er damit allein die Absicht verfolgte, jene Entmutigung zu entkräften, die selbst jene ergriffen hatte, die in seiner Umgebung waren.»[42]

Mit welchen Argumenten Napoleon die Bedenken seines Außenministers zerstreut hatte, kann man sich leicht ausmalen. Trotz der Katastrophe in Russland verfügte er nach wie vor über eine unangefochtene Machtstellung in Mitteleuropa. Dafür sprach nicht zuletzt, dass alle Rheinbundfürsten, mit Ausnahme Mecklenburgs, sofort der Aufforderung vom 18. Januar 1813 nachkamen,[43] neue Einheiten aufzustellen. Preußen, das am meisten Anlass zu Zweifeln an seiner Bündnistreue gab, ließ sich durch das Festungsnetz, weitgehend in französischer Hand, kontrollieren. Schließlich hatten viele der besten Offiziere und einige Kadertruppen den Untergang der *Grand Armée* überlebt und standen für den Neuaufbau von Napoleons Streitmacht zur Verfügung. Außerdem, und das war in seinem Kalkül die vielleicht wichtigste Überlegung, konnte Napoleon davon ausgehen, dass eine neue Mächtekoalition Zeit brauchte, sich zu formieren. Sei dieser Prozess abgeschlossen, käme deren Kriegführung nur sehr schleppend in Gang und er werde wegen ihrer notorisch schlechten Koordination reichlich Gelegenheit haben, die Verbündeten einzeln zu stellen und zu schlagen.

Zunächst sah es auch so aus, als würden Napoleons Überlegungen durch die weitere politische Entwicklung bestätigt. Friedrich Wilhelm III. verlegte sich wieder darauf abzuwarten, um sich dann für den zu entscheiden, der seinen Interessen am ehesten entsprach. Gestützt wurde diese Haltung von der Furcht vor russischen Expansionswünschen. Auch hielt sich Zar Alexander hinsichtlich seiner Ziele vorerst sehr bedeckt, während Österreich auf Neutralität beharrte, ohne andererseits sein Bündnis mit Frankreich zur Disposition zu stellen. Solange er in der Zwickmühle dieser Mächtekonstellation steckte, musste Friedrich Wilhelm III. das immer heftigere Drängen der preußischen Nationalbewegung ignorieren. Österreichs Haltung gründete ebenfalls auf sprödem Realismus. Metternich, seit 1809 Außenminister, gab sich ostentativ den Anschein, zu Napoleon zu halten. Das versprach zwei Vorteile: Österreich konnte sich unauffällig von den Folgen der Niederlage von 1809 erholen, und Napoleon war seit dem russischen Debakel das entschieden kleinere Übel. Das verhieß Österreich großen strategischen Nutzen. Napoleons Regime war für Wien die beste Garantie gegen den Ausbruch einer Revolution in Frankreich. Der napoleonische Rheinbund verhinderte überdies ein Umsichgreifen der deutschen Nationalbewegung. Schließlich musste Österreich eine Machtausdehnung Russlands in Polen und in der Türkei fürchten. Dank Metternichs politischem Geschick gelang es Österreich im Unterschied zu Preußen, eine unabhängige Stellung zu behaupten, indem es mit Russland einen Waffenstillstand schloss und Frankreich diesen Schritt mit dem Argument plausibel machte, man könne damit eine Vermittlerrolle zwischen Napoleon und Alexander einnehmen. Tatsächlich optierte die österreichische Politik zunächst so und trieb durchaus kein falsches Spiel. Erst Napoleons unverhohlenes Misstrauen, das sich auf eine allzu optimistische Einschätzung seiner eigenen Stärke gründete, veranlasste Österreich, von dieser Linie abzuweichen.

Dieses gewiss prekäre, von Schwäche und gegenseitigem Misstrauen bestimmte Gleichgewicht der europäischen Mächte wurde durch den preußisch-russischen Vertrag von Kalisch vom 27. Februar 1813 aus der Balance gebracht. Alexander verpflichtete sich, den Territorialbestand der Hohenzollernmonarchie anzuerkennen. Außerdem erhielt Preußen die Versicherung, für seine seit 1806 verlorenen Territorien in vollem Umfang entschädigt zu werden und dazu die Zusage einer Landbrücke zwischen Preußen und Schlesien. Im Gegenzug schloss Preußen eine Allianz mit Russland, deren Ziel die Befreiung Europas von der napoleonischen Herrschaft war. Darin sah Alexander jetzt seine Mission. Preußen versprach auch, seine Streitkräfte umgehend, durch die Landwehr verstärkt, zu mobilisieren. Ein entsprechendes königliches Edikt wurde am 17. März 1813 zusammen mit Friedrich Wilhelms III. berühmtem Aufruf «An mein Volk» veröffentlicht, mit dem er sich an die Spitze der Nationalbewegung stellte, um Deutschland von der napoleonischen Willkürherrschaft zu befreien. Am gleichen Tag überreichte der preußische Kanzler Hardenberg dem französischen Botschafter Saint-Marsan die Kriegserklärung.

Dessen hätte es kaum noch bedurft, denn Napoleon war schon durch den Vertrag von Kalisch zu der Einsicht gelangt, dass die gegen ihn gerichtete Mächteallianz rascher zustande kam, als von ihm erwartet; das zeigt auch seine prompte Reaktion: Am 5. März 1813 wies er Eugène an: «Behaupten Sie sich in Berlin so lange, wie Sie nur irgend können. Achten Sie auf strikteste Disziplin. Reagieren Sie auf die mindeste Unruhe in einer preußischen Stadt oder einem Dorf damit, dass sie diese Gemeinde sofort in Asche legen, handele es sich dabei auch um Berlin. Sollten Sie dazu gezwungen werden, sich auf die Elbe zurück zu ziehen, dann behaupten Sie ihre Stellung dort so lange, wie Ihnen dies nur irgend möglich erscheint, denn der Feind, der durch sein Vorgehen Ihren rechten Flügel umgehen will, wird seinerseits von Würzburg her umgangen werden durch die Bewegung des Duc d'Elchingen (Marschall Ney, J.W.), der auf die Berge um Gotha zumarschiert. Verteidigen Sie Hannover, Kassel und das Gebiet des 32. Militärbezirks (das Gebiet um Hamburg und Friesland bis zur holländischen und belgischen Grenze, J.W.) so lange wie nur möglich. Sie müssen dazu Ihren linken Flügel zwischen Magdeburg und Hamburg dislozieren. Ich habe bereits befohlen, dass die Westfalen eine Kolonne dorthin schicken. Die Kavallerie wird in Frankreich mit allem Nachdruck aufgestellt, aber man wird dafür noch den ganzen April benötigen. Im Mai werden sich die drei Corps der Main-Armee mit meiner Garde, einer guten Artillerie und zahlreicher Kavallerie vereinigen, dann werde ich die Russen hinter den Njemen (die Memel, J.W.) zurückwerfen.»[44]

Napoleons Anweisung zeigt viel Zweckoptimismus, denn Eugène hätte sich beim besten Willen außer Stande gesehen, mit erschöpften und demoralisierten Truppen die norddeutsche Tiefebene von Berlin und Dresden bis Hamburg auch nur gegen eine hinter der Front virulente Volksbewegung zu decken, und der Befehl, Berlin zu halten, erwies sich bereits in dem Moment, in dem er erteilt wurde, als illusorisch: Eugène hatte diese nach Osten vorgeschobene Position längst geräumt und sich auf Wittenberg an der Elbe zurückgezogen, das er am 6. März erreichte. Napoleon, dem die Positionierung von Eugènes Truppen, insgesamt vielleicht 50000 Mann, zunächst völlig schleierhaft war, gab ihm am 15. März 1813 Befehl,[45] die gesamte Elblinie von Hamburg bis Dresden zu halten. Eugène sollte mit seiner Hauptstreitmacht die zentrale Position dieser Frontlinie bei Magdeburg einnehmen, während Marschall Victor Brückenköpfe auf dem östlichen Elbufer bei Torgau, Wittenberg und Dessau besetzen sollte. Gleichzeitig wurde General Reynier befohlen, den Oberlauf der Elbe einschließlich Dresdens zu verteidigen. Aber auch diese Befehle erwiesen sich als illusorisch, denn noch bevor sie bei Eugène eintrafen, hatte General Carra St. Cyr Hamburg geräumt, das damit leichte Beute der von Tettenborn kommandierten Freischaren und Kosaken wurde. Eugène blieb nun nichts anderes übrig, als dem von Davout kommandierten I. Corps, das er nach Dresden in Marsch gesetzt hatte, den Befehl zur Umkehr und zur Rückeroberung Hamburgs zu geben. Diese Truppen fehlten jedoch dem rechten Flügel, der im wesentlichen aus dem sehr mitgenommenen VII. Corps des Generals Reynier bestand,[46] der Dresden nicht mehr behaupten konnte und hinter die Saale zurückfiel. Die französische Elbfront schrumpfte damit auf Hamburg und Magdeburg zusammen. Eugène und Napoleon wurde in dieser hoffnungslosen Situation dadurch eine Atempause verschafft, dass die russische Hauptmacht noch weit im Osten stand und sich lediglich das rund 13000 Mann umfassende Corps Winzingerode mit 25000 Preußen unter Blücher vereinigte, die, von Schlesien kommend, Dresden am 27. März kampflos besetzten. Das russische Corps Wittgenstein, das von Nordosten heranrückte und ebenfalls Dresden zustrebte, wurde von Eugène auf dem östlichen Elbufer angegriffen und am 3. und 4. April 1813 bei Möckern in eine Schlacht verwickelt.[47]

Diese glücklosen Operationen verschafften Napoleon dennoch die Zeit, um die neu aufgestellte *Grande Armée*, rund 120000 Mann, nach Mitteldeutschland in Marsch zu setzen, wo sie sich mit den entlang der Elbe stationierten Einheiten vereinigen sollte.[48] Am Morgen des 15. April 1813 verließ er Paris und traf zehn Tage später in Erfurt ein. Sein ursprünglicher Feldzugsplan sah vor, über Stettin nach Danzig vorzustoßen, das von einer 30000 Mann starken französischen Besatzung gehalten wurde. Nachdem aber Eugène hinter die Elbe zurückgehen musste, Hamburg und Dresden fielen und Blücher den französischen rechten Flügel aufzurollen drohte, hatte dieses Vorhaben keine Chance mehr. Stattdessen entschloss er sich zu einem schnellen Vormarsch auf Berlin. Damit sollten die preußisch-russischen Kräfte aufgesprengt und der Beitritt Österreichs zu dieser Koalition vereitelt werden. Der Plan war einfach und erfolgversprechend, denn der preußisch-russischen Allianz war es bislang noch nicht gelungen, ihre Truppen vollständig auf dem sächsischen Schauplatz zu versammeln. Alles hing also davon ab, ob Napoleon den Gegner schnell und vernichtend schlagen konnte. Diese Erwartung erfüllte aber die erste große Schlacht nicht. Zwar konnte Napoleon am 2. Mai südlich von Lützen nach wechselvollen Kämpfen einen für beide Seiten verlustreichen Sieg erringen, aber der Gegner wurde durch den Einbruch der Nacht vor der Vernichtung bewahrt.[49] Umso übertriebener war das Lob Napoleons am 3. Mai für seine Armee: «Soldaten, ich bin zufrieden mit Euch! Ihr habt meine Erwartungen erfüllt! (...) Während des ruhmreichen 2. Mai habt Ihr die russische und die preußische Armee, die von Zar Alexander und dem König von Preußen angeführt wurden, besiegt und in die Flucht geschlagen. Ihr habt dem Ruhm meiner Adler neuen Glanz verschafft. Die Schlacht von Lützen wird sich als noch bedeutender erweisen als die Bataillen von Austerlitz, Jena, Friedland oder die von der Moskowa (Borodino, J.W.).»[50]

Napoleon musste jetzt auf eine zweite Schlacht setzen, deren Ausgang wegen der angeschlagenen Kampfmoral des Gegners vielversprechend war. Ney sollte bei Torgau über die Elbe gehen, in Richtung Berlin marschieren und mit dieser Drohung die Preußen veranlassen, sich von der russischen Armee zu lösen. Damit hätte sich Napoleon die Möglichkeit geboten, seine Gegner getrennt zu schlagen, denn die französische Hauptmacht sollte gleichzeitig in südöstlicher Richtung auf Dresden vorstoßen. Diesen Plan durchkreuzten die Alliierten einfach dadurch, dass sie sich geschlossen auf Dresden zurückzogen, um bei Bautzen den Vormarsch der französischen Hauptarmee aufzufangen. Als Napoleon, mit dem Gros der Armee am 11. Mai im Raum Dresden angelangt, schon tags darauf diese Absicht erkannte, befahl er Ney, nach Süden umzuschwenken, den Gegner in der Flanke zu packen und dessen Rückzugslinie zu bedrohen. Diese bewährte taktische Finte verfing diesmal nicht, denn Ney kam langsamer voran, als von Napoleon geplant, und das brachte ihn am 20. und 21. Mai 1813 erneut um den entscheidenden Sieg.[51] (Siehe Karte 17)

Lützen und Bautzen hatten beide Seiten so erschöpft, dass sie einem von Österreich vorgeschlagenen Waffenstillstand zustimmten, der, am 4. Juni 1813 vereinbart, bis zum 10. August galt. Während dieser Frist, so wollte Napoleon Glauben machen, sollte die Vereinbarung eines umfassenden Friedens möglich sein.[52] Tatsächlich war es ihm vor allem darum zu tun, die Ruhepause für die Aufstellung der Kavallerie zu nutzen.[53] Die Friedensverhandlungen mit Österreich als Vermittler fanden vom 12. Juli bis 12. August in Prag statt. Sie scheiterten an Napoleon, der darauf beharrte, keinen Fußbreit des *Grand Empire* zur Disposition zu stellen. Diese Intransigenz hatte er schon Metternich am 26. Juni in Dresden zu erkennen gegeben. *«Nun gut, was will man denn von mir?, fuhr mich Napoleon an, dass ich mich entehre? Nimmermehr! Ich werde zu sterben wissen, aber ich trete keine Handbreit Boden ab. Eure Herrscher, geboren auf dem Throne, können sich zwanzig Mal schlagen lassen, und doch immer wieder in ihre Residenzen zurückkehren; das kann ich nicht, ich, der Sohn des Glücks. Meine Herrschaft überdauert den Tag nicht, an dem ich aufgehört habe, stark und folglich gefürchtet zu sein.»*[54] Die Einsicht gibt einmal mehr den Blick frei auf sein unpolitisches Denken: Das Prinzip der dynastischen Legitimität, das seiner Herrschaft Dauer und Solidität gewährleisten sollte, versagte nicht deshalb, weil er seinen Thron nicht geerbt, sondern weil er alles unversucht gelassen hatte, seine Monarchie in das europäische System der Dynastien und Mächte zu integrieren. Sein Kaiserreich war nichts anderes als die effizientere und lange Zeit sehr erfolgreiche Fortsetzung der revolutionären Expansion mit militärischen Mitteln. Die Versöhnung zwischen *Ancien Régime* und Revolution, die er nach dem 18. *Brumaire* in Frankreich mit großem Geschick und binnen kürzester Zeit bewerkstelligte, war nie das Konzept gewesen, das Napoleon außenpolitisch verfolgte. Das war sein großer Fehler, den er nur erfolgreich überspielen konnte, solange er der Sieger war. Jetzt aber, da ihn sein Schlachtenglück verlassen hatte, war es für ihn zu spät, diesen Fehler vor sich anerkennen und korrigieren zu können. Das zeigt sein Agieren und Finassieren in den nun folgenden Monaten, bei dem er immer zwischen mehreren Optionen schwankte, die sich mit dem Konjunkturverlauf seiner militärischen Erfolge oder Misserfolge änderten. Dass sich Napoleon auch jetzt nicht darüber klar wurde, welches politische Ziel er realistischerweise anvisieren sollte, um seine Herrschaft zu retten – das minimalistische, die Integrität Frankreichs in seinen alten Grenzen, oder das maximalistische der «natürlichen» Grenzen, der Eroberungen und der diesen vorgelagerten Einflusszonen –, machte seinen Untergang unvermeidlich, weil er eben damit erheblich dazu beitrug, die Alliierten auf ihre ursprünglichen Absichten einzuschwören, Frankreich nicht nur auf die Grenzen von 1790 zu reduzieren, sondern sie vor allem auch in ihrem Willen bestärkte, die Revolution mit Stumpf und Stiel zu vernichten.

Auch wenn Metternichs Schilderung sicherlich literarisch ausgeschmückt ist, gibt sie dennoch den Tenor dieser Aussagen treffend wieder.[55] Napoleons kategorische Verweigerung von Zugeständnissen gab für Österreich den Ausschlag, sich endgültig auf die Seite der Alliierten zu schlagen. Zwei Tage vor dieser Unterredung, am 24. Juni, hatten Russland, Preußen und Österreich in Reichenbach auf Betreiben Metternichs eine Konvention unterzeichnet, Napoleon ein vier Punkte umfassendes Ultimatum zu stellen: 1. Abtretung des Großherzogtums Warschau an Russland; 2. Wiederherstellung Preußens; 3. Rückgabe Illyriens (der dalmatinischen Gebiete, J.W.) an Österreich und 4. Wiederherstellung der Unabhängigkeit der Hansestädte sowie eines Teils von Norddeutschland.

Das waren alles in allem maßvolle Bedingungen, die als Grundlagen eines Verhandlungsfriedens den Bestand von Napoleons Herrschaft wie des *Grand Empire* wahrten. Doch Metternich kannte Napoleon und konnte sicher sein, dass dieser sie niemals akzeptieren würde. Mit anderen Worten: Die von Metternich inspirierte Konvention von Reichenbach legte eine Schlinge aus, die Napoleon durch uneinsichtige Kompromisslosigkeit zusammenziehen würde. Das war die Pointe von Metternichs überlegener Politik: Akzeptierte Napoleon das Ultimatum nicht, verpflichtete sich Österreich zum Kriegseintritt auf der Seite der Alliierten. Österreich, mit Frankreich noch formal verbündet, avancierte damit wieder zu einer Großmacht, die über die Gestaltung Europas entscheiden konnte. Diese Stärke, auf die Metternich geduldig hingearbeitet hatte, war einerseits ein Resultat der offensichtlichen Schwächung Frankreichs, die Napoleon mit Rücksicht auf die Bewahrung seiner Herrschaft zu Kompromissen zwingen musste, die Österreichs Machtstellung unmittelbar zugute kämen. Verweigerte er sich aber diesen Kompromissen, dann hatte Österreich die einen entsprechenden Machtzuwachs verheißende Option, sich auf die Seite der Alliierten zu schlagen, mit denen es sowieso aus ideologischen Gründen weitaus besser harmonierte. Damit sah sich Napoleon mit einem Mal der mächtigsten Koalition seit 1793 gegenüber, zu der auch England als zunächst stiller Teilhaber gehörte, nachdem es Mitte Juni dem Abkommen von Kalisch beigetreten war und den Vertragspartnern Subsidien für die Kriegführung versprochen hatte.[56] Die politischen Gewinner dieser Vereinbarungen waren Österreich und England, die ein neues Mächtegleichgewicht in Europa anstrebten. Das zielte nicht nur darauf, Frankreich auf ein erträgliches Maß zurückzustutzen, es sollte auch preußische und russische Kompensationsforderungen begrenzen.

Mit seiner leidenschaftlichen Absage an Metternich beschleunigte Napoleon in völliger Fehleinschätzung seines Handlungsspielraums den ihm drohenden Untergang. Der geballten Macht der Alliierten vermochte er nur wenig entgegenzusetzen. Er vertraute allzu sehr auf seine vermeintlich starke Stellung entlang der Elbe. Dass diese Front viel zu weit vorgeschoben und seine rückwärtigen Verbindungslinien nach Frankreich auch durch die deutsche Freiheitsbewegung extrem gefährdet waren, konnte seinen Entschluss nicht zu weichen, ebensowenig ändern wie die Empfehlungen seiner Marschälle, am Rhein eine starke Verteidigungsstellung aufzubauen.[57] In der sächsischen Kampagne von 1813 wurde Napoleon endgültig Opfer seiner Illusionen: Mehr denn je galt jetzt für ihn, alles oder nichts zu wagen. Dresden war Dreh- und Angelpunkt seiner strategischen Überlegungen. Von dieser Zentralposition aus wollte er für sich den Vorteil der inneren Linie behaupten und die von Norden, Osten und Südosten anrückenden Gegner nacheinander schlagen. «Aber», und diese Einschränkung, die sein Sekretär Fain protokollierte und die sich wie eine nachträgliche Erklärung der während dieser Kampagne gemachten Fehler ausnimmt, «überall dort, wo ich nicht selbst sein werde, müssen meine Leutnants meines Erscheinens harren, ohne unterdessen etwas auf eigene Faust zu wagen; denn die Frage ist, ob es den Alliierten gelingen wird, über längere Zeit den Zusammenhalt ihrer Operationen, die sich über einen derart großen Raum erstrecken, zu gewährleisten. Darf ich deshalb nicht darauf rechnen, dass ich sie früher oder später bei einer falschen Bewegung überraschen kann?»[58]

Auf solchen Annahmen gründete Napoleons Planung. Doch diesmal sollte er sich täuschen, weil er die Stärke des Gegners weit unterschätzte. Zwar konnte er sich in der Schlacht bei Dresden am 26. und 27. August 1813 erfolgreich behaupten, aber die Niederlagen, die seine Corpskommandeure fast gleichzeitig im nördlichen Frontabschnitt bei Großbeeren (23. August), Hagelberg (27. August) und Dennewitz (6. September), an der Katzbach (26. August) und bei Kulm (29. und 30. August) im Süden erlitten und die damit die Gefahr seiner Einkreisung heraufbeschworen, zwangen ihn nach konfusen Manövern schließlich zum

Rückzug auf Leipzig.[59] Hier begann am 16. Oktober 1813 jene drei Tage andauernde furchtbare Metzelei, die seither als «Völkerschlacht» bekannt ist. Napoleon erlitt eine Niederlage, die seine militärische Reputation endgültig zerstörte und binnen Jahresfrist die zweite *Grande Armée* vernichtete. Eindeutiger noch als später in Waterloo war Napoleon schon in Leipzig nicht mehr er selbst. Sehenden Auges und unbeeindruckt von allen Warnungen wurde er von weit überlegenen Feindkräften von Südosten (Schwarzenberg) und Nordwesten (Blücher) eingekreist. Wie falsch er seine Lage einschätzte, zeigt sein Brief an Marmont vom Morgen des 16. Oktober 1813, als er diesem befahl, mit seinem Corps durch Leipzig zu marschieren und sich als Reserve südöstlich davon für jene Schlacht bereitzuhalten, mit der Napoleon plante, die Armee Schwarzenbergs zu vernichten. Marmonts berechtigte Warnungen, dass Blücher gleichzeitig von Nordwesten aus dem Raum Halle auf Leipzig heranrücke,[60] tat Napoleon als Übertreibungen ab. Er war ausschließlich auf die österreichische Armee, einen ihm vertrauten Gegner fixiert. Damit entsprach er genau den Plänen der Alliierten, die bei Leipzig eine große Umfassungsbewegung anstrebten. Ihr Gelingen erleichterte Napoleon noch durch seine unentschuldbare Untätigkeit am 15. Oktober, die den Verbündeten wertvolle Zeit verschaffte, ihren Plan durch entschlossene Manöver zu verwirklichen. Napoleons Niederlage bei Leipzig gründete nicht so sehr in der zahlenmäßigen Unterlegenheit seiner Truppen oder gar im Frontwechsel Bayerns, das drei Tage zuvor ins Lager der Alliierten übergelaufen war, sondern vielmehr in der strategischen wie taktischen Überlegenheit der alliierten Truppenführung, die vor allem auf Blücher und seinen Stabschef Gneisenau zurückging. Sie wollten Napoleon an die Elbfront binden, um sein Entweichen nach Westen unmöglich zu machen.

Unmittelbar vor der Niederlage Napoleons bei Leipzig brach die von ihm in Deutschland gestiftete politische Ordnung zusammen. Binnen weniger Tage löste sich der Rheinbund auf, schwelgten die Könige und Fürsten, die ihm Macht und Rangerhöhung verdankten, in einer Orgie des Verrats, gingen sie alle, auf das Versprechen hin, ihre Throne und Herrschaften behalten zu dürfen, ins Lager der Alliierten über und unterstellten ihre Kontingente mit sofortiger Wirkung deren Fahnen. Damit stürzte der *Grand Empire* wie ein Kartenhaus ein. Lediglich Holland und Belgien wagten es noch nicht, sich loszusagen, auch die Schweiz verharrte in ihrer Abhängigkeit von Napoleon. Fouché wurde, nachdem er als allmächtiger Polizeiminister in Ungnade gefallen war, als Gouverneur Illyriens im Oktober von General Hiller vertrieben, der Triest und die Festungen der dalmatinischen Küste besetzte und dessen Vormarsch erst Eugène an der Etsch zum Stehen bringen konnte. Seit Wellingtons Sieg bei Vitoria am 21. Juni 1813 war es auch um den längst fadenscheinigen Herrschaftsanspruch Napoleons in Spanien geschehen: Im September fiel San Sebastian, im Oktober Pamplona. Damit öffnete sich für Wellington der Weg nach Bayonne, auf dem zuvor schon das Gros der französischen Truppen über die Pyrenäen nach Norden geflüchtet war. Bereits jetzt erfüllte sich Talleyrands sarkastische Prophezeiung vom März 1813: «Der Augenblick ist da, wo der Kaiser Napoleon König von Frankreich werden muss.»[61]

Napoleon wollte sich aber durchaus nicht mit der Rolle eines Königs von Frankreich bescheiden. Ebenso wenig wird ihm die bittere Ironie der Geschichte zu Bewusstsein gekommen sein, dass er sich, als er am Nachmittag des 9. November 1813 geschlagen aus Deutschland ins Schloss von Saint-Cloud zurückkehrte, auf den Tag genau wieder an jenem Ort einfand, an dem er vierzehn Jahre zuvor die Macht in seinen Besitz gebracht hatte. Er konnte sich aber auch keine Illusionen mehr über seine verzweifelte Lage machen. Von den rund 500000 Soldaten, mit denen er im Frühjahr losgezogen war, um die Russen wieder hinter die Memel zurückzuwerfen, kehrten im Winter 1813 nicht einmal mehr einhunderttausend nach Frankreich zurück. Das war die Bilanz einer beispiellosen Niederlage, die sich nicht mehr beschönigen ließ. Auch konnte Napoleon diesmal die Verantwortung dafür nicht auf Gewalten und Umstände abwälzen, die sich seiner Einflussnahme entzogen hatten. Hier war einzig und allein seine Hybris vor dem Fall gekommen. Doch dieser Einsicht verweigerte er sich. Den Senat, der ihm unterwürfig wie je am 14. November seine Aufwartung machte, beschied er: «Ganz Europa marschierte vor einem Jahr mit uns; ganz Europa marschiert jetzt gegen uns. Das erklärt sich daraus, dass die Meinung der Welt entweder von Frankreich oder von England gemacht wird.»[62] So einfach war das also. Der *Grand Empire* hatte sich verflüchtigt wie ein Traum. Jetzt galt es, Frankreich zu verteidigen. Aber dafür fehlte es an allen Mitteln. Die Staatsfinanzen waren zerrüttet, denn auch die Verschleuderung der Gemeindegüter hatte bei weitem nicht die erwarteten Summen eingebracht. In der Stunde der Not blieb keine andere Wahl, als zum unpopulärsten Mittel der Geldbeschaffung zu greifen, zur Steuererhöhung. Einen entsprechende Anweisung gab Napoleon Schatzminister Mollien mit Schreiben vom 3. November 1813,[63] die am 11. November durch Senatsbeschluss umgesetzt wurde. Die Grundsteuer wurde um 30 Prozent erhöht, ebenso die Tür- und Fenstersteuer, die Gewerbe- und Salzsteuer. Außerdem wurden wieder eine Reihe der höchst unbeliebten indirekten Steuern beispielsweise auf Tabak und Alkohol eingeführt. So drastisch diese Maßnahmen auch ausfielen, sie reichten bei weitem nicht aus, deshalb wurden im Januar 1814 die Grundsteuer um 50 Prozent und die übrigen Steuern entsprechend angehoben. Gleichzeitig kürzte der Staat Gehälter und Pensionen um ein Viertel. Die Forderungen der Heereslieferanten wurden mit Schuldverschreibungen beglichen, was nichts anderes bedeutete als die Wiedereinführung der Assignaten unseligen Angedenkens. Infolge dieses Wirtschaftens verschwand das Münzgeld, der Handel geriet ins Stocken, die Arbeitslosigkeit stieg sprunghaft an. Schließlich musste Napoleon auch den von ihm gehüteten Gold- und Silberschatz der *Domaine extraordinaire* für die Rüstungsanstrengungen hergeben. Aber selbst deren Reichtümer waren rasch aufgezehrt. Frankreich langte wieder da an, wo das von Napoleon unter dem Beifall der Bürger überwundene Direktorium in Schimpf und Schande geendet hatte. Schlagartig erkannte man jetzt Witz und Wesen des Regimes. Die andauernden Kriege, die gewaltige Expansion und damit die Überanstrengung aller Kräfte der Nation erwiesen sich nun als gigantische Konkursverschleppung. Solange die Kriege jenseits der «natürlichen» Grenzen Frankreichs geführt wurden und die Satellitenstaaten nach Belieben ruiniert werden konnten, um die Kassen Napoleons zu füllen, fiel es ihm leicht, sich im Innern unangefochten zu behaupten, und der Zuspruch der Bürger und der unteren Schichten war ihm gewiss – benebelt allesamt vom Pathos der *Bulletins*, die von nicht enden wollenden Siegen und Heldentaten kündeten.

Nach Leipzig war es damit endgültig vorbei. Frankreich musste plötzlich die ganze Last eines Krieges tragen, bei dem es nicht mehr um Ruhm und Ehre, um die Aussicht auf sichere Beute und rasches Avancement ging, sondern nur noch um die eigene, nackte Existenz. Das war ein böses Erwachen. Sofort begannen sich die alten Reflexe wieder zu regen, die Napoleon mit Umsicht stillgestellt hatte. Vor allem die Notabeln, die eigentlichen Gewinner des napoleonischen Regimes, die Stützen seiner Herrschaft, gewahrten sofort, was sie zu verlieren drohten. Solange er ihre Geschäfte erfolgreich besorgt und seine Expansion ihre Rendite gesichert hatte, wurde ihm von diesen Leuten uneingeschränkte Handlungsfreiheit eingeräumt. Jetzt aber, da die alten Rezepte nicht nur versagten, sondern ihre ureigensten Interessen beschädigt wurden, verfiel diese Geschäftsgrundlage. Das eklatante Versagen der Geschäftsleitung setzte das Verlangen frei, Mitsprache und Mitverantwortung zu beanspruchen, um den Schaden zu begrenzen. Dass ihm hier Gefahren drohten, ahnte Napoleon zweifellos. Allerdings täuschte er sich in seiner felsenfesten Überzeugung, dass der Zauber seines Mythos immer noch wirksam sei. Das Dokument dieser Fehleinschätzung ist die Rede, mit der Napoleon am 19. Dezember 1813 die zum zweiten Mal binnen Jahresfrist einberufene Plenarsitzung der Gesetzgebenden Körperschaften – bestehend aus dem Senat sowie dem *Corps législatif* – eröffnete.[64] Diesen für sein Regime ungewöhnlichen Schritt erklärte er bereits in seinen Eingangssätzen: «Großartige Siege haben den Ruhm der französischen Waffen in dieser Kampagne gemehrt; beispiellose Fälle von Verrat haben diese Siege jedoch zunichte gemacht. Alles hat sich gegen uns gewendet. Ohne die Kraftanstrengung und die Einheit der Franzosen scheint Frankreich selbst in Gefahr zu geraten.»[65]

Damit schlug Napoleon einerseits das Motiv der Revolution an: «Das Vaterland ist in Gefahr». Mit Hilfe des *Corps législatif*, dem er sich mit dieser Eröffnungsrede wieder in seiner bewährten Rolle als «Retter» empfahl, suchte er die Nation erneut auf seine Führung einzuschwören, um von ihr jede nur erdenkliche Unterstützung und für seine Politik *carte blanche* zu erhalten. Dahinter verbarg sich andererseits nur sein alter Herrschaftstrick, den Stendhal treffend charakterisiert hat, «den eigenen Despotismus hinter dem Kult des Ruhms zu verbergen».[66] Das schien jetzt umso mehr geboten, als Frankreich sich nach Frieden sehnte. Auch er, so ließ Napoleon deshalb die Abgeordneten wissen, wolle den Frieden, allerdings keinen Frieden um jeden Preis. Deshalb unterrichte er den *Corps législatif* über die Friedensofferten der Alliierten und bitte ihn um seinen Rat. Das war ebenfalls höchst ungewöhnlich, auch wenn Napoleon selbstverständlich davon ausging, dass dieser «Rat» mit seinen eigenen Absichten übereinstimmte.[67] Doch auch hier sah er sich enttäuscht: Mit überwältigender Mehrheit – 223 Stimmen gegen 31 – wurde am 30. Dezember vom Plenum der Bericht jener Kommission gebilligt, die das Studium der einschlägigen diplomatischen Akten leistete, und dessen Veröffentlichung beschlossen.[68] Dieses Vorgehen zielte auf eine weitgehende Entmachtung des Kaisers durch den *Corps législatif*, denn der Kommissionsbericht war ein Misstrauensvotum gegen seine Politik. Darin wurde nämlich zutreffend festgestellt, die Alliierten hätten keineswegs die Absicht, Frankreich zu vernichten, es sei lediglich ihr Ziel, «den Eifer zu dämpfen, den überbordenden Ehrgeiz, der seit zwanzig Jahren allen Völkern Europas zum Schaden gereicht». Deshalb dürfe der Kaiser den Krieg nur unter der Bedingung fortsetzen, «die Unabhängigkeit des französischen Volkes und die Integrität seines Territoriums zu gewährleisten». Um die Opferbereitschaft der Nation zu stimulieren wurde er auch aufgefordert, «alle Gesetze zu erhalten und ihre Anwendung ohne jede Einschränkung zu garantieren, welche die Freiheit, die Sicherheit, das Eigentum sowie die freie Ausübung der politischen Rechte der Nation vorsehen».[69]

So ohnmächtig der *Corps législatif* war, so machtvoll fiel die Symbolik dieser Demonstration aus:[70] Das Bürgertum schickte sich an, jenes Abkommen aufzukündigen, das es am 18. *Brumaire* mit Napoleon geschlossen und das seither die innere Stabilität des Regimes garantiert hatte. Schlagartig wurde jetzt offenbar, dass es nicht die Kriege Napoleons waren, wie von ihm unablässig behauptet wurde, die den entscheidenden Beitrag leisteten, die Revolution zu verteidigen, sondern dass vielmehr im Gegenteil diese Kriege die Ursache für die Katastrophe waren, die jetzt heraufzog. Diese jähe Erkenntnis war das Menetekel der Herrschaft Napoleons, das rücksichtslos unterdrückt werden musste, auch wenn seine Berater ihm dies mit dem Argument auszureden suchten, man könne nicht umhin, die Meinung der Nation zu respektieren, wenn man außerordentliche Opfer von ihr verlange.[71] Das überzeugte Napoleon natürlich nicht. Er verbot die Veröffentlichung des Berichts und suspendierte die Sitzung der Gesetzgebenden Körperschaften am 31. Dezember unter einem fadenscheinigen Vorwand.[72] Das erregte erhebliches Aufsehen, das noch gesteigert wurde, als Napoleon sich beim Neujahrsempfang für die Mitglieder der Gesetzgebenden Körperschaften am 1. Januar 1814 zu einem Wutanfall hinreißen ließ und die Mitglieder jener Kommission lauthals als Verräter und Unruhestifter bezeichnete, während er dem *Corps législatif* insgesamt bescheinigte: «Sie sind nicht die Repräsentanten der Nation; Sie sind lediglich die Deputierten der Départements. Ich allein bin der Repräsentant des Volkes.»[73] Mit diesen Worten erklärte er jenem bürgerlichen Frankreich den Krieg, das ihn bislang klaglos unterstützt hatte. Erneut sah man sich damit vor die Alternative gestellt, die man mit der Unterstützung des napoleonischen Kaisertums überwunden glaubte. Vielen erschien mit einem Mal jetzt eine bourbonische Restauration weit weniger gefährlich – der Prätendent, Louis XVIII, hatte am 1. Februar 1813 feierlich erklärt, er anerkenne die durch die Revolution und die napoleonische Herrschaft bewirkten Vermögensumwälzungen – als der Rückgriff auf jakobinische Herrschaftsmethoden, um mittels einer *levée en masse* und einer ruinösen Steuergesetzgebung das dem *Empire* drohende Verhängnis noch abzuwenden. So konnte sich Napoleon zu Beginn des Jahres 1814 im wesentlichen nur noch auf die Loyalität der Armee und die religiös-schwärmerische Verehrung der unterbürgerlichen Schichten stützen.

Die Geldbeschaffung war das eine große Problem; weitaus schwerer fiel es, noch einmal eine neue Armee aufzustellen. Bereits am 15. August 1813 hatte Napoleon von Dresden aus Cambacérès angewiesen, für die Aushebung von insgesamt 90000 Mann frischer Truppen einen entsprechenden Senatsbeschluss vorzubereiten.[74] Das war nur der Anfang, denn am 27. September erteilte er Kriegsminister Clarke die Weisung, die Einberufung von weiteren 200000 Rekruten vorzubereiten, geschöpft aus dem Reservoir jener, die bislang bei früheren Aushebungen nicht eingezogen worden waren und deren Zahl er insgesamt mit weit über 900000 bezifferte.[75] Nach Leipzig und nach dem Abfall Bayerns erhielt Cambacérès am 25. Oktober 1813 von Napoleon den Auftrag, die Einberufung von 60000–80000 Mann, älter als 22 Jahre, zu prüfen. Außerdem sollten 100000 Wehrdienstverweigerer mit Gewalt eingezogen werden und auch verheiratete Männer nicht mehr vom Kriegsdienst befreit sein.[76] Unmittelbar nach seiner Rückkehr wurden Napoleons Kalkulationen, welche Reserven er noch mobilisieren könnte, immer phantastischer, wie sein Schreiben an Kriegsminister Clarke vom 10. November 1813 zeigt.[77] Am 15. November verabschiedete der willfährige Senat ein Gesetz, um diesen Wünschen zu entsprechen: Aus den Jahrgängen 1788 bis 1794 sollten 300000 Mann ausgehoben werden. Mit anderen Worten: Jetzt wurden auch diejenigen unter die Fahnen gerufen, die entweder verheiratet oder die als Stützen ihrer Familien bislang verschont geblieben waren,[78] ein Ansinnen, dem sich viele durch Fahnenflucht entzogen.[79] Deshalb sah sich Napoleon gezwungen, die Jahrgangsklasse von 1815 einzuberufen, von der er sich 150000 Soldaten versprach, wie er Daru am 25. Dezember 1814 mitteilte.[80] Ein weiterer Behelf war die landesweite Aufstellung von neuen Kohorten der Nationalgarde. Diese Maßnahme erwies sich aber als besonders unpopulär,[81] weil alle wussten, dass diese Truppen, kaum waren sie formiert, den regulären Einheiten zugeschlagen wurden, wie Napoleon Kriegsminister Clarke am 5. Februar 1814 unumwunden eingestanden hatte.[82]

Napoleon plante die Aufstellung einer dritten *Grande Armée* binnen zwei Jahren. Das sollte ihm nicht mehr gelingen. Bis Ende Januar 1814 trafen auf den über das Land verstreuten Sammelplätzen bestenfalls 125000 Rekruten ein. Diese Zahl zeigt den weitgehenden passiven Widerstand, mit dem vor allem die unterbürgerlichen und bäuerlichen Schichten, die die Masse der Rekruten stellten, auf Napoleons «Menschenhunger» reagierten. Frankreich war des Krieges müde. Immer schärfer trat an solchen Vorgängen aber auch ans Licht, wie wahnhaft Napoleon seine eigenen Möglichkeiten überschätzte. Das hatte auch die allzu späte Liquidierung des längst verlorenen spanischen Abenteuers gezeigt.

Spanien, in seinen Augen das faulige Glied seines Empires, das ihn beständig schmerzte, hatte er nicht gewagt zu amputieren. Unter diesem Zaudern wurde es zu einem immer größeren Problem. Aber noch am 9. Februar 1813, als er längst damit begonnen hatte, Truppen aus Spanien abzuziehen, verweigerte er sich dieser Einsicht. Damals sagte er dem österreichischen Botschafter Schwarzenberg: «Wenn ich sie brauchen sollte, werde ich meine Armee aus Spanien zurückbeordern, verständige ich mich mit der Junta, lasse der ihren Ferdinand überstellen und alles wird erledigt sein.»[83] Das wäre in der Tat die richtige Entscheidung gewesen. Erst die Katastrophe von Leipzig veranlasste ihn aber, die spanische Affäre zu liquidieren, die zu diesem Zeitpunkt längst keine politisch zu verwertende Konkursmasse mehr war. Bezeichnenderweise vermied er auch jetzt die direkte Konfrontation mit dem älteren Bruder.[84] Stattdessen bestellte er den Vertrauten Josephs, Roederer, im November 1813 zu sich, um diesem seinen Kummer zu klagen.

«Die Spanier wollen nichts von ihm wissen. Sie halten ihn für völlig unfähig. Sie akzeptieren keinen König, der immer von Frauen umgeben ist, mit denen er Verstecken spielt oder sonstige Kindereien treibt. (...) Ich habe tausende, hunderttausende von Männern geopfert, damit er über Spanien herrscht. Das ist einer meiner Fehler, dass ich meine Brüder für unverzichtbar hielt, meine Dynastie abzusichern. Meine Dynastie kommt ohne sie aus. Sie wird sich in den Stürmen behaupten allein durch die Kraft der Tatsachen. Die Kaiserin (Marie-Louise, J.W.) genügt, um sie zu gewährleisten. Sie hat mehr politischen Verstand als sie alle. (...) Heute würde ich nicht ein Haar daran geben, um lieber Joseph in Spanien zu wissen als Ferdinand (der in Valençay internierte bourbonische Thronprätendent, J.W.). Die Spanier werden durch ihre Interessen immer auf Frankreich angewiesen sein. Ferdinand wird mir auch nicht mehr Probleme machen als König Joseph.»[85]

Um zu dieser Erkenntnis zu gelangen, brauchte Napoleon fast fünf Jahre. Dafür hatte er in der Tat hunderttausende von Soldaten sinnlos geopfert, die beherrschende Stellung Frankreichs in Europa aufs Spiel gesetzt und verloren. Das spanische Abenteuer, nicht der Zug nach Russland, war der Anfang seines Endes, von den ihm im November 1813 nur noch wenige Monate trennten. Was aber mit Joseph anfangen, der seiner Meinung nach, wie er Roederer unumwunden sagte, zu nichts nutze war? Der guten Ordnung halber musste Joseph zunächst von sich aus auf den spanischen Thron verzichten. Napoleon konnte sich ausmalen, dass der sich aber mit aller Kraft dagegen zur Wehr setzen würde, obwohl ihm dieser Thron, den er nie wirklich besessen hatte, unterdessen endgültig abhanden gekommen war. Außerdem war er gewarnt, denn diese realitätsverleugnende Selbstüberschätzung hatte er zuvor bei Louis erlebt, der ihm Anfang Januar 1813 einen Brief geschrieben hatte, in dem er dem kaiserlichen Bruder seine Anteilnahme am Verlust der *Grande Armée* ausgesprochen und ihm in dieser schwierigen Situation Hilfe angeboten hatte.[86] Napoleon hätte es ahnen müssen, aber er antwortete Louis dennoch sofort mit einem für ihn ungewöhnlich emotionalen Schreiben und forderte ihn auf zu kommen, alles sei vergeben und vergessen.[87] Auch *Madame Mère*, die Napoleon als guter Sohn von diesem Briefwechsel unterrichtete, ließ Louis wissen, wie glücklich sie über seine Initiative sei, und bat ihn ebenfalls, nach Paris zurückzukehren. Darauf antwortete Louis:

«Warum, meine liebe Mutter, lassen Sie mich immer dieselben Dinge wissen? Ich kann mich nur in Holland aufhalten, das mir trotz allem seit 1806 Heimat geworden ist. Ich könnte mich allenfalls damit abfinden, wieder Franzose zu werden, sollte mein Bruder Holland meinem Sohn anvertrauen und ich dann wieder einfacher Bürger wäre. Welche Wahl hätte ich sonst? Nach Frankreich kommen, dort der ungetreuen Holländer ansichtig werden und durch meine Gegenwart den Anschein erwecken, als sei ich meinem Bruder noch dankbar für das, was er mir wie meinen Kindern weggenommen hat, den Thron, für den er so viel getan hat, dass ich ihn erhielt? Wenn er nicht zugeben kann oder will, dass ich zur Abdankung gezwungen wurde und weiterhin behauptet, dass ich aus freien Stücken mein Königreich im Stich gelassen habe, könnte er mir nicht dann wenigstens das Zugeständnis machen, dass mein Sohn nicht auf seine Thronansprüche verzichtet hat?»[88]

Auch die weitere Entwicklung vermochte bei Louis keine Sinnesänderung zu bewirken, aber wenigstens hatte er soviel Taktgefühl, Graz zu verlassen, sobald Österreich ins Lager der Alliierten übergewechselt war und seinen Aufenthalt nicht, wie von ihm zeitweilig erwogen, in der Türkei, in Bosnien oder Neapel zu nehmen, sondern in Basel. Am 3. November 1813 tauchte er schließlich in Pont-sur-Seine auf, wo *Madame Mère* residierte. Deshalb schrieb Napoleon am 5. November von Mainz an Cambacérès und wies ihn an, zu verhindern, dass sich Louis in Paris blicken ließe.[89] Louis war dadurch aber keineswegs zu beeindrucken, sondern beharrte uneinsichtig auf seinen «Ansprüchen» auf den holländischen Thron und, nachdem er Pont-sur-Seine den Rücken gekehrt hatte, wandte er sich wieder der Schweiz zu, wo er sich in Solothurn niederließ. Hier erreichte ihn die Mitteilung Napoleons, der unterdessen verständlicherweise jede Nachsicht mit dem Bruder verloren hatte: «Mir ist es entschieden lieber, dass Holland wieder vom Haus Oranien regiert wird als von meinem Bruder. Sollten ihm hunderttausend Mann gegen mich zur Verfügung stehen, kann er versuchen, die Herrschaft wieder an sich zu reißen.»[90]

Napoleon, der zwischenzeitlich dieselbe Plage mit Jérôme hatte, dem das Königreich Westfalen abhanden gekommen war, auf das der Bruder gleichwohl unbeirrt Anspruch erhob,[91] war also gewarnt. Mit Joseph käme es, löste er die leidige spanische Angelegenheit auf, zu ähnlich ärgerlichen Auseinandersetzungen. Das erklärt sein abweisendes Verhalten gegenüber Joseph, der ihm nach der Flucht aus Spanien nicht unter die Augen kommen sollte und auf seinem Besitz Mortefontaine gewissermaßen in Verbannung leben musste. Hoffte Napoleon damit jedoch in Joseph eine realistische Einschätzung seiner Lage zu wecken, sah er sich bitter enttäuscht. Das war ziemlich misslich, denn die Liquidierung des spanischen Abenteuers duldete keinen Aufschub mehr. An jenem 12. November 1813, als er Roederer sein Herz über Joseph ausgeschüttet hatte, ließ Napoleon dem in Valençay internierten bourbonischen Prätendenten auf den spanischen Thron, Ferdinando, Prinz von Asturien, einen Brief zukommen. Darin eröffnete er ihm, dass die gegenwärtigen politischen Umstände ihm eine rasche Regelung der spanischen Angelegenheit nahelegten. Insbesondere wünsche er, England, das nur danach trachte, dort eine Republik (!) zu errichten, an diesem Vorhaben zu hindern, weshalb ihm sehr daran gelegen sei, die freundschaftlichen Beziehungen und die gute Nachbarschaft, die früher zwischen Frankreich und Spanien bestanden, wiederherzustellen.[92]

Nach diesem Brief, der Napoleons endlich gefassten Entschluss bekundete, auf die längst entwundene spanische Beute nun auch formell zu verzichten, vergingen noch einmal vierzehn Tage, ehe er Joseph am 27. November aufforderte, ihn am folgenden Tag im Schutz der Dunkelheit und unter Wahrung aller Diskretion in den Tuilerien zu einem Gespräch aufzusuchen.[93] Laut Miot de Melito, der Joseph begleitete und den dieser anschließend über das mehrstündige Gespräch informierte, eröffnete Napoleon seinem älteren Bruder, er müsse sich angesichts der schwierigen Situation darauf beschränken, die territoriale Integrität Frankreichs durch einen raschen Frieden zu sichern. An eine Fortsetzung der französischen Herrschaft im Ausland sei unter diesen Umständen auf keinen Fall zu denken. Deshalb müsse eben auch auf Spanien verzichtet werden, weshalb er Joseph bitte, seinerseits diesem Thron zu entsagen und sich mit dem Rang eines Prinzen von Frankreich zu bescheiden. Spanien hingegen werde er an Ferdinando geben unter der Bedingung, dieser respektiere die Grenze zu Frankreich. Der Vorteil, den er davon habe, bestehe darin, die Spanienarmee vollständig abziehen und nach Italien werfen zu können.[94]

Das realistische Bild seiner verzweifelten Lage, das Napoleon seinem Bruder im markanten Gegensatz zu seinen ansonsten sehr optimistischen Beurteilungen zeichnete, brachte Joseph jedoch nicht zum Einlenken. Stattdessen beharrte er darauf, ihm gebühre eine Krone, welche auch immer, weshalb jede Anstrengung unternommen werden müsse, ihm diese Genugtuung zu verschaffen, auf die er unabdingbare Rechte habe. Der Brief vom 30. November bewies Napoleon Josephs eitle Verblendung: «Sire, die Überlegungen, die ich unterdessen anstellte, haben mich in meinem ersten Entschluss bestärkt. Die Wiedereinsetzung der Bourbonen in Spanien wird für dieses Land wie für Frankreich die fürchterlichsten Folgen zeitigen. Auf dem spanischen Thron wird Prinz Ferdinand nichts für Frankreich tun können. Im Gegenteil, er wird sich gegen uns wenden (...) Spanien wird, solange die Dynastie Seiner Majestät über Frankreich herrscht, nur durch mich oder einen anderen Prinzen unseres Hauses zu seinem Glück finden. In jedem Fall sähe ich mich aber außer Stande, mich selbst um den einzigen Besitz zu bringen, den ich habe und das sind die Zeugnisse eines makellosen Gewissens und das Bewusstsein meiner eigenen Würde.»[95]

Mit solchen wirklichkeitsfremden Prätentionen konnte sich Napoleon nicht länger aufhalten. Er trieb deshalb die beabsichtigte Lösung der spanischen Frage zügig voran. Am 11. Dezember 1813 wurde in Valençay der Geheimvertrag unterzeichnet, der Ferdinando VII. als König von Spanien einsetzte. Die letzten französischen Truppen sollten sofort das spanische Territorium räumen, während Ferdinand sich dafür einsetzte, dass auch die Engländer umgehend aus Spanien abzögen. Damit war nach langen blutigen Wirren für das spanische Problem eine Lösung gefunden, die eben jener entsprach, die Napoleon ohne alle Not 1808 mit seiner Intrige von Bayonne verhindert hatte.

Joseph jedoch beeindruckte dies alles zunächst nicht. Erst das Erscheinen von *Madame Mère*, die am 27. Dezember 1813 in Mortefontaine eintraf und ihrem Sohn mit Vorhaltungen zusetzte, bewirkte, dass er sich vorsichtig mit der Wirklichkeit vertraut machte, an Napoleon am 29. Dezember schrieb und, allerdings nur sehr verschleiert, seine Bereitschaft zu einem Verzicht auf den spanischen Thron andeutete.[96] Dieses im Ton verstiegene Schreiben war allerdings nicht geeignet, um im *Moniteur* den Thronverzicht Josephs anzukündigen. Eine solche Erklärung konnte Napoleon nach der Unterzeichnung des Vertrags von Valençay auch gleichgültig sein. Gleichwohl musste ihn der indolente Brief über alle Maßen ärgern, denn er antwortete Joseph am 7. Januar 1814 mit einer Bestimmtheit, die weiteren Diskussionen den Boden entzog:

«Ich habe Ihren Brief erhalten. Er ist angesichts der Lage, in der ich mich befinde, viel zu geistreich. Ich will gleich zur Sache kommen. Frankreich ist überfallen, ganz Europa hat seine Waffen gegen Frankreich, vor allem aber gegen mich erhoben. Sie sind nicht mehr König von Spanien. Ihren Thronverzicht brauche ich nicht, denn weder möchte ich noch irgendetwas mit Spanien zu schaffen haben, noch gar darüber verfügen. Ebensowenig bin ich gesonnen, mich in die Angelegenheiten dieses Landes einzumischen, ich wünsche nur, mit ihm in Frieden zu leben und meine dort stationierte Armee zur freien Verfügung zu haben. – Was wollen Sie tun? Wollen Sie sich, wie ein Prinz von Frankreich, den Thron verbindlich machen? Dann versichere ich Sie meiner Freundschaft und Ihrer Apanage, und in Ihrer Eigenschaft als Prinz von Geblüt werden Sie mein Untertan sein. Sie müssen es dann nur so halten wie ich: Sich in Ihre Rolle schicken, mir einen einfachen Brief schreiben, den ich veröffentlichen kann, alle Würdenträger empfangen, sich mit Eifer für mich und den König von Rom einsetzen und ein Freund der Kaiserin während ihrer Regentschaft sein. – Sind Sie dazu nicht in der Lage? Verfügen Sie nicht über genügend gesunden Menschenverstand? Sollte das so sein, dann müssen Sie sich vierzig Meilen von Paris entfernt aufhalten, versteckt in einem Schloss in der Provinz. Dort werden Sie solange in Ruhe leben, wie ich lebe. Man wird Sie aber töten oder in Haft setzen, sobald ich sterbe. Sie werden für mich, für die Familie, für Ihre Töchter, für Frankreich ohne Nutzen sein; aber Sie werden mir auch nicht schaden oder lästig fallen. Entscheiden Sie sich schnell. Sentimentalitäten oder Hass sind unnütz und völlig unangebracht.»[97]

Das war die Alternative, vor die Napoleon seinen Bruder Joseph stellte, der sich aber immer noch dagegen sperrte, das Unvermeidliche zu akzeptieren. Schließlich hatte Miot de Melito die rettende Idee, mit der leidigen Frage die spanischen Minister, die sich in Mortefontaine aufhielten, im Beisein von Joseph zu befassen. Dieser Einfall brachte in den späten Nachtstunden den Durchbruch, denn die Spanier zeigten ihrerseits, wie unhaltbar die Situation sei, die Joseph immer noch mit unnachsichtiger Zähigkeit behauptete. Am nächsten Morgen, am 7. Januar 1814, schrieb er endlich den Brief, mit dem er sich den Wünschen seines Bruders fügte. Voll falschen Stolzes ließ er Napoleon u.a. wissen: «Gestatten Sie mir, Sire, als Erster unter den Prinzen Frankreichs und in dieser Eigenschaft der Erste Ihrer Untertanen die Bitte, das Angebot meines Armes und meiner Ratschläge anzunehmen. Wie auch immer Sie befehlen, diese zu gebrauchen, schätzte ich mich glücklich, dazu beizutragen, diesem Frankreich, dem ich alles verdanke (!), die Ruhe und das Glück zu verschaffen, derer ganz Europa bedarf.»[98] In der strengen Hofetikette, so wurde es von Napoleon verfügt, führte Joseph künftig den Titel *roi Joseph*. Außerdem, als Zeichen seiner brüderlichen Versöhnung, gestattete er ihm, die Uniform der Gardegrenadiere zu tragen, die nämliche, in die sich auch Napoleon immer kleidete. Wenig später ernannte Napoleon seinen, wie ihm bestens bekannt, in militärischen Belangen ahnungslosen Bruder zum Generalgouverneur von Paris, das heißt zum militärischen Oberbefehlshaber der Stadt, der diese in Abwesenheit des Kaisers verteidigen sollte. Zum letzten Mal entschied Napoleon fatalerweise wider besseres Wissen und nur der Raison des Familien-Clans zuliebe. Damit jedoch beförderte er Joseph endgültig auf jenen Gipfel der Inkompetenz, von dem aus dieser dazu beitrug, Napoleon um die Macht zu bringen.

Die Auseinandersetzung mit den Brüdern war für Napoleon ein lästiger, aber unvermeidlicher Nebenkriegsschauplatz, für den er sich selber die Hauptverantwortung zurechnen musste, denn er hatte es stets geduldet, dass sie sich wie Kletten an ihn klammerten und auf ihrem Anteil an Macht, Ruhm und Reichtum beharrten, von dem sie seit je behaupteten, er stünde ihnen qua Geburt zu. Auch wenn er sich darüber gelegentlich lustig machte, suchte Napoleon damit zweifellos die dynastische Fiktion nach Kräften zu befördern, die aus den Bonaparte ein Geschlecht von Weltbeherrschern machte. Damit nicht genug, unterließ er von Anfang seiner steilen Karriere an nichts, die Angehörigen und selbst die angeheirateten Verwandten in dem Wahn zu bestärken, sie seien zu Macht und Herrschaft berufen, verfügten wie er in reichem Maß über herrscherliche Fähigkeiten. Bezeichnenderweise war Lucien, mit dem er früh gebrochen hatte, der Einzige, der ihm wirklich nutzte. Joseph jedoch, den Napoleon stets durch reichlich gespendete Linsengerichte für die «Enteignung» seiner Rechte eines Erstgeborenen zu entschädigen suchte, konnte in seinen Augen nur eine Fehlbesetzung sein. Für Louis erwies sich die holländische Königswürde als rechtes Danaergeschenk, ließ Napoleon doch keine Gelegenheit aus, ihn wie einen Lakaien zu schurigeln und mit verletzendem Tadel so ausgiebig zu quälen, bis dieser entnervt den Bettel hinwarf, um seiner Absetzung durch Flucht zuvorzukommen. Jérôme schließlich hatte das klassische Schicksal des verwöhnten «Nesthäkchens». Das ruinierte ihn, noch bevor er seine Persönlichkeit entfalten konnte. So wurde er ein rechter Tunichtgut, der nicht so sehr wegen seiner Ausschweifungen als vielmehr der Befriedigung von Napoleons unstillbarem Hunger nach Gut und Blut wegen das Königreich Westfalen zu Grunde richtete. Das alles zeigt einen tiefen Widerspruch in Napoleons Wesen. Einerseits sah er sich den korsischen Familiengesetzen verpflichtet, die ihn dazu zwangen, seinen Angehörigen wichtige Posten innerhalb des Familienunternehmens zuzuschanzen. Andererseits war er vom Bewusstsein seiner Einzigartigkeit, von Parvenustolz derart durchdrungen, dass er alles, Ruhm, Ehre, Erfolg, mit geradezu kindlichem Egoismus nur für sich beanspruchte und deshalb jeden, der ihm darin zu nahe zu kommen schien, mit einer sich bis zum blanken Hass steigernden Abneigung verfolgte.

Im Januar 1814 sah er sich einem Angriff der alliierten Armeen gegenüber, die gleichzeitig von Norden, Osten und Süden auf die französischen Grenzen vorstießen. Dieser Bedrohung suchte Napoleon durch erneute Rüstungsanstrengungen zu begegnen, die die miserable wirtschaftliche Situation des Landes belasteten und die in allen Schichten verbreitete Kriegsmüdigkeit völlig außer acht ließen. Die Nation zu einer letzten Anstrengung, zu einer «levée en masse» zu bewegen, in der noch einmal das Feuer revolutionärer Begeisterung aufflammte und mit der in ähnlich aussichtsloser Lage wie 1792 das Wunder gelang, die Feinde zurückzuschlagen – diesen Traum träumte Napoleon. Doch dieses Wunder konnte nicht gelingen. Die Ursachen für Napoleons Erfolg wie für seinen Untergang waren seltsamerweise die gleichen: er hatte kein politisches Konzept, das über den Tag hinauswies. Seine Erfolge waren identisch mit dauernder Expansion, die militärisch bewerkstelligt, aber nie politisch abgesichert wurde. Der *Grand Empire* blieb immer ein amorpher Koloss, dessen einzelne Bestandteile in Abhängigkeit zum Machtzentrum standen. Den größten gemeinsamen Nenner für den *Grand Empire* definierte nichts sonst als die Optimierung der Ausbeutungsinteressen. Das funktionierte, solange er die Macht besaß, sie allein garantierte den Zusammenhalt. Damit war es vorbei. Sein Untergang war jetzt unvermeidlich geworden.

Nach wie vor vertraute er darauf, die Zerstrittenheit der Alliierten wegen ihrer Kriegsziele militärisch nutzen zu können. Ein wesentlicher Faktor seiner Rechnung war, dass die Alliierten am Rhein innehielten und den Strom auf keinen Fall noch während der Wintermonate überschreiten würden. Das gönnte ihm eine Verschnaufpause, um seine Rüstungen weiter voranzutreiben, die erst im Oktober und November einberufenen Rekruten einzukleiden, zu bewaffnen und wenigstens notdürftig auszubilden. Glückte dies, wären die Kräfteverhältnisse annähernd ausgeglichen, ja, Napoleon konnte sich sogar überlegen fühlen, da eine Reihe von strategischen Dispositionen ihn bevorzugten: Er behauptete bei allen Operationen, die auf eigenem und ihm vertrauten Territorium stattfänden, immer den Vorteil der inneren Linie, während die Alliierten, je weiter sie in Frankreich und nach Paris vordrangen, zunehmend den Nachteil verlängerter Nachschub- und Kommunikationslinien zu spüren bekämen. Diese ließen sich leicht stören, zumal Napoleon die Möglichkeit eines Guerillakriegs erwog, dessen furchtbare Effizienz er in Spanien und Russland erlebt hatte.

Der Plan hatte viel für sich, doch die Verbündeten durchkreuzten ihn auf zweierlei Weise. Zum einen überraschten sie ihn damit, dass sie noch Ende des Jahres 1813 den Rhein im Norden, in der Mitte und im Süden mit drei Armeen überschritten, die sich im Raum von Paris vereinigen sollten. Zum anderen hatte Metternich, wie er in seinen Memoiren mittelbar eingesteht, seine Lehren aus Napoleons erfolgreicher Propaganda gezogen: «Ich schlug in erster Linie vor, im Namen der verbündeten Monarchen ein Manifest an das französische Volk zu erlassen, um die Nation über die Beweggründe und die Ziele der Invasion aufzuklären. – Gründlicher Kenner des öffentlichen Geistes in Frankreich, war ich überzeugt, dass, um ihn nicht zu verbittern, vielmehr ihm einen Köder zu bieten, der allgemein aufgegriffen würde, man gut tun werde, der nationalen Eigenliebe zu schmeicheln und in dem Aufrufe von dem Rhein, den Alpen und den Pyrenäen als den natürlichen Grenzen Frankreichs zu sprechen. In der Absicht, Napoleon noch mehr von der Nation zu trennen und zugleich auf den Geist der Armee zu wirken, schlug ich ferner vor, an die Idee der natürlichen Grenzen das Anerbieten einer unmittelbaren Unterhandlung zu knüpfen.»[99]

Dieser Aufruf war das berühmte Frankfurter Manifest, das die Alliierten am 1. Dezember 1813 veröffentlichten und das im wesentlichen jene Vorschläge für einen möglichen Friedensschluss bekannt machte, die Napoleon bereits Mitte November übermittelt worden waren.[100] Dieses Manifest hatte in der Tat, wie die Vorgänge im *Corps législatif* von Ende Dezember 1813 zeigten, die von Metternich prognostizierte Wirkung auf die öffentliche Meinung in Frankreich,[101] auf die Napoleon dadurch Rücksicht zu nehmen suchte, dass er den für eine Fortsetzung des Krieges eintretenden Außenminister Maret durch den dem Frieden zugeneigten Caulaincourt ersetzte. Allerdings zögerte Napoleon eine Antwort auf die Vorschläge zunächst hinaus und erklärte dann in seiner Entgegnung vom 2. Dezember, diese als Verhandlungsgrundlage anzuerkennen, obwohl sie «Frankreich schmerzliche Zugeständnisse abverlangten». Zu diesen würde man sich aber verstehen, «wenn England sich zu den entsprechenden Opfern bereit fände».[102] In dieser Antwort schimmerte allzu deutlich Napoleons Absicht durch, die Alliierten zu spalten. Das musste auch Metternich sofort erkennen, der jene Vorschläge nur mit dem russischen Außenminister Nesselrode, aber weder mit England noch Preußen abgeklärt hatte, was beide Mächte verstimmte. Deshalb reagierte er in seiner Antwort vom 10. Dezember 1813 ausweichend, indem er lediglich versicherte, das Schreiben Caulaincourts vom 2. Dezember werde den verbündeten Majestäten zur Kenntnis gebracht,[103] womit der diplomatischen Praxis gemäß angedeutet wurde, die Vorschläge seien nicht mehr unbedingt aktuell.

Die ganze Angelegenheit hatte längst nicht die Bedeutung, die ihr Pasquier oder Napoleon sehr freundlich gesonnene französische Historiker wie Sorel und Driault zuschreiben, zumal Napoleon immer wieder auf jene Vorschläge rekurrierte. Tatsächlich liefert die Affäre lediglich eine Momentaufnahme der tiefen Uneinigkeit der Alliierten zu diesem Zeitpunkt. Es spricht sehr viel für die Vermutung, dass Metternich die Friedensvorschläge, die er zunächst Napoleon übermitteln ließ, durchaus ernsthaft gemeint hatte, zumal sich die Alliierten über ihr weiteres Vorgehen anfänglich keineswegs sicher waren. Vor allem scheuten sie vor einer Invasion Frankreichs zurück, weil sie glaubten, dort einen neuen revolutionären Elan zu entfachen. Erst als sie immer deutlichere Anzeichen dafür hatten, dass sich das Regime nicht mehr auf die Unterstützung der öffentlichen Meinung verlassen konnte, fassten sie den Entschluss, den Rhein zu überschreiten. Erst im zeitlichen wie kausalen Zusammenhang damit wurde das Frankfurter Manifest zu einem Propagandamanöver. Das änderte aber gleichwohl nichts daran, dass die Alliierten in ihren Kriegszielen nach wie vor uneins waren. Im Gegensatz zu England, das die französische Herrschaft in Holland und Belgien auf jeden Fall beseitigt sehen wollte, und Preußen, das auf einen Rache- und Vernichtungsfeldzug gegen das napoleonische Frankreich brannte, waren Österreich und Russland vor allem an einer raschen Beendigung des Krieges interessiert. Österreich deshalb, weil seine europäische Gleichgewichtspolitik auf ein starkes Frankreich reflektierte, das vor allem den Einfluss Russlands in Mitteleuropa begrenzen sollte, während der Zar im Augenblick seine Kriegsziele bereits weitgehend erfüllt sah.

In dieser Phase unterlief Napoleon der entscheidende Fehler, die Differenzen im Lager der Alliierten nicht sofort und entschlossen auszunutzen und sie durch Österreich und Russland genehme Gegenvorschläge auszuweiten. Sein über zwei Wochen währendes Schweigen zwang Metternich, den Erfolg aller Anstrengungen in erster Linie von der Einigkeit der Verbündeten in ihren Kriegszielen abhängig zu machen. Damit fiel Napoleon als stiller Partner in seinem Plan einer europäischen Friedensordnung aus, zumal er auch in den folgenden Monaten nichts tat, erneut Anspruch auf diese Rolle zu machen. Im Gegenteil: Durch eine Serie eindrucksvoller Siege, die er vor allem über Blücher im Februar erfocht, wuchs Napoleons Zuversicht wieder derart, dass er allen Ernstes glaubte, es könne ihm noch einmal gelingen, über die Koalition seiner Gegner und damit über die Gesetze der Wahrscheinlichkeit zu triumphieren. Tatsächlich fand Napoleon in diesen Kämpfen wieder zur taktischen Brillanz seiner italienischen Feldzüge zurück. Eine entscheidende Bedingung seiner überlegenen Meisterschaft zeigte sich daran, dass er mit relativ kleinen Armeen von 20000 bis 30000 Mann, die sich hochbeweglich und rasch führen ließen, am besten operieren konnte. Kombiniert mit seiner besseren Geländekenntnis sowie der zügigen Ausnutzung aller taktischen Fehler des Gegners, glückte ihm eine Serie von Siegen, die seine Kräfte kaum beanspruchten, während sie vor allem Blücher herbe Verluste bescherten. Es sah mithin ab Mitte Februar 1814 und während des März so aus, als könnte Napoleon trotz seiner numerischen Unterlegenheit – er hatte für diese hochbewegliche Kriegführung lediglich die rund 70000 Mann kampferprobter Kader zur Verfügung, die aus den Resten der *Grande Armée* bestanden, sowie etwa noch einmal dieselbe Anzahl an unerfahrenen Rekruten, während die Alliierten über wenigstens 250000 Mann geboten, die durch Verstärkungen laufend vermehrt wurden – die Gegner wie 1792 zum Rückzug zwingen. Die hochriskante Strategie des Italienfeldzugs von 1796, an die er jetzt wieder erfolgreich anzuknüpfen schien, war im Februar 1814 eindrucksvoll – aber erfolglos, denn alle seine Waffenerfolge waren lediglich vorläufiger Natur, konnten sie doch nichts an dem höchst unterschiedlichen Stärkeverhältnis ändern, das Napoleon als den von vorneherein Unterlegenen auswies. (Siehe Karte 19)

Aber selbst dieser Einsicht verweigerte sich Napoleon, war er doch wieder davon überzeugt, sein altes Glück gefunden zu haben. Auch trat erneut bei ihm der Mangel an einem politischen Konzept zutage. Napoleon war außer Stande, konsistente politische Vorschläge zu formulieren, die es allenfalls vermocht hätten, diese Siege zu nutzen und einen Keil zwischen die Alliierten zu treiben. Mit jedem Erfolg erwiesen sich die Friedensbeteuerungen immer deutlicher als bloße Lippenbekenntnisse, die nur propagandistische Ziele verfolgten. Zweierlei fiel an ihnen auf: Diese Vorschläge stellten zum einen nie ein dauerhaftes Friedenssystem innerhalb einer europäischen Neuordnung in Aussicht. Das weckte bei den Verbündeten sofort den Verdacht, Napoleon strebe nur einen Frieden an, der ihm die Voraussetzung verschaffte, einen neuen Krieg mit den alten expansiven Zielen zu beginnen. Zum anderen hingen jene Vorschläge allzu offensichtlich vom Konjunkturverlauf seiner militärischen Erfolge ab und bestätigten damit die Vermutung, Napoleon rede zwar von Frieden, um die eigene Öffentlichkeit zu beruhigen, meine tatsächlich aber nur einen Waffenstillstand. In den Instruktionen an Caulaincourt für Friedensverhandlungen mit den Alliierten vom 4. Januar 1814 forderte Napoleon erhebliche Teile Italiens für Frankreich.[104] Sieht man von der Weltfremdheit dieser Bedingungen ab, mit denen er nur seinen eigenen Ruhm und Ruf zu behaupten suchte, sticht einmal mehr ins Auge, wie sehr ihm auch jetzt noch die Herrschaftsinteressen seiner Familienangehörigen am Herzen lagen, hinter deren Verteidigung er seinen eigenen Machtanspruch verbarg. Deshalb klammerte er sich an die Fiktion, Joseph, Jérôme und Elisa seien legitime Herrscher, die ganz im Stil des 18. Jahrhunderts für die Verluste ihrer Territorien entschädigt werden müssten! Außerdem reklamierte er noch Mainz und Antwerpen für Frankreich, was, wie er sich unschwer ausmalen konnte, sofort auf den erbitterten Widerstand Englands und Preußens stoßen musste. Dem Angebot eines sofortigen Waffenstillstands, das Napoleon am 16. Januar 1814 an Metternich richtete, kann man hingegen entnehmen, dass er sich mit den natürlichen Grenzen Frankreichs bescheiden wollte.[105]

Zu Beginn des Kongresses von Châtillon, zu dem Caulaincourt als Außenminister wie als Bevollmächtigter entsandt worden war, nahm Napoleon wieder eine andere Haltung ein. In einem Schreiben vom 4. Februar forderte Caulaincourt neue Vollmachten, die er gegenüber dem engsten Berater Napoleons, Maret, mit den Argumenten begründete: «Es ist keine Zeit mehr für Illusionen. Der Feind verfügt über immense Mittel und Kräfte. Sollte der Kaiser so zahlreiche Truppen besitzen, dass sein Genie diese auch zum Sieg führt, dann muss man sicherlich nichts von unseren natürlichen Grenzen abtreten! Sollte uns aber das Glück so weit verlassen haben, dass wir im Augenblick nicht über die erforderlichen Truppen verfügen, müssen wir der Not gehorchen und preisgeben, was wir nicht verteidigen und was wir mit unserem Mut auch nicht wieder zurückerobern können. Verlangen Sie deshalb von Ihrer Majestät eine präzise Entscheidung. In einer Frage von dieser Wichtigkeit braucht es Bestimmtheit. Meine Hände dürfen mir nicht in irgendeiner Weise gebunden sein.»[106] Caulaincourt, der wie Napoleon ganz unter dem Eindruck der Anfang Februar erlittenen empfindlichen Niederlage bei La Rothière stand, erhielt jetzt volle Handlungsfreiheit, einen Frieden unter allen Bedingungen zu schließen.[107] Kaum schien Napoleon das Kriegsglück wieder hold zu sein – am 10. Februar besiegte er Blücher bei Champaubert, am 11. bei Montmirail und am 14. bei Vauchamp sowie die Österreicher unter Schwarzenberg am 17. und 18. Februar bei Montereau –, wurden Caulaincourt diese Vollmachten wieder entzogen, und Napoleon versteifte sich erneut darauf, einen Frieden nur unter der Bedingung einer Anerkennung der «natürlichen» Grenzen Frankreichs und der Überlassung weiter Teile Italiens zu schließen.[108] Seine wahre Haltung ließ er Joseph bereits am 18. Februar wissen: «Bevor ich meine Operationen begann, machte ich den Alliierten das Angebot, dass ich sofort bereit sei, auf Grundlage der alten Grenzen wie dass sie mit ihrem weiteren Vorrücken sofort aufhörten, den Frieden zu unterzeichnen. (...) Dieses Angebot wurde von ihnen aber ausgeschlagen, und mittlerweile hat sich das Schlachtenglück verändert und alles ist damit wieder vom Ausgang eines ganz normalen Kriegsverlaufs abhängig, bei dem eine einzige Schlacht nicht mehr für die Bedrohung meiner Hauptstadt entscheidend ist, sondern vielmehr alle Aussichten für mich sprechen. Daher sehe ich mich im Interesse des Empire wie auch meines Ruhms dazu gezwungen, einen echten Frieden auszuhandeln. – Hätte ich auf Grundlage der Bedingung der alten Grenzen diesen abgeschlossen, hätte ich binnen zwei Jahren wieder zu den Waffen greifen müssen und ich hätte der Nation gegenüber dies damit gerechtfertigt, dass dies kein Frieden gewesen sei, den ich unterzeichnet hatte, sondern eine Kapitulation. Das vermag ich aber erst jetzt einzugestehen, nachdem gänzlich neue Umstände eingetreten sind, denn das Glück hat sich wieder meiner besonnen und ich bin erneut frei, meine Bedingungen zu formulieren.»[109]

Das war Napoleons ehrliche Haltung. Seine neue Position verschleierte er den Alliierten gegenüber, indem er Franz I. am 21. Februar nur zu verstehen gab, er wolle allein auf Grundlage der von ihnen in Frankfurt gemachten Vorschläge verhandeln.[110] Mit diesem Schreiben bezog er eine Position, an der er bis Mitte März festhielt. Er überschätzte also seine Erfolge, die keineswegs Vernichtungssiege waren – sowohl Blücher wie Schwarzenberg konnten sich jeweils seinem Zugriff entziehen –, bei weitem. Außerdem erkannte er nicht, dass diese Siegesserie die Differenzen der Alliierten nicht vertiefte, sondern diese im Gegenteil zwang, ihren Zusammenhalt zu verstärken und ihre militärischen Operationen besser zu koordinieren. Das beschwor dann Ende März schnell die Wende herauf. Bis zum Schluss klammerte sich Napoleon an den Besitz von Antwerpen, an die Schelde als Frankreichs Nordgrenze und an die weitere Herrschaft seiner Dynastie, die Marie-Louise namens des Königs von Rom ausüben sollte. Insgeheim verfolgte er damit nur die Absicht, sich die alte Macht wieder anzueignen und mit neuem Waffenglück seine Herrschaft über Europa zurück zu erobern.

Napoleon verband mit diesen Winkelzügen nur noch eine Obsession, ein monomanisches Machtstreben, das er gegen alle Tatsachen und Widerstände durchsetzen wollte. Stendhal, alles andere als ein Gegner Napoleons, besaß dennoch die intellektuelle Unabhängigkeit, den grundsätzlichen Fehler seines Idols zu durchschauen. In der ersten Fassung des Berichts seines Italienaufenthalts von 1811, den er 1817 niederschrieb, konstatierte er: «Was mich anbelangt, so bin ich davon überzeugt, dass Bonaparte über keinerlei politisches Talent verfügte; andernfalls hätte er nicht nur in Italien eine freiheitliche Verfassung gestiftet, sondern überall, und statt der illegitimen Könige wie auch er einer war, hätte er diese aus den jeweils herrschenden Familien ausgesucht. Auf längere Sicht hätten ihn die Völker für diese große Wohltat bewundert. Unter der Erwartung jedoch, dass diese ihrer wirklich inne würden, hätte sich deren Kraft darin erschöpft, eine vollständige Freiheit zu erlangen, statt dass sie in Frankreich eingedrungen wären.»[111] Am Ende steht Napoleon so da, wie er begonnen hatte: als Hasardeur.

SECHSTES KAPITEL

Waterloo

Napoleons militärische Erfolge gegen Schwarzenberg und Blücher waren ein letztes Aufbäumen. Keine dieser für die Alliierten verlustreichen Schlachten verunsicherte sie jedoch in ihrem Vorsatz, das napoleonische Regime zu beseitigen oder veranlasste einen von ihnen dazu, aus der Koalition auszuscheren. Allein Napoleon gab sich dieser Illusion hin. Das zeigt die Verbohrtheit, mit der er einen Frieden nur zu Bedingungen schließen wollte, die von den Verbündeten längst nicht mehr akzeptiert wurden. Seine Absichten bestärkten sie sogar darin, das Misstrauen, das sie gegeneinander hegten, endlich zu überwinden. Besiegelt wurde diese Entwicklung mit dem Vertrag von Chaumont Anfang März 1814.[1] Sie verpflichteten sich darin wechselseitig, mit Napoleon unter keinen Umständen in separate Friedensverhandlungen einzutreten, vielmehr den Krieg so lange fortzusetzen, bis Frankreich wieder auf seine alten Grenzen zurückgeworfen war. Diese Entschlossenheit honorierte England damit, dass es den drei Kontinentalmächten jährliche Subsidien zusagte.[2]

Trotz seiner bestimmten Abreden war aber auch der Vertrag von Chaumont lediglich eine Absichtserklärung, deren pünktliche Befolgung vom weiteren Verlauf des Feldzugs abhing. Entscheidend waren vor allem Blüchers Operationen, der unbeeindruckt von seinen Niederlagen neuerlich die Offensive ergriff – für Napoleon eine böse Überraschung, denn er wollte sich als Nächstes der österreichischen Armee unter Schwarzenberg zuwenden. Dieses Vorhaben musste er nun fürs erste aufgeben. Kriegsminister Clarke wurde dafür am 26. Februar 1814 die Verantwortung zugeschoben: «Hätte ich nur über zehn Brückenpontons verfügt, wäre der Krieg beendet und die Armee Schwarzenbergs vernichtet; ich hätte ihm acht- bis zehntausend Wagen sowie seine ganze Armee abgenommen. Aber, da es mir an Schiffen fehlte, konnte ich die Seine nicht dort überqueren, wo es notwendig und opportun gewesen wäre. Es ist lächerlich, wenn man mir mitteilt, dass in Paris nicht die notwendigen Schiffe vorhanden seien, um eine Brücke über den Oberlauf der Seine zu schlagen. Mir fehlte es nicht an fünfzig Booten, sondern lediglich an zwanzig. Dank der Maßnahmen, die von Ihnen ergriffen wurden, wäre der Krieg beendet gewesen, sobald die Schiffe anlangten, vorausgesetzt jedoch, man hätte sie unmittelbar nach Eintreffen meines Schreibens abgehen lassen. Das alles ist nichts als Unfähigkeit».[3] Vermutlich hätten die zwanzig Schiffe, die Napoleon so schmerzlich vermisste, weder den Lauf der Geschichte verändert, noch ihn davon abgehalten, seine Pläne zu ändern. Blüchers überraschendes Auftauchen zwang ihn, sich ihm erneut entgegenzuwerfen. Der preußische Oberbefehlshaber aber war klug genug, sich dem Zugriff nach Norden bis hinter die Marne zu entziehen.

Blüchers Zurückweichen inspirierte Napoleon zu einem neuen, kühnen Plan: Ließe jener sich nur weit genug nach Nordosten abdrängen, so müsste es gelingen, die alliierte Hauptarmee unter Schwarzenberg im Rücken zu bedrohen, indem man die in den Festungen von Metz, Toul und Verdun liegenden französischen Besatzungen, die von den Verbündeten einfach umgangen worden waren, als Verstärkungen an sich zog. Am 7. März 1814 stellte sich Blücher bei Craonne Napoleon, der ihn nach einer der blutigsten Schlachten der Kampagne zwang, nach Laon zurückzuweichen. Hier schlug Blücher zwei Tage später alle Angriffe der Franzosen zurück, die danach auf Soissons zurückfielen. Obwohl Napoleons Absicht, Blücher zu vernichten, endgültig gescheitert war, hielt er dennoch an seinem Plan fest, Schwarzenberg in den Rücken zu fallen, der Anfang März im Raum von Troyes stand. Das jedenfalls schrieb Napoleon am 17. März an Joseph.[4] Während Mortier und Marmont mit zahlenmäßig weit unterlegenen Kräften Blücher binden sollten, erschien Napoleon am 20. März im Raum Arcis-sur-Aube. Er spielte damit seine letzte Karte aus. Sie stach nicht mehr, denn die Alliierten hatten unterdessen Aufschluss über seine Pläne erhalten. Zwei Entwicklungen brachten jetzt die entscheidende Wende: Blücher, von Marmont und Mortier unbehelligt, nahm seinen Vormarsch wieder auf und stieß mit seiner Vorhut am 23. März zwischen Chalons-sur-Marne und Arcis-sur-Aube auf Schwarzenbergs Reiterei. Diese Vereinigung der Schlesischen Armee mit der alliierten Hauptstreitmacht hatte Napoleon unter allen Umständen verhindern wollen. Am selben Tag fiel den Alliierten ein Brief des Generalstabchefs Berthier an Marschall Macdonald in die Hände, aus dem hervorging, dass Napoleon zwischen Vitry und St. Dizier im Rücken von Schwarzenbergs Armee stehe und seine Kavallerie bereits Joinville erreicht habe. Gleichzeitig einlaufende Nachrichten über die in Paris herrschende verzweifelte Stimmung in der Bevölkerung gaben den Anlass für den kriegsentscheidenden Entschluss der Alliierten, geradewegs auf die Hauptstadt vorzurücken.

Trotz gegenteiliger Anweisungen Napoleons hatte Joseph alles unterlassen, Paris für eine aussichtsreiche Verteidigung zu befestigen. Allein die Tatsache, dass er und Jérôme auf dem Montmartre ihr Hauptquartier aufgeschlagen hatten, um am Fuß dieser Anhöhe dem Feind entgegenzutreten, spricht für sich. Angesichts der hohen Überlegenheit der Alliierten an Truppen und Material hatte Napoleon jetzt nur noch die Wahl zwischen zwei strategisch gleichermaßen verzweifelten Optionen: Entweder die Truppen vor Paris zu konzentrieren, oder, wofür er sich letztlich entschied, im Rücken der Alliierten zu operieren, ihre Nachschublinien abzuschneiden und sie so zu zwingen, ihren Vorstoß auf Paris abzubrechen.[5] Die Angst vor der eigenen Courage, die die Alliierten erneut packte, konnte Zar Alexander überwinden, der sich gegen Schwarzenbergs Bedenken durchsetzte.[6] Napoleon selbst war von seiner Operation wenig überzeugt, wie er Joseph am 16. März 1814 wissen ließ: «Entsprechend meiner mündlichen Instruktionen, die ich Ihnen gegeben habe, wie in Übereinstimmung mit dem Tenor aller meiner Briefe, dürfen Sie es unter keinen Umständen geschehen lassen, dass die Kaiserin und der König von Rom in die Hände des Feindes fallen. Möglicherweise werden Sie wegen der Operationen, die ich einleite, für mehrere Tage keine weiteren Nachrichten mehr von mir empfangen. Sollte der Feind unterdessen mit Kräften auf Paris vordringen, die jeden Widerstand unmöglich machen, dann sorgen Sie dafür, dass die Regentin, mein Sohn, die Großwürdenträger, die Minister, die wichtigsten Hofbeamten, der Baron La Bouillerie (der Verwalter von Napoleons *Domaine extraordinaire*, J.W.) sowie der Kronschatz zur Loire geschafft werden. Weichen Sie nicht von der Seite meines Sohnes und seien Sie stets dessen eingedenk, dass ich ihn lieber in der Seine ertrinken sähe, als ihn in den Händen der Feinde Frankreichs zu wissen. Das Schicksal des Astyanax (der Sohn des Trojaners Hektor und der Andromache, J.W.), der von den Griechen gefangen genommen wurde, galt mir seit je als das unglücklichste Los der Geschichte».[7]

Schon zwölf Tage später, am 25. März, begannen die Alliierten mit ihrer Offensive auf Paris. Blüchers und Schwarzenbergs Armeen rückten auf zwei parallelen Straßen von Châlons-sur-Marne und Vitry auf die französische Hauptstadt vor. Marmont und Mortier, die sich ihnen in den Weg stellten, wurden bei La Fère-Champenoise von Schwarzenbergs erdrückender Übermacht verlustreich geschlagen. Ein Regentschaftsrat, der am Abend des 28. März in den Tuilerien zusammentrat, beschloss die Abreise der Kaiserin und des Königs von Rom für den nächsten Tag.[8]

Napoleon, der, im Raum von St. Dizier operierend, sich vier Tage lang in der falschen Gewissheit eines alliierten Rückzugs wiegte, erfuhr erst in den Abendstunden des 27. März vom Vorstoß der Armeen Blüchers und Schwarzenbergs auf Paris.[9] Jetzt musste er sich ebenfalls dorthin wenden. Als er am Abend des 30. März gegen 11 Uhr an der Poststation *La Cour de France* von Fromenteau eintraf, erreichte ihn die Nachricht von der Kapitulation der Hauptstadt. Damit ebbte die revolutionäre Springflut, die im Juli 1789 von hier losbrach und ganz Europa bis an die fernsten Grenzen überschwemmte, wieder an ihren Ausgang zurück. Diese Flut hatte Napoleon lange getragen, so lange, bis er dem Irrtum verfiel, sie in seinem Sinne lenken zu können. Aber auch für ihn galt: Unda fert, nec regitur. Jetzt versickerte diese Flut mit einem Mal, und der sich ihr anvertraut hatte, bis zuletzt davon überzeugt, sie seinem Willen gefügig machen zu können, saß buchstäblich auf dem Trockenen. Der Traum des *Grand Empire* war endgültig ausgeträumt, und die *Cour de France* entpuppte sich als die schäbige Kulisse einer elenden Poststation vor den Toren von Paris.

Wenn schon das Scheitern unvermeidlich war, wie selbst Napoleon jetzt einsehen musste, dann galt es, das Stück wenigstens vor dem Schaden eines lächerlichen, unheroischen und allzu zufälligen Schlussakts zu retten. Auch darauf verstand sich Napoleon. Keinesfalls durften nämlich Umstände den Helden zu Fall bringen, weil er sie womöglich nicht rechtzeitig erkannt oder unzutreffend eingeschätzt hatte. Erst recht galt dies für das Eingeständnis eigener Fehler, die sich zum tragischen Verhängnis schürzten. Dramaturgisch plausibel konnte deshalb nur das unvorhersehbar Böse schlechthin sein, der Verrat: Alle hatten sie ihn verraten, um ihre eigene Haut, ihre lächerliche Existenz zu retten. Das traf zumal auf Joseph zu, der sein Versagen, Paris zu verteidigen, mit hilflosen Ausreden zu rechtfertigen suchte. Als Napoleon davon erfuhr, hatte er sofort seinen Text parat, dessen Echo bis heute in allen Erzählungen dieses Geschehens nachhallt: «*Welche feige Niedertracht ... Kapitulieren! ... Joseph hat alles verdorben ... Vier Stunden zu spät! ... Wäre ich nur vier Stunden früher angelangt, alles wäre gerettet worden*, wiederholte er mit schmerzerfüllter Stimme. Dann, nachdem er all seine Kraft gesammelt hatte: *Vier Stunden haben alles ins Verderben gestürzt; binnen kurzem können der Mut, die Hingabe meiner guten Pariser alles retten. Mein Wagen, Caulaincourt! Fahren wir nach Paris. Ich werde mich an die Spitze der Nationalgarde und der Truppen stellen. Wir werden die Sache schon regeln ... General Belliard, geben Sie den Truppen Befehl, umzukehren.*»[10] Einmal waren es zehn Brückenpontons oder zwanzig Kähne, an denen es fehlte, jetzt war es eine Verspätung um lächerliche vier Stunden, die der Feigheit und dem Verrat die Chance verschafften, den Lauf der Geschichte zu beeinflussen.

Paris mochte kapitulieren, nicht so Napoleon. Nachdem seine Entourage ihn von der Sinnlosigkeit seines Erscheinens in der Hauptstadt überzeugt hatte, flüchtete er sich in den Einfall, gerade die vermeintliche Aussichtslosigkeit seiner Situation ermögliche ihm, aus ihr neue Siegeszuversicht zu schöpfen, wie er Caulaincourt weismachen wollte: «*Zweifellos wird sich noch alles retten lassen, und selbst diese schändliche Kapitulation wird dafür noch von Nutzen sein*, sagte er mir, *sobald ich meine Truppen zur Hand habe, um schon morgen den Feind anzugreifen, der im Rausch seines Erfolgs und seines Einzugs in Paris schwelgt, allein, ich werde drei Tage brauchen, um meine in alle Winde verstreuten Truppen zu sammeln ... Wir werden kämpfen, Caulaincourt, denn besser ist es allemal, mit der Waffe in der Hand zu sterben, als sich vor den Gegnern zu demütigen ...* Nach längerem Schweigen fuhr er fort: *Je länger ich darüber nachdenke, desto deutlicher wird mir, dass die Sache noch nicht entschieden ist. Die Einnahme von Paris wird, wenn ich unterstützt werde, das Signal der Rettung sein. Da ich keine andere Wahl mehr habe und bei meinen Operationen auch keinerlei Rücksichten mehr auf die bislang allem übergeordnete Überlegung der Verteidigung von Paris nehmen muss, bin ich in meinem Handeln völlig frei, und der Feind wird teuer für seine Unverfrorenheit bezahlen, uns drei Tagesmärsche zuvor gekommen zu sein.*»[11]

Napoleon traf alle Anstalten, den Kampf fortzusetzen, er erteilte Befehle, zerstreute Truppenteile zu sammeln, Munition und Vorräte heranzuschaffen.[12] Doch glichen diese Anweisungen eher galvanischen Reflexen, die kein planender Wille mehr steuerte. Nichts konnte mehr darüber hinwegtäuschen, dass Napoleon ausgespielt hatte. Caulaincourt erhielt unbeschränkte Vollmachten, mit den Alliierten über einen Frieden zu verhandeln.[13] Doch diese Vollmachten, die während des Kongresses von Chatillon, der erst am 19. März ergebnislos endete, noch chancenreich gewesen wären, hatten jetzt keinen Wert mehr. Am Vormittag des 31. März zogen Zar Alexander, der König von Preußen und Fürst Schwarzenberg an der Spitze der russischen und preußischen Garden in Paris ein, während Blücher seine Artillerie auf den Anhöhen von Montmartre postierte. Allein das hätte die letzten Illusionen Napoleons zerstören müssen, der in Schloss Fontainebleau Quartier genommen hatte. Caulaincourt, der sofort mit den Alliierten in Verhandlungen einzutreten suchte, erhielt in Bondy vom russischen Außenminister den Bescheid, seine Mission sei nutzlos, weil die Verbündeten mit ihm gar nicht mehr verhandeln wollten.[14] Das erklärte ihm auch der Zar. Damit kündigte sich bereits die Entscheidung an, die am Abend des 31. März bei einer Beratung im Kreis der Alliierten, bei der auch Talleyrand zugegen war, gefasst und am 1. April 1814 im *Journal des Débats* veröffentlicht wurde – Napoleon oder Angehörige seiner Familie seien keine Verhandlungspartner mehr.[15] Außerdem verpflichteten sich die Verbündeten, die Integrität Frankreichs in den Grenzen zu akzeptieren, die das Land unter der Herrschaft seiner legitimen Könige besessen hatte. Überdies versprachen sie, die Verfassung anzuerkennen und zu garantieren, die von der französischen Nation angenommen werde. Talleyrand übernahm gegenüber dem Zaren die Gewähr, dass diese Verfassung auf eine Restauration der Bourbonen hinausliefe, zumal er sich dabei der Unterstützung des Senats wie des *Corps législatif* sicher sein konnte.[16]

Talleyrand hatte seit längerem die Fäden gesponnen, die er nun zu einem Netz knüpfte. Mit den Bourbonen wie deren Anhängern in Paris, die immer lauter ihre Stimmen zu erheben wagten, unterhielt er intensive Kontakte. Das war längst keine Verschwörung mehr, sondern ein breites oppositionelles Spektrum, das sich jetzt politisch organisierte, um das mit der militärischen Niederlage drohende Machtvakuum zu füllen. Bezeichnenderweise hatte keineswegs die alte, nach wie vor bourbonisch gesinnte Aristokratie das Sagen; vielmehr rekrutierten sich die Repräsentanten dieser Opposition aus jener Schicht, auf die Napoleon einst seine Herrschaft gegründet hatte: die Notabeln. Den Alliierten kam diese Entwicklung sehr gelegen, denn sie erkannten in diesen einen Partner, mit dem man sich auf eine neue Ordnung verständigen konnte. Das bekam Caulaincourt sofort zu spüren. Hatte ihn Zar Alexander bei ihrem ersten Zusammentreffen noch zuvorkommend empfangen, so beschied er ihn am 1. April nur mit der denkbar knappen Mitteilung, sich zu seinen Vorschlägen bald äußern zu wollen. Im übrigen wurde Caulaincourt dringend nahe gelegt, Paris umgehend zu verlassen, «weil seine Anwesenheit der Meinung Nahrung geben könne, dass ein Frieden mit dem Kaiser (Napoleon, J.W.) möglich sei, was für viele Leute der Anlass sein könnte, mit ihrer Überzeugung hinterm Berg zu halten.»[17] Eine weitere Unterredung mit dem Zaren am Nachmittag des 1. April endete ebenso ergebnislos. Alexander entließ ihn diesmal mit der sibyllinischen Versicherung: «Verzweifeln Sie nicht, denn noch ist nichts entschieden. (...) Ich werde Sie morgen wieder sehen und Ihnen eine Antwort geben, die Sie dann sofort nach Fontainebleau überbringen können. Machen Sie sich bezüglich dieser aber keine allzu großen Illusionen, vor allem nicht dahingehend, dass man sich bereit finden könnte, mit dem Kaiser in Verhandlungen einzutreten, denn derlei wäre nur vorstellbar, wenn man zuvor Garantien erlangte, wie die Besetzung von Festungen, und dass man insgesamt Frankreich große Opfer zumutete, die es dann zu verhängen gelte, die zu verlangen aber weder der Politik noch den Intentionen der verbündeten Monarchen entsprechen.»[18] Dieser Auskunft war eindeutig zu entnehmen, dass der Zar das Votum des Senats abwarten wollte, den Talleyrand für den Nachmittag zu einer Sitzung einberufen hatte. Dessen erste Aufgabe sollte es sein, eine provisorische Regierung zu bilden, der außer Talleyrand nur eine Hand voll zweitrangiger Figuren wie beispielsweise Dalberg oder der *abbé* de Montesquiou angehörten.[19] Kaum geschehen, vertagte sich der Senat auf den Abend des 2. April. Zwischenzeitlich traten aber noch zwei andere Gremien zusammen, die Napoleon während der letzten Jahre deutlich seine Verachtung hatte spüren lassen: Der *Conseil général de la Seine* sowie der *Conseil municipal de Paris*. Beide Repräsentativorgane waren ausnahmslos mit Notabeln besetzt, und beide Versammlungen beschlossen am Nachmittag dieses 1. April eine Resolution, worin sie die Pariser dazu aufforderten, Napoleon ihren Gehorsam aufzukündigen; gleichzeitig sprachen sie sich für eine Restauration der Bourbonenherrschaft aus.[20]

Dieser entscheidende Schritt beeinflusste die Beratungen des Senats am Abend des 2. April, als auf Antrag des Senators Lambrechts nicht nur die Entthronung Napoleons ohne Aussprache der Versammelten beschlossen, sondern auch die Erbansprüche der Familie Bonaparte für null und nichtig erklärt wurden.[21] In gewisser Hinsicht war dieses Votum die späte Rache von Sieyès, denn der Senat, lange Zeit Napoleons willenloses Werkzeug, besann sich nun mit einem Mal einer Macht, die ihm der unmittelbar nach dem *Brumaire* kaltgestellte Verfassungstheoretiker ursprünglich zugedacht hatte. Für die Alliierten zählte allein der Beschluss des Senats, wie Schwarzenberg Caulaincourt mitteilte, der sich an ihn gewandt hatte, um von Kaiser Franz eine Intervention zu Gunsten Napoleons zu erbitten.

«Das alles wird nichts ändern. Ich sage es Ihnen vorweg. Wir haben uns zu dieser Lösung (die Restauration der bourbonischen Herrschaft, J.W.) erst in drängendster Not entschlossen. Jetzt lässt sich daran nichts mehr ändern. Wir haben viel zu lange auf Sie Rücksicht genommen. Jetzt sind wir nur noch unseren Verbündeten gegenüber verpflichtet. Kaiser Napoleon hat dies so gewollt, wir haben ihn häufig genug gewarnt. Ich bedaure Frankreich, ich bedaure Sie. Was den Kaiser anbelangt, so hat er sein Unglück selber heraufbeschworen. Er kann dafür niemanden anderen als sich selber verantwortlich machen. Was die Kaiserin betrifft, so wird sie von ihrem Vater geliebt, wir alle bedauern sie, aber das Interesse Europas und unsere Ruhe haben absoluten Vorrang.»[22]

Mit dem Votum des Senats hatten die Alliierten das Spiel fast gewonnen. Jetzt plagte sie nur noch die große Unsicherheit, ob die Armee weiterhin loyal zu Napoleon stünde und ob es ihm gelänge, sie auch fortan selbst um den Preis eines Bürgerkriegs als willfähriges Instrument zu nutzen. Bis zum 3. April hatte Napoleon eine Armee von rund 40000 Mann im Raum Fontainebleau gesammelt. Die Drohung war nicht zu unterschätzen, zumal die unterbürgerlichen Massen in Paris noch immer zu ihm hielten und ein erneutes Aufflammen der Kämpfe einen Aufstand provozieren konnte; würden sich die Alliierten zurückziehen, um dieser Gefahr zu entrinnen, so liefen diese Menschen Napoleon in die Arme, dessen Kräfte sich durch den Mut seiner Verzweiflung leicht vervielfachen konnten.[23] Deshalb musste man alles daran setzen, die Loyalität der Armee zu untergraben. Ein erster Versuch war die Proklamation der provisorischen Regierung, den Befehlen Napoleons nicht mehr Folge zu leisten.[24] Größere Wirksamkeit freilich versprach ein Erlass der provisorischen Regierung vom 4. April, der allen bereits eingezogenen Wehrpflichtigen erlaubte, einfach nach Hause zurückzukehren. Die gleiche Weisung galt auch für die bereits von jedem Département neu aufgestellten Bataillone.[25]

Napoleon war in seiner Entschlossenheit, den Kampf noch nicht verloren zu geben, indirekt von Caulaincourt bestärkt worden, der glaubte aus seiner letzten Unterredung mit dem Zaren am 2. April so etwas wie einen Strohhalm herausgefischt zu haben. Der Zar, so Caulaincourt, habe zwar kategorisch erklärt, Napoleon auf keinen Fall als Verhandlungspartner anzuerkennen. Aber, so wollte ihn Caulaincourt zumindest verstanden haben, wenn Napoleon von sich aus auf den Thron verzichte, könne man anschließend über eine Regentschaft reden.[26] Bezeichnenderweise reagierte Napoleon darauf zunächst nicht. Für ihn zählte lediglich die Weigerung des Zaren, mit ihm zu verhandeln. Auf diese Auskunft hatte er sich vorbereitet, und, die Nachwelt wie den eigenen Nachruhm fest im Blick, hielt er vor Caulaincourt eine weitere bühnenreife Ansprache:

«Ich klammere mich nicht an den Thron. Als Soldat geboren, kann ich, ohne darüber zu klagen, wieder ein Bürger werden. Mein Glück ist nicht von den *grandeurs* abhängig. Ich wollte Frankreich groß und mächtig, vor allem aber glücklich machen. Lieber entsage ich dem Thron, als dass ich einen Schandfrieden schließe. Ich bin sehr erfreut darüber, dass man nicht auf Ihre Vorschläge eingegangen ist, denn dann wäre ich verpflichtet, mich diesen zu unterwerfen, mit der Folge, dass mir Frankreich und die Nachwelt diese Schwäche zum Vorwurf gemacht hätten. Nur die Bourbonen können sich mit einem Frieden arrangieren, der von den Kosaken diktiert worden ist. Talleyrand hat schon Recht: Sie allein können eine Demütigung akzeptieren, die man Frankreich heute zumutet, denn Sie müssen keine Opfer bringen. Sie finden Frankreich wieder genauso vor, wie Sie es verlassen haben, weshalb Sie auch Alexander derart zupass kommen. Sie werden ihn nicht daran hindern, Europa neu zu ordnen.»[27]

Im Gegensatz zu der noblen Resignation, die aus diesen Worten sprach, verfolgte Napoleon jedoch andere, offensive Pläne. Er wollte den Alliierten unter den Mauern von Paris so bald wie möglich eine Schlacht liefern. Damit stieß er aber auf den Widerspruch seiner Marschälle und kommandierenden Generäle, die sich dafür aussprachen, die Truppen an der Loire zusammenzuziehen und sich hier dem Gegner entgegenzustellen.[28] Die Generäle wollten zwar die Unabhängigkeit Frankreichs verteidigen, nicht aber um den Preis eines Bürgerkriegs, der Paris in Mitleidenschaft zöge. Kaum verbreitete sich in der Nacht vom 3. auf den 4. April die Nachricht von dem Senatsbeschluss wie ein Lauffeuer in Fontainebleau, wurden diese Stimmen noch lauter und bestimmter. Das blieb Napoleon zwar nicht verborgen, er hegte aber die Vorstellung, den «Defätismus» seiner Generalität einmal mehr mit der bewährten Wirkung seiner Person zu überwinden. Das jedenfalls versuchte er bei einem Kriegsrat, zu dem sich am Mittag des 4. April die Marschälle Berthier, Macdonald, Ney, Kellermann, Lefebvre und Oudinot versammelten. Allerdings scheiterte er mit dem Versuch, sie zu überzeugen, die Friedensschalmeien des Gegners seien lediglich eine Falle, um die Handlungseinheit von Kaiser und Armee zu sprengen; das Heil Frankreichs aber liege darin, dass man einig bliebe, seinen Mut bewiese. Er klebe im übrigen nicht am Thron, aber nur er allein könne die Unabhängigkeit Frankreichs, dessen Sicherheit wie die der Vermögen und die Existenz der Familien garantieren. Napoleon musste schon jetzt spüren, dass seine Worte keinen Eindruck mehr machten, denn unmittelbar danach bemerkte er zu Caulaincourt: «Die Marschälle, viele der Generäle haben den Kopf verloren. Sie können nicht erkennen, dass es ohne mich keine Armee mehr geben wird und dass sie ohne Armee auch keinerlei Garantien für sich selber mehr haben. Dem Feind, der in Paris steht, wollen sie sich in den Wolfsrachen werfen. Sie haben nichts gesagt, aber ich habe nur zu deutlich gesehen, dass sie meine Abdankung befürworten. Sie glauben allen Ernstes, dass damit nur ein Mann ausgetauscht wird. Die Narren wollen nicht einsehen, dass das Heil Frankreichs, ihr eigenes Wohlergehen, nur durch mich gewährleistet ist, dass das, was man ihnen verspricht, nur eine Falle ist, dass man meinem Sohn keinerlei Garantie bieten kann und das alles nur ein Mittel ist, sie zum Verrat zu verlocken, um das Land zu verderben.»[29]

Diese Worte zeigen, dass sich Napoleon nicht durch falsche Schwüre und Loyalitätsbekundungen, mit denen ihn die Generalität überschüttete, beeindrucken ließ. Er wusste, wie schnell in einer solchen Lage die Loyalitäten erodieren. Um den Zusammenhalt seiner Truppe zu gewährleisten, dem Verrat der Generäle vorzubeugen, musste eine Schlacht her. Das entsprach seinem Charakter: Napoleon wollte noch ein letztes Mal alles wagen – was ihn nicht hinderte, sein altes Doppelspiel fortzusetzen und zu versuchen, mit den Alliierten auf dem Verhandlungswege zu einer Einigung zu gelangen: «Was mich anbetrifft, so habe ich meinen Entschluss gefasst. Während Sie verhandeln, werden wir eine Schlacht schlagen, und diese wird die ganze Frage entscheiden.»[30] Die Garde, ließ er Caulaincourt wissen, marschiere bereits auf Essonnes. Dort stünde Marmont, auf den er sich verlassen könne. Für ihn sei es ganz besonders wichtig, nahe bei Paris einen ihm treu ergebenen General zu wissen. Was die Verhandlungen anbelange, käme alles darauf an, Zeit zu gewinnen, damit er seine Operationen unbehelligt ausführen könne. Die vom Senat ausgesprochene Entthronung sei im übrigen ohne Bedeutung, wenn die Schlacht den Feind zwänge, fünfzig Meilen zurückzuweichen. Die Franzosen ließen sich durch einen Erfolg ebenso leicht beeindrucken wie durch einen Misserfolg. Aus diesen Gründen müsse er, Caulaincourt, schleunigst nach Paris zurückkehren, bevor man von den Operationen der Garde erfahre. Im übrigen läge ihm der Gedanke nicht fern, zu Gunsten seines Sohnes auf den Thron zu verzichten. Caulaincourt könne diese Bereitschaft andeuten, wenn er damit das Glück Frankreichs sichern und die Feinde zum Verlassen seines Territoriums veranlassen könne. Allerdings zweifele er sehr daran, dass dies gelinge, zumal eine österreichische Regentschaft den Russen nicht im mindesten behagen dürfte.

Die Instruktionen und die von Napoleon selbst formulierte Abdankung zu Gunsten seines Sohnes, die hinzugefügt wurde,[31] zeigen eine erschreckende Realitätsblindheit: Immer nur sah er sich selber, stets berücksichtigte sein Handlungskalkül nur die eigenen Interessen und Perspektiven. Das kennzeichnet auch die Abdankungserklärung, deren Adressat nicht nur der Zar war, sondern auch die eigenen Marschälle, die er noch einmal auf unbedingte Loyalität für ihn einschwören wollte. «Die ausländischen Mächte haben erklärt, Kaiser Napoleon sei ein Hindernis für die Wiederherstellung des Friedens wie der Integrität des französischen Staatsgebiets. Getreu seinen Prinzipien, seinen Schwüren, alles für das Wohlergehen und den Ruhm des französischen Volks zu unternehmen, erklärt Kaiser Napoleon seine Bereitschaft, zu Gunsten seines Sohnes abzudanken und dass er das Dokument dieser Bereitschaft dem Senat in der gebotenen Form mittels einer Botschaft zukommen lässt, sobald Napoleon II. ebenso wie die verfassungsmäßige Regentschaft der Kaiserin von den Mächten anerkannt worden sind. Unter dieser Voraussetzung wird sich der Kaiser sofort an einen Ort zurückziehen, auf den man sich verständigt hat. Niedergelegt in unserem Schloss von Fontainebleau am 4. April 1814. Napoleon.»

Das war nichts als List und Täuschung, denn Napoleon spekulierte darauf, dass Kaiser Franz noch immer fern von Paris in Dijon weile und der Zar es nicht wagen würde, in dieser Frage, die das künftige Schicksal von dessen «Lieblingstochter» unmittelbar berührte, namens der Alliierten allein zu entscheiden. Das war alles so fein gesponnen wie eh und je, sämtliche Voraussetzungen für sein doppeltes Spiel lösten sich jetzt aber in nichts auf: Marschall Marmont stand seit dem 2. April mit den Alliierten in geheimen Verhandlungen und just, da Caulaincourt am Nachmittag des 4. April zu seiner neuerlichen Mission nach Paris aufbrach, ging er mit seinem gesamten Corps von rund 12000 Mann ins Lager des Gegners über. Die Desertion Marmonts wirkte wie ein Fanal. Dieser Schritt warf nicht nur alle Kalkulationen Napoleons über den Haufen, weil Marmont die besten Truppen befehligte, schlimmer noch, dieser Verrat gab ein Beispiel, dem andere folgten. Napoleon verfügte damit über keine Machtmittel mehr. In seinen Verhandlungen mit Caulaincourt zog der Zar daraus die fälligen Konsequenzen: Napoleons Abdankung zu Gunsten einer Regentschaft stehe nicht mehr zur Debatte. Als einzige Lösung sprach sich Alexander jetzt für den bedingungslosen Thronverzicht und die sofortige Exilierung aus – als möglichen Aufenthaltsort fasste er sogleich die Insel Elba ins Auge – sowie die Restauration der Bourbonen, um Frankreich eine neue staatliche Ordnung zu geben.[32]

Die Nachricht vom Verrat Marmonts erreichte Napoleon am frühen Morgen des 5. April. In einer Proklamation an die Armee, mit der er diesen Schaden einzudämmen suchte, rechnete er auch mit dem Senat ab, dem er den bemerkenswerten Vorwurf machte, er habe sich jahrelang widerspruchslos zum Werkzeug seiner Herrschaft gemacht. Die Proklamation endete mit Sätzen, in denen sich seine Resignation anzukündigen scheint: «Das Wohlergehen Frankreichs ist mit dem Schicksal des Kaisers verknüpft. Heute, da sich das Glück gegen ihn gewendet hat, kann nur noch der Wille der Nation ihn dazu veranlassen, länger auf dem Thron zu verharren. Sollte er zu der Einsicht gelangen, dass er das einzige Hindernis für den Frieden darstellt, wird er freiwillig dieses letzte Opfer für Frankreich bringen. (...) Die Armee kann dessen versichert sein, dass die Ehre des Kaisers niemals im Widerspruch stehen wird zum Wohlergehen Frankreichs.»[33]

Tatsächlich konnte von Resignation keine Rede sein, denn Napoleon wollte nach wie vor den Kampf fortsetzen. Allerdings sollten die noch verbliebenen Einheiten in Richtung auf die Loire zurückgenommen werden.[34] Wie sehr er sich auf diese Entschlossenheit fixierte, zeigt auch die lange Unterhaltung mit Caulaincourt, der am Morgen des 6. April gegen 2 Uhr wieder in Fontainebleau eintraf. Dass die Alliierten seine sofortige und bedingungslose Abdankung forderten, interessierte ihn dabei, wie Caulaincourt betont, entschieden weniger als die in der Truppe vorherrschende Stimmung.[35] Im weiteren Verlauf gab Napoleon dann aber doch zu, dass er sich jetzt keine Illusionen mehr mache, welchen Einfluss die Haltung von Paris und besonders der Abfall des Corps Marmont auf die Moral der ihm noch loyalen Truppen habe.

«Ich werde mich nur noch auf einen Teil der Offiziere und wahrscheinlich auf den größten Teil der Soldaten, sowohl bei der Garde wie bei der Armee, verlassen können, aber dennoch werden auch viele davon desertieren und einfach nach Hause gehen, sobald ich mich auf die Loire zurückziehe. Was tun? (...) Leiste ich Widerstand, versinkt Frankreich im Bürgerkrieg. Ich liebe Frankreich zu sehr! Niemals habe ich etwas anderes erstrebt als seinen Ruhm; zu seinem Unglück werde ich meine Hand nicht reichen (...) Ich will nicht, dass dieses schöne Land meinetwegen verwüstet wird. Man erwartet, dass ich abdanke (...) Nun gut! Ich werde abdanken! (...) Die Feinde lehnen die Regentschaft ab, weil sie fürchten, dass ich dann an die Macht zurückkehre.»[36]

Zwar sprach Napoleon von Abdankung, gleichzeitig verlangte er aber von Caulaincourt, dies für sich zu behalten, weil er sich erst noch mit Berthier, Ney und Oudinot beraten wolle. Mit anderen Worten: Napoleon hatte noch immer nicht ganz aufgegeben. Doch das Beispiel Marmonts hatte seine Wirkung entfaltet: Die Offiziere wollten den Gehorsam aufkündigen, falls er sich für eine Fortsetzung des Kampfes entschied, der nach Lage der Dinge nur in einen Bürgerkrieg ausarten konnte.[37] Diese Auskunft gab ihm Ney, mit dem sich Napoleon in den frühen Morgenstunden des 6. April beriet; auch Berthier und Oudinot ließen sich so vernehmen.[38] Als Napoleon danach neuerlich mit Caulaincourt konferierte, sprach er bereits wieder von einer mit Bedingungen verknüpften Abdankung. Caulaincourt setzte ihm geduldig auseinander, dass die Alliierten dem niemals zustimmen würden. Darauf Napoleon: «Tatsächlich, was wäre mir der Thron noch nütze, da ich nichts mehr für Frankreich tun kann. Der Thron ist nicht mehr als ein Stück Holz, an das Ich mich nicht klammere.» Im übrigen sei er schon länger entschlossen abzudanken, habe aber erst noch alle Meinungen zu dieser wichtigen Angelegenheit erfahren wollen. Außerdem sei ihm sehr daran gelegen, seinem Sohn wenigstens die Möglichkeit offen zu halten, seine Rechte eines Tages geltend zu machen.[39]

Sich zur Abdankung zu resignieren, war für Napoleon das eine; ein entsprechendes Schriftstück zu unterzeichnen, ein anderes. Darüber vergingen quälende Stunden, fanden weitere Beratungen mit Caulaincourt und den Marschällen statt. Napoleon machte neue Einwände und Änderungswünsche geltend. Schließlich, nachdem alle letzten Worte von ihm mehrfach wiederholt, alle an seinem Untergang Hauptschuldigen wieder und wieder benannt, alle, die ihm bis zuletzt die Treue gehalten hatten, mit anerkennenden Worten bedacht und die unglücklichen Umstände, denen Frankreich unweigerlich entgegen ginge, erneut aufgezählt waren, händigte Napoleon Caulaincourt die Abdankungsurkunde aus: «Im Lichte dessen, dass die Alliierten verkündet hatten, Kaiser Napoleon stelle das einzige Hindernis für die Wiederherstellung des Friedens in Europa dar, erklärt der Kaiser Napoleon, getreu seinem Schwur, für sich und seine Erben den Verzicht auf die Throne Frankreichs und Italiens. Gleichzeitig tut er kund, dass er zu jedem persönlichen Opfer, gelte es auch das eigene Leben, bereit sei, wenn dieses dem Interesse Frankreichs von Nutzen sei.»[40]

Caulaincourt und die Marschälle Ney und Macdonald trafen in der Nacht vom 6. auf den 7. April in Paris ein, wo Alexander sie empfing. Beide Seiten versicherten einander, an einem schnellen Abschluss der Verhandlungen auf der Basis von Napoleons Instruktionen, gegen die der Zar zunächst keinerlei Einwände erhob,[41] interessiert zu sein. Das war verständlich, denn Napoleons Wankelmut war gut bekannt. In Fontainebleau herrschte, diesen Eindruck gewann man in Paris, vollständige Konfusion. Während die schwankende Haltung der Marschälle und Generäle immer deutlicher hervortrat, von der begreiflichen Versuchung geplagt, für sich zu retten, was zu retten war, bekundeten diejenigen, die nichts zu verlieren hatten, die Soldaten und niederen Offizierschargen, lautstark ihre Loyalität gegenüber Napoleon. Schließlich kam sogar das Gerücht auf, der Kaiser sei in Richtung Burgund geflohen, was den Zaren zu einem heftigen Ausfall gegen Caulaincourt veranlasste, dem er Verrat und Täuschung vorwarf, weil dessen Mission allein den Zweck gehabt habe, diese Flucht zu decken.[42] Auch wenn sich dieses Gerücht bald als falsch erwies, sorgte Napoleon dennoch für neue Verwirrung, indem er von Caulaincourt forderte, dieser solle die Abdankungsurkunde wieder zurückgeben, da er noch einige Änderungen vorzunehmen wünsche. Dies verweigerte Caulaincourt jedoch mit dem Hinweis, dass er deren Original bereits dem Zaren zur Kenntnis gebracht habe.[43]

Den von allen gewünschten zügigen Abschluss der Verhandlungen verhinderte jedoch, dass der englische und der österreichische Bevollmächtigte noch nicht in Paris eingetroffen waren.[44] Das komplizierte die Dinge, denn je mehr Marschälle, Generäle, Divisionen und Regimenter zu den Alliierten überliefen, desto schlechter wurde Caulaincourts Verhandlungsposition.[45] Kaum hatten am 10. April die Bevollmächtigten Österreichs und Englands, Metternich und Castlereagh, Paris erreicht, erhielt Caulaincourt von Napoleon den Befehl, ihm die Abdankungsurkunde zurückzuerstatten. Diesmal jedoch nicht, um redaktionelle Änderungen vorzunehmen – nein, Napoleon wollte den Schritt wieder rückgängig machen! Den Sinneswandel hatten einige Loyalitätsbekundungen seiner Soldaten bewirkt und die Aussicht, sich mit der Italienarmee und dem Corps Augereau, das im Raum Lyon operierte, zu vereinigen.[46] Auch dieses Ansinnen lehnte Caulaincourt mit würdiger Entschiedenheit ab.

Es spricht für Napoleon, dass er vor allem seiner Frau und seinem Sohn eine angemessene Zukunft sichern wollte. Nach seinem Wunsch sollte Marie-Louise die Herrschaft über die Toskana erhalten. Dem wollten die Alliierten aber nicht stattgeben. Marie-Louise und ihr Sohn sollten sich mit Parma, Placentia und Guastalla bescheiden, während Napoleon die Insel Elba zugesprochen erhielt. Den Titel Kaiser und Kaiserin sollten beide bis ans Ende ihres Lebens führen dürfen. Der Bonaparte-Clan musste sich in eine jährliche Apanage von rund 2 Millionen *francs* teilen, die der französische Staat ausfolgte. Außerdem wurde Napoleon zugestanden, vierhundert Soldaten zu seinem eigenen Schutz mit nach Elba nehmen zu dürfen, deren Besoldung er aus seiner Apanage von 1 Million *francs* zu bestreiten hatte.[47] Das war alles, was von seiner Macht übrig blieb. Verständlich, dass Napoleon stundenlang zögerte zuzustimmen. Die Bedingungen waren hart, allzu hart; nicht nur ließen sie jegliche Psychologie vermissen, sie demütigten auch allzu offensichtlich den Besiegten. Allen Ernstes zu glauben, ein Mann, der sich als Reinkarnation Caesars begriff, begnüge sich für den Rest seiner Erdentage damit, wie ein Sancho Pansa sein Lebensglück darin zu finden, als «Statthalter einer Insel» zu amtieren, liefert nur den Beweis dafür, dass Rache nicht nur blind, sondern auch dumm macht.

Nach einem letzten, verzweifelten Aufbegehren versank Napoleon in tiefe Depression. Seine Gespräche kreisten nur noch um Tod, um Freitod, zu dem sich einst die großen Männer der Antike entschlossen, wenn sie sich in vergleichbar ausweglooser Situation befunden hatten.[48] Wie ausweglos er jetzt selber seine Situation empfand, zeigen die ersten Zeilen seines Schreibens an Marie-Louise vom Morgen des 11. April: «Meine liebe Freundin, ich habe Deinen Brief erhalten. Deine Schmerzen sind alle in meinem Herzen; es sind dies die einzigen, die ich nicht zu ertragen vermag. Sei stark, das Unglück zu überwinden. Heute Abend werde ich Dir den Vertrag zusenden, den man geschlossen hat. Man gibt mir die Insel Elba, Dir und Deinem Sohn Parma, Placentia und Guastalla. Das ist ein Besitz von 400000 Seelen und 3 bis 4 Millionen Revenuen. Du wirst wenigstens einen Hof und ein schönes Land haben, während der Aufenthalt auf meiner Insel Elba Dich nur ermüden, mich aber zutiefst langweilen wird, was ich jedoch ertragen werde, da ich viel älter bin, Du aber immer noch jung bist.»[49]

Es kam die Zeit der Abschiede. An Joséphine, die ihn vermutlich besser kannte als jeder andere Mensch, schrieb er am 16. April von Fontainebleau: «Ich will an meinem Ruhesitz das Schwert mit der Feder vertauschen. Die Geschichte meiner Herrschaft wird sehr interessant werden. Man hat mich bislang immer nur im Profil gesehen, jetzt werde ich mich ganz darstellen. Was habe ich nicht alles mitzuteilen. Wie viele Menschen gibt es doch, von denen man eine falsche Meinung hatte! (...) Ich habe mit Wohltaten Tausende von Schuften überschüttet! Was aber haben die letztlich für mich getan? Sie haben mich verraten, ja, alle haben mich verraten. Ich nehme davon nur den guten Eugène aus, der Ihrer und meiner so würdig ist. Er möge glücklich sein unter einem König, der sich darauf versteht, die Gefühle der Natur wie der Ehre zu erfassen! – Leb wohl, meine liebe Joséphine, finden Sie sich ebenso mit dem ab, was ist, wie ich es tue und vergessen Sie niemals den, der auch Sie stets in Erinnerung behielt und Sie niemals vergessen wird. – P.S. Ich hoffe, von Ihnen auf Elba zu hören; mir geht es nicht gut.»[50] Das nachgeschobene Eingeständnis, dass es ihm nicht gut ginge, war ebenso wahr wie für ihn ungewöhnlich.

Joséphine hat den Sturz Napoleons nur um wenige Wochen überlebt. Nach dem Einzug der Alliierten in Paris war es der Zar, der sie fast täglich in Malmaison besuchte, sie mit Aufmerksamkeiten und Komplimenten überschüttete. Dem Beispiel des galanten Alexander folgten auch die anderen Fürsten. Eine Ausnahme machte lediglich der taktvolle Kaiser Franz I. So hatte sie noch einmal Gelegenheit, ihren Charme wie den Zauber ihrer Geselligkeit zu entfalten, ihren Besuchern die Gewächshäuser, die Menagerie und die weitläufigen Parkanlagen zu zeigen; noch einmal konnte sie in dem Vergnügen schwelgen, der begehrte, bewunderte und verehrte Mittelpunkt einer ausgewählten Gesellschaft zu sein.[51] Noch einmal auch, wie in jenen Tagen des Direktoriums, als der linkische General Bonaparte ihr verfallen war, spielte sie ungewollt, aber mit Geschick und Grazie eine nicht unwichtige politische Rolle in der schwierigen Zeit des Übergangs von einem Regime zum anderen, ohne dabei jedoch zu verheimlichen, dass sie unbeirrt zu Napoleon hielt, dem Mann, den sie noch immer liebte. Eine nicht auskurierte Erkältung warf sie Ende Mai 1814 aufs Krankenlager. In der Nacht ihres Todes, am 29. Mai, soll Zar Alexander fast bis zum Ende an ihrem Bett gewacht haben, was seltsam berührt: Die von seinem großen Gegner Napoleon Verstoßene fand so in ihren letzten Stunden

Trost und Beistand im mächtigsten Herrscher Europas. Ihr Sterben war, wie viele Zeitgenossen bemerkt haben, komplementär zum Schicksal Napoleons.[52]

Die Resignation Napoleons währte nicht lange. Caulaincourt diente ihm einmal mehr als Zuhörer für Monologe, um die Fehler seiner Gegner anzukreiden, den Abfall jener zu geißeln, die er einst mit Großzügigkeiten überhäuft hatte, das sichere Scheitern der Bourbonen zu prognostizieren, seiner Entourage das Loblied zu singen.[53] Diese Monologe, bei denen Caulaincourt einen neuen, ungewohnt warmen Ton gewahrte, waren als Napoleons Schwanengesang angelegt, denn er hatte sich entschlossen, jenes Gift zu nehmen, das er seit dem Russlandzug in einem kleinen Beutel um den Hals trug. Napoleon, der dieses Gift in der Nacht vom 13. auf den 14. April zu sich nahm, verriet sich jedoch dadurch, dass ihn bald unerträgliche Schmerzen plagten und der kalte Schweiß auf der Stirn stand. Caulaincourt gelang es, woran ihn Napoleon zu hindern suchte, den Leibarzt Yvan zu alarmieren. Nachdem Napoleon das Gift erbrochen hatte, er aber nach einer neuen, noch stärkeren Dosis verlangte, die ihm Yvan jedoch mit der kategorischen Erklärung verweigerte, kein Mörder sein zu wollen, und sich dem weiteren Geschehen durch Flucht entzog, kehrte er langsam wieder ins Leben zurück.[54] Am Vormittag des 14. April, kaum war Napoleon etwas zu Kräften gekommen, verwahrte er sich zunächst, das ausgehandelte Abdankungsabkommen mit seiner Unterschrift zu ratifizieren. Wieder musste Caulaincourt seine ganze Überredungskunst aufbieten, bis Napoleon endlich zur Feder griff und das Dokument unterfertigte, das dann von Macdonald nach Paris gebracht wurde.

Nach diesen letzten dramatischen Momenten vergingen weitere sechs Tage, in denen sich Napoleon wie ein waidwundes Tier in einer Ecke seines Palastes verkroch. Den Oberbefehl über die noch loyalen Truppen hatte er Berthier übertragen, der nicht säumte, sich seinerseits der provisorischen Regierung in Paris zu unterstellen, was Napoleon ihm sehr verübelte. Aber auch die Angehörigen seiner Familie, die Mutter, *Madame Mère*, wie deren Bruder, Kardinal Fesch, ließen ihn jetzt im Stich und reisten nach Rom ab. Bruder Louis wandte sich wieder der Schweiz zu, während Joseph und Jérôme, die sich noch immer in der Nähe von Orléans aufgehalten hatten, ebenfalls dorthin verschwanden. Von seiner Entourage ließen sich nur noch Caulaincourt und Maret blicken, während die anderen Großwürdenträger sich entweder in den Verrat geflüchtet oder in aller Stille das Weite gesucht hatten. Napoleon schmerzte am meisten, dass Marie-Louise von ihren Angehörigen – Kaiser Franz war unterdessen bei ihr in Rambouillet eingetroffen – daran gehindert wurde, ihn ein letztes Mal zu sehen, von ihm Abschied zu nehmen. Am Mittag des 20. April waren alle Vorbereitungen zur Abreise getroffen, standen die Kutschen in der *Cour du Cheval Blanc* bereit, die Napoleon und seine Begleitung zur Einschiffung nach Elba nach Fréjus bringen sollten. Im *Cour du Cheval Blanc* trat eine Abordnung der alten Garde an. Napoleon hielt eine kurze Ansprache, die er mit den Worten schloss: «Adieu, mes enfants! Ich wünschte Euch alle an mein Herz zu drücken; wenigstens aber will ich Eure Fahne umarmen ...» Bei diesen Worten reichte ihm General Petit die Fahne, die Napoleon ergriff und mit seinen Lippen berührte, eine Szene, die die alten Kämpfer zu Tränen rührte und auch Napoleon sichtlich ergriff, der dann, nachdem er sich wieder gefasst hatte, ihnen zurief: *Adieu, encore une fois, mes vieux compagnons! Que ce dernier baiser passe dans vos coeurs.* Danach stieg Napoleon in den Wagen, in dem General Bertrand bereits Platz genommen hatte.[55]

Dieser Abschied von der alten Garde ist eine Paradeszene der Napoleon-Ikonographie, die von Historienmalern immer wieder ins Bild gesetzt wurde und der bonapartistisch eingefärbten Erinnerung enorme Dienste leistete. Man unterschätzt Napoleon sicherlich, wollte man behaupten, er habe nicht auf eben diese, den Augenblick des Geschehens bannende und ihn damit symbolisch transzendierende Wirkung spekuliert. Es war eine seiner Inszenierungen und ihr Eindruck war nachhaltig, weil er sich öffentlich eine Schwäche gestattete und Emotionen gezeigt hatte, die er sonst stets vermied. Als sich Vivant Denon, der jene zahlreichen Medaillen für ihn entworfen hatte, die Napoleon nach antikem Vorbild zur Erinnerung an herausragende Ereignisse seiner Herrschaft schlagen ließ, damals sichtlich bewegt von ihm verabschiedete, sagte ihm Napoleon, indem er beide Hände auf die Schultern des Künstlers legte: «Mein Lieber, seien wir nicht traurig; Krisen wie diese muss man ganz kaltblütig durchstehen.»[56] Eben das war der *Comment*, den er in jungen Jahren gelernt hatte und an den er sich eisern hielt.

Bis Lyon empfing die Bevölkerung den abgedankten Kaiser mit freundlichen Zurufen. Weiter im Süden änderte sich die Stimmung. In Orange wurde seine Kutsche mit Steinen beworfen, seine Person mit Schmähworten bedacht. Um nicht mehr erkannt zu werden, hüllte sich Napoleon in einen weiten russischen Mantel und setzte sich einen großen runden Hut mit weißer Kokarde auf, dem Symbol der Bourbonen. Diese Tarnung erfüllte zwar häufig ihren Zweck, dennoch musste Avignon weiträumig umfahren werden, denn hier hatte sich der Mob in mörderischer Absicht zusammengerottet. Schließlich, am 28. April, lief eine britische Fregatte mit Napoleon und den wenigen, die ihn nach Elba begleiten sollten, von Fréjus aus, von jenem Hafen also, in dem er vor etwas weniger als fünfzehn Jahren aus Ägypten kommend zu seinem Rendez-vous mit caesarischer Größe landete.

Jene knapp zehn Monate Napoleons auf Elba gestalteten sich als ein weitgehend ereignisloser Zwischenakt in dem Drama, das noch einen fulminanten Schluss erhalten sollte, auf den er sich während dieses ersten Urlaubs von der Macht in erzwungener Muße vorbereiten konnte. Dafür, dass die winzige Insel mit ihren knapp 13000 Einwohnern für einen Mann wie den erst 45-jährigen Napoleon rein gar nichts zu bieten hatte, das ihn auf längere Sicht hätte beschäftigen können, war dieser Ort für sein Exil denkbar schlecht gewählt: In Sichtweite der italienischen Küste, gerade einmal fünfzig Kilometer vom heimatlichen Korsika entfernt und in bequem erreichbarer Nähe zu Frankreich hätte sicherlich auch ein anderer, weniger ehrgeiziger, machtbewusster und tollkühner Krieger und Staatsmann als Napoleon versucht, den Bewachern durch Flucht ein Schnippchen zu schlagen. Formal war Napoleon souveräner Herrscher eines Miniaturkaiserreichs. Ihm garantierte allein Sicherheit, dass man sich vor ihm hier sicher wähnte. Um sich dessen wiederum ganz sicher zu sein, unterhielten Frankreich und Österreich ein Heer von Spitzeln, während sich England, nobel oder geizig, begnügte, mit Sir Neil Campbell einen eigenen Kommissar auf der Insel zu postieren, der seinem Wächteramt als *gentleman* nachkam, das heißt mit Napoleon einen geradezu freundschaftlichen Verkehr pflegte.[57] Zunächst tat Napoleon, was er nicht lassen konnte: Statt der Muße zu frönen und damit zu beginnen, seine Lebenserinnerungen zu diktieren oder sich mit allerlei Studien zu beschäftigen, war er tagelang auf den Beinen, sein Reich zu inspizieren, um dann eine Fülle von Arbeiten zur Verbesserung der Verkehrswege, der Hafenanlagen, zur Wiederinbetriebnahme aufgelassener Marmorbrüche und sonstiger nützlicher Einrichtungen anzuordnen. Als Ende Mai 1814 auch das Bataillon sacrée seiner Garde auf Elba eintraf konnte er sich auch wieder damit amüsieren, Paraden abzunehmen. Aber weder das noch die Kreation eines Miniaturhofstaats, mit dem er seine Mutter und seine Schwester Pauline zu beschäftigen suchte, die im Laufe des Sommers bei ihm auftauchten, oder die Konversationen mit Sir Neil Campbell, den wenigen Mitgliedern seiner Regierung oder gar mit Pons de l'Hérault, dem Verwalter der Erzgruben von Elba, einem enragierten Jakobiner und Republikaner, der sich rasch zum glühenden Bewunderer Napoleons wandelte, wovon seine geschwätzigen Erinnerungen reichlich Zeugnis geben,[58] konnten die Langeweile bannen, die ihn befiel.

Dennoch entbehrt es nicht der Ironie, dass ausgerechnet englische Besucher, Touristen, von seiner Anwesenheit angelockt, in hellen Scharen von Italien herüberkamen.[59] Napoleon war fraglos eine Attraktion allerersten Ranges, und die englische Presse konnte gar nicht genug über den «Oger» berichten. Napoleon sprach bereitwillig und leutselig mit allen, die ihm begegneten, manche lud er sogar ein, anderen gewährte er förmliche Audienzen.[60] Mit ihnen zu verkehren, zu plaudern, seine Politik, sein Tun und Wollen zu erläutern, lenkte ab, war ein willkommener Zeitvertreib, und es ist gut möglich, dass bei ihm auch die Überlegung mitschwang, so etwas wie Imagepflege, Propaganda für seine Person und Sache zu betreiben. Franzosen, die vom Festland kamen, um eine Nachricht zu überbringen, wurden meist in den Nachtstunden empfangen, um die Späher zu täuschen, und blieben, mit einer Ausnahme, nur für Stunden auf der Insel.[61] Die Ausnahme war Admiral Boinod, ein alter Bekannter, «le plus vieil ami» des Kaisers, den Joseph schickte, um den Bruder vor einem Attentat zu warnen. Boinod blieb auf Elba und wurde zum Chefinspektor der Paraden ernannt. Napoleon kannte ihn seit Toulon, aber der Mann bereicherte nicht sonderlich seine Gesellschaft, weil er fast völlig taub war, so dass man sich ihm nur brüllend verständlich machen konnte. Damit wiederum eignete er sich sehr für seine neue Funktion; Napoleon hatte auch Humor.

Elba wurde für ihn ein Wartesaal, ein Horchposten, ein Ausguck, von dem aus er mit grimmiger Genugtuung die sich verschlechternden politischen Zustände, die wachsende Unzufriedenheit mit der Bourbonenherrschaft in Frankreich beobachtete, die größer werdenden Risse innerhalb des Lagers der Alliierten registrierte.[62] Daraus sog er Hoffnungen, die bald zu konkreten Plänen reiften. Zu Beginn des Jahres 1815 bedurfte es nur noch eines letzten Anstoßes und eines konkreten Hinweises, dass die «Birne reif» sei und Napoleon erneut als «Retter» begrüßt werde, damit er zur längst geplanten Tat schreiten könne.[63] In diesem Zusammenhang war die Ankunft von Fleury de Chaboulon, einem ehemaligen Unterpräfekten und früheren *Auditeur* im *Conseil d'État*, der im Auftrag Marets nach Elba reiste,[64] um Napoleon über die innere Situation in Frankreich zu informieren, von einiger Bedeutung. Fleury de Chaboulon, ein glühender Anhänger Napoleons, erschien am 12. oder 13. Februar 1815 auf der Szene und hatte mit Napoleon zwei längere Unterredungen, über die er in seinen 1819 erstmals veröffentlichten Erinnerungen ausführlich berichtet hat.[65] Was Napoleon an den Erzählungen Fleury de Chaboulons über die Zustände in Frankreich vor allem faszinierte, waren dessen Andeutungen über eine Verschwörung, angeführt von Fouché, die den Sturz der Bourbonen plane.[66] Nach Marchands Zeugnis scheint sich Napoleon unmittelbar nach den Gesprächen mit Fleury de Chaboulon intensiv mit den Vorbereitungen seiner Rückkehr nach Frankreich befasst zu haben.[67] Auslöser war ein Brief Murats, dass er die Bestätigung von Nachrichten erwarte, der Wiener Kongress sei zu Ende gegangen und der Zar bereits nach Russland zurückgekehrt.

Am Abend des 26. Februar 1815 schiffte sich Napoleon, begleitet von rund 1000 Soldaten und Offizieren, unter den Rufen der Insulaner «Vive l'Empereur» in Porto-Ferrajo ein.[68] Damit begann jener «vol d'aigle», jener als «Adlerflug» apostrophierte Triumphzug Napoleons,[69] der ihn vom Golfe Juan, wo er am Nachmittag des 1. März 1815 landete, am Abend des 20. März in die Tuilerien brachte. Napoleon wusste, sollte ihm seine Absicht glücken, ohne einen Schuss abgegeben zu haben, wie er seinen Begleitern zuvor verhieß, bis Paris zu kommen, dass er diesen Weg sehr zügig zurücklegen musste.[70] Also rechnete er darauf, von der französischen Bevölkerung als «Befreier» begrüßt zu werden. Außerdem war er überzeugt, dass die Truppen, die man ihm in den Weg stellte, sofort zu ihm überlaufen würden. Nach bewährter Manier hatte er zwei Proklamationen verfasst, deren Adressaten das französische Volk im allgemeinen sowie die Armee im besonderen waren.[71] Als weitere Vorsichtsmaßnahme wählte er für seinen Marsch nach Norden den zwar sehr beschwerlichen, aber desto mehr Sicherheit versprechenden Weg über die französischen Seealpen nach Grenoble.[72] Das erwies sich als klug, denn über Grasse, Digne, Sisteron und Gap ging es zügig voran, zumal die einheimische Bevölkerung den Zug jeweils mit Begeisterung willkommen hieß. Erst vor Grenoble, wo man schon am 7. März eintraf, versperrte ein Bataillon Kavallerie den Weg. Dieses Hindernis überwand Napoleon einfach dadurch, dass er sich selbst zu Fuß bis auf Pistolenschussweite der Einheit näherte und den Soldaten zurief: «Tötet Euren Kaiser, ihr könnt es!»[73] Diese hochtheatralische Szene verfehlte nicht ihre Wirkung: Unter den Rufen «Vive l'Empereur» lief das Bataillon zu Napoleon über. Die Szene entschied über den weiteren Erfolg des Unternehmens: Auch die Garnison von Grenoble schloss sich Napoleon begeistert an. So geschah es von nun an überall in den Orten, die er auf seinem Zug berührte, in Lyon, Mâcon, Châlon, Autun und Auxerre, so dass er bald eine stattliche Truppe von über zehntausend Mann zur Verfügung hatte, mit denen er unbehelligt auf Paris vorrückte.

In den lautstarken Akklamationen zur Begrüßung Napoleons war unschwer ein Ton zu vernehmen, der ihm missfallen musste, denn in die Hochrufe mischte sich immer häufiger das lautstarke Verlangen, die Kirche abzuschaffen und die Bourbonen zu guillotinieren. Der jakobinische Radikalismus, den die unterbürgerlichen Schichten zum Ausdruck brachten, beschwor das Gespenst eines Bürgerkriegs herauf, das die Rückeroberung der Macht gefährden konnte.[74] Um diese Gefahr zu bannen und um zu verhindern, dass ihn die jakobinische Linke als bloßes Werkzeug missbrauchte, suchte Napoleon seinem Putsch einen nationalen, an alle Parteien und Interessen gleichermaßen appellierenden Anstrich zu geben. Auf diesen Hintersinn zielten seine in Lyon am 13. März veröffentlichten elf Dekrete, mit denen u.a. die königliche Fahne und die weiße Kokarde der Bourbonen verboten und die restaurierten feudalen Rechte eingeschränkt wurden. Außerdem wurden die Trikolore wieder eingeführt, das Tragen der blau-weiß-roten Kokarde zur Pflicht gemacht, der Privatbesitz der Bourbonen und ihrer nächsten Angehörigen beschlagnahmt und alle Emigranten, die nach der Restauration nach Frankreich zurückgekehrt waren, wieder des Landes verwiesen.[75] Das wichtigste, weil seine künftigen verfassungspolitischen Modifikationen ankündigende Dekret aber war das elfte, mit dem die *Chambre des Pairs* und der *Corps législatif* aufgelöst wurden. Um diese Organe zu ersetzen, sollte auf dem Pariser Maifeld eine außerordentliche Versammlung aller *Collèges électoraux* der Départements des *Empire* stattfinden, um «die notwendigen Maßnahmen zu ergreifen, um unsere Verfassung gemäß dem Interesse und dem Willen der Nation zu korrigieren und zu modifizieren.»[76] Mit anderen Worten: Der Napoleon von 1815, der sich anschickte, die Macht in Frankreich zurückzuerobern, hatte sich in den zehn Monaten seines Aufenthalts auf Elba von einem autoritären Saulus, der sich auf das Votum der ungefragten Massen berief, zu einem liberalen Paulus gewandelt, der sich dem politischen Wollen der Notabeln, der Steuer zahlenden Bürger unterzuordnen versprach. Der 13. März 1815 wurde damit zur Geburtsstunde der chronischen Täuschung und Enttäuschung eines «liberalen Bonapartismus», den sein Neffe, der nachmalige Napoleon III., mit Virtuosität handhaben sollte. Schon beim Onkel handelte es sich dabei nur um eine neue Taktik der Machtergreifung,[77] auf die er sich besann, weil sie ihm von Leuten nahegelegt wurde, die dies in der gleichen Art und Weise suggerierten, mit der sie ihn über die Lage in Frankreich orientierten, von der er nur rudimentäre Kenntnisse besaß.

Diese «Wandlung» vollzog sich binnen weniger Tage. Am 8. März in Grenoble beispielsweise lief Oberst La Bédoyère mit seinem Regiment als einer der Ersten zu Napoleon über. Eine mutige Tat, für die auch seine Worte einstehen, als er nach seiner Einschätzung der Lage und der in Frankreich herrschenden Stimmung gefragt wurde: «Sire, die Franzosen werden für Ihre Majestät alles tun, aber Ihre Majestät müssen auch alles für sie tun: keinen Ehrgeiz mehr und keinen Despotismus. Wir wollen frei und glücklich sein. Sie müssen, Sire, diesem System der Eroberungen und der Macht abschwören, die beide das Unglück Frankreichs wie auch das Ihre heraufbeschworen haben.»[78] Drei Tage später, am 11. März, suchte Napoleon die Vertreter der Stadt Lyon für sich zu gewinnen, indem er sich ihnen als ein Mann vorstellte, der von liberalen-konstitutionellen Ideen durchdrungen war und dessen wahres Anliegen es sei, «gemeinsam mit den Vertretern der Nation einen Familienpakt zu schließen, der für immer die Freiheit und die Rechte aller Franzosen gewährleistet; ich werde überdies meinen Ehrgeiz wie meinen Ruhm daran setzen, das Wohlergehen dieses großen Volkes, dem ich alles verdanke, zu sichern. Keineswegs ist es deshalb meine Absicht, Ihnen, wie Louis XVIII, eine jederzeit widerrufbare *Charte* zu oktroieren, sondern ich möchte Ihnen eine unverletzliche Verfassung geben, die das gemeinsame Werk des Volkes wie meines sein soll.»[79]

Für das Rätsel dieser bemerkenswerten «Wandlung» Napoleons zum Liberalen damaligen Schlages gibt es nur eine Erklärung: Erst in Lyon erfuhr er, dass die Nachricht nicht zutraf, der Wiener Kongress sei bereits beendet.[80] Also würde er binnen kürzester Frist einen Krieg gegen eben jene europäische Mächtekoalition führen müssen, der er erst im Vorjahr unterlegen war. Für einen solchen Krieg war Frankreich weder in moralischer noch in materieller Hinsicht gerüstet. Deshalb verfiel Napoleon auf den Gedanken, das Land wieder in jene Begeisterung zu versetzen, die es 23 Jahre zuvor ermöglicht hatte, der ersten europäischen Mächtekoalition erfolgreich Widerstand zu leisten. In dieser Perspektive wird seine liberale «Wandlung» in den Lyoner Dekreten plausibel.

Einen Tag später, am 14. März, zerschellte die letzte Hoffnung der Bourbonen, den unblutigen Siegeszug Napoleons nach Paris aufhalten zu können. An diesem Tag lief das Corps Marschall Neys, das ihm südlich von Besançon den Weg verlegen sollte, zu ihm über. Der Verrat Neys, der sich zuvor noch gebrüstet hatte, «Buonaparte», wie Napoleon in Kreisen der Bourbonen wieder genannt wurde, in einem eisernen Käfig nach Paris zu schaffen, bedeutete für den König und seinen Hofstaat das Alarmsignal, das Feld schleunigst zu räumen und die Hauptstadt in Richtung Lille fluchtartig zu verlassen. Damit machten sich sang- und klanglos die Verantwortlichen für den Triumphzug Napoleons aus dem Staub. Tatsächlich hatten sich die Bourbonen durch ihr indolentes Betragen, den Hochmut, mit dem sie agierten, und durch die unklugen gesellschaftspolitischen Maßnahmen, mit denen sie die Restauration ohne jedes soziale Gespür durchzusetzen versuchten, die Armee und die ländliche Bevölkerung rasch zu Feinden gemacht, während sie die bürgerlichen Schichten nicht für sich gewinnen konnten.

Napoleon war andererseits skeptisch genug, um Jubel und Begeisterung nicht allzu hoch zu bewerten. Das beweist der Satz gegenüber Mollien, als dieser ihn dazu beglückwünschte, gewissermaßen im Alleingang ganz Frankreich erobert zu haben: «Mein Lieber, die Zeit für Komplimente ist vorbei. Man ließ mich kommen, wie man die anderen hat entschwinden lassen.»[81]

Zunächst widmete sich Napoleon einer neuen Regierungsbildung, deren Mitglieder binnen kurzem jene Wunder vollbringen mussten, die er von ihnen erwartete. Also übernahmen viele vertraute Gesichter wieder ihre früheren Funktionen. Doch die wenigsten schulterten diese Bürde mit Enthusiasmus. Maret erhielt das Staatssekretariat, obwohl er lieber das Außenministerium übernommen hätte, Gaudin die Finanzen, während Mollien geradezu genötigt werden musste, erneut als Schatzminister zu amtieren. Ähnlich war es mit Davout, der sich vergebens sträubte, Kriegsminister zu werden, und mit Cambacérès, der an die Spitze des Justizministeriums genötigt wurde, was Molé erfolgreich abwehrte, dafür aber das Ministerium für Brücken- und Straßenbau akzeptierte; die Marine wurde wieder von Decrès beaufsichtigt. Der ebenfalls widerstrebende Carnot sah sich zum Innenminister bestellt, was angesichts der revolutionären Töne einleuchtete, die Napoleon jüngsthin angeschlagen hatte. Der getreue Caulaincourt wünschte sich lieber ein militärisches Kommando, lenkte aber ein und wurde erneut Außenminister. Eine Überraschung war die Besetzung des Polizeiministerpostens. Savary lehnte ab, deshalb wurde Fouché Chef dieser wichtigen Behörde – Fouché, der sich zuvor kaum weniger kompromittiert hatte als Talleyrand. Andererseits musste sich Napoleon geradezu für Fouché entscheiden, weil dieser immerhin versprach, die Jakobiner an sich zu binden.[82]

Unter den Ministern war wohl keiner, der dem neuen Anlauf Napoleons auch nur die geringste Erfolgschance einräumte. Pasquier bekam Napoleons Ungnade zu spüren, weil er den Bourbonen als Polizeipräfekt von Paris gedient hatte und wurde aufs Land verbannt. Vor seiner Abreise traf er mit Fouché zu einem Gespräch zusammen. Da sich Pasquier scheute, ein Urteil über die neue Lage zu fällen, nahm ihm dies Fouché ab, der bündig feststellte: «Ich aber sage Ihnen, dass dieser Mann sich in keiner Hinsicht gebessert hat und als ein genauso großer Despot, ebenso begierig auf Eroberungen und schließlich nicht weniger verrückt wie jemals zuvor zurückgekehrt ist. (...) Ich sage Ihnen, dass trotz der Versicherung, die er gegeben hat, ganz Europa über ihn herfallen wird. Dessen wird er sich aber unmöglich erwehren können und die ganze Angelegenheit dürfte in weniger als vier Monaten erledigt sein.»[83]

Fouché stellte nicht als einziger der Minister dem neuen Regime eine pessimistische Prognose. Selbst der loyale Caulaincourt äußerte sich gegenüber Pasquier ähnlich: «Das Unterfangen des Kaisers ist verrückt. Sie kennen bereits, wie alle Welt auch, die Erklärung, die von den europäischen Mächten in Wien am 13. März gegen ihn verabschiedet worden ist (die Ächtung Napoleons, J.W.), und Sie haben auch die lächerlichen Antworten gelesen, auf die wir uns beschränken mussten. Er wird also bald ganz Europa auf dem Hals haben, und man wird ihm keine Zeit lassen, sich dafür zu rüsten. Unter keinen Umständen wird man mit ihm in Verhandlungen eintreten. Die Kuriere, die wir abschicken, werden noch nicht einmal über die Grenze gelassen. Er wird also unterliegen, aber was geschieht dann mit dem armen Frankreich? Es wird verwüstet, vielleicht auch aufgeteilt werden, denn wir dürfen jetzt nicht mehr auf irgendeine Großzügigkeit seitens der Alliierten rechnen. (...) Auf was also wird man sich verlassen, an was anklammern können? Wo wird die Planke sein, die einen im Schiffbruch rettet? Was den Kaiser anbelangt, so scheint es ganz ausgeschlossen, dass er nicht begreift, dass seine Situation eine ganz andere ist als die, die er gehofft hatte anzutreffen. Seit seiner Abreise hat sich in Frankreich alles verändert, haben die Geister eine Bahn eingeschlagen, über die er nicht im Zweifel sein konnte. Die Unzufriedenheit mit der königlichen Regierung war zweifellos groß, aber das Maß an Freiheit, das er uns in Aussicht gestellt hat, wird das kaiserliche Regime heute, so wie es der Kaiser vor allem in der letzten Zeit praktiziert hatte, unerträglich machen. Außerdem, und das können Sie jetzt bereits bemerken, will er die versprochene Freiheit gar nicht gewähren. Vor allem wird er es gar nicht erst wagen, die Freiheit zuzugestehen, die alle Welt wünscht; er wird sie nur immer versprechen, und unterdessen werden die alten Gewohnheiten ihn wieder völlig in Besitz nehmen.»[84]

Wenn Männer wie Fouché und Caulaincourt trotz der tiefen charakterlichen Gegensätze, die sie trennten, zu einer übereinstimmenden, pessimistischen Prognose des Regimes gelangten, dem sie beide mit der Ausrede dienten, das Schlimmste nach Möglichkeit verhindern zu wollen, dann stand es um die Chancen Napoleons schlecht. In einem bemerkenswerten Gespräch, das er am 12. November 1816 auf Sankt Helena mit Las Cases führte, hat er selbst bekannt, dass er nach der Rückkehr von Elba nicht mehr das Gefühl eines *succès définitif* gehabt habe. Immer habe er damals gespürt, dass ihm etwas fehle. «Ich hatte nicht mehr dieses Glück, das sich an meine Fersen heftete und das mich geradezu überschüttete; es war vielmehr das harte Geschick, dem ich gelegentlich noch mit Gewalt einige Gunstbeweise zu entreißen vermochte, wofür sich dieses aber sehr bald wieder rächte. Bemerkenswert ist nämlich, dass ich damals nicht einen Vorteil errang, dem nicht sofort ein Rückschlag folgte. – Ich durchmaß Frankreich, die Begeisterung der Bürger, die mich mit einhelliger Zustimmung begrüßten, trug mich bis in die Hauptstadt. Aber kaum war ich in Paris angelangt und wie durch eine Art von Magie veranlasst, jedenfalls ohne einen vernünftigen Grund, wich man plötzlich vor mir zurück, begegnete man mir allenthalben mit Kühle.»[85] Eine wichtige Ursache für diese abrupte Ablehnung, die Napoleon auf Sankt Helena noch immer Rätsel aufgab, war sicher seine Ächtung, die seitens der Alliierten überall in Frankreich verbreitet wurde.[86] Die Bedeutung der Ächtung musste jedermann klar sein: Die Alliierten würden trotz der Friedensschalmeien Napoleons nicht ruhen, bis sie ihn erneut besiegt hatten. Auch die Hoffnungen Napoleons, Österreich aus der gemeinsamen Front der Alliierten herauszubrechen und auf seine Seite zu ziehen, erwiesen sich bald als unrealistisch.

Napoleons Illusionen hinsichtlich der Haltung der Verbündeten, die er vergeblich von seinen friedlichen Absichten zu überzeugen suchte,[87] wurden endgültig durch die Erneuerung des Vertrags von Chaumont am 25. März 1815 zerstört.[88] In der Sache war das nichts anderes als eine Kriegserklärung an Napoleon. Dass diese so zeitig erfolgte, stürzte ihn in erhebliche Schwierigkeiten, denn für den drohenden großen Konflikt war er noch keineswegs gerüstet. Außerdem war auch Frankreich noch längst nicht wieder seinem Willen unterworfen. Im Süden und Südwesten des Landes behauptete sich starker royalistischer Widerstand, der aber rasch gebrochen wurde.[89] Anders dagegen stand es im Westen, in der Vendée, wo die Monarchie traditionell stark verwurzelt war. Hier lösten die massiven Rekrutenaushebungen, die Napoleon im April anordnete, eine sich rasch ausbreitende Aufstandsbewegung aus. Auch wenn deren Anführer unter sich zerstritten waren, machte die Empörung Napoleon gleichwohl schwer zu schaffen. Dass noch Anfang Juni 20000 Mann in diesem Bürgerkrieg engagiert waren, die Napoleon bei Waterloo fehlten, spricht Bände über das Ausmaß der Unruhen.[90]

Die Überwindung der oppositionellen Kräfte im Inneren musste Napoleon als eine Aufgabe bewältigen; eine andere, kaum weniger schwierige Herausforderung war, die Lauen, die Skeptiker, kurz, die Mehrheit jener für sich zu gewinnen, die sich durch seine revolutionären und liberalen Rodomontaden nicht hatten überzeugen lassen. Das Unterfangen überforderte jedoch seine Geduld, seine Verstellungskunst und seinen Witz. Das gleichermaßen liberale und revolutionäre Kostüm, in das Napoleon zu schlüpfen suchte, um jene Kakophonie von Ansprüchen in seinem Sinne zu harmonisieren, erwies sich als eine Zwangsjacke, der er sich so rasch wie irgend möglich entledigte. Indem er seiner wahren Natur Gewalt anzutun suchte, um die Unterstützung der Notabeln zu gewinnen, verwirrten sich seine Machtinstinkte, verlor er seine frühere, geradezu traumwandlerische Handlungssicherheit. Mollien hat diesen «neuen» Napoleon, den Wolf, der sich mit Kreide vollgestopft hatte, geschildert: «Statt seiner Ausbrüche, seiner Irritationen und Sarkasmen, die früher jede Auseinandersetzung mit ihm häufig sehr unangenehm gemacht hatten, verbarg er seine Erregung jetzt unter ostentativer Nachsicht, die von denen, die ihn kannten, als Neuigkeit bestaunt wurde. Sichtlich war er darauf bedacht, die Gesellschaft jener Personen, bei deren bloßem Anblick er früher den heftigsten Widerwillen zu erkennen gegeben hatte, zwar nicht zu suchen, aber auch nicht von sich zu weisen. Kein Angebot, ihm zu Diensten zu sein, wurde von ihm, wer immer es auch machte, abgelehnt. Gleichzeitig verbat er es sich auch nicht, dass seine offiziellen Berater Absichten, die er verwirklichen wollte, öffentlich in Abrede stellten. (...) Stets gab er sich den Anschein, völlig gelassen und nachdenklich zu sein; auch stellte er ohne alle Mühe eine ernste Würde zur Schau. Von der visionären Kühnheit seiner früheren Jahre waren ebenso wenig Spuren an ihm wahrzunehmen, wie von seinem Selbstvertrauen, die beide ihn niemals irgendwelche Hindernisse als unüberwindlich hatten erscheinen lassen. Allein, in diesen anderen Zeiten war ihm die Vorsehung gleichermaßen untertan gewesen wie die Menschen. Während der *Hundert Tage* war er der Erste, der sich eingestand, dass ihn sein guter Stern verlassen und er damit einen Verbündeten verloren habe, den nichts ersetzen könne. Da seine Gedanken auf einen engen Raum eingesperrt waren, den steile Abhänge begrenzten und innerhalb dessen neue Interessen mit seinen eigenen im Widerstreit lagen, statt wie vordem frei über den ungeheuren Horizont seiner Macht schweifen zu können, wurden sie jetzt mühsam und quälend.»[91]

Vor allem Napoleons neue, seiner Umgebung bald lästige Angewohnheit, ganze Stunden mit eigens einbestellten Gesprächspartnern zu verschwatzen, offenbarte seine Unsicherheit. Er litt daran, sie nicht mehr mit den bewährten Rezepten beeinflussen zu können. Napoleons Größe, in der sich seine Begabungen, seine Entschlusskraft wie sein Mut entfalteten, hing, das zeigte sich jetzt, vom Erlebnis seines Erfolgs ab. Kaum hatte ihn dieser verlassen, verschwanden auch all jene Eigenschaften. Stattdessen tauchte erneut sein unzureichendes Verständnis für politisches Handeln auf, das ihn seine wahre Situation verkennen ließ. Eine Anekdote, die Lavalette überliefert, ist dafür kennzeichnend: «Während einer unserer Unterhaltungen, die den Freiheitsgeist zum Gegenstand hatte, der sich allüberall mit großem Nachdruck manifestierte, sagte er mir im Ton einer Frage: *Das alles dauert doch nur zwei oder drei Jahre?* – *Dass sich Ihre Majestät da nicht täuschen,* versetzte ich. *Das alles wird für immer andauern.*»[92] Das ehemalige Konventsmitglied Thibaudeau, ein in der Wolle gefärbter Jakobiner, diagnostizierte das Dilemma Napoleons in einer Weise, in der sich Kritik und Erwartungen all jener widerspiegelten, die im politischen Spektrum Frankreichs die Linke repräsentierten: «Die enragierten Bonapartisten waren geteilt. Einige unter ihnen, die dem Kaiser zujubelten und ihn in alle Himmel hoben, forderten: *Wir unterstützen Sie, aber nur unter einer Bedingung: Schluss mit dem Despotismus! Freiheit! Verfassungsorgane! Garantien!* Der Kaiser zwang sich, entgegen seiner Natur dazu, liberal zu sein; damit verletzte er sich selbst, aber was machte das schon. Hin und her gezerrt von solchen Wünschen einerseits, andererseits von seiner Natur und seinen Gewohnheiten, wurde er geschwächt, war er nicht mehr er selber. – Aus allen diesen Gründen hätte ich es vorgezogen, wenn sich Napoleon nicht mehr als Kaiser präsentiert hätte, sondern als der rächende Arm der Französischen Revolution, der die Diktatur so lange ausübte, bis die Nation, nachdem sie ihre Unabhängigkeit mit Waffen und durch Verhandlungen wiedererlangt hatte, sich eine Regierung gegeben hätte. Das wäre eine klare und bestimmte Vorgabe gewesen. Deshalb auch keine Kammern, keine Diskussionen, kein Geschwätz. Nur Handeln, Handeln, nichts als Handeln. Alles für den Krieg; aus dem französischen Volk eine Armee machen und aus Frankreich ein Feldlager. Unglücklicherweise war es nur sehr schwierig, dass der Kaiser sich dazu aufraffte, nichts anderes als ein Diktator und zwar ein revolutionärer Diktator zu sein. (...) Indem er sich aber als Kaiser restaurierte, zwang ihn die Fatalität auch dazu, seinen alten Hofstaat aus Würdenträgern, Ministern, Staatsräten, Marschällen, Knappen und Kammerherren ebenfalls wiederherzustellen, die meisten von ihnen Freunde von sehr zweifelhaftem Wert, verachtet von der öffentlichen Meinung und nur in den wenigsten Fällen dazu bereit, sich für ihn oder das Vaterland aufzuopfern. (...) Die ganze Wiedererrichtung des Kaisertums glich stark einem wirren Theaterspektakel, in das man sich mit einer Maske stürzte; insgesamt machte sie den Eindruck eines Schiffes, das lediglich für Bühnenzwecke aus morschen Brettern zusammengenagelt worden war. Anstatt durch seine revolutionäre Haltung Respekt und Furcht einzuflößen, galt Frankreich den Königen wegen dieses Bastard-Systems lediglich als ein Land, das sich gegen sie wie die Bourbonen empörte.»[93]

Thibaudeau trat für einen kompromisslosen Republikanismus ein, der sich am Vorbild der Revolution von 1793 orientierte. Dessen effektive Instrumente waren die *levée en masse*, die Volksbewaffnung, und die

Guillotine, das «Rasiermesser der Gleichheit», das im Inneren für den Schrecken sorgte, der revolutionäre Kohärenz erzwang. Auf das Jahr 1815 angewandt, hätte dies eine konsequente «Säuberung» der Verwaltung wie der Armee von allen «verdächtigen» Elementen, Kryptoroyalisten, «Verrätern» und Opportunisten bedeutet, kurz, eine umfassende Hexenjagd, eine «Nacht der langen Messer», summarische Hinrichtungen und andere Entsetzlichkeiten. Schließlich forderte eine solche Strategie auch, die unterbürgerlichen Massen zu bewaffnen, die Pariser Vorstädte patriotisch zu entflammen, den Sansculottismus neu zu entfachen, das Bürgertum auf jede nur denkbare Weise zu ängstigen, um so wieder jenen revolutionären Patriotismus auflodern zu lassen, den die Alliierten mehr fürchteten als Pest oder Cholera.[94]

Eine solche Strategie war keineswegs unplausibel, zumal sie in manchem eher dem gewalttätigen Naturell Napoleons entsprach als jene liberalen Lippenbekenntnisse, denen er, *malgré lui*, Taten folgen lassen musste. Allein, diese Überlegung verkannte völlig, wie sehr es ihm gefiel, dass er, wie er mit unverhohlenem Stolz immer wieder betonte, die Revolution beendet hatte. Die Revolution, das bedeutete für Napoleon vor allem Unordnung, Anarchie, der geifernde Mob, blindwütiges Eiferertum – alles Phänomene, die ihm zutiefst verhasst waren. Seine Vorstellungen von Gemeinwesen waren mit den Götzen von Hierarchie, Ordnung, Autorität, Befehl und Gehorsam ausgestattet; die Gesellschaft, der Staat, die Politik, das Militär galten ihm als das ausgeklügelte und reibungslos funktionierende Räderwerk in einer Maschine, die nichts anderes produzierte als die stetige Steigerung seiner Macht und seines Ruhms. Dass diese Maschine Frankreich war, war Zufall; dass sie ihm von der Revolution in die Hände gelegt wurde, ein Werk der Vorsehung, mit der er sich bislang verbündet wusste; dass diese sich aber jetzt von ihm abwandte, verursachte sein ganzes Unglück. Vielleicht ließ sich ihre Gunst wieder gewinnen; vielleicht war das so schlecht sitzende Kostüm eines Liberalen das Gewand, das man für eine Weile tragen musste, bis alles wieder im alten, im vertrauten Geleise war. Für dieses Ziel, wusste Napoleon, bedurfte es keiner Konstitutionen und Parlamente, keiner Pressefreiheit und keines anderen, den Liberalen so teuren Schnickschnacks, sondern nur des Sieges in der einen, der letzten, der alles entscheidenden Schlacht. Noch einmal die Chance haben, den ganzen Einsatz wagen zu können! Bis diese Chance sich bot, musste man sich in Geduld üben und mit den Schafen blöken, deren einfältiges Glück sich in Verfassung und Frieden erfüllte.

Das mit den Dekreten von Lyon gegebene Versprechen, gemeinsam mit den Repräsentanten der Nation eine neue, freiheitliche Verfassung auszuarbeiten, harrte jetzt der Einlösung. Weil die Zeit drängte, entschloss sich Napoleon, das einem einzelnen Mann anzuvertrauen. Die Person, für die er sich entschied, war zwar höchst ungewöhnlich, die Wahl zeigte aber auch, dass Napoleon verstanden hatte, was er den Umständen schuldete: Benjamin Constant, den er zuvor stets als einen «Ideologen» geschmäht hatte, ein liberaler Publizist und Schriftsteller, dessen intellektuelle Karriere unter dem Consulat als Jakobiner begonnen hatte, war, 1802 von Napoleon verbannt, nach Deutschland emigriert. Er lebte im Exil mit seiner Geliebten Germaine de Staël. Unter dem Eindruck von Napoleons Eroberungspolitik mutierte er zu einer publizistischen Stütze von Thron und Altar. Mit der Restauration der Bourbonen kehrte er wieder nach Frankreich zurück, wo er seine Feder in deren Dienst stellte. Dass ausgerechnet diese weithin bekannte und schillernde Figur von Napoleon ausgewählt wurde, den Verfassungsentwurf auszuarbeiten, war gewiss delikat; dass Constant dieses Ansinnen akzeptierte, nicht minder. Beide, so darf man vermuten, standen einander in ihrem Opportunismus nicht nach.[95]

Bei der Ausarbeitung des Verfassungsentwurfs, den er binnen weniger Tage vorlegte, hatte Benjamin Constant allerdings keine unbeschränkte Gestaltungsfreiheit; der bestimmende Einfluss Napoleons war nicht zu übersehen.[96] Das Ganze wurde ein rechter Wechselbalg, wie schon der Name, den das Unternehmen erhielt, unmissverständlich verriet: *Acte additionnel aux Constitutions de l'Empire* – also «Zusatz zur Verfassung des *Empire*». Als solche wurde die Akte bereits am 22. April 1815 nach heftiger Diskussion vom *Conseil d'État* gebilligt.[97] Die Zusatzakte legte im wesentlichen die Schaffung eines Zwei-Kammer-Systems fest: Ein Oberhaus, mit erblichen Mitgliedern, die *Chambre des Pairs*, sowie ein Unterhaus, die *Chambre des Répresentants*, deren Mitglieder nach den zensitären Wahlrechtsbestimmungen des Jahres 1802 gewählt werden sollten. Auch wenn die Kammern etwas an Einfluss auf und damit Kontrolle über die Regierung gewannen, so gab es dennoch keine parlamentarische Verantwortlichkeit der Minister, was charakteristisch ist für den Geist dieser Verfassung, deren Zugeständnis an den liberalen Zeitgeist sich allein in ihrem Anstrich zeigte. Die einzige echte Neuerung war die Garantie der Pressefreiheit.[98]

Napoleon wollte die Verfassung ursprünglich nur veröffentlichen, ihre Inkraftsetzung mithin in ferne Zukunft verschieben, denn er meinte, allein die Ausarbeitung dieser Zusatzakte genüge bereits, um diejenigen zu befriedigen, die laut nach Freiheit und Garantien riefen. Außerdem hatte er in seiner Lage ein verständliches Interesse daran, sich seine Handlungsfreiheit nicht durch Rücksichtnahme auf die Kammern einschränken zu lassen. Damit konnte er sich aber nicht durchmogeln, weshalb er rasch dem Druck nachgab und die Einberufung der *Collèges électoraux* anordnete, die Repräsentanten für die Billigung der Zusatzakte bestimmen sollten. Wie im Lyoner Dekret verheißen, sollte das auf dem Pariser Maifeld geschehen.[99]

Die Verfassung enttäuschte jedoch viele der in sie gesetzten Hoffnungen. Die heftige Kritik am vermeintlichen Zugeständnis an den liberalen Zeitgeist zeigte, dass der Schaden für das Regime größer war als der Popularitätsnutzen, auf den Napoleon spekuliert hatte. Das belegen die Zeugnisse von Lavalette wie von Miot de Melito unmissverständlich.[100] So heißt es bei Miot: «Niemals hat ein politischer Fehler eine schnellere Wirkung gehabt.»[101] Lavalette hingegen inspirierte die Veranstaltung auf dem Pariser Maifeld, bei der am 1. Juni 1815 die neue Verfassung feierlich vorgestellt und verabschiedet werden sollte,[102] zu dem Urteil: «Man erkannte im Kaiser lediglich einen Despoten und darüber vergaß man den äußeren Feind.» Dass sich seine Erwartungen nicht erfüllten, hatte Napoleon schon geahnt und deshalb zu Lavalette bemerkt: «Ich brauche einen Sieg, vorher kann ich nichts machen. Möglicherweise bin ich der einzige Mann in diesem Reich, der sich seinen Verstand noch bewahrt hat, aber eben deshalb kann ich nicht alle Meinungen beeinflussen oder in meinem Sinne lenken.»[103] Napoleon hatte seinen guten Willen bewiesen und mit den Schafen geblökt. Es hatte ihm mehr geschadet als genutzt. Jetzt galt es, auf dem Schlachtfeld den letzten Einsatz zu wagen.

Mit jedem Tag, an dem er sich mit Verfassungsfragen herumschlagen musste, verringerten sich seine Aussichten, den Alliierten mit Erfolg entgegentreten zu können. Ende April erhielt er von Eugène die Nachricht, dass die feindliche Streitmacht nicht vor Juli die französischen Grenzen überschreiten könne. Das ließ ihm weniger als zwei Monate Zeit für seine Rüstungen, mit denen er aus Rücksicht auf die vorherrschende Friedenssehnsucht bislang nur zaghaft begonnen hatte. Zwar gab er gleich bei seiner Ankunft in Paris die Fabrikation von dreihunderttausend Gewehren in den kaiserlichen Waffenschmieden in Auftrag, aber davon waren beim Aufbruch am 12. Juni 1815 allenfalls ein Viertel fertig.[104] Ähnlich schlecht stand es um Uniformen, Stiefel, Pferde, Wagen, Munition und Kanonen, von sonstigen Details einer Armeeorganisation ganz zu schweigen. Außerdem musste Napoleon jetzt auf eine ganze Reihe seiner erfahrenen Marschälle und Generäle verzichten: Augereau, Victor, Marmont, Oudinot, Macdonald und St. Cyr hielten den Bourbonen die Treue. Junot war dem Irrsinn verfallen, Masséna und Moncey waren zu alt und zu verbraucht, Mortier ernsthaft erkrankt. Am schmerzlichsten vermisste er wohl seinen bewährten Stabschef, Berthier, der, kaum hatte er von der Rückkehr Napoleons aus Elba gehört, nach Bamberg geflohen war, wo er sich am 1. Juni 1815, als erste Einheiten russischer Kavallerie durch die Stadt nach Westen zogen, aus dem Fenster im dritten Stock seiner Wohnung zu Tode stürzte.[105]

Doch Napoleon konnte immerhin, im Unterschied zu den Kampagnen von 1813 und 1814, auf ein großes Reservoir an Kadertruppen zurückgreifen, die durch den Verlust Deutschlands und Spaniens wieder bereit standen. Bis zu seiner Abdankung im April 1814 hatten sich noch größere französische Truppeneinheiten in den Festungen zwischen Danzig und Antwerpen, Hamburg und Ragusa behauptet, die alle repatriiert worden waren. Insgesamt beliefen sich diese kriegserfahrenen Soldaten etwa auf rund 180000 Mann. Mit diesem Pfund ließ sich wuchern. Napoleon hoffte nun, dass er diese Armee bis Ende Juni durch Rekrutenaushebungen auf rund eine halbe Million Mann vergrößern könne. Tatsächlich war die Einberufung der Wehrpflichtigen von 1815 ein heikles politisches Problem, das sich nur mit Sensibilität lösen ließ. Die Bourbonen hatten die Wehrpflicht abgeschafft; sie sofort wieder einzuführen, musste sich Napoleon mit Rücksicht auf eine heftige Reaktion versagen. Erst am 30. Mai ordnete er mit Zustimmung des *Conseil d'État* die Einberufung der fälligen Jahrgangsklasse von Wehrpflichtigen an, eine Maßnahme, die auf den Feldzug, zu dem er am 12. Juni aufbrach, keinen Einfluss mehr haben konnte.

Bereits im Mai hatte er den Entschluss gefasst, offensiv zu operieren. Er wollte in Belgien einfallen und hier den Gegner überraschen, noch ehe sich die anglo-holländischen und preußischen Armeen vereinigten. Sollte dies gelingen, wollte er sich nach Süden wenden, um die von Osten heranflutenden russisch-österreichischen Armeen zu stellen. Der Plan verrät die alte Handschrift des Meisters. Das gilt auch für seine große Umsicht, dieses Vorhaben dem Gegner zu verbergen. Diesem Zweck diente eine Serie von Feierlichkeiten, die sich um die Annahme der neuen Verfassung rankten und mit dem Festakt auf dem Pariser Maifeld am 1. Juni begannen. Es folgten die Konstituierung des Parlaments und die Ernennung der *Pairs de France*, unter denen, kaum überraschend, auch wieder drei Napoleon-Brüder figurierten: Joseph, Lucien – mit dem er sich unterdessen ausgesöhnt hatte – und Jérôme. Louis, der ehemalige König von Holland, lebte hingegen schmollend in Florenz, während Eugène sich noch bei seinem Schwiegervater, dem bayerischen König, in München aufhielt. Dieser Reigen feierlicher Inaugurationen lieferte den Vorwand für zahlreiche volkstümliche Feste. Eines fand am 4. Juni in den illuminierten Tuilerien-Gärten und auf den Champs-Elysées statt, wo Napoleon es sich angelegen sein ließ, als Herrscher im Schlaraffenland aufzutreten: Brot, gebratenes Geflügel, Würste und Kuchen kostenlos in Hülle und Fülle, aus sechzehn Fontainen sprudelte Wein. Die Musik spielte auf, und Napoleon fand sich mit seinen Brüdern ein, die sich leutselig plaudernd unter die Menge mischten. Das war, wer wollte es bezweifeln, das liberale Kaiserreich.[106] Am 7. Juni 1815 wurden die beiden Kammern im Beisein Napoleons eröffnet. Feierlich beschworen ihre Mitglieder die neue Verfassung. Dann ergriff Napoleon das Wort und versicherte den Anwesenden, was wohl nur die wenigsten glaubten: «Heute erfüllt sich mir der glühendste Wunsch, den ich in meinem Herzen getragen habe: Ich beginne die konstitutionelle Monarchie. – Die Männer sind machtlos, die Zukunft zu gewährleisten; allein die Institutionen können die Geschicke der Nationen in feste Bahnen lenken. Die Monarchie ist in Frankreich eine Notwendigkeit, um die Freiheit, die Unabhängigkeit und die Rechte des Volkes zu garantieren.» Diese Rede schloss mit Worten, die lediglich eine Möglichkeit andeuteten, von der aber die Anwesenden wussten, dass sie längst Gewissheit war: «Es ist möglich, dass die erste Pflicht des Fürsten mich bald an die Spitze der Kinder der Nation ruft, um für das Vaterland zu streiten. Die Armee und ich, wir werden unsere Pflicht tun. – Ihr, Pairs und Repräsentanten, gebt der Nation das Beispiel eures Vertrauens, eurer Kraft und eures Patriotismus und, seid, wie der Senat des großen Volkes der Antike, dazu bereit, lieber zu sterben, als in Unehre und in der Erniedrigung Frankreichs weiter zu leben. Die heilige Sache des Vaterlands wird triumphieren!»[107] Am 12. Juni 1815 um vier Uhr morgens verließ Napoleon die Tuilerien, um sich zur Armee zu begeben.[108] Unmittelbar zuvor wurde für die Zeit seiner Abwesenheit unter Josephs Präsidentschaft ein Regentschaftsrat berufen. Ferner gehörten diesem Gremium außer Lucien noch acht Ressortminister und vier Staatsminister an. Alle Entscheidungen sollten mit einfacher Mehrheit gefällt werden; bei Stimmengleichheit entschied das Votum des Präsidenten.

Das Unternehmen, zu dem Napoleon aufbrach, war in der strategischen Anlage so kühn und brillant wie nur je, allein es fehlte etwas für das Gelingen ganz Entscheidendes: die ungetrübte Siegeszuversicht, die Napoleon sonst immer ausgestrahlt und mit der er seine Umgebung und die Armee beflügelt hatte, sich immer wieder selbst zu übertreffen. Napoleon muss das gespürt haben, denn wie auf dem Rückzug aus Russland, während der Kampagne in Sachsen vom Sommer und Herbst 1813 und jener in Frankreich im Frühjahr 1814, suchte er jetzt wieder Zuflucht bei einer Droge, die sein Verderben unvermeidlich machte: Er flüchtete sich in Illusionen. Er malte sich die Realität und die Herausforderungen, auf die er angemessen zu reagieren hatte, nach seinen Wünschen. Daher beanspruchten die Unwägbarkeiten – die Friktionen, wie Clausewitz das nannte – einer offensiven Kriegführung wie auch die Notwendigkeit, komplexe operationelle Abläufe sinnvoll aufeinander abzustimmen, auch nicht entfernt den seiner verzweifelten Lage gemäßen Raum in seinen Kalkulationen. Hinzu kam, dass der Verlust Berthiers nicht auszugleichen war, denn Marschall Soult war seiner Aufgabe bei weitem nicht gewachsen.[109] Außerdem sollte er die Bewegungsabläufe einer Armee koordinieren, die allzu rasch improvisiert worden war und nicht mehr jenes eingespielte Instrument darstellte, das – stimuliert vom Erlebnis des eigenen Erfolgs – von Sieg zu Sieg geeilt war. Zu diesen Nachteilen kamen die unpräzisen Befehle Napoleons. Andererseits ordneten die einzelnen Corpskommandeure – Ney lieferte das eindrücklichste Beispiel – taktische Überlegungen ihrem Kampfinstinkt, ihrem Hang zum Bravado unter, und das hatte jeweils gravierende Folgen.

Die Kampagne von Waterloo wurde der mit Abstand kürzeste Feldzug Napoleons – alles in allem dauerten die Operationen nur eine Woche. Aber sie ist von all seinen kriegerischen Unternehmungen die am ausführlichsten dokumentierte. Viele Teilnehmer an diesem Ringen, das sich in vier Schlachten abspielte, haben darüber mehr oder minder umfangreiche Berichte hinterlassen, die, wie bei Zeugen unvermeidlich, in ihren Schilderungen der Ereignisse häufig von einander abweichen, wenn nicht gar einander widersprechen. So wurde keine Schlacht so oft geschlagen wie die von Waterloo. Napoleon hat gleichsam die Debatte eröffnet; immer wieder erörterte er im kleinen Kreis der Getreuen auf Sankt Helena die Ursachen für jenes Geschehen, das sein Scheitern endgültig besiegelte. Wie üblich konnte er bei sich kaum einen Fehler erkennen. Die Verantwortung für das Debakel lag bei seinen Marschällen und Generälen, die in dieser oder jener entscheidenden Situation versagt hatten, sei es, dass sie seinen Befehlen nicht gehorchten, sei es, dass sie eigenmächtig die falschen Entscheidungen trafen. Hier bedarf es weder einer kritischen Dokumentation seiner späteren Ausflüchte und Erklärungsversuche noch gar einer von allen absichtlichen oder unabsichtlichen Verzerrungen gereinigten Schilderung des dramatischen Geschehens.[110] Es geht um die Verblendung des Helden, die in seinem Handeln zu erkennen war und entscheidend zu seinem Untergang beitrug. Waterloo war nicht allein im strikt militärisch-strategischen Sinne eine Entscheidungsschlacht, sondern auch in eminent politischer Sicht: Der Ausgang der Schlacht markierte nicht nur das vorläufige Ende der revolutionären Neuordnung Europas, sie war auch der

Schlusspunkt jener Epoche, in der Frankreich als unbestrittene Vormacht in der Welt und Europa herrschte.

Gleich zu Beginn der Kampagne operierte Napoleon in der wahnhaften Annahme, die Verbündeten, Wellington und Blücher, die mit ihren Armeen in Belgien standen, habe sein überraschendes Nahen bereits so erschreckt, dass sie sich auf ihre Operationsbasen zurückgezogen hätten: Wellington auf die Kanalküste, Blücher weit nach Osten in den Raum Lüttich. Diese Annahme erwies sich jedoch als völlig unbegründet, zumal allein Blüchers Armee mit 126000 Mann ebenso stark war wie die Napoleons. Schwerer aber wog die Verkennung der Psychologie seiner Gegner: Wellington operierte zwar stets vorsichtig und defensiv, wie seine in Spanien erfolgreiche Kriegführung gezeigt hatte, aber gleichermaßen kennzeichnete ihn eine unerschrockene Hartnäckigkeit, die er immer dann bewies, wenn er sich seines Erfolges sicher wähnte. Angesichts dieser Disposition ergänzte ihn Blücher geradezu ideal. Sein impulsives Naturell, das ihm den Spitznamen «Marschall Vorwärts» eingetragen hatte, ließ sich, wie zuletzt bei der Kampagne in Frankreich vom Frühjahr 1814 zu beobachten, selbst durch eine Reihe von Niederlagen nicht sonderlich beeindrucken.

Zunächst schien sich alles nach den Plänen Napoleons zu entwickeln. Seine Absicht war, das «Scharnier» zwischen der englisch-holländischen Armee, die im Raum südwestlich von Brüssel stand, und der Blüchers, deren Aufstellungsraum westlich von Lüttich bis in den Raum von Sombreffe, wenige Kilometer nördlich der Sambre, reichte, aufzusprengen und beide nacheinander zu schlagen. Dieses «Scharnier» war die Straße von Charleroi nach Brüssel. Der entscheidende Punkt auf dieser Achse war die Kreuzung von Quatre Bras, wo die Straße in westöstlicher Richtung von der Chaussee Nivelles – Namur geschnitten wurde. Die verkehrsgeographische Konstellation veranlasste Napoleon zu der leicht nachvollziehbaren taktischen Disposition, mit einem Überraschungsangriff auf die preußische Armee jene Straßenkreuzung zu besetzen, um so eine Vereinigung der beiden gegnerischen Heere zu verhindern. Das schien auch zu gelingen, denn Napoleon überschritt am Morgen des 15. Juni mit den Spitzen seiner *Armée du Nord* die Sambre mit Stoßrichtung auf die Dörfer Frasnes und Fleurus, ohne dass ihm die Preußen, die seine Absichten zu spät bemerkten, ernsthaft Widerstand leisteten. Diesem ersten Erfolg schien sogleich ein weiterer zu folgen, denn Blücher tat genau das, was Napoleon gehofft hatte: Er ließ seine Vorhut auf Sombreffe zurückfallen, wohin er gleichzeitig mit seiner Hauptmacht vorrückte, um hier die Franzosen in einer Schlacht zu stellen. Wellington, der erst im Laufe des 15. Juni in seinem Brüsseler

Hauptquartier vom Vorstoß Napoleons erfahren hatte, verkannte dessen Vorhaben, denn er nahm an, dieser plane ein klassisches Umgehungsmanöver, um die britischen Truppen von der Kanalküste abzuschneiden. Deshalb verstärkte er seine *äußere* Flanke westlich von Brüssel, entblößte damit aber die *innere* Flanke, mit der sich die Verbindung zu Blüchers Truppen hätte herstellen lassen. Die dafür extrem wichtige Straßenkreuzung von Quatre Bras sollte seinen Befehlen zufolge gänzlich unbesetzt bleiben. Dieser kapitale taktische Fehler Wellingtons wurde aber dadurch wettgemacht, dass der Stabschef des I. Corps der anglo-holländischen Armee, General Constant de Rebecque, entgegen den Weisungen am Nachmittag des 15. Juni eine Brigade nach Quatre Bras entsandte. Dieser Brigade gelang es, den Vormarsch des von Ney befehligten linken Flügels der *Armée du Nord* so lange aufzuhalten, bis am Abend eine weitere Brigade als Verstärkung erschien, die in erbitterten Kämpfen die Straßenkreuzung bis zum Abend des 16. Juni gegen Ney verteidigte, so dass dessen Truppen hier gebunden waren und Blücher nicht bei Sombreffe in die rechte Flanke fallen konnten.

Das war die eine Ursache, die Blücher vor seiner Vernichtung am 16. Juni bewahrte. Eine andere war, dass Napoleon in der irrigen Annahme, das Gros der preußischen Truppen habe sich auf Namur oder Lüttich zurückgezogen, den Vormittag tatenlos verstreichen ließ.[111] Erst am Nachmittag gewahrte er zu seiner Überraschung, dass sich die Preußen in der Ebene von Ligny zur Schlacht formiert hatten. Sein Plan war denkbar einfach: Er wollte den rechten Flügel Blüchers frontal angreifen, während Ney, von Quatre Bras kommend, das nach Meinung Napoleons längst besetzt war, den preußischen Truppen in den Rücken fallen sollte. Es war Napoleons zweiter Fehler, den Ney noch dadurch verschlimmerte, dass er seine Angriffe auf die beiden Brigaden nicht verstärkte, sondern auf das Eintreffen des I. Corps von Drouet d'Erlon wartete, um dann mit überlegenen Kräften zum Sturm anzutreten. Darin sah er sich aber enttäuscht, denn Napoleon hatte, kaum, dass er am Nachmittag erfuhr, als die Schlacht bei Ligny bereits in vollem Gange war, Quatre Bras sei noch nicht gefallen, dem I. Corps Befehl erteilt, sofort nach Osten umzukehren, damit es statt Ney die Zangenbewegung gegen Blücher ausführe. Als Ney mit einiger Verspätung den Schwenk des I. Corps erfasste, sandte er sofort einen genau gegenteiligen Befehl an Drouet d'Erlon, der diesen gegen 18.00 Uhr kurz vor Ligny erreichte. Nach umständlichen Beratungen mit seinem Stab ließ Drouet d'Erlon sein Corps erneut kehrtmachen und in Richtung auf Frasnes marschieren, wo es erst bei Dunkelheit wieder eintraf. Dank dieser sinnlosen Hin- und Hermarschiererei konnte das I. Corps weder bei Ligny noch bei Quatre Bras ins Kampfgeschehen eingreifen. Neys taktische Borniertheit brachte Napoleon so um die Möglichkeit, am 16. Juni einen entscheidenden Sieg über die preußische Armee zu erringen. Zwar konnte er die Schlacht für sich entscheiden, aber Blücher gelang im Schutz der einbrechenden Nacht ein geordneter Rückzug.

Dieser unbefriedigende Ausgang bestärkte Napoleon jedoch in dem Irrtum, Blücher werde sich nun nach Osten, nach Lüttich wenden. Ein Blick auf die Karte hätte jedoch deutlich machen können, dass Blücher stattdessen nach Norden ziehen würde, um seine Armee im Raum Wavre neu zu sammeln. Von Wavre aus konnte er sich auch mit Wellington vereinigen. Der entschied nach Empfang der Nachricht von der Niederlage der Preußen am Morgen des 17. Juni, die noch immer umkämpfte Kreuzung von Quatre Bras zu räumen und seine Truppen südlich von Waterloo bei Mont St. Jean, rund 12 Kilometer westlich von Wavre gelegen, in einer Verteidigungsstellung zu konzentrieren. Hier, ließ er Blücher wissen, wolle er Napoleon eine Schlacht unter der Voraussetzung liefern, dass wenigstens ein preußisches Corps zu seiner Unterstützung erschiene.

Im Gegensatz zu den Aktivitäten der Alliierten begnügte sich Napoleon am Vormittag des 17. Juni damit, seinen Truppen eine Ruhepause zu gönnen. Mit der Verstärkung durch Drouet d'Erlon und Kellermann würde es Ney gelingen, den Widerstand bei Quatre Bras endlich zu brechen und den Weg nach Brüssel zu öffnen, wo sich ihm Wellington kaum allein in den Weg stellen würde, zumal Blücher, wovon er jetzt fester denn je überzeugt war, sich über Namur und möglicherweise Gembloux nach Osten absetzte. Napoleons siegesgewisse Zuversicht wurde am späten Vormittag getrübt, als Nachrichten von Ney einliefen, dass der Gegner Verstärkung bekommen habe und Quatre Bras immer noch behaupte. Aber selbst davon ließ Napoleon sich nicht beirren, auch wenn Wellingtons Hartnäckigkeit keineswegs zu seinem Optimismus passte. Es erschien ihm daher ratsam, erst einmal eine verlässliche Bestätigung dieser Nachrichten abzuwarten. Als diese schließlich eintraf, sah sich Napoleon gezwungen, seine Pläne zu ändern und mit seiner Reserve Ney zu verstärken, während Grouchy beauftragt wurde, mit den Truppen des rechten Flügels in Richtung auf Gembloux zu marschieren, um die vermeintlich nach Osten flüchtenden Preußen zu verfolgen.[112]

Während es den Preußen dank ihres großen Zeitvorsprungs gelang, sich ungestört und unbemerkt – obwohl sie sich nur in einem Abstand von drei Kilometern parallel zur Straße nach Brüssel Tilly, Mellery und Mont St. Guibert fortbewegten – in den Raum Wavre abzusetzen, begann

Wellington mit der Konzentration seiner Truppen am Mont St. Jean. Ein wesentlicher Teil dieser Operation bestand in der schrittweisen Räumung der Stellung bei Quatre Bras, die unter fast den ganzen Tag andauernden Nachhutgefechten planmäßig vonstatten ging. Als Napoleon am späten Nachmittag des 17. Juni bei einsetzenden schweren Regenfällen das Gehöft La Belle Alliance in Sichtweite des Mont St. Jean erreichte, glaubte er zunächst, in den dort auszumachenden Truppen nur die Nachhut Wellingtons vor sich zu haben. Eine Kavallerieattacke, die in einer Salve aus sechzig englischen Kanonen zusammenbrach, korrigierte diesen Irrtum: Napoleon wusste jetzt, dass ihm die Hauptstreitmacht Wellingtons gegenüberlag und dass dieser ihm am nächsten Tag eine Schlacht liefern wollte. Diese Einsicht hätte Napoleon auch auf den Gedanken bringen können, dass Blücher nicht weit war und im Begriff stand sich mit Wellington durch ein klassisches Flankenmanöver zu vereinigen, um ihn mit seinem Erscheinen während der Schlacht zu überraschen. Diese taktische Finesse hatte einst zu Napoleons Überlegenheit beigetragen. Dass er dies dem Gegner nicht zutraute, sondern hartnäckig an der Illusion festhielt, Blücher habe sich nach Osten abgesetzt, während Wellington seinerseits sich ebenfalls zu seinen, Napoleons Plänen, konform verhielte, indem er ihm wider sein sonstiges, übervorsichtiges Agieren eine Schlacht anbot, war die tiefere Ursache seines Untergangs.

Als am frühen Morgen des 18. Juni die Regenfälle nachließen, hatten beide Heerführer Muße, das künftige Schlachtfeld zu inspizieren. Beide Armeen hielten einander gegenüberliegende Anhöhen besetzt, zwischen denen sich eine Senke von rund 1400 Metern Tiefe und einer Breite von knapp 5000 Metern zwischen dem Château Hougomont im Westen und dem Gut Papelotte im Osten erstreckte. Etwa in der Mitte dieser Senke verlief die Straße Charleroi – Brüssel, an der direkt am Fuß der Anhöhe von Mont St. Jean das Hofgut La Haye Sainte lag. Die Schlacht mit rund 140000 Soldaten und über vierhundert Kanonen konnte sich also auf einer Fläche von nur sechs Quadratkilometern entwickeln. Wellington hatte diese Stellung mit großer Umsicht ausgewählt, denn die Anhöhe von Mont St. Jean erlaubte es ihm, seine Truppen hinter deren Kammlinie zu positionieren. Das versprach einen doppelten Vorteil: Zum einen gestattete diese Aufstellung keinen Einblick in seine Dispositionen. Seinen linken Flügel besetzte Wellington nur schwach, da er fest mit einem Erscheinen Blüchers aus Richtung Wavre rechnen konnte, während er das Gros seiner Armee tief gestaffelt auf dem rechten Flügel aufstellte. Zum anderen waren die Truppen dadurch gegen die Wirkung der französischen Artillerie gut geschützt, denn deren Geschosse strichen über den Hügelkamm hinweg. Außerdem ließ Wellington eine Reihe von Positionen, die seiner Frontlinie vorgelagert waren, besetzen. Auf dem rechten Flügel war dies das Wäldchen und Château Hougomont, ein Komplex von gemauerten Stallungen, von einer hohen Mauer umgeben. In der Mitte vor seiner Stellung besetzte eine Abteilung der Deutschen Legion das Hofgut La Haye Sainte, während er die vor dem linken Flügel gelegenen Gehöfte von Papelotte, Frischermont und La Haye ebenfalls okkupierte. (Siehe Karte 20)

Ungeachtet dieser starken Defensivposition Wellingtons gab sich Napoleon am Morgen jenes 18. Juni sehr siegesgewiss; er war sich fast sicher, dem Gegner eine vernichtende Niederlage beizubringen. Seine Zuversicht war indes völlig unangebracht. Auf ihr gründete eine weitere, für den Ausgang der Schlacht folgenreiche Fehlentscheidung: Soults Rat, Grouchy mit seinen beiden Armeecorps umgehend herbeizubeordern, wurde von Napoleon ebenso wenig beachtet wie die einlaufende Meldung, dass Einheiten der preußischen Armee zu Wellingtons Unterstützung herangeführt wurden. Napoleon gab nur dem Einwand Drouets statt, der Grund des Gefechtsfelds sei wegen der starken Regenfälle zu aufgeweicht, um die Artillerie zügig dislozieren zu können. Drouet meinte, es sei deshalb besser, mit der Eröffnung der Kampfhandlungen einige Stunden zu warten, bis der Boden etwas trockener geworden sei. Wie der Verlauf der Schlacht zeigte, war die Verschiebung um einige Stunden Napoleons letzter entscheidender Fehler. Die Verzögerung machte es möglich, dass die Preußen gerade in dem Moment, als die englischen Linien unter den massiven Angriffen ins Wanken gerieten, auf dem Schlachtfeld erschienen. General Drouet, der sich in der Tat Sorgen wegen der Bodenbeschaffenheit machte, die im übrigen die Engländer nicht daran hinderte, ihre Artillerie schon früh an diesem Morgen zu positionieren und umzugruppieren, war freilich keineswegs für die fatale Verschiebung des Angriffstermins verantwortlich. Den Ausschlag dafür gab allein die schludrige Stabsarbeit, für die Napoleon letzte Verantwortung trug, denn am Morgen des 18. Juni war höchstens die Hälfte der französischen Truppen am Rand des Schlachtfelds eingetroffen, und es dauerte noch bis zum Mittag, ehe die letzten Einheiten an die Front kamen.[113]

Die Schlacht begann um 11.30 Uhr mit einem Angriff auf Château Hougomont, der Wellington veranlasste, Truppen aus seinem Zentrum abzuziehen und an diesen Frontabschnitt zu werfen. Das entsprach Napoleons überraschend schlichtem Angriffsplan: Eine frontale Attacke, auf der nach Brüssel führenden Straße vorgetragen, sollte das Zentrum der alliierten Streitmacht durchbrechen. Diese Einfallslosigkeit wurde dadurch verschlimmert, dass Napoleon dem tollkühnen, aber taktisch völlig unbegabten Ney das Kommando für den Angriff übertrug. Tatsächlich häuften sich dann auch im weiteren Verlauf der Schlacht die Fehler seiner Marschälle und Generäle, deren wiederholte, schlecht vorbereitete oder nicht koordinierte Angriffe regelmäßig vom konzentrierten und gut gezielten Feuer der disziplinierten britischen Infanterie zum Stehen gebracht wurden und die Niederlage unvermeidlich machten. Jetzt rächte es sich bitter, was Napoleon zwar wusste, aber in seinem eigenen Herrschaftsinteresse um keinen Preis hatte ändern wollen und im Februar 1813 Molé mit den Worten umriss: «Was wollen Sie, mein Lieber, es gibt weit und breit niemanden, der mich in irgendeiner meiner Funktionen ersetzen könnte, weder in der Armee, noch bei der Leitung der Regierungsgeschäfte. Zweifellos wäre ich überglücklich, könnte ich den Krieg durch meine Generäle führen lassen. Aber ich habe sie allzu sehr daran gewöhnt, davon nichts anderes zu verstehen, als mir zu gehorchen. Es gibt unter ihnen nicht einen einzigen, der den anderen befehlen könnte, und alle zusammen verstehen sich nur darauf, mir zu gehorchen.»[114] (Siehe Karte 21)

Ungeachtet der zahlreichen taktischen Fehler der Franzosen, mehrten sich am späten Nachmittag die Anzeichen dafür, dass Wellington den ständigen Angriffen nicht mehr lange standhalten konnte. Dieser Einschätzung folgend, hatte Napoleon seiner Alten Garde, die er stets bis zum entscheidenden Moment in Reserve hielt, damit diese dem Gegner den Gnadenstoß versetzen konnte, den Befehl zum Angriff erteilt. Kaum hatte die an ihren hohen Bärenmützen leicht erkennbare Garde kurz nach 19.00 Uhr ihren Angriff begonnen, zu dem die Trommler den *pas de charge* schlugen, ließen sich am nordöstlichen Rand des Schlachtfelds dunkle Truppenmassen ausmachen: Um diese ominöse Drohung zu bannen, die sofort in den Reihen des I. und II. französischen Corps, die den Angriff der Garde unterstützen sollten, große Unruhe auslöste, ließ Napoleon das Gerücht verbreiten, es handele sich um die beiden von Grouchy angeführten Corps. Diese verzweifelte Notlüge tat auch zunächst ihre beabsichtigte Wirkung, bis der Schreckensruf: «*Voyez! Ce sont les Prussiens!*» den Angriff der beiden Corps zum Stehen brachte – während die Garde unbeirrt weiter gegen das Zentrum der gegnerischen Front vorging. Den Kampf der *Foot Guards* mit der *Garde Imperiale*, die sich auf nur 20 Meter gegenüberstanden, entschied am Ende die wesentlich höhere Feuergeschwindigkeit: Während ein französischer Infanterist pro Minute nur einen Gewehrschuss abfeuern konnte, erlaubte die leichter zu ladende «Brown Bess» der Briten zwei Schuss. Diese technische Überlegenheit zwang die Garde schließlich zum Rückzug. Der Entsetzensschrei «*La Garde recule!*» verbreitete sich über die ganze französische Front und versetzte deren Kampfmoral den letzten Stoß. Wellington, für den das Zurückweichen der Garde das Signal zum eigenen Generalangriff war, dem die erschöpfte und demoralisierte *Armée du Nord* nicht mehr zu widerstehen vermochte, erkannte seine Chance. Mit den Rufen «Verrat!» und «Rette sich wer kann!» floh die gesamte Armee in südlicher Richtung vom Schlachtfeld.

Napoleon hatte verloren. Das blieb ihm damals wie auch später unbegreiflich. Auf Sankt Helena verriet Gourgaud Oberstleutnant Basil Jackson, mit dem er freundschaftlichen Umgang pflegte, dass Napoleon, der ihm seinen Bericht über Waterloo diktierte, sich nie entscheiden könne, wie er am besten seine Schilderung der Schlacht beenden solle. Gourgaud habe ihm dafür nicht weniger als sechs unterschiedliche Vorschläge gemacht, von denen ihn aber kein einziger befriedigt habe.[115] Mal war es der Regen, der den Beginn der Schlacht verzögert hatte, mal waren es die taktischen Fehler Neys, Grouchys, Vandammes, Guyots oder Soults. Schließlich beschied er sich mit der Einsicht: «Es war der Wille des Schicksals, denn trotz allem hätte ich diese Schlacht gewinnen müssen.»[116] F. L. Maitland, der Kapitän der *Bellerophon*, die Napoleon von Rochefort nach England brachte, will gehört haben, dass dieser Bertrand eingestand: «The Duke of Wellington is fully equal to myself in the management of an army, with the advantage of possessing more prudence.»[117] Näher ist Napoleon der Wahrheit nie gekommen.

SIEBTES KAPITEL

Das Vermächtnis von Sankt Helena

Nach der Schlacht ist vor der Schlacht. Am Tag nach Waterloo schrieb Napoleon an Joseph:

«Alles ist noch keineswegs verloren. Ich gehe davon aus, wenn ich meine Truppen gesammelt habe, über 150 000 Mann zu verfügen. Die Föderierten und die Nationalgarden, die zum Kampf gewillt sind, werden mir weitere 100 000 Mann liefern; die Bataillone, die gerade aufgestellt werden, 50 000. Folglich werde ich rund 300 000 Soldaten haben, die ich gegen den Feind aufbieten kann. Ich werde die Artillerie mit den Kutschpferden der Reichen bespannen, hunderttausend Rekruten ausheben, diese mit Gewehren der Royalisten und der unzuverlässigen Nationalgarden bewaffnen und in der Dauphiné, im Lyonnais, in Burgund, Lothringen und der Champagne eine Volkserhebung schüren. Ich werde dem Feind schwer zu schaffen machen. Allerdings bin ich dabei auf Unterstützung angewiesen, wie darauf, dass man mich nicht noch in Verlegenheiten stürzt. Ich werde mich nach Laôn begeben. Dort werde ich zweifellos auf viele treffen. Von Grouchy habe ich noch nichts gehört. Sollte er nicht gefangengenommen worden sein, was ich fürchte, dann verfügte ich binnen drei Tagen über weitere 50 000 Mann. Damit werde ich den Feind aufhalten und Paris wie Frankreich die Zeit verschaffen, damit sie sich ihrer Pflicht anbequemen. Die Österreicher rücken nur langsam vor; die Preußen fürchten die Bauern und wagen sich deshalb auch nicht recht voran. Folglich lässt sich alles noch retten. Unterrichten Sie mich von der Wirkung, die dieses schreckliche Scharmützel (die Schlacht von Waterloo, bei der die *Armée du Nord* rund 25 000 Mann an Toten und Verwundeten sowie 220 Kanonen eingebüßt hatte, J.W.) auf die Kammer hatte. Ich glaube, die Deputierten werden schon begreifen, dass es unter diesen schwierigen Umständen ihre erste Pflicht ist, zu mir zu stehen, um Frankreich zu retten. Bereiten Sie sie darauf vor, dass sie mich würdig unterstützen; vor allem aber Mut und Festigkeit.»[1]

Napoleons Verblendung ist monströs. Waterloo bedeutete für ihn nur, wie er Joseph mit zynischer Verharmlosung meldete, eine *échauffourée*, ein Scharmützel, ein irgendwie verlustreicheres La Rothière, das neue Siege bald vergessen machen würde. An dieser Sichtweise hielt er unbeirrt fest. Kein Gedanke daran, das Spiel verloren zu geben, dem kriegsmüden Frankreich den einzigen Gefallen zu tun, den er dem Land erweisen konnte, wenn ihm dessen Wohl wirklich am Herzen lag: von der Bühne abzutreten und in den Kulissen zu verschwinden. Stattdessen war er fest entschlossen, Frankreich erneut für seinen Ruhm als Geisel zu nehmen. Deshalb musste er ein weiteres Mal eine geschlagene Armee sich selbst überlassen und nach Paris eilen, um hier alles in seinem Sinne zu beeinflussen und anzuordnen, seiner Umgebung seinen ungebrochenen Willen aufzwingen, mit seiner Ausstrahlung, seinem Charisma die Zaudernden und Zweifelnden wieder in Bann zu schlagen, die Widerspenstigen zu züchtigen oder kalt zu stellen.

Während seiner Monate auf Elba hatte die Nation ein politisches Selbstbewusstsein entwickelt, dem er Zugeständnisse machen musste. Dass er vorhatte, diese wieder zurückzunehmen, änderte nichts am Eindruck seiner Schwäche, die jedermann wahrnahm und die meisten seiner Anhänger veranlasste, auf Distanz zu gehen. Sein Zauber war verblasst. Nur ein spektakulärer Waffenerfolg konnte ihm erneut imperiale Größe verschaffen. Das Gegenteil, eine Niederlage und deren Folgen, hatte er nicht bedacht. Darauf aber waren alle anderen Seiten vorbereitet, weil sie auf einen solchen Ausgang hofften oder keine Illusionen hegten, dem erschöpften Frankreich gelänge jetzt, woran es vor Jahresfrist schon einmal gescheitert war. Fouché, der weiter blickte und den Sturz Napoleons vorbereitete, sagte am 2. Mai 1815 zu Pasquier: «Er wird sich noch vor Ende des Monats zur Armee begeben müssen. Ist er erst einmal fort, werden wir hier die Dinge in der Hand haben. Ich wünsche mir, dass er ein oder zwei Schlachten gewinnt, die dritte aber wird er verlieren, und dann wird unsere Rolle beginnen. Glauben Sie mir, wir werden die Sache schon gut zu lösen wissen.»[2]

Was Fouché voraussagte, trat bereits mit der zweiten Schlacht ein. Gerüchte, die von dieser Niederlage wissen wollten, eilten ihm schon um Stunden voraus, ehe Napoleon am Morgen des 21. Juni in Paris eintraf. Die Unruhe, die Paris jetzt befiel, bereitete den Intrigen Fouchés den Boden. Napoleon wusste von diesen Umtrieben und Stimmungen. Deshalb kehrte er wieder einmal dem von ihm verschuldeten Unglück den Rücken und eilte nach Paris, um Frankreich zu neuen Opfern aufzufordern. Dafür aber «war keine Saison mehr», wie Villemain trocken bemerkte.[3] Dass eine solche Absicht sich nicht mehr mit der Gemütslage der Nation vereinbaren ließ, verstand jeder mit Ausnahme Napoleons. Vergebens war deshalb auch Josephs Bitte: «Kehren Sie zu Ihrer Armee zurück und überlassen Sie uns die Auseinandersetzung mit den Kammern.»[4] Napoleon wusste es besser, denn kaum hatte er sich nach seiner Gewohnheit mit einem heißen Bad erfrischt, wollte er die beiden Kammern um sich versammeln, seine Niederlage eingestehen und sich von ihnen neue Mittel, Soldaten und Waffen bewilligen lassen. Erst danach kehre er wieder zur Armee zurück.[5] Vergebens versuchte Caulaincourt, ihn von diesem aberwitzigen Plan mit dem Hinweis abzubringen, die

Kammern seien ihm feindlich gesonnen. Stattdessen solle er sich damit begnügen, einen Ministerrat einzuberufen. Napoleon ließ sich nicht überzeugen, auch wenn er zugab, die Armee existiere nicht mehr. Möglich, dass er erst jetzt das volle Ausmaß seiner Niederlage erkannte. Kaum war Napoleon seinem Bad entstiegen, erschien Savary auf der Szene, der ihm ebenfalls davon abriet, die Kammern einzuberufen. Auf diese neuerlichen Vorstellungen reagierte Napoleon diesmal mit dem Einwand: «Nun gut, es gibt also welche, die denselben Fehler wie im vergangenen Jahr wiederholen möchten. Sie wollen einfach nicht einsehen, dass ich lediglich der Vorwand für den Krieg bin, dessen eigentliches Objekt aber Frankreich ist. Wenn Frankreich nicht schon durch den letzten Friedensvertrag restlos zu Grunde gerichtet wurde, dann nur deshalb, weil eine letzte menschliche Rücksicht die Fremden davon abgehalten hat, die sich immer noch vor meiner Rückkehr fürchteten. Lediglich die, die über keinen Verstand verfügen, haben das nicht so sehen wollen.»[6] Napoleons Realitätsverlust zwang ihn mittlerweile, die Dinge auf den Kopf zu stellen, damit sie sich in seine Vorstellungswelt einpassten: Er war nicht der Vorwand, sondern der Grund des Krieges, den die europäische Mächtekoalition erneut führen musste. Frankreich war auch keineswegs mit dem Pariser Frieden nur deshalb so glimpflich davon gekommen, weil die Alliierten die Furcht vor seinem Wiederauftauchen plagte. Diese Milde war allein der politischen Klugheit der Alliierten zu danken, die im Interesse des auf dem Wiener Kongress neu austarierten europäischen Gleichgewichts auf ein starkes Frankreich Wert legen mussten.

Napoleons Beratungen zogen sich den ganzen 21. Juni ergebnislos hin. Mit Ausnahme von Regnault de Saint-Jean-d'Angely wagte keiner, ihm den einzig plausiblen Ausweg aus der verzweifelten Situation nahezulegen: seine Abdankung.[7] An diese Lösung dachten insgeheim alle Anwesenden,[8] für die Fouché im Verborgenen bereits aktiv war. Fouché sorgte auch dafür, dass die im Ministerrat angestellten Überlegungen, die Kammern aufzulösen, Napoleon als Diktator zu installieren, kurz, den Bürgerkrieg zu riskieren, den seit dem Morgen dieses 21. Juni tagenden Abgeordneten bekannt wurden.[9]

Während Napoleon den Tag verstreichen ließ, ohne sich zwischen Diktatur und Widerstand um jeden Preis oder seiner Abdankung und dem Rückzug in ein Leben ohne Macht zu entscheiden, handelte die verachtete Abgeordnetenkammer mit politischem Selbstbewusstsein. Auf Antrag von La Fayette beschloss sie als erste Maßnahme, sich für permanent zu erklären und jeden Versuch, sie aufzulösen, als Hochverrat zu brandmarken. Damit ging sie in Fundamentalopposition zu Napoleon. Der verfügte nicht einmal mehr über jene Hand voll Soldaten, die ihm, wie am 18. *Brumaire*, die Versammlung auseinandersprengten. Als Napoleon von dem Beschluss hörte, reagierte er spontan mit Rücktritt, wenn es denn sein müsse. Das nahm er aber sogleich wieder zurück. Stattdessen erhielt Regnault de Saint-Jean-d'Angely den Auftrag, die Abgeordneten hinsichtlich seiner weiteren Schritte zu beruhigen. Er sei nur deshalb gekommen, um sich mit Ministern und Kammern über einen Ausweg aus der Krise zu beraten. Mit solchen Ausreden konnte man die Abgeordnetenkammer, die sich, von der eigenen Kühnheit berauscht, längst für die allein legitime und repräsentative Gewalt Frankreichs hielt, nicht mehr befriedigen. Stattdessen forderte sie, die Minister müssten ihr Rede und Antwort stehen. Dem wiederum wollte Napoleon nicht stattgeben, was die Kammer ihrerseits noch mehr in Rage brachte. Schließlich lenkte er ein und erteilte den Ministern Weisung, sich in die Kammer zu verfügen. Dieses Zugeständnis sei lediglich den Umständen geschuldet und bedeute nicht deren Verantwortlichkeit gegenüber der Kammer.[10]

Mit diesen Winkelzügen, von keiner schlüssigen Perspektive geleitet, suchte Napoleon ersichtlich nur Zeit zu gewinnen. Das war aussichtslos, denn die siegreichen Verbündeten rückten auf Paris vor und erhöhten damit den Druck auf die Abgeordneten, die um ihre Geschäfte bangten. Ihr Interesse galt deshalb allein dem Verschwinden Napoleons, wie es einer von ihnen unverblümt aussprach.[11] Napoleon hatte damit nur die Wahl, die Kammern aufzulösen oder abzudanken. In seiner Entschlusslosigkeit klammerte er sich jetzt an die Hoffnung auf ein unvorhersehbares Ereignis, das ihm eine Fristverlängerung verschaffen würde.[12] Das blieb aus, deshalb ließ er am anderen Morgen seine Bereitschaft erkennen, sich ins Unvermeidliche zu schicken und abzudanken. Zu Lavalette, der ihn vor den Risiken eines Staatsstreichs warnte, bemerkte er: «Dieser Gedanke liegt mir sehr fern.»[13] Nachdem er vom Beschluss der Abgeordneten erfuhr, mit den Alliierten in Verhandlungen zu treten, erklärte er nicht nur sein Einverständnis, sondern setzte hinzu. Wenn er ein unüberwindliches Hindernis darstelle, das es der Nation unmöglich mache, ihre Unabhängigkeit auf dem Verhandlungswege zu sichern, dann sei er zu allen Opfern bereit, die man von ihm fordere.[14] Kaum wurde der Kammer diese Erklärung bekannt, wurde stürmisch die sofortige und bedingungslose Abdankung Napoleons verlangt. Damit hatte er nicht gerechnet, das kränkte seinen Stolz: «Wenn es sich so verhält, danke ich nicht ab. Die Kammer besteht zu drei Vierteln aus Jakobinern, aus Irren und Ehrgeizigen, die Unruhen provozieren wollen, um dann an die Schalthebel der Macht zu gelangen. Ich hätte sie dem Land gegenüber entlarven und mit Gewalt verjagen sollen.

Noch habe ich die Zeit, das zu tun.» Regnault de Saint-Jean-d'Angely, der den sichtlich erregten Napoleon zu beruhigen suchte, ermannte sich schließlich zu dem Rat, sich nicht länger gegen die Macht der Umstände zu Wehr zu setzen. «Die Zeit verrinnt; der Feind rückt vor. Geben Sie der Kammer, der Nation, keinen Vorwand, Sie zu beschuldigen, Sie hätten den Frieden verhindert. 1814 haben Sie sich für das Heil aller geopfert; erneuern Sie heute dieses große, dieses selbstlose Opfer.» Auf diesen Appell versetzte Napoleon: «Ich hatte niemals die Absicht, meine Abdankung zu verweigern. Ich war Soldat. Ich werde wieder Soldat werden. Aber man soll mich über all das in Ruhe nachdenken lassen, im Interesse Frankreichs wie dem meines Sohnes! Sagen Sie diesen Herren, dass Sie sich noch gedulden mögen.»[15]

Napoleon wusste, dass es zur Abdankung keine Alternative gab. Dass er jetzt seinen Sohn – den Roi de Rome – ins Spiel brachte, jenes vierjährige Kind, das in Wien aufwuchs, war ein letztes, eher lächerliches als verzweifeltes Aufbäumen gegen das Unvermeidliche. Weder die Kammern noch die Alliierten akzeptierten diese Bedingung; dass er sie dennoch formulierte, war ein allzu durchsichtiger Bluff, der ihm noch eine Frist einräumen sollte. In der Perspektive der Inszenierung seines eigenen Lebens kann man dafür Verständnis haben; doch seit Waterloo war Napoleon nicht mehr der Herr seiner Geschicke. Dass ihm die Abgeordnetenkammer nicht einmal mehr die Illusion seiner Handlungssouveränität belassen wollte, worum er mit Rücksicht auf seinen Nachruhm geradezu barmte, kann man ihr nicht verargen. Es gab keine Frist mehr, nicht einmal die eine Stunde Bedenkzeit für Napoleon, um die Lucien die Versammlung bat, damit der Kaiser seine Abdankung in Würde formulieren könne. Schon wurden Stimmen laut, die Abgeordneten sollten von sich aus für die Absetzung Napoleons votieren, um den ohnehin eindeutigen Ausgang zu beschleunigen. Zwei Abordnungen der Kammer erschienen, um auf sofortiger Abdankung zu bestehen. Das brachte die Entscheidung: Napoleon diktierte Lucien seine *Déclaration au Peuple Français*: «Franzosen, als ich den Krieg begann, um die nationale Unabhängigkeit zu verteidigen, zählte ich auf die Vereinigung aller Anstrengungen, aller Willen wie auch auf die Unterstützung durch alle nationalen Autoritäten; ich rechnete fest mit einem Erfolg, und ich habe allen Erklärungen, die von den Mächten wider mich ergingen, die Stirn geboten. – Die Umstände scheinen indes andere geworden zu sein. – Ich biete mich dem Hass der Feinde Frankreichs zum Opfer dar. Mögen ihre Erklärungen ernst gemeint und niemals auf etwas anderes abgestellt gewesen sein als auf meine Person! – Mein politisches Leben ist beendet, und ich proklamiere meinen Sohn mit dem Titel Napoleon II. zum Kaiser der Franzosen. – Die augenblicklich amtierenden Minister werden eine provisorische Regierung bilden. Das Interesse, das ich für meinen Sohn hege, veranlasst mich dazu, die Kammern aufzufordern, ohne jeden Aufschub die Regentschaft durch ein Gesetz zu beschließen. – Vereinigen Sie sich alle für das öffentliche Wohl wie dafür, eine unabhängige Nation zu bleiben.»[16]

Die Würde, die Napoleon mit dieser Erklärung, seiner letzten Amtshandlung als Kaiser von Frankreich, zu wahren suchte, beeindruckte die Deputierten nicht: Nach längerem Hin und Her obsiegte die Angst über falsche Scham; sie ignorierten einfach die Proklamation Napoleons II., indem sie nur die Abdankung Napoleons I. zustimmend zur Kenntnis nahmen. An diesem Ausgang hatten die Intrigen Fouchés einen nicht geringen Anteil, der den Triumph seiner Rache mit der Bildung einer Exekutivkommission, deren fünf Mitglieder als provisorische Regierung handeln sollten, krönte. Die Mitglieder dieser Kommission waren Carnot, Caulaincourt, Grenier und Quinette; Fouché fungierte als deren Präsident. Das war wohl die bitterste Demütigung, die Napoleon in diesen bitteren Tagen und Stunden erleben musste: Nicht nur versagte man ihm die letzte Genugtuung und proklamierte wenigstens pro forma seinen Sohn zum Nachfolger, man gab sich vielmehr statt seiner eine Regierung, als deren Chef Fouché fungierte.

Als in den Nachmittagsstunden des 22. Juni Napoleons Abdankung bekannt wurde, kam es zwar zu einer Reihe von Kundgebungen für den Ex-Kaiser, aber sie hatten wenig Bedeutung, weil gleichzeitig der Kurs am Kapitalmarkt, das untrügliche Stimmungsbarometer, um fünf *francs* stieg. Dieses Signal konnte Napoleon nicht missverstehen. Am Abend wies er den Marineminister, Admiral Decrès, an, zwei Fregatten auf der Reede von Rochefort für ihn in Bereitschaft zu halten. Die *Saale* und die *Méduse* waren die beiden einzigen seegängigen Schiffe der Marine Frankreichs, dessen Kaiser einmal England hatte erobern wollen. Zwei Tage später, am 24. Juni, wurde im Abgeordnetenhaus der Antrag gestellt, der Ex-Kaiser möge aufgefordert werden, «im Namen des Vaterlands die Hauptstadt zu verlassen, wo seine Anwesenheit nur ein Anlass für Unruhen ist und eine öffentliche Gefahr darstellt».[17] Auch das war konsequent, denn die neuen Machthaber mussten selbst noch den entmachteten Kaiser fürchten. Am 25. Juni reiste Napoleon nach Malmaison, wo er bei seiner Stieftochter Hortense Aufnahme fand. Es war nur eine kurze, melancholische Zwischenstation in jenem Schloss, das Joséphine so geliebt hatte und in dem sie Ende Mai 1814 gestorben war. Aber selbst hier gab es für ihn kein Bleiben. Der Feind kam unablässig näher, und für Leib und Leben Napoleons konnte die provisorische Regierung keine Garantien übernehmen, zumal die Alliierten konkreten Zusagen auswichen. Deshalb entschloss man sich, in Rochefort jene zwei Fregatten bereitzustellen, um die er Decrès gebeten hatte. Am 29. Juni 1815 verließ Napoleon in Begleitung von einigen Getreuen sowie des Generals Becker, der im Auftrag der provisorischen Regierung mitreiste, Malmaison. Von Hortense nahm Napoleon mit den Worten Abschied: «Wie schön ist doch Malmaison! Wer wäre nicht glücklich, hier bleiben zu können?»[18] Zum ersten Mal in seinem Leben sprach Napoleon einen solchen Gedanken aus.

Tatsächlich war es höchste Zeit, dass Napoleon aus Malmaison verschwand, denn Blüchers leichte Kavallerie, die den Auftrag hatte, ihn gefangen zu nehmen, rückte schon bedrohlich nahe. General Becker traf in Malmaison auf einen gebrochenen Mann, der rastlos auf der vergeblichen Suche nach einem Ausweg war, der ihm Ehre und Ruhm zu retten verhieß.[19] Ein solches Schlupfloch schien sich tatsächlich in allerletzter Minute aufzutun, zumindest wollte es Napoleon in seiner Verzweiflung so sehen. Am frühen Vormittag erschienen Lavalette und Flahaut in Malmaison und bestätigten Nachrichten, die schon Joseph überbracht hatte: Grouchy hatte sich bis Paris durchgeschlagen. Seine Truppen standen am Fuß des Montmartre. Die preußische Vorhut umginge Paris im Westen, während Wellington bei Compiègne stehen geblieben sei. In dieser Konstellation sah Napoleon eine letzte Chance: Mit den Truppen Grouchys wollte er sich zunächst auf Blücher stürzen, diesen schlagen, um dann mit Wellington die Schlacht zu suchen. Sei beides erfolgreich, würden sich die Alliierten schleunigst aus Frankreich zurückziehen, während er, Napoleon, nach vollbrachter Rettungstat sich umgehend nach den Vereinigten Staaten einschiffen wollte, wo er seine Tage zu beschließen gedachte.[20]

Von dieser knabenhaften Phantasie sprach Napoleon gegenüber General Becker und forderte ihn auf, umgehend bei der provisorischen Regierung deren Zustimmung für diesen Plan zu erwirken. Becker, dem es auch gelang, sich nach Paris durchzuschlagen, löste mit Napoleons Vorschlägen, wie kaum anders zu erwarten, helles Entsetzen aus. Nicht nur wurden sie kategorisch abgelehnt, Napoleon wurde vielmehr erneut dringlich aufgefordert, Malmaison zu verlassen. Auf Drängen Beckers verfasste Fouché ein Schreiben an Maret, mit dem Appell, seinen ganzen Einfluss auf Napoleon aufzubieten und ihm die abschlägige Entscheidung der provisorischen Regierung als endgültig zu verdeutlichen.[21]

Als Napoleon am 3. Juli 1815 in Rochefort eintraf, war seine Stimmung tiefer Resignation, in der er Malmaison verlassen hatte, längst wieder in ihr Gegenteil umgeschlagen. In Niort wurde ihm begeistert zugejubelt, was ihn erneut dazu anstiftete, der provisorischen Regierung das Angebot zu machen, ihm als einfachem General das Kommando über die französischen Truppen, die über die Loire zurückgingen, zu übertragen.[22] Am 4. Juli kapitulierte Paris. Damit war den letzten Illusionen Napoleons der Boden entzogen. Von nun an lag zwischen ihm und seiner weiteren Zukunft nur noch der Atlantik, auf dem Einheiten der britischen Flotte lauerten. Wie er unter diesen Umständen unbemerkt entkommen sollte, beschäftigte Napoleon in den kommenden fünf Tagen. Mittlerweile besetzten alliierte Truppen Paris, kampierten Kosaken entlang den Champs Elysées, während Blücher sein Hauptquartier im Schloss von Saint-Cloud aufschlug, dem Ort, an dem einst Napoleons Herrschaft ihren Anfang genommen hatte.

Am 8. Juli verließ Napoleon Rochefort und setzte auf die Ile d'Aix über. Hier wurden Fluchtpläne erörtert, während gleichzeitig die von Paris aus telegraphisch nach Rochefort übermittelten Botschaften immer drängender auf sofortiger Abreise des Ex-Kaisers beharrten. Am 13. Juli bot Joseph an, sich als Napoleon auszugeben und den Engländern zu stellen, die mit einem Kreuzer, der *Bellerophon*, die vor der Ile d'Aix auf Reede lag, sichtbar präsent waren.[23] Dieses Angebot lehnte Napoleon jedoch ebenso ab wie andere Überlegungen, ihn mit einem kleinen, wendigen Schiff auf die hohe See zu bringen, wo er in eine der beiden Fregatten umsteigen könne. Ebenso erging es einem dänischen Kapitän, der sein Schiff für eine Flucht anbot.[24] Napoleon konnte sich zu keinem Entschluss durchringen und vertat darüber wertvolle Zeit, die es der britischen Admiralität ermöglichte, weitere Schiffe vor Rochefort zusammenzuziehen, die sein unbemerktes Entkommen unmöglich machten. In seiner Not wandte er sich schließlich an seine Begleiter um Rat. Die einen plädierten dafür, sich den Engländern anzuvertrauen; die anderen rieten zur Flucht.[25] Schließlich traf Napoleon seine Entscheidung. «Sicherlich ist es nicht ohne Risiko, Bertrand, wenn man sich in die Hände des Feindes begibt, aber es ist dennoch besser, sich ihrer Ehre anzuvertrauen, als von ihnen gefangen genommen zu werden.»[26]

Dieser Ausgang war bereits seit mehreren Tagen sondiert worden. Las Cases und Savary waren mit Kapitän Maitland von der *Bellerophon* in Verhandlungen eingetreten, ob die englische Flotte Napoleon die freie Überfahrt nach Amerika zusichere. Dies wurde von Maitland verweigert. Nachdem Napoleon sich am 14. Juli 1815 zu dem angesichts seiner Lage und Umstände unausweichlichen Entschluss durchgerungen hatte, sein Schicksal von der Großmut des «perfiden Albion» abhängig zu machen, diktierte er den berühmten Brief an den britischen Prinzregenten: «Königliche Hoheit, als Zielscheibe aller Parteiungen, die mein

Land spalten wie der Feindschaft der europäischen Mächte, habe ich meine politische Laufbahn beendet und ich komme, wie Themistokles, um mich am Herd des britischen Volkes niederzulassen. Ich stelle mich unter den Schutz seiner Gesetze, den mir gewähren zu wollen ich Eure Majestät als den mächtigsten, den unerbittlichsten und großzügigsten aller meiner Feinde auffordere.»[27] Angesichts der Situation Napoleons, seines nur zu gut dokumentierten und in geradezu tropischen Farben schwelgenden Hasses auf Großbritannien, nimmt sich dieser Brief wie ein erhabener Witz aus. Napoleon hatte verspielt, alle seine Karten lagen auf dem Tisch, und dieses Schreiben war der letzte Trumpf, den er noch aus dem Ärmel ziehen konnte. Das gab Kapitän Maitland auch Gourgaud zu verstehen, als er versicherte, er würde Napoleon nach England bringen, aber dessen weiteres Geschick hinge allein von den Entscheidungen der britischen Regierung ab. Aus den optimistischen Erwartungen, die Napoleon mit dem Brief verband, wie seiner Auslegung der durchaus korrekten, aber notwendig nicht sehr konkreten Antwort Maitlands erwuchsen dann jene wüsten Beschimpfungen und Verratsvorwürfe, die die Franzosen schon bald darauf gegen Maitland im besonderen und die britische Regierung im allgemeinen erhoben.

Im Morgengrauen des 15. Juli 1815 setzte Napoleon mit der *Epervier* zur *Bellerophon* über. General Bertrand und dessen Frau, das Ehepaar Montholon, Las Cases und Sohn sowie die von Marchand angeführte Dienerschaft begleiteten ihn. Außerdem waren noch Savary und Lallemand auf dieser ersten Etappe mit von der Partie. Gourgaud stieß am 24. Juli hinzu. Am 26. Juli wurde die *Bellerophon* nach Plymouth beordert. Hier wurde Napoleon am 31. Juli 1815 das ferne Ziel enthüllt, wo er bis ans Ende seines Lebens verbannt bleiben sollte: die Vulkaninsel Sankt Helena im Südatlantik.[28] Außerdem wurde ihm mitgeteilt, dass er aus dem Kreis der Personen, die ihm nach England gefolgt seien, mit Ausnahme der Generäle Savary und Lallemand, drei Offiziere, seinen Arzt sowie zwölf seiner Bediensteten mitnehmen dürfe. Diese müssten sich allerdings verpflichten, die Insel nicht ohne vorherige Zustimmung der britischen Regierung zu verlassen.

Gegen diese Eröffnung legte Napoleon sofort erregten Protest ein und beharrte darauf, ein Gast Englands zu sein. Er sei freiwillig gekommen und befände sich somit unter dem Schutz der englischen Gesetze (der Habeas-corpus-Akte, J.W.). Mit ihrer Entscheidung verletze die Regierung ihre eigenen Gesetze, das Völkerrecht sowie das geheiligte Recht der Gastfreundschaft.[29] Alle diese Einwände fasste Napoleon in einem am 4. August 1815 diktierten Brief noch einmal zusammen:

«Angesichts des Himmels und der Menschen protestiere ich feierlich gegen die Verletzung meiner heiligsten Rechte, indem man mit Gewalt über meine Person und meine Freiheit verfügt. Ich bin aus freien Stücken an Bord der *Bellerophon* gekommen; ich bin kein Gefangener; ich bin der Gast Englands. (...) Ich habe mich guten Glaubens eingefunden, um mich unter den Schutz seiner Gesetze zu stellen. – Sobald ich meinen Fuß auf die *Bellerophon* setzte, befand ich mich an der Herdstelle des britischen Volkes. Sollte jedoch die Regierung dem Kapitän der *Bellerophon* Befehl gegeben haben, mich und meine Begleiter zu empfangen, um mir damit eine Falle zu stellen, eine Grube zu graben, dann hat sie sich ehrlos gemacht und ihre Flagge beschmutzt. – Wenn eine solche Tat vollbracht wird, dann werden sich die Engländer in Zukunft vergeblich auf ihre Loyalität, auf ihre Gesetze und ihre Freiheit berufen; die Glaubwürdigkeit Britanniens wird für immer mit der Gastfreundschaft der *Bellerophon* verloren sein. – Ich appelliere an die Geschichte. Sie wird über einen Gegner urteilen, der zwanzig Jahre Krieg gegen das englische Volk führte, der freiwillig sich nahte und der in seinem Unglück Schutz unter dessen Gesetzen suchte; welches wäre der strahlendere Beweis, den England für seine Wertschätzung, seine Großherzigkeit geben könnte? Es täuschte vor, diesem Gegner eine gastfreundliche Hand zu reichen, aber, sobald dieser sich guten Glaubens eingefunden hatte, opferte es ihn!»[30]

Dieser Brief war eine Kriegserklärung. Bis zu seinem Tod am 5. Mai 1821 focht Napoleon mit aller Zähigkeit diesen Konflikt mit England aus, ja, mehr noch, er wandte seine ganze Kraft daran, seiner Herrschaft nachträglich einen Sinn zu geben, der ihm die Aura politisch selbstloser Lauterkeit und steter Friedensliebe verschaffte, während England als das Prinzip des Bösen schlechthin, als der ewige Ruhestörer gebrandmarkt wurde. Den Kleinkrieg gegen die Garantiemacht seiner Verbannung führte er nach dem Motto, zu dem er sich gegenüber Gourgaud im Januar 1817 bekannte: «Was ist schon Sankt Helena? Das ist lediglich ein Gegenstand, über den man sich immer beschweren kann.»[31] Seine Beschwerden waren darauf abgestellt, *en détail* den Nachweis für die kleinliche Perfidie Albions zu erbringen, die als Illustration für die Verschlagenheit vorzügliche Dienste leistete, die *en gros* dem Land mit der Legende von Sankt Helena, dem bonapartistischen Vermächtnis, das in der Verbannung gesprächsweise entwickelt wurde, nachgewiesen werden sollte.

An diesem «Evangelium» wirkten außer Napoleon die vier «Evangelisten» Las Cases, Gourgaud, Montholon und Bertrand mit. Napoleon wusste, dass alle vier Tagebuch führten und seine Äußerungen protokollierten. Darauf gründete er seine Hoffnungen, die Unsterblichkeit seines Ruhmes zu festigen, indem er seine Absichten, von denen seine Taten notwendigerweise nur unzulänglich Auskunft geben konnten, ausführlich erklärte und verklärte. Er war mithin entschlossen, die erzwungene Muße auf Sankt Helena zu nutzen, den Kampf gegen England und den Rest der Welt und den von ihm begonnenen Siegeszug der Französischen Revolution wenigstens propagandistisch zum Erfolg zu führen. Dafür war ihm jetzt jedes Mittel recht, einschließlich der Fälschung von Briefen, wie sie insbesondere Las Cases vermutlich mit seiner Billigung vornahm.[32]

Weitaus wirksamer aber war der Einfall, die Verbannung auf Sankt Helena als sein «Martyrium» zu apostrophieren. Kaum war dies einmal ausgesprochen, bedurfte es nur noch eines kleinen Schrittes, sein Schicksal mit dem Kreuzestod Jesu Christi in eine unmittelbare Beziehung zu setzen. Dass Napoleons Jesus-Vergleiche nur von Montholon überliefert wurden, der als der Unzuverlässigste unter den vier «Evangelisten» gilt,[33] kann ihrer Glaubwürdigkeit keinen Abbruch tun. Napoleon äußerte die drei eindeutigsten dieser Bemerkungen im Juli und August 1817, weil sein Denken die erheblichen propagandistischen Möglichkeiten und Wirkungen eines solchen Vergleiches zunächst auslotete, um sie dann rasch immer gezielter zu artikulieren. Als man ihm am 12. Juli 1817 einen Fluchtplan vorschlug, lehnte Napoleon mit der bemerkenswerten Begründung ab: «Ich habe noch fünfzehn Jahre zu leben, weshalb das alles sehr verführerisch ist; aber es ist eine Narretei, denn ich muss hier sterben oder Frankreich kommt, mich hier zu suchen. Wenn Jesus Christus nicht am Kreuz gestorben wäre, würde er nicht als Gott gelten.»[34] Am 23. Juli entwickelte Napoleon diesen Gedanken weiter, indem er die bezeichnende Prognose wagte: «Jesus Christus würde ohne seine Dornenkrone nicht bis heute als Gott verehrt; es war sein Martyrium, das die Phantasie der Völker ansprach. Wenn ich, statt hier zu sein, wie Joseph nach Amerika gegangen wäre, würde man sich meiner nicht mehr entsinnen und meine Sache wäre verloren. So sind eben die Menschen!»[35] Am 15. August 1817 schließlich, nach zwei Wochen einer «malaise nerveux», wie Montholon notierte, bemerkte Napoleon: «Man wiegt mich in Illusionen. Damit tut man Unrecht. Das Erwachen ist umso peinigender, wenn man mit der Wahrheit konfrontiert wird. Wenn ich in den zwei Jahren, die ich hier bin, nicht auf eine Wiederkehr meines Glücks hoffte, hätte ich mich entschieden, würde ich mir längst die Gewohnheiten eines reichen Landbewohners zugelegt haben. (…) Allein, der Wein ist aus dem Fass, man muss ihn bis zur bitteren Neige trinken. Außerdem gilt es meinen Sohn! Wenn ich am Kreuz sterbe, er aber lebt, wird er zur Macht gelangen.»[36]

Als einzigen unter seinen vier «Evangelisten» kannte Napoleon seit langem den 1773 in Châteauroux geborenen Divisionsgeneral Henri Gatien Comte de Bertrand, den er im November 1813 zum *Grand Maréchal du Palais* ernannt hatte. In dieser Funktion hatte Bertrand die Aufsicht über sämtliche Belange der kaiserlichen Haushaltung. Er folgte Napoleon ins erste Exil nach Elba und wich auch während der «Hundert-Tage»-Herrschaft nicht von seiner Seite. Der kleinwüchsige, kahlköpfige und wenig repräsentative Bertrand, ein vorzüglicher Ingenieur, aber ein mittelmäßiger General, war in vieler Hinsicht eine Kreatur seines Herrn und mit Napoleon seit den Italienfeldzügen verbunden, was ihm ein rasches Avancement und im März 1808 den Titel eines *Comte de l'Empire* einbrachte. Napoleon mochte Bertrand so sehr, dass er sich dafür einsetzte, dass die anfangs heftig widerstrebende Fanny Dillon den wenig attraktiven General im September 1808 ehelichte. Diese Frau wurde Bertrands ganzes Glück, für das er zeitlebens deren häufig aufwendige Narreteien ertrug, was ihn bisweilen in arge Loyalitätskonflikte mit Napoleon stürzte. Auf Sankt Helena erschien daher das Ehepaar Bertrand häufig nicht, wie ihm befohlen, bei der kaiserlichen Tafel oder traf erst verspätet ein.[37]

Das mag nebensächlich klingen, erhielt aber vor dem Hintergrund der Verbannung, bei der einige sehr unterschiedliche Charaktere auf engstem Raum irgendwie miteinander auskommen mussten, eine bisweilen unerträgliche Bedeutung für diese Atmosphäre am Exil-Kaiserhof. Deshalb war es wichtig, dass die anderen Mitglieder diese Atmosphäre zu entspannen suchten. Das Gegenteil geschah: Jeder trug auf seine Weise dazu bei, das Klima im Laufe der Zeit immer mehr zu vergiften. Bald musste Napoleon mit Autorität und Umsicht den Ausbruch einer Explosion verhindern. Das betraf besonders das spannungsreiche Verhältnis zwischen dem Ehepaar Montholon und Gourgaud.

Der 1783 geborene Charles Tristan Comte de Montholon entstammte einer alten, angesehenen Familie. Er war von glatter Weltläufigkeit, hatte Manieren, Charme und war überaus liebenswürdig. Diese Eigenschaften und der Einfluss seines Schwiegervaters, Charles Louis de Sémonville, den Napoleon 1808 zum *Comte de l'Empire* und zum Senator ernannt hatte, gaben den Ausschlag, dass Montholon in der Kavallerie rasch Karriere machte. 1809 erhielt er ebenfalls den Grafentitel und wurde zum Kammerherrn der Kaiserin Joséphine berufen. Nachdem Napoleon sich von Joséphine getrennt und Marie-Louise aus dem Hause Habsburg geehelicht hatte, erhielt Montholon 1812 den Auftrag, das französische Kaiserreich bei deren Onkel, dem Großherzog Ferdinand von Würzburg, als Botschafter zu vertreten. Diese überraschende Wende seiner Karriere kam Montholon sicherlich gelegen, denn sie bewahrte ihn vor der Teilnahme an Napoleons Russlandfeldzug. Dann beging Montholon allerdings eine Unvorsichtigkeit, die ihn das Wohlwollen Napoleons kostete, als er ohne Genehmigung – in diesen Dingen verstand der Kaiser keinen Spaß – die geschiedene Albine Vassal heiratete. Noch vor Ende 1812 gebar Albine de Montholon einen Sohn, was eine Erklärung für die überstürzte Eheschließung gab. Andererseits kompromittierte diese Geburt aber für einige Zeit die gesellschaftliche Situation des Paares.

Bis zur ersten Abdankung Napoleons genossen die Montholons ihr Eheglück auf dem Lande. Unter der Bourbonischen Restauration wurde Montholon von Louis XVIII zum Brigadegeneral ernannt. Nach Waterloo war er als Napoleons Kammerherr tätig, ein Amt, das er mit auffallender Hingabe versah. Überdies betonte er stets, dass er dem Kaiser folgen werde, wohin auch immer er sich wende. Das kann man glauben, denn Montholon hatte Schulden über Schulden aufgehäuft, und seine Gläubiger gingen ihm bald auf die Nerven; außerdem hatte er sich mit seiner Familie überworfen, und auch die Pariser Gesellschaft strafte ihn mit Verachtung. Möglich, dass er schon damals die Hoffnung hegte, dank seiner Anhänglichkeit an Napoleon irgendwie zu sagenhaften Reichtümern zu gelangen. Allerdings musste Montholon dafür einen hohen Preis bezahlen: Sechs Jahre seines Lebens verbrachte er damit, die Verbannung Napoleons zu teilen; und weitere sechs Jahre leistete er auch dessen Neffen, dem späteren Napoleon III., Gesellschaft, als dieser nach dem missglückten Putschversuch von Boulogne, an dem Montholon teilnahm, inhaftiert wurde.[38]

Mit Ausnahme Napoleons, der sich vom Charme des Paares Montholon im Laufe der Zeit gefangen nehmen ließ, begegneten alle anderen Mitglieder des Hofstaats den beiden mit Neid, Verachtung und Hass. Der Einzige, der mit seinen Gefühlen nicht hinterm Berg halten konnte, aber dem aalglatten Montholon in keiner Weise gewachsen war und deshalb immer in ein irgendwie falsches Licht geriet, war Baron Gaspard Gourgaud. Geboren 1783 in Versailles, entstammte Gourgaud einer Familie, deren Mitglieder in der Pariser Theaterszene seit zwei Generationen unter dem Künstlernamen Dugazon eine herausragende Rolle spielten. In Abkehr von dieser Familientradition absolvierte Gourgaud die *École polytechnique* und schlug die militärische Laufbahn ein. In den Napoleonischen Kriegen machte er rasch Karriere: Als Leutnant der Artillerie nahm er am Feldzug in Deutschland teil, als Hauptmann im Herbst 1808 an der Belagerung von Saragossa. Im Juli 1811 avancierte er zum Adjutanten im Stab Napoleons. Dieser wurde ein Jahr später auf ihn aufmerksam, als Gourgaud am 16. August 1812 in den Moskauer Kreml eindrang und hier jene Mine entdeckte, die Napoleon mit seinem Gefolge in die Luft sprengen sollte. Dieser Umsicht verdankte er seine Ernennung zum *Baron de l'Empire*. Noch in den letzten Tagen des Feldzugs von 1814 avancierte Gourgaud zum Oberst. Während der ersten Restauration wurde er am 1. November 1814 zum Stabschef der in Paris stationierten 1. Armeedivision ernannt. Als Napoleon am 20. März 1815 in den Tuilerien eintraf, fand sich dort am anderen Morgen Gourgaud in der Paradeuniform eines kaiserlichen Ordonnanzoffiziers ein. Napoleon bestätigte ihn in seinem Rang und verschaffte ihm auch seine frühere Verwendung als Erster Ordonnanzoffizier. In dieser Funktion nahm Gourgaud an den letzten Schlachten Napoleons teil und wurde noch zum Brigadegeneral befördert.

Die Kehrseite seiner Anhänglichkeit war Gourgauds krankhafte Eifersucht: Er wollte der «Lieblingsjünger» seines Herrn sein. Wer ihm in dessen Gunst den Rang abzulaufen drohte, den verfolgte er mit Unmut, ja mit Hass. Auch scheute er sich nicht, Napoleon seine Verärgerung spüren zu lassen, dem er als Einziger selbst in Gegenwart anderer zu widersprechen wagte, worauf dieser besonders empfindlich reagierte. Gourgaud kostete es große Überwindung, sich den vielfältigen Zwängen zu unterwerfen, die eine so enge Gefolgschaft unter den widrigen Bedingungen der Verbannung verlangte. Auch plagten ihn ständig heftige Langeweile und schwärzeste Melancholie, die ihn, wie er fast täglich bekundete, zu ersticken drohten. Die Spannungen innerhalb des kleinen Hofstaates nahmen schließlich ein derartiges Ausmaß an, dass sich Gourgaud nicht mehr anders zu helfen wusste, als mit seinem Idol zu brechen und den Gouverneur zu bitten, Sankt Helena im Februar 1818 verlassen zu dürfen.[39]

Der vierte «Evangelist», Emmanuel Auguste Dieudonné Comte Las Cases, entstammte jenem legitimistisch gesinnten Adel, dessen Angehörige nur ausnahmsweise Frieden mit dem «Usurpator» schlossen. 1766 geboren, begann Las Cases eine Karriere in der königlichen Kriegsmarine, ehe ihn die Revolution 1790 in die Emigration nach England trieb. Ende 1801 tauchte er in Calais auf und ließ sich wieder in Frankreich nieder. Im September 1806 wandte er sich brieflich an Napoleon und bat diesen, allerdings erfolglos, um einen Posten bei Hofe. 1809 wurde er dem Kaiser wegen seiner Bildung und angenehmen Umgangsformen empfohlen. Das hatte Erfolg, denn am 17. Juni 1810 wurde Las Cases als *Maître des Requêtes* beim *Conseil d'Etat* mit der Zuständigkeit für Marineangelegenheiten angestellt. Wenige Monate später erhielt er seine Ernennung zum *Comte de l'Empire*. Ins Blickfeld Napoleons geriet Las Cases erst zum Schluss, als er sich beim aus Waterloo zurückgekehrten Kaiser meldete. Als Kammerherr folgte er Napoleon nach Malmaison, fest entschlossen, dem Gescheiterten nicht mehr von der Seite zu weichen.

Was Las Cases dazu veranlasste, ist unschwer als Mischung aus geschäftstüchtigem Kalkül und aufrichtiger Bewunderung für Napoleon zu erkennen. Er war mit fünfzig Jahren der Älteste des kleinen Kreises und ganz eine Erscheinung des *Ancien Régime*; ihm verdankte er seine höfischen Umgangsformen, seine Gewandtheit in der Konversation wie seine zahllosen Anekdoten. Eben das waren Eigenschaften und Prägungen, die Napoleon mochte, was besonders Gourgaud, der Las Cases stets als «Schleicher» und «Jesuiten» beschimpfte, zur Raserei trieb. Die drei Offiziere, die in Rangfragen nicht mit sich spaßen ließen, blickten auf den Zivilisten Las Cases zunächst herab. Aber schon auf der langen Schiffsreise nach Sankt Helena mussten sie erleben, dass Las Cases sie in der Gunst ihres Herrn auszustechen begann. Überdies zeichnete ihn der Vorteil aus, noch kleinwüchsiger als Napoleon zu sein.

Las Cases erlebte mit seinem *Mémorial de Sainte-Hélène*, das 1823 erstmals in acht Bänden erschien, einen riesigen Erfolg, der bis heute andauert. Überdies avancierte das *Mémorial* zur wichtigsten Quelle der bonapartistischen Ideologie; es ist gleichsam das zentrale «Evangelium», das von den Zeugnissen der anderen drei Männer bestätigt wird.

Bei einer derart kleinen Gruppe sehr unterschiedlicher Charaktere in erzwungener Intimität spielten die Bediensteten naturgemäß eine große Rolle. Dies galt besonders für jene, die Napoleon bereits nach Elba begleitet hatten und ihm im Unterschied zu den meisten Angehörigen seiner Entourage schon weit länger vertraut waren. Sein Erster Kammerdiener Louis Joseph Narcisse Marchand, der Kammerdiener Louis Étienne Saint-Denis, genannt der «Mameluk Ali» oder der *maître d'hôtel* Cipriani Franceschi, ein Korse, schon als Waisenkind in Diensten der Familie Bonaparte, standen dem Gestürzten so nahe, dass sie als seine eigentlichen Vertrauten gelten können. Weitere Diener waren Pierron, Santini, der Schweizer Noverraz, die Brüder Archambault, Rousseau, Gentilini sowie der Koch Lepage. Cipriani starb im Februar 1818 auf Sankt Helena; der jüngere Archambault, Rousseau und Santini mussten die Insel auf Geheiß der britischen Regierung 1816 verlassen, während Gentilini seiner schweren Erkrankung wegen repatriiert wurde. Der Koch Lepage wurde 1818 durch Jacques Chandelier ersetzt, die Aufgaben Ciprianis übernahm Jacques Coursot, die beide von der Familie Napoleons nach Sankt Helena gesandt wurden.[40]

Eine ganz besondere Rolle im Kreis der Jünger um Napoleon spielte der aus Irland gebürtige und im Sold der britischen Marine stehende Arzt Barry O'Meara. Nachdem der ursprünglich für diese Rolle vorgesehene Louis Pierre Maingault es abgelehnt hatte, Napoleon als Leibarzt in die Verbannung zu begleiten, erklärte sich O'Meara, der Schiffsarzt auf der *Bellerophon*, dazu bereit. Napoleon war mit diesem Angebot gern einverstanden, weil er mit O'Meara italienisch sprechen konnte. Die Bestallung O'Mearas warf von Anfang an das Problem auf, dass er britischer Offizier bleiben wollte. Damit mussten über kurz oder lang die Pflichten und Ansprüche beider Rollen, die er zu erfüllen hatte, in Konflikt geraten. Der trat bereits im März 1816 ein, wie ein Brief zeigt, den O'Meara an seinen Freund John Finlaison schrieb, der in der Admiralität in London tätig war. O'Meara teilte Finlaison mit, dass ihm Napoleon ein Jahresgehalt von 12000 *francs* angeboten habe, was rund 240 englischen Pfund entsprach, die er zusätzlich zu seinen dienstlichen Einkünften, die sich auf 365 Pfund jährlich beliefen, beziehen sollte. Napoleon wollte indes, dass O'Meara dem britischen Gouverneur von Sankt Helena, Sir Hudson Lowe, künftig keine Auskünfte über seinen Gesundheitszustand mehr zukommen ließe, andernfalls werde er ihn nicht mehr als seinen Arzt empfangen.[41] Da O'Meara weder auf das eine noch das andere verzichten wollte, flüchtete er sich in die Lüge: Napoleon sagte er, dass er sich weiterhin als *sein* Arzt und nicht als Gefängnisarzt betrachte. Auch versprach er ihm, Lowe nichts von ihren Unterhaltungen zu berichten, es sei denn, es kämen ihm irgendwelche Fluchtpläne zu Ohren.

Ungeachtet seines Napoleon gegebenen Versprechens informierte O'Meara den Gouverneur jedoch weiterhin über alles, was seiner Meinung nach für die Regierung von Belang sein konnte. Was jedoch weder Sir Hudson Lowe noch Napoleon wussten: O'Meara hielt insgeheim auch Finlaison und die Londoner Admiralität auf dem Laufenden. Damit brachte er das Kunststück fertig, jeden zu betrügen: Napoleon ohnehin, Sir Hudson Lowe und beide gegenüber der britischen Regierung.[42] Angesichts seiner Unaufrichtigkeit allen Beteiligten gegenüber war es aus O'Mearas Sicht nur konsequent, dass er sich binnen Jahresfrist dennoch von Napoleon bestechen ließ. Napoleon offerierte ihm in richtiger Einschätzung seines Charakters einfach eine größere Summe, die den von Schulden geplagten O'Meara endgültig in Versuchung führte. Den Beweis dafür liefert eine unmissverständliche Tagebucheintragung Gourgauds vom 4. Oktober 1817: «In wenigen Tagen wird sich der Kaiser einer ärztlichen Untersuchung unterziehen, die vielleicht zur Folge haben wird, uns von hier fortzuschaffen, wenn die Ärzte uns wohlgesinnt sind. Der Kaiser ist sich O'Mearas bereits sicher und von seiner Anhänglichkeit überzeugt. Meiner Meinung nach wäre es das beste, eine angegriffene Leber zu diagnostizieren, zumal seit Moskau seine Beine zu Schwellungen neigen. Seine Majestät ließ sie mich betasten und klagt über Schmerzen. (...) Der Kaiser versichert, dass man mit Geld alle

Engländer gewinnen könne: *Das ist der Grund, warum man mich daran hindert, mir Geld aus Europa schicken zu lassen. Der Doktor hielt erst zu uns, seitdem ich ihm Geld gegeben habe. Jetzt bin ich mir seiner aber sehr sicher.*»[43] Dank der erkauften Komplizenschaft O'Mearas konnte Napoleon aus seinen weitgehend erfundenen körperlichen Leiden die schärfste Waffe für seine Auseinandersetzungen mit Sir Hudson Lowe schmieden und dem Gouverneur manche Zugeständnisse abpressen, die zwar wenig an den Umständen seiner Verbannung änderten, dem Gefangenen aber die Genugtuung verschafften, dem stets wachen Misstrauen seines Kerkermeisters ein Schnippchen geschlagen zu haben.

Für das Drama von Sankt Helena wie für die Überzeugungskraft der Legende, die hier entstand, konnte die Figur des Antagonisten, des finsteren Fieslings vermutlich keiner besser ausfüllen als Sir Hudson Lowe, der vom April 1816 bis zum Tod Napoleons im Mai 1821 als britischer Gouverneur auf der Insel fungierte. Dessen angebliche charakterliche Defizite, von O'Meara und Las Cases ausführlich geschildert, lieferten den dunklen Hintergrund, vor dem sich die Leidensgeschichte Napoleons mit eindringlicher Klarheit abhob. Das Bild von Sir Hudson Lowe zeigt ihn als einen über alle Maßen unsympathischen, engstirnigen, leicht zu verunsichernden und misstrauischen Mann, dem jeglicher Takt oder diplomatische Finesse abgingen. Damit wird unterstellt, dass wegen dieser Mängel die britische Regierung ihn mit der Mission, Napoleons Kerkermeister zu sein, betraute.

Vermutlich verdankte sich diese Wahl sehr pragmatischen Überlegungen. Zunächst musste den Engländern daran gelegen sein, mit dieser Aufgabe nicht einen zweiten Sir Neil Campbell zu beauftragen, der auf Elba allzu sehr unter den verführerischen Einfluss Napoleons geraten war. Außerdem hatte sich Sir Hudson Lowe während der letzten Phase des Krieges als Verbindungsoffizier in den Stäben der Alliierten verdient gemacht, war in dieser Eigenschaft verschiedentlich auch mit den gekrönten Häuptern in Berührung gekommen und konnte folglich als weltgewandt gelten. Für seine jetzige Verwendung sprach nicht zuletzt, dass er sowohl Italienisch wie Französisch fließend beherrschte und deshalb mit seinem Gefangenen ohne Dolmetscher verkehren konnte. Diese Sprachkenntnisse hatte er sich während seiner militärischen Karriere erworben, die er meist auf Kriegsschauplätzen am Mittelmeer verbracht hatte: Seit 1794 war er mit einem Regiment auf Korsika stationiert gewesen, war von dort 1796 nach Elba verlegt worden und kam so ironischerweise sehr früh mit Orten in Berührung, die auch sein späterer Gefangener gut kannte. Schließlich befehligte er zwischen 1799 und 1812 das Regiment der *Corsican Rangers*, eine Einheit, die im englischen Sold kämpfte, um auf diesem Wege die Unabhängigkeit der Insel von Frankreich zu erzwingen. Sir Hudson Lowe war seitens der britischen Regierung aufgetragen worden, «stets darauf zu achten, dass es der Wunsch der Regierung Ihrer Majestät ist, dem General Bonaparte alle Nachsichten zu verstatten, die sich mit der vollständigen Sicherheit seiner Person vereinbaren lassen. Ihr Augenmerk sollte immer darauf gerichtet sein, dass ihm eine Flucht nicht gelingt oder dass er, mit wem auch immer, nicht in Verbindung treten kann, es sei denn, Sie haben vom Inhalt seiner Mitteilungen zuvor Kenntnis erhalten. Sind diese beiden Voraussetzungen erfüllt, dann sind alle Möglichkeiten, alle Zerstreuungen, welche sich anbieten, gestattet, die dazu beitragen können, dass sich Bonaparte mit seiner Gefangenschaft abfindet.»[44] Das waren klare, vernünftige und durchaus angemessene Instruktionen. Indessen waren ihre Interpretation und praktische Anwendung ganz ins Ermessen Sir Hudson Lowes gestellt, der sich seine Verantwortung allzu sehr zu Herzen nahm, was sich dann in unnötiger Härte gegenüber seinem Gefangenen zeigte. Dazu trug gewiss auch bei, dass mit Ausnahme Preußens, das die damit verbundenen Ausgaben scheute, Russland, Österreich und Frankreich jeweils eigene Kommissare nach Sankt Helena entsandten, die darauf achten sollten, dass der Gouverneur es in seiner Wachsamkeit an nichts fehlen ließ. Schließlich trug Napoleon selber ein gerüttelt Maß Schuld an jenen Leiden, über die er unablässig Beschwerde führte, denn er durchschaute die Schwächen seines Wächters und erkannte die Chance, die ihm diese Rollenbesetzung bot. Seit seiner ersten Begegnung mit Sir Hudson Lowe am 16. April 1816 verfolgte Napoleon mit unerbittlicher Konsequenz die Strategie, aus dem Gouverneur einen Schurken zu machen.[45] Zu Montholon bemerkte er nach jenem ersten Zusammentreffen: «Dieser Mann ist bösartig. Das Auge, mit dem er mich anschaute, war das einer Hyäne, die in der Falle sitzt. Hüten Sie sich vor ihm, meine Herren. Wir haben uns über den Admiral (Sir Georges Cockburn, J.W.) beschwert, wir werden ihn vielleicht noch vermissen, denn der besaß wirklich das Herz eines Soldaten, während jener General lediglich Uniform zu tragen scheint. Die Miene, die er zur Schau trägt, erinnert mich an die eines venezianischen Sbirren. Wer weiß, vielleicht wird er mein Henker sein?»[46]

Anlässe für Reibungen, die sich rasch zu stetig an Schärfe zunehmenden Konflikten auswuchsen, mussten weder gesucht noch konstruiert werden, weil Sir Hudson gar nicht anders als reflexhaft reagieren konnte, jede Forderung erst einmal als Provokation aufzufassen und darauf mit uneinsichtiger Härte zu antworten. Andererseits ließen ihm aber auch die ständig aus London übermittelten Anweisungen wenig

Spielraum.⁴⁷ Napoleon empfand sich, keineswegs zu Unrecht, von seinen Bewachern bespitzelt, bedrängt, in seiner Lebensführung unnötig beengt. In Sichtweite seiner Residenz stand eine englische Postenkette, jede seiner Bewegungen, kaum verließ er Longwood House, wurde genauestens registriert und durch eigens installierte Telegraphenverbindungen sofort dem Gouverneur gemeldet. Wollte er sich außerhalb eines genau festgelegten und relativ engen Kreises begeben, in dem er sich frei bewegen konnte – zunächst war dieser Freiraum auf einen Umfang von 12 Meilen begrenzt, später dann auf 8 Meilen eingeschränkt –, musste ihn ein Offizier begleiten. Das waren übertriebene und eben deshalb besonders demütigende Sicherheitsmaßnahmen, die auf einer Insel wie Sankt Helena mit ihrer felsigen Topographie durchaus unnötig waren. Lediglich fünf oder sechs Stellen der Insel lassen sich überhaupt mit einem kleinen Boot erreichen, von dem aus sich allenfalls Passagiere auf ein vor Anker liegendes Schiff schaffen ließen. Aber selbst ein derartiges Manöver braucht Zeit und wäre sicherlich von den vier englischen Kriegsschiffen, die beständig die Insel umrundeten, sofort entdeckt worden. Außerdem war jedem Schiff, das nicht unter englischer Flagge segelte, die Annäherung an die Insel streng untersagt. Von Sankt Helena gab es kein Entrinnen, es sei denn, Napoleon wäre es gelungen, eine Reihe von Leuten der hier stationierten Einheiten zu bestechen.

Dass ein Entkommen unmöglich war, wusste Napoleon, weshalb er alle entsprechenden Vorschläge von vornherein ablehnte. Das änderte gleichwohl nichts daran, dass besonders die französische Regierung in ständiger Furcht lebte, Napoleon könne trotz allem die Flucht gelingen. Die Phantasmagorien, mit denen man sich in Paris ängstigte, wo man allen Ernstes an eine bonapartistische Weltverschwörung glaubte, die ihren Sitz in den USA habe, trieben bisweilen Blüten, die an die späteren literarischen Entwürfe Jules Vernes gemahnen.⁴⁸ Sir Hudson, von diesen Befürchtungen jeweils umgehend unterrichtet, reagierte darauf wie von ihm erwartet: Er verschärfte die Bewachung.⁴⁹ Napoleon seinerseits war sich nicht zu schade, die Ängste des Gouverneurs durch hartnäckiges Versteckspielen – tagelang verließ er beispielsweise nicht das Haus – zu steigern. Das trieb Sir Hudson schier zum Wahnsinn; er wies deshalb den Offizier, der zwar Longwood House attachiert war, aber den Teil des Gebäudes, in dem sich Napoleons Räume befanden, nicht unaufgefordert betreten durfte, an, sich auf welche Weise auch immer der Anwesenheit Napoleons zu versichern. Der Bedauernswerte sah sich genötigt, durch Schlüssellöcher zu spähen, an Türen zu lauschen oder durch ein Fenster den Kaiser im Bad zu beobachten, der, als er ihn einmal dabei ertappte, Miene machte, sich auf ihn zu stürzen. Bisweilen musste sich die Ordonnanz auch mit dem Anblick eines Huts begnügen, dessen Träger Napoleon sein mochte. Captain George Nicholls, der diese undankbare Aufgabe zu erfüllen hatte, war alles andere als zu beneiden.[50] Nicholls war insgesamt 421 Tage als Ordonnanzoffizier in Longwood House tätig; an 134 Tagen konnte er, obwohl er von morgens bis abends, bei Sonne und Regen auf den Beinen war und das Anwesen wie ein Wachhund umkreiste, Napoleon nicht sehen oder einen anderen Beweis für dessen Anwesenheit erlangen.

Ein anderes Dauerthema der Auseinandersetzungen mit Lowe lieferte die verschwenderische Haushaltsführung in Longwood House, für die der englische Steuerzahler aufkommen musste. Vor allem der Konsum an Wein und Champagner muss phänomenal gewesen sein; aber auch der Verbrauch an Fleisch und anderen Nahrungsmitteln, die importiert werden mussten, war exorbitant. Das veranlasste Lowe wiederholt dazu, zur Sparsamkeit zu mahnen. Zwar machte sich Napoleon erbötig, aus seinen eigenen, nicht unbeträchtlichen Mitteln zu seiner Haushaltung beizutragen. Aber die britische Regierung gestattete nicht, dass er über größere Geldbeträge verfügte. So kam es zu der spektakulären Aktion, bei der Teile des umfangreichen Silbergeschirrs, das Napoleon mit sich führte, zerschlagen und zum bloßen Silbergewicht in Jamestown verkauft wurden.[51]

In der Napoleon-Literatur, die ihre Urteile häufig nicht aus eigener Kenntnis der Insel und ihrer Topographie fällt, sondern sich vorzugsweise auf die Schilderungen von Napoleons Jüngern stützt, scheint Sankt Helena, wenn nicht geradezu die Vorhölle, so doch einer der traurigsten und unwirtlichsten Orte der ganzen Welt zu sein. Das ist weit übertrieben, wenn die Insel auch heute noch zu den am schwersten erreichbaren Orten der Welt zählt, da sie keinen Flugplatz hat und lediglich ein englisches Postschiff, das viermal im Jahr verkehrt, die einzige Verbindung zur Außenwelt herstellt. Wer hier lebte, musste auf viele selbstverständliche Annehmlichkeiten verzichten. Die Insel ist sicherlich kein Paradies, aber fraglos hätten Napoleon und die Seinen sich über jeden anderen Ort dieser Welt genauso laut und nachdrücklich beklagt, um der zentralen Botschaft von Napoleons Martyrium den passenden Hintergrund zu geben. In vieler Hinsicht war Sankt Helena eine Erfindung Napoleons, die allein dem Zweck diente, den Chateaubriand in die Worte gefasst hat: «Sein Ansehen wurde uns durch sein Unglück zurückgegeben; sein Ruhm nährte sich von seinem Unglück.»[52]

Dem zu Tatenlosigkeit verurteilten Napoleon gelang so auf Sankt Helena sein vielleicht dauerhaftester Erfolg: die Inszenierung der eigenen

Apotheose. Bereits am 30. November 1815, also noch nicht einmal sechs Wochen nach Ankunft auf Sankt Helena am 17. Oktober, bemerkte Napoleon zu Las Cases: «*Unsere Lage hat vielleicht auch ihre Vorteile! Das Universum blickt auf uns! (...) Wir werden zu den Märtyrern einer unsterblichen Sache! (...)* Und nach einer Pause fuhr er fort: *Meine wahren Leiden entspringen keineswegs dieser Situation hier! (...) Hätte ich es nur mit mir allein zu tun, könnte ich mich vielleicht sogar freuen! (...) Das Unglück hat auch seinen Heroismus und seinen Ruhm! (...) Das widrige Geschick war mir meinem Leben bislang fremd! (...) Stürbe ich auf dem Thron, inmitten des Gewölks meiner Allmacht, wäre ich für viele Menschen ein Problem; heute jedoch, dank des Unglücks, das mir zugestoßen ist, kann man mich in unverhüllter Nacktheit beurteilen.*»[53]

In dieser kühnen Vision seiner selbst, die die bedrückenden Umstände seiner augenblicklichen Existenz transzendierte, erscheint das Vorbild antiker Größe, antiken Ruhmes, der sich für ihn nicht in der Vollendung des Erstrebten erfüllte, sondern in der Agonie eines tragischen Scheiterns. Damit galt auch für ihn, was vor ihm nur einem Alexander oder einem Caesar widerfuhr: Unsterblichkeit im Gedächtnis der Menschen. Dass dies glückte, dessen war er sich gewiss, wie er Las Cases gegenüber am 2. November 1816 bekannte: «Es ist wahr, dass mein Schicksal sich zu dem anderer genau gegenteilig verhält: Der Sturz lässt sie für gewöhnlich klein werden, mich hingegen hat er unendlich emporgetragen. Jeder Tag befreit mich von meinem Anstrich eines Tyrannen, eines Mörders, eines Wilden.»[54]

Das Bewusstsein seiner eigenen Größe verweist auf jene Bedingungen der Möglichkeit, die Jacob Burckhardt nicht zuletzt anhand seines Beispiels für die «großen Männer der Weltgeschichte» konstatiert hat: «Die Geschichte liebt es bisweilen, sich auf einmal in einem Menschen zu verdichten, welchem hierauf die Welt gehorcht. – Diese großen Individuen sind die Coincidenz des Allgemeinen und des Besonderen, des Verharrenden und der Bewegung in Einer Persönlichkeit. Sie resumiren Staaten, Religionen, Culturen und Crisen. In ihnen culminirt zusammen das Bestehende und das Neue (die Revolution). Ihr Wesen bleibt ein wahres Mysterium der Weltgeschichte; ihr Verhältniß zu ihrer Zeit ist ein *hieros gamos* (eine heilige Ehe, J.W.) (vollziehbar) fast nur in schrecklichen Zeiten, welchen den einzigen höchsten Maßstab der Größe geben, und auch allein nur das Bedürfnis nach der Größe haben.»[55]

Die Überwindung der Französischen Revolution, ihre Instrumentalisierung und Überführung in einen neuen Ordnungsentwurf, der mit der Fakten schaffenden Wahrheit seines unaufhaltsamen Siegeszugs das Alte einfach beiseite schob, war Napoleons Weg zur historischen

Größe. Dass dieses Neue fürs erste keinen Bestand hatte, ohne seine Macht sich nicht behaupten konnte und das Alte wieder triumphierte, die Revolution von der Restauration überwältigt wurde, änderte daran nichts. Das Neue war mit ihm in die Welt getreten und nicht ungeschehen zu machen. Das erhellt eine Paradoxie seiner Wirkungsgeschichte: Napoleon wurde zur Lichtgestalt, zum Kronzeugen all dessen, was er während seiner Herrschaft unnachsichtig bekämpft hatte. Die neue Religion der Freiheit, der Selbstbestimmung der Völker, der politischen Emanzipation verehrte in ihm ihren Zeugen. Seine Verbannung, sein Martyrium auf Sankt Helena wurde nicht mehr als die vom Weltgericht über ihn verhängte Strafe für seine Hybris, seinen hemmungslosen Egoismus, der binnen einer halben Generation Millionen von Opfern gefordert hatte, verstanden, sondern als der irdische Beweis einer fast messianischen Bedeutung. Daran änderte auch wenig, dass sein Neffe, Napoleon III., diesen populären Mythos, bei dem der Eroberer durch den Märtyrer, der Täter durch das Opfer ersetzt wurde, dazu benutzt hat, seinerseits die Macht in Frankreich zu erringen. Dessen eklatantes Scheitern diskreditierte allenfalls den Bonapartismus als politische Ideologie; dem Ruhm Napoleons hat dies nichts anzuhaben vermocht.

Seinem Wesen nach wird Napoleon «ein wahres Mysterium der Weltgeschichte» (Jacob Burckhardt) bleiben. Weder verkörperte er das Böse schlechthin, noch war er die Symbolgestalt des Guten, der Vorkämpfer von Freiheit und Fortschritt, für den ihn viele seiner Verehrer bis heute halten. Vielmehr vereinte er in sich ebensoviel Vergangenheit wie Zukunft, weshalb er für seine Zeit ein solches Faszinosum war.

Sein Leben lässt sich auch als großes Bühnenstück deuten. Nie weiß man genau, ob man es nun mit ihm, dem wirklichen Napoleon Bonaparte, zu tun hat oder mit dem Schauspieler, der dessen Charakterrolle perfekt beherrscht. Sein unbezweifelbarer Mut, sein Heroismus, den er vor allem in seinen Anfängen, während der italienischen Feldzüge bisweilen bis zur Tollkühnheit übertrieb, bietet dafür ein Beispiel. Indem er etwa den Sturmangriff über die Brücke von Arcole propagandistisch in jeder Weise buchstäblich ausschlachtete, wurde er selbst seiner Heldenrolle gewahr. Ja, erst in der Beobachtung seiner selbst als Akteur wurde er in gewisser Weise der, der er war. Deshalb haben alle seine Auftritte etwas unbedingt Theatralisches, bewegen sich seine Selbstinszenierungen – wie beispielsweise die Kaiserkrönung – oft auf dem schmalen Grat zwischen dem Erhabenen und Lächerlichen. Rasch jedoch gewinnt er Routine, und bei den Zusammenkünften von Erfurt und Dresden war ein Imperator zu erleben, der es sich erlauben konnte, seine Napoleonmaske kurz zu lüften und die an seiner Tafel versammelten gekrönten

Häupter mit einer Reminiszenz an seine Herkunft in Verlegenheit zu bringen: «Als ich noch ein kleiner Artillerieleutnant war ...»

Je weiter er voranschritt, desto weniger vermochte er jedoch die Grenzen zu erkennen, die auch dem Schauspiel seiner Größe gesetzt waren. So wiegte er sich bei seinen Zusammenkünften mit dem jungen Zaren in Tilsit in der Illusion einer brüderlichen Zweisamkeit zweier Potentaten, ohne wahrzunehmen, was ihn als Emporkömmling von Alexander immer trennen musste.

Dieser Überschuss an Theatralik verleiht dem Mysterium seines Wesens ein Element von Täuschung, Talmi und von gesuchtem Effekt. Es ist bezeichnend, dass es von ihm kein Porträt gibt, kein Gemälde, keine Zeichnung, von denen der Betrachter annehmen darf, dass er hier dem wirklichen Bonaparte, dem wahren Napoleon gegenübertritt. Das allen diesen Bildnissen Eigentümliche ist aber weniger ihre wohlfeile Idealisierung als vielmehr eine auffällige Unentschlossenheit der Künstler, einen bestimmten Charakterzug herauszuarbeiten. Daher haben alle Porträts Bonapartes etwas Glattes, geradezu Schablonenhaftes, und zeigen eine seltsam sterile Kunstfigur ohne greifbare Persönlichkeit.

Sein unbedingter Wille zur Inszenierung seiner selbst hatte seine Entsprechung in einer schier unmenschlichen Selbstkontrolle. Kaum je hat er Gefühle gezeigt, gewährte er Einblicke in sein Inneres. Die wenigen Briefe an Berthier, Moreau oder Joseph aus der Zeit, als er die Kampagne von Marengo vorbereitete, sind eine Ausnahme, ebenso seine Briefe an Joséphine aus Italien oder an Marie-Louise während der Zeit der ersten Abdankung. Die Maske, die er trug, verrutschte nicht einmal bei den größten Katastrophen, wie nach der Schlacht von Eylau oder auf dem Weg zurück aus Russland. Die persönlichste Eröffnung, die sich in seinen Briefen finden lässt, bleibt die Mitteilung, dass er sich selten zuvor wohler befunden habe, es um seine Gesundheit ausgezeichnet bestellt sei.

Napoleons theatralische Sendung findet ihren Niederschlag durchaus folgerichtig auch im *bon mot*. Es gibt kaum einen Schriftsteller oder Staatsmann, von dem so viele Aperçus überliefert sind. Die Sammlungen geschliffener Sentenzen und Sarkasmen Napoleons, seiner epigrammatischen Einsichten und Urteile, müssen kaum einen Vergleich mit anderen Werken der Gattung scheuen. In einer wortverliebten Kultur wie der französischen erklärt dies zum guten Teil seine ungemindert anhaltende Wirkung. Napoleons Sprachintelligenz, seine unbedingt zweckgerichtete, bisweilen schneidende, aber stets von federnder Eleganz geprägte *clarté*, gilt noch heute als ein Ideal, dem sich kein französischer Politiker verweigern kann. Der Beweis dafür ließe sich etwa anhand der Memoiren von Charles de Gaulle mühelos führen. In einem unmittelbaren Zusammenhang damit steht auch Napoleons «Anekdotenfähigkeit», in der allein sich ein Indiz seiner historischen Größe erkennen lässt; von einem Hitler oder Stalin werden keine Anekdoten erzählt, und wir suchen in ihrer Hinterlassenschaft auch vergeblich nach Aphorismen und anderen Zeugnissen eines überlegenen Geistes. Was Napoleon von ihnen unterscheidet, ist sein Genie.

Alles das führt zu dem Paradox, dass Napoleon entschwindet, je mehr wir über ihn zu wissen glauben, dass er einem gewissermaßen immer unbekannter wird. Was für seine Porträts gilt, trifft in gewisser Weise auch auf die zahlreichen Zeugnisse seiner Zeitgenossen zu. Keiner von ihnen hat ihn wohl ganz begriffen, erkannt, geschweige denn durchschaut; alle haben sie jeweils nur eine Persönlichkeit wahrgenommen, die sie für Napoleon hielten. Diese Irritation, dieses Rätsel muss aushalten, wer sich auf ihn einlässt und mit seinem Leben auseinandersetzt. Chateaubriand hat das Phänomen Napoleon auf eine magische Formel gebracht: «Zu seinen Lebzeiten hat er die Welt verfehlt, nach seinem Tod aber hat er sie besessen.»[56]

Sankt Helena war für Napoleon keineswegs der Wartesaal, in dem er sich bis zum Eintritt in die Unsterblichkeit wohl oder übel gedulden musste. Natürlich umkreisten seine Gespräche vorzugsweise die Vergangenheit, alte Rechnungen wurden neu aufgemacht, Legenden mit neuen Girlanden verziert, viele Menschen seiner näheren und ferneren Umgebung ihrer Verrätereien oder Fehler geziehen. Erstaunlich oft kam auch seine Rede auf die Frauen und besonders auf jene, denen er begegnet ist. Nur über Joséphine hat er sich dabei stets mit gleicher Sympathie geäußert. Mit spürbarem Behagen verbreitete er sich auch darüber, welche gewaltigen Bauvorhaben er in Paris verwirklichen wollte. Ein gern erörtertes Thema gaben natürlich seine Feldzüge ab, die entscheidenden Schlachten und Manöver, die großen Perspektiven, die sich ihm zu unterschiedlichen Zeiten boten, seine Träume von Weltherrschaft. Das sind aber nur Parerga und Paralipomena, schmückendes Beiwerk des eigentlichen Vermächtnisses von Sankt Helena. Es besteht im wesentlichen aus drei Themenkomplexen: Napoleon als Repräsentant der Revolution, Napoleon als Anwalt der Nationen und Napoleon als Politiker in Krieg und Frieden.

Im Erlebnis der Revolution waren, wie Napoleon betonte, Traum und Trauma eng miteinander verknüpft. Sein Handeln folgte deshalb der Maxime, das Trauma einerseits zu bannen, andererseits den Traum im Sinne seiner Ordnungsvorstellungen zu verwirklichen. Folgerichtig gab sich Napoleon auch auf Sankt Helena als Wahrer der revolutionären Prinzipien, die stets Grundlage seiner Herrschaft gewesen seien. Gegenüber Las Cases äußerte er im April 1816: «Nichts wird die großen Prinzipien unserer Revolution zerstören oder auslöschen; (...) sie werden der Glauben, die Religion, die Moral aller Völker werden; und diese denkwürdige Ära wird sich, was immer man auch sagen mag, mit meiner Person verbinden.»[57]

Die Prinzipien der Revolution erfüllten sich für ihn vor allem in zwei Begriffen: Freiheit und Gleichheit. Das Verlangen nach Gleichheit war der Motor der Revolution; gleichzeitig lag darin aber auch die Ursache dafür, dass der napoleonische Despotismus weithin kritiklos ertragen wurde. Diesen Zusammenhang betonte Napoleon immer wieder, weshalb er häufig seine besondere Passion für jenes tragende Prinzip der Revolution bekundete. Zu Montholon sagte er einmal geradezu: «Alles, was an Gleichheit zu geben möglich war, (...), haben die Franzosen von mir erhalten. Völlig uneingeschränkt und vorbehaltlos muss die Gleichheit vor dem Gesetz gelten. Jenseits davon jedoch ist sie nichts anderes als ein Traum, eine Täuschung.»[58] Die Gleichheit aller vor dem Gesetz war fraglos eine Errungenschaft der Revolution, die Napoleon respektierte. Aber er blieb Demagoge genug, um in seinen Monologen in der Verbannung vor allem die Gleichheit der Chancen herauszustellen, der stets sein besonderes Augenmerk gegolten habe.[59]

Zum Gleichheitspostulat der Revolution stand jedoch die von ihm geschaffene *Noblesse de l'Empire* in einem Widerspruch, den er auf zweierlei Weise in Abrede zu stellen suchte. Zum einen unterstrich er, jedermann habe zu Adelsrängen auf Grund seiner Verdienste Zugang; sie stelle deshalb lediglich eine Meritokratie, eine Auswahl der Besten dar. Zum anderen behauptete er, dass «die vernünftige Demokratie sich lediglich darauf beschränkt, allen die Chancengleichheit zu garantieren».[60] Insofern sei das Egalitätsprinzip durch die *Noblesse de l'Empire* nicht verletzt worden, zumal dieser für die Stabilität des Staates unverzichtbar sei.

Schließlich rühmte sich Napoleon, die Bildung breitester Volksschichten gefördert und damit einen erheblichen Beitrag zur Emanzipation insbesondere der unterbürgerlichen Schichten geleistet zu haben. Sie konnten damit die ansonsten nur theoretische Chance des Gleichheitspostulats wahrnehmen, sich durch Kenntnisse und Bildung für höhere Aufgaben in der Gesellschaft zu qualifizieren.[61] Von dieser «Bildungsrevolution» versprach er sich eine Stabilisierung seines Gesellschaftssystems.[62]

Im Zusammenhang mit seiner Bildungspolitik sah Napoleon auch eine wichtige soziale Funktion für die Kirche. Vor allem die Landpfarrer sollten einen Beitrag dazu leisten, die Gesellschaft, die ihm vorschwebte, zu entwickeln. Deshalb genüge für die Priesterausbildung nicht mehr nur die Unterweisung in lediglich theologischen Fragen; vielmehr sollten sie auch umfassende Kenntnisse in Landwirtschaft, Medizin und Rechtspflege besitzen. Derart ließe sich «eine moralische Revolution ins Werk setzen, die der Zivilisation nur von Vorteil wäre».[63] Diese Ausführungen zeigen einmal mehr, dass Napoleon die Kirche lediglich als politisches Instrument verstand, weshalb ihm alle Religionen und Glaubensgemeinschaften gleich viel galten. Seine eigene Herrschaft sollte sich auf eine unbedingte Privatisierung der Gewissen stützen, damit sie nicht durch religiös oder moralisch begründete Geltungsansprüche in Frage gestellt werden konnte.

Während er damit weitgehend Erfolg hatte, gelang ihm dies nur teilweise bei seinem anderen großen sozialpolitischen Ziel, die beiden Frankreich, das der Revolution wie jenes des *Ancien Régime*, zu einem Dritten, dem Frankreich des *Empire* unter seiner Führung, zu verschmelzen. Die Angehörigen des alten Adels und die Emigranten in eine Gesellschaftsordnung zu integrieren, die von der Revolution geschaffen worden war, erwies sich als weit schwieriger, als er erwartet hatte. Als verbindendes Prinzip galt zwar die Egalität der Gesellschaft, entscheidend aber war die hierarchisch gegliederte Autorität und Ordnung, deren oberste Instanz der Kaiser war. Deshalb konnte er von sich behaupten: «Je suis la patrie.»[64]

O'Meara gegenüber begründete er seine Herrschaft einmal in Analogie zur Römischen Geschichte: «Das Regierungssystem muss dem Geist der Nation und den Erfordernissen des Augenblicks entsprechen. Frankreich verlangte es nach einer starken Leitung. Solange ich an der Spitze der Staatsgeschäfte stand, kann ich sagen, dass Frankreich sich in derselben Situation befand wie Rom, als man sich zu der Einsicht bekannte, es bräuchte einen Diktator, um die Republik zu retten.»[65] Der Zwang zum diktatorischen Handeln sei ihm, versicherte Napoleon Ende November 1815 Las Cases, von zwei Seiten aufgenötigt worden: von außen und von innen: «Zur Macht gelangt, erwartete man von mir, dass ich mich (so liberal, J.W.) wie ein Washington verhielte: Solche Worte kosten nichts, und sicherlich haben diejenigen, die sie leichthin äußerten, dies getan, ohne die Zeit, den Ort, die Menschen und die Umstände zu bedenken. (...) Hätte er sich (...) in Frankreich befunden, *angesichts der Auflösung im Inneren und der drohenden Invasion von außen*, hätte ich ihn gerne dazu angestiftet, er selbst zu sein (...); dann aber wäre er nichts anderes als ein Dummkopf gewesen und hätte die Dauer des großen Unglücks nur verlängert. Was mich anbelangt, hätte ich nichts anderes sein können als ein *gekrönter Washington*. Das wäre mir aber nur auf einem Kongress der Könige, inmitten aller gekrönten Häupter, die von mir zuvor überzeugt oder unterworfen worden wären, beschieden gewesen. Dann, und nur dann, hätte ich auch mit Erfolg seine (Washingtons, J.W.) Mäßigung, seine Uneigennützigkeit, seine Weisheit unter Beweis stellen können. Dahin konnte ich vernünftigerweise aber nur durch die *dictature universelle* gelangen.»[66]

Napoleon erteilte damit dem doppelten Ideal der Revolution – das englische Vorbild einer parlamentarischen Monarchie oder das amerikanische Präsidialmodell einer starken Exekutive mit begrenzter Amtszeit – eine eindeutige Absage. Mit dem englischen Vorbild war die Konstituante gescheitert, während die Brumairianer, die Napoleons Staatsstreich unterstützt hatten, sich den *Consulat* als Variante der amerikanischen Präsidialdemokratie ausmalten. Diese Hoffnung machte ihnen Bonaparte mit dem Consulat auf Lebenszeit endgültig zunichte, der seinerseits nur die Vorstufe zur Proklamation seines Kaiserreichs bedeutete. Diesen eindeutigen Bruch mit den Erwartungen der Revolution wollte Napoleon auf Sankt Helena wiederholt damit zu rechtfertigen suchen, dass die politische Situation des revolutionären Frankreich inmitten eines monarchischen Europa einen solchen Schritt verlangt habe, um die Revolution vor ihren äußeren Feinden zu retten.[67]

Es waren also die Umstände, die Napoleon gewissermaßen zur Diktatur gezwungen hatten. Sie war auch keineswegs das Ziel seines Staatsstreichs vom 18. *Brumaire* gewesen. Dieser war vielmehr, deutet man seine Worte richtig, ein Akt kollektiver Vernunft, dem er lediglich als Werkzeug diente: «Frankreich, das innerlich zerrissen war, lief Gefahr, unter den Schlägen eines vereinten Europa unterzugehen, vertraute deshalb das Steuerruder den Händen eines Einzelnen an, und alsbald war ich es, der Erste Consul, der diesem Europa die Gesetze diktierte.»[68]

Doch wie stand es mit der Freiheit des Volkes? Zu Montholon hat er nach dessen Zeugnis gesagt: «Die Menschen, die mir den Vorwurf machen, den Franzosen nicht genügend Freiheiten gegeben zu haben, sind entweder von übler Gesinnung oder sie wissen nicht, dass 1804, als ich mir die Krone aufs Haupt setzte, 96 von hundert Franzosen nicht lesen konnten und dass sie auch von der Freiheit nicht mehr verstanden, als das Delirium des Schreckensjahres 1794. Alles, was ich an Freiheit diesen zwar gelehrigen, aber völlig unwissenden und durch die revolutionäre Anarchie und den Krieg demoralisierten Massen geben konnte, habe ich ihnen gegeben. Die Zeit würde dann schon den Rest besorgen, denn die Institutionen des Empire bargen den Keim aller Freiheiten. Es genügte nicht, dass ein Volk für sich fordert: Ich möchte frei sein in dem

Sinne der Freiheit, wie sie von den Aposteln des Liberalismus gepredigt wird; notwendig ist vielmehr, dass es auf Grund seiner Erziehung der Freiheit auch würdig ist.»[69]

Die innenpolitische Notwendigkeit seiner Diktatur, ohne die sich Unordnung und eine daraus resultierende Ungleichzeitigkeit im Entwicklungsstand Frankreichs gegenüber dem übrigen Europa einzustellen drohten, hatte auch eine außenpolitische Pointe, von der er sich zu Beginn seiner Verbannung sogar noch eine jähe Wende des Schicksals versprach: «Wir haben noch eine andere Chance, von hier wegzukommen. Vielleicht, auf Grund genau gegenteiliger Ereignisse, werden die Könige zu der Einsicht genötigt werden, dass sie einen Fehler begangen haben, als sie mich meines Thrones beraubten, und sie werden mich dann zu Hilfe rufen in diesem Kampf gegen die Französische Revolution. In dieser Auseinandersetzung bin ich der geborene Vermittler – (...) Das Schicksal hat es nicht gewollt, dass ich mein Werk vollendet habe, dessen Absicht es war, die gesellschaftliche Neuordnung Europas zu besiegeln; stattdessen hat es mich hierhin verschlagen. Aber das Mysterium seiner Entscheidungen ist undurchdringlich; es enttäuscht die klügsten Berechnungen.»[70] Dieser Gedanke beschäftigte ihn immer wieder, weil er seine Verwirklichung als die Krönung seines Lebenswerks ausgab. Zugleich lieferte er ihm den Maßstab für die Größe seiner Tragik: «Der Friede, in Moskau geschlossen, hätte alle meine kriegerischen Unternehmungen beendet. Für den großen Prozess wäre dies das Ende aller Wechselfälle und der Beginn der Sicherheit gewesen. Ein neuer Horizont, neue Herausforderungen hätten sich daraus entwickelt, die ausschließlich das Wohlergehen und den Wohlstand aller zu ihrem Inhalt gehabt hätten. Das europäische System wäre damit fest gegründet worden; es wäre nur noch eine Frage gewesen, es zu organisieren. – (...) Der Prozess des Jahrhunderts wäre damit gewonnen, die Revolution vollendet gewesen. Dann hätte man sie nur noch mit dem vermitteln müssen, was von ihr nicht schon zerstört worden war. Diese Aufgabe wäre mir zugefallen. (...) Ich war im Besitz der Grundlagen und des Vertrauens des einen und ich hätte mich mit dem anderen ebenfalls identifiziert. Ich war beiden zugehörig. – *Mein Ruhm hätte sich auf meine Gerechtigkeit gegründet.*»[71] Napoleons historische Mission, so seine Selbstdeutung, bestand in der Vermittlung der gezähmten, von ihren Fehlern gereinigten Revolution mit den im übrigen Europa vorherrschenden Verhältnissen.

Die Vermittlerfunktion zwischen alter und neuer Ordnung ebenso wie der «autoritäre Liberalismus», zu dem er sich wiederholt bekannte, widersprachen allerdings seinen vagen Freiheitsversprechungen, die er für die Zeit nach dem allgemeinen Frieden einlösen wollte. Angeblich überzeugte er Benjamin Constant davon im Gespräch in den Tuilerien am 20. März 1815 mit Worten, die er gegenüber Las Cases im März 1816 wiederholte: «Ich bin der Mann des Volkes; wenn das Volk wirklich Freiheit will, gebe ich sie ihm. Ich habe seine Souveränität anerkannt, jetzt muss ich seinen Wünschen, ja selbst seinen Launen mein Ohr leihen. Ich habe es nie bloß zu meinem Vergnügen unterdrücken wollen. Ich hatte große Pläne. Das Schicksal hat darüber entschieden, und ich bin kein Eroberer mehr; ich kann es auch nicht mehr sein. (...) Ich hasse keineswegs die Freiheit. Ich habe sie lediglich beiseite geschoben, als sie mir den Weg versperrte; gleichwohl habe ich sie verstanden, ihre Gedanken waren mir Nahrung.»[72]

Diese Verheißungen konnten zumindest die skeptischen Zeitgenossen nicht überzeugen. Hartnäckig hielten sich Gerüchte, Napoleon wollte als Sieger von Waterloo sofort die Kammern verjagen, den liberalen Verfassungszusatz abschaffen und eine uneingeschränkte Diktatur errichten. O'Meara sprach ihn darauf an, und Napoleon antwortete lebhaft: «Nein, nein, ich würde die letzte Verfassung beibehalten haben, zumal ich davon überzeugt war, dass die vorherige Verfassung großer Änderungen bedurfte.»[73] Gegenüber Las Cases bemerkte er im März 1816: «Nach all dem, welche Ängste könnte das französische Volk noch hegen? Gaben ihm nicht die Kammern und die neue Verfassung bereits hinreichende Garantien im Überfluss? Diese *Actes additionnels*, gegen die man sich so sehr empörte, bargen sie denn nicht in sich alle Möglichkeiten zur Korrektur, alle sicheren Heilmittel? Wie hätte ich sie verletzen können? Ich allein verfügte nicht über Millionen von Armen, ich war nur ein einzelner Mann. Die öffentliche Meinung hatte mich erneut zur Macht getragen, und sie hätte mich gleichermaßen auch wieder stürzen können. Aber sieht man von dieser Gefahr einmal ab: Was hätte ich gewinnen können?»[74]

Diese Heuchelei unterstützte und beförderte Las Cases nach besten Kräften. Der Wahrheit entschieden näher kam Napoleon am 16. Dezember 1815 in einem Gespräch mit Gourgaud: «Man muss keine beratenden Versammlungen haben. Die Männer, auf die man glaubt, sich in diesen Versammlungen verlassen zu können, wechseln ihre Ansichten allzu leicht. Waterloo, Waterloo! (...) Die englische Verfassung ist für Frankreich nicht geeignet.»[75] Auf den Tag genau ein Jahr später kam Napoleon nochmals darauf zu sprechen: «Ich bin durchaus der Überzeugung, dass Frankreich keinerlei Verfassung braucht. Das ist ein zutiefst monarchisches Land. Damit will ich sagen, es braucht keine beratenden Körperschaften, auch wenn es diese immer gehabt hat, wie Versammlungen der Provinzialstände, Generalstände, Parlamentshöfe. Aber keinerlei gesetzgebende Körperschaften. Wenn man in einem Land eine Revolution anzetteln will, dann muss man nur eine solche Versammlung einberufen. Sehr bald bilden sich dann zwei Parteien, treten Hass und Leidenschaften in Erscheinung.»[76] Das war Napoleons wahre Überzeugung, seine Wertschätzung des liberalen Konstitutionalismus hingegen nur ein opportunistisches Lippenbekenntnis.

Eine weitere Botschaft des «Evangeliums» von Sankt Helena lautete, die Völker Europas, die sich gegen das Joch der Könige aufbäumten, hätten in Napoleon ihren Anwalt gefunden. Er, der die Revolution vollendet und überwunden habe, stilisierte sich nun zum «Messias der Völkerfreiheit». Keineswegs leugnete Napoleon, dass er im Zenit seiner Macht erwogen hatte, nicht nur Europa, sondern die ganze Welt zu erobern und seiner universalen Diktatur zu unterwerfen. Jetzt war dergleichen aber nicht mehr das Ziel, sondern lediglich eine notwendige Zwischenstation auf dem Weg zu einer Neuordnung Europas nach nationalstaatlichen Gesichtspunkten. Gegenwart und Vergangenheit, Revolution und *Ancien Régime*, die legitimen Rechte und Ansprüche der Völker wie ihrer Könige und Fürsten habe er zu einer neuen gesellschaftlichen, politischen und territorialen Synthese formen wollen. Er, behauptete Napoleon, sei dazu bestimmt gewesen, diese gewaltigen Veränderungen ins Werk zu setzen und die «europäische Neuordnung»,[77] jetzt das ideale Ziel seines imperialen Wollens, zu vollenden. Dem ließ sich dann alles subsumieren, was er unternahm, ohne dass den gläubigen Leser des Vermächtnisses auch nur der Schatten eines Zweifels streifte. So habe er mit seiner europäischen Hegemonialpolitik nichts anderes bezweckt, als eine europäische Konföderation der geeinten und nationalstaatlich organisierten Völker: «Eine meiner größten Absichten war der Zusammenschluss, die territoriale Konzentration der einzelnen Völker, die durch Umwälzungen oder die Politik auseinandergerissen oder verstreut wurden. Man zählt in Europa, wenngleich verteilt, mehr als dreißig Millionen Franzosen, fünfzehn Millionen Spanier, fünfzehn Millionen Italiener und dreißig Millionen Deutsche. Aus jedem dieser Völker wollte ich jeweils eine in sich geschlossene Nation formen. Wie schön wäre es gewesen, mit einem derartigen Gefolge und mit dem Segen der kommenden Jahrhunderte Einzug in die Nachwelt zu halten. Dieses Ruhmes fühlte ich mich durchaus würdig!»[78] Napoleon als selbstloser Geburtshelfer der historischen Notwendigkeit. Das war die Rolle, die er sich für seinen Nachruhm zurechtrückte. Über die Deutschen bemerkte Napoleon in diesem Zusammenhang am 11. November 1816: «Der staatliche Zusammenschluss der Deutschen erfordert größere Langsamkeit (im Vergleich zu dem der Italiener, J.W.), auch wenn es mir gelungen ist, ihre monströse Unordnung zu vereinfachen. Nicht jedoch, dass sie auf eine Zentralisation bereits vorbereitet wären. Ganz im Gegenteil hätten sie sich durchaus blindlings gegen uns gewandt, noch bevor sie unsere Absichten überhaupt begriffen. Wie lässt sich nur erklären, dass kein deutscher Fürst die Stimmung der Nation richtig eingeschätzt oder auch nur versucht hat, daraus seinen Vorteil zu ziehen? (...) Wie auch immer, diese staatliche Einigung wird früher oder später durch die Macht der Umstände herbeigeführt werden.»[79] Napoleons Pläne für Italien fielen detaillierter aus. Zum einen galt es den Partikularismus, den *esprit de localité*, der italienischen Kleinstaaterei zu zerstören; zum anderen musste die weltliche Macht der Päpste und schließlich auch die Herrschaft Österreichs über weite Teile der Apenninhalbinsel beseitigt werden. Diese Voraussetzungen waren, als Napoleon im Zenit seiner Macht stand, formal, wenngleich keineswegs intentional erfüllt: 1812 war Italien mit Ausnahme Siziliens zwar unter verschiedenen Herrschaften aufgeteilt, aber insgesamt ein französisches Protektorat. So stellte es Napoleon jedenfalls dar: «Die französische Annexion des Piemont, von Parma, der Toskana und Roms war nach meiner Absicht nur von begrenzter Dauer. Damit verfolgte ich kein anderes Ziel, als die Nationalerziehung der Italiener zu überwachen, zu garantieren und zu beschleunigen.»[80] Was aber ließ Napoleon zögern, die Einheit des Landes zu verwirklichen? Seine Antwort ist von entlarvender Offenheit: «Es war meine Absicht, ganz Italien unter einer Krone zu vereinen, die ich meinem zweiten (!) Sohn bestimmen wollte, wenn Gott ihn mir geschenkt hätte! Die Kronen, die ich meinen Brüdern aufs Haupt gesetzt hatte, waren lediglich die Grundsteine für ein Gebäude, das es zu errichten galt.»[81]

Wie sehr sich Napoleon in der Frage der Nationalitäten und Nationalstaaten in Phantastereien verlor, zeigt auch das Beispiel Polens, auf das er mehrfach zu sprechen kam: «In Tilsit habe ich für Polen alles getan, was ich konnte, indem ich das Großherzogtum Warschau gründete. Die Schlacht von Eylau war schrecklich. Die kurze Kampagne von Friedland kostete mich viele Verluste. Ich konnte damals nicht, ohne von Sinnen zu sein, die Memel überschreiten, um den Krieg im Interesse Polens fortzusetzen. (...) 1812 habe ich für Polen alles getan, was ich tun konnte, ohne die Interessen Frankreichs zu schädigen. Durch die Verträge mit Österreich und Preußen bereitete ich die Wiederherstellung des Königreichs Polen vor. Wenn ich als Sieger aus Russland zurückgekehrt wäre, dann wäre Polen als großes Königreich wieder erstanden, fest gegründet, mit einer Armee von zweihunderttausend Mann. Für Russland wäre Polen ein unüberwindliches Hindernis gewesen. Die Polen sind die Franzosen des Nordens; sie sind ein tapferes Volk.»[82]

Wenn Polen ein Eckpfeiler in Napoleons angeblich geplanter Sicherheitsarchitektur war, dann folgte aus dieser Perspektive seines «kontinentalen Systems» logisch der Kriegszug gegen Russland. «Dieser Krieg», sagte er am 25. Oktober 1816 zu Las Cases, «hätte der populärste der modernen Zeiten sein müssen. Das war ein Krieg, zu dem die Vernunft und die wahren Interessen rieten, ein Krieg, der für die Ruhe und die Sicherheit aller geführt werden musste. Er hatte rein friedliche und konservative Ziele, die einzig für Europa von Belang waren. Sein Erfolg hätte das Gleichgewicht stabilisiert, neue Verbindungen hergestellt, mit denen sich die Gefahren, die an der Tagesordnung waren, nicht nur hätten bannen, sondern sich auch eine ruhige Zukunft heraufführen lassen. (...) Ich hätte für mich nichts hinzugewinnen wollen; ich habe lediglich für mich den Ruhm dieser Wohltat und die künftigen Segenswünsche beansprucht.»[83] Die Niederwerfung Russlands, durch die er das Riesenreich zwingen wollte, sich von Europa abzuwenden und stattdessen nach Asien zu blicken, bezeichnete er als die Krönung seines europäischen Systems. Das war der Beginn eines neuen Goldenen Zeitalters, das mit seinem Namen auf ewig verbunden bliebe. Diese Universalherrschaft über den Kontinent, suchte er seinen englischen Gesprächspartnern immer wieder glauben zu machen, hätte er bereitwillig mit England geteilt. Zu Colonel Mark Wilks, der im April 1816 von Sir Hudson Lowe als Gouverneur von Sankt Helena abgelöst wurde, bemerkte er einmal: «England und Frankreich hielten das Schicksal der Erde, das Schicksal der europäischen Zivilisation in ihren Händen. Wie viele Leiden haben wir uns zugefügt! Wie viel Gutes hätten wir gemeinsam erreichen können!»[84]

Am Ende war ihm besonders wichtig, immer wieder zu betonen, dass all seine Kriegszüge notwendig gewesen seien, um Frankreich und die Errungenschaften der Revolution gegen die Angriffe der alten Monarchien zu verteidigen. Seine Kriege waren Verteidigungskriege, stets sei er angegriffen worden. Der Krieg sei für ihn niemals Selbstzweck, sondern immer nur das Mittel gewesen, Frieden zu schaffen. «Europa hat niemals aufgehört, gegen Frankreich, gegen seine Prinzipien, gegen mich Krieg zu führen. Wir mussten Schläge austeilen, weil wir sonst erschlagen worden wären. Das Bündnis gegen uns bestand immer, ob in aller Offenheit oder im Geheimen, ob man es zugab oder leugnete. Es war uns immer als Drohung gegenwärtig. Allein die Alliierten hätten uns den Frieden verschaffen können.»[85] Die permanente Perfidie Englands trage die Hauptschuld daran, dass der Frieden nie von Dauer gewesen sei. «In Amiens war ich mir ganz sicher, dass das Schicksal Frankreichs, das Europas und auch das meinige unverrückbar feststünde, dass der Krieg ein für alle Mal beendet sei. Es war dann das englische Kabinett, das den Brand neu entfachte, ihm allein muss die Schuld an allen Übeln zugesprochen werden, die Europa in der Folge zu erleiden hatte, es allein ist dafür verantwortlich.»[86] Es sei England gewesen, dessen Unnachgiebigkeit ihm keine andere Wahl gelassen habe, als an allen Fronten Krieg zu führen und die Diktatur über Europa anzustreben, um auf diese Weise endlich den Frieden zu erzwingen. «Wenn ich denn tatsächlich kurz davor gewesen sein sollte, die Universalmonarchie zu vollenden, dann geschah dies alles ohne jede Absicht und nur deshalb, weil man mich Schritt für Schritt zu diesem Ziel hingedrängt hat. Die letzten Anstrengungen, um dorthin zu gelangen, schienen kaum mehr etwas zu kosten. War es denn dann ganz unvernünftig, es zu versuchen?»[87]

Die letzten drei Jahre seines Lebens waren geprägt von tiefer Resignation. O'Meara war Ende Juli 1818 auf Weisung der britischen Regierung von seinen Pflichten als Arzt Napoleons entbunden worden. Gleichzeitig wurde ihm verboten, Kontakt mit Longwood House zu halten. Damit hatte Napoleon die letzte Runde im Ringen mit Hudson Lowe verloren. Es gab auch keinen Grund mehr, diesen Kampf fortzusetzen, nachdem er seinen wertvollsten Verbündeten verloren hatte. Ihm blieb nur, seine Existenz zu fristen. Um die Langeweile zu überwinden, stürzte er sich in Gartenarbeit. Auf beiden Seiten des Hauptgebäudes von Longwood House wurden Blumenbeete angelegt und mit einem Holzzaun eingefriedet. Kaum war er damit halbwegs fertig, plante Napoleon schon deren Erweiterung. «Seit einiger Zeit sprach der Kaiser davon, die Gärten unter seinen Fenstern zu vergrößern. Er äußerte das Verlangen, sich gegen die ständigen Passatwinde mittels Rasenwällen zu schützen. In diesen Arbeiten sah er nicht nur eine Zerstreuung für sich und die kleine Kolonie, er erkannte darin vor allem auch den Vorzug, die Wachtpostenkette, die jeden Abend um neun Uhr um das Haus herum aufgestellt wurde, fern zu halten. Nachdem diese Maßnahmen vorgeschlagen und beschlossen worden waren, musste alle Welt bei den Arbeiten mit anpacken.»[88] Napoleons Stimmung verrieten auch die Mahlzeiten, die ihm früher wenig bedeutet hatten, aber auf einmal sehr wichtig wurden. Zu ihren Begleiterscheinungen gehörte eine nun rasch zunehmende Korpulenz. Auf das Frühstück folgte gegen 15 Uhr ein Mittagessen, während man das Abendessen erst gegen 22 Uhr einnahm. So ließen sich die ereignislosen Tage gliedern, die schlaflosen Nächte verkürzen. Napoleon bemühte sich zwar um eine stoische Haltung, die der Mitwelt sein Inneres verbarg. Unvermeidlich aber mündete die andauernde Untätigkeit, seine Unlust, sich sportlich zu betätigen, in einer Verdrossenheit, die sein seelisches und körperliches Befinden angreifen musste. Langeweile und die lange abgewehrte Erkenntnis, dass er seine Tage auf Sankt Helena beschließen würde, verzehrten seinen Lebensmut. Daran änderte auch jene aus fünf Personen – zwei Priestern, einem Arzt, einem Diener und einem Koch – bestehende «petite caravane» nichts, die auf Bitten Napoleons von Kardinal Fesch entsandt worden war und am 21. September 1819 auf Sankt Helena eintraf.

Der eine Priester, *abbé* Buonavita, war ein Greis, der sein Leben in der Mission in Mexiko verbracht hatte und dessen angegriffene Gesundheit ihn zwang, bereits im März 1821 nach Europa zurückzukehren. Der andere war ein junger Mann namens Vignali, der des Französischen kaum mächtig war. Die mit Abstand zweifelhafteste Erscheinung der Gruppe war der Arzt Francesco (François) Antommarchi. Er hatte vor seinem Dienst auf Sankt Helena in der Anatomie von Florenz gearbeitet und verfügte daher über eher geringe diagnostische Fähigkeiten. Für seine Mission qualifizierte ihn vermutlich nur der Umstand, dass er sich mit einem Jahresgehalt von 9000 *francs* zufrieden gab. Mit dieser armseligen Truppe bedankte sich der Clan, den Napoleon mit Reichtümern überschüttet hatte. Die beiden Priester und der Quacksalber waren Korsen. Spötter behaupteten, sie seien mit Bedacht ausgewählt worden, um Napoleon zu demonstrieren, wie viel Unfähigkeit, Ignoranz und Intrige seine Heimatinsel hervorbringen könne. Napoleon machte sich von Anfang an keine Illusionen über seine neuen Gefährten. «Der alte Priester ist zu nichts zu gebrauchen», bemerkte er zu Bertrand. «Das ist einer, der nur die Messe herunterleiern kann. Der junge hingegen ist ein Seminarist; es ist lächerlich, ihn als Arzt auszugeben. Er hat gerade einmal vier Jahre Medizin in Rom studiert. Das ist ein Medizinstudent und keineswegs ein Arzt. Antommarchi ist ein Professor, aber er hat keinerlei Ahnung von der Praxis».[89]

Die beiden Priester hatten «Messgewänder und Kirchengerät von großer Schönheit» mitgebracht. Also ließ Napoleon das Esszimmer von Longwood in eine Kapelle umgestalten, in der jeden Sonntag die Messe gelesen wurde: Ein Tisch diente als Altar, aus Karton wurde ein Tabernakel hergestellt, die Wände wurden mit rotem Satin ausgeschlagen, und für Napoleon wurde ein Betstuhl angefertigt. Auch das sollte nur zerstreuen und war kein Anzeichen dafür, dass Napoleon zum Glauben gefunden habe.[90] Die Frömmigkeit, die in Longwood House Einzug hielt, ging der letzten Krise Napoleons unmittelbar voraus. Zwar hatten die Gartenarbeiten sein Befinden gebessert, aber Mitte September ließen seine Kräfte spürbar nach. Jede körperliche Anstrengung erschöpfte ihn. Immer häufiger und länger musste er das Bett hüten, das er nur noch verließ, um für mehrere Stunden ein heißes Bad zu nehmen. «Er hat jeglichen Appetit verloren, nichts vermag ihn mehr zu verlocken», notierte Marchand, «vom Braten, den man ihm serviert, nimmt er sich allenfalls die Kruste; aus dieser saugt er den Saft heraus, ohne das Fleisch schlucken zu können.»[91] Am 11. Februar 1821 bemerkte Napoleon zu Bertrand: «Ich werde dieses Jahr nicht überleben, auf keinen Fall aber das kommende.»[92] Am 2. März notierte Bertrand, Napoleon habe seit vierzehn Tagen keinen Bissen Fleisch mehr zu sich genommen. Seine Nahrung sei nur noch geröstetes Brot, in Sirup getaucht, das er aber auch nur mit größter Mühe schlucken könne. «Er will sich rasieren. *Das sind die Arbeiten des Herkules. Welche Erschöpfung!* Er spült sich den Mund aus und damit ist seine ganze Toilette beendet.»[93] Einige Wochen später bemerkte er zu Bertrand:

«Wenn mein Leben jetzt endete, dann wäre dies ein Glück; ich möchte sterben. Ich fürchte den Tod nicht. Für mich wäre es ein großes Glück, binnen vierzehn Tagen tot zu sein. Was kann ich mir noch erhoffen? Möglicherweise doch nur ein noch elenderes Ende. Das einzige, was ich fürchte, ist, dass die Engländer meinen Leichnam behalten wollen und ihn in Westminster beisetzen. Man muss sie dazu zwingen, dass sie ihn an Frankreich übergeben. (...) Nachdem sie mich ermordet haben, ist es das Mindeste, dass sie meine sterbliche Hülle nach Frankreich, dem einzigen Vaterland, das ich geliebt habe und wo ich bestattet zu werden wünsche, überführen. (...) Wäre ich in Amerika, dann würde ich zweifellos noch für eine Weile existieren. Überdies möchte ich gar nicht sterben, aber das Leben bedeutet mir andererseits auch nicht mehr viel. Es gibt einige Fehler, die ich mir vorwerfen muss, aber keine Verbrechen. Besser wäre es, zu sterben, als hier noch länger so zu vegetieren, wie ich es seit sechs Jahren tue.»[94] Schließlich, wiederum zu Bertrand, am 9. April: «Ich habe mein Testament gemacht; ich habe Antommarchi ein Legat von zwanzig *francs* ausgesetzt, damit er sich einen Strick kaufen kann.»[95]

Der Tod hatte jetzt für ihn keinen Stachel mehr, Napoleon ersehnte ihn als Erlösung. Ende April fiel er ins Koma, aus dem er nur noch gelegentlich aufwachte. Seinen letzten Atemzug tat er am Nachmittag des 5. Mai 1821 gegen 18.00 Uhr. Den ganzen Tag über fegte ein heftiger Sturm über die Insel, der viele jener Bäume entwurzelte, die er hatte pflanzen lassen, und auch jene Weide fällte, unter der er gern gesessen hatte. Als der Sturm abebbte, wich das Leben von ihm. Montholon behauptet, seine letzten Worte vernommen zu haben: *France, armée, tête d'armée, Joséphine.*[96] Den entseelten Körper bedeckte Marchand mit jenem grauen Mantel, den Napoleon Bonaparte in den Tagen seines frühen Ruhmes in der Schlacht von Marengo getragen hatte.

Am vierten Tag nach seinem Tod wurde Napoleon zu Grabe getragen. Zuvor hatten die Ärzte Arnott und Antommarchi in Anwesenheit dreier

Kollegen, der Mediziner Short, Mitchell und Livingstone, sowie der Generäle Bertrand, Montholon und weiterer zehn Personen eine Autopsie des Leichnams vorgenommen.[97] Die Untersuchung ergab, dass alle Organe bis auf den Magen, der von einem Krebsgeschwür befallen war, gesund waren, lediglich die Leber war anormal groß, das Herz ungewöhnlich klein.[98] Danach wurde der Körper einbalsamiert und, eingekleidet in die grüne Uniform der *Chasseurs de la Garde*, auf seinem eisernen Feldbett aufgebahrt. Am Morgen des 9. Mai wurde der Leichnam in einen Bleisarg gelegt, den ein Mahagonisarg umschloss. Auf dem Deckel lagen der Mantel von Marengo, Napoleons Degen und ein Kruzifix. Seinem letzten Wunsch entsprechend wurde er auf der Sohle einer steil abfallenden Schlucht neben einer Quelle bestattet, die ihm sein Trinkwasser gespendet hatte. Als man den schweren Sarg in die ausgemauerte Grube senkte, rollte das vielfache Echo einer Ehrensalve der britischen Soldaten über die Insel. Das war das Signal für den Beginn der Apotheose des *petit caporal*, an den sich seine zahlosen Bewunderer künftig nur noch erinnern sollten als *l'homme*, als *der Mann*, der Napoleon war.

NACHWORT

Das vorliegende Buch ist eine Lebensbeschreibung Napoleons. Die Darstellung ist also auf den Werdegang und die Entwicklung der Persönlichkeit ihres Protagonisten fokussiert. Deshalb wurden vor allem die zahlreich überlieferten Briefe und Äußerungen Napoleon Bonapartes ebenso wie die in großer Zahl vorhandenen Memoiren und sonstigen Zeugnisse seiner Mitstreiter, Gegenspieler und Zeitgenossen herangezogen. Beide Quellengruppen wurden mit der gebotenen Kritik ausgewertet. Die ganze Bibliotheken füllende Sekundärliteratur, seien dies nun ältere Biographien Napoleons, Monographien der Epoche oder einzelner ihrer Apsekte, wurde hingegen nicht in gleicher Weise berücksichtigt. Dem entsprechend wurden die politischen und gesellschaftlichen Umstände der napoleanischen Epoche auch nur insoweit geschildert, wie sie das Wollen und Handeln des Protagonisten reflektierten. Die Persönlichkeit Napoleons in ein detailliert ausgemaltes Bild einzuspiegeln, das den Wandel aufzeigt, den zeit seines Wirkens die gesellschaftlichen und politischen Verhältnisse nicht nur in Frankreich, sondern in ganz Europa nahmen, war hingegen nicht die Absicht dieser Biographie. Ihr Ziel ist viel bescheidener; sie will lediglich ein von alten Leidenschaften und Legenden gereinigtes Porträt des Mannes geben.

Paris, im Frühjahr 2009
Johannes Wilms

KARTEN

KARTE 1   693

KARTE 3

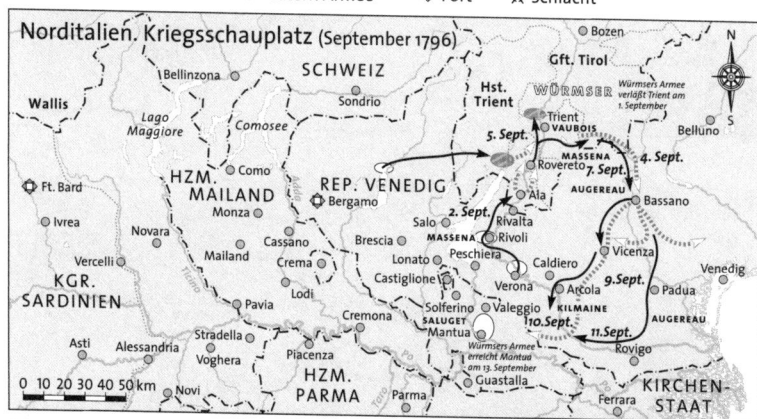

KARTE 4

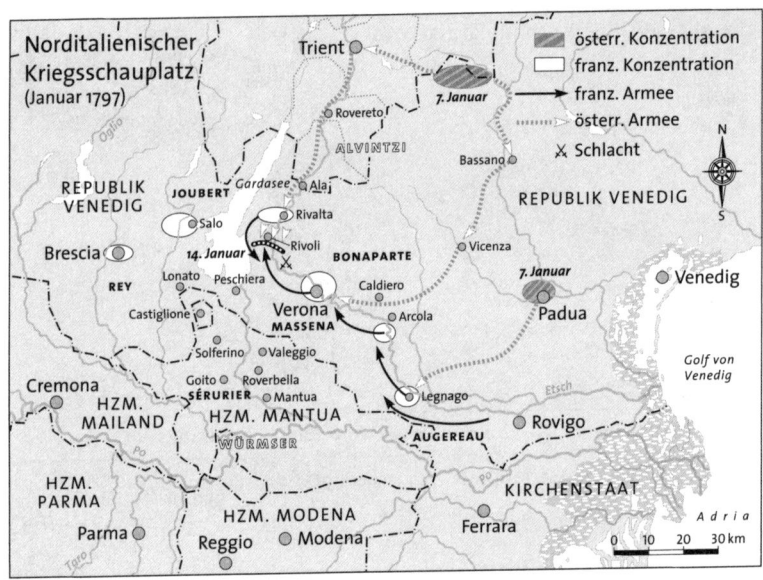

KARTE 5

KARTE 7

KARTE 9

KARTE 10

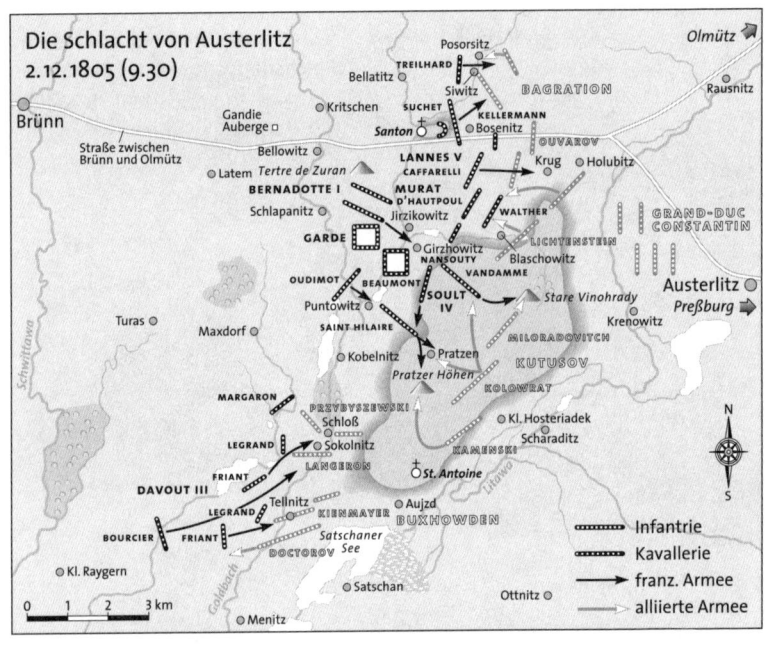

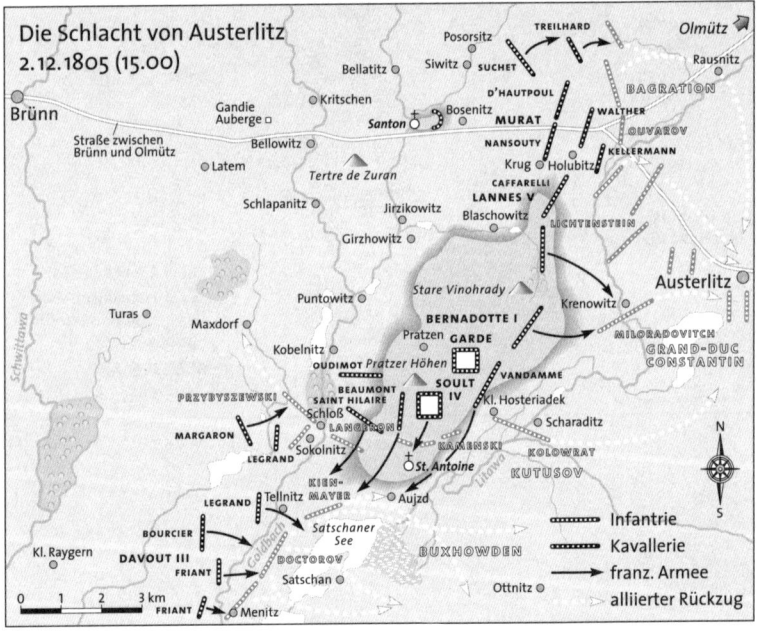

KARTE 11

KARTE 12

KARTE 13

KARTE 14

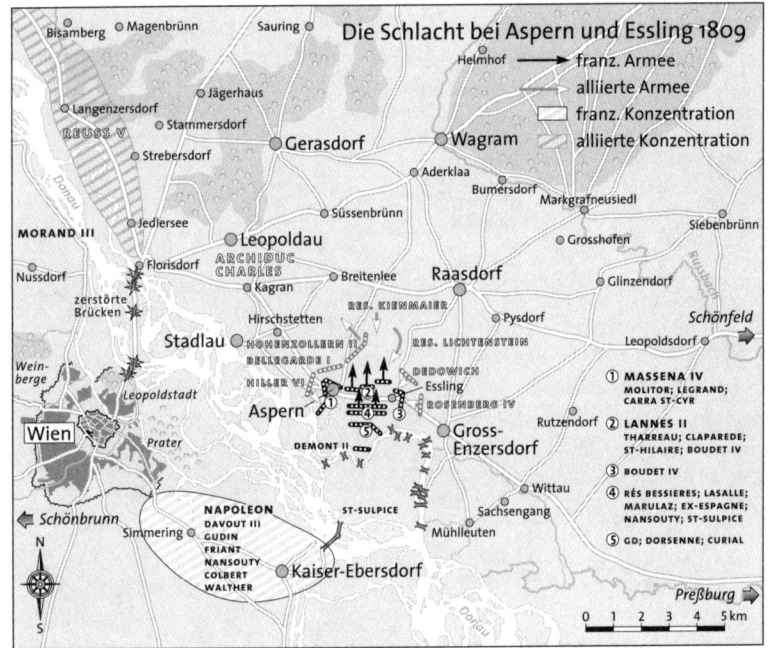

KARTE 15

KARTE 16

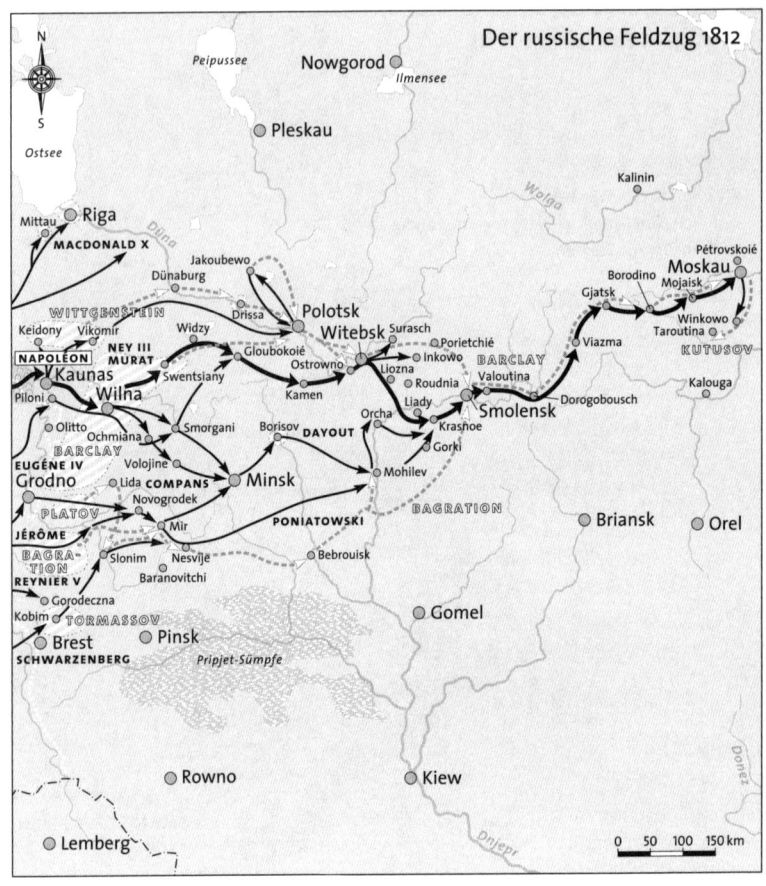

KARTE 17: Der sächsische Kriegsschauplatz 1813

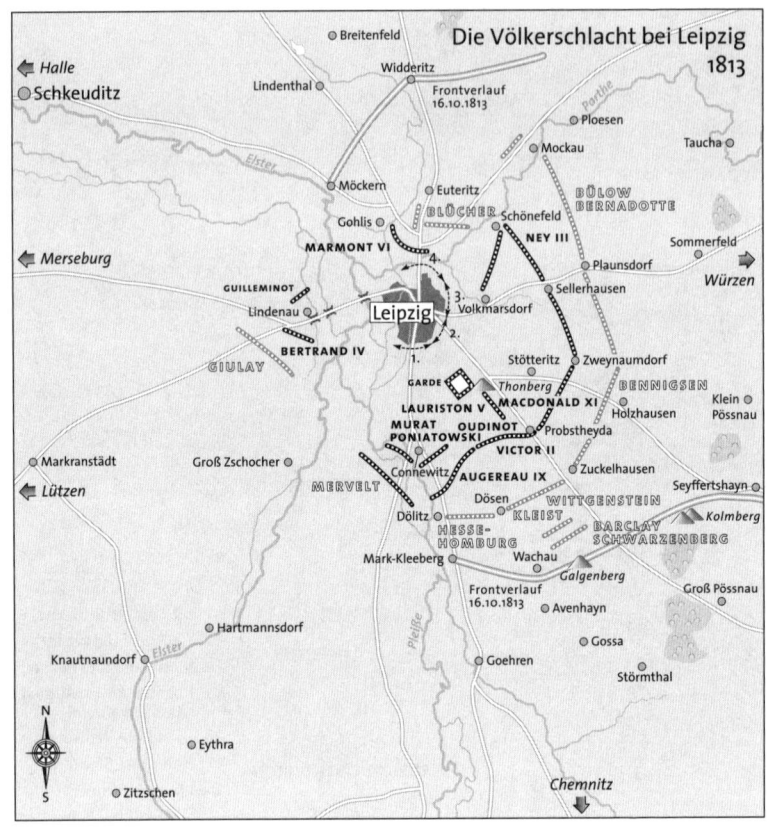

KARTE 19

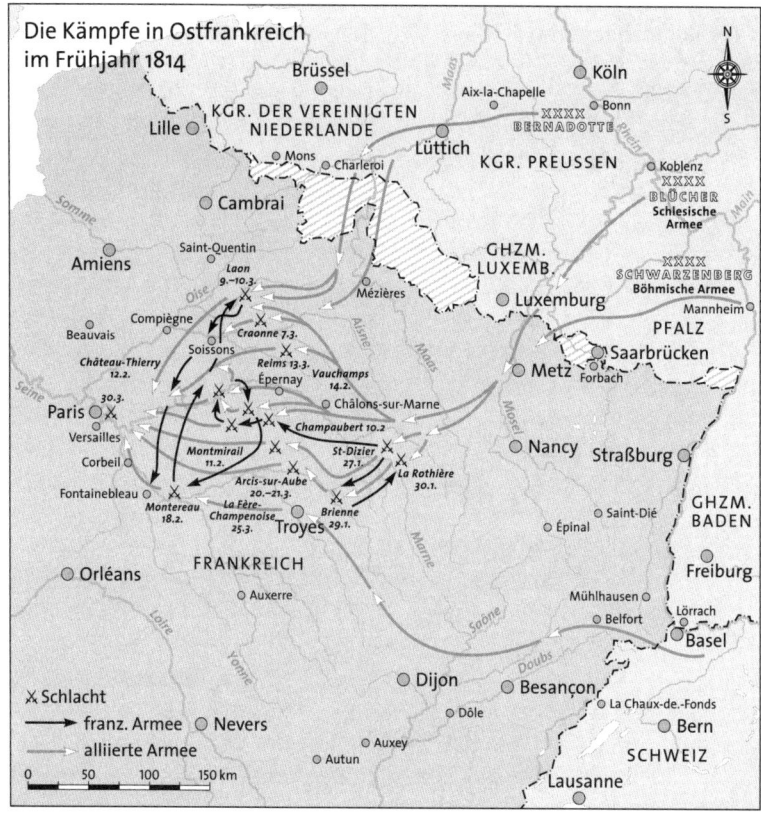

KARTE 20

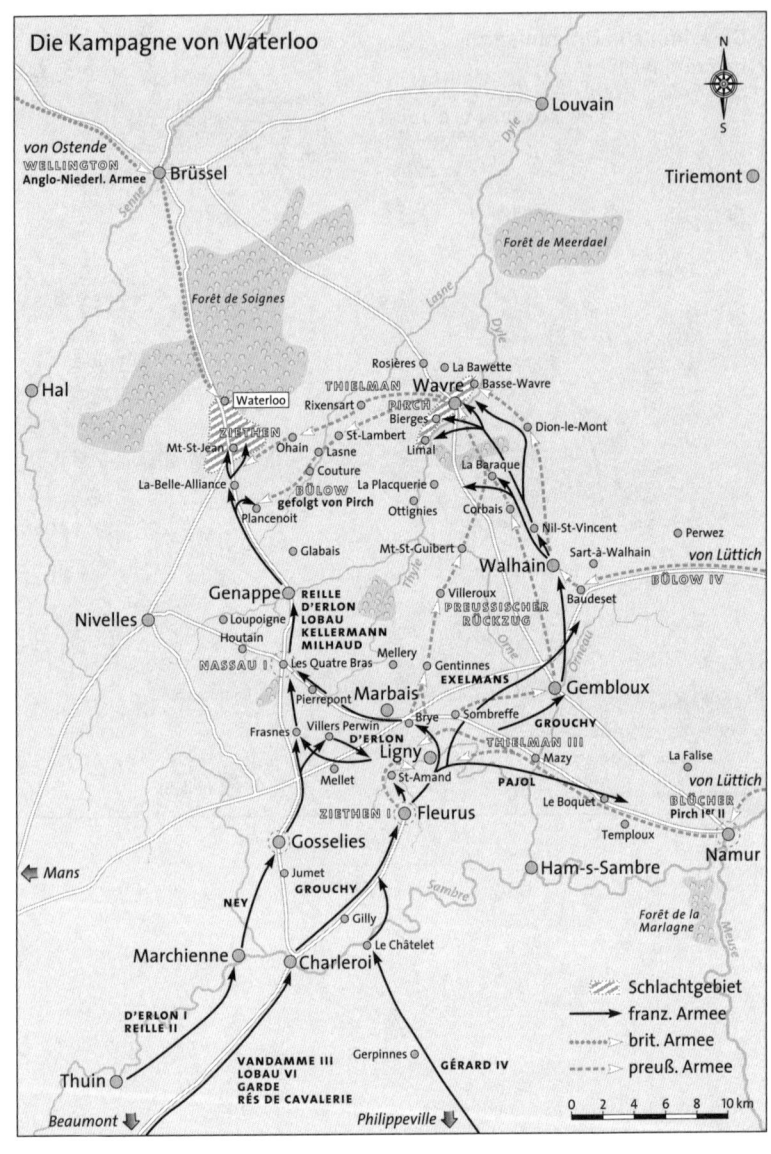

KARTE 21   713

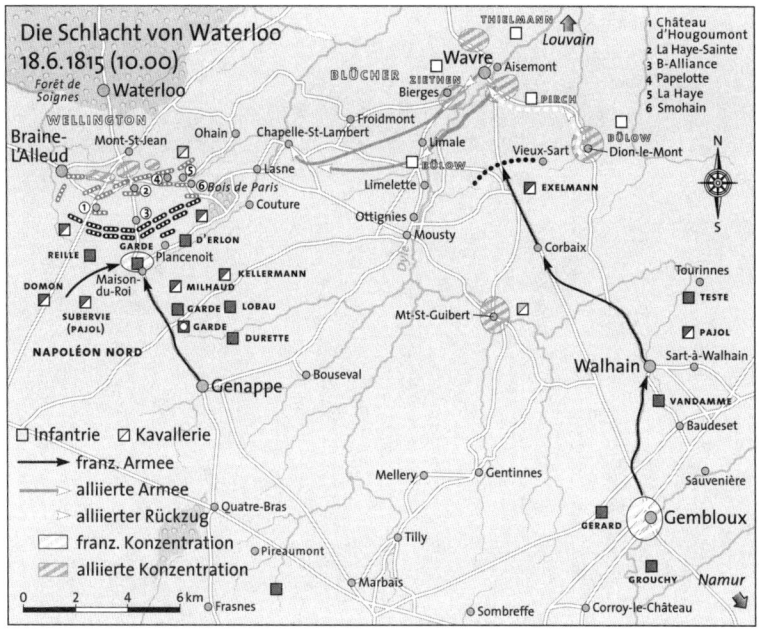

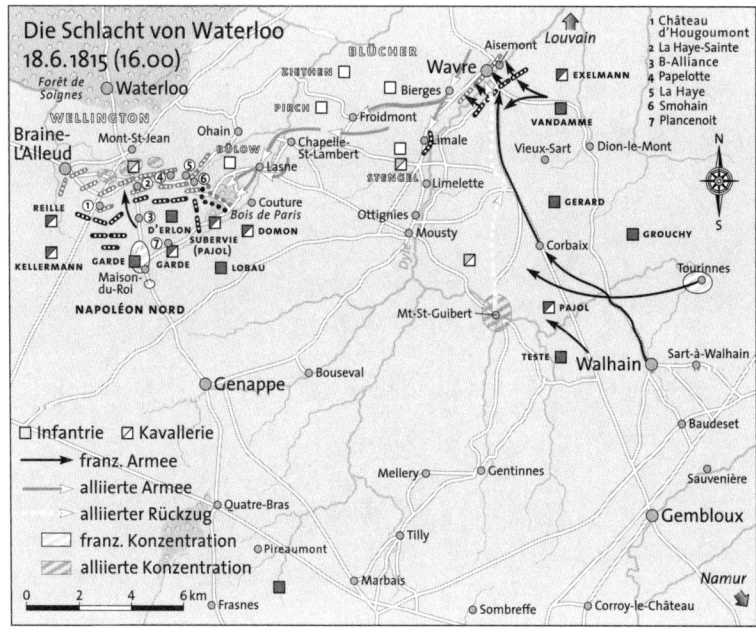

ature of the text corpus.

ANHANG

ANMERKUNGEN

Erstes Buch · Der Zauberlehrling

1. Kapitel · Korsische Anfänge

1 Diese seit dem Kaiserreich kolportierte Legende dementierte die Mutter mit den Worten: «Nous n'avons pas de tapis, dans nos maisons de Corse, encore moins, en plein été qu'en hiver.» Baron Larrey, *Madame Mère (Napoleonis Mater)*, Paris 1892, I, 54
2 Möglicherweise wurde diese Vergunst nicht ohne Hintergedanken gewährt, denn das Auge des 65-jährigen Marbeuf soll zu dieser Zeit mit großem Wohlgefallen auf Letizia geruht haben, deren eheliche Treue er in der Abwesenheit ihres Gatten zu überwinden suchte. Ob sich dies tatsächlich so verhielt, was von den meisten französischen Biographen bestritten wird, die lediglich ein platonisch-freundschaftliches Verhältnis zwischen den beiden zugeben wollen, oder ob Marbeuf sogar der leibliche Vater des vierten Sohnes, Louis, war, wie eine Reihe angelsächsischer Autoren behauptete – so erst jüngst wieder Frank McLynn, *Bonaparte. A Biography*, London 1998, 10 –, gehört zu jenem bis heute üppig fortwuchernden Klatsch, der die gesamte Vita Napoleons umrankt.
3 Vgl. Baron de Coston, *Biographie des premières années de Napoléon Bonaparte c'est-à-dire depuis sa naissance jusqu'à l'époque de son commandement en chef de l'Armée d'Italie*, Paris 1840, I, 54–55
4 Vgl. Frédéric Masson u. Guido Biagi, *Napoléon inconnu. Papiers inédits (1786–1793)*, Paris 1895, I, 71–72
5 Vgl. Frédéric Masson, *Napoléon dans sa jeunesse 1769–1793*, Paris s.d., 57–67
6 Dass Napoleon später einige seiner Mitschüler aus Brienne mit Vergünstigungen auszeichnete, kann die Vermutung seiner damaligen Isolation nicht entkräften. Vgl. Masson, *Napoléon dans sa jeunesse*, 68–71
7 Napoléon Bonaparte, *Correspondance générale*, Paris 2004, I, No. 1
8 Für eine genaue Personalaufstellung vgl. Masson, *Napoléon dans sa jeunesse*, 95–96
9 Comte de Las Cases, *Le Mémorial de Sainte-Hélène*, (Hrsg. Marcel Dunan), Paris s.d., I, 678–679
10 Seine Indifferenz rührte vermutlich daher, dass er dem Vater außer der nackten Existenz nicht viel mehr zu verdanken hatte. Als die Stadt Montpellier im Jahr 1802 Charles Bonaparte ein Grabdenkmal errichten wollte, um sich mit dieser Geste die besondere Gunst des Ersten Consuls zu sichern, beschied Napoleon dies mit harschen Worten: «Ne troublons point le repos

des morts; laissons leurs cendres tranquilles. J'ai perdu aussi mon grand-père, mon arrière-grand-père, pourquoi ne ferait-on rien pour eux? Cela mène loin. Si c'était hier que j'eusse perdu l'auteur de mes jours, il serait convenable et naturel que j'accompagnasse mes regrets de quelque haute marque de respect; mais il y a vingt ans, cet événement est étranger au public, n'en parlons pas.» Coston, *Biographie*, II, 46–47

11 Corr. générale, I, No. 4 – Napoleons Wunsch, dass der Erzdiakon die Vormundschaft für den Bonaparte-Clan übernähme, wurde durch einen entsprechenden Beschluss des Familienrats vom 10. August 1785 erfüllt. Vgl. Masson, *Napoléon dans sa jeunesse*, 127; diese Entscheidung war auch dadurch präjudiziert, dass der Großonkel Verwalter des Familienvermögens war, das ihm der Großvater Bonapartes anvertraut hatte, weil er der Ausgabenfreudigkeit seines Sohnes Charles misstraute, wie Napoleon auf Sankt Helena Gourgaud erzählte. Général Baron Gourgaud, *Journal de Saint-Hélène 1815–1818*, (Hrsg.) Octave Aubry, Paris (1944), II, 162

12 Das Offizierspatent wurde Napoleon allerdings erst am 10. Januar 1786 ausgehändigt, da er zunächst drei Monate eine praktische militärische Grundausbildung zu absolvieren hatte. Bis auf den Drill und die Schießübungen war der Unterricht an der *École Militaire* lediglich auf die Vermittlung theoretischen Wissens beschränkt, so dass Napoleon zum ersten Mal in Valence eine Kanone gesehen hat. Vgl. Masson, *Napoléon dans sa jeunesse*, 138

13 Coston, *Biographie*, II, 59

14 Zit. Madelin, *La Jeunesse*, 53

15 Madelin u. Biagi, *Napoléon inconnu*, I, 141–158

16 Zit. Arthur Chuquet, *La Jeunesse de Napoléon*, Paris 1899, II, 2

17 «Militaire, moi, je le suis parce que c'est le don que j'ai reçu en naissant. C'est mon existence, c'est mon habitude.» Napoleon zu Roederer – zit. Madelin, *La Jeunesse*, 52

18 Corr. générale, I, No. 11

19 Vgl. die einschlägigen Dokumente bei Masson u. Biagi, *Napoléon inconnu*, I, 175–178; vgl. auch zum Schreiben in Corr. générale, I, Nos. 13–20

20 Vgl. Johannes Willms, *Paris. Hauptstadt Europas 1789–1914*, München 1988, 17–24

21 Napoleons damalige große Begeisterung für Rousseau bezeugt sein Bruder Joseph, dem er zuvor in Ajaccio begegnet war. Du Casse (Hrsg.), *Mémoires et correspondance politique et militaire du Roi Joseph*, Paris 1855, I, 32; F.G. Healey, *Rousseau et Napoléon*, Genève u. Paris 1957

22 Masson u. Biagi, *Napoléon inconnu*, I, 181–182

23 Vgl. insgesamt Baron Larrey, *Madame Mère (Bonapartes Mater)*, Paris 1892, 2 Bde.

24 Masson u. Biagi, *Napoléon inconnu*, I, 216

25 Eine Übersicht über seine einschlägigen Lektüren in Auxonne bei: J. Colin, *L'éducation militaire de Napoléon*, Paris 1900 (Neudruck: Paris 2001), 132–142; diesen Fragen widmete Napoleon insgesamt 5 seiner Notizhefte in Auxonne. Vgl. Masson u. Biagi, *Napoléon inconnu*, I, 241–280

26 Exzerpte zu diesen Themen füllen insgesamt 18 jener Kladden; die in zeitlicher Folge letzte Eintragung in Heft XXXI *Notes tirées de la géographie de Lacroix* enthält die berühmte Notiz: «Sainte-Hélène, petite île …»; für Napo-

ANMERKUNGEN 719

leons Exzerpte sowie die Bücher, die er auszog, vgl. Masson u. Biagi, *Napoléon inconnu*, I, 281-509 u. II, 1-52; von der Konferenz von Erfurt, zu der sich Napoleon mit Zar Alexander I. vom 27. September bis zum 14. Oktober 1808 traf und an der auch die Könige und Fürsten des von ihm geschaffenen Rheinbunds teilnahmen, hat Bausset die folgende Anekdote überliefert: «Ce jour-là (7. Oktober, J.W.) il fut question de la bulle d'or qui, jusqu'à l'établissement de la conféderation du Rhin, avait servi de constitution et de règlement pour l'élection des empereurs, le nombre et la qualité des électeurs, etc. Le prince primat (Carl Theodor von Dalberg, J.W.) entra dans quelques détails sur cette bulle d'or qu'il disait avoir été faite en 1409 ... L'empereur Napoléon lui fit observer que la date qu'il assignait à la bulle d'or n'était pas exacte, et qu'elle fut proclamée en 1336, sous le règne de l'empereur Charles IV. *C'est vrai, sire,* répondit le prince primat, *je me trompais; mais comment se fail-il que votre majesté sache si bien ces choses-là?* – Quand j'étais simple lieutenant en second d'artillerie, dit Napoléon; à ce début il y eut, de la part des augustes convives, un mouvement d'intérêt très-marqué. Il reprit en souriant ... *Quand j'avais l'honneur d'être simple lieutenant en second d'artillerie, je restai trois années en garnison à Valence. J'aimais peu le monde et vivais très-retiré. Un hasard heureux m'avait logé près d'un libraire instruit et des plus complaisans ... J'ai lu et relu sa bibliothèque pendant ces trois années de garnison, et n'ai rien oublié, même des matières qui n'avaient aucun rapport avec mon état.* L.F.J. de Bausset, *Mémoires anecdotiques sur l'intérieur du palais et sur queques événemens de l'Empire depuis 1805 jusqu'au 1 er Mai 1814 pour servir à l'histoire de Napoléon*, Paris 1827, I, 323-324
27 Notizen aus diesem Lektüreumfeld füllen drei seiner Notizhefte. Vgl. Masson u. Biagi, *Napoléon inconnu*, II, 53-62
28 Masson u. Biagi, *Napoléon inconnu*, II, 75-83
29 Vgl. Masson, *Napoléon dans sa jeunesse*, 174-175
30 Madelin, *La Jeunesse de Bonaparte*, 60
31 Corr. générale, I, No. 29
32 Dass es einen solchen Text gegeben haben muss, erhellt der Briefwechsel, den Napoleon mit seinem einstigen Lehrer aus Brienne, *père* Dupuy, unterhielt. Er bat darum, diese Schrift zu redigieren. Vgl. Masson u. Biagi, *Napoléon inconnu*, II, 66-74
33 Eine vorzügliche, aber wenig bekannte Schilderung der damaligen Zustände in Korsika gibt der Freund Casanovas, Graf Max Lamberg, *Le Mémorial d'un Mondain*, Frankfurt am Main 1775, 20-84
34 Masson u. Biagi, *Napoléon inconnu*, I, 185-192
35 Bonaparte schrieb immer, vermutlich in Analogie zum eigenen Familiennamen, der in ursprünglicher Schreibweise Buonaparte lautete, «Buttafuoco».
36 Charles Napoléon, *Bonaparte et Paoli. Aux origines de la question corse*, Paris 2000, 156-157
37 Masson, *Napoléon dans sa jeunesse*, 218
38 Chuquet, *La Jeunesse de Napoléon*, II, 10
39 Madelin, *La Jeunesse*, 114
40 Corr. générale, I, No. 38
41 *Mémoires du Roi Joseph*, I, 44
42 Chuquet, *La Jeunesse*, II, 130

43 Madelin, *La Jeunesse*, 117
44 Der Wortlaut dieses *Lettre de M. Buonaparte à M. Matteo Buttafuoco* (sic), *Député de la Corse à l'Assemblée Nationale* in: Corr. générale, I, No. 44
45 Zit. Masson u. Biagi, *Napoléon inconnu*, II, 201
46 Als Napoleon Ende April 1791 Auxonne verließ, schuldete er einem dort ansässigen Tuchhändler 100 livres. Coston, *Biographie*, I, 161, Anm. 1
47 Vollständiger Wortlaut bei Masson u. Biagi, *Napoléon inconnu*, II, 292-332 – Den Napoleon-Hagiographen galt und gilt dieser Essay geradezu als *chef d'œuvre* des Zweiundzwanzigjährigen, hat es ihnen doch darin vor allem eine rhetorische Floskel angetan, die sich wohlfeil als Selbstprophezeiung des künftigen Geschicks ihres Verfassers deuten lässt: «Les hommes de génie sont des météores destinés à brûler pour éclairer leur siècle». – Frédéric Masson bezeichnete den Essay geradezu als «l'œuvre capitale de Napoléon». Masson u. Biagi, *Napoléon inconnu*, II, 211; vorsichtiger äußerte sich hingegen Louis Madelin, der dennoch die Feststellung trifft: «En réalité, style et pensée, le factum est bien d'un élève de Jean-Jacques (Rousseau), mais d'un élève qui tantôt imite le maître et tantôt le dépasse». Madelin, *La Jeunesse*, 123
48 Masson u. Biagi, *Napoléon inconnu*, II, 209 – Ein wie überzeugter Republikaner Bonaparte infolge der gescheiterten Flucht des Königs wurde, zeigt auch das damals in Valence entstandene Fragment *République ou Monarchie*. Masson u. Biagi, *Napoléon inconnu*, II, 275-276
49 Damit begann die Feindschaft zwischen den Pozzo di Borgo und den Buonapartes, die mit den Peraldis schon seit längerem über Kreuz waren. J.M.P. McErlean, *Napoleon and Pozzo di Borgo in Corsica and After, 1764-1821*, Lewiston, N.Y. 1996
50 *Mémoires du roi Joseph*, I, 45 – Mit dieser Bestallung Josephs verband der *babbo* möglicherweise aber noch eine doppelte List: Der Sitz im Direktorium entfernte Joseph von Ajaccio, wo der Bonaparte-Clan ansässig war und er möglicherweise eine eigene Politik hätte treiben können. Zum anderen waren seine drei Kollegen in diesem Gremium in Verwaltungsfragen völlig unerfahren, so dass Joseph die Hauptarbeit leisten musste. Masson u. Biagi, *Napoléon inconnu*, II, 334-335
51 Larrey, *Madame Mère*, I, 178
52 Großonkel Lucien war aber keineswegs so wohlhabend, wie dies von Napoleon noch auf Sankt Helena behauptet wurde, weshalb sich die Vermutung aufdrängt, dass der jähe Wohlstand des Bonaparte-Clans aus einer Reihe sehr vorteilhafter, wenn nicht gar betrügerischer Grundstücksgeschäfte herrührt. Defranceschi, *La Jeunesse*, 153-157
53 Corr. générale, I, No. 52
54 Corr. générale, I, No. 53
55 Madelin, *La Jeunesse de Bonaparte*, 164
56 Masson, *Napoléon dans sa jeunesse*, 282-285
57 Eine ausführliche Schilderung dieser Unruhen und der daran beteiligten Interessen bei McLynn, *Napoleon*, 51-54
58 McErlean, *Napoleon and Pozzo di Borgo*, 96-97
59 Wortlaut dieses Dokuments in: Masson u. Biagi, *Napoléon inconnu*, II, 357-363
60 In extenso bei Masson u. Biagi, *Bonaparte inconnu*, II, 357-384

ANMERKUNGEN 721

61 Unverhoffterweise leistete aber auch Paoli einen Beitrag dazu, diese Angelegenheit nicht allzu sehr aufzubauschen, war ihm doch vor allem daran gelegen, den guten Ruf Korsikas in Paris nicht zu gefährden. Madelin, *La Jeunesse de Bonaparte*, 167
62 Madelin, *La Jeunesse de Bonaparte*, 166; die einschlägigen Dokumente bei: Masson u. Biagi, *Napoléon inconnu*, II, 398–404
63 Die beiden Briefe, die er im Februar 1792 an den Kriegskommissar Sucy in Valence geschrieben hatte, waren lediglich die Feststellung dieses *fait accompli*.
64 Las Cases notiert dazu im *Mémorial* lapidar: «Il fut très chaud patriote sous l'Assemblée Constituante; mais la Législative devint une époque nouvelle pour ses idées et ses opinions». *Mémorial*, I, 106
65 Dies kündigt er jedenfalls seinem Bruder Joseph in einem Brief mit dem Datum dieses Tages an. «J'irai pour la première fois à l'Assemblée aujourd'hui. Celle-ci ne jouit pas de la même réputation que la Constituante: il s'en faut bien». Corr. générale, I, No. 60
66 Corr. générale, I, No. 65 – Laut Bourrienne soll Napoleon damals voller Erregung ausgerufen haben: «*Checoglione*, comment a-t-on pu laisser entrer cette canaille? Il fallait en balayer quatre ou cinq cents avec du canon, et le reste courrait encore.» Louis-Antoine Fauvelet de Bourrienne, Mémoires, Paris 1829, I, 49
67 Las Cases, *Mémorial*, II, 114–115
68 Masson u. Biagi, *Napoléon inconnu*, II, 397
69 Corr. générale, I, No. 68
70 Coston, *Biographie*, II, 182; Masson u. Biagi, *Napoléon inconnu*, II, 406–408; Corr. générale, I, No. 69
71 Zu den Hintergründen dieser Wahl, die eine empfindliche Schlappe für Paoli war, vgl. Madelin, *La Jeunsesse*, 205–206
72 Diese Zuversicht äußerte Napoleon in einem Brief vom 18. Oktober 1792, Corr. générale, I, No. 71
73 Madelin, *La Jeunesse*, 204–205
74 Masson u. Biagi, *Napoléon inconnu*, II, 414–415
75 Diese Doktrin bedeutete eine entschiedene Abkehr von jenem Prinzip, das ausgerechnet auf Vorschlag von Robespierre und gegen den Widerstand von Mirabeau von der *Assemblée Constituante* in den Rang eines Verfassungsgrundsatzes erhoben worden war, mit dem der französischen Nation ausdrücklich jeder Eroberungskrieg verboten wurde.
76 Vgl. zu der ganzen Affäre Masson u. Biagi, *Napoléon inconnu*, II, 418–422; cf. auch: Corr. générale, I, No. 77
77 Dass diese Maßnahmen im Februar 1793 durch den unterdessen misstrauisch gewordenen Konvent rückgängig gemacht wurden, der Korsika dem Oberkommando der Italienarmee unterstellte und die Ersetzung der korsischen Freiwilligenbataillone durch vier Infanteriebataillone der regulären Armee verfügte, war jedoch ohne praktische Bedeutung, da sich diese Anweisung fürs Erste nicht durchsetzen ließ. Masson u. Biagi, *Napoléon inconnu*, II, 422–423
78 Wortlaut beider Dokumente in Corr. générale, I, Nos. 79 u. 80
79 Masson u. Biagi, *Napoléon inconnu*, II, 425

80 Zit. Masson u. Biagi, *Napoléon inconnu*, II, 426
81 Masson u. Biagi, *Napoléon inconnu*, II, 432-433
82 Masson u. Biagi, *Napoléon inconnu*, II, 462-469
83 Masson, *Napoléon dans sa jeunesse*, 363

2. Kapitel · Der Opportunist

1 Th. Iung, *Lucien Bonaparte et ses mémoires 1775-1840*, Paris 1882, I, 74-75
2 Allein in der Armee gingen von den 9578 aktiven Offizieren, die 1789 Dienst taten, rund 5500 ins Exil. Vgl. Gunther E. Rothenburg, *Atlas des guerres napoléoniennes*, Paris 2000, 28
3 Madelin, *La Jeunesse*, 234
4 Vollständiger Text Tulard (Hrsg.), *Œuvres littéraires*, II, 379-397
5 Der jakobinische Tenor seines Essays scheint Bonaparte, kaum war er Erster Consul geworden, derart peinlich gewesen zu sein, dass er alles daran setzte, der noch vorhandenen Exemplare habhaft zu werden. Das behauptet jedenfalls der für seine üblen Nachreden bekannte Barras. *Mémoires de Barras*, ed. George Duruy, Paris 1895, I, 117
6 Madelin, *La Jeunesse*, 238-239
7 Vgl. Coston, *Biographie*, I, 266ff. und vgl. auch die Schilderung, die Napoleon selbst von der Belagerung von Toulon gegeben hat, *Correspondance de Napoléon Ier*, Paris 1858ff., XXIX, 1-26. Die militärische Unzulänglichkeit Carteaux' illustriert auch sehr schön die Anekdote, die Chaptal überliefert. Comte Chaptal, *Mes Souvenirs sur Napoléon*, Paris 1893, 190-192
8 Las Cases machte hier den Anfang: «Là (in Toulon, J.W.), le prendra l'histoire, pour ne plus le quitter; là, commence son immortalité.» Las Cases, *Mémorial*, I, 109
9 Vgl. das Schreiben der Kommissare Gasparin, Salicetti und Albitte an den Wohlfahrtsausschuss vom 10. September 1793. Coston, *Biographie*, II, 224-225; Schreiben derselben vom 13. September 1793 an den Wohlfahrtsausschuss, zit. J. Colin, *L'Éducation militaire de Napoléon*, Paris 1900 – Neudruck Paris 2001, 180
10 Colin, *L'Éducation militaire*, 184
11 Colin, *L'Éducation militaire*, 185
12 *Corr.*, I, No. 1
13 Colin, *L'Éducation militaire*, 192
14 Dazu ausführlich: Colin, *L'Éducation militaire*, 194-215
15 Coston, *Biographie*, I, 274
16 Corr. I, No. 12
17 Eine der Batterien, die Bonaparte gegen das Fort Mulgrave in Stellung brachte, nannte er *Batterie des hommes sans peur*. Außerdem ließ er Junot an der Stellung dieser Batterie eine weithin sichtbare Aufschrift anbringen, auf der dieser Name *Batterie der Furchtlosen* geschrieben stand. Die Folge war, dass alle Artilleristen der Belagerungsarmee in dieser Batterie Dienst tun wollten, obwohl sie dem feindlichen Feuer besonders ausgesetzt war. Coston, *Biographie*, I, 295
18 Zum Charakter dieses Krieges vgl. Colin, *L'Éducation militaire*, 217-224

ANMERKUNGEN

19 Zu seinen einschlägigen Aktivitäten vgl. *Corr.*, I, Nos. 13-26
20 Als seine Adjutanten fungierten Junot und Lucien Bonaparte. Coston, *Biographie*, II, 255
21 Vgl. Colin, *L'Éducation militaire*, 234-235
22 Vgl. *Précis des opérations de l'Armée d'Italie* in: *Corr.*, XXIX, 27-47; eine ausführliche Schilderung des Verlaufs der ersten Operationsphase bei Colin, *L'Éducation militaire*, 241-257
23 *Corr.*, I, No. 27
24 Für eine detaillierte Analyse dieses Operationsplans vgl. Colin, *L'Éducation militaire*, 265-273
25 Colin, *L'Éducation militaire*, 273-282
26 *Corr.*, I, No. 30
27 Für die Motive der Anhänger der Defensive vgl. Colin, *L'Éducation militaire*, 285-289
28 Colin, *L'Éducation militaire*, 290 - 291
29 Zit. Colin, *L'Éducation* militaire, 301
30 Coston, *Biographie*, II, 285-286
31 Schreiben der Kommissare Albitte, Salicetti und Laporte an den Wohlfahrtsausschuss vom 6. August 1794. Coston, *Biographie*, II, 280-284
32 Vgl. die Instruktionen, die Ricord Bonaparte für seine Mission gab. Coston, *Biographie*, II, 279-280
33 Coston, *Biographie*, II, 286 - 287; in einem weiteren, nicht datierten Brief aus seiner Haft, den er an Junot schrieb, der sich offensichtlich erbötig gemacht hatte, ihn zu befreien, lehnt Bonaparte diesen Vorschlag mit den Worten ab: «Die Menschen können sich mir gegenüber ungerecht betragen, mein lieber Junot, aber es genügt, unschuldig zu sein. Mein Gewissen ist das Tribunal, vor dem ich mein Betragen zu verantworten habe. Dieses Gewissen ist, wenn ich es prüfe, ruhig. Unternimm also nichts; Du würdest mich damit nur kompromittieren». Coston, *Biographie*, II, 288; in seinen Memoiren berichtet Marmont, dass er sich mit Junot verständigt habe, Bonaparte gewaltsam aus der Hand seiner Häscher zu befreien, sobald diese sich anschickten, ihn nach Paris zu überstellen, was seinen sicheren Tod zur Folge gehabt hätte. Marmont, *Mémoires*, I, 55
34 Wortlaut dieses Schreibens in extenso bei Coston, *Biographie*, II, 289-291; Bonaparte schrieb damals noch einen weiteren Brief an die Kommissare vom 14. August 1794. Vgl. Léonce de Brotonne (Hrsg.), *Lettres inédites de Napoléon Ier*, Paris 1898, No. 2; Corr. générale, I, Nos. 236 u. 237
35 Wortlaut dieses Schreibens bei Coston, *Biographie*, II, 292-293
36 Coston, *Biographie*, II, 294-295
37 Coston, *Biographie*, II, 213-214
38 Zit. Colin, *L'Éducation militaire*, 318
39 Tulard (Hrsg.), *Œuvres littéraires*, II, 404-405; speziell auf Spanien bezogen entwickelt Bonaparte hier auch eine Einsicht, der er sich zu seinem eigenen Schaden zwölf Jahre später nicht mehr entsinnen sollte: «Spanien ist ein bedeutender Staat; die Schwäche und die Unfähigkeit des Madrider Hofs, die geringe Moral seines Volkes lassen seine Fähigkeiten zum Angriff nur wenig fürchten. Aber der besonnene Charakter dieser Nation, ihr Stolz, die hier vorherrschenden Vorurteile wie die Ressourcen, die eine große Masse zu ge-

ben vermögen, werden die Spanier in fürchterliche Gegner verwandeln, sobald man sie angreift». Ebda.
40 Tulard, *Napoléon*, 68
41 Coston, *Biographie*, I, 348-363
42 *Corr.*, I, Nos. 42, 43, 59, 64, 65 u. 72; seine Briefe an Désirée; Corr. générale, I, Nos. 244, 283, 285, 290, 297, 300, 301-303, 307, 321 u. 333
43 Zu Bonapartes Désirée-Affäre vgl. insgesamt Girod de l'Ain, *Désirée Clary d'après sa correspondance inédite avec Bonaparte, Bernadotte et sa famille*, Paris 1959; bezeichnenderweise «verarbeitete» Bonaparte das Scheitern seiner Verlobung mit Désirée, indem er während seines Aufenthalts in Paris unter dem Titel *Clissold et Eugénie* eine romantische Novelle verfasste, deren beide Protagonisten sich unschwer als Napoleon und Désirée identifizieren lassen. Wortlaut dieses Textes bei Tulard (Hrsg.), *Œuvres littéraires*, II, 441-453
44 Madelin, *La Jeunesse*, 310
45 Vgl. Bourrienne, *Mémoires*, I, 78-79; D'Abrantès, *Souvenirs intimes*, 86
46 *Corr.*, I, No. 42
47 *Corr.*, I, No. 44
48 *Corr.*, I, No. 45; Napoleon wusste nur zu gut, wovon er sprach, denn seine im Rahmen der «Correspondance générale» jetzt erstmals im ganzen Wortlaut veröffentlichten zahlreichen Schreiben, die er während seines Aufenthaltes in Paris 1795 an den Bruder Joseph richtete, enthalten sehr detaillierte Erörterungen von Immobilienspekulationen sowie von Geschäften mit so unterschiedlichen Waren wie Seidenstoffen, Seifen oder Porzellan, die sich wegen des galoppierenden Wertverfalls der Assignaten in Paris sehr günstig einkaufen und mit umso größerem Gewinn im Frankreich benachbarten Ausland wieder verkaufen ließen. Vgl. Corr. générale, I, Nos. 298, 299, 309, 310, 311, 313, 316, 317, 320, 327, 330, 331, 334, 335, 336, 337, 340, 342, 343, 351 und 397
49 Coston, *Biographie*, I, 392-393
50 Vgl. die *Mémoires*, die Bonaparte ausarbeitete *Corr.*, I, Nos. 49, 50 u. 53, die sich nicht wesentlich von seinen schon 1794 vorgelegten Vorschlägen unterscheiden
51 Vgl. Coston, *Biographie*, I, 396-399, der auch das Gesuch Bonapartes im Wortlaut wiedergibt; Madelin, *La Jeunesse*, 314
52 Beide Schriftstücke in extenso in *Corr.* I, No. 61
53 Madelin, *La Jeunesse*, 314
54 *Corr.*, I, No. 65
55 *Corr.*, I, No. 66
56 *Corr.*, I, Nos. 48, 59, 63, 65, 66, 67, 68, 69 u. 71
57 Obwohl allein in Paris rund vier Fünftel der Sektionen mit großer Mehrheit gegen diese Wahlgesetze stimmten, wurde ihr Votum mit der Begründung nicht berücksichtigt, dass man die Mitteilung, das Ergebnis sei «einstimmig» gewesen, nur gelten lassen könne, wenn die genauen Zahlen vorgelegt würden. Albert Mathiez, *Le Directoire. Du 11. brumaire an IV au 18. fructidor an V*, Paris 1934, 26
58 Vgl. A.C. Thibaudeau, *Mémoires sur la Convention et le Directoire*, Paris 1827, I, 187-206
59 Vgl. Madelin, *La Jeunesse*, 315

ANMERKUNGEN 725

60 Für eine ausführliche Darstellung dieser aberwitzigen Verfassungskonstruktion, die der *abbé* Sieyès entworfen hatte, vgl.Thibaudeau, *Mémoires*, I, 177–185
61 Einen guten Überblick über die Dispositionen der Verteidiger gibt Baron Fain, *Manuscrit de l'an trois*, 353–355
62 Vgl. dazu auch Barry O'Meara, *Napoléon en exil*, Paris 1823, II, 247–248
63 Barras, *Mémoires*, I, 251
64 Vgl. *13 Vendémiaire*, in: *Corr.*, XXIX, 50–55
65 *Corr.*, I, No. 73
66 *Corr.*, I, No. 72
67 Masson, *Napoléon et sa famille*, I, 125
68 Zit. Coston, *Biographie*, I, 421
69 Fain, *Manuscrit de l'an trois*, 373 – Der General Thiébault erinnerte sich seiner damaligen Ratlosigkeit mit den Worten: «Bonaparte, me dis-je, qui diable est cela?» *Mémoires du général Baron Thiébault*, (Hrsg.) Fernand Calmette, Paris 1896, I, 532
70 Dieser Eifer scheint nach Barras tatsächlich so weit gegangen zu sein, dass Bonaparte häufig nach dem Abendessen zusammen mit seinen Adjutanten in Theatern und anderen Vergnügungsstätten erschienen sei, wo er die dort Anwesenden dazu gezwungen haben soll, die *Marseillaise* anzustimmen. Barras, *Mémoires*, II, 26; Madelin, *L'Ascension de Napoleon*, Paris 1937, 22, Anm. 1
71 Ein Polizeibericht vom 1. Nivôse an IV (22. Dezember 1795) umschreibt dies zurückhaltend mit den Worten: «Der Armeeoberbefehlshaber von Paris erfreut sich nicht des öffentlichen Vertrauens», Alphonse Aulard, *Paris pendant la réaction thermidorienne et sous le Directoire*, Paris 1899, II, 553
72 Vgl. dazu die Beschreibung seiner Erscheinung und seines Betragens, die General Thiébault gibt. Thiébault, *Mémoires*, II, 3–5
73 Über das Salonleben des Directoire vgl. Paul Lacroix, *Directoire, Consulat et Empire. Mœurs et usages, lettres, sciences et arts*, Paris 1885, 41–58
74 Die näheren Umstände sind nicht bekannt, die immer wieder erzählte Anekdote, dass der fünfzehnjährige Eugène ungewollt die Rolle des *postillon d'amour* gespielt habe, ist eine Erfindung. Diese Anekdote in extenso bei Coston, *Biographie*, I, 425–427; Madelin, *L'Ascension*, 24–25
75 Vgl. Frédéric Masson, *Joséphine de Beauharnais 1763–1796*, Paris 1925, 213
76 Marmont, *Mémoires*, I, 94–95; vgl. auch *Mémoires de Madame de Rémusat (1802–1808)*, Paris 1880, I, 114
77 Auf Sankt Helena bekannte sich Napoleon gegenüber Gourgaud zu allen diesen Motiven, behauptete aber, sie seien ihm damals von Barras suggeriert worden. Sollte dies der Fall gewesen sein, dann war es dennoch er, der sich davon überzeugen ließ. «Barras m'a rendu service en ce qu'il m'a conseillé de l'épouser, assurant qu'elle tenait à l'ancien régime et au nouveau; cela me donnerait de la consistance: sa maison était la meilleure de Paris et cela m'ôterait mon nom de Corse; enfin je serais, par cette union, tout à fait francisé». Gourgaud, *Journal*, II, 263
78 Leon Cerf (Hrsg.), *Lettres de Napoléon à Joséphine*, Paris 1928
79 Vgl. dazu insgesamt den Brief, den Joséphine an eine Freundin schrieb und der, auch wenn er möglicherweise apokryph ist, dennoch ihre Motivlage anschaulich illustriert. Coston, *Biographie*, II, 347–350

80 Diese Ansicht vertritt mit Bestimmtheit der Bruder Lucien. Iung, *Lucien Bonaparte*, I, 77
81 *Mémoires de Barras*, II, chap. IV; eine andere Darstellung gibt der Direktor Larevellière-Lépeaux: *Mémoires de Lareveillière-Lépeaux*, Paris (1895), II, 23-24
82 *Corr.*, I, No. 83; vgl. auch Raymond Guyot, *Le Directoire et la paix de l'Europe. Des traités de Bâle à la Deuxième Coalition (1795-1799)*, Paris 1911, 158, Anm. 3
83 Coston, *Biographie*, I, 436
84 Der Baron de Frénilly bezeichnet diesen Gunstbeweis als Joséphines «Mitgift», die ihr Barras gegeben habe, um sie loszuwerden. Frénilly, *Souvenirs*, 220-221
85 Diese späte Uhrzeit war nicht die einzige Bizarrerie. Bonaparte machte sich gut ein Jahr älter, denn ausweislich des Taufscheins, den er vorlegte, war er am 5. Februar 1768 geboren, Joséphine hingegen, die tatsächlich sechs Jahre älter war als ihr Bräutigam, wies einen Taufschein vor, der den 23. Juni 1767 als ihr Geburtsdatum nannte. Interessanterweise machten auch Joseph und Lucien bei ihren Trauungen falsche Angaben hinsichtlich ihres Geburtsdatums, behaupteten aber ebenfalls, im Jahr 1768 geboren zu sein. Der Napoleon-Biograph August Fournier, der darauf aufmerksam macht, tadelte dies mit den Worten: «An sittlicher Tiefe fehlte es eben der ganzen Familie.» August Fournier, *Napoleon I. Eine Biographie*, Leipzig u. Prag 1886, I, 69 - Als Trauzeugen fungierten für Bonaparte Barras und ein achtzehnjähriger Armeehauptmann namens La Marois, der diese Funktion gar nicht hätte ausüben dürfen, da er noch minderjährig war; als Trauzeugen für Joséphine waren Tallien und ihr Anwalt Calmelet erschienen. Der städtische Beamte Leclerc, der die Trauung vollzog, war dazu als Mitarbeiter des Bürgermeisters gar nicht befugt... Vgl. *Acte civil du mariage du gén. Bonaparte et de Madame de Beauharnais*, Coston, *Biographie*, II, 353-354; Madelin, *L'Ascension*, 44-45
86 *Corr.* I, No. 89

3. Kapitel · Kriegskunst

1 Die beschreibende Literatur der napoleonischen Schlachten ist Legion. Einen guten Überblick über den Verlauf der wichtigsten napoleonischen Kampagnen und Schlachten gibt: Laurent Joffrin, *Les Batailles de Napoléon*, Paris 2000; für die Grande Armée: J.-C. Quennevat, *Atlas de la Grande Armée. Napoléon et ses campagnes 1803-1815*, Paris u. Bruxelles 1966; magistral die Darstellung von David G. Chandler, *The Campaigns of Napoleon*, New York 1966
2 Gegenüber Gourgaud bemerkte er in diesem Zusammenhang einmal: «Je suis un excellent professeur, mais je ne ferai pas imprimer mes opinions sur cela». Général Baron Gourgaud, *Journal de Sainte-Hélène 1815-1818*, (Hrsg. Octave Aubry), Paris s.d. (1944), II, 70
3 Vgl. dazu insgesamt Colin, *L'éducation militaire*, 32-107
4 Lucian Regenbogen (Hrsg.), *Napoléon a dit. Aphorismes, citations et opinions*, Paris 1996, 27
5 *Corr.*, X, No. 8209

ANMERKUNGEN 727

6 Gourgaud, *Journal*, II, 143
7 Vgl. dazu: Rory Muir, *Tactics and the Experience of Battle in the Age of Napoleon*, New Haven u. London 1998, 193–216
8 *Corr.* II, no. 1614 – Vgl. auch: Baron Thiébault, *Mémoires du général Baron Thiébault*, Fernand Calmettes (Hrsg.), Paris 1894, II, 46, Anmerkung
9 «La 32. demi-brigade se serait fait tuer pour moi, parce qu'après Lonato, j'avais écrit: ‹La trente-deuxième était là, j'étais tranquille!› C'est étonnant, le pouvoir des mots sur les hommes». Gourgaud, *Journal*, II, 127
10 Seit Februar 1797 ließ Napoleon außerdem in Paris das *Journal de Bonaparte et des hommes vertueux* erscheinen, ein Blatt, das wie schon sein programmatischer Titel verrät, vor allem die moralische Sauberkeit des Generals Bonaparte vorteilhaft mit der angeblichen Korruption und sittlichen Verkommenheit des Directoire-Regimes kontrastieren sollte. Tulard, *Napoléon*, 85; zur Wirkung, die diese Propaganda auf die Soldaten hatte vgl. Thiébault, *Mémoires*, II, 62–63
11 Der *Courrier* brachte es auf immerhin 248 Nummern, während *La France* nach lediglich 18 Ausgaben schon wieder verschwand. Vgl. J.M. Thompson, *Napoleon Bonaparte*, Oxford 1988, 84 – Für eine ausführliche Schilderung des Charakters dieser beiden Propagandaorgane vgl. A. Périvier, *Napoléon Journaliste*, Paris 1918, 67–78; auch während seiner Kampagne in Ägypten 1798/99 ließ Bonaparte in Kairo eine eigene Zeitung, den *Courrier d'Égypte* erscheinen. Vgl. Périvier, *Napoléon*, 79–91
12 *Corr.*, XI, No. 9537 – In einer weiteren Ansprache an die Armee nach Austerlitz verstieg sich Napoleon gar zu dem Versprechen: «Soldaten, Ihr habt den Frieden erobert; ihr werdet Frankreich wiedersehen! Gebt meinen Namen Euren Kindern, ich gestatte Euch das; und wenn eines darunter ist, das Eurer würdig wäre, dann vermache ich diesem meinen Besitz und ernenne es zu meinem Nachfolger». Regenbogen, *Napoléon a dit*, 131
13 Vgl. Alain Pigeard, *L'Armée de Napoléon. Organisation et vie quotidienne*, Paris 2000, 92–108
14 Muir, *Tactics*, 194
15 Unter den Trägern dieses Ordens waren nur rund 1400 Zivilisten. Vgl. Alfred Fierro, André Palluel-Guillard u. Jean Tulard (Hrsg.), *Histoire et Dictionnaire du Consulat et de l'Empire*, Paris 1995, 900–901; vgl. auch Napoleons Ausführungen über die Ehrenlegion, die er auf Sankt-Helena machte: *Corr.*, XXXI, 401–402
16 Angehörige des Adels stellten vor der Revolution rund 90% des Offizierscorps. Vgl. Rothenburg, *Atlas*, 28
17 Gegenüber Gourgaud bemerkte Napoleon einmal: «La Légion d'honneur était une bonne institution. Les officiers criaient bien en voyant les soldats obtenir la même distinction qu'eux; je m'en moquais». Gourgaud, *Journal*, ebda.
18 «Ces récompenses ne sont point proportionnées aux services qu'ils ont rendus; mais qu'elles leur soient une preuve de mon estime et du cas que je fais de vos armées». *Corr.*, XI, No. 9652 – Wie sehr Napoleon die Mechanik menschlicher Eitelkeit einkalkulierte, zeigt auch seine nüchterne Antwort auf eine Anregung des Kriegsministers vom 6. Februar 1804, einfachen Soldaten und Unteroffizieren, die durch besondere Bravour aufgefallen waren,

einen doppelten Monatssold zu bezahlen. Dies beschied Napoleon mit den Worten: «Man darf die Truppen nicht daran gewöhnen, dass ihr Mut mit Geld vergolten wird; es genügt völlig, ihnen schriftlich seine Anerkennung auszusprechen» *Corr.*, IX, No. 7527 – Andererseits war er aber Realist genug, zu wissen, dass Geld ein sehr wirksames Medium war, um Leistungen oder Loyalitäten zu fördern; wichtig dabei war allerdings, dass dies in aller Diskretion geschah. Seine Marschälle jedenfalls, die er zu Herzögen oder Fürsten erhob, wurden mit üppigen Dotationen ausgestattet.
19 *Corr.*, XI, No. 9657
20 Vgl. Chandler, *The Campaigns*, 121
21 Vgl. Chandler, *The Campaigns*, 390–402; im 6. Bulletin der Grande Armée, Elchingen am 18. Oktober 1805, werden am Schluss die Veteranen mit dem Scherz zitiert: «Der Kaiser hat eine neue Methode entdeckt, Krieg zu führen, indem er sich nur noch unserer Schenkel und nicht mehr unserer Bajonette bedient». *Corr.*, XI, No. 9392
22 Im markanten Unterschied zu den gegnerischen Armeen, die noch für geraume Weile am alten System festhielten, war dieser *ordre mixte* seit 1791 eherner Bestandteil des französischen Armeereglements. Vgl. Rothenburg, *Atlas*, 22
23 Vgl. insgesamt zu dieser Organisation: Hermann Giehrl, *Der Feldherr Napoleon als Organisator. Betrachtungen über seine Verkehrs- und Nachrichtenmittel, seine Arbeits- und Befehlsweise*, Berlin 1911, 10–25; zeitweilig umfasste die *maison de l'Empéreur* bis zu 800 Personen. Vgl. Pigeard, *L'Armée*, 175, Anm. 454
24 *Corr.*, XI, No. 9079
25 *Corr.*, XVIII, No. 14926
26 Mit seinem spröden Realismus hat Napoleon dies nicht anders gesehen, als er 1800 sagte: «Pourquoi l'armée française est-elle la plus redoutée au monde? C'est parce que les officiers ont émigré et qu'ils ont été remplacés par les sous-officiers qui sont devenus généraux. C'est avec des sous-officiers que l'on mène une armée nationale ...». Regenbogen, *Napoléon a dit*, 95
27 Vgl. Jacques Jourquin, *Dictionnaire des maréchaux du Premier Empire*, Paris 1999, 54–55
28 *Corr.*, XIII, No. 10558; in diesem Schreiben verrät Napoleon noch eine weitere seiner «goldenen Regeln»: «C'est par la vigueur et de l'énergie qu'on sauve ses troupes, qu'on acquiert leur estime et qu'on en impose aux méchants.»
29 Pierre Louis Roederer, *Journal du Comte P.-L. Roederer. Notes intimes et politiques d'un familier des Tuileries*, (Hrsg.) Maurice Vitrac, Paris 1909, 4
30 *Corr.* XIII, No. 10810
31 Exemplarisch für sein planendes Genie ist das Memorandum, das Napoleon unter dem Titel *Notes sur la défense de l'Italie* am 14. Januar 1809 in Valladolid verfasste. *Corr.*, XVIII, No. 14707
32 Zu Napoleons Spionage und Gegenspionageaktivitäten vgl. Chandler, *The Campaigns*, 146–147
33 Chandler, *The Campaigns*, 479–497
34 *Corr.*, XVIII, No. 14707

35 Chandler, *The Campaigns*, 151-153
36 Vgl. Chandler, *The Campaigns*, 162
37 1796: Lodi, Castelnovo, Bassano, Arcole, Dolce; 1800: Marengo; 1805: Ulm, Hollabrunn; 1806: Jena; 1807: Pultusk, Allenstein, Friedland; 1809: Landshut, Eckmühl; 1812: Vilna, Witebsk, Smolensk; 1813: Leipzig, Bautzen, Dresden, Düben; 1814: Saint-Dizier, Brienne, Montmirail, Soissons, Néry-sur-Seine, Saint-Dizier.
38 Eine ausführliche Schilderung dieser *manœuvres sur les derrières* am Beispiel des jeweiligen Schlachtverlaufs gibt: Hubert Camon, *La Guerre Napoléonienne. Les systémes d'opérations. Théorie et technique*, Paris 1997 (Nachdruck der Ausgabe von 1907), 33-157; vorzüglich die kurze Darstellung bei Chandler, *The Campaigns*, 163-170
39 Gourgaud, *Journal*, II, 79
40 Für eine ausführliche Erörterung des strategischen Konzepts der *position centrale* vgl. Camon, *La Guerre Napoléonienne*, 159-239
41 Gourgaud, *Journal*, II, 72-73
42 Vgl. Rothenberg, *Atlas*, 37
43 *Corr.*, XII, No. 10032; Thiébault, *Mémoires*, III, 457-459
44 Vgl. Colonel Camon, *La guerre napoléonienne. Précis des Campagnes*, Paris 1999, 373-380), bei La Rothière vgl. Camon, ebda., 393-394 und Arcis (Camon, ebda., 429-431) während der letzten Phase der Kampagne in Frankreich 1814
45 Chandler, *The Campaigns*, 180
46 Las Cases, *Mémorial*, I, 277
47 *Corr.*, I, No. 842
48 Vgl. zur Wehrpflicht insgesamt: Pigeard, *L'Armée de Napoléon*, 186-193
49 Mit dem Terminus *Grande Armée* werden gewöhnlich alle Armeen Napoleons bezeichnet. Dies ist historisch jedoch nicht korrekt, da diese Bezeichnung nur die Armeen der Jahre 1805 bis 1808 und 1812 bis 1814 trugen. Der Terminus *Grande Armée* erscheint zum ersten Mal in einem Schreiben Napoleons an seinen Stabschef Berthier vom 29. August 1805, in dem es heißt: «La Grande Armée sera composée de sept corps». *Corr.* XI, No. 9158 – Mit dem vom 12. Oktober 1808 in Erfurt erlassenen Dekret wurde diese Bezeichnung abgeschafft und durch *Armée du Rhin* ersetzt, die unter dem Oberkommando von Marschall Davout stand; die französischen Truppen, die zur gleichen Zeit in Spanien kämpften, figurierten in den einzelnen Bulletins von diesem Kriegsschauplatz als *Armée d'Espagne*. Während des Feldzugs gegen die 5. Koalition, dessen Hauptschauplatz 1809 Deutschland war, führten die Einheiten, die Napoleons Oberbefehl unterstellt waren, die Bezeichnung *Armée d'Allemagne*. Vgl. Schreiben Napoleons an Berthier vom 8. April 1809, *Corr.* XVIII, No. 15029 – Die zweite *Grande Armée* wurde 1811 mit Blick auf den geplanten Feldzug gegen Russland aufgestellt. In einem Brief an den Kriegsminister Lacuée vom 10. Januar 1811 schrieb Napoleon: «... j'ai définitivement organisé la Grande Armée en quatre corps, à compter du 15 février». *Corr.*, XXI, No. 17277
50 Eine bezeichnende Illustration für diesen «Geist der Truppe» liefert der spontane Fackelzug, der für Napoleon am Vorabend der Schlacht von Austerlitz von seinen Soldaten aus Anlass des ersten Jahrestags seiner Kaiserkrönung veranstaltet wurde. Thiébault, *Mémoires*, III, 453-455; vgl. auch:

Dominique-Jean Baron de Larrey, *Mémoires et campagnes du baron Larrey*, Paris 1983, II, 328
51 Nicht wenige dieser Veteranen waren, wie die Amputationslisten des Chirurgen Larrey zeigen, der alle Kampagnen der Grande Armee mitmachte, sechzig Jahre und älter! Vgl. seinen *Registre des Amputations*, der im Archiv des *Musée du Service de Santé du Val-de-Grâce* (MSSVG), Paris, aufbewahrt wird.
52 Gourgaud, *Journal*, II, 325
53 F.A. Chateaubriand, *Buonaparte und die Burbonen, oder: Von der Nothwendigkeit, sich wieder mit unsern rechtmäßigen Fürsten zu verbinden; zum Wohle Frankreichs und ganz Europens*, Aus dem Französischen des Franz August von Chateaubriand, Deutschland (i.e. Karlsruhe) 1814, 33
54 Eine drastisch anschauliche Schilderung des Lazarettwesens in napoleonischer Zeit gibt der Dramatiker Jean Baptiste Auguste Hapdé, der gegen Ende des napoleonischen Kaiserreichs zum Direktor der *Hôpitaux de la Grande Armée* ernannt wurde. J.B.A Hapdé, *Les Sépulcres de la Grande Armée ou Tableau des Hôpitaux pendant la dernière Campagne de Buonaparte*, Paris 1814, passim
55 *Corr.* II, No. 1592
56 *Corr.*, VI, No. 4762
57 So auch beispielsweise nach der Schlacht von Eylau, als Napoleon am 3. März 1807 General Duroc in Thorn anwies, die Verwundeten zu besuchen und jedem Soldaten einen, jedem Offizier fünf *Napoléon* auszuhändigen. Dieselbe Summe sollte auch den nach Bromberg evakuierten Verwundeten zukommen. *Corr.*, XIV, No. 11919; die in der Schlacht von Waterloo verwundeten Soldaten bedachte Napoleon in seinem auf Sankt Helena verfassten Testament.
58 *Corr.*, XIII, No. 11092
59 Seine «Note pour le ministre de la guerre» vom 17. November 1802 ist dafür nur ein Beispiel: «Le Premier Consul ayant ordonné, dans son voyage, de faire conduire au Val-de-Grâce plusieurs militaires très-blessés, le ministre de la guerre est invité à ordonner que l'on épuise, pour les guérir, tous les moyens et toutes les ressources de l'art» *Corr.*, VIII, No. 6431
60 *Corr*, XIV, No. 11911

4. Kapitel · Politik ist das Schicksal

1 Tulard (Hrsg.), *Napoléon Bonaparte. Œuvres littéraires*, II, 403–408; 425–427 u. 431–432; *Corr.*, I, Nos. 27, 37, 49, 50, 51, 52, 53, 75 u. 83
2 *Corr.*, I, No. 49
3 *Corr.*, I, No. 50
4 Paul Eduard Bailleu, *Preußen und Frankreich von 1785 bis 1807. Diplomatische Correspondenzen*, Leipzig 1881, I, 66; in der ausführlichen *Instruction pour le Général en chef de l'armée d'Italie*, die das Direktorium Bonaparte am 6. März 1796 übermittelte, wurde als wichtigstes Ziel die Ausschaltung Piemonts genannt, das sich eventuell dann in einem zweiten Schritt auch als Bundesgenosse gegen Österreich gewinnen ließe. Bezeichnenderweise rechnete man

ANMERKUNGEN 731

aber schon damals mit Eigenmächtigkeiten Bonapartes, weshalb es explizit hieß: «La marche que le Directoire vient d'indiquer au général en chef doit être considerée comme la principale, et, pour ainsi dire, la seule à suivre: c'est une base donnée, à laquelle se rapporteront tout les mouvemens secondaires que les circonstances et les événemens le mettront dans le cas d'ordonner. C'est, en un mot, le but vers lequel tout doit marcher, et toute opération qui s'en écarterait positivement doit être absolument rejetée.» *Correspondance inédite officielle et confidentielle de Napoléon Bonaparte avec les cours étrangères, les princes, les ministres et les généraux français et étrangers, en Italie, en Allemagne et en Égypte*, Paris 1819, *(Italie)*, I, 20

5 Für einen ausführlichen Überblick über das damalige Italien vgl. Félix Bouvier, *Bonaparte en Italie. 1796*, Paris 1899, 108-183

6 Vgl. zu dieser Situation insgesamt die magistrale Studie von Franco Venturi, *Settecento riformatore*, Torino 1976, II, 65-342

7 Der vorzüglich informierte preußische Botschafter Sandoz schrieb seiner Regierung in einem Bericht vom 6. Mai 1796: «On le voit et on l'entend: l'occasion de rançonner et de ramasser quelque argent, fait céder ici toute autre considération, et devient le mobile de leurs entreprises, et j'oserai dire, de leur politique.» Bailleu, *Preußen und Frankreich*, I, 67

8 Ganz in diesem Sinne informierte Lallement am 9. April 1796 Bonaparte aus Venedig. *Correspondance inédite officielle et confidentielle (Italie)*, I, 45; vgl. Desmond Gregory, *Napoleon's Italy*, Madison u. London 2001, 27-28

9 *Corr.*, I, No. 83; eine unmittelbare Folge dieses Wunsches war es, dass das Direktorium die Befugnisse der Zivilkommissare, die von ihm zu den einzelnen Armeen entsandt wurden und deren Einfluss die Militärs allen Grund hatten zu fürchten, stark einschränkte. Im besonderen wurde ihnen verboten, «de donner aucun ordre de leur propre mouvement». Beschlüsse konnten sie zum weiteren nur nach Rücksprache und vorheriger Zustimmung durch den kommandierenden General fassen. Guyot, *Le Directoire*, 159, Anm. 2; andererseits fungierten die Kommissare aber weiterhin als Aufpasser, denn gemäß der Instruktion vom 12. November 1795 hatten sie die Aufgabe, Einhaltung und Ausführung der Gesetze und Befehle durch die kommandierenden Generäle zu überwachen und waren gehalten, das Direktorium über «tout ce qui peut intéresser le salut de la République et le maintien de la Constitution» zu unterrichten und es überdies «sur le civisme, les talents et la moralité des chefs militaires et de administrateurs» zu informieren. Zit. André Fugier, *Napoléon et l'Italie*, Paris 1947, 23-24; vgl. auch Bouvier, *Bonaparte*, 85-89

10 Die zeitgenössischen Berichte vom miserablen Zustand der Italienarmee sind Legion. Vgl. die aus diesen Quellen gearbeitete Darstellung bei Bouvier, *Bonaparte*, 16-27 – Allerdings spricht auch einiges für die Vermutung, dass sie weit übertrieben sind. Bereits vor dem Eintreffen Bonapartes hatte der Regierungskommissar bei der Italienarmee, Salicetti, die ärgsten Versorgungsengpässe beseitigt, weshalb ihm Masséna ausdrücklich schrieb: «Les patriotes de l'armée vous regardent comme un sauveur.» Zit. Furier, *Napoléon et l'Italie*, 24

11 Die Angaben über die jeweiligen Truppenstärken variieren in der Literatur sehr stark. Bonaparte hat in der Regel seine eigenen Truppen wesentlich

niedriger, die seiner Gegner wesentlich höher beziffert. Das gilt auch regelmäßig für die Verlustzahlen. Die hier genannten Kräfteverhältnisse sind die bei Rothenberg, *Atlas*, 38 angeführten Zahlen.
12 Fugier, *Napoléon et l'Italie*, 29
13 *Corr.*, I, No. 222
14 Ausdrücklich war in der langen Instruktion des Direktoriums vom 6. März 1796 festgehalten worden: «Le Directoire exécutif se réservant la faculté de faire la paix, le général en chef n'accordera aucune suspension d'armes, et ne ralentira en aucune manière ses opérations militaires. Il accueillera toutes les propositions qui pourraient tendre à une pacification, et les fera passer sur-le-champ au Directoire.» *Correspondance inédite officielle et confidentielle (Italie)*, I, 22
15 Guyot, *Le Directoire*, 164-165
16 *Corr.*, I, No. 233
17 *Corr.*, I, No. 221; dass Bonaparte den Sold seiner Armee wenn auch nur zur Hälfte in Hartgeld statt in Assignaten bezahlte, war eine Eigenmächtigkeit, die das von dauernden Geldsorgen geplagte Direktorium umso mehr in Verlegenheit stürzte, weil die anderen Armeen nicht in den Genuss solchen Vorzugs gelangten. Vgl. Fugier, *Napoléon et l'Italie*, 36
18 Das andere berühmte und vermeintlich erste Exempel dieser Rhetorik, die Ansprache, die Bonaparte angeblich unmittelbar nach seinem Eintreffen bei der Italienarmee am 27. März 1796 gehalten haben will – «Soldats, vous êtes nus, mal nourris, le Gouvernement vous doit beaucoup, il ne peut rien vous donner. (...) Je veux vous conduire dans les plus fertiles plaines du monde. De riches provinces, de grandes villes seront en votre pouvoir.» – ist erst auf Sankt Helena erfunden worden. Wortlaut in: *Campagnes d'Italie, Corr.*, XXIX, 84 – Dessen ungeachtet fand es Aufnahme in die offizielle Ausgabe der *Correspondance de Napoléon Ier*; *Corr.*, I, No. 91
19 *Corr.*, I, No. 234
20 Eine vorzügliche Darstellung der Finanzmisere des Direktoriums in den Jahren 1796 und 1797 gibt: Francis d'Ivernois, *Usurpation et chute du général Bonaparte*, London 1800; ein erstes, aufschlussreiches Dokument für die der schieren Not gehorchende Geldgier des Direktoriums ist der Hinweis an Bonaparte vom 12. April 1796, sich der im Wallfahrtsort Loretto aufgehäuften Schätze zu bemächtigen. *Correspondance inédite officielle et confidentielle (Italie)*, I, 55
21 Dass das im übrigen auch der Politik des Direktoriums entsprach, zeigt das Schreiben des Außenministers Delacroix an den Kommissar Salicetti vom 11. Mai 1796: «Sie les esprits n'ont pas l'énergie nécessaire pour conquérir leur liberté, il faut nous borner à profiter de nos avantages pour procurer à la République une paix solide et durable.» Zit. Guyot, *Le Directoire*, 169-170
22 *Corr.*, I, No. 281
23 Aufschlussreich sind die Protokollnotizen, die Barras jeweils im Anschluss an die Sitzungen des Direktoriums anfertigte, vgl. Barras, *Mémoires*, II, 107
24 Antoine Vincent Arnault, *Souvenirs d'un Sexagénaire*, Paris 1833, II, 291-292
25 Die Briefe Bonapartes an Joséphine wurden nicht in die offizielle Ausgabe seiner *Correspondance* aufgenommen; sie werden hier zitiert nach der Ausgabe von Léon Cerf (Hrsg.), *Lettres de Napoléon à Joséphine*, Paris 1928, passim.

ANMERKUNGEN 733

26 In der Napoleon-Biographik ist die leidenschaftliche Affaire Joséphines mit dem Husarenoffizier Hippolyte Charles – die zahlreichen Briefe Joséphines an Hippolyte Charles waren auf dessen Anweisung unmittelbar nach seinem Tod bereits von einer seiner Nichten verbrannt worden – geschildert. Louis Hastier, *Le Grand Armour de Joséphine*, Paris 1955
27 Dieser Brief, der natürlich nicht in der offiziellen Correspondance enthalten ist, wird zitiert von Madelin, *L'Ascension*, 93; Léonce de Brontonne datiert diesen Brief auf Ende Mai und nennt als Adressaten Carnot, Brontonne, *Lettres inédites*, No. 9; diese Zuschreibung ist allerdings wenig plausibel, denn an Carnot hatte Bonaparte bereits am 9. Mai 1796 geschrieben: «Je vous dois des remerciements particuliers pour les attentions que vous voulez bien avoir pour ma femme: je vous la recommande; elle est patriote sincère, et je l'aime à la folie.» *Corr.*, I, No. 366
28 Einen Tag später, am 15. Juni 1796, schrieb Bonaparte an Joseph: «Mon ami, je suis au désespoir. Ma femme, tout ce que j'aime dans le monde, est malade. Ma tête n'y est plus. Des pressentiments affreux agitent ma pensée. Je te conjure de me dire ce qu'elle a et comment elle se porte.» Zit. Jacques Haumont (Hrsg.), *Lettres de Napoléon à Joséphine et de Joséphine à Napoléon*, Paris 1969, 53
29 Zit. Haumont (Hrsg.), *Lettres de Napoléon*, 39–40
30 Arnault, *Souvenirs*, II, 292–293
31 Vgl. auch die Schilderung dieser Reise bei Hastier, *Le Grand Amour*, 90–96
32 *Corr.*, I, No. 382
33 *Corr.*, I, No. 417
34 Seit Lodi nannten die Soldaten ihren kommandierenden General, der sich nicht zu schade war, selbst die Kanonen auf den Feind zu richten und abzufeuern, zärtlich «le petit caporal». Las Cases, *Mémorial*, I, 132
35 Stendhal, *Mémoires sur Napoléon*, (Hrsg. Catherine Mariette), Paris 1998, 379–380
36 Las Cases, *Mémorial*, I, 117; diese Selbstauskunft, an deren Authentizität nicht zu zweifeln ist, hat in seiner fiktiven Autobiographie, die Jacob Frédéric Lullin de Chateauvieux bereits 1817 in London erscheinen ließ, eine erstaunliche Parallele. Allerdings datiert dieser Verfasser Bonapartes vermeintliche Selbsterkenntnis auf den Tag, an dem der sardische König bei ihm um Waffenstillstandsverhandlungen einkam. Vgl. J.F. Lullin de Chateauvieux, *Manuscrit venu de St. Hélène, d'une manière inconnue*, London 1817, 17; Bonaparte nahm diese Schrift, die ihm auf Sankt Helena zur Kenntnis kam, immerhin so ernst, dass er sie nicht nur an rund vierzig Stellen korrigierte, sondern seine ihm von vielen Zeitgenossen angesonnene Autorschaft im Testament ausdrücklich zurückwies.
37 *Corr.*, I, No. 262
38 *Correspondance inédite officielle et confidentielle (Italie)*, I, 145–155; vgl. auch Guyot, *Le Directoire*, 168–169
39 Den Beschluss, Italiens Kunstschätze im großen Stil zu rauben, hatte das Direktorium bereits im Mai 1796 gefasst. Vgl. dazu *Correspondance inédite officielle et confidentielle (Italie)*, I, 155–156 – Der Wortlaut des Waffenstillstands in: *Corr.*, I, No. 368; Salicetti unterrichtete das Direktorium auch davon, dass der Herzog von Modena einen Waffenstillstand begehre, den man diesen

aber mit insgesamt 9,5 Millionen in Geld- und Sachleistungen noch wesentlich teurer bezahlen ließe. «Toute l'Italie est ébranlée; nos succès, la bravoure des troupes, l'audace et les combinaisons militaires de Bonaparte la déconcertent. Tu dois, je pense, être content de cette armée qu'on se plaisait à décrier comme hors d'état de rien entreprendre et qui, en si peu de temps, a tout fait.» Zit. Madelin, L'Ascension, 79

40 Corr., I, No. 266; vgl. auch Campagnes d'Italie in: Corr., XXIX, 99

41 Vgl. dazu Antoine-Clair Thibaudeau, Mémoires sur la Convention et le Directoire, Paris 1827, II, 130–131

42 Corr., I, No. 420; das Schreiben Carnots vom 7. Mai in: Correspondance inédite officielle et confidentielle (Italie), I, 145–155; in seiner an Carnot adressierten Antwort, ebenfalls vom 14. Mai 1796, äußert sich Bonaparte über die Absicht, das Kommando zu teilen, noch deutlicher, während er gleichzeitig nachdrücklich seine patriotische Selbstlosigkeit betont, um so die Machtgelüste, von denen er wohl ahnt, dass sie ihm das Direktorium unterstellt, glaubwürdig zu dementieren, Corr., I, No. 421 – Dass sich Bonaparte in dieser Offenheit gegenüber Carnot aussprach, kann nicht Wunder nehmen; er war der Einzige unter den fünf Direktoren, der im Ruf der Unbestechlichkeit stand, was allein schon seine moralische Überlegenheit über die Kollegen rechtfertigte. Um Carnot für sich einzunehmen, zog Bonaparte alle Register der Schmeichelei. Seinen Brief vom 8. Juni 1796 begann er beispielsweise: «Je vous dois des remerciements pour les choses honnêtes que vous me dites. La récompense la plus douce des fatigues, des dangers, des chances de ce métier-ci, se trouve dans l'estime du petit nombre d'hommes que l'on apprécie.» Corr., I, No. 589

43 Stendhal, Mémoires sur Napoléon, 393; im übrigen entsprach die Einnahme Mailands aber auch genau den Absichten des Direktoriums, wie Carnot Bonaparte am 15. Mai 1796 schrieb, Correspondance inédite officielle et confidentielle (Italie), I, 171

44 Albert Sorel, L'Europe et la Révolution Française. Bonaparte et le Directoire, Paris 1903, V, 78; am Tag zuvor war er bereits durch Masséna, der mit der Vorhut in Mailand anlangte, darüber unterrichtet worden, dass man ihn mit Begeisterung empfangen würde: «J'ai été reçu dans la ville, aux plus vives acclamations: on entendait de toutes parts crier: Vive la république! Haine aux tyrans! La liberté!» Correspondance inédite officielle et confidentielle (Italie), I, 165

45 Madelin, L'Ascension, 82

46 Zit. Sorel, L'Europe, V, 81

47 In seinen Memoiren gibt Marmont eine Unterhaltung wieder, die er am späten Abend dieses 15. Mai mit Bonaparte geführt haben will und die dessen damaliges Denken und Fühlen vorzüglich illustrierte: «Eh bien, Marmont, que croyez-vous qu'on dise de nous à Paris; est-on content?» Als Marmont darauf versetzte, dass dort die Bewunderung keine Grenzen mehr haben könne, fuhr Bonaparte fort: «Ils n'ont encore rien vu, et l'avenir nous réserve des succès bien supérieurs à ce que nous avons déjà fait. La fortune ne m'a pas souri aujord'hui pour que je dédaigne ses faveurs: elle est femme, et plus elle fait pour moi, plus j'exigerai d'elle. Dans peu de jours nous serons sur l'Adige, et toute l'Italie sera soumise. Peut-être alors, si l'on proportionne les moyens dont

j'aurai disposition à l'étendue de mes projets, peut-être en sortirons-nous promptement pour aller plus loin. De nos jours, personne n'a rien conçu de grand: c'est à moi d'en donner l'exemple.» Marmont, *Mémoires*, I, 178
48 Ein Beispiel für diese enthusiastischen Schilderungen liefert der Brief, den Marmont am 15. Mai 1796 von Mailand an seinen Vater schrieb. Marmont, *Mémoires*, I, 322
49 *Corr.*, I, No. 437
50 *Corr.*, I, No. 454
51 «A la tête desquels se trouve le célèbre *Saint Jérôme* du Corrège, qui a été vendu, à ce que l'on m'assure, 200000 *livres.*» *Corr.*, I, No. 443
52 *Corr.*, I, No. 445
53 *Corr.*, I, No. 446
54 *Corr.*, I, No. 444
55 Diese bittere Pille versüßte er mit dem Zynismus: «Si les Français vainqueurs veulent considérer les peuples de la Lombardie comme des frères, ceux-ci doivent un juste retour. – L'armée a à poursuivre ses victoires; elle a à chasser entièrement de l'Italie le despote qui tenait la Lombardie dans les fers. Son indépendance, qui doit faire son bonheur, tient au succès des Français, elle doit les seconder de ses moyens.» *Corr.*, I, No. 453
56 Vom 19. Mai 1796 datiert noch ein weiterer Beschluss, mit dem «au nom de la République» in neun Artikeln die systematische Ausplünderung des Landes an Kunstschätzen in allen Einzelheiten geregelt wurde. Dieses Geschäft sollte ein Beauftragter besorgen, der aber alle Kunstgegenstände zuvor dem kommandierenden General oder dem Regierungskommissar vorzulegen hatte. *Corr.*, I, No. 455; vgl. auch *Corr.*, I, No. 467; eine erste Aufstellung der in Mailand und Parma geraubten Gemälde und Manuskripte übersandte Bonaparte dem Direktorium am 18. Mai 1796, *Corr.*, I, No. 444; zu Bonapartes Verantwortlichkeit am Raub italienischer Kunstschätze vgl. F. Boyer, «Les Responsabilités de Napoléon dans le transfer à Paris des œuvres d'art de l'étranger», in: *Revue d'Histoire moderne et contemporaine*, oct. 1964, 241–262. Dieser Kunstraub hatte auch eine kräftige propagandistische Wirkung, wie das Zeugnis Thibaudeaus bestätigt. Vgl. Thibaudeau, *Mémoires*, II, 133–135
57 *Corr.*, I, No. 461
58 Insbesondere diese Proklamation Bonapartes scheint in Paris, wie Sandoz-Rollin in seinem Bericht vom 11. Juni 1796 vermerkt, übel aufgenommen worden zu sein: «Il est important (...) de connnaître combien l'esprit du Directoire est différent de celui de ses agents dans l'étranger. Observant dernièrement aux sieurs Reubell et Letourneur que la déclaration du général Bonaparte était d'un style qui rappelait le vandalisme de Robespierre, ils furent les premiers à en convenir: *nous n'en sommes pas moins indignés que vous*, reprirent-ils, *et vous pouvez compter que nous avons à coeur d'extirper un langage aussi révoltant.*» Bailleu, *Preußen und Frankreich*, I, 74
59 *Corr.*, I, No. 478
60 *Correspondance inédite officielle et confidentielle (Italie)*, I, 202–203 – Dieses Dokument ist umso bemerkenswerter, als noch drei Tage zuvor, am 18. Mai 1796, Carnot namens des Direktoriums auf einer Aufteilung der Italienarmee bestanden und Bonaparte befohlen hatte, sofort mit dem Raubzug nach Livorno zu beginnen! Ebd., I, 194–201

61 Das Schreiben des Direktoriums mit der Kapitulation vor seinen Wünschen zwar noch nicht in Händen haltend, teilte Bonaparte diesem bereits am 1. Juni 1796 vorsichtshalber mit: «Deux millions en or sont en route, en poste, pour se rendre à Paris. (...) Le ministre des finances peut tirer des lettres de change, pour quatre ou cinq millions, qui seront exactement soldées. – Il part demain, de Milan, cent chevaux de voiture, les plus beaux qu'on ait pu trouver dans la Lombardie; ils remplaceront les chevaux médiocres qui attellent vos voitures.» *Corr.*, I, No. 539; bekanntlich sind es die kleinen Geschenke, welche die Freundschaft erhalten. Dem Konfidenten Bonapartes, Faypoult, der in Genua die Interessen der französischen Republik vertrat, hatte er bereits mit Schreiben vom 21. Mai 1796 mitgeteilt: «Je vous choisirai deux beaux chevaux parmi ceux que nous requerrons à Milan; ils serviront à vous dissiper des ennuis et des étiquettes du pays où vous êtes. Je veux aussi vous faire présent d'une épée.» *Corr.*, I, No. 476

62 Der preußische Botschafter in Paris ließ am 2. August 1796 seine Regierung wissen: «Selon ce que je vois et ce que j'entends, la politique est menée présentement comme les finances: du jour au jour et d'événments en événments. Toute la prosperité de la France provient de la guerre: les généraux français ont été pour leur patrie autant de financiers dottés des plus grandes ressources.» Bailleu, *Preußen und Frankreich*, I, 83

63 Laréveillière-Lépeaux, *Mémoires*, II, 25–26; wie sehr die Absicht, zu rauben und zu plündern die Logik dieses Krieges beherrschte, die sich Bonaparte voll und ganz zu eigen gemacht hatte, beweist sein Schreiben an das Direktorium vom 17. Oktober 1796 aus Modena: «Enfin, Citoyens Directeurs, plus vous nous enverrez d'hommes, plus non-seulement nous les nourrirons facilement, mais encore plus nous lèverons de contributions au profit de la République. L'armée d'Italie a produit dans la campagne d'été vingt millions à la République, indépendamment de sa solde et de sa nourriture; elle peut en produire le double pendant la campagne d'hiver, si vous nous envoyez en recrues et en nouveaux corps une trentaine de mille hommes. – Rome et toutes ses provinces, Trieste et le Frioul, même une partie du royaume de Naples, deviendront notre proie; mais, pour se soutenir, il faut des hommes.» *Corr.*, I, No. 1094

64 *Corr.*, I, No. 937
65 *Corr.*, II, No. 1088
66 In seiner *Proclamation aux habitans de Lombardie* vom 25. Mai 1796 wird dies von Bonaparte ausdrücklich betont: «Que l'exemple terrible de Binasco leur fasse ouvrir les yeux!» *Corr.*, I, No. 493; vgl. auch den Aufruf *Aux Peuples du Milanais* vom 28. Mai 1796, der einen detaillierten Katalog von Repressalien vorstellt, die bei neuerlichem Aufstand angedroht werden. *Corr.*, I, No. 503
67 Vgl. Napoleons Bericht in seinen *Campagnes d'Italie* in: *Corr.*, XXIX, 110–113 – Bezeichnend für Bonaparte ist, dass ihn die Repressionsmaßnahmen einerseits erschütterten, er andererseits aber auch in einer Ästhetik des Schreckens schwelgen konnte. Belege für diese beiden gegenläufigen Empfindungen finden sich in seinem Bericht an das Direktorium vom 1. Juni 1796, *Corr.*, I, No. 536
68 *Corr.*, XXIX, 112
69 Vgl. Bonapartes Bericht an das Direktorium vom 7. Juni 1796, *Corr.*, I, No. 582

5. Kapitel · Proconsul per Italiam

1 Aber selbst nach dem erfolgreichen Abschluss seines Raubzugs nach Mittelitalien wurde Bonaparte am 22. Juni 1796 vom Direktorium angewiesen, «de vous borner à agir sur la défensive dans le Tyrol, si la disposition des habitans des pays conquis en Italie ne vous en faisait pas la loi expresse.» *Correspondance inédite officielle et confidentielle (Italie)*, I, 284
2 *Corr.*, I, No. 639
3 Miot de Melito, *Mémoires*, Paris 1858, I, 89
4 Unmittelbar nach seiner Ankunft in Bologna am 21. Juni teilte Bonaparte dem Direktorium mit, dass alles seinen erwünschten Gang nähme: die beiden päpstlichen Legaten in Bologna und Ferrara seien gefangen genommen und ihre Truppen entwaffnet worden. Auch vergaß er nicht zu erwähnen: «Les vingt tableaux que doit fournir Parme sont partis; le célèbre tableau de *Saint Jérôme* est tellement estimé dans ce pays qu'on offrait un million pour le racheter. – Les tableaux de Modéne sont également partis. Le citoyen Barthélemy s'occupe dans ce moment-ci à choisir les tableaux de Bologne. Il compte en prendre une cinquantaine, parmi lesquels se trouve la *Sainte Cécile*, qu'on dit être le chef-d'œuvre de Raphael. – Monge, Berthollet et Thouin (naturaliste) sont à Pavie, où ils s'occupent à enrichir notre Jardin des plantes et notre Cabinet d'histoire naturelle. J'imagine qu'ils n'oublieront une collection complète de serpents, qui m'a paru bien mériter la peine de faire le voyage. Je pense qu'ils seront après-demain à Bologne, où ils auront aussi une abondante récolte à faire» *Corr.*, I, No. 663
5 *Corr.*, I, No. 665
6 *Corr.*, I, No. 570
7 *Corr.*, I, No. 583
8 Vgl. den Wortlaut dieser Vereinbarung in *Corr.*, I, No. 676; zu den Verhandlungen vgl. Guyot, *Le Directoire*, 184-185; dass dieser Vertrag die von ihm erweckten Erwartungen nicht erfüllte, versuchte Bonaparte dadurch zu vertuschen, dass er in seinem Schreiben an das Direktorium vom 26. Juni 1796 durch allerlei Rechenkunststücke die Summe der päpstlichen Kontributionen auf 34,7 Millionen bezifferte. Außerdem klagte er, dass er gut und gerne noch 10 Millionen mehr hätte herausholen können, wenn sich nicht die Zivilkommissare mit Ungeschick in die Verhandlungen eingemischt hätten. *Corr.*, I, No. 685
9 *Corr.*, I, No. 665
10 *Corr.*, I, No. 709
11 Miot de Melito, *Mémoires*, I, 117-121
12 Bailleu, *Preußen und Frankreich*, I, 84
13 Der einzige Quellenbeleg für diesen Versuch findet sich in den Erinnerungen von Barras: *Mémoires*, II, 184
14 *Corr.*, I, No. 858
15 Zahlen nach Rothenberg, *Atlas des guerres*, 44 – Gleichwohl ließ das Direktorium Bonaparte am 25. September 1796 wissen: «C'est en Italie que nous devons nous dédommager de nos revers en Allemagne, et forcer l'empereur à la paix: il est donc nécessaire d'y rendre notre position militaire inexpugnable.» *Correspondance inédite officielle et confidentielle (Italie)*, II, 48

16 Der Romancier Yves Amiot charakterisierte die Schlacht von Arcole mit den Worten: «C'est le choc de deux peuples, de deux civilisations, au cours duquel va se déployer un héroisme, une obstination, un esprit de sacrifice poussés à leur dernier degré. Ce sont peut-être les trois plus belles journées de l'histoire de France, à coup sûr celles de Napoléon.» Yves Amiot, *La Fureur de vaincre. Campagne d'Italie (1796–1797)*, Paris 1996, 154

17 Pierre de Pelleport, *Souvenirs militaires et intimes du général vicomte de Pelleport de 1793 à 1853*, Paris 1857, I, 71; vgl auch: Marmont, *Mémoires*, I, 257–258 – Die gefechtstaktisch sinnlosen Frontalangriffe über die Brücke von Arcole – das Städtchen und die Brücke wurden in der Nacht vom 15. auf den 16. November von einer einzigen Brigade ohne größere Verluste eingenommen, die den Alpone nördlich von Arcole überschritten hatte – lieferten aber genau den richtigen Stoff, aus dem Legenden geschaffen werden, wie schon General Thiébault in seinen Erinnerungen kritisch anmerkte: «Ainsi le passage de vive force du pont d'Arcole est un exploit imaginaire et n'en devint pas moins la source d'une interminable série d'élévations, de grâces et de renommées». Thiébault, *Mémoires*, II, 44–45

18 *Corr.*, II, 1196

19 Miot de Melito, *Mémoires*, I, 91; im Gegensatz zu dieser Behauptung machten die beiden Kommissare bei der Italienarmee Bonaparte bisweilen jedoch erhebliche Schwierigkeiten, die erst durch die Entscheidung des Direktoriums vom 6. Dezember 1796, die Zivilkommissare abzuschaffen, beseitigt wurden. Vgl. dazu André Fugier, *Napoléon et l'Italie*, Paris 1947, 52–56

20 Vgl. Guyot, *Le Directoire*, 187–195

21 Guyot, *Le Directoire*, 248

22 Schreiben an das Direktorium vom 26. Juni 1796, *Corr.*, I, No. 685 u. 709

23 *Corr.*, I, No. 715

24 *Corr.*, II, No. 1059; die Absichten, die Bonaparte damit in Italien verfolgte, blieben dem Direktorium natürlich nicht verborgen, das sich aber damit beschied, seinen Standpunkt in einem Schreiben vom 11. Oktober 1796 mit großer Milde noch einmal darzulegen. *Correspondance inédite officielle et confidentielle (Italie)*, II, 106–107

25 *Corr.*, II, No. 1078

26 *Corr.*, II, No. 1085; tatsächlich versammelten sich ab dem 16. Oktober 1796 ein gutes hundert Delegierter aus den vier Städten in Modena. Das war bemerkenswert genug, war es doch das erste Mal seit Jahrhunderten, dass Repräsentanten unterschiedlicher und traditionell miteinander verfeindeter Städte zusammentrafen, um sich über ihre Ziele und gemeinsamen politischen Interessen auszutauschen. Die Versammlung von Modena beschloss darüberhinaus die Schaffung der «Cispadanischen Konföderation» mit der ausdrücklichen Maßgabe, dass diese sich nicht allein auf die vier Städte beschränken solle, sondern dass weitere Gebiete ihr beitreten könnten. Am 27. Dezember 1796 trat in Reggio eine weitere Versammlung gewählter Vertreter aus jenen vier Städten zusammen, die zum 1. Januar 1797 die *République cispadane une et indivisible* proklamierte. Vgl. Fugier, *Napoléon et l'Italie*, 75

27 Einzelheiten bei: Guyot, *Le Directoire*, 254–260

28 Die diversen Instruktionen für Clarke sind dokumentiert in *Correspondance inédite officielle et confidentielle (Italie)*, II, 396–420

ANMERKUNGEN 739

29 Vgl. Hermann Hüffer, *Diplomatische Verhandlungen aus der Zeit der französischen Revolution*, Bonn 1868, I, 227
30 Zit. Guyot, *Le Directoire*, 327-328
31 *Corr.*, II, No. 1233
32 Fugier, *Napoléon et l'Italie*, 56
33 *Corr.*, II, No. 1321
34 *Corr.*, II, No. 1258
35 *Corr.*, II, No. 1349
36 Zit. Guyot, *Le Directoire*, 330-331; das war natürlich nur ein Vorwand. In Wahrheit ging es auch dieses Mal nur darum, reichlich Beute zu machen, wie Direktor Reubell dem preußischen Botschafter Sandoz-Rollin freimütig eingestand. Vgl. Bailleu, *Preußen und Frankreich*, I, 117
37 *Corr.*, II, No. 1121
38 So Carnot in einem Schreiben an Bonaparte vom 30. November 1796; zit. Guyot, *Le Directoire*, 344
39 Dies zeigen die Instruktionen, die er am 17. Februar an General Joubert sandte, der die französischen Truppen an der Etsch befehligte: «Je suis à traiter avec cette prêtraille; et, pour cette fois-ci, saint Pierre sauvera encore le Capitole, en nous cédant ses plus beaux États et de l'argent, et, par ce moyen, nous sommes en mesure pour exécuter la grande tâche de la campagne prochaine». *Corr.*, II, No. 1501
40 *Corr.*, II, No. 1703
41 Für eine detaillierte Darstellung der Verhandlungen von Leoben vgl. Hüffer, *Diplomatische Verhandlungen*, I, 240-252; Guyot, *Le Directoire*, 356-359
42 *Corr.*, II, No. 1735
43 Das jedenfalls war die Vermutung, die damals in den Kreisen des Direktoriums geäußert wurde, wie Sandoz-Rollin am 7. Mai 1797 nach Berlin berichtete. Bailleu, *Preußen und Frankreich*, I, 126
44 Text dieses Vertrags in: *Corr.*, II, Nos. 1743 u. 1744; vgl. dazu auch: Guyot, *Le Directoire*, 362-363
45 Zit. Guyot, *Le Directoire*, 365
46 In der veröffentlichten Korrespondenz Napoleons I. ist inkorrekt statt von «militärischen» von «diplomatischen» Operationen die Rede, was keinen Sinn ergibt. Vgl. dazu Guyot, *Le Directoire*, 356, Anm. 1
47 *Corr.*, II, No. 1745
48 Barras, *Mémoires*, II, 388 und Larévellière-Lépeaux, *Mémoires*, II, 271-272; cf. auch Guyot, *Le Directoire*, 366-368
49 *Corr.*, I, No. 514
50 Unmittelbar nach Eintreffen von Bonapartes Aufforderung, bei ihm zu erscheinen, verrät Foscari mit einem Seufzer seiner Regierung die ganze ahnungsvolle Verzweiflung: «Je pars; que Dieu veuille bénir mes efforts, et me recevoir en holocauste!» Zit. Pierre Daru, *Histoire de la République de Venise*, Paris 1821, V, 454
51 Zit. Daru, *Histoire*, V, 460-461
52 *Corr.*, I, No. 582
53 Bonaparte wusste, woran er war, hatte ihm doch Carnot seitens des Direktoriums bereits in der berühmten Depesche vom 18. Mai 1796, mit der er einerseits für seinen Sieg bei Lodi überschwänglich belobigt, andererseits

ihm mitgeteilt wurde, dass man das Kommando der Italienarmee zwischen ihm und Kellermann aufteilen wolle, die Anregung zukommen lassen: «La République de Venise pourra peut-être nous fournir de l'argent; vous pourrez même lever un *emprunt* à Verone, où a résidé le prétendu Louis XVIII. Le Directoire livre cet objet à vos méditations et en confie l'exécution au commissaire du gouvernement Salicetti et à vous.» *Correspondance inédite officielle et confidentielle (Italie)*, I, 200; dass man in Paris zunächst nur an eine «Anleihe» und nicht an eine Kontribution dachte, wird in einem weiteren Schreiben des Direktoriums vom 11. Juni 1796 an Bonaparte verdeutlicht, in dem die «kredittechnischen» Einzelheiten für deren Abwicklung erörtert werden. *Correspondance inédite officielle et confidentielle (Italie)*, I, 267–268

54 Daru, *Histoire*, V, 461 – 464
55 Daru, *Histoire*, V, 505–507
56 *Corr.*, II, No. 1629
57 *Corr.*, II, No. 1735
58 *Corr.*, II, No. 1712; vgl. ebda. Nos. 1713, 1714 u. 1715
59 *Corr.*, II, No. 1716; diese Proklamation schließt konsequenterweise mit der Drohung: «Quant aux insensés qui, conseillés par des hommes perfides, voudraient prendre part et attirer sur leurs villes les maux de la guerre, je les plaindrai et les punirai de manière à servir d'exemple aux autres et à les faire repentir de leur folie.»
60 *Corr.*, II, No. 1717
61 Vgl. *Corr.*, II, No. 1744; die zeitliche Abfolge beweist, dass Bonaparte zum Zeitpunkt der Unterzeichnung des Vorfriedens von Leoben noch gar nicht vom Aufstand unterrichtet sein konnte, der am Nachmittag zuvor in dem rund 150 Meilen entfernten Verona ausgebrochen war.
62 *Corr.*, III, No. 1748
63 Zit. Daru, *Histoire*, V, 609
64 Eine ausführliche Schilderung dieses Schiffszwischenfalls, der Bonaparte den letzten Vorwand lieferte, gegen Venedig vorzugehen, in: George B. McClellan, *Venice and Bonaparte*, Princeton N.J. 1931, 209–214
65 Sorel, *L'Europe*, V, 164; dem preußischen Gesandten Sandoz Rollin vertraute Carnot sogar an, wie dieser am 17. Mai 1797 nach Berlin berichtete: «Nous aurions voulu éloigner ce malheureux événement (die Vernichtung der Republik Venedig, J.W.), mais les services signalés et éminents de Bonaparte nous ont subjugués.» Bailleu, *Preußen und Frankreich*, I, 127–128, Anm. 2
66 *Correspondance inédite officielle et confidentielle (Venise)*, I, 91; der Hintergrund dieser Aufforderung war, dass das Direktorium von der Furcht geplagt wurde, der plötzliche Ausbruch des europäischen Friedens würde zu viele beschäftigungslose Soldaten nach Frankreich schwemmen.
67 *Corr.*, XXIX, 271–272
68 Vgl. die Schilderungen bei Sorel, *L'Europe*, V, 175–178 und Masson, *Napoléon er sa famille*, I, 185–189; die beste Schilderung gibt Miot de Melito, *Mémoires*, I, 159
69 Masson, *Napoléon et sa famille*, I, 211
70 *Mémorial*, I, 128; wie es tatsächlich zugegangen sein dürfte, das zeigt sehr schön ein Schreiben des Kavalleriegenerals Alexandre Dumas, des Vaters des bekannten Romanciers, der an der Expedition nach Ägypten teilnahm und der Bonaparte am 21. August 1798 in Kairo schrieb: «Le léopard ne

change jamais de taches, ni moi de caractère et de principes. Comme un honnête homme, je ne dois qu'à vous la confidence que je vais vous faire. – Je suis instruit qu'il existe en terre, dans la maison du Bey, un trésor et plusieurs effets très-précieux. Ne devant point en profiter sans votre participation, j'abandonne le tout à votre disposition, vous représentant seulement que je suis père et sans fortune; je réclamerai de vous, mon général, d'être présent au dépouillement, afin que rien ne soit dilapidé.» *Correspondance inédite officielle et confidentielle (Égypte)*, I, 511

71 *Mémorial*, I, 128-129

72 Vivant Denon, Napoleons Berater in allen Fragen der Kunst, wies den Maler Gérard ausdrücklich an: «En tout mettez beaucoup de magnificence dans le costume des officiers qui entourent l'Empereur, attendu que cela fait contraste avec la simplicité qu'il affecte, ce qui le fait tout à coup distinguer parmi eux.» Zit. Stuart Woolf, *Napoléon et la conquête de l'Europe*, Paris 1990, 7

73 Die Kunde vom «höfischen» Lebensstil Bonapartes in Mombello war längst bis nach Frankreich gedrungen. In ihren *Considérations sur la Révolution françoise* (sic) schreibt Madame de Staël: «Le bruit se répandait qu'il (Bonaparte, J.W.) voiloit se faire roi de Lombardie. Un jour je recontrai le général Augereau qui venoit d'Italie, et qu'on citoit, je crois alors avec raison, comme un républicain zélé. Je lui demandai s'il étoit vrai que le général Bonaparte songeât à se faire roi. *Non, assurément*, répondit-il, *c'est un jeune homme trop bien élevé pour cela*.» Madame la baronne de Staël, *Considérations sur la Révolution françoise* (sic), Paris 1818, II, 175 – Das war, wie sich zeigen sollte, ein Irrtum. Bonaparte war Republikaner wie er Jakobiner gewesen war: aus Opportunismus.

74 *Corr.*, I, No. 491

75 *Corr.*, III, No. 2079; wie propagandistisch wirksam solche Aufmerksamkeiten waren, bezeugt beispielsweise Goethe: «Ein Brief des Bonaparte an den Astronomen Cagnoli in Verona, der bei den Unruhen viel gelitten und verloren hatte, soll den Gemütern Beruhigung einflössen, da dem Manne Ersatz und Sicherheit versprochen wird». Goethe las diesen Brief, der in der mit französischem Geld finanzierten Zeitung *Il Patriota Bergamasco* erschienen war, auf seiner Schweizer Reise von 1797. Johann Wolfgang Goethe, *Gedenkausgabe der Werke, Briefe und Gespräche*, (Hrsg.) Ernst Beutler, Zürich und Stuttgart 1949 (1962), XII, 84

76 Zit. Madelin, *L'Ascension*, 150

77 *Corr.*, III, No. 2292

78 Miot de Melito, *Mémoires*, I, 164

79 *Corr.*, III, No. 1811

80 Vgl. Guyot, *Le Directoire*, 492

81 Vgl. dazu *Corr.*, XXIX, *Campagnes d'Italie*, 282-283; Fugier, *Napoléon et l'Italie*, 76-77

82 In einem Brief an den Finanzminister vom 3. September 1797 schätzte Bonaparte, dass die *Armée d'Italie* 40 bis 50 Millionen der Staatskasse verschafft habe. *Corr.*, III, No. 2145; tatsächlich lagen diese Summen noch wesentlich höher, sie müssen für den Zeitraum 1796-97 mit rund 120 Millionen veranschlagt werden. Davon floss, was Bonapartes Zahlen erklärt, allerhöchstens die Hälfte nach Paris, während die andere Hälfte für den Unterhalt der Ar-

mee verbraucht wurde. Das war zumindest die offizielle Erklärung. Tatsächlich aber dürfte davon, wie oben erläutert, ein nicht unerheblicher Teil in den Taschen Bonapartes und seiner Generäle verschwunden sein. Vgl. Bernard Simiot, *De quoi vivait Bonaparte?*, Paris 1992, 119
83 Vgl. Woronoff, *La République bourgeoise*, 69-73
84 *Corr.*, III, No. 1971; vgl. auch seine *Réponse à M. Dunan*, die vermutlich vom 1. Juli 1797 zu datieren ist, in: *Corr.*, III, No. 1975 und No. 1976
85 *Corr.*, III, No. 2010
86 *Corr.*, III, No. 2014
87 Vgl. seine Bemerkungen dazu in den *Campagnes d'Italie*, *Corr.*, XXIX, 299; tatsächlich war Bonaparte nichts weniger als der diskrete Regisseur des gesamten Staatsreichs vom 18 *Fructidor*, dessen Ausgang ihm endgültig die politische Handlungsfreiheit in Italien sicherte. Dass Bonaparte damals längst schon viel weiter dachte, der Macht in Frankreich sein geheimes Streben galt, das enthüllt sein erstes Schreiben, das er an den gerade zum Außenminister des Direktoriums ernannten Talleyrand am 5. August 1797 richtete und den er mit Komplimenten förmlich überschüttete: «Le choix que le gt. (gouvernement, J.W.) a fait de vous pour ministre des Relations Extérieures, fait honneur à son discernement. – Il trouve en vous de grands talents, un civisme épuré, et un homme étranger aux égarements qui ont déshonoré la Révolution. – Je suis flatté de devoir correspondre souvent avec vous, et vous mettre par là à même de vous convaincre de l'estime et de la haute considération que j'ai pour vous.» *The First Napoleon. Some unpublished Documents from the Bowood Papers*, (ed. The Earl of Kerry), Boston u. New York 1925, 341-342 – Dieser allererste Brief Bonapartes an Talleyrand ist nicht in der *Correspondance de Napoléon Ier* enthalten.
88 Woronoff, *La République bourgeoise*, 74-75
89 *Corr.*, III, No. 2223
90 Zu den Hintergründen vgl. Guyot, *Le Directoire*, 521-534
91 26. September 1797, *Corr.*, III, No. 2259; noch deutlicher ist sein Schreiben an Talleyrand vom 7. Oktober 1797 *Corr.*, III, No. 2292
92 Gourgaud, *Journal*, II, 94
93 Zit. Madelin, *L'Ascension*, 187
94 Zit. Guyot, *Le Directoire*, 532
95 *Correspondance inédite officielle et confidentielle (Venise)*, II, 238
96 Zu den Einzelheiten und dem wechselvollen Verlauf dieser Verhandlungen vgl. Sorel, *L'Europe*, V, 233-248; Guyot, *Le Directoire*, 532-540; Madelin, *L'Ascension*, 190-194; aus der Sicht Österreichs vgl. die ausführliche Schilderung von Hüffer, *Oestreich und Preußen*, I, 381-443
97 Für den Text dieses Vertrags vgl. *Corr.*, III, Nos. 2303, 2304 u. 2305; für eine kritische Würdigung des Vertrags vgl. R.B. Mowat, *The Diplomacy of Napoleon*, London 1924, 43-47
98 *Corr.*, III, No. 230

6. Kapitel · Sandkastenspiele

1 Vgl. Guyot, *Le Directoire*, 543-545
2 «Il n'est pas un seul des membres des deux Conseils qui n'ait trouvé qu'on accordait trop d'indemnisations à l'Autriche; je le sais positivement. Mais la grande renommée de Bonaparte a imposé silence.» Bericht von Sandoz-Rollin vom 31. Oktober 1797 Bailleu, *Preußen und Frankreich*, I, 156
3 Madelin, *L'Ascension*, 196
4 Sorel, *L'Europe*, V, 254; Sandoz-Rollin, Bericht vom 2. November 1797, Bailleu, *Preußen und Frankreich*, I, 156
5 Seinen Bevollmächtigten in Venedig, Villetard, wies er am 20. Oktober 1797 an: «Ne rien laisser qui puisse être utile à l'Empereur et favoriser l'établissement d'une marine militaire; faire aller en France tout ce qui peut être utile à la marine.» *Corr.*, III, 2312
6 Bezeichnend dafür sind seine Zeilen vom 26. Oktober 1797 an Villetard, der es gewagt hatte, Art und Umfang dieser Ausplünderung zu widersprechen. *Corr.*, III, No. 2318
7 Miot de Melito, *Mémoires*, I, 195-196
8 Allerdings scheiterte Bonaparte mit dem Versuch, den italienischen Republiken eine Verfassung nach seinen Vorstellungen zu geben. In dieser Frage erwies sich das Direktorium als unnachgiebig. Es beharrte darauf, dass die Verfassungen der italienischen «Schwesterrepubliken» dem Modell der Direktorialverfassung nachgeschneidert werden mussten. Vgl. dazu Iung, *Lucien Bonaparte*, I, 152-153; Bernard Nabonne, *La Diplomatie du Directoire et Bonaparte. D'après les papiers inédits de Reubell*, Paris 1951, 116-128
9 *Corr.*, III, No. 2351; in dieser Proklamation gebrauchte Bonaparte zum ersten Mal den Begriff der *Grande Nation*. Vgl. dazu insgesamt das grundlegende Werk von Jacques Godechot, *La Grande Nation. L'expansion révolutionnaire de la France dans le monde 1789-1799*, Paris 1956, 2 Bde
10 Zit. Guyot, *Le Directoire*, 569
11 Rastatt, 30. November 1797; *Corr.*, III, No. 2382 - Von seinem Auftreten scheint Fersen allerdings weit weniger beeindruckt gewesen zu sein, als Bonaparte in diesem Brief behauptet. Vgl. Guyot, *Le Directoire*, 569
12 Für den Pomp, mit dem Bonaparte gefeiert wurde, vgl. Madelin, *L'Ascension*, 211-216; wer sich von seinem Auftreten nicht täuschen ließ, war Madame de Staël, die Bonaparte damals in Paris erstmals begegnete und die eine eindrückliche Schilderung von ihm gegeben hat: Madame de Staël, *Considérations*, II, 197-198
13 Für eine Weile unterschrieb er jetzt seine Briefe mit «Bonaparte, membre de l'Institut national, général en chef de l'armée d'Angleterre» und später «d'Orient»; vgl. auch Bonapartes Dankschreiben vom 26. Dezember 1797, *Corr.*, III, No. 2392; gegenüber dem Staatsrat Roederer bemerkte Bonaparte später: «Quand j'ai pris à l'armée d'Égypte le titre de membre de l'Institut, je savais bien ce que je faisais. Chaque soldat pouvait se croire aussi brave que moi; je n'aurais pas reculé entre des braves, mais ils n'auraient pas reculé non plus. Tout était perdu, s'ils ne m'avaient cru le plus savant.» *Journal du Comte P. - L. Roederer*, (Hrsg.) Maurice Vitrac, Paris 1909, 133

14 Barras, *Mémoires*, III, 141; eine ganz ähnliche Begebenheit schildert auch Larévellière-Lépeaux, *Mémoires*, II, 345-346
15 Guyot, *Le Directoire*, 572-573; beunruhigend auch, was General Kilmaine, der ihn als Oberkommandierenden der Italienarmee vertrat, Bonaparte am 19. Dezember 1797 aus Mailand berichtete: «Leclerc m'avait dit qu'il m'enverrait une note sur des personnes qui cherchent des dénonciations contre vous, pour les envoyer à Paris, entre autres deux Génois (...) et des Français venus exprès pour cela de Paris. Masséna doit avoir eu des conférences avec eux à ce sujet». Zit. Jonquière, *L'Expédition d'Égypte*, I, 75; damit wurde auf vermutlich nur zu gut fundierte Verdächtigungen angespielt, Bonaparte habe sich in Italien, sei es durch Raub, sei es durch Bestechungszahlungen seitens des Papstes und Österreichs, über alle Maßen bereichert.
16 Zit. Sorel, *L'Europe*, V, 287
17 Vgl. dazu mit sehr klarem Blick Mme. de Staël, *Considérations*, II, 206-207
18 *Corr.*, III, No. 2103
19 *Corr.*, III, No. 2419
20 *Corr.*, IV, No. 2426
21 Von Bonaparte, der sich in Italien bisweilen in orientalischen Träumereien verlor, wurde diese Option verschiedentlich ins Spiel gebracht. Vgl. *Corr.*, III, Nos. 2103, 2105, 2195 und 2247 (Malta); Marmont, *Mémoires*, I, 295
22 Die Ungeduld, mit der Bonaparte dieses Vorhaben dann betrieb, dokumentiert Barras: «Il me répète sans cesse qu'il ira voyager *chez l'étranger si l'expédition d'Égypte n'a pas lieu.* Il se plaint de sa femme, et sa femme se plaint de lui ...». Barras, *Mémoires*, III, 202; diese Ungeduld bestätigt auch Larevéllière-Lépeaux: *Mémoires*, II, 342
23 Jonquière, *L'Expédition*, I, 166-168
24 Bezeichnenderweise behaupteten nach dem ägyptischen Desaster alle der fünf damals amtierenden Direktoren, sich bis zuletzt diesem Vorhaben widersetzt zu haben. Barras, *Mémoires*, III, passim; Larevéllière-Lépeaux, *Mémoires*, II, 340-343; cf. auch Jonquière, *L'Expédition*, I, 186-192; der einzige, der tatsächlich bis zuletzt dagegen opponierte und, wie der Ausgang des Abenteuers zeigen sollte, mit guten Gründen, war Reubell. Vgl. sein *Mémoire justificatif* vom 8. September 1799, Nabonne, *La Diplomatie*, 165-173
25 Das Gerücht, dass das Direktorium eine Expedition in den Orient plante, machte in Paris aber dennoch bald die Runde. Vgl. Arnault, *Souvenirs*, IV, 32-33
26 Vgl. die anschauliche Schilderung dieses Treibens in: Heinrich Ritter von Lang, *Memoiren. Skizzen aus meinem Leben und Wirken, meinen Reisen und meiner Zeit*, Braunschweig 1842, I, 342
27 Sorel, *L'Europe*, V, 302-309; Barras gibt, wie üblich, eine völlig verzerrte Darstellung: Barras, *Mémoires*, III, 207-217
28 Zu dieser Flotte stießen nach und nach noch kleinere Einheiten aus italienischen Häfen hinzu, so dass der gesamte Flottenverband, der vor Malta seine Stärke erreichte, 365 Schiffe umfasste. An Bord dieser Schiffe waren 54000 Menschen, von denen rund 38000 auf das eigentliche Expeditionscorps entfielen. Alle Zahlen nach: Jonquière, *L'Expédition*, I, 524
29 Eine detaillierte Auflistung dieser Begleiter in: Philippe de Meulenaere, *Bibliographie raisonée des témoignages de l'expédition d'Égypte (1798-1801)*, Pa-

ris 1993, Annexe 2, 241-244. Vgl. auch Robert Solé, *Les Savants de Bonaparte*, Paris 1998
30 *Corr.*, IV, Nos. 2834 u. 3045; aber auch das Direktorium musste über diese überraschende Entwicklung sehr erbost sein, hatten ihm doch Talleyrand und Bonaparte unisono stets versichert, dass die ägyptische Expedition keine kriegerische Verwicklung mit der Türkei zur Folge hätte. Vgl. Guyot, *Le Directoire*, 846-847
31 Vgl. die Erinnerungen des Chef-Chirurgen Larrey: Dominique-Jean Larrey, *Relation historique et chirurgicale de l'expédition de l'armée d'Orient, en Egypte et en Syrie*, Paris An XI (1803); vgl. auch die farbige Schilderung in: Jourquin, *Journal du capitaine François*, I, 194-196
32 *Corr.*, IV, No. 2834; unmittelbar vor Beginn der Schlacht will Bonaparte seine Soldaten mit dem berühmten Satz ermuntert haben: «Soldats, quarante siècles vous regardent.» Das behauptet er jedenfalls in seinen auf Sankt Helena diktierten *Campagnes d'Égypte et de Syrie*, in: *Corr.*, XIX, 450; den Herausgebern seiner Korrespondenz war dieser Satz so wichtig, dass sie ihn in diese aufnahmen: *Corr.*, IV, 2816
33 Eine erschöpfende Schilderung dieser Schlacht in: Jonquière, *L'Expédition*, II, 175-208
34 Vgl. Bonapartes Bericht an das Direktorium vom 24. Juli 1798, *Corr.*, IV, No. 2834
35 *Corr.*, IV, No. 2818; No. 2837
36 *Corr.*, IV, Nos. 2850, 2858; vgl. auch: Francois Charles-Roux, *Bonaparte Gouverneur d'Égypte*, Paris 1936, 44-53
37 Bernard Chevallier u. Christophe Pincemaille, *L'impératrice Joséphine*, Paris 1988, 166-167. Vgl. aber Joséphines Brief an Hippolyte Charles vom 17. März 1798, der ihre Mitwirkung beweist, Bernard Chevallier, Maurice Catinat u. Christophe Pincemaille (Hrsg.), *Impératrice Joséphine. Correspondance, 1782-1814*, Paris 1996, 60
38 Masson, *Napoléon et sa famille*, I, 237-238; für Bonapartes damalige Gemütsverfassung bezeichnend ist auch, dass er sich selbst gegenüber seinem noch nicht 17-jährigen Stiefsohn Eugène über seine Kümmernisse ausließ. *Mémoires et correspondance politique et militaire du prince Eugène*, (Hrsg.) A. du Casse, Paris 1858, I, 42
39 Vgl. zu dieser Affäre in extenso: Frédéric Masson, *Napoléon et les femmes*, Paris s.d., 58-71; Jonquière, *L'Expédition*, III, 385-386; *Mémoires du prince Eugène*, I, 45-46
40 Masson, *Napoléon et sa famille*, I, 238
41 Bereits am 27. Juli 1798 sandte der in Messina residierende französische Consul Ribaud Bonaparte die Nachricht, dass ein größerer englischer Flottenverband mit Kurs auf Ägypten unterwegs sei. *Correspondance inédite officielle et confidentielle (Égypte)*, I, 410; vgl. auch das detaillierte Schreiben, das Vaubois am 29. Juli 1798 von Malta sandte; ebda., 425-426; bereits am 2. August wurde die Flotte Nelsons vor Alexandria gesichtet, wie Kléber Bonaparte mitteilte; ebda., 433-434; eine ausführliche Schilderung der Seeschlacht von Abukir bei: Jonquière, *L'Expédition*, II, 389-432
42 *Corr.*, IV, No. 2728
43 *Corr.*, IV, No. 2878

44 *Corr.*, IV, No. 3045
45 «Si, dans ce funeste événement, il (Brueys, J.W.) a fait des fautes, il les a expiées par une mort glorieuse.» Ebda.; vgl. auch seinen verlogenen Kondolenzbrief an die Witwe von Brueys vom 19. August 1798, *Corr.*, IV, No. 3046
46 *Corr.*, IV, No. 2962
47 Dem Direktorium hatte er am 6. Juli 1798 aus Alexandria noch stolz gemeldet, nachdem er mit einigen Beduinenchefs eine Art von Waffenstillstand ausgehandelt hatte: «Cette nation-ci n'est rien moins que ce que l'ont peinte les voyageurs et les faiseurs de relations: elle est calme, fière et brave.» *Corr.*, IV, No. 2765
48 *Corr.*, IV, No. 2834
49 *Corr.*, IV, No. 2853; außerdem stellte Bonaparte Überlegungen an, durch Münzverschlechterungen einen Schnitt zu machen. Vgl. sein Schreiben an Berthollet vom 28. Juli 1798, *Corr.*, IV, No. 2871
50 Vgl. dazu *Corr.* No. 2883, 2885, 2886, 2887, 2890, 2897, 2898, 2899
51 Constantin François Chasseboeuf comte de Volny, *Voyage en Syrie et en Égypte*, Paris 1787, 2 Bde
52 Ein Beispiel dafür sind die vier Bände der *Mémoires sur l'Égypte publiés pendant les campagnes du général Bonaparte dans les années VI et VII*, Paris 1800–1803. Diese Bände enthalten gleichsam den wissenschaftlichen Ertrag der Ägyptenexpedition. Aufschlussreich ist auch, dass das mit insgesamt 142 zumeist doppelseitigen Kupfertafeln in Folio-Format geschmückte zweibändige Prachtwerk von Vivant Denon über die antiken Sehenswürdigkeiten Ägyptens, 1802 erstmals erschienen, schon ein Jahr später in 4. Auflage publiziert wurde. Vivant Denon, *Voyage dans la Basse et la Haute Égypte pendant les campagnes du général Bonaparte*, Paris 1802, 2 Bde. u. Atlasbd.; zur zeitgenössischen Ägypten-Publizistik vgl. insgesamt: de Meulenaere, *Bibliographie raisonnée*, 13–223
53 Für Bonapartes ziviles Wirken in Ägypten und die Arbeit der Wissenschaftler und Künstler vgl. Charles-Roux, *Bonaparte. Gouverneur d'Égypte*, passim; Madelin, *L'ascension*, 243–253
54 Guyot, *Le Directoire*, 844
55 *Corr.*, IV, No. 2662
56 *Corr.*, IV, No. 2663
57 Zit. Jonquière, *L'Expédition*, II, 600
58 Nach der Schilderung im *Journal de Detroye*, zit. in: Jonquière, *L'Expédition*, III, 279–280
59 *Corr.*, V, No. 3538; Jonquière schätzt, den Angaben von Major Detroye folgend, dass die Franzosen rund 250 Mann verloren, während von den Einheimischen lediglich 7 bis 800 bei den Kämpfen selbst ihr Leben ließen.
60 Bourrienne, *Mémoires*, II, 185 – Für ein weiteres Beispiel der Terrorjustiz vgl. den Bericht, den General Lanusse am 19. Oktober über den Ausgang einer Strafexpedition an Bonaparte sandte: Jonquière, *L'Expédition*, III, 295
61 *Corr.*, V, No. 3519
62 Vgl. den Bericht Marmonts an Bonaparte vom 7. November 1798 in *Correspondance inédite officielle et confidentielle (Égypte)*, II, 131–134; Jonquière, *L'Expédition*, III, 393–400

ANMERKUNGEN 747

63 Bonapartes wirklichkeitsferne Instruktionen waren bereits überholt, als er sie diktierte; umso mehr, als sie der Hohen Pforte bekannt wurden. Für deren Wortlaut: *Corr.*, V, No. 3746; vgl. auch Jonquière, *L'Expédition*, III, 405-409
64 Für diese Vorbereitungen vgl. *Corr.*, V, Nos. 3374, 3387
65 *Corr.*, V, No. 3785
66 Jonquière, *L'Expédition*, IV, 241-272
67 Bourrienne setzte in seinen Memoiren die Fabel in die Welt, Bonaparte habe einen Kriegsrat seiner Generäle einberufen und dieser habe den Beschluss gefasst, die Gefangenen, die sich auf das Versprechen hin ergeben hatten, ihnen das Leben zu lassen, einfach umzubringen. Bourrienne, *Mémoires*, II, 223-226 – Tatsächlich hat es diesen Kriegsrat nie gegeben. Die Entscheidung zur Liquidation der gefangenen Türken wurde allein von Bonaparte gefällt. Vgl. Jonquière, *L'Expédition*, IV, 266-272; zu diesem Geschehen vgl. auch die Schilderung von Eugène de Beauharnais: *Mémoires du prince Eugène*, I, 54-55
68 Vgl. Kap. 3
69 Zur Schlacht am Berg Tabor in extenso: Jonquière, *L'Expedition*, IV, 393-437; vgl. auch Bonapartes Bericht an das Direktorium vom 10. Mai 1799, *Corr.*, V, No. 4124
70 Bourrienne, *Mémoires*, II, 250-251; vgl. auch die mit grausigen Einzelheiten garnierte Schilderung Eugènes. *Mémoires du prince Eugène*, I, 64-65
71 Der Marschall Lannes, einer der Halbgötter der napoleonischen Epopöe, der am 31. Mai 1809 an den Folgen seiner in der Schlacht von Essling am 22. Mai erlittenen Verwundungen starb, sagte Napoleon dies auf seinem Sterbebett voraus. *Mémoires intimes de Napoléon Ier par Constant son valet de Chambre*, (Hrsg.) Maurice Dernelle, Paris 1967, II, 54-55
72 *Corr.*, V, No. 4197; dass er nicht säumen würde nach Frankreich zurückzukehren, sollte sich eine neue Koalition gegen Frankreich formieren, hatte Bonaparte dem Direktorium bereits am 11. März 1799 durch seinen Bruder Joseph ankündigen lassen. Er bestätigte dies durch sein Schreiben an Barras, das am 11. April 1799 eintraf. Vgl. dazu Th. Iung, *Lucien Bonaparte et ses Mémoires 1775-1840*, Paris 1882, I, 270
73 *Corr.*, V, No. 4225
74 Einzelheiten über seine Vorbereitungen sowie den Verlauf der Schlacht bei: Jonquière, *L'Expédition*, V, 327-432
75 In den *Campagnes d'Égypte et de Syrie* heißt es geradezu: «Sa personne (Bonaparte, J.W.) était désormais aussi inutile en Orient qu'elle était nécessaire en Occident; tout lui annonçait que le moment désigné par le destin était enfin arrivé.» *Corr.*, XXX, 81
76 *Corr.*, V, No. 4369
77 *Corr.*, V, No. 4374
78 In einem Schreiben an das Direktorium vom 26. September 1799, das allerdings den Engländern in die Hände fiel und deshalb seinen Adressaten nie erreichte, schilderte Kléber ausführlich die hoffnungslose Situation, in der sich das ägyptische Expeditionscorps befand. Henry Laurens, *Kléber en Egypte 1798-1800*, Cairo 1988, II, 515-532
79 *Corr.*, V, No. 4382

7. Kapitel · Der 18. Brumaire

1 Dazu gehört bereits, dass seine «Abreise» aus Ägypten bis heute in der französischen Napoleon-Literatur zumeist nicht als Flucht oder Desertion bezeichnet, sondern mit den absonderlichsten Windungen und Wendungen gerechtfertigt wird. Napoleon selbst begründete auf Sankt Helena sein damaliges Handeln in der mit Abstand längsten Anmerkung, die er zu der 1817 in London anonym erschienenen Schrift *Manuscrit venu de St. Hélène d'une manière inconnue* diktierte und die mit den apodiktischen Sätzen beginnt: «Napoléon retourna en France, 1. parce qu'il y était autorisé par ses instructions; 2. parce que sa présence était nécessaire à la République; 3. parce que l'armée d'Orient, nombreuse et victorieuse, n'avait plus d'ennemis devant elle, et que le premier objet de l'expédition avait été rempli; le second ne pouvait l'être, tant que la République serait battue sur les frontières et déchirée par l'anarchie dans l'intérieur.» *Corr.*, XXXI, 229; was er für sich in Anspruch nahm, ließ er für andere nicht gelten, wie seine Anweisung an Polizeiminister Fouché vom 4. Januar 1801 zeigt: «Le citoyen Gilot, pharmacien, sera embarqué sur le premier aviso et renvoyé en Égypte pour y être transferé au conseil de guerre de l'armée d'Orient, comme ayant quitté l'armée sans permission.» *Corr.*, VI, No. 5253
2 Wortlaut dieses Schreibens bei Iung, *Lucien Bonaparte*, I, 270
3 *Mémoires du prince Eugène*, I, 70–71; vgl. auch Eugène Merlins *Note sur le départ du général Bonaparte de l'Égypte, et sur sa traversée jusqu'à Fréjus* in: Arnault, *Souvenirs*, IV, 420–436
4 G. Douin, *La Campagne de Bruix en Méditerranée*, Paris 1923
5 *Mémoires du prince Eugène*, I, 74–75; *Mémoires militaires du général Baron Boulart sur les guerres de la Révolution et de l'Empire*, Paris 1892, 67; *Mémoires du général Baron de Marbot*, Paris 1891, I, 45–46; Arnault, *Souvenirs*, IV, 339–340
6 Was Lucien anbelangt, wird dies von seinem Biographen François Piétri nachdrücklich bestätigt: François Piétri, *Lucien Bonaparte*, Paris 1939, 85; vgl. auch den Bericht von Sandoz-Rollin vom 24. August 1798, Bailleu, *Preußen und Frankreich*, I, 236
7 Iung, *Lucien Bonaparte*, I, 271–272
8 Vgl. Miot de Melito, *Mémoires*, I, 240; Arnault, *Souvenirs*, IV, 420 u. Joseph Fouché, *Mémoires complets et authentiques de Joseph Fouché, duc d'Otrante, Ministre de la Police générale*, Paris 1967, 56; *Mémoires du Roi Joseph*, I, 75; *Mémoires de Madame de Rémusat*, I, 133; ganz besonders vertrauenswürdig ist aber das einschlägige Zeugnis, das Cambacérès, einer der engsten Vertrauten Napoleons, gibt: Cambacérès, *Mémoires inédits. Eclaircissements publiés par Cambacérès sur les principaux événements de sa vie politique*, (Hrsg.) Laurence Chatel de Brancion, Paris 1999, I, 430
9 Bourrienne, *Mémoires*, II, 308ff. Vgl. auch sehr treffend Etienne-Denis Chancelier Pasquier, *Histoire de mon temps. Mémoires*, Paris 1894, I, 141
10 Iung, *Lucien Bonaparte*, I, 266–267; ein weiterer Beweis ist, dass diese Passagen seine Memoiren sich in Ton und Inhalt deutlich von seiner übrigen Lebensschilderung unterscheiden.
11 Piétri, *Lucien Bonaparte*, 76–77; Talleyrand war allerdings im August 1799 in

ANMERKUNGEN 749

der Absicht, nicht vom absehbaren Zusammenbruch des Direktorialregimes beschädigt zu werden, aus dem Amt des Außenministers geschieden, das er seit 1797 bekleidete.
12 Iung, *Lucien Bonaparte*, I, 263
13 Iung, *Lucien Bonaparte*, I, 264; diese Bemerkungen reflektieren das gespannte Verhältnis, das die beiden Brüder von früh an miteinander verband. Lucien hatte mehr als einmal den Zorn des Älteren zu spüren bekommen, während dieser in Lucien vermutlich immer noch den jakobinischen Wirrkopf sah, von dessen eminenter parlamentarischer Rolle, die der unterdessen einnahm, er vermutlich nichts oder nur wenig wusste.
14 Zur sehr heterogenen Zusammensetzung dieser Mehrheit vgl. Albert Vandal, *L'Avènement de Bonaparte*, Paris 1902, I, 81–84
15 G. Lacour-Gayet, *Talleyrand*, Paris 1928, I, 356
16 Isser Woloch, *Napoleon and His Collaborators. The Making of a Dictatorship*, New York 2001, 5–6
17 Zit. Jean Denis Bredin, *Sieyès. Le Clé de la Révolution*, Paris 1988, 446
18 Arnault, *Souvenirs*, IV, 338
19 *Souvenirs du maréchal Macdonald duc de Tarente*, Paris 1892, 114
20 Zit. Vandal, *L'Avènement*, I, 233
21 Auch Fouché behauptet, davon gewusst zu haben. Fouché, *Mémoires*, 59
22 Iung, *Lucien Bonaparte*, I, 273; Sandoz-Rollin wusste davon bereits am 16. September 1799 nach Berlin zu berichten. Bailleu, *Preußen und Frankreich*, I, 338
23 Dieser Verdacht wird nicht zuletzt durch den sehr ambivalent formulierten Wortlaut der Depesche erhärtet, dass die Regierung den Befehlshaber der Ägyptenarmee informiert habe, dass sie ihn ebenso wie die tapferen Soldaten «qui étaient avec lui» erwarte. Zit. Thierry Lentz, *Le 18 – Brumaire. Les coups d'État de Napoléon Bonaparte*, Paris 1997, 206
24 Masson, *Napoléon et sa famille*, I, 253
25 Fünf Jahre später, am 4. November 1804, bemerkte Napoleon zu seinem Vertrauten Roederer: «A mon départ pour l'Egypte, je lui (Joseph, J.W.) ai confié tout mon bien. Il ne m'en a pas encore rendu compte. Mais je suis devenu trop grand pour penser à cela». Roederer, *Journal*, 209 – Dieses Vermögen hatte dank der im Laufe des Italienfeldzugs angehäuften Reichtümer eine ziemliche Größe erreicht, wovon der Bonaparte-Clan erheblich profitierte, Masson, *Napoléon et sa famille*, I, 235; Bernard Simiot, *De quoi vivait Bonaparte*, Paris 1992, 137–138
26 Vgl. Kapitel 6
27 In der von Napoleon auf Sankt Helena diktierten Darstellung des *18. Brumaire*, die erstmals 1830 in den *Mémoires pour servir à l'histoire de France sous la règne de Napoléon Ier* erschien, ein Text, der von den Herausgebern der *Correspondance de Napoléon Ier* übernommen wurde und der während des Zweiten Kaiserreichs als offizielle Version der Ereignisse galt, findet sich die Behauptung: «Par une précaution bien convenable à sa situation, il avait indiqué à ses courriers une route différente de celle qu'il prit, de sorte que sa femme, sa famille, ses amis se trompèrent en voulant aller à sa recontre; ce qui retarda de plusieurs jours le moment où il put les revoir». *Corr.*, XXX, 305; Masson, *Napoléon et sa famille*, I, 275

28 Vgl. F.-A. Aulard (Hrsg.), *L'État de la France en l'an VIII et en l'an IX*, Paris 1897; speziell für die Situation in Paris vgl. Léon de Lanzac de Laborie, *Paris sous Napoléon. Consulat provisoire et Consulat à temps*, Paris 1905, I, 1-12

29 Masson, *Napoléon et sa famille*, I, 244-246

30 Masson, *Napoléon et sa famille*, I, 248-251

31 Masson, ebda.; Ende November 1799 beauftragte Joséphine den Architekten Pierre François Léonard Fontaine und den Maler Louis David damit, Malmaison neu zu gestalten. Zu den enormen Kosten vgl. Fontaine, *Journal*, I, 26-27

32 *Mémoires de Madame de Chastenay*, I, 437-438

33 Iung, *Lucien Bonaparte*, I, 286

34 *Mémoires du Roi Joseph*, I, 78; die «Gefährlichkeit» Bernadottes für Bonapartes Pläne, sich die Macht in Frankreich zu verschaffen, zeigt nachdrücklich sein schwedischer Biograph T. T. Höjer auf. T.T. Höjer, *Bernadotte, Maréchal de France*, Paris 1943, 181-190

35 Girod de l'Ain, *Désirée Clary*, 135

36 In seinen Memoiren behauptet Barras, dass ihn Bonaparte wegen seiner ehelichen Kümmernisse ins Vertrauen gezogen habe und er diesem dringend von einer Scheidung abgeraten hätte, weil das einen Skandal nach sich zöge, der seiner weiteren Karriere nur nachteilig wäre. Barras, *Mémoires*, IV, 31-34 – Diese ganze Erzählung dürfte frei erfunden sein, auch wenn außer Frage steht, dass Barras, zumal dank der Klatschsucht Joséphines, sich sein Teil unschwer zusammen reimen konnte.

37 Ein gutes Portrait von Joséphine gibt Constant, der langjährige Kammerdiener Napoleons, der kurzzeitig in ihren Diensten stand. Constant, *Mémoires intimes*, I, 70-74; vgl. auch ihre Schilderung in: *Mémoires de Madame de Rémusat*, I, 139-146

38 Masson, *Napoléon et sa famille*, I, 278; für eine ausführliche Schilderung dieser familiären Kabale im Hause Bonaparte vgl. *Mémoires de Madame de Rémusat*, I, 147-149

39 Marmont, *Mémoires*, II, 88-89

40 Marmont, *Mémoires*, II, 51

41 Bourrienne, *Mémoires*, III, 19

42 Vandal, *L'Avènement*, I, 244; das war natürlich nur eine Verlegenheit, denn im Direktorium traute sich keiner, Anklage gegen Bonaparte wegen Fahnenflucht zu erheben. Barras schreibt in seinen Memoiren, dass Sieyès, unmittelbar nachdem die Nachricht von der Landung Bonapartes in Frankreich bekannt geworden sei, bemerkt habe: «Eh bien, c'est un général de plus; mais, avant tout, ce général a-t-il de son gouvernement la permission de revenir?» Diese Bemerkung wurde von Boulay de la Meurthe sofort zum Anlass genommen, sich erbötig zu machen: «Eh bien, je me charge de le dénoncer demain à la tribune et de le faire mettre hors la loi. – Mais,» versetzte darauf Sieyès, «ce n'est pas moins que le fusiller, ce qui est grave, quoiqu'il le mérite!» Barras, *Mémoires*, IV, 29 – Letzten Endes war es die Unentschlossenheit der Direktoren oder, wie Napoleon Jahre später zu Caulaincourt bemerkte, ihre Feigheit, sich gegenseitig zu eröffnen, die ihn vor einem solchen Schicksal bewahrte. *Mémoires du Général de Caulaincourt, Duc de*

ANMERKUNGEN 751

Vicence, grand Écuyer de l'Empereur, (Hrsg.) Jean Hanoteau, Paris 1933, II, 297
43 Roederer, *Journal*, 3
44 *Corr.*, VI, No. 4384
45 Jean Thiry, *Le Coup d'État du 18 Brumaire*, Paris 1947, 69-70
46 Arnault, *Souvenirs*, IV, 339-361
47 Thiébault, *Mémoires*, III, 61
48 Zit. Tulard, *Le 18 Brumaire*, 82
49 Insgeheim scheint Bonaparte von Moreau jedoch nicht allzu viel gehalten zu haben. Vgl. Bourrienne, *Mémoires*, III, 43-44
50 Gabriel Girod de l'Ain, *Bernadotte chef de guerre et chef d'État*, Paris 1968
51 Bourrienne, *Mémoires*, III, 49
52 *Mémoires du Roi Joseph*, I, 76
53 Das Bild von Barras ist bis heute stark durch die napoleonische Propaganda geprägt, die ihn als die wichtigste Ursache für alle Fehler und Verkommenheiten des Direktoriums schildert. Selbst in der Verbannung auf Sankt Helena besaß Napoleon nicht die Größe, ein gerechteres Bild seines einstigen Förderers zu zeichnen. Vgl. *Mémorial*, I, 692-693; Barras, der 1829 starb, den *Mémorial* folglich kannte, der 1823 erstmals in acht Bänden erschien, vergalt ihm dies mit einer Fülle bissiger oder ehrabschneidender Bemerkungen in seinen eigenen Erinnerungen, die aber erst 1895 in vier Bänden publiziert wurden. Zu Barras vgl. E. Le Nabour, *Barras*, Paris 1982
54 Vgl. Kap. 5
55 Bourrienne, *Mémoires*, III, 39
56 Laut Joseph soll Sieyès damals bemerkt haben: «Je veux marcher avec le général Bonaparte, parce que, de tous les militaires, c'est encore le plus civil». *Mémoires du Roi Joseph*, I, 77; Lucien hingegen spottete in seinen Memoiren: «L'épée de Bonaparte était trop longue» (für die Zwecke von Sieyès, der sich ja ausdrücklich nach einem «kurzen Schwert» umgeschaut hatte, J.W.) Iung, *Lucien Bonaparte*, I, 260
57 Iung, *Lucien Bonaparte*, I, 263
58 Barras, *Mémoires*, IV, 30
59 Général Bertrand, *Cahiers de Sainte-Hélène 1818-1819*, (Hrsg.) Paul Fleuriot de Langle, Paris 1959, 278; vgl. auch die ihrem Sinn nach identische Wiedergabe dieser Äußerungen bei: Gourgaud, *Journal*, I, 320-321
60 Für Barras ist charakteristisch, wie er die Einsicht, dass er damit zu hoch gepokert hatte, in seinen Erinnerungen wiedergibt: «Par qui aurais-je été suivi, quand toute la population militaire, civile et même faubourienne, travaillée depuis longtemps, se précipitait vers Bonaparte, comme vers une existence nouvelle? Ceux qui depuis si longtemps m'avaient déconsidéré, dépopularisé, m'accuseront-ils de n'avoir pas employé les forces qu'ils m'avaient retirées?» Barras, *Mémoires*, IV, 105
61 Gourgaud nennt Fouché, *Journal*, I, 321
62 Bertrand, *Cahiers*, ebda.
63 Cambacérès, *Mémoires*, I, 432-433
64 Lentz, *Le 18 Brumaire*, 297-299
65 Bertrand, *Cahiers*, ebda. Vgl. die ausführliche Schilderung von Vandal, *L'Avènement*, I, 254-261; vgl. auch: Paul Bastid, *Sieyès et sa pensée*, Paris 1939, 235-237

66 Constant, *Mémoires*, I, 81
67 Iung, *Lucien Bonaparte*, I, 294; Bonaparte und Sieyès scheinen nach dem Zeugnis von Barras zunächst wie Hund und Katz miteinander umgegangen zu sein. Barras, *Mémoires*, IV, 39
68 Iung, *Lucien Bonaparte*, I, 295
69 Iung, *Lucien Bonaparte*, I, 283–285
70 Arnault, *Souvenirs*, IV, 356
71 Zit. Vandal, *L'Avènement*, I, 293–294
72 Bourrienne, *Mémoires*, III, 67
73 Zit. Tulard, *Le 18 Brumaire*, 115
74 *Corr.*, VI, No. 4385
75 Vandal, *L'Avènement*, I, 316–317
76 Zit. Lentz, *Le 18 Brumaire*, 292–293
77 Der Wortlaut dieses nobel abgefassten Schreibens bei Vandal, *L'Avènement*, I, 325
78 Die Soldaten unter dem Befehl von Moreau besetzten beispielsweise den Palais du Luxembourg und drangen bis zu den Gemächern der Direktoren vor, die sie einfach in ihren Dienstzimmern einschlossen. Vandal, *L'Avènement*, I, 332
79 Lentz, *Le 18-Brumaire*, 306
80 Bourrienne, *Mémoires*, III, 80–81 – Eine ausführliche, aber wenig schlüssige Darstellung des Verhaltens von Bernadotte am Vormittag jenes 18. Brumaire gibt Höjer, *Bernadotte*, 190–198
81 Lentz, *Le 18-Brumaire*, 305–306
82 Lentz, *Le 18-Brumaire*, 309–310
83 Zit. Lentz, *Le 18-Brumaire*, 313
84 Der Wortlaut dieser Ansprache in: *Corr.*, VI, No. 4388
85 Tulard, *Le 18 Brumaire*, 134; Cambacérès notierte von dieser Ansprache Bonapartes lediglich einen einzigen Satz in seinen Erinnerungen, der später zu dessen Dauerrechtfertigung seiner Herrschaftslegitimation avancieren sollte: «Je ne connais que la grande coterie du Peuple français». Cambacérès, *Mémoires inédits*, I, 439
86 Zit. Tulard, *Le 18 Brumaire*, 135
87 Vandal, *L'Avènement*, I, 378
88 Marmont, *Mémoires*, II, 98–99
89 Nach dem Zeugnis seines langjährigen Kammerdieners Constant war Bonaparte zeitlebens ein sehr schlechter Reiter. Constant, *Mémoires*, I., 272–273
90 Zit. Lentz, *Le 18 – Brumaire*, 330
91 Zit. Lentz, *Le 18 – Brumaire*, 331
92 Zit. Lentz, *Le 18 – Brumaire*, 332
93 Zit. Lentz, *Le 18 – Brumaire*, 333
94 Bourrienne, *Mémoires*, III, 95–96
95 Bourrienne, *Mémoires*, III, 96–97
96 Bourrienne, *Mémoires*, III, 97
97 Lentz, *Le 18 – Brumaire*, 337–338
98 Lacour-Gayet, *Talleyrand*, I, 358 – 359
99 Zit. Vandal, *L'Avènement*, I, 393
100 Iung, *Lucien Bonaparte*, I, 342

ANMERKUNGEN 753

101 Iung, *Lucien Bonaparte*, I, 344
102 Lentz, *Le 18 - Brumaire*, 342 - 343
103 Iung, *Lucien Bonaparte*, I, 346-349
104 Diese Schnelligkeit war alles andere als überraschend, denn wie Lucien in seinen Erinnerungen schreibt: «Cette résolution était la même qui eût été proposée sur le message des Anciens, si nous eussions reçu ce message à temps, et si nous eussions pu neutraliser l'opposition des Jacobins. L'article premier (i.e. derjenige, der den Ausschluss von 62 Abgeordneten aus dem *Corps législatif* verfügte) fut le seul article ajouté après les excès de la journée». Die Proskription der 62 Abgeordneten tadelte Lucien als «une mesure blâmable, et d'autant plus blâmable qu'elle était parfaitement inutile.» Iung, *Lucien Bonaparte*, I, 353; eine vollständige Liste der Namen der 62 Abgeordneten findet sich bei Bourrienne, *Mémoires*, III, 102-104
105 Wortlaut dieser Resolution bei Iung, *Lucien Bonaparte*, I, 351-353
106 Iung, *Lucien Bonaparte*, I, 359
107 Bourrienne, *Mémoires*, III, 106
108 *Corr.*, VI, No. 4389
109 Noch grotesker aber ist die Schilderung dieser Ereignisse in der Version, die Napoleon auf Sankt Helena diktierte. Die Anwesenheit von Sieyès wird zwar hier nicht verschwiegen, aber er wird nur im allerletzten Satz des Berichts erwähnt. *Corr.*, XXX, 323
110 Thierry Lentz liefert in seiner ausgezeichneten Darstellung des 18. *Brumaire* dafür ein aufschlussreiches Beispiel: «Brumaire et, plus tard, le' coup d'État consulaire' de frimaire an VIII ne furent pas un pronunciamiento. Bien sûr, la représentation nationale du Directoire fut malmenée par une section de grenadiers. Certes, Bonaparte portait des galons de général. Certes, encore, les troupes de la 17e division militaire assiégeaient le château de Saint-Cloud. Mais, à y bien regarder, les bases de l'affaire, ses principaux acteurs, les ambitions véhiculées par eux et, surtout, le résultat postérieur furent incontestablement ‹civils›. A cheval entre un coup d'État parlementaire et une journée révolutionnaire, Brumaire ne doit sa réputation de coup d'État militaire qu'à quelques coups de bottes ou de plat de sabre sur les toges défraîchies des jacobins des Cinq-Cents». Lentz, *Le 18 - Brumaire*, 445-446
111 *Corr.*, VI, No. 4388

ZWEITES BUCH · DER DIKTATOR

1. Kapitel · Bonaparte erfindet Napoleon

1 (Edmund Burke), *Betrachtungen über die französische Revolution. Nach dem Englischen des Herrn Burke neu bearbeitet mit einer Einleitung, Anmerkungen, politischen Abhandlungen und einem critischen Verzeichniß der in England über diese Revolution erschienen Schriften von Friedrich Gentz*, Berlin 1793, II, 65-66

2 Das jähe Ansteigen des Kurses der Staatsrenten machte beispielsweise Talleyrand zu einem reichen Mann. Vgl. *Mémoires de Mme. de Rémusat*, I, 249
3 Bertrand, *Cahiers 1818–1819*, 280; in Napoleons offizieller Schilderung des Verlaufs dieser ersten Sitzung wird behauptet, dass Roger Ducos beim Betreten des Sitzungsraums zu Bonaparte gesagt habe: «Il est bien inutile d'aller aux voix pour la présidence; elle vous appartient de droit.» *Corr.*, XXX, 326
4 Cambacérès, *Mémoires*, I, 442
5 Vgl. *Mémoires de Fouché*, 83; Fouché seinerseits hatte sich seit dem Sommer 1799 in richtiger Einschätzung der Situation dem Bonaparte-Clan angenähert, indem er sich in vielfältiger Weise Joséphine nützlich zu machen wusste. Louis Madelin, *Fouché 1759–1820*, Paris 1900, I, 260–267
6 Thierry Lentz, *Le Grand Consulat 1799–1804*, Paris 1999, 100–102
7 Vandal, *L'Avènement*, I, 420
8 Cambacérès, *Mémoires*, I, 449
9 Zit. Vandal, *L'Avènement*, I, 494
10 Der ganze Irrwitz des Verfassungsentwurfs, den Sieyès ausgebrütet hatte, kam jedoch, wie bereits Mme de Staël feststellte, vor allem Bonapartes Absichten zupass. Staël, *Considérations*, II, 251
11 Zit. Tulard, *Le 18 Brumaire*, 161
12 Las Cases, *Mémorial*, II, 12; diese Passage findet sich auch wortwörtlich in den Erinnerungen von Fouché, *Mémoires*, 90; in den *Œuvres de Napoléon Ier à Sainte-Hélène* sind die Einwände, die Bonaparte damals gegen den «Grand Electeur» geäußert haben will, wesentlich detaillierter ausgeführt. *Corr.*, XXX, 345
13 Dieser Prozess wird ausführlich von Vandal, *L'Avènement*, I, 509–518 geschildert; einen anschaulichen Eindruck vom hindernisreichen Verlauf dieses Prozesses geben die Protokolle und Entwürfe Daunous, eines Berichterstatters der Verfassungskommissionen. Bibliothèque Nationale, Département des Manuscrits, *Nouvelles acquisitions françaises* 21.880–21.933; 20.507 u. 21.565–6
14 «Dans les (...) actes du gouvernement, le deuxième et le troisième Consul ont voix *consultative*. Ils signent le registre de ces actes pour constater leur présence, et s'ils veulent, ils y consignent leurs opinions; *après quoi, la décision du premier Consul suffit.*» Zit. Vandal, *L'Avènement*, I, 513
15 Zit. Vandal, *L'Avènement*, I, 523
16 *Corr.*, VI, No. 4422
17 Lentz, *Le 18-Brumaire*, 408
18 Jacques Godechot, *Les Institutions de la France sous la Révolution et l'Empire*, Paris 1968, 559; aber selbst diese wenigen individuellen «Freiheitsrechte» wurden in der Verfassungswirklichkeit des Consular-Regimes ständig missachtet.
19 Vgl. dazu die Beobachtungen von Cambacérès, *Mémoires*, I, 451ff.
20 Die Zeitgenossen begriffen dies im übrigen sehr schnell, wie die Anekdote zeigt, die in der *Gazette de France* vom 26. *Frimaire* (17. Dezember 1799) veröffentlicht wurde: Zwei Frauen hören, wie die neue Verfassung von einem Ausrufer auf der Strasse bekannt gemacht wird. Fragt die eine die andere, was die Verfassung denn enthalte, worauf diese versetzt: «Bonaparte kommt

darin vor!» Alphonse Aulard, *Paris sous le Consulat. Recueil de documents pour l'histoire de l'esprit public à Paris*, Paris 1903, I, 55
21 Zit. Georges Lefebvre, *Napoléon*, Paris 1953 (4. Auflage), 75
22 Diese Zahl bezieht sich auf die aggregierten Wahlmännerlisten von 1810; vgl. dazu insgesamt Louis Bergeron u. Guy Chaussinand-Nogaret, *Les «masses de granit». Cent mille notables du Premier Empire*, Paris 1979
23 Für die methodischen Probleme, die sich aus einer eindeutigen Zurechnung der sozialen Schichtzugehörigkeit der Sansculotten ergeben, vgl. Richard Cobb u. Georges Rudé, *Les journées de germinal et de pairial, an III*, in: Revue historique, CCXIV (1955), 250–281; Kare D. Tonnesson, *La Défaite des Sans-Culottes*, Oslo 1978, 345–352
24 Maurice Vitrac (Hrsg.), *Journal du Comte P.-L. Roederer*, Paris 1909, 31
25 Bezeichnenderweise verkündete Bonaparte seine Entscheidung mit den Worten: «Il n'y aura qu'un seul Consul à nommer. L'opinion publique a déjà désigné le ministre de la Justice (Cambacérès, J.W.) pour la seconde place.» Cambacérès, *Mémoires*, I, 455; der Vorrang des Ersten Consuls wurde vom Verfassungstext schon typographisch dadurch betont, dass er als einziger mit einer Majuskel geschrieben wurde: *Premier Consul*, aber lediglich *second* und *troisième consul*.
26 Cambacérès, *Mémoires*, I, 456; Charles François Lebrun war ein Repräsentant des Dritten Standes auf der Versammlung der Generalstände und hatte während der *Terreur* in Haft gesessen.
27 *Corr.* III, No. 2223
28 Vgl. Charles Durand, *Conseil d'État*, in: *Dictionnaire Napoléon*, (ed.) Jean Tulard, Paris 1989, 475
29 Die besondere Funktion dieses Gremiums als Verwaltungshochschule wurde durch den Consulatsbeschluss vom 11. April 1803, mit dem 16 Auditoren beim *Conseil d'État* geschaffen wurden, institutionalisiert. Auf diese Stellen wurden talentierte junge Leute berufen, die hier für eine gewisse Zeit ihren letzten Schliff erhielten, der ihnen dann die Verwendung auf höheren und höchsten Posten innerhalb der Verwaltung verschaffte. Mathieu Molé, *Souvenirs d'un témoin de la Révolution et de l'Empire (1791–1803)*, (Hrsg.) Marquise de Noailles, Genève 1943, 353; zum *Conseil d'État* insgesamt: Charles Durand, *Études sur le Conseil d'État napoléonien*, Paris 1949
30 Cambacérès hat das eindrucksvoll beschrieben, vgl. ders., *Mémoires*, I, 463
31 Eine gute Anschauung vermittelt die Dokumentensammlung von F.-A. Aulard (Hrsg.), *L'État de la France en l'an VIII et en l'an IX*, Paris 1897
32 Bailleu, *Preußen und Frankreich*, I, 356
33 Arrêté vom 29. *Brumaire an VII, Corr.*, VI, No. 4395
34 Zu diesen Kommissaren und ihren Berichten, die in den ersten Monaten 1801 einliefen, vgl. F. Rocquain, *L'État de la France au 18 brumaire*, Paris 1874
35 Jean Tulard, *Napoléon ou le mythe de sauveur*, Paris 1987, 131
36 Nach den offiziellen Angaben, die Innenminister Lucien Bonaparte am 7. Februar 1800 bekannt gab, betrug die Wahlbeteiligung 40 Prozent. Davon stimmten 3011007 mit ja gegen lediglich 1 562 Neinstimmen. Tulard, *Napoléon*, 119; nach den Berechnungen von Claude Langlois dürfte die Wahlbeteiligung wie die Zahl der Befürworter weniger als die Hälfte der offiziellen Zahlenangaben ausgemacht haben. Claude Langlois, «Le plébiscite de l'an

VIII ou le coup d'État du 18 pluviôse an VIII, *Annales historiques de la Révolution française*, 1972, 45–63, 231–246, 390–415. Diesen Stimmen wurden einfach 500000 positive Voten für die Armee zugeschlagen, deren Angehörige aber gar nicht an der Abstimmung beteiligt waren.

37 Eine weitere Maßnahme, die dem neuen Regime Zuspruch sicherte, war die Beseitigung der progressiven Einkommensteuer, unter der vor allem die wohlhabenden Schichten litten, ohne dass die Einnahmen aus dieser Steuer den Aufwand rechtfertigten.

38 Vandal, *L'Avènement*, I, 421

39 Hyde de Neuville, *Mémoires*, I, 271–272

40 Vgl. Vandal, *L'Avènement*, I, 427

41 Carnot übernahm außerdem von April bis Oktober 1800 das Amt des Kriegsministers, während Barthélemy im Februar dieses Jahres in den Senat berufen wurde; Barère, der während des Prozesses gegen Louis XVI Präsident des Konvents gewesen war, musste sich hingegen bis 1803 gedulden, bis Bonaparte seinem Drängen, in den Staatsdienst aufgenommen zu werden, nachgab und ihm die Aufgabe übertrug, die Berichte über die öffentliche Meinung zu redigieren. Vadier hingegen, ein ehemaliger Anhänger des Protokommunisten Gracchus Baboeuf, zog sich ins Privatleben zurück, in dem er von der Polizei diskret überwacht wurde.

42 *Corr.*, VI, No. 4620

43 *Corr.*, VI, No. 4550

44 *Corr.*, VI, No. 4471 u. No. 4472

45 Weiter heißt es hier: «Qu'aucun homme ne peut dire à un autre homme: *Tu exerceras un tel culte; tu ne l'exerceras qu'un tel jour.*» *Corr.*, VI, No. 4473; am 30. Dezember 1799 erging der Consularbeschluss, dass der seit sechs Monaten (!) in der Leichenhalle von Valence aufbewahrte Leichnam von Papst Pius VI. «soit enterré avec les honneurs d'usage pour ceux de son rang. Il sera élevé, sur le lieu de sa sépulture, un monument simple qui fasse connaître la dignité dont il était revêtu.» *Corr.*, VI, No. 4484; ebenfalls am 30. Dezember 1799 wurde Fouché angewiesen, eine Reihe von Priestern, die auf der Ile de Ré interniert waren, frei zu lassen. *Corr.*, VI, No. 4485; vgl. auch ebda., No. 4486 etc.

46 Vollständiger Text dieses Erlasses in: A. Périvier, *Napoléon journaliste*, Paris 1918, 99–100; in seinen Erinnerungen schreibt Cambacérès, dass Bonaparte zunächst gezögert habe, diesen drastischen Schritt zu tun. «Il était retenu par la crainte, disait-il, de blesser la démocratie de la pensée», ließ sich aber dann von den entschiedenen Argumenten, die ihm der Zweite Consul vorgetragen haben will, überzeugen. Cambacérès, *Mémoires*, I, 480–481; bereits am 5. April 1800 wies Bonaparte Polizeiminister Fouché an, drei weitere Zeitungen zu verbieten. *Corr.*, VI, No. 4707

47 Bourrienne, *Mémoires*, IV, 305

48 Den Grundsatz, von dem er sich dabei leiten ließ, formulierte er in einem Schreiben an Fouché vom 17. April 1805 mit den Worten: «J'entends que les journaux servent le Gouvernement et non contre.» *Corr.* X, No. 8596; vgl. auch Nos. 8611, 8623 u. 8649; zur napoleonischen Propaganda insgesamt: Therese Ebbinghaus, *Napoleon, England und die Presse (1800–1803)*, München u. Berlin 1914; Robert B. Holtman, *Napoleonic Propaganda*, Baton Rouge 1950

49 Vgl. dazu L. de Lanzac de Laborie, *Paris sous Napoléon. Consulat provisoire et Consulat à temps*, Paris 1905, I, 78; für den alles in allem politisch gewagten Beschluss, die Consulatsregierung ausgerechnet im Tuilerien-Palast unterzubringen, der für die Revolutionsgeschichte, damals noch sehr lebendige Gegenwart, eine ungeheure symbolische Bedeutung hatte, gibt Cambacérès eine einleuchtende Erklärung: «L'idée qui le dominait était de donner au gouvernement le caractère d'ancienneté qui lui manquait. Il aurait voulu faire disparaître les autorités qui s'étaient succédées depuis 1792, et que la puissance consulaire parut hériter de la monarchie.» Cambacérès, *Mémoires*, I, 489
50 Zit. Périvier, *Napoléon journaliste*, 109
51 Antoine Clair Thibaudeau, *Mémoires sur le Consulat 1799 à 1804*, Paris 1827, 28
52 Zit. Thibaudeau, *Mémoires sur le Consulat*, 29–31
53 Cambacérès, *Mémoires*, I, 491
54 Jacques Godechot, *Les Institutions de la France sous la Révolution et l'Empire*, Paris 1968, 569
55 Ebda., 570
56 Das Echo dazu findet sich in den Erinnerungen von Cambacérès: «Le Consulat n'existait que depuis deux mois. Il avait déjà beaucoup fait pour rétablir l'ordre et pour ramener la confiance. Ce bien inappréciable était essentiellement l'ouvrage de Bonaparte ...» Cambacérès, *Mémoires*, I, 488
57 *Corr.*, VI, No. 4478
58 *Corr.*, VI, No. 4488
59 *Corr.*, VI, No. 4499
60 Vandal, *L'Avènement*, II, 68–69
61 *Corr.*, VI, No. 4523
62 Hyde de Neuville berichtet in seinen Erinnerungen, dass er Cadoudal nach seiner mehrstündigen Unterredung mit Bonaparte in den Tuilerien gesehen habe und ihm dieser versichert hätte: «*Quelle envie j'avais de l'étouffer* (Bonaparte, J.W.) *dans ces deux bras!*, s'écriait-il en me montrant ses membres robustes.» Hyde de Neuville, *Mémoires*, I, 305; seinem Sekretär Bourrienne gegenüber gestand Bonaparte den völligen Fehlschlag seines Versuchs ein, Cadoudal zur Aufgabe seines Widerstands zu bewegen. Bourrienne, *Mémoires*, IV, 20–21
63 Cambacérès, *Mémoires*, I, 492–493
64 «Au 20 brumaire an VIII, il n'existait réellement plus vestige de *finances* en France. – Une misérable somme de *cent soixante-sept mille* francs était, à cette époque, tout ce que possédait, *en numéraire*, le Trésor public d'une nation de trente millions d'hommes!» Martin-Michel-Charles Gaudin, *Mémoires, souvenirs, opinions et écrits du duc de Gaete, ancien ministre des Finances, ex-député, Gouverneur de la Banque de France*, Paris 1826, I, 134; vgl. auch die Schilderung der ruinösen Situation Frankreichs zu Beginn des Consulats in: Comte Mollien, *Mémoires d'un ministre du Trésor public 1780–1815*, Paris 1898, I, 212–214
65 Gaudin, *Mémoires*, I, 138; Vandal, *L'Avènement*, II, 219
66 Marmont, *Mémoires*, II, 107
67 Vandal, *L'Avènement*, II, 215

758 ANMERKUNGEN

68 Léon Lecestre (Hrsg.), *Lettres inédites de Napoléon Ier (an VIII – 1815)*, Paris 1897, I, No. 4
69 Gaudin, *Mémoires*, I, 139-143; Vandal, *L'Avènement*, II, 108
70 J. Wolff, *Le Financier Ouvrard (1770-1846)*. *L'argent et la politique*, Paris 1992, 66-68
71 *Corr.*, VI, No. 4555
72 Aulard, *Paris sous le Consulat*, I, 125; ebda., 130
73 Vandal, *L'Avènement*, II, 113; Ouvrard wurde außerdem auch der Hauptlieferant der Italienarmee während der Kampagne von Marengo; vgl. auch Gabriel-Julien Ouvrard, *Mémoires de G.-J. Ouvrard sur sa vie et ses diverses opérations financières*, Paris 1826, I, 47-48
74 Vandal, *L'Avènement*, II, 114
75 Godechot, *Les Institutions*, 645-647
76 Gaudin, *Mémoires*, I, 180-190
77 Willms, *Paris*, 161-163
78 Godechot, *Les Institutions*, 587-588
79 Cambacérès, *Mémoires*, I, 491
80 Vgl. Miot de Melito, *Mémoires*, I, 283-284
81 Zur Karriere der *Marseillaise* vgl. Michel Vovelle, *La Marseillaise*, in: Pierre Nora (Hrsg.), *Les Lieux de mémoire. La République*, Paris 1984, I, 85-136

2. Kapitel · Marengo

1 *Corr.*, VI, No. 4447
2 *Corr.*, VI, Nos. 4445 und 4446
3 *Corr.*, VI, No. 4530
4 *Corr.*, VI, No. 4623
5 In seinen Memoiren bemerkt Talleyrand zu diesen ersten Friedensfühlern Bonapartes treffend: «Ces deux tentatives n'amenèrent point de réconciliation, et ne pouvaient point en amener, mais elles eurent une influence heureuse sur la paix intérieure ...» Talleyrand, *Mémoires 1754-1815*, (Hrsg.) Jean-Paul Couchoud, Paris 1982, 284
6 *Corr.*, VI, No. 4674
7 Dass die Bevölkerung völlig unbeeindruckt von jenen beiden Proklamationen weiterhin Friedenshoffnungen hegte, zeigen die Pariser Polizeiberichte von Ende März 1800 deutlich: «Il n'y a plus de doute sur la certitude de la séparation de cette puissance (i.e. Russlands) de la coalition (...); ce qui augmente l'espoir de la paix.» (18. März 1800) Aulard, *Paris sous le Consulat*, I, 220, 224, 225-226
8 Auf dieses Vorbild wurde dann von der bonapartistischen Propaganda reichlich Bezug genommen, wobei man tunlichst unerwähnt ließ, dass diese angeblich so außergewöhnliche Leistung erst ein Jahr zuvor von dem russischen General Suwarow erbracht worden war, der mit seiner Armee von Norditalien aus über den Sankt Bernhard in die Schweiz einfiel.
9 *Corr.*, VI, Nos. 4694, 4695
10 Wie sehr Moreau das Beispiel nachahmte, das Bonaparte mit seinen prokonsularischen Allüren während der halkyonischen Tage von Mombello ge-

ANMERKUNGEN 759

geben hatte, schildert der Comte de Ségur in seinen Erinnerungen. Philippe-Paul Comte de Ségur, *Histoire et Mémoires*, Paris 1877, II, 97–98
11 Die Vorstellungen, die Bonaparte mit dieser Vereinbarung verknüpfte, sind in seinen Instruktionen an Berthier vom 9. April 1800 enthalten. *Corr.*, VI, No. 4710
12 Vandal, *L'Avènement*, II, 365–366; auch Bonaparte musste sich notgedrungen diesem Diktat beugen. Dass er keine andere Wahl hatte, zeigt sein Schreiben an Berthier vom 22. April 1800. *Corr.*, VI, No. 4724
13 *Corr.*, VI, No. 4725
14 *Corr.*, VI, No. 4728
15 *Corr.*, VI, No. 4729
16 *Corr.*, VI, No. 4730
17 *Corr.*, VI, No. 4731
18 *Corr.*, VI, No. 4760. Die Absicht, sich selber zur Armee zu begeben, suchte Bonaparte seiner Umgebung in Paris gegenüber so lange wie möglich zu verbergen. Miot de Melito, *Mémoires*, I, 286
19 *Corr.*, VI, No. 4735, 4736, 4737
20 *Corr.*, VI, No. 4738
21 Jean Antoine Chaptal, *Mes Souvenirs sur Napoléon*, Paris 1893, 333
22 *Corr.*, VI, No. 4751
23 *Corr.*, VI, No. 4754
24 *Corr.*, VI, No. 4781
25 *Corr.*, VI, No. 4764
26 *Corr.*, VI, No. 4797
27 *Corr.*, VI, No. 4721
28 Desaix hatte energisch den von Kléber verfolgten Plänen, Ägypten zu evakuieren, widerraten, was ihn aber nicht davor bewahrte, die Verhandlungen für die Konvention von El-Arish in dessen Auftrag zu führen. Nach deren Unterzeichnung am 24. Januar 1800 erhielt Desaix von Sir Sidney Smith freies Geleit nach Frankreich zugesichert. Am 3. März schiffte er sich in Alexandria ein. Vgl. Artikel *Desaix* in: *Dictionnaire Napoléon*, 594
29 Bourrienne, *Mémoires*, IV, 112–113
30 *Corr.*, VI, No. 4786
31 *Corr.*, VI, No. 4800
32 Angaben nach: Tulard u. Garros, *Itinéraire de Napoléon*, 155
33 *Corr.*, VI, No. 4814; in seinen Erinnerungen gibt Marmont eine detaillierte Schilderung davon, wie die Artillerie über die Passhöhe geschafft wurde. Marmont, *Mémoires*, II, 116; vgl. auch das *Bulletin de l'Armée de Réserve* vom 24. Mai 1800, *Corr.*, VI, No. 4846
34 Constant, *Mémoires intimes*, I, 103
35 Bourrienne, *Mémoires*, IV, 98
36 Marmont, *Mémoires*, II, 119–120; die Festung Bard behauptete sich noch bis zum 1. Juni.
37 *Corr.*, VI, No. 4836
38 *Corr.*, VI, No. 4769
39 *Corr.*, VI, No. 4834
40 *Corr.*, VI, No. 4839
41 *Corr.*, VI, No. 4837

42 *Corr.*, VI, No. 4864; der von ihm vermissten Begeisterung suchte Bonaparte am 5. Juni mit einer Proklamation *Au Peuple Cisalpin* aufzuhelfen, mit der er seine alten Versprechungen vier Jahre zuvor wiederholte: «Pourriez-vous être insensibles à l'orgeuil de former une nation indépendante? – (...) Peuple cisalpin, dès que votre territoire sera délivré de l'ennemi, la république sera réorganisée sur les bases fixes de la religion, de la liberté, de l'égalité et du bon ordre. Hâtez ce moment par votre énergie.» *Corr.*, VI, No. 4885
43 Bourrienne, *Mémoires*, IV, 110
44 *Corr.*, VI, No. 4898
45 *Corr.*, VI, No. 4905
46 Jacques Jourquin, *Dictionnaire des maréchaux du Premier Empire*, Paris 1999, 96; bezeichnenderweise wählte Lannes als die Worte: «J'attends» – «Ich warte». Jourquin, *Dictionnaire*, 105
47 Eine gute Darstellung der Fehleinschätzungen Bonapartes bei: Anne-Jean-Marie-René Savary, *Mémoires du duc de Rovigo pour servir à l'histoire de l'empereur Napoléon*, Paris 1828, I, 263–269
48 Bourrienne, *Mémoires*, IV, 122
49 Eine detaillierte Schilderung des Schlachtverlaufs gibt Savary, *Mémoires*, I 269–280; vgl. auch die beiden Briefe von Maurice Dupin, dem Vater von George Sand, der auf dem Schlachtfeld von Marengo zum Leutnant befördert wurde, in: George Sand, *Œuvres autobiographiques. Histoire de ma vie*, (Hrsg.) Georges Lubin, Paris 1970, I, 312–317; Chandler, *The Campaigns*, 290–297; vgl. auch den *Bulletin de l'armée de Réserve* vom 15. Juni 1800 in: *Corr.*, VI, No. 4910; auch wenn der eigentliche Sieger von Marengo, Desaix, Bonaparte den Gefallen tat, den Schlachtentod zu erleiden, war ihm seine höchst unglückliche Rolle für deren Verlauf eine Quelle dauernder Beunruhigung. 1803 wies er das Kriegsarchiv an, eine Schilderung des Schlachtverlaufs zu verfertigen, bei der sein Anteil am Sieg deutlich herausgestellt wurde, obwohl das ganz und gar nicht den Tatsachen entsprach. Diese Darstellung fand aber auch nicht seinen ungeteilten Beifall, weshalb Napoleon 1805 eine weitere offizielle Schilderung in Auftrag gab, für die er diesmal detaillierte Weisungen gab, die alle darauf hinausliefen, dass er damals einen Schlachtplan gehabt habe, der dann für den Sieg entscheidend gewesen sei. Vgl. Owen Connelly, *Blundering to Glory. Napoleon's military campaigns*, Wilmington, Del., 1990, 68–70
50 *Corr.*, VI, No. 4911
51 *Corr.*, VI, No. 4914
52 *Corr.*, VI, No. 4922
53 *Corr.*, VI, No. 4910
54 *Corr.*, VI, No. 4927; der scharfe Ton dieses Bulletins erklärt sich vermutlich auch daraus, dass Bonaparte unmittelbar zuvor die Nachricht erhalten hatte, England habe die ehrenvolle Kapitulation Klébers, die mit der Konvention von El-Arish vereinbart war, nicht ratifiziert. Außerdem war er über ein geplantes Landungsunternehmen britischer Truppen bei Quiberon informiert worden. *Corr.*, VI, Nos. 4923 und 4931
55 Hyde de Neuville, *Mémoires*, I, 328
56 Fugier, *Napoléon et l'Italie*, 100–101

57 *Eloge funèbre des généraux Kléber et Desaix prononcé le 1ᵉʳ vendémiaire an IX, à la place des Victoires, par le citoyen Garat*, (Paris) an IX (1800)

3. Kapitel · Der trügerische Frieden

1 *Corr.*, VI, No. 4905
2 Bereits am 9. Juni 1800 heißt es im Polizeibericht: «On n'a qu'une inquiétude: l'existence de Bonaparte en est l'unique objet.» Aulard, *Paris sous le Consulat*, I, 406; vgl. auch ebda., 414, 418 u. 434
3 Vandal, *L'Avènement*, II, 398–400; aber auch der Bonaparte-Clan schmiedete für den Fall der Fälle Pläne, um sich den Machterhalt zu sichern. Vgl. Miot de Melito, *Mémoires*, I, 292–300
4 Norvins, *Mémorial*, II, 242–243
5 Aulard, *Paris sous le Consulat*, I, 516
6 *Corr.*, VI, No. 4955
7 Vgl. Miot de Melito, *Mémoires*, I, 304
8 Von diesen Umtrieben, in die neben Sieyès auch Cambacérès, Fouché, Talleyrand sowie Joseph und Lucien verstrickt waren, ist im wesentlichen nur bekannt, dass sie im Landhaus Talleyrands in Auteuil stattfanden. Was hier jeweils erörtert wurde, erhellt ein Brief, den Lucien Bonaparte am 24. Juni 1800 Joseph schrieb: «Les intrigues d'Auteuil ont continué. On a beaucoup balancé entre C. (Carnot, J.W.) et la F. (La Fayette, J.W.) … Ce dernier m'a fait proposer sa fille en mariage … l'intrigue a été poussée au dernier période. Je ne sais pas encore si le grand-prêtre (Sieyès, J.W.) se décidait pour l'un ou pour l'autre; je crois qu'il les jouait tous deux pour un d'Orléans, et votre ami d'Auteuil (Talleyrand, J.W.) était l'âme de tout. La nouvelle de Marengo les a consternés et cependant le lendemain le grand-prêtre a passé très certainement trois heures avec votre ami d'Auteuil … Quant à nous, si la victoire avait marqué la fin du premier Consul à Marengo, à l'heure où je vous écris, nous serions tous proscrits.» Iung, *Lucien Bonaparte*, I, 411; eine Illustration dieser Umtriebe liefert auch die Unterhaltung dreier Personen, die das damalige Mitglied des Tribunat, Stanislas de Girardin, in seinen Erinnerungen unter dem Titel «Conversation remarquable» wiedergibt, die am Abend des 30. Juni 1800 auf dem «Lande», vermutlich also im Landhaus Talleyrands in Auteuil stattgefunden hat. Stanislas de Girardin, *Mémoires*, Paris 1834, 175–188
9 Bailleu, *Preußen und Frankreich*, I, 387–388
10 Miot de Melito, *Mémoires*, I, 293
11 Miot de Melito, *Mémoires*, I, 314
12 Miot de Melito, *Mémoires*, I, 315
13 Bailleu, *Preußen und Frankreich*, II, 5
14 Roederer, *Journal*, 8
15 *Corr.*, VI, No. 5009
16 *Corr.*, VI, No. 5090; über die Chancen, die Monarchie in Frankreich wieder zu errichten, hatte sich Bonaparte bei anderer Gelegenheit folgendermaßen geäußert: «Je pourrais bien rappeler le roi et le faire monter sur le trône. J'y parviendrais en six mois. Mais à quoi cela servirait-il? La difficulté n'est pas

de rétablir le roi, mais la monarchie.» Zit. Ernest Daudet, *Histoire de l'emigration pendant la Révolution Française*, Paris 1905, II, 427
17 Chaptal, *Mes Souvenirs*, 233-234
18 Roederer, *Journal*, 16
19 Vgl. Chaptal, *Mes souvenirs*, 237
20 Einen ausführlichen Katalog der Zugeständnisse der Kirche gibt Mowat, *The Diplomacy*, 78-86
21 Die Säkularisation als Verfahren, die territorialen Verluste der weltlichen Herrschaften auf dem linken Rheinufer rechtsrheinisch mit der Enteignung von Kirchenbesitz zu kompensieren, über das man sich auf dem Rastatter Kongress geeinigt hatte, war von den Reichsständen am 4. April 1798 prinzipiell anerkannt worden; seine praktische Umsetzung war seitdem nur aufgeschoben, aber nicht aufgehoben. Johannes Willms, *Nationalismus ohne Nation. Deutsche Geschichte 1789–1914*, Düsseldorf 1983, 56
22 Roederer, *Journal*, 18-19
23 *Corr.*, VI, No. 4884; wie häufig bei Bonapartes Reden weicht diese offizielle und im Druck verbreitete Version seiner Ausführungen erheblich vom ursprünglichen Text ab, der weitaus weniger grundsätzlich war. Vgl. Boulay de la Meurthe, *Histoire de la négociation du Concordat de 1801*, Tours 1920, 75-76
24 Das *Te Deum* im Mailänder Dom, dem Bonaparte in Generalsuniform am 18. Juni beiwohnte, war eine jener Gesten, mit denen er seinen Willen zur Verständigung mit der Kirche unter Beweis zu stellen suchte. *Corr.*, VI, No. 4927; Bonapartes Teilnahme an diesem Requiem fand in Paris die erhoffte Beachtung und gab hier zu allerlei Spekulationen Anlass. Norvins, *Mémorial*, II, 248 – Das Aufsehen, das seine Teilnahme am *Te Deum* in Paris erregen würde, hatte Bonaparte, dem noch immer der Ruch eines antiklerikalen Jakobiners anhaftete, natürlich einkalkuliert, wie sein Brief an die Consuln vom 18. Juni 1800 beweist: «Aujourd'hui, malgré ce qu'en pourront dire nos athées de Paris, je vais en grande cérémonie au *Te Deum* que l'on chante à la métropole de Milan.» *Corr.* VI, No. 4923
25 Zum Verlauf der Konkordatsverhandlungen im Detail vgl. Boulay de la Meurthe, *Histoire de la négociation*, passim; Cardinal Mathieu, *Le Concordat de 1801*, Paris 1903 und Jean Thiry, *Le Concordat et le Consulat à vie*, Paris 1956, 36-89
26 Fouché, *Mémoires*, 142
27 Vgl. Bourrienne, *Mémoires*, V, 61-62
28 Abbé Besnard, *Souvenirs d'un nonagénaire publiés sur le manuscrit autographe*, Paris 1880, II, 97; physische Gewalt gegenüber Bedienten oder auch Gesprächspartnern, die durch ihren Widerspruch sein korsisches Temperament reizten, war bei Bonaparte durchaus nicht ungewöhnlich. Vgl. Louis Chardigny, *L'Homme Napoléon*, Paris 1999, 187-229
29 Bailleu, *Preußen und Frankreich*, I, 384
30 Ouvrard, *Mémoires*, I, 58-59
31 Zu diesen Verhandlungen, die von Joseph Bonaparte, Roederer und Fleurieu in Mortfontaine geführt wurden, vgl. A. du Casse, *Histoire des négociations diplomatiques relatives aux traités de Mortfontaine, de Lunéville et d'Amiens*, Paris 1855, I, 177-357

ANMERKUNGEN 763

32 André Fugier, *Napoléon et l'Espagne 1799–1808*, Paris 1930, I, 107–112
33 Jérôme Zieseniss, *Berthier frère d'armes de Napoléon*, Paris 1985, 127–131
34 Alfred Thayer Mahan, *The Influence of Sea Power upon the French Revolution and Empire 1793–1812*, Boston 1894, II, 103–105
35 Ludwig Häusser, *Deutsche Geschichte vom Tode Friedrichs des Großen bis zur Gründung des deutschen Bundes*, Berlin 1859, II, 259–260
36 Vgl. dazu Du Casse, *Histoire des négociations diplomatiques*, II, 24–29
37 Sorel, *L'Europe et la Révolution Française*, VI, 57
38 Eine ausführliche Schilderung dieser Komödie gibt Adolphe Thiers, *Histoire du Consulat et de l'Empire*, Bruxelles 1845, I, 180–182; vgl. dazu auch Sorel, *L'Europe et la Révolution*, VI, 59–61
39 Vgl. auch Alfred Ritter von Vivenot (Hrsg.), *Vertrauliche Briefe des Freiherrn von Thugut Österr. Ministers des Äusseren*, Wien 1872, II, 253, 255
40 *Corr.*, VI, No. 5131
41 Vgl. dazu das Schreiben Cobenzels an Thugut vom 25. Oktober 1800, Alfred Ritter von Vivenot (Hrsg.), *Vertrauliche Briefe des Freiherrn von Thugut*, Wien 1872, II, 323
42 Talleyrand, *Mémoires*, 286
43 Vgl. das Schreiben Talleyrands an Joseph Bonaparte vom 19. Dezember 1800 in: Du Casse, *Histoire des négociations diplomatiques*, II, 177–178
44 *Corr.*, VI, No. 5232
45 Für die damalige sehr verworrene Politik Russlands, auf die Bonaparte seine Bündnishoffnungen gründete, vgl. Paul W. Schröder, *The Transformation of European Politics 1763–1848*, Oxford 1994, 215–218
46 Thibaudeau, *Mémoires sur le Consulat*, 383; vgl. auch *Corr.*, VI, No. 5315
47 Lefebvre, *Napoléon*, 104
48 Ein weiteres Indiz für diese Entschlossenheit ist auch das Attentat der von England unterstützten französischen Royalisten vom 24. Dezember 1800, dem Bonaparte nur mit knapper Not entkam. Vgl. Jean Thiry, *La Machine infernale*, Paris 1952, 153–207
49 Für eine detaillierte Darstellung der britisch-französischen Verhandlungen, die in den Frieden von Amiens einmündeten, vgl. Mowat, *The Diplomacy*, 87–101
50 Eine vorzügliche Würdigung des Friedens von Amiens gibt Schröder, *The Transformation*, 226–230
51 Vgl. *Corr.* VII, No. 5362
52 Albert Pingaud, *Bonaparte Président de la République italienne*, Paris 1914, 206–209
53 Fugier, *Napoléon et l'Italie*, 113
54 Pingaud, *Bonaparte Président*, 220–228
55 *Corr.*, VI, No. 5091
56 Dieser Absicht diente auch die Abtrennung des Valais von der Helvetischen Republik. *Corr.*, VII, No. 6225
57 Fugier, *Napoléon et l'Italie*, 111–112
58 Pingaud, *Bonaparte Président*, 276–280; für den Inhalt dieser Verfassung vgl. ebda., 280–288
59 Fugier, *Napoléon et l'Italie*, 120–121
60 Fugier, *Napoléon et l'Italie*, 122–126

61 Dieser Beschluss wurde allerdings aus durchsichtigen Gründen auf den
2. April vordatiert. *Corr.*, VII, No. 5526
62 Diese Verhandlungen, die in den Vertrag von Aranjuez vom 21. März 1801
einmündeten, mit dem im wesentlichen die Bestimmungen des Vertrags von
San Ildefonso bestätigt wurden, waren nur eine Quelle jähen Reichtums,
den Lucien in den 14 Monaten seiner Botschaftertätigkeit in Spanien zusammenraffte. Piétri, *Lucien Bonaparte*, 149-157; Fugier, *Napoléon et l'Espagne*, I, 127-132
63 Fugier, *Napoléon et l'Italie*, 134
64 *Corr.*, VIII, No. 6455
65 *Corr.*, VIII, No. 6487
66 Pingaud, *Bonaparte Président*, II, 70-72
67 F. Antommarchi, *Mémoires ou les derniers momens de Napoléon*, Paris 1825, 432; Las Cases, *Mémorial*, II, 544
68 Johannes Willms, *Die deutsche Krankheit. Eine kurze Geschichte der Gegenwart*, München 2001, 76-79
69 *Corr.*, XXI, No. 16824
70 Juan Bosch, *De Cristóbal Colón a Fidel Castro. El Caribe, Frontera imperial*, Madrid u. Barcelona 1970
71 Kern dieses Konflikts war das geltende Währungssystem, in dem fakturiert wurde. Die auf Santo Domingo geltende Währung besass lediglich den halben Nominalwert des französischen *livre tournois*. Folglich wurden alle Ausfuhren von der Insel ins Mutterland zum Nennwert der Inselwährung abgerechnet, während alle Einfuhren aus Frankreich, für die ein Monopolzwang galt, zu dem der Metropole bezahlt werden mussten. Jean-Michel Champion, *Saint-Domingue*, in: Dictionnaire Napoléon, 1500
72 Frank Moya Pons, *Haiti and Santo Domingo: 1790 – c. 1870*, in: Leslie Bethell (Hrsg.), *The Cambridge History of Latin America*, Cambridge u. London 1985, III, 237-238
73 Moya Pons, *Haiti and Santo Domingo*, 239-243
74 *Corr.*, VI, Nos. 5160 u. 5164
75 *Corr.*, VII, No. 5439
76 *Corr.*, VII, No. 5867
77 Ganz ähnlich ist auch der Tenor seiner Ausführungen in den *Quatre Notes sur l'ouvrage intitulé* «Mémoires pour servir à l'histoire de la révolution de Saint-Domingue», die er auf Sankt Helena diktierte. *Corr.*, XXX, 525-536
78 Gegenüber Gourgaud bemerkte Napoleon auf Sankt Helena: «L'affaire de Saint-Domingue a été une grande sottise de ma part. Je crois que Joséphine, comme créole, a eu quelque influence sur cette expédition, non pas directement, mais une femme qui couche avec son mari exerce toujours une influence sur lui. C'est la plus grande faute que j'aie commise en administration.» Gourgaud, *Journal*, I, 278
79 Vgl. dazu die phantastisch anmutenden Überlegungen, die Napoleon auf Sankt Helena in den *Quatre Notes* zu Protokoll gab. Corr. XXX, 528
80 Dass Bonaparte damit die offenkundige Absicht verband, sich dieser Truppen, deren Loyalität aus unterschiedlichen Gründen zweifelhaft erscheinen musste, zu entledigen, indem er sie auf einen weit entfernten und mit mancherlei Risiken garnierten Kriegsschauplatz entsandte, ist immer wieder in

ANMERKUNGEN 765

Abrede gestellt worden. Dagegen sprechen jedoch seine eigenen Äußerungen, die Napoleon am 10. Januar 1817 gegenüber Gourgaud machte: «Les Bourbons doivent faire tendre leurs efforts à rentrer en possession de cette belle colonie (Saint-Domingue, J.W.) qui rapporte 180 millions par an. Il faut qu'ils comptent y perdre cent mille hommes en trois ans, mais avec leur système actuel, ce sera bon. Ils se déferont de tous les officiers et soldats de l'ancienne armée (der napoleonischen Armee, J.W.) et s'empareront à nouveau d'une bien belle colonie.» Gourgaud, *Journal*, I, 279

81 Dass er von der Ungefährlichkeit dieser hochriskanten Unternehmung zutiefst überzeugt war, erhellt auch der Umstand, dass er seine Schwester Pauline, die sich mit Händen und Füßen gegen dieses Ansinnen zu wehren suchte, dazu zwang, ihren Mann zu begleiten. Vgl. *Relations secrètes des agents de Louis XVIII à Paris sous le Consulat (1802-1803)*, (Hrsg.) Comte Remacle, Paris 1899, 69

82 Eine Schilderung der Geschehnisse gibt Norvins, der Leclerc begleitete: Norvins, *Mémorial*, t. II, 347-408; III, 1-57

83 Auf Sankt Helena gestand Napoleon dann am 12. Juni 1816 zwar ein, dass die Expedition nach Santo Domingo ein Fehler gewesen sei, für den aber wie stets vor allem andere als er verantwortlich gewesen seien. Las Cases, *Mémorial*, I, 714; gegenüber Montholon äußerte er sich einige Monate später noch deutlicher: «L'expédition de Saint-Domingue est une des plus grandes fautes que j'aie commises.» Général Montholon, *Récits de la captivité de l'Empereur Napoléon à Sainte-Hélène*, Paris 1847, II, 52

4. Kapitel · Das Erbe des Consulats

1 Gourgaud, *Journal*, II, 159-160
2 Bei seiner Rückkehr von Marengo soll Bonaparte zu Sieyès gesagt haben: «*J'ai fait la grande nation.*» Worauf Sieyès trocken versetzte: «*C'est parce que nous avions d'abord fait la nation.*» Pierre-Louis Roederer, *Mémoires sur la Révolution, le Consulat et l'Empire*, (Hrsg.) Octave Aubry, Paris 1942, 102
3 Thibaudeau, *Mémoires sur le Consulat*, 84-85; mit geringfügigen Abweichungen im Text so auch in: Roederer, *Journal*, 123
4 Chaptal, *Mes souvenirs*, 237; auf Sankt Helena begründete Napoleon gegenüber Gourgaud das Konkordat mit einem Satz, der den ganzen Mann zeigt: «La morale de Jésus est celle de Platon: Il faut une religion pour consolider la réunion des hommes en société.» Gourgaud, *Journal*, I, 283
5 *Corr.*, VII, No. 5874
6 Diese Drohung war selbstverständlich nur ein Bluff, wie Napoleon auf Sankt Helena eingestand. Vgl. Las Cases, *Mémorial*, II, 196
7 Der Wortlaut des Konkordats findet sich in: Alfred Fierro, André Palluel-Guillard u. Jean Tulard, *Histoire et Dictionnaire du Consulat et de l'Empire*, Paris 1995, 646-647; vgl. Godechot, *Les Institutions*, 714-721; Lefebvre, *Napoléon*, 129-131; eine sehr klare und kritische Würdigung des Konkordats bei: Owen Chadwick, *The Popes and the European Revolution*, Oxford 1981, 487-489
8 Die der Staatsraison geschuldete Komödie, die in diesem zur Kapelle umgebauten Badezimmer stattfand, hat Johann Friedrich Reichardt sehr an-

schaulich beschrieben. Johann Friedrich Reichardt, *Vertraute Briefe aus Paris geschrieben in den Jahren 1802 und 1803*, Hamburg 1805, III, 1-5; tatsächlich jedoch erhielt dieser Raum damit nur seine ursprüngliche Bestimmung zurück.

9 *Corr.*, VII, No. 5809
10 Comte Molé, *Sa Vie – ses mémoires*, (Hrsg.) Marquis de Noailles, Paris 1922, I, 59; vgl. zu den Vorteilen des Konkordats aus der Sicht des Consularregimes auch Claude-Francois de Méneval, *Mémoires pour servir à l'histoire de Napoléon Ier depuis 1802 jusqu'à 1815*, Paris 1894, I, 75
11 Wie sehr ihn der *Tribunat* irritierte, zeigten die Ausfälle gegen einige Mitglieder, zu denen sich Bonaparte im Gespräch mit Stanislas de Girardin hinreißen ließ, und die von ihm nur als *chiens*, als «Hunde» bezeichnet wurden. Der Anlass seiner Empörung war Girardins Bericht, dass der Friedensvertrag mit Russland im Oktober 1801 vom Tribunat mit einer Mehrheit von 77 Stimmen bei 14 Gegenstimmen ratifiziert wurde. Girardin, *Mémoires*, I, 233-234
12 Zur Opposition in den Kammern vgl. insgesamt Thibaudeau, *Mémoires sur le Consulat*, 181-210; Girardin, *Mémoires*, I, 246-250
13 *Corr.*, VII, No. 5907; Girardin, *Mémoires*, I, 251-253
14 Cambacérès, *Mémoires*, I, 600-605
15 Hinter den Kulissen machte Bonaparte gehörig Druck, dass vor allem die Oppositionellen, die er im Visier hatte, eliminiert wurden. Vgl. *Corr.*, VII, No. 5922; vgl. auch *Corr.*, VII, Nos. 5927 u. 5931; für eine ausführliche Darstellung dieser Säuberung sowie eine Charakteristik der von ihr betroffenen Abgeordneten vgl. Girardin, *Mémoires*, I, 253-262 – Zu den Geschassten zählte auch Benjamin Constant.
16 Kardinal Maury, der 1810 am nämlichen Tage zum Erzbischof von Paris berufen wurde, an dem Pasquier sein neues Amt als Polizeipräfekt der Hauptstadt antrat, verstand seine Aufgabe ganz in diesem Sinne, als er zu diesem bemerkte: «L'Empereur vient de satisfaire aux deux plus grands besoins de sa capitale. Avec une bonne police et un bon clergé, il peut toujours être sûr de la tranquillité publique, car un archevêque est aussi un préfet de police.» *Mémoires du Chancelier Pasquier*, Paris 1894, I, 415
17 Sorel, *L'Europe et la Révolution*, VI, 216
18 A. Dry, *Soldats ambassadeurs sous le Directoire, an IV-VIII*, Paris 1906
19 Thibaudeau, *Mémoires sur le Consulat*, 321-323
20 *Corr.*, VII, No. 6068
21 *Corr.*, VII, No. 5956
22 Zuvor waren jedoch eine Reihe von Bestimmungen erlassen worden, mit denen die möglichen Restitutions- und Entschädigungsansprüche der zurückkehrenden Emigranten auf ein Minimum begrenzt wurden. Vgl. Thibaudeau, *Mémoires sur le Consulat*, 98-105
23 Staatsrat Regnier, der den Gesetzentwurf vor dem Senat vertreten sollte, ließ Bonaparte am 23. April 1802 folgende Argumentationshilfe zukommen, die sich bewährtermaßen einmal mehr der Verfassung bediente, um diese zu verletzen: «Un acte de cette nature n'est utile à l'État qu'autant qu'il porte le caractère conservateur des principes et de la Constitution. La conversation des principes et du pacte social est une des attributions spécialement défé-

rées au Sénat par la Constitution.» *Corr.*, VII, No. 6050; vgl. auch: Roederer, *Journal*, 111-112
24 Der in Paris lebende englische Jakobiner Henri Redhead Yorke hat seine Eindrücke von dieser Feierlichkeit geschildert. Henri Redhead Yorke, *Paris et la France sous le Consulat. Les hommes, les institutions, les moeurs*, Paris 1921, 168
25 Vandal, *L'Avènement*, II, 480
26 Lentz, *Le Grand Consulat*, 334; das Gesetz wurde bei seiner Verkündung mit einer längeren Einleitung vorgestellt, von der ein Passus besonders interessant ist, weil dieser die Herrschaftslegitimation des Regime Bonapartes, die Revolution zu beenden, einmal mehr betonte: «Qu'aujourd'hui la paix étant faite au dehors, il importe de la cimenter à l'intérieur par tout ce qui peut rallier les Français, tranquilliser les familles et faire oublier les maux inséparables d'une longue révolution.» Zit. Jean Thiry, *Le Sénat de Napoléon*, Paris 1949, 85
27 Vgl. die Schilderung bei Ghislain de Diesbach, *Histoire de l'émigration*, Paris 1984, 543-559
28 Einer, der sich durch diese Dementis nicht täuschen ließ, war der preußische Botschafter Lucchesini, vgl. Bailleu, *Preußen und Frankreich*, II, 81; dass sich der Consulat «monarchisierte», hatte Lucchesini bereits am 12. Januar 1801 an seine Regierung berichtet: «Bonaparte travaille peu à peu pour la monarchie sous les enseignes républicaines.»Ebda., II, 17
29 Bezeichnend für deren Ängste ist, was der Staatsrat Defermon bei der Beratungen des Konkordats zu Roederer bemerkte: «Tout cela ira fort bien tant que le Consul vivra. Le lendemain de sa mort, il nous faudra émigrer.» Roederer, *Journal*, 109
30 Bourrienne hat dieses Manövrieren Bonapartes in seinen Erinnerungen beschrieben: «En avril 1802, le Premier Consul dressa toutes ses batteries pour se faire déclarer consul à vie. C'est peut-être l'époque de sa carrière où il a mis le plus en pratique les principes de fausseté et de dissimulation que le vulgaire appelle les maximes de Machiavel; jamais la ruse, le mensonge, l'astuce, la modération apparente, n'ont été employés avec plus de talent et de succès.» Bourrienne, *Mémoires*, IV, 358
31 Roederer, *Journal*, 12
32 Zu diesen Paladinen des consularischen Regimes rechneten neben seinen Brüdern Joseph und Lucien, die sich von Bonaparte besonders abhängig sahen, Cambacérès, der vermutlich als Einziger diese Rolle aus innerer Überzeugung spielte, Talleyrand, der den Opportunismus der Macht zu seinem Lebensprinzip gemacht hatte sowie der *Conseil d'État*, über den Thibaudeau in seinen Erinnerungen schrieb: «Le Conseil d'État était alors le théâtre à l'ambition.» Thibaudeau, *Mémoires sur le Consulat*, 45
33 Roederer, *Journal*, 50
34 Thibaudeau, *Mémoires sur le Consulat*, 81-85; Bourrienne, *Mémoires*, IV, 357
35 Dieser *Sénatus-consulte* hatte den folgenden Wortlaut: «1° Le Sénat Conservateur, au nom du peuple français, exprime la reconnaissance nationale aux Consuls de la République. – 2° Le Sénat Conservateur réelit *Napoléon Bonaparte* Premier Consul, pour les dix années qui suivront immédiatement les

dix ans pour lesquels il a été nommé pour la première fois.» Zit. Cambacérès, *Mémoires inédits*, I, 624; es war das erste Mal, dass der volle Name *Napoléon Bonaparte* in einem offiziellen Dokument auftauchte. Welches Machtspiel der Senat mit diesem Votum verfolgte, erläutert einleuchtend Stanislas de Girardin in seinen Erinnerungen: Girardin, *Mémoires*, I, 267

36 Cambacérès, *Mémoires inédits*, I, 624

37 *Corr.*, VII, No. 6079

38 Wortlaut dieses Beschlusses bei Cambacérès, *Mémoires inédits*, I, 625–626; Roederer, der von Cambacérès beauftragt war, diesen Beschlusses vorab zu formulieren, wollte unbedingt die Entscheidung über das Consulat auf Lebenszeit mit der Bestimmung kombinieren, dass Bonaparte auch aus eigener Vollmacht seinen Nachfolger benennen dürfe. In dieser Form wurde die Vorlage vom *Conseil d'État* fast einstimmig gebilligt. Girardin, *Mémoires*, I, 268–269 Damit scheiterte man aber erneut am Widerstand Bonapartes, dem diese Klausel instinktiv zu weit ging und der deshalb darauf bestand, sie zu entfernen, ehe der Beschluss dem Tribunat und dem *Corps législatif* zur Zustimmung zugeleitet und dann veröffentlicht wurde. Roederer, *Journal*, 147–151; Girardin, *Mémoires*, I, 269–270 – Dass Bonaparte aus eigener Machtvollkommenheit eine Entscheidung des *Conseil d'État* abänderte, war eine weitere Merkwürdigkeit dieses improvisierten Verfahrens, mit dem er seine Inszenierung zu retten suchte.

39 Im Unterschied zum Plebiszit über die Consulatsverfassung wurde diese Volksabstimmung mit aller Umsicht und gehörigem Nachdruck vorbereitet. Vgl. Lentz, *Le Grand Consulat*, 341

40 Das Ergebnis des Plebiszits war bei einer Beteiligung von rund 40 Prozent der Wahlberechtigten 3568885 Ja-Stimmen gegen lediglich 8 374 Nein-Stimmen. Lentz, ebda.; wie alle Plebiszite Bonapartes fand auch diese Volksabstimmung «öffentlich» statt, das heißt die Teilnehmer der Abstimmung mussten die offen ausliegenden Register mit ihrem Namen unterzeichnen, ein Verfahren, an dem man sich klugerweise nicht beteiligte, wer gegen die Vorlage stimmen wollte. Laut Stanislas de Girardin wurden die meisten der Nein-Stimmen von Angehörigen der Armee abgegeben, was ein Beleg für den in deren Rängen nach wie vor virulenten Republikanismus ist. Girardin, *Mémoires*, I, 272

41 Tatsächlich wurde damit zwar nicht die Consulats-Verfassung des Jahres VIII außer Kraft gesetzt, aber diese dennoch so stark verändert und teilweise auch präzisiert, dass man durchaus von einer neuen Verfassung sprechen kann.

42 Das ist im Kern die Hauptthese von Albert Sorels immens einflussreichem monumentalen Hauptwerk *L'Europe et la Révolution française*, dessen acht Bände zwischen 1885 und 1904 erschienen. Zu Sorels Hauptthese und seinem Einfluss vgl. Pieter Geyl, *Napoleon for and against*, New Haven, Conn. 1949, 254–307. Sorels Einfluss ist bis heute insbesondere bei zahlreichen französischen Populärhistorikern, die sich mit Napoleon befassen, nachweisbar.

43 Roederer, *Journal*, 109

44 Thibaudeau, *Mémoires sur le Consulat*, 66–72

45 Thibaudeau, *Mémoires sur le Consulat*, 314–318

46 Zur Verfassung des An X vgl. Godechot, *Les Institutions*, 570–577; Lefebvre, *Napoléon*, 137–138 sowie Lentz, *Le Grand Consulat*, 343–346

47 Diese *Conseils privés* verringerten auf Dauer die einstige Bedeutung des *Conseil d'État* erheblich, der darüber von einem Organ, das unmittelbaren Einfluss auf die consularischen Entscheidungen nehmen konnte, mehr und mehr zu einer obersten Kontrollbehörde der Verwaltung mutierte.
48 *Corr.*, VIII, No. 6461
49 Gegenüber Thibaudeau begründete dies Bonaparte mit den Worten: «Si l'on distinguait les honneurs en militaires et en civils, on établirait deux ordres, tandis qu'il n'y a qu'une nation. Si l'on ne décernait des honneurs qu'aux militaires, cette préférence serait encore pire, car dès-lors la nation ne serait plus rien.» Thibaudeau, *Mémoires sur le Consulat*, 80
50 Thibaudeau, *Mémoires sur le Consulat*, 92
51 Godechot, *Les Institutions*, 743-744
52 *Corr.*, XV, No. 12585
53 Sehr aufschlussreich für Bonapartes Erziehungs- und Bildungsvorstellungen ist sein langes Schreiben an Innenminister Chaptal vom 11. Juni 1801, *Corr.* VII, No. 5602
54 Sein besonderes Augenmerk galt dabei neben ihrer fachlichen Qualifikation auch ihrer politischen Zuverlässigkeit, wie seinen Maximen zu entnehmen ist, die er im *Conseil d'État* äußerte, vgl. Molé, *Mémoires*, I, 55
55 Tatsächlich entwickelten sich diese Sekundarschulen zu einer ernsthaften Konkurrenz der Lyzeen, was Napoleon mit wachsendem Grimm sah, weshalb er in einer Denkschrift vom 16. Februar 1805 eine tiefgreifende Reform des Unterrichtswesens vorschlug, das sich am Vorbild des Jesuiten-Ordens (!) orientieren sollte. *Corr.*, X, No. 8328; vgl. auch sein Schreiben an Innenminister Champagny vom 17. April 1805, *Corr.*, X, No. 8595
56 Lefebvre, *Napoléon*, 143-144; eine ausführliche Darstellung des gesamten napoleonischen Schulsystems bei Godechot, *Les Institutions*, 737-751
57 In erweiterter und modernisierter Fassung ist der *Code civil* noch heute in Belgien und Luxemburg sowie im US-Bundesstaat Louisiana gültig.
58 Besonders bemerkenswert ist in diesem Zusammenhang die arbeitsrechtliche Regelung des Artikels 1781: «Dem Herrn (Arbeitgeber, J.W.) wird auf seine eidliche Versicherung geglaubt: 1.) In Ansehung des Betrages des Lohnes; 2.) In Ansehung der Bezahlung desselben vom verflossenen Jahre, und 3.) In Ansehung der auf Abschlag geschehenen Zahlungen für das laufende Jahr.» Zit. nach *Napoleons Gesetzbuch. Einzig officielle Ausgabe für das Großherzogtum Berg*, Düsseldorf 1810
59 Beispielsweise konnten nach den Bestimmungen des *Code civil* Familienväter ihre Kinder für sechs Monate ohne jede richterliche Kontrolle einsperren lassen! *Code civil*, I, 9. Titel, Nos. 376-379
60 *Code civil*, I, 5. Titel, 6. Kapitel, No. 220
61 Vgl. die Artikel 275-294; besonders pikant ist, dass nach zwanzigjähriger Ehedauer eine Scheidung auf dieser Grundlage nicht mehr möglich ist oder wenn die Frau das 45. Lebensjahr überschritten hat. Art. 277
62 Vgl. Jean-Louis Halpérin, *L'impossible Code civil*, Paris 1992, 273
63 Thibaudeau, *Mémoires sur le Consulat*, 391-392
64 Dabei scheint Napoleon nach dem Zeugnis von Bourrienne auch einer Art von «Ruinenmehrwerttheorie» angehangen zu haben: «L'aspect des ruines colossales des monuments d'Égypte n'avait pas peu contribué à développer

en lui son goût naturel pour les grands édifices; ce n'était pas ces édifices eux-mêmes qu'il aimait, mais les souvenirs de l'histoire qu'ils perpétuent dans la postérité, les grands noms qu'ils consacrent, les grands événemens qu'ils attestent.» Bourrienne, *Mémoires*, IV, 39
65 Willms, *Paris*, 24–41
66 Einen Eindruck von den grandiosen, gleichzeitig auch seltsam vagen Plänen Napoleons für die Umgestaltung von Paris gibt die Rede, die der Pariser Präfekt Frochot am 1. Dezember 1808 vor dem *Corps législatif* hielt. *Archives parlementaires de 1800 à 1860. Recueil complet des débats législatifs et politiques des Chambres francaises, imprimé par ordre du Sénat et de la Chambre des députés*, 2e série, Paris o. J., X, 184
67 Jean Tulard, *Paris et son administration (1800–1830)*, Paris 1976, 221–225
68 L. de Lanzac de Laborie, *Paris sous Napoléon*, Paris 1905, II, 172–173
69 Ein Consularbeschluss vom 17. vendémiaire an IX (9. Oktober 1801) bestimmte beispielsweise, dass sich private Bauherren an den Plänen und Fassadenrissen orientieren mussten, die die Regierung vorgab. Lanzac de Laborie, *Paris sous Napoléon*, II, 134
70 Willms, *Paris*, 167–168
71 Willms, *Paris*, 169–170
72 Pierre Lavedan, *Histoire de l'urbanisme à Paris. Nouvelle Histoire de Paris*, Paris 1975, 348ff.
73 Willms, *Paris*, 171–174
74 Willms, *Paris*, 174–177
75 *Corr.*, XII, No. 10069
76 Zit. Marie-Louise Biver, *Le Paris de Napoléon*, Paris 1963, 108
77 Fontaine, *Journal*, I, 21; die Straßendurchbrüche, die Bonaparte anregte, lassen sich mit der heutigen Rue de Rivoli, Castiglione, Cambon, Mondovi und Mont-Thabor identifizieren. Von den zahlreichen Kloster- und Sakralbauten in diesem Viertel blieb einzig die Kirche de l'Assomption von der Spitzhacke verschont. Im Zuge dieser umfangreichen Abbrucharbeiten verschwand auch der berühmte Manège-Saal, in dem während der Revolution die Assemblée constituante und die Assemblée législative getagt hatten.
78 Fontaine, *Journal*, I, 35
79 Fontaine, *Journal*, I, 41
80 Fontaine, *Journal*, I, 59
81 Fontaine, *Journal*, I, 30

5. Kapitel · Ein Mord und eine Krone

1 Thibaudeau, *Mémoires sur le Consulat*, 394
2 Chaptal, *Mes souvenirs*, 174
3 Zit. Lefebvre, *Napoléon*, 68
4 Karl Otmar Freiherr von Aretin, *Heiliges Römisches Reich 1776–1806. Reichsverfassung und Staatssouveränität*, Wiesbaden 1967, I, 437–438
5 Dass das Reich unfähig war, diese Aufgabe zu übernehmen, konstatierte Talleyrand im Bericht vom 20. August 1802 an den Senat mit den Worten: «Ce fut donc uniquement pour mettre le sceau à la pacification de l'Empire, et

pour garantir la stabilité que le premier consul et S.M. l'Empereur de Russie se déterminèrent d'un commun accord à intervenir dans les affaires d'Allemagne, pour effectuer par leur médiation ce qu'on aurait vainement attendu des déliberations intérieures du Corps Germanique.» Zit. Häusser, *Deutsche Geschichte*, II, 308–309

6 Eine lebhafte Vorstellung von diesem würdelosen Treiben geben die Berichte des badischen Gesandten Reitzenstein in: *Politische Korrespondenz Karl Friedrichs von Baden, 1783–1806*, (Hrsg. Bernhard von Erdmannsdörffer u. Karl Obser), Heidelberg 1893–1896, 5 Bde., hier: Heidelberg 1896, IV, Nos. 62–148 u. 194–267; Bayern, Württemberg, Baden, Hessen und Preußen schlossen mit Bonaparte vorab einschlägige Konventionen.

7 Der Zar war mit den Häusern von Württemberg, Baden und Hessen-Darmstadt verwandtschaftlich verbunden, über die er seine schützende Hand hielt, weshalb eine Geheimklausel des französisch-russischen Friedensvertrags vom 10. Oktober 1801 bestimmte, beide Vertragspartner sollten gemeinsam den deutschen Staaten ihre Vermittlung einschließlich eines präzisen Vorschlags die Entschädigungen betreffend unterbreiten. Mit dieser Klausel bestätigten sich Frankreich und Russland wechselseitig ihre Rolle als Garantiemächte der staatlichen Ordnung im Deutschen Reich, die sie mit dem Frieden von Teschen 1779, mit dem der bayerische Erbfolgekrieg beendet wurde, übernommen hatten.

8 Insgesamt verschwanden rechtsrheinisch 112 Reichsstände. Mit Ausnahme von Mainz und den beiden geistlichen Ritterorden gingen alle kirchlichen Territorien, drei geistliche Kurfürstentümer, zwanzig Bistümer und vierundvierzig Abteien unter. Außerdem wurden alle Reichsstädte mit Ausnahme von Hamburg, Lübeck, Bremen, Frankfurt a.M., Nürnberg und Augsburg «mediatisiert». Dieses Schicksal ereilte auch alle «Reichsdörfer» sowie die meisten Ländereien, von denen die Reichsritterschaft lebte.

9 Eine entsprechende Weisung hatte Bonaparte Talleyrand mit Schreiben vom 31. August 1802 erteilt. *Corr.*, VIII, No. 6297

10 Philipp Anton Guido von Meyer, *Staats-Acten für Geschichte und öffentliches Recht des Deutschen Bundes (Corpus Juris Confoederationis Germanicae)*, Frankfurt am Main 1833, I, 12–58

11 Bereits am 23. Mai 1802 hatte Bonaparte den preußischen König Friedrich Wilhelm III. wissen lassen: «Les affaires qui intéressent Votre Majesté sont sur le point d'être signées, et je regarderai toujours comme politique pour la France, et extrêmement doux pour moi, de faire quelque chose qui puisse accroître la puissance et les forces de son royaume, et de réunir par des liens étroits la Prusse et la France.» *Corr.*, VII, No. 6095

12 Bonaparte schrieb Kaiser Franz II. am 19. Oktober 1802 einen Brief, in dem er ihn mit kaum versticktem Hohn bedrängte, diesem für Österreich überaus schlechten Handel zuzustimmen. *Corr.*, VIII, No. 6382

13 Die territorialen Zugewinne stehen in entsprechendem Verhältnis: Bayern wurde mit einem Flächenzugewinn entschädigt, der etwa eineinhalb Mal so groß war wie seine linksrheinischen Verluste, Württemberg erhielt rund viermal und Baden siebenmal mehr, als sie jeweils eingebüßt hatten.

14 *Corr.*, VIII, No. 6591
15 *Corr.*, VIII, No. 6352

772 ANMERKUNGEN

16 Vgl. dazu auch Bonapartes Schreiben an den Vize-Präsidenten der *République italienne*, Melzi, vom 16. Oktober 1802, *Corr.*, VIII, No. 6373
17 Vgl. *Corr.*, VII, No. 6225
18 Außerdem wurde auch der Batavischen wie der Italienischen Republik das Recht eingeräumt, auf eigene Kosten je ein Regiment von Schweizer Soldaten einzuwerben. Da Soldaten damals einer der wichtigsten «Exportartikel» der Schweiz waren, wurde gleichzeitig die Werbung anderer Staaten untersagt. Das hatte im Prinzip zur Folge, dass die Schweizer Soldaten, die zu dieser Zeit im Solde Englands, Spaniens und Neapels standen, hätten zurückbeordert werden müssen, was aber nicht geschah. Es waren dann vor allem schweizerische Truppen unter General Theodor Reding, die im Sold der Junta von Sevilla stehend am 19. Juli 1808 der Division Dupont bei Bailén eine vernichtende Niederlage zufügten, die für das gesamte spanische Abenteuer Napoleons das Menetekel sein sollte. Geoffroy de Grandmaison, *L'Espagne et Napoléon*, Paris 1908, I, 298–309; Raymond Carr, *Spain 1808–1939*, Oxford 1975, 80
19 *Corr.*, VIII, No. 6590; *Moniteur*, 1er ventôse an XI; Dufraisse u. Kerautret, *La France napoléonienne*, 68
20 Auch diese bemerkenswerte Verankerung der Schweiz unter französischer Schirmherrschaft wurde von Österreich ohne Protest akzeptiert. Österreichs Schweigen ist in diesem Fall umso rätselhafter, als die Schweiz nicht nur die strategisch bedeutsame Verbindung zwischen Süddeutschland und Oberitalien war, sondern auch unmittelbar an Tirol, die habsburgische «Alpenfestung», angrenzte und für diese damit in politischer wie militärischer Hinsicht eine unmittelbare Bedrohung darstellen musste.
21 Vgl. 2. Buch, Kap. 3
22 Vgl. Du Casse, *Histoire des Négociations diplomatiques*, III, 23
23 *Corr.*, VIII, No. 6414
24 Talleyrand, *Mémoires*, 288
25 Zit. Sorel, *L'Europe*, VI, 256
26 Harold C. Deutsch, *The Genesis of Napoleonic Imperialism*, Cambridge 1938, 96
27 Zur Entwicklung der englisch-französischen Handelsbilanz vor und nach Abschluss des Handelsvertrags 1786 vgl. Arthur Young, *Voyages en France pendant les années 1787–1790*, Paris 1793, III, 300–308
28 Henri Sée, *Histoire économique de la France. Les temps modernes (1789–1914)*, Paris 1951, II, 81–82
29 Deutsch, *The Genesis*, 99
30 Vgl. Aulard, *Paris sous le Consulat*, III, 149
31 Zit. Sorel, *L'Europe*, VI, 259
32 Vermutlich war der wichtigste Zweck der Mission Fiévées, die englische Presse durch Geldzuwendungen zum Schweigen zu bringen, die schon damals darin schwelgte, Bonaparte mit einer Schmähkritik zu überziehen, auf die dieser stets sehr empfindlich reagierte. Deutsch, *The Genesis*, 112–114; die Eindrücke seines Londoner Aufenthalts schilderte Fiévée in einer Reihe von Briefen, die zunächst im *Mercure* und dann auch als Buch erschienen. Joseph Fiévée, *Lettres sur l'Angleterre et réflexions sur la philosophie du XVIIIe siècle*, Paris 1802

ANMERKUNGEN 773

33 Joseph Fiévée, *Correspondance et relations avec Bonaparte Premier Consul et Empereur pendant onze années (1802 à 1813)*, Paris 1836, I, 120–121; zur Person von Fiévée vgl. Jean Tulard, *Joseph Fiévée, Conseiller secret de Napoléon*, Paris 1985
34 Die Vereinigten Staaten bezahlten dafür 80 Millionen *francs*, eine vergleichsweise lächerliche Summe, damals für Bonaparte aber eine willkommene Einnahme. Interessant ist seine Begründung, mit der er diesen Handel gegenüber Schatzminister Barbé-Marbois am 10. April 1803 in Saint-Cloud rechtfertigte: «Je connais tout le prix de la Louisiane. (...) Sa conquête serait facile pour les Anglais et je n'ai pas un moment à perdre pour la mettre hors de leur atteinte. J'y renonce avec un vif déplaisir.» François Comte de Barbé-Marbois, *Histoire de la Louisiane et de sa cession*, Paris 1829, 158
35 Vgl. *Corr.*, VIII, Nos. 6276, 6308
36 Deutsch, *The Genesis*, 108
37 *Corr.*, VIII, No. 6414
38 Besonders deutlich wird das an den Argumenten, mit denen Andréossy auf das für England vitale Verlangen nach einem Handelsvertrag reagieren sollte: «Que, si même notre commerce réciproque se trouve sans concert, on doit encore l'attribuer à la même cause, qui empêche de compter sur rien de stable de la part d'une nation d'où il ne revient que des accents de fureur, des provocations à la mort, des trames, des complots.» Ebda.
39 Schroeder, *The Transformation*, 243
40 Vgl. Bailleu, *Preußen und Frankreich*, II, 140
41 *Corr.*, VIII, No. 6591
42 *Corr.*, VIII, No. 6720
43 *Corr.*, VIII, No. 6625
44 *Corr.*, VIII, No. 6626
45 Bonaparte versuchte, den Anschein der englischen Verantwortung am Ausbruch des Krieges bis zur buchstäblich letzten Minute zu festigen. Am 13. Mai 1803 sandte er an Talleyrand den Entwurf einer Konvention für einen Kompromiss in der Malta-Frage und die Aufforderung, diesen Text sofort dem englischen Botschafter in Paris und dem französischen Botschafter Andréossy in London zu unterbreiten. *Corr.*, VIII, No. 6740; wie doppelbödig Bonaparte gegenüber England bis zuletzt agierte, zeigt eindrücklich Stanislas de Girardin: Girardin, *Mémoires*, I, 290–301
46 Vgl. Aulard, *Paris sous le Consulat*, III, 823
47 *Corr.*, VIII, No. 6767
48 *Corr.*, IX, No. 7424
49 *Corr.*, IX, No. 7564
50 Nach dem Zeugnis von Mme Remusat erregte selbst die Verhaftung des Siegers von Hohenlinden, des Generals Moreau, dessen Rivalität mit Bonaparte kein Geheimnis war, wenig Aufsehen in der Öffentlichkeit: «Les militaires font tout par consigne et s'abstiennent des impressions qui ne leur sont point commandées. Un bien petit nombre d'officiers se rappela alors avoir servi et vaincu sous Moreau, et la bourgeoisie fut bien plus agitée que toute autre classe de la nation.» Madame de Rémusat, *Mémoires* I, 307
51 Vgl. Cambacérès, *Lettres inédites à Napoléon 1802–1814*, (Hrsg. Jean Tulard), Paris 1973, I, Nos. 72 u. 74

52 *Corr.*, IX, No. 7214
53 Thibaudeau, *Mémoires*, 109
54 Laut Miot war Bonaparte seit dem August 1803 entschlossen, die Kaiserwürde anzusteuern. Miot de Melito, *Mémoires*, II, 106–111
55 *Corr.*, XXXII, 477; selbstverständlich wurde auch dieses Geständnis *in extremis* von den Bewunderern Napoleons in Zweifel gezogen, habe er doch lediglich alle Schuld auf sich nehmen wollen, um seine damaligen engen Mitarbeiter, sprich die wahren Verantwortlichen, zu entlasten, wie die Herausgeber der *Correspondance* in einer Fußnote argumentieren. Diese Argumentationslinie behauptet auch Bruder Joseph in seinen Memoiren, obwohl ihm Napoleon damals wörtlich anvertraute: «Encore une occasion manquée: (!) il eût été beau d'avoir pour aide de camp le petit-fils du grand Condé! Mais qu'il n'en soit plus question, le coup est irremédiable. (!) Oui, j'étais assez fort pour faire servir dans nos armées un descendant du grand Condé!!! Il faut se consoler de tout. (!) Sans doute, si j'eusse été assassiné par les agents de la (recte: sa) famille, il se fût le premier montré en France les armes à la main. (!) Il faut supporter la responsabilité de l'événement: (!) le rejeter sur d'autres, même avec vérité, ressemblerait trop à une lâcheté pour que je veuille m'en laisser soupçonner ...» *Mémoires du Roi Joseph*, I, 99–100
56 Général Bertrand, *Cahiers de Sainte-Hélène. Journal 1816–1817*, (Hrsg.) Paul Fleuriot de Langle, Paris 1951, 58
57 Vgl. B. Melchior-Bonnet, *Le Duc d'Enghien*, Paris 1961, 148–152
58 «L'ex-Chouan Bussy, malgré l'assurance qu'il donne qu'il sera fidèle à ses promesses et ne se mêlera d'aucune intrigue, est soupçonné de correspondance avec l'ex-Duc d'Enghien auquel il a toujours été très attaché. Il disait encore hier à quelqu'un: *Je demeurerai tranquille; mais cependant, s'il arrivait un événement, je sais bien de quel côté je me rangerais.*» Aulard, *Paris sous le Consulat*, IV, 385–386; das war ebenso wenig ernst zu nehmen, wie die Meldung vom 11. Oktober 1803, in der es heißt: «Le jeune Bothilliers a dit ces jours derniers à quelqu'un de confiance qu'il était entièrement dévoué au Duc d'Enghien et qu'il l'avait fait assurer qu'il ferait tout son possible pour servir sa cause à Paris.» Aulard, *Paris sous le Consulat*, IV, 429; auch der Bericht vom 29. November 1803, der lediglich Geschwätz wiedergibt, mit dem man sich in Kreisen der Royalisten Mut zu machen suchte, dass ihre Sache nicht ganz verloren sei, dürfte den Ersten Consul bestenfalls erheitert haben: «On dit encore, parmi les émigrés et les Chouans, que le ci-devant Duc d'Enghien complète le régiment qui doit porter son nom, qu'il a beaucoup d'or, une excellente tête et qu'il saura bien conduire son affaire.» Aulard, *Paris sous le Consulat*, IV, 537; erst die vierte Meldung vom 14. März 1804, die Aufschluss gibt über die in den Kreisen der Royalisten herrschende Konfusion, nachdem des Verschwörung Cadoudals aufgedeckt worden war, bringt den Namen des Duc d'Enghien mit dieser in unmittelbare Verbindung. Der enge zeitliche Zusammenhang, in dem dieser Spitzelbericht mit der Entführung des Prinzen steht, legt die Vermutung nahe, dass er für den Auslöser für die seit längerem geplante Tat war.
59 Barras, *Mémoires*, III, 508
60 *Corr.*, IX, No. 7632

ANMERKUNGEN 775

61 Für eine ausführliche Schilderung der Umstände vgl. Jean-Paul Bertaud, *Bonaparte et le Duc d'Enghien. Le duel des deux France*, Paris 1972 u. Maurice Schumann, *Qui a tué le Duc d'Enghien?*, Paris 1984
62 Aulard, *Paris sous le Consulat*, IV, 730
63 Vgl. Bailleu, *Preußen und Frankreich*, II, 252
64 Nach dem Zeugnis von Mme de Remusat soll Bonaparte am Abend nach der Hinrichtung des Duc d'Enghien gesagt haben: «J'ai versé du sang, je le devais, j'en répandrai peut-être encore, mais sans colère, et tout simplement parce que la saignée entre dans les combinaisons de la médecine politique. Je suis l'homme de l'État, je suis la Révolution française, je le répète, et je la soutiendrai.» Mme de Rémusat, *Mémoires* I, 338; die Motive, die Bonaparte zu diesem Mord anstifteten, identifizierte Mme de Staël mit folgender, plausibler Überlegung: «Au moment où Bonaparte voulut se faire nommer empereur, il crut à la nécessité de rassurer, d'une part, les révolutionnaires sur la possibilité du retour des Bourbons; et de prouver de l'autre, aux royalistes, qu'en s'attachant à lui, ils rompoient sans retour avec l'ancienne dynastie. C'est pour remplir ce double but qu'il commit le meurtre d'un prince du sang, du Duc d'Enghien.» Staël, *Considérations*, II, 326
65 *Corr.*, IX, No. 7639
66 Vgl. Pasquier, *Mémoires*, I, 182–183
67 Dies vermutlich mit gutem Grund, weil es sich bei ihr wohl um eine reine Erfindung zur Entlastung Bonpartes handelte. Vgl. Thierry Lentz, *Savary, le séide de Napoléon*, Paris 2001, 115–117
68 *Mémoires du Duc de Rovigo pour servir à l'histoire de l'Empereur Napoléon*, Paris 1828, II, 66
69 Lentz, *Savary*, 125
70 Caulaincourt, *Mémoires*, II, 256
71 Bonaparte selbst war nach vollbracher Untat spürbar von seinem schlechten Gewissen geplagt, wie seine Ansprache am 21. März vor dem *Conseil d'État* zeigt, die Pelet de la Lozère überliefert und mit den Worten kommentiert hat: «Il (Bonaparte, J.W.) paraissait éprouver le besoin de se justifier et être embarrassé sur ce qu'il devait dire: de là la vague qui règne dans ses paroles et son laconisme sur le fait principal» (die Hinrichtung des Duc d'Enghien, J.W.). Pelet de la Lozère, *Opinions de Napoléon sur divers sujets de politique et d'administration*, Paris 1833, 42–45
72 Roederer, *Journal*, 192–193
73 «La dignité impériale est héréditaire dans la descendance directe, naturelle, et légitime de Napoléon Bonaparte, de mâle en mâle, par ordre de primogéniture, et à l'exclusion perpétuelle des femmes et de leur descendance.» *La Proclamation du Premier Empire ou recueil des pièces et actes relatifs à l'établissement du gouvernement impérial héréditaire, imprimé par ordre du Sénat conservateur*, première réédition depuis 1804, (Hrsg.) Thierry Lentz u. Nathalie Cot, Paris 2002, 230
74 Bourrienne, *Mémoires*, VI, 59; warum sich Bonaparte aber nicht mit der Königswürde bescheiden wollte, sondern das innerhalb der französischen Geschichte völlig ungebräuchliche Kaisertum anstrebte, begründete er ebenfalls im Gespräch mit Regnault de Saint-Jean d'Angely: «On a tué la royauté sur l'échafaud de Louis XVI, il faudrait la retirer du milieu des décombres où

elle est ensevelie. Le titre d'empereur, bon, il me fait franchir l'intervalle de dix siècles; je me trouve dès lors, non le successeur de Henri IV, de Philippe-Auguste, mais celui de Charlemagne, et me rattache à l'ancien empire romain; il me donne des droits à la suprématie sur les têtes couronnées et au protectorat de l'Allemagne; avec le titre d'empereur, je peux me dire le chef suprême de l'Italie. Je ne viole ni fais violer aucun serment, et chacun sera satisfait.» E.-L. de Lamothe Langon, *Les Après-Diners de S.A.S. Cambacérès, second consul ou révélations de plusieurs grands personnages sur l'Ancien Régime, le Directoire, l'Empire et la Restauration*, Paris 1837, I, 119
75 *La Proclamation du Premier Empire*, 21
76 In der ursprünglichen Fassung dieser Ergebenheitsadresse wollte sich der Senat lediglich damit bescheiden, dem Ersten Consul seine Glückwünsche wegen der aufgedeckten Verschwörung auszusprechen. Dagegen protestierte Fouché, wie Pelet de la Lozère berichtet, auf dessen Betreiben hin dann jene Formulierung aufgenommen wurde. Vgl. Pelet de la Lozère, *Opinions*, 51–52
77 Pelet de Lozère, *Opinions*, 52–53; vgl. auch die Schilderung von Bonapartes Reaktion bei Cambacérès, *Mémoires inédits*, I, 716; über Bonapartes Absichten war Cambacérès zu diesem Zeitpunkt bereits unterrichtet, hatte der ihn doch bereits Mitte März nach seiner Meinung befragt.
78 Pelet de Lozère, *Opinions*, 53–54
79 Zit. Miot de Melito, *Mémoires*, II, 173–174
80 Thibaudeau, *Mémoires sur le Consulat*, 455–462; vermutlich erinnerte sich noch manches Mitglied des Staatsrats der kategorischen Versicherung Bonapartes, die er anderthalb Jahre zuvor bei den Beratungen des *sénatus-consulte* vom 16 *thermidor an X* (4. August 1802, J.W.) abgegeben hatte, als er sagte, dass «l'hérédité était absurde, inconciliable avec le principe de la souveraineté du peuple, et impossible en France.» Dieses Bekenntnis wurde jetzt, da er das unbefriedigende Votum des *Conseil d'État* mit erzwungener Freundlichkeit zur Kenntnis nehmen musste, auf die gesprächsweise geäußerte Bemerkung reduziert: «Les citoyens ne deviendront pas *mes sujets*; le peuple français ne deviendra pas *mon peuple*.» Zit. Thibaudeau, *Mémoires sur le Consulat*, 454 u. 462
81 Pelet de la Lozère, *Opinions*, 59–60
82 Ein aufschlussreiches Zeugnis dafür liefert ein Brief des Schriftstellers Paul-Louis Courier, der zwar zu den Bewunderern Bonapartes zählte, dessen dynastischen Bestrebungen aber mit großer Reserve begegnete. Vgl. Paul-Louis Courrier, *Correspondance générale*, (Hrsg.) Geneviève Viollet-Le-Duc, Paris 1976, I, No. 71
83 Miot de Melito, *Mémoires*, II, 178–180; der ganze Zorn und Hass, der hier zum Ausbruch kam, hatte schon seit geraumer Weile in Joseph gegärt. In einem längeren Gespräch, das er Ende des Jahres 1802 mit Miot führte, bekannte er: «Mais vous conaissez mal mon frère. L'idée de partager le pouvoir l'effarouche tellement que mon ambition lui est aussi suspecte que celle de tout autre, peut-être même davantage, parce qu'elle est plus plausible de toutes celles qui peuvent se manifester et parce qu'elle serait plus aisément justifiée dans l'opinion générale. Il veut surtout que le besoin de son existence soit si vivement senti et que cette existence soit un si grand bienfait, que l'on ne puisse rien voir au delà sans fremir. Il sait et il sent qu'il règne par cette

idée plus que par la force ou la reconnaissance. Si demain, si un jour on pouvait se dire: *Voilà un ordre de choses stable et tranquille! Voilà un successeur désigné qui le maintiendra! Bonaparte peut mourir, il n'y a ni trouble ni novation à craindre,* – mon frère ne se croirait plus en sûreté. Tel est le sentiment que j'ai démêlé en lui, telle est la règle immuable de sa conduite.» Miot de Melito, *Mémoires*, II, 48-49

84 Miot de Melito, *Mémoires*, II, 181-182; vgl. in diesem Zusammenhang auch das Schreiben Bonapartes an General Soult vom 14. April 1804, *Corr.*, IX, No. 7683; vgl. auch das Schreiben Bonapartes an den Sénat: *Corr.*, IX, No. 7693; die militärische Karriere Josephs, die so pompös annonciert wurde, kam bald zu jähem Ende, da dieser es doch vorzog, bequem in Mortefontaine im Kreis seiner Familie zu leben, eine Alternative, die er schon gegenüber Miot angedeutet hatte. Vgl. Miot de Melito, *Mémoires*, II, 49

85 *Corr.*, IX, No. 7713

86 «Curée avait été presque inconnu dans l'Assemblée Législative. Ceux qui durant la Convention entretinrent des rapports avec lui, le considéraient comme un républicain farouche et peu propre à jouer le rôle de courtisan. Ce ne fut donc point sans quelque surprise qu'on le vit proposer une mutation politique qui tendait à établir un ordre de choses, contre lequel il s'était souvent élevé, et qu'il avait contribué à détruire.» Cambacérès, *Mémoires inédits*, I, 720; das legt die Vermutung nahe, dass diese Initiative von Bonaparte arrangiert wurde.

87 Wortlaut dieser *Motion d'ordre* in: *Proclamation de l'Empire*, 24-29; dieser Antrag schloss mit den bemerkenswerten Worten: «Tribuns, il ne nous est plus permis de marcher lentement. Le temps se hâte. Le siècle de Bonaparte est à sa quatrième année, et la nation veut un chef aussi illustre que sa destinée.»

88 Jean Thiry, *Le Sénat de Napoléon (1800-1814)*, Nancy 1949, 132-133

89 Wortlaut dieses Beschlusses in: *La Proclamation de l'empire*, 217-221

90 Im einzelnen werden hier genannt «l'indépendance des grandes autorités, le vote libre et éclairé de l'impôt, la sûreté des propriétés, la liberté individuelle, celle de la presse, celle des élections, la responsabilité des ministres et l'inviolabilité des lois constitutionelles.» Zit. Thiry, *Le Sénat de Napoléon*, 134

91 Thiry, *Le Sénat de Napoléon*, 145

92 Gegenüber dem *Conseil d'État* äußerte er sich geradezu prophetisch: «Quelque jour le sénat profitera de la faiblesse de mes successeurs pour s'emparer du gouvernement. On sait ce que c'est que l'esprit de corps; cet esprit le poussera à augmenter par tous les moyens son pouvoir. Il détruira, s'il le peut, le corps législatif, et si l'occasion s'en présente, il pactisera avec les Bourbons aux dépens des libertés de la nation.» Pelet de la Lozère, *Opinions*, 62-63

6. Kapitel · Der Kaiser

1 *Corr.*, IX, No. 7752; Napoleon nahm sich für französische Ohren und Augen noch wesentlich fremder, sprich italienischer aus als Bonaparte, was dem Träger dieses Namens seit Jugend schmerzhaft bewusst war. Deshalb verkündete er nach der Schlacht bei Austerlitz am 7. Dezember 1805 per Dekret nicht nur, alle Kinder der in dieser für Frankreich wenig verlustreichen

Schlacht gefallenen französischen Soldaten zu adoptieren und auf Staatskosten erziehen zu lassen, sondern dass diese Halbwaisen auch das Recht hätten, zu ihrem Taufnamen noch den des Kaisers, Napoléon, hinzuzufügen. *Corr.*, XI, No. 9552

2 *La Proclamation de l'Empire*, 242
3 *La Proclamation de l'Empire*, 258; der Hinweis auf die «Republik» in den offiziellen Akten der Regierung wie in den Münzlegenden verschwand jedoch erst 1807.
4 «Si ce trône, sur lequel la Providence et la volonté de la nation m'ont fait monter, est cher à mes yeux, c'est parce que seul il peut défendre et conserver les intérêts les plus sacrés du Peuple français. Sans un gouvernement fort et paternel, la France aurait à craindre le retour des maux qu'elle a soufferts.» *Corr.*, X, No. 8236; diese zwei Sätze enthalten im übrigen auch die gesamte ideologische Essenz des «Bonapartismus». Vgl. Frédéric Bluche, *Le Bonapartisme. Aux origines de la droite autoritaire (1800–1850)*, Paris 1980
5 *Catéchisme à l'usage de toutes les Eglises de l'Empire francais*, Paris 1806, lecon VII; vgl. auch zu diesem Katechismus: André Latreille, *Le Catéchisme impérial de 1806*, Lyon 1935
6 *La Proclamation de l'Empire*, 230–231; Lucien und Jérôme waren von der Herrschaftsnachfolge Napoleons ausdrücklich ausgeschlossen. Jérôme wurde allerdings 1805 zugelassen, nachdem er die Nichtigkeit seiner in den USA geschlossenen Ehe mit einer Miss Patterson, die Napoleon missbilligte, anerkannt hatte.
7 Die Meinung, die Napoleon über Fouché hegte und die an Deutlichkeit nichts zu wünschen übrig ließ, hat ebenfalls Caulaincourt überliefert: «Celui-ci (Fouché, der duc d'Otrante, J.W.) n'est qu'un intrigant; il a prodigieusement d'esprit et de facilité pour écrire. C'est un voleur qui prend de toutes mains. Il doit avoir des millions. Il a été un grand révolutionnaire, un homme de sang. Il croit racheter ses torts ou les faire oublier en cajolant les parents de ses victimes et se faisant, en apparence, le protecteur du faubourg Saint-Germain. C'est un homme qu'il peut être utile d'employer, parce qu'il est encore le drapeau de beaucoup de révolutionnaires et, d'ailleurs, très capable, mais je ne puis jamais avoir confiance en lui.» Caulaincourt, *Mémoires*, II, 279–280
8 Thibaudeau, *Mémoires*, 425–426
9 *Corr.*, X, No. 8406
10 Ebda.
11 Pelet de la Lozère, *Opinions de Napoléon*, 69; das rigide Zeremoniell muss, wie Chaptal schreibt, das Leben bei Hofe zur wahren Plage gemacht haben: «Sa Cour était une vraie galère où chacun ramait selon l'ordonnance.» Chaptal, *Mes souvenirs*, 327
12 Die meisten der in der neuen Verfassung aufgeführten Großwürdenträger des französischen Kaiserreichs hatten ihr Vorbild ausgerechnet in jenem Reich, das Napoleon just zerstört hatte: dem Heiligen Römischen Reich deutscher Nation. Der *archichancelier d'Empire* beispielsweise war nur die zungenbrecherische französische Übersetzung des Reichserzkanzlers, eine Würde, die traditionell der Kurfürst von Mainz innehatte ebenso wie die eines Reichserzkämmerers, des *architrésorier*; der *archichancelier d'État*

hingegen entsprach dem Amt, das der Kurfürst von Trier im Alten Reich ausübte; lediglich der *connétable* war eine alte französische Würde, für die sich Napoleon vermutlich gerne entschied, weil ein *archimaréchal* womöglich geeignet war, die sechzehn *maréchaux*, die sich als Paladine des neuen Empire um den Kaiser scharen sollten, in ihrer Würde zu beeinträchtigen und in ihrer Eitelkeit zu kränken. Für den Titel eines *grand admiral* gab es im Deutschen Reich kein Äquivalent. Andererseits übernahm Napoleon den Ehrentitel eines *Grand Électeur*, der schon Sieyès fasziniert hatte und den im Alten Reich lediglich Kurfürst Friedrich Wilhelm von Brandenburg, der Vater des ersten preußischen Königs Friedrich I., geführt hatte.

13 Was ihn umtrieb, blieb natürlich seinen Vertrauten nicht verborgen und Talleyrand bemerkte damals zu Mme. de Rémusat über Napoleon: «Mais il y avait là une combinaison de république romaine et de Charlemagne qui lui tournait la tête.» Mme. de Rémusat, *Mémoires*, I, 359
14 *Corr.*, VIII, No. 6717
15 Pelet de la Lozère, *Opinions de Napoléon*, 91; zu dieser Kontroverse um das Wappentier vgl. auch die lebhafte Schilderung in: Lamothe Langon, *Les Aprés-Diners*, I, 121–123; Frédéric Masson, *Le Sacre et le couronnement de Napoléon*, Paris 1925, 65–66 u. Madelin, *L'Avènement*, 107
16 Der «aigle éployée» wurde zum Symbol des napoleonischen Kaiserreichs schlechthin. Diese Karriere verdankt der Adler dem Einfall Napoleons, der ihn auf die Spitze der Regimentsfahnen setzen ließ. *Corr.*, IX, No. 7876
17 Entsprechende Hoffnungen weckte Napoleon beim päpstlichen Legaten Caprara, dem er sich bereits am 9. Mai 1804, also neun Tage vor dem *Sénatusconsulte*, über seine Absicht eröffnete, vom Papst gesalbt zu werden. Comte d'Haussonville, *L'Église Romaine et le Premier Empire 1804–1814*, Paris 1868, I, 315–316
18 Haussonville, *L'Église Romaine*, I, 320–322
19 *Corr.*, IX, No. 8020
20 Haussonville, *L'Église Romaine*, I, 344
21 Stendhal hat in seinem Tagebuch beschrieben, wie sich Napoleon hoch zu Ross zum Invalidendom aufmachte. Stendhal, *Journal*, in: *Œuvres intimes*, (Hrsg.) V. del Litto, Paris 1981, I, 97
22 Im unmittelbaren Zusammenhang mit der Proklamation des Erbkaisertums am 18. Mai 1804 erhielt die Ehrenlegion nur noch die Bedeutung einer bloßen Dekoration, mit der vor allem militärische und gelegentlich auch zivile Verdienste ausgezeichnet wurden. Das Dokument für diesen Bedeutungswandel ist das Schreiben, das Napoleon am 22. Mai 1804 an den *Grand Chancelier de la Légion d'honneur*, Lacépède, richtete. *Corr.* IX, No. 7769
23 Pelet de Lozère, *Opinions de Napoléon*, 89
24 Masson, *Le Sacre*, 77
25 Vgl. dazu Chaptal, *Mes Souvenirs*, 346
26 In seinen Memoiren hat Cambacérès dafür einen aufschlussreichen Dialog zwischen ihm und Napoleon überliefert. Auf seine Bemerkung: «Si vous persistez à vous faire proclamer empereur, pourquoi ne pas l'être à la manière d'Auguste? Un titre qui vous serait personnel n'apporterait aucun changement aux formes existantes. Vous n'avez point d'enfant ...» –, versetzte Napoleon: «Et ma famille?» Cambacérès, *Mémoires inédits*, I, 728

27 *Mémoires de la Reine Hortense*, (Hrsg.) Jean Hanoteau, Paris 1927, I, 166; vgl. auch Mme de Rémusat, *Mémoires*, I, 397; dieses Wort machte damals die Runde durch Paris, wie Königin Hortense anmerkt.
28 Masson, *Napoléon et sa famille*, II, 341
29 Léon Lecestre (Hrsg.), *Lettres inédites de Napoléon Ier*, Paris 1897, I, No. 56
30 *Mémoires du Roi Joseph*, I, 241-242
31 *Mémoires du Roi Joseph*, I, 244; vgl. auch die sehr viel drastischere Begründung der Ablehnung gegenüber seinem Vertrauten Miot, Miot de Melito, *Mémoires*, II, 112-113
32 Masson, *Napoléon et sa famille*, II, 346-347
33 Miot de Melito, *Mémoires*, II, 174
34 Miot de Melito, *Mémoires*, II, 175
35 Masson, *Napoléon et sa famille*, II, 368
36 Wortlaut dieses Gutachtens in: Roederer, *Journal*, 180-189
37 Vgl. 2. Buch, Kapitel V
38 Masson, *Napoléon et sa famille*, II, 384
39 Die Geschichte des Bonaparte-Clans ist in dem dreizehn (!) starke Bände umfassenden *opus magnum* von Frédéric Masson *Napoléon et sa famille* in überwältigender Detailfülle ausgebreitet. Einen Überblick über diese Familiengeschichte gibt: Theo Aronson, *The Golden Bees*, New York 1964
40 Zit. Baron Larrey, *Madame Mère (Napoleonis Mater)*, Paris 1892, I, 356
41 Eine weitere Folge dieses Briefs von Kardinal Fesch war auch, dass der Sohn die Apanage der Mutter von 120000 auf 300000 *francs* im Jahr anhob, eine Summe, die *Madame-Mère* aber immer noch nicht zufrieden stellen konnte. Masson, *Napoléon et sa famille*, II, 418
42 Roederer, *Journal*, 209; die Aufrichtigkeit dieser Bemerkungen lässt sich allenfalls mit dem Hinweis in Zweifel ziehen, dass Napoleon zu diesem Zeitpunkt sich keineswegs sicher sein konnte, dass nicht er die Ursache für die Kinderlosigkeit Joséphines war.
43 Masson, *Napoléon et sa famille*, II, 427
44 Lediglich in Gegenwart von zwei Zeugen wurde die kirchliche Trauung am 30. November 1804 von Kardinal Fesch in der Hauskapelle von Saint-Cloud vollzogen. Masson, *Le Sacre*, 155
45 Roederer, *Journal*, 212-213
46 Roederer, *Journal*, 208-210
47 Roederer, *Journal*, 213-214
48 Miot de Melito, *Mémoires*, II, 236
49 Miot de Melito, *Mémoires*, II, 236-237
50 Miot de Melito, *Mémoires*, II, 239-241
51 Allerdings fanden sich die Prinzessinnen erst dazu bereit, die Schleppe des Krönungsmantels der Kaiserin zu tragen, nachdem im Protokoll des Zeremoniells die Worte «porter la queue» durch «soutenir le manteau» ersetzt worden waren. Miot de Melito, *Mémoires*, II, 243
52 Pingaud, *Bonaparte*, 391-462
53 *Corr.* X, No. 8250
54 *Mémoires de Joseph*, I, 92-93 u. Anm.; Miot de Melito, *Mémoires*, II, 253-256
55 Miot de Melito, *Mémoires*, II, 256-257
56 Eine ausführliche Schilderung des pompösen Zeremoniells bei: José Caba-

ANMERKUNGEN 781

nis, *Le Sacre de Napoléon*, Paris 1970, 171–178; Masson, *Le Sacre*, 192–215; für eine detaillierte Schilderung der Zeremonie wie deren Kosten vgl. Archives Nationales (AN), 439 AP 4

57 Miot de Melito, *Mémoires*, II, 251

7. Kapitel · Austerlitz

1 Bailleu, *Preußen und Frankreich*, II, 191
2 Vgl. dazu die Bemerkungen von Norvins, *Mémorial*, III, 106
3 Für eine ausführliche Erörterung aller Schwierigkeiten, die dieses Invasionsunternehmen zum hochriskanten Abenteuer machten, vgl. Alfred Thayer Mahan, *The Influence of Sea Power upon the French Revolution and Empire 1793–1812*, Boston 1894, II, 111–116
4 *Corr.*, XI, No. 9076
5 *Corr.*, IX, No. 7279; am 29. November 1803 wird Innenminister Chaptal auf jeden Fall schon einmal angewiesen, die Komposition eines «chant pour la descente en Angleterre» in Auftrag zu geben. *Corr.*, IX, No. 7333
6 Fugier, *Napoléon et l'Espagne*, I, 204–245
7 Fugier, *Napoléon et l'Espagne*, I, 326–329
8 *Corr.*, X, No. 8379; vgl. auch ebda. Nos. 8380 u. 8381
9 *Corr.*, X, No. 8480
10 *Corr.*, X, No. 8570; vgl. auch ebda. No. 8568
11 *Corr.*, X, No. 8583
12 *Corr.*, X, No. 8700
13 *Corr.*, X, No. 8809
14 *Corr.*, X, No. 8813
15 Einen guten Überblick über Napoleons sich ständig ändernden Absichten gibt Mahan, *The Influence*, II, 140–174
16 *Corr.*, X, No. 8817
17 *Corr.*, XI, No. 8985
18 *Corr.*, XI, No. 9043
19 Thibaudeau, *Mémoires*, 169
20 *Corr.*, XI, No. 9032
21 *Corr.*, XI, No. 9038
22 *Corr.*, XI, Nos. 8991, 8997, 8998, 9022, 9026, 9027, 9037, 9063, 9071, 9073
23 *Corr.* XI, No. 9070; in dieser ausführlichen Instruktion weist Napoleon Talleyrand auch an, die ultimativen Forderungen an den österreichischen Kaiser den europäischen Kabinetten bekannt zu machen. *Corr.* XI, No. 9074
24 *Corr.* XI, No. 9087
25 Um den österreichischen Feldzug zu finanzieren, bediente sich Napoleon reichlich ungeniert des Goldschatzes der *Banque de France*. Er glaubte sich dies leisten zu können, weil er auf Sieg spekulierte. Auch wenn dieses Kalkül aufging, verschärfte er damit mutwillig die bereits schwärende Finanzkrise erheblich, denn durch eine Reihe von Operationen hatte sich die *Banque de France* mit dem Großteil ihrer Reserven dem Spekulanten Ouvrard verpflichtet, der seinerseits sich bereit erklärt hatte, die spanischen Subsidienzahlungen an Frankreich vorzustrecken, die seit dem Juni 1804 aus-

blieben und sich mittlerweile auf eine Summe von 32 Millionen *francs* beliefen. Um nun kurzfristige Verbindlichkeiten, die sich aus diesem Handel für ihn ergaben, begleichen zu können, musste Ouvrard diese Reservemittel zu einem ganz erheblichen Teil in Anspruch nehmen, was die Gefahr eines Zusammenbruchs der *Banque de France* in den Wochen und Tagen vor Austerlitz heraufbeschwor. Zum Hintergrund dieser komplizierten Transaktionen vgl. die knappe, aber überzeugende Darstellung bei Bertrand de Jouvenel, *Napoléon et l'économie dirigée. Le blocus continental,* Paris 1942, 196–199

26 Miot de Melito, *Mémoires,* II, 258–259; der englische Agent Drake hatte schon ein Jahr zuvor die Invasionsvorbereitungen Napoleons als bloßen Vorwand bezeichnet. Vgl. das Schreiben Bonapartes an Justizminister Regnier vom 24. Januar 1804, *Corr.,* IX, No. 7497

27 Bailleu, *Preußen und Frankreich,* II, 217

28 Ein vorzügliches Panorama des europäischen Spannungsfelds in den Jahren 1804/05 gibt Schröder, *The Transformation,* 267–276

29 *Corr.,* XI, No. 9134

30 Zu den Hintergründen dieser Allianz mit den süddeutschen Staaten vgl. Herbert A.L. Fisher, *Studies in Napoleonic Statesmanship: Germany,* Oxford 1903, 95–106

31 *Corr.,* XI, No. 9117

32 *Corr.,* XI, No. 9179

33 *Corr.,* XI, No. 8985

34 Diese wahrlich absurd anmutende Vermutung wird dadurch erhärtet, dass Napoleon binnen eines Jahres die Operationspläne der Flotte acht Mal änderte. Mit jeder dieser Änderungen wurden außerdem Flottenmanöver befohlen, die immer ausschweifender und komplizierter angelegt waren. Dadurch wurde die Wahrscheinlichkeit eines Scheiterns des ganzen Unternehmens, auch wenn dieses von einem befähigteren Befehlshaber geleitet worden wäre, in einem relativ frühen Stadium erheblich gesteigert. Vgl. A. Thomazi, *Napoléon et ses marins,* Paris 1950, 147–158

35 *Corr.,* XI, No. 9135

36 Quennevat, *Atlas de la Grande Armée,* 22

37 In einem Schreiben an Bernadotte vom 2. Oktober 1805 aus seinem Etappenquartier in Ettlingen entwickelte Napoleon diesen Plan: «L'ennemi a une armée assez considérable dans le Tyrol; il en fortifie tous les débouchés. Une autre armée se fortifie sur l'Iller. Mon projet, s'il hésite et s'il s'amuse, est d'arriver derrière le Lech avant lui, de lui couper la retraite et de le pousser sur le Rhin ou dans le Tyrol.» *Corr.,* XI, No. 9312

38 Miot de Melito, *Mémoires,* II, 276–277

39 Miot de Melito, *Mémoires,* II, 278–279; was letztere Ankündigung betrifft, so kam ihr Napoleon nach mit seiner Ansprache vor dem Senat am 23. September 1805, in der er sowohl seine Politik wie seine Kriegsziele darlegte. *Corr.,* XI, No. 9264

40 Diese Besorgnisse grundierten die Rede Napoleons, die dieser am 23. September 1805, einen Tag vor der Abreise nach Straßburg, vor dem Senat hielt und die er mit den berühmten Worten schloss: «Français, votre Empereur fera son devoir, mes soldats feront le leur, vous ferez le vôtre.» *Corr.* XI, No. 9264

ANMERKUNGEN 783

41 Talleyrand, *Mémoires*, 324-325; weniger dramatisch, dafür aber umso sentimentalischer ist die Schilderung dieser Szene bei Mme de Rémusat, *Mémoires*, III, 60-62; wie sehr Talleyrand von diesem, vermutlich epileptischen, Anfall des Kaisers beeindruckt war, bezeugen auch Wendungen in zwei Briefen, die er in den Tagen nach diesem Geschehnis, dessen Zeuge er war, sandte. So heißt es in seinem Schreiben vom 5. Oktober 1805 ungewöhnlich genug: «Tous les voeux accompagnent V.M., mais l'inquiétude dont il est impossible de se défendre quand on est réduit à conjecturer ce que l'on voudrait savoir avec certitude, et savoir d'heure en heure, rend la position des serviteurs de V.M. bien triste.» Pierre Bertrand (Hrsg.), *Lettres inédites de Talleyrand à Napoléon 1800-1809*, Paris 1889, No. 101; einen Tag später, am 6. Oktober, schließt Talleyrand sein Schreiben mit den Worten: «En apprenant de S.M. l'impératrice que nous serions quatre ou cinq jours sans recevoir de nouvelles de V.M., j'ai éprouvé un sentiment qu'il me serait impossible de rendre.» Bertrand, *Lettres inédites*, No. 102
42 Cambacérès, *Lettres inédites*, I, No. 330
43 Cambacérès, *Lettres inédites*, I, No. 344; erst nach diesem Debakel wurde die kollegiale Leitung der *Banque de France* durch ein Gouverneurssystem ersetzt.
44 Cambacérès, *Lettres inédites*, I, No. 350
45 Cambacérès, *Lettres inédites*, I, No. 359
46 Cambacérès, *Lettres inédites*, I, No. 360, Schreiben vom 28. Oktober 1805; cf. auch No. 361, 29. Oktober 1805; am 6. November 1805 schreibt Cambacérès: «On attend avec impatience les nouveaux succès de la Grande Armée. Il tarde au public d'apprendre que les Russes ont été traités comme les Autrichiens.» Cambacérès, *Lettres inédites*, I, No. 369
47 Vgl. die Polizeiberichte bei Aulard, *Paris sous l'Empire*, II, 292-301; um diesen Zudrang zu steuern, musste sich ab dem 10. November jeder, der bei der Bank Geld abheben wollte, zuvor auf einem der zwölf Pariser Rathäuser eine Bescheinigung abholen. Aulard, *Paris sous l'Empire*, II, 303
48 Cambacérès, *Lettres inédites*, I, No. 370
49 Cambacérès, *Lettres inédites*, I, No. 376
50 *Mémoires du Roi Joseph*, I, 320
51 *Mémoires du Roi Joseph*, I, 322-323; dieser Brief findet sich auch bei Lecestre, *Lettres inédites*, I, No. 97
52 Vgl. den sehr detaillierten Bericht Lucchesinis vom 16. Januar 1806. Bailleu, *Preußen und Frankreich*, II, 436-437
53 Vgl. Schreiben von Cambacérès an Napoleon vom 24. November 1805, *Lettres inédites*, I, No. 387
54 Cambacérès, *Lettres inédites*, I, No. 388
55 Cambacérès, *Lettres inédites*, I, No. 389
56 Cambacérès, *Lettres inédites*, I, No. 389
57 Am 14. Dezember 1814 schreibt Cambacérès dem Kaiser: «Rien de nouveau dans la capitale, à quelques banqueroutes près. Tout l'argent est moins rare, et par conséquent, moins cher.» Cambacérès, *Lettres inédites*, I, No. 407
58 *Aus Metternich's nachgelassenen Papieren*, II, 84
59 Der Wortlaut dieser Denkschrift findet sich bei Bertrand, *Lettres inédites*, No. CXI; Talleyrand entwickelt darin die Idee, Österreich für den Verlust von

Italien einschließlich Venedigs sowie von Tirol und seines süddeutschen Streubesitzes auf dem Balkan und in der Walachei zu entschädigen; für eine Würdigung dieses Memorandums vgl. Schröder, *The Transformation*, 277–279

60 *Corr.*, XI, No. 9503
61 Preußens Lavieren wird in aller Ausführlichkeit in den Memoiren Hardenbergs geschildert. Lepold von Ranke (Hrsg.), *Denkwürdigkeiten des Staatskanzlers Fürsten von Hardenberg*, Berlin 1877, II, 202–360
62 *Corr.*, XI, No. 9470
63 Die Überlegungen Murats zu diesem Handeln finden sich im Schreiben an Napoleon vom 15. November 1805. Paul le Brethon (Hrsg.), *Lettres et documents pour servir à l'histoire de Joachim Murat 1767–1815*, Paris 1910, IV, 153–154
64 *Corr.*, XI, No. 9497
65 Bertrand, *Lettres inédites*, 183
66 *Corr.*, XI, No. 9504; für die große Öffentlichkeit wurde dagegen ein ganz anderer Orgelton angeschlagen, etwa das 27. *Bulletin de la Grande Armée* vom 19. November 1805: «Les Moraves sont étonnés de voir, au milieu de leurs immenses plaines, les peuples de l'Ukraine, du Kamtschatka, de la grande Tartarie, et les Normands, les Gascons, les Bretons et les Bourguignons en venir aux mains et s'égorger, sans cependant que leur pays ait rien de commun, ou qu'il n'y ait entre eux aucun intérêt politique immédiat; et ils ont assez de bon sens pour dire, dans leur mauvais bohémien, que le sang humain est devenu une marchandise dans les mains des Anglais.» *Corr.*, XI, No. 9511
67 *Corr.*, XI, No. 9512
68 Den Wortlaut dieses Vertrags bei: Ranke, *Denkwürdigkeiten*, I, 324–332; Schröder, *The Transformation*, 280–281
69 Wie groß angesichts der rapiden Erfolge der französischen Waffen unterdessen die Nervosität im Lager der Alliierten war, zeigt das Schreiben, das Zar Alexander I. am 19. November von Olmütz aus an den preußischen König sandte: «Je quitte toutes les formes, car vous m'avez permis, Sire, de m'adresser à vous comme à mon ami. Jamais je n'en ai eu plus besoin. Notre position est plus critique, nous sommes absolument seuls contre les Français, et ils nous talonnent continuellement. Aujourd'hui le quartier général sera déjà à Olmütz, qui n'est ni approvisinnée, ni en état de défense. (…) Si vos armées avancent, la position changera entièrement, et les miennes pourront reprendre l'offensive, et vous ne doutez sûrement pas, Sire, du zèle que je mettrai à seconder les vôtres de tous mes moyens.» Zit. Ranke, *Denkwürdigkeiten*, I, 347–348
70 «Cette guerre n'est pour la Russie qu'une guerre de fantaisie; elle est pour Votre Majesté et pour moi une guerre qui absorbe tous nos moyens, tous nos sentiments, toutes nos facultés. (…) Je désire la paix, et je regarderai comme un moment fortuné celui où Votre Majesté n'écoutera que l'intérêt de sa couronne et le bien de ses peuples, et non le voeu d'une puissance qui se trouve dans une position si différente.» *Corr.*, XI, No. 9464
71 Er, Napoleon, handele damit gewissermaßen im Einklang mit den wahren, den eigentlichen Interessen Franz II., denn so heißt es hier weiter: «Je prie seulement Votre Majesté de permettre que je lui mette sous les yeux que ses États de Moravie sont dévastés d'une manière horrible, que les esprits, dans toutes les provinces de ses États, même à Vienne, sont aigris au dernier point

contre les Russes, et que les conseils d'hommes qui sont l'objet de la haine de tous les peuples de Votre Majesté, et qui la portent encore à s'engager dans un système d'illusion, lui feront perdre entièrement l'amour de ses peuples, qu'elle mérite à tant d'égards.» *Corr.*, XI, No. 9503
72 *Corr.*, XI, No. 9516
73 *Corr.*, XI, No. 9519
74 Ségur, *Mémoires*, II, 446-447
75 Dieses bizarre Schreiben begann mit den Worten: «Sire, j'envoie mon aide de camp le général Savary près Votre Majesté, pour la complimenter sur son arrivée à son armée.» *Corr.*, XI, No. 9524
76 *Mémoires du Duc de Rovigo*, II, 171-190
77 Thiébault, *Mémoires*, III, 446-448
78 Wortlaut dieses Briefs bei Serge Tatistcheff, *Alexandre Ier et Napoléon d'après leur correspondance inédite 1801-1812*, Paris 1891, 94
79 Diese List Napoleons scheint tatsächlich angeschlagen zu haben, glaubt man dem Bericht Savarys, *Mémoires du Duc de Rovigo*, II, 193
80 Ségur, *Mémoires*, II, 447-448
81 Ségur, *Mémoires*, II, 449; dass diese List auf russischer Seite die beabsichtigte Wirkung tat, bestätigt der russische Außenminister Czartoryski. *Mémoires du Prince Adam Czartoryski et correspondance avec l'empereur Alexandre Ier*, Paris 1887, I, 405-407; im 30. *Bulletin de la Grande Armée* vom 3. Dezember 1805 rühmte sich Napoleon ganz offen, dass er sich dieser List bedient habe, um die Russen in ihrer Siegszuversicht zu bestärken. *Corr.*, XI, No. 9541; eine Schilderung der Unterredung, die Dulgoruki mit Napoleon hatte, findet sich bei Tatistcheff, *Alexandre Ier*, 95-96
82 Vgl. die Schilderung Napoleons im 30. *Bulletin de la Grande Armée* in: *Corr.* XI, No. 9541; die Schlacht von Austerlitz lieferte Napoleon den willkommenen Vorwand zu einer Propagandaoffensive, die ihresgleichen suchte: In insgesamt acht *Bulletins de la Grande Armée* wurde dieser Sieg gefeiert. Napoleons bekannteste Äußerung enthält jedoch seine Proklamation an die *Grande Armée* vom 3. Dezember 1805, die mit den Sätzen beginnt: «Soldats, je suis content de vous. Vous aurez, à la journée d'Austerlitz, justifié tout ce que j'attendais de votre intrépidité; vous avez décoré vos aigles d'une immortelle gloire.» *Corr.*, XI, No. 9537 – Ein weiterer, insbesondere für die französische Öffentlichkeit bestimmter Propagandacoup, waren die beiden kaiserlichen Dekrete, die vom *Camp impérial d'Austerlitz* vom 7. Dezember 1805 datiert sind. Das eine Dekret bestimmte, dass die Witwen der in der Schlacht gefallenen Offiziere und Soldaten eine lebenslange Rente erhalten sollten, eine Großzügigkeit, die angesichts der sehr geringen französischen Verluste eher einen symbolischen Wert hatte. *Corr.*, XI, No. 9551; das gilt auch für das weitere Dekret, mit dem die Adoption aller Kinder angeordnet wurde, die bei Austerlitz ihren Vater verloren und auf Staatskosten erzogen werden sollten. *Corr.*, XI, No. 9552
83 *Corr.*, XI, No. 9539
84 *Corr.*, XI, No. 9542; bereits am 6. Dezember wies Napoleon den *Intendant général de l'Autriche*, Daru, an, den Repräsentanten des österreichischen Kaisers in Wien zur sofortigen Zahlung von «500000 florins de convention» zu veranlassen, «qui étaient chez M. le baron de Bartenstein et qu'il a remplacés

par des billets de banque; également l'or et tout ce qu'il a. Il est temps enfin que je paye ma solde et me serve des ressources de l'Autriche.» *Corr.*, XI, No. 9547
85 Bertrand, *Lettres inédites*, No. 138
86 Jean Tulard, *Le Grand Empire 1804-1815*, Paris 1982, 79; Tulard bringt auch Talleyrands Weitsicht, die ihn vergeblich zur Mäßigung raten ließ, damit in Zusammenhang, dass er von Österreich bestochen worden sei. Auch wenn an Talleyrands Bestechlichkeit grundsätzlich kein Zweifel bestehen kann, scheint sie aber gerade hier keine Rolle gespielt zu haben. Vgl. dazu die sehr ausführlichen und differenzierten Darlegungen von Émile Dard, *Napoléon et Talleyrand*, Paris 1935, 116-120

DRITTES BUCH · DER IMPERATOR

1. Kapitel · Die Maske fällt

1 Édouard Driault, *Napoléon et l'Europe: Austerlitz. La fin du Saint-Empire (1804-1806)*, Paris 1912; Lefebvre, *Napoléon*, passim.
2 Schroeder, *The Transformation*, 291
3 Philip Henry 5th Earl Stanhope, *Notes of Conversations with the Duke of Wellington 1831-1851*, London 1888, 9
4 *Corr.*, XI, No. 9293
5 *Corr.*, XI, No. 9361
6 Eine vorzügliche Morphologie der *Grande Armée* bei Lefebvre, *Napoléon*, 195-203; vgl. auch Jean Morvan, *Le Soldat Impérial (1800-1814)*, Paris 1904, II, 1-56 und Jean-Claude Damamme, *Les Soldats de la Grande Armée*, Paris 1998
7 Stanhope, *Notes*, 81
8 Wellington hat dies sehr deutlich aufgezeigt, als er über seinen Gegenspieler bemerkte: «I can hardly conceive anything greater than Napoleon at the head of an army – especially a French army. Then he had one prodigious advantage – he had no responsibility – he could do whatever he pleased; and no man has ever lost more armies than he did. Now with me the loss of every man told. I could not risk so much; I knew that if I ever lost five hundred men without the clearest necessity, I should be brought upon my knees to the bar of the House of Commons.» Stanhope, *Notes*, 30-31; vgl. auch ebda., 81
9 *Corr.*, XI, No. 9561
10 *Corr.* XI, No. 9575
11 *Corr.*, III, No. 1836
12 Obwohl Napoleon seinen Druck auf den zaudernden Maximilian Joseph erhöhte, verharrte der weiter in seiner Intransigenz, flehte schließlich darum, neutral bleiben zu dürfen, was angesichts der geographische Lage Bayerns dem Lande nichts genutzt hätte. Nachdem ihm diese Einsicht gekommen war, wollte er die Unterzeichnung des Vertrags so lange aufschieben, bis die

ANMERKUNGEN 787

französische Armee in Bayern angelangt sei, dann wieder, bis Österreich bayerisches Gebiet verletzt habe. Alle diese Ausflüchte verfingen nicht, weshalb am 24. August 1805 ein provisorischer Bündnisvertrag zwischen Bayern und Frankreich abgeschlossen wurde, den Maximilian Joseph aber erst am 12. Oktober nach weiteren Zierereien ratifizierte. Eine detaillierte Schilderung dieser bayerischen Tragikomödie gibt Marcel Dunan, *Napoléon et l'Allemagne. Le Système continental et les débuts du royaume de Bavière 1806–1810*, Paris 1943, 13–18; bei der Ratifikation des Bündnisvertrags wurde dieser vom 24. August auf den 23. September umdatiert. Damit wurde der Eindruck erweckt, als habe der Kurfürst dieses Bündnis gleichsam nur aus Notwehr geschlossen, nachdem er aus seiner Hauptstadt vertrieben worden war.

13 Der einzige der deutschen Kleinpotentaten, der sich dem napoleonischen Bündniswerben bis zur Schlacht von Austerlitz hartnäckig verschloss, war Landgraf Ludwig von Hessen-Darmstadt. *Corr.*, XI, Nos. 9307, 9671 u. 9680
14 Was sie umtrieb, durchschaute Napoleon bis in alle Einzelheiten, wie beispielsweise sein Briefwechsel mit seinem neuen Verbündeten Friedrich von Württemberg zeigt. *Corr.* XI, Nos. 9283, 9309, 9391, 9412, 9444, 9501 u. 9567; vgl. dazu auch: Fisher, *Studies*, 103–106
15 Text des Friedens von Pressburg in: Meyer, *Staats-Acten*, I, 95–101
16 *Corr.*, XI, No. 9625; Napoleons Wutanfall wird durch sein Schreiben an Talleyrand vom 23. Dezember 1805 dokumentiert. *Corr.* XI, No. 9605
17 *Corr.* XI, No. 9016
18 Das Standardwerk zur Geschichte des Königreichs Etrurien ist nach wie vor Paul Marmottan, *Le Royaume d'Étrurie (1801–1807)*, Paris 1896
19 Dufraisse u. Kerautret, *La France napoléonienne. Aspects extérieurs*, 98
20 Wie sehr der Papst über diesen Schritt verstört war, zeigte das Rundschreiben an die Nuntiaturen im Juni 1806, das sie über die Empörung des Heiligen Vaters wegen dieses offensichtlichen Rechtsbruchs informierte. Comte d'Haussonville, *L'Église Romaine et le Premier Empire 1800–1814*, Paris 1868, II, 300–301
21 *Corr.* XII, No. 9805, vgl. auch *Corr.* XI, No. 9656
22 *Corr.*, X, No. 8852
23 *Corr.* XII, No. 9970; vgl. auch Tulard, *Le Grand Empire*, 81
24 *Aus Metternich's nachgelassenen Papieren*, I, 61
25 Das Herzogtum Cleve war von Preußen im Vertrag von Schönbrunn, den Haugwitz am 15. Dezember 1805 unterschrieb und der in Berlin am 15. Februar 1806 ratifiziert wurde, zusammen mit der Markgrafschaft Bayreuth und dem in der Schweiz gelegenen Fürstentum Neuchâtel an Frankreich, Ansbach hingegen an Bayern abgetreten worden. Im Gegenzug erhielt Preußen das englische Hannover. Zuvor bereits hatte Bayern mit Vertrag vom 16. Dezember 1805 das Herzogtum Berg an Frankreich abgetreten.
26 Charles Schmidt, *Le Grand-Duché de Berg (1806–1813), Etude sur la domination française en Allemagne sous Napolón Ier*, Paris 1905, 10
27 Ein bemerkenswertes Beispiel dieser Kennerschaft ist sein Schreiben vom 10. April 1806 an Talleyrand, in dem er einen Plan entwickelt, welchen Beitrag Frankreich in aller Diskretion leisten könnte, damit Bayern, Württemberg und Baden dem Treiben der Reichsritter, der *petits princes*, wie Napoleon sie nannte, die sowieso die natürlichen Verbündeten Österreichs seien,

ein Ende machen und deren reichsunmittelbare Territorien zu ihrem Vorteil enteigneten. *Corr.* XII, No. 10071

28 Dunan, *Napoléon et l'Allemagne*, 22-35

29 *Corr.*, XII, No. 10479

30 Der preußische Botschafter in Paris hatte diese Entwicklung genau prognostiziert, wie sein Bericht vom 17. Juni 1806 beweist: «Comme la volonté de Napoléon est aujourd'hui la seule régle des droits et prétentions des états envahissants et envahis, sa faveur est aussi l'unique arbitre de leur existence politique.» Bailleu, *Preußen und Frankreich*, II, 473

31 Der einzige dieser Herren, der sich dem Diktat verweigerte und seinem Amt in den Diensten Österreichs den Vorzug gab, war der Fürst von Liechtenstein, der sein Herrschaftsgebiet seinem Sohn abtrat, der die Rheinbundakte unterschrieb.

32 Die vorgesehenen föderalen Strukturen, deren Repräsentativorgan der sich in Frankfurt versammelnde Bundestag sein sollte, wurden jedoch nie realisiert. Napoleon hatte an einem solchen «Affenhaus» ebenso wenig Interesse wie die Herrscher der einzelnen Bundesstaaten, die sich im Genuss ihres neuen Spielzeugs, der Souveränität, um keinen Preis der Welt beeinträchtigt sehen wollten. Außerdem waren sie sich untereinander bisweilen spinnefeind, wie die zahlreichen Konflikte zeigen, die sich an Ansprüchen auf die jüngst mediatisierten Gebiete entzündeten.

33 Der förmliche Verzicht Franz' II. auf die deutsche Kaiserkrone durch die Erklärung vom 6. August 1806 war lediglich die Konsequenz, die Österreich aus den von Napoleon geschaffenen Tatsachen ziehen musste. Text dieser Erklärung bei Meyer, *Staats-Acten*, I, 107-108

34 Wortlaut der Rheinbundsakte bei: Ernst Rudolf Huber (Hrsg.), *Dokumente zur deutschen Verfassungsgeschichte*, Stuttgart, Berlin, Köln u. Mainz 1978, Nr. 2, 28-34

35 Das galt nicht nur, wie irrtümlich häufig angenommen wird, vor allem für das ostelbische Junkertum, sondern auch für dessen Standesgenossen im Westen und Südwesten Deutschlands. Vgl. Stephan Malinowski, *Vom König zum Führer. Sozialer Niedergang und politische Radikalisierung im deutschen Adel zwischen Kaiserreich und NS-Staat*, Berlin 2003

36 Elisabeth Fehrenbach, *Traditionale Gesellschaft und revolutionäres Recht. Die Einführung des Code Napoléon in den Rheinbundstaaten*, Göttingen 1983 (3. Aufl.), 19-26

37 In Deutschland waren dies vor allem die Publizisten Paul Ferdinand Friedrich Buchholz, dessen Schrift *Der neue Leviathan* 1805 in Tübingen erschien, sowie P. A. Winkopp, dessen Zeitschrift *Der rheinische Bund* seit 1806 in Frankfurt am Main verlegt wurde.

38 Palm war als aufrechter, einfacher und gottesfürchtiger Mann bekannt, dem aber weder sein Leumund, noch seine Versicherung, dass er das inkriminierte Manuskript nicht einmal gelesen habe, das Leben rettete; wie so oft bei Napoleon scheint aber auch in diesem Fall sein erster Zorn schnell verraucht zu sein, wie seine Antwort auf ein Begnadigungsgesuch für zwei von diesem Tribunal zum Tode verurteilte Verleger zeigt: «J'ai écrit au maréchal Berthier que je le laisse maître de faire ce qu'il voudra, et je trouve que la grâce qu'il demande est très à propos.» *Corr.* XIII, No. 10737

ANMERKUNGEN   789

39 *Corr.*, XII, No. 10502
40 Huber, *Dokumente*, No. 2, 34
41 Wortlaut dieser Erklärung, die der französische Gesandte am Reichstag zu Regensburg, Bacher, abgab, in: Huber, *Dokumente*, I, No. 4, 36–37
42 Das war im übrigen eine Situation, wie sie Napoleon Österreich nach dem Frieden von Schönbrunn zudachte. Er schrieb am 14. Februar 1806 an Berthier: «Il faut parler haut; il est temps que l'Autriche me laisse tranquille et reste chez elle.» *Corr.*, XII, No. 9810
43 Ein Beweis dafür ist die Gründung des Großherzogtums Berg, das Preußen vom Rhein abdrängte. Ein anderer die Okkupation der Preußen gehörenden Abteien von Essen, Elten und Werden, die Murat für sein Großherzogtum Berg annektierte, indem er die Behauptung aufstellte, diese gehörten zu Kleve, das Preußen an Frankreich abgetreten hatte. Schließlich, als Napoleon glaubte, mit England nach dem Tode Pitts zu einem Friedensschluss zu kommen, versprach er, das unterdessen an Preußen abgetretene Hannover der englischen Krone zurückzugeben.
44 Bailleu, *Preußen und Frankreich*, II, 489, 493 u. 50
45 Bailleu, *Preußen und Frankreich*, II, 509 – Schreiben Friedrich Wilhelms III. an Zar Alexander vom 8. August 1806; die Rückgabe Hannovers an England war in der Tat eine der zahlreichen Optionen, die von Napoleon ventiliert wurde. Als Gegenleistung sollte Sizilien mit dem Königreich Neapel wiedervereinigt werden, während Preußen für den Verlust Hannovers eine entsprechende Entschädigung in Mitteldeutschland zugesprochen erhielte. All diese Verschiebungen waren jedoch mit dem Zustandekommen eines allgemeinen europäischen Friedens verknüpft, an dem Frankreich und England gleichermaßen und vermutlich auch aus demselben Motiv interessiert waren: um Zeit zu gewinnen. England brauchte diese Zeit, um nach dem Ausfall Österreichs und dem Verrat Preußens eine neue Koalition gegen Frankreich zusammen zu schirren; Napoleon brauchte diese Zeit, um den *Grand Empire* zu konsolidieren und die zerrütteten Staatsfinanzen Frankreichs zu sanieren.
46 Paul Bailleu (Hrsg.), *Briefwechsel König Friedrich Wilhelm's III. und der Königin Luise mit Kaiser Alexander I.*, Leipzig 1900, No. 112
47 Lecestre, *Lettres inédites*, I, No. 124
48 *Corr.*, XIII, No. 10744
49 *Corr.* XIII, No. 10776
50 *Corr.* XIII, No. 10948; der Verweis auf die Schlüsselrolle Preußens beim ersten Koalitionskrieg gegen Frankreich, der bei Valmy zurückgeschlagen wurde, zeigt einmal mehr das propagandistische Geschick Napoleons, der jetzt wieder revolutionäre Reminiszenzen bemühte, um der in Frankreich vorherrschenden Kriegsmüdigkeit zu begegnen.
51 Bei der letzten Kavallerieattacke wurde Louis Ferdinand von dem Husaren Guindet in Stücke gehackt. Vgl. Alistair Horne, *How far from Austerlitz. Napoleon 1805–1815*, London 1996, 203
52 François Gabriel de Bray, *Aus dem Leben eines Diplomaten alter Schule*, Leipzig 1901, 224
53 *Corr.* XIII, No. 11283
54 Bertrand de Jouvenel hat diesen Aspekt vorzüglich herausgearbeitet: Jouvenel, *Napoléon et l'économie dirigée*, 241–243

55 Darin findet sich auch der Ausdruck «Kontinentalsperre», der in dem Berliner Dekret nicht gebraucht wird. («Eh bien, elle (l'Angleterre, J.W.) a conduit la Prusse à sa ruine, procuré à l'Empereur une plus grande gloire, à la France une plus grande puissance, et le temps approche où l'on pourra déclarer l'Angleterre en état de blocus continental.») *Corr.* XIII, No. 11064
56 *Corr.* XIV, No. 11476
57 In diesem Irrglauben wurde Napoleon vor allem von Montgaillard, einem *Conseiller d'État*, bestärkt, der ihm unmittelbar nach Jena und Auerstedt die Eroberung Russlands als Notwendigkeit darstellte, um dem englischen Handel die wichtigsten Absatzmärkte zu nehmen. Zit. Jouvenel, *Napoléon et l'économie dirigée*, 249
58 Eli F. Heckscher, *The Continental System. An Economic Interpretation*, Oxford 1922
59 Silvia Marzagalli, *Les Boulevards de la fraude. Le négoce maritime et le Blocus continental 1806–1813*, Paris 1999
60 Félix Rocquain, *Napoléon Ier et le Roi Louis d'après les documents conservés aux Archives Nationales*, Paris 1875
61 François Crouzet, *L'Économie britannique et le blocus continental (1803–1813)*, Paris 1958, I, 211–247
62 Stuart Woolf, *Napoleon's integration of Europe*, London u. New York 1991, 134–144
63 Chaptal, *Mes Souvenirs*, 275
64 Woolf, *Napolen's Integration*, 156–165
65 Vgl. Napoleons Anweisung an Außenminister Talleyrand vom 21. November 1806. *Corr.* XIII, No. 11282
66 Zwei Weisungen Napoleons, die am Tag der Verkündung des Berliner Dekrets gegeben wurden, liefern die perfekte Illustration: Marschall Mortier sollte Hamburg, Bremen und Lübeck sowie Mecklenburg besetzen und deren Regierungen durch den französischen Repräsentanten in Hamburg, Napoleons früheren Sekretär Bourrienne, vom Inhalt des Dekrets unterrichten. *Corr.* XIII, No. 11285; gleichzeitig wurde Talleyrand beauftragt, den französischen Geschäftsträger in Kopenhagen zu instruieren, der dänischen Regierung die Mitteilung zu machen, «que je n'entends pas violer les traités, mais que j'espère que le cabinet de Copenhague ne tolérera ni l'établissement d'aucun courrier réglé ni aucun bureau de poste anglaise en Danemark.» Außerdem solle dieser beim dänischen Prinzregenten darauf hinwirken, dass die dänischen Truppen auf vier- bis fünftausend Mann reduziert würden und diesem versichern «qu'il doit trouver sa garantie dans sa bonne conduite et dans l'amitié de la France.» *Corr.* XIII, No. 11282 – Derart geruhte Napoleon mit souveränen Staaten, die ihm weit unterlegen waren, umzuspringen.
67 Noch vor Jena und Auerstedt bekundete Napoleon zweimal sein Wohlwollen und Verständnis, das er dem sächsischen Volk entgegenbrachte. So in seiner aus Bamberg vom 7. Oktober 1806 datierten Botschaft an den Senat (*Corr.* XIII, No. 10949), sowie in seiner Proklamation *Aux Peuples de la Saxe* vom 10. Oktober 1806 *Corr.* XIII, No. 10978
68 Fisher, *Studies*, 133–134
69 Gegenüber dem Weimarer Kanzler Friedrich von Müller, einem Vertrauten Goethes, ließ er sich sogar zu der Drohung hinreißen: «Je veux renvoyer

ces Welfs dans les marécages italiens d'où ils sont sortis. Je veux les fouler et les anéantir comme ce chapeau, et qu'on ne se souvienne plus d'eux en Allemagne.» Friedrich von Müller, *Erinnerungen aus den Kriegszeiten von 1806-1813*, Braunschweig 1851, 62
70 Das Urteil über Hessen-Kassel wurde mit dem 27. *Bulletin de la Grande Armée* vom 4. November 1806 gefällt, das die Absetzung der Herrscherfamilie ankündigte. *Corr.* XIII, No. 11167; cf. auch *Corr.* XIII, No. 11061
71 Häusser, *Deutsche Geschichte*, IV, 451-45
72 Die Verfassung des Königreichs hatte zwei illustre Autoren: Cambacérès und Regnault de Saint-Jean-d'Angely. In einem Brief vom 15. November 1807 an Jérôme erläutert Napoleon seine Absichten, die er mit der Verfassung für das Königreich Westfalen verfolgte. *Corr.* XVI, No. 13361
73 Helmut Berding, *Napoleonische Herrschafts- und Gesellschaftspolitik im Königreich Westphalen 1807-1813*, Göttingen 1973
74 Das Dokument dieser Empörung ist die *Geheime Geschichte des ehemaligen Westphälischen Hofes zu Kassel*, St. Petersburg 1814, 2 Bde
75 Seine Instruktionen für General Lagrange, den Chef der französischen Militärverwaltung in Kassel, sind dafür nur ein Beispiel, vgl. *Corr.* XIII, No. 11174
76 Thiébault, *Mémoires*, IV, 46-52
77 *Corr.* XIV, No. 12131
78 O'Meara, *Napoleon en exil*, I, 387
79 Von der unsinnigen Absicht, Schlesien an Sachsen zu geben, konnte weder nach Jena noch nach Friedland die Rede sein. Womit Napoleon in der Tat damals spielte, war der Gedanke, Schlesien wieder Österreich als Preis für ein dauerhaftes Bündnis mit Frankreich zurückzuerstatten. Der österreichische Kanzler Stadion war allerdings klug genug, sich auf diesen Handel nicht einzulassen. R. B. Mowat, *The Diplomacy of Napoleon*, London 1924, 173
80 *Aus Metternich's hinterlassenen Papieren*, I, 111
81 Die zutiefst falsche Vorstellung von England, die Napoleon beherrschte und die er seiner Umgebung einimpfte, hat ein hellsichtiger Zeitgenosse, Baron L.A. Pichon, der nach einer diplomatischen Karriere bis 1812 *Intendant général des Finances* war, in seiner bereits 1814 veröffentlichten Schrift plausibel beschrieben: «Bonaparte, au reste, et toute son administration, faisaient profession du plus grand mépris pour le commerce. On lui avait persuadé que l'esprit commercial était anti-monarchique; qu'il n'y avait pas d'honneur dans un pays commerçant et qu'il fallait que la France fût seulement militaire et agricole.» L. A. Pichon, *De l'État de la France sous la domination de Napoléon Bonaparte*, Paris 1814, 158-159
82 *Corr.* XIV, No. 12100
83 *Corr.* XIII, No. 11093
84 Für die Leiden, Entbehrungen und Anstrengungen, die diese Kampagne den einfachen Soldaten abforderte, ist das Tagebuch, das der damalige Sergeant Coignet führte, sehr aufschlussreich. *Les cahiers du capitaine Coignet*, Jean Mistler (Hrsg.), Paris 1968, 129-135
85 *Corr.* XIV, No. 11796
86 *Corr.* XIV, No. 11800
87 Chandler, *The Campaigns*, 548; für die Schilderung des Schlachtverlaufs durch Augenzeugen vgl. Marbot, *Mémoires*, I, 331-354; das Schlachtfeld nach

dem Kampf schildert mit vielen erschütternden Einzelheiten der damalige Chef-Chirurg der *Grande Armée*, Baron Percy: *Journal des Campagnes du baron Percy,* Emile Longin (Hrsg.), Paris 1986, I, 160–176; der Eindruck, den das Gemetzel von Eylau auf Napoleon gemacht hatte, beschäftigte ihn noch geraume Weile, wie seine Korrespondenz zeigt, in der er immer wieder auf diese Schlacht zu sprechen kam. Auch ließ er seine Propagandamaschine auf Hochtouren laufen, um den fatalen Eindruck dieser Beinahe-Niederlage zu dementieren. Wie wenig es diesmal nützte, zeigt seine Beschwerde an Fouché vom 13. April 1807, in der er sich bei diesem darüber beklagt, dass in Paris noch immer übertriebene Schilderungen der Schlacht von Eylau und vor allem weit übertriebene Einschätzungen der französischen Verluste in Umlauf seien. *Corr.* XV, No. 12361
88 *Corr.* XV, No. 12294
89 Schreiben an Cambacérès, Osterode, 26. März 1807, *Corr.* XIV, No. 12176
90 *Corr.* XV, No. 12415 u. 12416
91 Edouard Driault, *La Politique orientale de Napoléon. Sébastiani et Gardane, 1806–1808,* Paris 1904
92 Hardenberg, *Denkwürdigkeiten,* III, 458–462
93 Zit. Albert Vandal, *Napoléon et Alexandre Ier. L'alliance russe sous le Premier Empire,* Paris 1911, I, 52–53
94 Hardenberg, *Denkwürdigkeiten,* III, 490; Hardenberg kommentierte dies mit den Worten: «Wirklich hatte Napoleon fein genug die Eitelkeit des Kaisers Alexander gefangen zu nehmen und ihm einzureden gewusst, dass sie beide das ganz große Geschäft ohne Minister unmittelbar zu Stande bringen müssten. Aber Napoleon hatte seine weit überlegene Erfahrung, Falschheit und Kraft voraus und überdem den listigen Talleyrand hinter dem Vorhang.» Hardenberg, *Denkwürdigkeiten,* III, 489–490
95 *Corr.* XI, No. 9545
96 *Corr.* XV, No. 12825
97 *Corr.* XV, No.12843 vom 3. Juli 1807
98 *Corr.* XV, No. 12837, Schreiben vom 30. Juni 1807
99 Vgl. dazu auch das Schreiben Napoleons an Zar Alexander vom 3. Juli 1807. *Corr.* XV, No. 12846
100 Wie sehr Napoleon von dieser Illusion gefangen war, zeigt seine *Note* vom 4. Juli 1807 an Zar Alexander I. *Corr.* XV, No. 12849
101 Bezeichnenderweise wird der Name «Polen» in den Tilsiter Verträgen nicht einmal erwähnt. Der Text dieser Verträge in: Vandal, *Napoleon,* I, 499–507; bei der Bezeichnung «Großherzogtum Warschau» handelt es sich also um eine politische Sprachregelung, um die Empfindlichkeiten des Zaren zu schonen.
102 Diese Zuversicht spricht beispielsweise aus seinem Schreiben an den Zaren vom 6. Juli 1807. *Corr.* XV, No. 12865
103 Die Herrschaft des Sachsenkönigs in Personalunion über das Großherzogtum Warschau war lediglich nominal; die tatsächliche Macht im Lande übte Napoleon aus, wie dies mit der Konvention von Dresden vom 22. Juli 1807 geregelt wurde. Einzelheiten bei Fisher, *Studies,* 148–155
104 Diese Zuversicht spricht beispielsweise aus seinem Schreiben an den Zaren vom 6. Juli 1807. *Corr.* XV, No. 12865

105 Das Dokument dafür ist sein *Exposé de la situation de l'Empire*, das er am 24. August 1807 dem *Corps législatif* vom Innenminister vortragen ließ. *Corr.* XV, No. 13063

2. Kapitel · Der europäische Krieg

1 *Aus Metternich's hinterlassenen Papieren*, I, 60
2 Seinen Rücktritt begründete er mit dem bekannten Satz: «Je ne veux pas, ou je ne veux plus être le bourreau de l'Europe.» Zit. Lacour-Gayet, *Talleyrand*, II, 218
3 Charles Otto Zieseniss, *Napoléon et la Cour Impériale*, Paris 1957, 158–161
4 André Latreille, *Napoléon et le Saint-Siège (1801–1808). L'ambassade du Cardinal Fesch à Rome*, Paris 1935, 460–461
5 *Corr.* XI, No. 9655
6 Latreille, *Napoléon*, 473
7 *Corr.* XII, No. 9806
8 *Corr.* XVI, No. 13441
9 *Corr.* XVI, No. 13477
10 *Corr.* XVI, No. 13666
11 Schreiben Napoleons an Talleyrand vom 19. Juli 1807, *Corr.*, XV, No. 12928
12 Zur komplexen Vorgeschichte dieser Intrige, die damit ihren Lauf nahm, vgl. Fugier, *Napoléon et l'Espagne*, II, 216–248
13 Für eine detaillierte Schilderung der Verhandlungen von Fontainebleau vgl. Fugier, *Napoléon et l'Espagne*, II, 248–264; vgl. auch Geoffroy de Grandmaison, *L'Espagne et Napoléon*, Paris 1908, I, 128
14 *Corr.* XVI, No.13287; im Vertrag von Fontainebleau wurde die Stärke der französischen Truppen, die für die Invasion Portugals bestimmt waren, auf 28000 Mann begrenzt. Tatsächlich befanden sich aber bereits Anfang des Jahres 1808 rund 80000 französische Soldaten in Nordspanien. Jean Thiry, *La Guerre d'Espagne*, Paris 1965, 115
15 Georges Roux, *Napoléon et le guêpier espagnol*, Paris 1970, 31
16 Zu den grotesken Umständen dieser Ernennung: Grandmaison, *L'Espagne*, I, 130–131
17 *Corr.* XVII, No. 13952; Fugier, *Napoléon et l'Espagne*, II, 384–385
18 *Corr.* XVI, No. 13637
19 Zu den Einzelheiten dieser Affäre vgl. Grandmaison, *L'Espagne*, I, 99–122
20 Fugier, *Napoléon et l'Espagne*, II, 440–443
21 Bei seinen Versuchen, seinen Brüdern die spanische Krone anzudienen, hatte sich Napoleon bislang nur Absagen eingehandelt. Masson, *Napoléon et sa famille*, IV, 215–254
22 Thiry, *La Guerre d'Espagne*, 194–195
23 Marbot gibt einen lebhaften Augenzeugenbericht des *Dos de Mayo*, wie dieser Aufstand, das Fanal für die Rebellion Spaniens gegen die französische Okkupation, seither genannt wird. Marbot, *Mémoires*, II, 31–36
24 *Corr.* XVII, No. 13815
25 Einer seiner Berater, Joseph Fiévée, sah damals bereits wesentlich klarer und warnte in seinem Bericht vom Mai 1808 Napoleon mit Nachdruck davor,

sich in das spanische Abenteuer zu stürzen. Fiévée, *Correspondance*, II, 329-330

26 *Corr.* XVII, No. 13844
27 *Corr.* XVII, No. 14020
28 *Corr.* XVII, No. 13958
29 «Les catastrophes qui font crouler le trône d'Espagne sont assurément faites pour combler la mesure de la politique astucieuse, destructive et criminelle de Napoléon; politique qu'il n'a cessé de suivre depuis son avénement,» heißt es zu Beginn dieses Schreibens, dessen zentrale Schlussfolgerung ein langes Echo haben sollte: «Toutes les Puissances, (...) ont tout perdu en attachant aux traités qu'elles ont conclu avec la France la valeur d'une paix. Il n'en existe pas avec un système révolutionnaire, et que Robespierre déclare la guerre éternelle aux châteaux, ou que Napoléon la fasse aux Puissances, la tyrannie est la même et le danger n'en est que plus universel.» *Aus Metternich's nachgelassenen Papieren*, II, 171-174
30 Zit. Grandmaison, *L'Espagne*, I, 235; Napoleon, dem diese Äußerung zu Ohren kam, schrieb darüber am 25. April 1808 an Talleyrand: «J'ai peine à croire que M. Tolstoi ait tenu le langage qu'on lui prête. C'est un quolibet parisien. (...) Je puis avoir des démêlés avec Rome et avec l'Espagne, cela ne regarde pas la Russie; c'est pour moi les frontières de la Chine.» *Corr.* XVII, No. 13778
31 Grandmaison, *L'Espagne*, I, 256-257
32 Grandmaison, *L'Espagne*, I, 258-259
33 Wie sehr Napoleon von Anfang an den Ernst der Lage verkannte und einige rasche Anfangserfolge der französischen Truppen über die zunächst nicht sehr kampferprobten Aufständischen für die Regel nahm, zeigt sein Schreiben an Talleyrand vom 9. Juni 1808: «Il y a eu des mouvements dans plusieurs provinces d'Espagne. Le général Dupont, avec 15000 hommes, est entré à Seville, où l'étendard de la révolte a été aboré.» *Corr.* XVII, No. 14073 – Bis Sevilla ist General Dupont allerdings nie vorgestoßen. Der südlichste Punkt, den er erreichte, war Cordoba, wo seine Truppen fürchterlich wüteten und damit das Fanal zum Aufstand in ganz Südspanien erst richtig entfachten. Marbot bietet für Napoleons Wahrnehmungssperre eine Erklärung: «Napoléon méprisa trop les nations de la péninsule, et crut qu'il suffirait de montrer des troupes *françaises* (Hervorhebung im Original) pour obtenir d'elles tout ce qu'on voudrait.» Marbot, *Mémoires*, II, 3
34 *Mémoires du Roi Joseph*, IV, 357-359; Napoleon hingegen schrieb ihm am 17. Juli von Bayonne: «Mon Frère, je reçois à l'instant votre lettre qui m'annonce la victoire de Medina de Rio Seco. Cette victoire est très-glorieuse. Témoignez-en votre satisfaction au maréchal Bessières en lui envoyant la Toison d'or.» *Corr.* XVII, No. 14212; an Bessières schrieb Napoleon am nämlichen Tag: «Jamais bataille ne fut gagnée dans des circonstances plus importantes: elle décide les affaires d'Espagne.» *Corr.* XVII, No. 14210 – In diesem Enthusiasmus Napoleons verrät sich unschwer seine Erleichterung, in der sich aber auch anzudeuten scheint, wie sehr ihm die spanische Angelegenheit langsam unheimlich zu werden beginnt.
35 *Mémoires du Roi Joseph*, IV, 366 – 367; diese letzte Feststellung war keineswegs übertrieben, denn Joseph musste unterwegs die schmerzliche Erfah-

rung machen, dass sich die Mitglieder der *Junta,* die ihn nach Madrid begleiten sollten, eins nach dem anderen klammheimlich aus dem Staub machten. Savary, *Mémoires,* III, 417–419

36 *Mémoires du Roi Joseph,* IV, 376

37 Das Exempel für den Erfolg dieser Taktik gegen die napoleonische Praxis des in Kolonnen vorgetragenen Sturmangriffs hatte das Treffen von Maida in Süditalien gegeben, das im Juli 1807 zwischen einem englischen Expeditionscorps von rund 5000 Mann, das im Golf von Eufemia angelandet war, und der französischen Division des Generals Reynier geschlagen wurde. Im sicheren Vertrauen auf ihre zahlenmäßige Überlegenheit sowie die Erschöpfung der englischen Soldaten einkalkulierend, die von ihrem Landungsplatz aus neun Meilen den Strand entlang marschiert waren, verließen die Franzosen die starke Defensivposition ihres Lagers auf dem Hochufer eines kleinen Flusses, um die Engländer anzugreifen. Das endete mit einer blutigen, wenngleich für die weitere Entwicklung der Dinge zunächst folgenlosen Niederlage, aus deren taktischen Ursachen aber einer sehr folgenreichen Schlüsse zog: General Sir Arthur Wellesley. Miot de Melito, *Mémoires,* II, 322. Vgl. auch *The Croker Papers. The Correspondance and Diaries of the late Right Honorable John Wilson Croker, LL.D., F.R.S., Secretary to the Admiralty from 1809 to 1830,* (Hrsg.) Louis J. Jennings, London 1884, I, 13

38 Chaptal, *Mes Souvenirs,* 248–249

39 Auf Sankt Helena bemerkte er am 6. Mai 1816 auf das spanische Desaster zurückblickend gegenüber Las Cases: «Cette combinaison m'a perdu. Toutes les cironstances de mes désastres viennent se rattacher à ce noeud fatal; elle a détruit ma moralité en Europe, compliqué mes embarras, ouvert une école aux soldats anglais. C'est moi qui ai formé l'armée anglaise dans la Péninsule.» Las Cases, *Mémorial,* I, 569

40 Vgl. dazu *Aus Metternich's nachgelassenen Papieren,* II, 214–215

41 Mit Blick auf die während des Sommers 1808 auf der Iberischen Halbinsel erlebten Debakel schreibt Fouché in seinen Memoiren: «Tout fut connu et avéré dans Paris, malgré les efforts incroyables de toutes les polices, de toutes les administrations pour intercepter et dérober la connaissance des événements publics. Jamais, dans le cours de mes deux ministères, je ne vis un pareil déchaînement contre l'insatiable ambition et le machiavélisme du chef de l'État. Je pus m'assurer alors que, dans les grandes crises, la verité reprend tous ses droits et tout son empire.» Fouché, *Mémoires,* 207; für Napoleon aber besonders fatal war die Schlussfolgerung, die Metternich aus den ersten Niederlagen der französischen Armee in Spanien zog und die er in einem Memorandum vom 4. Dezember 1808 niederlegte: «La guerre contre l'espagne nous divulgue un grand secret: celui que Napoléon n'a qu'une armée, – sa grande armée. Cette grande armée, (...) ne fut point affaiblie lors de la première expédition contre l'Espagne et le Portugal. On employa la majeure partie de la conscription de 1807 et de 1808 à la formation de nouveaux cadres dans l'intérieur de la France, auxquels les dépôts des régiments existants servirent de noyau. La conquête ou plutôt l'occupation de la presqu'ile (car c'est à cela que l'Empereur crut que se bornerait cette opération) fut confiée à ces troupes de nouvelle levée. Les premiers revers des Français en Espagne peuvent en partie être attribués à la chétive formation de cette ar-

mée; mais ces mêmes revers sont importants à observer, parce qu'ils prouvent que des milliers de conscrits français, livrés à eux-mêmes sans être soutenus par d'anciennes troupes de ligne, ne valent pas mieux que de nouvelles recrues de toute autre nation, qui ne seraient point amalgamées avec de vieux soldats.» *Aus Metternich's nachgelassenen Papieren*, II, 257–258

42 *Corr.* XVII, No. 14125, 14128, 14147, 14230, 14248, 14269, 14302, 14380 u. 14382; XVIII, No. 14700, 14706, 14707, 14710, 14718–14725 u. 14782

43 *Aus Metternich's nachgelassenen Papieren*, II, 201–212

44 Diese Absicht verschaffte Metternich auch die Gewähr, seiner Regierung am 26. August 1808 die Prognose zu übermitteln, dass Napoleon nicht vor Jahresfrist einen neuerlichen Krieg gegen Österreich führen werde. *Aus Metternich's nachgelassenen Papieren*, II, 220; vgl. auch Caulaincourt, *Mémoires*, I, 252

45 *Corr.* XVII, No. 14293

46 Metternich informierte mit mildem Spott Stadion über diesen kulturpolitischen Coup Napoleons bereits vorab in einem Schreiben vom 23. September 1808: «Trente-deux acteurs et comparses du Théâtre-Français ont été envoyés en toute hâte à Erfurt. Ils ne composent que le cadre de la tragédie, et, excepté les deux ou trois premiers personnages, on a eu plus d'égards à la figure des actrices qu'à leur talent. Cette circonstance, qui n'a pu échapper à un public malin, a prêté à rire aux Parisiens. Cette levée en masse de la tragédie est une galanterie très-coûteuse; chaque individu reçoit mille écus pour les frais du voyage, et les premiers sujets en outre huit mille francs de gratification, et ainsi de suite.» *Aus Metternich's nachgelassenen Papieren*, II, 233

47 Die Überlieferung der Begegnungen Napoleons mit Goethe und Wieland ist ausführlich dokumentiert in: *Napoleon. Die Memoiren seines Lebens*, (Hrsg.) Friedrich Wencker-Wildberg u. Friedrich M. Kircheisen, Wien, Hamburg u. Zürich o. J., XI, 96–116

48 An den französischen Gesandten am Hof zu Kassel, den Grafen Karl Friedrich von Reinhard, den er vom Bade her kannte, schrieb Goethe am 2. Dezember 1808: «Also ist das wunderbare Wort des Kaisers (Voilà un homme!) womit er mich empfangen hat, auch bis zu Ihnen gedrungen! Sie sehen daraus, dass ich ein recht ausgemachter Heide bin, indem das *Ecce homo* im umgekehrten Sinne auf mich angewendet worden. Übrigens habe ich alle Ursache, mit dieser Naivetät (sic) des Herrn der Welt zufrieden zu sein.» *Goethe und Reinhard. Briefwechsel in den Jahren 1807–1832*, (Hrsg.) Otto Heuschele, Wiesbaden 1957, 78–79

49 Friedrich Nietzsche, *Jenseits von Gut und Böse*, Nietzsches Werke. Kritische Gesamtausgabe, (Hrsg.) Giorgio Colli u. Mazzino Montinari, Berlin 1968, VI, 2, 146

50 Richard Friedenthal, *Goethe. Sein Leben und seine Zeit*, München 2000, 451

51 Wortlaut dieser Konvention in: *Corr.* XVII, No. 14372

52 Caulaincourt, *Mémoires*, I, 246–250

53 *Aus Metternich's nachgelassenen Papieren*, II, 254; in einem ganz ähnlichen Sinne ließ sich Talleyrand auch gegenüber Metternich vernehmen: «Le Rhin, les Alpes, les Pyrénées sont la conquête de la France. Le reste est le conquête de l'Empereur; la France n'y tient pas. (...) Que l'intérêt de la

ANMERKUNGEN 797

France elle-même exige que les Puissances en état de tenir tête à Napoléon se réunissent pour opposer une digue à son insatiable ambition. Que la cause de Napoléon n'est plus celle de la France; que l'Europe enfin ne peut être sauvée que par la plus intime réunion entre l'Autriche et la Russie.» *Aus Metternich's nachgeklassenen Papieren*, II, 254-255

54 Seinem Außenminister Romanzof gegenüber versicherte er deshalb auch, dass Haltung und Worte Talleyrands ihm die Meinung «de tout ce qui était sensé en France» auszudrücken schienen, «des hommes les plus éclairés et les plus sages de la France.» Zit. Vandal, *Napoléon*, I, 423

55 *Corr.* XVIII, No. 14413

56 Schreiben Josephs an Napoleon vom 14. September 1808, *Mémoires du Roi Joseph*, V, 85-86

57 *Corr.* XVII, No. 14347; dessen ungeachtet setzte er ständig frische Truppen nach Spanien in Marsch. Unmittelbar vor seiner Abreise nach Erfurt, am 18. September nahm er in Saint-Cloud die Parade mehrerer Detachements der *Grande Armée* ab, die auf die Iberische Halbinsel kommandiert waren. *Corr.* XVII, No. 14338

58 Wesentlich zurückhaltender im Ton gab Napoleon am 2. Oktober 1808 Kriegsminister Clarke die Weisung, sich an Junot zu wenden und von diesem Aufklärung über das Geschehen zu heischen: «J'attends du duc d'Abrantès une relation de tous les événements, qui m'apprenne ce qui s'est opposé à ce que, voyant venir depuis six semaines, il ait fait un camp retranché à l'embouchure du Tage, ou dans toute autre position, avec des approvisionnements suffisants pour attendre qu'il soit secouru. Voilà ce que l'art de la guerre voulait qu'il fît dans une pareille situation.» *Corr.* XVII, No. 14355

59 Thiry, *La Guerre d'Espagne*, 278

60 *Corr.* XVII, No. 14378

61 *Corr.* XVIII, No. 14518

62 Die Erstürmung des Passes von Somo-Sierra war sicherlich der spektakulärste Erfolg der französischen Waffen im spanischen Krieg. Umso größer war natürlich auch die Versuchung, dieses Bravourstück propagandistisch auszuschlachten, der Napoleon hemmungslos nachgab. Ein Beispiel dafür ist der *Treizième Bulletin de l'Armée d'Espagne*, der am 2. Dezember in Chamartin vor den Toren Madrids veröffentlicht wurde. *Corr.* XVIII., No. 14524. Die tatsächlichen Geschehensabläufe in Somo-Sierra hat dann erst Commandant Balagny in seiner erschöpfenden, aber leider nicht vollendeten Darstellung des Spanienkriegs rekonstruiert: Commandant Balagny, *Campagne de l'Empereur Napoléon en Espagne (1808 - 1809)*, Paris u. Nancy 1903, II, 402-460

63 Eine weiträumige Aufklärung war in den unwirtlichen Hochebenen von Alt- und Neu-Kastilien kaum zu gewährleisten, weil die Guerillakriegführung als Antwort auf die französische Offensive sofort wieder aufflammte. Marbot, *Mémoires*, II, 68 u. 92

64 *Mémoires du Roi Joseph*, V, 208

65 In seiner Proklamation «Aux Espagnols» vom 7. Dezember 1808 berief er sich ausdrücklich darauf: «Aux droits qui m'ont été cédés par les princes de la dernière dynastie, vous avez voulu que j'ajoutasse le droit de conquête.» *Corr.* XVIII, No. 14537

66 *Corr.* XVIII, No. 14537
67 Zu den wenig erfolgreichen Versuchen mit tatkräftiger Unterstützung Frankreichs in Spanien in den Jahrzehnten vor Beginn der Französischen Revolution eine «Aufklärung von oben» zu initiieren, vgl. Raymond Carr, *Spain 1808–1939*, Oxford 1966, 60–72
68 Grandmaison, *L'Espagne*, I, 395–405
69 *Corr.* XVIII, No. 14558
70 Grandmaison, *L'Espagne*, I, 408–410
71 Joséphine teilte er unter dem Datum des 22. Dezember 1808 lapidar mit: «Je pars à l'instant pour manoeuvrer les Anglais, qui paraissent avoir reçu leurs renforts, et vouloir faire les crânes. Le temps est beau; ma santé parfaite; sois sans inquiétude.» *Corr.* XVIII, No. 14606 – Cambacérès hingegen, der zeit seiner Abwesentheit die Regierungsgeschäfte in Paris verwaltete, ließ er unter demselben Datum wissen: «Si les Anglais ne se dirigent pas vers la mer et ne nous gagnent pas de vitesse, il sera difficile qu'ils échappent, et ils payeront cher l'entreprise qu'ils ont osé former sur le continent.» *Corr.* XVIII, No. 14610
72 Vgl. Marbot, *Mémoires*, II, 88; eine ähnlich eindringliche Schilderung der erlittenen Mühsal findet sich in: *Les Cahiers du Colonel Girard 1766–1846*, (Hrsg.) Paul Desachy, Paris 1951, 138–139
73 Marbot, *Mémoires*, II, 94
74 So stellt er es auch in einem Schreiben an Eugène vom 15. Januar 1809 dar. *Corr.*, XVIII, No. 14715; vgl. auch ebda. No. 14706
75 *Corr.* XVIII, No. 14516
76 Pasquier, *Mémoires*, I, 351–352; von Talleyrands giftigen Reden berichten auch Beugnot und Mme. de Rémusat in ihren Erinnerungen. *Mémoires du Comte Beugnot (1783–1815)*, Paris 1868, I, 346 u. Mme de Rémusat, *Mémoires* III, 331–332
77 Vgl. die ausführliche Schilderung der ganzen vermeintlichen Kabale durch einen Augen- und Ohrenzeugen: Mollien, *Mémoires*, II, 333–341
78 Lacour-Gayet, *Talleyrand*, II, 267–273
79 Méneval, *Mémoires*, II, 224–225
80 Dieses «Enigma in Buoanparte's Career» wurde auch von John Wilson Croker umkreist, der zu einer ganz ähnlichen Vermutung gelangte. *The Croker Papers*, I, 354–355; eine ähnliche Vermutung äußerte auch Schatzminister Mollien in seinen Erinnerungen: «Aussi avait-il (i.e. Napoleon) voulu qu'un de ces coups d'éclat, dont il avait jusqu'alors disposé à point nommé, une victoire remportée sur des Anglai, précédât son départ précipité.» Mollien, *Mémoires*, II, 329–330
81 Balagny, *Campagne de l'Empereur Napoléon*, IV, 191–272
82 In einem Schreiben an Joseph vom 27. Dezember 1808 hatte Napoleon die Zuversicht geäußert: «Si les Anglais n'ont pas déjà battu en retraite, ils sont perdus; et, s'ils se retirent, ils seront poursuivis jusqu'à leur embarquement, de manière que la moitié certainement ne se rembarquera pas». *Corr.* XVIII, No. 14620 – Wie konsterniert selbst ein Fouché über das plötzliche Erscheinen Napoleons in Paris war, belegen seine Erinnerungen. Fouché, *Mémoires*, 214
83 *Aus Metternichs nachgelassenen Papieren*, II, 281

84 Zur Politik Österreichs wie Russland in den Monaten vor Beginn des Krieges vgl. Schroeder, *The Transformation*, 351-358
85 *Aus Metternich's nachgelassenen Papieren*, II, 285-288
86 Bereits am 23. Februar 1809 erteilte er Kriegsminister Clarke den Befehl, ein *Corps d'observation de l'armée du Rhin* zu schaffen, das Masséna kommandieren sollte. *Corr.* XVIII, No. 14806. Napoleon kam dabei sehr gelegen, dass er das Gelände bestens kannte. Das zeigen beispielsweise seine sehr detaillierten Anweisungen für eine Befestigung Passaus, die er Kriegsminister Clarke am 1. März 1809 übermittelt. *Corr.*, XVIII, No. 14827 u. 14828
87 *Corr.* XVIII, No. 14975
88 Dass alle diese blutigen Schlachten, in denen auf beiden Seiten mit großer Erbitterung gefochten wurde, keine greifbare Entscheidung brachten, irritierte Napoleon nicht wenig. Verräterisch ist dafür der Ton seiner Proklamationen und Briefe. In seiner *Proclamation à l'armée* vom 24. April 1809 heißt es beispielsweise: «Soldats! (...) Vous avez glorieusement marqué la difference qui existe entre les soldats de César et les cohues armées de Xerxès». *Corr.* XVIII, No. 15111; bereits drei Tage zuvor hatte er an den französischen Bevollmächtigten in München, Otto, geschrieben: «L'armée autrichienne a été frappée par le feu du ciel qui punit l'ingrat, l'injuste et le perfide; elle est pulvérisée. Tous ses corps d'armée ont été écrasés». *Corr.* XVIII, No. 15102 – Das war schieres Wunschdenken, weshalb er Marschall Lannes am 22. April wissen ließ: «Puisque l'ennemi est têtu, il faut l'exterminer». *Corr.* XVIII, No. 15106
89 Für eine ausführliche Darstellung dieser zweitägigen Schlacht vgl. Chandler, *The Campaigns*, 699-706; für eine lebhafte Schilderung des blutigen Geschehens seitens eines Teilnehmers an dieser Schlacht vgl. Marbot, *Mémoires*, II, 175-212
90 Entsprechend legt der 10. *Bulletin de l'Armée d'Allemagne*, der die französischen Verluste grotesk niedrig mit 1100 Toten und 3000 Verwundeten bezifferte, vor allem Nachdruck auf die Schilderung der Tapferkeit einzelner Einheiten. Auch wurde sehr ausführlich die schwere Verwundung des Marschalls Lannes, dem eine Kanonenkugel das Bein zerschmettert hatte, sowie die Reaktion Napoleons darauf, vermeldet. *Corr.* XIX, No. 15246
91 Über die Zustände auf der Lobau vgl. die Schilderung des Chirurgen Larray, der von Napoleon damals zum Baron gemacht wurde: Baron Larrey, *Mémoires et Campagnes*, III, 281-282
92 Marmont, *Mémoires*, III, 216
93 *Corr.* XVI, No. 13477
94 *Corr.* XIX, No. 15384
95 *Corr.* XIX, No. 15555
96 Eine ausführliche Schilderung der Schlacht gibt Chandler, *The Campaigns*, 707-729; eine lebhafte Augenzeugenschilderung des Schlachtenverlaufs aus österreichischer Perspektive in: Karl August Varnhagen von Ense, *Denkwürdigkeiten des eignen Lebens*, (Hrsg. Konrad Feilchenfeldt), Frankfurt am Main 1987, I, 609-659
97 Vgl. die detaillierte Erörterung seiner Fehler bei Chandler, *The Campaigns*, 732-736
98 *Corr.* XIX, No. 15694

3. Kapitel · Götzendämmerung

1 Ein besonders aberwitziges Vorhaben, das die Paranoia von Napoleons Herrschaftsgelüsten vortrefflich illustriert, ist jenes Projekt eines Zentralarchivs, das in Paris errichtet werden sollte, um die Archivalien aller von ihm unterworfenen Staaten zentral zu verwahren und zu verwalten, die damit gleichsam auch ihrer Erinnerung beraubt worden wären. Metternich, den er in diese aberwitzigen Pläne 1810 einweihte, berichtet darüber in *Aus Metternich's nachgelassenen Papieren*, I, 110
2 Mollien hat diese Stimmung, die in der Pariser Öffentlichkeit Napoleon bei seiner Rückkehr aus Spanien entgegenschlug, anschaulich beschrieben. Mollien, *Mémoires*, II, 332–333
3 Mit dem ihm eigenen spröden Realismus hat dies Joseph Fiévée in seinem Bericht, den er im Juli 1808 bereits Napoleon abstattete, analysiert. Fiévée, *Correspondance*, II, 340–341
4 Mollien, *Mémoires*, II, 341–343
5 Mollien, *Mémoires*, II, 347–351
6 Für den sprunghaft angewachsenen Anteil ausländischer Kontingente in den Armeen Napoleons vgl. Pigeard, *L'Armée de Napoléon*, 163–172
7 Alain Pigeard, *La Loi Jourdan-Delbrel du 19 fructidor an VI: Évolution et application en France du 5 septembre 1798 au 4 juin 1814*, Thèse de doctorat en droit, Dijon 1997
8 Befreit von der Wehrpflicht waren von vornherein alle wegen eines schweren körperlichen Gebrechens Untauglichen wie Blinde, Taube, Stumme oder Gehbehinderte. Pigeard, *L'Armée de Napoléon*, 191–192. Bezogen auf die männliche Bevölkerung im «wehrfähigen» Alter betrug die durchschnittliche effektive Rekrutierungsquote im napoleonischen Kaiserreich 7 Prozent, während sie für den Ersten Weltkrieg mit 20 Prozent beziffert wird. Pigeard, *L'Armée de Napoléon*, 189
9 In der Region von Avignon beispielsweise stiegen die einschlägigen Preise rasch auf 5000 *francs*, um in der letzten und verlustreichsten Phase des Kaiserreichs die Summe von 10000 *francs* zu übersteigen, ein Betrag, der das Acht- bis Zehnfache dessen betrug, was damals für einen Hektar guten Ackerbodens verlangt und bezahlt wurde. William Serman u. Jean-Paul Bertaud, *Nouvelle Histoire militaire de la France 1789–1919*, Paris 1998, I, 135; die Praxis des Freikaufs war seit 1802 gesetzlich geregelt. Bis 1807 wurde von dieser Möglichkeit aber kaum Gebrauch gemacht, weil bis dahin eine nur verhältnismäßig geringe Ausschöpfung der Wehrpflichtigenquote erfolgte. Zwischen 1807 und 1811 steigen die Fälle von Freikauf jedoch sprunghaft an und belaufen sich im Durchschnitt auf rund 4 Prozent der Wehrpflichtigen, eine Zahl, die sich gegen das Ende des Empire zwischen 1 und 2 Prozent einpendelt, ein Rückgang, in dem sich die exorbitant steigenden Preisforderungen niederschlugen. Pigeard, *L'Armée de Napoléon*, 192
10 Das Problem, sich der Wehrpflicht auf die eine oder andere Weise zu entziehen, war für die ganze Zeit der Herrschaft Napoleons endemisch. Vgl. den Bericht des preußischen Botschafters Lucchesini vom 13. Juli 1803. Bailleu, *Preußen und Frankreich*, II, 182

ANMERKUNGEN 801

11 Alan Forrest, *Napoleon's Men. The Soldiers of the Revolution and Empire*, London u. New York 2002, 16
12 Jean Morvan, *Le Soldat impérial (1800-1814)*, Paris 1904, 63-120
13 Fiévée, *Correspondance*, II, 367
14 Vgl. die zahlreichen Dokumente und Äußerungen von Soldaten, die Alan Forrest zusammengetragen hat. Forrest, *Napoleon's Men*, passim
15 Bereits im Februar 1805 hatte Joseph Fiévée geschrieben: «Une grande affaire qui n'occupe pas le peuple, mais qui agite beaucoup la société gouvernementale, militaire et administrative, est la création d'une noblesse. On en parle comme d'un projet fort avancé.» Fiévée, *Correspondance*, II, 76
16 Pelet de la Lozère, *Opinions de Napoléon*, 57; die Scheu, den Adel beim Namen zu nennen, blieb bis zuletzt, bis einschließlich der einschlägigen gesetzlichen Regelungen vom März 1808, bestehen.
17 *Corr.* XV, No. 12666
18 Jean Tulard, *Napoléon et la noblesse de l'Empire*, Paris 2001, 72
19 Tulard, *Napoléon et la noblesse*, 73-75; diese Titel waren indes nur persönlich und nicht vererbbar. Ihre Vererbbarkeit konnte auf gesonderten Antrag erwirkt werden. Voraussetzung war jedoch, dass der Titular ein Majorat als Fideikommiss errichtete, dessen Wert entsprechend des Rangs seines Titels bemessen wurde. Vgl. dazu: Natalie Petiteau, *Élites et mobilités: la noblesse d'Empire aux XIXe siècle (1808 - 1914)*, Paris 1997, 54-57
20 Tulard, *Napoléon et la noblesse*, 93-97
21 Petiteau, *Élites et mobilité*, 73-75; Napoleon sah dies natürlich ganz anders. Im Schreiben an den König von Neapel vom 23. Dezember 1810, mit dem er es förmlich untersagte, sich seinerseits eine *noblesse du royaume de Naples* zu schaffen, heißt es: «J'ai dû reconstituer en France la noblesse, parce qu'il s'était élevé beaucoup d'hommes qui se sont illustrés dans toutes les carrières, civiles et militaires, soit au milieu des discussions et factions(!), soit au milieu de camps. Ce que j'ai fait en France, et ce que l'Europe a approuvé, ce serait à Naples une singerie mal appliquée; laissez dormir cela.» *Corr.*, XXI, no. 17238
22 Gegenüber O'Meara ließ sich Napoleon beispielsweise am 16. Oktober 1816 mit der Behauptung vernehmen: «J'instituai la nouvelle noblesse pour *écraser* l'ancienne, et pour satisfaire le peuple, parce que la plupart de ceux que j'en revêtis étaient sortis du peuple, et chaque soldat avait le droit d'aspirer au titre de duc.» O'Meara, *Napoléon en exil*, II, 157
23 Jean Tulard, «Problèmes sociaux de la France napoléonienne», in: *Revue d'histoire moderne et contemporaine*, 1970
24 Vandal, *Napoléon et Alexandre Ier*, I, 462-465
25 Metternich, dem die Scheidungsgerüchte nicht verborgen geblieben waren und der auch vom Brief Fouchés gehört hatte, berichtete Außenminister Stadion am 30. November 1807 ausführlich darüber. Fouchés Rolle kommentiert er dabei: «Le simple récit de ce qui s'est passé dans l'intérieur de la famille, son rapprochement avec le rôle que joue Fouché, suffit pour prouver qu'il est effectivement question de la chose. Aucun Ministre n'ose faire ici ce que ne lui ordonne pas l'Empereur; aucun d'eux surtout ne risquerait la récidive. Il est donc clair que Napoléon ne veut pas avoir l'air d'avoir donné des ordres.» *Aus Metternich's nachgelassenen Papieren*, II, 145
26 Méneval, *Mémoires*, II, 284

ANMERKUNGEN

27 Mme. de Rémusat, *Mémoires*, III, 288-292
28 *Corr.* XVI, No. 13373; vgl. auch das Schreiben Napoleons an den Minister Maret vom 6. Dezember 1807, *Corr.* XVI, No. 13379; außer Frage dürfte andererseits stehen, dass Napoleon damals nach wie vor an seiner Absicht, sich von Joséphine scheiden zu lassen, festhielt. Das jedenfalls sagte er seinem Bruder Lucien, mit dem er nach dessen Aufzeichnungen am 12. Dezember 1807 in Mantua zusammentraf. «*Figurez-vous*, me dit l'empereur, *que cette femme-là pleure toutes le fois qu'elle a une mauvaise digestion, parce qu'elle dit qu'elle se croit empoisonnée par ceux qui veulent que je me marie avec quelqu'un autre. C'est détestable.* – Il me dit qu'en effet il faudrait bien qu'il finît par faire un divorce, qu'il aurait dû le faire plus tôt, qu'il aurait déjà de grands enfants.» Iung, *Lucien Bonaparte*, III, 104
29 Vandal, *Napoléon et Alexandre Ier*, I, 468
30 Vandal, *Napoléon et Alexandre Ier*, I, 472
31 L.F.J. de Bausset, *Mémoires anecdotiques sur l'intérieur du palais et sur quelques événemens de l'Empire depuis 1805 jusqu'au 1er Mai 1814 pour servir à l'histoire de Napoléon*, Paris 1827, I, 368
32 Méneval, *Mémoires*, II, 285
33 Die unmittelbare Vorgeschichte wie diese herzzerreißende Szene selber, deren Ohren- und Augenzeugen Méneval und Bausset waren, ist von beiden ausführlich in ihren Erinnerungen geschildert worden. Méneval, *Mémoires*, II, 287-288 u. Bausset, *Mémoires*, I, 370-374
34 Méneval, *Mémoires*, II, 289-290
35 *Mémoires de la Reine Hortense*, II, 54
36 Allerdings hatte Napoleon zuvor bereits Cambacérès damit betraut, den Entwurf eines entsprechenden *sénatus-consulte* vorzubereiten, dessen erster Artikel lauten sollte: «Le mariage contracté entre l'Empereur Napoléon et l'Impératrice Joséphine est dissous.» *Corr.*, XX, No. 16050; weitaus schwieriger gestaltete sich hingegen die Auflösung der kirchlich geschlossenen Ehe, der sich der Papst standhaft verweigerte. Dem Geschick von Cambacérès war es dann zu verdanken, dass der Pariser Erzbischof sich zu einer Einwilligung in die Auflösung der Ehe resignierte. Cambacérès, *Mémoires inédits*, II, 315-317
37 Eine positive Antwort auf diese Frage interessierte Napoleon selbstverständlich brennend. Caulaincourt, der französische Botschafter in St. Petersburg, konnte schließlich mit den gewünschten Informationen aufwarten. Vandal, *Napoléon et Alexandre Ier*, II, 224
38 Caulaincourt sollte diese Frage dem Zaren gegenüber so formulieren, als handele er dabei aus eigener Initiative, vgl. Vandal, *Napoléon et Alexandre Ier*, II, 182-183
39 Zit. Vandal, *Napoléon et Alexandre Ier*, II, 171
40 Zit. Tatistcheff, *Alexandre Ier et Napoléon*, 473-474
41 Tatistcheff, *Alexandre Ier et Napoléon*, 504-505
42 Zit. Vandal, *Napoléon et Alexandre Ier*, II, 163
43 Vandal, *Napoléon et Alexandre Ier*, II, 169
44 Im Frühjahr 1812 bemerkte Napoleon zu seinem Konfidenten Narbonne: «Non, mon cher Narbonne, je ne veux de la Pologne que comme force disciplinée, pour meubler un champ de bataille.» Villemain, *Souvenirs contempo-*

rains d'histoire et de littérature, Paris 1859, I, 166; knapper und deutlicher kann man es wirklich nicht sagen.

45 Adam Czartoryski, *Mémoires et correspondance avec l'Empereur Alexandre Ier*, Paris 1887, II, 223-224

46 Dieses hochdramatische Gezerre findet sich in allen Einzelheiten geschildert bei Vandal, *Napoléon et Alexandre Ier*, II, 221-232; Tatistcheff, *Alexandre Ier et Napoléon*, 514-522

47 Den Vertrag hatten Caulaincourt und der russische Außenminister Rumiantsov am 4. Januar 1810 in St. Petersburg unterzeichnet. Von besonderer Kuriosität sind die beiden ersten sowie der fünfte der insgesamt 8 Artikel dieses Dokuments: «Article 1er. Le royaume de Pologne ne sera jamais rétabli. Art 2 Les Hautes Parties contractantes s'engagent à veiller à ce que les dénominations de *Pologne* et de *Polonais* ne s'appliquent jamais à aucune des parties qui ont précédemment constitué ce royaume, ni à leurs habitants, ni à leurs troupes, et disparaissent pour toujours de toute acte officiel ou public, de quelque nature qu'il soit. (...) Art. 5 Il est établi, comme principe fixe et inaltérable, que le duché de Varsovie ne pourra, à l'avenir, obtenir aucune extension territoriale qui serait prise sur l'une des parties qui composaient l'ancien royaume de Pologne.» *Corr.*, XX, No. 16177, Anm.; Napoleon weigerte sich schließlich rundheraus, diese Konvention zu ratifizieren. Sein Hauptargument war, dass die beiden Artikel an Lächerlichkeit nicht zu überbieten seien, womit er zweifellos recht hatte. Stattdessen schlug Napolen einen neuen Vertrag vor, der aber im Unterschied zur ersten Konvention, die der Zar vor allem gegen die Polen instrumentalisieren wollte, geheim bleiben sollte. Vgl. *Corr.*, XX, No. 16178 Scheiben Napoleons an Außenminister Champagny vom 6. Februar 1810.

48 Cambacérès, *Mémoires inédits*, II, 325-328

49 *Corr.* No. 15816

50 Gräfin Metternich an ihren Gemahl, Paris 3. Januar 1810, in: *Aus Metternich's nachgelassenen Papieren*, II, 320

51 *Corr.* XX, No. 16229

52 *Mémoires et Papiers de Lebzeltern*, (Hrsg.) Emmanuel de Lévis-Mirepoix prince de Robech, Paris 1949, 153-154

53 Odette Viennet, *Napoléon et l'Industrie Française. La Crise de 1810-1811*, Paris 1947, 235-276

54 Lecestre, *Lettres inédites*, II, No. 583

55 Dass dies eine falsche Entscheidung war, wurde natürlich auch von Napoleon erkannt, der sich auf der Rückreise vom russischen Schauplatz im Winter 1812 gegenüber Caulaincourt mit den Worten vernehmen ließ: «Les maréchaux, les généraux, livrés à eux-mêmes en Espagne, auraient pu mieux faire, mais ils ne veulent pas s'entendre. Il n'y a jamais eu d'ensemble dans leurs opérations. Ils se détestent au point qu'ils seraient désespérés de faire un mouvement qui pourrait tourner à la gloire d'un autre. Il faut donc se borner à contenir le pays et tâcher de le pacifier, en attendant que je puisse donner moi-même l'impulsion aux opérations.» Caulaincourt, *Mémoires*, II, 236

56 Der Chance wie der Rolle, die sich ihnen damit bot, passten sich die napoleonischen Marschälle und Generäle sofort geschmeidig an. Grandmaison, *L'Espagne et Napoléon*, II, 210

57 *Corr.* XIV, No. 12091
58 Was hier an Dokumenten unterschlagen wurde, findet sich vor allem in: Félix Rocquain, *Napoléon Ier et le Roi Louis d'aprés les documents conservés aux Archives Nationales*, Paris 1875 oder in den Briefausgaben von Lecestre und Brotonne.
59 *Corr.* XV, No. 12294
60 Rocquain, *Napoléon Ier et le Roi Louis*, 228-232
61 Rocquain, *Napoléon Ier et le Roi Louis*, ci-cii
62 Das Echo darauf findet sich in einem Brief Napoleons vom 10. Dezember 1811, der Jérôme ohne Umschweife mitteilte, dass Westfalen «l'État le plus mal gouverné de la Confédération (des Rheinbunds)» sei. Lecestre, *Lettres inédites*, II, No. 912
63 Arthur Kleinschmidt, *Geschichte des Königreichs Westfalen*, Gotha 1893, 39-83
64 Baron du Casse, *Les Rois frères de Napoléon Ier. Documents inédits relatifs au Premier Empire*, Paris 1883, 198-213; Kleinschmidt, *Geschichte des Königreichs Westfalen*, 84-110; speziell zur Praxis der zahlreichen Donations-Domänen, die Napoleon im Königreich Westfalen einrichtete, vgl. Helmut Berding, *Napoleonische Herrschafts- und Gesellschaftspolitik im Königreich Westfalen 1807-1813*, Göttingen 1973, 31-52 u. 73-107
65 Lecestre, *Lettres inédites*, I, Nos. 318-319
66 Kleinschmidt, *Geschichte des Königreichs Westfalen*, 224-281
67 Lecestre, *Lettres inédites*, I, No. 441
68 *Corr.* XX, No. 16115
69 Lecestre, *Lettres inédites*, I, No. 479
70 Lecestre, *Lettres inédites*, I, No. 485; das war eine jener Einsichten, an die sich Napoleon aber, wenn es die Mitglieder seiner Familie anbelangte, nicht mit der gebotenen Konsequenz hielt. Trotz dieser Erfahrungen betraute er Jérôme während des Russlandfeldzugs mit dem Befehl über ein Armeecorps, ein Vertrauen in die militärischen Fähigkeiten seines jüngeren Bruders, das auch diesmal eklatant enttäuscht wurde. Als Jérômes Versagen bereits in der ersten Phase dieses Feldzugs offensichtlich wurde, zog dieser selber die allfälligen Konsequenzen und verschwand in Begleitung seiner Garde vom Kriegsschauplatz nach Kassel.
71 Caulaincourt, *Mémoires*, I, 342
72 Ausgerechnet gegenüber Metternich machte Napoleon das «Geständnis», die Erhebung seiner Brüder zu Königen sei ein schwerer Fehler gewesen. *Aus Metternich's nachgelassenen Papieren*, I, 312-313
73 Miot de Melito, *Mémoires*, III, 189-192; Hervorhebungen J.W.; dass es ihm mit diesen abwitzigen Perspektiven bitter ernst war, zeigen zwei Weisungen Napoleons an Marineminister Decrès. In seinem Schreiben vom 17. September 1810 befiehlt er diesem u.a. eine Flotille im Mittelmeer auszurüsten, die nicht weniger als 40000 Mann nach Ägypten transportieren könne! Eine entsprechende Flotte soll aber auch in Dordrecht auf Kiel gelegt werden, um mit 42000 Mann eine Invasion Irlands oder Schottlands zu unternehmen! Alles in allem, so phantasiert er sich in diesem Schreiben zusammen, werde er bis 1812 genügend Schiffsraum zur Verfügung haben, um mit einer Armee von 200000 Mann England direkt bedrohen zu können! *Corr.*, XXI, No. 16916

ANMERKUNGEN 805

74 *Corr.* XXI, No. 17099
75 Vgl. Tatistcheff, *Alexandre Ier et Napoléon*, 549
76 Tatistcheff, *Alexandre Ier et Napoléon*, 557
77 *Aus Metternich's nachgelassenen Papieren*, I, 289
78 Vandal, *Napoléon et Alexandre Ier*, II, 448
79 *Corr.* XX, No. 16588
80 Zu den Hintergründen dieser überraschenden Entscheidung vgl. Vandal, *Napoléon et Alexandre Ier*, II, 453-456
81 *Aus Metternich's nachgelassenen Papieren*, I, 112

4. Kapitel · Russland

1 Zit. Tatistcheff, *Alexandre Ier et Napoléon*, 555
2 Vgl. *Corr.*, XXI, No. 17323ff. - Schreiben vom 3. Februar 1811 und ff.
3 *Corr.*, XXII, No. 17553
4 Gegenüber dem abbé de Pradt, seinem Botschafter in Warschau, bemerkte Napoleon im Mai 1812 in Dresden: «Sans la Russie le système continental est une bêtise.» De Pradt, *Histoire de l'ambassade dans le Grand Duché de Varsovie en 1812*, Paris 1815, 57
5 *Corr.*, XXII, No. 17571
6 Die ganze Szene in extenso bei Vandal, *Napoléon et Alexandre Ier*, III, 211-217
7 Diese Denkschrift wird ausführlich von Vandal, *Napoléon et Alexandre Ier*, III, 218-223 erörtert; eine Zusammenstellung der wichtigsten Argumente dieses Memorandums bei: Édouard Driault, *Le Grand Empire (1809-1812)*, Paris 1924, 121-124
8 Driault, *Le Grand Empire*, 336-346
9 Hardenberg, *Denkwürdigkeiten*, IV, 269
10 Bailleu, *Briefwechsel Friedrich Wilhelm's III.*, 215-218
11 Diesen Vorschlag sowie ein erläuterndes Handschreiben Friedrich Wilhelms vom 16. Juli 1811, das Hardenberg entworfen hatte, überbrachte Scharnhorst in geheimer Mission nach St. Petersburg. Bailleu, *Briefwechsel Friedrich Wilhelm's III*, 228
12 Hardenberg, *Denkwürdigkeiten*, IV, 275
13 Vandal, *Napoléon et Alexandre Ier*, III, 258-259
14 Bailleu, *Briefwechsel König Friedrich Wilhelm's III.*, 221. Diese Strategie entwickelte Alexander auch gegenüber Napoleons Sonderbotschafter, Graf Louis Narbonne-Lara, der den Zaren im Mai 1812 in Vilna aufsuchte, um diesem ein Ultimatum zu überreichen. Eine Karte Russlands vor sich, bemerkte Alexander zu Narbonne: «Je ne me fais point d'illusions; je sais combien l'empereur Napoléon est un grand Général; mais vous voyez, j'ai pour moi l'espace et le temps.» Villemain, *Souvenirs contemporains*, I, 187
15 Vandal, *Napoléon et Alexandre Ier*, III, 268-273
16 *Aus Metternich's nachgelassenen Papieren*, I, 125
17 *Corr.*, XXIII, No. 18548
18 *Corr.* XXIII, No. 18339
19 Pasquier, *Mémoires*, I, 525
20 Savary, *Mémoires*, V, 226; nach dem russischen Debakel bemerkte Napoleon

zu seinem Gefährten auf der Flucht Caulaincourt: «On se trompe; je ne suis pas ambitieux. Les veilles, la fatigue, la guerre, ne sont plus de mon âge. J'aime plus que personne mon lit et le repos, mais je veux finir mon ouvrage. Dans ce monde il n'y a que deux alternatives: commander ou obéir.» Caulaincourt, *Mémoires*, II, 230

21 Villemain, *Souvenirs contemporains*, I, 180
22 Villemain, *Souvenirs contemporains*, I, 174-175
23 Villemain, *Souvenirs contemporains*, I, 175-179
24 Philippe-Paul Comte de Ségur, *Histoire de Napoléon et de la Grande-Armée pendant l'année 1812*, Paris 1825, I, 107
25 Richard K. Riehn, *1812: Napoleon's Russian Campaign*, New York 1990, 77
26 Riehn, *1812*, 81; vgl. auch die Schilderung dieses Aufmarschs bei Ségur, *Histoire de Napoléon*, I, 128-129
27 Riehn, *1812*, 87-88
28 Marie-Louise ließ Napoleon am 1. Juni 1812 von Posen aus wissen: «Tu sais je t'aime et j'éprouve bien de la contrariété de ne plus te voir 2 ou trois fois par jour. Mais je pense que dans 3 mois cela sera fait.»Madelin (Hrsg.), *Lettres inédites*, No. 27
29 Caulaincourt, *Mémoires*, I, 349
30 Das unerwartete Erscheinen Balachofs bestärkte Napoleon in seinen Illusionen. Jedenfalls wollte er sich und seiner Umgebung glauben machen, dass das Erscheinen dieses Emissärs ein deutliches Anzeichen für die Schwäche des Zaren sei. Gegenüber Berthier äußerte Napoleon damals, wie Caulaincourt berichtet: «*Mon frère Alexandre (...) voudrait déjà s'arranger. Il a peur. Mes manoeuvres ont dérouté les Russes. Avant un mois ils seront à mes genoux.*» Caulaincourt, *Mémoires*, I, 353
31 Zit. Tatistcheff, *Alexandre Ier et Napoléon*, 596-597
32 Eugène Tarlé, *La Campagne de Russie 1812*, Paris 1950, 64-72; nach dem Zeugnis des Generals Carl Friedrich von Toll, der in der *Ersten Westlichen Armee* unter Barclay diente, wurde der «Raum als Waffe» von der russischen Armeeführung erst im Laufe der Kampagne entdeckt, als man der fürchterlichen französischen Verluste gewahr wurde, die der Hunger wie der erschreckende Materialverschleiß forderten. Tarlé, *La Campagne*, 74
33 Henri de Jomini, *Vie politique et militaire de Napoléon*, Bruxelles 1829, V, 159-160
34 Vgl. das Schreiben Napoleons an Eugène vom 26. Juli 1812: *Corr.*, XXIV, No. 19010; vgl. auch die Schilderung der Scharmützel, die sich leichtsinnigerweise allzu schwache Einheiten von Murats Kavallerie mit der Reiterei Tolly de Barclays vor Witebsk lieferten. Ségur, *Histoire de Napoléon et de la Grande Armée*, I, 207-212
35 Caulaincourt, *Mémoires*, I, 369
36 *Corr.*, XXIV, No. 19021
37 Caulaincourt, *Mémoires*, I, 376
38 Villemain, *Souvenirs contemporains*, I, 198; «Dés que l'empereur eut pris sa résolution, il revint à Vitepsk avec ses gardes; là, le 28 juillet, en entrant dans son quartier impérial, il détacha son épée, et, la posant brusquement sur les cartes dont ses tables étaient couvertes, il s'écria: *Je m'arrête ici, je veux m'y reconnaître, y rallier, y reposer mon armée, et organiser la Pologne: la cam-*

pagne de 1812 est finie! Celle de 1813 fera le reste.» Ségur, *Histoire de Napoléon et de la Grande Armée*, I, 216–217
39 Ségur, *Histoire de Napoléon et de la Grande Armée*, I, 215
40 Villemain, *Souvenirs contemporains*, I, 198–199; vgl. auch die einschlägige Darstellung bei Ségur, der allerdings schonungslos offenbart, dass schon diese Defensivposition auf einer Reihe von Annahmen basierte, die noch längst nicht mit der Realität übereinstimmten. Ségur, *Histoire de Napoléon et de la Grande Armée*, I, 221–226
41 Nach den Schilderungen des Grafen Narbonne hat Villemain diesen inneren Kampf, den Napoleon mit sich austrug, überliefert, Villemain, *Souvenirs contemporains*, I, 200–201; vgl. auch die Schilderung, die Ségur von der offensichtlichen Zerrissenheit gibt, an der Napoleon in seinem Inneren litt. Ségur, *Histoire de Napoléon et de la Grande Armée*, I, 228–232
42 Caulaincourt, *Mémoires*, I, 382
43 Ausgerechnet der getreue Berthier, der sich für seinen Herrn aufopferte, musste sich immer wieder von Napoleon anhören, «qu'il avait fait ses généraux trop riches, qu'ils n'aspiraient plus qu'aux plaisirs de la chasse, qu'à faire briller dans Paris leurs somptueux équipages, et sans doute ils étaient dégoutés de la guerre!» Ségur, *Histoire de Napoléon et de la Grande Armée*, I, 234
44 Ségur, *Histoire de Napoléon et de la Grande Armée*, I, 235
45 Villemain, *Souvenirs contemporains*, I, 206–208, vgl. dazu auch den Bericht bei Ségur, *Histoire de Napoléon et de la Grande Armée*, I, 235–239
46 Gegenüber seinen Troupiers führte Napoleon jedoch eine andere Sprache. Agathon Fain, *Manuscrit de mil huit cent douze*, Paris 1827, I, 322–324
47 Vgl. Napoleons Schreiben an Davout vom 10. August 1812 *Corr.*, XXIV, No. 19067
48 *Corr.*, XXIV, No. 19097; einen solchen Waffenerfolg hatte Napoleon jetzt umso nötiger, als er bereits in Witebsk gerüchteweise von dem Abschluss des Friedens von Bukarest gehört hatte, mit dem der russisch-türkische Krieg beendet wurde. Ségur, *Histoire de Napoléon et de la Grande Armée*, I, 247–248 – Diese Nachricht war für Napoleon sehr misslich, weil der Zar jetzt die in diesem Konflikt engagierten Truppen ebenfalls gegen die französischen Invasoren einsetzen konnte. Vgl. dazu die Überlegungen, die Narbonne anstellte: Villemain, *Souvenirs contemporains*, I, 209–212
49 Eine gute Schilderung von Smolensk gibt Sir Robert Wilson, *Narrative of Events during the Invasion of Russia by Napoleon Bonaparte and the Retreat of the French Army 1812*, London 1860, 85–87
50 Clausewitz vertritt hingegen mit sehr plausiblen Argumenten die Ansicht, dass die erneute Vermeidung einer Schlacht wie auch die Zerstörung von Smolensk ihre Hauptursache in gravierenden Fehlern Napoleons hatte. Carl von Clausewitz, *Der Feldzug von 1812 in Rußland*, in: *Hinterlassene Werke des Generals Carl von Clausewitz über Krieg und Kriegführung*, Berlin 1862 (2. Aufl.), VII, 106–108
51 Ségur, *Histoire de Napoléon et de la Grande Armée*, I, 282
52 Ségur, *Histoire de Napoléon et de la Grande Armée*, I, 284
53 Ségur, *Histoire de Napoléon et de la Grande Armée*, I, 314; erschütternd ist auch die Schilderung, die Ségur von den Zuständen in den Lazaretten gibt: «A Smo-

lensk, les hôpitaux ne manquent point; quinze grands bâtiments de briques ont été sauvés du feu; on a même trouvé de l'eau-de-vie, des vins, quelques médicaments, et nos ambulances de réserve nous ont enfin rejoints; mais rien ne suffit. Les chirurgiens travaillent nuit et jour; on n'en est qu'à la seconde nuit, et déjà tout manque pour panser les blessés; il n'y a plus de linge, on est forcé d'y suppléer par le papier trouvé dans les archives. Ce sont des parchemins qui servent d'attelles et de draps fanons, et ce n'est qu'avec de l'étoupe et du coton de bouleau qu'on peut remplacer la charpie. – Nos chirurgiens accablés s'étonnent; depuis trois jours un hôpital de cent blessés est oublié; un hasard vient de le faire découvrir: Rapp a pénétré dans ce lieu de désespoir! J'en épargnerai l'horreur à ceux qui me liront. Pourquoi faire partager ces terribles impressions dont l'âme reste flétrie! Rapp ne les épargna pas à Napoléon, qui fit distribuer son propre vin et plusieurs pièces d'or à ceux de ces infortunés qu'une vie tenace animait encore, ou qu'une nourriture révoltante avait soutenus.» Ségur, *Histoire de Napoléon et de la Grande Armée*, I, 316–317

54 Caulaincourt, *Mémoires*, I, 393
55 *Mémoires du Général Rapp, premier aide-de-camp de Napoléon*, Paris 1823, 141
56 Caulaincourt, *Mémoires*, I, 394
57 *Corr.*, XXIV, No. 19176
58 Clausewitz, *Der Feldzug von 1812*, 117
59 Clausewitz, *Der Feldzug von 1812*, 122
60 Caulaincourt, *Mémoires*, I, 433
61 Tarlé, *La Campagne*, 163
62 Madelin (Hrsg.), *Lettres inédites*, No. 88
63 Ségur, *Histoire de Napoléon et de la Grande Armée*, I, 426
64 Vgl. zur Reaktion Napoleons Caulaincourt, *Mémoires*, II, 5
65 Zur Verantwortlichkeit Rostopcins vgl. Clausewitz, *Der Feldzug von 1812*, 156–157; der wegen dieses barbarischen Befehls häufig geschmähte Rostopcin, der in Moskau zwei Stadtpalais besaß, die allerdings erst auf ausdrücklichen Befehl Napoleons zerstört wurden, schreckte auch nicht davor zurück, seinen luxuriösen Landsitz in der Umgebung Moskaus in Flammen aufgehen zu lassen, als sich diesem französische Truppen nahten.
66 Anton Wilhelm Nordhof, *Die Geschichte der Zerstörung Moskaus im Jahre 1812*, (Hrsg.) Claus Scharf u. Jürgen Kessel, *Deutsche Geschichtsquellen des 19. und 20. Jahrhunderts*, Bd. LXI, München 2000, 180
67 «Der Feind plünderte habsüchtig. Er nahm Gold und Silber, Juwelen und überhaupt Sachen von Wert. Er suchte hiernächst seine Bedürfnisse zu befriedigen. Er nahm Kleidungsstücke, Hemden und Lebensmittel. Bei den letztern leitete ihn Leckerei und Geschmacksgewohnheit. Er nahm anfangs, ehe die äußerste Not einbrach, nur französische Weine; die spanischen und portugiesischen waren ihm zu stark, die donschen und moldauschen zu sauer, oder zu schwach. Salzfleisch aß der Franzose ungern; gepressten Kaviar und die großen Salznische, welche die Wolga und das Kaspische Meer, in ungeheuren Massen, nach Moskau liefern, lernte er nie essen. Die ersten Plünderungen gingen sehr eilfertig, um an einem zweiten und dritten Orte das Bessere nicht in andere Hände kommen zu lassen. Nun plünderten die Bürger hinterher; auch gestatteten die Franzosen – nicht die Polen und Bayern – mit ihnen gemeinschaftliche Sache zu machen und das zu neh-

men, was jenen nicht anstand. Auch wurde auf diesen Wegen, ohne Wissen der Franzosen, mancher Sack mit Mehl erbeutet. So geschah denn der wirklichen Hungersnot Einhalt. Ja, die Franzosen und alle zu ihrer Armee gehörige Nationen, mit Ausnahme der Polen und Bayern, gaben sogar in ihren Quartieren von ihrem Überfluss ab.» Nordhof, *Die Geschichte*, 184–185

68 Caulaincourt, *Mémoires*, II, 18; davon, dass ihn solche Überlegungen umtreiben, findet sich selbstverständlich in seinem Schreiben an Marie-Louise kein Wort. Madelin (Hrsg.), *Lettres inédites*, No. 94
69 Caulaincourt, *Mémoires*, II, 22
70 Caulaincourt, *Mémoires*, II, 25; noch auf Sankt Helena behauptete Napoleon: «Il paraît qu'alors que j'étais à Moscou, Alexandre a eu envie de traiter, mais qu'il n'a pas osé à cause des partisans de l'Angleterre. Il a craint d'être étranglé.» Gourgaud, *Journal*, I, 149
71 Caulaincourt, *Mémoires*, II, 30; diese Diversion der in Moskau angelangten *Grande Armée* war nur ein Teil einer gewaltigen konzentrischen Operation, die Napoleon gegen St. Petersburg zu unternehmen plante, von der ein nicht datiertes Memorandum in seiner Korrespondenz Auskunft gibt. *Corr.*, XXIV, No. 19237
72 Caulaincourt, *Mémoires*, II, 31
73 Caulaincourt, *Mémoires*, II, 31–33
74 Tarlé, *La Campagne de Russie*, 231 – 232
75 Tarlé, *La Campagne de Russie*, 232–233
76 *Corr.*, XXIV, No. 19213
77 Selbst die aus Moskau Geflüchteten teilten mit Begeisterung diese Meinung, wie General Wilson (Beobachter bei der russischen Armee, J.W.) berichtet: «There was not one who did not disdain to mourn over his own particular afflictions, and when I told them of the Emperor's resolution to continue the war without remission whilst a Frenchman remained in arms on Russian territory, many wept for joy, many kissed me (young and fair as well as old), and they cheered as others might have done when their losses were repaired and their wanderings had ceased. – The same sentiment animates all classes in this illustrious army. It was their first question, and I was almost suffocated with caresses when I pledged the Emperor's perseverance.» Wilson, *Private Diary*, I, 165
78 Tarlé, *La Campagne*, 237–238
79 Nordhof schreibt, dass täglich 500 bis 600 Pferde an Nahrungsmangel starben. Nordhof, *Die Geschichte*, 220
80 Clausewitz, *Der Feldzug von 1812*, 154–155
81 Insbesondere Caulaincourt, der ihn mit Hinweis darauf immer wieder zum Aufbruch mahnte, sah sich deshalb von ihm häufig verspottet. Caulaincourt, *Mémoires*, II, 42
82 Tarlé, *La Campagne*, 236–237
83 Ségur gibt die Argumente Caulaincourts ausführlicher wieder, der ihm zufolge Napoleon bei dieser Gelegenheit sagte, *«que cette ouverture serait inutile; que tant que le sol russe ne serait pas entièrement évacué, Alexandre n'écouterait aucune proposition; que la Russie sentait, à cette époque de l'année, tout son avantage; que, bien plus, cette démarche serait nuisible, en ce qu'elle montrerait le besoin que Napoléon avait de la paix, et découvrirait tout*

l'embrarras de notre position.» Ségur, *Histoire de Napoléon et de la Grande Armée*, II, 82

84 Caulaincourt, *Mémoires*, II, 46-47
85 Ségur, *Histoire de Napoléon et de la Grande Armée*, II, 83
86 «Ces détails transportèrent de joie Napoléon. Crédule par espoir, par désespoir peut-être, il s'enivre quelques instants de cette apparence, et, pressé d'échapper au sentiment intérieur qui l'oppresse, il semble vouloir s'étourdir en s'abandonnant à une joie expansive. Il appelle tous ses généraux, il triomphe en leur annoncant une paix toute prochaine! *Quinze jours d'attente suffiront! Lui seul a connu les Russes! A la réception de sa lettre, on verra Pétersbourg faire des feux de joie.»* Ségur, *Histoire de Napoléon et de la Grande Armée*, II, 86
87 Nach den Berechnungen Caulaincourts betrug die Stärke der *Grande Armée* beim Abmarsch aus Moskau 102260 Mann und 533 Kanonen. Caulaincourt, *Mémoires*, II, 83; dass dies in etwa auch der Truppenstärke entspricht, mit der Napoleon im September in Moskau anlangte, erklärt sich daraus, dass er hier rund 10000 Mann Verstärkung erhielt.
88 Tarlé, *La Campagne*, 248
89 Aufschlussreich dafür ist Napoleons Anweisung an Berthier, Verstärkungen, die für Moskau bestimmt waren, in der Etappe aufzuhalten. *Corr.* XXIV, No. 19273; vgl. auch *Corr.* XXIV, No. 19275
90 Dass Napoleon von Smolensk auf derselben Strecke zurückmarschieren wollte, auf der er gekommen war, ist ihm gelegentlich als schwerer Fehler angerechnet worden, da dieser Weg ihn nur durch Landstriche geführt habe, die auf dem Hinmarsch von seinen Truppen bereits ausgeplündert worden seien, so dass die Armee hier keine Nahrung mehr fände. Gegen diese Kritik wurde er von Clausewitz in Schutz genommen. Dessen wichtigstes Argument lautete: «Ein in Feindes Land Zurückgehender bedarf in der Regel einer vorbereiteten Strasse; einer, der unter sehr schlimmen Verhältnissen zurückgeht, bedarf ihrer doppelt; einer, der in Russland 120 Meilen weit zurück will, braucht sie dreifach. Unter *vorbereiteter Straße* verstehen wir eine, die von seinen Detachements besetzt ist, und auf welcher er Magazine findet.» Clausewitz, *Der Feldzug von 1812*, 164; auf der Route Smolensk - Minsk - Wilna hatte Napoleon Garnisonen, Magazine und Lebensmitteldepots angelegt, es war dies also eine «vorbereitete Straße» im Sinne von Clausewitz.
91 *Corr.* XXIV, No. 19292
92 Zwar bestreitet Caulaincourt, dass Napoleon einen solchen «Nero-Befehl» erteilt habe, aber nicht nur seine Anweisung, Moskau dem Erdboden gleich zu machen, gab das Exempel, dem auch ohne ausdrückliche Aufforderung gefolgt wurde.
93 Madelin (Hrsg.), *Lettres inédites*, No. 115
94 Caulaincourt, *Mémoires*, II, 93-96
95 Ségur, *Histoire de Napoléon et de la Grande Armée*, II, 164-165
96 Caulaincourt, *Mémoires*, II, 113
97 Caulaincourt, *Mémoires*, II, 115
98 Für die Hintergründe dieser etwas ernsteren «Köpenickade» vgl. Caulaincourt, *Mémoires*, II, 122-127; Ségur, *Histoire de Napoléon et de la Grande Ar-*

ANMERKUNGEN 811

mée, II, 187-189; Guido Artom, *Napoleon is dead in Russia: The Extraordinary Story of One of History's Strangest Conspiracies*, London 1970
99 Caulaincourt, *Mémoires*, II, 132-134
100 Caulaincourt, *Mémoires*, II, 138
101 Caulaincourt, *Mémoires*, II, 141
102 Ségur, *Histoire de Napoléon et de la Grande Armée*, II, 237
103 Caulaincourt, *Mémoires*, II, 170
104 Eine ergreifende Schilderung dieses fürchterlichen Geschehens gibt Ségur, *Histoire de Napoléon*, II, 367-373
105 Riehn, *1812*, 377
106 Clausewitz, *Der Feldzug von 1812*, 174
107 Madelin (Hrsg.), *Lettres inédites*, No. 129
108 E. J. Marey, *La Méthode Graphique*, Paris 1885, 73
109 Napoleon bemerkte zu Caulaincourt, der bei der Abfassung dieses *Bulletins* zugegen war: «Je dirai tout. Il vaut mieux qu'on sache ces détails par moi que par des lettres particulières et que les détails atténuent ensuite l'effet qu'auront produit les désastres qu'il faut annoncer à la nation.» Caulaincourt, *Mémoires*, II, 193
110 *Corr.* XXIV, No. 19365 - Dieses eindrucksvolle Lügengebäude, das im *Moniteur* vom 16. Dezember 1812, zwei Tage vor der Ankunft Napoleons in Paris am 18. Dezember kurz vor Mitternacht, veröffentlicht wurde, krönte der Schlusssatz: «La santé de Sa Majesté n'a jamais été meilleure,» den Chateaubriand mit den treffenden Worten ironisierte: «Familles, séchez vos larmes, Napoléon se porte bien.»
111 *Corr.* XXIV, No. 19362

5. Kapitel · Der Aufstand Europas

1 Nach dem Zeugnis seines Dieners Constant wurde die Abreise Napoleons, kaum wurde sie der *Grande Armée* bekannt, jedoch als Flucht und Verrat aufgefasst: «Le lendemain, à la pointe du jour, l'armée savait tout; l'impression que fit cette nouvelle ne peut se peindre; le découragement fut à son comble, beaucoup de soldats blasphémaient et reprochaient à l'empereur de les abandonner; c'était un cri de malédiction générale.» Constant, *Mémoires intimes*, II, 266
2 Caulaincourt, *Mémoires*, II, 212
3 Baron Ernouf, *Maret Duc de Bassano*, Paris 1878, 469-471
4 Vgl. die detaillierte Aufstellung bei Riehn, *1812*, 400, Anm. 1
5 Vgl. die Schilderung des Sergent Bourgogne, *Mémoires*, 227-238; Caulaincourt, *Mémoires*, II, 390-392
6 Riehn, *1812*, 400, Anm. 2
7 Caulaincourt, *Mémoires*, II, 219; ähnlich äußerte er sich auch bei Gourgaud auf Sankt Helena am 29. September 1817, demgegenüber er aber auch den Fehler eingestand, sich zu lange in Moskau aufgehalten zu haben. Gourgaud, *Journal*, II, 268
8 Caulaincourt, *Mémoires*, II, 258
9 Molé, *Mémoires*, I, 153-154

10 *Corr.* XXIV, No. 19581; gegenüber Marbot bezifferte Napoleon die Verluste, die allein von den aus Frankreich stammenden Truppen in Russland erlitten wurden, auf 60000 Mann zuzüglich 30000 Mann, die in Gefangenschaft gerieten. Marbot, *Mémoires*, III, 233. In seiner berühmten letzten Unterredung mit Metternich in Dresden 1813, in der Napoleon seinem Gesprächspartner erregt den bekannten Satz entgegenschleuderte: «Ich bin im Felde aufgewachsen, und ein Mann wie ich scheert sich wenig um das Leben einer Million Menschen», sagte er auch: «Die Franzosen können sich nicht über mich beklagen; um sie zu schonen, habe ich die Deutschen und die Polen geopfert. Ich habe in dem Feldzug von Moskau dreimalhunderttausend Mann verloren, es waren nicht mehr als dreißigtausend Franzosen darunter.» *Aus Metternich's nachgelassenen Papieren*, I, 155
11 Caulaincourt, *Mémoires*, II, 202
12 Caulaincourt, *Mémoires*, II, 209, 354
13 Chaptal, *Mes Souvenirs*, 332; vgl. auch Molé, *Mémoires*, I, 129
14 Caulaincourt, *Mémoires*, II, 285–288
15 Napoleon beschied solche Ansinnen stets damit, dass er sagte, «s'il cédait une ville, on lui demanderait des royaumes.» Mollien, *Mémoires*, III, 181; im Lichte dieser Aussage sind auch seine wiederholt geäußerten Friedensbeteuerungen zu sehen. Ein Beispiel dafür sind Napoleons Ausführungen gelegentlich der feierlichen Eröffnung der Kammern am 14. Februar 1813: «Je désire la paix; elle est nécessaire au monde. Quatre fois depuis la rupture qui a suivi le traité d'Amiens, je l'ai proposée dans des démarches solennelles. Je ne ferai jamais qu'une paix honorable et conforme aux intérêts et à la grandeur de mon Empire. Ma politique n'est point mystérieuse; j'ai fait connaître les sacrifices que je pouvais faire.» *Corr.* XXIV, No. 19581
16 Für die Plausibilität dieser Spekulation vgl. die großen diplomatiegeschichtlichen Darstellungen von Enno E. Kraehe, *Metternich's German Policy*, Princeton, NJ, 1963, I, 133–186 u. Schroeder, *The Transformation*, 445–476
17 Leonce de Brotonne, *Lettres inédites de Napoléon Ier.*, Paris 1898, No. 1026
18 Molé, *Mémoires*, I, 140
19 Mollien, *Mémoires*, III, 173–174
20 *Corr.*, XIX, No. 15384
21 *Corr.* XIX, No. 15555, 15578, 15615 u. 15634
22 Haussonville, *L'Église Romaine*, III, 395–400
23 Haussonville, *L'Église Romaine*, IV, 193–194
24 Zu diesem Tauziehen zwischen Paris und Savona vgl. Haussonville, *L'Église Romaine*, V, 62–138
25 *Corr.*, XXIII, No. 18710
26 Pasquier, *Mémoires*, II, 50
27 Haussonville, *L'Église Romaine*, V, 225; ein vollständiger Text des Konkordats von Fontainebleau findet sich als Anhang zu Napoleons Schreiben an Kaiser Franz I. vom 25. Januar 1813 in: *Corr.* XXIV, No. 19511
28 Mollien, *Mémoires*, III, 253–254; für die höchst verwickelte Frage der preußischen Kriegsschulden vgl. Charles Lesage, *Napoléon Ier créancier de la Prusse (1807–1809)*, Paris 1924
29 Mollien, *Mémoires*, III, 254–257
30 Da sich die Einnahmen aus dieser Operation jedoch nicht so schnell reali-

ANMERKUNGEN 813

sieren ließen, wie nötig, musste man wieder bei Krediten seine Zuflucht nehmen, deren einzige Sicherheit Versprechungen waren. Zu den Einzelheiten vgl. Mollien, *Mémoires*, III, 257-262

31 Mollien, *Mémoires*, III, 263
32 Pasquier hat allerdings mit seiner geistreichen Bemerkung sicherlich nicht Unrecht, wenn er feststellt: «La levée des hommes lui (i.e. Napoleon) semblait en quelque sorte plus naturelle et plus facile que celle des impôts, et il croyait beaucoup plus dangereux d'abuser de l'une que de l'autre.» Pasquier, *Mémoires*, II, 61
33 *Aus Metternich's nachgelassenen Papieren*, I, 123
34 *Moniteur* vom 12. Januar 1813
35 Mollien, *Mémoires*, III, 249
36 Pasquier, *Mémoires*, II, 49
37 Mollien, *Mémoires*, III, 246-247
38 Vgl. das Schreiben von Kriegsminister Clarke an König Joseph in: *Mémoires du Roi Joseph*, IX, 182-183
39 Vgl. dazu die detaillierten Anweisungen Napoleons an Kriegsminister Clarke vom 4. Januar 1813, *Corr.* XXIV, No. 19416
40 Grandmaison, *L'Espagne et Napoléon*, III, 360-361
41 Das geht zumindest mittelbar aus seinem Schreiben vom 18. Januar 1813 an König Jérôme sowie gleichlautend an die anderen Fürsten des Rheinbunds hervor, denen er auch die groteske Behauptung auftischt, die *Grande Armée* verfüge noch über 200000 Mann kampffähiger Truppen! *Corr.* XXIV, No. 19462
42 Pasquier, *Mémoires*, II, 56-57
43 *Corr.* XXIV, No. 19462
44 *Corr.* XXV, No. 19664
45 *Corr.* XXV, No. 19721
46 Zum elenden Zustand des VII. Corps vgl. die Schilderung bei: Baron d'Odeleben, *Relation circonstanciée de la campagne de 1813 en Saxe*, Paris 1817, 15
47 Chandler, *The Campaigns*, 874
48 Chandler, *The Campaigns*, 874-875
49 Chandler, *The Campaigns*, 881-887
50 *Corr.* XXV, No. 19952; das auf den 2. Mai datierte *Bulletin de la Grande Armée* gibt überdies zu verstehen, dass Napoleon nach dem in dieser Schlacht errungenen Sieg entschlossen war, in seiner intransigenten Haltung zu verharren. *Corr.* XXV, No. 19951; allein, die siegesgewisse Entschlossenheit, die Napoleon damit zu bekunden suchte, beeindruckte jetzt niemanden mehr. Dies zeigt unmissverständlich das Schreiben, das der äußerst loyale Außenminister Maret nach Bekanntwerden des Ausgangs der Schlacht bei Lützen an Napoleon richtete: «La nouvelle du brillant succès qui a appris à l'Europe l'arrivée de Votre Majesté à la tête de ses armées a produit ici la sensation la plus vive. (...) Mais si, lors des campagnes qui ont précédé la dernière, on ne cherchait dans un succès que le présage et la garantie d'une gloire nouvelle, aujourd'hui *que la confiance est ébranlée*, que des questions si graves doivent être résolues sur le champ de bataille, on ne veut y voir qu'un gage donné par la fortune *pour le repos et pour la paix*. – ‹Le moment est venu où tout Français qui a de l'honneur doit vaincre ou mourir!› je n'ose croire que ces

paroles, placées dans la bouche du général Girard (Der bei Lützen schwer verletzte General Girard erklärte, auf dem Schlachtfeld bleiben und seine Truppen weiter kommandieren zu wollen, denn jetzt sei der Augenblick, da alle beherzten Franzosen entweder siegen oder sterben müssten, wie der *Moniteur* am 9. Mai berichtete.) aient été l'expression d'un sentiment qui porterait Votre Majesté à ne pas ménager sa vie. (...) *La question pour la France ne saurait se réduire à des termes aussi simples; les nations ne peuvent pas se placer dans une telle alternative. Elles ne meurent pas;elles se fatiguent de la necessité de vaincre toujours.*» Zit. Ernouf, *Maret*, 533-534
51 Chandler, *The Campaigns*, 891-898
52 Die Dauer des Waffenstillstands, ursprünglich bis zum 20. Juli begrenzt, stieß von Anfang an auf den Widerspruch Napoleons; er wollte eine Fristverlängerung, denn, wie er Caulaincourt am 3. Juni 1813 mitteilte: «Nous sommes aujourd'hui au 3 juin, l'armistice ne sera pas ratifié avant le 5; avant le 10 on ne sera pas d'accord sur la manière de négocier; du 10 juin au 20 juillet il n'y a que quarante jours pour négocier et conclure. Nous avons employé dix-huit jours à Tilsit; les souverains étaient en présence; ils se voyaient trois fois par jour; ici les souverains sont éloignés, et la négociation est bien autrement compliquée. Je veux négocier la paix et non la recevoir comme une capitulation.» *Corr.* XXV, No. 20072
53 *Corr.* XXV, No. 20070
54 *Aus Metternich's nachgelassenenen Papieren*, I, 151; dass seine fragwürdige Legitimität als Kaiser der Franzosen seine große Schwäche sei, das gestand Napoleon in diesem Gespräch auch noch in einem anderen Zusammenhang ein, als er die Heirat mit Marie-Louise als «unverzeihlichen Fehler» bezeichnete. «Indem ich eine Erzherzogin heiratete, habe ich das Neue mit dem Alten verschmelzen wollen, die gothischen Vorurtheile mit den Institutionen meines Jahrhunderts; ich habe mich getäuscht, und ich empfinde heute die ganze Größe meines Irrthums. Es kann mich den Thron kosten, aber ich werde die Welt unter seinen Trümmern begraben.» *Aus Metternich's nachgelassenen Papieren*, I, 156
55 Vgl. im Kontrast dazu die zum Vorteil Napoleons stilisierte Fassung dieser Unterredung von: Fain, *Manuscrit de mil huit cent treize*, II, 36-43
56 Mowat, *The Diplomacy*, 274-275
57 Fain, *Manuscrit de 1813*, II, 25-26
58 Fain, *Manuscrit de 1813*, II, 28-29
59 Eine ausführliche Schilderung jener fruchtlosen Operationen, mit denen Napoleon seinen Sieg in der Schlacht von Dresden zu vervollkommnen suchte, gibt Odeleben, *Relation circonstanciée*, I, 264-298 u. II, 5-10
60 Marmont, *Mémoires*, V, 279-280
61 Zit. Fournier, *Napoleon I.*, III, 130
62 *Corr.* XXVI, No. 20886
63 *Corr.* XXVI, No. 20853
64 Das war ungewöhnlich genug, denn seit 1810 hatte sich Napoleon bei der Gesetzgebung ausschließlich des bequemen Instruments der Senatsbeschlüsse bedient. Im Februar 1812 hatte Napoleon zum ersten Mal wieder den *Corps législatif* einberufen, um sich neue Steuern bewilligen zu lassen, was umso problemloser gelang, als sich die Abgeordneten offensichtlich von seiner Er-

ANMERKUNGEN 815

öffnungsrede beeindrucken ließen, in der er einmal mehr allein den plötzlichen Wintereinbruch für das russische Desaster, das davon abgesehen ein großer Erfolg gewesen sei, verantwortlich machte. *Corr.* XXIV, No. 19581
65 *Corr.* XXVI, No. 21020
66 Stendhal, *Rome, Naples et Florence en 1817*, 142; vgl. Roederer, *Mémoires sur la Révolution, le Consulat et l'Empire.* (Hrsg.) Octave Aubry, Paris 1942, 268
67 Cambacérès, *Mémoires*, II, 504-506
68 Collins, *Napoleon and his Parliaments*, 136
69 Zit. Tulard, *Napoléon*, 412; Eugène d'Arnauld Baron de Vitrolles, *Mémoires et relations politiques du Baron de Vitrolles*, Paris 1884, I, 53
70 In ihren Erinnerungen bezeichnet Mme de Chastenay diesen Bericht als «le manifeste de la France soulevée contre le despotisme et les excès de Napoléon.» Louise-Marie-Victorine Comtesse de Chastenay, *Mémoires de Madame Chastenay (1771-1815)*, Paris 1897, II, 253
71 Pasquier, *Mémoires*, II, 125-127
72 Pasquier, *Mémoires*, II, 128-129; gegenüber seinen Vertrauten begründete Napoleon diese Entscheidung mit den Worten: «Qu'ai-je besoin de cette assemblée, si, au lieu de me donner de la force, elle ne me présente que des difficultés? C'est bien le moment, lorsque l'existence nationale est menacée, de venir me parler de constitutions et de droits du peuple. Dans un cas semblable à celui où se trouve l'État, les anciens étendaient le pouvoir du gouvernement, au lieu de le restreindre.» Savary, *Mémoires*, VI, 262
73 L. G. le Doulcet Comte de Pontécoulant, *Souvenirs historiques et parlementaires*, Paris 1865, III, 180-181; bei dieser Gelegenheit äußerte Napoleon auch die seitdem häufig zitierten Worte: «Qu'est-ce qu'un trône? Quatre morceaux de bois et du velours vert par-dessus.» Vermutlich handelt es sich bei diesem bekannten Wort um die Paraphrase einer Zeile aus dem anti-monarchischen Gedicht *Organt*, das ausgerechnet den berühmt-berüchtigten Redner der Revolution Saint-Just («Keine Freiheit für die Feinde der Freiheit.») zum Verfasser hatte und das im Mai 1789 anonym erschienen war: «Un trône n'est qu'un bloc où chacun peut s'asseoir.» Louis-Antoine Saint-Just, *Organt, poeme en vingt chants*, Au Vatican (Paris) 1789
74 *Corr.* XXVI, No. 20379
75 *Corr.* XXVI, No. 20645
76 *Corr.* XXVI, No. 20832
77 *Corr.* XXVI, No. 20874
78 Henry Houssaye, *1814*, Paris 1896, 9-10
79 Morvan, *Le Soldat Impérial*, I, 107-108
80 *Corr.* XXVI, No. 21038
81 Houssaye, *1814*, 10-11
82 *Corr.* XXVII, No. 21185
83 Zit. Sorel, *L'Europe*, VIII, 83
84 Napoleon ging sogar so weit, Joseph förmlich zu untersagen, sich ohne seine Erlaubnis nach Paris zu begeben! Miot de Melito, *Mémoires*, III, 300-302
85 Roederer, *Mémoires sur la Révolution*, 263
86 Masson, *Napoléon et sa famille*, VIII, 261-262
87 Masson, *Napoléon et sa famille*, VIII, 264-265
88 Zit. Masson, *Napoléon et sa famille*, VIII, 266-267

89 Lecestre, *Lettres inédites*, II, No. 1095; vgl. auch seine Schreiben an Cambacérès und an *Madame Mère* vom 6. Dezember 1813. Lecestre, ebda., Nos. 1096 u. 1097

90 Masson, *Napoléon et sa famille*, VIII, 275; vgl. auch das frühere Schreiben Napoleons an Louis vom 4. oder 5. Januar 1814, Lecestre, *Lettres inédites*, II, No. 1122

91 Vgl. dazu Masson, *Napoléon et sa famille*, VIII, 221-244; die Auseinandersetzungen mit den welt- und wirklichkeitsfremden Prätentionen Jérômes wurden allerdings noch um die pikante Nuance variiert, dass dieser sich von seiner Frau Katharina von Württemberg scheiden lassen wollte, um seine Geliebte, die Gräfin von Löwenstein-Wertheim, zu ehelichen.

92 Lecestre, *Lettres inédites*, II, No. 1101; vgl. in diesem Zusammenhang auch Napoleons Schreiben an Außenminister Maret, Lecestre, ebda., No. 1100

93 Über die geradezu konspirativen Umstände, die Joseph dabei zu beachten hatte, vgl. Masson, *Napoléon et sa famille*, VIII, 251

94 Miot de Melito, *Mémoires*, III, 309-310

95 Albert du Casse, *Les Rois frères de Napoléon Ier. Documents inédits relatifs au Premier Empire*, Paris 1883, 62-63

96 *Mémoires du Roi Joseph*, X, 2-3

97 Lecestre, *Lettres inédites*, II, No. 1223

98 Miot de Melito, *Mémoires*, III, 329

99 *Aus Metternich's hinterlassenen Papieren*, I, 177

100 Wichtigster Bestandteil dieser Vorschläge war die Anerkennung der «natürlichen Grenzen». In dem Manifest ist dieser Punkt allerdings etwas vage gefasst: «Les Puissances confirment à l'Empire français une étendue de territoire que n'a jamais connue la France sous ses rois.» Wortlaut des gesamten Manifests bei: Édouard Driault, *Napoléon et l'Europe. La chute de l'Empire. La légende de Napoléon (1812-1815)*, Paris 1927, 225-226

101 Vgl. Pasquier, *Mémoires*, II, 103 - 108

102 Zit. Pasquier, *Mémoires*, II, 109

103 Pasquier, *Mémoires*, II, 110

104 *Corr.* XXVII, No. 21063

105 *Corr.* XXVII, No. 21101

106 Zit. Ernouf, *Maret*, 620

107 Entsprechende Instruktionen abzufassen, wies Napoleon Maret mit den Worten an: «Eh bien, messieurs, faites la paix! ... que Caulaincourt la fasse; qu'il signe tout ce qu'il faut pour l'obtenir! Je pourrai en supporter la honte; mais n'attendez pas que je dicte ma propre humiliation!» Zit. Ernouf, *Maret*, 621; Maret wurde schließlich von Napoleon autorisiert, Caulaincourt am 5. Februar den folgenden Brief zu schreiben: «Je vous ai expédié hier (in der Nacht vom 4. auf den 5. Februar, J.W.) un courrier avec une lettre de Sa Majesté, et les nouveaux pleins pouvoirs que vous avez demandés. Au moment où Sa Majesté va quitter Troyes, Elle me charge de vous en expédier un second et de vous faire connaître, en propres termes, que Sa Majesté vous donne CARTE BLANCHE pour conduire les négociations à une heureuse issue, sauver la capitale et éviter une bataille où sont les dernières espérances de la nation.» Ernouf, ebda.

108 *Corr.* XXVII, No. 21315

ANMERKUNGEN 817

109 *Corr.* XXVII, No. 21293
110 *Corr.* XXVII, No. 21344
111 Stendhal, *Rome, Naples et Florence en 1817*, in: *Voyages en Italie*, (Hrsg.) V. del Litto, Paris 1973, 143

6. Kapitel · Waterloo

1 Wortlaut dieses Vertrags in: *Acten des Wiener Congresses*, (Hrsg.) Johann Ludwig Klüber, Erlangen 1815, I, 1-8
2 Der Vertrag von Chaumont präjudizierte bereits die auf dem Wiener Kongress endgültig festgelegte Nachkriegsordnung Europas, wie diese Metternich im Gespräch mit dem royalistisch gesinnten Baron de Vitrolles am 11. März 1814 skizzierte. *Mémoires et relations politiques du baron de Vitrolles*, (Hrsg.) Eugène Forgues, Paris 1884, I, 93-94
3 *Corr.* XXVII, No. 21379
4 *Corr.* XXVII, No. 21508
5 Napoleons Absicht war plausibel. Allerdings blieb es den Alliierten nicht verborgen, denn diese wussten darum dank eines Briefes, den Napoleon am 23. März an Marie-Louise geschrieben hatte und der von den Kosaken Tettenborns abgefangen wurde. Napoleon teilte ihr darin mit: «Le 21, l'armée ennemie s'est mise en bataille pour protéger la marche de ses convois sur Brienne et Bar-sur-Aube. J'ai pris le parti de me porter sur la Marne et sur ses communications enfin de la pousser plus loin de Paris et me rapprocher de mes places. Je serai ce soir à Saint-Dizier.» Madelin, *Lettres inédites*, No. 292
6 Madelin, *Lettres inédites*, Anm. 228-229
7 *Corr.* XXVII, 21497
8 Vgl. die detaillierte Schilderung vom Verlauf dieser Beratungen bei Méneval, *Mémoires*, III, 227-230
9 Agathon Fain, *Souvenirs de la Campagne de France (Manuscrit de 1814)*, Paris 1914, 177
10 Caulaincourt, *Mémoires*, III, 56-57
11 Caulaincourt, *Mémoires*, III, 59
12 *Corr.* XXVII, Nos. 21547, 21548, 21549
13 *Corr.* XXVII, No. 21546
14 Caulaincourt, *Mémoires*, III, 70
15 Eine ausführliche Schilderung dieser denkwürdigen Beratung gibt Henry Houssaye, *1814*, Paris 1896, 558-561; außer Zweifel kann stehen, dass Talleyrand die Gunst dieser Stunde nutzte, um sich für alle Demütigungen zu rächen, die er von Napoleon erfahren hatte. Vor allem war es seinem Rat zuzuschreiben, dass Alexander sich mit aller Entschiedenheit gegen Verhandlungen mit Napoleon aussprach und für eine Restauration der Bourbonen eintrat. Talleyrand, *Mémoires*, 629-635; Lacour-Gayet, *Talleyrand*, II, 368-372
16 Talleyrand, *Mémoires*, 635; Pasquier, *Mémoires*, II, 258-259; nach dem glaubwürdigen Zeugnis des Baron Vitrolles, eines bourbonischen Agenten, der sich in der Umgebung des Zaren Alexander aufhielt, waren sich die Alliier-

ten noch Mitte März 1814 nicht darüber schlüssig, wie Frankreich nach der absehbaren Niederlage Napoleons politisch gestaltet werden sollte. Bernadotte auf den verwaisten französischen Thron zu setzen wurde ebenso erwogen und verworfen wie die Inthronisation von Eugène de Beauharnais. Schließlich wurde auch in Erwägung gezogen, eine Republik zu installieren, «sagement organisée conviendrait-elle mieux à l'esprit français.» *Mémoires et Relations politiques du Baron de Vitrolles*, (Hrsg.) Eugène Forgues, Paris 1884, I, 119

17 Caulaincourt, *Mémoires*, III, 113
18 Caulaincourt, *Mémoires*, III, 144
19 Pasquier, *Mémoires*, II, 270
20 Wortlaut dieser Resolution bei Jean Thiry, *La Chute de Napoléon Ier*, Paris 1939, II, 95-96
21 Pasquier, *Mémoires*, II, 278
22 Caulaincourt, *Mémoires*, III, 160
23 Zu diesen Befürchtungen: Pasquier, *Mémoires*, II, 285-286
24 Pasquier, *Mémoires*, II, 280-281
25 Pasquier, *Mémoires*, II, 283
26 Caulaincourt, *Mémoires*, III, 154
27 Caulaincourt, *Mémoires*, III, 167-168
28 Pasquier, *Mémoires*, II, 284
29 Caulaincourt, *Mémoires*, III, 180-181
30 Caulaincourt, *Mémoires*, III, 182
31 Der Schilderung Caulaincourts zeigt, wie schwer sich Napoleon tat, diese Erklärung zu formulieren. Caulaincourt, *Mémoires*, III, 189; das liefert *en passant* auch die Erklärung dafür, dass von dieser Deklaration mehrere, teilweise sehr unterschiedliche Fassungen überliefert sind. Zwei frühere Fassungen sind dokumentiert in: *Corr.* XXVII, No. 21555 u. Anm.; bei der letztgültigen Version dürfte es sich indes um die handeln, die von Jean Hanoteau im Nachlass Caulaincourt gefunden wurde. Caulaincourt, *Mémoires*, III, 190, Anm.
32 Caulaincourt, *Mémoires*, III, 207-230
33 *Corr.* XXVII, No. 21557
34 *Corr.* XXVII, No. 21556
35 Caulaincourt, *Mémoires*, III, 233-234
36 Caulaincourt, *Mémoires*, III, 235
37 Thiry, *La Chute*, 190
38 Caulaincourt, *Mémoires*, III, 237
39 Caulaincourt, *Mémoires*, III, 239-240
40 *Corr.* XXVII, No. 21558
41 Caulaincourt, *Mémoires*, III, 259-260
42 *Souvenirs du maréchal Macdonald*, 294-295; Caulaincourt, *Mémoires*, III, 271
43 Caulaincourt, *Mémoires*, III, 448-449
44 Caulaincourt, *Mémoires*, III, 280-281
45 Caulaincourt, *Mémoires*, III, 284-286
46 Caulaincourt, *Mémoires*, III, 298-301
47 Für eine ausführliche Darstellung des Vertrags vgl. Thiry, *La Chute*, 232-235
48 Fain, *Manuscrit de 1814*, 240

ANMERKUNGEN   819

49 Madelin, *Lettres inédites*, No. 302
50 *Lettres de Napoléon à Joséphine et de Joséphine à Napoléon*, (Hrsg.) Jacques Haumont, Paris 1969, 406-407
51 Masson, *Joséphine répudiée (1809-1814)*, Paris s.d., 352-371
52 Pasquier, *Mémoires*, II, 433; auf Elba erfuhr Napoleon von Joséphines Tod aus der Zeitung. «L'Empereur», schreibt Marchand, «en parut profondément affligé; il se renferma dans son cabinet et ne vit que le grand maréchal quelques instants dans la journée.» *Mémoires de Marchand, Premier Valet de Chambre et exécuteur testamentaire de l'Empereur*, (Hrsg.) Jean Bourguignon, Paris 1952, I, 56
53 Caulaincourt, *Mémoires*, III, 341-347
54 Caulaincourt, *Mémoires*, III, 357-366
55 Fain, *Manuscrit de 1814*, 255-257
56 *The Croker Papers*, I, 62
57 Sir Neill Campbell, *Napoleon at Fontainebleau and Elba being a Journal of Occurences in 1814-1815 with Notes of Conversations*, London 1869
58 André Pons de L'Hérault, *Souvenirs et anecdotes de l'île d'Elbe*, (Hrsg.) G. Pellissier, Paris 1897
59 *Oeuvres de Napoléon Premier à Sainte-Hélène: L'Ile d'Elbe et les Cent-Jours*, in: *Corr.* XXXI, 23-24
60 Masson, *Napoléon et sa famille*, X, 376-377
61 *Mémoires de Marchand*, I, 76
62 Napoleon scheint besonders gut über die wachsenden Differenzen der Alliierten informiert gewesen zu sein, die während des Wiener Kongresses zum Vorschein kamen. Sein Diener Cipriani reiste in geheimer Mission nach Wien, um von dort anwesenden Vertrauten entsprechende Erkundigungen einzuziehen. *Mémoires de Marchand*, I, 76-77
63 *Mémoires de Marchand*, I, 85
64 Ernouf, *Maret*, 644
65 *Mémoires pour servir à l'histoire de la vie privée, du retour et du règne de Napoléon en 1815*, London 1819, 2 Bde. Diese Erinnerungen gelangten auch nach Sankt Helena, wo sie Napoleon mit verständlichem Interesse las und mit einer Fülle kritischer Anmerkungen versah, die in der von Lucien Cornet publizierten Ausgabe der Erinnerungen Fleury de Chaboulons ebenfalls veröffentlicht wurden. *Mémoires de Fleury de Chaboulon, ex-secrétaire de l'Empereur Napoléon et de son Cabinet, pour servir à l'histoire de la Vie privée, du Retour et du Règne de Napoléon en 1815, avec annotations manuscrites de Napoléon Ier*, (Hrsg.) Lucien Cornet, Paris 1901, 3 Bde.; was die Vertrauenswürdigkeit dieser Erinnerungen anbelangt, hat Napoleon selber ein vernichtendes Urteil gefällt, das er auf der Titelseite seines Exemplars niederschrieb und das mit den Sätzen endet: «On doit regarder comme d'invention tous les discours et propos que l'on prête à Napoléon. L'auteur le fait parler et penser selon ses propres opinions, et selon les dires des jeunes gens du premier salon de service.» *Mémoires de Fleury de Chaboulon*, I, XXVI
66 *Mémoires de Marchand*, I, 85; Émile Le Gallo, *Les Cent-Jours. Essai sur l'histoire de la France depuis le retour de l'île d'Elbe jusqu'à la nouvelle de Waterloo*, Paris 1923, 29-38
67 *Mémoires de Marchand*, I, 86

68 *Mémoires de Marchand*, I, 93
69 Der Erfinder dieses Wortes ist Napoleon. Der berühmte Satz, den Las Cases im *Mémorial* allerdings nur in indirekter Rede widergibt, lautet: «La Victoire marcha au pas de charge, et l'aigle nationale vola de clocher en clocher jusqu'aux tours de Notre-Dame.» Las Cases, *Mémorial*, II, 348
70 *Mémoires de Marchand*, I, 112
71 *Corr.* XXVIII, Nos. 21681 u. 21682
72 Houssaye, *1815*, I, 209-211
73 *Mémoires de Marchand*, I, 113
74 Einen guten Überblick über das sich in unterschiedlicher Intensität artikulierende Stimmengewirr in Frankreich, das die Nachricht von Napoleons Erscheinen auslöste, gibt Houssaye, *1815*, I, 275-279
75 Alle diese Dekrete wurden zunächst im *Journal du Rhône* veröffentlicht und dann auch am 21. und 22. März 1815 im *Moniteur* publiziert. Houssaye, *1815*, I, 297-298
76 *Corr.*, XXVIII, No. 21686
77 Cambacérès gegenüber, der ihm klarzumachen suchte, wie sehr die Idee der Freiheit die Menschen in ihren Bann geschlagen hatte, soll Napoleon gesagt haben: «Avant six semaines, vous me verrez étouffer ce vain bavardage.» Mme de Chastenay, *Mémoires*, II, 497; auf Sankt Helena sagte Napleon: «J'ai peut-être eu tort de former des Chambres; j'ai cru que cela me serait utile et me procurerait des moyens que je n'aurais pas eus en restant dictateur. J'ai eu tort de perdre un temps fort précieux en m'occupant de constitution, d'autant plus que mon intention était d'envoyer promener les Chambres une fois que je me serais vu vainqueur et hors d'affaire.» Gourgaud, *Journal*, I, 79-80
78 Fleury de Chaboulon, *Mémoires*, I, 141
79 Fleury de Chaboulon, *Mémoires*, I, 167
80 Mollien, *Mémoires*, III, 422-423; auf Sankt Helena bekannte er gegenüber Montholon: «J'ai commis une autre faute. Je suis parti trop tôt de l'île d'Elbe. J'aurais dû attendre que le congrès fût dissous et les rois retournés chez eux. Mais on m'a trompé; on m'a dit que le congrès était dissous quand il ne l'était pas. J'aurais dû ne pas m'occuper de constitution, parler à la France un tout autre langage, dire les dangers de la patrie, et me saisir de la dictature jusqu'à la paix générale.» Montholon, *Récits*, II, 203-204; vgl. auch Gourgaud, *Journal*, II, 7
81 Mollien, *Mémoires*, III, 419
82 Villemain, *Souvenirs contemporains*, II, 111-112
83 Pasquier, *Mémoires*, III, 170-171; Madelin, *Fouché*, II, 310-326
84 Pasquier, *Mémoires*, III, 178-179
85 Las Cases, *Mémorial*, II, 548
86 Diese Ächtung, die erst am 13. April 1815, also einen Monat später im *Moniteur* veröffentlicht wurde, ließ Talleyrand in großen Stückzahlen gedruckt nach Frankreich schaffen. Am 18. März tauchte sie in Colmar auf, am 19. März wurde sie in Straßburg angeschlagen, am 22. März in Lille. Am 19. März gelangte sie nach Besançon, wo der dortige Präfekt sofort den Druck von zehntausend Exemplaren anordnete, die im Süden Frankreichs verteilt werden sollten. Am 20. März gelangte die Acht-Erklärung auch nach

ANMERKUNGEN 821

Paris, wo sie ebenfalls vervielfältigt wurde und schon drei Tage später allgemein bekannt war. Le Gallo, *Les Cent-Jours*, 114–117
87 *Corr.* XXVIII, No. 21769
88 *Acten des Wiener Congresses*, IX, 67–70
89 Le Gallo, *Les Cent-Jours*, 150–183
90 Dominique de Villepin, *Les Cent-Jours ou l'esprit de sacrifice*, Paris 2001, 235–237
91 Mollien, *Mémoires*, III, 429–431
92 Lavalette, *Mémoires*, II, 170
93 Thibaudeau, *Mémoires*, 459–460
94 Napoleon war keineswegs blind für die Chance, die sich ihm mit dieser revolutionären Strategie geboten hätte, wie seine Bemerkung gegenüber General Foy zeigt: «L'Europe est conjurée. J'ai la chance des batailles; nous verrons l'événement. Je vois bien ce qu'il eût fallu pour agiter les masses; j'aurais dû peut-être me coiffer du bonnet rouge, éveiller les passions, mais le bonnet rouge ne m'irait guère: Je ne serais plus ce que j'ai été; et ouis, je suis trop vieux.» Mme de Chastenay, *Mémoires*, II, 497
95 Diese seltsame Verbindung stiftete im übrigen Joseph, der mit Constant seit den Tagen des Consulats in Kontakt war. Joseph suchte Constant, der fürchtete, vom neuen Regime verfolgt zu werden, dadurch zu gewinnen, dass er ihm einen Posten als *Conseiller d'État* in Aussicht stellte. Für seinen neuerlichen Frontenwechsel liefern Benjamin Constants *Journaux intimes* das genaue Protokoll. Benjamin Constant, *Journaux intimes*, (Hrsg.) Alfred Roulin u. Charles Roth, Paris 1952, 437–438
96 Barras, *Mémoires*, IV, 299
97 Le Gallo, *Les Cent-Jours*, 211–225
98 Für eine ausführliche Würdigung der Verfassung vgl. den Artikel *Acte Additionnel* in: *Dictionnaire Napoléon*, 32–34
99 Thibaudeau, *Mémoires*, 486–487
100 Lavalette, *Mémoires*, II, 171–176; Miot de Melito, *Mémoires*, III, 387–389; für einen umfassenden Überblick über die Kritik der Öffentlichkeit an der Verfassung vgl. Le Gallo, *Les Cent-Jours*, 226–240
101 Miot de Melito, *Mémoires*, III, 389
102 Vgl. die ausführliche Schilderung dieser «bizarre assemblage» Lavalette, *Mémoires*, II, 185–186 sowie des englischen Napoleon-Bewunderers John Cam Hobhouse (Lord Broughton), *The Substance of some Letters written by an Englishman resident at Paris during the last Reign of the Emperor Napoleon*, London 1816, I, 400–418
103 Lavalette, *Mémoires*, II, 176
104 Margerit, *Waterloo*, 140
105 Jérôme Zieseniss, *Berthier, frère d'armes de Napoléon*, Paris 1985, 278
106 Vgl. dazu Hobhouse, *The Substance of some Letters*, I, 445
107 *Corr.* XXVIII, No. 22023
108 Marchand, *Mémoires*, I, 160–161
109 Die Würdigung der Rolle Soults als Generalstabschef wird in der maßgeblichen Biographie von Nicole Gotteri nur sehr kursorisch behandelt und beschränkt sich im wesentlichen darauf, die Fälschungen Henry Houssayes zu berichtigen, der ihm in Übereinstimmung mit den späteren Behauptungen

Napoleons einen wesentlichen Anteil an der Niederlage von Waterloo zuzuschreiben suchte. Nicole Gotteri, *Le Maréchal Soult*, Paris 2000

110 Für eine ausführliche Erörterung der Kampagne von Waterloo vgl. u.a. Margerit, *Waterloo*, 161-427; Chandler, *The Campaigns*, 1007-1093; Jacques Logie, *Napoléon*. *La dernière bataille*, Bruxelles 1998; Jac Weller, *Wellington at Waterloo*, London 1967; Johannes Willms, *Triumph der Defensive. Waterloo, 18. Juni 1815*, in: Stig Förster, Markus Pöhlmann u. Dierk Walter, *Schlachten der Weltgeschichte. Von Salamis bis Sinai*, München 2001, 185-199

111 Napoleons ganze Ratlosigkeit hinsichtlich der Positionen des Gegners spiegeln die umständlichen, verwirrenden und mit vielen «wenn» und «aber» gespickten Befehle, die er am Vormittag des 16. Juni Ney und Grouchy zukommen ließ. *Corr.* XXVIII, No. 22058; *Corr.* XXVIII, No, 22959

112 Margerit, *Waterloo*, 306

113 Margerit, *Waterloo*, 334; wegen dieser miserablen Stabsarbeit mussten auch die Soldaten mit leerem Magen in die Schlacht ziehen, weil der Lebensmittelnachschub liegen geblieben war.

114 Molé, *Mémoires*, I, 153-154

115 Basil Jackson, *Notes and Reminiscenses of a Staff-Officer relating to Waterloo and St. Helena*, London 1903, 102

116 Gourgaud, *Journal*, I, 147

117 F.L. Maitland, *Narrative of the Surrender of Bonaparte and of his Residence on H.M.S. Bellerophon*, London 1826, 22

7. Kapitel · Das Vermächtnis von Sankt Helena

1 Lecestre, *Lettres inédites*, II, No. 1225
2 Pasquier, *Mémoires*, III, 195
3 Villemain, *Souvenirs*, II, 259
4 *Mémoires du Roi Joseph*, X, 228
5 Fleury de Chaboulon, *Mémoires*, II, 166
6 Savary, *Mémoires*, VIII, 138; gegenüber Benjamin Constant, mit dem er am Abend des 21. Juni zu einem längeren Gespräch im Elysée zusammentraf, nachdem bekannt wurde, dass die Kammern seine Abdankung gefordert hatten, entwickelte Napoleon diesen Gedanken ausführlicher. Benjamin Constant, *Mémoires sur les Cent-Jours*, (Hrsg.) O. Pozzo di Borgo, Paris 1961, II, 198
7 Fleury de Chaboulon, *Mémoires*, II, 168-169
8 Vgl. dazu mit feinem Gespür Constant, *Mémoires*, 197
9 Savary, *Mémoires*, VIII, 139; Villemain, *Souvenirs*, II, 270-271
10 Fleury de Chaboulon, *Mémoires*, II, 170-173
11 Fleury de Chaboulon, *Mémoires*, II, 174-175
12 Fleury de Chaboulon, *Mémoires*, II, 177; wie verzweifelt Napoleon war, wird auch dadurch bestätigt, dass er, wofür einige Indizien sprechen, in der Nacht vom 21. auf den 22. Juni erneut Gift nahm, um sein Leben zu beenden. Die einzige Quelle für diesen neuerlichen Selbstmordversuch ist jedoch General Thiébault, der davon erst Jahre später von Napoleons damaligem Leibarzt Gassicourt erfahren haben will. Thiébault, *Mémoires*, V, 373-374
13 Lavalette, *Mémoires*, II, 194

14 Fleury de Chaboulon, *Mémoires*, II, 179
15 Villemain, *Souvenirs*, II, 299-300
16 *Corr.* XXVIII, No. 22063
17 Villemain, *Souvenirs*, II, 395
18 *Mémoires de la Reine Hortense*, III, 39
19 In einem Brief, den der Sekretär der Admiralität, John W. Croker, am 19. Juli 1815 von Paris aus seiner Frau schrieb, schilderte er, wie General Becker seine Eindrücke von Napoleon in Malmaison wiedergegeben hatte, *The Croker Papers*, I, 68
20 Margerit, *Waterloo*, 531-532
21 Wortlaut dieses Schreibens bei Marchand, *Mémoires*, I, 190
22 Marchand, *Mémoires*, I, 199; die geharnischte Antwort der provisorischen Regierung in Paris auf dieses Schreiben findet sich bei Montholon, *Récits*, I, 67-68
23 Montholon, *Récits*, I, 79-80
24 Montholon, *Récits*, I, 81-85
25 Montholon, *Récits*, I, 85-86
26 Marchand, *Mémoires*, I, 204
27 *Corr.* XXVIII, No. 22066
28 Norwood Young, *Napoleon in Exile: St. Helena (1815-1821)*, London 1915, I, 55-56
29 Montholon, *Récits*, I, 108
30 *Corr.* XXVIII, No. 22067; dieses ist das letzte Briefdokument Napoleons, das in der monumentalen, aber gleichwohl unzulänglichen und unvollständigen Edition der *Correspondance de Napoléon Ier* abgedruckt wurde.
31 Gourgaud, *Journal*, I, 267
32 Im *Mémorial* finden sich insgesamt vier gefälschte Schreiben Napoleons, mit denen ausnahmslos allzu eindeutige und bequeme Entlastungen des Hauptprotagonisten versucht werden. Diese Briefe sind in der Edition von Marcel Dunan als Appendices veröffentlicht worden. *Mémorial*, I, 898-900; *Mémorial*, II, 829-830; 837-844
33 Hélène Michaud, *Que vaut le témoingnage de Montholon à la lumière du fonds Masson?*, in: *Revue de l'Institut Napoléon*, 1971, 113-120
34 Montholon, *Récits*, II, 151-152
35 Montholon, *Récits*, II, 156
36 Montholon, *Récits*, II, 163-164
37 Jacques Vasson, *Bertrand, le grand maréchal de Sainte-Hélène*, Paris 1935
38 Vgl. den Artikel *Montholon* in: *Dictionnaire Napoléon*, 1193-1194
39 Vgl. den Artikel *Gourgaud* von Napoléon Gourgaud in: *Dictionnaire Napoléon*, 813-814
40 Auch einige der Diener schrieben ihre Erinnerungen auf. Ein wichtige Quelle sind die von Louis Marchand, *Mémoires de Marchand premier valet de chambre et exécuteur testamentaire de l'Empereur*, (Hrsg.) Jean Bourguignon, Paris 1952-1955, 2 Bde.; Louis Etienne Saint-Denis dit Ali, *Souvenirs du mameluck Ali sur l'Empereur Napoléon*, Paris 1926 (Neuausgabe, Paris 2000); Jean Noel Santini, *De Sainte-Hélène aux Invalides. Souvenirs de Santini, gardien du tombeau de l'Empereur Napoléon Ier*, Paris 1853; einen erschöpfenden Überblick über die auf Sankt Helena zeit Napoleons Verbannung anwesenden *dramatis personae* gibt: Arnold Chaplin, M.D., *A St. Helena Who's Who or a Directory of the Island during the Captivity of Napoleon*, London 1914

41 Young, *Napoleon in Exile*, I, 248
42 Young, *Napoleon in Exile*, I, 249
43 Gourgaud, *Journal*, II, 273-274
44 Zit. Young, *Napoleon in Exile*, I, 227
45 Wie sehr sich Sir Hudson Lowe für diese Rolle eignete, zeigt nicht zuletzt auch das Tagebuch seines Adjutanten und Sekretärs Major Gideon Gorrequer. James Kemble (Hsgb.), *St. Helena during Napoleon's Exile. Gorrequer's Diary*, London 1969
46 Montholon, *Récits*, I, 244-245
47 Vgl. die einschlägigen Dokumente in: William Forsyth, *Histoire de la Captivité de Napoléon à Sainte-Hélène d'après les documents officiels inédits et les manuscrits de Sir Hudson Lowe*, Paris 1854, 4 Bde.
48 Dass solche Gerüchte bis nach Sankt Helena drangen, teilte der österreichische Kommissar Bartholomäus Freiherr von Stürmer am 8. Januar 1818 Metternich mit. *Die Berichte des Kais. Kön. Comissärs Bartholomäus Freiherrn von Stürmer aus St. Helena zur Zeit der dortigen Internierung Napoleon Bonapartes 1816-1818*, (Hrsg. Hanns Schlitter), Wien 1886, 112
49 Stürmer, *Berichte*, 125
50 *Sainte-Hélène: Journal du Capitaine George Nicholls*, (Hrsg.) Émile Brouwet, in: *Carnet de la Sabretache*, 270, mars-avril 1921, Nachdruck in: Docteur Verling, Capitaine Nicholls, *Journaux de Sainte-Hélène*, Paris 1998
51 Willms, Johannes, *Napoleon. Verbannung und Verklärung*, München 2000, 94-97
52 Chateaubriand, *Mémoires d'Outre-Tombe*, (Hrsg.) Maurice Levaillant u. Georges Moulinier, Paris 1951, I, 1005
53 Las Cases, *Mémorial*, I, 274
54 Las Cases, *Mémorial*, II, 495
55 Jacob Burckhardt, *Über das Studium der Geschichte*, (Hrsg.) Peter Ganz, München 1982, 392
56 Chateaubriand, *Mémoires*, I, 1008
57 Las Cases, *Mémorial*, I, 4965
58 Montholon, *Récits*, II, 427
59 Montholon, *Récits*, I, 142
60 Las Cases, *Mémorial*, II, 43
61 O'Meara, *Napoleon in Exile*, II, 385
62 Las Cases, *Mémorial*, I, 271
63 Las Cases, *Mémorial*, II, 581-582
64 Las Cases, *Mémorial*, I, 452
65 Diese «Erfordernisse des Augenblicks» illustrierte Napoleon in demselben Gespräch auch mit dem folgenden Bild: «Between the parties that agitated France for a long time, I was like a rider seated on an unruly horse, who always wanted to swerve either to the right or to the left; and to make him keep a straight course, I was obliged to let him feel the bridle occasionally. The government of a country just emerged from a revolution, menaced by foreign enemies, and agitated by the intrigues of domestic traitors, must necessarily be dur. In quieter times my dictature would have finished, and I should have commenced my constitutional reign.» O'Meara, *Napoleon in Exile*, II, 384
66 Las Cases, *Mémorial*, I, 272-273

ANMERKUNGEN 825

67 Montholon, *Récits*, I, 346
68 Las Cases, *Mémorial*, II, 541
69 Montholon, *Récits*, II, 426-427
70 Montholon, *Récits*, I, 275
71 Las Cases, *Mémorial*, II, 232-233
72 Las Cases, *Mémorial*, I, 446
73 O'Meara, *Napoleon in Exile*, I, 485-486
74 Las Cases, *Mémorial*, I, 442
75 Gourgaud, *Journal*, I, 86
76 Gourgaud, *Journal*, I, 230
77 Las Cases, *Mémorial*, II, 49
78 Las Cases, *Mémorial*, II, 544-545
79 Las Cases, *Mémorial*, II, 546
80 Las Cases, *Mémorial*, II, 545; so ähnlich auch gegenüber seinem letzten Leibarzt, dem aus Korsika gebürtigen Quacksalber François Antommarchi, am 26. Januar 1821. François Antommarchi, *Mémoires du docteur F. Antommarchi ou les derniers momens de Napoléon*, Paris 1825, I, 432-433
81 Montholon, *Récits*, II, 277; O'Meara, *Napoleon in Exile*, I, 354; Antommarchi, *Mémoires*, I, ebda.
82 Montholon, *Récits*, I, 219-220
83 Las Cases, *Mémorial*, II, 460
84 Las Cases, *Mémorial*, I, 521
85 Las Cases, *Mémorial*, I, 439; II, 272-297; 541-543
86 Las Cases, *Mémorial*, II, 543
87 Las Cases, *Mémorial*, I, 439
88 Marchand, *Mémoires*, II, 244-245
89 Bertrand, *Cahiers 1818-1819*, 397
90 Vgl. Bertrand, *Cahiers Janvier 1821 – Mai 1821*, 137
91 Marchand, *Mémoires*, II, 281
92 Bertrand, *Cahiers Janvier 1821 – Mai 1821*, 61
93 Bertrand, *ebda.*, 89
94 Bertrand, *ebda.*, 105
95 Bertrand, *ebda.*, 110
96 Montholon, *Récits*, II, 548
97 Eine Liste der Anwesenden bei: Bertrand, *Cahiers Janvier 1821 – Mai 1821*, 196
98 Der Autopsiebericht findet sich in: Georges Firmin-Didot, *La Captivité de Sainte-Hélène d'après les rapports inédits du Marquis de Montchenu, commissaire du gouvernement du roi Louis XVIII dans l'île*, Paris 1894, 318-319

ZU DEN ABBILDUNGEN

ERSTES BUCH

S. 9 Kopf General Bonapartes. Vorderseite der Medaille von Raymond Gayrard (1796), aus: Lisa und Joachim Zeitz: Napoleons Medaillen. Michael Imhof Verlag, Petersberg 2003
S. 11 Geburtshaus Napoleons in Ajaccio. Gemälde von Alexis Daligé de Fontenay (1849). akg-images/Laurent Lecat, Berlin
S. 19 Carlo Bonaparte, Vater Napoleons. Französische Schule (18. Jahrhundert). RMN – Agence Photographique de la Réunion des Musées Nationaux/Gérard Blot, Paris
S. 19 Letizia Bonaparte, Mutter Napoleons. Gemälde von François Gérard (um 1810). akg-images, Berlin
S. 43 Der 13. Vendémiaire 1795. Bonaparte führt den Angriff auf die Royalisten in der Kirche Saint-Roche. Holzstich nach Zeichnung von Nicolas-Toussaint Charlet (1842). akg-images, Berlin
S. 61 Emmanuel Joseph Sieyès. Lithographie von François Seraphin Delpech (1825). akg-images, Berlin
S. 61 Paul Barras. Unbezeichnete Miniatur (um 1790). akg-images, Berlin
S. 69 L'Aigle de l'infanterie et de la cavallerie. Gouache von Carle Vernet und Mitarbeitern (1812). akg-images, Berlin
S. 81 Bataillon carrée (Schematische Skizze)
S. 95 Bonaparte auf der Brücke von Arcole. Gemälde von Antoine-Jean Gros (1796). akg-images/Visioars, Berlin
S. 123 Napoleon als Präsident der Italienischen Republik. Gemälde von Andrea Appiani (1803)
S. 159 Bonaparte besucht die Pestkranken von Jaffa. Gemälde von Antoine-Jean Gros (1804). akg-images/Erich Lessing, Berlin
S. 185 Der 18. Brumaire 1799. Farbkupferstich von A. Cipran (?) nach Francisco Vieira. akg-images, Berlin

ZWEITES BUCH

S. 227 Kaiser Napoleon. Vorderseite der Medaille von André Galle (1804), aus: Lisa und Joachim Zeitz: Napoleons Medaillen. Michael Imhof Verlag, Petersberg 2003
S. 229 Bonaparte, die Alpen überschreitend. Gemälde von Jacques-Louis David (1801). akg-images, Berlin

S. 233 Joseph Fouché. Gemälde von Claude Marie Dubufe (um 1810). akg-images, Berlin
S. 233 Charles Maurice de Talleyrand. Gemälde von François Gérard (1808). akg-images, Berlin
S. 237 Bildnis Bonapartes und seiner Mitkonsuln Cambacérès und Lebrun. Farbiger Kupferstich in vier Platten von Pierre Michel Alix. akg-images, Berlin
S. 261 Schlacht bei Marengo. Gemälde von Louis-François Lejeune (1801). akg-images/Visioars, Berlin
S. 285 Napoleon als Erster Konsul. Gemälde von François Gérard (Werkstatt), Anfang des 19. Jahrhunderts. akg-images/Visioars, Berlin
S. 317 Innenhof der Tuilerien mit Triumphbogen. Radierung, unbezeichnet (um 1820). akg-images, Berlin
S. 343 Die Hinrichtung des Herzogs von Enghien in Vincennes am 21. März 1804. Zeitgenössische Lithographie. akg-images, Berlin
S. 373 Napoleon auf dem Thron. Gemälde von Jean Auguste Dominique Ingres (1806). akg-images/Erich Lessing, Berlin
S. 401 Biwak Napoleons am Vorabend der Schlacht von Austerlitz. Gemälde von Louis-François Lejeune (1808). akg-images, Berlin

Drittes Buch

S. 431 Napoleon auf dem Thron. Vorderseite der Medaille von Jacques-Édouard Gatteaux (1812), aus: Lisa und Joachim Zeitz: Napoleons Medaillen. Michael Imhof Verlag, Petersberg 2003
S. 433 Porträt von Napoleon I. Bonaparte. Gemälde von Jacques-Louis David (1812). akg-images, Berlin
S. 469 Einzug Napoleons an der Spitze seiner Garden durch das Brandenburger Tor, nach der siegreichen Schlacht bei Jena und Auerstedt. Gemälde von Charles Meynier (1810). akg-images, Berlin
S. 479 Joseph Bonaparte, König von Neapel. Gemälde von José Flaugier (um 1809). akg-images/Erich Lessing, Berlin
S. 479 Joachim Murat. Gemälde von Antoine-Jean Gros (1805). akg-images/Erich Lessing, Berlin
S. 503 Der 2. Mai 1808. Gemälde von Francisco Goya, 1814 (aus: Werner Hofmann: Goya. Vom Himmel durch die Welt zur Hölle. Verlag C. H. Beck, München, ²2004)
S. 513 Joséphine, Kaiserin der Franzosen. Gemälde von Pierre-Paul Prud'hon (1805). akg-images/Erich Lessing, Berlin
S. 531 Marie-Louise, Kaiserin der Franzosen, mit ihrem Sohn Napoleon, König von Rom. Gemälde von François Gérard (1812). akg-images, Berlin
S. 535 Der Übergang über die Beresina – Rückzug der französischen Armee aus Russland. Gemälde von January Suchodolski (um 1859). akg-images, Berlin
S. 571 Stufenjahre der Größe und des Sturzes Napoleons. Kolorierter Stich von J. M. Voltz (1814). Deutsches Historisches Museum, Berlin

ZU DEN ABBILDUNGEN 829

S. 611 Der Feldzug in Frankreich 1814; Napoleon I. mit seinem Stab, den Marschällen Ney und Berthier und den Generälen Drouot, Bourgaud und Flahault. Gemälde von Ernest Meissonier (1864). akg-images/Erich Lessing, Berlin

S. 653 Napoleon auf St. Helena. Aquarell von François Joseph Sandmann (1820). RMN – Agence Photographique de la Réunion des Musées Nationaux/ Martin Yann, Paris

PERSONENREGISTER

Abdallah-Menou, s. Menou
Abrial, André Joseph, Comte de 289
Alexander I., Zar von Russland 302, 307, 348, 358, 420, 422, 424, 425–428, 450, 452, 462–465, 467, 484–488, 493, 504, 510, 512f., 516–521, 530–533, 536–539, 542–544, 546–548, 550f., 556–562, 574, 585f., 588, 606, 614, 616f., 619, 621f., 624, 626, 631, 676
Alquier, Charles Jean Marie 472
Altdorfer, Albrecht 341
Alvinczy, Josef, Baron von 130
Andigné de la Blanchaye, Louis Marie Auguste Fortuné, Comte d' 251
Andréossy, Antoine François 351, 356
Anna Pavlovna, Großfürstin von Russland 513, 516, 521
Antommarchi, Francesco (François) 687f.
Archambault, Achille Thomas 668
Archambault, Joseph 668
Aréna, Barthélemy 33
Arnault, Antoine Vincent 105f., 199
Arnott, Archibald 688
Artois, Charles Philippe de Bourbon, Comte d' 359, 360
Augereau, Charles Pierre François, Duc de Castiglione 152, 199, 211, 265, 378, 434, 460f., 625, 641
Azara, José Nicolas de 120f.

Bacciochi, Félix Pascal, Prince de Lucques et de Piombino 192
Bacciochi, Elisa s. Bonaparte, Elisa
Bagration, Pierre, Fürst 545f., 548
Balachof, Alexander Dimitrovich 546
Baraguey-d'Hilliers, Louis, Comte de 133, 564
Barbé-Marbois, François, Baron de 408

Barbier, Antoine Alexandre 539
Barclay de Tolly, Fürst Michael Bogdanovitch 545f., 548, 551
Barras, Paul François Jean Nicolas, Vicomte de 45, 49, 60, 62–67, 105–108, 138, 152, 170, 188, 190, 193, 196, 200–202, 208–210, 215, 255
Barthélemy, François, Marquis de 161, 247
Bayane, Alphonse Hubert de Lattier de 472
Beauharnais, Alexandre, Vicomte de 64
Beauharnais, Eugène de 64, 195, 309, 378, 393, 397, 413, 439, 441f., 474, 515, 521, 527, 540, 564, 584, 586–588, 593, 626, 641f.
Beauharnais, Hortense de 64, 195, 300, 369, 393, 525, 659f.
Beauharnais, Joséphine de, 1. Gemahlin Napoleons I. 22, 64–67, 92, 105–109, 128, 132, 147, 170f., 190–195, 200, 208, 255, 276, 341, 369f., 385, 391–395, 398f., 416, 462, 465, 511f., 514f., 521, 525, 530, 626, 659, 665, 676f.
Beaulieu, Johann, Baron von 101, 109–112, 114, 118, 121
Becker, Nicolas Léonard 660
Belliard, Augustin Daniel, Comte de 615
Bellisle, Marguerite-Pauline 171
Bennigsen, Levin Graf von 462
Bérenger, Jean, Comte de 224
Berlier, Théophile 368
Bernadotte, Jean-Baptiste-Jules, als Karl XIV. Johann König von Schweden 167, 194, 199, 208, 211f., 286, 323, 378, 412, 422, 440, 478, 499, 509, 534, 539

Berthier, Louis Alexandre, Prince de Neufchâtel et de Wagram 74f., 177, 231, 268–272, 276, 278, 280, 295, 378, 412, 426, 444, 448, 450, 509, 521f., 547f., 555, 562, 613, 620, 623, 627, 641f., 644, 676
Berthollet, Claude Louis 198
Bertrand, Fanny 662, 665
Bertrand, Henri Gatien, Comte de 231, 361, 628, 651, 661–665, 687–689
Bessières, Jean Baptiste 378, 480, 495, 547
Beurnonville, Pierre Riel 212
Bignon, Louis Pierre 452
Bigot de Préameneu, Félix Julien Jean, Comte de 471
Blücher, Gebhardt Leberecht, Fürst 588, 592, 606, 608f., 612–614, 616, 645–648, 660f.
Bon, Louis André 181
Bonaparte, Caroline 18, 300, 390
Bonaparte, Carlo (Charles) 13f., 16–18, 21f., 27, 32, 377, 386
Bonaparte, Elisa 18, 21, 26, 36, 192, 390, 415, 439, 607
Bonaparte, Jérôme 18, 40, 369, 385, 456, 527–529, 544, 599, 603, 607, 614, 627, 642
Bonaparte, Joseph 12–14, 16–18, 22, 25, 27–30, 32, 34–36, 39, 44f., 47, 56–59, 62, 77, 92, 107, 109, 170f., 186–194, 198, 200, 276, 288, 298f., 314, 365, 368–371, 376–378, 385–389, 392–396, 418, 436, 438–440, 442, 471, 477–481, 484, 488–490, 501, 524f., 528, 544, 583, 598–603, 607f., 614f., 627, 630, 642f., 654f., 660f., 664, 676
Bonaparte, Letizia (Madame Mère) 12f., 16, 18, 21f., 26, 28, 32, 40, 44, 147, 193, 390f., 397, 527, 599, 601, 627, 629
Bonaparte, Louis 18, 28, 40, 81, 369–371, 376–378, 388f., 394–396, 442, 453, 461, 525–528, 530, 598f., 603, 627, 642
Bonaparte, Lucien 16, 18, 21, 35f., 39, 44, 53, 147, 186–188, 190–195, 198, 200f., 203–205, 212–214, 217–226, 247, 258, 307, 314, 369, 378, 385, 390, 603, 642f., 658

Bonaparte, Napoléon-Charles, als Napoleon III. Kaiser der Franzosen 369f., 388, 396, 462, 599, 632, 666, 675
Bonaparte, Napoléon (II.) François, König von Rom, Herzog von Reichstadt 530, 544, 602, 609, 614, 621, 623, 625, 658f., 664
Bonaparte, Pauline (Paulette) 18, 50, 63, 192, 313, 390, 439, 509, 629
Bonifatius VIII., Papst 497
Boulay de la Meurthe, Antoine Jacques Claude 197, 225
Bourdon-Vatry, Marc Antoine 232
Bourrienne, Louis Antoine Fauvelet de 187, 199, 201, 208, 211f., 216, 221, 225, 248, 273, 276, 280, 367
Brückenköpfe, Victor 587
Brueys, François Paul de 171f., 411f., 498
Bruix, Eustache 186, 197, 202, 210
Brune, Guillaume Marie Anne 196, 252, 265, 305, 323, 379, 416
Buonavita, Antonio 687
Burke, Edmund 230
Buttafoco, Mathieu 24f., 28
Buxhoewden, Fedor Federowitsch 422, 424

Cabanis, Pierre Jean Georges 288
Cacault, François 138
Cadoudal, Georges 253, 359–361, 363, 365f.
Caffarelli du Falga, Louis Marie Joseph Maximilien 181
Cambacérès, Jean Jaques Régis 212, 231, 235f., 241, 246, 249, 321, 327f., 378f., 382, 392, 394, 404, 416f., 419, 423, 443, 465, 515, 521, 596f., 599, 634
Campbell, Sir Neil 629, 670
Canova, Antonio 149
Caprara, Jean Baptiste 320
Carl August, Großherzog von Sachsen-Weimar-Eisenach 485
Carlos IV., König von Spanien 98, 474–476
Carnot, Lazare, Comte 55f., 67, 97, 108, 111, 113f., 118, 128–131, 133, 161, 163, 247, 269, 271, 371, 634, 659

PERSONENREGISTER

Carra St. Cyr, Claude 587, 641
Carteaux, Jean François 45, 47-49
Caulaincourt, Armand Augustin, Duc de Vicence 75, 364, 379, 486f., 511, 513, 516-518, 520f., 536, 546-549, 553, 555, 557, 561, 564f., 566, 572-575, 584, 605, 607f., 615-617, 619-625, 627, 634.f., 655, 659
Chabot, Georges Antoine 173
Champagny, Jean Baptiste de Nompère de, Duc de Cadore 470, 486, 497, 529, 532
Chandelier, Jacques 668
Chaptal, Jean Antoine 453, 482, 575
Charles II., König von England 161
Charles, Louis Hippolyte 106f., 109, 170, 193
Chateaubriand, François René de 89f., 292, 543, 673, 677
Chazal, Jean Pierre 224
Chénier, André 65
Chénier, Marie Joseph 65
Chéron, Louis Claude 384
Choiseul-Praslin, Charles Raynal Laure Félix, Duc de 25
Christophe, Henri 314
Clarke, Henry Jacques Guillaume 135f., 138, 140f., 154, 501, 536, 597, 612
Clary, Bernardine Eugénie (Désirée) 22, 56, 65, 194
Clary, Julie 22, 56, 109, 194, 395
Clary, Nicolas 109
Clausewitz, Karl von 71, 555, 568, 644
Clemens VII., Papst 497
Cobenzl, Ludwig Graf von 156, 163, 297-300, 362, 407, 426
Cockburn, Sir Georges 671
Compoint, Louise 170
Consalvi, Hercule 472
Constant, Benjamin 213, 640, 682
Cornudet des Chaumettes, Joseph, Comte de 221
Coursot, Jacques 668
Crétet, Emmanuel, Comte de 340, 470
Cromwell, Oliver 161
Czartoryski, Adam, Fürst 519

Dalberg, Emmerich Joseph von 618
Dalberg, Karl Theodor von 398, 442-444
Daru, Pierre Antoine, Comte de 91, 452, 457, 551f., 597
David, Jaques Louis 248, 275, 397
Davidovitch, Paul, Baron von 130
Davout, Louis Nicolas, Duc d'Auerstaedt, Prince d'Eckmühl 78, 378, 412, 422, 451, 499, 538, 551, 587, 634
Decrès, Denis, Comte de 406f., 411, 634, 659f.
Delacroix, Charles 97, 132, 141
Denon, Dominique Vivant 628
Desaix, Louis Charles Antoine des Aix, gen. 50, 173, 273f., 280, 282-284, 434
Dessalines, Jean Jaques 314
Dillon, Fanny s. Bertrand, Fanny
Doppet, François Amédée 49
Drouet-d'Erlon, Jean Baptiste, Comte 646f., 649
Ducos, Roger 188, 200, 203, 208, 212, 222, 224f., 232, 235
Dugommier, Jaques Coquille 49
Dumas, Alexandre Davy de La Pailleterie 178
Dumerbion, Pierre Jadart 52f., 55
Dumouriez, Charles François du Perrier, gen. 39, 299
Dupont de L'Étang, Pierre, Comte 481
Duroc, Géraud Christophe Michel, Duc de Frioul 50, 75, 358, 379, 566, 573
Durosnel, Antoine Jean Auguste, Comte de 557

Enghien, Louis Antoine Henri de Condé, Duc d' 359-365, 367, 383, 479, 498, 574

Fain, Agathon Jean François 63, 591
Ferdinand, Erzherzog von Österreich 98, 422
Ferdinand, Großherzog von Toskana 98, 112, 294, 295, 301, 348
Ferdinand, Herzog von Parma 98, 112f., 117, 307
Ferdinand IV., König von Neapel und Sizilien 99, 112, 439

Ferdinando, Prinz von Asturien, 1808 und 1813–1833 König Ferdinando VII. von Spanien 474–476, 479, 486, 598, 600f.
Fersen, Axel Graf von 163
Fesch, Joseph, Kardinal 16, 27, 379, 390, 399, 472, 627, 687
Fiévée, Joseph 355, 508
Finlaison, John 669
Flahaut de la Billarderie, Auguste Charles Joseph, Comte de 660
Fleury de Chaboulon, Pierre Alexandre Édouard 630
Fontaine, Pierre François Léonard 340f., 385
Forfait, Pierre Alexandre 231
Foscari, Nicolo 143
Fouché, Victor Marie Joseph Louis, Duc d'Otrante 49, 193, 211, 223, 231, 234, 246, 248, 250, 277, 293, 323, 359, 372, 377, 379f., 465, 492, 498, 504f., 511f., 592, 634f., 655f., 659f.
Franceschi, Cipriani 668
Franz I., Kaiser von Österreich, König von Ungarn und König von Böhmen, als Franz II. Kaiser des Heiligen Römischen Reichs Deutscher Nation 96f., 103, 127, 137, 139f., 142, 146, 155, 264, 281, 296, 300f., 396, 398, 414, 421, 424–426, 428, 493, 527, 544, 577, 609, 618, 622, 626f.
Franz IV., Herzog von Modena 98, 138, 348
Frégeville, Charles, Marquis de 225
Fréron, Stanislas Louis Marie 45, 62f., 65
Friedrich I., König von Württemberg 536
Friedrich II., der Große, König von Preußen 82, 368, 449, 451, 538
Friedrich II., Herzog von Württemberg 437, 464
Friedrich August I., König von Sachsen 454, 463, 466
Friedrich Wilhelm III., König von Preußen 358, 449–452, 456, 458f., 461, 463, 538f., 581, 584–586, 588, 616

Gallo, Marzio Mastrilli, Marquis de 362
Gambier, James, Lord 468
Gance, Abel 14
Ganteaume, Honoré Joseph 181, 405–407
Garat, Dominique-Joseph 284
Gardanne, Gaspard Amedée 217, 225, 279
Gaudin, Martin Michel Charles 214, 231, 254–257, 381, 408, 634
George III., König von England 264
Girardin, Cucile Stanislas Xavier Louis de 370
Gneisenau, August Neithard 592
Godoy, Manuel de 473–475
Goethe, Johann Wolfgang von 485
Gohier, Louis Jérôme 188, 193, 199f., 208, 210
Gourgaud, Gaspard 72, 82f., 87, 154, 651, 662f., 665–669, 682
Gouvion de Saint-Cyr, Laurent, Comte de 323, 413, 471
Grenier, Paul, Comte de 659
Grenville, William Wyndham, Lord 264
Gribeauval, Jean Baptiste Vaquette de 22
Gros, Antoine-Jean 180
Grouchy, Emmanuel 498, 647, 649–651, 654, 660
Guibert, Jacques Antoine Hippolyte, Comte de 22f.
Gustav IV. Adolph, König von Schweden 534
Guyot, Claude Etienne 651

Hamelin, Fortunée 65
Hardenberg, Karl August, Fürst von 463, 586
Haugwitz, Christian August Heinrich, Graf von 424f., 449
Hédouville, Gabriel Marie Théodore 202, 251f.
Hegel, Georg Wilhelm Friedrich 344
Hoche, Lazare 65
Hood, Samuel 178

PERSONENREGISTER 835

Hyde de Neuville, Jean Guillaume Baron 245, 283
Iakovlev, Ivan 559
Iung, Th. 187

Jackson, Basil 651
Jesus Christus 664
Johann, Erzherzog 500
Jomini, Anton Heinrich Baron von 548
Joseph II., Kaiser 99
Joubert, Barthélemy 114, 130, 139
Jouberthon, Alexandrine Jacob de Bleschamp, verwitwete 369
Jourdan, Jean Baptiste, Comte de 183, 199, 207, 211, 378, 477, 501
Junot, Andoche, Duc d'Abrantes 50, 67, 106f., 145, 180, 482, 488f., 491, 551, 641

Karl, Erzherzog von Österreich 80, 130, 139, 144, 422, 424, 494, 496, 498–500
Karl XII., König von Schweden 540, 549
Karl XIII., König von Schweden 534
Karl Wilhelm Ferdinand, Herzog von Braunschweig 37, 454f.
Katharina Pavlovna, Großfürstin von Russland 511–513
Katharina von Württemberg 456
Keith, Georges, Lord 282f.
Kellermann, François Étienne 112, 114, 129, 284, 379, 620, 647
Kienmayer, Michael, Baron von 422
Kilmaine, Charles Éouard Saul Jennings de 114
Kléber, Jean Baptiste 174, 180f., 183f., 284, 544
Kutusov, Michail, Fürst von Smolensk 422–424, 554f., 560–562, 565–568

La Besnardière, Jean Baptiste de Gouey, Comte de 444
La Bouillerie, François Marie Pierre Roullet, Comte de 614
La Fayette, Marie Joseph Paul Yves Roche Gilbert du Mortier, Marquis de 164, 247, 293, 656

Lacuée, Jean Gérard, Comte de Cessac 91, 368
Lallemand, François Antoine, Comte de 662
Lambrechts, Charles Joseph Mathieu, Comte de 618
Lannes, Jean, Duc de Montebello 85, 278f., 323, 378, 412, 422, 427f., 434, 451, 492, 496
Lanusse, François 181
Laplace, Pierre Simon, Marquis de 198, 231, 247
La Plaigne, Eléonore de 462
Laréveillière-Lépeaux, Louis Marie de 120, 125, 138
Las Cases, Emmanuel Auguste Dieudonné, Comte de 17, 85, 111, 148, 635, 661–664, 667f., 670, 674, 678f., 682, 685
Lauriston, Jacques Alexandre Bernard Law, Comte, dann Marquis de 72, 536, 561f.
Lavalette, Antoine Marie Chamans, Comte de 208, 637, 641, 657, 660
Lebrun, Charles François 235f., 241f., 341, 378, 392
Lebzeltern, Ludwig Baron von 523
Leclerc, Victoire Emmanuel 50, 192, 312–314
Lecourbe, Claude-Jacques 268f., 281
Lefebvre, François Joseph, Duc de Danzig 509, 620
Lefebvre-Desnouettes, Charles 199, 208, 217, 379, 573
Lemercier, Louis Nicolas, Comte de 194, 209, 213
Lesseps, Mathieu Maximilien Prosper, Comte de 561
Letourneur, Charles Louis François Honoré 67, 147
Lombard, Johann Wilhelm 402
Louis XIV., König von Frankreich 303, 326, 341
Louis XV., König von Frankreich 332, 541
Louis XVI., König von Frankreich 29, 34f., 59, 64, 455, 532
Louis XVIII., König von Frankreich 152, 290, 324, 326, 596, 633, 666

Louis Ferdinand, Prinz von Preußen 451
Lowe, Sir Hudson 490, 669–673, 685f.
Lucchesini, Jérôme, Marquis de 289, 410
Macdonald, Etienne Jacques Joseph Alexandre, Duc de Tarente 189, 305, 323, 613, 620, 624, 627, 641
Mack, Karl, Baron von Leiberich 74, 79f., 417
Madame Mère s. Bonaparte, Letizia
Maingault, Louis Pierre 668
Maitland, Frederick L. 311, 651, 661–663
Malet, Claude François de 377, 564, 572
Marbeuf, Louis Charles-Réné, Comte de 13f., 16
Marchand, Louis Joseph Narcisse 630, 662, 668, 688
Maret, Hugues Bernard, Duc de Bassano 197, 232, 461, 537, 551, 569, 573, 582, 584, 605, 608, 627, 630, 634, 660
Maria Amalia, Herzogin von Parma 98
Maria Carolina (Marie-Caroline), Gemahlin von Ferdinand IV. von Neapel und Sizilien 99, 439
Maria Feodorovna, Witwe Zar Pauls I. 464, 512, 520, 558
Maria-Luisa, Königin von Etrurien 473
Maria-Luisa, Königin von Spanien 474, 478
Maria Theresia, Kaiserin 98
Marie-Antoinette, Königin von Frankreich 34, 98, 439
Marie-Louise, Erzherzogin von Österreich, 2. Gemahlin Napoleons 296, 521f., 530, 537, 556, 563, 568, 598, 602, 609, 614, 621, 625–627, 665, 676
Marmont, Auguste Frédéric Louis Viesse, Duc de Raguse 50, 182, 284, 422, 496, 500, 592, 613f., 621–623, 641

Masséna, André, Duc de Rivoli, Prince d'Essling 74, 81, 110, 114, 120, 124, 128, 139, 196, 265, 267, 269f., 277, 279–281, 379, 413, 418, 434, 496, 499f., 641
Maximilian IV. (I.) Joseph, Kurfürst, ab 1806 König von Bayern 73, 411, 437, 642
Melas, Michael Friedrich 80f., 265, 269, 271, 277–281
Melzi d'Éril, Francesco, Comte de Magenta, Duc de Lodi 149, 306
Méneval, Claude François, Baron de 514, 539
Menou, Jacques François de Boussay, Baron de 60, 63, 273f., 544
Metternich, Klemens Wenzel Lothar, Fürst von 442, 458, 470, 478, 493f., 521, 533f., 539, 582, 585, 589–591, 604–606, 608, 624
Miollis, Sextius Alexandre François, Comte de 472f.
Miot, André François, Comte de Melito 128, 131f., 161, 288, 370, 399, 600, 602, 641
Molé, Mathieu Louis, Comte de 574, 578, 634, 650
Molitor, Gabriel Jean Joseph 495
Mollien, Nicolas François, Comte de 505, 578, 581f., 593, 634, 637
Moncey, Bon Adien Jannot, Duc de Conegliano 277, 281, 378, 488, 641
Monge, Gaspard Comte de Péluse 149, 198
Monroe, James 65
Montesquiou-Fezensac, Pierre Comte de 618
Montholon, Albine de 662, 665f.
Montholon, Charles Tristan Comte de 662–666, 671, 678, 680, 688f.
Montrond, François Philibert Casimir, Comte de 223
Moore, Sir John 491, 493
Moreau, Jean Victor 130, 151, 189, 199, 212, 265–272, 280f., 284, 286, 299f., 323, 359, 365f.
Moritz von Sachsen 14, 70

PERSONENREGISTER

Mortier, Adolphe Édouard Casimir Joseph, Duc de Trévise 379, 412, 489, 559, 563, 613f., 641
Moulin, Jean François 188, 200, 210, 215
Mouton, Georges Comte de Lobau 573
Murat, Joachim 61, 81, 85, 106f., 217, 221, 279, 300, 305, 362, 364, 378, 390, 422f., 427f., 443, 467, 473-477, 479, 492, 497, 509, 521, 527, 544, 558, 560, 562, 573f., 631
Murion, Jean Baptiste de 130

Narbonne-Lara, Louis, Comte de 541-544, 551
Neipperg, Adam Adalbert, Graf von 296
Nelson, Horatio, Viscount 170, 173, 412
Nesselrode, Karl Robert, Graf von 605
Neufchâteau, François de 161, 371
Ney, Michel, Duc d'Elchingen, Prince de la Moskowa 81, 196, 265, 350, 379, 412, 422, 488, 498, 551, 553, 586, 588f., 620, 623f., 633, 644, 646f., 650f.
Nicholls, George 673
Nordhof, Anton Wilhelm 557
Noverraz, Jean 668

O'Meara, Barry Edward 458, 668-670, 679, 682, 686
Orléans, Louis Philippe Duc d' 362
Ott, Peter Carl, Baron von 278
Otto, Louis Guillaume, Comte de Moslav 302, 351, 437
Oudinot, Nicolas Charles, Duc de Reggio 567, 620, 623, 641
Ouvrard, Gabriel Julien 65, 255f., 294

Pacca, Bartolomeo 498
Palm, Johann Philipp 448
Paoli, Pasquale 12-14, 19, 23-30, 32f., 36-39
Paravicini, Nicolo 40

Pasquier, Etienne Denis, Baron de 540, 584, 605, 634f., 655
Paul I., Zar von Russland 297, 301f., 307, 464, 512
Percier, Charles 385
Pérignon, Dominique, Marquis de 379
Peter I., Zar von Russland 547
Petit, Jean Martin 628
Pfeffel, Christian Fréderic 444
Phélippeaux, Louis de 543
Pichegru, Jean Charles 359, 365
Pietri, Antoine Jean 33
Pius VI., Papst 98, 112, 126, 129, 136, 138f., 252, 292
Pius VII., Papst 289, 293, 308, 320, 322, 382-385, 391f., 397-399, 428, 440, 471-473, 497f., 544, 579f.
Poniatowski, Joseph, Prince de 551
Pontécoulant, Louis Gustave Le Doulcet, Comte de 58
Pons de l'Hérault, André 629
Portalis, Joseph 320, 470
Pozzo di Borgo, Carlo-Andrea 23, 30, 33, 38f.
Pradt, Dominique Georges Dufour de 573

Quasdanovitch, Peter 128
Quinette, Nicolas Marie, Baron de Rochemont 659

Radet, Etienne, Baron de 498, 579
Ramolino, Letizia s. Bonaparte, Letizia
Rapp, Jean, Comte de 282, 553
Raynal, Guillaume Thomas François 23, 29
Réal, Pierre-François 193, 197, 202, 363f., 368
Rebecque, Constant de 646
Récamier, Juliette 65
Regnault de Saint-Jean-d'Angély, Michel Louis Etienne 197, 360, 367, 515, 656-658
Regnier, Claude Ambroise, Duc de Massa 323, 359f.
Reinhard, Charles Frédéric 190, 231

Rémusat, Augustin Laurent de 416
Reubell, Jean François 134, 138, 164, 190
Reynier, Jean Louis, Comte de 179, 587
Robespierre, Augustin 46, 51–53, 55
Robespierre, Maximilien 44, 46, 56, 64f., 100
Roederer, Pierre-Louis 77, 197, 199, 202, 210, 223, 233, 240, 292, 306, 326, 329, 365f., 370, 388, 391–394, 598, 600
Rohan, Charlotte de 361
Rostopcin, Feodor Graf von 557, 559
Rousseau, Jean-Jacques 20f., 25, 29, 32

Saint-Denis, Louis Étienne 668
Saint-Marsan, Antoine Marie Philippe, Comte de 538, 586
Salicetti, Antoine Christophe 25f., 37–39, 46f., 52f., 114, 117, 272, 307
Santini, Jean Noel 668
Savary, Jean Marie René, Duc de Rovigo 282, 363f., 426f., 479, 541, 634, 656, 661f.
Schérer, Barthélemy Louis Joseph 67, 155, 183
Schimmelpenninck, Rutger Jan, Graf von 442
Schwarzenberg, Karl, Fürst zu 548, 565, 592, 598, 608f., 612–614, 616, 618
Sébastiani, Horace François Bastien, Comte de la Porta 356
Ségur, Louis Philippe, Comte de 379, 545, 552f.
Sémonville, Charles Louis Huguet, Marquis de 584, 665
Sérurier, Jean Mathieu Philibert, Comte de 88, 218, 379
Sieyès, Emmanuel Joseph 187–190, 196, 199, 201–206, 208, 210–213, 217, 222–226, 231–236, 242, 246f., 286, 331, 333, 618
Smith, Sir William Sidney 186, 273, 543
Sonthonax, Léger Félicité 311
Sophia von Württemberg-Montbeliard s. Maria Feoderovna
Soult, Jean de Dieu, Duc de Dalmatie 196, 265, 378, 412, 422f., 427f., 492f., 583, 644, 649, 651

Stadion, Johann Philipp Karl Graf von 478, 494
Staël-Holstein, Anne Louise Germaine Necker, Baronne de 65, 337, 461, 485, 640
Stendhal (d.i. Henri Beyle) 110, 114, 116, 595, 609
Suchet, Louis Gabriel, Duc d'Albufera 50, 270, 277, 279

Talleyrand-Périgord, Charles Maurice, Prince de Bénévent 148f., 153f., 156, 163, 166f., 176, 186f., 189f., 197, 201f., 210, 223, 231f., 242, 264, 274, 276, 294, 296, 298, 306, 347, 351, 358, 361, 363f., 372, 377, 379, 386f., 407, 410f., 416, 423, 425f., 428f., 439f., 442, 444, 450, 452, 461, 468, 470, 476, 478, 487, 492f., 498, 505, 508f., 513, 574, 593, 616–619, 634
Tallien, Jean-Lambert 65
Tallien, Thérésa 65
Talma, François 384
Tascher de la Pagerie, Joseph 64
Teil, Jean, Chevalier du 22, 45, 48
Thibaudeau, Antoine-Clair 330, 338, 344, 360, 379, 638
Thiébault, Paul Charles François 199, 457
Thugut, Johann Amadeus Franz, Baron von Paula 141, 296f.
Tilly, Jacques Louis François Delaistre, Comte de 647
Toussaint Louverture, Pierre Dominique 311f., 314
Trautmannsdorff, Ferdinand, Graf von 521
Treilhard, Jean Baptiste 368
Truguet, Laurent Jean François, Comte de 37

Vandamme, Dominique Joseph René, Comte d'Unsebourg 651
Vassal, Albine s. Montholon, Albine de
Verdier, Jean Antoine, Comte de 274
Vial, Honoré, Baron de 172
Victor-Amadeus III., König von Sardinien 36, 97, 101, 103, 112

Victor, Claude Victor Perrin, dit, Duc de Belluno 50, 278, 641
Vignali, Angelo 687
Villemain, Abel François 541, 655
Villeneuve, Pierre Charles de 404–407, 411f., 498
Volney, Constantin François 26, 175, 294

Walewska, Maria 462
Walewski, Alexandre, Comte de 462
Washington, George 679f.
Wellington, Arthur Wellesley, Duke of 434f., 482, 501, 583, 593, 645–651, 660

Wieland, Christoph Martin 485
Wilhelm Friedrich, Prinz von Oranien-Nassau 348, 456f.
Wilhelm IX. 454f.
Wilks, Mark 685
Wittgenstein, Peter Christianowitsch, Graf von 567f., 587
Wurmser, Dagobert Sigismund von 87f., 128, 130

Yorck von Wartenburg, Johann David Ludwig, Graf von 584
Yvan, Alexandre Urbain 627